2019

上海工业年鉴

SHANGHAI INDUSTRIAL YEARBOOK

上海市经济和信息化委员会编

上 海 社 会 科 学 院 出 版 社

上海工业年鉴
编纂委员会

承办单位：上海市产业发展研究和评估中心

编纂说明

由上海市经济和信息化委员会主编的《上海工业年鉴》是一部全面系统反映上海产业发展、经济运行、技术进步和各类所有制工业企业情况的资料性工具书。

2019年版《上海工业年鉴》反映的是2018年上海工业经济的发展情况，设置11个栏目：(1) 特载，刊有市政府主管部门领导关于上海产业发展的讲话和文章；(2) 综述，概述2018年上海工业发展的特点；(3) 专题，记述上海落实制造强国战略、推进科创中心建设、工业互联网建设、人工智能发展、产业经济运行、生产性服务业、软件和信息服务业、文化创意产业、都市产业、工业品牌建设、中小企业、产业投资、技术进步、节能降耗、环保产业、对外经济合作、军民产业融合、国资国企改革等方面的发展情况；(4) 区工业，反映2018年各区工业的发展情况；(5) 企业简介，介绍一批大中型工业企业2018年的发展情况；(6) 上市股份公司，介绍2018年上海工业类上市股份公司的资产运作、股本结构以及全年主要经济指标；(7) 行业协会简介，介绍80多个工业行业协会2018年的工作；(8) 大事记；(9) 经济法规，刊载2018年国家、上海市颁布的有关工业的主要经济法规；(10) 统计资料，刊载2018年上海工业经济发展的重要统计数据；(11) 企业形象，以彩色版面展示160多户各类企业形象。

《上海工业年鉴》编纂委员会

2019年8月

第 20 届中国国际工业博览会在上海成功举办

第 20 届中国国际工业博览会特别荣誉奖——高分五号卫星

第 20 届中国国际工业博览会金奖——兆芯开先 KX-6000 系列国产 x86 处理器

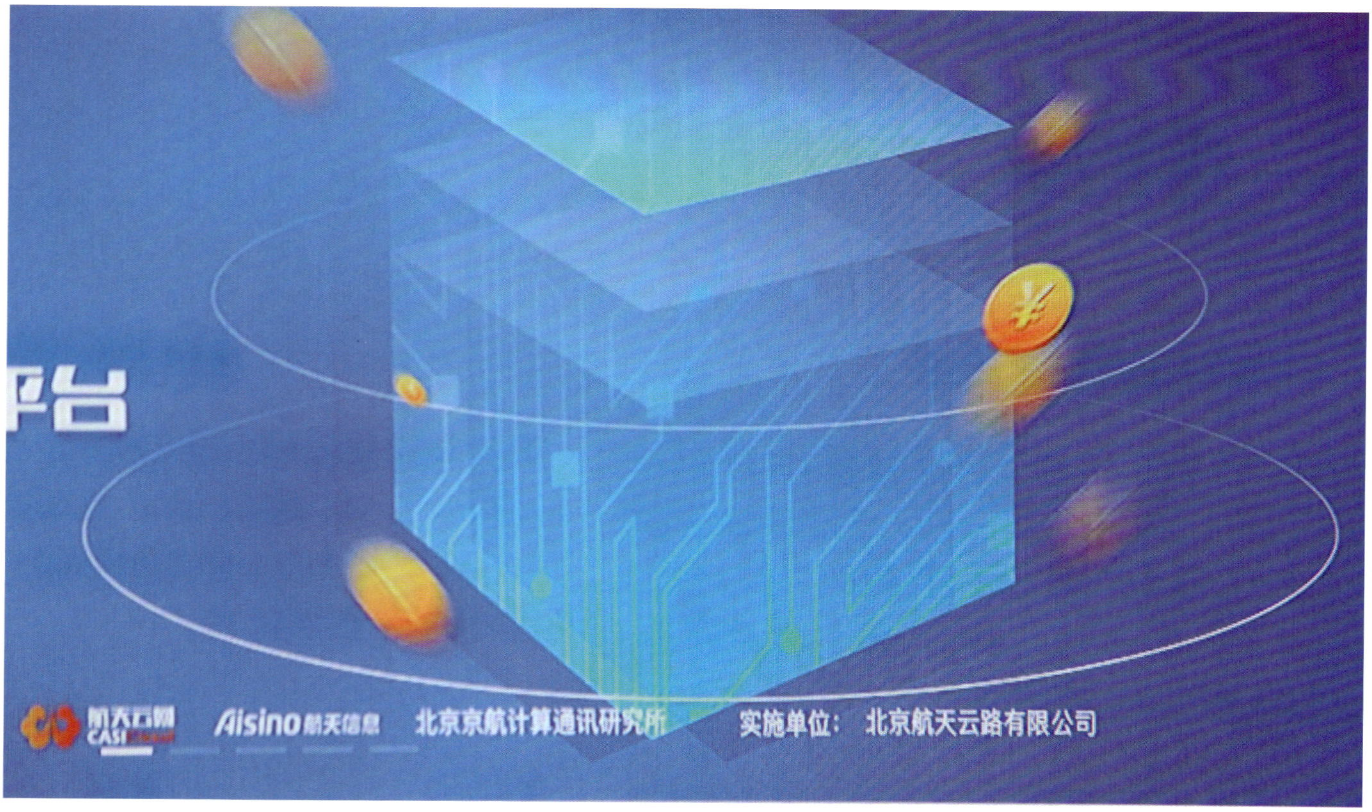

第 20 届中国国际工业博览会金奖——兆芯开先 KX-6000 系列国产 x86 处理器

第 20 届中国国际工业博览会金奖——中国北斗精准时空服务平台

第 20 届中国国际工业博览会创新金奖——上汽荣威 MARVEL X

第 20 届中国国际工业博览会工业设计金奖——蔚来专属桩

第 20 届中国国际工业博览会新材料产业展优秀参展产品一等奖——上海石化 48K 大丝束碳纤维

2018 年 9 月，中国电信推出 5G 应用

2018 年 5 月，中国 2 万箱级大型集装箱船命名交付

2018 年 4 月，上海江南造船厂有限公司推出研发的新型游艇

2018 年 12 月 28 日，C919 大型客机 103 架机成功首飞

2018 年 7 月，宝钢推出绿色出行轻量新材料用于汽车制造业

2018 年 1 月 13 日，上海电气集团制造的低温多效海水淡化蒸发器出口文莱

2018 年 7 月 12 日，上海电气自主研发、具有完全知识产权的中国首台出口“华龙一号”核电项目 K-2 发电机组在临港基地举行竣工仪式

2018 年 9 月，上海仪电以技术优势推出智慧城市解决方案

2018 年 9 月 17—19 日，2018 世界人工智能大会在上海西岸艺术中心 A 幢举办

用于上海地铁 14 号线静安寺车站非开挖施工的矩形顶管

2018 年 5 月 2 日，华龙一号海外首堆卡拉奇 2 号机组堆内构件发运

上海柴孚在金山建成大型机器人制造工厂

上海闵行工业区海联智谷
军民融合科创产业园

2018 上海中华老字号博览会隆重举行

2018 年 5 月，中国自主品牌博览会成功举办

2018 年 3 月，华虹宏力推出的智能控制方案

2018 年 4 月，纺织集团埃塞俄比亚毛衫工厂——龙头股份龙腾服饰公司开业

上海金山工业区调整结构打造新材料产业基地

（本栏图片由蔡钧等提供）

目　录

区工业

企业简介

上市股份公司

行业协会简介

大事记

经济法规

统计资料

2019·上海工业年鉴

SHANGHAI
INDUSTRIAL
YEARBOOK

全力打响“上海制造”品牌　加快迈向全球卓越制造基地

上海市经济和信息化委员会主任　陈鸣波

（2018 年 5 月 7 日）

4 月 22 日，中共上海市委、市政府印发了《全力打响“上海制造”品牌，加快迈向全球卓越制造基地 2018—2020 年行动计划》。

一、“上海制造”的内涵和《行动计划》总体考虑

“上海制造”，在大家心里都有美好的历史印记，现在进入了新时代，上海不仅要传承产业的优秀基因，更要按照改革开放再出发、构筑城市发展战略优势的新要求，为上海制造增加新内涵、注入新活力。我们认为，用最概括的话讲，“上海制造”就是，掌握产业链、价值链核心环节的高端制造，满足市场多元化需求的品质制造，融合人工智能和互联网因子的智能制造，体现资源高效集约利用的绿色制造。制定《行动计划》有三方面的考虑。

一是着力增强使命担当，服从服务国家战略。我们把打响制造品牌，作为落实制造强国、网络强国战略的重要载体，牢固树立上海制造再出发的战略思维。不仅要主动应对产业新变革，着力打造“大国重器”，代表国家参与国际竞争合作；也要顺应市场新潮流，着力创造“时代精品”，重新走进千家万户、市民心中。

二是着力强化创新引领，加快培育新兴动能。创新是第一动力，我们把制造业作为全球科创中心建设的主战场，充分发掘上海制造创新驱动的动力源泉。要加快实施产业创新工程，推动科技创新成果产业化，实现“从无到有”、填补国内空白；同时加快开展技术改造焕新计划，实现“从有到优”、推动提质增效。

三是着力深化改革开放，提振制造品牌形象。我们要实施更加积极主动的开放战略，加大全球资源配置力度，始终坚持上海制造追求卓越、永攀高峰的发展取向。要把打响“上海制造”品牌，作为推动高质量发展的重要抓手、创造高品质生活的重要举措，在设计新、质量好、标准高、服务优上，全力彰显美誉度。

二、《行动计划》的核心内容和重点落实举措

《行动计划》提出了“四名六创”10 个专项行动，其中名品打造、名企培育、名家汇聚、名园塑造这四个行动，是最核心的“标识性动作”。而技术创新、品牌创响、质量创优、融合创智、集群创建以及绿色创先，要集中围绕“四名”来开展工作。

一、以名品为抓手，擦亮上海制造新名片。通过深入挖掘市场需求潜力，特别是聚焦健康、时尚、智能等需求，着力打造 500 项“上海制造”精品。一是放大品牌效应，让上海制造在国内外叫得响。具体分为经典品牌、新锐品牌和优质品牌三个层次，以新技术、新模式和新机制，赋予老凤祥、三枪等经典品牌新的气质，加快培育联影、蔚来等一批新锐品牌。二是加快核心技术攻关，抢占产业制高点。核心技术靠化缘要不来、靠买也买不来，我们要着力突破集成电路、航空发动机等“卡脖子”瓶颈，解决关键环节受制于人的隐患；要有所为有所不为，形成一批具有核心技术和自主知识产权的品牌产品。三是把质量标准作为第一生命力，树立上海制造的全国质量标杆地位。全面开展质量提升行动，推出一批制造领域的上海品质认证产品和领跑标准。四是实施技改焕新计划，增强产业发展活力。大力推进智能化、服务化等改造提升，扩大品牌产品的新工艺、新材料、新装备应用。

二、以名企为引领，培育上海制造新主体。集中优势资源，做好服务企业的“店小二”，着力培育以世界一流

企业、“独角兽”企业、“隐形冠军”为核心的卓越制造企业群体。一是做强世界一流企业，使上海制造辐射面更广。构建根植本地、面向全球布局的创新、生产和服务网络，加快新一代智能制造模式应用；以龙头企业为引领，建设20个工业互联网平台，争取3家左右制造企业进入世界500强。二是做大“独角兽”企业，使上海制造创新力更强。聚焦智能硬件、生物医药、新能源与智能网联汽车等领域，支持企业加强技术创新、商业模式创新，力争培育8–10家制造领域的“独角兽”企业。三是做优“隐形冠军”，使上海制造专业化更精。开展“隐形冠军”同行业对标，引导企业专注于细分产品的研发制造和市场拓展，打造“百年老店”，形成200家国内外细分市场前三的“隐形冠军”企业。

三、以名家为纽带，汇聚上海制造新资源。人才是产业发展的第一资源，我们要着力汇聚以卓越科学家引领、卓越企业家运营、精工巧匠支撑的卓越制造人才队伍。一是加快落实人才高峰工程，汇聚领军人才。面向集成电路与计算科学、脑科学与人工智能等重点领域，坚持引进和培育并举，造就产业高峰人才，实行量身定制、一人一策。二是实施卓越制造人才计划，培育专业人才。打造一批“上海工程师”“上海师傅”，重点支持面向工程化、产业化应用的高精尖人才，加强住房、落户等人才服务。三是弘扬企业家精神和工匠精神，实现人尽其用。瞄准科技前沿和新兴产业领域，集聚一批卓越科学家，弘扬勇于创新的企业家精神，倡导精益求精的工匠精神，聚天下英才而用之。

四、以名园为支撑，打造上海制造新载体。面对空间资源的天花板约束，我们要瞄准集约化利用、高效化配置，加快建设以世界级品牌园区、特色产业基地为重点的区域性承载体。一是培育世界级品牌园区，促进资源集约。推动临港、漕河泾、张江、化工区、国际汽车城打造世界级品牌园区，优化增量、盘活存量、激活流量，建设一批绿色示范园区。二是打造特色产业地标，形成区域品牌。加快编制全市产业地图，引导差异化精准定位；集中力量推动土地的二次开发、腾笼换鸟，加快吴泾、高桥、南大、吴淞、桃浦5个重点区域整体转型升级。三是创建世界级先进制造业集群，实现联动发展。全力打造汽车、电子信息两个世界级产业集群，积极培育民用航空、生物医药、高端装备、绿色化工4个世界级产业集群。另外，还要加强长三角产业集群联动，深化智能网联汽车、工业互联网、5G等产业链对接合作。

三、打响“上海制造”品牌的统筹机制和预期目标

为落实好市委、市政府的总体部署要求，我们将《行动计划》分解成95项具体任务，将会同相关委办局、各区、园区、企业等社会各方，按照职责分工，抓紧行动起来。要坚持远近结合、精准发力，协同联动、久久为功，加快构建上海制造战略新优势。

一是注重统筹重点产业布局。以上海制造引领支撑现代产业体系建设，加快转型高端发展之路。要超前布局未来前沿产业，聚焦信息网络、空天海洋等领域，实施一批基础前沿工程；加快培育战略性新兴产业，聚焦民用航空、生物医药等领域，加快培育形成新的经济增长点；改造提升传统优势产业，聚焦汽车、化工等领域，加快智能化技改提升。我们正在加快制定集成电路、民用航空产业发展等行动计划，推动产业链、创新链的联动发展。

二是注重优化协调推进机制。我们将根据《行动计划》提出的扩大开放、制度供给、土地资源、产融结合、品牌宣传等八方面的保障措施，加强统筹协调、务实推进。近期，要加快推出振兴历史经典品牌、高成长性创新企业培育等系列配套政策。

三是注重瞄准目标持续发力。未来3年里，我们围绕加快建设全球卓越制造基地的总体目标，设定了3个分项目标；就是到2020年，要初步建成世界级新兴产业发展策源地，初步建成若干世界级先进制造业集群，初步建

成世界级制造品牌汇聚地。

总结下来，有这样几句话。全力打响“上海制造”品牌，最紧要的是抓牢关键核心技术、高端产业集群、过硬质量品质这 3 个环节，叫响“四名六创”。我们要以“四名”为引领，带动上海制造优势更优、特色更特、强项更强；以“六创”为支撑，推动经济发展的质量、效率和动力变革。最终要实现“四个更加”，就是让上海制造的技术更先进、生产更智能、产品更高端、品牌更响亮。

（本文系在《全力打响“上海制造”品牌　加快迈向全球卓越制造基地三年行动计划》新闻发布会上的讲话）

聚焦创新转型 坚持扩大开放
营造更好产业投资发展环境

上海市经济和信息化委员会主任 陈鸣波

（2018 年 11 月 7 日）

首届中国国际进口博览会，是我国着眼于推进新一轮高水平对外开放所作出的重大战略决策。今年的上海外商产业投资推进会表明了上海坚定不移深化改革开放的信心和决心。

上海从历史上的工商业城市发展成为全国最大的经济中心城市，跟每一家中外企业成长壮大都息息相关。当前，上海聚焦推动经济高质量发展，加快构建开放型经济新体制，全力打响包括“上海制造”在内的四大品牌。这其中，我们更要发挥先进制造业现有的基础优势，把创新驱动、开放共融与集群发展的步子迈得更大更快。不仅要集中展示 Made In Shanghai 的硬实力，更要打开未来新的产业空间，提升城市经济能级与综合实力。

一、上海大力发展创新经济

坚持以创新发展作为第一驱动力，着力构建产业经济创新体系，加快向具有全球影响力的科技创新中心进军。

聚焦产业创新前沿。主动适应全球新一轮科技革命和产业变革的趋势，紧跟集成电路、高端装备、量子通信、精准医疗、航空航天等重点领域，强化基础研发和科技成果产业化。实施了智能网联汽车、工业互联网等一批产业创新工程，今年以来特斯拉、微软、亚马逊、大众、ABB 以及 BAT 等重大项目落户，今天还有一批项目在此签约。同时，我们注重发挥 AI 的创新引领作用，在全国第一个发布人工智能发展实施意见，大力推进智能制造，加快智慧工厂、智能车间及产线建设。今年举办了世界人工智能大会，与全球 20 多个创新企业合作，推动一批创新研究院及创新中心落户，为上海打造产业新方向重要策源地，集聚新的发展势能。

聚焦打造创新生态。上海一直走在制度改革创新的前沿，先后制定出台实体经济 50 条、公共数据和一网通办、产业高质量发展资源高效率配置等政策文件，加强精准施策、高效赋能。我们率先在国内开放智能网联汽车道路测试，已经发放了 7 张测试牌照；累计推广 20 万辆新能源汽车，成为全球最大的新能源汽车应用城市。下一步，加强张江综合性国家科学中心，以及集成电路、智能传感器两个国家级制造业创新中心建设，促进创新链和产业链的精准对接；优化生物医药、大数据、新材料等领域功能平台，充分激发企业家及各类人才的创新创业活力；推动长三角科技及产业创新合作，开展 5G 及物联网应用先行先试等。

二、上海大力发展开放经济

围绕卓越全球城市和现代化国际大都市建设，着力扩大产业对外开放，集聚全球优势要素资源，实现融通发展与互利共赢。

上海坚持开放发展取得了良好成效。通过“引进来”与“走出去”相结合，积极参与全球经济合作交流。目前已经集聚了 5 万多家外资企业，其中跨国公司地区总部 653 家、外资研发中心 438 家，制造企业的地区总部又占到其中 80%。今年前三季度，上海新设外资项目数、合同外资和实到外资实现了三个同步增长；其中新设外资制造业项目 81 个，新增实到外资同比增长了 88%，产业链、价值链的高端化特征更加凸显。我们非常高兴地看到，外资制造企业的运行质量效益不断提高，完成工业总产值、工业利润总额占全市的比重，都达到了60%左右；2016年以来，本市共支持100多个外资技改项目，项目总数占50%、支持资金占60%。

未来上海继续扩大制造业的开放程度。制造业是我国对外开放最早的领域，市场竞争也最充分。今年7月，上海出台了扩大开放的100条举措，刚才市发改委也作了解读，我们要集中力量，构筑更加优质高效的现代化经济体系。比如，对汽车、船舶、飞机制造等行业，明确要从基本放开走向全面开放，上海已经在汽车行业开放进程上、率先迈出了一步。下阶段，我们要借助上海自贸试验区制度创新，进一步聚焦先进制造业、高端服务业，包括融资租赁、高端再制造和全球维修等生产性服务业，大力吸引业内领先的跨国企业项目落户，推动制造业与服务业协同开放发展。

三、上海大力发展集群经济

上海正在加快构建以现代服务业为主体、战略性新兴产业为引领、先进制造业为支撑的新型产业体系，加快推动产业集群集聚发展。

一方面，加强全市产业经济的总体统筹。为了进一步优化产业定位和空间布局，近期我们从一、二、三全产业链角度，编制了上海市产业地图，等会儿要公开发布。重点聚焦融合性数字产业、战略性新兴产业、现代服务业和现代农业，从空间和产业两个维度，形成现状图和未来图。其中，现状图针对重点行业，梳理标识了企业和创新资源，为大家寻找技术、标准、人才服务和产业链合作提供指引。未来图明确了上海各区及重点区域产业布局定位，比如聚焦“3+5+X”区域，就是临港、虹桥、世博三大功能区域，桃浦、南大、吴淞、吴泾、高桥五大转型区域等，前瞻布局高端高新产业，提高集群显示度，力争建设成为高经济密度的“产业新区”。

另一方面，全力打造一流的营商环境。通过发挥产业地图的指南作用，能有效服务各类投资者，推动重大项目与产业地图精准匹配、快速落地，引导社会资本向重点区域集聚，加快构建集产业链、创新链等融为一体的产业要素体系。因此，这份产业地图不仅是资源分布图、产业招商图，也是政策落实图、服务配套图，上海市区两级将加强招商引资的政策集成与联动服务。根据世界银行发布的营商环境报告，中国排名从78位提高到46位，其中上海有55%的权重。我们在开办企业、获得电力、跨境贸易等方面，落实“放管服”举措，依托“互联网+”推行“一网通办”；正在优化全市企业服务平台，为各类企业当好“店小二”，以提高营商便利度、释放更大生产力。

（本文系在上海外商投资产业推介会上的讲话）

统筹服务　优化环境　助力民营经济高质量发展

上海市经济和信息化委员会主任　陈鸣波

（2018 年 12 月 12 日）

长期以来，民营经济为上海经济社会发展作出了重大贡献，习近平总书记关于“两个毫不动摇”的重要指示，为进一步推动民营经济健康发展指明了方向。11 月 3 日，上海在全国率先发布支持民营经济发展“27 条意见”，11 月 5 日，市四套班子领导建立联系服务民营企业工作制度。12 月 5 日，在上海市促进民营经济发展大会上，李强书记发出了全面提升民营经济发展动力与活力的动员令。我们将加强统筹服务，优化制度环境，支持民营企业更好融入上海改革开放发展的大局。

面临经济下行压力，支持民营经济亟需实招、硬招。“27 条意见”重点聚焦三方面予以突破：一是“三个 100 亿”工程。包括规模为 100 亿元的本地上市公司纾困基金，规模为 100 亿元的中小微企业政策性融资担保基金，以及“中小企业千家百亿信用融资计划”，全市统筹，缓解企业融资难贵。二是降低“四项成本”。全面落实税收优惠，在 2016 年、2017 年全市累计“减税降费”超 1500 亿元基础上，再降 500 亿元。降低用地成本，对资源利用效率评价达到绩优标准企业、免缴增容土地价款，最大限度给予自有土地企业增容便利度；支持国有产业园区补贴中小民营企业租金。同时进一步挖潜，降低用电、用气、物流及制度性交易成本，年内建成政务“一网通办”，实现 90% 涉企审批“只跑一次、一次办成”。三是加强“五个支撑”。促进企业提升竞争力。大力培育龙头和骨干企业，研究开展民企总部认定，享受总部优惠。支持企业技术改造，制定正负清单，打开产业区块外优质企业技改绿色通道。支持企业技术创新，扩大科技创新券、四新券范围，给予最高 200 万元补贴。营造企业人才成长良好环境，精准引进包括优秀民营企业家在内各类急需紧缺人才。鼓励企业拓展国内外市场，对出口国际特别是重点地区的首台套、首版次、首批次产品，给予合同销售额 30% 专项支持。

政策获得感关键靠落实，要集中力量确保各项政策落地生根。一是支持民营企业在中央交给上海“三项新的重大任务”中发挥更大作用，尤其是加大科创板对优质民营科创企业的引导、服务和培育。二是支持民营企业在实体经济高质量发展舞台获得更大发展空间，深度融入城市建设、产业集群、国资改革、科技创新体系，承担重大创新平台建设，涌现一批创新标杆、隐形冠军。三是支持民营企业围绕全市产业地图集群集聚、做精做强，聚焦人工智能、集成电路、民用航空、生命健康等高端前沿，突破“卡脖子”瓶颈、参与全球竞合。四是制定详实工作分解和督查考核办法，依托市企业服务云等，建立以企业为核心的政策辅导和服务评价机制，切实为企业解决困难，为民营经济健康发展创造更好环境。

（本文系在《解放日报》刊登的上海市促进民营经济发展大会召开后学习体会文章）

2019·上海工业年鉴

SHANGHAI
INDUSTRIAL
YEARBOOK

牢固树立新的发展理念 推动经济高质量发展

上海市经济和信息化委员会主任 陈鸣波

（2019 年 3 月 4 日）

一、2018 年工作总结

2018 年，上海市经济和信息化委员会全面贯彻党的十九大精神，落实中共上海市委、市政府决策部署，坚持稳中求进工作总基调，牢固树立新发展理念，按照推动高质量发展、创造高品质生活的要求，深入推进供给侧结构性改革，实施制造强国、网络强国战略，充分依托自贸试验区改革开放优势及科技创新中心建设创新引领驱动，全力打响“上海制造”品牌，加快打造实体经济发展新高地，积极稳增长、抓创新、调结构、促转型，各项工作取得明显成效。

（一）全力打响“上海制造”品牌，推动经济高质量发展

加强“上海制造”品牌统筹推进。实施《全力打响“上海制造”品牌加快迈向全球卓越制造基地三年行动计划（2018—2020 年）》。53 家“上海制造”企业获首批“上海品牌”认证，占总数七成以上。发布上海市产业地图，引导产业加快特色化、品牌化发展。推进产业链配套，加快汽车、电子信息、生物医药等重点产业集群建设，“上海制造”发展制度环境持续完善。战略性新兴制造业产值占规上工业总产值比重达到 30.6%。

大力发展高端制造、智能制造。全面开展“技术改造焕新计划”。实施智能化等“六化”改造示范项目 264 项，技改占工业投资比重达到 64%。智能制造“十百千”工程加快推进。推动 20 家智能车间／工厂试点建设，3 家智能制造系统解决方案供应商进入第一批国家推荐目录。加快发展工业互联网。发布工业互联网产业创新工程实施方案，开通工业互联网标识解析国家顶级节点（上海）；松江成为国家首个新型工业化（工业互联网）产业示范基地，启动长三角百万企业“上云上平台”。

聚焦推动重大产业项目建设。加快推动一批项目。特斯拉超级工厂当年签约、当年供地、当年启动，积塔半导体、上汽大众 MEB 等重大项目加快建设。华力二期 12 英寸生产线项目建成投产，中芯国际集成电路 14 纳米工艺具备量产能力，和辉光电柔性 AM-OLED 显示屏量产出货。协调建设一批项目。加快推动华为青浦研发中心、蔚来生产基地、国能新能源汽车、海尔智谷、东方美谷、市西软件信息园、油品清洁化项目建设。全年工业投资增长 17.7%，创 10 年新高。

产业集群发展、绿色发展加快推进。出台促进资源高效率配置推动产业高质量发展若干意见，依托“3+5+X”重点区域统筹布局新兴产业。市政府与宝武集团合作推进吴淞地区整体转型升级，南大地区车联网产业加快集聚发展，桃浦地区“中以创新园”启动建设。国家新型工业化产业示范基地达 20 个，工业区单位土地工业总产值突破 75 亿／平方公里。加快绿色发展。12 家绿色工厂、1 个绿色园区、10 项绿色产品、2 条绿色供应链获国家绿色制造示范。发布产业结构调整负面清单（2018 版），淘汰落后产能 1460 项。规上工业增加值能耗同比下降 5.2%。

（二）聚焦落实科创中心战略，强化产业创新能级

加强科技与产业创新融合。加强高端装备首台套支持，加快机器人、高端医疗装备、高端能源装备自主化发展。38 项高端智能首台装备实现国内外突破，高世代 AMOLED 线性蒸发源突破“卡脖子”瓶颈，国产首台一体化 PET/MR 推向市场，新昇 300 毫米大硅片月产能突破 10 万片。“两机”专项基础科研项目正式批复，“重燃专

项”试验基地项目完成开工准备，推动高温超导电缆示范工程建设。

加快实施产业创新工程。深入实施智能网联汽车产业创新工程，提升国家智能网联汽车（上海）试点示范区软硬件测试能力。制定集成电路产业行动计划，矽立科技、精测电子、盛美二期等项目落地；推动集成电路设计产业园布局，紫光集团、阿里等设计龙头企业及项目入驻。实施工业强基工程专项，围绕重点领域“补短板”、强链补链一条龙、产业技术基础立柱架梁三个方向推进重点项目，两个项目入选国家强基工程重点产品。

完善产业创新生态。制造业创新体系建设取得突破，成立集成电路、智能传感器两个国家制造业创新中心，总规模 500 亿集成电路产业基金全面启动。率先在国内开放智能网联汽车道路测试，累计发放 7 张智能网联汽车道路测试牌照；新能源汽车推广累计超 20 万辆，位居国内第一。率先出台工业控制系统信息安全三年行动计划，形成覆盖全市规上企业的工业信息安全管理服务网络。

推动服务业创新发展。推进落实全力打响“上海服务”品牌活动，组织开展生产性服务业“名人、名家、名企、名园”评选，3 个项目、2 个平台获工信部第二批服务型制造示范称号。加快发展智能软件、推动企业上云，软件和信息服务业营业收入超过 8600 亿元，增长 11% 以上。开展全市品牌培育试点示范，创意设计产业增加值增长 11% 左右。

（三）深化智慧城市建设，支撑城市科学化、精细化、智能化管理

全面推进智慧城市建设。会同市政府办公厅（市大数据中心），制定上海市公共数据和“一网通办”管理办法。深入推进“互联网 + 政务服务”，发布电子政务云平台基础设施层应用和数据迁移（部署）指南，形成政务云服务管理办法，全市 50% 以上的市级政务信息系统完成上云迁移。规划“数字智慧”长三角，布局世界级智慧城市群。深化信息化应用推广。智能辅助办案系统一期完成建设，上海旅游信息管理与发布平台、综合为老服务平台（二期）、医联工程分级诊疗平台等重大惠民项目建成投入运行；举办智慧城市体验周，启动人工智能首批十大应用场景建设，“市民云”作为“一网通办”移动端载体、提供 206 项公共服务。

实施智能上海行动。成功举办 2018 世界人工智能大会，发布全球 AI 产业地图、2018Gartner 曲线等 12 项专业研究报告及成果，出台加快人工智能高质量发展实施办法。成立微软 − 仪电等 3 个人工智能研究院，机器人、脑智等 8 个人工智能创新平台。微软、商汤、BAT、网易、小米、科大讯飞等创新企业项目签约，加快打造人工智能发展“上海高地”。

落实大数据战略。全面完成国家公共信息资源开放试点任务，浦东、静安、徐汇 3 个试点区实现市区开放数据互联对接。成立大数据应用创新中心，认定能源、交通、旅游等领域 7 家大数据联合创新实验室。静安区成为全国首批新型工业化（大数据）产业示范基地，开展大数据精细化治理创新工程试点。汇聚长三角“三省一市”政企开放数据，举办第四届 SODA 大赛。

加强信息化基础保障。发布推进新一代信息基础设施建设助力提升城市能级和核心竞争力三年行动计划，统筹推进全市互联网数据中心建设。千兆宽带网络基本全覆盖，建成 5G 百站规模试验网，签署《5G 先试先用推动长三角数字经济率先发展战略合作框架协议》，成立长三角 5G 创新发展联盟。发布《新型城域物联专网建设导则（2018 版）》，9 个区探索形成神经元部署模式。加强工控安全保障，发布三年行动计划，启动实施“千百十”企业防护能力提升工程，举办国内首次工业互联网安全防护示范演练。

（四）着力国防科技工业发展，推进军民深度融合

军民深度融合发展。成立国家和市级军民融合发展产业投资基金。打造闵行军民融合产业基地，促进张江科技创新、临港高端装备、青浦北斗产业、嘉定电子信息、宝山新材料、长兴海工装备、松江 G60 走廊等军民融合产业特色板块建设。协调支持国内首颗民营制造卫星“嘉定一号”成功发射。

推动军民融合重大项目建设。军民融合发展“十三五”规划通过国家评估验收，发布首批20项军民融合重大产业项目，推动海上维权综合保障平台、海上核动力平台等军民融合重大项目建设。协调中船集团大型邮轮项目签约落地，外高桥造船邮轮总装建造开工。海洋工程装备加快创新发展，成立上海海洋工程装备制造业创新中心。

（五）坚持改革开放，加快推动政府职能转变

持续优化企业服务。贯彻国家加强民营经济服务要求，出台民营经济“27条”，推动建立四套班子领导联系服务企业工作制度。全年企业服务平台发布产品3200多项，新华文创科技等5家企业获批国家中小企业公共服务示范平台，新增制造业单项冠军企业22家。市政府与中国商飞、中电科、宝武集团等签订战略协议。成功举办第20届中国国际工业博览会、外商产业投资推介会、首届全球IC企业家大会、第36次上海－横滨经济技术交流会，推进沪港产业合作以及友城间智慧城市合作，加强制造业国际合作交流。

加大开放协同力度。结合“上海扩大开放100条”及自贸区扩区，推动汽车、航空、船舶、绿色进口再制造和维修、高端生产性服务业等领域扩大对外开放；创新集成电路全程保税试点，率先试点增值电信开放并复制推广。积极推进与“一带一路”沿线国家合作，落实东西部扶贫协作、对口支援、对口合作任务，推进兄弟省区市产业合作。落实长三角一体化国家战略，深化IPTV规模部署、工业互联网、产业一体化发展，深入推动长江经济带生态优先绿色发展。

完善制度环境建设。在全国率先出台《进一步优化电力接入营商环境实施办法》，入选国务院28项优化营商环境典型做法，获得电力指标大幅提升。加强首届中国国际进口博览会能源、信息，通信、工控安全等保障工作，确保全市能源运行、通信传输等稳定可靠，做好央企接待工作。修订发布《上海市无线电管理办法》。

二、2019年工作要点

（一）指导思想和主要目标

指导思想：以习近平新时代中国特色社会主义思想为指导，深入贯彻习近平总书记考察上海重要讲话精神，坚持稳中求进工作总基调，坚持高质量发展主旋律；坚持以供给侧结构性改革为主线，以“三项新的重大任务”为突破口，围绕加快“五个中心”建设，聚焦稳增长、抓创新、促融合、强统筹、优制度，加快建设现代化经济体系；在提高城市经济密度和投入产出效率、提升配置全球资源能力、增强创新策源力上下功夫，加快推动改革开放向纵深发展。聚焦产业经济高质量发展，以培育创新经济激发转型动能，以打造品牌经济提升竞争能级，以发展集群经济构建战略优势。聚焦智慧城市高效率运行，加强体制机制统筹，促进互联网、大数据、人工智能和实体经济深度融合。聚焦企业服务优质化供给，建立完善企业联系服务体系，增强微观主体活力和发展内生动力。聚焦制度环境精准化配套，加强职能转变和精准施策，优化营商环境，以优异成绩庆祝新中国成立70周年。

主要目标：经济发展质量效益进一步提高，全市规模以上工业增加值力争实现增长，生产性服务业营业收入增长10%左右，软件和信息服务业营业收入增长10%以上，创意设计产业增加值增长10%以上。工业投资力争增长8%左右，开发区单位土地产值达到75亿元／平方公里，实施产业结构调整1000项。家庭宽带平均接入带宽达到200兆／秒，固定宽带用户平均可用下载速率40兆／秒。

（二）坚持以进固稳，推动产业经济高质量发展

——培育创新经济

确保工业经济稳定运行。围绕“六稳”促进产业提质增效，加强经济运行监测分析和综合协调，进一步落实实体经济“50条”，拓展稳增长措施，提振市场信心。加强要素保障，做好能源应急管理，加强“迎峰度夏”和

“迎峰度冬”期间电煤运输协调，保障成品油市场供应，提升加油站文明管理，推进加氢站建设。保障电力运行，深化市场化交易，优化电力营商环境，开展售电侧改革，加强进博会能源保障。关注应对外部形势变化，推进减轻企业负担工作，做好产业安全生产相关工作。

加快产业创新工程建设。落实创新驱动发展战略，全面提升产业创新能力和效率。深化实施人工智能、工业互联网、智能网联汽车等产业创新工程，加快一批战新重大项目在沪落地，增强制造业技术创新能力。实施工业强基工程，聚焦“补短板、强链补链、一条龙”项目，突破产业技术“卡脖子”瓶颈；建立突破“卡脖子”核心技术和产品清单。推动上海“北岸碳谷”产业生态建设，打造碳纤维产业创新应用示范区；推动国产公里级高温超导示范工程建设。

优化创新平台机制。构建开放、协同、高效的共性技术研发平台，布局推进医药高端制剂与绿色制药、高端医疗器械等领域制造业创新中心，推动集成电路、智能制造研发与转化功能型平台运作，加快工业互联网、工控安全等研发与转化功能型平台建设。强化企业创新主体地位，健全产学研一体化创新机制，培育一批市级企业技术中心，支持创建国家级企业技术中心。大力推动创新产品市场化应用，编制2019年度创新产品推荐目录。

统筹推进重大项目建设。制定产业投资高质量发展三年行动计划，加大制造业技术改造和设备更新，召开全市工业投资和重大项目推进工作会议，保持工业投资持续增长。加强投资监测分析，重点跟踪大众MEB、积塔半导体等特大项目进度。围绕重大项目推进，完善协调机制，充实项目储备，加快推进特斯拉、ABB机器人等项目建设。深入推进企业技术改造，优化专项政策，实施智能制造提升、人工智能赋能、企业内涵增强等六大技改专项行动，加快推进一批示范项目。大力推进新经济项目招商引资，瞄准新技术、新业态、新模式等引进一批重大项目落地，加快培育新动能和新的增长点。

——打造品牌经济

建立市领导联系重点产业制度。全力打响“上海制造”品牌，构建产业要素体系，围绕名品、名企、名家、名园引领，加快三年行动计划落实。调研评估委办局、各区、集团企业推进“四名六创”进展情况，针对问题瓶颈，明确解决措施。对接制造强国战略，落实国家部委等工作要求，加快上海制造业转型升级。梳理一批“上海制造”典型品牌，加大宣传推广力度。

高端装备产业发展。加快打造世界级汽车产业集群，完善新能源及智能网联汽车产业链、实施汽车产业高质量发展总体方案，推进新能源及智能网联汽车公共服务平台体系建设，筹建国家智能网联汽车关键零部件监督检验中心、国家智能网联汽车云控示范基地，协同推进智能型新能源汽车功能型平台建设。加快新能源及智能网联汽车标准体系建设；加快公务、出租、物流、环卫、邮政等领域新能源汽车推广应用，探索新能源汽车废旧动力蓄电池梯度利用和综合利用试点工作，加快推进燃料电池汽车开发和市场应用。完善智能网联汽车道路测试管理办法，突破智能网联汽车高速公路或高架道路测试。加快推进中船邮轮等项目，提升船舶产业发展能级。

电子信息产业发展。推进国家集成电路创新中心、国家智能传感器创新中心建设运营。推动集成电路设计产业园建设，引入国内外龙头设计企业入住，完善配套功能，带动产业链协同发展。加快推进中芯国际、华力二期、和辉光电、精测电子、盛美二期等重大项目建设，做好服务保障。推动新型显示产业在金山集聚发展，打造产业生态集群，推进汽车电子、智能硬件、超高清视频、物联网、医疗电子、增强现实等产业发展。推进5G产业发展，培育5G应用生态；依托RSIC-V产业联盟，做好标准、IP等研究以及产业化培育。

设计之都、时尚之都、品牌之都建设。建立美丽健康产业促进中心，推进国家工业设计研究院落沪，组织申报国家、市级工业设计中心，推进“上海工业设计创新股权投资基金”设立，建设上海国际时尚科技设计院项目，搭建“国际创意设计交互平台”。积极引进细分领域的重点或潜力项目，聚焦千亿级大品牌培育，新增3–5个百亿级品牌重点企业；培育200家品牌示范企业；推进上海品牌数据库建设。举办中国品牌经济（上海）论坛、上海设计周、上海长三角品牌博览会，轻纺工业产值超5800亿元。

生产性服务业发展。推动先进制造业和现代服务业深度融合，促进生产性服务业走向高端，培育发展新亮点。持续推进总集成总承包、检验检测、供应链管理等与制造业密切相关的生产性服务业新业态新模式；支持“双推”工程创新服务平台建设，立足上海服务全国，提升“上海服务”品牌和服务能级。继续推进服务型制造发展，围绕增强制造与服务协同能力，推动服务型制造重点模式发展，加强示范引领，提高服务型制造企业服务化率。加强生产性服务业功能区建设，完善公共服务设施、公共服务平台和服务体系，提升园区运营管理服务能级。

——发展集群经济

推动产业优化布局。加强产业布局统筹，推动产业地图动态修订和落地政策配套，建设上海市产业地图信息系统，引导推动重大项目布局与产业地图相匹配。完成工业用地布局专项规划，明确产业用地管控政策；围绕重点产业和重大项目，做好园区功能定位、规划调整和项目落地等服务协调；加强园区主体建设，强化产业园区载体平台作用。

培育发展新产业集群。围绕提升产业链水平和竞争优势，加快建设战略性新兴产业集群，培育新的经济增长极。继续推进上海市先进制造业（生物医药）集群培育试点，促进生物医药产业集聚发展。加强航空产业链整体布局及配套，推动中国商飞与上海本地企业对接；以华东无人机基地建设为牵引，编制民航试点总体方案，研究布局金山航空产业创新基地建设。推动上海化学工业绿色发展示范区建设，深化绿色化工产业链布局，加快建设上海化工新材料创新中心。

提高土地产出效率和经济密度。组织开展资源利用效率评价工作，形成四个“论英雄”激励约束机制，支持优质企业创新发展和提升能级，促进低效企业调整改造和转移腾退，制定产业区块外优质企业技改实施办法。聚焦“3 + 5 + X”重点区域整体转型，从规划定位、项目导入、资源配置、模式创新等方面推动政策突破，探索区域转型升级的新机制、新模式，打造高经济密度“产业新区”。推动各区低效园区实施整体转型“腾笼换鸟”，引领带动园区转型升级工作。

实施产业结构调整。以坚持供给侧结构性改革、促进经济高质量发展为主线，开展产业结构调整工作。启动实施调整项目1000项，启动调整重点区域5个。完善本市产业结构调整协调推进联席会议机制，加强产业结构调整与节能减排、环境保护、安全生产等工作对接。落实工作责任，加大督办力度，每季度发布调整进度情况；完善考核办法，加大对区县和相关部门的考核力度。

加快工业绿色发展。大力实施节能攻坚，持续提升用能效率，发布上海工业效能白皮书。建立全市绿色工厂、产品、园区、供应链储备培育库，发布一批创建单位名单，实施一批绿色制造系统集成项目。实施200项清洁生产项目，全面推进“减硝行动”，力争完成2500台锅炉提标改造；科学组织重点行业空气重污染应急和生产计划安排，制定限停产正面清单制度。培育壮大节能环保产业，总营收达到1600亿元。

（三）优化统筹协同，促进智慧城市高效率运行

——提升数字经济

打造人工智能发展高地。举办2019世界人工智能大会，打造高端化、国际化、专业化、市场化行业盛会。设立上海人工智能产业投资基金，联动社会资本形成基金群。培育壮大人工智能优势企业集群，优化产业发展空间布局，建设一批重点集聚区。建设一批人工智能重大创新平台和面向行业的创新中心，推动人工智能与产业融合

发展，加大生产制造、企业运营等领域人工智能应用，推进制造企业人工智能化技术改造。深化人工智能在民生领域应用示范，促进人工智能与经济社会发展相融合。研究人工智能制度创新，探索人工智能发展评价体系。

深化发展软件和信息服务业。建立联系服务软件和信息服务业重点园区和重点企业工作机制，出台促进产业发展政策，召开全市软件和信息服务业大会，稳定促进产业发展。推动建设新型工业软件重大项目和工业 APP，促进工业技术软件化，筹建重点领域工业软件知识库。推进安全可靠软件工程，搭建一体化基础软硬件公共服务平台，提升电子政务、金融领域安全可靠软件技术和服务能力，筹建基于安全可靠知识库的开源社区。落实《上海市推进企业上云行动计划》，发布云计算重点企业目录、企业上云服务资源目录、企业上云示范项目。培育发展智能软件、区块链、虚拟现实和增强现实、边缘计算、异构计算、数据保护等新兴增长点。推动市西软件信息园、华为青浦研发中心、网易公司青浦项目等重点项目加快建设。

扩大升级信息消费。创建综合型信息消费示范城市，争取在示范项目、体验中心、统计标准等方面先行先试。举办全国新型信息消费大赛，鼓励企业利用互联网平台深化用户在产品设计、应用场景定制、内容提供等方面协同参与。促进“互联网＋”跨界融合，支持建设一批民生服务、社会治理、实体经济等领域示范应用项目。聚焦商贸流通、金融、餐饮、汽车等领域，打造特色鲜明的信息消费和数字经济产业集群。

智能制造与工业互联网。编制《上海智能制造标杆工厂建设专项行动方案》，实施智能制造标杆工厂建设工程；建立智能制造综合标准体系研发、试验、验证及检测的一体化公共综合服务平台。启动长三角智能制造“百千万”工程，推动智能制造“十百千工程”深入实施；推动重大应用示范，争取国家级智能制造专项落地上海。大力发展工业互联网，加快落实标识解析建设和推广；推动研发与成果转化等通用型、行业性工业互联网平台建设。创建和认定一批国家级和市级工业互联网实践示范基地，实现重点产业领域两化融合管理体系贯标全覆盖。深化工业大数据应用，聚焦重点产业，支持工业大数据的全产业链打通和协同，实现业务模式创新。

加强大数据深度应用。推动数据资源创新应用，发布《上海市公共数据开放管理办法》，制定《上海市公共数据资源开放 2019 年度工作计划》，开放公共数据集达到 4000 个，加快大数据联合创新实验室建设，完成国家社会治理示范项目建设任务。加强产业集聚和辐射能力，加速打造若干大数据集聚区，推动设立市级大数据产业基金。研究建立大数据统计分析指标体系，试点大数据产业统计及评估。

——智慧城市体制机制统筹

加强新型智慧城市总体框架顶层设计。开展智慧城市“十四五”预研，推动建设教育、卫生等行业云集约建设，全面完成政府部门信息系统上云迁移，推进政务云 PAAS 平台建设。研究出台信息化项目政府购买服务相关办法，健全数据共享、数据安全、物联感知等标准规范，进一步完善智慧上海评估体系。拓展电子证照在社会领域的应用，完善电子印章公共服务平台功能，推进电子印章实施应用。

深化智慧上海重点领域应用。智慧公安建设，按照“一中心、一平台、多系统、多模型、泛感知、泛应用”总体架构，加强数据汇聚、深化智能应用。智慧城管建设，加强城建、交通、应急、环保等领域信息系统整合；探索构建跨领域平台，提升城市管理决策能力。智慧健康建设，优化“健康云”，实现全市 38 家三甲医院统一挂号、统一查询、统一服务，建设医疗便民服务项目。智慧文教建设，深化大规模智慧教育平台应用，推动上海文化市场综合信息管理服务平台建设，加强文旅领域信息系统整合。智慧农业建设，推动上海农业“一张图”项目，开展上海益农信息社建设，推进信息进村入户。

——加强信息化支撑保障

打造“双千兆宽带城市”。提升新一代信息基础设施能级，发布 5G 建设和应用实施意见，建设 5G 试商用网络、开展创新应用大赛。推进信息通信架空线入地及合杆整治，研究推进全球信息枢纽建设，扩容 TPE 等国际海光缆系统。推进数据中心和加速器体系建设，建立健全本市 IDC 统筹建设政策体系，发布 IDC 建设导则。基本建成覆盖全市的神经元体系，建设神经元感知综合服务平台升级版，推进神经元应用服务创新及大规模集成应用示范区建设。修编发布新型城域物联专网建设导则 2019 版，加强人工智能、工业互联网等新型基础设施建设。组建新一代信息基础设施建设联席会议，推进建设与保护立法工作，建立评估评价体系。

加强无线电管理。做好行政审批、市公用移动通信基站站址行政指导等工作，保护协调重点无线电台站。编制发布《上海市无线电台（站）分级管理目录》，推进《上海市重点无线电台站布局和保护专项规划》报批。推进 30 所无线电特色教育学校（活动中心）建设。牵头组织 F1 大奖赛等重大赛事和中国国际进口博览会等重大活动无线电安全保障。牵头组织重点频段频率使用率状态评价。

优化数据信息与工控安全保障。促进网络安全产业创新发展，出台网络安全产业创新工程实施方案；统筹推进普陀、浦东产业示范区建设；支持赛博网络安全产业创新研究院等智库建设，推进设立网络安全产业发展基金。加强工业行业信息安全管理，健全管理服务网络，落实“千百十”工程，打造标杆示范工厂；完善工控安全研发转化功能型平台、国家工控安全质量监督检验中心等平台布局和机构建设。强化智慧城市安全支撑，协调推进人工智能、大数据、区块链、物联网安全等保障机制建设，强化数据安全治理；协调推进长三角量子保密通信干线网建设及示范应用。

（四）推动制度建设，加强企业服务优质化供给

——建立企业联系服务体系

提升民营经济能级。推进“民营经济 27 条”政策落地，推出“三个 100 亿”，降低“四项成本”，加强“五个支撑”，推进各项任务落实。建立市、区领导联系服务民营企业工作制度，形成政企良好互动局面；发挥市服务企业联席会议机制中枢作用，解决企业诉求，督促各项政策落地。建设重点民营企业数据库，做好台账留存、诉求处理等服务保障工作。

完善服务体系。深化市企业服务云建设，完善市企业服务中心功能；继续推动市级部门、优质服务机构入驻企业服务云；加强企业服务云平面媒体和新媒体宣传推广，提高知晓度。完善市中小企业公共服务体系，稳步推动市级中小企业服务机构认定和第三方评估流程再造，重点推进张江核心园、漕河泾开发区国家创新创业特色载体建设。按照工信部要求，做好国家小型微型企业创业创新示范基地和国家中小企业公共服务示范平台申报。

加强产业金融服务。支持配合“科创板”建设，梳理科创板后备企业名单，推动现有企业改制上市扶持政策覆盖科创板拟上市企业，开展集中培训辅导。完善中小企业融资服务体系，深入推进“专精特新中小企业千家百亿信用融资计划”，支持符合条件的优质中小企业改制上市；进一步落实小微企业融资担保业务奖补政策，支持担保机构更好服务中小微企业，提高金融服务实体经济能力。

完善分层分类企业培育体系。加大对中小企业创新支持力度，做好 2019 年“专精特新”和“隐形冠军”企业遴选。按照工信部要求，组织申报专精特新“小巨人”企业和制造业单项冠军企业、产品，建设“专精特新”基础信息数据库。继续举办领军人才浦江班、财务总监和首席质量官等培训。

——加强央企及外企服务

加强央企服务。以产业高质量发展为导向，助推央企深度融入上海“五个中心”建设；鼓励支持在沪央企合理配置资源，盘活存量资源，不断优化产业布局；积极贯彻国务院国资委和市政府战略合作协议精神，促进一批高质量产业项目落地。发挥服务中央在沪企业联席会议办公室机制作用，破解央企在沪发展的痛点、难点和堵点，促进更深层次、更广领域的全面战略合作。充分发挥央地融合发展平台载体功能，加快央企与民企、外企、地方国企融合发展。

加强外企服务。深入贯彻落实市委、市政府关于加快构建开放型经济新体制相关要求，聚焦外资企业在沪发展现状及有关诉求，做好政企对接，强化能力建设，优化服务机制。持续提升信息化水平，推动外事管理信息系统建设，探索建立外资企业数据库，提高服务管理效率水平。以工博会、人工智能大会、信博会等为平台载体，促进外资企业与国内外同行沟通交流，不断完善产业生态系统。鼓励更多外资企业利用企业服务云平台，反映并解决企业诉求。

（五）聚力改革开放，完善制度环境精准化配套

——扩大改革开放

对接自贸区扩区建设。全力参与自贸新片区扩区方案编制，研提功能与政策建议；根据扩区方案，抓好相关任务落实，全力提升产业国际协同创新功能，构筑高端高新产业开放合作的最前沿和新高地。推进自贸试验区中俄远程宽体客机（CR929）等重大项目落地建设，支持洋山保税港区建设全球维修和综合保障基地、成套设备全球检测调试基地。

长三角产业和信息化合作。联合编制长三角产业和创新资源图，三省一市协同开展产业布局摸底工作，共同标识特色产业集群，推出重点产业地标，打造引领高质量发展的重要动力源。持续深入推进长三角5G协同布局先行先试、IPV6规模部署、工业互联网建设及安可应用等重点工程，推进标准、应用、产业等协同联动，研究探索长三角跨区域智能网联汽车路测。对接长三角一体化发展示范区建设，支持信息化一体化先行先试。布局推进工业互联网、大数据等领域重大项目，开展长三角大数据交易中心建设机制研究。

加强国际国内合作交流。持续拓展国内外合作交流，增强城市辐射带动力，形成高质量发展重要助推力，促进制造业核心竞争力提升。着力打造工博会“双向开放”国际化平台，不断提升市场化水平。聚焦智慧城市、人工智能、大数据等重点领域，加强与“一带一路”沿线国家、友城、各国驻沪领馆和商务机构沟通交流，促进国际产能合作。聚焦对口支援、东西部扶贫协作、对口合作、长江经济带、长三角等重点省区市，搭建产业合作平台，结合各区产业发展定位，市区联动、加大产业精准招商力度。

——加强制度建设

加强督查督办和“两会”工作。加强督查督办工作，对接工信部及市委、市政府重点工作，跟踪重点工程、重大项目、重要事项进展，推动节点目标任务落实，配合完成市级重点督查调研工作。保质保量完成2019年度市人大代表建议和市政协提案办理工作任务。

法规制度建设和精准施策。围绕发展环境、问题瓶颈、重要指标、重大工程、重点任务、重要领域等，启动制造业“十四五”规划前期研究。推进政策法规制定，开展《上海市促进中小企业发展条例》修订、《上海市公用移动通信基站设置管理办法》立法后评估。加强研究项目统筹管理和服务，开展企业服务体系建设研究、全力打响“上海制造”品牌三年行动计划落实情况评估等重点项目调研，推进研究成果转化和应用；联合开展专题调研，推动航空产业配套规划二期、长三角工业互联网一体化发展等规划和政策研究。

加强产融结合和人才队伍建设。启动产业转型二期基金筹建工作，聚焦全力打响“上海制造”品牌，引入社会化投资。围绕产业及信息化发展需求，选拔推荐市经济信息化领域领军人才，做好市首席技师项目资助、市技能大师工作室的推荐申报，组织开展人才引进重点机构调整。

2019·上海工业年鉴

SHANGHAI INDUSTRIAL YEARBOOK

上海落实制造强国战略工作情况

2018年，中共上海市委、市政府高度重视推动制造业转型升级、提质增效，贯彻落实“制造强国、网络强国”战略要求，按照高端化、集约化、服务化和二、三产业融合发展方针，以“创新驱动、提质增效”为主线，坚持“高端化、智能化、绿色化、服务化”发展方针，把增强产业核心竞争力和企业核心竞争力放在首要位置，构建战略性新兴产业引领、先进制造业支撑、生产性服务业协同的新型工业体系，不断巩固提升上海实体经济能级，继续当好全国改革开放排头兵和创新发展先行者。

一、加强部市合作，推进重点工作落地

召开上海市推进工作领导小组会议，工信部领导及市、区主管部门主要负责人，在沪央企、地方有关国企负责人，重点产业园区、相关行业协会负责人等出席，通报上海市贯彻落实制造强国战略工作情况等。

落实《上海市人民政府关于创新驱动发展巩固提升实体经济能级的若干意见》，从贯彻国家战略、体现示范引领，优化城市功能、突出上海特点，破解发展瓶颈、加强统筹协同等几方面综合考虑，共6个部分50项措施。《若干意见》经市委常委会、市政府常务会议审议通过，由市政府正式发布。

配合工信部修订年度分省市支持重点，明确年度产业发展重点和细分领域；梳理年度重大标志性项目，加强部市合作，加快项目推进；做好申报方案修改完善工作，对接国家示范区创建工作。

二、打造制造业创新中心，提高战略性新兴产业创新能力

发布《上海市制造业创新中心建设工程实施方案》，开展市级制造业创新中心建设工作。重点围绕智能制造、集成电路、海洋工程装备等优势领域，推动国家级制造业创新中心的申报和认定工作。同时，推动智能网联汽车、MEMS、增材制造等市级制造业创新中心的组织实施和评估认定工作。

开展上海市创新产品推荐目录的编制工作。根据《上海市创新产品推荐目录〉编制办法（试行）》，通过前期准备、企业申报、材料初审、专家评审、协会评价等环节。

推动企业技术中心工作。完成《企业技术中心管理办法》的修订和发布，首次发布《上海市市级企业技术中心认定评价工作指南》。完善建立以国家级企业技术中心为引领、市级企业技术中心为骨干、区县级（集团级）企业技术中心为支撑的产业技术研发机构体系。

推动重点领域功能型平台的建设工作。重点推动集成电路、智能制造、工业互联网、工业控制安全等4个平台的组织实施，配合做好大数据试验场、智能型新能源汽车2个平台的建设。

三、加快两化深度融合，实施智能制造工程

做好规划设计和环境营造，发布《上海市加快制造业与互联网融合创新发展实施意见》和《上海市工业互联网创新发展应用三年行动计划（2017–2019年）》，明确未来3–5年上海推进制造业与互联网融合的主要目标、任务及具体产业层面推进思路。成立工业互联网联盟上海分联盟。

推动重大项目落地和试点示范，建成全国首个实体化运行的工业互联网创新中心，推动工业互联网功能型平台建设，编制完成建设方案。设立工业互联网专项扶持资金，出台《工业互联网创新发展支持实施细则》，支持一批工业互联网重点项目建设，上海项目入选工信部年度制造业和互联网融合试点示范，宝钢工程技术等入选中德智能制造合作试点示范。加强部市联动，组织松江申报国家新型工业化基地（工业互联网）。在临港、化工区、松江区开展首批市级工业互联网创新实践基地创建。

加强标准引领和培训推广，持续推进两化融合管理体系贯标工作。组织开展两化融合管理体系贯标试点、示范企业申报，并向工信部推荐重点企业。

四、加快政策创新，推进智能制造工作

加强政策创新，发布《关于上海创新智能制造应用模式和机制的实施意见》，提出并推动系统解决方案供应商采用融资租赁、效益分享、产能共享等新机制促进智能制造应用，促进智能制造规模化应用；研究制定《关于组织开展上海智能制造系统解决方案供应商推荐目录编制工作的通知》，扶持系统解决方案供应商做强做优。

推进试点示范，积极对接国家战略，上海入选国家智能制造专项，入选项目数位居全国前列；由上海电科所承担的国家智能制造标准项目成为国内124个标准项目中首个完成验收的项目；确定数字化车间／智能工厂集成创新应用项目。航空航天复杂零部件智能制造试点示范等项目入选工信部智能制造试点示范项目名单。

营造发展生态，推动建设上海科创中心重点布局的智能制造研发与转化功能型平台，完成平台建设方案编制和论证，推动组建功能型平台运作实体，完成平台公司的工商核名、注册工作；推动筹建上海市智能制造产业协会。

五、加强顶层设计，实施工业强基工程

加强顶层设计，发布《上海市工业强基工程实施方案（2017—2020)》和《上海市工业“四基”发展目录（2017—2020)》。

加大支持力度，设立上海市工业强基专项。发布《上海市工业强基专项支持实施细则》，开展上海市工业强基项目和评审工作，聚焦核心基础零部件、核心基础元部件、关键基础材料、产业技术基础、协同创新方面项目重点支持。

强化日常管理，做好国家强基项目跟踪服务。配合工信部完成了首个国家强基项目上海人本汽车轴承有限公司“高精度长寿命轿车用第三代轮毂轴承单元转型升级”验收工作。

六、加大结构调整力度，实施绿色制造工程

加大落后产能淘汰力度，推进以金山二工区等老工业园区为代表的重点区域产业结构调整。确定全年产业结构调整的企业名单，编制实施方案。落实中央环保督查指示精神，开展全市涉重金属企业梳理和黄浦江沿岸工业区外零星化工企业调查，进一步排摸涉重企业，制定2018-2020年调整计划。落实国家“坚决遏制钢铁煤炭违规新增产能，打击‘地条钢’”要求。开展梳理排查工作，严防死灰复燃。确认本市无存量“地条钢”生产企业，无退出产能复产情况。

加强协同配合，全力以赴综合治理。开展协同环保督察整改工作、协同启动水源保护区专项、协同生态环境综合整治、协同城乡中小河道综合整治，取得积极成效，编制完成产业结构调整负面清单。

加快绿色制造体系建设，研究制定绿色工厂、绿色园区指标体系及评价方法；树立起一批绿色制造先进典型；入选工业节能与绿色发展评价中心。

实施绿色制造系统集成项目，项目实施以来，节能、减排、降耗效果显著，行业示范初步显现；加强项目跟踪管理，制定《上海市绿色制造系统集成项目管理暂行办法》，建立项目管理工作组和动态数据库，通过业务培训、月度跟踪、现场督察等多个环节实施链式管理。

推进绿色低碳试点，试点绿色数据中心PUE平均下降；低碳试点园区金桥开发区、上海化工区在全国进行经验交流；工业产品绿色设计试点企业，绿色研发设计能力显著提升。

七、优化升级企业服务，培育专精特新企业

全面推进市企业服务平台建设。面向全所有制、全规模、全生命周期企业，提供可信可靠的兜底式服务，“线上”搭建“上海市企业服务云”网站，实现服务对接、诉求解决、流程优化；“线下”建设市企业服务中心，加强协调联动、规范管理、服务支撑，持续提高功能集成、兜底服务实效。新增国家创业创新示范基地和国家中小企业公共服务示范平台。

动态调整“专精特新”群体。组织“专精特新”中小企业申报（复核)，申报数量超过2000家。坚持好中选优原则遴选“专精特新”企业，预计总量将扩大到1800家。

加强企业服务培训。组织开展“专精特新”企业家培训、财务总监培训，支持“专精特新”企业提升管理水平。

（赵广君）

上海推进制造业“十三五”规划实施情况

按照中共上海市委、市政府开展“十三五”规划（2016—2020年）中期评估的要求，在市领导的关心支持下，上海市经信委组织开展《上海市制造业转型升级“十三五”规划》执行情况的中期评估工作，形成“联合委办局、依托区和园区、借力专家和智库”工作机制。委负责同志多次带队与市发展改革委等委办局和专家学者开展对接，并充分吸纳相关意见建议；市人大财经委将制造业规划评估列为市人大两个重点评估规划之一，多次专题听取市经信委汇报，对市经信委开展的评估工作表示肯定。本次评估时间为2016年1月—2018年6月（部分年统数据截至2017年年底)。

“十三五”以来，牢固树立五大发展理念，紧紧围绕制造强国、网络强国战略，以创新转型、提质增效为主线，深入推进供给侧结构性改革，加快构建战略性新兴产业引领、先进制造业支撑、生产性服务业协同的新型工业体系，取得了阶段性成效。具体表现在以下6个方面：

一、实体经济发展信心有所回升，工业运行稳中向好

一是工业投资企稳回升。2016年下半年，工业投资结束连续28个月的下降态势，2018年上半年达到22.9%，创近10年新高。

二是工业效益显著提高。过去两年全市工业投资占全国的比重为0.5%，工业增加值、规模以上工业利润占比分别达到3%和4.3%。

三是工业税收显著增长。2017年，全市工业税收贡献占全市税收增量的55%，有效弥补了金融、房地产下降缺口。

四是工业增加值占GDP比重保持在合理区间，2016年、2017年、2018上半年分别为26.8%、27.6%和27.7%。

五是战略性新兴产业占比不断提高。2017年，战略性新兴制造业产值占全市工业总产值的比重达30.8%，比2015

年提高4.8个百分点。

二、主动对接国家战略，一批“大国重器”相继落地

一是争取一批重大功能性平台落户，如国家集成电路创新中心、国家智能传感器创新中心、国家机器人测试与评定中心、大数据国家重点实验室。

二是争取一批国家重大专项项目落户，如国家重燃试验基地落户宝山罗泾。

三是主动对接一批国家重大工程，在工业强基、智能制造、绿色制造、工业互联网等领域争取一批国家专项支持。

四是一批重大战略项目建设提速。C919首飞、ARJ21商业运营、万吨级驱逐舰首舰下水等实现创新突破，中芯国际、华力二期、和辉二期等重大项目持续推进。

三、积极构建创新生态，加速培育新兴产业和企业

一是大力推进新兴企业落户。推进特斯拉、小米、阿里巴巴、腾讯、网易等与市政府战略签约，并推动项目落地。

二是着力培育融合性新兴产业，瞄准人工智能、工业互联网、智能网联汽车等领域，加强战略布局，搭建世界人工智能大会等平台，促进产业集聚。

三是持续推动产业创新。加快智能网联汽车等产业创新工程，推进工业强基工程，重点组织实施智能制造、工业互联网、石墨烯、工控安全等4个研发与转化功能型平台。

四是扶持创新型中小企业发展。全市“专精特新”企业数量已达1665家，其中国际前三或国内第一的细分领域“隐形冠军”共有215家。

四、产业结构优化、提质增效取得成效

一是先进制造业支撑作用进一步凸显。工业机器人产业形成增长极，产量占全国将近一半；新能源汽车保有量超过19万辆，是全球最大的推广应用城市。

二是传统优势产业加快提升改造，技改投资占全市工业投资的比重升至61%，近两年累计实施147个市级重点技改项目，完成技改投资1217.1亿元。

三是加大力度淘汰落后产能。近两年共完成市级产业结构调整项目2612项，减少能耗量90万吨标煤，腾出土地4万亩，减少低技能岗位8.8万个，实现“单项拔点”向“成片整治”转型。

四是推动产业园区整体转型升级。建设20家国家新型工业化示范基地，园区集约水平稳步提升，2017年，工业园区单位土地产出74.4亿元／平方公里（按已供应工业用地计算）。

五是对资源环境的友好程度不断提升。绿色制造系统集成项目节能、减排、降耗和行业示范成效显著，2017年，工业固体废弃物综合利用率达98%，持续领跑全国。

五、全面推进融合创新，加速形成集聚效应

一是构筑“制造＋互联网”新生态。落实部市关于工业互联网创新发展的合作协议，松江率先获批全国首个工业互联网产业示范基地，以临港、化工区为代表的新型工业互联网产业集群初具规模。

二是推动“制造＋AI”融合创智。推动人工智能与实体经济融合发展，实施智能化改造的重点企业生产效率平均提升50%以上，运营成本平均降低30%左右。

三是推动“制造＋设计”，培育新动能。推动中国工业设计研究院落沪，商飞、晨光文具被评为国家级工业设计企业。

四是推动“制造＋服务”新模式应用。在全国率先提出服务型制造综合评价体系并启动试点，培育了电气、宝武、华谊等一批“制造＋服务”供应商。

五是开创军民深度融合新局面。成立上海市军民融合产业投资基金，形成“1+X”上海军民融合产业集聚发展格局，2017年，军民融合产业产值4280亿元，同比增长12.5%。

六、强化制度供给，营造良好政策环境

一是强化政策顶层设计。2016年以来，先后出台工业供给侧27条、2025行动纲要、实体经济50条、全力打响上海制造品牌等纲领性文件，贯彻落实制造强国战略，促进实体经济高质量发展。

二是优化制度精准供给。在人工智能、工业互联网、技术改造、智能制造、工业强基、绿色发展等10多个细分领域出台了政策文件、实施办法及配套支持细则。

（赵广君）

上海发展《实体经济50条》执行情况

2018年，上海市全面贯彻党的十九大精神，落实中共上海市委、市政府决策部署，坚持稳中求进工作总基调，牢固树立新发展理念，按照推动高质量发展、创造高品质生活的要求，深入推进供给侧结构性改革，实施制造强国、网络强国战略，按照《关于创新驱动发展巩固提升实体经济能级的若干意见》（简称“实体经济50条”），充分依托自贸试验区改革开放优势及科技创新中心建设创新引领驱动，全力打响“上海制造”品牌，加快打造实体经济发展新高地，积极稳增长、抓创新、调结构、促转型，各项工作取得明显成效。

一、全力打响“上海制造”品牌

1．实施《全力打响“上海制造”品牌加快迈向全球卓越制造基地三年行动计划（2018–2020年）》。发布促进资源高效率配置推动产业高质量发展的若干意见，推动资源高效利用。发布上海产业地图，引导产业加快特色化、品牌化发展，“上海制造”发展制度环境持续完善。

2．主动对接国家战略，两机专项基础科研项目正式批复，6家牵头单位获得立项。“重燃专项”试验基地项目前期工作就绪，基本完成开工准备。重大项目进展顺利，上海最大的外资制造业项目特斯拉纯电动整车超级工厂实现当年签约、当年供地、当年开工、积塔半导体、上汽大众MEB纯电动整车等重大项目开工建设。华力二期12英寸生产线项目建成投产，中芯国际集成电路14纳米工艺具备量产能力，和辉光电柔性AM–OLED显示屏量产出货。

3．制造业高质量发展加速，汽车、电子信息、生物医药等重点产业集群竞争力不断增强。53家企业获得首批“上海品牌”认证，“上海制造”占到七成以上。

4．全面开展“技术改造焕新计划”，实施智能化、高端化、绿色化等“六化”改造示范项目200项，自动化、智能化为特征的项目占比50%，智能化改造向生产经营全流程渗透延伸。20家智能车间／工厂开展试点建设，3家企业入选国家智能制造示范工厂，9个项目获得智能制造专项支持。38项高端智能首台装备实现国内外突破，高世代AMOLED线性蒸发源突破“卡脖子”瓶颈，打破国际技术垄断和设备封锁。

5．率先在国内开放智能网联汽车道路测试，累计发放7张智能网联汽车道路测试牌照。荣威MARVELX实现自主泊车功能，全面展示最新自主自动驾驶技术成果。新能源汽车推广量累计超过20万辆，位居国内第一。

6．集成电路、智能传感器等两个国家制造业创新中心挂牌成立，总规模500亿元集成电路产业基金全面启动。上海市集成电路设计产业园挂牌成立。高端医学影像诊断设备取得显著突破，国产首台一体化正电子发射型计算机断层成像仪／磁共振成像仪（PET/MR）正式推向市场。

7．吴淞、南大等5个重点区域统筹布局新兴产业，加快打造高质量发展示范区。市政府与宝武集团加强战略合作，推进吴淞地区整体转型升级。南大地区车联网产业加快集聚发展。推动金山二工区、奉贤星火开发区等重点区域加快转型发展。

8．国家新型工业化产业示范基地累计达到20个，工业区单位土地工业总产值达到74.4亿元／平方公里，预计将提前完成“十三五”规划目标。全市规模以上工业单位增加值能耗0.579吨标煤／万元，比上年下降4.9%。8家绿色工厂、9项绿色产品、1条绿色供应链获得国家绿色制造示范。发布《上海市产业结构调整负面清单（2018版）》，淘汰落后产能1350项。

二、新经济动能加快形成，互联网、大数据、人工智能与实体经济加速融合

1．新兴产业创新生态初步培育形成。成功举办2018世界人工智能大会，40余个国家的7.2万余名嘉宾、20万人次参会观展，新闻总阅读量达到4.8亿次。发布全球AI产业地图、2018Gartner曲线等12项专业研究报告及成果，出台加快人工智能高质量发展实施办法，成立亚马逊AWS等3个人工智能研究院，机器人、工控安全等8个人工智能创新平台。微软、谷歌、阿里、腾讯、百度、网易、小米、科大讯飞等创新企业和项目签约，参与加快打造人工智能发展“上海高地”。面向医疗健康的大数据共享及人工智能训练平台等8个项目入选人工智能与实体经济深度融合创新项目。

2．全面完成国家公共信息资源开放试点任务，成立大数据应用创新中心，在静安区创新开展大数据企业认定，认定能源、交通、旅游等领域7家大数据联合创新实验室，探索建立分级分类、定向开放等数据开放新模式。

3．初步完成工业互联网标识解析国家顶级节点（上海）部署，启动重点行业二级节点建设。工业互联网功能型平台加快建设，超纤维新材料行业供应链管理标识解析集成应用等11个项目获得国家首批工业互联网创新工程支持。振华重工等8家企业入选国家制造业“双创”平台试点示范。松江区获批全国首家工业互联网新型工业化产业示范基地。

4．率先出台工业控制系统信息安全三年行动计划，形成覆盖全市规模以上企业工业信息安全管理服务网络。360安全、平安科技等战略合作和项目加快落地建设。自仪院获批全国首个国家工业控制系统安全质量监督检验中心。举办国内首次工业互联网安全防护演练。

三、智慧城市建设加快推进

1．“一网通办”移动端载体“市民云”已为市民提供206项公共服务，电子证照在“市民云”中实现亮证，完善法人一证通和自然人身份统一认证平台。半数以上市级政务信息系统完成上云迁移，三大基础库上云迁移全面完成。

2．联合编制《上海市公共数据和“一网通办”管理办法》。适应政务云建设模式和信息系统整合要求，完善信息化支出预算审核机制。上海旅游信息管理与发布平台建成并投入运行，综合为老服务平台、医联工程分级诊疗平台等一批重大惠民项目启动建设。

3．发布实施新一代信息基础设施三年行动计划，统筹推进全市互联网数据中心建设。新型城域物联专网创新服务应用类别超过50种。建成覆盖虹桥商务区等在内的百站规模5G试验网，完成5G+无人机安防监控，5G+V2X无人驾驶、5G+4K等业务验证。

四、军民深度融合发展

1．军民融合发展"十三五"规划通过国家评估验收，发布首批20项军民融合重大产业项目，海上核动力平台等国家重点军民融合项目加快建设。成立国家和市级军民融合发展产业投资基金。闵行区获批开展国家知识产权军民融合试点。

2．协调中船集团大型邮轮项目落地，外高桥造船邮轮总装建造开工。海洋工程装备加快创新发展，成立上海海洋工程装备制造业创新中心有限公司。

五、企业营商环境持续优化

1．出台实施提供更优服务更好环境助力科创企业发展的若干意见，建立完善分层分类服务重点企业机制。

2．企业服务云功能加快完善，市企业服务平台发布产品3200余项，总访问量约270万人次。

3．中国航发、国投集团、中电建等重点项目落沪。新增制造业单项冠军企业22家。

4．完成促进中小企业发展条例评估报告。新华文创科技等5家企业获批国家中小企业企业公共服务示范平台。

5．成功举办第20届中国国际工业博览会，工博会成为制造业国际交流合作和"上海制造"的重要舞台。

（赵广君）

打响"上海制造"品牌三年行动计划执行情况

2018年，上海市经信委系统认真贯彻落实中共上海市委、市政府关于全力打响"四大品牌"的决策前景，积极实施《全力打响"上海制造"品牌加快迈向全球卓越制造基地三年行动计划（2018—2020年）》，取得新的进展。

一、推动经济高质量发展，全力打响"上海制造"品牌

1．大力发展高端制造、智能制造。全面开展"技术改造焕新计划"。实施智能化等"六化"改造示范项目264项，技改投资占工业投资比重达到64%。加快推进智能制造"十百千"工程，推动20家智能车间／工厂试点建设，3家智能制造系统解决方案供应商进入第一批国家推荐目录。发布工业互联网产业创新工程实施方案，开通工业互联网标识解析国家顶级节点（上海）；松江成为国家首个新型工业化（工业互联网）产业示范基地，启动长三角百万企业"上云上平台"。

2．加强"上海制造"品牌统筹推进。53家"上海制造"企业获首批"上海品牌"认证，占总数七成以上。发布上海市产业地图，引导产业加快特色化、品牌化发展。推进产业链配套，加快汽车、电子信息、生物医药等重点产业集群建设，"上海制造"发展制度环境持续完善。战略性新兴制造业产值占规上工业总产值比重达到30.6%。

3．聚焦推动重大产业项目建设。加快推动一批项目。特斯拉超级工厂当年签约、当年供地、当年启动，积塔半导体、上汽大众MEB等重大项目加快建设。华力二期12英寸生产线项目建成投产，中芯国际集成电路14纳米工艺具备量产能力，和辉光电柔性AM-OLED显示屏量产出货。加快推动华为青浦研发中心、蔚来生产基地、国能新能源汽车、海尔智谷、东方美谷、市西软件信息园、油品清洁化项目建设。全年工业投资增长17.7%，创10年新高。

4．产业集群发展、绿色发展加快推进。出台促进资源高效率配置推动产业高质量发展若干意见，依托"3+5+X"重点区域统筹布局新兴产业。市政府与宝武集团合作推进吴淞地区整体转型升级，南大地区车联网产业加快集聚发展，桃浦地区"中以创新园"启动建设。国家新型工业化产业示范基地达20个，工业区单位土地工业总产值突破75亿／平方公里。加快绿色发展，12家绿色工厂、1个绿色园区、10项绿色产品、2条绿色供应链获国家绿色制造示范。发布产业结构调整负面清单（2018版），淘汰落后产能1460项。规上工业增加值能耗同比下降5.2%。

二、强化产业创新能级，聚焦落实科创中心战略

1．加强科技与产业创新融合。加强高端装备首台套支持，加快机器人、高端医疗装备、高端能源装备自主化发展。38项高端智能首台装备实现国内外突破，高世代AMOLED线性蒸发源突破"卡脖子"瓶颈，国产首台一体化PET/MR推向市场，新昇300毫米大硅片月产能突破10万片。"两机"专项基础科研项目正式批复，"重燃专项"试验基地项目完成开工准备，推动高温超导电缆示范工程建设。

2．加快实施产业创新工程。深入实施智能网联汽车产业创新工程，提升国家智能网联汽车（上海）试点示范区软硬件测试能力。制定集成电路产业行动计划，矽立科技、精测电子、盛美二期等项目落地；推动集成电路设计产业园布局，紫光集团、阿里等设计龙头企业及项目入驻。实施工业强基工程专项，围绕重点领域"补短板"、强链补链一条龙、产业技术基础立柱架梁3个方向推进重点项目，2个项目入选国家强基工程重点产品。

3．完善产业创新生态。制造业创新体系建设取得突破，成立集成电路、智能传感器两个国家制造业创新中心，总规模500亿集成电路产业基金全面启动。率先在国内开放智能网联汽车道路测试，累计发放7张智能网联汽车道路测试牌照；新能源汽车推广累计超20万辆，位居国内第一。率先出台工业控制系统信息安全三年行动计划，形成覆盖全市规上企业的工业信息安全管理服务网络。

4．推动服务业创新发展。推进落实全力打响“上海服务”品牌活动，组织开展生产性服务业“名人、名家、名企、名园”评选，3个项目、2个平台获工信部第二批服务型制造示范称号。加快发展智能软件、推动企业上云，软件和信息服务业营业收入超过8600亿元，同比增长11%以上。开展全市品牌培育试点示范，创意设计产业增加值同比增长11%左右。

三、深化智慧城市建设，支撑城市科学化、精细化、智能化管理

1．全面推进智慧城市建设。市经信委会同市政府办公厅（市大数据中心），制定上海市公共数据和“一网通办”管理办法。深入推进“互联网＋政务服务”，发布电子政务云平台基础设施层应用和数据迁移（部署）指南，形成政务云服务管理办法，全市50%以上的市级政务信息系统完成上云迁移。规划“数字智慧”长三角，布局世界级智慧城市群。深化信息化应用推广。智能辅助办案系统一期完成建设，上海旅游信息管理与发布平台、综合为老服务平台（二期）、医联工程分级诊疗平台等重大惠民项目建成投入运行；举办智慧城市体验周，启动人工智能首批十大应用场景建设，“市民云”作为“一网通办”移动端载体、提供206项公共服务。

2．实施智能上海行动。成功举办2018世界人工智能大会，发布全球AI产业地图、2018Gartner曲线等12项专业研究报告及成果，出台加快人工智能高质量发展实施办法。成立微软－仪电等3个人工智能研究院，机器人、脑智等8个人工智能创新平台。微软、商汤、BAT、网易、小米、科大讯飞等创新企业项目签约，加快打造人工智能发展“上海高地”。

3．落实大数据战略。全面完成国家公共信息资源开放试点任务，浦东、静安、徐汇3个试点区实现市区开放数据互联对接。成立大数据应用创新中心，认定能源、交通、旅游等领域7家大数据联合创新实验室。静安区成为全国首批新型工业化（大数据）产业示范基地，开展大数据精细化治理创新工程试点。汇聚长三角“三省一市”政企开放数据，举办第四届SODA大赛。

4．加强信息化基础保障。发布推进新一代信息基础设施建设助力提升城市能级和核心竞争力三年行动计划，统筹推进全市互联网数据中心建设。千兆宽带网络基本全覆盖，建成5G百站规模试验网，签署《5G先试先用推动长三角数字经济率先发展战略合作框架协议》，成立长三角5G创新发展联盟。发布《新型城域物联专网建设导则（2018版）》，9个区探索形成神经元部署模式。加强工控安全保障，发布三年行动计划，启动实施“千百十”企业防护能力提升工程，举办国内首次工业互联网安全防护示范演练。

四、推进军民深度融合，着力国防科技工业发展

1．军民深度融合发展。成立国家和市级军民融合发展产业投资基金。打造闵行军民融合产业基地，促进张江科技创新、临港高端装备、青浦北斗产业、嘉定电子信息、宝山新材料、长兴海工装备、松江G60走廊等军民融合产业特色板块建设。协调支持国内首颗民营制造卫星“嘉定一号”成功发射。

2．推动军民融合重大项目建设。军民融合发展“十三五”规划通过国家评估验收，发布首批20项军民融合重大产业项目，推动海上维权综合保障平台、海上核动力平台等军民融合重大项目建设。协调中船集团大型邮轮项目签约落地，外高桥造船邮轮总装建造开工。海洋工程装备加快创新发展，成立上海海洋工程装备制造业创新中心。

五、坚持改革开放，加快推动政府职能转变

1．持续优化企业服务。贯彻国家加强民营经济服务要求，出台民营经济“27条”，推动建立四套班子领导联系服务企业工作制度。全年企业服务平台发布产品3200多项，新华文创科技等5家企业获批国家中小企业公共服务示范平台，新增制造业单项冠军企业22家。市政府与中国商飞、中电科、宝武集团等签订战略协议。成功举办第20届中国国际工业博览会、外商产业投资推介会、首届全球IC企业家大会、第36次上海－横滨经济技术交流会，推进沪港产业合作以及友城间智慧城市合作，加强制造业国际合作交流。

2．加大开放协同力度。结合“上海扩大开放100条”及自贸区扩区，推动汽车、航空、船舶、绿色进口再制造和维修、高端生产性服务业等领域扩大对外开放；创新集成电路全程保税试点，率先试点增值电信开放并复制推广。积极推进与“一带一路”沿线国家合作，落实东西部扶贫协作、对口支援、对口合作任务，推进兄弟省区市产业合作。落实长三角一体化国家战略，深化IPTV规模部署、工业互联网、产业一体化发展，深入推动长江经济带生态优先绿色发展。

3．完善制度环境建设。在全国率先出台《进一步优化电力接入营商环境实施办法》，入选国务院28项优化营商环境典型做法，获得电力指标大幅提升。加强首届中国国际进口博览会能源、信息，通信、工控安全等保障工作，确保全市能源运行、通信传输等稳定可靠，做好央企接待工作。修订发布《上海市无线电管理办法》。

（赵广君）

附件：全力打响“上海制造”品牌　加快迈向全球卓越制造基地三年行动计划（2018—2020 年）

为贯彻落实市委、市政府关于全力打响“四大品牌”的决策部署，全力打响“上海制造”品牌，加快迈向全球卓越制造基地，制定本行动计划。

一、总体要求

（一）指导思想

全面贯彻党的十九大精神，以习近平新时代中国特色社会主义思想为指导，把握实体经济高质量发展的总要求，坚定“上海制造”追求卓越的发展取向，坚定“上海制造”大有可为的信心决心，对标国际最高标准、最好水平，以推进供给侧结构性改革为主线，以迈向全球产业链、价值链高端为目标，加强名品、名企、名家、名园“四名”引领，推动技术创新、品牌创响、质量创优、融合创智、集群创建、绿色创先“六创”提质，着力实施“四名六创”专项行动，加快推动“上海制造”率先实现质量变革、效率变革、动力变革，擦亮新时代“上海制造”名片，为打响“上海服务”品牌、“上海购物”品牌、“上海文化”品牌提供有力支撑，为建设国际经济、金融、贸易、航运、科技创新“五个中心”奠定坚实基础。

（二）基本原则

——坚持服从服务国家战略。强化使命担当，始终坚持服从服务国家发展大局，主动承接国家重大任务，落实制造强国、网络强国战略，代表国家参与全球制造业竞争与合作，巩固提升实体经济能级，推动“上海制造”成为引领制造强国建设的新标杆。

——坚持创新引领。牢牢把握科技进步大方向、产业革命大趋势，加强以科技创新为核心的全面创新，大力发展新技术、新产业、新模式、新业态，推动互联网、大数据、人工智能与实体经济深度融合，构筑“上海制造”发展新动能。

——坚持品质至上。立足新时代新需求，扩大高端化、品质化、个性化供给，不以牺牲品质为代价开展市场竞争，大力塑造以品牌、技术、质量、标准、设计、服务为核心的“上海制造”竞争新优势。

——坚持开放协同。发挥自贸区先行先试优势，整合配置全球资源，主动融入长三角产业一体化发展，加强与长三角共建世界级产业集群，推动产业链布局优化、合作共赢，形成“上海制造”联动发展新格局。

——坚持合力推进。完善统筹协调机制，强化部门协同、市区联动，充分激发市场主体内生动力，调动各方力量共同参与，形成支持打响品牌的工作合力，营造全社会共同打响“上海制造”品牌新氛围。

（三）主要目标

通过三年努力，让“上海制造”技术更先进、制造更智能、产品更高端、品牌更响亮，加快建设全球卓越制造基地，为上海迈向卓越的全球城市提供实力支撑。

——初步建成世界级新兴产业发展策源地之一。掌握一批具有国际领先水平和自主知识产权的产业核心技术，高质量产业化创新成果不断涌现，战略性新兴产业附加值显著提升。到 2020 年，战略性新兴产业增加值占全市生产总值比重达到 20% 以上，战略性新兴产业制造业产值占全市制造业总产值比重达到 1/3 左右。

——初步建成若干世界级先进制造业集群。上海融入长三角产业一体化程度明显加深，产业链上下游配套协作更加紧密，产业集群组织、集群服务、集群生态更加完善，全力打造 2 个世界级产业集群，积极培育 4 个世界级产业集群。到 2020 年，重点产业集群面向长三角核心配套率达到 60% 以上。

——初步建成世界级制造品牌汇聚地。制造品牌数量持续增加，品牌知名度不断提升，品牌经济贡献率明显提高，打造一批市场认可度高的名品，培育一批核心竞争力强的名企，汇聚一批行业地位高的名家，塑造一批国际影响力大的名园。

（四）发展重点

围绕高质量发展要求，大力发展高端制造、品质制造、智能制造、绿色制造和高复杂高精密高集成制造，发挥“上海制造”在现代化产业体系建设中的支撑作用。超前布局未来前沿产业，聚焦科技创新中心建设，结合上海自身产业基础，在生命健康、人工智能、量子通信、空天海洋等未来前沿领域加强战略布局，实施一批基础前沿工程，填补国内空白。加快培育战略性新兴产业，聚焦发展新一代信息技术、智能制造装备、生物医药与高端医疗器械、新能源与智能网联汽车、航空航天、海洋工程装备、智慧能源装备、新材料、节能环保等产业，加快形成产业发展新动能。改造提升传统优势产业，加快推动汽车、船舶、钢铁、化工、都市等产业升级改造，加快生产方式向数字化、网络化、智能化、柔性化转变，提升传统优势产业核心竞争力。

二、专项行动

围绕全力打响“上海制造”品牌、加快迈向全球卓越制造基地的总体要求，聚焦“四名”引领和“六创”提质，着力实施名品打造、名企培育、名家汇聚、名园塑造、技术创新、品牌创响、质量创优、融合创智、集群创建、绿色创先等十个专项行动。

（一）名品打造专项行动

深入挖掘市场需求潜力，着力打造500项市场美誉度高、质量掌控力强的制造精品。推进150项消费品改善供给，面向健康、时尚、个性、绿色等新需求，在健康护理、日化用品、时尚服饰、绿色食品、工艺美术等消费领域，深入推进增品种、提品质、创品牌，提高消费品有效供给能力和水平，更好适应和引领消费需求。推进100项智能产品迭代升级，围绕智能网联汽车、智能健康医疗、智能家居、智能穿戴等新兴领域，加强产品技术集成和功能创新，扩大高端品牌供给。推进150项高端装备自主突破，瞄准民用航空、智能制造装备、集成电路装备、智慧能源装备、船舶及海洋工程装备等战略领域，突破复杂精密集成制造工艺和技术，推动重大短板装备首台（套）突破。推进100项新材料首批次应用，聚焦高温超导、石墨烯、高性能纤维等前沿领域，健全首批次应用示范支持机制，加快新材料推广应用。

（二）名企培育专项行动

集中优势资源，着力培育以世界一流企业、独角兽企业、隐形冠军企业为核心的卓越制造企业群体。做强世界一流企业，对标世界顶尖跨国公司，构建根植本地、面向全球布局的创新、生产和服务网络，提升全球资源配置能力，争取3家左右制造企业进入世界500强。做大独角兽企业，聚焦智能硬件、生物医药、新能源与智能网联汽车等领域，支持企业加强技术创新和商业模式创新，重点拓展股权基金、上市等融资渠道，培育企业生态圈，力争形成8至10家制造业独角兽企业。做优隐形冠军企业，开展隐形冠军企业同行业对标，引导企业长期专注于细分产品的研发制造、工艺改进和市场拓展，长期专注于质量提升和品牌培育，打造“百年老店”，形成200家位列国内外细分市场前三名的隐形冠军企业。

（三）名家汇聚专项行动

对接产业需求，着力汇聚以卓越科学家引领、卓越企业家运营和精工巧匠支撑的卓越制造人才队伍。打造卓越科学家引领的创新人才队伍，瞄准科技前沿和新兴产业领域，集聚一批世界领先水平的卓越科学家，引进培育一批高层次的领军型创新人才，新增100名制造业海外高层次人才和200名行业领军人才。培育卓越企业家运营的经营管理人才队伍，着力培育具有国际视野的企业家，弘扬追求卓越、勇于创新的企业家精神，在有条件的企业实行首席信息官和首席质量官制度。打造精工巧匠支撑的高技术和高技能人才队伍，加强工程师、工匠等高技术和高技能人才培养，倡导精益求精、爱岗敬业的工匠精神，打造一批专业水平一流的“上海工程师”和技艺精湛的“上海师傅”，培育扶持一批技能大师工作室、首席技师和制造业高技能人才实训基地，进一步加大资助力度。

（四）名园塑造专项行动

集聚高端要素资源，着力塑造以世界级品牌园区、特色产业基地为重点的区域品牌。培育世界级品牌园区，对标国际一流园区，推进临港产业区、漕河泾新兴技术开发区、张江高科技园区、上海化学工业经济技术开发区、上海国际汽车城等载体建设，集群发展优势产业，集成高端综合服务，形成5个左右世界级品牌园区，有力支撑世界级先进制造业集群建设。创建特色产业基地，引导区域加强差异化产业定位，推进长兴岛船舶和海洋工程装备、徐汇滨江人工智能、松江经济技术开发区工业互联网、静安市北大数据、闵行莘庄军民融合、奉贤东方美谷美丽健康、宝山顾村机器人、金山工业区新型显示等区域特色产业发展，支持市西软件信息园等区域向产城融合特色提升，形成100个“四新”经济创新基地。

（五）技术创新专项行动

加快推进产业技术创新。加强前沿和共性关键技术攻关，抢占产业技术制高点。超前布局前沿科技领域，主动对接国家战略，组织实施生命科学、信息技术、空天海洋、新能源、新材料等重大科技攻关，积极争取国家科技创新2030重大项目落户。推动新兴产业共性关键技术攻关，实施产业创新工程，制定重点领域技术路线图，推动产学研用联合攻关，在人工智能、工业互联网、智能网联汽车等领域实施100项产业创新项目。

加速重大创新成果产业化。深度对接高校、科研院所及全球创新团队，促进创新成果转化。加快战略性新兴领域重大成果产业化，重点推动华力微电子、中芯南方、和辉光电、海尔智谷等战略性新兴产业重大项目建设，在集成电路、生物医药、高端装备等重点领域，继续组织实施一批战略性新兴产业重大项目。推动关键基础领域产业化突破，深入实施工业强基工程，推动40种核心基础零部件或元器件、30种关键基础材料、20种先进制造工艺实现工程化和产业化突破。建立重大科技成果跨区域转化协调机制，推动张江等科技创新策源地与临港、金山等承载区对接转化，统筹信息、空间、政策资源，推动一批重大创新成果转移转化。

加强产业创新转化平台建设。强化平台支撑，促进制造业协同创新。建设制造业新型研发机构，在新一代信息技术、高端装备等领域争创3至5家国家级制造业创新中心和产业创新中心，主动布局一批市级制造业创新中心、研发与转化功能型平台；建立“小核心＋大协作”“公司＋联盟”的组织模式，通过技术授权、专利许可等方式实现自我循环、持续发展；赋能传统研发机构，加快与新型研发机构深度对接。加强企业研发载体建设，支持龙头企业建设中央研究院，鼓励企业内部研发机构开放协同，充分发挥国家级企业技术中心的辐射带动作用，国家级企业技术中心达到90家左右。推动制造业双创平台建设，推动制造业龙头企业利用园区或闲置厂房、楼宇等加快建设集聚研发设计、检验检测、投融资对接、成果转移转化、技能培训等功能的双创平台。

提高企业自主创新能力。分类施策，激发不同所有制企业创新活力。增强民营企业创新实力，引导和鼓励民营企业加大研发投入，加强产学研用合作，在高新技术企业认定、创新平台建设、重大研发项目承接、行业标准制定、科技创新券和“四新”券覆盖等方面给予重点支持，提升创新实力。提高外资企业创新溢出能力，支持外资企业运用研发资源及全球创新网络，与本市高校、科研院所、企业联合开展产业链核心技术攻关；鼓励外资研发中心将自主技术和成果进入上海技术交易平台进行交易，加速技术成果转化和溢出。激发国有企业创新动力，建立健全激发国有企业创新动力的考核、评价和激励制度，重点支持国有企业围绕国家战略领域开展关键核心技术攻关；支持央企参与科技创新中心建设，布局重大产业科技项目，建设研发总部。

加大技术改造焕新力度。全面实施技术改造焕新计划，推动传统制造业迸发新活力。大力推进智能化、高端化、集群化、服务化、精品化、绿色化改造提升，扩大新技术、新工艺、新材料、新装备应用，建设600项技术改造标杆项目，带动规模以上制造企业实施5000项技术改造项目。拓宽技术改造支持范围，适应产业融合发展趋势，将软件、专利、实验、检测以及与生产制造紧密关联的技术能力建设、供应链改造等投资纳入技术改造政策支持范围。支持规划工业区块外优质企业改造升级，在符合产业发展导向、符合地区规划控制和环境保护原则要求，不影响相邻地块合法权益，不改变原权利人的基础上，规划工业区块外优质企业可以实施技术改造。

（六）品牌创响专项行动

振兴经典品牌。加强传承创新，扶持振兴一批有历史底蕴、有潜在市场需求的经典品牌，唤起消费者对“上海牌”的美好记忆。支持经典品牌赋予新内涵，适应新生代消费群体的新需求，重点推动轻工、纺织、食品类经典品牌与文化创意、时尚设计等融合发展，挖掘文化资源，注入新元素。推动经典品牌融入新技术，鼓励经典品牌在传统工艺基础上推陈出新，导入先进管理方法，加强生产智能化改造升级，提高科技含量和附加值。引导经典品牌创造新模式，推动经典品牌发展新型商业模式，运用互联网、大数据等方式，实现线上线下融合发展。鼓励经典品牌探索新机制，试点推动一批经典品牌运用市场化方式提升活力，引进社会资本参与经典品牌企业盘活重组、机制转化和市场交易，鼓励金融机构发起设立经典品牌投资基金。

培育新锐品牌。创造新供给，培育和引进一批适应和引领需求的新锐品牌。建立新锐品牌发现机制，聚焦智能、健康、时尚、创意等领域，建立新产品和新企业品牌培育库，实施基于市场化综合评价的动态优化调整机制，筛选一批潜力新锐品牌。开展新锐品牌培育试点示范，完善新锐品牌培育工作机制，引导企业在研发创新、品牌策划与营销、运营管理等领域开展品牌培育试点示范，加大对试点示范企业的政策扶持力度，建立新锐品牌科学化管理体系。加大新锐品牌推广力度，搭建品牌推广平台，支持企业开展新锐品牌首发、展示、宣介等推广活动，依托工博会、上交会、信博会、广交会、华交会和重点境外展会等平台，扩大新锐品牌市场影响力。

提升优质品牌。进一步放大品牌效应，提升一批品质认可度高、市场影响力大的优质品牌。推动优质品牌高端化提升，鼓励优质品牌企业围绕产品定位、价值挖掘、传播渠道等制定实施品牌高端化提升战略，加强品牌差异化发展，提升品牌价值，树立品牌高端形象，不断增强品牌公信度、知名度和美誉度。推进优质品牌国际化发展，对标国际同行业品牌管理最高水平，鼓励优质品牌企业加强国际质量认证、国际商标注册，推动有条件的优质品牌企业通过兼并重组、管理输出等方式“走出去”和“全球行”，建立海外品牌营销渠道，打造国际化品牌。

（七）质量创优专项行动

全面开展质量提升。以质量为核心基础，树立“上海制造”全国质量标杆地位。开展“上海品质”自愿性认证，制定“上海品质”先进标准体系，组建国际认证联盟，实施第三方认证评价，推出一批制造业领域“上海品质”认证产品；探索开展长三角跨区域品牌认定。夯实质量技术基础，加强质量对标和产学研合作，组织攻克一批质量技术基础共性问题，争创一批面向未来前沿产业、战略性新兴产业的产业计量测试平台和检验检测认证平台。推进全方位质量管理，强化质量事中事后监管，健全缺陷产品召回行政监管和技术支撑体系，完善本市产品质量逐级提升示范平台，建立第三方质量安全评价制度。

加快标准升级提档。对标国际先进，推动标准引领产业发展。加强领跑标准制定，围绕消费品、高端装备等领域，主导制定一批拥有自主知识产权的高水平“上海制造”标准，并推动成为具有影响力的国际标准。开展标准化创新应用，筹建船舶和海洋工程装备等领域的国家技术标准创新基地，推进商用航空发动机、智能制造、物联网、智能网联汽车等产业标准化建设。拓展先进标准供给渠道，围绕上海制造优势领域培育发展团体标准，开展企业标准主要技术指标

“领跑者”制度试点。推动内外销产品同线同标同质，缩短国内外市场“质量差距”和“信任差距”。

（八）融合创智专项行动

推动“制造＋服务”。不断增强制造与服务协同能力，促进生产型制造向服务型制造转变。推动服务型制造新模式应用，支持制造企业加快发展系统解决方案、定制服务、研发设计、信息增值等重点模式，加大设备定制、工程设计、智能搜索等服务应用，实现跨领域、跨地域协同和“产品＋服务”式交付。组织开展服务型制造综合评价，重点围绕汽车、电子、装备等行业，制定行业评价标准，每年择优培育认定30家以上示范企业、30个示范项目和15个示范平台。推进服务型制造企业资源协同，鼓励和支持龙头企业协同利用社会化服务资源，实现服务“众筹”“众包”“众扶”“众创”，提高服务型制造企业服务化率。

推动“制造＋设计”。推动设计融入制造业全流程、全价值链，培育设计标杆企业，打造全国工业设计高地。实施重点产业设计再造，推动轻工、电子等领域加强产品功效设计、性能设计、适应性设计和可靠性设计，满足多品种、小批量、个性化消费需求；推动集装备、软件、在线服务于一体的集成设计，促进装备升级换代。推动工业设计高端、跨界发展，大力发展定制设计、网络协同设计、云设计和体验交互设计，鼓励“设计＋品牌”“设计＋文化”等商业模式和新业态发展。打造工业设计合作创新平台，筹办全球设计峰会，争取工业设计类国际组织和国家工业设计院落户，支持企业建立产品设计创新中心和国家级、市级工业设计中心。

推动“制造＋互联网”。推动制造业与互联网深度融合，构筑制造业新生态。建设一批工业互联网平台，重点培育1至2个具有国际影响力的通用型工业互联网平台，打造15个以上面向重点行业、环节的行业级平台和50个以上面向特定行业、领域的企业级平台，提升数据采集、边缘计算、设备连接、安全保障、生态搭建等能力，实现产业链资源优化配置和能力精准交易。推动十万家企业上云上平台，支持中小企业计算存储、网络防护等基础资源及设备、生产、管理等核心业务云化和平台化改造，促进产业链、供应链高效协同和业务流程再造。推进千个工业APP加载应用，推动平台开放共享工业知识、算法工具等微服务组件，打造技术创新开源社区，形成工业应用软件开发者创新生态。

推动“制造＋AI”。推进新一代人工智能技术在制造业领域各环节的探索应用，提升智能化水平。推动人工智能与制造全流程融合创新，加强网络协同研发、虚拟仿真等在产品研发设计中的应用，推动应用智能机器人、智能传感与控制、智能检测与装配等智能装备，建设“无人工厂”，加快大数据、机器学习等技术在供应链管理中的应用。推广智能制造新模式应用，在汽车、电子、船舶、航空航天、医药、能源装备等优势领域开展智能制造试点示范，建设100家智能制造新模式应用示范工厂，推广离散智能制造、流程智能制造、网络化协同制造、大规模个性化定制、远程运维服务等模式，推动制造业建立以状态感知、实时分析、自主决策、精准执行、学习提升为特征的智能制造系统。

推动军民深度融合。实施军民融合发展战略，实现跨越式发展，加快形成全要素、多领域、高效益的军民融合发展格局。对接国家军民融合产业重大工程，加快重型燃气轮机、海上核动力平台等重大项目建设，争取天地一体化信息网络工程、深空深海探测等一批重大工程落户，支持军工集团功能性总部和区域总部建设。扩大军民融合产业开放合作，推动上海与全国军工特色高校开展产学研战略合作，促进军民融合技术成果产业化；推动国家军民融合发展产业投资基金和上海市军民融合产业投资基金联动发展；支持军工高新技术向民用转化，鼓励民参军技术实现工程化、产业化。创新军民融合产业促进机制，推动军民融合产业发展“1+X”布局，争创国家军民融合创新示范区；推动技术基础资源军民共享，搭建军民计量资源互通共享平台；促进军工经济和区域经济融合，支持军工企业混合所有制改革；建设军民融合产业促进中心、技术成果交易中心等3至5个公共服务平台。

（九）集群创建专项行动

全力打造2个世界级产业集群。聚焦汽车、电子信息产业，推动产业迭代升级和产业链延伸。打造具有全球话语权的汽车产业集群，大力拓展新能源和智能网联汽车产业链，加快新能源汽车重大产业项目落地和推广应用，加大智能网联汽车开放道路测试力度，加快智能网联汽车创新平台建设、示范应用和商业化推广，建立以龙头企业为核心、全球化布局的研发制造体系。打造迈向全球价值链高端的电子信息产业集群，做大做强集成电路、新型显示、智能传感器、高端软件、智能硬件等产业链，突破材料、装备、工艺等短板领域，加快长三角区域电子信息集群创新网络建设，建立以“硬件＋软件＋内容＋服务”为架构的产业链生态。

积极培育4个世界级产业集群。聚焦民用航空、生物医药、高端装备和绿色化工产业，推动产业扩链、补链、强链。培育具有全球资源整合能力的民用航空产业集群，以大型客机和民用航空发动机为中心，逐步形成主制造商引领、优势供应商集聚、核心配套企业支撑、专业化平台服务的航空产业体系，提高面向产业链的协同配套水平。培育创新能力国际领先的生物医药产业集群，加强全球领先的生物医药创新研发能力建设，建设国际知名的高端生物医药产品和医疗器械制造基地，支持生物医药研发外包和健康服务应用示范。培育打破国外技术垄断的高端装备产业集群，推动智能制造装备、智慧能源装备、高端船舶和海洋工程等整机突破，提升核心零部件和关键材料自主化率，加快高端装备“走出去”步伐。培育最严标准和要求的绿色化工产业集群，聚焦以上海化学工业区为核心的杭州湾北岸化工集中区建设，加快产业高端化、精细化、绿色化发展，鼓励有竞争优势的企业融入国际供应链体系。

协同推动“集群长三角”建设。加强长三角区域产业协同，建立“基地 + 基金 + 机制”工作模式，共建世界级产业集群。引导龙头企业加强长三角产业链一体化布局，探索共建长三角产业链协同创新示范基地，推动龙头企业将研发设计、高端制造、营销服务等产业链环节扎根本地，引导富余要素资源优先向示范基地集中。推动长三角重大产业合作平台建设，推动长三角工业互联网等重点平台建设；支持临港、漕河泾、张江、金桥等品牌园区“走出去”，推动 G60 科创走廊、沪苏大丰产业联动集聚区、张江长三角科技城等跨省市合作园区建设；围绕人工智能、机器人及智能制造等领域，搭建一批长三角区域产业联盟。探索建立长三角产业合作机制，联合编制长三角产业集群地图，协商建立有利于重大产业项目跨省市迁移的利益共享机制，探索组建长三角产业合作基金，促进产业布局优化和要素资源跨区域流动。

推动产业园区集群集约发展。加强园区要素资源高效配置，促进园区高质量发展。推动园区产业集群化升级，引导园区差别化产业定位，聚焦发展优势特色产业，加强产业链布局；建设新型产业创新平台和机构，集聚创新型企业、人才和团队，构筑创新“场效应”；搭建集研发设计、检验检测、知识产权、金融对接等功能于一体的集群组织和服务平台，为集群企业提供优质服务；加快海关特殊监管区域整合优化，推动出口加工区向综合保税区转型，促进制造企业拓展研发、维修、展示、物流等功能。推动园区资源集约化提效，强化产业园区空间指引和用途管制，鼓励各区通过转型开发、政府收储、园区平台回购等方式，加快存量土地腾笼换鸟；提升园区产业承载容量，在园区交通、环境以及配套设施满足要求的情况下，鼓励通过提高容积率等方式提高园区土地利用效率。

（十）绿色创先专项行动

推进产业绿色提升。全面提升制造业资源能源利用效率和清洁生产水平。大力推进能效提升，扩大节能新产品、新技术、新工艺应用，每年完成改造项目节能量 50 万吨标煤以上，全面淘汰高能耗落后机电设备，试点建设余热资源统筹共享网络，推动分布式光伏、区域能源中心建设。推行清洁生产全覆盖，研究制定上海市促进清洁生产条例，加大清洁生产技术改造，全面完成燃油燃气锅炉排放提标改造和汽车、船舶等行业挥发性有机物治理，实现重点行业、园区、区域清洁生产全覆盖。推动资源高效循环利用，综合提升工业固废、水、再生资源等的循环利用，建成 3 至 5 个“城市矿产”示范基地，完成全部国家级和 50% 以上市级工业园区循环化改造，培育高端智能再制造产业，再制造技术工艺达到国际先进水平。

推动绿色制造领跑。率先推进全员能效和环境管理，开展绿色制造评价，示范打造一批“低污染、低排放、低碳”领跑者，建成一批理念领先、技术一流、具有全球影响力的“四绿”标杆。开发 100 项绿色示范产品，聚焦产品全生命周期绿色管理，推行生态设计，发布绿色制造产品目录，引导绿色消费。创建 100 个绿色示范工厂，制订重点行业绿色工艺、技术和装备推广方案，在大中小企业全面推行绿色制造。培育 20 个绿色示范园区，推动园区余热、水、微电网等基础设施共建共享，打造布局集聚、结构绿色、链接生态的绿色园区。建设 10 条绿色示范供应链，以汽车、电子、高端装备等行业龙头企业为核心，全面推行绿色采购。

三、保障措施

（一）深化产业扩大开放

探索自由贸易港政策突破对制造业的溢出带动功能，创造具有国际竞争力的投资环境。建立自由贸易港与制造业发展联动机制，进一步简化优化产业监管方式，支持国际协同制造和高端国际化业务开展，提升产业全球协同创新和资源配置能力。鼓励外商投资先进制造业，全面落实准入前国民待遇加负面清单管理制度，紧抓汽车、船舶、飞机等领域进一步对外开放的机遇，吸引重大产业项目落地。严格保护外商投资企业知识产权，完善知识产权纠纷多元解决机制和知识产权侵权查处快速反应机制，探索商业模式等新形态创新成果的知识产权保护办法，加强知识产权执法、维权援助和仲裁调解工作。

（二）扩大制度有效供给

加强顶层设计，扩大打响“上海制造”品牌的制度供给。加强产业政策有效供给，围绕振兴历史经典品牌、支持企业技术改造、扶持创新型企业发展、加强企业分类指导、促进资源要素高效配置等方面，研究制定专项扶持政策，加大财政支持力度，强化政策精准性和有效性。建立健全产业合作共享机制，围绕促进创新策源地重大科技成果向产业化承载区转化、支持企业跨区域迁移、推动长三角产业一体化等，建立合作利益共享机制，促进要素资源合理流动。强化产业领域改革创新，深化“放管服”改革，优化产业项目审批流程，大幅压缩审批周期；深入推动国有企业集团加强二级及以下企业混合所有制改革，并扩大员工持股试点。

（三）强化企业精准服务

推进企业服务线上线下无缝对接，建设市企业服务中心，推动一网受理、全网协同、全市通办。完善企业线上服务机制，强化面向全规模、全所有制、全生命周期的市企业服务云功能，提高企业上云“网购”便利度；设立创新型企业诉求直通车，及时响应企业诉求。健全企业线下精准服务网络，加强综合协调和兜底服务，优化企业诉求受理、汇总分解、跨部门协作、跟踪督办和第三方评估机制；匹配企业需求，制定发布服务清单、政策清单，打通服务企业“最后一公里”。

（四）加强土地资源配置

像保护耕地一样保护先进制造业用地，像保护文物一样保护老工业遗产。保持工业用地合理规模，制定工业用地布局规划，2020 年全市规划工业用地规模保持在 550 平方公里左右；加强工业用地用途管制，对于工业用地用途变更和用地改变土地使用性质的规划调整，应先行征求市规划国土资源部门和产业部门意见。保障工业项目用地需求，市统筹新增建设用地计划指标 1 平方公里用于市级重点产业项目，并向品牌园区倾斜；198 区域减量化增减挂钩用于支持新增工业项目的土地指标不低于 1/3。

（五）加快产业人才集聚

优化产业人才发展环境，为打响“上海制造”品牌提供坚实的人才支撑。实施“卓越制造人才计划”，加大卓越制造人才支持力度，统筹安排卓越制造人才专项资金，重点支持面向工程化、产业化应用的高精尖人才。组织开展人才选树，对接世界技能大赛，深入实施“上海工匠”选树培养、技能人才晋级和高师带徒奖励计划，举办“上海制造”创新创业大赛，完善“智慧工匠”、“领军先锋”评选。加强人才服务保障，建立市区联动、全覆盖的管理服务网络，解决产业人才的租赁住房和落户需求。建立职业资格、职业技能等级与相应专业技术职称贯通制度。

（六）推进产融深度结合

加强产融对接，强化金融对实体经济发展的支持。加大产业基金支持力度，对接国家级制造业发展、产业转型升级等基金，利用本市产业转型升级投资基金，吸引社会资本参与，聚焦支持人工智能、集成电路、智能制造、生物医药、园区转型升级等领域。拓展资本市场支持渠道，优先支持制造企业多渠道上市挂牌和发行债务融资工具，充分利用本市区域性股权交易市场挂牌进行股权融资，鼓励制造企业通过资本市场并购重组，推进制造业领域资产证券化。加强产业金融创新服务，鼓励发展供应链金融和绿色金融业务，发挥本市科技型中小企业信贷风险补偿和信贷奖励政策的作用，引导商业银行加大信贷投放。推进重大技术装备首台（套）和新材料首批次应用保险试点。推动大型制造企业设立财务公司。

（七）加大品牌宣传力度

加强总体宣传策划，为打响“上海制造”品牌营造良好的社会氛围。加强全方位品牌宣传，面向国内外大力宣传“上海制造”品牌，注重运用新媒体宣传，扩大“上海制造”影响力。开展“上海制造”高层次研讨，创新研讨形式和内容，提高社会各方对打响“上海制造”品牌的认识，扩大“上海制造”品牌知晓度。组建“上海制造”高端智库，与知名高校、科研院所深入合作，围绕“上海制造”产业集群、品牌经济、企业成长、人才战略等问题开展持续研究和定期评估。建立“上海制造”品牌服务体系，完善品牌价值发现机制，支持营销、策划、培训等品牌公共服务机构提供市场化、专业化服务。

（八）强化组织机制保障

加强组织领导，明确工作责任，抓好行动计划落实。加强统筹推进，统筹发挥市推进《“中国制造 2025”上海行动纲要》工作领导小组、市服务企业联席会议制度、市工业区发展联席会议制度等组织机制作用，各相关部门通力合作，协调推进“上海制造”品牌工作的重大事项。充分发挥各区和园区的积极性，各区和园区要制订切合实际的实施细则和方案，明确区域产业发展定位，推动资源要素向实体经济有效集聚，持续发力、久久为功，确保各项行动落实到位。加强督查考核，将打响“上海制造”品牌纳入市委、市政府重点工作目标责任考核，定期进行工作督查，通报工作推进和完成情况，确保行动计划顺利实施。

上海市工业强基工程实施方案执行情况

2018 年，面对国内外新形势新挑战，上海市以习近平新时代中国特色社会主义思想为指导，深入学习贯彻习近平总书记考察上海重要讲话精神，全面贯彻落实党的十九大精神，按照中共上海市委、市政府的决策部署，进一步落实《上海市工业强基工程实施方案（2017−2020）》等文件精神，根据全市工业强基工程要求，以问题为导向，坚持创新驱动发展理念，把强基固本作为进一步推动上海制造业创新发展的重要抓手和落脚点，加强研判，做好前瞻布局，各项工作有序推进。

一、对接国家战略，积极落实国家工业强基工程要求

1．布局一批国家工业强基工程项目。围绕工信部关于实施一揽子突破行动、一条龙应用计划和完善产业技术公共服务平台等体系化推进举措，积极组织全球资源，布局一批国家工业强基工程项目，夯实上海工业基础能力，构建未来上海新兴工业体系，为实体经济发展打下坚实的基础。2013–2018年，上海共有19家企业获得国家工业强基专项支持，推动全市工业强基工程发展。

2．落实国家工业强基工程取得实效。实施国家工业强基项目，有效推动了科技创新能力的提升，特别是在关键核心技术和工艺方面，实现重大突破和创新。例如，上海诺玛通过整合现有资源和技术，针对关键先导伺服及比例技术、超高压阀体材料等“卡脖子”问题进行联合攻关，实现关键核心技术的重大突破。上海飞博激光科技有限公司通过对高精密对准熔接技术集中攻关研发，实现重大技术突破，通过采用该技术，整个激光腔效率从常规45%提高到50%以上，大大提高生产一致性。同时，国家强基项目解决一批工业基础共性问题，攻克一批薄弱环节。例如，上海飞博激光科技有限公司承担的“掺铥光纤激光器产业化项目”填补国内高功率连续掺铥光纤激光器空白，打破以美国为首的西方国家在此类产品上对中国的出口管制和贸易壁垒。由于两微米激光器独特的波长特性，在国防军事领域有重要应用前景。百瓦以上激光器属于出口管制范围，高功率连续掺铥光纤器的研制成功和产业化对国家安全有重要意义。例如，中芯国际集成电路制造（上海）有限公司通过“集成电路公共服务平台”建设，对提升和改善中国集成电路核心技术产生巨大促进作用，提高了国内集成电路先进技术研发能力，为集成电路国产装备和材料提供产业化验证服务，为设计企业提供国际主流先进技术代工服务，促进集成电路全产业链整体跨越发展。

3．做好国家及上海市工业强基项目的储备。对接2018年度国家工业强基工程实施方案指南，组织鼓励有条件的企业积极争取中央财政支持，带动产业提升发展。同时开发上海市工业强基项目储备库项目，至2018年年底，已征集有效项目264项，涉及总投资103亿元。

二、主动谋划布局，布局本市重点项目

2018年，在中美贸易摩擦不断加剧的大背景下，分析梳理上海重点布局和具有较好基础的领域，针对产业链关键或高端环节，重点解决市场亟需、长期受制于人的“四基”关键瓶颈，提出符合未来2–3年发展趋势的技术指标要求，加强引导；同时项目布局关注领军企业、重点团队、技术积累情况。至年底，已支持3批工业强基计划，涉及新一代信息技术、航空航天、高端医疗器械等91个重点项目，总投资43亿元以上。

通过设立“重点领域补短板”“强链补链一条龙”“产业技术基础立柱架梁”三类专题，2018年，组织二批工业强基项目工作。通过鼓励产业链上下游单位在技术研发、工艺提升、批量生产、示范应用等环节紧密协作、联合攻关，形成整机（系统）与核心基础零部件（元器件）、关键基础材料整体突破，打通产业链关键瓶颈，推动产业自主高端发展。在突破国外技术封锁方面，聚焦航空航天、船舶海工等领域，集中力量攻关包括一批长期受禁运的关键技术，逐步增强产业链上最为核心基础元器件的国产化能力。如：谐振陀螺仪作为一种高精度、高稳定、长寿命的惯性器件，在航空航天领域有重要应用价值，但国内起步晚，精度差国外1–2个数量级，工程化程度和应用水平低，且面临国际技术封锁和禁运，因而对该方向的布局意义重大。突破国外产业垄断方面，聚焦电力装备、高端医疗器械、智能制造装备领域，提升关键核心零部件以及先进装备的自主研制水平，实现进口替代，进一步构建完整的自主技术产业链。如：重型燃机压气机叶片，突破叶片热加工及涂层等关键技术工艺，满足安萨尔多燃机产品认证要求。高速大扭矩切削电主轴，达到国际先进。电主轴编码器系统、刀具接口等核心环节都被欧美相关企业控制。项目将研制拥有自主知识产权的国产电主轴，改变技术和产品都依赖进口的局面，达到国内最领先水平。突破产业化核心环节瓶颈方面，聚焦新一代信息技术等领域，通过工业强基专项的持续支持，进一步提升上海核心、基础、高端芯片的技术水平和产业化能力。如：工业控制基础芯片，现场可编程逻辑门阵列（FPGA）芯片、微控制单元（MCU）是集成电路领域地位最核心、技术水平最高端的一类芯片，研发成功可弥补国内芯片在该方面的空白，达到国际领先水平。5G测试平台建设，5G大规模MIMO天线测试平台，可全方位支撑系统设备、芯片、终端研发和生产，是上海5G通信产业实现弯道超车的机遇。

（葛文政）

工业经济运行情况

2018年，上海市工业系统面对消费增速放缓、汽车行业下行、中美经贸摩擦等不利因素，进一步加大稳增长工作力度，努力提高新经济控动作用，产业提高增效取得显著成效。全市规模以上工业完成工业增加值8695亿元，比上年增长20%，在全市国民经济7个主要行业中规模居第一，占全市GDP的26.6%，对支撑全市经济总量起到重要作用。

表 1 2018 年工业经济运行主要指标完成情况

主要指标	绝对值（亿元）	增幅（%）
全市工业增加值	8695	1.9
工业增加值占 GDP 比重	—	26.6
规模以上工业增加值	—	2.0
规模以上工业总产值	34842	1.4
战略性新兴产业制造业工业总产值	10660	3.8
战略性新兴产业制造业占全市规上工业比重	—	30.6
规模以上工业出口交货值	7739	−0.2
工业投资	—	17.7
工业税收	3659	6.8
利润总额	3350	4.3

表 2 2018 年国民经济主要行业全口径增加值

行业	全口径增加值（亿元）	增速（%）
工业	8695	1.9
社会服务业	8491	14.8
金融业	5782	5.7
批发和零售业	4581	3.3
房地产业	1993	4.8
交通运输、仓储和邮政业	1533	10.4
住宿和餐饮业	421	−2.8

一、结构调整推动产业高质量发展

劳动密集型、资源密集型等一批不符合上海工业发展方向的行业进一步予以调整，如轻工中的印刷和记录媒介复制等行业产品附加值得到提升；石化、钢铁等重工业，通过减量增效不断转型，新材料领域加快培育。电子代工业加快转移，智能消费设备制造蓬勃发展。

从中类行业看，全市 35 个中类行业中，20 个行业实现增长，增长面为 57.1%。其中，专用设备制造、医药等两个行业实现两位数增长。

二、新经济拉动作用进一步提高

战略性新兴产业制造业增长 3.8%，增速快于全市工业 2.4 个百分点，在全部工业中占比 30.6%。主要领域中，生物医药、新一代信息技术、高端装备、新能源汽车、新能源、节能环保等 6 个领域增长，仅新材料领域下降，主要原因是由于汽车行业低迷，以致车用新材料下降。

三、工业提质增效取得显著效果

工业增加值率稳步提升，达到 25.3%，比 2010 年提高 4.5 个百分点。工业盈利能力好于全国，工业主营业务收入利润率为 8.7%，高出全国 2.2 个百分点，列全国第四位（前三位均为资源省份）。工业降本增效作用明显，工业每百元主营业务收入的成本 80.2 元，低于全国 3.7 元，在主要省市中最低。

工业税收比上年增长 6.8%，占全市税收的 27.3%。工业利润比上年增长 4.3%，利润主要来自化工品、钢材的价格上涨及机械行业回暖。

表 3 2018 年部分省市利润率

地区	主营业务利润率（%）
全国	6.5
上海	8.7
北京	7.1
福建	6.9
天津	6.8
江苏	6.6
浙江	6.5
重庆	6.2
广东	6.1
山东	5.3

四、新旧动能支撑作用共同增强

部分新兴产品、高技术产品对工业经济助推力加大，支撑作用加强。1.6 升＜排量≤ 2.0 升轿车、电站设备、3D 打印设备、智能电视等新兴工业产品均保持快速增长。同时，在供给侧结构性改革推动下，部分传统产品如金属集装箱、服装、鞋帽加工机械等通过更新换代也实现较快增长。

表 4 2018 年主要工业产品产量

产品名称	产量	增速（%）
合成橡胶（吨）	94959	30.2
金属集装箱（立方米）	8642443	22.4
电站用汽轮机（千瓦）	25386900	20.1
冰乙酸（冰醋酸）（吨）	686522	19.6
1.6 升＜排量≤ 2.0 升轿车（辆）	377416	18.7
服装、鞋帽加工机械（台）	611763	17.9
电站锅炉（蒸发量吨）	45391	14.6
灯具及照明装置（套、台、个）	140575079	14.6
智能电视（台）	1376557	12.7
3D 打印设备（台）	578	12.5
金属切削机床（台）	5990	12.4
泵（台）	2365447	12.0
运动型多用途乘用车（SUV）（辆）	827676	8.5

五、工业投资增速创 10 年新高

工业投资始终保持两位数增幅，比上年增长 17.7%，成为全社会固定资产投资平稳增长的有效支撑，增速居国内前三。工业投资对产业结构优化促进作用显现，重点投资方向集中在“上海制造”六大产业集群（汽车、电子信息、民用航空、生物医药、高端装备、绿色化工）；基因工程药物、工业机器人、新能源汽车等新兴行业的投资好于传统行业。

六、工业向园区集中成为新趋势

工业园区共有规模以上工业企业 5418 家，占全市工业企业的 66.7%；完成工业总产值 28411 亿元，占全市工业总产值的 81.5%。工业园区内战略性新兴产业完成工业总产值 9222 亿元，占全市战略性新兴工业总产值的 86.5%，比 2013 年提高 4.8 个百分点。园区已经成为上海工业企业的主要聚集地，标志着上海工业已经初步实现企业集中、土地集约和产业集聚。

七、工业出口略有下降

全市规模以上工业出口交货值比上年下降0.2%。其中，计算机、通信和其他电子设备制造业出口下降2.5%，下拉工业出口增速2.9个百分点。2016年10月起，全市工业出口在苹果产品拉动下迎来一轮爆发性增长，一直持续到2018年4月。2018年5月起，工业出口出现下降。在中美贸易摩擦公开化、关税加征措施陆续实施、部分输美产品抢出口、苹果新品市场不及预期等因素作用下，各月出口波动较大。

（吴 畅）

工业互联网发展情况

2018年，上海市积极贯彻《国务院关于深化制造业与互联网融合发展的指导意见》《国务院关于深化“互联网＋先进制造业”发展工业互联网的指导意见》，落实《工业互联网发展行动计划（2018–2020年）》《工业互联网专项工作组2018年工作计划》，立足产业和信息化发展基础，将工业互联网作为新时期上海加快推进两化深度融合、落实制造业与互联网融合发展战略的重要抓手，作为加快新旧发展动能和生产体系转换，促进制造业转型升级的重要突破口，促进数字经济和实体经济深度融合，全力打响“上海制造”品牌，为上海加快推进“五个中心”建设，促进长三角区域一体化发展、加速向全球卓越制造基地迈进奠定坚实基础。

一、夯实工业互联网网络基础

1．扎实推进标识解析体系建设。严格按照《工业和信息化部上海市人民政府共同推动建设工业互联网标识解析国家顶级节点（上海）的合作协议》，一是加快建设进度。2017年，工业互联网创新中心（上海）率先启动标识解析国家顶级节点（上海）的“试验节点”建设任务。2018年年中基本建成，并开展试运行；年底，搬迁到运营商专业IDC；12月13日，由市经信委、市通信管理局、临港地区开发建设委员会、中国信息通信研究院主办的“工业互联网标识解析国家顶级节点（上海）签约暨启动仪式”在沪举行，部市合作签约共同推动工业互联网标识解析国家顶级节点（上海）建设并正式上线运行。二是推动试点应用。设立工业互联网专项资金重点支持“标识解析应用”，率先推进二级节点在船舶、汽车、化工等行业试点应用，推动华峰超纤入选工信部工业互联网项目（标识解析集成应用类），浙江华峰、上汽集团、中科云谷、上海核工院等一批工业互联网标识解析二级节点建设与国家顶级节点同步正式启动；根据长三角工业互联网推进计划，到2020年，推动二级节点在长三角8个优势行业建设与应用，基本建成长三角标识解析服务体系。

2．加快网络基础设施升级。依据《上海市推进新一代信息基础设施建设助力提升城市能级和核心竞争力三年行动计划（2018–2020年）》，一是建设工业互联网网络架构体系。聚焦临港装备制造园区、松江经济开发区、金山化工区、宝山工业园等园区，率先实施工业互联网光网络、工业无线网络、窄带物联网、时间敏感网络等在工业企业的试点部署，逐步推动工业以太网及工业无线网络全市重点园区全覆盖；推动上海新力动力、海尔数字入选工信部工业互联网专项（网络能力提升类）。二是推动网络提速降费。《实施意见》要求，到2020年，企业互联网专线和数据流量资费总体降低40%以上；鼓励基础电信运营商与工业企业加强合作，提供面向不同场景、不同需求的个性化、差异化资费套餐与服务模式。三是运营商加速布局。上海电信基于有线光网络及无线网络（LTE/NBIOT）优势，为工业企业提供内外部网络连接方案，搭建上海理想翼联工业互联网平台，提供跨行业跨领域的工业互联网服务；实现城域网核心层、汇聚层、业务层设备的IPv6支持；推出“天翼领航”云网融合套餐等提速降费套餐，助力企业上云。上海移动面向政企客户，提供基础资源、平台能力、软件应用等云服务；逐步对网络及终端实现IPv6改造，已实现LTE基站IPv6改造，核心网及承载网基本完成IPv6改造。上海联通提供基于NB网络的智慧工厂解决方案；打造设备管理平台－睿匠平台，面向工业领域，适配智能制造、设备监控、预测性维护、服务产品化等多场景的水平化设备管理平台；提供云宽带、云专线、云组网、云互联、云睿联等内容，推出工业云产品优惠等。

二、推进工业互联网平台建设

1．明确发展思路，推动平台梯度建设。根据《实施方案》，到2020年：一是培育通用型平台。以电信运营商、互联网企业等为主体，聚焦产业“横坐标”，以海尔Cosmo、用友精智、上海理想为重点，培育1–2个具有核心竞争力的通用型平台。二是建设行业级平台。以行业龙头企业为主体，聚焦产业“纵坐标”，面向电子信息、钢铁化工、装备制造与汽车、航天航空、生物医药、都市等重点产业，以智能云科、上海电气风云平台、宝信软件等为重点，打造15个以上面向重点产业、重点环节的行业级平台。三是形成企业级平台。以大型工业企业为主体，推动企业从单项应用向综合集成跨越，建设50个以上针对特定行业、特定区域的企业级平台。

2．突出政策聚焦，鼓励平台做大做强。一是发布专项支持。2017年，制定《上海市工业互联网创新发展专项实施细则》。2018年，结合《实施方案》新的工作重点，联合市财政局发布《实施细则》（修订版），更加聚焦平台体系、支撑体系、标杆园区、标识解析等示范引领项目，新增“建平台”和“用平台”双轮驱动、产业集聚、服务能力等新方向；目前，已经设立3批专项资金，每批规模3亿元，支持近150个重点项目；后续拟根据发展规律和企业诉求，每年动态调整支持方向和内容。二是发布推荐目录。7月，发布首批《上海市工业互联网平台和专业服务商推荐目录》，首批共入围8个工业互联网平台、22家专业服务商（含标识解析服务、集成服务、两化融合贯标服务等），入围企业将作为推进企业上云上平台、专项资金支持的重要依据，名单按年度滚动更新。三是打造标杆园区。上海市工业互联网创新发展专项资金重点支持产业园区与平台运营商合作，打造以工业互联网为特色的标杆园区；通过政策聚焦、资源整合，提升产业园区能级提升和协同共享，打造高质量发展的新样板，市、区两级财政进行联合资金支持，全市首个工业互联网标杆园区已启动建设。四是遴选优质平台。积极组织平台企业申报工信部工业互联网专项，11个项目（含4个平台类）成功入选，含智能云科等3个特定领域的平台测试床，宝信软件1个特定行业的平台测试环境。

3．强化应用驱动，助力平台能力提升。一是引导企业上云上平台。通过实施“上平台”“云海计划”等，将引导和支持10万家企业将基础设施、核心业务和关键环节上云上平台，逐步向智能化生产、网络化协同、个性化定制、服务化延伸的工业互联网“新四化”模式升级。二是激发“双创”活力。将工业互联网与制造业“双创”工作紧密结合，通过工信部制造业“双创”示范项目申报等抓手，引导龙头企业开放供应链资源和市场渠道，与中小企业通过专业分工、服务外包等形式，逐步建立协同创新、合作共赢的新模式、新业态。2018年，赛摩等8个项目入选工信部制造业“双创”平台试点示范。三是培育新型软件。组织开展工业APP项目和应用示范企业征集工作，遴选一批优质工业APP；计划到2020年，实现千个基础共性、行业通用及企业专用工业APP加载。四是打造公共平台。启动工业互联网研发与成果转化功能型平台（上海18个科创中心功能型平台之一）、两化融合公共服务平台等工业互联网相关公共服务支撑性平台建设，逐步强化工业互联网平台基础资源和服务的保障能力。其中，研发与成果转化功能型平台已获市发改委正式批复，支持资金达1.1亿元。

三、提升工业互联网安全保障

1．加强政策设计，开创工控安全保障格局。一是强化顶层设计。到2020年基本建立完备可靠的工业互联网安全保障体系。二是扩展工作布局。落实国家工业互联网、工业控制系统安全要求，制定并发布《上海市工业控制系统信息安全行动计划（2018–2020年）》，聚焦综合管理、安全防护、技术支撑和产业发展，提出了“四大工程14项具体任务”。三是强化联动对接。逐步强化与市通信管理部门协同对接，细化有关管理机制、工作任务与重点工程，与各区主管部门、企业集团和工业园区形成推进合力。

2．深化检查评估，助力企业防护能力提升。一是开展年度安全检查工作。完成覆盖全市8300家规模以上工业企业的自查部署，掌握1300余家企业、2200余套工业控制系统、工业互联网应用的基础数据，以及140余家工业企业的工业云应用情况。二是强化企业安全抽查。围绕首届进口博览会安保要求，在相关重点区域、重点工业行业，以及城市基础设施等领域选取50家企业作为抽查对象，完成自查复核、系统检测工作。三是落实能力提升工程。围绕工业企业“千百十”防护能力提升工程实施，强化统筹推进、检查评估和试点示范，对千家工业企业加强面上安全指导，百家重点工业企业和运行单位落实重点防护措施，并在全市重点打造十家安全标杆示范企业／工厂。

3．完善服务能力，打造专业平台队伍支撑。一是加强技术支撑平台建设。对接国家要求，梳理形成综合管理、监测预警、检查评估等技术平台建设框架并推进建设实施。二是完善专业机构培育。推动上海自动化仪表研究院获批国家认监委“国家工业控制系统安全质量监督检验中心”资质；通过调研、检查、评估等工作锻炼本地化队伍能力，遴选多家单位申报“工业互联网安全评估评测机构”。三是组建专家团队。启动工业信息安全咨询组和专家库建设，通过邀请、自荐和单位推荐，形成10位专家组成的咨询组和150人的入库专家团队，储备丰富的专家智力资源。

4．推进创新转化，构建技术产业体系生态。一是启动公共平台。建设工控系统安全研发与转化功能型平台（上海18个科创中心功能型平台之一），成立平台公司并启动与中国网安、360、中科院信工所等单位战略合作。二是完善园区建设布局。深化与普陀、宝山等区合作，规划启动安全主题产业园及产业引导基金，推动政策措施、龙头企业、重大项目落地。三是完善专项支持。组织工信部首批工业互联网专项，获批集中化安全监测、攻防管控、安全服务和智能装备4个项目。四是开展主题论坛。会同中国信通院举办“国内首次工业互联网安全防护演练”，开展安全上云、工控安全、产业创新等系列论坛。五是加强课题研究与合作交流。启动工信部委托的工业大数据安全专题研究并形成报告，研究建立长三角区域工业互联网安全协同机制，开展检测评估、监测预警等方面深度合作。

四、促进工业互联网开放合作

1．进一步加强部市合作。市政府和工信部签署《工业和信息化部上海市人民政府关于共同推进工业互联网创新发展促进制造业转型升级的战略合作框架协议》，力争在5年内将上海打造成工业互联网创新发展示范城市和全球先进“智造”高地。依托上海华东电信研究院、工业互联网创新中心、工业互联网产业联盟上海分联盟、工业互联网标识解析国家顶级节点上海分中心（筹）等部市合作机构，加强工作对接和重大项目落地。

2．深化长三角区域联动。长三角工业互联网建设，重点围绕“网络、平台、安全、合作、生态”五大体系，强化协同联动，为产业梯度布局、市场精准对接、企业转型升级提供重要支撑，助力打造世界级先进制造业集群。一是夯实网络设施。落实长三角主要领导座谈会上签署的《5G先试先用推进长三角数字经济率先发展战略合作框架协议》；扩大二级节点在汽车、船舶、电子信息、钢铁、化工等行业的建设与应用。二是推进平台建设。签署《长三角地区推进工业互联网平台集群联动战略合作框架协议》，推动通用型、行业级工业互联网平台的建设及应用，促进智能云科、宝信软件、江苏徐工、阿里云、安徽合力等平台运营商服务覆盖，形成多层次市场化供给。三是提升工控安全。以三省一市贯彻落实《工信部工业控制系统信息安全防护指南》为抓手，试点推进信息安全产品及解决方案在汽车、电力、水务、装备制造、轨道交通等行业的试点应用。四是促进互信合作。在尊重企业对数据所有权的可控条件下，支持和引导工具软件、业务系统、运维数据的跨平台迁移部署，适应多行业、多场景客户需求；推动共性能力建设，制定工业互联网创新效益评估、标杆工厂等标准。五是构筑融合生态。推动筹建长三角工业互联网产业联盟，正式成立长三角首席信息官（CIO）联盟；9月1日，2018长三角工业互联网峰会在上海举行，长三角百万企业“上云上平台”正式启动，第一批工业互联网平台和专业服务机构目录和G60科创走廊工业互联网协同发展实施方案发布，工业互联网协同创新发展在长三角开启新篇章。

五、构筑工业互联网融合生态

1．强化全市统筹推进力度。一是完善组织机制。7月起，上海市设立“工业互联网专项工作组”，统筹工业互联网发展工作，由分管副市长担任组长，形成由市经信委、市发改委、市国资委等相关部门和各区政府、龙头企业等参与的协同推进机制；7月13日，召开全市性工业互联网推进会议，常务副市长周波出席会议并进行工作部署。二是强化监督评估。面向全市各相关委办局、各区、重点企业下发《〈上海市工业互联网产业创新工程实施方案〉任务分解表（2018－2020年）》，建立信息报送和工作督查机制；编制发布《2018年度工业互联网创新发展实践案例集》，启动编写《上海市2018年度工业互联网发展报告》。

2．营造良好发展生态环境。一是组建相关协会。在2017年率先成立工业互联网产业联盟上海分联盟的基础上，筹备成立上海市工业互联网协会，相关准备工作基本完成。二是推进基地建设。上海松江区率先获批全国首个工业互联网新兴工业化产业示范基地，落地和集聚海尔、用友、赛摩、徐工信息、小米等一批工业互联网重大产业项目；上海临港地区、上海化工区和松江区获批本市首批工业互联网创新实践基地，宝山区、金山区等积极创建中；全市首个工业互联网标杆园区获批并启动建设，探索产业园区高质量转型发展新模式，助力打造国家和市级工业互联网实践示范基地。三是创新中心建设。落实“部市合作协议”的工作部署，构造工业互联网安全、网络、平台三大功能体系，工业互联网创新中心承接的工业互联网标识解析顶级节点、工业互联网功能型平台、国家工业互联网产业联盟测试床、制造强国产业基础大数据平台等重大项目正在有序推进过程中。四是推动标准建设。联合龙头企业、科研院所、产业园区、联盟组织等，制定《本市工业互联网创新应用效益评估指南》和《以工业互联网为特色的标杆园区建设指南》，并鼓励平台运营商参与制定数据接入标准；推动两化融合管理体系与工业互联网紧密结合，凡申报工业互联网专项资金的企业，项目结题前要通过贯标评定；项目评审时，优先支持已经通过贯标的企业。五是扩大宣传培训。依托长三角工业互联网峰会、2018世界人工智能大会、第20届工博会扩大宣传力度，为企业搭建国际化的展示平台；围绕专项申报指南、结合平台和专业服务商推荐目录，依托于工业互联网产业联盟上海分联盟，先后赴宝山、临港、松江等各区开展系列宣贯和推介会议。

六、全面推广两化融合管理体系

完善工作制度，明确“1+1+N”的两化融合工作推进机制；以工业互联网服务机构推荐目录为抓手，进一步规范两化融合服务及评定机构管理制度按季度向各区、产业园区、行业协会、重点企业等，发布4期两化融合工作简报，强化监督通报机制。打造行业标杆，2018年共推动超过1900家企业完成两化融合自评估，300家企业开展贯标，近60家企业通过评定新增29家工信部贯标试点企业、3家示范企业，8家企业入选国家制造业“双创”示范，各数据创历年新高。夯实发展环境，年内共组织5场市级、10场区级两化融合宣贯培训，累计服务企业数超过1500家，服务人次超过3000人；上线全国首个地方两化融合公共服务平台，添加各区、企业、服务机构功能模块，汇聚全市两化融合关键数据；首次发布《上海市两化融合管理体系贯标案例研究报告》。

（张　诚）

科创中心建设与产业技术创新情况

2018年，上海市稳步推进国家科学中心建设，集中度和显示度不断提升，重大科技创新成果不断涌现，科技成果转化基础不断夯实，着力突破一批关键领域“卡脖子”技术，推动重点产业持续稳步发展。

一、产业创新布局开创新局面

在人工智能、工业互联网、智能网联汽车等领域推进一批产业创新工程，推动重点领域率先突破，加快一批战新产业重大项目在沪落地。

1．推动人工智能与实体经济深度融合发展。出台《关于加快推进上海人工智能高质量发展的实施办法》，围绕集聚高端人才、突破核心技术、推进示范应用等5个方面提出22条具体举措，全面落实“智能上海（AI@SH）”行动，在推进人工智能产业发展方面将形成更加精准、更具特色、更可持续的政策体系。组织实施人工智能专项，重点支持一批专注核心技术突破以及人工智能与实体经济的深度融合的项目。推动市政府与科大讯飞等行业龙头企业签订战略合作协议，引进亚马逊AWS、微软、科大讯飞3个人工智能研究院，京东、腾讯、华为等8个人工智能创新平台，阿里巴巴（上海）、百度（上海）等10个创新中心落户上海。此外，成功举办2018世界人工智能大会，搭建国际高端合作交流平台。大会以“人工智能赋能新时代”为主题，以“高端化、国际化、专业化、市场化”为特色，设置论坛、展览、体验、大赛等重点板块活动，共吸引40多个国家7.2万名嘉宾、共30万人次参会观展，在业界和全社会取得了巨大反响。

2．全面落实国家工业互联网战略任务。发布《上海市工业互联网产业创新工程实施方案》，加快推动标识解析国家节点和工业互联网功能型平台建设，松江区成为全国首批唯一一家以工业互联网为特色的新型工业化产业示范基地。发布上海市工业互联网平台和专业服务商推荐目录，引导中小企业上云上平台。深化推动两化融合管理体系贯标，自评估数量拟达到2000家，两化融合贯标试点企业超过50家

3．加大智能网联汽车的示范应用和标准建设。在全国率先发布《上海市智能网联汽车道路测试管理办法（试行)》，公布37.2公里开放测试道路，向上汽集团、蔚来汽车、宝马中国、图森未来、初速度等5家企业累计发放7张智能网联汽车道路测试牌照，进一步加快推动智能网联汽车从研发测试向示范应用和商业化推广转变。在全国率先启动《车载毫米波雷达技术要求及测试方法》《C-V2X车载无线通信模块测试方法第一部分：无线射频性能测试》等地方标准的研究起草工作。成功举办第二届世界智能网联汽车大会，揭牌成立“全球智能网联汽车测试与示范联盟”亚洲秘书处，与长三角主要城市共同启动了长三角智能网联汽车一体化测试认证体系，促进全球创新资源和长三角产业资源的新融合。

4．加快推动一批有影响力的战新产业在沪落地。全力保障中芯国际项目、华力二期项目、和辉光电二期项目、积塔特色工艺生产线项目和特斯拉项目的建设。

中芯南方项目提前4个月完成全年投资任务，完成主厂房结构施工。华力二期项目正式建成投片，建成后制造规模进入全球前5位，工艺技术进入全球第一梯队。和辉二期完成主要生产建筑建设，开始设备搬入。积塔项目从签约到开工仅用时8个月。临港地区特斯拉纯电动整车生产项目（一期）已于7月正式签约，计划投资150亿元，项目达产将实现年产25万台纯电动整车，已完成前期土地供应手续，并进入开工准备阶段。

二、产业创新体系建设取得新突破

根据产业创新的需要，加强产业领域新型研发机构、企业研发机构的总体谋划，系统推动功能型平台、制造业创新中心、企业技术中心的布局。

1．推进制造业创新中心建设。争创国家级制造业创新中心取得突破，集成电路、智能传感器两个市级制造业创新中心获得工信部批复升级为国家级制造业创新中心，成为国家制造业创新体系重要支撑。积极争取工信部支持国家智能网联创新中心上海分中心建设，目前该中心已建立前瞻技术研究、产品技术检测、标准测试研究、数据采集分析、技术成果孵化转化完整的平台体系，积极承担受理智能网联汽车道路测试申请，对智能网联汽车道路测试过程中的相关数据进行采集和分析。同时，围绕产业链部署创新链，在集成电路、增材制造、海洋工程装备、先进激光等领域启动4个市级制造创新中心的建设，并在生物医药、医疗器械、新型显示、智能制造等领域积极培育储备队伍。

2．推进重点领域功能型平台建设工作。智能制造方面，完成平台公司内部管理与服务部门的组建，核心人员全部到位；中德项目中心完成可变拓扑生产线、制造物联网系统、智能纠错装配系统、数字孪生系统四大功能；启动智能感知与决策、智能工艺与装备、智能服务型制造等3个共性技术事业部建设；积极推进与英国皇家工程院院士、哈德斯菲尔德大学在光学精密测量等领域的合作，拟共建中英联合研究

中心；与上汽乘用车、外高桥船厂等重点企业开展技术对接，规划设计部分工位智能化系统解决方案。

集成电路方面，平台启动前沿技术开发团队组建，组建EUV工艺研发团队和器件研发的初始团队，并建立5纳米工艺仿真分析流程，完成5纳米工艺反相器及SRAM单元的版图设计等，正在探讨5纳米工艺流程方案。平台建成了以千级净化为主、配套百级和一级净化，并满足14纳米及以下工艺设备要求的洁净室环境，具备先进共性工艺技术研发和高端国产设备及材料评价验证的条件。

工业互联网方面，牵头工信部标识解析国家顶级节点建设，标识解析国家顶级节点（上海）预计年底上线，并开展新材料、船舶、核电、汽车等行业二级节点与企业应用项目建设工作；重点推进时间敏感网络、5G、IPv6等相关试验床、测试验证方案、基础标准研究与试验验证等工作；重点开展核心PaaS及工业App相关关键技术研究，结合机械加工等领域建立示范应用案例；推动建立健全安全评测评估、重点行业态势感知、攻防演练等重要平台项目建设；工业互联网展厅、工业互联网数据中心（一期）、工业互联网开放实验室（一期）等均已经建成，并开放使用，部分功能处于调试完善阶段。

工控安全方面，完成工控安全研发转化功能型平台立项程序，并列入本市第二批拟启动建设的功能型平台建设计划，平台公司与中控科技、TUV北德认证、SGS通标等行业巨头开展合作共建，推进平台基础能力建设和汽车嵌入式系统安全、工业APP监测认证等关键技术布局。同时，按照平台建设方案提纲，提出在人工智能、海洋工程装备、数联网、工业设计与数字创意、先进激光、新型显示、移动源环保技术及装备、智慧能源等领域再组建一批研发与转化功能型平台。

3．加强企业创新平台建设。基本建立以国家级企业技术中心为引领、市级企业技术中心为骨干、区县级（集团级）企业技术中心为支撑的产业技术研发机构体系。市级企业技术中心认定数量创历史新高。新认定国家级企业技术中心6家，累计达81家；新认定市级企业技术中心91家；累计达619家，区县级（集团级）企业技术中心约1300家。创新企业技术中心专项方式，鼓励有能力的企业技术中心开展与高校、科研院所、上下游企业开展协同创新，搭建协同创新平台。同时鼓励和引导企业技术中心加大人才引进和培养力度，重点支持人才牵引的技术创新项目。

三、创新主体培育取得新成效

1．有序推进市企业服务云建设，提升新兴产业领域政府服务能级。1月1日，市企业服务云网站上线运行。4月2日，APP上线。市企业服务云总访问量突破253万人次，APP下载量达1.6万人，注册用户7.5万个，活跃用户3.2万多个，店铺总数达到372个，累计推出各类服务产品近3200个，达成服务订单2.7万多个。制定《上海市企业服务云专业服务机构管理办法》等多个涉及服务云运行管理的规章制度。编印45期《中小企业政策动态》简报。发布《关于全面提升民营经济活力大力促进民营经济健康发展的若干意见》，从进一步降低民营企业经营成本、营造公平的市场环境、提升民营企业核心竞争力、缓解融资难融资贵、构建亲清新型政商关系、依法保护民营企业合法权益、加强政策执行等7个方面共27条，对进一步助推民营经济发展作了部署。

2．吸引央企来沪发展。深入推动上海与央企的战略合作，市政府先后与中国商飞、中国电科、宝武集团签约，助推央企融入上海科创中心建设。推动中央企业和上海国企协同创新，成立中国（上海）自由贸易试验区央地融合发展平台，平台采用“政府搭台、企业自治、机构参与”的形式，推动央企与地方经济融合发展，深化投资合作、完善产业配套；平台成立仪式上签约6个项目，涉及注册及募集资金240亿元，有力促进上海产业集聚、转型升级以及动能转化。重点推动中核建设集团青浦科创园建设项目、中核工业集团区域总部建设项目、中车海底机器人项目等在沪落地。

3．推动重点政策改革措施落实到位。做大做强上海产业转型升级投资基金，正式发布《上海产业转型升级投资基金管理办法》建立产业基金相关管理制度，聚焦“上海制造”三年行动计划，在人工智能、民用航空、工业互联网、智能网联汽车等领域开展子基金筛选尽调，撬动社会资本加大对相关产业的投资力度。探索设立上海人工智能产业基金，推动成立G60科技走廊人工智能产业基金、杨浦区人工智能创业投资母基金等。升级四新服务券，拓宽使用对象和范围，加大对中小企业支持力度，支持企业采购第三方服务机构提供的专业法律服务、公有云、大数据等能有效提升企业创新能力的服务。全年累计发放四新券181张，面额合计905万元。

四、科技成果产业化取得新进展

通过科技重大专项、创新产品推荐、鼓励应用示范等方式，促进科技成果产业化。

1．继续推进科技重大专项，推动智慧天网创新工程（一期）项目在沪落地。项目由上海清申科技发展有限公司、上海航天技术研究院共同承担，以国际首创的中轨宽带玫瑰星座技术体系为核心，通过星地灵活捷变波束、星间高速激光链路等技术创新，构建以8颗为一组的中轨网络卫星作为骨干，不依赖于地面光纤，实现全球覆盖、以天领地的全球空间信息走廊，为构建安全可控的互联网络关键基础设施奠定基础。已完成项目评估和立项等工作，进入项目协议签订阶段。

2．开展2018年上海市创新产品推荐目录的编制工作。根据《上海市创新产品推荐目录〉编制办法（试行）》，通过前期准备、企业申报、材料初审、专家评审、协会评价等环节，拟从101件申报产品中推荐68件产品列入2018年创新产品推荐目录。

3．推动“三首”工作（装备首台套、材料首批次、软件首版次）。2018年度上海高端智能装备首台突破专项政策围绕强国战略和打响“上海制造”品牌，重点支持智能制造装备、高端能源装备、先进成套装备、智能新能源汽车等领域重大产品首台突破，共计38项。2018年度材料首批次专项围绕支撑上海重点产业集群发展、解决重点产业和重大工程配套的“卡脖子”材料、鼓励新材料产业链上下游协同创新，共支持14个项目。2018年度首版次软件产品专项共支持12个产品，重点支持一批在工业领域具有技术领先或者打破市场垄断的产品。

（葛文政）

大数据产业发展情况

2018年，上海市作为国家公共信息资源开放5个试点城市之一，根据中央网信办、国家发展改革委、工业信息化部等部委联合印发的《公共信息资源开放试点工作方案》的部署要求，认真贯彻落实上海市一系列政策性法规文件，大力推进大数据产业发展，取得了良好成效。

一、制订政策，创造良好政策环境

2018年，上海市先后出台《上海市政务信息资源共享与交换规范》《上海市政务数据资源共享管理办法》《上海市大数据发展实施意见》等政策规范性文件，加强全市大数据顶层设计和统筹规划。市经信委会同市委网信办联合印发《上海市公共信息资源开放试点实施方案》。市经信委制定并印发《上海市公共数据资源开放2018年度工作计划》，联合浦东新区、静安区、徐汇区等试点区，共同开展公共信息资源开放试点工作。

二、数据开放，形成开放目录清单

上海市各市级部门在数据资源目录编制的基础上整合梳理部门开放目录清单，试点区结合区域特点制定区域开放目录清单。经整理形成开放目录清单2000余项（包含已开放目录清单和新增开放目录清单），明确数据开放内容、开放形式、更新频率、开放属性等，该清单已通过上海市数据服务网统一向社会发布。

通过市政府数据服务网已累计向社会开放数据资源近2000项，基本覆盖各市级政府部门的主要业务领域，开放内容涵盖经济建设、资源环境、教育科技、道路交通、社会发展、公共安全、文化休闲、卫生健康、民生服务、机构团体、城市建设、信用服务等12个重点领域，提供包括社会保险、婚育、学校教育与终身教育、培训与就业、就医与保健、交通出行、社区周边生活服务、政府办事、城市安全、离退休、残疾人等11个应用场景。其中，相对静态的数据集优先采用CSV格式开放，可机读率达到98%；采用API接口方式开放的数据资源总量达到650项。

三、创新创业，促进数据创新应用

为推动社会各方对政府公共数据资源的深度应用和增值开发，上海聚焦城市管理和社会治理领域中的热点、难点、痛点问题，连续第4年举办“上海开放数据创新应用大赛（SODA）”及其系列赛事，吸引海内外5000余人次的大数据专业人士及应用爱好者踊跃报名。如保卫橙子参赛团队优秀作品“手机UBI引擎”获得IDG公司千万级投资，实现开放数据、创新应用、落地孵化三位一体目标，体现开放数据对于促进商业创新和产业转型发展的实质作用。本届大赛于12月8日圆满落幕，以“数联长三角，众创新生活”为主题，首次将开放数据范围扩大到长三角地区，充分利用长三角丰富的开放数据资源及雄厚的大数据产业基础，在全球范围内征集基于开放数据的大数据创新应用解决方案，以开放数据创新应用服务长三角协同发展。获得大奖的两个作品分别聚焦于城市水网渗漏问题和阿尔兹海默症的诊疗和预测，结合经济价值和社会价值，突出展现公共数据开放的重大意义。大赛的多个获奖作品获得后续投资对接和孵化服务。

四、优化布局，打造空间布局格局

大数据产业“1+4”的空间布局格局渐显成效。近年来，上海市积极优化大数据产业布局，以市区联动为抓手，重点打造“1+4”的空间布局格局。1中心：静安区，为国家新型工业化大数据示范基地、上海市大数据产业基地和公共数据开放基地。4基地：杨浦区，上海市大数据创新基地；浦东新区，公共数据开放基地；徐汇区，公共数据开放基地；闵行区，长三角大数据辐射基地。通过“1+4”的统筹规划形成区域性集聚的资源发展优势，凭借资本和技术推动、培育一批具有引领作用上海市的大数据企业，带动大数据产业能级的持续跃升，大数据产业“1+4”的空间布局格局渐显成效。

五、企业发展，整合大数据产业链

至2018年年底，上海大数据核心领域企业总数超过700家，其中应用类企业超过1/3，涉及金融、医疗、工业等诸多传统领域，各行业“创新驱动、转型升级”速度明显加快；技术类企业约1/3，集中在大数据基础软件、大数据采集、大数据存储、大数据处理、大数据可视化、大数据安全等核心业务，如星环科技、爱数科技、跬智科技等公司部分产品已达到国际领先水平；此外，围绕大数据产业链整合，还催生出一批提供大数据行业咨询、人力资源、投融资、教育培训等衍生服务类企业。同时，上海大数据联盟自成立以来快速发展，会员企业超过700家，遍布全国各地，积极组织长三角大数据战略合作，成功举办长三角数据智能合作峰会。

六、创新探索，建立大数据联合创新实验室

在政策驱动下，大数据产业发展已由海量数据积累、夯实大数据技术、初步探索大数据应用为特征的上半场，进入到大数据技术智能化、数据赋能企业创造价值、大数据与产业深度融合的下半场。大数据产业已由概念推广进入应用落地的关键环节，但在数据开放共享、核心技术突破、以大数据驱动发展等方面还面临着重重挑战。大企业之间、公共数据平台之间、信息有效共享机制尚未建立，行业数据壁垒和信息孤岛现象依然存在，阻碍了数据互联互通深入的应用，也增加了信息安全保护的难度。解决以上问题，既需要深入掌握大数据技术，又需要透彻洞察行业，两者缺一不可。建立联合创新实验室是探索与孵化融合智慧的有效途径之一。2018年，上海市通过推动建设大数据联合创新实验室，支持企业与企业之间，企业与科研机构之间，组成联合创新实验室，深化产学研协同，促进上下游合作，在开放数据融合创新应用、标准规范、关键技术等方面试点探索。在数据开放方面，聚焦探索建立分级分类、定向开放、数据沙箱等数据开放新模式，与现有开放模式形成互补融合，带动行业开放创新，释放公共数据价值。在协同创新方面，建设主体上发挥产学研用多方联动效应，以产、用单位牵头申报，研、学单位配合共建形式开展。在技术应用方面，每个联合创新实验室聚焦攻关大数据产业发展中的一到两个难点问题，包括探索行业数据多源融合，攻关大数据核心技术，打造行业数据示范应用，制定行业数据应用标准规范等。在领域分布方面，重点选取数据资源储备丰富、基础设施良好、行业带动效果好的金融、医疗、商贸、旅游、交通、能源、城市管理等7个行业领域，以及探索公共数据流通开放机制模式的开放数据。

金融大数据联合创新实验室。由复旦大学牵头建设。总体建设目标是建立金融领域大数据融合汇聚、集成创新的公共服务平台。金融实验室的重点是针对各金融机构数据封闭问题，攻关监管指标体系，大数据关键模型算法等领域并推进科研成果产业转化，促进金融行业大数据的示范应用。

医疗领域大数据联合创新实验室，由上海市公共卫生临床中心牵头建设。目标主要是以区域平台现有数据为依托，融合来自合作单位以及开放的数据来源，构建多目标、多用户的数据服务平台，在临床公共卫生、中医药临床研究、心血管等专科辅助诊疗以及网上智能挂号等民生服务上形成示范应用。医疗实验室的重点是针对医疗数据敏感、开放难度大等难题，探索医疗数据开放的机制，模式，或形成产品与外部企业开展合作，提供数据服务。

旅游大数据联合创新实验室，由上海金棕榈数据科技有限公司牵头建设。目标是实现公共数据和社会数据融合，实现资源的合理优化配置。重点是探索旅游与文化、购物和服务等跨领域的结合，数据驱动创造新模式。

交通大数据联合创新实验室由上海市城乡建设和交通发展研究院牵头建设。建设目标是以交通行业及其相关领域数据资源的汇集为基础，构建交通大数据开放创新平台，探索数据服务模式、建立跨行业融合应用，支撑长三角高速路网交通状况智能分析。交通大数据开放共享和创新应用业务实验室数据中既有行业数据，又有政府管理数据，十分多源。因此实验室建设将重点聚焦数据归类以及面向不同服务对象服务模式、开放模式机制化探索。

能源大数据联合创新实验室。由国网上海市电力公司牵头建设。建设目标是依托国网上海电力公司智能配用电大数据平台，在平台内部设立仅能够读取数据，同时又和外界网络隔绝的生产环境，开发电力大数据和社会经济数据融合的相关示范应用。电力大数据通燃气、气象等数据融合应用，会发挥更大价值，因此实验室建设过程中将探索跟外部部门数据的合作方式，探索电力数据与其他数据共享、开放利用的机制。

城市管理实验室由上海大数据应用创新中心与上海市城乡建设和交通发展研究院联合共建，充分发挥它们在全市范围城市管理大数据方面的资源优势与技术优势，进一步融合城市管理中的城市感知数据、政务数据和社会数据。在数据融合的基础上，在应用试验场中对环保、交通、消防、安防、城市公共服务五大领域超过10个场景应用进行可行性测试评估，升级城市网格化综合管理平台，同时形成城市管理的行业标准规范。

公共数据开放应用联合创新实验室。由上海优刻得信息科技有限公司牵头建设。主要目标是研制一批适用于政府和企业数据流通的产品技术，打造一个便于数据流通同时又能保证数据安全的平台，形成一套适用于数据流通的标准规范。

（李　强）

电子信息产业发展情况

2018 年，上海电子信息制造业呈现加速发展态势，新旧动能转换顺利，传统产业不断升级、新兴产业加速成长。

一、上海电子信息制造业情况

1．产业呈现加速发展态势。一是电子信息制造业深化供给侧结构性改革，规模、增速稳步提升。全年电子信息制造业实现工业总产值 6450 亿元，比上年增长 1.9%，增速高于全市工业规模。二是新一代信息技术体系不断完善、产业加速向中高端迈进。新一代信息技术 2018 年实现工业总产值 3651 亿元，高出电子信息制造业 3.9 个百分点，结构调整显示成效。三是核心环节形成突破，促进产业链整体跃升。电子专用设备制造业实现爆发式增长。在前期培育积累下，电子专用设备制造业完成工业总产值 448 亿元，同比增长 20.1%。

2．产业基金全面启动，重点项目稳步推进。一是启动重大产业项目。规模为 100 亿元的上海集成电路装备材料基金完成设立正式进入运作，设计业基金二期完成募资，总规模 500 亿元集成电路产业基金全面启动。二是聚焦科创中心建设，提升产业创新影响力。国家集成电路创新中心、国家智能传感器创新中心在沪揭牌成立，解决技术方向选择和可靠技术来源问题，正式进入运作。三是以园区为载体推动产业集聚。上海集成电路设计产业园成立。在张江科学城核心区域规划 3 平方公里，集聚、培育一批国内外一流设计企业，形成国际集成电路设计产业高地。

3．产业共性平台建设初见成效。一是国家集成电路创新中心、国家智能传感器创新中心在沪揭牌成立，聚焦解决前沿技术方向选择和来源问题。两个中心将积聚全国研发资源，形成技术联合攻关机制，瞄准国际集成电路前沿器件技术和关键工艺技术，以及传感器的设计集成、先进制造和封测工艺，开展前期基础性研究，创造前瞻工艺研发环境。二是完善新型显示公共服务平台。指导筹建激光制造业创新中心，组织金山区、上海大学、和辉光电等筹建上海市新型显示研发和转化功能性平台，在金山成立上海光电工业技术研究院，推动政产学研用形成合力。

4．新兴产业形成突破。一是聚焦 5G 推动通信产业创新。组织企业参加国家 5G 创新中心，作为 IMT−20205G 工作组成员参与标准制订。紫光展锐加快 5G 核心芯片研发；诺基亚贝尔完成端到端 5G 新空口（5GNR）数据通话测试，会同中国移动布置进博会 5G 试验网。组织东方明珠、上海电信等企业发布“5G+8K”试验网，成为国内首个基于 5G 测试网的 8K 视频应用平台。二是物联网领域及智能硬件广泛应用。智能硬件方面，上海企业为国家四大人工智能平台等的智能硬件供应商，产品覆盖智慧城市、智能家居、新零售、无人驾驶、机器人等。研制完成中国天通一号卫星终端，并批量出货。智能传感器方面，在消费、汽车、工业等领域，培育了数家销售收入上亿元的潜力企业，在机器视觉、激光雷达、高分辨率红外感知等领域培育布局一批创新企业。NB−IOT 网络基本全市覆盖，NB−IOT 模组规模化生产，出货量国内领先。三是汽车电子构建 ADAS 上下游产业链。芯片行业率先打破国际垄断。77GCMOS 毫米波雷达自主芯片实现量产；激光芯片、图像处理芯片、车载通信芯片与国际研发保持同步。终端开发进一步缩小差距。基于自主车载智能操作系统的数字座舱新为 7 个车型量产配套。智能化系统开发有望弯道超车。车载域控制系统、自动驾驶系统都已经试点应用，有望打破国际垄断，并在部分功能上超越。四是医疗电子实现产业化突破。自主研发的全球首款氧化物平板探测器填补国际空白；上海成为国内唯一提供三维心脏电生理标测手术解决方案的国产品牌，产品出口多个国家；长宁区、卫宁健康等单位的 29 个项目入选国家智慧健康与养老试点示范、产品及服务推广目录征选，受到工信部表扬。五是新型显示重大产业项目加快建设。和辉光电二期年内完成厂房土建工作，启动工艺设备搬入和调试，同时加快新产品新技术研发，二期产线首款柔性显示产品正式点亮。上海天马专业显示实现突破，高端医疗领域市占率全球第一，车载仪表全球第二，航空航海等领域市占率全球第二，获联合国工业发展组织认定为国际信誉品牌。上海奥来德项目完成公司注册，正在进行前期土地获取手续；莱特光电项目年内完成土地招拍挂。六是虚拟现实产业加速发展。指导召开虚拟现实商业化之路高峰论坛，筹备长三角虚拟现实内容大赛。支持行业组织和企业参与国家信标委关于虚拟现实领域显示、通信等技术标准的制定工作。推动虚拟现实龙头企业做大做强，曼恒获批立项组建全市唯一认定的虚拟现实领域工程技术中心，大朋成为全球首部虚拟现实长片电影唯一指定设备，叠镜完成亿元融资。

二、下一步发展方向及布局

上海电子信息制造业将以技术创新、应用带动两轮驱动，实现转型发展。集成电路、下一代网络、新型显示、汽车电子等优势领域，聚焦中国制造 2025，以市场战略为主，做大做强；物联网、车联网、智能硬件等新兴领域，鼓励创新发展，培育产业链基础，重点推进示范性应用，形成产业发展的新增长点；量子技术、脑机融合、无人驾驶等前沿领域，重点支持前瞻布局、技术攻关。

1．加快推进智能硬件产业布局。一是加快推动工业控制芯片的发展。发展广泛应用于工业机器人、工业仪器仪表、工业控制器、电机控制、工业电源等领域的 MCU/MPU，特别是高端 MCU（32 位及以上）。开展模数／数模（AD/DA）、现场可编程门阵列（FPGA）等芯片研发。二是加快培育人工智能核心芯片产业。重点支持智能通用处理器芯片、智能应用芯片、智能芯片核心 IP 三个方向。通过鼓励如 RISC-V 等适合智能硬件（物联网）领域的新型指令集构架的产业化，积极探索智能硬件芯片产业的发展模式，在上海打造智能硬件芯片产业发展的高地。三是规划推进智能硬件产业生态和物联网“双千亿”产业发展。联合相关区制订智能硬件产业园发展规划，争取人才、税收政策支持。加强智能视觉、三维扫描等技术与商贸、物流等应用领域对接，培育新零售模式和新供应链体系。四是引进和支持一批国内领先的智能硬件研发和产业化项目。形成智能硬件和物联网产业工作方案。引进和支持一批国内领先的智能硬件研发、产业化及示范项目。

2．加快支持集成电路装备、材料发展。以“二次创业、二次布局，向第二个千亿进军”为进军旗帜，做强做大集成电路产业。一是推动集成电路装备产业发展。研究推动组建集成电路装备产业集团和材料产业集团，实现资源共享、协同创新和装备材料业的集聚快速发展。积极引进、对接、推动国外龙头装备材料企业来沪发展，推动集成电路装备向泛半导体领域拓展，积极推动临港集成电路装备产业园的建设。加快推动上海集成电路装备材料基金的投入运营，联合国家集成电路产业投资基金，推动上海集成电路装备产业的跨越式发展。二是推动集成电路材料产业发展。一方面，支持上海已有的硅材料产业（新昇、新傲、超硅等）平台进一步做大做强，鼓励外地企业来沪合作发展，积极推动上海硅材料产业集团的建设；另一方面，通过培育上海电子化学材料企业进一步做大做强、鼓励传统化工企业转型电子化学材料领域和引进国际龙头电子材料企业在沪落地，积极推进上海集成电路材料产业的发展。

3．推动产业平台的搭建和培育。继续推进国家集成电路创新中心、国家智能传感器创新中心的运作，打造全球新器件与封装、智能传感器应用、人工智能及新工艺新材料研发的产业合作平台。

4．积极打造产业发展新动能。一是重点发展汽车智能辅助系统（ADAS）L3 级产业。在车辆关键技术方面，集中优势资源，突破毫米波雷达芯片、激光雷达等环境感知技术，攻克人工智能、操作系统、人机交互等智能决策技术，加强线控制动、线控转向等智能控制执行技术攻关；指导召开自动驾驶、无人系统、智能视觉设备等智能硬件系列主题活动；积极推动汽车电子产业集群在浦东、嘉定、徐汇集聚发展，壮大一批核心竞争力强的本市汽车电子领军企业。二是推进健康物联网产业的应用试点示范，布局培育医疗电子产业。研究制订生物信息产业推进工作方案，根据信息技术和生物医药融合发展趋势，培育医疗电子、医学人工智能算法、智能健康医疗设备和健康物联网产业，同时推动人工智能、大数据与医疗电子产业的紧密合作，加快产业上下游融合交流，以新一代信息技术推动人民群众的生命健康和就医体验实现数量级式提升。形成生物信息产业推进工作方案，组织实施引领性的研发及产业化、应用示范或公共服务平台项目。三是为 5G 网络建设做好产业支撑。组织 5G 与行业应用对接专题交流会，针对超高清视频、ARVR、车联网等 5G 重点行业应用的企业对接，研讨 5G 如何赋能重点行业。针对 5G 产业存在的问题，支持推动企业加大投入，在 5G 芯片、射频前端等领域实现突破；组织专题研讨，围绕 5G 芯片和智能终端技术，重点推动本市基带、前端射频芯片在终端和模块中的应用；推动 5G 芯片、终端、测试设备等量产出货。四是围绕 ARVR，加快布局微显示技术。组织召开长三角虚拟现实大赛和高峰论坛；完成头戴式 ARVR 团体标准和 ARVR 内容分发行业标准；加快微显示领域布局力度，支持企业围绕虚拟现实应用实际需求，布局硅基微显示，解决虚拟现实效果瓶颈。

5．确保产业环境安全，开展前瞻性布局与研究。一是梳理电子信息产业危化品需求。全面梳理统计电子信息产业 9 家重点制造企业的危化品仓储和危废处置需求，为统一规划建设高标准、长期稳定的危化品仓库和危废处置项目做好支撑；推动危化品仓储和危废处置项目建设，根据已梳理完成的电子信息产业重点制造企业的危化品仓储和危废处置需求，规划布局一家高标准管理、长期稳定的危化品仓储和危废处置项目。年内确定项目承担主体，完成项目选址，开始相关行政审批流程。二是做好前瞻性课题研究。做好《上海市集成电路产业政策现状与对策研究》的课题研究，力求在在产业新旧动能转换之际，抓住核心要素，提前完善布局，加速构筑先发优势。

6．进一步推进国产芯片的规模化应用。加快推进市区各级部门采购和使用基于国产芯片的整机系统，集中优势力量构建技术先进、安全可靠的产业体系，为网络强国提供保障。

（罗　萍）

软件与信息服务业发展情况

2018年，上海软件和信息服务业面对复杂严峻的国内外经济形势，把握上海科技创新中心建设的契机，深入推进创新驱动发展，以软件名城建设为抓手，积极谋划产业发展新空间，推进软件产业高端化、智能化发展，呈现总体平稳、较快增长的发展态势。

一、总体运行情况

2018年，上海软件和信息服务业实现营业收入8690.52亿元，比上年增长11.2%；实现增加值2387.87亿元，增长18.5%。

表1 2018年软件和信息服务业主要指标完成情况

主要指标	单位	绝对值	增长（%）
营业收入	亿元	8690.52	11.2
其中：软件产业	亿元	5144.08	11.3
互联网信息服务业	亿元	2487.02	17.3
电信传输服务业	亿元	748.13	1.4
增加值	亿元	2387.87	18.5
占全市GDP比重	亿元	7.3	—
占第三产业增加值比重	亿元	10.5	—
从业人员	万人	75.1	4.7
超亿元企业数	家	727	—
超100亿元企业数	家	6	—

二、重点领域发展情况

1．软件产业利润趋于优势企业

软件产业实现营业收入5144.08亿元，比上年增长11.3%，发展步入稳定期。软件出口额为41.39亿美元，同比增长12.1%。其中软件研发及开发服务出口增速较快。中国银联、华东电脑、宝信软件等8家软件企业入选2018年中国软件业务收入前百家企业。软件类企业中，有52家被认定为市级企业技术中心，同比增长40.54%，占全市549家企业技术中心的9.47%。

表2 2018年软件产业主要指标完成情况

主要指标	单位	绝对值	增长（%）
营业收入	亿元	5144.08	11.3
利润总额	亿元	730.46	1.8
软件出口	亿美元	41.39	12.1
从业人员	万人	52.8	3.3
超亿元企业数	家	532	—
超10亿元企业数	家	70	—

表3 2018年上海入选中国软件业务收入百强企业名单

序号	排名	企业名称
1	4	中国银联
2	21	华东电脑
3	35	宝信软件
4	39	华讯网络
5	59	卡斯柯
6	65	携程网络
7	69	万达信息
8	88	汉得信息

2．互联网信息服务业增速回落

2018年，上海互联网信息服务业实现营业收入2120.02亿元，比上年增长17.3%，增速有所回落。上海共有21家互联网企业入选2018中国互联网百强，数量名列全国前三。网络视听是全国网络视听平台最为集聚的地区之一，覆盖动漫、音频、直播等类型。上海互联网视听节目服务持证机构逾30家，聚集咪咕视频、天翼视讯、聚力视频（PPTV）、喜马拉雅FM、蜻蜓FM、Bilibili等一批知名企业，实现内容制作、集成播控、内容分发的产业链集聚，在全国占据重要的市场地位，形成稳定的客户群。网络游戏上海网络游戏占全国近1/3的市场份额。全年营业收入683.6亿元。上海原创游戏数量逐年增长，增速呈加快趋势。企业研发与新品比重也比较靠前。根据国家版权中心数据显示，上海游戏研发企业及产品的比重分别为13.6%和12.6%，仅次于广东和北京。同时，上海电竞行业链日渐完善，从顶端游戏开发，到发行、赛事、直播，再至电竞场馆等，聚集一批有影响力、有代表性的企业，如游戏风云、七煌电竞、阿里体育等具有影响力的电竞企业。

表4 2018年互联网信息服务业主要指标完成情况

主要指标	单位	绝对值	增长（%）
营业收入	亿元	2487.02	17.3
其中：网络游戏	亿元	683.6	11.5
网络视听	亿元	270.9	11.8
互联网金融	亿元	847.5	21.1

表5 2018年中国互联网百强（上海部分）

序号	企业简称	排名	序号	企业简称	排名
1	网宿科技	12	12	连尚网络	62
2	携程旅行网	15	13	钢银电子	63
3	二三四五网络	16	14	前锦网络	64
4	三七互娱	23	15	找钢网	65
5	东方明珠新媒体	26	16	东方网	71
6	波克城市	37	17	景域文化	85
7	米哈游	38	18	佳缘国际	89
8	幻电信息	40	19	创蓝文化	92
9	巨人网络	41	20	沪江教育	95
10	东方财富	50	21	优刻得	100
11	游族网络	51			

三、主要运行特点

1．集聚发展布局趋于合理

经过十几年的发展，上海软件和信息服务业形成“一中四方”的错位竞争发展格局——中心城区以互联网信息服务、人工智能软件和电子商务为重点；东面浦东软件园以移动互联网、行业应用软件、金融信息服务为重点；南面紫竹科学园区以网络视听、数字内容为重点；西面市西信息软件园以工业软件、物联网和信息服务为重点；北面市北高新区以基础软件、大数据和云计算为重点。

从规模看，浦东、长宁、徐汇位列前三强，三区的软件和信息服务业收入合计占全市总规模超过50%。从增速看，闵行区通过完善产业规划和政策措施，促进产业发展。2018年，软件和信息技术服务业增速达26.3%，远高于全市增长。青浦区通过加强政策落实，吸引华为、网易等一批重大项目落户青浦。同时，通过打造市西信息软件园，促进长三角协同发展。

2．新技术带动细分领域增长

上海信息服务业的创新紧跟技术发展热点，不断加快产品化进程，推进技术应用场景落地，推动行业创新发展，取得丰硕成果，并获家技术发明二等奖一项。工业互联网、大数据、云计算、区块链、人工智能等新兴技术的蓬勃发展为上海软件行业注入了新的活力，并为行业带来了新的增长点。

工业软件。上海是国内较早布局工业软件的省市之一，上海工业软件围绕上海市支柱产业和优势产业，在冶金、轨道交通、智能制造、智能汽车等行业应用领域形成一定特色优势。同时，上海工业软件跨国公司总部已形成集聚，西门子、ABB等一批在工业软件领域的领先跨国企业均有将地区总部或研发中心等设在上海，技术外溢效应明显。此外，传统工业集团纷纷成立专业信息化子公司，与紫通、机电所、西派埃、华通、宝立等上百家新兴企业共同丰富工业软件生态。

云计算。上海云计算服务产业收入达到1039.2亿元，同比增长14.2%，蓝云网络、七牛云、宝之云的业务增势迅猛，营业规模呈倍速增长。云计算服务企业规模日益壮大，逐步成为行业龙头企业。同时，阿里、腾讯、百度、华为、微软等国内外企业的云计算平台齐聚上海，为上海各类企业用户提供了丰富的云计算平台服务和多样化的产品服务。

智能软件。随着人工智能加快与金融、制造、教育、医疗等经济社会各领域的渗透融合，AI+应用需求不断涌现，推动智能软件企业快速成长，全年增速超过20%。其中，依图科技、小i机器人、氪信科技、玻森数据、森亿智能、合合信息、竹间智能、图麟科技、元趣科技、乐言科技等超过50家智能软件企业相继获得融资；英语流利说、触宝科技在美国上市；智臻智能、云从、熠知电子等8个项目入选2018年工信部人工智能与实体经济深度融合创新项目。

数据管理。上海在数据管理领域形成从数据库、处理工具到行业应用的完备的产业链条。爱可生、热璞这两家公司的自主可控数据库平台产品和开源数据库整体解决方案均居于全国领先地位；在数据处理工具领域拥有上海星环、华院分析等一批技术领先企业；上海的数据行业应用基础较好，在金融、交通、医疗等领域的应用居于全国领先地位。

区块链。上海是国内区块链产业发展较活跃的城市之一。从行业分布看，上海区块链项目主要分布在企业服务、金融、文娱传媒、汽车交通、物流、硬件、医疗健康、社交、农业、房产家居等领域。已成立上海区块链技术研究中心、上海区块链技术测评服务中心，编制《区块链技术安全通用规范》团体标准。

3．宏观环境改善带动信息安全产业发展

全市从事网络安全产品销售、集成和服务的企业、机构、科研院所共约270家，包括安全防护、安全集成、安全运维、安全评估、安全咨询与培训等类别。全年销售额超过59.19亿元，其中超过亿元的企业13家。从产业形态来看，安全产品和服务日趋集成化、智能化、融合化，等级保护等合规要求带来的安全检测、咨询和整改业务增长速度较快；受益于数据中心等大规模网络的部署、大型企业集中化管理的要求，防火墙、安全检测工具、身份管理和访问控制等安全防护类产品占据主要市场；安全令牌、加密芯片等商密产品继续保持稳定增长，销售额过亿的企业中半数为商密领域；以斗象、谋乐等为代表的一批以态势感知、监测预警等安全服务为主营的新创型安全企业崭露头角；以观安信息、平安科技、宝付网络等为代表的数据安全、工业互联网安全、人工智能安全、金融科技安全等具有混合、融合特征的泛安全业务有望成为新的增长级。从产融协同来看，企业投融资渠道和规模较去年有较大规模增长，有4家企业（观安、斗象、瑞数、点荣金融）获得亿元以上融资。

（叶月明）

高端装备产业发展情况

2018年，上海规模以上装备制造业完成工业总产值13749.3亿元，比上年增长3.3%，占全市工业总产值的39.5%；完成主营业务收入15711.2亿元，增长3.9%；实现利润1558.2亿元，增长5.2%；完成出口交货值1795亿元，增长3.7%。

重点领域发展情况如下：

一、汽车

汽车产业支柱性作用突出。汽车工业完成工业总产值为6832.07亿元，同比增长0.8%，占全市工业总产值的19.6%；本地汽车产量（统计口径）为297.8万辆，占全国汽车产量的10.7%。

新能源汽车发展势头迅猛。新能源汽车产值达到259.23亿元，同比增长5.4%；全年推广新能源汽车近7.4万辆，同比增长20.2%，累计推广23.98万辆，居全国首位。

智能网联汽车发展成效显著。一是在全国率先形成智能网联汽车开放道路测试工作推进机制，由市经信委、市公安局、市交通委共同成立智能网联汽车道路测试推进工作小组。二是在全国率先发布《上海市智能网联汽车道路测试管理办法（试行）》，推动智能网联汽车研发测试。三是在全国率先发布智能网联汽车开放道路，累计开放测试道路37.2公里。四是在全国率先颁发第一批智能网联汽车测试牌照，累计向上汽、蔚来、宝马、图森、初速度等5家企业发放7张测试牌照。五是在全国率先建成完整的产业链。上汽集团推出全球第一款量产智能汽车荣威MARVELX等自主品牌系列车型，全面展示了自动驾驶研发实力及最新成果；毫米波雷达、激光雷达、中央域控制器、智能操作系统等自动驾驶关键零部件加快科技攻关和实施产业化。六是成功举办第二届世界智能网联汽车大会。揭牌成立“全球智能网联汽车测试与示范联盟”亚洲秘书处，与长三角主要城市共同启动长三角智能网联汽车一体化测试认证体系，促进全球创新资源和长三角产业资源的新融合。

二、智能制造与机器人

上海智能制造系统集成领域完成工业总产值242.9亿元，同比增长7.7%。全年有9个项目入选工信部2018年智能制造综合标准化与新模式应用支持名单。3个项目入选国家级智能制造示范工厂。制定发布智能制造系统解决方案供应商推荐目录，首批18家集成商入选市级推荐目录，其中16家进入国家推荐目录；与民生银行签订了500亿元智能制造金融综合服务专项，推动“上海制造”智能化转型；启动了长三角智能制造协同创新生态机制建设，发布《长三角智能制造协同创新发展倡议》；上海智能制造研发与转化功能型平台完成平台公司组建开始正式运作。

全年工业机器人产值为219.18亿元，同比增长8.3%，产量约为5万台套。市政府与ABB集团签署战略合作谅解备忘录，ABB机器人超级工厂落户浦东康桥；新松机器人临港产业基地项目建成投产；支持举办第7届中国国际机器人高峰论坛。推动成立长三角三省一市机器人合作组织，构建产业链对接机制。

三、高效能源装备

高效能源装备产业发展基本稳定。智能电网设备产值为152.3亿元，同比增长9.2%；风电装备产值为78.8亿元，同比增长43.4%；光伏设备及元器件产值为72.8亿元；核电装备产值为47.7亿元；燃气轮机产值为4.1亿元。煤电方面，1350兆瓦超超临界二次再热机组研制已开始在平山2期示范应用；超超临界二次再热宽负荷660兆瓦机组已在蚌埠2期工程顺利投运，实现平均负荷率100%，各项保护和自动装置投入100%。气电方面，上海电气与安萨尔多合作，重型燃气轮机国产化工作顺利进行。核电方面，“华龙一号”首根核电焊接转子等一批零部件研制完成。风电方面，35千伏用于海上风场电力传输的柔性直流输电换流阀及控制系统研制及110千伏预装式变电站系统研制完成。光伏方面，用于高效晶硅电池的背钝化（PERC）ALD6000片／小时的设备完成研制；高效节能60微米级金刚线核心装备首台应用获得成功。智能电网方面，110千伏母线保护、变压器保护、线路保护等一批保护装置通过国网集中检测；天然酯绝缘油环保型防爆变压器、配电网自动化规划等新领域研发项目自主研发水平得到提升。

四、高端医疗装备

高端医疗装备产业发展平稳，完成工业总产值70.43亿元，同比增长13.2%。上海市一批重点企业已经处于国内领先、国际一流行列。市经信委协同市民政局，推动上海加快康复辅助器具产业发展，落实《上海市人民政府关于加快发展康复辅助器具产业的实施意见》。同时，完成上海医疗机器人产业发展研究报告。

五、民用航空

民用航空产值为235.85亿元，同比增长13.9%；飞机总产值为66.26亿元，同比增长24.7%。市政府与中国商用飞机有限责任公司签署战略合作框架协议，深化战略合作；正式发布《上海市航空制造产业链建设三年行动计划（2018—2020）》，力争通过3年努力，使上海航空制造产业链建设取得实质性进展。在飞机研制方面，ARJ21新支线飞机生产交付15架；12月28日，第三架C919大型客机完成首飞，三架C919飞机开始试飞取证；中俄远程宽体客机CR929进入初步设计阶段。

六、船舶海工

船舶工业完成工业总产值484.32亿元，同比下降2.8%，降幅收窄。市政府与中船集团签订战略合作协议，支持中船集团大型邮轮等项目在沪建设，11月6日，中船集团大型邮轮项目正式启动。同时，推进深远海海洋工程国家创新中心建设，上海海洋工程装备制造业创新中心有限公司正式成立。

2018年，全市高端装备中，工业总产值实现增长的还有工程机械、金属切削机床、增材制造装备、微电子与光电子装备、智能仪器仪表等产业。其中，工程机械装备总产值为191.01亿元，增长48%；金属切削机床总产值为25.34亿元，增长15.1%；增材制造装备产值增长21.5%；微电子与光电子装备产值为34.49亿元，增长54.4%；智能仪器仪表产值138.95亿元，增长10.1%。电梯工业总产值487.21亿元，下降2.4%。

（吴　蔚）

军民融合产业发展情况

2018年，在中共上海市委、市政府的正确领导下，上海市经信委、市国防科工办坚持以习近平新时代中国特色社会主义思想为指导，深入贯彻十九届中央军民融合发展委员会全体会议精神，军地携手，主动作为，创新发展，立足“统、融、新、深”，发挥上海优势，积极推进军民融合战略实施，努力探索上海军民融合深度发展新路子。

一、基本情况

2018年，军民融合各项重点工作有序推进，主要指标顺利完成。一是军民融合产业保持较快增长。全年军民融合产业总值达到4700亿元，比上年增长10%，占全市工业总产值的12%左右，成为推动上海经济增长和产业转型的重要抓手。二是武器装备建造核心能力明显提升。重大武器装备建设工程稳步推进，圆满完成年度火箭发射任务，有力保障了国防军队建设。三是军民协同创新取得关键突破。磁探仪、高温高压传感器，火星探测、嫦娥四号关键配套技术等一批自主可控技术产品取得突破，填补了国内空白。四是先行先试突破多项全国“首次”。全国首颗民营企业独立研制的微纳卫星“嘉定一号”顺利升空，闵行区作为国家首批知识产权军民融合试点区获得批准。五是开放融合、深化合作进一步加强。“1+7”战略合作深入展开，国家军民融合发展产业投资基金顺利注册，央地合作、军地合作、军工集团和“独角兽”民企合作等合作交流深入推进。

二、主要内容

1．巩固核心领域融合发展实力

在国防科技工业与重大装备领域，上海坚决服从服务国家战略，主动对接国防科工局、军委科技委、装备发展部等有关部门，跟踪武器装备重大需求。国防建设重大需求的武器装备工程的总体总装任务稳步推进，第二架C919实现成功试飞，水面水下新型舰艇批量交付，航天圆满完成年度火箭发射任务，“风云”双星同时在轨交付，北斗三号、高分五号顺利升空。这些大国重器的建造，带动了上海高端装备产业发展，满足了国家战略和国防任务需求，支撑了富国强军建设。同时，培育扶持了一批拥有自主核心技术的“专精特新”民营企业，新材料的海上重要目标防护设施、高灵敏度的磁力探测仪、耐高温高压的特种传感器等高科技产品，为武器装备自主可控和国产化替代工程作出了贡献。

2．积极推进民营企业军民融合发展

积极探索先行先试，一系列服务民营企业的政策得到突破。全国第一单民营企业军贸申请获得国家批准，为军民融合企业“走出去”成功探路；航天军民融合创新创业中心已正式开园，并入选全国“双创”平台试点示范项目，为社会力量参与商业航天发展提供舞台；闵行区代表上海获批国家首批知识产权军民融合试点区，是促进军民科技成果双向转化的试验田。同时，积极推荐军民融合特色产品和关键技术参加第三届中国军民两用技术创新应用大赛，推动落实军品优惠财税政策，切实减轻企业负担，发布支持军民融合企业特别是民营企业融资创新的实施意见，增强了民营企业的政策获得感。

3．积极探索创新发展新路径

体制创新方面，充分发挥上海的区位、人才、技术、资本等优势，与中核集团、中船集团、兵器集团、中电科集团、中国商飞等央企集团建立战略合作，实施一批军民融合重大项目。其中，上海联合中核集团、中船集团共同实施的海上核动力平台项目，成为跨集团、跨地区多方合作的成功案例。机制创新方面，得益于上海灵活的市场机制和国际视野，兵器集团和阿里巴巴强强联手打造的千寻位置网，向全球1.9亿用户提供高精准时空服务，已经成为北斗导航的中国名片。推动世界核电运营者协会（WANO）在上海设立全球第五中心，开创了核电技术领域国际合作新机制。科技创新方面，推进实施军民融合重大科技专项，积极布局北斗三号系统建设和应用，智慧天网、多媒体卫星系统项目已经启动，空天光电技术、无人机先进技术等军民协同创新联盟开始运作。成功举办上海第五届军民两用技术促进大会，积极推进与“国防七子”高校的战略合作，筹建各领域具有鲜明军民融合特色的战略研究院。产业创新方面，上海航天抓总研制的第100发长征火箭成功发射，全国首颗民营企业独立研制的“嘉定一号”卫星顺利升空，上海商业航天新模式跨出了重要一步。海底观测装备、智能单兵装备、水下机器人、万米级深潜器等高精尖产品不断取得突破。金融创新方面，全国首支国家级军民融合基金已成功落地，市级基金开始正常运营，北斗产业基金已基本敲定。充分发挥上海国际金融中心的优势，积极推进多层次、多领域的军民融合基金集聚上海，用资本的力量赋能产业高质量发展。

4．加大军民融合成果转化力度

积极发挥专项资金作用，引导军民融合技术成果转化应和产业化发展。会同市财政局开展年度军民融合专项扶持项目，2018年度共支持项目78个，带动社会投资11亿元，并从中遴选20个项目作为年度军民融合重大产业项目对外公布。验收已完成项目55个，形成一批进口替代、国内唯一的专精特新技术及产品。同时印发《上海军民融合产业专项成果汇编（第二期）》。强化项目管理质量，针对项目立项、过程管理、验收等方面，组织四期培训，培训相关人员超600人次。

5．促进信息交流和供需对接

组织第三届中国军民两用技术创新应用大赛的参赛及培训工作，挖掘优秀军民两用技术和产业化项目。组织第四届军民融合发展高技术装备成果展参展工作，全市共有16家企事业单位参展。会同市科委共同举办第五届上海军民两用促进大会，推动军民融合协同创新。组织采集33项“军转民”“民参军”重点技术与产品信息上报工业和信息化部，争取入编全国《军用技术转民用推广目录》和《民参军技术与产品推荐目录》，并开展2015年和2016年“军转民”“民参军”目录应用情况调查。

6．积极开展军民融合政策理论研究

科学界定军民融合产业的统计范围，建立军民融合产业统计调查制度，监测军民融合产业发展水平，开展“军民融合产业统计指标体系研究”。加大核能领域军民融合推进力度，促进核能军工技术成果转化应用，开展“核能领域军民融合重大项目布局和机制研究”。会同市质量技术监督局，加强质量技术基础领域军民融合，发布《关于加强本市计量领域军民融合深度发展工作的通知》，开展“质量技术基础军民融合顶层设计研究”等军民融合课题研究。

（陈松青）

节能环保产业发展情况

2018年，上海节能环保产业又取得新的进展，节能环保产业能级得到进一步提升。

1．产业能级不断提升。2018年，全市节能环保产业实现总营收1418.7亿元，其中，节能环保制造业总产值679.9亿元，节能环保服务业738.8亿元，分别比上年增长19.8%、10%。闵行、嘉定、浦东、宝山四区节能环保产业相对集中，合计产值占全市比重超过70%。

2．培育核心关键技术产品。全市40余项先进节能节水、环保、资源综合利用技术装备入选国家推荐目录，在超超临界发电机组、超低排放、再制造等领域形成明显竞争优势。

3．健全产业推动机制。打造“绿色沙龙”“绿品慧”等线上线下推广对接平台，相继成立环境第三方治理、再制造、土壤修复产业联盟。

4．引导行业规范化发展。牵头成立长三角资源综合利用合作平台，促进区域产业协作。10家银行为266个项目发放绿色贷款234亿元。着力解决融资难问题；大力推广环境第三方治理，14家电镀企业开展治理试点取得成效。

5．开展节能环保服务“进千家”等对接活动。在嘉定、奉贤、宝山等区组织开展节能环保技术与用能、治污需求对接活动。邀请节能环保服务企业和用能、治污需求单位参加，推介节能环保技术、产品。

6．加强重点领域宣传活动。举办重点领域节能宣传及新建工程（项目）合同能源管理宣传对接会，加大推进新建工程中应用合同能源管理模式的力度，为全市节能工作及合同能源管理模式进一步创新探路。

（张 琪）

生产性服务业发展情况

2018年，上海生产性服务业继续保持稳中向好发展态势，实现增加值13707亿元，比上年增长7.7%，占上海GDP比重41.9%，占服务业的比重达60%，生产性服务业重点领域实现营业收入超2.85万亿元，同比增长9%。其中，研发设计服务、供应链管理服务、金融服务分别同比增长11.8%、12.7%和8.9%。全年生产性服务业重点领域实现营业收入28536.8亿元，同比增长9%，其中，研发设计服务增长14.3%，金融专业服务增长11.3%，检验检测服务增长11.7%，电子商务和信息化服务增长12.8%。

一、生产性服务业推进机制进一步完善

8月17日，市经信委召开生产性服务业和服务型制造发展专家座谈会，听取相关政府部门、研究机构、企业等领域专家的意见和建议，探讨新一轮生产性服务业和服务型制造的发展重点、发展路径和发展举措，深入研究产业推进机制。市经信委会同市财政局修订形成《上海市生产性服务业和服务型制造发展专项支持实施细则》，首次将“服务型制造”纳入财政专项资金支持范围，并在《实施细则》的指导下，研究制定《2019年上海市生产性服务业和服务型制造发展专项资金支持指南》。

二、总集成总承包服务走向“一带一路”

总集成总承包作为高端生产性服务业被列为上海发展生产性服务业的十大重点领域之首。上海继续鼓励总集成总承包企业延长服务链，扩大服务半径，提高智能服务水平。在国内产能转移、寻求优势产能国际合作方面，支持总集成总承包企业向“一带一路”沿线发展。

全年生产性服务业发展专项资金支持总集成总承包项目实现合同金额超过23亿元，带动国内设备及材料出口销售收入逾7亿元，涉及新能源、石油化工、信息系统集成等领域，同步带动基于国外标准的一系列关键施工综合技术和工程管理研究成果，实现国内产品、技术、服务、标准、品牌“走出去”，助推上海先进制造业发展。编辑形成《上海总集成总承包工程创新30例》第一辑，以加强典型宣传，助力“上海制造”“上海服务”品牌建设。

三、探索推进服务型制造发展试点

1月23日，在上海召开工信部及全国部分省市服务型制造工作交流会。上海通过《服务型制造统计方法与评价指标研究》，确定上海服务型制造的服务领域包括系统解决方案服务、支持服务、定制服务、研发／设计服务、信息增值服务、网络化协同制造服务等六大类，并初步研究形成服务型制造的统计指标和评价体系。工作交流会就研究形成的服务型制造评价指标体系听取意见，并商讨研究成果落地试点工作。

年内，上海继续开展《服务型制造发展重点模式与推进方法研究》项目研究，形成《服务型制造发展重点模式与推进方法研究》成果，从制造业与服务业深度融合，围绕产品增值服务、设计创新服务、个性化定制服务、信息增值服务、科技创新与产业化服务等重点，引导企业在关键制造环节加大服务投入，提高生产运营效率与服务能力，建立一批服务型制造典型模式示范，加强对企业的发展空间评估，培育发展质量优、发展潜力大的企业，在模式创新、产业对接、服务供给等方面给予支持，为后续细化服务型制造发展举措、推动服务型制造评价指标体系应用及重点模式推广做准备。

上海共有3个项目和2个平台获得2018年工信部第二批服务型制造示范称号，其中上海汉钟精机股份有限公司的云端服务建设项目、上海汇珏网络通信设备股份公司的网络智能锁管理系统、宝山钢铁股份有限公司的超轻型钢制白车身（BCB）开发与应用获示范项目；上海电动工具研究所（集团）有限公司的电气设备一站式综合服务平台、上海乐钢供应链股份有限公司的乐钢网获示范平台。

四、产业电商“双推”工程不断创新

市经信委持续探索创新产业电商“双推”工程，首次实施“双推”平台遴选与专项支持双轨制，遴选出25家具有行业代表性的“双推”平台企业，其中多家入选业内相关“百强”。工程实施期间，各“双推”平台企业积极开展“双推”专题推介活动，加快与中小企业服务对接。同时依托“上海中小企业服务云”平台，建立“双推”工程服务宣传与实施进展情况发布窗口，及时更新“双推”专项补贴资金申请使用及中小企业上平台动态信息。经第三方监测审验，工程实施期间，参与补贴支持的16家平台企业累计新签约上海及全国中小企业客户1148家，上海受益企业超千家，对平台企业与实体经济的加速对接与融合创新发展形成有效引导。

6月12日，市经信委首次联合苏浙皖三省经信委共同指导举办“2018长三角‘互联网＋产业’与高端生产性服务业创新峰会暨上海市电子商务‘双推’工程启动仪式”，参会规模达千人，东方卫视等多家主流媒体重点报道，对实施“双推”工程起到良好宣传发动效果，也为推动长三角产业电商与实体经济一体化发展开启有益探索。

五、生产性服务业功能区建设进一步规范

7月，市经信委编制印发《上海市生产性服务业功能区

建设指引》，明确功能区内涵、建设原则、主要内容及相关指标要求。根据《建设指引》及主要指标要求，研究完善《生产性服务业功能区复审指标体系》，初步研究形成《生产性服务业功能区分类管理标准》。

为协同推进“东方美谷”建设战略，根据奉贤区经委关于南郊生产性服务业功能区的扩区、更名申请，南郊生产性服务业功能区扩区并更名为“东方美谷生产性服务业功能区”，该功能区将围绕东方美谷“五大平台”和“八大中心”，构建产业支撑体系。到2018年年底，全市共有生产性服务业功能区39家，总规划面积超过5000公顷，吸引超过2万家生产性服务业企业集聚。功能区土地集约利用和产业集聚效应明显，单位土地面积年营业收入、单位土地面积年上缴税收、单位土地面积年利润总额都保持两位数增长。

六、持续推动供应链管理服务创新应用

上海积极推动产业电商供应链服务企业、骨干物流企业从深度嵌入制造业供应链、加快整合对接社会化物流资源等角度加快探索实践，积极申报国家应用试点。

市经信委配合市商务委制定《关于本市积极推进供应链创新与应用的实施意见》《关于本市贯彻〈国务院办公厅关于推进电子商务与快递物流协同发展的意见〉的实施意见》等政策文件，推动供应链创新应用国家试点城市建设相关工作落实；配合市发展改革委落实《上海市现代物流业发展“十三五”规划》中期评估、制定《关于本市推进物流降本增效促进实体经济发展的实施意见》等。

七、开展检验检测产业发展水平评估

基于历年积累的检验检测产业相关数据，得出2014—2017年上海检验检测产业发展水平评价。参与统计的889家检验检测机构2017年度实现营业收入195.8亿元，利润32.7亿元，比上年增长11.2%；共出具检验检测报告2017.9万份，比上年增长24.2%，基本形成由国资、民营、外资等多元机构主体参与的市场化检验检测认证体系，上海已成为全国检验检测服务业最集聚、最发达的地区之一。

八、大力推进“上海制造”“上海服务”品牌建设

市经信委会同市生产性服务业促进会，在全市生产性服务业领域开展“名人、名家、名企、名园”评选活动，评选出“上海生产性服务业十大优秀匠人”“上海生产性服务业十大先进匠人”“上海生产性服务业功能区十佳示范园区”等，并汇编出版《匠人风采录》《十佳功能区示范园区》等进行广泛宣传。

市经信委支持上海市电子商务行业协会、上海市工业经济联合会、上海市企业联合会联合主办首届“上海制造”品牌微视频大赛，历时近5个月，吸引近百家企业参赛，110个参赛微视频获投票总数达2622万票、网络推广和投票平台浏览总量达1165万次，其中超半数投票来自上海以外区域。9月27日，举行大赛揭晓发布会。推动市电商协会及制造业专委会举办“上海制造”——数字化高峰论坛暨数字化名家汇年度盛典活动，打造制造业数字化交流和创想平台，初步构建行业组织发起的制造业数字化转型名家智库。

九、推动专业维修服务对接自贸区建设

市经信委联合市商务委、上海海关（及原检验检疫）、自贸区保税区管理局等部门，完成《上海保税维修业务现状及发展对策》研究，针对政策瓶颈提出对策建议，与各有关部门建立长效沟通合作机制，为上海扩大开放100条及自贸区建设有关全球维修业务发展提供工作支撑。在保税维修研究成果基础上，市经信委配合市发改委开展《自贸区全面改革背景下全球维修与进口再制造业务发展模式研究》，积极争取将有关政策建议反映到上海自贸区新片区政策建议中。

十、生产性服务业产业援疆深入推进

在推动上海新跃物流聚焦呼叫中心业务成功落户喀什的工作实践基础上，由上海杭州湾北岸电子商务产业发展有限公司、上海信息投资咨询有限公司、喀什经济开发区投资开发有限责任公司三方共同投资，在喀什注册成立“新疆智慧呼叫信息科技有限公司”，选址喀什经济开发区东区深圳城1号楼，发展运营呼叫中心产业园，开启上海－新疆产业合作发展新模式与新一轮探索。

市经信委联合新疆经信委、上海市对口支援新疆工作前方指挥部、新疆喀什地区行署四方共同为“上海－新疆呼叫产业生产性服务业功能区”授牌，并召开功能区推介与企业对接意向座谈会，合力支持助推功能区建设。该生产性服务业功能区作为上海产业援疆典型项目接受市委主要领导考察，得到充分肯定。

（陈琦芳）

都市产业发展情况

2018年，作为上海工业结构中的基础性产业和出口比较优势产业——消费品产业工业持续平稳发展，为上海工业经济发展作出了重要贡献。

一、上海市消费品产业经济运行情况

1．规模平稳发展

2018年，上海消费品产业规模以上企业实现工业总产值（可比价）5625.96亿元，比上年增长0.14%；完成出口交货值1062.3亿元，增长1.4%，出口交货值占销售产值的18.51%，在全市13个主要工业门类中，轻工产值仅次于汽车、机械和电子，继续位列第四，纺织排名第十。

2．质效表现良好

全市消费品产业2790家规模以上企业实现主营业务收入6562.15亿元，同比增长3.12%；实现利润总额493.4亿元，增长3.18%，略低于全市工业增幅1.16个百分点（全市4.34%）；销售利润率达8.6%，同比提高0.1个百分点。缴纳税收总额177.57亿元，同比持平（−0.87%）。全市消费品产业亏损面22.94%，略高于全市工业亏损面20.38%；亏损企业亏损额53.85亿元，同比增长15.4%（同期全市工业减亏20.28%）。在全市13个主要工业门类中，轻工利润总额474亿元，同比增长2.4%，仅次于汽车和石化产业，排名第三，纺织排名第十。

从全国来看，上海消费品工业占全国消费品工业的比重约为2.3%，增速约为全国增速的一半，具有较大的发展空间（见表1）。

3．投资稳步推进

消费品投资开工、在建、竣工项目37个，投资总额223.6亿元，涉及9个区，主要分布在烟草、食品、化妆品、塑料、文教、汽配、家纺等领域。至2018年年底，共竣工20个项目，投资额77.26亿元，占年总投资额的34.55%；有16个项目在2019年续建；有1个项目停工（天喔集团）。

二、消费品分行业发展情况

1．产值

比上年产值相比，7个行业增长，11个行业下降，其中增长的行业总产值占轻纺总产值的64%，增速最快的前3个行业是日用化学产品制造、相关专用设备制造、工艺品，分别同比增长11.69%、7.74%、5.42%，食品、印刷分别增长5.05%，4.96%。

产值排名前三位的行业是电池家电及照明器具（751.10亿元）、塑料制品（701.81亿元）、食品（625.95亿元，不包括农副食品加工和饮料），分别占消费品产值的13.35%、12.47%、11.13%；工艺品、日用金属的产值分别是414.60亿元、412.05亿元，这5个行业合计占消费品产值的51.64%。排名后三的行业是化纤（33.90亿元）、木竹藤棕草制品（49.11亿元）、饮料（91.19亿元），合计占比3.1%。

2．出口

与上年出口相比，9个行业增长，9个行业下降，其中增长行业出口额合计占消费品总出口额的42.61%，增速最快的前三个行业是日用金属及设备、农副食品加工行业、印刷，分别同比增长49.95%、13.4%、9.86%，但这3个行业出口规模总体量较小（占比14.16%）。

出口交货值排名前三的行业是电池家电及照明器具（248.74亿元）、相关专用设备（133.03亿元）、塑料制品（129.79亿元），分别占消费品总出口额的23.42%、12.52%、12.22%，合计占比48.16%。排名后三的行业是饮料（4.99亿元）、木竹藤棕草制品（6.09亿元）、农副食品加工（12.76亿元），合计占比2.24%。

3．利润

与上年利润相比，11个行业增长，7个行业下降，其中增长的行业利润合计占消费品总利润比重70.32%，增速前3的行业是纺织服装服饰业、木竹藤棕草制品、文教体育用品，分别同比增长44.7倍、1.2倍、23.98%。利润率最高的行业是日用化学产品，销售利润率达16.33%；最低的是纺织服装服饰，为2.16%。

利润排名前三的行业是电池家电及照明器具（72.67亿元）、食品（68.25亿元，不包括农副食品加工和饮料）、日用化学产品（59亿元），分别占消费品工业总利润的14.73%、13.83%、11.96%，合计占比40.52%。排名后三的行业是木竹藤棕草制品（4.82亿元）、化纤（2.96亿元）、饮料（2.07亿元）（见表2）。

三、部分重点行业分析

1．家电行业

据市经信委数据统计，至2018年底，上海家电行业规模以上的企业有71家，可比价产值380.12亿元，同比下降2.87%；出口191.2亿元，下降1.73%；主营收入总计396.8亿元，下降0.33%；利润总额43.728亿元，增长4.8%。

2．日化行业

2018年，据上海日用化学品行业协会105家规模以上企业的数据，现价产值360亿元，同比增长13.2%；可比价产值355亿元，增长11.7%；出口交货值35.2亿元，下降2.9%；主营业务收入441亿元，增长11.5%；主营业务成本273亿元，增长17.3%；利润总额80亿元，下降2.9%。

上海已有化妆品生产企业250多家，非特殊用途化妆品备案达20多万件，由上海口岸进口非特殊用途化妆品的进

表1　2018年上海与全国消费品工业效益对比情况

地区	主营业务收入	同比增长	比重	利润	同比增长	比重	出口交货值	同比增长	比重
上海	6562	3.12%	17%	493	3.18%	15%	1062	1.4%	14%
全国（概数）	286000	5.85%	28%	20000	6.4%	30%	34700	5%	28%
上海占全国比重	2.3%	—		2.46%	—		3.1%	—	

表 2 2018 年上海轻纺产业主要经济指标完成情况

单位：亿元，%

分类			可比价产值	同比	销售产值	同比	出口交货值	同比	利润总额	同比	税金总额	同比
轻工	1	皮革、毛皮、羽毛制品	168.45	−7.92	173.93	−6.32	31.72	−7.65	10.63	−18.05	3.64	544.22
	2	木、竹、藤、棕、草制品业	49.11	−12.81	49.03	−13.24	6.09	−6.85	2.07	119.96	2.07	14.06
	3	家具制造业	325.27	−0.09	330.40	0.95	58.51	−11.86	39.80	4.75	8.51	−26.33
	4	造纸及纸制品业	225.78	−5.19	246.05	−0.62	16.79	1.92	13.04	−4.01	9.47	2.82
	5	印刷	192.56	4.96	190.04	3.86	23.37	9.86	16.47	23.11	7.93	−0.63
	6	文教体育用品制造业	100.85	−2.92	106.81	2.13	49.05	3.90	15.53	23.98	1.83	−4.65
	7	塑料制品业	701.81	−2.63	710.97	−0.88	129.79	3.07	46.21	−14.54	18.49	−9.84
	8	工艺品及其他制造业	414.60	5.42	416.09	4.14	31.80	4.30	33.31	7.89	9.72	19.23
	9	日用化学产品制造业	355.54	11.69	361.25	12.65	35.29	−2.87	59.00	−7.24	16.43	−13.49
	10	日用金属及设备制造	412.05	2.52	426.44	4.50	114.34	49.95	29.72	6.18	15.49	35.73
	11	电池、家电及照明器具	751.10	0.95	752.41	1.82	248.74	−3.09	72.67	5.38	14.61	1.62
	12	相关专用设备制造业	407.45	7.74	400.35	8.18	133.03	−0.61	46.74	21.21	11.24	16.72
食品	13	农副食品加工业	289.58	−8.86	298.95	−6.93	12.76	13.40	15.68	16.16	4.80	−39.25
	14	食品制造业	625.95	5.05	645.78	7.11	33.43	3.36	68.25	4.28	33.54	−7.54
	15	饮料制造业	91.19	−9.27	99.96	−4.22	4.99	−17.33	4.82	−42.19	9.61	−0.89
纺织	16	纺织业	166.11	−8.78	180.21	−0.94	41.28	1.60	9.75	−7.48	3.96	5.00
	17	纺织服装、服饰业	314.66	−3.27	312.18	−0.81	78.03	−9.72	6.75	4470.17	5.54	22.34
	18	化纤制造	33.90	−31.53	37.95	−23.80	13.26	−30.60	2.96	−37.73	0.68	−19.56
消费品合计			5625.96	0.14	5738.79	1.86	1062.26	1.41	493.39	3.18	177.57	−0.87
工业合计			33756.30	1.26	33982.75	2.08	7669.23	−0.38	3291.87	4.34	1961.96	−5.12

口额占全国比重 70%。整体上，主营业务成本上升，利润下降幅度较大，说明行业的经济运行数据正受到市场波动。但长远来看，上海化妆品行业还将持续发展。

3．纺织行业

2018 年，上海纺织行业 402 家规模以上企业实现工业总产值（现价）519.06 亿元，同比下降 4.43%；工业总产值（可比价）502.26 亿元，下降 7.53%；主营业务收入 592.94 亿元，下降 1.23%；出口 1283.8 亿元，下降 9.23%；创造利润 16.94 亿元，增长 31.42%；企业亏损面达到 31.59%。

（由 文）

文化创意产业发展情况

2018 年，上海文创队伍以习近平新时代中国特色社会主义思想为指导，全面贯彻党的十九大精神，在中共上海市委、市政府和市文创领导小组领导下，认真落实《关于加快本市文化创意产业创新发展的若干意见》，完善政策保障、构筑产业高地、提升载体能级、促进融合发展，推动文创产业保持健康快速发展，对全市经济社会发展贡献度进一步提高，战略性支柱产业地位进一步显现。

一、构筑产业发展高地

2018 年，上海文化创意产业实现总产出 15447 亿元，比上年增长 9.9%；实现增加值 4227 亿元，增长 8.9%，占全市 GDP 比重为 12.9%；其中工业设计业、建筑设计业、咨询服务业、广告及会展服务业等领域增速较快。集聚各方力量，始终把鼓励优秀内容生产、提升创意设计能力作为推动文创产业的着力点，促进产业创新发展，与经济社会深度融合。

影视产业要素加快集聚。启动松江科技影都规划建设，打造“上海出品”的高地，35 部“上海出品”影片进入院线上映，累计票房约 104 亿元，占全国国产片票房的 27.8%。《大江大河》《平凡的世界》等精品电视剧持续热播，社会反响强烈。举办上海国际电影电视节。出版产业开拓发展新空间，钟书阁、思南书局、光的空间 · 新华书店等“最美书店”开启实体书店回归新纪元。

演艺产业增速较快。全年全市演出场次超 3 万场，观众人次超 1600 万，演出收入约 18 亿元。人民广场区域对标全球一流演艺区，积极打造“演艺大世界”。推进浦东外高桥和徐汇西岸艺术集聚区发展，加强贸易便利化服务。上海艺术博览会等本土艺博会品牌影响力不断提升。

工业设计引领实体经济发展。加快中国工业设计研究院功能建设，推进荣威 MarvelX、蔚来 ES8 等一批设计引领实体经济发展项目。C919 驾驶舱设计获中国优秀工业设计金奖，洛可可、润米科技、新博路等获得多项红点、IF 奖项。

组织上海设计力量参展第二届中国工业设计博览会，规模为各省市之最。举办2018设计之都活动周，以“打造设计梦想共同体 · 再设计”为主题，通过生活方式再设计改变消费习惯和时尚认知，通过商业模式再设计促进业态创新和产业升级，通过生态体系再设计推动城市更新和社会进步，10余个国家200余展商1万余件设计新品亮相。

建筑设计融入城市建设更新。推进“创意进社区”——青年设计师服务社区改造工作，吸引480余组团队或个人设计师报名，为全市20处社区里弄进行设计更新并实施改造。支持同济大学设计学院与四平街道开展微更新项目，打造N-ice2035LivingLine原型街。推进建筑设计师负责制。承办中国室内设计周、举办上海国际室内设计节。

时尚产业厚积薄发。成立上海国际时尚科创设计研究院，举办2018秋冬和2019春夏两季上海时装周、两季上海高定周，同步推进MODE等配套展会。时尚消费品工业产值突破5000亿元，推进以“东方美谷”为核心的“一核两片五联动”美丽健康产业发展，推进上海家化、伽蓝集团、药明康德等重点项目落地。承办第七届中国工艺美术大师评选展，展现中国工艺美术最高水准，推进世界手工艺产业博览园、工美艺术品交易中心等平台建设，举办2018全国手工艺产业博览会。

动漫游戏产业规模稳步增长。全国80%以上的电竞资源在上海聚集，产业链日趋完善。网络文化产业主体持续壮大，土豆、聚力等老牌视听网站战略转型，阅文集团、哔哩哔哩成功上市。喜马拉雅FM、蜻蜓FM、阿基米德3家音频网站占据超过全国80%的行业市场份额。

加快中国软件名城建设。8家企业入选中国软件收入百强，21家企业入选中国互联网百强。市西软件园、集成电路设计产业园等重大项目落地。举办世界人工智能大会，第三届全球虚拟现实大会。成立长三角5G创新发展联盟。

文化装备加快发展步伐。举办首届中国（上海）国际文化装备博览会，同期配套举办多场峰会。成立文化装备产业联盟，为文化装备企业搭建展示合作交易平台。

二、完善政策措施保障

贯彻落实《关于加快本市文化创意产业创新发展的若干意见》，出台《促进上海创意与设计产业发展的实施办法》等重点领域的配套文件。梳理编印《上海市文化创意产业政策指南》。修订《上海市文化创意产业分类目录（2018）》，优化文化创意产业分类统计工作。

修订印发《上海市促进文化创意产业发展财政扶持资金管理办法》《上海市促进文化创意产业发展财政扶持资金项目验收管理办法》《上海市促进文化创意产业发展财政扶持资金项目验收专项审计管理办法》等，进一步优化资金管理、提高使用效率，提升服务产业发展水平。2018年，市文创资金支持项目405个，支持民营和外资企业占比超过80%，带动社会资本投入文创产业超过42.6亿元。

优化市区联动合作机制，加强市区两级文创队伍建设，提升服务能力。充分发挥各区在重大项目推进、园区属地管理、文创活动举办、文创资金管理等方面的主战场作用，打造各区产业特色。

三、加强产业载体建设

修订《上海市文化创意产业园区管理办法》和《上海市文化创意产业示范楼宇和空间管理办法（试行）》，进一步强化园区特色定位，加快推进市级文创园区品牌化、特色化、连锁化发展，推动园区内涵式发展，提升“全生命周期”服务能力，积极营造“文创、科创、双创”融合发展态势。

文创园区实行动态管理，优胜劣汰。2018年度137家园区（含20家示范园区）获市级文创园区称号，其中淘汰市级老园区32家，新增41家。137家文创园区总建设面积超过700万平方米，入驻文创企业2万多家，入驻企业总营收近5500亿元，创造税收超过300亿元，带动就业近50万人，同时首批评选出10家示范楼宇、20家示范空间。通过认定市级文创示范楼宇和示范空间，形成文创园区、楼宇、空间互为补充的产业载体布局。涌现出德必集团、锦和商业、科房投资等专业园区连锁运营企业。

四、搭建合作交流平台

深入推进文创金融合作。设立首批上海市银行业文化创意特色支行，上海银行广中路支行、上海银行淮海路支行、浦发银行上海静安支行、建设银行上海第五支行、招商银行上海宜山支行等五家银行入选。搭建“上海文创金融服务”服务平台。整合商业银行、小额贷款公司、金融担保公司、中小微融资担保基金，以及风险引导基金、投资基金等资源，搭建“上海文创金融服务”服务平台，30余家金融机构、近3000家企业入驻。

融入长三角一体化发展。联合江浙沪皖三省一市举办首届长三角文博会，先后成立长三角出版、动漫、文旅、电竞、红色旅游、文化金融等文化产业区域协作平台，推动长三角产业链深度融合，服务文创企业加速发展。首届中国长三角品牌博览会以“品牌•城市•生活”为主题，26个城市300余个品牌联袂参展，集中展现长三角城市群以品牌为标志的经济社会发展成就，发布长三角城市品牌发展报告。

推进“上海设计走出去”计划。组织亚振、诺梵、新瓷等近30个上海原创设计企业、设计师、工艺美术大师携100余组展品参加纽约设计周，向世界展示上海设计在多元文化背景下，对跨界融合、传承创新的思考，海纳百川的设计情怀；同期举办“上海－纽约设计师交流沙龙”，Parsons设计学院访问等活动。与巴黎设计周合作，举行设计师交流沙龙，组织李希米等设计师作品参展国际顶尖的“M&O巴黎时尚家居设计展”。举办2018国际创意城市设计创新论坛，组织上海设计企业参与联合国教科文组织创意城市网络（UCCN）相关合作交流，上海岸峰设计荣获2018年UCCN环球设计大奖。

联合20所高校、10个文创协会和13家文创园区（基地）组成上海市文化创意产教联盟，打通学校教育机构与文创园区、文创企业的合作渠道，形成优势互补、资源共享。开展第三届“汇创青春”——上海学生文化创意作品展示季，13所学校共同承办，全市高校及相关文化创意行业共同参与。持续开展国际艺术节校园行活动。

（陈建林）

智慧城市建设情况

2018年，上海市进一步推进面向未来的智慧城市建设，泛在化、融合化、智敏化水平显著提升。通信质量、网络带宽、综合服务能力显著提高，基本构建起宽带、融合、安全的信息基础设施体系。信息化应用全面渗透民生、城管、政务等领域，数字惠民效果逐步显现，数字城管能级明显提升，信息化与工业化深度融合推动产业加快向高端发展，信息技术自主创新和产业化能力进一步增强，全面推进“一网通办”，电子政务效率持续提高。

一、信息基础设施能级不断提升，服务能力显著增强

宽带城市建设稳步推进，加快部署千兆宽带网络，市民的体验感进一步优化，截至2018年年底，全市家庭光纤宽带用户已达644万户，全市家庭宽带用户平均接入带宽达到139兆，固定宽带用户感知速率达到28.01兆／秒，继续领跑全国。无线城市建设快速发展，4G网络已基本全市覆盖，4G用户达3252万号，占全市移动电话的87%，至四季度末累计完成629处4G网络弱覆盖区优化建设；按照2018到2020三年“百千万”的三步走计划，已建成5G百站规模试验网，覆盖虹桥商务区、虹口北外滩、徐汇滨江、中山公园商圈、嘉定汽车城等在内的区域，结合世界人工智能大会、进博会等契机，5G+无人机安防监控，5G+V2X无人驾驶、5G+4K等应用完成验证；长三角三省一市与运营商集团公司签署完成《5G先试先用推动长三角数字经济率先发展战略合作框架协议》；i-Shanghai公益WLAN覆盖全市2600处主要公共场所。功能型服务设施能力持续提升，在上海登陆的国际海光缆有7个系统11条光缆，互联网国际和省际出口宽带分别达3.5T和16T；电信运营企业的IDC机架数达8.2万个；累计建设集约化信息通信管道总量超过10967沟公里，中心城区平均覆盖率达到90%。完成116公里信息架空线入地和合杆整治，消除安全隐患，优化市容市貌，推动信息基础设施与城市公共设施的融合部署。

二、打造便民惠民的智慧生活服务体系，民生服务进一步完善

医疗领域，完成医联工程分级诊疗服务平台建设，基于医联平台现有基础，以病人为中心，通过医疗信息资源交换与共享，对市级三级医院的医疗资源（专家号源、延伸处方、档案信息等）进行统一管理，向患者提供有针对性的分级诊疗服务，并在三级医院和一、二级医院之间建立良好通畅的信息沟通及转诊渠道，体现公共医疗资源的公益性，营造卫生事业持续健康发展的医疗环境。教育领域，建设教育数据统一管理平台，推进全市教育行业三类核心基础数据（学生、教职工、学校机构）等的统一采集、规范使用和共享服务；推进基础教育知识图谱及综合服务平台建设，逐步形成以使用量为衡量标准的绩效反馈机制。交通领域，基本建成以道路交通综合信息服务（智行者）、公交信息服务（上海公交）、公共停车信息服务（上海停车）等为主干的交通信息化应用框架，全市公交站亭建成1600余块LCD55寸显示屏、1700余根太阳能电子站牌实现了车辆实时到达信息的发布。此外，重点建设面向市民的一站式“互联网+”公共服务平台——“市民云”作为“一网通办”移动端总门户，汇聚政务服务、个人服务、公共服务达到235项，成为全国首个用户数突破千万的政府公共服务类APP，有效提升了市民对智慧城市建设的满意度和获得感。

三、打造纵深立体的城市管理信息化网络，城市管理进一步加强

城市综合管理方面，以城市网格化综合管理平台为基础，构建城市综合管理信息平台，完善基础数据库，拓展日常监控监管、督察督办、评价考核、应急指挥调度等功能；加强对各类数据的分析利用，及时研判城市管理热点难点和趋势规律，有针对性地提出辅助决策建议，提升城市精细化管理水平。食品安全监管方面，初步建成全市统一的食品安全信息追溯管理平台，覆盖种植养殖、屠宰加工、食品生产、流通、餐饮等环节，重点推进肉类蔬菜、水果、水产品、豆制品、乳制品、食用油等九大类20个品种强制追溯，基本覆盖全市90%以上的重点食品生产经营企业，累计食品追溯数据4亿多条。安全生产监管方面，建立以“一企一档”为核心的市级安全生产监管业务数据共享交互机制，着力提升安全监管领域数据资源的采集质量和共享开放能力；针对进博会保障任务要求，对全市危险化学品地理信息系统进行升级，汇聚危险化学品生产、储运、销售等环节单位基本信息，结合对危险化学品企业的风险辨识、评估和分级工作，加强对风险隐患的管控。

四、以工业互联网发展为引领，新一代信息技术与制造业深度融合发展

扎实推进标识解析建设，推动试点应用，标识解析国家顶级节点（上海）的“试验节点”建设任务有序推进，率先推进标识解析二级节点在船舶、汽车、化工等行业试点应用。全面推进工业互联网平台建设，从培育通用型平台、建设行业级平台、形成企业级平台3个层次推动平台梯度建设；设立专项资金，聚焦支持平台体系、支撑体系、标杆园区、标识解析等项目，强调“建平台”和“用平台”双轮驱动；发布包括8个工业互联网平台、22家专业服务商的服务目录；打造以工业互联网为特色的标杆园区，通过政策聚焦和资源整合，提升园区整体能级提升和协同共享，打造高质量产业园区发展的新样板。

五、打造透明高效的智慧政务服务体系，全面落实“一网通办”

全面落实政务服务“一网通办”，通过整合各级政府部门分散的政务服务资源和网上服务入口，推进线上线下业务流程再造，聚焦突破跨部门协同审批、并联审批事项，做到一网受理、只跑一次、一次办成。“一网通办”是本市优化营商环境、深化“放管服”改革的关键环节，是实现政府治理能力现代化的重要举措，实现办理事项100%接入，日均办理量达到7.2万件。数据资源共享开放有序推进，积极推进国家大数据综合试验区建设，进一步完善大数据发展制度机制建设；基本建成全市统一管理的政务数据资源目录体系，累计汇集数据资源目录2.1万条、数据项32万多个；上海市政府数据服务网累计开放数据集超过1500项，涵盖经济建设、资源环境、教育科技、道路交通等12个重点领域、11个应用场景，在由第三方机构发布的“开放数林”指数（《中国地方政府数据开放平台报告（2017)》）评估中，上海连续两年位列第一。推进政务云建设，实现基础设施共建共用。初步建成市级电子政务云平台，统一建设包括机房资源、网络资源、计算资源、存储资源等在内的云基础设施，实现政府各部门基础设施共建共用、信息系统整体部署以及共性支撑数据资源的集中存储和运营管理。根据市政务云平台建设要求，结合信息化项目管理，推进各部门信息系统依托政务云平台开展迁移和建设。

（张　诚）

国家新型工业化产业五星示范基地发展情况

2018年，工信部公布国家新型工业化产业示范基地发展质量评价结果，上海有六大园区进入五星级评价结果名单，分别是：上海化学工业区石油化工产业示范基地、嘉定汽车产业示范基地、张江高新科技园区物流等产业示范基地、上海闵行区军民结合产业示范基地（民用）、莘庄工业区装备制造产业示范基地、青浦工业区新材料产业示范基地。占全国28家的21%，名列全国前茅。上海6家五星示范基地主导产业特色鲜明，在石化、医药、装备制造等细分行业和领域中处于业内领先地位，具备由产业集聚向集群全面提升的良好基础。示范基地产业实力雄厚，发展质量和效益水平较高，拥有一批创新型企业和产品，绿色安全发展和两化融合发展成效明显，单位工业增加值能耗水耗降幅、规模以上企业关键工序数控化率等主要指标显著高于全国平均水平；形成了较完善的公共服务体系和营商环境。

一、五星国家示范基地发展总体情况

2018年，上海获得五星评价的6家国家示范基地实现工业总产9019.47亿元，实现销售收入14332.22亿元，实现利润1073.47亿元，上缴税金745.06亿元。五星国家示范基地经济运行始终保持良好的发展势头，充分显示了国家示范基地在全市产业园区中的示范引领作用。

表1　6家五星国家示范基地经济运行情况

序号	基地名称	工业总产值（亿元）	销售收入（亿元）	利润总额（亿元）	税金总额（亿元）
1	上海化学工业区石油化工产业基地	1338.20	1368.07	271.31	167
2	嘉定汽车产业基地	3639.20	7208.34	499.09	241.41
3	张江高科技园区生物医药产业基地	1152.25	678.73	11.94	58.75
4	闵行区军民结合（民用航天）产业基地	336.3	482.28	36.3	4.81
5	莘庄工业区装备制造产业基地	1102.73	2088.68	153.75	153.04
6	青浦工业区新材料产业基地	1450.79	2506.22	101.08	120.05
合计		9019.47	14332.22	1073.47	745.06

二、发挥集群效用，推动国家示范基地高端化发展

上海6家五星国家示范基地主导产业集聚发展情况：

——上海化学工业区石油化工产业示范基地。2018年，示范基地完成工业总产值1338.2亿元，主导产业产值1118.87亿元，产业集聚度91.5%。上海化学工业区石油化工产业示范基地编制完成《上海化工区产业高端化发展规划研究》，瞄准化工新材料和高技术、高附加值的精细化工产品，开展招商引资。

——嘉定汽车产业示范基地。以新能源汽车制造和研制为主导产业。2018年，示范基地完成工业总产值3639.2亿元，主导产业产值3431.31亿元，产业集聚度94.29%。嘉定汽车产业示范基地紧密围绕“产城融合”发展战略，结合“一城两镇一会”平台的建设，有效推动和促进汽车城招商引资工作，引进一批对汽车产业发展具有引领性、创新性的汽车科研项目和占据国际、国内汽车产业高地的领军项目。未来将在汽车产业、招商、文化、养老等多领域全方位提升汽车城品质。

——张江高科技园区生物医药产业示范基地。以生物医药为主导产业，2018年，示范基地完成工业总产值1152.25亿元，主导产业产值318.7亿元，产业集聚度27.7%。全球制药10强企业中有6家企业（辉瑞、诺华、罗氏、强生、葛兰素史克、安进）在示范基地设立区域总部或研发中心。示范基地以“金字塔尖科学家+原跨国药企高管团队+全球化技术研发团队+顶级风投”豪华阵容溢出创业，包括Arch、Venrock、AtlasVenture、礼来亚洲基金、红杉资本等一线资本大举进入，全球性产品不断涌现，独角兽级企业应运而生。

——闵行区军民结合（民用航天）产业示范基地。主导产业涵盖航天运输器、卫星应用、载人航天和探月工程、深空探测、新能源、新材料、先进装备、电子信息等多个领域，2018年，示范基地主导产业总体发展势头良好，其中，卫星应用、新能源、新材料、先进装备等多个领域通过军工技术转民用技术及其产业化，有效促进军工经济与地方经济融合发展，带动了区域经济结构调整和传统产业升级。示范基地完成工业总产值336.3亿元，主导产业产值325.3亿元，产业集聚度95%。示范基地以“部市合作、军民两用”为宗旨，积极推进国家北斗导航应用上海产业基地建设，努力将基地打造为天基系统—芯片—终端设备—行业应用服务全产业链集聚区。

——莘庄工业区装备制造产业示范基地。以装备制造为主导产业，2018年，示范基地完成工业总产值1102.73亿元，主导产业产值858.44亿元，产业集聚度77.8%。示范基地统筹区域经济取得实质进展。围绕“十三五”期间闵行区主导产业，全力推动区域经济统筹发展，新引进先进制造业项超额完成闵行区招商引资考核指标。同时，积极推进上年签约的16个项目早开工、早投产、早达效。

——青浦工业区新材料产业示范基地。以功能性纤维、先进高分子新材料、特种金属功能材料、高端金属结构材料和前沿新材料等为主导产业，2018年，主体园区完成工业总产值1450.79亿元，主导产业产值410.23亿元，产业集聚效应达到28.28%。引进英威达、金发科技、希悦尔包装、尤妮佳、普利特复核材料、华新丽华特殊钢制品、巴斯夫、奎克化学、巴克曼化工等一批龙头企业。依托和发挥示范基地和企业的产业集聚和带动作用，青浦区强化招商引资，重点引进新材料龙头企业和产业链上下游企业，发展成为一条包含上中下游产业的全产业链，整体提高区域新材料产业的集聚度和竞争力。

表2 6家国家示范基地产业集聚度情况

序号	基地名称	主导产业产值（亿元）	产业集聚度（%）
1	上海化学工业区石油化工产业基地	1118.87	91.5
2	嘉定汽车产业基地	3431.31	94.29
3	张江高科技园区生物医药产业基地	318.7	27.7
4	闵行区军民结合（民用航天）产业基地	325.3	95
5	莘庄工业区装备制造产业基地	858.44	77.8
6	青浦工业区新材料产业基地	410.23	28.28
合计		6462.85	

三、五星示范基地综合竞争力不断提升

为深入贯彻落实中央和市委、市政府关于上海建设具有全球影响力的科技创新中心的重大战略部署，着力发展以科技创新为引领的“新技术、新业态、新模式、新产业”，上海五星国家示范基地注重营造产业创新环境，鼓励产业转型和创新发展，始终保持相当规模的创新投入，加快提高服务平台的服务质量和使用效率，企业技术创新能力不断增强。

2018年，五星家国家示范基地研发投入总额达269.38亿元。

表3 6家五星国家示范基地研发投入占销售收入比重情况

序号	基地名称	研发投入（亿元）	比重（%）
1	上海化学工业区石油化工产业基地		
2	嘉定汽车产业基地	61.77	0.9
3	张江高科技园区生物医药产业基地	113.59	16.7
4	闵行区军民结合（民用航天）产业基地	23.03	4.78
5	莘庄工业区装备制造产业基地	50.16	2.4
6	青浦工业区新材料产业基地	20.83	0.83
合计		269.38	

国内外领先的科技成果不断呈现。据统计，2018年，国家示范基地规模以上企业有效发明专利数量达5975件，研

发人员达68807万人。

表4 五星国家示范基地技术创新情况

序号	基地名称	规模以上企业有效发明专利（个）	研发人员（人）
1	上海化学工业区石油化工产业基地	275	884
2	嘉定汽车产业基地	166	21088
3	张江高科技园区生物医药产业基地	425	16430
4	闵行区军民结合（民用航天）产业基地	2682	12078
5	莘庄工业区装备制造产业基地	753	9039
6	青浦工业区新材料产业基地	1674	9288
	合计	5975	68807

（李一鸣）

工业利用外资情况

2018年，面对复杂严峻的国际投资形势，上海深化营商环境改革，完善鼓励外商投资政策体系，放宽市场准入，提高对外开放水平，抓住首届中国国际进口博览会机遇，全年利用外资规模稳中有进，质量和效益明显提高。

一、工业利用外资情况

2018年，上海新设外资项目数5597个，比上年增长41.7%；合同外资469.37亿美元，增长16.8%；实到外资173亿美元，增长1.7%。项目数、合同外资、实到外资全部实现增长。

服务经济、总部经济、研发经济为升级动力的利用外资格局更加明显。服务业新设项目数、实到外资占比分别为96.9%、89.3%。以总部项目为主的商务服务业实到外资55.15亿美元，同比增长10.5%，占全市外资的比重升至31.9%，是引进外资第一大领域。科技服务业实到外资7.36亿美元，同比增长19.8%。

至年末，在上海投资的国家和地区达182个，在上海落户的跨国公司地区总部累计达670家。其中，亚太区总部88家；投资性公司360家；外资研发中心441家。年内新增跨国公司地区总部45家。其中，亚太区总部18家；投资性公司15家；外资研发中心15家。

欧洲、新加坡对沪投资快速增长，实到外资分别为28.04亿美元、10.04亿美元，同比增长68.2%、47.6%。日本、美国投资下降，同比降幅分别为17.1%、16%。

二、工业外资项目情况

2018年，新设外资制造业项目128个，同比增长91%，实到外资（含增资）17.84亿美元，同比增长1.2倍，占全市实际利用外资比重为10.3%。其中，高技术制造业大幅增长，实到外资10.7亿美元，同比增长4.7倍，占制造业实到外资的60%。新引进特斯拉新能源汽车制造项目，投资总额140亿元。

上海外商投资企业为上海工业发展作出了重要贡献。全年外商投资企业共完成工业总产值21412.0亿元，同比增长1.7%，占全市工业总产值的58.7%；实现工业利润总额1920.3亿元，同比下降2.4%，占全市规模以上工业企业利润总额的57.3%；工业品产销率99.67%，低于全市规模以上工业0.13个百分点。

外商投资仍然是拉动工业投资的重要引擎，2018年，外商工业投资比重接近全市制造业投资的1/4（受外围经济波动等因素影响，投资规模同比下降7.8%），在建外商投资大项目通用汽车设计与工程技术中心金桥基地、中芯二期等大项目当年完成投资超过5亿元。随着“上海扩大开放100条”政策的落地推进，一大批具有影响力外资工业项目集中签约落地，外商在沪投资步伐正进一步加快，以特斯拉、上汽大众MEB纯电动车项目等为代表的一批重大项目相继开工建设。7月落户的特斯拉超级工厂项目，是国家出台取消新能源汽车整车外资股比限制政策后的第一个外商独资项目，也是上海有史以来最大的外资制造业项目。此外，发那科机器人三期、ABB机器人超级工厂等一批外资项目正在加紧完善前期建设条件，争取尽快开工建设。这些外商投资项目的建设推进，有望为今后2–3年上海工业经济平稳运行提供保障。

（黄治国）

工业品进出口情况

一、工业进出口总体情况

2018年，上海市工业进出口比上年均实现稳定增长。其中，12月当月进出口增速由正转负，当月工业出口同比由11月的增长7.5%转为下降6.8%，进口同比由11月的增长0.1%转为下降13.5%。

2018年，全市贸易逆差为1013.1亿美元，其中，工业实现贸易顺差242.6亿美元。

表1 2018年上海市及工业进出口情况

		2018年1—12月累计	
		总额（亿美元）	同比（%）
全市情况	出口	2071.7	7.0
	进口	3084.8	9.2
	进出口	5156.5	8.3
全市工业情况	出口	1119.4	2.5
	进口	876.9	4.0
	进出口	1996.3	3.1

二、主要行业进出口情况

2018年，全市钢铁、电子、纺织、机械和化工行业出口都实现增长。

1. 电子行业

表2 2018年电子行业进出口情况

	2018年1—12月累计	
	总额（亿美元）	同比（%）
出口	647.3	1.9
进口	367.2	4.1
进出口	1014.5	2.7

电子行业出口占全市工业出口总额的59.5%，在全市工业外贸中有较大的影响。全年出口同比增长1.9%，进口增长4.1%，出口增速总体放缓。

2. 机械行业

表3 2018年机械行业进出口情况

	2018年1—12月累计	
	总额（亿美元）	同比（%）
出口	135.2	5.2
进口	107.4	6.8
进出口	242.6	5.9

机械行业是占全市第二位的出口行业，全年出口同比增长5.2%，进口增长6.8%，其中，3月、12月当月出口出现明显下降。

3. 纺织行业

表4 2018年纺织行业进出口情况

	2018年1—12月累计	
	总额（亿美元）	同比（%）
出口	63.7	0.8
进口	16.6	−4.3
进出口	80.3	−0.3

纺织品出口整体好于上年，全年出口由上年下降3.3%转为增长0.8%；全年进口由上年增长6.5%转为下降4.3%。

4. 钢铁行业

表5 2018年钢铁行业进出口情况

	2018年1—12月累计	
	总额（亿美元）	同比（%）
出口	17.7	18.3
进口	51.4	16.7
进出口	69.1	17.1

钢铁出口比上年提高17个百分点。钢铁进口比上年增长16.7%，增幅比上年回落36.6个百分点。

5. 化工行业

表6 2018年化工行业进出口情况

	2018年1—12月累计	
	总额（亿美元）	同比（%）
出口	47.6	3.9
进口	63	7.3
进出口	110.6	5.8

化工行业出口比上年增长3.9%，进口比上年增长7.3%，其中，12月出口同比出现明显下降。

三、各区工业交货值出口情况

各区工业出口交货值额合计占全市工业出口交货值总额的98%，出口总额前五位的区如下：

表7 2018年工业出口交货值排名前五的区

区	出口交货值（亿元）	增速（%）
浦东新区	2928	−2.5
松江区	1928	−7.2
闵行区	804	12.1
嘉定区	485	0.5
青浦区	426	9.3

（吴 畅）

重要工业原材料及制成品进出口监测情况

2018 年，上海市对 36 种主要工业原材料及制成品进出口情况进行监测。其中，16 种出口监测产品出口总额为 887.2 亿美元，占全市出口总额的 42.8%，比上年下降 1.1%。20 种进口监测产品进口总额为 1194.6 亿美元，占全市进口总额的 38.7%，比上年增长 4.7%。

一、出口监测情况

1. 出口同比由增转降，集成电路出口同比由降转增

16 种监测产品出口总额共计 887.2 亿美元，由上年增长 5.5% 转为下降 1.1%。出口额列前三的产品分别为自动数据处理设备、集成电路和无线电话机，分别达到 229.5 亿美元、160 亿美元和 156 亿美元，在 16 种监测产品中三者合计占比达 61.5%，同比下降 3.4%。其中，集成电路出口由上年下降 12.4% 转为增长 6.6%；无线电话机出口增长 7.1%，增幅同比提高 1.6 个百分点；自动数据处理设备出口由上年增长 15.9% 转为下降 14.7%。

2. 出口监测产品集中度变化不大

与上年相比，出口监测产品结构变化不大，出口规模前 10 位的产品占比达 97.84%，与上年的 97.81% 基本持平。其中：纺织、集成电路和无线电话机的占比同比分别增长 1%、1.3% 和 1.4%，船舶和自动数据处理设备的占比同比分别下降 0.9% 和 4.2%，其余监测产品的占比变动幅度均在 0.5% 以内。

3. 各监测产品的出口增速情况

从出口增速来看，16 种监测产品中有 12 个品类同比增长，4 个品类同比下降。出口规模前十位的监测产品中，除了自动数据处理设备和船舶同比下降外，其他产品同比均有不同程度增长。其中纺织、集装箱和汽车产品分别增长 11%、15.4% 和 48.5%。

4. 高科技产品出口比重略有下降，出口同比由增转降

表 1 2018 年上海市出口监测产品情况

名称	金额（亿美元）	同比增减（%）	所占比例（%）
1. 高新技术及高附加值产品	670.52	−3.24	100
自动数据处理设备	229.46	−14.70	34.22
集成电路	159.96	6.56	23.86
手持或车载无线电话机	156.04	7.12	23.27
汽车零件	54.04	8.01	8.06
船舶	42.69	−16.15	6.37
汽车（包括整套散件）	11.15	48.51	1.66
电视、收音机及无限通讯设备的零附件	6.89	−25.19	1.03
空调	3.90	−25.67	0.58
金属加工机床	2.99	15.70	0.45
电视机	2.92	29.32	0.44
录、放像机	0.51	4.27	0.08
2. 劳动密集和初级产品	216.69	5.94	100
服装及衣着附件	111.53	1.33	51.47
纺织纱线	76.10	10.97	35.12
箱包	16.57	9.22	7.65
集装箱	10.53	15.38	4.86
焦炭	1.96	24.21	0.90

高新技术及高附加值产品完成出口额 670.5 亿美元，占监测产品出口额的 75.6%，比上年下降 1.6 个百分点，同比由上年增长 5.8% 转为下降 3.2%；劳动密集及初级产品完成 216.7 亿美元，占监测产品出口额的 24.4%，比上年提高 1.6 个百分点，同比增长 5.9%，增幅同比提高 1.3 个百分点。

二、进口监测情况

1. 进口总额增长，增幅有所回落

20 种监测产品进口总额为 1194.6 亿美元，比上年增长 4.7%，增幅同比回落 7.7 个百分点。其中，进口规模排名前三位的分别是：集成电路、汽车和初级形状的塑料，进口额分别为 347.5 亿美元、126.7 亿美元和 113.2 亿美元。在 20 种监测产品中三者合计占比达 49.2%，其中：集成电路和汽车进口分别由上年增长 10.7% 和 25.4% 转为下降 4.3% 和 2.8%，初级形状的塑料进口同比增长 16.2%，增幅同比提高 0.1 个百分点。

2. 进口监测产品结构变化不大

进口规模前 10 位的产品占比达 89.1%，比上年的 88.7% 提高 0.4 个百分点。其中：初级形状的塑料和铁矿砂的占比分别比上年提高 1 个百分点和 1.4 个百分点，汽车和集成电路的占比分别比上年下降 1 个百分点和 3.3 个百分点，其余监测产品的占比变动幅度均在 0.6% 以内。

3. 大部分监测产品进口增速提高，多个品类呈两位数增长

20 种进口产品中，有 14 种产品比上年增长，且其中 9 种产品呈两位数增长，其中钢坯及粗锻件进口增长 91.2%。进口规模前 10 位产品中，有 8 个同比呈不同程度增长，且 6 类产品进口呈两位数增长，其中增速最大的为铁矿砂增长 22.2%，医疗仪器及器械和初级形状的塑料分别增长 20% 和 16.2%，增幅居第二、三位。

4．高新技术产品和原材料进口增速双双回落

20种进口监测产品中，高新技术及高附加值产品进口额为844.5亿美元，占监测产品进口总额的70.7%，比上年增长0.2%，增幅同比回落9.6个百分点；原材料产品进口额为350.2亿美元，占监测产品进口总额的29.3%，同比增长17.3%，增幅同比回落3.1个百分点。

表2 2018年上海市进口监测产品情况

名称	金额（亿美元）	同比增减（%）	所占比例（%）
1．高新技术及高附加值产品	844.45	0.20	100
集成电路	347.46	−4.31	41.15
汽车	126.75	−2.77	15.01
计量检测分析自控仪器及器具	89.95	12.06	10.65
通断及保护电路装置	57.88	4.80	6.85
医疗仪器及器械	50.58	19.99	5.99
自动数据处理设备及其部件	50.52	12.82	5.98
汽车零件	48.26	1.91	5.72
飞机	19.51	−29.81	2.31
二极管、晶体管及类似半导体器件	18.48	9.71	2.19
印刷电路	17.05	19.24	2.02
金属加工机床	11.21	−5.69	1.33
电视、收音机	6.81	−21.03	0.81
2．能源及原材料产品	350.18	17.31	100
初级形状的塑料	113.16	16.23	32.32
铁矿砂	106.51	22.23	30.42
未锻造的铜及铜材	73.61	14.62	21.02
钢材	27.91	7.01	7.97
成品油	24.52	22.56	7.00
未锻造的铝及铝材	3.10	2.70	0.89
钢坯及粗锻件	1.35	91.17	0.38
废钢	0.01	−77.12	0.002

（吴 畅）

工业投资情况

2018年，国内供给侧结构性改革深入推进，国民经济运行保持在合理区间，总体平稳、稳中有进态势持续显现。上海完成工业投资超过年初目标，比上年增长17.7%，再创近10年以来最高，有力支撑了全社会投资稳定运行。

全年工业投资呈现如下特点：

一、制造业投资屡创新高，“上海制造”发展质量提升

上海全力打响“上海制造”品牌，坚持高质量发展，制造业投资始终保持两位数增长，月度增幅屡创同期新高，全年制造业投资比上年增长14.8%，增幅也达到近10年新高，助力实体经济持续发展。

六大重点行业投资同比增长20.3%，快于制造业增速。其中电子信息产品制造业规模和增幅最高，投资增幅达到58.4%，带动六大重点行业的快速增长，华力、和辉两个超大项目主要设备进场，投资额大幅上升，中芯二期厂房建设持续投入；此外，临近年底总投资359亿元的积塔项目顺利开工。精品钢材行业投资实现两位数增长，增幅达到19%，主要来自于宝钢股份环保改造、取向硅钢、镀锡板改造等一批环保减排和质量升级项目。

二、国有经济投资快速回升，私营经济投资行业升级

2018年，上海国有经济投资同比增长31.9%，增速明显快于工业投资，改变了多年下降的走势，增幅达到近年最高。国有经济主要项目除了传统的水电供应业的基础设施大项目外，和辉光电、积塔半导体、中航商发临港基地、中船集团沪东重机柴油机配套园等制造业大项目集中涌现。这些项目分布于新型显示、集成电路、航空、船舶等周期长、投入大但体现国家战略的领域。上海国有企业发挥带头作用，主动服务国家战略，把战略性、基础性和先导性产业作为打响“上海制造”品牌的重要着力点，全力打造国内技术最先进、最具竞争力的产业集群。

代表市场经济活力的私营经济投资同比增长19.9%，增幅从前几年的持续下跌明显回升。主要项目包括上海宏金设备高端新型模架系统生产线项目、正泰启迪智电港项目、君实生物科技产业化临港项目、上海阿波罗高端装备高新技术产业化项目等，分布于金属制品、产业园区、生物医药、高端装备、机器人等多类行业，已经从以往单纯的劳动密集型行业逐步转向资金、技术密集型行业。上海出台了《关于全面提升民营经济活力，大力促进民营经济健康发展的若干意见》，积极鼓励私营经济投资发展。预计受政策鼓励，明后年上海私营经济投资意愿仍会不断增强，结构持续优化。

表1 2016—2018年各所有制工业投资情况

单位：亿元

月份	国有经济同比增幅	外资同比增幅	私营经济同比增幅	股份制同比增幅
2016年1—12月	−11.4%	−9.1%	−19.6%	102.5%
2017年1—12月	−15.6%	0.6%	−0.4%	41.5%
2018年1—12月	31.9%	−7.8%	19.9%	31.7%

三、新动能提升竞争力，产业后续动力增强

由于芯片技术、传感技术、大数据、生物技术、新能源等新技术的不断应用推广，上海新兴行业投资不断涌现，产

生的相关技术和产品渗透作用于装备、汽车、生物医药等传统行业，为产业赋能，成为整个经济发展的“新动能”。其中，基因工程药物和疫苗制造业完成投资同比增长3倍以上，包括君实生物科技、青赛生物科技、白帆生物等项目。新能源汽车行业完成投资同比增长42.8%，上汽大通纯电架构新能源汽车项目（一期）、国能新能源汽车等项目投资较多，年底前特斯拉项目已正式开工，新能源汽车行业投资将迎来一个高峰期。工业机器人制造业、可穿戴智能设备、智能无人飞行器制造业等行业也有项目建设。

新动能产业投资驱动因素来自互联网、智能技术进步，上海作为国内新技术、新产业策源地以及资金、人才聚集的高地，近年出台的一系列鼓励创新的政策，推动制造业和互联网深度融合、人工智能在制造业探索应用，有效吸引了新兴产业布局，确保了上海在未来产业前端的竞争力。

四、生物医药业结构优化，装备业投资趋向高端

生物医药制造业在2015年之前进行过大规模GMP改造，投资规模显著上升，但近3年投资连续下降，2018年实现回升转正。主要是上海环保标准大幅提高后，化学药原料药、制剂甚至部分生物药项目难以落地或改造扩产，很多化药项目在上海研发成功后转移外省市进行生产，而上海化药项目投资规模长期占生物医药行业投资的1/3。虽然2018年整体规模没有显著提升，但上海基因药物、医疗诊断设备等领域投入显著增长，分别同比增长344%和38.4%，出现君实生物、青赛生物、联影医疗等行业领军企业的大项目，填补了化药等传统行业投资的降幅。

高端装备是“上海制造”品牌着力培育建设的主要产业集群之一，不少传统装备行业向高端化发展趋势明显，以智能制造装备、航空配套、智慧能源装备等为代表的高端装备领域投资增长加快。作为传统行业的电工机械专用设备制造业投资同比增长483.9%，主要项目是威图电子智能控制系统核心部件技术改造项目；多年投资规模较小的风机、风扇行业投资增长360.1%，主要是因为上海万泽航空及航改发动机关键高温合金部件熔模精密铸造研发生产基地投资较大；变压器、整流器和电感器制造业投资同比增长304.6%，包括光大智能化输配电设备及系统、正泰电气输配电智能制造产业升级项目两个智能输变电设备项目。

五、大项目拉动作用凸显，新开项目集群效应显现

2018年，全市总投资亿元以上的工业项目完成投资同比增长19.8%，占工业投资比重达到80.9%，是上海工业投资增幅实现新高的主要支撑。其中总投资超过百亿元的项目主要来自于电子信息行业的集成电路、新型显示领域，分别是总投资665亿元的中芯二期总投资359亿元的积塔项目、总投资352亿元的华力二期、总投资238亿元的和辉二期、总投资100亿元的上海超硅半导体AST项目，上海作为电子信息产业高地在新一轮大项目竞争中占据了领跑位置。

虽然上年新开工项目完成投资基数很高，2018年新开工项目完成投资仍然同比增长2.6%，全市推动产业项目开工建设取得明显成效。很多项目是“上海制造”全力打造的六大重点产业集群项目，包括上海国能10万台套新能源车零部件分总成建设项目、上汽大众汽车有限公司MEB工厂厂房及辅助设施配套项目、宏茂微电子新型存储芯片封装测试技术改造项目、上海青赛生物科技年产3000万人份疫苗产业化建设项目等。在产业地图引领作用下，今后上海产业项目结构、布局也会不断完善提升。

六、技改焕发崭新活力，投资内涵不断丰富

在资源约束日益偏紧以及产业结构优化需求迫切的形势下，上海工业投资形式主要转向内涵式发展。2018年，上海技改投资占比上升到64%，技术改造已成为工业投资的主导部分，有力支撑了产业转型发展。上海市正式发布《上海市深入推进技术改造巩固提升实体经济能级三年行动计划（2018—2020年）》，新一轮技术改造政策支持设备投资和专利、实验等软性投入，推动制造业焕发新的活力和创造力。

针对投资形式的变化，市级财政资金大力支持以设备为主、软硬结合的内涵式投资。2018年，两批技改专项资金支持项目172项，项目总投资275亿元，安排专项资金16.5亿元（支持项目数量、投资额和资金规模远超过2017年）。上海采埃孚8HP自动变速器技术改造项目、奥特斯新一代半导体封装载板技术升级项目等一批产品高端化、制造智能化的重大技改项目获得立项支持，专项资金引导资源要素向上海产业发展重点领域集聚，提振了企业投资信心。

2018年重大制造业投资项目一览

序号	项目单位	项目名称
1	上海华力集成电路制造有限公司	12英寸先进生产线建设
2	上海和辉光电有限公司	第6代AMOLED显示项目
3	上海积塔半导体有限公司	特色工艺生产线建设项目
4	中芯国际集成电路制造（上海）有限公司	中芯国际12英寸芯片SN1和SN2厂房建设项目
5	宝山钢铁股份有限公司	一二烧结整合大修改造
6	宝山钢铁股份有限公司	取向硅钢产品结构优化
7	上海烟草集团有限责任公司	上海烟草浦东科技创新园区建设项目
8	上汽大众汽车有限公司	安亭二厂新车型技术改造项目
9	中芯国际集成电路制造（上海）有限公司	先进工艺研发及量产设备购置项目一期
10	上汽通用汽车有限公司	新一代中高级平台车及其变型车技术改造项目
11	上汽通用汽车有限公司	通用汽车设计与工程技术中心金桥基地暨金桥
12	上汽大众汽车有限公司	上汽大众汽车有限公司MEB工厂厂房及辅助设施配套项目

（续表）

序号	项目单位	项目名称
13	中芯国际集成电路制造（上海）有限公司	先进工艺研发及量产设备购置项目二期
14	上海华谊新材料有限公司	上海化工区32万吨／年丙烯酸及酯项目
15	宝山钢铁股份有限公司	镀锡板产品结构优化
16	中芯国际集成电路制造（上海）有限公司	12英寸先进工艺扩产设备购置项目
17	上汽大众汽车有限公司	安亭一厂MQB平台技术改造项目
18	上海宏金设备有限公司	高端新型模架系统生产线项目
19	上汽通用汽车有限公司	CSS发动机一期技术改造项目

（续表）

序号	项目单位	项目名称
20	巴斯夫化工有限公司	抗氧剂生产及配套设施项目
21	上海新昇半导体科技有限公司	集成电路制造用300毫米硅片技术研发与产业化项目
22	中国航发商用航空发动机有限责任公司	中航商用航空发动机有限责任公司临港基地
23	上海微乐服饰有限公司	新建高档服装服饰生产基地
24	上海统一企业饮料食品有限公司	建设PET\TP\TR饮料生产线项目
25	上海君实生物工程有限公司	君实生物科技产业化临港项目

（陈　敦）

工业结构调整情况

2018年，上海市坚持自我加压，进一步提高产业结构调整标准，瞄准“三高三低”（高能耗、高污染、高风险，低技能劳动密集型、低端加工型、低效用地型）企业，协同上海市污染防治攻坚战，积极探索新办法新路径，运用综合手段坚定不移推进产业结构调整，圆满完成全年各项任务。积极稳妥腾退化解旧产能，为新动能发展，打响“上海制造”品牌提供有力支撑。

一、圆满完成各项任务目标

坚持条块结合、精准施策。市各有关部门各司其责、协同推进，相关区具体负责落实本辖区重点区域调整，全面把握区域调整工作要求和时间节点，拟订工作方案，锁定重点区域，量身定制调整方案。

全年市级层面完成市级产业结构调整项目1460项，超额完成年初确定全年产业结构调整1350项的目标任务，全年腾出土地约2万亩，减少能耗超25万吨标准煤。

二、重点区域调整步伐不断加快

聚焦产业区块（产业基地和产业社区），开发边界内、产业区块外现状工业用地，开发边界外低效工业用地三类，确定一批重点区域产业结构调整任务清单，锁定时间、锁定主体责任，量身定制方案，系统推动实施。

2018年启动实施重点区域及专项共9个，重点支持青浦、松江、金山、奉贤等区的中小河道整治、减量化、和综合提升功能，涉及土地超3000亩。其中，青浦区华为项目周边区域、松江区永丰都市产业园等区块积极转型升级，与周边区域融合联动，整体形成包含“城市、人口、科创、产业”等要素功能一体的产城融合示范区。

三、纵深推进重点专项调整工作

一是聚焦化工行业启动专项调整工作。以同步推动重点区域调整和转型发展为导向，结合产业基地、产业社区、零星工业用地等区域的划定，会同相关部门编制完成《上海市优“化”行动实施方案》《上海市化工行业淘汰落后产能工作方案》《金山第二工业区深度调整转型发展行动方案》。二是启动本市涉重金属企业排摸和调整工作。计划通过3年时间，按照企业不同类型，督促各区加大环保执法力度，分类处置。三是持续推进危险化学品生产企业调整工作。落实国务院办公厅《关于推进城镇人口密集区危险化学品生产企业搬迁改造的指导意见》，自我加压，调整工业区外危险化学品生产企业。四是坚决遏制钢铁违规新增产能。按照国家“坚决遏制钢铁煤炭违规新增产能，打击‘地条钢’”的要求，开展了梳理排查工作，严防死灰复燃。确认本市无存量“地条钢”生产企业，无退出产能复产情况。五是协同推动水污染治理工作。基本完成饮用水水源二级保护区内现存工业企业（含仓储）的关闭清拆。落实市级产业结构调整专项资金对中小河道整治的扶持工作。

四、产业调整基础能力不断夯实

一是修编并发布《上海市产业结构调整负面清单（2018版）》，对接本市产业存量和发展方向，着眼重点行业领域调整转型，对存量企业实施更严格的产业结构调整负面清单，进一步提高调整企业筛选标准，形成《上海市产业结构调整负面清单（2018版）》，“条目”共包含541项，含限制类条目204条，淘汰类条目337条，涉及钢铁、化工、建材、机械、纺织、轻工等15个行业。二是发挥差别化电价政策作用，对限制类、淘汰类范围内的装备、产品、工艺实施差别化电价。三是严格贯彻国家产业政策和行政许可要求，落实工业产品生产许可制度，限制或淘汰能源效率低、环境污染大的工业产品。

（余　潇）

电力运行情况

一、电力建设情况

截至2018年年底，上海电网内共有发电厂65座、总装机容量2416.6万千瓦，其中100万千瓦机组4台、90万千瓦机组2台、60万千瓦机组6台、30万千瓦（含35万千瓦、40万千瓦）机组27台、30万千瓦以下机组134台；接入500千伏的发电容量为700万千瓦（包括石洞口二厂120万千瓦，外高桥二厂180万千瓦，外高桥三厂200万千瓦，上电漕泾电厂200万千瓦），共8台机组；接入220千伏电网的发电容量为1405.5万千瓦，共61台机组（其中火电机组60台，风电场1座）；接入110千伏及以下电网的发电容量为311.1万千瓦，104台机组（其中火电机组89台，风电场14座，光伏电站1座）。公用可大范围调节出力的电厂10座计1330万千瓦，占总装机容量的55.03%，其调节容量计798.0万千瓦（按60%调节容量计），占33.02%。

上海电网共有1000/500千伏和220千伏变电站153座，变压器401台，总变电容量11885.1万千伏安，其中1000/500千伏变电站14座（不含外高桥三厂、外高桥二厂、上电漕泾电厂和石洞口二厂），1000/500千伏联络变压器2台，变电容量600.0万千伏安；500/220千伏联络变压器42台，变电容量为4200.0万千伏安；220千伏变电站139座（不含220千伏电厂升压站），变压器357台，变电容量为7085.1万千伏安。

上海电网共有1000千伏线路4条，长度147.78千米（上海段），500千伏线路54条（含汾三5902/汾林5912线、东黄5903/东渡5913线、太徐5923/太行5933线的上海段），总长度为1213.615千米；220千伏线路453条，总长度为4531.387千米。

二、电力供应情况

2018年，中共上海市委、市政府对上海电力迎峰度夏工作的要求是“三个确保，一个坚持”，即确保城市运行和电网运行安全有序，确保居民生活用电不受影响，确保重要用户用电需要，坚持限电不拉电。

在中共上海市委、市政府的领导和统一指挥下，上海电力企业坚持厂网协调，科学合理运行，保证市外来电受电安全，加强电网调度运行控制，优化电力资源配置，圆满完成年度电力供应目标，确保电网安全稳定运行。

1．发用电情况

（1）用电情况

全社会用电量完成1566.66亿千瓦时，比上年1526.77亿千瓦时净增长39.89亿千瓦时，增长率为2.61%。最高日用电量6.0132亿千瓦时（8月7日），比上年日最高用电量6.6568亿千瓦时负增长0.6436亿千瓦时，负增长率为9.67%。全社会用电量按产业分：第一产业完成5.22亿千瓦时，负增长6.85%；第二产业完成794.73亿千瓦时，负增长2.27%；第三产业完成523.16亿千瓦时，增长9.19%；居民生活用电完成243.55亿千瓦时，增长6.45%。

（2）发电情况

统调发电量完成849.31亿千瓦时，比上年862.45亿千瓦时下降13.14亿千瓦时，增长率为-1.52%。全年最高出力达1758.2万千瓦，比上年1850.3万千瓦，减少92.1万千瓦，下降4.98%；最高日发电量达3.5464亿千瓦时，比上年3.6328亿千瓦时减少0.0864亿千瓦时，下降2.38%。

（3）受电情况

2018年，电网总受电量为710.07亿千瓦时，比上年661.28亿千瓦时增加48.79亿千瓦时，同比上升7.38%。全年最高受电为1676.2万千瓦（7月27日），比上年1629.7万千瓦净增加465万千瓦，增长2.85%。最高受电1676.2万千瓦由以下成分构成：统配51.1万千瓦、天荒坪发电30.0万千瓦、桐柏发电37.5万千瓦、琅琊山发电7.4万千瓦、响水涧发电24.5万千瓦、仙居发电9.5万千瓦、沪皖置换150.0万千瓦、秦山二期32.0万千瓦、秦山三期30.9万千瓦、三峡计划327.4万千瓦、皖电东送379.3万千瓦以及向家坝送上海550.3万千瓦。

2．夏季电力供需情况

2018年夏季，上海极端最高气温达38.4℃，最高用电负荷达到3094.0万千瓦，比上年最高用电负荷3268.2万千瓦减少174.2万千瓦，下降5.33%。最大市外来电1676.2万千瓦，增长2.85%；日最大峰谷差达1262.8万千瓦，减少3.30万千瓦；最大本市发电出力1758.2万千瓦，下降4.98%。

3．冬季电力供需情况

在迎峰度冬期间，上海气温较往年偏暖，电力总体供需平稳。最大用电负荷达到2575万千瓦，比上年减少125万千瓦，下降3.6%，发电出力最高达到1748万千瓦，区外来电最高达到1109万千瓦。

三、加强制度和能力建设，确保电力供应安全

1．电力迎峰度夏（冬）工作

根据年度电力供需形势，安排发用电计划，加强电网调

峰能力，确保电网安全。组织开展全市电力安全大检查，切实采取措施保障迎峰度夏的安全。加强在“强馈入弱开机”方式下发电机组的运维监管，严格执行发电运行考核制度，确保机组稳发、满发、可调。加大与华东兄弟省份的余缺置换、错峰支援和外送力度，缓解上海调峰压力。

2．气电联调工作

进一步完善气电运行联调机制，加强电力、天然气运行方式的预警预报和实时统筹优化，强化定期联合会商机制，保障电网、气网安全运行；特别是加强对天然气供应侧的监测和协调力度，强化LNG涨库和船期预警预报机制，2018年燃气机组消纳天然气量24.91亿立方米。

3．节能发电调度

进一步研究节能发电调度方案优化方法，探索激励高效机组替代低效机组发电的政策研究与调度安排，提高电力生产效率，减少污染物排放。2018年实现低效高耗小电厂转让电量给高效低耗大电厂18.51亿千瓦时，折合节约标煤21.53万吨，减排二氧化碳49.52万吨，减排二氧化硫0.23万吨，减排氮氧化物0.20万吨。

4．用电管理

出台《上海市进一步优化电力接入营商环境实施办法（试行）》，通过联手推进多项改革，实现电力接入“手续减少、时间减少、成本减少、服务提升”的工作目标。

5．重要保障任务

为2018世界人工智能大会提供临时特殊供电保障，确保大会供用电安全。实现进博会能源保障“一个确保，二个落实，三个不发生”的总目标，圆满完成首届进博会能源保障任务。

6．推进电力体制改革

推进电力用户与发电企业直接交易，完成直接交易电量150亿千瓦时，为企业节约1.5亿元。制订输配电价成本规制管理办法。形成《上海市售电侧改革实施方案》初稿。

7．电力需求侧管理

完成2017年国网上海市电力公司实施电力需求侧管理目标责任考核工作评价与跨省考核任务，批复同意《上海市电力需求侧管理平台用户在线监测系统建设规范》。指导实施首次大规模“填谷”式电力负荷需求响应，单次最大提升负荷105.93万千瓦，响应时段平均填谷负荷87.28万千瓦，填谷负荷量占夜间电网低谷负荷总量的8.42%。

8．电力安全管理

下发《2018版上海电网超供电能力拉路名单》《2018版上海电网拉停220千伏主变名单》《2018版上海电网紧急减负荷程序表》。开展利用仿真技术建立无脚本电力应急演练场景项目设计（医疗卫生行业），形成无脚本电力应急演练业务场景设计方案。指导用电负荷管理系统实战应急演练，逐步形成占年度最大用电负荷3%左右的需求侧机动调峰能力，保障非严重缺电情况下的电力供需平衡。

9．电力数据分析

开展全年规模以上企业用电数据梳理工作，在全国率先实现按法人企业分类统计用电量。

（陈伟丽）

开发区经济运行情况

2018年，上海市继续加快开发区建设，加快开发区产业集聚，加快开发区高质量发展，开发区经济运行呈现以下主要特点：

一、开发区经济总量实现较大增长

2018年，开发区营业收入81745.28亿元，突破8万亿元大关，比上年增长7.75%，其中国家级开发区实现营业收入超过4.5万亿元，增长8.66%；市级开发区突破2万亿元，增长6.08%；城镇工业地块增长14.79%，排名第一，4个区域全部实现正增长。

中国（上海）自由贸易试验区实现营业总收入21900亿元，排名全市开发区第一，国际汽车城和上海金桥经济技术开发区分别排名二、三，均超过7000亿元。开发区产业规模超过1000亿元有18个园区，比上年新增2个园区，18个园区总量超过68000亿元，占全市开发区总量的84.01%。

表1　2018年开发区营业总收入

单位：亿元、%

序号	类别	2018年	同比增长	12月	同比增长
1	开发区	81745.28	7.75	7958.01	1.04
2	市级以上开发区	66771.32	7.83	6617.02	3.27
	国家级开发区	45622.99	8.66	4579.24	6.39
	市级开发区	21148.32	6.08	2037.79	−3.10
3	产业基地	11103.88	5.02	945.72	−12.02
4	城镇工业地块	3870.09	14.79	395.27	0.48

注：表1数据来源于开发区统计。

二、开发区工业生产略有增长，增幅高于全市水平

2018年，开发区规模以上工业企业完成工业总产值28518.31亿元，占全市规模以上工业总产值的81.85%，可比增长1.66%，增幅高于全市水平；市级以上开发区实现20894.35亿元，可比增长2.20%，其中市级开发区完成规上

产值 10179.89 亿元，可比增长 2.67%，是增长最快的区域。

表 2 2018 年开发区规模以上工业企业工业总产值

单位：亿元、%

序号	类别	2018 年工业总产值	可比增幅	12 月工业总产值	可比增幅	比上月增减
1	全市工业企业	34841.84	1.37	2957.29	−5.91	−3.89
2	开发区	28518.31	1.66	2391.78	−7.49	−5.18
3	占比	81.85		80.88		
4	市级以上开发区	20894.35	2.20	1776.47	−6.97	−3.07
	其中：国家级开发区	10714.46	1.77	876.00	−6.38	−2.45
4	市级开发区	10179.89	2.67	900.47	−7.54	−3.67
5	产业基地	5794.44	−0.65	420.97	−12.89	−19.46
6	城镇工业地块	1829.52	2.65	194.33	0.91	16.42

注：表 2–6 的数据来源于统计局。

市级以上开发区、产业基地和城镇工业地块完成产值比重相比上年没有变化，其中市级以上开发区占 73%，接近 3/4 的工业生产在公告开发区内完成，产业基地比 20%；城镇工业地块占比为 7%。

从战略性新兴产业分析，开发区战略性新兴产业企业共完成产值 9313.32 亿元，可比增长 3.8%，增幅高于开发区产值，占全市战略性新兴产业产值的 86.5%。全市战略性新兴产业近九成集聚在开发区，开发区是战略性新兴产业的主阵地。战略性新兴产业产值最高的是上海浦东康桥工业园区，产值近 1500 亿元；其次是金桥经济技术开发区和张江高科技园区。排名前九位的园区，产值均达到 330 亿元以上。漕河泾新兴技术开发区战略性新兴产业产值 249 亿元，排在第十位。战略性新兴产业产值占比最高的园区为上海国际医学园区，其次是长兴海洋工程装备和船舶制造基地和虹桥临空经济园区。19 个园区战略性新兴产业产值占比超过 50%，占开发区园区的 20.65%。

从高技术产品产值分析，开发区高技术制造业共完成产值 6742.66 亿元，可比增长 2.3%，比开发区产值增幅高 0.6 个百分点，占全市高技术制造业产值的 92.5%。全市高技术制造业超过九成集聚在开发区，开发区是高技术制造业的主战场。高技术制造业产值最高的是上海松江出口加工区，产值超过 1400 亿元；其次是上海浦东康桥工业园区和张江高科技园区，11 个园区产值超过 100 亿元以上。高技术制造业产值占比最高的园区为上海松江出口加工区，其次是虹桥临空经济园区和上海国际医学园区，有 9 个园区高技术制造业产值占比超过 50%。

从重点行业分析，5 个行业共完成规模以上产值 18388.81 亿元，占开发区规模以上产值的 64.72%。其中，汽车制造业产值 6424.09 亿元，可比增长 0.71%；计算机、通信和其他电子设备制造业产值 5247.65 亿元，增幅为 0.75%；电气机械和器材制造业产值 1843.07 亿元，增幅达 5.46%，在五大重点行业增幅中排名第一位；五大行业中，只有化学原料和化学制品制造业的增幅高于上年，高出 1.25 个百分点。

表 3 2018 年开发区重点行业工业总产值

单位：亿元、%

行业	2018 年	可比增幅	12 月	可比增幅	比上月增减
汽车制造业	6424.09	0.71	436.23	−25.89	−25.47
计算机、通信和其他电子设备制造业	5247.65	0.75	433.37	−5.88	−18.20
化学原料和化学制品制造业	2718.10	3.25	206.38	−3.92	8.41
通用设备制造业	2155.90	2.81	203.45	0.17	8.76
电气机械和器材制造业	1843.07	5.46	170.78	5.80	4.02
小计	18388.81		1450.20		
占比	64.72		60.97		

从行业增长分析，开发区 17 个行业实现可比增长，其中专用设备制造业可比增长 13.6%，排名第一，医药制造业排名第二，金属制品、机械和设备修理业排名第三；16 个行业出现负增长，其中化学纤维制造业下降超过 40%（烟草制品业除外，下同）。

从园区总量分析，国际汽车城以 3297.94 亿元排名第一，上海金桥经济技术开发区以 2468.07 亿元排名第二，上海浦东康桥工业园区和上海嘉定工业园区分别排名三、四名。开发区共有 12 个园区规模以上产值超过 1000 亿元，产值达到 18868 亿元，占整个开发区规模以上产值的 66.16%，上海青浦工业园区产值超过 950 亿元。

从重点园区增幅分析，60 个园区可比增长，其中中山工业区排名第一，临港产业区、上海四团镇经济园区分别排名二、三。临港产业区、漕河泾新兴技术开发区（合计）和上海紫竹高新技术产业开发区等增幅排名重点园区前列；有 37 个园区负增长，其中吴淞工业基地、航天科技产业园、久富工业区和长兴海洋装备产业基地降幅均超过 20%。

从单位土地产业水平分析，开发区工业用地平均产出率为 71.13 亿元 / 平方公里（按已供应的工业用地计算）。其中国家级开发区为 109.57 亿元 / 平方公里，市级开发区为 68.78 亿元 / 平方公里，城镇工业地块为 28.28 亿元 / 平方公里。

三、开发区工业企业销售、工业企业利润均保持正增长

1. 开发区工业企业销售同比增幅略高于全市水平

开发区规模以上工业企业实现主营业务收入 31807.62 亿元，同比增长 2.83%，增幅高于全市水平 0.26 个百分点，比上年增幅下降较多，主要受宏观经济形势的影响。产业基地和市级开发区增幅排名前两位。

表 4 2018 年开发区规模以上工业企业主营业务收入

单位：亿元、%

序号	类别	2018 年主营业务收入	同比增幅	12 月主营业务收入	同比增幅	比上月增减
1	全市工业企业	38886.41	2.57	3507.11	-6.28	2.20
2	开发区	31807.62	2.83	2802.18	-6.46	-0.72
3	占比	81.8		79.9		
4	市级以上开发区	23479.62	2.26	2036.71	-8.76	-2.84
	其中：国家级开发区	12531.49	0.83	1051.52	-9.42	-0.50
	市级开发区	10948.13	3.95	985.20	-8.04	-5.21
5	产业基地	6381.09	4.83	555.86	0.96	0.75
6	城镇工业地块	1946.91	3.29	209.60	-1.59	20.16

开发区规模以上工业企业销售增幅与全市工业企业生产增幅基本同步，增幅比上年下降近 9 个百分点。

开发区总体产销率为 99.8%，同比提高 0.2 百分点，有 18 个行业产销率在 100% 或以上，其中造纸和纸制品业，皮革、毛皮、羽毛及其制品和制鞋业，铁路、船舶、航空航天和其他运输设备制造业排名前三，产销率超过 102%，而通用设备制造业，计算机、通信和其他电子设备制造业，医药制造业和专用设备制造业均低于 100%。与上年相比，医药制造业、汽车制造业、通用设备制造业、纺织服装、服饰业和铁路、船舶、航空航天和其他运输设备制造业等 16 个行业产销率好于上年。

开发区有 22 个行业的主营业务收入同比实现增长，其中专用设备制造业、医药制造业、石油、煤炭及其他燃料加工业排名前三，11 个行业同比下降，其中化学纤维制造业同比下降 35.4%。

2．开发区规模以上企业利润继续保持增长

开发区规模以上工业企业利润总额为 2765.90 亿元，占全市规模以上工业企业利润的 82.55%，同比增长 4.79%，增幅高于全市 0.45 个百分点。国家级开发区利润总额为 1198.95 亿元，同比增长 1.07%，是开发区工业利润最重要区域。产业基地和城镇工业地块增长均超过 10%，市级开发区同比下降 4.18%，是 4 个区域中唯一一个同比出现下降的区域。

表 5 2018 年开发区工业利润

单位：亿元、%

序号	类别	2017 年利润总额	同比增幅	12 月利润总额	同比增幅	比上月增减
1	全市工业企业	3350.44	4.34	251.33	-17.42	-12.85
2	开发区	2765.90	4.79	171.78	-19.71	-29.12
3	占比	82.55		68.35		
4	市级以上开发区	1938.33	-1.00	96.05	-49.84	-36.68
	其中：国家级开发区	1198.95	1.07	40.38	-61.96	-45.10
	市级开发区	739.38	-4.18	55.67	-34.77	-28.76
5	产业基地	706.20	22.41	68.32	416.58	-11.95
6	城镇工业地块	121.37	15.88	7.41	-19.80	-43.24

开发区规上工业企业利润增幅上下震荡，整体呈向下递减的趋势，其中 6 月利润最高，12 月利润最低。

从重点园区分析，国际汽车城实现利润 450.36 亿元，排名第一；其次是张江高科技园区和上海金桥经济技术开发区。上海奉贤经济开发区生物科技园区、吴淞工业基地、久富工业区等 6 个园区出现亏损。有 45 个开发区工业企业利润同比，长兴海洋工程装备和船舶制造基地、朱泾工业园区和虹桥临空经济园区增幅排名前三。金山工业区、紫竹高新技术产业开发区和宝山工业区是重点园区中增长最高的前三个园区。金泽工业园区、市北高新技术服务业园区、华亭工业区下降超过 65%。

从行业分析，34 个行业中，32 个行业实现盈利。开发区工业企业利润主要来源汽车制造业、化学原料和化学制品制造业和通用设备制造业，前三名行业贡献开发区规模以上工业企业利润总额的 58.62%，比重略有下降，其中汽车制造业实现利润 1053.38 亿元，贡献了 38.16%。19 个行业利润同比增长，其中纺织服装、服饰业，木材加工和木、竹、藤、棕、草制品业和铁路、船舶、航空航天和其他运输设备制造业增幅超过 500% 排名前三位。重点行业中化学原料和化学制品制造业、通用设备制造业、电气机械和器材制造业和汽车制造业均呈正增长。

从利润增减额分析，开发区工业企业利润同比增加 126.37 亿元。黑色金属冶炼和压延加工业，化学原料和化学制品制造业和专用设备制造业 3 个行业共增加 133.03 亿元，计算机、通信和其他电子设备制造业是利润减少最多的行业。

3．开发区工业企业销售利润率略有增长

全市开发区规模以上工业企业销售利润率为 8.70%，略高于 2017 年。其中市级以上开发区销售收入利润率为 8.26%。从区域来看，产业基地销售利润率最高，其次是国家级开发区，城镇工业地块最低。从园区分析，桃浦科技智慧城为 27.06%，排名第一；张江高科技园区、北蔡工业园区、上海化学工业经济技术开发区和国际医学园区以超过 16% 排名前五。新杨工业园区、紫竹高新技术产业开发区和未来岛高新技术产业园区超过 15%。

表 6 2018 年开发区规模以上工业企业销售利润率

单位：%

月份	全市规模以上工业	开发区	市级以上开发区	其中		产业基地	城镇工业地块
				国家级	市级开发区		
2018 年	8.62	8.70	8.26	9.57	6.75	11.07	6.23
12 月	7.17	6.13	4.72	3.84	5.65	12.29	3.53

全年 34 个行业中，销售利润率超过开发区平均水平的行业有 12 个，水的生产和供应业、废弃资源综合利用业、汽车制造业、家具制造业、化学原料和化学制品制造业、医

药制造业、仪器仪表制造业和食品制造业等 8 个行业销售利润率超过 11%。

四、开发区引进内、外资大幅下降

开发区引进外资项目 2691 个，同比增长 1.97%，其中国家级开发区同比大幅下降，是开发区同比增幅远小于全市的主要原因。开发区吸引合同外资金额 186.77 亿美元，同比下降 26.13%，占全市吸引合同外资额的 39.79%，其中国家级开发区引进外资 135.74 亿元美元，同比下降 37.51%；其他 3 个区域均大幅增长。从园区分析，张江高科技园区、中国（上海）自由贸易试验区和陆家嘴金融贸易区排名前三，3 个园区共引进合同外资 113.07 亿美元，占开发区引进合同外资的 60.54%。泗泾高科技开发区、月杨工业园区与市北高新技术服务业园区同比增长较大。

表 7　2018 年开发区合同外资完成及引进项目

单位：亿美元、%

序号	类别	合同外资			引进外资项目数		
		2018 年	增长	12 月	2018 年	同比	12 月
1	全市	469.37	16.80	68.64	5597	41.70	827
2	开发区	186.77	−26.13	7.85	2691	1.97	216
3	占比	39.79		11.44	48.08		26.12
4	市级以上开发区	168.10	−29.39	7.61	2372	−3.42	200
	其中：国家级开发区	135.74	−37.51	5.09	1721	−11.43	153
4	市级开发区	32.35	55.14	2.52	651	26.90	47
5	产业基地	14.82	29.40	0.12	49	2.08	5
6	城镇工业地块	3.85	16.21	0.13	270	100.00	11

注：表 7 数据来源于市统计局和开发区统计。

开发区引进内资项目 33926 个，同比增长 0.50%。开发区落户内资企业注册资金为 2861.60 亿元，同比下降 37.38%，内资企业注册资金同比继续大幅下降，落户企业数同比却持续呈增长趋势，说明开发区内资项目继续趋于中小型企业，引进内资项目的质量有待提高。

表 8　2018 年开发区落户内资情况

单位：亿元、%

序号	类别	落户内资企业注册资本金			落户内资企业数		
		2018 年	同比增长	12 月	2018 年	同比增长	12 月
1	开发区	2861.60	−37.38	390.83	33926	0.50	2911
2	市级以上开发区	2081.00	−47.52	303.24	24553	10.95	2342
	国家级开发区	1335.72	−57.70	216.95	7832	−3.95	867
	市级开发区	745.28	−7.70	86.28	16721	19.64	1475
3	产业基地	315.50	−33.32	19.51	7742	−21.43	412
4	城镇工业地块	465.10	254.32	68.09	1631	−8.06	157

五、开发区固定资产投资实现两位数增长

开发区完成固定资产投资金额为 1961.36 亿元，同比增长 14.79%，占全市固定资产投资总额的 25.73%，其中市级开发区增幅为 30.57%。

表 9　2018 年开发区全社会固定资产投资

单位：亿元、%

序号	类别	2018 年	同比增长	12 月	同比增长
1	全市	7623.42	5.20	1124.01	4.06
2	开发区	1961.36	14.79	272.34	−1.53
3	占比	25.73		24.23	
4	市级以上开发区	1540.98	17.96	212.86	0.20
	其中：国家级开发区	765.61	7.45	87.48	−23.01
	市级开发区	775.37	30.57	125.38	26.88
5	产业基地	323.07	18.32	49.19	22.05
6	城镇工业地块	97.31	−24.69	10.29	−56.84

注：表 9 数据来源于市统计局和开发区统计。

开发区累计完成工业固定资产投资 921.99 亿元，占全市工业投资的 75.93%，同比增长 15.24%，其中市级开发区增幅为 31.74%，国家级开发区和产业基地同比实现正增长。康桥工业园区、金山工业区（合计）和临港产业区排名前三。

表 10　2018 年开发区工业固定资产投资

单位：亿元、%

序号	类别	2018 年	同比增长	12 月	同比增长
1	全市	1214.30	17.70	162.48	2.78
2	开发区	921.99	15.24	90.07	−21.33
3	占比	75.93		55.43	
4	市级以上开发区	675.11	21.31	54.57	−19.13
	其中：国家级开发区	265.92	8.13	24.41	−29.91
	市级开发区	409.20	31.74	30.16	−7.63
5	产业基地	169.86	7.70	24.08	−12.47
6	城镇工业地块	77.02	−10.27	11.41	−41.45

注：表 10 数据来源于市统计局和开发区统计。

六、上缴税金呈两位数增长

开发区上缴税金 6540.94 亿元，同比增长 12.45%，其中市级以上开发区上缴税金 5779.91 亿元，增长 14.86%；城镇工业地块上缴税金 205.50 亿元，增长 17.93%。

表 11　2018 年开发区上缴税金

单位：亿元、%

序号	类别	2018 年	同比增长	12 月	同比增长
1	开发区	6540.94	12.45	479.10	37.90
2	市级以上开发区	5779.91	14.86	421.45	50.49
	其中：国家级开发区	4625.29	15.44	352.33	54.27
	市级开发区	1154.62	12.63	69.12	33.79
3	产业基地	555.53	−9.01	37.54	−18.62
4	城镇工业地块	205.50	17.93	20.11	−5.36

七、开发区第三产业保持两位数增长

开发区第三产业完成营业收入 46808.38 亿元，同比增

长10.31%。其中城镇工业地块增长超过30%，国家级开发区增长11.56%，市级开发区增长6.22%。

表12 2018年开发区第三产业营业收入

单位：亿元、%

序号	类别	2018年	同比增长	12月	同比增长
1	开发区	46808.38	10.31	4731.14	1.15
2	市级以上开发区	41956.75	10.37	4207.54	0.61
	国家级开发区	32967.71	11.56	3353.29	-0.72
	市级开发区	8989.04	6.22	854.25	6.19
3	产业基地	3179.24	1.27	331.30	-15.05
4	城镇工业地块	1672.40	30.64	192.30	82.52

（续表）

（刘亚斐）

国资国企改革发展情况

2018年，在中共上海市委、市政府的正确领导下，上海市坚持以习近平新时代中国特色社会主义思想和党的十九大精神为指引，坚持稳中求进总基调、牢固树立新发展理念，全力做好国资国企改革创新和党的建设各项工作，国有经济发展质量效益明显提升，国企改革系统性带动性明显增强，国资监管体制机制和制度不断完善，国有企业党的建设作用充分发挥。

一、加强党建党风建设，为改革发展提供坚强保证

坚持两个“一以贯之”，健全中国特色现代国有企业制度，发挥国有企业党组织“把方向、管大局、保落实”的领导作用。

加强政治思想建设。牢固树立“四个意识”，通过集中研讨、专家辅导、调查研究等多种方式，组织各级领导干部加强对习近平总书记重要讲话以及市委、市政府重要部署的学习领会。组织全系统1500余人听取党的十九大精神的宣讲辅导，组织老干部、统战人士和群团组织开展以“不忘初心、牢记使命、支持改革、助力发展”为主题的思想教育和岗位建功活动。坚持正确导向，开展落实意识形态工作责任制调研，推进意识形态工作责任落实。

加强基层组织建设。组织46家企事业单位831名二级党组织书记开展党建和党风廉政建设述职评议，完成18家市管企业党建工作考评。举办“庆祝建党97周年暨上海国企党建工作论坛”，开展党委创机制、支部创环境、党员创绩效“三创”活动，完善党员责任区、示范岗、先锋队等载体，以多形式全覆盖的主题实践活动凝聚人、激励人。全面完成市国资委系统第三轮“万名书记进党校”培训任务。启动南京、南昌、成都等地区系统“走出去”企业党建联建，混合所有制企业党建工作形成制度框架。

加强党风廉政建设。落实领导干部“一岗双责”31项工作52条举措，建立新任干部集体谈心、党风廉政建设专题培训、重点领域风险防控检查等党风廉政建设“5+2”工作制度及机制，做实党委主体责任、纪委监督责任、党委书记第一责任、班子成员“一岗双责”的四责协同责任体系。开展贯彻执行中央八项规定精神和纠正新“四风”问题专项督查。全力支持驻委纪检监察组实践运用“四种形态”，严格履行执纪监督、问责职责，成效明显。

二、质量第一效益优先，国有经济稳中有进稳中向好

坚持“稳中求进”总基调，围绕质量第一、效益优先目标，国有经济在控制风险基础上实现更高质量、更有效率、更可持续的发展。

构建提质增效制度体系。对标行业领先水平，完善包括资本回报、主业质量、资产质量、增长速度在内的质量效益指标评价体系。实施监管企业资产负债率管控工作方案，推动企业降低企业杠杆率和负债水平；制发私募基金监管意见、金融企业资金风险管控等通知，守住不发生系统性和区域性金融风险底线。

加强经济运行监测和预警。加强对企业经营趋势的跟踪分析和经营风险的监测预警，重点关注资产负债率高、主业下滑明显、境外管控薄弱、开展贸易垫资或类金融业务的企业，43家市管企业实现月度财务监测数据在线动态监测。金融企业风险预警监管指标在线监测系统上线，重点企业月度经济运行监测延伸到境外重要子企业。

推进企业实现高质量发展。调整上汽集团、国泰君安证券等25家企业主业目录，增强行业主导力。推动金融企业和产业集团对接，申迪集团、光明食品集团、上海国盛增持上海农商行，上海国际集团增持太保集团；浦发银行参与上海城投集团和申迪集团银团贷款；国泰君安证券与上海报业集团战略合作。推动企业密切跟踪市场形势变化，及时调整优化经营策略，抢抓机遇开拓市场，生产经营持续向好。2018年，全市地方国有企业实现营业收入3.59万亿元，比上年增长8.5%；利润总额3494.83亿元，同比下降3.1%。截至2018年年底，资产总额19.77万亿元，增长6.3%，其中，国有权益2.72万亿元，同比增长7.5%。净资产收益率、成本费用利润率等效益指标接近全国优秀值。一批企业继续保持行业领先，上汽集团、浦发银行、太保集团、绿地集团进入2018年《财富》世界500强，且排名均有提升；上港集团、

申通地铁集团、机场集团、锦江国际集团4家企业进入全球行业前五；上海建工等24家企业进入《财富》中国500强。

三、系统谋划整体推进，国有企业改革向纵深突破

聚焦重点领域和关键环节，统筹推进改革，取得率先突破。

积极推进综合改革试验。在国务院国有企业改革领导小组的指导下，充分发挥综合改革集成、联动、辐射效应，形成并上报国资国企综合改革方案，确立完善国资管理体制、推动混合所有制改革等7个方面25条举措。

深化授权经营体制改革。坚持目标导向、结果导向原则，推动国资运营公司开展"理顺部分企业管理关系、充实平台资本运营职能、制定存续企业管理办法"等6项工作，授予上海国际集团"规划投资、财务管理、国有产股权变动、资产评估核准备案和企业章程修订"等5项职权，推动国资运营平台以提升效益为目标开展资本运作。

建立改革试点示范体系。包括两个层面：一是国家层面试点取得初步成效，电气环保等7家全国国企改革"双百行动"企业制定并实施改革方案。老凤祥引进国新控股等战略投资者，建立非国有股市场化退出机制，破解历史遗留难题；电气国轩等9家混合所有制企业开展员工持股试点，对477名员工实施激励。二是市级层面试点推进有序有力，上海银行等5家市管企业开展职业经理人薪酬制度改革。至年底，实施职业经理人薪酬制度改革的企业，超过竞争类企业集团1/3以上；科创投集团、联和投资、上海信投、申能集团4家试点国有创投企业市场化运作。上化院开展国有技术类无形资产交易制度试点。

稳妥推进混合所有制改革。加快企业上市发展，上海电气完成管理体制调整实现整体上市，同时收购苏州天沃科技，增强核心主业发展能力。2018年，上海电气、临港集团等6家国有控股上市公司融资或注入资产350亿元。系统企业控（参）股新三板企业累计43家。至12月31日，全市地方84家国有控股境内外上市公司总市值2.33万亿元，国有股市值近1万亿元。设立上市公司纾困基金，以市场化、法治化方式支持重点民营企业发展，实现国有企业和民营企业融合发展、优势互补、产业协作。与民企合作，完成交运集团下属上海浦江游览公司混合所有制改革。特斯拉等重大项目落户上海临港国家重装备产业区。完成衡山集团公司制改革，二、三级企业完成公司制改制115户。国有企业出让国有产／股权183宗，交易金额364.91亿元。

四、优化布局调整结构，全力服务国家城市发展战略

聚焦服务国家和城市发展战略，优化国有资本重点投资方向和领域，加快国有资本向优势企业和产业链、价值链、创新链高端聚集，提高国有资本的控制力和影响力。

优化产业布局。出台企业投资监督管理办法，全年预计投资9432.18亿元，同比增长12.1%。其中，85%以上集中在战略性新兴产业、先进制造业、现代服务业、基础设施和民生保障等四大领域。实施创新发展、重组整合、清理退出"三个一批"项目282个。

优化企业布局。推动企业优化资源配置、加强层级管理，原则上管理层级控制在三级以内、产权层级一般不超过7级，实现资源向优势企业、优质企业、优秀企业家集中。申能集团与上缆所等市属企业加快联合重组、完成东浩兰生集团与上海轻工国际、外经贸投等整合。

优化空间布局。鼓励企业充分拓展并用好国际国内两个市场、两种资源，2018年，系统企业"一带一路"沿线国家投资项目66个，投资额214.08亿元。上港集团联合中远海控收购香港东方海外部分股权，加强港航联动，拓展海外整体布局。锦江国际集团联合中国－中东欧基金收购丽笙酒店管理集团，预计酒店业全球排名跃居第二。支持国有企业在港做强做大，目前在港设立企业法人及分支机构236户、资产总额5468.2亿元、营业收入281亿元、利润总额106.9亿元，年复合增长率分别为26.7%、13.9%、15.4%和21.5%。绿地集团、光明食品集团、上汽集团、上海电气、东方国际集团、上海建工等6家企业进入"2018中国跨国公司100大榜单"。

五、做响品牌发挥优势，企业创新动力活力不断增强

落实"四大品牌"和创新驱动发展战略，出台《国有企业全力打响上海"四大品牌"的实施方案（2018—2020年）》推动企业加快质量变革、效率变革和动力变革。

打响"上海制造"品牌。2018年，系统企业R&D经费支出330亿元，同比增长4.8%。其中，系统制造业企业的R&D投入强度达到2.1%，高于全市大中型工业企业平均水平的0.8%左右。加强与央企协同创新，市属国企与央企合作新签约项目35个，总金额超2000亿元。一批创新项目取得新突破，和辉光电5.5英寸全高清OLED实现量产达到国际先进水平；上汽集团新能源汽车销量超过12万辆，同比翻了一倍。上海建工强化环境治理等新兴业务拓展，环保业务形成"水土联动""水岸联动"互动发展模式，以及取得全生命周期服务的新优势。

打响"上海购物"品牌。以首届中国国际进口博览会为载体，在招展、进口展品、布展、巡展、展后服务以及远端安检、商旅、应急保障、配套项目建设等方面提供专业服务，确保"零误差"。成立上海交易团国资分团，现场签约21亿美元，总采购金额48.6亿美元，占上海交易团采购金额总量47.2%。发起组织大型零售商、综合贸易服务商、展示展销服务商3大联盟，助推全国2000多家企业精准对接需求，实现成交采购。设立集保税、展示、交易三大功能为一体的进口商品建设公司及运营管理公司，打造服务进博会的常年公共平台，放大进博会"溢出效应"。

打响“上海服务”品牌。聚焦重大工程建设和城市运行安全，不断提升城市基础设施和公共服务功能与品质，为城市带来更多的可阅读、有温度，具有人性空间和人文情怀的地标经典项目。上海城投集团搭建生活垃圾全程分类信息系统和标准体系，垃圾分类转运工程改造基本完成。机场集团全年航空旅客吞吐量达到1.16亿人次，货邮吞吐量超过400万吨。浦东机场荣获国际机场协会年度亚太地区最佳机场第二名、“全球旅客吞吐量4000万以上级最佳机场第二名”。申通地铁集团轨道交通日均客流突破1000万人次，路网中心城区各线路最小行车间隔缩短至3分钟以内，列车正点率达99.84%，处于国际同行先进水平。

打响“上海文化”品牌。文广集团联合静安区、闵行区及临港集团打造静安明珠影视城以及东方智媒城，塑造产业集聚新高地、上海文化新名片。东方网统筹线上线下宣传资源，拓展对内对外宣传渠道。上影集团对标全球影视创制中心，打造高品质影视基地。全系统建成52个融红色文化、海派文化、行业文化和企业文化为一体的爱国主义教育和培训基地，让更多的市民和干部职工感受上海文化内核和城市价值追求。

六、完善治理强化激励，市场化经营机制进一步健全

坚持“权责对等、运转协调、有效制衡”，完善法人治理结构，建立健全市场化经营机制。

完善企业法人治理建设。制发市管国有企业外部董事履职目录指引，明确投票表决、专项报告、任期评价、问责追责等18类项目29个履职事项。制发进一步加强市国资委监管企业子公司监事会建设指导意见，推动子公司切实发挥监事会作用；完成上实集团、华建集团等10家企业党委或董事会、监事会、经理班子换届。配合市委组织部选任36家企业集团257人次干部。选派外部董事28人和外派监事5人。

加强任期制契约化管理。上汽集团等18家市管企业领导班子和领导人员开展任期综合考核评价。完成2018—2020年市管国有企业领导人员薪酬标准调整，对其中12家竞争类企业实施创新转型专项评价，考核结果与领导人员的收入、任免、奖惩相挂钩。

健全市场化激励分配机制。制发推进实施张江国家自主创新示范区企业股权和分红激励办法，授权符合条件的企业集团自主审核批准所属企业实施股权和分红激励计划。推动符合条件的二、三级重点企业加快构建与发展战略相协调、与创新转型相匹配、与市场规则相适应的长效激励约束机制，上汽集团环球车享汽车租赁公司等45家企业建立包括股权激励、分红激励、跟投等在内的长效激励机制。

七、管好国资服务国企，监管科学化水平不断提升

坚持以管资本为主深化国资监管职能转变，不断提升国资监管效能。

完善国资监管体系。健全“直接监管＋委托监管＋指导监管”国资监管模式。完成市级行政事业单位举办企业清理规范工作，142户企业划转至市国资委15家企业集团。委托监管单位国资国企改革实现突破，市委宣传部加大传统媒体和新媒体融合转型，推进一批企业试点特殊管理股制度。市科委设立张江示范区波士顿企业园区，加快科技创新要素跨境合作，促进海外科技成果转化。指导监管各区国资提升质量服务区域发展，浦东新区国资委设立综合监管中心，打造“监督报告、协调处置、领导决策”三大平台，形成监督工作完整闭环。徐汇区国资委加大对重大资金往来动态监管，实现国资监管信息平台与区属企业账户实时信息对接。嘉定区国资委制发区属国有企业采购管理办法，创建全国智能网联汽车试点示范区。静安、闵行区国资委加大总会计师、财务总监委派力度，黄浦、虹口、松江、闵行区国资委加大企业整合重组力度，提高企业核心竞争力。长宁、杨浦、宝山、青浦区国资委全力推进区属国资国企参与区域经济建设和社会发展。

提高服务企业水平。深入开展“不忘初心、牢记使命，勇当新时代排头兵、先行者”大调研，开展279次调研涉及596个调研对象，实现调研主体、对象两个全覆盖，形成350项问题、措施、解决清单和60余项制度清单，解决光明食品集团原农工商抵债土地处置等208项问题。积极稳妥推进行政审批制度改革，修订16项行政审批事项办事指南。构建国资监管“一网通办”平台，将“企业章程修改备案事项”列入网上办理事项目录，推动机关效能建设。

提高监管效率水平。制发规范性文件制定和管理办法以及合规管理工作指引，完善立改废释机制。完成锦江国际集团等6家企业章程修改。开展上汽集团、华谊集团境外检查等专项检查，确保企业境外国有资产安全可控、有效运营。完成隧道股份、上海银行等6家企业领导人员经济责任审计。上海农商银行、东浩兰生集团等10家企业完成整改问题销号111个，整改完成率达77%。协调妥处百联集团等16家企业集团20余起重大法律纠纷案件，减少或挽回经济损失8.5亿元。完成市属、区属国资产权登记、工商联动监管机制全覆盖，全年登记总量2295户，同比增长46.36%，产权登记完整性及时性显著提高。完成长发集团等11个项目评估备案，评估增值率19.84%。完善“1+M+N”的信息化制度体系，久事集团、隧道股份等重点企业实现数据共享。

八、履行责任维护稳定，营造改革发展良好氛围

坚持以人民为中心的发展理念，推动国有企业经济效益和社会效益联动发展。

全力服务城市社会发展大局。推动企业模范履行社会责任，配合架空线入地、崇明市级重点生态廊道等重大工程建设，协调上海电气、百联集团等16家市属国企加快腾地工作，征收土地约73.2万平方米，房屋3.3万平方米。建立市区联动机制，地产集团与黄浦区等开展历史风貌保护旧改项目合作。积极参与“百企帮百村”精准扶贫，45 家企业集团所属 112 户企业结对帮扶云南和贵州遵义贫困村，通过产业合作、智力支持等促进当地经济发展。同时，综合帮扶崇明、奉贤、金山等区，累计捐赠资金 7.85 亿元。39 家企业发布年度社会责任报告。推动企业促进就业，提供 229 个西藏就业岗位和 1500 余个少数民族毕业生岗位。推进企业退休人员社会化管理，上海电气、东方国际集团、上海仪电 3 家企业与静安区、虹口区合作，对 9.4 万名退休人员实行档案集中管理、死亡丧葬待遇社会化办理。

全力维护安全生产稳定。完善企业职工工资正常增长、低收入群体提低机制，预计全年系统职工收入增长 8%，低收入职工人数占比下降 0.5 个百分点。落实安全生产责任，46 家企业集团安全生产责任制签约落地，对 30 余家企业开展重点时段安全生产综合检查、重大安全隐患整治及各类专项治理。畅通网上信访渠道，提高工作效率和公信力，全年网上信访比例 24.7%，同比提高 12.2 个百分点。突出矛盾化解缓解，各类矛盾总体受控，集访 32 批次，同比下降 64%。

积极营造和谐良好氛围。总结推广 118 个企业改革发展以及党建首创性成果，进一步激发广大干部职工“改革开放再出发”的信心和勇气，增强全社会对上海国资国企改革发展的认同感和获得感。联合新华社和《解放日报》等主流媒体开展“2018 对话上海国企领导”全媒体大型访谈活动、“领跑高质量”主题宣传活动。《人民日报》、新华社、《解放日报》等媒体宣传和报道上海国资国企改革和党建经验累计 550 余篇。

（鲍晨骏）

促进中小企业发展情况

2018 年，上海市为贯彻落实国务院促进中小企业发展工作领导小组会议精神，根据工信部“营造良好发展环境、强化政策和融资服务、提升专业化服务水平”的工作要求，按照中共上海市委、市政府领导关于进一步优化营商环境的指示精神，在促进中小企业发展工作中，突出积极探索开拓创新，跨前一步主动服务，着力构建企业服务新格局。

一、推出“民营经济 27 条”

按照市领导要求，上海市中小企业服务中心会同市发改委、市工商联等部门，对上海民营经济发展现状、近年来扶持民营经济发展有关政策进行了梳理，对制约民营经济发展的瓶颈问题进行研究，同时学习借鉴部分省市促进民营经济发展政策意见，制定《关于全面提升民营经济活力大力促进民营经济健康发展的若干意见》，推出 27 条具体举措，全力支持民营经济发展，促进民营企业做强做优。制定《关于全面提升民营经济活力大力促进民营经济健康发展的若干意见》责任分工表，统筹协调各相关部门及各区，推进“27 条”政策举措落地落实。

二、建立市领导联系服务民营企业工作机制

围绕加快建设“亲清”的政商关系、精准的要素保障、一流的营商环境，按照李强书记关于全市建立定点联系服务科创企业制度的批示要求，研究设计市四套班子领导联系服务民营企业工作制度，与市委、市人大、市政府、市政协“四办”积极沟通，建立对接机制。在各区排摸上报基础上，征求市发改委、市工商联等 10 多家委办局意见，并通过市公安局、市金融办、市高级人民法院、市公共信用信息平台查询企业负面信息，梳理形成第一批重点民营企业名单。建立市领导联系服务民营企业台账制度，启动民营企业信息数据库建设。

三、发挥市服务企业联席会议机制作用

召开 3 场联席会议成员单位联络员会议，走访市政府办公厅、市发改委、市商务委等 15 家委办局，协调建立企业诉求响应机制，通过企业服务云与“12345”市民服务热线，解决企业各类诉求 1362 个。年底召开市服务企业联席会议，贯彻落实国务院促进中小企业发展工作领导小组会议精神，梳理市委办局促进中小企业发展的政策和举措，研究当前中小企业发展中的突出问题。全年编发企业服务工作专报共 25 期。

四、推进“市企业服务云”建设

1 月 1 日，市企业服务云网站上线运行。4 月 2 日，APP 上线。有 376 家服务机构在“上海市企业服务云”开店，包括市经信委、市商务委、市科委、市质监局、市发改委、市知识产权局、市税务局等委办局和 16 个区均已开设官方旗舰店，浦发银行、用友、中国移动、中国电信等知名服务商也在服务云开店。服务云点击量突破 320 万人次，新注册用户数 369442 户（其中，企业用户 7041 户），APP 下载量达到 1.9 万人。推出服务产品 3771 个，发布全市各类涉企申报类政策 1529 项，已完成服务订单 26903 个。制定《上海市企业服务云专业服务机构管理办法》等多个涉及服务云运行管理的规章制度。编印 49 期《中小企业政策动态》简报。

五、开展中美贸易摩擦对中小企业影响的研究

针对中美贸易摩擦新形势，开展调查研究，形成分析报告。通过工信部中小企业局了解中美贸易摩擦对全国中小企业的总体影响以及推进举措。借助新闻媒体舆情大数据梳理

上海中小企业关于中美贸易摩擦升级的重点诉求。收集浦东等9个区中小企业受影响情况。通过座谈形式听取上海广为焊接等13家代表性企业的实际受影响情况。梳理汇总各方面信息，形成《关于中美贸易摩擦对本市中小企业影响的调研情况报告》报送工信部。

六、落实《中小企业促进法》宣贯工作

自1月1日《中小企业促进法》实施以来，组织各区、园区在全市范围内开展宣传贯彻新法各项活动。12月14日，举办“贯彻新法优化环境应对挑战—推动中小企业高质量发展主题论坛”。年初与市人大积极沟通，将地方条例修订列入市人大五年立法规划。联合市人大财经委、市政府法制办、委政策法规处开展调研，发放调查问卷千余份，召开中小企业服务机构和中小微企业代表座谈会，听取各方意见建议，为修订工作打好扎实的基础。汇总市各委办局服务中小企业的政策举措，开展现行《上海市促进中小企业发展条例》和《中小企业促进法》的对比研究，现已形成条例立法后评估报告初稿。

七、遴选培育“专精特新”和“制造业单项冠军”企业

组织开展2018年度“专精特新”中小企业申报（复核）工作，新申报企业964家，申报企业同比上升33%。向工信部中小企业局推荐23家“专精特新”小巨人。加大“专精特新”人才服务力度，全年举办6期浦江培训，培训“专精特新”企业负责人300人；举办2期财务总监培训和3期首席质量官，培训专业人才超过300人；与市质监局联合开展中小企业质量提升专题培训，企业负责人和质量高270人参加。联合市工经联，遴选振华重工等22家企业申报工信部单项冠军示范企业、单项冠军培育企业和单项冠军产品。2017年，22家企业平均销售收入18.41亿元，产品市场占有率均位于全国第一名，其中9家处于全球第一名。组织企业参加第10届APEC中小企业技展会、第15届中国国际中小企业博览会。

八、做深中小企业服务体系建设

持续开展中小企业服务第三方绩效评估，组织317家市级中小企业服务机构参加评估，同时引入第四方稽核机构进行同步监督，最大限度确保第三方评估的科学、公平、公正。组织开展国家小型微型企业创业创新示范基地和国家中小企业公共服务示范平台新一轮的申报工作，完成市级中小企业服务机构组织申报。至年底，申报通过的国家小型微型企业创业创新示范基地累计达12家；国家中小企业企业公共服务示范平台累计达22家；市级中小企业服务机构现存总数达到317家。

九、强化金融助力企业发展

实施“专精特新中小企业千家百亿信用担保融资计划”，联合市担保基金管理中心和9家商业银行，为符合条件的专精特新中小企业提供单户300万元，最高1000万元的无抵押担保贷款。该计划启动一年多来，为626户企业发放信用贷款77.3亿元，余额达65.5亿元；其中担保基金信用担保贷款260户12.1亿元，余额达8.6亿元。举办10场企业融资对接会、融资沙龙、融资论坛等活动，相关企业和金融机构700多人参加。围绕资本市场支持优质创新企业上市新政，邀请发审委委员为企业解读新政、作个性化辅导，支持相关企业借力资本市场快速发展。

十、营造大众创业万众创新良好环境

举办阿里巴巴“诸神之战”大赛工作，6支上海队伍入围“诸神之战”全球总决赛。选送50家企业角逐“创客中国”全国赛，上海共5家企业入围“创客中国”全国200强，松江旦迪通信的北斗芯片天线荣获总决赛二等奖。举办第二期重点培育创业企业创始人培训班，143位学员结业。开展“浦创108训练营”，52位学员参加。调整新一批企业服务志愿专家库，专家人数近200人，组织线下企业服务活动23场。

（傅　今）

在沪中央企业发展情况

2018年，国际经济复杂多变，美国挑起中美贸易战，世界贸易自由化受到严峻挑战，国内外市场需求负面影响较大。在沪央企积极应对，努力按照按照党中央、国务院决策部署，对接上海经济发展，坚持稳中求进工作总基调，深入贯彻新发展理念，落实高质量发展要求，以供给侧结构性改革为主线，着力深化改革扩大开放，积极参与上海科技创新中心和“四个品牌”建设，持续推进产业转型升级和创新，总体实现速度、效益、规模平稳增长，为上海经济社会发展作出了新贡献。

一、在沪央企整体呈现平稳增长

在沪央企分布在农林牧渔、工业、建筑、地质勘查及水利、交通运输、仓储、邮电通信、批发零售、金融、房地产、信息技术服务、社会服务、卫生体育福利、教育文化广播、科学研究和技术服务等15大产业，总体运行稳中有进，经营业绩稳步增长，劳动效率明显提高；各产业发展也各有特点，产业结构进一步深化，进退有序，优势产业增长明显，去产能成效显现。2018 年，营业收入达到 33228.7 亿元，比上年增长 6.13%；利润总额 2237.6 亿元，增长 4.28%；资产总额 151827.6 亿元，增长 7.55%；职工人数 717651 人，下降 0.43%。在沪央企总体上表现为营业收入、利润总额、总资产呈现增长态势。

在沪央企对上海经济发展的支撑作用突出。在沪央企主投入产出明显高于地方国企，在营业收入、经济效益、税收贡献方面对上海经济具有明显的支撑作用。在沪央企在银行保险、石油化工及精细化工、精品钢材、电力生产服务、航天、通信等领域有强大的技术优势、规模实力和行业主导地位，强有力地支持和保障了上海经济发展和人民生活水平的提高。

二、重点央企经营业绩良好

2018 年，在沪央企中中国宝武、交通银行等 20 家经营规模（见附表）较大的重点企业（以下简称：重点央企）经营业绩良好，引领在沪央企整体业绩继续增长。

1. 经营规模继续增长

重点央企营业收入、资产总额、所有者权益和员工人数等 4 项企业经营规模继续增长，其中，营业收入增长幅度最高，员工人数增长幅度最低，所有者权益、资产增长幅度居中，继续保持营业收入增幅高于资产、员工人数等资源增幅的势头。

营业收入增长较快，达到 19642.0 亿元，比上年增加 2034.1 亿元，增长 11.55%。总资产和所有者权益稳步增长。其中，资产总额达到 120762.3 亿元，增长 6346.1 亿元，增长率 5.63%。所有者权益达到 16307.2 亿元，同比增加 803.4 亿元，增长 5.18%。员工人数略有下降，合计达到 55.2 万人，同比减少 2.5 万人，下降 4.34%。

2. 经济效益增长明显，资产效率有所增长

重点央企经济效益整体明显增长，归属母公司净利润（以下简称：净利润）和利税总额增幅较高，纳税总额有所下降。中央政府减税资产落地后，减税效果明显，企业因此获益，净利润大幅增长中包含减税因素，利润总额增长则反映了企业总体经济效益提升。据统计，净利润达到 1465.8 亿元，同比增加 259.6 亿元，增长 21.52%。利税总额（净利润 + 纳税总额）达到 3705.2 亿元，同比增加 264.4 亿元，增长 7.69%。

3. 资产效率有所增长

资产效率比 2017 年有所提高。其中总资产周转率 16.26%，提高 0.86 个百分点；总资产收益率 1.21，提高 0.16 个百分点；净资产收益率 8.99%，提高 1.21 个百分点。总体上资产效率和效益指标均有所增长。资产负债率 89.50%，提高 0.06 个百分点。交通银行属于高负债行业，且资产比重较高，拉高重点央企资产负债率。扣除交通银行数据，其他企业的资产负债率为 63.64%，安全可控。

4. 劳动效率和效益增长明显

由于员工人数有一定幅度的下降，营业收入、净利润、纳税总额等指标有一定的增长，人均产出指标均有较大增长。

综合以上主要经营数据，2018 年，重点央企不仅营业收入和净利润分别达到两位数增长率，且营业收入和净利润的增长率明显超过总资产的增长幅度，是重点央企经营业绩的突出亮点。在 2018 年全国和上海市 GDP 增长都在 6.6% 的背景下，重点央企在总资产扩张速度有所降低、员工人数有所下降的同时，营业收入和净利润的产出并未同步下降，反映了产出增长对资产规模增长的依赖度趋于降低，对劳动人数增长的依赖度更低。这一态势扭转了前些年重点央企总资产增速明显高于营业收入、净利润增速，产出规模主要依靠资产规模高速增长拉动的态势，说明近年来重点央企抓住经济和产业结构调整的机遇，坚持改革创新、创新驱动，努力调整企业发展战略，运用规模扩张积累的资金实力，聚焦提升核心竞争力，在实现企业发展路径向提升发展质量的转型中取得较好成绩。

近年来，重点央企员工人数保持较低增长幅度甚至下降趋势，但营业收入增长率较高，净利润增长率也同步提高，企业劳动生产率大幅提高，说明重点央企正在逐步摆脱依靠资产规模高速增长推动企业营业收入和净利润增长的传统模式，向更加重视依靠提高劳动生产率推动经营业绩增长的经营模式转变；重点央企通过创新驱动，转型发展，将员工素质、劳动技能的提高和经营管理、技术、装备的进步作为提升企业发展的着力点，并正在显现成效。

2018 年 20 家重点央企经营业绩统计表

序号	企业名称	2018 年营业收入（万元）	2018 年利润总额（万元）	2018 年资产总额（万元）	2018 年纳税总额（万元）
1	中国宝武钢铁集团有限公司	43862002	3383720	71180908	2252752
2	交通银行股份有限公司	43404600	8606700	953117100	2893835
3	中国建筑第八工程局有限公司	20427846	709262	19831343	650651
4	太平人寿保险有限公司	14105051	888917	51783244	372892
5	中国东方航空集团有限公司	12794870	498437	29039964	1072068
6	上海烟草集团有限责任公司	12775644	2752404	20483381	7835154
7	中国石化上海石油化工股份有限公司	10776491	674898	4453996	1409700

（续表）

序号	企业名称	2018年营业收入（万元）	2018年利润总额（万元）	2018年资产总额（万元）	2018年纳税总额（万元）
8	国网上海市电力公司	9091352	155026	18654670	674984
9	中智上海经济技术合作有限公司	5933837	54796	733626	126910
10	中国大地财产保险股份有限公司	3821973	130906	6533858	239956
11	上海宝冶集团有限公司	3313978	56463	3246048	63803
12	中铁上海工程局集团有限公司	2801382	22746	2271711	73673
13	中铁二十四局集团有限公司	2496727	40940	1983131	53251
14	上海振华重工（集团）股份有限公司	2181239	53706	7059836	39997
15	中国二十冶集团有限公司	2115945	50051	2658966	10036
16	江南造船（集团）有限责任公司	1790794	1023115	4888881	12698
17	沪东中华造船（集团）有限公司	1628356	−11976	4055958	12281
18	中兵（上海）有限责任公司	1150284	10117	251642	3824
19	中国建材国际工程集团有限公司	1021722	66276	2783922	48471
20	上海外高桥造船有限公司	925716	31859	2611314	6713
	合计	196419809	19198363	1207623499	17853649

三、特大型企业发展良好

2018年，在沪央企业绩良好，得益于央企特大型龙头企业经营业绩的较高增长，这些企业发挥了重要的引领作用。

中国宝武自2016年12月完成宝钢集团有限公司和武汉钢铁（集团）公司联合重组后，资产规模和钢铁产能进一步扩大，成为中国第一、世界第二的钢铁企业。中国宝武以成为“全球钢铁业引领者和世界级企业集团”为愿景，构建在钢铁生产、绿色发展、智能制造、服务转型、效益优异等五方面的引领优势，打造以绿色精品智慧的钢铁产业为基础，新材料、现代贸易物流、工业服务、城市服务、产业金融等相关产业协同发展的格局。2017年起，宝武集团抓住中国钢铁行业去产能后钢铁生产回暖的有利时机，充分发挥企业品牌优势、产品优势、技术优势，营业收入和净利润大幅回升。2018年，营业收入达到4386.2亿元，同比增加402亿元，增长10.10%；净利润274.5亿元，同比增加169.2亿元，增长160.72%。2019年再次进入《财富》世界500强，名列第149位。

交通银行作为我国第五大商业银行，经营态势继续稳中向好，净息差驱动收入端持续改善，资本质量稳中向好。2018年，营业收入达到4304.5亿元，增长11.62%；资产总额达到9.53亿元，增长5.45%；实现净利润736.3亿元，增长4.85%。核心一级资本充足率和资本充足率分别为11.16%和14.37%，继续保持较高水平。在业绩稳步增长的支撑下，市场地位、品牌形象和社会美誉度稳步提升。2019年，跻身《财富》世界500强，排名第150位。

中国建筑第八工程局有限公司是中国建筑旗下最大的子公司，是名列上海企业100强第7名的特大型企业。公司以承建“高、大、精、尖、新”工程著称，在国内外建造了一大批地标性建筑精品，是中国承建机场航站楼、会展博物馆、体育场馆、医疗卫生、高档酒店文化旅游等项目最多的企业，建筑行业中具有核心竞争力的建筑工程总承包商。2018年，公司营业收入首次突破2000亿元，达到2042.8亿元，增长22.30%；利润总额达到70.9亿元，增长32.65%。

（张培荣）

工业节能和综合利用工作情况

2018年，上海工业节能和综合利用工作深入发展，取得了新的成果。

一、提升能效水平

节能目标超额完成，全年全市规模以上工业单位增加值能耗比上年下降5%以上，能耗总量同比减少170万吨标煤，超额完成了市政府下达的“增加值能耗下降3%、能耗减量50万吨标煤”的年度目标，为完成“十三五”总量和强度双控目标打下坚实基础。

解决数据中心建设新增能耗痛点难题，积极协调新建数据中心项目带来的高能耗问题，牵头研究数据中心能耗限额、设计、监测、运维等系列标准，推动绿色数据中心创建。

大力实施技改项目攻坚，鼓励企业开展节能技术改造，支持116项重点项目，实现节能量8.77万吨标煤，拨付政策资金5234.9万元。

持续推动工业生产能效提升，对327家重点企业开展淘汰落后、单耗限额刚性执法监察，淘汰落后电机3308台；工业主要产品单耗中，电厂发电标准煤耗国际领先，吨钢、芯片制造、乘用车综合能耗等国内领先，推广20项“能效之星”先进技术产品。

举办2018年节能宣传周，围绕“节能降耗保卫蓝天”主题，组织450余项专题宣传和节能服务“进园区、进厂区、进社区”活动。

二、助力打好蓝天保卫战

牵头全市污染防治攻坚战“十一大”专项减硝行动，制定《上海市减硝行动实施方案（2018—2020年）》，计划到2020年完成全市5525台中小燃气（油）锅炉提标改造。协调市发改委等出台补贴政策，制定奖励资金申报指南。2018年，全市完成1250台锅炉改造及关停，开展100个锅炉提标改造示范项目。

清洁生产加速推进，组织322家重点企业开展清洁生产审核，支持41个重点清洁生产改造项目，拨付财政补贴资金1960.6万元，推进金山二工区、星火开发区等重点工业调整园区清洁生产全覆盖。

落实空气重污染应急保障，指导企业提前安排生产计划，全年组织重点企业开展5次应急减排，为进口博览会等重大活动空气质量改善提供保障。

三、深入实施绿色制造工程

“绿色创先”政策文件及时制定出台，联合相关部门印发《上海市绿色制造体系建设实施方案（2018—2020年）》，全面启动“1121”工程（创建100家绿色工厂、100项绿色产品、20个绿色园区、10条绿色供应链），首批200余家企业、园区列入重点培育对象；累计12家“绿色工厂”、1个“绿色园区”、2条“绿色供应链”、10项“绿色产品”入选国家级绿色制造示范，涵盖电子信息、成套装备、生物医药、化工等本市重点行业。

推进实施绿色制造系统集成项目，8个项目获工信部立项支持，共获得中央财政补助启动资金4800万元，拉动绿色改造投资12.9亿元，行业示范效应突出。

发挥示范引领带动作用，出台绿色制造典型模式和特色案例汇编，组织1次现场观摩教学、1次全市面上培训，近300家企业踊跃参与，分行业、分领域组织示范交流，展示先进经验和典型做法。

四、综合利用、化废为宝

促进资源集约利用和规模化生产，围绕冶金渣、工业副产石膏、粉煤灰等工业固废，形成以宝武环科、中冶环工为引领的产业示范基地，高强高透水钢渣混凝土产品在“进博会”周边人行道改造项目使用总长达15.4公里。

推行循环生产方式，促进资源高值化、规模化利用。中器环保开发生产的生物柴油进入中石化加油站销售，基本形成了餐厨废弃油脂（“地沟油”）综合治理的“收、运、处、调、用”全程闭环监管模式和工作机制，回收处置利用的“上海模式”得到国家工信部、发改委、生态环境部的肯定。

做大做强电商企业。以“东方循环、绿智慧和百年建筑”为代表的资源综合利用O2O电商平台交易额达255亿元以上，推动了信息化与行业发展的深度融合。

（张　琪）

对口支援与合作交流情况

2018年，遵照中共上海市委、市政府的部署，上海坚决落实国家区域协调发展战略，积极做好对口支援与国内合作工作。

一、认真开展东西部扶贫协作和对口支援工作

市经信委高度重视东西部扶贫协作和对口支援工作，深入学习习近平总书记关于扶贫工作的重要论述，全面领会把握中央脱贫攻坚新部署、新要求，不断强化“四个意识”，提高政治站位，树立打好精准脱贫攻坚战的决心，立足产业和信息化主管部门的实际，扎实推进。

根据中共上海市委、市政府统一安排，市经信委党政领导分别陪同市委、市政府领导赴贵州遵义、云南、新疆喀什、西藏日喀则和青海果洛等对口地区学习考察。除此之外，市经信委领导5次单独带队赴有任务的对口地区调研对接。主要推进的重点工作有：

1．推动上海—新疆呼叫产业生产性服务业功能区建设

按照市委书记李强关于“注重实效，立足中央要求、当地所需、上海所能，创新扶贫协作方式方法，打响上海品牌”的要求，市经信委会同上海市对口支援新疆工作前方指挥部，在总结上海新跃物流“物流汇”全国呼叫中心成功经验的基础上，积极推进上海—新疆呼叫产业生产性服务业功能区建设，并于2018年8月初正式试运行。8月24日，李强书记和新疆自治区书记陈全国亲赴园区视察指导，对园区

的产业定位和模式充分肯定，要求按新疆所需尽上海所能，共同打赢打好脱贫攻坚战。

市经信委协调上海市对口支援新疆工作前方指挥部、新疆自治区经信委、喀什地委行署联合为“上海－新疆呼叫产业生产性服务业功能区”挂牌。其间，市经信委领导，多次率队到乌鲁木齐、喀什等地协调相关工作，推进园区建设。多次召开呼叫中心企业座谈会，探讨将呼叫中心转移到喀什的可行性，邀请本市金融、信息服务、电子商务等领域有呼叫中心需求的企业参会，沟通喀什地区呼叫产业政策、功能区招商服务方案，交流企业需求、相关入驻及服务外包意向。到2018年年底，园区入驻签约企业10余家，涉及金融保险、电子商务、物流运输、旅游、信息服务等行业领域。

2．指导市中小企业技术人才引进服务中心积极开展东西部扶贫协作地区劳务协作工作

指导上海市中小企业技术人才引进服务中心（以下简称“中心”），通过沪滇两地春风行动、沪遵劳务直通车等多种渠道和形式，切实开展好与云南、青海果洛和贵州遵义以劳务协作为主要形式的就业服务工作，取得新的成效。中心全年共组织上海及长三角等地区300余家企业，为有就业愿望的当地劳务人员和各类职校毕业生提供4万余就业岗位，帮助6000余人次实现外出就业，其中建档立卡贫困劳动力1575人。

3．倡导在沪央企自愿参与“双一百”村企结对精准扶贫行动

在沪央企积极参与东西部扶贫协作工作，如中国东方航空集团公司在云南省临沧市双江、沧源两县开展扶贫工作，同时协调东航云南公司结对香格里拉市小中甸镇团结村的帮扶任务；上海电力股份有限公司在云南计划开展光伏扶贫项目；上海诺基亚贝尔股份有限公司自2002年起与云南省丽江市宁蒗县结对开展定点扶贫工作；上海电控研究所自2016年起，每年向云南泸西县、砚山县提供扶贫专项资金；中国建材国际工程集团有限公司与昆明市禄劝县结对帮扶；中盐上海市盐业有限公司在云南临沧市开展助学帮扶；解放军四八〇五集团在贵州省黔南州开展劳务协作工作，共安排71名黔南州劳务派遣工在本单位工作；中国航空无线电电子研究所通过集团扶贫平台采购贵州省的农特产品。

根据全市“双一百”村企结对精准扶贫行动分工，市经信委倡导在沪央企围绕“三带两转”，自愿参与“双一百”村企结对精准帮扶行动，展示企业社会责任，助力脱贫攻坚。市经信工作党委、市经信委联合印发《关于倡导在沪央企自愿参与“双一百”村企结对精准扶贫行动的通知》。在沪央企积极响应倡导，并赴云南临沧市、遵义赤水市实地走访贫困村，初步形成结对工作思路，到2018年年底，已有10家在沪央企明确所结对贫困村。

4．推进“智汇护航——网络扶智进校园”行动

在市对口支援与合作交流领导小组办公室的支持下，由市经信委受理并申报的公益项目“智汇护航——网络扶智进校园”行动得到2018年度市对口支援与合作交流专项资金资助。智汇护航行动以互联网为载体，将贫困地区急需解决的扶贫先扶智问题放在主要位置，积极发动，认真推行，为提升贫困地区下一代的科技文化水平，不仅提供了物质上的支持，还达到了推动实现精准扶贫的目的。该项目在市经信工作团委、市青年志愿者协会、共青团合作交流工作委员会、市慈善基金会等相关单位的指导下，积极推进，总募集资金超过132万元，在云南、新疆喀什、西藏日喀则、青海果洛建成“梦想教室”14间，“网络安全守护站”119个，扶贫公益网课平台引入电子读物386425本，各类课程5628节，发放上网学习账号逾5万个。

5．完成承担的2018年上海市对口支援地区实施人力资源开发项目

根据《2018年上海市对口支援地区实施人力资源开发项目资金安排方案》，市经信委涉及两项对口支援地区人力资源开发项目，分别是赴喀什举办工业园区管理培训班、在沪举办遵义市区域产业转型与合作发展专题培训班，均已顺利完成。

6．加强与对口地区产业合作

协助对口地区在沪举办各类投资推介活动。组织上海企业赴对口地区对接产业合作。推进闽龙达干果产业有限公司FD冻干生产线等援疆重点产业项目建设。加强与日喀则市工信局在文化创意产业方面的合作交流；向日喀则市工信局推荐3名专家作为西藏自治区信息化专家咨询委员会成员。

二、积极推进对口合作大连工作

认真落实党中央、国务院以及中共上海市委、市政府要求，按照沪连合作第二次联席会议的工作部署，推进对口合作大连工作。2017年启动的“上海企业大连行”活动签约的5个项目积极推进。市经信委与大连市经信委全面对接，完成《上海市与大连市产业和信息化对口合作重点及机制研究》，将对口合作领域重点聚焦到装备制造业、软件等领域。

三、有序推进长三角区域一体化发展国家战略

落实长三角区域一体化发展国家战略以及长三角主要领导座谈会精神，按照《长三角地区一体化发展三年行动计划（2018—2020年）》要求，成立市经信委长三角产业和信息化合作领导小组及其办公室。长三角区域产业协同和信息化合作取得新进展新成效。

产业合作载体加快建设。聚焦嘉昆太等重点毗邻区，张江长三角科技城、上海自贸区嘉善项目协作区、宁波杭州湾新区浙沪合作示范区等重点园区、G60等重点廊圈带等载体建设，促进产业资源跨区域流动，共建产业联动集聚区。产

业合作项目加速布局。在新能源汽车、高端装备、集成电路等领域，蔚来汽车、中国商飞、阿里集团、上海电气等龙头企业加快区域布局，延伸产业链、创新链资源配置，加速一体化合作进程。产业合作创新加快推进。创新平台方面，成立国家集成电路创新中心、国家智能传感器创新中心，聚焦关键技术及器件结构、工艺连通等协同研发突破。创新生态方面，设立长三角协同优势产业基金、G60科创走廊人工智能产业基金等，以“硬科技”为主线，聚焦前沿技术与创新产品等发展要素精准对接，支持长三角地区优势产业集群培育。

新一代信息基础设施协同布局。率先开展5G应用示范，完成全国首个跨省四城5G视频通话互联，发布新型城域物联网专网建设导则（2018版），长三角各城市运营商基础网络完成IPv6改造，新一代信息基础设施建设及应用持续提速。智慧城市重点应用不断拓展。将提升长三角群众感受度和满意度为导向，实现区域空气质量预报数据及太湖流域、长江口、杭州湾污染数据共享，推进航运物流信息共享互通，实现高速ETC畅行，推进跨省市异地就医实时结算。工业互联网建设合作趋于紧密。工业互联网标识解析国家顶级节点（上海）正式上线，浙江华峰、上汽集团、中科云谷、上海核工院等一批工业互联网标识解析二级节点建设正式启动，推动“长三角百万企业上云上平台”，核电、船舶、新材料等重点行业的工业互联网企业应用加快部署，G60科创走廊启动工业互联网协同创新工程等，构筑工业互联网平台集群联动体系。

沪苏大丰产业联动集聚区建设持续推进。江苏省常务副省长樊金龙和上海市副市长彭沉雷联合召开沪苏大丰产业联动开发建设推进协调领导小组第二次联席会议，肯定集聚区开发建设的阶段性成效，并对下一步工作提出明确要求。江苏省政府办公厅以江苏省政府专题会议纪要的形式下发《会议纪要》，有力推动集聚区下一步开发建设。

四、推进落实市政府与兄弟省区市合作协议

推进落实市政府与有关兄弟省区市签署的合作协议，协助兄弟省市在沪召开各类投资推介会，组织开展各类产业对接活动。配合做好上海市政府与吉林省、青海省、海南省政府签署战略合作框架协议的相关工作。市经信委与吉林省工信厅签署《战略合作备忘录》，与宁波市经信委签署《产业合作框架协议》。

组织上海企业赴兄弟省市参加第五届中国国际新材料产业博览会等展会，展示上海有关产业发展的最新成果，主动寻求产业合作机会。

（黄治国）

中小微企业经济运行基本情况

2018年，国家扶持中小企业的政策效应逐渐显现，上海规模以上工业中小企业实现平稳增长，实现工业总产值16393.72亿元，比上年增长1.8%，略高于全市增速0.4个百分点。

一、工业生产缓慢下行，利润增速驱缓

1. 工业总产值持续下行，重点机械行业好于全市水平

上半年，规模以上中小企业产值维持在5%以上的增速，下半年一路下行，企业生产复苏基础尚未稳固。

2018年，中小企业工业产值占全市规模以上工业总产值的47.1%，比上年下降0.6个百分点。其中，中型企业完成工业总产值7141.08亿元，同比增长0.9%，对全市产值的贡献率为20.5%；小型企业完成工业总产值9252.64亿元，同比增长2.5%，对全市产值的贡献率为26.6%。尤其是小微企业的发展带动了中小企业的增速超过全市平均水平。

在13个主要工业行业中，机械、轻工、汽车、石化行业的产值占规模以上中小企业工业总产值近八成，其中石化行业增速领先全市平均水平。13个主要工业行业仅4个行业的产值增速为正，其余9个行业均为负增长。医药行业是唯一产值增速达到两位数的行业，增速基本与全市水平持平，呈现良好发展态势。

表1　2018年规模以上工业中小企业产值情况

指标	工业总产值（亿元）	比上年增长（%）	全市企业增速（%）
中小企业工业产值（亿元）	16393.72	1.8	1.4
其中：机械	4577.42	4.9	5.3
轻工	3828.45	−0.4	0.9
石化	2103.50	4.3	−1.4
汽车	1922.99	−1.4	0.8
电子	1139.27	4.9	1.3
医药	572.56	10.2	10.0
纺织	418.66	−8.9	−7.6
有色	327.23	−9.3	−7.9
建材	306.89	−8.1	−8.4
电力	300.44	−1.7	3.7
钢铁	299.02	−6.0	−6.5
船舶	45.65	−5.9	−2.8
烟草	2.33	−32.2	5.6

数据来源：市统计局工业处。

2018年，中小企业外向度为16.19%，比上年降低0.9

个百分点。除烟草和电力两大行业无出口产品外，其余11个主要工业行业中，有9个行业的外向度呈下降趋势。其中电子行业所受影响最大，同比下降9.8个百分点。

2. 利润增速逐月下降，半数行业利润增幅超全市水平

2018年，规模以上工业中小企业累计完成主营业务收入17424.77亿元，比上年增长3.1%；实现利润总额1269.25亿元，增长2.6%，低于全市增速1.7个百分点。前三季度除2月春节外，规模以上中小工业企业的增速基本都在10%以上，并且增速超全市水平；四季度降幅较大，落后于全市。其中，中型企业实现利润总额589.46亿元，增速为负；小型企业实现利润总额679.79亿元，增长8.8%。中小型企业对全市工业企业利润的贡献率为37.9%，同比提高0.3个百分点。

分行业来看，中小企业利润主要集中在机械、轻工、石化、汽车行业，这四个行业利润总额占中小企业利润总额的八成以上，其中机械和石化行业的利润快速增长，增速远超全市平均水平。石化和钢铁行业的利润增速超过60%，机械及医药行业的利润增速也实现两位数增长。汽车、医药和电子行业的利润增速出现不同程度的下降，尤其是汽车行业产值和利润增速均为负值。

表2 2018年规模以上工业中小企业利润情况

指标	利润总额（亿元）	比上年增长（%）	全市企业增速（%）
中小企业工业利润（亿元）	1269.25	2.6	4.3
其中：机械	358.02	11.6	2.4
轻工	282.08	0.6	11.1
石化	229.77	20.4	1.3
汽车	112.22	−31.7	−1.4
医药	84.71	−13.3	−6.1
电子	64	−1.4	−17.7
电力	36.14	35.8	−12
纺织	15.32	35.3	24.4
钢铁	15.31	−2.9	26
有色	12.89	32.1	28.3
建材	11.54	0.4	119.4
船舶	3.65	104.7	–
烟草	0.2	−108.7	−4.1

数据来源：市统计局工业处。

二、进出口实现平稳增长，出口与进口增速基本持平

2018年，中小企业进出口实现平稳增长。据上海海关统计，实现进出口总额3969.03亿美元，比上年增长12.3%，高于全市增速4个百分点。其中实现进口总额2234.56亿美元，增长12.3%；出口总额100.69亿美元，增长12.3%。相较于2017年中小企业进出口增速相差悬殊，2018年出口额增速显著增快，尤其是下半年与进口额增速基本持平，甚至个别月份出口额增速快于进口额增速。

三、社会服务业总产出增长平稳，利润增速超全市水平

2018年，规模以上社会服务业中小企业累计实现总产出7797.46亿元，比上年增长1.5%，低于全市增速9.4个百分点。其中，中型企业实现总产出4023.22亿元，增长8.8%；小型企业实现总产出3774.24亿元，下降5.3%。中小型企业产出增速分化严重，中型企业产出增速与全市基本保持一致，小型企业基本处于负增长的区域。全年实现利润总额1169.29亿元，比上年增长2.5%，并超全市水平1.1个百分点。12月，中小企业社会服务业的总产出均出现较大幅度下降。

分行业来看，规模以上社会服务业中小企业总产出主要集中在租赁和商务服务业和信息传输、软件和信息服务业，两个行业合计占比近八成，但是这两个行业的产出增速与全市水平相比存在较大差距。在主要行业中，文化、体育和娱乐业是唯一中小企业产出增速超全市水平的行业。

规模以上社会服务业中小企业的利润增速呈倒“V”型增长，2018年7月累计增速到达最高值16.4%。其中，中型企业完成利润总额522.64亿元，同比增长5.2%；小型企业完成利润总额646.65亿元，增长0.5%。分行业的利润增速呈现“四增四降”的格局，其中占比最高的租赁和商务服务业全年利润总额同比增长6.1%，比重占第二位的信息传输、软件和信息服务业利润增速实现正增长，而全市增速为负。这两个行业的稳定增长维持了中小企业社会服务业利润增速的上行。

表3 2018年规模以上社会服务业中小企业产出及利润情况

指标	总产出（亿元）	比上年增长（%）	全市规上企业增速（%）	利润总额（亿元）	比上年增长（%）	全市规上企业增速（%）
规上中小企业	7797.46	1.5	10.9	1169.29	2.5	1.4
其中：租赁和商务服务业	4162	1.4	9.7	818.61	6.1	8.5
信息传输、软件和信息技术服务业	1891.68	−0.7	12.3	179.23	1.7	−5
科学研究和技术服务业	918.78	6.3	15.9	73.64	−10.6	−18.7
文化、体育和娱乐业	253.89	2.4	1.7	28.56	−19.5	−6.9
水利、环境和公共设施管理业	230.26	−1.6	5.5	24.65	−24.3	−13.7
居民服务、修理和其他服务业	193.47	3	9.6	30.58	8.2	10.2
卫生和社会工作	106.18	10.2	13.1	5.6	17.6	28
教育	41.21	−6.1	7.3	8.41	−11.8	−46.1

数据来源：市统计局社会服务业处。

四、"专精特新"工业中小企业发展速度加快，服务业发展有待增强

2018年，"专精特新"规模以上（限上）中小微企业990家，其中规模以上工业企业661家，限上服务业企业329家。其中，工业行业实现主营业务收入2017.86亿元，同比增长7.9%；服务业行业实现营业收入840.13亿元，增长34.9%。

1. 工业产值增速明显快于全市中小企业水平，重点行业优势明显

2018年，工业行业中的"专精特新"规模以上中小微企业实现总产值1795.77亿元，同比增长4.3%，比全市工业中小企业产值增速高出2.5个百分点。

"专精特新"规模以上工业中小微企业产值占比排前10的行业（产值占比85%）中，有9个行业产值实现增长。其中电气机械和器材制造业、通用设备制造业、医药制造业这3个行业的产值增速接近10%。

表4 2018年"专精特新"规模以上工业中小微企业产值增长情况

	行业名称	工业总产值（亿元）	产值占比（%）	比上年增长（%）
	工业合计	1795.77	100	4.3
1	电气机械和器材制造业	268.55	15.0	9.3
2	化学原料和化学制品制造业	239.12	13.3	4.9
3	汽车制造业	219.83	12.2	−3.6
4	通用设备制造业	191.14	10.6	9.4
5	医药制造业	138.68	7.7	9.5
6	专用设备制造业	125.09	7.0	3.4
7	橡胶和塑料制品业	120.56	6.7	0.7
8	计算机、通信和其他电子设备制造业	113.86	6.3	7.2
9	金属制品业	65.82	3.7	6.6
10	纺织业	45.14	2.5	2.5

数据来源：市统计局工业处。

2. 工业和服务业行业利润增速波动较大，服务业利润逐渐下行

2018年，"专精特新"规模以上中小微工业和服务业企业的利润水平均呈现下行趋势。其中，工业行业实现主营业务收入2017.86亿元，同比增长7.9%，高于全市工业中小企业4.8个百分点；实现利润总额202.16亿元，增长0.8%，低于全市工业中小企业利润增速1.8个百分点。"专精特新"规模以上服务业中小微企业实现营业收入840.13亿元，同比上升34.9%，远超规模以上中小微企业水平，并且自2016年以来持续稳定上升的走势；利润总额76.87亿元，同比下降11.1%。

五、中小企业创业热情较高，但资金投入略显谨慎

全国商事制度改革以来，民间创业热情不断攀升。2018年，全市注册登记的新设中小企业38.33万户（中小企业户数、注册资本：统计范围包括私营企业、个体工商户和农民专业合作社。），同比增长12.8%；新设中小企业户数占本市全部新设企业的95.9%，同比下降0.3个百分点。

新设中小企业注册资本合计14415.74亿元，同比下降0.3%；民营企业注册资本占全市新设企业注册资本总额的70.8%，同比下降11.9个百分点。

（傅　今）

市区协同招商工作情况

2018年，上海市围绕中共上海市委、市政府中心工作，按照全力打响"上海制造"品牌的总体要求，加快打造实体经济发展新高地。全市工业投资保持较快增速，一批具有影响力的重大项目落地开工，技术改造焕新计划初见成效，企业营商环境持续优化，圆满完成年初制订的各项目标任务。

一、稳中求进，全力保障工业投资量增质优

聚焦落实巩固提升实体经济能级若干意见，全力以赴抓投资稳增长，全年完成工业投资1214亿元，比上年增长17.7%，增速位居国内前五，月度增幅屡创同期新高，成为全社会投资平稳增长的有效支撑。工业投资规模快速增长的同时，对产业结构优化促进作用显现。重点产业投资方向符合"上海制造"六大产业集群特点；基因工程药物、工业机器人、新能源汽车等新兴行业的投资形势优于很多传统行业；内涵式投资成为主要形式，投资效率进一步提高。

1. 压实投资目标责任。一是年初召开全市工业投资和技术改造工作大会，对全年工业投资工作进行部署，明确全年5%增长目标以及各区工业投资指导性目标。下发《关于印发2018年制造业投资指导性目标的通知》，将年度目标分解到各主要制造业承载区，建立起以区为主体、市区两级共同推进的联动机制。二是编制年度项目投资计划。组织编制下发2018年上海市总投资亿元以上的重点产业项目投资计划，明确了新开工、在建和竣工项目的年度投资计划。

2. 抓实投资工作任务。一是定期召开主要区投资座谈会，听取投资进展情况，交流招商引资政策，分析投资形

势。二是加强投资运行调研，深入松江、金山、嘉定等重点郊区，对上汽、宝钢等集团重点单位进行实地走访，了解投资形势、重点行业投资、重大项目推进情况等。三是对华力、和辉、积塔等超百亿元在建项目投资计划进行梳理，密切跟踪超大项目最新投资动态，掌握投资进度，防止投资出现重大起伏。四是联合市统计局完善产业投资统计分析网络，加大新项目的纳统工作力度，确保统计数据真实反映工业投资情况。

3．夯实投资分析。一是做实做深投资分析报告。完成月度、季度投资统计分析报告，从总体规模、重点行业、走势预测等多角度对产业投资情况进行深入剖析，及时向委领导、市领导汇报，通报主要区政府。二是开展投资运行热点课题研究。先后形成《中美贸易摩擦背景下上海工业投资深度分析材料》《上海主要工业集团股权投资情况分析》等课题成果，为领导决策提供依据。三是加强产业投资情况宣传。突出工业投资在稳增长、促转型等方面的重要作用，结合今年投资增幅创新高加强在主流媒体、委公众微信号等窗口宣传，引起广泛的社会反响，成功营造上海重视实体经济、推动转型发展的形象。

二、强化统筹，加快重大产业项目落地推进

以产业投资项目大数据平台为支撑，进一步完善重大项目协调推进机制，进一步深化部门间协调机制，进一步加快重大项目落地和推进速度。1–11 月，全市总投资亿元以上的工业项目 737 个，比上年同期增加 36 个，完成投资 869.2 亿元，同比增长 19.4%，占工业投资比重达到 82.7%，是今年上海工业投资快速增长的主要支撑。其中总投资超过 10 亿元以上项目有 87 个，完成投资 476 亿元，同比增长 47.6%。

1．加快重大项目落地开工。一是引进特斯拉、阿里巴巴等一大批具有影响力项目集中签约落地，其中特斯拉超级工厂项目是国家出台取消新能源汽车整车外资股比限制政策后的第一个外商独资项目，也是上海有史以来最大的外资制造业项目；协调小鹏汽车研发中心顺利落户市北高新园区；二是推动一批能级高、带动性强的重大项目开工。推进国能新能源 6 月开工、积塔项目 8 月开工；协调特斯拉项目 10 月 17 日完成土地招拍挂；保障大众 MEB 项目 10 月 19 日开工；推动大型邮轮项目 10 月开工。

2．加快重大项目建设推进。开展两轮项目情况督查，推动重点项目加快建设，包括总投资 359 亿元的积塔项目、总投资 100 亿元的超硅半导体项目等；全力保障中芯国际、和辉光电等已开工重大项目顺利推进，积极协调规土、环保等部门解决土地、环保指标、电力配套等一批“卡脖子”问题，推动华力二期 12 英寸先进生产线 10 月 18 日正式建成投片；协调解决华大半导体用地、用电等问题，主动帮助超硅半导体进行产业资本对接。

3．完善全市产业项目管理机制。一是建设市产业投资项目大数据平台，实现平台“三对接”及项目“全覆盖”，即平台对接市发改委备案库、对接住建委施工许可证联审平台、对接市经信委的技术改造项目库，形成从备案、开工到竣工的产业项目全生命周期管理全覆盖。全年入库工业项目 2446 个，总投资 6595 亿元。建立亿元以上的投资项目和技改项目等两个分库，其中亿元以上项目 758 个，投资 6245 亿元；技改项目 2188 个，投资 4252 亿元。二是建立产业项目快报机制。将全市产业重大项目招商动态、落地情况、建设进展等最新信息形成快报，及时报送委领导及相关处室，加强重点项目跟踪推进，年内已发布两期快报。

三、示范引导，全力推进企业技术改造升级

将技术改造作为推进实体经济高质量发展、打响“上海制造”品牌战略的重要抓手，编制《上海市深入推进技术改造巩固提升实体经济能级三年行动计划（2018—2020 年）》，由市政府办公厅正式对外发布。全面启动实施“技术改造焕新计划”，创新政策支持方式，推动制造业焕发新的活力和创造力。全年共支持项目 172 项，1–11 月，全市完成技改投资 673 亿元，占工业投资比重提升至 64%，带动全市工业企业技术改造项目 1800 项。

1．着力增强政策引导示范效应。发布新版技改实施细则，将软性投入纳入支持范围，属国内首创；采取前补助与后补助相结合方式，大幅提高专项资金使用效率。市区两级举行政策宣讲会 19 次，以大调研形式实地走访企业超过 250 家，累计服务企业超过 1500 家，技改政策的知晓度进一步提升。新政带动全年技改项目申报数量和投资额创近年新高，技改示范项目投资超过 370 亿元，企业获得感不断增强。

2．完善技术改造政策服务体系。一是做好国家项目申报服务。联合市发改委申报 4 个技术改造专项项目和 1 个电子信息产业技术改造工程项目，包括恩捷新材料的锂电池隔离膜产线项目、欣诺通信的下一代 50GPON 智能光接入网设备。二是建立市区两级技改专项政策支持体系。推进各区制订区级技改行动方案。明确各区 2018–2020 年技改工作安排，区级部门形成合力推进企业技术改造。推动各区完成区级技改政策制定与更新，各区技改资金总额约 2 亿元。

3．建立项目全生命周期管理机制。建立从项目储备、项目审核、过程监管到项目验收的全生命周期闭环管理工作机制，做到管理有流程、过程有记录、材料可追溯，保障财政资金安全的同时，更好为企业服务。一是建立项目储备＋项目申报一体化工作机制，所有专项项目纳入产业投资项目储备库。二是打造线上线下结合的项目管理机制，完善项目网上跟踪管理系统，实现项目进度跟踪、变更审核、验收管理等功能全程网上操作。三是加大项目线下管理力度。委托第三方机构，做到项目管理“三到现场”：每年至少到项目现场核查一次，审计单位到现场核对设备投资，与主管部门共同到现场进行项目验收。

四、立足服务，着力改善企业协同招商投资环境

创新项目管理，优化审批服务，转变政府职能，不断提升专业化精细化服务水平和能力，营造良好的营商环境。

1．推进项目审批流程优化。一是以营商环境改革为契机，配合市住建委、市规土局制定出台《上海市进一步优化社会投资项目审批改革实施办法》，工业项目从取得土地（技改项目取得规划设计条件）到获取施工许可证，政府审批时间原则上不超过15个工作日。二是推动市规土局发布《上海市工程建设项目审批制度改革试点实施方案》，将工程建设项目全流程审批时间压缩在100个工作日以内。三是梳理战略留白区和195、198地块技术改造项目506项，总投资约500亿元。形成专报以及正负面清单，推进一批符合条件的技改项目落地。

2．规范投资项目管理。备案管理方面，开展多次业务学习培训，全年共办理工业领域项目备案133项，全部实现当天办结；节能审查方面，按照全市能耗双控目标规范审查，全年为10个产业项目出具10份节能审查意见。进口设备免税方面，共办理进口设备免税确认书39项、免税确认变更1项，项目总投资10亿元，涉及用汇额1.1亿美元。

3．深入推进产融合作。一是联合浦东新区、嘉定区等国家产融合作示范区域开展产融合作对接活动，搭建产融信息交流平台，推动金融产品和服务创新。二是深化银企对接合作，与国开行上海分行、中国银行、浦发银行、上海银行等金融机构定期举行项目对接活动，持续加大对重点产业和重大项目的投资融服务力度。

（赵广君）

工业品牌建设情况

2018年，面对世界经济形势低迷、国内经济增速放缓等严峻经济形势，上海认真学习和全面贯彻党的十九大精神，坚持稳中求进工作总基调，牢固树立新发展理念，按照推动高质量发展、创造高品质生活的要求，深入推进供给侧结构性改革，实施制造强国、网络强国战略，充分依托上海自贸区改革开放优势及上海建设科技创新中心的机遇，积极开展增品种、提品质、创品牌“三品”专项行动，全力打响“上海制造”品牌，加快打造实体经济发展新高地，取得了较好成效。

一、谋篇布局，打响“上海制造”品牌

贯彻落实中共上海市委、市政府《关于全力打响上海“四大品牌”率先推动高质量发展的若干意见》，加强顶层设计，注重谋篇布局，促进经济脱虚向实、高质量发展。

1．统筹“上海制造”品牌发展。围绕“四大品牌”，制定并实施《全力打响“上海制造”品牌 加快迈向全球卓越制造基地三年行动计划（2018—2020年）》，对“上海制造”赋予新内涵，即掌握产业链价值链核心环节的高端制造，满足市场多元化需求的品质制造，融合人工智能和互联网因子的智能制造，体现资源高效集约利用的绿色制造。注重对技术改造、航空制造产业链、集成电路、高成长性科创企业、资源要素高效配置、工业互联网创新发展等研究制定专项扶持政策，加大财政支持力度。举办“上海制造”品牌专题研讨班高层次培训，邀请工信部、工程院领导以及国内外知名企业家授课，加强对市委、市政府、各区、园区和企业的宣传介绍。

2．首次发布上海市产业地图。进一步加强引导产业向特色化、集群化、品牌化发展，市经信委、市发改委会同市商务委、市科委等相关部门，研制发布上海产业发展地图。产业地图覆盖一、二、三产业，聚焦融合性数字产业、战略性新兴产业、现代服务业、现代农业等，立足空间、产业两个维度、绘制现状、未来两类地图，加快构建以产业地图为引领，集规划定位、招商引资、项目落地、精准服务、政策支持于一体的产业全流程推进体系。形成70张现状图和31张未来图，通过规划、土地、资金等要素政策聚焦，为推动经济高质量发展、提升城市能级和产业竞争力提供重要支撑。

3．推动“上海制造”高端化智能化。全面开展“技术改造焕新计划”，实施智能化等“六化”改造示范项目264项，技改投资占工业投资比重达到64%。加快推进智能制造“十百千”工程，推动20家智能车间／工厂试点建设，3家智能制造系统解决方案供应商进入第一批国家推荐目录。加快发展工业互联网，发布工业互联网产业创新工程实施方案，开通工业互联网标识解析国家顶级节点（上海）；松江成为国家首个新型工业化（工业互联网）产业示范基地，启动长三角百万企业“上云上平台”。

二、政策引导，着力发展实体经济

贯彻落实国务院推动经济高质量发展等一系列战略举措，推动供给侧结构性改革，大力振兴实体经济，促进经济脱虚向实、高质量发展。

1．出台发展实体经济政策。继《关于推进供给侧结构性改革促进工业稳增长调结构促转型的实施意见》《关于创新驱动发展巩固提升实体经济能级的若干意见》（实体经济50条）等重要政策文件之后，2018年，上海聚焦民营企业发展中的痛点、堵点和难点，在全国率先出台《关于全面提升民营经济活力大力促进民营经济健康发展的若干意见》（民营经济27条），进一步引导经济脱虚向实，为品牌经济发展奠定基础。在受国内外多种因素叠加影响下，2018年，全市规模以上工业增加值比上年增长2%，保持稳定增长。全口径工业增加值8695亿元，规模再创新高，位于7个主要行业之首，GDP占比26.6%。工业投资增长17.7%，增速创10年新高，并居国内前三。

2．夯实实体经济发展基石。推进工业强基工程体系化，建立市工业强基项目储备库，实施"强链补链一条龙"行动，强化精准发力，在高端传感器、应用芯片、控制器、轴承等关键基础零部件和材料等方面取得阶段性突破，扎实推进工业强基工程、推动产业链协同创新。新型研发机构建设取得显著进展，集成电路、智能传感器两个国家级制造业创新中心获批，新增国家级企业技术中心6家（累计达81家），在全国名列前茅；增材制造、海洋工程、先进激光等市级创新中心启动建设，集成电路、智能制造等4个功能型平台获批，91家企业列入第24批市级企业技术中心名单。

3．进一步对外开放合作。编制出台《上海市贯彻落实国家进一步扩大开放重大举措 加快建立开放型经济新体制行动方案》。抓紧重大项目落地，特斯拉超级工厂项目成功落地临港，实现当年签约、当年供地、当年启动；积塔半导体、上汽大众MEB、上汽通用汽车凯迪拉克工厂等重大项目加快建设。积极招商引资，精测电子、安谋科技等全球研发中心、创新总部正式落户；紫光集团、兆易创新、韦尔半导体、平头哥半导体等项目有序推进。加强首届中国国际进口博览会能源、信息，通信、工控安全等保障工作，确保全市能源运行、通信传输等稳定可靠。

三、提质增效，有力推进"三品"行动

重点聚焦健康、时尚、智能等需求，积极开展增品种、提品质、创品牌"三品"专项行动，为经典品牌注入新活力、新张力，为新锐品牌增加新内涵、新厚度，为高端品牌创造新动能、新愿景，提升上海制造竞争力。

1．加强制造业提质增效。围绕重点产品、重点行业，积极组织开展质量攻关活动，共有35个项目获2018年度上海市重点产品质量攻关成果奖；开展质量标杆活动，上海泛亚技术中心等4家企业入选2018全国质量标杆经验；开展政府质量奖工作，上海飞机设计研究院总体气动部总体布置班组获中国质量奖，成为全国获此殊荣的10个组织（个人）之一，并有江南造船（集团）公司等6个组织和1位个人获提名奖。2018年，工业增加值率为25.3%；工业主营业务收入利润率为8.7%，高出全国2.2个百分点；工业每百元主营业务收入中的成本80.2元，低于全国3.7元。

2．创新提升上海制造供给水平。结合深化供给侧改革，以创新、创意双轮驱动，不断强化产业研发设计，增加品种品类供给，进一步满足市场需求。如在汽车向智能网联发展方面，上汽推出纯电智能车型Marvel X，蔚来汽车、威马汽车等造车新势力纷纷发布自主纯电SUV；企业在智能硬件、智能终端、智能传感器等方面，处于全国领先地位，格科微获年度"中国十大集成电路设计企业奖"；人工智能产品逐渐普及，小i机器人已为工商银行、华为等数百家企业提供语义识别服务，未来伙伴机器人的教育陪伴机器人，占据国内70%的市场份额；医疗设备不少项目填补国内外空白，涌现了联影医疗、上海微创、逸思医疗、奕瑞、艾瑞德等一批细分市场（产品）的行业领头企业；成立才4年的润米科技已在国内箱包行业崭露头角，成为箱包市场龙头，单品爆款旅行箱累计销售500万只，等等。

3．加强品牌培育体系贯标。按照工信部《品牌培育管理体系实施指南／评价指南》和上海市品牌培育试点示范工作要求，坚持"体系化、社会化、专业化"原则，帮助本土企业学习如何做品牌、创名牌，受到企业广泛认同和欢迎。全年开展品牌培育体系宣贯、导入、推进、辅导和培训共42 场，合计参加1200余人次、参与企业800余家次。共51场，合计参加1717人次、参与企业1143家次。组织60多家试点示范企业参加国家"中国工业品牌之旅"青岛行、广东行，考察青岛海尔、海信、青啤、酷特云蓝、依波表业等知名企业，考察成员收获颇丰。2016—2018年，上海市产业转型升级专项资金（品牌经济发展）共支持项目246个，累计支持品牌项目金额约1.5亿元，带动社会资本投资17.2亿元。

四、凝心聚力，大力推进品牌经济发展

营商环境也是生产力。凝聚政府、社会、市场、企业诸方合力，不断优化营商环境，逐步构建产品（企业）品牌、行业（区域）品牌以及上海城市品牌为一体的品牌经济发展框架。

1．加强产业集群区域品牌建设。出台促进资源高效率配置推动产业高质量发展若干意见，依托"3+5+X"重点区域统筹布局新兴产业。推动临港、漕河泾、张江、化工区、国际汽车城打造世界级品牌园区，优化增量、盘活存量、激活流量，建设一批绿色示范园区；集中力量推动土地的二次开发、腾笼换鸟，加快吴泾、高桥、南大、吴淞、桃浦5个重点区域整体转型升级；全力打造汽车、电子信息两个世界级产业集群，积极培育民用航空、生物医药、高端装备、绿色化工4个世界级产业集群。已建成国家新型工业化产业示范基地达20个，工业区单位土地工业总产值突破75亿／平方公里。12家绿色工厂、1个绿色园区、10项绿色产品、2

条绿色供应链获国家绿色制造示范。发布产业结构调整负面清单（2018 版），淘汰落后产能 1460 项。规模以上工业增加值能耗比上年下降 5.2%。

2．集聚各方力量形成协同效应。充分发挥社会、市场的作用，引导、支持各类力量参与品牌建设，支持上海品牌研究所承办中国品牌经济论坛、社科院品牌研究中心承办长三角品博会等，凸显上海在品牌经济发展中的核心地位；市工经联、市企联等协会组织举办“上海制造”品牌微视频大赛、SMG 在搞 4 集大型纪录片《上海制造》等，彰显“品牌上海”的国际国内影响力；复旦大学和上海品牌研究所联合推出“外滩 · 中国品牌创新榜”、上海迈迪品牌咨询推出“千、百、十、一”品牌发展计划等，显现上海在品牌领域的话语权；会同东华大学、轻工协会等，开展上海与国际大都市消费品产业比较分析及政策借鉴研究；支持市质量协会开展品牌故事征文、演讲比赛，每年在全国比赛中均获得较好成绩。

3．营造品牌经济发展良好环境。通过举办国际性会展，提升上海城市影响力。2018 年，上海会展经济进入一个新时期，首届中国国际进口博览会在上海举行，中共中央总书记、国家主席习近平出席；首届中国自主品牌博览会在上海举办，国务院副总理胡春华出席；举办首届世界人工智能大会，国家主席习近平致贺信，国务院副总理刘鹤、上海市委书记李强出席。通过“一网办”“掌上办”等，提高政府服务水平。2018 年“上海市企业服务云”网站和 APP 正式上线，367 家服务机构云上开店，30 多个市级部门和区政府开设了官方旗舰店，已推出服务产品 3771 个，发布涉企申报类政策 1529 项，已完成服务订单 26903 个。通过部门协同、市区联动，形成打响四大品牌的合力。如市市场监管局发布“上海市重点商标保护名录”，开展重点商标“溯源”保护行动和协同保护工作；按照国内领先、国际一流的标准，根据国际通行的合格评定办法，试点“上海品牌”自愿性第三方认证。53 家“上海制造”企业获首批“上海品牌”认证，占总数七成以上。

（徐　铭）

2018 世界人工智能大会情况

2018 世界人工智能大会是由国务院批准，国家发改委、科技部、工信部、国家互联网信息办公室、中国科学院、中国工程院和上海市政府共同主办打造的重要国际合作交流平台。中共上海市委、市政府高度重视这项工作，将举办大会作为落实党中央、国务院战略部署的重要载体，作为上海打造人工智能发展高地、进一步优化营商环境的重要契机。李强书记、应勇市长高度重视，亲自推动；周波常务副市长、吴清副市长、马春雷副秘书长多次专题协调和亲临现场指导工作。经组委会统筹协调、全市各方积极参与，大会于 9 月 17–19 日在上海成功举办，引起海内外较大关注，取得了预期成效。

一、国家和上海市各级领导对大会予以重视及支持

习近平总书记向大会发来贺信，从战略和全局的高度，深刻阐明新一代人工智能发展趋势，为推动人工智能赋能新时代指明方向，并表达中国与世界各国共同推动人工智能造福人类的真诚愿望。习近平总书记的贺信引起与会嘉宾及各界人士的共鸣，使大家备感振奋、受到极大鼓舞；从未来人工智能对人们生产生活方式的影响，以及法律、安全、就业、道德伦理和政府治理等角度，展开论述和研讨。

刘鹤副总理亲临大会作重要讲话。他指出，习主席高度重视此次大会和人工智能发展，中国政府将坚持需求导向，强化人工智能基础研究，激发微观主体创新活力，大力加强人才培养。李强书记作开幕致辞，指出上海把发展人工智能作为优先战略选择，要依托自身优势，加快建设 AI 发展的“上海高地”。应勇市长主持开幕式，对共享人工智能机遇，以及深化交流、探寻 AI 发展道路提出了要求。

会议期间，刘鹤副总理、李强书记、应勇市长、苗圩部长等参观人工智能精品展和 AIPark 应用体验区，考察城市智能运营中心、寒武纪、达芬奇、达闼、星阵围棋等展位，并听取上海集成电路产业发展情况的汇报。李强书记、应勇市长会见人工智能战略咨询专家及科学家、企业家、投资家代表，对上海加快突破核心技术、率先应用最新成果、激发企业创新活力、吸引集聚顶尖人才等提出明确要求。市四套班子主要领导全体出席开幕式，有关市领导参加多场会议致辞及外事活动。另外，国家部委、兄弟省市、央企和重点高校共 61 家单位、20 多位省部级领导应邀出席会议。

二、大会搭建一流平台促资源融通、形成亮点成果

大会以“人工智能赋能新时代”为主题，设置论坛、展览、体验、大赛等重点板块活动，坚持“高端化、国际化、专业化、市场化”的方针，集中呈现人工智能领域技术趋势，分享顶尖专家学者新锐观点，提供多元化 AI 体验，达成一批合作成果。累计举办 1 场主论坛、35 场主题论坛和特

色活动，吸引40多个国家7.2万名嘉宾、共20万人次参会观展。

1．聚焦高端前沿，打造人工智能发展的风向标。参会嘉宾体现一流水准。大会首次集聚全球AI界“政产学研用投”领军人物70多人，中外院士50多人、重量级嘉宾200多人，其中国外嘉宾占40%左右。包括图灵奖获得者Raj Reddy（罗杰·瑞迪）、姚期智，诺贝尔化学奖得主Michael Levitt（迈克尔·莱维特）、人工智能泰斗Michael I Jordan（迈克尔·艾乔丹），以及李飞飞、吴恩达等专家。谷歌、微软、亚马逊、NVIDIA、ARM、新思、阿里、腾讯、百度、华为、科大讯飞、小米等企业的相关负责人与会，并发表演讲。首发科技新品及SAIL大奖。商汤AI平台、腾讯AI开放平台+AI加速器二期、亚马逊语音合成产品（Polly）中文版等5个新技术产品首发；经全球15个国家525个团队竞赛，四家单位分获卓越、应用、创新、先锋四大奖项。展现专业前瞻报告成果。大会发布全球AI产业地图、全球人工智能技术成熟度曲线、AI@SH行动报告等12项专业报告及成果，成为业界标杆。

2．紧贴市场脉搏，促进全球创新资源汇集共融。着力打造一批创新载体。设立亚马逊AWS、微软上海暨微软－仪电、科大讯飞（上海）3个人工智能研究院，京东、腾讯、华为及机器人、工控安全等8个人工智能创新平台，安谋科技、阿里巴巴（上海）、百度（上海）、小鹏汽车等10个创新中心。海内外龙头企业积极参与。谷歌、亚马逊、BAT等13家企业成为大会战略合作伙伴，20家企业成为支持合作单位；140多家国内外顶级科技企业联手呈现“AI+交通”“AI+健康”“AI+零售”“AI+金融”“AI+教育”“AI+智造”“AI+服务”等7个主题的沉浸式体验和场景化展示；围绕“城市智脑＋智能核芯＋创新算法”的主题，举办“精品展”；并在龙美术馆、余德耀美术馆设立主题体验区；让嘉宾们身临其境地感受到人工智能的“大势将至、未来已来”。举办AI独角兽、机器人创业项目路演，工信部发布“人工智能与实体经济深度融合创新项目”，为企业深耕人工智能市场创造了机遇。

3．放大品牌影响，加快形成人工智能生态环境。坚持开放协同发展。成立全球高校人工智能学术联盟、全国人工智能创业投资服务联盟等5个创新联盟，上海人工智能产业基金、G60科创走廊AI产业基金等4个基金。优化制度供给体系。围绕人工智能法律法规、伦理道德、社会问题等开展研讨，提出人工智能与法治、数据流通个人信息保护最佳实践、人工智能安全发展3个倡议；发布上海人工智能高质量发展的22条实施办法，为AI企业精准赋能。扩大辐射面传播力。来自30多个国家的近700位媒体记者，全景式记录宣介本届大会；发布各类报道超过8万篇，其中海外媒体报道近150篇，帮助受众加强对人工智能的理解认知。截至9月19日晚，各平台分发报道总阅读量预计达到4.8亿（根据软件工具统计），仅东方网话题总阅读量创纪录达到2879万。大会邀请科学家面向中小学生等开展对话活动，让孩子们感受AI的独特魅力，着力培育更多未来的“希望之星”。

汇智创新，赋能未来。在人工智能全面赋能社会经济、驱动新一轮科技革命和产业变革的时代，上海举办2018世界人工智能大会，吹响了发展新经济的号角。上海正在发挥大会的行业影响力和溢出效应，着力提升人工智能创新能力，推动人工智能与实体经济深度融合，加速向人工智能创新策源、应用示范、制度供给和人才集聚高地进军。

（郑 直）

人工智能产业发展情况

2018年，是上海人工智能全面布局、加速发展的一年。习近平总书记在中央政治局集体学习时的讲话，为新一代人工智能发展打响了“发令枪”，在上海考察工作时又对人工智能等新兴产业发展提出新要求。上海加快实施“智能上海（AI@SH）”行动计划，全面推进人工智能产业布局、应用赋能、技术创新和生态营造。成功举办2018世界人工智能大会，在业内树立了标杆，打响了上海发展人工智能、发展新经济的品牌。上海已初步成为中国人工智能发展的领先地区之一。

一、企业集群加速壮大

截至2018年，上海人工智能企业数居全国第二。拥有核心企业1000余家，泛人工智能企业3000余家，呈现出应用主导，技术支撑，多领域全面赋能的特点。2018年，全市泛人工智能行业融资额超过600亿元，达到历史新高，资本进一步向头部企业集中，行业进入稳定发展阶段。各类优势企业协同发展。微软、亚马逊、阿里、腾讯、百度、科大讯飞等行业领军企业纷纷在上海布局，与上海签署合作项目；商汤、寒武纪、云从、地平线、云知声、达闼等国内独角兽企业落地发展；依图、智臻、优刻得、深兰、乂学、流利说等本土人工智能企业加快成长；极链、图麟、西井、燧原、氪信、虎博等初创企业迅速壮大。初步形成“东西集聚、多点联动”的格局。西带以徐汇西岸为核心，以智慧医疗、智能金融、智能识别、智慧教育、智慧零售为主，东带以浦东张江为核心，主要发展智能芯片、智能制造、智慧医疗等产业。洞泾、马桥等人工智能小镇正相继建设推进。

二、技术创新加快布局

一批基础研发平台启动建设。微软－仪电人工智能创新平台、交大“上海人工智能研究院”、上海脑科学与类脑研究中心、复旦类脑智能创新平台、同济自主智能无人系统科学中心相继成立建设。一批行业创新中心落地发展。亚马逊、阿里、百度、科大讯飞AI创新中心落户上海，腾讯、上汽、宝钢AI实验室成立运作，国家集成电路、智能传感器创新中心挂牌成立。一批创新成果加快涌现。寒武纪全国首发云端和终端AI芯片，商汤AI算力基础设施加快建设，软硬件开源开放平台、开放测试平台等研究推进。

三、智慧应用全面推进

人工智能在医疗、教育、政务、金融、零售、制造、交通、物流等领域的应用迅速推进。上海发布全国首个人工智能应用场景建设实施计划。十大应用场景、19个具体点位需求和60个人工智能创新产品集中首发，促进供需对接。一批示范应用成效初现。依图、商汤的人脸识别，科大讯飞、腾讯的语音转录翻译，联影的AI辅助诊断，乂学教育的智能精准辅导、卓繁的智慧政务云平台，图麟的工业视觉技术，西井的无人重卡等分别在安防、会务、医疗、教育、政务、制造、港口等领域应用落地，赋能行业民生。智慧城市建设升级。智慧政务“一网通办”“市民云”加快推进，智慧治理“城市网格化综合管理平台”“智慧辅助办案系统”功能升级。

四、创新生态逐步完善

在机制方面，由市主要领导亲自联系推动人工智能产业发展，年内集中调研一批AI企业，与12位企业家座谈交流，李强书记要求在关键核心技术、应用场景开发、培育产业集群、集聚全球创新要素上加快突破。在政策方面，上海出台加快推进人工智能高质量发展“22条”实施办法、智能网联汽车路测等行业政策，以及公共数据和“一网通办”管理办法。两批共83个市人工智能项目获得支持，8个项目入选工信部人工智能与实体经济深度融合创新项目名单，一批战略性新兴产业重大项目启动推进。在资本方面，上海人工智能产业投资基金（首期100亿元）已形成初步方案，G60科创走廊AI产业基金、杨浦人工智能创业投资母基金等基金发起设立，初步形成基金群。

五、搭建国际高端交流平台

2018世界人工智能大会于9月17—19日在上海成功举办，共吸引40多个国家7.2万名嘉宾、共20万人次参会观展，在业界和全社会取得热烈反响。大会得到各级领导的高度重视与肯定。习近平总书记发来贺信，刘鹤副总理亲临大会发表讲话，中共上海市委、市政府主要领导全程参与。汇聚一批重量级行业人士。罗杰·瑞迪、潘云鹤院士、姚期智院士等国际人工智能顶级科学家、马云、马化腾、李彦宏等行业领袖到会演讲，取得一系列创新成果。上海人工智能战略专家咨询委员会、全球高校人工智能学术联盟、青年AI科学家联盟先后发起设立，“人工智能安全发展上海倡议”“人工智能与法治构建倡议”等“上海方案”先后发布。

2019年，上海将进一步发挥人工智能“头雁效应”，推动人工智能赋能经济社会高质量发展，加快向人工智能创新策源、应用示范、制度供给和人才集聚“四个高地”进军。

（郑　直）

中国国际工业博览会情况

第20届中国工博会于2018年9月19—23日在国家会展中心（上海）举办。本届工博会由国家发展和改革委员会、工业和信息化部、商务部、科学技术部、中国科学院、中国工程院、中国国际贸易促进委员会、联合国工业发展组织和上海市人民政府共同主办，中国机械工业联合会协办，东浩兰生（集团）有限公司承办。展览面积287902平方米。本届工博会涵盖制造业从基础材料、关键零部件到先进制造装备、整体解决方案的智能绿色制造全产业链，诠释先进制造业的最新产品与关键技术，领跑智能制造、绿色制造新趋势，引领全球产业变革发展新风向。展会规模、国内外展商的地域分布、专业观众数再创历史新高，工博会地区辐射力和全球影响力进一步提升。

本届工博会参展企业2665家，其中涉外参展商531家，参展展位4018个，境外参展商参展面积比上年增长11.06%，分别来自德国、日本、美国、意大利、韩国、瑞士、法国、英国、俄罗斯、瑞典、印度及中国香港、台湾等27个国家和地区。前五大境外参展国家和地区分别为德国、日本、中国台湾地区、意大利和韩国。境内参展商2134家，参展展位10218个。境内参展企业则分布在内除海南省、西藏自治区、新疆自治区、内蒙古自治区之外的27个省、市、自治区以及大连、青岛、宁波、厦门、深圳等5个计划单列市。

据统计，本届工博会观众数为181346人次，其中专业观众和买家174118人次，来自全球83个国家和地区及境内的31个省市自治区。

一、展示

本届工博会以“创新、智能、绿色”为主题，设置八大专业展，分别是：

数控机床与金属加工展，展示内容主要有：金属切削机床、金属成型机床、特种加工机床、数控系统、数显装置和机床电器、机床零部件及辅助设备、磨料磨具、刀具、工夹具及相关产品、检验和测量设备、3D 打印及相关设备等。

工业自动化展，展示内容主要有：工业自动化（生产及过程自动化）、电气系统、工业 IT 与制造业信息化、微系统技术等。

机器人展，展示内容主要有：工业机器人整机、适于行业应用的整体解决方案、核心部件、机器视觉、服务机器人、特种机器人等。

新能源及电力电工展，展示内容主要有：新能源技术及设备、电网技术及设备、能源管理等。

信息与通信技术应用展，展示内容主要有：工业互联网、人工智能、云计算与大数据、通信与网络、安防及信息安全、物联网、智慧城市、创业创新等。

节能环保技术与设备展，展示内容主要有：工业清洁及表面处理技术与设备、空气治理及烟气净化技术与设备、节能技术与解决方案、循环经济及再制造综合利用、园区运营及服务等。

新能源与智能网联汽车展，展示内容主要有：新能源汽车（乘用车／商用车）、新能源客车、电动汽车关键零部件（电池、电机、电控等）、基础设施及相关配套产品（充电机、充电桩、换电装置等）、智能网联汽车、智能网联核心技术、车体电子控制装置、车载电子装置、车载智能硬件、智能车载设备、车联网相关产品、智能出行等。

科技创新展，展示内容主要有：科技创新展区、中国科学院展区、高校展区、空间信息产业暨北斗导航技术应用展、智能制造试点示范项目专项展、工业强基专项展等。

二、论坛

本届工博会举办 52 场专题论坛、会议活动。论坛紧扣“创新、智能、绿色”主题，设部市合作论坛、发展论坛、科技论坛、行业与企业论坛四大系列板块，形成以论坛呼应展览、让展览全市论坛这种一种互动、互补局面。

部市论坛，探索与国家相关部委合作举办高层次论坛活动。有三项活动，分别是“2018 年世界智能网联汽车大会”“改革开放 40 周年制造业国际合作高峰论坛”“2018 创新与新兴产业发展国际会议”。

发展论坛，继续着力打造以中国工博会展示为基础、以制造业发展为重点的专业品牌论坛，包括“第七届中国机器人高峰论坛暨第四届 CEO 圆桌峰会”“2018 国际工业互联网大会”“长三角开发区协同发展联盟成立大会暨协同发展论坛”等三项活动。

科技论坛，秉承高层次、综合性、学科交叉性的特点，以“院士圆桌会议”为核心，同时举办 11 项专题学术交流活动。

行业与企业论坛，围绕新产品、新技术发布与交流，产业发展趋势，与工博会展示、专业展商、专业观众互动等紧密结合，共安排 35 项活动。

本届论坛以发展中国智能制造为主线，紧扣智能制造、绿色制造的主题，从装备制造业发展中的理念、技术、经济及管理方面的前沿趋势发展热点中严选话题，以“推动长三角机器人产业集群发展、建立长三角开发区协同发展联盟、发挥工业互联网产业链创新引领作用”等为论坛主要话题，邀请国际、国内有影响的企业家、专家学者和政府官员各抒己见，开展务实研讨，重点突出前沿性、前瞻性、专业性、学术性等特点，助力中国制造业升级转型发展。

三、评奖

本届工博会共评出 40 项获奖展品，经过专家网上材料评审、现场答辩和专家复审、评奖工作指导委员会终审、大会组委会审批的层层筛选，最终形成评奖结果，其中特别荣誉奖 1 项、金奖 4 项、创新金奖 4 项、工业设计金奖 4 项、银奖 14 项、创新银奖 13 项。同时，经权威推荐，还产生两项特别荣誉奖。这些获奖展品既体现了制造业创新转型的成果，又顺应了“跨界、协同、融合、创新”的发展潮流。

（赵 炎）

政策法规建设情况

2018 年，上海市紧密围绕产业发展重点工作，贯彻法治政府建设相关要求，加强法律制度建设，深化政府职能转变，产业领域政策法规工作取得显著成效。

一、加强法律制度建设，提高依法行政能力

1．法律政策文件制定。开展《上海市金山－吴泾乙稀管线保护办法》规章及《上海市促进中小企业发展条例》地方性法规的立法后评估工作，为法规、规章的修订废止做好准备。按照规范性文件统一文号等管理要求，加强规范性文件法律审查和目录管理，制定发布规范性文件《上海市技术改造专项支持实施细则》《〈上海市创新产品推荐目录〉编制办法》《上海市软件和集成电路核心团队、设计人员专项奖励办法》《上海市工业互联网创新发展专项支持实施细则》共4件；报请市政府发布规范性文件《上海市电子印章管理暂行办法》1件。开展政府规章、规范性文件的清理，废止《上海市高端智能装备首台突破和示范应用专项支持实施细则》《上海市推进品牌经济发展专项支持实施细则》《上海市生产性服务业发展专项支持实施细则》《上海市高端智能装备首台突破和示范应用专项验收评估管理办法》4件规范性文件。

2．加强行政执法监督。组织开展行政执法人员上岗培训考试和执法证在线考试，完成相应领域执法人员调整。2018年，共完成46件电力行政处罚案件的法律审查并做出相应行政处罚决定，累计处罚金额89.9万元。相应处罚信息都在市经济信息化委门户网站公开。办理两件行政相对人就政府信息公开决定不服提起的行政复议案件，办理1起行政相对人就专项资金处理不服提起的行政诉讼案，两起行政相对人就政府信息公开决定不服提起的行政诉讼案。

3．政府法律制度建设。结合市经济信息化委兼职法律顾问年度工作计划，配合、督促兼职法律顾问履职。围绕疑难执法案件、规范性文件、重大涉法事项等征求法律顾问意见，包括就战略预留区设置、新能源汽车二手交易、电力执法案件等内容。要求委兼职法律顾问协助开展行政诉讼，包括办理东长治路房屋纠纷案件、重大装备首台套专项资金诉讼案件等。按照《上海市经济和信息化委员会重大行政决策程序实施办法》，做好重大行政决策的法制审核。开展战略预留区及相应土地开发利用问题的法制审核，成品油“国六”标准实施文件的法制审核，对重大招商引资项目协议的法制审核等。

4．立法项目前期调研。围绕市经济信息化委重点工作，结合本市立法项目储备要求，开展多项立法项目前期调研工作。结合航空产业发展和促进，开展《上海市促进航空产业发展条例》立法调研；围绕产业园区管理，开展《上海市产业园区管理条例》立法调研，结合制造业转型升级，开展《上海市产业升级促进条例》立法调研；通过立法调研，了解掌握各领域发展瓶颈和制度需求，为相应法律制度建设奠定基础。

5．法治宣传教育活动。按照市委、市政府统一安排，邀请市宪法宣讲团对经济信息化系统单位开展宪法宣讲活动。全年开展百人规模以上宪法宣讲活动16场次，加强机关公务员宪法宣传，发放宪法单行本，做到机关每人一册。会同市司法局，举办第二届上海市企业法务大赛，以普法情景剧方式展现企业法务人员风采；发挥新媒体作用，拓展法宣新渠道。包括组织系统单位参加“浦江法韵”公益公告大赛和“我与宪法”微视频征集活动，充分利用APP、微视频等方式宣传法律知识。

二、推进行政审批制度改革，深化政府职能转变

1．建设工程审批制度改革。落实上海市工程建设项目审批制度改革工作要求，梳理涉及有关行政审批、技术服务和评估评审事项，包括落实固定资产投资项目节能审查审批流程优化，制定建设工程项目电力接入服务管理制度，发布服务指南，将电力接入服务事项纳入工程建设联审平台。

2．证照分离改革试点。按照国家、上海市证照分离工作相关要求，针对市经济信息化委列入证照分离改革的五项工作，通过健全制度、优化流程、完善配套、公开透明、提供便捷服务等举措，实现了提高透明度和可预期性，强化准入监管。按照全市诚信管理、分类监管、风险监管、联合承接、社会监督的事中事后监管要求，完善相关制度，落实相应举措。

3．政府服务事项优化。按照优化营商环境相关要求，结合市审改办工作安排，开展经济信息化领域证明事项的清理，开展侵犯企业经营自主权专项清理，梳理形成“马上办、一次办、网上办”审批服务事项清单，开展公共服务和行政服务事项清理优化，完成政务服务窗口规范化工作的自查整改，完成专项资金的梳理反馈，完成委行政审批事项办理和全市“一网通办”系统的对接，做好市审改办要求的“放管服”相关工作。

4．开展政府效能建设。按照政府效能考核相关要求，对市经济信息化委2018年度政府效能建设情况进行全面评估，形成了年度评估报告。定期开展行政权力办理情况和监督检查实施情况季度、年度统计工作。实现市经济信息化委行政审批系统与市审改办标准化系统的数据对接，完成行政审批业务手册和办事指南执行情况数据实时更新。

（范芳芳）

2019·上海工业年鉴

SHANGHAI INDUSTRIAL YEARBOOK

区工业

浦东新区工业

【概况】

2018年，在经济运行放缓、外部挑战压力加大、中美贸易摩擦影响加深等多种因素影响下，浦东新区落实全力打响“上海制造”品牌的要求，持续巩固提升实体经济能级，工业生产规模再次站稳万亿元台阶，呈现规模稳中有增、结构稳中有进、效益稳中向好的态势。

【2018年发展情况】

全年实现规模以上工业总产值10306.4亿元，比上年增长0.6%，增幅比全市低0.8个百分点，占全市规模以上工业总量的29.6%。区属规模以上工业产值5605.3亿元，同比增长0.5%，占全市区县规模以上工业产值总量的27.3%。

全年产值呈“前高后低”、增速放缓的态势。纵观全年工业走势，总体呈“前高后低”、增速放缓的态势，与全市工业基本一致。前6个月，工业增速高于全市水平，完成产值4867亿元，增长5.4%，增幅高于全市0.2个百分点。从7月开始，增速低于全市，全年增幅低于全市0.8个百分点。

优势产业保持增长。在33个工业大类行业中，有14个行业实现增长，占工业行业数的四成，增长面虽比上年略有下降，但重点高端行业的稳定发展成为工业稳定发展的有力基石，增长幅度均高于全区工业平均水平。

“三大三新”产业实现产值6675.8亿元，增长2.1%，比浦东面上工业高1.5个百分点，占新区规模以上工业总产值的64.8%。“三大支柱产业”两升一降，汽车和成套设备分别增长2.4%和3.9%，电子信息产业下降1.2%。“三大新兴产业”高速增长，其中生物医药实现产值548.2亿元，增长16.2%，是“十三五”以来增速最快的一年；航空航天实现产值67.1亿元，增长21.6%，全年交付ARJ21飞机10架；新能源制造业实现产值87.2亿元，增长5.8%。战略性新兴产业制造业总产值4245.4亿元，增长3.8%，占全区规模以上工业的41.2%，对工业拉动作用进一步提升。

重点开发区产业聚集效应凸显。年内7个重点开发区共实现产值6623亿元，增长1.8%，增速比工业平均增幅高1.2个百分点，对工业生产的贡献率达52.3%。全年重点开发区完成电子与信息产品制造业2685亿元，占电子信息产品制造业总量的91.3%，其中，康桥、张江和外高桥产值规模近2000亿元，占总量的74.5%。昌硕科技生产超千亿元，占新区该行业的47%；上海索广映像超百亿元；环维电子、华虹宏力半导体、日东光学等9家企业，规模以上均超过50亿元。

浦东新区工业经济运行主要呈现以下四方面特点：

龙头企业拉动明显。工业总产值排名前20位企业实现累计产值5403.79亿元，占全区工业总量的52.4%。工业20强企业有12家产值保持增长，罗氏、环维等企业增速超过30%。高桥石化、中芯国际、上海慧与等3家企业累计产值下降10%以上。

按产值规模排列，产值百亿元以上的11家，合计产值4736.59亿元，占全区工业总量45.95%。

高技术行业、产品领先增长。随着工业转型升级步伐加快，高技术行业及重点产品结构进一步优化，增长领先。年内高技术产业完成产值3260亿元，增长2%。

一些高附加值细分行业同步增长。如可穿戴智能设备增长46.6%，光电子器件增长41.3%，电子元件及专用材料增长4.7%，集成电路增长2.5%，显示器件制造增长7.8%等。

同时，一批高端及符合消费升级方向的产品加快增长。医疗仪器设备7.6万台，增长49.2%；液晶显示模组4011.64万套，增长17.7%；智能电视机137.59万台，增长13.4%；多功能乘用车（MPV）7.16万辆，增长2.1%；集成电路圆片455.89万片，增长3.6%；智能手机4497.72万台，增长1%。

企业效益稳中向好。工业在生产稳定发展的同时，盈利水平有所提高。规模以上工业实现利润总额1028亿元，增长4.1%，同比提高0.1个百分点。其中，盈利企业盈利额1074亿元，增长7.7%，同比提高1.2个百分点。主营业务收入利润率8.5%，同比提高0.3个百分点。企业盈利能力稳步提高，供给侧结构性改革成效继续显现。

战略性新兴发展良好。战略性新兴产业完成产值4245

亿元，增长3.8%，增速高出全区工业平均增长水平3.2个百分点。对工业生产的贡献率达144.1%，拉动工业增长0.9个百分点。

战略性新兴产业各行业中，新能源、生物医药、新能源汽车和节能环保等4个行业增速，高于全市同类行业水平；新一代信息技术、生物医药、高端装备和新能源汽车等行业生产规模，占全市同类行业比重近40%及以上。

【2019年发展趋势】

2019年，全年走势不容乐观，主要影响因素：

一是受企业生产经营调整因素，部分重点企业产能外迁，带来较大的下行压力；二是受当前国内汽车市场低迷影响，汽车领域重点企业均有减产计划，预计生产将下降；三是中美贸易摩擦存在不确定性，部分外资企业生产持谨慎态度，出口生产不明朗，预计生产将有所下降；四是虽然生物医药、航空航天等行业生产形势较好，但对全区工业增长的拉动作用较小。

在新的一年，浦东新区将继续贯彻市委、市政府提出的打响“上海制造”品牌要求，通过体制机制创新，推进制造业向高端化、智能化、绿色化、服务化方向发展，向“高端集群、标识独特、示范引领”迈进，打响“创新引领新高地”名片。力争新区工业产值站稳万亿元台阶。

一、根据市政府《关于本市促进资源高效率配置推动产业高质量发展的若干意见》，结合浦东产业项目用地实际情况和产业发展需求，研究推动浦东产业高质量发展，提高资源配置效率的若干办法，盘活存量资源，加快腾笼换鸟，明确产业准入标准，推动优质项目建设，保障产业发展用地空间。

二、做好规划产业区块外优质企业技术改造及改扩建工作，进一步激励存量优质企业提升能级扩大再生产，为新区产业高质量发展奠定坚实基础。

三、推进重大项目和园区建设。持续加快工业固定资产投资，做好重大项目服务工作，尽快形成产能。加快推进张江创新药产业化基地、大飞机总装产业基地配套园区、上海集成电路设计产业园等新兴产业园区规划建设，并出台引导产业发展的政策措施，加大招商引资迅速形成产能。

（熊　宽）

徐汇区工业

【概况】

2018年，徐汇区工业企业面对错综复杂的国内外形势，积极贯彻国家和上海市关于发展先进制造业的工作部署和要求，开拓市场、加大生产，工业经济运行呈现总体平稳、稳中有进的发展态势。全年实现规模以上工业总产值574.37亿元，比上年增长2.9%；工业产销率达到101.57%，上升0.26个百分点；实现工业利润47.37亿元，下降23.1%。完成工业税收49.81亿元，下降26.2%。

【2018年发展情况】

一、战略性新兴产业稳步增长

全年制造业实现产值214.71亿元，增长3.8%，占全区工业总产值的比重37.4%。其中，新一代信息技术由于市场需求较快增长，产值增长10.1%；生物医药由于国内业务不断拓展，产值增长6.5%。与此同时，高端装备、新材料由于海外市场等因素，产值分别下降11.4%、3.6%。战略性新兴以外的产业中，金饰品制造业（老凤祥）依托品牌优势，加快拓展国内外市场，产值增长6.4%。

二、漕河泾开发区持续转型

在电子信息、生物医药等领域一批优势企业的带动下，漕河泾开发区徐汇部分全年实现产值250.20亿元，增长5.1%，占全区工业总产值的43.6%，对徐汇区工业的发展继续发挥重要作用。与此同时，开发区内现代服务业集聚区建设继续推进。集聚区内总投资30亿元、总建筑面积32.5万平方米的商贸区项目继续施工，预计2019年10月竣工，建成后将成为漕河泾开发区本部最大的国际化、智能化、集群化高端综合商务区。

三、企业创新能力不断提升

上海核工程研究设计院有限公司等7家企业获市产业技术创新计划支持，上海隧道工程有限公司等2家企业获市高端智能装备首台突破和示范应用计划支持，上海贝岭股份有限公司等3家企业获市工业强基计划支持，上海安吉星信息服务有限公司等4家企业通过市级企业技术中心认定，上海工业自动化仪表研究院有限公司等9家企业通过区级企业技术中心认定。

四、工业节能降耗扎实推进

全年工业单位产值能耗下降5.0%，规模以上工业能耗总量12.6万吨标准煤。主要举措：召开工作推进大会，分解节能任务，落实目标责任制；加强统计分析，做好节能预警预测；合理安排节能降耗专项资金，重点支持企业节能技改等项目；推进重点用能单位能耗监测系统的建设，年底，已实现22家重点用能单位能耗数据上传到区能耗监测平台；持续开展清洁生产审核工作，3M中国有限公司等两家企业通过市清洁生产（自愿性）审核，上海科华生物工程股份有限公司申报2018年市清洁生产（自愿性）审核，捷普科技（上海）有限公司等5家企业通过市清洁生产（自愿性）验收，捷普科技（上海）有限公司等两家企业申报2018年市清洁生产示范项目。

【2019年发展趋势】

2019年，徐汇区工业企业将继续贯彻国家和上海市关于发展先进制造业的工作部署和要求，积极落实《徐汇区打响"上海制造"品牌三年行动计划》，预计全年实现规模以上工业总产值510亿元。

一、积极发展先进制造业

一是加快发展智能制造。落实出台的智能制造政策，鼓励企业突破智能装备或产品核心关键技术与工程化、产业化瓶颈，提高自主智能装备或产品的市场占有率。发挥区机器人与人工智能产业联盟、市智能制造行业协会两个平台的资源集聚、功能辐射和以商引商作用，推动区机器人与人工智能产业加快发展。二是培育发展"四新"经济。指导"四新"经济基地建设，挖掘、利用区域资源，支持与优势企业在人力资源、法律、人才培训、检验检测、知识产权等领域开展合作，助推"四新"企业发展。三是推动打造工业精品。开展重点企业走访，挖掘企业优质项目。动员企业申报市区两级工业扶持项目，做好项目申报的辅导和服务。跟进在建的市区工业扶持项目并做好协调服务，帮助企业不断做强做精。

二、改造提升传统制造业

一是鼓励加大技术改造力度。继续组织企业申报市重点技术改造项目、市引进技术的吸收与创新计划以及市产学研合作计划等项目，推动企业以技术改造提升自己的造血功能，实施产品升级换代、工艺流程再造、引进先进技术。二是推进技术创新和品牌建设。积极鼓励企业申报国家级企业技术中心，继续推荐企业申报市级企业技术中心，大力推进区级企业技术中心建设，促进国家级、市级、区级三级企业技术中心建设体系逐步完善。全年计划新增8家各级企业技术中心，使徐汇各级技术中心达到108家。三是着力解决瓶颈问题。深入调研走访，积极协调解决企业诉求。会同有关部门，做好规划产业区块外优质企业的认定工作，激励企业转型发展。

三、持续做好服务企业工作

一是加强内部能力建设。探索建立打包及关联企业的政策扶持数据库，完善同市场监管局、税务分局建立的企业服务动态信息沟通互动平台，进一步加强企业集中登记地的管理。二是加强安商稳商合力。主动配合营商办落实外迁企业服务考核指标。形成"后调研"常态化企业走访和服务机制，针对难点痛点堵点更加精准施策，切实加强各部门的协同合作，进一步发挥产促联席会议平台的作用。三是落实"管家式"代办服务。发挥漕开发和滨江功能区企业服务代办点的作用，并辐射到全区各个功能区，建立健全企业代办服务长效机制，推进企业注册许可便利化。

四、确保完成工业节能指标

一是持续完善节能工作机制。继续推进工业领域节能目标责任签约制度，严格落实重点企业的节能目标责任考核。加强与市、区相关部门的沟通协调，进一步提高重点企业能耗统计数据上报的质量水平，及时掌握分析能耗数据的运行规律。二是继续做好重点用能单位管理。鼓励重点用能单位积极开展节能技术改造项目申报，推动企业挖掘节能潜力，提高能效利用率。组织重点用能单位开展节能业务培训，提高企业的节能意识和技术水平。三是继续推动各类专项节能工作。继续开展清洁生产审核、节能改造技术推介、合同能源管理进千家用能单位、节能宣传等工作。四是配合推进绿色制造体系建设。贯彻落实《上海市绿色制造体系建设实施方案（2018–2020年）》的要求，会同有关部门，鼓励有潜力的企业加快实施绿色制造工程，进一步推动企业提质、增效，全面提升制造业资源能源利用效率。

（罗友山）

长宁区工业

【概况】

2018年，长宁区工业经济稳步发展，全区实现工业总产值122.45亿元，比上年增长9.4%；其中，规模以上企业实现工业产值121.04亿元，增长9.8%。全区实现工业销售产值122.04亿元，增长9.7%；其中规模以上企业实现工业销售产值120.65亿元，增长10.2%。工业产品销售率达99.7%，提高0.3%个百分点。

【2018年发展情况】

一、中小企业项目管理

整合现有市经信委政策资源，帮助区内中小企业积极申报市经信委各类专项，共申报12家企业申请市级项目，获得近1600万元市级扶持资金。鼓励长宁区中小企业加快转型升级，提高中小企业核心竞争力和创新创业能力，经专家评审对27个项目共下达区级扶持资金共计675万元。

二、中小企业服务体系建设

为确保中小企业服务的质量，主动对接沟通，进一步调动长宁中小企业“1+11+11”服务体系中11家市级中小企业公共服务机构的积极性，形成以市级服务机构园区为核心，辐射周边园区乃至整个长宁区，为中小企业提供高质量精准服务，涉及融资、法律、质量、人才、办公租赁、市场开拓等各个方面，扩大服务半径，充实服务内容，充分发挥市级服务机构应有的服务企业的重要作用。

三、各类中小及上市企业培训服务

加强与园区及专业服务机构的合作力度，根据企业的不同性质和需求，成功举办各类培训活动10余场，深受企业欢迎。如“发展专精特新，培育隐形冠军”的专题培训讲座，详细阐述中小企业走“专精特新”道路的重要意义，介绍政府今后3年培育“专精特新”中小企业的重要举措。举办多场政策进园区活动，介绍长宁区“十三五”期间重点产业发展政策，解读长宁区一系列扶持中小企业发展的政策以及航空服务业等重点产业政策等。另外围绕科创板新政、新三板挂牌条件及工作流程、财务合规等专题内容进行授课。除此之外，根据各中小企业及园区的需求，安排企业参加市里组织的工业互联网培训、产学研讨会、“专精特新”领军人才培训班、创业园区高级管理者培训班、董秘班培训、企业中高级管理者劳动关系应对策略、创业企业创始人培训等各类培训和讲座，对增强区内中小企业活力起到了重要的作用。

四、推进优质企业进入资本市场

在做好上市企业及拟上市企业培训服务工作的基础上，积极对接市金融办、市经信委上市促进中心，上交所等专业部门机构，走访调研一批有潜质的企业，积极推进有意向进入多层次资本市场的优质企业挂牌上市。全年有1家企业新股发行：地素时尚股份有限公司于2018年6月4日重启IPO，6月12日发行新股申购，公开发行股票6100万股，6月22日上市交易；两家企业完成境外上市：拼多多于6月29日向美国证券交易委员会（SEC）提交了招股说明书，拟募集约10亿美元，于7月26日在美国纳斯达克上市交易；美团点评于9月20日港股IPO募集资金约40亿美元，在港交所上市交易。

五、优化电力接入营商环境

积极对接优化电力接入营商环境工作，与区发改委、建交委、规土局等相关部门共同协调配合，进一步明确分工，落实责任，建立机制，畅通了信息交流和反馈的渠道，确保在工作中及时了解掌握相关情况，牵头相关部门协调解决问题，全面落实优化电力接入营商环境工作，做好迎接世行的调查评估。

六、节能环保工作全面推进

在节能工作推进过程中进一步健全工作机制，构建产业重点用能企业能耗跟踪网络。建立推进节能降耗工作协调机制，加强节能工作领导，明确工作职责，研究解决在推进节能降耗工作中遇到的重大问题，要求重点用能企业设立节能专管员，加大节能工作的指导、协调和管理力度。

七、中小企业数据统计工作

动员154家中小微、市级“专精特新”企业积极参与月度财务数据的填报工作，将120家中小企业数据监测任务分配到新设立的6个服务点中，并自行跟踪重点的市级“专精特新”企业，确保财务数据月度上报的准确性和及时性。全面完成工业经济运行分析；生产性服务业季度数据收集报送；市、区节能减排月度数据收集分析等。

【2019年发展趋势】

一、结合大调研企业走访，根据企业的诉求提供相应的协调服务，特别是在企业培训交流方面，尝试与专业机构、园区、市区各相关部门联手，组织更精准精细化专题交流培训活动。

二、在密切关注科创板、新三板政策及相关企业动向的基础上，特别在科创推进、企业转板、海外上市、三+H、免税政策、非营利企业挂牌的方面的政策动向，及时做好对接和推进。

三、积极帮助区内企业的对接申报市级各项目政策，完成区级民营中小企业政策修订，完成新一轮区级企业上市政策的修订完善，为区内中小企业进一步发展做好扶持工作。

四、进一步加强对街镇服务人员及园区服务机构政策的宣传，与招商部门、各街镇以及企联会等第三方服务机构密切配合，形成合力，进一步提升企业服务工作的质量和水平。

（王韵华）

普陀区工业

【概况】

2018年，普陀区聚焦科创驱动转型，主动适应经济发展新常态，为弘扬企业开拓创新，锐意进取创业精神，立足自身优势，在经济转型和“一轴两翼”建议的关键时刻，抓住机遇，奋发有为，不断提高企业发展的品种、质量和效益，全面提升城区工业的吸引力、创造力和竞争力。全年规模以上属地口径完成工业产值14.14亿元，比上年增长8.05%；累计完成120.82亿元，增长8.71%。完成在地工业产值完成15.48亿元，现价增长2.61%；累计完成146.39亿元，可比增长7.94%。

【2018年发展情况】

一、重点企业情况

印钞、造币的工业产值分别增长42%和9.5%，贡献值占全区属企业的29%。

索雷博光电工业产值增长23%，在区内工业中表现优秀。企业具有较好的内生增长能力，光学开关设备和光实验检测设备的订单有较大增长（价格和量都保持增长）。

施耐德工控年底订单有所收缩，全年增长保持稳定。福克斯波罗全年产能有序扩张。两家企业对区级税收的贡献保持一定增速。从传统的电器控制行业来看，两家企业的整体水平好于行业平均水平。

康鹏化学产值有所增长，主要原因是生产效应逐步体现，氟化学半成品的定制化订单和中间体订单数量有较大增长。

二、产业结构调整情况

桃浦专项一期区域内77家重点企业全部完成调整，完成桃浦专项一期区级验收，筹备市级验收。桃浦专项二期专项资金审计报告完成。桃浦专项三期区域共66家重点企业，全部完成调整。召开两次桃浦产业结构调整专项资金使用领导小组专题会，共通过47家重点企业的资金申请。

【2019年发展趋势】

2019年，全区工业企业存在以下三项问题：一是结构性成本过高，税收贡献却负增长，削弱了企业在普陀区（中心城区）扩大生产的意愿。二是人力成本上升幅度过快，工业从业工人低水平徘徊，用工问题制约着企业在本地生产的扩张，变相影响产值和税收。三是全区工业形势虽然相对稳定，但整体贡献度却在下降。产业结构布局不合理。战略新兴产业比例较低。

重点抓好两项工作：

一、鼓励存量传统制造业企业向新型领域和生产性服务业转型发展，扩大新型企业和嵌入式生产性服务业的规模。加大对相关企业的扶持力度，推动相关企业发展，做大工业新型和嵌入式生产性产值。加强与上级主管部门沟通协调，力争推动按规定可以纳入新型领域的制造业企业实现纳入战新领域。

二、强化存量思维，做好企业服务工作。推动“科创驱动转型实践区、宜居宜创宜业生态区”建设，普陀区委、区政府已制定“3+5+X”产业政策体系，包括3项普惠政策、5项产业政策和若干专项政策。要认真贯彻落实，推动全区工业经济进一步完善和发展。

（高　远）

虹口区工业

【概况】

2018年，虹口区对接打响“上海制造”品牌，聚焦全区制造业重点发展领域，积极发展新兴产业，坚持高端化、服务化、智能化、协同化发展，有序推进相关工作，取得了较好的成绩。全年规模以上工业属地产值完成10.88亿元，现价增长0.5%，可比增长1.7%；在地总产值完成48.21亿元，现价增长6.4%。完成出口交货值3.6亿元，下降22.2%；完成主营业务收入47.17亿元，增长4.6%。

【2018年发展情况】

一、制造业转型升级成效明显

至2018年年底，虹口区规模以上工业企业14家，完成在地工业产值48.21亿元。虽然虹口制造业产值规模为全市各区最小，但质量效益提升明显，在地产值与工业利润同比正增长，在中心城区中增幅居前。

制造业区级税收保持较大增幅。1-12月，全区制造业完成三级税收5.4亿元，同比增长31.9%；增幅位居全区十大产业第一位。以中远海运和鼓风机厂为代表的都市工业创造了区级税收的20%以上，以医疗器械集团和新兴医药为代表的生物医药行业运行效益比同期稍有回落，以普利特为代表的新材料行业表现出增长势头。

以三吉电子为代表的元器件行业、以德萨科为代表的基础零部件行业、以克罗姆、四通仪表为代表的仪器仪表行业，以及新材料行业等四个子行业的区级税收同比增长，体现出在核心基础零部件、核心基础元器件、关键基础材料等领域的关键共性技术研发与产业化能力取得一定提升，产业技术基础支撑能力建设得到加强。

二、新兴产业能级进一步提升

有效开展新兴产业推广应用的示范工程。年内召开2018年产业政策培训会，举行虹口“四新”示范企业风采展，修订完成《虹口区“四新”示范企业认定管理办法》《虹口区加快培育发展新兴产业的意见（2018版）》（征求意见稿），开展“四新”示范企业评审和新兴产业重点项目评审，涉及智能制造、物联网、新型节能环保等多个领域的15家企业获评2018年虹口区“四新”示范企业称号，9家企业入围新兴产业重点项目评审，从研发创造、市场拓展、模式创新、产业引领等方面起到积极的示范影响作用。

大力推进企业技术能力建设。1月，虹口区中国航天科工集团上海浦东开发中心的“航天科工浦东中心实施保障平台系统的经验”和上海绿地建设（集团）有限公司“绿地建设应用顾客满意管理提升工程品质经验”获得2017年度上海市“质量标杆”奖项，组织并推荐上海明华电力技术工程有限公司、上海市信息网络有限公司两家企业申报上海市企业技术中心；上海材料研究所承接的2016年虹口区新兴产业重点项目“特种高分子符合材料及制品的研发和产业化”项目顺利通过验收；200多家企业申报2018年上海市产业转型升级发展专项资金，共推荐8家企业正式申报。

积极跟进绿色环保产业重点项目。与上海环交所共同成功举办第二界绿碳发展峰会；上海国际低碳经济研究院（筹）的设立方案及相关研究报告已上报国家应对气候变化战略研究和国际合作中心；上海碳资产产业联盟双方已经达成协议并签约完成，名称确定为“国际低碳产业联盟”，并落实联盟注册相关事宜，制定联盟相关制度；推进绿色技术银行项目顺利落地虹口浦江国际金融广场。

三、超额完成市经信委工业节能目标考核

根据《上海市经济信息化委关于开展2017年度工业系统、通信业系统节能目标责任评价考核工作的通知》的要求，对照《2017年上海市区工业节能目标责任评价考核计分表》四大项29小项考核内容，对2017年全区节能目标完成情况进行自查自评，实际完成情况为：规模以上工业实际能源消费量1.13万吨标准煤，同比减少10.37%；单位工业增加值能耗0.026吨标煤／万元，下降11.4%。

【2019年发展趋势】

2019年，虹口区积极围绕“十三五”规划和年度工作目标，融入打造“上海制造”品牌建设大局，立足区域特色，重点开展以下几项工作。

一、2019年预计达到工业总产值48亿元，与上年相同。出口交货值为3亿元，主营业务收入约47亿元。

二、继续夯实绿色产业发展基础，鼓励国际化创新合作。依托以“两大两新”为重点的绿色技术银行项目，吸纳和集聚一批国内外先进的绿色技术企业、中介服务机构，有效推进全区绿色产业发展。依托中以创新中心、中比加速器、牛津创新中心等国际化技术创新平台，加快科技金融融合发展，提升产业竞争力。

三、推动新能源产业创新发展。依托花园坊和上汽集团资源优势，积极推动引进宝马（中国）技术研发中心落户虹口，发挥其龙头作用，大力发展新能源汽车关联产业。支持以上汽安悦为代表的新能源企业开展研发、展示、试乘试驾、充电保养等业务拓展，建立检验检测评估中心、环境模拟实验室等，打造新能源汽车技术产业链。

四、拓宽“四新”培育渠道。加大专项资金对“四新”企业研发和应用等环节的支持力度，推动、鼓励区域内企业向“高、专、精”方向发展，继续开展虹口“四新”示范企业评定和扶持。会同区投促办、科委、金融局等部门，搭建“四新”企业信息平台，联手各类企业联盟、园区、协会、投资机构等，探索“四新”企业发现、培育机制，精心发掘、培育隐形冠军和独角兽企业。由区商务委牵头，及时对接各产业部门、功能区和招商分中心，加强协调服务，帮助“四新”企业解决发展中的困难和问题。

（刘　成）

杨浦区工业

【概况】

2018年，杨浦区全面实施《杨浦区全力打响“上海制造”品牌，加快建设创新功能区三年行动计划》的第一年，各项措施和项目顺利实施，全区工业生产增长较快，提质增效成效显著，政策引导效应逐步显现。

杨浦区规模以上工业企业数量55家，比上年减少8家，规模以上企业实现工业产值 1161.3 亿元，增长 8.69%；实现销售收入 1164.38 亿元，增长 7.08%；实现利润 230.8 亿元，增长 10.76%。

【2018 年发展情况】

一、工业产值增长较快，效益改善明显

规模以上工业总产值在中心城区中名列前茅，规模以上工业产值增速高于全市 7.29 个百分点，利润增速高于全市 4.2 个百分点，工业整体效益出现扭亏为盈的良好局面。其中 3 家企业从上年亏损转为盈利，29 家企业利润超过上年，特别是上海船厂船舶有限公司亏损大幅降低。

二、高新技术产业占比提高，电子信息、新能源势头良好

高新技术产业完成工业总产值 148.24 亿元，占规模以上企业总产值（不含烟草）的 63%，比上年提高两个百分点。从内部结构来看，新能源汽车行业保持快速产能扩张，实现工业总产值 66.19 亿元，增长 9.61%，利润提升高达 63.64%。电子信息产业产值 60.45 亿元，增长 123.12%，利润增长 25.59%。高端装备中，船舶制造相关企业逐步走出行业低谷期，亏损额大幅减少。新能源产值 7.62 亿元，增长 6.82%。生物医药产业 0.74 亿元，下降 8.21%。高新技术产业较上年扭亏为盈，共盈利 9.68 亿，企业产值与效益显著提升。

三、新兴产业加快培育，助力新旧动能转换

加快培育新兴产业，扎实推进人工智能。扶持工业互联网平台建设，智能云科“iSESOL 工业互联网平台”通过工信部“第一批工业互联网平台可信服务评估认证”，并获评上海市“电子双推”平台企业。积极支持“天地一体北斗高精度全球服务能力建设”项目和“基于北斗与室内定位技术的地图服务平台”项目申报市级财政扶持。成功举办 2018 世界人工智能大会 · 产业智能变革论坛和 2018 中国（上海）区块链技术创新峰会，鼓励区块链技术赋能实体经济，通过加强顶层设计和政策引导，促进区块链相关技术和产业的健康发展，率先建成上海市区块链技术创新与产业化基地。发布“杨浦区促进区块链产业发展的若干政策规定”，为符合条件的区块链企业提供运营、人才、成果转化、金融等全方位的扶持措施。

有序推进重点项目。推动中国工业设计研究院平台建设，成功引进冷丘物联网（上海）有限公司等企业注册落地，开展区域合作建设，中国工业设计研究院西南中心开业。推动工业设计创新大奖落户杨浦。积极对接东方明珠数字电视有限公司，推动 NGB-W 项目成果显现。加强校企合作，与上海交大合作，启动新材料创新应用中心项目，包括新型电子烟产品的研发项目。CIDI 与中科院光机所合作项目已经完成项目签约并启动大型智能环抛机项目研发设计等。

健全完善企业技术中心培育体系。中优医药、瀚海检测、宝存信息、朗诗设计、同济检测、千寻位置 6 家企业获评区级企业技术中心，天辰防伪、华平电子 2 家企业获评市级企业技术中心，全区企业技术中心达 66 家。

四、强化载体建设服务提升，“三创”联动卓有成效

“专精特新”梯队建设持续推进。全区市级“专精特新”企业 136 家，数量位列中心城区第一，区级“专精特新”企业 125 家。其中美国纽交所上市企业 1 家，澳洲证券交易所上市企业 1 家，深市中小板上市企业 1 家，“新三板”挂牌企业 36 家；2 家企业登上科技部发布的“2017 中国独角兽企业榜单”，18 家建设了区级企业技术中心；市级小巨人企业 13 家，市级小巨人培育 24 家，区级小巨人企业 62 家。

创新创业氛围浓厚主体活跃。积极协助中国电信创新创业基地对接区投促分中心、公共服务机构，引进优质企业，提升入驻企业质量。协调区工商、投促、税务等部门，为企业解决在招商、驻商上存在的实际问题。累计孵化企业 145 家，其中 106 家已经落户杨浦，基地现场入驻企业 31 家，入驻率达 95% 以上，产生区级税收近 400 万元。举办各类创新创业活动 153 场次，成功推荐多个团队入驻周边众创空间和园区，累计使用面积超过 1 万平方米，央企品牌众创空间的示范带头作用凸显。

文创园区管理和建设不断提升。修订文创园区管理办法，激励园区提升品质。完成对城市概念软件信息服务园的区级文创园区认定，全区文创园区达到 20 家。推荐城市概念软件信息服务园申报市级文创园区。组织开展文创专项资金申报，39 个项目通过市级评审获得扶持资金 5708 万元，带动社会资本投资 3.4 亿元。设计杨浦区文创产业标识，印制 2018 版杨浦区文创地图，多渠道宣传杨浦文创产业，杨浦区文创产业品牌知名度进一步提高。

【2019 年发展趋势】

一、瞄准世界科技前沿，加强科技创新前瞻布局

推动工研院加快“国家工业设计研究院”建设，支持其基于工业互联网的交易服务平台、国际工业设计合作交流平台、工业设计领军人才集聚高地、开放式创新中心等重点项目的建成和落地，促进工业设计产业集群化发展。推进工业设计信息化平台建设，将其打造成为工业设计领域的权威性线上平台，探索工业设计云创新服务平台建设，将工业设计相关软件、工具、数据库、信息库等纳入信息化平台。建立由知名院士、专家学者、企业代表等组成的 CIDI 智库，组织开展产业政策、标准和重大课题研究，完成产业发展报告编制。设立工业设计创新投资基金，以政府引导资金撬动社会投资，促进工业设计创新加快成果转化。

二、促进文化创意和科技创新联动发展，打造新动能双引擎

聚焦现代设计精准发力，推动建筑设计、规划设计、通

讯工程设计等向工业设计、动漫游戏设计、创意设计等领域拓展，发展上下游产业。推动科创重点平台加快建设，在提升产品服务附加值、产业带动性和社会效益上下功夫，重点支持下一代网络、物联网、云计算、智能制造装备、卫星导航、智能电网领域中技术含量高、市场前景好、具备产业化条件的项目。

三、加快培育战略性新兴产业

重点扶持北斗及空间信息服务，支持中兵北斗、千寻位置网组建全球位置服务平台，全力打造北斗产业研发应用基地。加强与中国兵装集团上海电控研究所合作，共同推动汽车电子、光纤通信、卫星导航等领域研发和产业化项目落地。推进智能制造军民融合产业集群，加快复旦大学类脑芯片与片上智能系统研发与转化平台功能落地，推进太赫兹波普与影像技术产业化平台项目规模化应用。支持上海柴油机股份有限公司等企业生产军用产品，提升产品能级。

四、深化“互联网＋科技服务创新实践区”建设

引导鼓励区内电商企业承接“进博会”会后溢出效应，支持电商企业与境外企业开展洽谈会、招商会、名品展销会和供需对接会等活动。支持企业布局线上线下融合，扩大商品和服务进口，发挥互联网技术对提升消费便利化的作用。推动示范园区建设，探索确立电商园区未来发展规划和特色，依托市级园区联盟编制具体方案，指导区内园区实施申报。

五、提升园区管理能力

以新修订的文创园区管理办法出台为契机，促进园区主导产业集聚度、单位面积区域经济贡献和整体外观形象进一步提升。继续做好文创园区考核管理工作，推动文创园区提质增效，新旧动能转换。开展楼宇、空间的申报工作，培育发展一批具有杨浦特色的文创楼宇和文创空间。着力培育文创“小巨人”企业，做好文创项目申报、审核、验收工作，以项目扶持为驱动，鼓励优质项目申报，带动社会资金投入，扩大文创产业规模。

（殷亚萍）

黄浦区工业

【概况】

2018年，黄浦区工业经济总体运行平稳，有规模以上工业企业15家，其中在地企业3家，属地企业12家。全年完成工业总产值43.28亿元，比上年下降3.25%。其中在地企业完成12.25亿元，下降10.73%；属地企业完成31.02亿元，增长0.05%。出口交货值完成0.61亿元，下降13.21%；销售产值完成43.61亿元，下降2.23%；工业利润完成3.95亿元，下降8.44%。

【2018年发展情况】

一、品牌企业优势明显

得益于品牌效应，金银首饰领军品牌上海老凤祥珠宝首饰有限公司、休闲食品知名品牌上海江崎格力高食品有限公司等企业生产良好。老凤祥全年工业产值增长2.15%，格力高全年产值增长9.52%，确保了全区工业平稳运行。

二、新兴产业态势良好

中船重工（上海）节能技术发展有限公司和上海临港海上风力发电有限公司两家企业运行良好，两家企业同比增幅分别为62.91%和42.16%，远远高出全区平均增幅；其中临港风电年产值超过2亿元，位居属地企业第4位。两家企业的优异表现，有力地抵消了多数企业产值下滑带来的负面影响。

三、企业外迁影响较大

11月起，华域三电汽车空调有限公司统计关系迁出本区。该企业年产值超过40亿元，导致全区工业产值规模由之前的80亿元—90亿元规模降至40亿元左右。

四、企业效益增长乏力

全区多数企业品牌影响力有限，新增投资不足，制约企业利润增长。全年工业企业利润同比下降8.44%，降幅比上年超过6个百分点。

【2019年发展趋势】

2019年，黄浦区工业仍将保持较为平稳的运行态势。属地企业中，具有品牌优势的上海老凤祥珠宝首饰有限公司和上海江崎格力高食品有限公司等企业预计将保持小幅增长；受企业主动去库存影响，上海古今内衣制造有限公司产值预计将下降；而受气候因素影响和国家新能源政策调整，上海临港海上风力发电有限公司生产运行面临的不确定性增大。

（陈修文）

静安区工业

【概况】

2018年，静安区工业经济运行指标均有所下降。完成工业总产值（在地）90.68亿元，比上年下降10.5%；完成出口交货值5.93亿元，下降71.5%；实现主营业务收入86.12亿元，下降32.3%；实现利润总额6.36亿元，下降32.9%。

【2018年发展情况】

一、区属工业产值保持稳定

全年区属43家工业企业累计完成工业总产值53.63亿元，增长6.7%。其中，年产值亿元以上企业10家，区属工业产值总体保持稳定。但作为中心城区，制造业企业向外区和外地转移，区属工业产值规模将呈现缩减的趋势。

二、积极推进园区转型升级

全区66个产业园区实现总税111.15亿元，增长3.82%。其中，鹏信都市型工业园区、800秀、多媒体谷、珠江创意中心、大宁中心广场、兴中心、东方环球、秀709等文创园区、市北高新、龙软、上大、机电大厦、清华启迪等科技园区共计13家园区税收超亿元。积极深化园区服务，做好文创园区星级评定工作、市级文创园区、示范楼宇、示范空间申报和产业服务工作。

三、建设长三角城市群“数据港”

作为上海唯一的大数据产业基地，市北高新力求通过《全力打造中国大数据产业之都，推动高质量发展三年行动计划》。落实八大创新行动以及19项具体计划，如筹备设立独角兽股权公共服务平台、探索园区“一网通办”服务示范、组建中国上海大数据产业研究院、打造“大数据创新试验场”与“大数据创业竞赛场”、建立“长三角大数据服务联盟”等多个大数据资源要素平台，在未来早日建成上海科创中心的最强“数据核”及长三角城市群的“数据港”。

【2019年发展趋势】

一、跟踪推进重点载体建设

一是加快打造灵石路电竞游戏产业集聚区，协调推进新业坊国际文化创意产业基地、新华园二期等电竞产业园区的规划建设。二是走访西康路850号（原马利颜料厂）、沪太路701号（原新民大酒店）等改造项目，跟踪推进余姚路55号（原泛洋度假村）改造项目，了解项目进展情况及计划进度。三是协调启动陕康里项目（原静江建材市场）、灵石路699号（原上海汇众汽车制造有限公司）等改造项目。

二、市北高新多举措扶持园区内科创企业

市北高新将进一步以大数据产业为核心，重点培育一批优秀科创产业，争取早日建成“中国大数据产业基地”“中国创新型产业社区，成为上海全球科创中心的‘数据核’”和“长三角世界级城市群的‘数据港’”。将联同国泰君安、海通、国浩、锦天城、毕马威、瑞华、熠美、火山石等机构成立“市北高新－助力科创企业引培联盟”。该联盟将重点投资一批符合“四新产业”特征、创新能力强、成长速度快、敢于颠覆、善于跨越的科技创新企业；重点培育一批国际权威榜单认定的科技创新企业。

（黄鹏程）

宝山区工业

【概况】

2018年，宝山区深入学习贯彻党的十九大精神，深化供给侧结构性改革，牢固树立和强化大局意识、对标意识、服务意识，推动宝山产业经济实现高质量发展，各项目标任务按计划有序推进。

【2018年发展情况】

一、经济发展质量效益稳中有进

预计全年完成区域工业总产值2230亿元，区属工业总产值1400亿元；区域产业固定资产投资110亿元，其中工业固定资产投资80亿元（含宝钢股份50亿元），生产性服务业固定资产投资30亿元。战略性新兴产业（制造业部分）占区属规模以上工业总产值的26.5%。“2+4”工业园区单位土地主营收入预计达到75亿元／平方公里。关停落后产能项目50个（市产业结构调整项目），盘活低效产业用地土地面积约2200亩。生产性服务业三大重点行业重点企业实现营业收入1040亿元，同比增长30%以上；已成功获批7家市级生产性服务业功能区。工业节能降耗综合能耗控制在35.2万吨标煤，产值能耗下降率为5%，较好地完成了市下达的任务目标。

二、全力构建产业高质量发展工作体系

建立“1+4+2+X”产业高质量发展工作体系。出台《宝山区全力打响“上海制造”品牌三年专项行动方案》。研究制订《宝山区低效产业用地调整盘活验收考核办法（讨论稿）》等配套保障文件。加快上海高温超导功能型平台建设，创建市级石墨烯产业创新中心，争创国家级创新中心。

差别化配置资源要素。制定《宝山区资源利用效率综合评价办法》，从亩均税收、亩均产值、万元产值能耗、环保排污、科技创新等5个方面对规模以上工业企业开展等级评价，对优先支持、鼓励提升、调整转型和整治淘汰四类企业采取针对性扶持或调整政策。

强化规划引领作用。编制形成《上海宝山产业地图》（2018版），从区域概况、发展优势、愿景目标、产业功能分区、产业定位、产业空间布局等方面进一步明确区域产业空间布局，以及各镇、园区、重点区域主导产业和其产业链价值端定位。完成产业经济发展、智慧城市建设、吴淞工业区等三个“十三五”规划中期评估。开展《宝山区邮轮制造配套产业发展规划研究》《宝山区新材料产业发展规划研究》及《宝山区智能硬件产业发展规划研究》等专项产业发展研究。

抓牢产业项目准入关键环节。深化完善《宝山区产业项目准入评估办法（试行）》，出台《宝山区产业项目投入产出指标分区域准入标准（2018版）》及《宝山区产业园区开发平台公司认定管理办法》。1—10月受理产业项目准入评估申请25项，会审通过18项，另有7项处于意见征询阶段；受理园区开发平台公司认定申请4项，均通过会审。

推进南北互补联动。研究制定《宝山区关于支持产业项目统筹布局的实施细则》，鼓励南北联动、统筹发展，并明确注册地确定原则、镇级财力再分配比例以及申报程序等。

三、推动制造业等实体经济发展

加强经济运行监测。建立全区规模以上工业企业、战略性新兴产业跟踪监测机制，月度跟踪监测169家亿元以上规模企业、209家四大制造业优势产业领域企业、98家战略性新兴产业领域企业产值等相关经济运行指标。

加快推进重点产业项目建设。建立总投资约290亿元的“23+17+X”重点产业项目库及推进机制。加快重点产业项目建设，确保完成产业固定资产投资。协调推进12个项目开工建设。

加快提升区域实体经济发展能级。推动上海宝冶集团有限公司申报2018年度国家级企业技术中心；上海鑫燕隆汽车装备制造有限公司等7家企业成功申报认定为上海市企业技术中心，年内认定18家区级企业技术中心。截至年底，全区已成功创建国家级企业技术中心两家，市级34家，区级57家。推动39家企业申报市级“专精特新”中小企业，区级“专精特新”中小企业培育库总数已达255家。组织62家重点企业（载体）联合参展2018年第20届中国国际工业博览会，推动各类企业参加中博会、APEC技展会等国内外展会。

深入推进中国产业互联网创新实践区建设。编制发布《宝山区产业互联网发展与应用案例集》，探索建设工业互联网标杆园区、示范企业和示范项目。成功举办“2018（第五届）中国产业互联网高峰论坛”。

四、区域联动投资促进工作实现跨越发展

重点推动主导产业领域招商引资工作。建立重点引进产业项目库，洽谈产业项目28个，镇（园区）引进实体项目127个。如引入中船邮轮科技等邮轮产业链关键控制点企业。推进中船集艾、中船瓦锡兰、中船701所等项目落地。推进东旭集团石墨烯产业化项目落地，与上海电缆所共同推动上海高温超导产业园建设。推动快仓、巨什和众宏等企业落户宝山。加快推动发那科三期及伏能士项目建设。加快推动交通信息产业中心、无车承运人等项目引进落地。推动新杨湾&国药上海健康产业园正式开园等。

重点推进与大院、大所、大集团合作。区政府与华域汽车集团战略签约，联手培育新能源汽车核心部件产业。推动爱德夏等汽车零部件项目落地；与东旭集团战略签约，共同推动东旭科创中心建设；与商汤科技战略签约，共建“智能城市”示范区；与百度战略签约，导入人工智能及其相关产业等。

推进重大活动期间投资促进工作。抓住首届中国国际进口博览会契机，形成《宝山区对接进口博览会投资促进推介工作方案》和《宝山区投促中心对接进博会工作手册》，重点对欧洲136家国（境）外参展企业开展重点招商。

五、推动工业园区发展取得明显成效

深入推进“2+4”产业园区高质量发展。“2+4”工业园区全年实现总产值665亿元，主营总收入1330亿元，上缴税收60亿元。单位土地产值45亿元／平方公里，增长12.5%；单位土地营收75亿元／平方公里，增长15.4%；单位土地税收3.6亿元／平方公里，增长5.9%。

深入推进园区企业节能降耗。完成区5000吨标煤以上工业重点用能单位能耗总量和强度双控目标分解，完成14个节能减排项目申报和资金落实工作，区级资金扶持178.45万元。完成5个工业园区开展循环化改造实施方案评审，推进6个工业园区创建节水型园区，推动19家企业开展2018年度清洁生产审核。

六、优化营商环境

增强政策供给精准。出台《宝山区关于加快“上海机器人产业园”机器人及智能硬件产业集聚发展的专项支持政策》等“区域＋产业＋创新”专项政策。开展区先进制造业专项资金项目申报工作，共申报116个项目，涉及区镇财政资金5597.8万元。组织15家中小企业申报2018年上海市中小企业发展专项资金，英佛曼等8家企业共获得扶持资金704万元。

优化服务供给水平。区经委开展调研929次，收集问题464个，解决问题452个，解决率为97.41%。按照“全网通办、一次办成”工作要求，全面落实“放管服”改革各项举措，经委行政服务窗口审批、咨询、接待等服务事项700多件，办结率100%。

建设企业服务平台。建立宝山区服务企业联席会议制度，推动在市企业服务云上开设“宝山区旗舰店”系统梳理各类政策、归集编制涉企服务清单，鼓励支持区内第三方企业服务机构上平台提供专业服务。

提升企业专业服务水平。培育吴淞口创业园、上海钢联等16家市级中小企业服务机构。其中，综合类服务机构6家，人才和培训类机构2家、融资服务类机构4家、管理咨询服务类机构2家、技术服务类机构1家、法律服务类机构1家，为中小企业提供多层次、多角度、全方位的专业团队服务。

七、深化信息化与产业发展、城市更新深度融合

全面提升智慧城市建设水平。编制《宝山区新型智慧城市建设三年行动计划（2018–2020年）》，下发《宝山区推进智慧城市建设2018年工作要点》，修订《宝山区信息化项目管理办法》，编制《2018年宝山区信息化专项资金项目实施计划》。完成区级财政投资的教育、卫生等各领域74个信息化项目的技术审核，推进智慧公安、智慧健康、智能交通三期、共享停车服务平台等一批智慧城市重大项目建设。举办“2018上海智慧城市进万家”系列宣传活动启动仪式暨宝山区机器人主题活动。

着力深化政务数据资源共享开放。实现全区政务信息资源的整合、共享、开放、应用等环节的统一管理，构建区域政务数据交换、信息共享的“立交桥”，形成区政务信息资源目录890条。

持续推进信息化与工业化融合。完成2017年宝山区信息化与工业化融合发展水平评估，举办2018年上海市“两化融合”深度行系列宝山站活动。组织企业申报国家试点，4家企业成功入选2018年国家两化融合管理体系贯标试点企业。发动区内企业完成两化融合自评估，提高参加国家两化融合管理体系贯标企业数量。

加快推动信息基础设施建设。完成信息管线集约化改造达56.7沟公里、352管公里。推进家庭宽带用户平均接入速率提升至135兆/秒以上。完成各街镇26个社区文化活动中心和社区卫生服务中心的公共无线网络基础建设。

积极开展工控系统信息安全管理。牵头各街、镇、园区针对414家工业制造业企业的工业控制系统、工业云平台开展信息安全自查工作。开展工控系统安全漏洞排查及设备固件修复工作。

八、加快推进吴淞工业区整体转型

推动明确吴淞工业区开发体制机制。7月4日，市政府与宝武集团签订新一轮合作协议；8月31日，市政府召开上海市吴淞工业区转型发展第一次会议，明确加快组建吴淞地区转型升级市级领导小组，并建立例会制度，加快建立平台公司，编制整体区域规划与产业规划，保障战略与方向，落实两个先行启动区的评估工作，细化园区路网贯通方案和环境修复工作等。

编制上报吴淞创新城发展建设规划。全区在整体26平方公里编制结构规划的基础上，形成枢纽核心商务区、滨水综合功能区、生产性服务业集聚区、滨水创新活力区、艺术文化科教区、生态战略预留区六大功能分区，着力打造为产城融合、功能复合、中心聚合、空间围合、机制竞合的开放式、多功能、生态化、智慧型创新城区，成为全国老工业基地转型发展和城市更新的示范区；成为国家创新创意创业功能的集聚区；成为国际文化旅游功能的承载区；成为未来美好生活城市的创新区。

【2019年发展趋势】

2019年，宝山区工业抓住“加大产业投资、做强优势产业、提升产出效率”三大中心任务，全面落实“精确定位、精细招商、精准施策、精心服务”四个精细化工作要求。聚焦“增长动能、产业能级、科技创新、经济密度、资源优配”五项核心要素，着力强化“六个进一步”，即进一步抓统筹深化、产业投资、招商引资、土地盘活、新兴产业、民营经济发展。抓好“八个着力”，即着力深化区域统筹、提高投资质量、加强招商引资、培育新兴产业、加快土地盘活、优化营商环境、推进智慧城市建设、推动重大板块建设，努力成为上海建设卓越全球制造基地的“主战场”，推动产业经济高质量发展。

（王　洁）

闵行区工业

【概况】

2018年，闵行区紧紧依靠广大干部群众，坚持稳中求进工作总基调，落实高质量发展要求，扎实推进品质卓越、生态宜居的现代化新城区建设，不断提升城区能级和核心竞争力，积极推动统筹区域经济发展各项工作有序开展，狠抓各项重点工作有效落实。全年实现地区生产总值比上年可比增长6.5%；完成财政总收入831亿元，增长6.1%，完成区级财政收入296.8亿元，增长6.5%；实现社会消费品零售总额1048亿元，增长11.2%；实现进出口商品总额2163亿元，增长9.2%；完成固定资产投资639亿元，增长7.2%。

【2018年发展情况】

一、突出统筹融合发展，不断优化产业结构和产业布局，经济朝着更高质量方向发展

区域经济统筹融合发展。制定落实“四大品牌”战略实施意见、提升城区能级和核心竞争力实施意见。发布新一轮产业布局规划，围绕国家产城融合示范区建设，着力打造“南上海高新智造带”和“大虹桥国际商贸带”，培育构建“4+4”特色产业集群，制定文创产业、金融产业、人工智能产业等一批三年行动计划。制定落实区域经济融合财力分享实施办法，完善紫竹高新区、闵行经济技术开发区、临港浦江园、漕河泾科技绿洲、莘庄工业区等区域统筹开发财政机制。制定实施吴泾科技时尚特色小镇三年行动计划，研究推进上海人工智能未来小镇建设。启动吴泾老工业基地转型研究。建成长三角区域城市展示中心、长三角电商中心等功能性载体平台。完成“十三五”规划中期评估。

产业发展能级不断提升。实现规模以上工业总产值3314亿元，其中战略性新兴产业产值占规模以上工业总产值的36.5%。文一集团、今日头条等52个重点项目落户闵行。加快推动重点商务区建设，漕河泾出口加工区升级为综合保税区，虹桥商务区保税仓库获批，中庚漫游城等商业体开业。9家企业获得“上海品牌”认证，占全市首批获得认证企业的17%。加快推进16个成片区域开发转型，沧源片区、光华路创意街区等5个成片转型区域初见成效。全区规模以上工业企业产值能耗0.046吨标准煤／万元，下降6.4%。完成350家单个企业产业结构调整。

招商引资及企业服务水平进一步提高。制定实施闵行区扩大开放50条，吸收合同外资28.4亿美元，增长46.9%。加强与各类市场招商主体合作，举办精准招商活动近百场。新增跨国公司地区总部8家、国内企业总部30家、年纳税100万元以上企业329家，累计注册各类市场主体16.9万户，增长5.78%。出台促进民营经济发展29条举措，重点在融资纾困、降本增效、营造环境等方面下功夫。165幢重点楼宇平均税务登记率提升至61.7%，35幢楼宇实现年税收过亿元，比上年增加10幢。虹桥、丽华雅苑金融家两个基金小镇开园，“创园贷”项目覆盖全区50%的主要科创园区，政策性贷款担保规模排名全市第二。聚焦百强企业、“专精特新”企业、外贸企业、民营企业等，调研企业8.8万余家，解决问题1.4万余个。

二、聚焦科技成果转移转化，加强科技创新和制度创新，上海南部科创中心核心区建设深入推进

国家科技成果转移转化示范区建设取得新进展。市、区联合制定行动方案，全面启动示范区建设。培育和引进一批专业化、国际化技术转移服务机构，上海国际技术交易市场揭牌，加拿大滑铁卢大学技术转移上海中心落户，10家技术转移机构签约。推动产学研深度合作，上海交大医疗机器人研究院成立，上海人工智能研究院、华东师范大学－海法大学转化科学与技术联合研究院等专业创新平台加快建设。举办伦敦科技周中国行上海站、浦江论坛科技服务业分论坛等活动。

科技创新资源加速集聚。抓好新一轮科创政策修订，制定实施科技创新创业和成果转化政策、“春申人才”计划等。加快紫竹创新创业走廊建设，着力打造沧源开放式街区，南上海创新与产业集群展示馆主体框架完工，上海智能医疗创新示范基地规划和展厅完工，人才公园一期开园。新增市科技小巨人（培育）企业26家、区科技小巨人培育企业26家、高新技术企业150余家、区级研发机构20家、科技创业新锐企业20家。“零号湾”等科创综合体加快建设，各类众创空间孵化毕业企业近百家。闵行区被认定为全国首批知识产权军民融合试点区，每万人发明专利拥有量由56件增加到64件。新建4G移动通信基站210座，完成582个小区千兆宽带覆盖。

国家军民融合创新示范区加快建设。制定实施军民融合产业深度发展三年行动计划。国家和上海市军民融合产业投资基金先后注册落地。筹建上海前瞻创新研究院。优化“一体多翼一基地”军民融合产业空间布局，打造申南路515号产业核心区，上海（航天）军民融合创新创业中心一期、零号湾军民融合孵化器等载体交付使用，西工大上海创新中心、上海沪航卫星等项目落户军民融合产业基地。

【2019 年发展趋势】

2019 年，闵行区积极贯彻落实全市“四大品牌”战略，继续深化区域经济统筹发展机制，按照“突出主体责任，加强资源盘活，提升经济密度，助推产业集群发展”的总体思路，充分发挥各街镇、园区、平台公司的主体作用，进一步盘清存量资源（包括土地、厂房、仓储、楼宇等），加快推动存量资源二次开发利用，打造特色产业集群，促进全区经济规模和效益的整体提升。

一、始终把握高质量发展要求，进一步提高品牌效应和产出效益

加大统筹融合发展力度。结合“十三五”规划中期评估成果，启动“十四五”规划编制基本思路研究。加快建设国家产城融合示范区。优化经济考核指标，加强经济形势监测分析。加快虹桥商务区、紫竹高新区、莘庄工业区、闵行经济技术开发区、临港浦江园、漕河泾科技绿洲、南滨江地区等重点板块发展。

加快产业转型升级。推动 32 个重大产业项目建设，推动工业投资稳定增长。聚焦高端装备、人工智能、生物医药、新一代信息技术，全力打造“南上海高新智造带”。鼓励高端装备领域优势企业加大技改投入，做强产业功能。保持生物医药产业高位发展，推动一批重点项目落地。重点关注紫竹高新区、863 软件产业孵化基地和云部落 TMT 产业园等市级信息服务产业基地，加快软件和信息服务业发展。围绕金融、总部商贸、文化创意和科技服务，依托“大虹桥国际商贸带”，大力发展总部经济，提升现代服务业发展能级。落实闵行文创 20 条，培育一批优秀文创园区。推进国家军民融合创新示范区创建。

提升招商服务水平。建立“百人团队对接百家项目”机制。完善全区招商地图、企业服务信息库、招商资源库，提升招商推介效率。承接进博会溢出效应，做好参展商、交易商的跟踪服务和项目落地。加快漕河泾综合保税区发展，完善重点企业服务机制。细化支持民营企业发展政策措施，提升民营企业发展动能和活力。

二、推进上海南部科创中心核心区建设，着力提升科技创新贡献度

优化科技成果转移转化通道。以国家知识产权示范城区验收和国家知识产权军民融合试点为抓手，提升区域知识产权创造、管理、运用和保护水平。推动医疗机器人研究院、上海人工智能研究院、前瞻创新研究院建设。推动美敦力、印孚瑟斯等企业开展产业孵化。筹建上海闵行国家科技成果转移转化基金。新增国际化技术转移渠道 5 个。

加快紫竹创新创业走廊建设。紫竹创新创业走廊优化方案纳入单元规划编制。加快紫竹园区二期建设。推进沧源片区转型改造和开放式复合型街区建设，交大医疗机器人产业园和交大人工智能产业园实现入驻。上海智能医疗创新示范基地一期项目开工。完成华谊染化厂地块及周边区域城市设计方案编制。加快吴泾科技时尚特色小镇建设。完善上海人工智能未来小镇规划，力争早日启动。

提升创新主体活跃度。打造“创新创业在闵行”金融服务特色品牌。激发大学、科研院所、外资研发机构参与科技成果转移转化示范区建设的积极性。支持华谊、电气、仪电等国有企业开展产业创新研发、孵化与投资，支持民营科技企业加大科研投入。建设零号湾军民融合孵化器、智慧医疗孵化器、创新设计中心等双创培育平台。举办创新创业大赛、创新挑战赛、新锐科创企业遴选等品牌活动。新增市科技小巨人（培育）企业 20 家、区科技小巨人培育企业 25 家、高新技术企业 150 家、区级研发机构 22 家。

（赵淳岚）

嘉 定 区 工 业

【概况】

2018 年，面对复杂严峻的国内外形势及持续加大的经济下行压力，嘉定区工业系统牢牢围绕稳中求进工作总基调，坚持高质量发展主线，砥砺前行，不断在变化的格局中谋求新机遇、在趋缓的态势中寻求新突破。

【2018 年发展情况】

全年工业产值总量首次突破 6000 亿元，达到 6044.1 亿元，比上年增长 1.7%；实现工业企业利润 655.6 亿元，增长 0.7%；实现工业税收 465.9 亿元，增长 11.1%；占全市工业产值比重 17.4%。从增速看，规模以上工业产值增长 1.7%，同比放缓 9.6 个百分点，但高于全市工业平均增幅 0.3 个百分点，为全市实现稳增长目标任务作出贡献。

一、汽车特强产业发展换挡

全区汽车产业发展呈现“前高后低”走势，产业增速由上半年 12% 的高位快速回落，至年末仅增 0.7%，实现产值 4405.9 亿元。其中，零部件企业完成产值 2122.0 亿元，增速与上年持平。尽管汽车产业总体发展面临增长换挡期，但新能源汽车领域快速崛起，产业规模首次突破 100 亿元，达到 104.2 亿元，占全市同行业的 40.2%，增幅为 26.2%，遥遥领先于汽车全行业发展。

二、新兴产业发展保持活跃

战略性新兴产业产值规模突破1000亿元，达到1058.4亿元，可比增长8.0%，增速位居全市前列，占全区工业经济的17.5%，增速提高1.6个百分点。集成电路及物联网等四大新兴产业集群保持快速发展态势，实现产值450.9亿元，增长16.9%，领先全区工业增长15.2个百分点，产业成长性加速显露。

三、重点企业培育彰显成效

华域视觉科技成功跻身年产值百亿级企业俱乐部。至年末，全区年产值百亿元以上企业数增至5家（含上汽大众）。产值百强企业规模能级稳步提升，共实现规模以上工业产值2399.3亿元，增长5.1%，增速高于全区工业平均增长水平3.2个百分点。高新技术企业达到1005家，实现产值1962.3亿元，增长2.9%，增速领先区属工业增长1个百分点，占比达到52.2%。区级以上企业技术中心达到267家。

四、关键领域自主创新有力加强

“独角兽”企业——联影医疗世界首台uEXPLORER探索者全景PET-CT以及世界首台一体化CT-linac等高端医疗影像设备相继推出，企业年研发投入水平长期保持在18%左右，彰显行业“改变者”的实力与底气；欧科微自主研制的“嘉定一号”成功发射，标志低成本、市场化、高可靠度的商业航天模式从研发真正走向应用；禾赛科技具有完全抗干扰、超强测远性能等核心优势的新一代激光雷达Pandar40P正式发布，持续奠定企业在全球智能驾驶激光雷达行业中的领先地位。同时，联影医疗、凇泓智能等6个项目获市工业强基专项立项支持，意特利、君屹自动化等4个项目获市高端智能装备首台突破和示范应用专项立项支持。

五、工业投资实现高位平稳运行

全区实现工业固定资产投资89.4亿元，其中制造业投资85.3亿元，增长4.9%，超额完成市经信委下达的目标任务。上汽大众MEB、国轩高科、三友医疗等科创中心重点产业项目得到有力推进。从特征看，技改投资占比高、效果好，全年共实施技术改造项目157个，占工业投资项目总量的81.7%，完成投资额65.7亿元，占比高达73.4%，高于全市64%的平均水平。其中，大陆泰密克等31个项目成功申报2018年上海市产业转型升级发展专项资金（技术改造），获市级扶持资金3.1亿元，申报企业数及立项率跃居全市首位。

六、劣势企业淘汰和园区转型深入推进

全年淘汰劣势企业202家，腾出土地1442亩，节约标煤6.9万吨。与此同时，存量再利用取得较好成效，通过特色园区建设有力推动园区二次开发。上海先进激光创新中心、上海（南翔）精准医学产业园、上海安亭国际医疗产业园等特色园区相继完成改造投入运营，上海临港嘉定科技城（金宝园区）启动建设，产业优势明显、特色错位竞争的产业园区体系正在逐步形成。

七、统筹谋划推动制造业高质量发展

《嘉定全力响应“上海制造”品牌构筑上海迈向全球卓越制造基地主要板块新优势三年行动计划（2018—2020年）》正式发布，明确开展7个制造品牌专项行动；精心编制新一轮科创中心重要承载区建设三年行动计划，着力实施十大创新工程，不断增强产业基础创新能力；发布《嘉定区优化营商环境，深化“放管服”改革三年行动方案》等“1+X”系列文件，实施“6减6加6集成”改革，实现产业项目审批流程革命性再造，其中总投资近170亿元的上汽大众MEB项目从签订土地出让合同到取得施工许可证历时不到48小时，创全市审批新纪录；出台《嘉定区重点技术改造专项资金管理办法》，着重支持固投500万元以上的技改项目，政策覆盖面进一步提高。

【2019年发展趋势】

2019年，嘉定区按照“稳中求进”工作总基调，全力构建“经济有体量又有质量、城市有颜值又有温度、社会充满生机又和谐有序”的创新活力之城，着力提升嘉定城市能级和核心竞争力，稳步推进工业经济发展，促进制造业转型升级。

全区计划增加值比上年增长6%—6.5%，规模以上工业总产值增长3%左右，规模以上四大产业集群产值增长15%，规模以上战略性新兴产业产值增长10%左右，实施劣势企业淘汰150家。

一、围绕产业培育，全力注入发展新动能

按照市委全力打响四大品牌的总体部署，以打造世界级汽车产业中心、同步发展“两高四新”产业为目标，稳步推进“打造具有全球影响力的汽车产业集群”等12项专项行动，夯实产业经济高质量发展基础。加快拓宽和完善区域统筹管理平台功能，提升全区统筹协调能力，将有限的资源用在最需要的项目上，同时完善重点产业项目库和相关跟踪推进机制，强化协调各方力量，形成推进合力，及时解决项目推进过程中的瓶颈和困难，持续推进上汽大众MEB、国轩高科、嘉康芯天地产业园等重点项目建设，争取早建成、早投产。进一步落实四大产业“30条”、新一轮科创中心建设三年行动计划等政策，加强对符合产业发展导向以及初创型、自主科技含量较高的企业的关注与支持。

二、立足质量发展，着力提升经济发展密度

继续严格执行产业结构调整负面清单，重点淘汰高能耗、高污染、高风险企业。压减低技术劳动密集型、低端加工型、低端用地型等一般制造业企业以及不符合规划的企业，推进落实重点区域专项调整和专项整治工作，推进落后产能整体退出转型。增强企业内生动力培养，强化国家、市、区三级企业技术中心体系建设，完善工业项目技术改造推进方案，发挥好市区两级政策和资金的引导作用，进一步提高企业创新能力和竞争力。深入实施“小巨人”计划，鼓励企业专注于细分领域，做精、做深细分行业，成为该领域的“隐形冠军”“专精特新”企业。推进落实盘活存量工业用地实施办法，通过“整体转型”和“成片淘汰”，加强区域综合开发，提高土地使用效率。

三、聚焦企业服务，持续优化营商环境

积极落实上海市促进民营经济发展“27条”，完善优化上海市企业服务云嘉定区企业服务子平台功能，加强“专精特新”、小微企业和“双创”企业的培育力度，探索构建差异化的政策服务体系。进一步加强政银企互动，切实提高金融服务实体经济的有效性，增强区域产融合作的活跃度。继续发挥嘉定区大数据产融合作服务平台作用，实现企业融资实际需求和金融资本有效供给的无缝对接。切实加强人才、住房等综合保障服务，创造更优质创新创业环境，最大限度地吸引人才、留住人才。

四、强化产业招商，积极做强发展新动能

围绕“两高四新”等重点行业和领域开展精准招商，推动区域转型升级，加强与创业邦、清科集团等专业平台的合作，不断深化合作内容与深度。积极挖掘招商潜力，紧抓长三角一体化发展的机遇，在国内外组织开展系列招商推介活动，大力宣传嘉定的产业优势和产业定位，有效提升嘉定的影响力。在打造专业化招商队伍方面，进一步加强培训，切实提高招商人员的业务水平。

（许朝军）

金山区工业

【概况】

2018年，面对错综复杂的外部发展环境和艰巨繁重的改革发展稳定任务，金山区产业部门坚持围绕“两区一堡”战略定位和“三区”“五地”目标路径，坚持稳中求进工作总基调，全区经济运行总体平稳、稳中有进、稳中向好、好于预期，呈现增长更稳、结构更优、效益更好、更趋协调、更可持续的发展态势。属地地区生产总值完成759.9亿元，比上年增长7.4%。第二、三产业增速分别为6.2%、9.6%；第三产业比重提高至45.1%，提高0.9个百分点。

【2018年发展情况】

一、产业规模持续提升，质量效益高速增长

规模以上工业产值基本保持10%以上的增长速度，在地工业产值达到2072.56亿元，比上年增长12.8%，属地工业产值1218.05亿，增长9%，提前完成“十三五”目标。效益指标同步提升。属地规模以上工业企业资产总额1593.2亿元，资产收益率为3.8%，提高0.4个百分点；资产负债率为48.3%，下降1.8个百分点，实现利润总额60.4亿元，增长24.6%。

二、产业结构持续优化，产业集聚度进一步提升

产业向园区集中度进一步提高，园区规模以上工业产值1137.3亿元，增长9.5%，占全区工业产值的91.5%。产业集群效应进一步显现，实现产值904.5亿元，增长10.3%，占全区规模以上产值74.3%，提高2.2个百分点，其中新材料、高端智能装备和生命健康产业都实现两位数以上的增长。规模以上高新技术工业企业222家，实现产值524.4亿元，增长9.3%，占规模以上企业产值的43.1%。192家战略性新兴企业实现产值567.5亿元，增长8.6%，占规模以上在地工业产值的27.4%，提高0.4个百分点。

三、招商引资质效提升，工业性投资加速增长

招商引资质量稳步提升。内外资签约项目共计197个，计划投资总额121.6亿元，增长3.8%。其中，产业群项目147个，计划投资总额约88.2亿元，分别占比77.8%和78.6%。亿元以上项目27个，计划投资总额88.6亿元；实现合同外资（含增资）3亿美元，外资到位资金2.2亿美元。其中，千万美元以上外资项目15个，合同外资1.7亿美元，占56.4%，支撑作用明显。工业性投资加速增长。完成工业性投资98.1亿元，增长45.5%，四个集群项目累计完成投资79.7亿元，占全区工业性投资总额的81.2%。现代电梯、临港智能制造园一期、朗润以及和辉光电二期重点产业项目加快建设，累计实现投资59.9亿元，占比61%。

四、资源利用更趋集约，园区转型加快推进

完成产业结构调整项目135项，腾出土地1100亩，减少能耗2.6万吨标煤。规模以上企业万元产值能耗0.108吨标煤/万元，下降6.4%。二次开发盘活存量土地30幅，用地面积1246亩。工业固定资产投资到位率从64.7%提高到88.9%。园区转型迈入新阶段。金山第二工业区深度调整转型发展行动方案获市政府批准。进一步完善园区考核体系，制订《金山区工业园区转型升级考核激励实施意见》。开展园区平台认定工作，新认定漕荣公司、廊下联发公司两家平台公司。

【2019年发展趋势】

2019年，金山区坚持稳中求进工作总基调，坚持新发展理念，坚持推动经济高质量发展，坚持以供给侧结构性改革

为主线，按照区委提出的“深化落实年”的工作要求，牢牢扭住招商引资工作这一生命线，持续加大区级统筹，不断优化营商环境，推动产业高端化、智能化、绿色化发展，加快建设新型产业体系，以优异成绩迎接新中国成立70周年。

主要目标：规模以上工业企业产值同比增长5%左右，工业性投资完成95亿元，招商引资签约额100亿元，合同外资3亿美元、外资到位资金2.2亿美元，盘活存量工业用地1000亩、低效用地减少1000亩，产业结构调整100项，四个产业集群产值比重提高两个百分点。

一、强化监测，全力以赴稳增长

做好对宏观形势的把握和研判，加强国际国内形势分析，结合本区域内产业特点，加强对美贸易分析，加强部分行业原材料价格监测，进一步优化指标体系，做好与统计局等部门的对接工作，充分运用经济信息平台等载体，做好经济数据分析，全力以赴做好稳增长工作，保证产业经济稳中有进，稳中向好，坚持制造业作为实体经济主战场地位不可动摇。

二、招大引强，集中精力推进项目建设

对接上海市产业地图，落实细化金山区产业定位、产业指导目录和布局指南。发挥各园区比较优势，坚持错位发展，加快培育特色主导产业。搭建高端平台，组织策划第七届中国先进制造业发展论坛，打响金山智造品牌。继续开展无人机、新型显示、生物医药、高分子材料等领域专业高峰论坛。优化联动合作机制，组织推进一批赴外招商考察活动。发布实施年度重点产业项目推进计划，加强项目推进的督促通报、协调服务。组织推荐重点项目进入绿色通道，促进项目高质高效签约落地、投资投产。

三、提质增效，促进产业高质量发展

加强与市级及以上技术改造扶持政策的对接，加大政策宣贯力度，推动传统企业利用新技术、新工艺、新设备、新模式进行改造提升。梳理市智能制造系统解决方案供应商推进目录等服务资源，构建供需对接机制，培育智能制造示范企业。深化与券商等专业结构战略合作，加大培育库企业专业辅导力度，推动股改企业加快挂牌上市进度，培育若干挂牌转板上市企业，逐步探索“PE+上市公司”的产业投资合作模式。坚持用好增量、用足余量、用活存量，严把项目准入关。加快淘汰落后产能，加快“腾笼换鸟”，完善战略留白区域项目启动建设机制，提高土地开发利用能级。

四、创新驱动，提升产业发展能级

加大国家级、市级科技创新中心建设力度，加快构建产业创新体系。对接市高端智能装备首台套、新材料首批次等政策，扶持重点企业加快突破创新瓶颈、转化创新成果。围绕产业链部署创新链，围绕创新链配置资源链，优化上海新型显示技术创新中心（筹）机制；主动对接，研究建立碳纤维研发及转化功能型平台的运行机制。深化“互联网+产业服务”，制订促进生产性服务业发展实施意见，推动制造业、生产性服务业融合创新发展。

五、精准服务，全面优化营商环境

全面落实国家、市级层面支持实体经济、开放型经济、民营经济发展的相关政策，跟进支持金山第二工业区整体转型方案相关政策落地实施，推动企业、园区、产业稳健运行。实施区工业企业综合绩效评估管理办法和实施细则，精准引导新兴产业加速成长、传统产业改造提升、落后产能加快淘汰。深化区领导联系服务企业制度，加强民营、外资外贸、注册型企业联系服务。集聚“1+11+X”企业服务体系、第三方企业服务平台等资源，逐步建立网络化、机制化、平台化的企业服务体系。结合开发区建设规划标准完善园区“九通一平”综合配套，探索建立园区基础设施等综合配套的定量统计和定期考核机制，继续加强检验检测、能源监测、信息服务等公共服务平台建设，优化投资创业环境。

（戚纪勋）

松江区工业

【概况】

2018年，松江区以习近平新时代中国特色社会主义思想为指导，全面贯彻落实党的十九大精神，坚持稳中求进工作总基调，秉持新发展理念，咬定一流目标，高质量建设G60科创走廊先进制造业新高地，不断推动区域经济迈向高质量发展。

全区产业经济运行总体平稳、稳中向好、好中向优，科创驱动的动力切换进一步增强。工业生产提质增效。全区实现工业总产值4369亿元，比上年增长1.6%，实现规模以上工业总产值3698.5亿元；完成规模以上企业工业利润156.2亿元，增长0.4%；实现工业税收247.9亿元，增长17.1%。产业资源持续导入。完成工业固定资产投资133.8亿元，增长26.2%，连续两年突破百亿规模，总量名列郊区第一、全市第二，创全区历史最高水平。新增民营企业2.1万户，贡献税收283.7亿元，占全区税收52.9%，达税率37.6%。

【2018年发展情况】

一、G60科创走廊建设迈入更高质量、更高水平新阶段，科创驱动作用进一步发挥

优化G60科创走廊制度供给，出台《松江区关于加快

G60科创走廊产业发展的若干政策规定》《松江区关于加快推进G60科创走廊先进制造业高质量发展的若干意见》，编制生物医药等“6+x”产业发展规划和招商目录，以及松江区打响“上海制造”“上海购物”品牌三年行动计划。协调形成G60科创走廊各板块分区规划。

加强G60科创走廊要素集聚，引进赛迪先进制造业研究院、G60脑智科创基地、小米生态链、用友工业互联网等重要科创平台项目。参与举办2018智造中国峰会、中国品牌之夜、工博会智能制造生态建设论坛等要素对接活动。完成松江G60科创走廊规划展示馆二期改造。与嘉兴等长三角城市签约建立产业合作。

推动G60科创走廊产业创新，昊海生科获批国家级企业技术中心，全区培育国家级企业技术中心两家、市级38家、区级130家。86家企业获2018年度市级“专精特新”中小企业认定，占全市12%。与上海机器人产业技术研究院签约，共推智能制造产业发展。认定航天精密、尚实能源等20家G60科创走廊军民融合重点企业。

二、先进制造业项目加速落地，产业发展能级持续提升

加快产业项目导入，引进国能新能源汽车重大产业项目，实现当年签约、当年供地、当年开工。出台《松江区G60科创走廊产业项目评估管理办法（试行）》，支持复宏汉霖、瀚谋电子等30个工业计划用地指标项目。

狠抓项目开工建设，国能汽车、海尔智谷及海尔供应链、超硅半导体、修正药业（九亭）、启迪漕河泾（三期）、正泰启迪智电港等6个重大产业项目开工，全年累计新供地及改扩建项目开工102个，竣工和投产106个。梳理全区战略预留区项目情况，积极协调推进战略预留区域项目手续办理工作，首批14个项目获市产业部门协调支持。

挖掘存量产业投资，印发《松江区工业企业技术改造三年行动计划（2018–2020）》《关于加强松江区集中建设区外（198区域）企业改扩建项目评审工作的暂行办法》，科大智能、华硕精密陶瓷等14个项目获2018市重大技改专项扶持，计划总投资约11.7亿元。支持清控人居等4个减免增容费项目，计划总投资25.6亿元。

三、产业结构调整纵深化推进，存量空间不断释放

推进存量二次开发，出台《关于加快我区产业结构调整推进存量工业用地二次开发的若干意见（试行）》，提出收储再开发以及优质项目对接存量土地的支持措施。协调百事集团等项目对接存量土地指标、瀚谋电子项目通过节余土地分割盘活存量土地。印发《松江区重点企业区内迁移的财税共享管理办法》，为腾挪保留优质存量产业资源提供操作指引。

加快产业结构调整，调整劣势企业357家，涉及调整土地面积3642亩，减少能耗7.7万吨，再利用项目37个。完成泗泾、石湖荡两个市级产业结构调整区块产业结构调整目标，新桥、永丰、洞泾、石湖荡等4个区块列为市级重点调整区域，数量全市第一。

引导园区专业化、品牌化发展，出台《关于加强产业园区综合评价及分类管理的实施办法》，启动产业园区综合评价及分类管理工作。认定临港松江高科技发展有限公司和临港松江高新产业发展有限公司2个园区平台开发主体。

四、企业服务的频度、深度进一步加强，营商环境持续优化

配合开展“零距离”综合审批制度改革，正式启动产业项目准入评估等环节的网络化工作。发扬“店小二”精神，为国能、海尔、超硅、复宏汉霖等项目协调争取市级支持。协助开展产业项目代办服务专员培训。

主动跨前做好企业服务，常态化开展产业政策宣贯，先后举办5场“智造松江”政策系列培训会、4场智能制造对接会；组织召开人工智能、集成电路、生物医药等“6+x”重点产业专题沙龙。搭建交易展示平台，组织企业参加第20届工博会新材料展、第15届中国国际中小企业博览会。

深入开展大调研工作，调研企业528家，解决问题90个，报送调研信息和专报116篇，围绕产业经济核心工作完成10篇调研课题，确立8项制度成果。

【2019年发展趋势】

2019年，松江区力争实现规模以上工业总产值3800亿元，战略性新兴产业占工业总产值比重25%。实现工业固定资产投资145亿元。104区块亩均税收增长10%。新增民营企业2万户，当年纳税率35%，全年纳税300亿元。

一、按照高质量发展要求，全力打造具有世界影响力的G60科创走廊先进制造业产业集群

按照《上海市产业地图》和G60科创走廊3.0版布局规划，编制松江区产业地图。对标国际最高水平，优化完善“6+x”产业发展规划。加强与长三角区域的产业合作和国际产业交流。落实G60科创走廊产业项目评估管理办法，聚焦重点产业、关键环节、龙头企业，引进落地一批高能级先进制造业项目。协调推进复宏汉霖、修正药业（经开区）等重大产业项目开工建设，实现全年项目开工80个、竣工和投产60个。挖掘产业投资增长点，支持明治、国基电子、威图机械等一批企业技术改造。加大战略预留区项目手续办理协调力度，推进在谈、在办、在建项目早开工、早落地、早建成、早投产。

二、坚持“四个论英雄”，着力盘活、用好、提升存量产业资源

全面贯彻落实上海市产业用地高质量利用政策措施。高度重视存量盘活利用，常态化跟踪全区工业区块产出效益情况，探索开展资源利用效率评价。出台存量工业用地二次开发政策实施细则，落实考核指标和，推动各街镇、开发区开

展存量土地盘活工作。推进洞泾海欣区块、永丰都市产业园区块、新桥新效路区块、石湖荡镇横潦泾以北片区块等4个市级重点区域调整工作，调整劣势企业150家，为产业转型发展和产业集聚腾出空间。按照G60科创走廊3.0版建设要求，加强与长三角其他城市产业园区的合作交流。开展产业园区评价和综合管理，做好园区平台开发主体认定工作。以专项支持为抓手，鼓励企业加大研发投入、加强技术创新体系建设，加快培育智慧工厂、智能车间，促进制造企业转型升级。

三、持续优化营商环境，主动跨前提供一流“店小二”服务

持续优化营商环境，做好招商安商稳商惠商相关工作。按照“零距离”综合审批制度改革要求，开展企业网上申请、区“三委二局”网上联审的不见面项目准入评估。围绕重点领域、重点园区、重点企业，加大企业调研走访的力度。常态化举办“智造松江”系列政策宣贯会、智能制造等专题对接活动。积极推进培育和集聚细分行业龙头企业、隐形冠军，力争新增市、区两级企业技术中心40家、“专精特新”企业80家。开展促进高成长性科创企业发展课题研究。建立企业数据库，开展政策、服务及培训活动针对性推送。优化经济小区现行绩效考核办法，积极培育市区两级中小企业服务机构、小型微型创业示范基地，有效促进民营经济提质增效。常态化做好安全生产检查和宣传教育等各项工作。

（王晴雯）

奉贤区工业

【概况】

2018年，奉贤区坚持稳中求进工作总基调，积极践行新发展理念，在结构调整、动力转换的关键时期顶住压力、形成合力。全年经济运行总体平稳，呈现高质增长、结构优化、效益更好的可持续发展态势。

全年实现工业增加值414.6亿元，比上年可比增长7.0%，占全区增加值总量的49.3%。完成工业固定资产投资84.3亿元，增长9.8%。年主营收入2000万元规模以上工业企业940家，规模以上工业总产值首次突破1700亿元，增长9.7%。规模以上工业企业利润总额148.3亿元，下降1.4%。

【2018年发展情况】

一、经济发展质量和效益提高

全区完成规模以上工业总产值1724.0亿元。工业产值超亿元企业339家，比上年增加21家，完成工业产值1447.8亿元，占全区规模以上企业产值的84.0%。规模以上企业完成销售产值1718亿元，产销率99.6%；完成主营业务收入1835.4亿元，增长9.4%；实现利润总额148.3亿元，下降1.4%。年内，亏损企业158家，同比减少7家；亏损面16.8%，下降0.4个百分点。有7个行业实现年规模以上工业总产值超百亿元，依次是化学原料和化学制品制造业、电气机械和器材制造业、汽车制造业、专用设备制造业、通用设备制造业、医药制造业和橡胶和塑料制品业，7个行业合计完成规模以上产值1181.8亿元，占区规模以上产值的68.5%。

二、美丽健康产业加速升级

在市区两级产业政策的推动下，东方美谷迅速成长，东方美谷规模以上工业企业71家，累计完成产值251.5亿元，增长15.6%，增速高于全区规模以上5.9个百分点，占全区产值的14.6%。其中：生物医药产值125亿元，增长7.6%，占（东方美谷）产值的49.7%；化妆品及其衍生品产值88.3亿元，增长34.6%，占35.1%；绿色食品完成产值3.9亿元，增长15.7%，占1.6%；其他行业完成产值34.3亿元，增长5.7%，占13.6%。带动产值增长贡献前三位的企业依次是中翊日化、帝斯曼维生素和科丝美诗，产值分别增长13.13亿元、7.09亿元和5.17亿元。税收方面实现税收34.8亿元，增长15.0%，占全区规模以上工业税收（102.7亿元）的33.9%。

在首届中国国际进口博览会上，东方美谷在展馆内设置近200平方米的展位，吸引到世界各地的专业观众。11月23—24日，全球化妆品行业最高规格盛会之一2018国际化妆品大会在奉贤开幕。东方美谷产业研究院、东方美谷文化传媒平台、东方美谷检验检测平台、东方美谷产品追溯平台先后启动运营，申报国家级“东方美谷”化妆品标准化示范区创建基本成功。创新打造“东方美谷园中园”，编辑出版《东方美谷园中园产业综合体项目推介手册》，东方美谷园中园已启动推进首批17个项目。

三、有序推进第二轮产业结构调整三年行动计划

全区累计完成项目调整46个，腾出土地3126亩，完成率125%。针对已腾出的土地，积极引入新项目，年内实现消化利用土地1000亩。完成31家企业土地的消化利用，涉及土地1288亩，完成率128.8%。工业综合开发区引入上海百雀羚化妆品有限公司、四团镇引入上海伽益塑料制品有限与庄行镇引入上海兴韬汽车配件有限公司，调整新引入的3家企业税收已达到区级资金补助要求，涉及土地面积152亩，共获得区级产业结构调整补助资金765万元。

四、“镇园区管”工作不断深化

临港四团产业园区新建单、多层标准厂房和定制厂房243亩，并通过区政府项目评审；完成伽益塑料、强久实业等企业低效土地150亩，引入仁楚汽车、萌鸿实业等项目，消化利用土地100亩。东方美谷金汇产业园区完成对上海海天电器有限公司218亩土进行产业调整；腾出贝婴美、太安实石材等企业，引入小膳食品、泛谱电力等租赁项目，租赁面积共计3761平方米。上海市工业综合开发区庄行园区积极引入尚好化妆品、等租赁项目，租赁面积共计67372平方米。上海杭州湾经济技术开发区临海分区已完成东明动力等企业的产调工作，引入和顿精密器材等12个租赁项目，租赁面积共计49651平方米。

五、企业竞争力不断提升

全年新认定区级企业技术中心15家，区“四新”经济示范企业20家，64家企业获得市、区级“专精特新”称号，3家企业获区第十批节能技术改造专项资金支持53.14万元，5家企业获中小企业发展专项资金扶持，新增国家级企业技术中心1家、市级技术中心7家。区级引进创新专项立项37个项目，区级专利新产品立项45个创新产品。迄今累计拥有企业技术中心148家，其中国家级4家、市级31家、区级113家。

开展“三个一百”梯度培育工程，有216家企业入选“三个一百”企业库，其中：领军型企业42家，成长型62家，科创型112家。42家领军型企业和62家成长型企业2018年纳税合计98.44亿元，占全区纳税总额（468.3亿元）21%，其中，42家领军型企业纳税74.3亿元，占全区纳税总额15.86%。领军型企业占地面积3435.91亩，亩均税收216.24万元；成长型企业占地面积4140.7亩，亩均税收58.32万元。同时，建立成长型培育库企业64家。

【2019年发展趋势】

2019年，在国际国内形势依然纷繁复杂，经济增长的风险和不确定因素仍然突出存在的情况下，奉贤全区继续坚持稳中求进工作总基调，坚定不移推动高质量发展。及时反映行业、企业运行中的共性问题，研究解决中小企业发展中遇到的困难，提振企业信心。

目标：规模以上工业产值完成1793亿元；工业固定资产投资完成100亿元；外资到位资金2.7亿美元；产业结构调整腾地面积不少于6600亩。

一、加快重大专项工程建设推进力度

加快推进“东方美谷园中园产业综合体”建设。根据《关于推进“东方美谷”园中园产业综合体开发建设的指导意见（试行）》（奉委办〔2018〕38号）文件要求，强化“马上办”力量，加快推进项目认定评审和后续建设。2019年争取实现21个以上园中园项目开工建设。

加快临港地区“未来空间”建设。全力把握特斯拉落户临港历史性重大发展机遇，认真梳理新能源汽车产业链，加强新能源汽车产业的布局及产业发展研究，争取在奉贤东部建成上海新能源智能网联汽车产业基地、长三角汽车配件产业重要科创高地、长三角现代化特色产业新城。

二、强化工业固定资产投资

争取全年完成工业固定资产投资100亿元。推进重大产业项目协调机制，狠抓实业型项目开工、竣工、投产，加快推进在建项目建设进度。注重投资结构优化和效率提升，在工业技改领域再发力，夯实经济发展源动力，全年完成技改投资30亿元。大胆创新、敢于突破，启动建设100万平方米高标准厂房物业。

三、深化推进产业结构调整

加大第二轮产业结构调整三年行动计划推进力度。科学运用104区块大调研收集汇总的数据成果，持续推进产业结构调整工作不断向纵深推进，全年腾出土地不少于6600亩。加快推进产调三年行动计划已腾出土地消化利用。全年完成消化利用土地不少于1500亩。继续推进镇园区管试点工作。积极协调解决各试点园区在镇园区管推进过程中存在的问题，加大镇园区管试点区域的产调力度，同时抓好新项目引入，实现试点园区的腾笼换鸟。

（季重维）

青浦区工业

【概况】

2018年，青浦区紧紧围绕区委、区政府提出的年度目标任务，积极承接首届进口博览会溢出效益，做强做优特色产业，着力优化营商环境，全力打响“四大品牌”，全区工业生产总体保持平稳有序的态势。全区规模以上工业产值完成1537.3亿元，比上年下降2.0%，完成全年考核目标的93.2%。工业投资完成60.3亿元，增长32.2%，完成全年考核目标的120.5%。

【2018年发展情况】

一、经济发展概况

全区实现地区生产总值1074.3亿元，比上年增长6.4%。其中，第二产业增加值468.7亿元，增长0.2%。一般公共预算收入572.4亿元，增长10.7%。其中区级一般公共预算收入203.1亿元，增长8.0%。税收收入528.4亿元，增长12.0%；其中区级税收收入173.0亿元，增长10.4%。

二、坚持调结构，推动土地资源高效利用

发挥区产业结构调整协调推进领导小组的平台作用，形成区委办局、街镇和园区三方合力，淘汰一批“三高三低”及不符合区域产业导向的企业。

实施产业结构调整。全区共完成产业结构调整项目785项、调整土地面积3922亩，超额完成全年任务。朱家角工业园区、重固镇福泉山片区、白鹤镇中小河道等3个市级重点调整专项加快推进，金泽镇华为周边地区和商榻地区2个专项获批立项。累计获批市级调整专项10个，居于全市前列。

推进土地二次开发。盘活存量工业用地项目72项，调整土地面积839.67亩，其中完成腾笼换鸟330.67亩、闲置土地开发445亩、闲置土地转让64亩。开展朱家角工业园区重点区域（59家工业企业）及金泽镇华为周边工业企业（77家工业企业）调整。

加强生态环境治理。聚焦青浦区环境综合治理重点整治区域、“无违村”创建、无证建筑库内清零等重点工作，充分利用已形成高压态势和全区合力，结合“五违四必”工作要求，加快对“三高三低”企业的淘汰，最大限度实现政策叠加，实现产业结构调整和环境综合整治的协同推进。

打好污染源防治攻坚战。启动中小河道周边工业企业整治（170家工业企业）及饮用水水源二级保护区（195家工业企业）等重点区域的产业结构调整工作，围绕“治水先治岸”的工作方针，从源头上消除近水工业污染源，为水环境保护和治理、美丽乡村建设提供强大支撑。

推动建设用地减量化发展。大力推进198区域低效建设用地减量化，助力产业结构调整升级，为城市发展腾挪空间，发挥产业结构调整专项资金的支持激励作用，加强与减量化政策衔接，全年共完成198区域内产业结构调整项目405项，调整土地面积达到1526.6亩。

三、坚持促转型，大力提升产业发展能级

深化完善区域产业体系规划，推进主导产业集聚发展、转型发展和创新发展，提高经济密度，构筑产业发展新优势。

加强规划布局研究。对标青浦2035总规，完成《青浦区产业园区布局规划》和《淀山湖地区产业发展规划》编制工作，加强“三大两高一特色”主导产业体系建设研究，推进《青浦区主导产业招商目录》编制工作。

加快产业项目落地见效。全年跟踪推进区内重大招商项目49个，其中新洽谈对接项目31个，存量企业提升能级项目18个。举办2018青浦区投资环境推介会等大型招商活动，中核建股份公司总部迁址落户，华为项目业务公司注册成立，网易、金光、安谋等项目签约落地。重点跟踪新建产业项目190个，包括122个工业项目和68个服务业项目。

支持企业科技创新。推荐荣泰健康“高端按摩椅”等项目申报市技术改造项目，累计获批市技术改造项目20个，占全市11.6%，获市财政扶持资金16240万元；推荐真兰仪表等9家企业申报市级企业技术中心，获批9家。截至目前，全区共有企业技术中心123家，其中国家级1家，市级48家，区级74家。华测导航“北斗定位系统”等3个项目入选市军民融合重大产业项目名单。

探索企业分类管理。坚持“四个论英雄”导向，初步评价确定A类企业125家，D类企业规模以上18家、规模以下405家。积极推动企业创新发展，制定形成加快先进制造业发展政策，华测导航入围2018年国家企业技术中心公示名单，实现国家级企业技术中心零的突破。

深入开展企业大调研。全年企业组共调研企业51150家，其中，注册型企业47586家、实地型企业3436家，除去128户非正常经营的企业，覆盖率达100%。反映问题总数1038个，已解决问题1406个，收集建议数量431个。编印《青浦区产业政策一本通》和《产业政策排片表》。

【2019年发展趋势】

2019年，青浦区深入学习贯彻习近平总书记考察上海重要讲话精神，以“抢”的意识、“拼”的勇气、“实”的作风，不断提升经济发展的质量和效益。

主要目标：规模以上工业总产值达到1581亿元；实现工业固定资产投资50亿元；产业结构调整项目不少于500项，面积3000亩，工业综合能源消费量控制在86万吨标准煤，规模以上工业万元产值能耗持平。

一、聚焦招商引资。制订实施《2019年青浦区加强招商引资和产业项目推进实施方案》，统筹开展“4+10+3+X”招商系列活动，策划组织重点项目集中开工活动。对全区重点推进的195个产业项目，按照“项目引进、土地出让、开工竣工、投产达产”4个阶段分阶段锁定关键节点，明确责任分工，实施“挂图作战”。

二、聚焦产业平台建设。贯彻落实青浦打响“上海品牌”专项品牌行动，用好现有国家级、市级和区级特色产业园区（基地）牌子，聚焦会展、物流、汽车、节能环保、人工智能、软件信息等产业平台，梳理和确定一批代表性重点企业，集聚资源和资金向重点企业倾斜，加快培育一批“百亿级”营收龙头企业，力争“千亿级”规模产业集群实现突破。编制青浦版“产业地图”，加快完善实施“青浦+”相关特色产业政策，加大主导产业及产业平台扶持力度，支持创建区级特色产业园区。

三、聚焦企业分类评价。坚持“四个论英雄”导向，试点推进现状规模以上工业企业、适时推广至限额以上服务业企业，实施综合评价、分类管理、差别化施策，对优质企业加大扶持力度，对低效企业加快调整进度。完善产业项目分类评审机制，“四委三局”引入专家评审机制，加快供地项目与转型项目审批进程。

四、聚焦产业结构调整。加快建设全区经济信息管理平台，对现状企业及其土地、厂房、楼宇资源实施信息化管理。探索闲置厂房资源实施备案管理，对其引进企业经评审通过并达标、达产的，可考虑给予租金补贴、房产税减免等优惠措施。对违建厂房及未经备案评审违规租赁的，实施“网格化”管理，加大专项执法与综合执法力度。

五、聚焦园区二次开发。在青浦创业投资引导基金的基础上，探索建立青浦园区转型升级基金，引入优秀园区开发主体及社会资本和基金，锁定整体转型园区或区块，推进园区腾笼换鸟、“退二优二”实施二次开发。结合区镇联动、国企改革方案，推动区经委、区属公司、镇级工业园区签订联动开发合作协议，确定合作清单，共同推进。

六、聚焦产业联合联动。在长三角区域经济一体化发展大背景下，要打好国家级与市级特色产业基地这张牌，特别是新材料“国家级新型工业化产业示范基地”以及北斗导航与智慧物流“国家火炬特色产业基地”金字招牌，聚焦关键技术与核心企业，加强产业链总部项目招商，实现长三角区域间、青浦区域内联动融合发展，形成1+1>2的放大效应。

（胡　晨）

崇明区工业

【概况】

2018年，崇明工业系统围绕“创新驱动、转型发展”，积极应对严峻的外部经济形势，强服务、重落实、求实效，各项目标任务有力有序推进。全区工业企业实现工业总产值401.6亿元，比上年增长1.7%，其中规模以上工业企业实现产值372.7亿元，增长0.6%。实现销售产值400.3亿元，增长1.6%。产销率达99.7%。出口交货值实现96.7亿元，下降12.1%。工业增加值实现97.2亿元，增长0.5%。

【2018年发展情况】

一、海洋装备产业稳中有升

全区海洋装备产业在船舶修造企业生产经营复苏性增长的有效拉动下，实现工业总产值271.4亿元，增长0.7%，占全区总量的67.6%。其中，中船长兴3条生产线226.3亿元，增长0.2%；华润大东12.2亿元，增长14.8%；中远海运8.7亿元，增长26.8%；振华配套企业11.2亿元，增长23.2%。

二、乡镇园区工业保持平稳

全区工业产值、增加值等略有增长，新动能继续发展壮大，质量效益继续改善。但外部不稳定不确定因素仍然较多，经济运行稳中有缓，缓中存忧，仍面临下行压力。18个乡镇实现工业总产值362.7亿元，增长1.7%。其中，产值增长的有7个单位，增幅第一位是新海镇（增长44.3%），其次是堡镇（增长22.1%）。工业总产值绝对额前三位的单位分别是长兴镇（251.2亿元）、陈家镇（18.1亿元）、建设镇（14.8亿元）。园区工业稳中有升，三大园区共实现工业总产值36.5亿元，增长2.2%，占全区总量的9.1%。其中，崇明工业园区实现产值16.1亿元，增长13.2%；长兴产业基地实现产值14.4亿元，下降21.6%；富盛开发区实现产值6亿元，增长92.8%。

三、产业转型发展持续推进

制定《崇明区全力打响“上海制造”品牌拓展崇明生态制造内涵三年行动计划》和《关于本区产业园区项目履约专项资金管理办法》。分解落实乡镇、园区闲置低效用地管理工作方案，推动落实基准租金价格机制。拟定《关于推动崇明区工业转型发展的实施办法》《关于推动崇明区存量工业集体建设用地发展休闲农业和乡村旅游项目的实施办法》，制定工业厂房用作企业住所登记的方案。分解落实市对区工业区转型升级考核目标，基本完成市级各项考核指标。

四、中小企业服务全力以赴

落实区红榜企业制度，发布2017年度红榜企业497家。制定区促进绿色工业发展操作细则，终审2017年度区促进工业企业发展专项资金项目22个，补贴资金308万元。39家企业共获市级扶持资金5836.4万元。开展实体民营工业企业扶持情况专题调研，提出对龙头和骨干民营工业企业奖励建议上报区政府。“崇明企业服务官方旗舰店”上线运行，发布信息26条，提供服务247家次。“崇明企业服务微信公众号”正式推送。排摸组织区内拟上市企业交流学习，发放《上海市中小微企业融资索引》宣传单页。累计培育“专精特新”中小企业37家，年内新申报10家、复审2家。指导6家企业申报市级企业技术中心、市中小企业发展、市级高端智能项目、市产业转型专项资金项目。年内认定区级企业技术中心8家。举办区级中小企业培训8期，培训企业负责人近600名。组织12家企业参加6期市级培训。

五、产业结构调整、工业节能降耗深入推进

推进产业调整项目18个，补贴专项资金467万元，降耗折合标煤4675吨，腾出土地600亩。指导乡镇对4个砖瓦企业实施产业结构调整。配合开展长江经济带环境保护专项审计。

全区规模以上工业综合能源消耗量13.2万吨标煤，增长2.5%；万元产值能耗0.0960吨标煤，增长0.3%。验收新能源汽车13辆，拨付区级补贴资金15万元。特种电线厂等6家企业实施节能技改共节约标煤1100多吨。5家企业获得市级清洁生产审核扶持资金72.5万元。市对崇明区2017年度工业节能考核顺利通过。完成重点用能单位能源统计、管理岗位备案。

六、工商领域投资有力推进

全区核准备案工商领域投资项目51个，总投资20.9亿元。共完成工业投资5.1亿元。审议通过5个项目准入，总投资约16.8亿元，同意欣元食品装配式建筑方案调整，15个乡镇优质项目搬迁至产业园区。制定崇明区推进技术改造三年行动方案，督查在建市级重点技改项目。两家企业获2018年市产业转型升级发展专项资金4590万元。

【2019年发展趋势】

2019年，崇明区预计实现工业总产值405亿元左右，比上年增长1%。其中海洋装备产业276亿元左右，增长2%左右。工业投资5亿元左右。实施产业结构调整项目3个。规模以上工业企业能耗总量控制在14万吨标煤以内，万元产值能耗同比下降1%。

一、加强工业运行监测。加强对宏观趋势、产业运行情况的深入分析，及时发现趋势性、苗头性问题，提高预测预警的及时性。加强对专精特新、小微企业以及困难行业和困难企业的运行监控，加强对影响本区工业增长的重点行业和龙头企业跟踪监测，及时收集、通报相关情况，针对存在问题，协调落实应对措施。

二、推动工业区转型升级。制定崇明区实体企业扶持政策，推动经济“脱虚向实”。结合市对区工业区转型升级的考核要求，加快工业区的提升、转型和调整，加大对工业用地节约、集约利用的考核力度，指导园区转型发展。会同各产业园区落实产业项目全过程监管机制，全力推进已准入项目和在建重点项目建设，推进项目尽快开工投产。

三、推进产业结构调整和工业节能降耗。结合198区域建设用地减量和环保整治等工作，实施产调项目3个。制定并分解乡镇、园区节能降耗目标。推进重点能耗企业节能工程项目建设。推进2018年度企业清洁生产审核工作，验收拨付2017年度补贴资金。开展固定资产投资项目节能评估审查。开展2019年全国节能宣传周崇明系列活动。推进工业园区和富盛开发区循环化改造。加强成品油经营企业的管理。推进锅炉提标改造。

四、加强产业投资管理。全力推进已准入的新项目和在建重点项目建设，重点关注工业园区研发总部大楼、富盛开发区创智园标准厂房二期、市级重点技改项目及当年计划投产亿元以上项目的建设进度。推进104区块升级、195区域转型和198区域减量，统筹工业发展。协调验收三江精密、永利输送市级技改项目，引导符合条件企业申报国家及市技改项目，鼓励企业研发新工艺、新技术和新产品，提升装备水平。

五、提高对中小企业的服务质量。全面提升民营经济活力。大力培育龙头和骨干企业，促进生态岛民营工业企业健康发展，发布对实体民营工业企业的奖励政策。主动配合市经信委，做好涉及崇明世界级生态岛“十三五”规划2019年各项工作任务。修订完善《崇明县企业技术中心认定办法》，认定市、区级企业技术中心。落实区红榜企业制度，评选公布2018年度红榜企业名单并加强宣传报道。组织中小企业申报国家、市级各类专项扶持项目，组织申报2018年度区促进工业、生产性服务业和文创产业发展专项资金项目。推荐企业申报2019年市级文创产业专项资金项目，跟踪验收正在实施项目。发挥24家中小企业服务工作站作用，建立联动机制，协同服务企业。整合社会服务资源，举办中小微企业管理和技术人员培训。加强重点企业运行监测，培育专精特新企业。支持中小企业参加各类展会活动。加强政银沟通，开展银企对接活动。深入中小企业调研，了解企业诉求，协助解决问题。

（陈　彪）

2019·上海工业年鉴

SHANGHAI INDUSTRIAL YEARBOOK

中国宝武钢铁集团有限公司

【概况】

中国宝武钢铁集团有限公司（简称中国宝武）的前身是始建于1978年12月的上海宝山钢铁总厂，后经历宝山钢铁（集团）公司、上海宝钢集团公司、宝钢集团有限公司等不同阶段，于2016年12月与武汉钢铁（集团）公司实施联合重组后揭牌成立。中国宝武是全球现代化程度最高、钢材品种规格最齐全的特大型钢铁联合企业之一，是国有资本投资公司试点企业，对授权范围内的国有资产向国务院国资委承担保值增值责任，注册资本527.9亿元，资产规模逾7000亿元。总部设在中国（上海）自由贸易试验区世博大道1859号。2018年年底，在册员工161302人。

2018年，中国宝武钢铁产业拥有宝山钢铁股份有限公司（简称宝钢股份，含宝钢股份直属厂部、上海梅山钢铁股份有限公司、宝钢湛江钢铁有限公司、武汉钢铁有限公司、黄石涂镀板有限公司、宝钢新日铁汽车板有限公司、广州JFE钢板有限公司等），及宝钢集团新疆八一钢铁有限公司、宝武集团广东韶关钢铁有限公司、宝钢德盛不锈钢有限公司、宁波宝新不锈钢有限公司、宝钢特钢有限公司、宝武特种冶金有限公司、武钢集团鄂城钢铁有限公司等企业，粗钢产量居中国第一、全球第二，产品定位高端，涵盖普碳钢、不锈钢、特钢等三大系列，广泛应用于汽车、家电、石油化工、机械制造、能源交通、金属制品、航天航空、核电等行业。并通过遍及全球的营销网络，为70多个国家或地区的用户提供产品和服务。

【2018年经济工作情况】

2018年，中国宝武抓住市场环境改善的机遇，加大改革创新和转型发展力度，进一步深化整合融合，发挥协同效应，实现高质量发展。全年完成工业总产值（现行价格）4170.89亿元，工业销售产值4177.07亿元，资产总值7118.09亿元，营业总收入4386.20亿元，实现利润338.37亿元，上缴税费245.85亿元，净资产收益率7.8%。铁产量6253万吨，钢产量6724.84万吨，商品坯材产量6593.16万吨，商品坯材销量6613.59万吨，出口钢材340.59万吨。硅钢销量全球第一，汽车板销量全球第三。研发投入率2.3%，申请专利2370件，其中发明专利1371件。二氧化硫、氮氧化物、化学需氧量排放总量同比分别下降3.5%、10%和2.9%；吨钢综合能耗586千克标准煤，同比下降14千克标准煤；万元产值能耗1.09吨标准煤，同比下降9.9%；完成国务院国资委第五任期节能减排考核目标。上海地区工业企业用能总量1350万吨标准煤、煤炭消耗总量1279万吨，均完成上海市下达的年度考核目标。位列《财富》世界500强第162位，在全球钢铁企业中排名第二，连年被《财富》杂志评为“最受赞赏的中国公司”，国际三大评级机构标准普尔、穆迪、惠誉继续给予全球综合性钢铁企业最高信用评级。

年内，中国宝武与江苏省人民政府、南京市人民政府、盐城市人民政府分别签署战略合作协议，加快推动江苏省钢铁行业转型升级和空间布局优化，在推进地处南京的宝钢股份梅钢区域产业转移和转型发展的同时，在盐城市滨海港工业园区布局建设2000万吨级精品钢生产基地。宝钢德盛精品不锈钢绿色产业基地项目在福建省罗源湾开发区开工，首个项目1780毫米热轧工程打下第一根桩。宝钢广东湛江钢铁基地项目启动三号高炉系统项目。

一、深化改革

中国宝武从“管资产”向“管资本”转变，打造“资本运作层—资产经营层—生产运营层”三层管理架构，完善公司体系建设。一是持续推进总部职能改革，构建价值创造型和战略管控型相结合的总部。推进武钢集团有限公司产业定位与改革发展，优化武汉总部运作机制，成立乌鲁木齐总部，国有资本投资公司统分结合、上海和区域总部分工协调的运营模式基本成型。二是多措并举，推进混合所有制改革。宝钢股份入选国务院国资委综合改革示范工程“双百行动”名单。欧冶云商股份有限公司在前期引入6家战略投资者和员工持股基础上，实施第二轮股权开放。上海宝信软件股份有限公司、上海宝钢包装股份有限公司实施各具特色的股权激励方案。三是全面推行“契约化”管理。充分授予子公司主要领导对副职的提名、评价、激励分配等权力，“一企一策”科学设定任期目标和战略任务，差异化设计针对性强的配套激励机制。年内，18家一级子公司签署三年任期经营管理责任书。四是形成非核心资产退出机制。宝钢金属有限公司市场化转让上海宝钢气体有限公司51%控股权，在有序退出非核心业务的同时，走出了一条通过产业培育和资本运作实现国有资本保值增值的创新之路。推进宝钢不锈钢有限公司资产处置，完成1项整条生产线的转让搬迁、2个区域的资产评估、1个区域的资产上网挂牌及多项零星资产转让和评估。

二、整合融合

中国宝武在“一基五元”（以钢铁产业为基础，新材料产业、现代贸易物流业、工业服务业、城市服务业、产业金融业协同发展）框架下，按照“一企一业、一业一企”原则大力推动跨区域、跨单元同类业务整合。钢铁单元强化协同，多基地一体化运营。宝钢股份确立多基地、制铁所的管理模式，进一步深化采购、销售、研发“三个统一”管理，产销研在统一的信息系统支撑下实现一体化运营，推进科技管理统一和研发资源集中配置。多元产业按照市场化交易的基本原则，坚持“聚焦向外、融合发展”，有序推进4批共24个专业化聚焦融合项目，涵盖环境资源利用、信息技术、金属制品、原燃料物流、产成品物流等多个业务领域，涉及25家法人单位、3家大集体企业。

三、精品制造

中国宝武薄规格取向硅钢B18P080、B20R065、高强度高精度磁轭钢SXRE750实现全球首发，超大型液化石油气船用460LF-TM打破低温钢被国外钢厂垄断的局面，实现低温船板全面国产化替代。在高性能钢铁材料方面，形成以汽车用钢、硅钢、核电用钢、百米重轨、航空航天特种材料等为代表的高端精品家族，成为全球第一个具备第一代、第二代和第三代先进高强钢汽车板供货能力的厂商。冷轧汽车板国内市场占有率超过50%，高端取向硅钢实现品种全覆盖，高牌号硅钢比重持续提高，稳居世界前列。牵头“高效率、低损耗及特殊用途硅钢开发与应用”“高性能超高强汽车用钢”等“十三五”重点研发计划项目，“汽车轻量化用吉帕级钢板稳定制造技术与应用示范”项目获冶金科学技术奖特等奖。

四、绿色制造

中国宝武完成钢渣在沥青混凝土和透水沥青混凝土的4个试点工程应用，实现钢渣集约化、规模化综合利用。宝武集团环境资源科技有限公司“移动式露天废钢切割烟尘消减技术研究项目”达到环保减排效果。上海梅山钢铁股份有限公司和宝钢德盛不锈钢有限公司干法脱硫灰应用试验、宝钢集团新疆八一钢铁有限公司水处理污泥、武钢集团鄂城钢铁有限公司焦化脱硫废液生产硫胺、宝钢工程技术集团有限公司冷轧废水达标、宝钢湛江钢铁有限公司脱硫灰回收利用等研究与处理均取得突破性进展。

五、智能制造

中国宝武加速推进智能制造。宝钢股份实施智慧料场、焦炉四大车无人化、大型高炉及冷轧C008热镀锌机组远程操作等多个示范项目。宝武集团广东韶关钢铁有限公司对烧结、炼焦、高炉、能源管控等进行集中控制，实现少人化、无人化、集控化。武钢集团鄂城钢铁有限公司智慧制造体系能力明显提升。宝武炭材料科技有限公司探索专业化多基地智慧制造。

六、节能减排

中国宝武首次完成11家矿业公司现场环境风险普查，全面排查和整治生态环境保护问题，启动环境保护督查工作。完成一批烧结、焦炉烟气超低排放改造项目，实施百项节能技改项目，废水零排放重点项目有序推进，固体废弃物不出厂专项工作取得阶段性突破。吨钢综合能耗586千克标准煤，同比下降14千克标准煤；万元产值能耗1.09吨标准煤，同比下降9.9%；二氧化硫、化学需氧量和氮氧化物排放总量同比分别下降3.5%、2.9%、10%。

七、社会责任

中国宝武对外捐赠1.07亿元，获第十届“中华慈善奖（捐赠企业奖）”。全力推进脱贫攻坚，成立集团公司党委书记、董事长为组长的扶贫工作领导小组，建立党委负责的脱贫攻坚责任制。全年共率队20批次分赴定点扶贫和对口支援的10个县，进村入户，与困难群众面对面交流，实地察看项目落地情况。组织实施对口扶贫地区管理干部及创业致富带头人培训，培训基层干部712名、技术人员329名。设立贫困地区产业投资基金，并做到扶持对象精准、项目安排精准、资金使用精准、措施到户精准、因村派人精准、脱贫成效精准。全年投入1亿元，对口帮扶的云南宁洱县、西藏丁青县、青海同德县实现脱贫摘帽。

【2019年发展趋势】

2019年，中国宝武经营管理工作的指导思想是：深入学习贯彻落实习近平新时代中国特色社会主义思想、党的十九大、十九届二中、三中全会和中央经济工作会议精神，树牢“四个意识”、坚定“四个自信”、坚决做到“两个维护”，落实“五位一体”总体布局和“四个全面”战略布局要求，在集团公司党委和董事会领导下，按照“亿万千百十”（即到2025年，实现亿吨级钢铁产业规模；到2035年，公司实现万亿元级营业收入；最终形成若干个千亿元级营业收入、百亿元级利润的支柱产业和一批百亿元级营业收入、十亿元级利润的优秀企业）战略目标和“三步走”总体安排，围绕“创新提升体系能力、协同共建钢铁生态圈”的主题，大力推进产业结构调整和布局优化，积极开展技术创新、管理创新、商业模式创新，加快创建世界一流示范企业，积极应对市场变局，确保经营业绩稳定，坚定不移追求卓越，开创国有资本投资公司建设发展新局面。2019年生产经营目标是：粗钢产量6821万吨，营业收入4600亿元，利润水平同比稳步提升。

（张文良）

上海汽车集团股份有限公司

【概况】

上海汽车集团股份有限公司（简称上汽集团，股票代码600104）是国内A股市场最大的汽车上市公司，截至2018年末总股本为116.83亿股。多年来，上汽集团坚持把握汽车产业发展趋势，着力加快创新发展，推进传统制造业向为消费者提供全方位汽车产品和出行服务的综合供应商转型发展。公司主要业务包括整车、零部件、移动出行和服务、金融、国际经营5个板块，形成了以整车为龙头、相互协同、较为完整的产业链布局。近年来，上汽集团聚焦汽车电动化、智能网联化、共享化、国际化趋势，积极推进产品整体核心竞争力全面升级。

【2018年经济工作情况】

2018年，上汽集团整车销量达到705万辆，比上年增长1.75%，成为中国首家年销量突破700万辆大关的汽车集团，并继续保持国内汽车市场领先优势。2018年7月，上汽集团以上一年度合并销售收入1288.19亿美元的业绩，第14次入选《财富》杂志世界500强，排名第36位。

上汽集团自主品牌乘用车实现整车销售73万辆，同比增长36.5%，在国内自主品牌车系市场份额总体下降的背景下，逆势强劲增长、增速在行业内领跑。荣威RX5年销量超过20万辆，i5新品势头向好，Marvel X重磅推出，探索数字化“新零售”的上汽荣威智能广场正式开业，共同引领荣威品牌继续升级向上。新MG6口碑和销量稳步提升，MG ZS成为新的全球车型，海外销量达2.3万辆。上汽新能源汽车全年销售14万辆，同比增长120%，eRX5、ei6、Ei5等新能源明星车型树立起上汽新能源中高端的品牌形象。

上汽集团整车出口和海外销售迎来爆发式增长，全年整车出口及海外销售27.7万辆，连续3年排名国内厂商第一。在泰国、印尼、印度建立起3个海外整车制造基地，在欧洲、北美、南美、非洲、中东、澳新等地设立了11个区域营销服务中心，建成500多个海外营销服务网点，并在泰国、英国、印尼、智利、澳新、中东GCC形成了6个“万辆级”海外销售市场。公司在泰国推出的首款配备i-SMART系统的海外互联网车型MG ZS，深受当地年轻消费者喜爱，销量跃居细分市场前列；上汽大通Maxus连续两年成为澳大利亚市场销量第一的中国品牌；五菱品牌快速跻身印尼市场主流阵营；名爵汽车印度公司的工厂改造、营销体系搭建以及首款互联网产品开发和投产准备工作也在有序推进。与此同时，公司还加快推进海外车联网系统迭代升级与生态圈建设，积极探索在有条件的海外市场投放新能源车型，并持续加强在海外市场的品牌建设，努力推动国际经营业务做大规模、做响品牌、做强盈利能力。

上汽围绕用户需求，加快建设移动出行服务平台。在人的智慧出行方面，上汽网约车项目正式落地，“享道出行”品牌发布并正式运营。环球车享分时租赁业务进入64个城市，投放车辆4.5万辆，累计注册用户超过400万。在车的便捷服务方面，车享科技营业收入继续保持高速增长，整车电商年销量超过7万辆，继续在整车电商平台名列前茅，个性化定制业务取得重要突破；车享家紧紧围绕提升用户粘滞度，努力拓展服务生态，门店已超过2300家，其中加盟店近900家，会员总数已超过300万人。在物的高效流动方面，安吉物流持续优化运力结构，水运和铁路运输的比例已达54.4%，同时多式联运、智能仓库等创新模式也在深入推进；快运新业务加大网络布局，拓展城际／城配新客户，加快互联网平台建设，并且通过集团货运平台基金，完成对天地华宇的并购，进入到非汽车物流领域，加快发展社会化的城市快运物流平台。充电服务、光伏发电、安悦e贸通等新服务和新业务继续探索完善。

【2019年发展趋势】

2019年，上汽集团将牢牢把握科技进步大方向、市场演变大格局、行业变革大趋势，继续深入推进“电动化、智能网联化、共享化、国际化”的“新四化”战略，坚持创新引领、重点突破、以点带面、压茬推进，在抢抓市场结构性机遇、努力提升经营业绩的同时，深入部署推进创新链建设，在全球汽车产业价值链重构的过程中，全力抢占有利地位和制高点，加快推动业务转型升级，向成为具有全球竞争力和影响力的出行服务与产品的综合供应商迈进。在研发端，重点突破新能源、智能网联等关键技术，不断争创技术优势；在制造端，加快发展数字化、定制化生产方式，不断向高端制造、智能制造迈进；在用户端，重点突破出行平台、智能物流、金融服务等新商业模式，不断打开转型发展的新空间；在市场端，以创新的科技与服务优势，为开拓国际国内两个市场持续赋能，不断提升品牌竞争力和国际影响力，展现上汽“创新活力、科技魅力、真诚服务”的品牌形象。

到2020年，上汽集团要在“新四化”领域成为国内技术和市场全面领先的汽车集团；到2025年，成为具有全球竞争力和影响力的出行服务与产品的综合供应商。

（厉　倩）

中国石化上海石油化工股份有限公司

【概况】

中国石化上海石油化工股份有限公司（简称上海石化）位于上海市金山区，占地面积9.40平方千米，是中国最大的炼油化工一体化综合性石油化工企业之一，也是中国第一家股票在上海、香港、纽约三地同时上市的股份制企业。前身为创建于1972年的上海石油化工总厂，1993年6月改制为上海石油化工股份有限公司，2000年10月更名为现名。2018年年末，上海石化下设炼油部、烯烃部、芳烃部、化工部、腈纶部、涤纶部、塑料部、热电部、电气仪表中心、储运部、环保水务部、精细化工部以及物资采购中心、销售中心、IT服务中心、质量管理中心、统计中心、行政事务中心、培训与交流安置中心等单位，并由资本运营处管理对外投资企业。总资产445.40亿元，在册员工总数9597人。具有1600万吨／年综合加工原油能力和乙烯70万吨／年、塑料树脂100万吨／年、合纤原料109万吨／年、合纤聚合物59万吨／年、合成纤维26万吨／年的生产能力。主要生产石油制品、中间化工原料、合成树脂及塑料制品、合纤原料及合成纤维四大类产品。2018年，上海石化荣获国家工信部“智能制造试点示范企业”、中国石化集团公司安全生产和环境保护先进单位等称号。

【2018年经济工作情况】

2018年，上海石化认真贯彻落实上海市和中国石化工作部署，努力打好环保治理、发展攻坚、人才储备“三大战役”，抓好装置稳定运行、生产经营优化和降本减费等工作，生产运行总体平稳，安全环保处于较好态势，经济效益良好。全年加工原油1437.90万吨，比上年增长0.18%；生产汽油、柴油、航空煤油等成品油842.82万吨，下降2.04%；乙烯77.78万吨、丙烯50.99万吨，分别增长1.42%、4.44%；对二甲苯67.30万吨，增长6.34%；塑料树脂及共聚物（不包括聚酯和聚乙烯醇）92.71万吨，下降4.33%；合纤原料68.52万吨，下降7.43%；合纤聚合物41.60万吨，下降2.34%；合成纤维16.12万吨，下降9.33%；发电27.06亿千瓦时，增长3.75%。实现工业总产值（现价）817.36亿元，增长19.40%；营业收入1077.65亿元，增长17.12%；利润总额67.49亿元，下降14.04%。

一、HSSE管理基础不断夯实

积极探索HSSE管理新模式，落实安全环保责任制，试点构建过程安全管理体系，为全面推行过程管理奠定基础。积极开展绿色企业创建，以大气治理为重点，推进LDAR全覆盖工作。顺利完成上海市清洁空气行动计划、第二轮金山地区环境综合整治行动相关项目43项。持续开展“我为安全作诊断”和“万员行动查异味”活动。全年保持了“七个为零”的HSSE纪录。

二、生产运营和降本减费持续优化

加强生产运行管理和关键机组设备的维护管理，强化非计划停车管理和考核，顺利完成以2# 乙烯新区为主的48套装置集中检修改造，并全部实现一次开车成功。坚持3个月滚动价格预测，动态调整生产运营安排，做好原油配送优化、乙烯原料结构优化等工作，吨乙烯原料成本位列中国石化第二。优化成品油结构，8月实现国六标准汽柴油投放市场，累计柴汽比1.16，同比下降0.06，高牌号汽油比例达31.42%，同比提高2.46个百分点。持续推进降本减费工作，大力实施降低原油采购成本、费用管控、开展货币类金融衍生品业务等措施，重点费用较目标值下降1.28亿元。

三、市场开拓和销售服务水平不断提升

灵活转换贸易方式，扩大成品油出口，4月顺利打通陈山油库出口柴油全流程，全年出口成品油212万吨，同比增长14.35%，并首次实现沥青出口。建立重点产品销售跟踪机制，积极推进原液着色腈纶等产品销售，大力推进网上平台挂牌竞拍交易和E贸平台销售。强化技术服务，加强用户走访和技术交流，继续开展腈纶、涤纶、塑料等产品销售的技术专家服务工作，提升客户服务水平。

四、项目建设、科研开发和信息化工作稳步推进

全力推进金山地区环境综合整治油品清洁化项目前期工作，7月，完成项目环评公参。强化与周边地区联动发展，成功签约独山港浙沪新材料产业园公共管廊项目，推进碳四原料下游发展、碳纤维技术研发应用等合作项目。“劣质油浆生产优质针状焦技术开发及工业应用”等4项成果获中国石化科技进步奖，全年完成专利申请71件，专利授权32项。着力推进碳纤维技术攻关和产品应用，48K大丝束碳纤维在第20届工博会上荣获新材料产业展优秀参展产品一等奖。持续深化“两化融合”，实验室信息管理系统升级、地理信息平台、大型机组三维培训、炼化一体化价值链表征等项目稳步推进。

五、企业改革管理进一步加强

稳妥推进管理体制机制优化，开展精细化工和碳纤维业务体制机制改革，进一步提高科研人员的工作积极性。完成专业化集中管理后评估、公务用车管理职能调整等工作。积

极推进法人压减工作，检验公司以增资扩股方式完成法人压减，金地公司由投发公司吸收合并。积极推进配售电公司组建工作，年内完成股权架构搭建、存量资产评估、合资合作意向书签订等工作。推进劳动用工优化配置和培训教材体系建设，进一步完善公司基本薪酬体系，员工队伍结构持续优化。

六、企业社会责任有效履行

努力服务国家战略，协助浙江大学做好14名文莱留学生实习工作，与同行企业开展人才强企、安全环保等方面交流合作，顺利完成首届进博会等重大国事活动期间应对保障工作。积极支持周边社区发展，完善企地联合发展和公众沟通机制，与金山区、平湖市等周边地区政府建立“联合发展委员会”，常态化开展“公众开放日”等活动。全年组织开展“公众开放日”活动53次，1853人次进厂参观。组织开展志愿服务活动，以区域化联建等形式探索与周边社区公益活动资源互通。全年累计开展“满天星”志愿服务60余场，受益人数约6000人次。

【2019年发展趋势】

2019年，面对复杂多变的市场形势，上海石化深入学习党的十九大和十九届二中、三中全会精神，贯彻落实中央经济工作会议及中国石化2019年工作会议各项部署，坚持“向先进水平挑战、向最高标准看齐”的理念，坚持以市场为导向、以效益为中心，坚决打牢安全环保基础，突出生产稳定增效和费用管控降本，强化结构调整、改革创新和队伍优化，努力创造更高质量的生产经营水平。

一、打牢安全环保基础。加大HSSE宣教培训力度，努力提升员工HSSE意识，推动安全生产责任制层层落实，建立HSSE管理长效机制。推进绿色企业创建，强化环保责任落实，强化源头减排、过程管控和末端治理，持续提升清洁生产水平。加强承包商管理和隐患排查治理，持续推进LDAR全覆盖工作和精细化管理。

二、提升装置运行效率。制定细化“安稳长满优”量化指标，全面推行生产作业标准化管理，在部分重点装置推广设备完整性管理体系，加大推进往复机状态监测等新技术应用，强化工艺技术和设备基础管理，努力提升装置运行可靠性和可利用率。做好RDS装置A系列、丁二烯老区、重整、乙二醇等装置换剂或检修消缺。

三、挖掘系统优化潜力。加强市场分析研判，不断提高3个月滚动预测的前瞻性和准确性。抓好原油采购，做好裂解原料优化和乙烯装置运行优化，提高烯烃收率，降低乙烯生产成本。深化区域合作，继续推进与赛科公司之间的资源优化、物资储备共享等合作。

四、推进产业调整创新。着力推进碳纤维等技术攻关，完成高性能碳纤维装备改造。开展光学膜用聚酯、工程塑料用聚酯、阻燃聚酯等产品的市场推广，以及医用聚丙烯注射器产品等升级开发。以炼化生产一体化优化、炼化生产集成管控、工业云平台为着力点，持续推动智能化工厂建设。

五、加强企业改革管理。研究策划公司组织机构精简优化工作，完善职能部门和二级单位的管理职责。结合公司核心业务流程梳理，量化考核指标体系。探索创新干部选拔任用和监督考核制度，盘活内部人力资源，加大成熟人才引进力度，控制用工总量，不断提高劳动生产率。

（耿树歧）

中国石化上海高桥石油化工有限公司

【概况】

中国石化上海高桥石油化工有限公司（以下简称高桥石化）成立于1981年11月，是中国第一个跨行业、跨部门的特大型经济联合体，隶属于中国石油化工集团公司。成立以来历经多次体制变更，2016年2月，在中国（上海）自由贸易区注册，由中国石油化工集团公司旗下的分公司变更为子公司。

高桥石化共有50余套生产装置，可生产200余种产品，主要产品有汽油、航空煤油、柴油、润滑油基础油、石蜡、合成橡胶、有机化工原料、合成塑料等，公司拥有年原油加工能力1250万吨，年化工产品生产能力50万吨，自备电厂具有装机容量17.5万千瓦。

公司加强对外经济合作与交流，先后与如德国巴斯夫公司、美国雪佛龙公司、日本三井石化株式会社等成立了合资企业。

【2018年经济工作情况】

公司全年累计加工原油868万吨，生产成品油580.5万吨、化工产品总量42.1万吨，发电5.2亿度；实现营业收入472.72亿元，比上年增加21.72亿元；实现利润36.04亿元，创历史最好水平。

一、严抓实抓安全环保工作

修订完善公司领导班子成员、部门（单位）和岗位HSSE责任制。完善安全环保考核体系，制订《高桥石化生产安全风险分级管控和隐患排查治理双重预防机制管理办法》，建立安全风险分级管控和隐患排查整治双重预防机制。制订《检维修承包商综合评价管理办法》，推行承包商安全管理积分考核和“黑名单”制度。制订《绿色企业行动计划实施方案》《环保工作长效机制实施方案》《落实秋冬季环境空气质量保障方案工作措施》等重要文件，落实国家、上海市环保工作要求。识别和编制重大风险作业清单，制订并落实风险防控措施。制订“进博会”安全生产保障工作方案、环境空气质量保障方案和治安保卫工作方案，圆满完成“进博会”保障任务。

二、着力提高生产运行水平

建立大修工作定点联系制度，制订《装置停开工和检修改造专项竞赛考核办法》，完成装置停工大修任务。制订实施生产系统重大事项报告制度，落实“机电仪管操”五位一体巡检工作要求，制订生产异常管理规定及非计划停工报告制度。完善质量隐患排查、全过程质量监测机制，制订并落实原料、馏出口等质量管控措施，提高在线质量仪表投用率、完好率。启动设备完整性管理工作，加强机电仪设备运行状态监测和预防性维修，密切跟踪设备运行情况，及时消除设备运行隐患。

三、巩固提升经营创效能力

全年累计生产汽油205.5万吨、航空煤油111.2万吨、柴油263.9万吨、润滑油基础油38.7万吨、石脑油67万吨。成立原油采购和加工领导小组，坚持原油采购量、加工量与成品油配置量动态匹配的原则，优化采购策略。降低原油采购和加工成本，在总部原油管理专业考核综合排名中列第三位。开发生产润滑油加氢装置III类基础油、无味煤油、90号道路沥青、工业白油等新产品，持续优化产品结构。加大工业白油、丁苯橡胶等高附加值产品销售力度，累计增加效益3.34亿元。制订合资企业绩效评价办法和委派人员绩效考核方案，加强对合资企业的管控，提高投资回报。

四、积极推进企业科学发展

适应新要求、新标准，推进实施VOCs综合治理等66项环保整治攻坚行动项目。成立投资管理委员会，完善投资与工程管理体制及工作机制，严格立项审核和审批管理，压减投资费用。集中科技资源、提前做好油品质量升级技术准备，顺利完成国Ⅵ油品质量升级任务。完成丰田测试汽油（CTG–6）调合生产，实现该油品国内生产“零的突破”。实施深化应用创新创效行动计划，建设实时数据库提升、“五位一体”智能化巡检和生产异常报警管理系统等项目。

五、扎实抓好改革管理工作

建立健全公司组织绩效管理体系，制订《关于改进加强高桥石化全员绩效考核工作的指导意见》《处级干部、基层领导班子成员绩效考核办法》《一般专业技术及专业管理人员、技能操作人员绩效考核实施意见》。制订完善部门（单位）奖金总额和个人奖金考核分配办法，形成组织目标与员工个人目标有机衔接、组织绩效与员工个人绩效有效联动的全员绩效考核机制。建立重点工作督办制度，健全分类分级督办管理体系，确保上级要求和公司决策有效贯彻落实。

六、加强党建工作和员工队伍建设

以优化调整公司领导班子分工为基础，全面修订公司《“三重一大”决策制度实施细则》和《内控手册实施细则》，完善党委会、董事会、领导班子会（总经理办公会）议事规则，健全公司领导层议事决策机制。建立重点领域风险管控和预警机制，深入推进“六责协同”，加强重点领域、关键环节的监督管理。制订《人才强企工程行动方案和三年行动计划》，着力建设政治坚强、本领高强、意志顽强的干部人才队伍。抓好“走基层、访万家”、员工帮助计划（EAP）、疑难杂症就医帮助、健康咨询等工作，提高员工凝聚力和企业向心力。

【2019年发展趋势】

2019年，公司主要经营目标是：完成原油加工量1060万吨，主要化工产品总量47.7万吨，发电量5.2亿度；产品出厂合格率、上级抽检符合率100%。上报集团公司级事故为零。

一、继续严抓实抓HSSE工作。全面完善HSSE管理体系，健全HSSE绩效管理体系。严格执行现场管理制度，严肃工艺纪律和劳动纪律。完善安全风险分级管控和隐患排查整治双重预防机制，全面推进绿色企业建设，强力推进环保隐患排查和治理，完善重污染天气应急预案和响应机制。举一反三抓实环保督查问题整改，推动环保治理，加快绿色企业建设。

二、持续提高生产运行水平。严格执行生产系统重大事项报告制度，严格装置非计划停车和生产异常管理。开展炼油区域“全流程自动控制优化项目”建设，建立健全工艺技术管理体系和制度体系。全面推进设备完整性管理，提升设备专业管理水平，实现技术业务型向专业管理型、被动抢修型向主动预防型、注重单台设备向注重全面系统管理的转变，为装置安稳运行提供可靠保障。

三、持续提高经营创效水平。加强原油市场分析和研判，优化采购方案、策略和节奏，降低采购价格。优化加工总流程和油种结构，降低原油采购价格和加工成本。优化运行方式和炼油产品结构，增强业务竞争力。强化全员成本目标管理，完善职能部门专业费用管控机制，严格“两金”压降，优化资产管理，保证国有资产保值增值。

四、继续积极推动创新发展。开展质量提升行动，实现车用柴油、普通柴油和部分船舶用油“三油并轨”。规范立项审核和审批管理，加强项目统筹管理，提高招标管理、施工质量管理和项目后评价工作水平。加强与系统内外科研院所的协同，增强创新能力，促进成果转化应用。完善安全防护体系，建立安全风险分析和隐患排查常态化工作机制，确保系统运行和信息资源安全。

五、继续深化改革从严治企。进一步优化调整职能部门专业分工和管理职责，完善管理体制和运行机制，健全管理制度体系，提高整体管理水平。建立健全现场管理规章制度、工作标准，提高现场管理水平。进一步完善组织绩效考核办法和指标体系，建立更加科学合理的联动考核机制。加强和改进改制企业跟踪管理，规范与改制企业的业务关系和经济关系。

六、进一步加强党建工作和干部员工队伍建设。开展"不忘初心、牢记使命"主题教育活动，自觉遵守"三重一大"决策程序，坚决做到"四个服从"，严格按照制度和程序办事。健全选聘机制、严格选聘程序，选好干部、选好人才。建立全员培训矩阵，健全考评机制，充实教育培训内容，优化培训计划。完善薪酬分配制度，探索建立市场化的收入分配体系，继续健全福利制度体系，用好激励性年金等措施，提高企业凝聚力。

（魏之臣）

上海电气（集团）总公司

【概况】

上海电气（集团）总公司（以下简称上海电气）是上海市国资系统实现整体上市的国有企业，是中国最大的综合性装备制造集团之一，是中国工业的领导品牌。

2018年，上海电气实现营业收入1100多亿元，净利润50多亿元，下属三大产业群，分别是能源装备、工业装备和集成服务。其中，能源装备的核心产品包括火电、燃气轮机、核电、风电、输配电、分布式能源、储能等；工业装备的核心产品包括上海三菱电梯、城市轨道交通、航空工业、关键工业装备、空调压缩机；集成服务的核心产品包括设备总成套、工程总承包、产业金融、环保及水处理工程、设备安装维修保养服务等。

【2018年经济工作情况】

2018年，在外部宏观环境面临巨大挑战和没有兼并收购的情况下，集团的营业收入、净利润、新接订单均创历史新高，比上年分别增长26%、12%、10%。其中，营业收入历史上首次跨越千亿门槛。集团品牌美誉度不断提升，品牌价值达到706亿元，增长100亿元，入选2017年《全球制造500强》、2018年《财富》中国500强。

一、加快落实三项重大任务

一是加快推进长三角一体化。通过整合供应链、产业链、资源链和创新链，更好发挥出长三角一体化协同效应，推进"两头在沪、中间在外"的发展模式。比如，在南通设立上海电气区域总部，并与储能行业龙头企业国轩高科合资建设规模最大、技术最先进的锂电池储能基地；在徐州成立上海电气研砼徐州重工装备基地，发展智能化装配式建筑装备新业务，当年获得10亿元订单，发展势头良好。集团通过与浙江、江苏、安徽等省市政府签订40多项战略合作协议，实现产能走出去的同时更好发挥出市场协同效应，如农村分布式智能化污水处理设备在长三角等地区成功获取近60亿元新接订单。二是全面对接科创板。组建专门团队，加强外部沟通，梳理内部资源，初步筛选了集团首批科创板拟上市企业后备名单，并正在全面推进、积极争取。三是全面服务自贸区战略。推动上海自贸区注册企业与电气香港金融公司联动发展，电气财务公司已迁址到自贸区，并成功实现将原本仅向境内成员单位提供的金融服务向境外成员单位复制推广。加快推动电气香港公司做大做强，打造成为集团海外的金控平台。

二、产业结构进一步优化和调整

大力发展"互联网＋装备制造"，形成高端智能装备产业群，产业结构更加凸显"三智"特征。一是智慧能源。交付了集"风光储充"于一体的崇明三星田园"互联网＋"智慧能源示范项目；形成从10兆瓦到60兆瓦的智慧汽轮机产品系列；新能源在手订单超过1.7吉瓦，首次超过传统能源。二是智慧交通。全面布局新能源汽车三电（电机、电池、电控）系统；正式成立智能电子轨道公司，建成4.5公里的临港试验线已试运行1年多并取得全面成功；参建的松江有轨电车一、二号线全部正式运营，集团为其提供车辆和智能运行综合监控系统等核心设备，四号线即将启动。三是智能制造。成立集团数字化公司，构建了上海电气工业互联网云平台，为140多个风场、3566台风机提供智能的全方位全周期数字化运维服务，并正在接入机床、数字化电厂、环保水处理、分布式能源、轨道交通、康复机器人等设备。首次发布集团智能制造战略规划，成立集团智能制造工程公司，内部启动9个智能制造示范工程，外面承接7个智能化改造项目。

三、"走出去"迈出巨大步伐

2018年，集团更是一举拿下全球规模最大、技术最先进、占地面积44平方公里、合同金额30亿美元的迪拜750

兆瓦光热 +250 兆瓦光伏项目，合同金额 44 亿美元的埃及汉纳 6×1100 兆瓦维清洁燃煤电站项目，以及古巴生物质电站项目、巴拿马科隆联合循环燃机项目和文莱海淡项目等 5 个标志性海外项目，其中，迪拜项目、文莱项目得到习近平总书记的表扬。2018 年，集团以 33.5 亿美元的新签合同额入选国家商务部《2018 年我国对外承包工程业务新签合同额前 100 家企业》第 13 名，比 2017 年上升了 8 位。

四、国资国企改革取得实质进展

集团旗下国轩高科和上海自仪两家公司入选混合所有制企业员工持股首批试点单位，环保集团探索实施股权激励和事业合伙人制并成功入选国家国资委的“双百企业”名单，香港金融公司、上海集优试点职业经理人制，同时全面开展限制性股票激励计划、干部有限任期制、员工队伍轮岗流动制和收入业绩挂钩制等试点，员工士气高涨。

【2019 年发展趋势】

2019 年，集团将继续围绕国家战略，围绕高端装备主业，聚焦绿色、环保、智能、互联、数字化、全面解决方案的发展方向，进一步落实好习总书记交给上海的三项重大任务，进一步落实好市委市政府全力打响“上海制造”品牌的重大战略部署，在 2018 年的基础上再出发、再拼搏、再突破。

一、实施更大力度的国资国企改革。积极大胆探索各种充满生机与活力的激励和约束机制，充分调动广大干部职工的积极性、主动性、创造性，让企业和员工成为利益共同体、命运共同体、事业共同体。

二、进一步加快调整和优化产业结构。一方面，存量产业做到有进有退实施赶超一流行动计划、补短板行动计划，加快全面进入第一梯队。同时果断退出持续亏损的、没有发展前景的企业；另一方面，战略性新兴产业通过合资合作、孵化培育、兼并收购等各种手段实现快速发展，快速进入智能制造、储能、新能源、新能源汽车（三电）零部件、航空工业、智慧交通、智慧城市、环保、军工、油气及海工装备等领域。

三、实施更加融合的“双轮驱动”发展模式。充分借助资本市场的力量，快速实现产业的升级和结构调整，加快产融结合，以融促产，以融促实，撬动装备主业做大做强做优。积极投身上海自贸试验区建设，重点做大做强电气香港公司，加快形成包括天使投资基金、VC 基金、PE 并购基金、产业基金等在内的完整金融投资链。

四、推进更加国际化的全球经营布局。立足长三角，加快“两头在沪、中间在外”和长三角一体化发展，形成竞争新优势；放眼全球，加快“走出去”步伐，推动基地、产业、资本、人才、采购、服务网点、研发机构、市场、销售的国际化及本地化。

五、建立更加注重软实力建设的科技创新体系。加大科技投入，同时科技投入的范围从过去的自主研发为主向包括自主研发、科技并购、成果买断、产学研合作、科技入股、风险投资、创业孵化等在内的大科技投资体系转变，重点解决好科技来源问题。进一步落实好上海全球科创中心建设的要求，提升自身装备技术能级，更好承担起“大国重器”的战略使命；同时按照市政府的战略部署，加快推进科技创新与科创版的融合。

（许俊斌）

上海华谊（集团）公司

【概况】

上海华谊（集团）公司，前身为成立于 1957 年 4 月的上海市化学工业局，1995 年 12 月 28 日改制为上海化工控股（集团）公司，1996 年 11 月重组改制为上海华谊（集团）公司。

华谊集团 2018 年实现主营业务收入 601 亿元，利润总额 56 亿元，经营性净现金流近 69 亿元，超额完成董事会确定的年度经营目标。集团核心装置运行总体平稳，平均产能利用率保持 90% 以上，生产各类化工品 580 余万吨。2018 年，上海华谊集团股份有限公司在《财富》中国 500 强中（评选上市公司），排名第 175 位；在上海企业 100 强中，上海华谊（集团）公司排名第 25 位，比 2017 年提升一位；在上海制造业企业 50 强中，上海华谊（集团）公司排名第 10 位，比 2017 年提升一位。在中国石油和化工企业 500 强中，上海华谊（集团）公司列综合类第 16 位；上海华谊集团股份有限公司排名中国石油和化工上市公司百强企业第 9 位。经济上主要体现以下成效：

一是盈利水平创历史新高。主要业务板块抓住市场机遇，持续推进降本增效，装置运营整体平稳，主要产品产量完成良好，产能利用率保持 90% 以上。集团生产经营利润近 26 亿元，利润总额、归母净利润分别完成年度预算的 252%、335%，经济运行质量和效益均创历史最好水平。

二是基地布局基本形成。完成华谊钦州化工新材料一体化基地五平方公里发展规划，一期项目主体装置开工建设，与钦州市政府、广投集团签署战略合作协议，与普莱克斯、国投电力、博天环境签订产品及服务供应协议，成立烯烃业务部，组建广西华谊新材料有限公司。推进化工区 D4D5 地块一体化方案研究，完成福建邵武基地选址研究及项目规划方案，新材料二期、新昆二期、东明二期、内蒙万豪扩建、化工区正极材料、氯碱 VCM 以及嘉兴港区 PDH 等一系列项目正有序推进。

三是管理变革深入推进。完成集团总部管理变革 2.0 项目，总部分为控制型部门和赋能型服务中心，打造充满活力有价值的“控制型、赋能型、蕴能型”的三元总部模式。根据集团总部组织架构和部门职能调整，形成集团制度汇编和总部制度专篇，实施《华谊集团制度手册（HMS）》2.0 版。规范贸易业务管理，颁布华谊集团《贸易管理五大禁令》。《上海华谊集团股份有限公司员工手册》在总部员工大会上表决通过。

四是机制创新持续突破。制皂公司《“双百行动”综合改革实施方案》通过国务院国资委审核批准。完成集团包括固定资产投资、财务投资、扭亏类共 8 个项目核心团队风险抵押激励机制的签约工作。推进企业领导人员任期制契约化管理，实施《上海华谊集团股份有限公司二级子公司任期综合考核评价方案》。制定《关于进一步加强集团科技创新人才队伍建设的实施办法》，推进科技创新和成果产业化。借鉴技术研究院和创新投行模式，建立以“强化寻发和孵化项目”为主导的绩效导向的新业务薪酬框架体系。

回顾集团 60 年发展历程，特别是近 10 年来坚持“改革、创新、发展、调整”所取得的成绩和六点宝贵的经验：始终坚持艰苦奋斗不懈怠、始终坚持专注主业发展不放松、始终坚持科技创新不畏难、始终坚持主动改革不停步、始终坚持以人为本不松懈、始终坚持抓好党建不动摇。“大道至简，实干为要”。面向未来，华谊集团将重点加强六方面的能力建设，持续提升，持续突破：专注主业，更加注重提升核心竞争能力；聚焦重点，更加注重提升自主创新能力；互利共赢，更加注重提升开放合作能力；放眼全球，更加注重提升资源配置能力；以人为本，更加注重提升组织活力和干部能力；优势转化，更加注重提升党建引领能力。

【2018 年经济工作情况】

一、集团参与燃料电池汽车加氢保障合作

1 月 19 日，华谊集团与上汽大通、上汽安悦、上海驿动、上海驿蓝、上海舜华、浦江气体等 6 家企业共同签署《关于上海化学工业区燃料电池汽车示范及加氢保障框架合作协议》，联手在上海化工区打造国内领先的燃料电池汽车及氢能示范基地。集团拥有大量工业副产氢气资源，并具有氢气提纯、氢气运输和氢气加注等系统设计、运营经验。此次战略合作，是相关各方携手推进燃料电池商业化运营和产业链生态建设，加快构建应用驱动发展模式的重要探索，意味着氢燃料电池汽车在上海的商业化运营率先在上海化工区尝试，并为上海燃料电池汽车运营保障积累经验，推动智能汽车项目加快落地推行。

二、陶氏授权华谊车用锂电池核心技术

1 月 25 日，华谊集团与陶氏化学公司签署技术许可协议，由陶氏化学授权先进的电动汽车锂离子电池核心材料技术，助力上海华谊加速车用锂电池的深入研发和产品商用化进程。陶氏化学此次授权的技术为磷酸锂铁锰（LMFP）和锂镍锰钴氧化物（NMC）两种锂离子电池的正极材料。由此，集团不仅可以从事该技术的深化研究和开发，拥有该技术衍生电池材料的制造、使用、销售和专利申请权利，还可以利用与此技术同时转让的相关实验资源，在更广泛的领域联手推动该技术的商业化应用。

三、持续组织变革，推动运营转型

8 月，能化公司迁入徐家汇路 560 号办公，标志着集团 8 家二级公司管理层、7 家销售公司，以及集团法务、审计和财务共享中心实现集中办公，二级公司上海本部深度调整实现阶段性目标。集团完成财务共享二期，实现二级公司全覆盖，一体化效应持续显现，大幅降低沟通和运营成本。上海地区转岗安置近 8000 人。调整后的组织构架，体现精简高效。全年，推动贸易平台整合和业务转型，整合效果初显。发挥投资平台作用，推动新业务落地。以钦州一体化基地配套项目为切入点，与苏伊士集团合作实施废固综合处置，与博天环境合资实施污水处理，与普莱克斯合资建空分装置，推动环保业务落地。成立烯烃业务部，完成钦州一体化基地碳二、碳三及碳四项目方案研究；成立广西华谊新材料公司，碳三、碳四项目启动前期论证及审批工作。同时，着手资产分类管理，推动存量增效。与临港集团联手打造中心城区转型升级示范项目；漕宝路 36 号“幸福里 · 谊园”改造项目正加紧实施；对龙吴路以西区域资源整合，土地存量增效，支持企业调整和主业发展。

四、“光明”涂料荣膺第九届金漆奖年度杰出工业涂料品牌

5 月 27 日，华谊集团精化公司“光明”牌涂料再度荣膺金漆奖年度杰出工业涂料品牌。中国金漆奖被誉为“涂料奥斯卡”，在业界颇具影响力、公信力和权威性。近年来，精化公司在品牌打造上传承百年经典持续创新，致力于从生产制造商、经销商向拥有服务解决方案的提供商转变，成立集产、销、研于一体的涂料项目团队，以一体化优势快速应对市场需求。上海浦东国际机场三期扩建工程、S26 入城段高架、中兴路下匝道和金山火车站等多个项目中都应用到了“光明”涂料，“光明”牌氟碳面漆、超薄型防火封闭漆和厚型耐磨环氧涂料等，以其上佳的品质和技术服务赢得客户的信任，提升了品牌美誉度。

五、新材料公司与鸿基石化合资筹建 45 万吨丙烷脱氢项目

3 月 23 日，华谊集团审议通过“浙江华泓新材料有限公司 45 万吨 / 年丙烷脱氢项目”，标志着项目正式启动并进入

紧锣密鼓的实施推进阶段。这是上海华谊新材料有限公司继华谊玉皇5万吨／年甲基丙烯酸甲酯项目成功投产后，与民企合作的又一个项目成功落地。上海华谊新材料有限公司与浙江鸿基石化股份有限公司（以下简称“鸿基石化”）共同出资新设浙江华泓新材料有限公司，并计划在浙江省嘉兴港区化工新材料园区内新建45万吨／年丙烷脱氢制丙烯装置。项目总投资逾22亿元，占地总面积约177.6亩，引进优欧辟环球油品工艺技术有限公司（UOP）丙烷脱氢生产技术。计划于2019年年底完成项目建设施工。丙烷脱氢项目是新材料公司向产业链中上端垂直延伸的一次重要的战略行动，加快推进丙烷脱氢项目对于落实丙烯资源、促进公司可持续发展具有深远的意义。

六、上海制皂公司成为联合国供应商之一

4月，上海制皂公司接到联合国人口基金会的第二份9万块“联合国特定香皂”订单，于12月完成订单任务。该订单是为联合国人口基金会生产提供给儿童使用的香皂。公司经过了解需求、多次打样、调整确认后，终于定制出印有浅蓝色字体的透明糖果色外包装，皂体为白色，无香精、保湿、低敏感。上海制皂公司成为联合国供应商之一。另外，逸品檀香皂入选首届“进博会”伴手礼。10月22日上午，上海市消保委公布首批24家上海特色伴手礼企业名录，华谊集团下属上海制皂（集团）有限公司生产的“蜂花”逸品檀香皂，成为首届中国国际进口博览会上海优选特色产品（伴手礼）之一。

七、华谊钦州一体化基地主体装置开建

9月10日，华谊钦州化工新材料一体化基地主体装置开工建设。华谊钦州化工新材料一体化基地项目，是集团积极参与“一带一路”建设和在全球布局的重要节点性工程，也是继中石油千万吨炼油项目建成后钦州市又一个投资超200亿元的重大项目。基地位于钦州石化产业园，规划总投资约700亿元，产值约650亿元，分期实施建设，涵盖碳一、碳二、碳三、碳四及盐化工一体化产业链。此次开工建设的主体装置是醋酸项目，总投资7亿元，年产醋酸50万吨，选用的是集团自主开发的甲醇低压羰基合成醋酸技术。

八、集团重奖有功人员，营造创新氛围

11月12日，华谊集团召开主题为“百年传承创新时代”的第七届科技大会。会上出台《技术创新三年行动计划》，推出《科技创新人才政策》，重奖MMA产业化项目团队778万元，激发科研人员的工作热情。会议表彰了2名科技功臣、4名技术创新优秀组织者、38名技术创新先进工作者，12项优秀产业化成果、12项优秀技术成果、1项院企合作优秀产业化成果。各二级公司分别与清华大学、大连化物所、巴斯夫、集团技术研究院等合作单位签约，推进产学研项目及院企合作项目。

【2019年发展趋势】

2019年，集团主要经济目标：在确保安全生产的前提下，完成主营业务收入610亿元，利润总额29亿元，同时继续实施生产制造成本降3%、期间费用降5%，降本增效总额10亿元的目标。

华谊集团将紧紧聚焦化工新材料一个主业，提升国际竞争力和影响力两个能力，布局“优势业务、新兴业务、海外业务”三元业务落地，落实“智能制造、价值增长、效益提升、海外发展”四大抓手，坚持“绿色发展、创新发展、高端发展、跨市发展、一体化发展”五大发展战略，抓好“政治建设、经济建设、廉政建设、组织建设、基层建设、文化建设”六大建设，以开放为主轴，凝聚共识深化改革再出发；以安全环保为生命线，推动集团高质量发展；以产业链为龙头，布局一体化的生产基地；以三级企业为重点，培育一流的人才队伍；以机制创新为突破，通过技术创新提升市场竞争力；以习近平中国特色社会主义思想为指导，全面推进企业党建工作上新台阶，坚持正确方向，保持战略定力，脚踏实地、专心致志推动集团高质量发展，为新中国成立70周年，决胜全面建成小康社会第一个百年奋斗目标作出国企的贡献。

（韩　英）

东方国际集团

【概况】

东方国际（集团）有限公司（以下简称集团）由具有150年历史的上海纺织集团和具有近70年外贸历史的原东方国际集团联合重组而成，是一家拥有先进制造业与现代服务业，以时尚产业、健康产业和供应链服务为核心主业，以科技实业、产业地产、金融投资为支撑的大型综合性企业集团，是中国最大的纺织服装集团和最大的纺织品服装出口企业。名列中国企业500强第175位，中国服务业企业500强第71位，中国100大跨国公司第75位。集团拥有总资产700亿元、员工8.6万人（海外员工占64%），2018年实现营业收入1115亿元、进出口89亿美元。集团在海外拥有96家业务机构，分布在五大洲29个国家和地区。所属企业480

家，上市公司 4 家（东方创业、申达股份、龙头股份、香港联泰控股）。

【2018 年经济工作情况】

2018 年，集团全面贯彻党的十九大和十九届二中、三中全会、中央经济工作会议、市委十一届四次、五次全会精神，紧紧围绕中共上海市委、市政府对集团联合重组所提出的“五大任务”和“三个引领”的要求，以“巩固基础、融合升级、风险可控、提质发展”为工作方针，在集团上下共同努力下，有效应对外部环境深刻变化，全面完成年度主要经济指标和重点工作。

一、推进总部一体化建设，集团融合不断加强

总部顺利实现并轨融合。完成总部组织架构设置，实现合署办公；编制并下发 106 项管理制度，完成集团 2018—2020 年三年行动计划编制工作；制定十大战役项目，完成 18 个项目（占 78.3%）。提质增效工作不断深化。深化全面预算管理，29 家评级企业中提升级企业占比达 82.8%；加大减亏扭亏力度，全年亏损户数同比减少 29 户，亏损金额同比减少 2489 万元。风控体系建设不断完善。全年压缩低效风险业务 15.4 亿元；开展各类审计、调查共计 57 项；完善法务工作体系建设，以合同管理为切入点，做好风险把控工作。人才培养体制机制不断强化。全年完成社会招聘管理人员 654 人，校园招聘 207 人；实现签约单位 70 后直管干部占比 35%，80 后基层党支部书记配备占比达 42%，90 后团干部占比达 75%。推进一批信息化项目建设。外贸信息化项目被市国资委列为大数据应用示范项目，纺织下属外贸公司实现全覆盖；完成外贸信息化 2.0 版方案，东方外贸进入实施阶段；主数据项目取得阶段成果。安全生产总体可控。全年开展各类安全检查 120 余批次，检查单位 150 多家，累计提出整改意见 647 条，整改率达到 100%；开展各种演练项目 80 多场次，4200 多人次参与。

二、深度参与服务进博会，贸易转型步伐加快

全力完成服务进博会工作。集团成为进博会官方授权招展合作伙伴，向进博局推荐签约净面积 7251 平方米、签约客户 105 家；实现采购意向额 7.78 亿美元；举办“进口新技术、新产品发布交易平台”活动；牵头组建“综合贸易服务商联盟”；成为上海交易团秘书处工作承办单位；虹桥国际进口商品保税展示交易中心项目正式启动。自营出口和进口业务提升明显。全年自营出口同比增长 10.5%，超目标 2.5 个百分点；进口实现同比增长 14.0%。

三、探索品牌运营新模式，时尚产业能级不断提升

推进品牌渠道建设。三枪生活馆新模式门店累计达到 1211 家，三枪与阿里联手启动智慧门店 568 家；首创内衣品牌 24 小时无人售货智能销售模式，全年品牌电商销售同比增长 10.2%。上海时装周影响力进一步增强。两季时装周共举办作品发布 207 场，MODE 展总面积达到 3 万平方米，观展人数达到 5 万余人次；举办时装周活力指数首发仪式、“全球新品首发地”启动仪式。时尚教育内涵进一步丰富。牵头组建时尚产业成长教育合作联盟，完成马兰戈尼时尚学院与中国流行色协会的开班培训。

四、抓好物流基础建设，供应链服务能力不断提升

供应链服务能力不断增强。“易融达”物贸联动业务同比增长 30%，东方物流取得首届进博会物流入场资质，完成浦东机场自贸区供应链孵化基地建设。仓储基础设施功能进一步提升。北青仓库扩建完成竣工验收，洋山物流仓库二期物流中心项目完成平面规划设计，新贸海与吴淞海关达成扩库升级意向。

五、中央研究院建设扎实推进，科技制造能级不断提高

中央研究院建设扎实推进。中央研究院与五个研究所签订了绩效考核责任书，明确“一所一课题一成果”的要求；2 个院士工作站开展智能纺织品、环保土工材料前期研究工作。制造基地布局进一步完善。Auria 利用全球布局优势获得奔驰配套内饰 69.2 亿元订单；宁波工厂、张家口工厂、沈阳工厂二期实现量产；联泰菲律宾智能化改造工厂建成投产，龙头埃塞毛衣生产基地开业，三枪大丰高端面料生产基地建成，裕丰科技色纺达到 20 万锭。

六、加快项目建设力度，产业地产运作能力不断增强

产业地产重点项目达到预期目标。尚南坊项目实现整体销售，绍兴星尚 · 悦湖项目 A 区具备竣工验收条件，B 区基本实现全部销售；阜阳 74 号地块项目完成 92% 销售目标，星海地产竞得绍兴镜湖 7.8 万平方米地块开发权。一批园区改造项目有序推进。完成江场路 1400 号北郊冷库等 10 多处地块项目改造；完成总部 1 号楼、工会楼装修改造；完成物业管理拓展 10 万平方米；集团物业平均出租单价同比增长 5.1%。

七、发挥财务公司作用，金融服务能力不断增强

筹融资渠道得到有效拓宽。与中国银行、进出口银行等 8 家银行签署了全面战略合作协议，获得意向授信 1550 亿元；第二家外汇现金池顺利运营，全年外汇集中结算金额同比增长 20.3%。纺织财务公司实现平稳运行。154 家成员企业在财务公司开立 327 个账户，纺织集团范围内已实现资金集中管理全覆盖。棉交中心继续做优做强。累计线上交易商户达 270 家，完成线上交易量 241 万吨；棉类和化纤类交易金额突破 157.9 亿元，皮草生皮类交易量突破 15 万张；成功收购常熟东联仓储 51% 股权。

【2019 年发展趋势】

2019 年，公司主要做好以下七方面的工作：

一、以深化改革为抓手，提升集团管理效率。一是以落实“双百行动”为抓手，全面推进深化改革工作。二是以深

化全面预算管理为抓手，实施提质增效方案。三是以推进信息化建设为抓手，全面提高管理效率。四是以推进重点项目为抓手，全面提升投资管理水平。五是以强化人才素质为抓手，全面提升人力资源管理能级。六是继续强化安全责任体系和安全风险分级管控、隐患排查治理双重预防机制建设。

二、以发挥进博会溢出效应为抓手，加快外贸转型升级。一是举集团之力积极参与第二届进博会。二是推进箱包业务发展，巩固时尚箱包全球第二的地位；增强毛衫业务整体竞争力，巩固毛衫全球第四的地位。集团自营出口业务增长不低于上年。三是强化风险业务评审，完善贸易风险控制体系。

三、以品牌创新升级为抓手，提升时尚产业服务能力。一是强化与阿里等企业的合作，打通品牌线上线下渠道，加快品牌创新升级；境外销售网点实现新的突破。二是加大品牌间合作、资源渠道共享，推动电商业务较快增长。三是以上海时装周为核心，提升时尚产业服务能力。

四、以与申康集团合作为契机，培育集团大健康产业。一是提升医疗器械渠道分销管理服务能力。二是借助申康中心优质资源，打造具有先进水平的国际化专科医疗机构。三是发挥存量地块优势以及崇明生态产业优势，高端康复、教育项目取得突破。

五、以进口保税展示项目为契机，提升供应链服务能力。一是争取列入第二届进博会主场物流供应商名录，提升展商综合物流服务水平。二是推进重点供应链项目的运营效能。三是做好供应链板块企业的资源共享，物贸联动金额继续保持增长。

六、以中央研究院建设为抓手，提升科技创新能级。一是加强中央研究院建设。二是巩固汽车内饰发展优势。三是推进制造产业链协同发展。

七、以市场化专业化为标准，提升产业地产运作能力。一是抓好地产开发项目，按节点进行开工建设、按时开盘销售。二是抓好平武路80号、江场西路300号等重点园区改造升级项目。

（詹理敏）

上海医药集团股份有限公司

【概况】

上海医药集团股份有限公司（以下简称上海医药）2018年有从业人员47590人；实现营业收入1590.84亿元，比上年增长21.58%；制药业务实现销售收入194.62亿元，增长29.86%；分销业务实现销售收入1394.45亿元，增长20.06%；零售业务实现销售收入72.02亿元，增长27.70%；实现归属于上市公司股东净利润38.81亿元，增长10.24%。

【2018年经济工作情况】

2018年，公司完成工业三大中心建设，建立高效协调的销、产、研管理平台，进一步深化集约化发展水平，公司医药工业销售收入已连续7个季度保持高速增长，全年销售收入过亿产品达31个，较去年增加3个。公司围绕核心治疗领域，积极布局相关产品线，实现核心领域销售规模强劲增长，60个重点产品销售收入同比增长28.52%。

公司完成收购广东天普26.34%股权，实现绝对控股，引进了一批国际化的生物医药人才，推动向生物医药创新领域战略转型。两大核心产品注射用乌司他丁（天普洛安）及注射用尤瑞克林（凯力康）填补公司产品线在尿蛋白领域的空白，公司已把全球第一、中国唯一上市的溶瘤病毒安柯瑞（重组人5型腺病毒）交由广东天普启动再上市计划，拓展肿瘤细分市场。公司将通过并购及项目引进等方式不断丰富产品线，持续为广东天普发展注入新动能，为将广东天普打造为“在危重症领域成为值得尊敬和合作的生物医药领军者”而努力。

公司研发费用化投入合计10.61亿元，同比增长34.22%，占工业销售收入5.45%。其中，18.71%投向创新药研发，19.93%投向仿制药研发，33.60%投向现有产品的二次开发，27.77%投向仿制药质量和疗效一致性评价。公司卡托普利片、盐酸氟西汀胶囊、盐酸二甲双胍缓释片及氢氯噻嗪片等四个品种已通过一致性评价。盐酸度洛西汀肠溶胶囊、左炔诺孕酮片及布洛芬缓释胶囊等32个品规已完成BE试验并申报至国家药监局。

公司在创新药研发方面不断加快研发模式创新与优化，在全球多地落成新品研发与产业化平台。通过收购组建美国上药费城实验室作为海外高端制剂研发平台；启动美国圣地亚哥研发中心，提升公司在生物医药领域的整体创新能力；设立上药生物治疗中心，专注细胞治疗全面开发；出资1700万美金参股美国Oncternal公司，拓展肿瘤产品布局；与国内领先的高端制剂团队合资设立上海惠永药物研究有限公司，聚焦新型制剂、关键设备和给药装置及药用辅料等方面的研发。全年公司在研管线产品取得积极阶段性成果，连续入围中国医药研发产品线最佳工业企业20强。

中国医药商业史上大规模的并购尘埃落定，公司完成对康德乐中国的收购，通过整合协同，显著提升上海医药分业务整体的竞争格局与产业优势。在融合康德乐后，上海医药成为全中国最大的进口总代理商和分销商，无论进口的品规数还是销售金额都位居全国第一。公司相继与罗氏、默沙东、吉利德科学、葛兰素史克、拜耳及百时美施贵宝等全球知名药企签署战略合作协议，引入重磅新药，造福中国患者。2018 年，中国批准上市的进口药品中，上海医药获得的品种总经销权全国第一，其中囊括两大 PD-1 新药欧狄沃（Opdivo）与可瑞达（Keytruda）及日本卫材公司的肝癌一线治疗新药乐卫玛（甲磺酸仑伐替尼胶囊）等重磅产品。2018 年公司进口药品占公司药品分销收入 55.04%，已成公司分业务重要组成部分。

公司积极把握两票制正式实施带来的行业机遇，引领行业整合升级，覆盖全国网络布局，完成分销业态调整。公司先后收购了辽宁省医药对外贸易有限公司、上药控股贵州有限公司、上药控股遵义有限公司、海南天瑞药业有限公司，迅速在辽宁省、贵州省、海南省内打开局面。在重点布局省份继续完善网络，通过并购拓展商业版图，并购了惠州市上药同泰药业有限公司、江苏大众医药物流有限公司、四川瑞德药业有限公司等，完善重点省份的网络布局，提升公司竞争力。

上药云健康以“益药”为系列品牌，从处方的获取和管理，处方的支付与合理性管控，处方的实现和药品配送，患者增值服务等处方流通环节的多个方面，帮助政府机构落地医药分家政策，助力医疗改革。截至 2018 年年末，全国范围内实现电子处方流转 848.87 万张，呈现爆发式增长，累计对接医疗机构 340 家，服务患者逾 360 万。其中，上海社区延伸处方项目处方量实现翻番，市场占有率近 70%，覆盖 242 家上海社区医院中的 160 家。上药云健康坚持创新发展之路，全新推出“益药·云医院 + 益药·云药房”的创新互联网 + 产品，与镇江市政府达成战略合作协议，云健康在镇江设立继上海、广州之后的第 3 家“益药·云药房”，共同推动“电子处方 + 医保统筹支付”创新业务的落地。云健康与江苏大学附属医院达成战略合作协议，共同探索互联网医院发展模式，合作共建全国首家“益药·云医院 - 网上江滨医院”。

【2019 年发展趋势】

2019 年，公司坚持“顺应产业变革，加快转型发展，力争行业领先”的经营工作方针，注重提升公司集约化发展和国际化发展水平，以融产结合、创新驱动推动公司核心竞争力巩固与提升，确保年度经营目标的完成，实现预期业绩增长，保持良好的运营质量。

（谢　萍）

上海仪电（集团）有限公司

【概况】

上海仪电（集团）有限公司（简称上海仪电）是上海市国有资产监督管理委员会所属的大型企业集团。上海仪电以“引领信息产业发展、服务智慧城市建设”为使命，致力于成为智慧城市整体解决方案的提供商与运营商，聚焦物联网、云计算、大数据及人工智能等新一代信息技术，形成以信息技术产业为主体，与产业地产、产业资本高度融合的产业格局。集团秉承“以人为本、以资本为先导、以信息技术为核心、以基础设施为载体”的基本原则，倾力打造“智慧城市生态圈”，面向政府、企业、居民等智慧城市服务对象，聚焦智慧照明、智能安防、智慧交通、智慧溯源、智慧教卫、智慧能源、智能制造等业务领域，提供从智慧城市顶层设计与规划、集成实施和运维到融资保障全面服务。同时，基于“仪电云”平台，以数据为核心，创新运营模式，提升城市可持续发展能力和竞争力，提高城市生活品质。

截至 2018 年年末，上海仪电下属成员企业 267 家，其中控股企业 203 家（含 3 家上市公司），从业人员 1.5 万人。全国共拥有 15 个生产基地，在 24 个省份及 43 个城市设有分支机构。同时，上海仪电正进入从国内资源整合到国际资源整合、加快布局海外市场的新阶段，目前在海外共拥有 8 个生产基地、50 多个分支机构。

【2018 年经济工作情况】

2018 年，实现合并营业收入 194 亿元，比上年下降 15%；主营业务收入 192 亿元，下降 14%。利润总额 -14.48 亿元，主业利润 -26.26 亿元。实现归属母公司净利润 4.22 亿元，下降 56%。净资产收益率 3.87%，下降 5.3 个百分点。

一、积极做好重大专项工作

圆满完成世界人工智能大会、首届进口博览会重大专项任务。上海仪电作为 2018 世界人工智能大会（西岸峰会）战略合作伙伴，仪电物联作为大会场馆智能化项目弱电总包和大会应用体验部分总集成商，提供专业化、个性化、智能化解决方案，确保大会取得预期效果。首届进博会筹备和举办期间，云赛智联、飞乐音响、仪电物获在智慧照明、智慧水务、智慧溯源、数据中心、云服务以及系统集成等专业领域，精心做好相关项目改造和服务保障工作，充分展示仪电近年来在智慧城市领域取得的成果。

积极推进筹建微软－仪电人工智能创新院。上海仪电响应上海市建设国家人工智能发展高地和具有全球影响力科技创新中心的要求，在市主要领导的关心支持下，与徐汇区政府、微软（中国）签署有关战略合作备忘录，积极推进微软－仪电人工智能创新院筹建和“上海市人工智能研发与转化功能性平台”项目申报工作，年内取得重要进展。

二、着力拓展智慧城市业务

立足上海主战场，重点推进电子政务云、雪亮工程（智慧社区）、河长制、城市景观亮化、智慧场馆（主题公园）等五大工程项目，助力加强城市精细化管理。继 2017 年中标联合承建电子政务云 IaaS 平台项目后，又成功中标电子政务云中间平台采购项目（PaaS 平台），并中标嘉定、虹口、松江、长宁等区的电子政务云项目；市委网信办媒体云项目顺利交付。完成徐汇区田林街道智慧社区项目实施；中标嘉定区城市精细化管理平台项目；基本完成徐汇区 21 条河道的水质在线监测设施信息系统建设；完成虹口北外滩滨江照明亮化提升工程；实施上港集团长滩滨江景观照明项目；与黄浦区、徐汇区、浦东新区、上海化工区积极推进景观照明项目；完成进博会主场馆整体泛光智慧照明改进工程；承接桃浦中央绿地、嘉北郊野公园智慧照明和弱电智能化等项目。

加强项目管理和市场拓展工作。制定实施仪电 PMO（项目管理办公室）体系，与石家庄市政府、市质监局、上海城投集团等签订战略合作协议，对大客户采取“伴随式服务”模式，积极拓展智慧城市相关领域项目合作。组织参展首届自主品牌博览会、第六届上交会及其海外展、第 20 届工博会、巴塞罗那全球智慧城市展等重要展会，积极宣传仪电智慧城市业务和“INESA 雲赛”品牌形象。

打造智慧产业社区和金融综合服务平台。华鑫置业全面建成华鑫天地二期，展现仪电特色产业品质空间。智慧园区运营综合服务平台运行良好，运营管理平台功能落地，智慧产业社区建设初显成效。成功获得漕河泾四号地块土地开发权，继续与徐汇区合作推进漕河泾东区国际科创生态城区建设。华鑫股份完成仪电思佰益融资租赁公司 65% 股权收购，推进华鑫期货 100% 股权收购，启动并推进摩根华鑫证券 2% 股权转让工作。

三、全力做好飞乐音响危机应对工作

由于飞乐音响近年来经营不够稳健，业务规模过速扩张，内部控制存在缺陷，在国家去杠杆、严监管政策影响下，经营风险集中显现。上海仪电高度重视，及时成立专项工作小组，加强对飞乐音响改革调整稳定工作的领导和组织保障。深刻分析内外部原因，以全力保住新中国第一家 A 股上市公司为出发点，明确“一手抓眼前、一手抓当期”的方针，一方面，及时妥善处理突发事项，做好危机应对；另一方面，组织专门班子，按照“保大局、保稳定、保重点”的要求，制定实施一系列对策措施，积极推进内部改革调整稳定工作，努力改善经营状况，稳控各种风险。

四、加快培育核心能力

加强科技创新工作。召开上海仪电第七届科技工作大会，成立仪电集团新一届专家委员会和技术委员会。信息服务业与制造业全年科技投入率约 4%；申请知识产权 210 件，完成年度计划 108%，其中发明专利 94 件，完成年度计划 113%。组织开展政府专项申报项目 58 项，获批 25 项，金额约 1.45 亿元。全年被认定可享受加计扣税政策额度 1.8 亿元，比上年增长 5.88%。对系统内 12 个重点研发项目给予 1000 万元专项经费支持，年内下达资金 500 万元；开展重点研发项目实施情况阶段性检查和验收，下达经费 600 万元。

上海仪电 i–stack 云平台通过由中国信息通信研究院、云计算开源产业联盟主办的可信政务云评估，成功入选首批 5 家可信政务云提供商。智慧政务大数据综合管理平台、复旦大学大数据试验场云平台开发与建设、新能源汽车关键零部件研发平台建设、INESA 自助银行智能防范终端等项目顺利通过验收。亚明公司参与的“立体发光 LED 光源材料及技术的研发与应用”项目获上海科技进步二等奖。电动所获“国家服务型制造示范平台”称号，成功研制全球首台 10 兆瓦双向储能逆变器，微电网技术取得重要突破。完成大数据应用管理平台、食品安全指数平台的研发。云赛空间助力 10 家入孵企业获得上海市科创资金。

五、深化推进国企改革

云赛智联推进国企改革“双百行动”试点工作。作为全市 7 家试点企业中唯一一家科技性上市公司，云赛智联结合自身实际，聚焦“五突破一加强”的目标要求，围绕健全企业法人治理结构、完善市场化经营机制和激励约束机制、加强党的领导党的建设等方面，制定实施行动方案和工作举措。

开展混合所有制改革工作专题调研。系统总结近几年云赛智联、飞乐音响等企业混合所有制改革的经验和教训，制定实施《关于上海仪电推动混合所有制工作深化发展的若干意见》，为下一步推动混合所有制企业健康持续发展明确了 12 条工作措施。

有序推进各项改革试点工作。试行 BSC+KPI 战略型绩效考核体系；完成国有控股混合所有制企业云海万邦员工持股计划实施；拓展实施市场化选聘经理人试点，云赛智联下属南洋万邦、信息科技公司完成市场化选聘经理人工作。

【2019 年发展趋势】

2019 年，上海仪电将继续以习近平新时代中国特色社会主义思想和党的十九大精神为指导，认真贯彻中共上海市委《关于面向全球面向未来提升上海城市能级和核心竞争力的意见》，按照“质量第一、速度稳健、结构优化、防范风险”的要求，坚持稳中求进、进中提质，推动企业高质量发展，抢抓新的发展机遇，防范化解各类重大风险，扎实推进仪电发展战略，统筹做好“稳增长、提质量、调结构、防风险、抓管理、促改革”各方面工作，在努力稳增长的同时更加注重发展质量，在推进实施“7+1+2”业务战略的同时更加注重突出重点、聚焦资源，在积极提升系统集成能力的同时更加注重核心技术、核心产品的培育，在着力激发企业活力、动力的同时更加注重风险防范和合规经营，进一步加快提升核心竞争力和综合竞争力。

全年进一步突出重点，完成好三大攻坚任务：一是抓住机遇，加快云服务产业发展和人工智能产业布局；二是以云赛智联“双百行动”试点为抓手，继续推进仪电深化改革工作；三是妥善应对危机，积极做好飞乐音响调整、稳定和改革、发展工作。同时抓好以下重点工作：编制好集团新一轮三年行动规划，确定集团后三年发展目标、发展重点和战略性举措；加大核心主业投资培育力度，注重核心竞争力的提升，完善产业链布局；坚持“一整四大”，积极拓展智慧城市业务；加快商务不动产和非银行金融服务板块的战略转型；加强风险管控和合规管理；完善全面预算管理和经营计划管理，努力提升经济运营质量；统筹推进信息化建设；加快产品、技术和人才储备。

（王新生）

申能（集团）有限公司

【概况】

申能（集团）有限公司（以下简称“申能集团”或“公司”）是上海市国资委出资监管的国有独资有限责任公司，注册资金100亿元；前身为1987年创立的申能电力开发公司，1996年成立集团公司。目前，申能集团拥有申能股份有限公司（SH600642）、上海燃气（集团）有限公司、东方证券股份有限公司（SH600958）等10多家直属全资和控股企业。

申能集团秉持“锐意开拓，稳健运作”的经营理念和“电气并举，产融结合，创新引领，转型提升”的发展战略，是上海市重大能源基础设施的投资建设主体和主要的电、气能源产品供应商。公司立足能源主业，稳步拓展投资领域，覆盖电力产业、燃气产业、金融产业，并涉足能源服务和能源贸易等领域，致力于为社会提供安全、清洁、高效、可持续的能源供应。公司连续17年名列中国企业500强。

公司先后建成外高桥第二发电厂、外高桥第三发电厂、临港燃机电厂、崇明燃机电厂、临港海上风电、内蒙古达茂风电等约40个电源项目，其中外高桥第三发电厂成为全国火力发电企业的标杆。截至2018年年末，公司电力权益装机容量达到1064万千瓦，控股电厂发电量占到上海市总发电量约1/3。同时，公司构建形成上海城市“6+1”（西气一线，西气二线，洋山进口LNG，东海气，川气，江苏如东气，五号沟气源站）天然气多气源保障体系，形成集燃气生产采购、管网配输、销售供应为一体的完整的城市燃气产业链。2018年，天然气经营规模92亿立方米，拥有燃气用户689万户，燃气供应量占到上海市场份额90%以上。公司金融产业涉及证券、保险、银行等多个领域，投资了东方证券、太平洋保险、申能财务公司、诚毅投资、光大银行等多家金融企业，公司金融资产市值598亿元，资产证券化率超过80%。公司在能源服务领域培育形成一批拥有核心技术、具有良好发展前景的新兴企业，整合资源构建能源贸易平台，不断加快申能产业链延伸和创新转型的步伐。

【2018年经济工作情况】

2018年，申能集团以党的十九大精神为指引，坚持稳中求进、坚持高质量发展，以构筑公司五大战略新优势为工作主线，各项工作取得积极进展。

一、主要经济指标完成较好

申能集团全年权益发电量357亿千瓦时，比上年增长4%；控股发电量364亿千瓦时，增长2.4%；控股电厂供电煤耗288.6克／千瓦时，下降3.8克／千瓦时。2018年天然气经营规模92亿立方米，增长14.1%；天然气贸易量5.1亿立方米。截至2018年年底，申能集团总资产1566亿元，年营业收入422亿元，利润总额59亿元。

二、实现电、气安全平稳供应

申能集团有效发挥综合保障优势，圆满完成上海能源保高峰和国际进口博览会能源保供应任务。发挥天然气产供储销一体化优势，克服台风频发、上游减供、峰谷差不断加大等困难，协调集团系统电力、燃气企业，确保了上海市电、气安全平稳供应。公司不断提升安全生产基础管理能力和本质安全水平，全年实施地下燃气管道改造136公里，发电企业机组稳定性进一步增强。

三、电力产业结构进一步优化

绿色低碳发展取得积极成效，清洁电源比重不断提升，清洁能源权益装机占比达45%；新能源权益装机达到72万千瓦，同比增长102%。公司投资建设的1350兆瓦高效洁净燃煤机组国家示范项目进展顺利，上海崇明燃机电厂年内实现并网发电。

四、天然气产供储销体系建设加快

申能集团天然气产业发展再上台阶，天然气业务规模取得两位数增长。公司抓紧推进新一轮储气和调峰能力建设，中标新疆柯坪南油气区块，上海洋山 LNG 储罐一期扩建工程完成部分预验收。公司入股江苏金坛储气库，积极拓展长三角市场。LNG 水上加气站布局取得突破，完成与浙江省天然气资源串换。开展上海燃气服务“双百”行动，燃气服务水平显著提升。

五、金融企业保持稳健发展

东方证券深化转型发展，整体实力保持稳定，行业排名基本持平，获批新设营业部 15 家，总数达到 168 家。申能集团加快打造产融结合申能模式，申能碳科技公司正式揭牌；申能财务公司金融服务能级进一步提升，年资金结算量达到 8000 亿元；申能诚毅投资基金加快布局。申能集团系统金融企业未发生重大风险和违法违规事件。东方证券获评 A 类 AA 级。申能财务公司保持监管 A 类评级。

六、能源服务产业加快市场拓展

申能集团在能源服务领域培育形成一批拥有核心竞争力的新兴企业，申能能源服务公司提供专业的区域能源综合服务，区域供能上海市场占有率达到 37%。能源贸易业务发展提速，久联集团天然气贸易量同比增长 144.7%，申能燃料公司燃煤销售规模达 1700 万吨。上海国际能源创新中心吴淞园区建设和招商工作稳步实施。申欣环保公司加快市场化开拓，连续中标系统外脱硫脱硝维护项目。申能电力科技公司实施电厂节能技术改造新增系统外装机 320 万千瓦。

七、重点改革任务取得突破

上海燃气专业化市场化改革入选国务院国资委国企改革“双百行动”企业名单；重组分立基本完成，上海燃气有限公司成立；专业化改革深入推进，液化石油气分公司和燃气服务分公司成立。申能集团系统企业围绕转型发展不断加快业务结构调整，混合所有制改革成效逐步显现，市场化激励约束机制不断完善。

八、科技创新技术保持先发优势

申能集团电力节能技术继续保持行业领先，全年实际供电煤耗同比降低 3.8 克／千瓦时，环保减排成效显著；1350 兆瓦高效洁净燃煤机组国家示范项目作为在建电厂，获第五届皮博迪年度“全球洁净煤领导者奖”。智慧燃气建设持续推进，智能服务客服信息系统和微客服平台三期全面上线，微客户平台应用获评全国质量标杆。金融科技加快应用试点，东方证券数字化综合金融服务辐射至所有客户和员工。

九、规划研究和管理工作不断夯实

开展申能集团新一轮发展规划研究，中长期科技创新发展规划也形成初步成果，集团品牌建设工作稳步推进，人才发展机制加快建设，全面预算管理优化稳步实施，新版制度框架体系形成。

【2019 年发展趋势】

2019 年，申能集团将深入贯彻落实党的十九大和十九届二中、三中全会精神，按照中央经济工作会议、十一届上海市委六次全会要求，坚持稳中求进工作总基调，主动服务国家战略，积极对接上海发展定位，加快构筑公司五大战略新优势，着力培育发展新亮点和增长点，着力提升核心竞争力和各板块能级，推动公司实现高质量发展。

一、着力提升电、气安全保供能力。全力保障冬夏高峰和极端气候上海市天然气平衡供应以及申能系统电厂机组稳定运行。提高中远期资源供应能力，着力推进风险管控预防机制建设。

二、加快电力产业清洁高效发展。持续推进电力清洁化发展，加快新能源规模化基地建设，提升电力市场化经营能力，深入推进电厂标准化管理。

三、推动燃气产业实现二次成长。着力推进天然气产供储销体系建设，强化“多元结构、海陆并举”的天然气供应体系，加快天然气储备能力建设，抓住机遇进一步做大天然气市场规模，树立上海燃气服务品牌新形象。

四、持续推动金融产业做大做强做优。着力优化申能集团金融资产布局，加快东方证券市场化发展，积极构建全方位多层次的综合金融服务平台，畅通基金投资全流程管理。

五、加快提升能源服务竞争力和能级。加快构建申能特色的区域综合能源服务模式，着力做大能源贸易规模，加快能源创新平台建设，加大节能环保拓展力度。

六、深化国资国企改革激发内生动力。着力推动燃气企业改革，不断提升服务水平向国际一流水准靠拢。建立健全集团系统企业中长期激励约束机制，优化完善业绩导向型考核体系。积极构建申能集团战略业务第五板块，布局具有规模化发展潜力的战略性项目。

七、加快科技创新推动高质量发展。着力构建协同创新机制，形成申能集团创新引领中长期发展规划。组建上海智慧能源工程技术研究中心，持续打造清洁高效发电新标杆，建立“智慧燃气”上海标准，积极推动金融科技创新。

八、优化提升集团战略管控能力。加强战略引领和对标管理，着力推进集约化管理，加强干部人才队伍建设，积极塑造申能品牌形象。

（综合管理部）

上海航天局

【概况】

上海航天局，又称上海航天技术研究院、中国航天科技集团有限公司第八研究院，是中国航天科技集团有限公司三大总体院之一，创建于1961年8月。经过50多年的发展，已成为航天系统唯一的“弹箭星船器”多领域并举、军民融合式发展的国防科技工业骨干企业。上海航天局主要承担防空导弹、运载火箭、应用卫星、空间科学探索与应用等领域产品研制生产任务。此外，通过坚持军民融合发展，还形成了以智慧能源、智能装备、智联商贸“三智”为主业的民用产业发展格局。

上海航天局拥有主要从事军工产品研制生产的有12家单位和主要发展民用产业的9家企业，其中包括中国第一家以航天命名的上市公司——上海航天汽车机电股份有限公司（股票代码：600151）。目前，已经形成“一城三区、三大基地”的发展格局。截至2018年年底，上海航天局有从业人员20875人。

【2018年经济工作情况】

2018年，上海航天局全面实现年度经营发展目标，发展质量稳步提升，实现营业收入500.2亿元，比上年增长7.6%；实现利润35.5亿元，增长4.3%；实现经济增加值34.2亿元，增长2.3%。净资产收益率11.4%，全员劳动生产率47.1万元／人年，取得了显著的经济效益，实现了营业收入和利润同步增长。

一、圆满完成宇航发射任务

上海航天局圆满完成以长征四号丙发射鹊桥中继星任务为代表的14次火箭发射，发射数量首次超过两位数；抓总研制的长征系列运载火箭发射总量实现超百发的历史性跨越；常规动力火箭任务覆盖酒泉、太原、西昌三大发射基地；远征三号上面级实现首飞成功。

风云二号H星等三星成功发射，二星在轨交付。高分五号获工博会特别荣誉奖，实现世界上首次在轨大气和陆地全谱段高光谱综合观测。风云系列气象卫星获第五届中国工业大奖。嫦娥四号成功发射，实现人类首次月球背面着陆探测。

1月9日，上海航天局长征二号丁遥四十运载火箭在太原卫星发射中心以一箭两星方式将高景一号02组卫星发射升空。此次发射是长征二号丁火箭的第35次发射，也是长征系列运载火箭的第261次发射。

1月13日，上海航天局抓总研制的长征二号丁遥四十九运载火箭在酒泉卫星发射中心成功将陆地勘查卫星三号发射升空，此次发射是长征二号丁火箭的第37次发射。

2月2日，上海航天局抓总研制的长征二号丁遥十三运载火箭在酒泉卫星发射中心成功将张衡一号（电磁监测试验卫星）等7颗卫星发射升空，此次发射是长征二号丁火箭的第38次发射。

3月17日，上海航天局抓总研制的长征二号丁遥五十运载火箭在酒泉卫星发射中心成功将陆地勘查卫星四号发射升空，卫星进入预定轨道。

3月31日，上海航天局长征四号丙遥二十六运载火箭在太原卫星发射中心成功将高分一号业务星（3颗）送入预定轨道。此次发射是长征四号乙系列运载火箭的第51次发射，也是我国长征系列运载火箭的第270次发射。

4月10日，上海航天局抓总研制的长征四号丙遥二十五运载火箭在酒泉卫星发射将遥感卫星三十一号01组卫星和微纳技术试验卫星（2颗）发射升空。此次发射是长征四号乙系列运载火箭的第52次发射。

5月9日，长征四号丙遥二十运载火箭在太原卫星发射中心将高分五号卫星准确送入预定轨道，此次发射的长征四号丙火箭和高分五号卫星均由上海航天局负责抓总研制。其中高分五号卫星是中国首颗高光谱综合观测卫星，也是中国高分重大专项中唯一一颗高光谱观测卫星，是实现高光谱分辨率对地观测能力的重要标志之一。

5月21日，上海航天局抓总研制的长征四号丙遥二十七运载火箭在西昌卫星发射中心成功将嫦娥四号中继卫星“鹊桥”以及搭载的两颗哈尔滨工业大学实验卫星送入预定轨道。

6月2日，上海航天局抓总研制的长征二号丁遥二十运载火箭在酒泉卫星发射中心通过一箭双星方式成功将高分六号卫星送入预定轨道，同时搭载的珞珈一号科学实验卫星01星也顺利入轨。

6月5日，上海航天局抓总研制的风云二号H星在西昌卫星发射中心成功发射。H星是中国第一代静止轨道气象卫星的最后一颗，将与在轨的风云二号E、F、G星开展组网观测，对于保证两代静止轨道气象卫星业务接续有着重要的意义。

7月31日，上海航天局抓总研制的长征四号乙遥三十七运载火箭在太原卫星发射中心成功将高分十一号卫星送入预定轨道。

10月25日，长征四号乙遥三十四运载火箭在太原卫星发射中心将海洋二号B星送入预定轨道，这是长征系列运载火箭的第288次飞行，也是上海航天局抓总研制的长征系列火箭第100次发射，验证了中国航天进入高强密度研制、高强密度发射、高强密度交付的新时代。

11月20日，上海航天局抓总研制的长征二号丁火箭遥二十八运载火箭将试验六号等5颗卫星发射升空，此次发射是长征二号丁火箭的第41次发射。

12月7日，上海航天局抓总研制的长征二号丁遥三十八运载火箭将沙特商业星5A/5B等12颗卫星发射升空，此次发射是长征二号丁火箭的第42次发射。

12月8日，嫦娥四号探测器在西昌卫星发射中心由长征三号乙运载火箭成功发射，于2019年1月3日成功着陆于月球背面，实现人类探测器首次在月球背面软着陆。上海航天局承担了嫦娥四号探测器中五个半分系统的研制任务，各项产品技术指标正常、状态良好。

12月29日，上海航天局抓总研制的长征二号丁遥三十五／远征三号遥一运载火箭将云海二号卫星星座、鸿雁首发星等7颗卫星发射升空，此次发射是长征三号上面级的首次飞行，也是长征二号丁火箭的第四十三次发射。

二、产业发展势头良好

上海航天局加快军民融合发展平台建设，创新创业中心一期建成并投入试运行，成功入选工信部“双创”平台试点示范项目。双创运行平台公司成为集团公司首家孵化器企业。轨交防撞预警系统新增申通80列地铁订单，牢牢占据上海轨交唯一供应商地位并进入天津市场。汽车防撞雷达成功入选知名整车厂定点供应商。新能源汽车三电系统核心产品客户覆盖北汽、吉利、比亚迪等主流车企。“领跑计划”一期通过结题验收，取得两项产业化突破。燃气分布式能源中标俄罗斯阿穆尔气体处理厂项目。锂电储能轨交产品实现北京地铁应用试运行。汽车热系统领域完成韩国ERAE公司并购交割，成功获得宝马法威订单。

三、创新驱动能力持续提升

上海航天局对标“两个世界一流”（支撑世界一流军队建设、建成世界一流航天企业集团）标准，再梳理、再确认14个核心专业和55个工程技术方向，编制八院核心专业发展路线图，明确2025年发展目标和2020年前重点工作。启动5个首批院级重点实验室建设。创新自主投入与单位工资总额挂钩，各单位投入平均增幅达69%。聘任首批29名副总研究师，906名课题组长竞聘上岗，研究室全面配置专职研发领导，人才发现机制向竞争择优方向转变。单列创新工资总额，各单位创新激励平均增长225%。按“竞标、一类、二类”分类设置创新责任令，实施技术成熟度评价机制，强化资源统筹和刚性考核。扎实推进核攀工程、有效载荷工程，获国家科技进步二等奖2项、省部级科技奖54项、中国专利优秀奖4项。

四、落实人才兴企战略

上海航天局启动人力资源管理新体系建设，完成“百舸争流”“千帆竞发”“新舟启航”专项人才计划的方案制定。大胆选拔使用敢担当、善作为的青年干部，上海航天局首次产生“80后”型号两总。持续推动高层次科技人才培养。推动各单位实施“高层次科技领军人才培养计划”。承办2019年世界技能大赛上海选拔赛数控车、数控铣项目的办赛工作，组织开展上海集训队的集训，代表上海市组队参加2018年全国数控大赛。紧密结合上海市2021年世界技能大赛的推进工作，积极推动149厂世赛训练场馆的建设。在全国数控大赛中，上海航天局8名选手参加竞赛，获二等奖2名、三等奖5名。积极推动中华技能大奖、全国技术能手、航天技能大奖及航天技术能手培养和选拔，并实现新突破。1人评为全国技术能手，149厂评为国家技能人才培养突出贡献单位，1人评为上海市技术能手，2人获上海市首席技师资质、1个工作室评为上海市技能大师工作室。全面推进上海市高技能人才培养基地建设。加强航天实训基地的业务转型与发展。完成“上海市高技能人才培养基地”项目建设与验收。

【2019年发展趋势】

2019年，是上海航天局全面贯彻落实习近平总书记“8.26”重要批示，冲刺“十三五”规划目标，布局“十四五”和2035发展任务，加快推动全面深化改革，实现高质量发展的关键一年。

全年实现营业收入510亿元、利润38亿元、经济增加值33亿元、净资产收益率10.6%、全员劳动生产率48.5万元／人年。型号经费到款200亿元。

重点工作和措施：强化战略使命引领，支撑航天强国建设；狠抓科研生产管理，高质量保证型号成功；贯彻落实质量强企战略，持续提升质量管理水平；推动全面深化改革，提升企业治理能力；着眼未来推动技术创新，夯实航天强国技术基础；加快产业调整改革，筑牢健康发展根基；转变能力建设导向，支撑企业长远发展；积极开拓国际市场，提升国际竞争能力；持续优化队伍管理模式，不断提升综合管理水平；贯彻新时代党建总要求，引领企业健康稳定发展。

（王　蓉）

中国商用飞机有限责任公司

【概况】

中国商用飞机有限责任公司（以下简称中国商飞公司）是实施国家大型飞机重大专项中大型客机项目的主体，也是统筹干线飞机和支线飞机发展、实现中国民用飞机产业化的主要载体。公司经国务院批准成立，由国务院国资委、上海国盛（集团）有限公司、中国航空工业集团有限公司、中国铝业集团有限公司、中国宝武钢铁集团有限公司和中国中化股份有限公司出资组建，2008 年 5 月 11 日在上海成立，注册资金 242 亿元，总部设在上海。2018 年增资扩股方案获国务院批准，首批资本金到位，新增中国建材集团有限公司、中国电子科技集团有限公司和中国国新控股有限责任公司三家股东单位。中国商飞公司主要从事民用飞机及相关产品的科研、生产、试验试飞，民用飞机销售和服务、租赁和运营等相关业务。

公司使命是“让中国的大飞机翱翔蓝天”，愿景是“为客户提供更加安全、经济、舒适、环保的民用飞机”，目标是“把大型客机项目建设成为新时代改革开放的标志性工程，建设创新型国家和制造强国的标志性工程，把公司建设成世界一流航空企业”。

截至 2018 年年末，公司所属单位有上海飞机设计研究院、上海飞机制造有限公司、上海飞机客户服务有限公司、北京民用飞机技术研究中心（北京办事处）、民用飞机试飞中心、上海航空工业（集团）有限公司、上海《大飞机》杂志社有限公司、中国商飞美国公司、中国商飞四川分公司、中国商飞商飞资本有限公司、中国商飞商飞集团财务有限公司、中国商飞商飞大学（商飞党校）。与俄罗斯联合航空制造集团公司合资成立中俄国际商用飞机有限责任公司，作为 CR929 宽体客机研制主体。设立美国办事处、欧洲办事处，参股中国航空发动机集团有限公司、成都航空公司、浦银金融租赁公司等。中国商飞公司从业人员 12441 人。

【2018 年经济工作情况】

2018 年，中国商飞公司以习近平新时代中国特色社会主义思想为指导，贯彻落实习近平总书记关于大飞机事业重要指示精神，落实公司第一次党代会精神，扎实推进产品研制经营和公司发展建设。ARJ21 飞机市场开拓取得重大突破，航线运营安全平稳；C919 飞机完成重大试验，103 架机成功首飞；CR929 飞机确定总体技术方案，展示样机精彩亮相；推进全面深化改革，破解发展难题，完善管理体系，提升专业能力，打造万人精兵，夯实基础基层基本功。

一、市场与客户工作取得重大突破。中国商飞公司市场团队直面竞争对手，转战东西南北，赢得天骄航空 25 架、乌鲁木齐航空 20 架 ARJ21 飞机订单，落实一批交付机位；新增 ARJ21 飞机订单 95 架，累计 528 架，新增 C919 飞机订单 30 架，累计 815 架。

二、产品全生命周期与项目群管理走上正轨。统一构型管理规则，成立构型管理中心，开展构型审核，策划文件体系，启用新件号规则；提升产品实现过程控制力，推广“四同时”，做实 DBMOT；强化项目管理薄弱环节，建立统一的项目管理组织，配置项目团队系统工程 VP 和主管，培训认证系统工程师 764 人，培训认证项目经理 370 人；建立以商业需求与目标（BRO）和飞机研制需求与目标（ADRO）为核心的需求管理架构，编制吃透需求检查单；在上飞院开展吃透技术试点，总结提炼吃透技术评价准则，开展“两透一控、双五归零”全员培训。

三、产品研制稳步推进。ARJ21 飞机加快设计优化，提高竞争能力。C919 飞机聚焦试飞取证，开展技术攻关。完成 2.5 克极限载荷静力试验等 9 项关键试验，完成电源、航电、主飞控等软件集成试验；两架试飞机多地试飞累计 80 架次，正常模式控制律试飞取得突破；103 架机实现首飞，104 架机进入总装，105 架机开始结构对接，研制批量生产按计划推进。CR929 飞机狠抓需求捕获，研制步入正轨。健全需求管理体系，捕获需求 2 万余条；确定总体技术方案，确定 5 架试飞机、36 个试飞模块、251 项试飞科目；完成联合概念定义，发放 56 份招标建议书；复材前机身全尺寸筒段试验件下线；展示样机精彩亮相珠海航展；合资公司运营平稳。

四、为客户服务能力显著提升。成都航空运营 ARJ21 飞机达到 10 架，累计运营航线 21 条、通航城市 22 个、飞行 8000 余小时、载客近 23 万人次；4 支团队驻扎成都等城市开展现场支援，发出 2433 条快响答复、158 份超手册修理方案、73 份服务通告，客户请求关闭率 88.4%；提供客户培训 383 人次，24 名飞行员获型别等级。提供 7×24 小时航材保障，AOG 航材交付率 99.35%。手册成熟度达到 95.1%。

五、实施万人精兵工程。深入分析商用飞机人才稀缺性、竞争性、全球性、成长周期长特点，围绕公司党代会提出的奋斗目标和阶段目标，突出战略导向、精准导向、高端导向和开放导向，印发《中国商飞公司万人精兵工程方案》。规划到 2035 年，公司人才总量超过 3 万人，打造经营、项目、技术、技能和急需紧缺、海外人才“4+2”支大飞机核心队伍1万精兵，锤炼塑造打不垮、打不散、知难而进、迎难而上、忠诚于大飞机事业的铁杆核心队伍，建设创新创业的人才高地。放大全球资源配置范围和视野，更加开放、包容引才用才，快速、准确、优化配置急需紧缺人才。同时优化人才评价机制，畅通精兵发展通道；完善人才培养机制，提升精兵关键能力；创新人才流动机制，锻炼精兵实战技能；健全人才激励机制，打好人才吸引、稳定、活力的组合拳，激活精兵干事创业。

【2019年发展趋势】

2019年是新中国成立70周年，是决胜全面建成小康社会第一个百年奋斗目标的关键之年，是中国商飞公司实现“三个一”阶段目标至关重要的一年。历经10年奋斗，大飞机事业已经到了最为关键的发展阶段，中国商飞公司将牢牢抓住机遇，积极应对挑战，以更强的信心和更大的决心，坚决完成2019年工作目标，为实现“三个一”阶段目标创造有利条件。

总体要求：以习近平新时代中国特色社会主义思想为指导，全面贯彻党的十九大、十九届二中、三中全会、中央经济工作会议和中央企业地方国资委负责人会议精神，深入贯彻习近平总书记关于大飞机事业重要指示精神，认清发展环境、阶段特征，牢记历史任务，把握主要矛盾，坚持发展方略，按照“稳中求进、安全发展、高质量发展”工作基调，狠抓质量安全，狠抓能力建设，狠抓基层基础基本功，直面问题、化解风险、迎接挑战、抓住机遇，奋力向“三个一”阶段目标迈进。

主要目标：一是ARJ21飞机做到确保质量安全、提升竞争能力、批产提质增效、服务精诚到位；二是C919飞机做到策划要精细扎实、取证要爬坡过坎、交付要提前谋划；三是CR929飞机做到合作机制要清晰、需求捕获要完整、项目工作要扎实。

工作措施：切实提高学习能力，主动更新知识，优化知识结构，增强应对新情况、处理新问题的本领；坚持以客户为中心，落实国家战略，为客户创造价值；坚持勤俭研制大飞机，研制具有竞争力的飞机，完成国家交付的使命；以大飞机翱翔蓝天为荣，努力打造飞行员爱飞、乘客爱坐、航空公司爱买的飞机精品。

（黄 健）

上海建材（集团）有限公司

【概况】

上海建材（集团）有限公司是集设计研发、生产制造、工程应用、集成服务于一体的国有大型绿色建筑材料产业集团。

集团主业涵盖以高端制造及深加工应用为主的先进制造业务、以工业化预制建材及绿色建材为主的新材料业务、以既有建筑改造升级为主的节能环保业务和以建材集成供应及检测认证为主的生产性服务业务等四大核心板块，主要成员企业包括上海耀皮玻璃集团股份有限公司（600819SH）、上海百姓装潢有限公司、上海玻机智能幕墙股份有限公司、上海白蝶管业科技股份有限公司、上海新型岩棉有限公司等，拥有“耀皮”“樱花”“月星”“白蝶”等多个知名品牌，广泛应用于上海中心大厦、浦东国际机场、洋山深水港等标志性建筑和重大工程项目。

集团聚焦“打造中国优秀的节能环保新材料集成服务商”的战略目标，围绕“制造+服务”产业方向，以整体解决方案为核心，为客户提供定制化、差异化服务，致力于我国建材产业的节能环保、绿色转型和优化升级。

【2018年经济工作情况】

2018年面临宏观经济下行、行业竞争加剧等挑战，建材集团坚定信心、主动作为，聚焦年度目标任务，优化产业布局，创新转型发展，稳步推进各项重点工作和重点项目，在做强主业、做响品牌、提升科技等方面取得了较好成效，为集团新一轮发展夯实了基础。

一、主要经济指标完成情况

全年集团主营业务收入70亿元，比上年增长5.8%；利润总额16,922万元，增长87%，主业整体盈利水平显著提升。

二、2018年主要工作

1．加强总部引领能力建设，筹划市场化转型发展

进一步推动总部功能转型。编制《上海建材（集团）有限公司2018—2020年战略发展三年滚动计划》《上海建材（集团）有限公司品牌建设发展规划（2018—2022年）》等文件并推进实施。

产品和服务积极对接地产。2018年，来自地产集团系统内的业务承接量显著增长。对接地产闵虹、地产住保、中华企业、世博文化公园等集团内客户实现的营业收入合计近亿元。

2．聚焦产业链关键环节，推动各板块差异化发展

高端制造板块坚持高质量国际化发展。浮法玻璃、建筑

玻璃、汽车玻璃三大板块均实现显著增长。

新材料板块聚焦产品系统开发与集成应用，提升工程服务能级。

节能环保板块围绕城市更新功能打造，“立足上海，面向全国”。

生产性服务板聚焦平台建设，激发创新活力。

3．围绕品牌集群建设，加快“制造＋服务”创新

从对接“上海制造、上海服务”高度，推进集团品牌建设，加强品牌管理。组织成员企业先后参加了第20届工博会、第29届中国（上海）国际绿色建筑建材博览会、加拿大“中国品牌商品展”等。

2018年，“上海建材”被评为国家绿色建材品牌计划百强品牌，集团成功入选“中国建筑建材品牌集群”首批成员单位，获得全国首批发展建材服务业先进单位称号。耀皮玻璃获得首批“上海品牌”认证，入选《雄安新区建设选材名录》。

4．完善科研体系建设，助推主业能级提升

完善集团科研体系，优化上海建材产业技术研究院功能，打造技术创新平台；加大科技创新和产业化力度，市级技术中心增加到5个。集团2018年科技项目（课题）共61项，其中技术开发类28项、技改和技艺工法类33项，科研投入超1.5亿元。

深化产学研合作。建材集团先后与中国建筑标准设计研究院、上海宝武环境科技有限公司、上海应用技术大学签订《战略合作框架协议》。与上海应用技术大学合作建设研究生实践基地，联合打造上海市建筑防水材料工程技术研究中心。

5．推进存量资产盘活，提升资源配置效益

主动对接市场化资源，探索存量资产盘活的新模式和新路径，将存量资源优势转化为主业发展优势。持续加强对租赁物业和租赁业态的管理，逐步消解历史遗留问题，提升物业管理水平。

由上海市建筑材料设计研究院设计施工总承包的内江路191号“近零建筑”项目完成装修改造，目前进入项目验收及客户入住阶段。该项目是本市第一栋按近零碳排放要求设计改造的既有建筑，被列为世界银行低碳建筑示范项目，具有可复制、可推广价值。

【2019年发展趋势】

把握“上海城市更新和中国建筑产业、建材产业绿色转型”机遇，围绕打造“中国优秀的节能环保新材料制造和服务商”的战略定位，聚焦“做强主业、做活机制、作响品牌”，推进“增量投资补短板，存量资产提效益，品牌建设拓市场，资本经营调结构”等重点工作，加快“制造＋服务”产业转型，发挥产业与资本的协同优势。进一步提升主业竞争力，进一步建立市场化机制，进一步提升科研创新水平，进一步提升品牌影响力。充分重视市场不确定性风险，确保企业平稳健康高质量发展。

（陈宗来）

上海市机械设备成套（集团）有限公司

【概况】

上海市机械设备成套（集团）有限公司（以下简称成套集团），前身为上海市机械设备成套局，成立于1959年，曾先后归属国家一机部、物资部、上海市计委、经委和国资委等机构管理。1999年经中共上海市委、市政府批准，改制为国有多元投资的企业集团。成套集团是中国机械设备成套工程协会副会长单位，也是上海市机电设备招投标行业协会理事长单位。

成套集团注册资金（实收资本）4.18亿元，下设9个职能部室、12家分公司、15家全资和控股子公司，2家参股子公司。经营范围主要集中在五大业务板块：工程总承包（设备集成）、国际贸易、招标代理服务、国内贸易（含经营性租赁）和咨询监理。

近60年来，成套集团为国家和上海市重大工程、重大技术改造项目，提供了数千亿元的成套设备和配套服务，积累了丰富的设备集成经验。成套集团连续多年被评为上海市重点工程实事立功竞赛优秀公司、上海市合同信用评价3A级单位和上海市重合同守信用单位，多次荣获国家和地方重大技术装备奖、国家优质工程金奖、国家建设工程质量奖、市政工程金奖、水利金奖、詹天佑土木工程奖、中国人居范例奖等殊荣。

【2018年经济工作情况】

2018年，成套集团进一步增强依法合规的经营和管理意识，攻坚克难、砥砺前行，不断巩固和开拓市场业务，做到经济工作稳中有进、管理工作有序深化，取得良好业绩。

一、招标业务，绩效显著势头强劲

成套集团招标业务板块在巩固汽车、能源、轨交、教育、政府采购等传统市场和客户的同时，紧抓战略新兴产业发展机遇，抢占市场制高点，开拓外地新市场，不断提升市场占有率，绩效显著。

机电招标顺应国家政策导向，紧抓半导体等战略新兴产业发展机遇。实施“走出去”战略，承接郑州、烟台、无锡、绍兴等外埠项目，同时积极发展项目咨询和造价咨询业务，对工程招标业务进行技术支撑的同时，在造价、审价、专项咨询等方面，实现业务市场化发展的新突破。

二、外贸业务，勇于开拓不断进取

面对国际贸易摩擦和争端不断，外部环境发生明显变化的压力，进出口板块各单位围绕各自经营目标，在巩固和深化现有业务的同时，积极拓展新客户和新业务，业务态势良好。

进出口公司扩大工程机械设备及市政工程相关设备等传统领域业务，在盾构、施工装备等设备进口方面取得好成绩，同时，进一步提升太阳能业务规模。利用新加坡公司海外平台优势，开展转口贸易、租赁贸易、产品自营等形式多样的业务模式，实现了内外贸易业务联动，取得了较好的成绩。

三、工程业务，紧跟市场特色明显

工程板块积极拓展“两外市场”，紧抓投资和环保新政机遇，发挥专业特色，在轨交设备供应、污水及污泥处理、光伏电站建设等方面积极开拓，取得较好成绩。

承接和参与昆明、郑州等地轨道交通项目，以及白龙港污水处理厂提标改造、虹桥污水厂、泰和污水厂等污水处理项目。积极开拓全国环保市场，推建产业升级和创新，实现产业链前端服务的拓展。

四、国内贸易，迎难而上保持稳定

围绕一般贸易、设备租赁和汽车销售服务。扩大与老客户的合作，做好霍尼韦尔净化产品零售的同时，逐步开展工程项目设备销售。

设备租赁全面推进汽车租赁业务发展，实现新突破。

汽车销售服务板块受到汽车消费市场整体销量下滑等因素，面临较大的经营压力，各单位以积极进取的姿态投入市场竞争，认真谋划发展新思路。

五、监理咨询，塑造品牌创新发展

监理业务坚持走专业化和特色经营，在轨交设备系统总监理、联调咨询等专业领域，继续保持快速发展势头。监理公司在巩固武汉市场的同时，大力培育西藏、江苏、山东、河南等轨交新兴市场。全年中标武汉2号线、武汉11号线东段等监理项目，涉及武汉轨交6号线一期的供电系统接触网施工安装等3个项目，同时获武汉“市政工程金奖”；参建的上海轨道17号线项目的所有车站，荣获国际LEED银级认证。集团完成上海市经信委2018年重点技术改造项目核价工作。涉及核价项目193个，得到市经信委产业投资处和市财政局相关领导的充分肯定。

六、文化建设，培育特色积极推进

集团参与上海市重点工程实事立功竞赛活动，7个集体和9名个人被评为市级和赛区的立功竞赛先进。开展社会公益活动，承担企业社会责任。完成2018年度集团义务献血工作，组织年度慈善捐赠衣物活动，开展与遵义市凤冈县田坝完小“一对一结对助学”后续帮扶；下属监理公司赴青海省果洛州参加“沪•果爱心教育基金”爱心捐助活动。

【2019年发展趋势】

2019年，成套集团全面贯彻党的十九大精神，以习近平新时代中国特色社会主义思想为指导，坚持稳中求进工作总基调，按照高质量发展的要求，认真落实集团“十三五”发展战略规划的各项重要措施，以“防风险、稳增长、调结构、补短板、强管理”作为各项工作重点，积极作为，力争再创发展新局面，实现业绩新高度。

主要做好以下两方面工作：

一、经营工作，创新引领高质量发展。招标业务：抓住新兴产业发展机遇，抢占市场先机；注重全产业链联动发展和项目全过程管理能力培育。外贸业务：加强对业务风险和操作流程的管控，注重内外贸业务协同发展，努力做精、做深、做强，促进可持续发展。工程业务：在轨交设备供应、自来水、污水及污泥处理等领域，推进新工艺、新技术、新装备的创新使用，提升科技含量。国内贸易：加强大宗贸易风险防范，严格做好过程管控，注重经营产品开发，提升市场能力。监理咨询：在城市轨道交通全自动驾驶、联调咨询等新技术，以及市政重点项目方面，开拓新领域新市场，提升经营效益。

二、管理工作，提升能力服务发展。推进依法合规自查和检查工作，完善“三重一大”等基本制度，优化公司内部治理结构，加强财务系统管控和动态管理水平。完善优化人力资源管理，组织开展各项学习和教育活动。落实职工各项基本保障，继续做好文明创建工作，提升企业品牌建设宣传。

（李雯菁）

上海烟草集团有限责任公司

【概况】

上海烟草集团有限责任公司是一家以卷烟工业为主的多元化、集约化、现代化的大型国有企业。2018年，公司实现税利1110.22亿元，比上年增长2.12%；实现利润268.37亿元，下降1.65%；上缴财政总额达到1006.04亿元，增长0.01%。公司被上海市企业联合会、企业家协会、经济团体联合会评为2018年度“上海企业100强”第6位。

公司拥有一流水准的卷烟工业企业以及烟草储运、印刷、机械、材料等配套工业企业，并涉足商业、物流产业以及宾馆酒店、金融保险等行业。2003年和2004年，公司先后与北京卷烟厂和天津卷烟厂实现战略性联合重组。

目前，公司出品的主要卷烟品牌有“熊猫”“中华”“红双喜”“中南海”“牡丹”“凤凰”“大前门”“孟菲斯”“江山”“恒大”等。多年来，以“中华”卷烟为代表的集团名优品牌以其高知名度和高品质赢得全国卷烟消费市场的推崇，并始终保持畅销不衰。

【2018年经济工作情况】

公司坚持全面从严治党，坚持“发展、改革、规范”工作主线，扎实推进“创新驱动、转型发展”主战略，全力支撑以“中华”为核心的新“1+3”品牌升级发展，保持了经济平稳健康发展。

一、更加注重提高政治站位，全面从严治党不断向纵深发展

着力加强政治建设。把深入学习贯彻习近平新时代中国特色社会主义思想和党的十九大精神作为首要政治任务，着力在学懂弄通做实上下功夫；树牢“四个意识”，坚定“四个自信”，坚决做到“两个维护”，在思想上政治上行动上同以习近平同志为核心的党中央保持高度一致；旗帜鲜明讲政治，始终不渝抓发展，把坚持正确的政治方向贯彻到谋划重大战略、制定重大政策、部署重大任务、推进重大工作的实践中去。

着力加强思想建设。坚持围绕中心、服务大局，坚持知行合一、学以致用，坚持问题导向、注重实效，聚焦“关键少数”，严格落实两级中心组学习制度；引领“绝大多数”，扎实推进“两学一做”学习教育常态化制度化；完成“十百千”党员轮训，着力用习近平新时代中国特色社会主义思想武装头脑、指导实践、推动工作。

着力加强基层党组织建设。围绕党建一体化管理要求，树立“党的一切工作到支部”的鲜明导向，深化基层党建特色培育，严格“三会一课”制度，规范党员发展工作，开展主题党日活动，全面推进党务公开。开展“不忘初心、牢记使命，推动新时代上海烟草高质量发展”12项课题大调研，党组成员分别领题带队，深入基层一线开展调研，做到了决策更加科学、工作更有实效。

着力加强党风廉政建设。抓好国家局党组专项巡视“回头看”整改工作，对集团19家单位开展巡察工作，实现集团第一轮巡察全覆盖。紧盯“四风”改头换面新动向，部署开展集中整治形式主义、官僚主义工作。聚焦监督执纪问责，运用好监督执纪“四种形态”，不断深化防止系统性廉洁风险工作，为集团平稳健康发展提供了纪律保证。

二、更加注重推进品牌发展，经济运行实现有质量企稳回升

公司全面推进集团新“1+3”品牌发展，着力保持品牌良好状态，实现经济运行从“止跌企稳”到有质量的“企稳回升”，体现“稳”字当头的良好态势。卷烟产销保持稳定。全年完成内销产量244.5万箱，同比减少0.2%；实现商业销量286.63万箱，增长0.8%，其中“中华”销量135.57万箱，增长1.1%。品牌布局稳步推进。聚焦高端集群、中端升级，加快品类构建、结构提升。实现中华（金短支）、牡丹（青柠细支）、凤凰（咖啡细支）、中南海（京韵细支烤烟）、恒大（记忆1949中支）等11款新品上市销售。产品结构稳中优化。全年集团工业单箱含税调拨销售收入4.34万元，同比增长4%。集团一、二类卷烟销量稳步增长，占集团工业销量比重达56.2%，同比提高3.36个百分点。上海商业稳中有升。全年完成卷烟批发销售80.47万箱，同比增长0.3%；实现销售额325.41亿元，增长4.2%。单箱销售收入4.04万元，增长3.9%；人均卷烟劳动效率362.09箱，创历史最好水平。

三、更加注重发挥导向作用，改革发展动力活力持续增强

突出市场发展导向，市场需求响应度持续提升。以“精准策略、精准谋局、精准终端”为抓手，形成多层次联动走访机制，建立立体化信息跟踪体系，采取差异化市场营销策略，着力构建全国市场系统化布局。加强销售大户管理，重启终端分类建设，初步形成以直营终端、新型现代终端、合作终端、特色终端为核心的零售客户群体。聚焦海外市场新布局，以“有中国人的地方就有中华烟”为目标，加快推进“一带一路”沿线市场布局，着力做实做精免税市场、做深

做透有税市场，拓展集团品牌海外市场影响力和发展空间。坚持“服务创造价值”理念，建立“承运商网站”信息平台。2018 年，以省为单位逐批推广工商网配，目前已覆盖 8 个省份、115 个网配点。

突出创新发展导向，集团科技创新能力持续提升。全年获集团“产品创新奖”项目 7 个；获行业年度精益改善团队 9 个、全国优秀质量管理小组 2 个；取得 QC 成果 749 项，成果率达 97.78%；征集合理化建议 16599 条，人均 1.8 条，采纳率 79% 集团新增受理专利 268 件，其中发明专利 131 件，专利结构进一步优化。加强技术标准和专利技术突破，制订电子烟国家强制性标准 1 项及配套行业标准 3 项，完成专利申请 137 项；加快核心技术突破，自主开发行业第一颗拥有自主知识产权的电子烟专用芯片及全新微泵雾化等技术；加速产品集成定型、海外上市，开发 11 款雾化烟、6 款口含烟产品；出口美国 2 万套电子烟产品，出口菲律宾和境内关外免税市场 3 款口含烟产品。

四、更加注重精益规范管理，推动各项工作持续创新突破

形成品牌新动力。以集团品牌管理协调会为抓手，认真处理好新品与传统品牌、新品与技术创新、新品与设备创新、新品开发速度与质量之间的“四个关系”，切实把握好处于长期培育期各款新品的品类特征、价类优势，持续创新品牌培育手段和新品培育机制，不断优化创新产品市场布局、产能调整、资源配置，进一步加快新旧动能转换，为推动新品销量上规模、发展有质量打牢基础。全年集团新品（三年内上市一、二类烟）实现销量 15.65 万箱，同比增长 1.4 倍；占一、二类烟比重达 9.8%，同比提高 5.4 个百分点。

构建产能新布局。形成浦东园区生产运行“三个基本不变”指标体系，确立“一个工厂，两个生产板块，两个管理层级”管理架构和“条线延伸 + 属地管理”运行模式，进一步调整优化卷包设备布局方案，确保生产组织安排、设备搬迁调试等各项工作不断不乱、有序高效；顺利实现园区北区建安工程竣工验收，完成膨丝生产在浦东浦西之间的切换。园区 MES 系统核心功能投入试运行，实现信息流与物流、工控数据流的同步，有力推进生产组织运行方式创新。

集聚改革新势能。按照现代企业制度要求，协调推进北京卷烟厂等单位公司制改革；有序实施高扬公司吸收合并工作；扎实推进黄浦一、二公司合并工作。加大商业增效力度，不断优化商业单位方针目标管理和日常经济运行监控体系；提升资产利用效率，深化“一产一档一方案”工作，进一步规范商业资产管理。深化机关“精准控员”工作，调整设立生产设备部，对烟草学会和烟草博物馆、展示中心实行管理整合，促进机构设置更加科学、工作职能更加优化、岗位权责更加协同、人员更加精简高效。

打假破网新突破。保持打假打私高压态势，深化与公安、海关、海警、邮政等部门的协作机制，加强治理真烟非法流通，持续净化卷烟市场秩序。全年共查处案值 5 万元以上假烟案件 263 起，破获国标网络案件 44 起（含部督案件 11 起），查获各类违法卷烟 66.97 万条，依法拘留 115 人，追究刑事责任 60 人。其中，上海静安“1 · 24”跨境假烟案的成功告破，迈出了行业境外打假第一步。

五、更加注重提升队伍素质，文化内涵不断拓展丰富

加强干部日常管理监督，强化巡察审计，注重源头防范，营造风清气正的干部成长环境。持续加强年轻干部的基层历练和挂职交流，全年遴选 8 名机关优秀后备干部输送到市场营销一线；沪连烟草“双培”计划累计交流集团干部 18 人。加快队伍素质提升和高技能人才培养。市局 4 名选手在行业专卖管理岗位技能竞赛中名列前茅，取得了历史性突破。以“管理、技术、技能、党建文化”四支队伍为重点，不断优化专业队伍整体素质结构。全年集团通过专业技术技能津贴制评审 106 名；新增技师 40 名、高级技师 4 名；技能队伍高级工以上比例达 63.09%，其中工业、商业技师以上比例分别达 10.58% 和 8.68%。

丰富集团文化内涵。注重整体策划，通过编印《基层单位企业文化建设工作指南》，修订《企业文化建设工作管理导则》，进一步明晰组织架构，明确管理职责，加强企业文化建设一体化管理。加强文化宣贯，围绕纪念改革开放 40 周年和集团文化活动日，策划开展“奋进新征程•发展高质量”系列主题教育活动；围绕讲好上烟故事、传播中华之声，组织开展《传奇传世—解密国烟“中华”》品读活动；优质高效完成首届进博会定点酒店服务保障工作，进一步打响“王宝和”老字号品牌，不断拓展丰富以“和搏一流”为核心的集团文化新内涵。提高群团工作水平，发挥标杆引领作用，着力激发广大员工干事创业、担当“大国工匠”重任的主动性、积极性。王宝和大酒店行政总厨王浩获得“上海工匠”荣誉称号。

【2019 年发展趋势】

2019 年，公司方针目标简称“1145”，即坚持一个发展引领；推进一个发展目标；完善四大发展体系；推动五项重点提升。坚持一个发展引领——以高质量党建引领集团高质量发展；推进一个发展目标——推进以动能转换、结构优化、机制完善和质量升级为特征的，更高质量、更可持续的发展，保持并提升品牌良好市场状态，全面完成年度税利目标和任务；完善四大发展体系——品牌培育体系、技术创新体系、园区运行体系、现代商业体系；推动五项重点提升——人才有活力、市场显优势、质量上水平、管理提效率、规范促发展。

一、坚持一个发展引领，切实加强党的全面领导。一是突出政治建设。二是突出组织建设。三是突出作风建设。

二、推进一个发展目标，确保集团经济运行“稳中有

升”。坚持“总量控制、稍紧平衡”调控方针，全面完成国家局下达的税利目标任务，扎实推进以动能转换、结构优化、机制完善、质量升级为特征的更高质量、更可持续发展。

三、完善四大发展体系，不断增强集团综合竞争实力。一是完善品牌培育体系。二是完善技术创新体系。三是完善园区运行体系。四是完善现代商业体系。

四、推动五项重点提升，持续提升集团基础管理水平。一是人才有活力。二是市场显优势。三是质量上水平。四是管理提效率。五是规范促发展。

（办公室）

中船上海船舶工业有限公司

【概况】

中船上海船舶工业有限公司是中国船舶工业集团有限公司在上海及苏、皖地区的派出机构，主要任务是受中船集团公司委托，对中国船舶工业集团有限公司所属上海、江苏、安徽地区企事业单位行使“管理、协调、服务、监督”的职能。

上海地区集中了中船集团绝大部分骨干船厂，造船产量约占全集团造船总量的80%以上，技术和管理水平在国内处于领先地位，具有较强的国际竞争力，承担着我国机电行业出口创汇和海军装备生产的重要任务。

通过多年的发展，上海船舶工业具备建造吨位大中小型，技术含量高中低档的各类用途水上、水下军民用船舶产品、海洋工程产品和配套设备、产品的开发能力、技术能力、生产能力。产品种类从普通油船、散货船到具有当代国际水平的化学品船、客滚船、大型集装箱船、大型液化气船、大型自卸船、液化天然气船、超大型油轮（VLCC）及海洋工程等各类民用船舶与设施。同时在大型钢结构制作等多方面具有优势。

在做大做强造船主业的同时，积极发展壮大修船业、船用配套以及钢机构等非船业务。能够从事从一般海损坞修到大工程改装修理，建造了多型号、多系列的大型船用中、低速柴油机，在其他配套产品的开发生产上也取得骄人业绩。积极参与上海和全国各地城市的基础建设，先后承接建造上海南浦、杨浦、徐浦、卢浦大桥，上海东方明珠、上海大剧院、浦东国际机场、八万人体育场等为代表的大型市政工程的钢结构制作和安装以及地铁、隧道盾构的制作、维修，为市政建设作出了重大贡献。

【2018年经济工作情况】

2018年，上海船舶制造行业面对世界经济和航运市场复苏动能减弱、新船市场深度调整，实现民船、海工转型高端，推进创新积聚动能，促进管理提升和改革深化，各方面取得成效。

上海船舶工业主要经济指标完成情况：完工船舶59艘，造船产量647万吨，工业总产值470亿元，销售产值470亿元，出口交货值202亿元，柴油机166台，造船主业合同金额577亿元，其中签约新船订单489万吨。

一、实现高端产品承接

2018年中国国际进口博览会期间，上海外高桥造船有限公司（简称外高桥造船）和中船邮轮科技发展有限公司取得“2+4”艘13.55万总吨大型邮轮建造合同，为转型升级和高质量发展提供有力支撑。外高桥造船与SBM公司300K浮式生产储油卸油装置（FPSO）项目第二艘生效，成为仍保持主流海工产品连续建造的船厂之一。沪东中华造船（集团）有限公司（简称沪东中华）年内签订液化天然气（LNG）加注船订单。

二、加快创新驱动

11月28日，首艘40万吨智能超大型矿砂船（VLOC）交付，标志中国智能船舶迈入1.0时代。该船通过构建服务智能系统的全船网络平台和信息平台，实现辅助自主驾驶、综合能效管理、设备运维、船岸一体通信和货物液化检测5大功能。推进三大主力船型更新换代。其中，中国船舶工业集团公司第七〇八研究所（简称七〇八所）研发的20.8万吨散货船满足最新共同规范要求，全年累计交船14艘；上海船舶研究设计院改进8.5万吨超巴拿马型散货船，实现空船重量减轻近500吨。开拓海洋工程市场设计，沪东重机有限公司研制具有自主知识产权的低压选择性催化还原（SCR）装置和首台7G60ME−C9.5EGRBP发动机交付。中船成套物流有限公司申报实施《智慧船舶供应链大数据应用平台》，被国家工业和信息化部列为国家试点示范项目。上海船舶工艺研究所开发的片体（小组立）智能生产线、分段车间智能管控系统等项目在部分船厂交付或阶段实施，取得了良好效果。

三、提升管理和深化改革

江南造船（集团）有限责任公司（简称江南造船）强化质量管控，推行质量信息化系统，打造与顾客共享的数字化造船集成数据平台。沪东中华推进新工艺、新技术攻关和中间产品完整性研究，实施LNG船半船坞内压载舱强度试验、250吨货物机械室模块整体吊装等创新。外高桥造船实施小组立机器人流水线、通用部件焊接机器人、中厚板焊接机器人、数字化管制车间等智能制造项目，启动新一代SWS智能造船云平台“SWSTIME”建设。外高桥造船建立成本工程推进项目看板、制定专项考核激励机制、落实成本工程激励等措施，累计经济效益超1.4亿元。中船第九设计研究院工程有限公司设计咨询聚焦重点专业领域，做好工程总承包项目，业务持续拓展。部分企业的瘦身健体、处僵治困等稳步推进。上海船舶工业企业推进挥发性有机物（VOCs）治理工作。

【2019年发展趋势】

2019年，中船上海地区重点做好以下工作：一是强力推动船海产业转型升级，狠抓生产管理，推动降本增效；二是大力拓展应用产业和做实做优船海服务业，着力增强船海服务业对制造业的服务和价值创造能力；三是持续强化科技创新取得新突破，持续加强技术研发和产品创新；四是坚定不移深化改革，着力抓好管理提升，抓细成本挖潜和资金管理工作，抓实安全质量环保管理工作等。

（张水灿）

上海化学工业经济技术开发区

【概况】

上海化学工业经济技术开发区是国家级经济技术开发区，位于杭州湾北岸，规划面积29.4平方公里，是以石油化工产品为主的专业开发区，建设形成以乙烯为龙头的循环经济产业链，以化工新材料为主导的特色产业集群，成为全国集聚知名跨国化工企业最多、主导产业能级高端、安全环保管理严格、循环经济水平领先的化工园区，被列为全国重点建设的七大石化产业基地之一，被评为国家首批新型工业化示范基地、国家生态工业示范园区、全国循环经济先进单位、中国智慧化工园区试点示范（创建）单位。2018年，化工区连续6年获评“中国化工园区30强”，利润总额、利润率、单位效益、绿色发展等主要指标中名列前茅。化工区（包括金山、奉贤分区）共完成工业总产值1338.2亿元，销售收入1368.07亿元；引进项目投资9.86亿美元，完成固定资产投资41.52亿元；园区企业实现利润271.31亿元，上缴税金167.62亿元；万元产值能耗0.656吨标准煤，同比下降17.1%。截至2018年年底，化工区累计批准项目总投资279.78亿美元，累计完成固定资产投资1421.84亿元。

【2018年经济工作情况】

一、坚持高质量发展，经济运行总体稳中有进

一是打响“上海制造”化工产业品牌。编制形成《上海化工区全力打响“上海制造”品牌加快世界级绿色化工名园建设三年行动计划》。开展“上海化工区继续保持全国化工园区绿色创新发展排头兵、先行者行动方案”研究工作，摸清现状，发现问题，找出对策。再次蝉联“中国化工园区30强”榜首，利润总额、利润率、单位效益、绿色发展等主要指标中名列前茅。二是聚焦产业链高端招商引资。围绕《上海化工区产业高端化发展规划》确定的重点产品，开展市场调研，瞄准化工新材料和高端专用化学品，聚焦产业链高端推进项目招商工作。优化项目评估机制，增加现场考察环节，对15个项目开展准入评估，突出项目先进性和投资者建设运行能力考查。三是加快推进科创建设。全面启动以化工区为核心的“上海国际化工新材料创新中心”建设，牵头成立上海国际化工新材料创新联盟，设立专家委员会，发布《化工区促进科技创新和成果转化专项扶持实施办法》，并有多个围绕化工新材料重点领域和关键技术的研发转化项目、协同创新项目以及知识产权保护和产城融合发展的战略合作项目正式签约。

二、安全环保基本受控，绿色发展初显成效

一是强化生产运行安全管控。加强安全生产责任体系建设，建立领导带队开展安全生产检查的长效工作机制。深入开展“查隐患、控风险、防事故、保平安”安全专项行动，督促企业做好隐患排查治理和检维修工作。举行危化品储罐事故应急处置综合演练、杭州湾北岸水域船舶灾害应急处置演习，提升应急管理和救援能力。二是启动新一轮环境综合整治。进一步挖掘挥发性有机物减排空间，推动区内12家企业完成8项深度治理项目。启动污染源指纹库项目，在建立污染源排放清单基础上，逐步实现预警与溯源。园区空气中挥发性有机物浓度（VOCs）比上年下降2.3%；废水中化学需氧量（COD）下降16.6%。三是推进绿色示范区一体化管理。完善《上海化学工业绿色发展示范区一体化管理实施方案》，细化产业、安全、环保、应急等4个重点领域的管理工作内容。开展绿色发展示范区规划研究，确定产业发展定位，优化交通、生活、生态等配套供给，促进区域协调发展。四是深化“绿色园区”发展内涵。与上汽集团签约共同打造全国最大的燃料电池汽车应用示范基地，启动建设氢能基地，加快G3地块移动式光伏示范项目二期工程建设，推进MMA工厂尾气余热回收、回转窑冷却系统等节能技改项目。在国家生态工业示范园区复评中获得“优秀”。

三、切实完善营商环境，配套保障能力持续增强

一是有效提升综合竞争实力。配合市发改委试点实施天

然气经销体制改革，为园区企业降低当年用气成本合计3400万元，成为全市天然气供应价格最低的区域之一；做好电力体制改革进程跟踪工作，推进园区13家企业参加全市2018年度电力直供交易，降低用电成本合计3500万元。二是深化“放管服”改革。及时开通园区联审平台，全面落实建设工程项目审批制度改革，审批时限从改革前平均267个工作日压缩至最长98个工作日。提高建设项目审批效能，及时完成企业建设项目规划、施工许可等相关审批许可手续。优化建设项目档案验收流程，提高验收效率。三是加快市政基础设施建设和公用工程配套提升。园区道路大修二期、三期项目完工，绿化提升改造四期工程部分路段完成全线施工。化工液体码头二期一阶段工程完成竣工验收并实现口岸开放。污水处理五期一阶段一标段完成环保验收，运行总体稳定。

四、智慧建设提升精细管理水平，责任关怀工作持续推进

一是智慧园区建设加速推进。发布化工区《智慧政务信息系统资源交换接口标准》和《智慧政务信息资源目录体系规范》，大数据云计算中心、智慧电杆示范段建成投用，开展园区大数据中心建设前期工作，全力推进管理者驾驶舱、全封闭管理等项目建设，智慧公安、智慧医疗、智慧边检、智慧应急、智慧水务等项目相继启动。漕泾热电公司入选2018年度优秀工业互联网创新应用获奖企业。二是精细化管理水平有效提升。全面推进精细化管理工作，全面启动质量标准化评价工作，强化医疗中心应急医疗救援保障力度，理顺突发事件应急响应各环节流程，提升政府与企业联动应急能力。公安分局开展警务流程再造，消防支队大力推动微型消防站建设，形成“安全治理、人人参与”的良好局面。三是责任关怀惠及范围不断扩大。加强科普宣传，与周边中小学校建立互动机制，编写完成化工区科普读物系列第一册《食物中的化学》。扩大“公众开放日”活动范围，周边社区居民、高校师生800余人走进园区。深化“爱心助医”内涵，组织编写微视频“常见病预防保健知识”课件四篇，建立医疗中心微视频健康知识宣讲师资队伍，“爱心助医”达到4000多人次。

【2019年发展趋势】

2019年，上海化工区以习近平新时代中国特色社会主义思想为指导，保持经济持续健康发展和社会大局稳定，以优异成绩庆祝中华人民共和国成立70周年。全年预期批准项目投资6亿美元以上，销售收入1320亿元，固定资产投资28亿元，缴纳各类税收130亿元。

重点抓好以下主要工作：

一、坚持高端化发展，稳中求进，做强化工产业

牢牢把握“四个放在”的工作基点，从全国、全市发展大局中谋划上海化工产业的发展和上海化工区的发展，提升招商引资能级，推进高端项目，打响“上海制造”品牌。

1．全力推进经济稳中有进。克服经济下行压力，确保园区主要经济指标继续保持良好增长势头。

2．全力推进产业高端发展。创新招商引资方式，拓宽招商引资渠道，继续加强与荷兰、法国、西班牙领馆及德国商会等三方咨询机构的沟通，进一步引进在全球布局生产基地的跨国公司。

3．全力推进科创中心建设。完善创新中心工作机制，加大科创项目引入与落地力度，推动中科院宁波材料所、交通大学、东华大学等联盟单位3–5个中试项目尽早落地。

二、坚持科学化发展，明确责任，做实安全环保

1．提升安全应急管理水平。建立安委会和消保委定期联席会议制度，完善安全、应急违规联办会办制度。强化危险源监测和预警，实施重大事故隐患治理情况报告制度，实行自查自改自报闭环管理。

2．打好污染防治攻坚战。深入研究化工区污水“一体化”处理模式，深化特征污染物的处理效果，明确各类特征污染物处理效率，确保各类特征污染物得到有效处理。

3．构建安全环保监管新机制。升级环境综合监管系统，形成“监测立体多源、数据共享融合、平台整合一体、制度支撑完善”的化工区环境监测网络。

三、坚持品牌化发展，放管结合，做优营商环境

1．推进“放管服”改革提质增效。对接市政府相关职能部门，全面梳理园区政务服务事项和审批事项清单。简化审批流程、提高审批效率，形成具有化工区特色的公共服务新模式。

2．提升“一网通办”政务服务水平。完成化工区政务服务“一网通办”门户建设，实现各业务应用系统间跨域单点登录、单点退出。让企业享受24小时全天候政务服务。

3．推进绿色美丽生态园区建设。加快管理中心区域功能形象提升改造工程，全面完成第一轮绿化提升改造项目，提升园区整体形象。

四、坚持智慧化发展，改革创新，做精管理服务

1．深入推进园区精细化管理。聚焦化工区在基础设施建设，推进精细化管理三年行动计划年度任务落实，开展化工区未利用土地环境综合整治。

2．加速推进智慧园区建设。完成化工区大数据云计算中心建设，推进管理单位信息化系统上云。启动园区大数据中心建设，建立大数据决策分析平台。

3．提升精细化管理服务水平。按国家统计局的统一部署，全面推进园区第四次经济普查。开展土地集约利用更新评价、产业用地调研，提升土地管理精准化水平。

（陈晓中）

国网上海市电力公司

【概况】

国网上海市电力公司（简称公司）隶属于国家电网公司，是从事上海地区电力输、配、售的特大型企业，统一调度上海电网，参与制定、实施上海电力、电网发展规划和农村电气化等工作，并对全市的安全用电、节约用电进行监督和指导。国网上海市电力公司管辖的上海电网位于长江三角洲的东南前缘，北靠长江，东临东海，与江苏、浙江两省接壤。供电营业区覆盖整个上海市行政区。截至2018年年末，公司下设23个部门，直接管辖各类电网企业、发电企业、施工企业、科研机构、能源服务、培训中心等单位26家，职工13366人。服务客户1072万户。

【2018年经济工作情况】

截至2018年年底，全市发电装机容量为2524.82万千瓦，最大市外来电1676.2万千瓦，最高负荷3094万千瓦，实现售电量1325.83亿千瓦时，比上年增长3.86%。全市35千伏及以上变电站1142座，变电容量17760万千伏安，输电线路24692千米。公司上下坚决贯彻上级决策部署，坚决贯彻上海市委、市政府和国家电网公司党组各项决策部署，全面实施“一三六六”新时代发展战略，传承红色基因党建品牌辐射全市全网，坚持“双高”发展，“双智”驱动，“双品”引领，打赢了首届进博会保电、营商环境排名提升、架空线入地“三场攻坚战”，高质量完成全年各项目标任务。公司连续4年保持企业负责人业绩考核A级，连续18年保持市政风行风和12345热线绩效考核第一，在公共事业领域首家获全球卓越绩效奖（世界级）。获得上海市政府颁发的“2018年度上海市质量金奖”。

一、安全控制水平显著提升

落实公司安全生产领域改革发展和安全工作意见“两个任务清单”，保持长周期平稳局面。制定全员安全生产责任清单，首次开展“一把手”安全述职和违章约谈，加强安监组织机构设置。吸取系统内外事故教训，开展电气火灾综合治理等专项活动，整治安全隐患288项，消除设备严重缺陷965项，国网系统首家制定《电网企业消防安全评估规范》。基建改革通过验收，现场“两级管控”进一步做实。率先建成“互联网+”安控系统。率先开展集体企业安全性评价。成功应对台风、高温、寒潮考验，实施首次填谷削峰需求响应。连续3年保持重要输电线路“零故障”、换流站“零闭锁”。构建了智慧保电新模板，进博会保电实现“六零三确保”。完成品博会等92项重大保电任务。修订完善新一轮应急预案301项。率先实现电力监控系统网络安全管理平台应用全覆盖。荣获2018年首届央企网络安全技术大赛团体一等奖。

二、电网发展高质高效

实现各区政府战略合作协议签订全覆盖。配合完成“十三五”电力和能源规划中期评估，编制架空线入地区域配电网和张江世界一流城市配电网专项规划。500千伏静安站主变扩建等74项35千伏及以上项目获核准。500千伏泗泾主变增容、南桥主变扩建工程完成主变投运。建成14项220千伏、46项110千伏输变电工程。不停电作业率和配电自动化覆盖率分别提升至83%和76%，建成浦东等5个世界一流配电网先行示范区，投运两级供电服务指挥中心。架空线入地开工141公里、竣工100公里，成为城市精细化管理样板工程。全过程工程咨询试点项目——胜辛输变电工程正式开工。完成全部58项超长工期项目治理。新建110、220千伏变电站实现模块化建设，新建110千伏架空线路实现机械化施工。投运工程数字化交付管理平台，建成智能化联调基地。

三、经营管理精良稳健

完成国家“一般工商业电价平均降低10%”目标。按期送电华力微电子、和辉光电等15项市政重大项目。市场占有率达92%，提升0.4个百分点。替代电量完成40.75亿千瓦时。当年电费回收率保持100%，追补电费和违约使用电费1.18亿元，同比增长27.84%。主、配网物料精简至61%和25%。触电新发案件数同比下降30.77%。电网企业高质量供给服务管理要求获市质量体系认证，配网不停电作业获首批“上海品牌”服务认证，高质量供给体系构建研究成果获亚洲质量创新奖，1人获“质量之光”年度质量人物奖。

四、优化营商成效显著

实施卓越服务工程，实现FREE成效，“五省五增”便利化举措被世行专家誉为电力行业最佳实践并入选国务院典型做法，“掌上电力”被世行报告列为典型经验。助力“获得电力”排名由98名跃升至14名。率先制定现代服务体系试点方案。“三型一化”营业厅、“五星级”乡镇供电所分别达到10家和5家。实名制基本实现全覆盖。线上办电率、缴费率分别达96.43%和85%。95598投诉量下降25.3%，满意率提升0.59个百分点。完成智能化有序充电试点，新投运充电站123座、充电桩1178台，运营设施充电量和全社会充电量同比分别增长105%和75%。

五、改革创新取得突破

全年市场化交易电量270亿千瓦时，同比增长80%。跨省清洁能源消纳规模、占比分别突破500亿千瓦时和30%。上海石化增量配电试点项目签订五方股东《合作意向书》。首批成立电缆公司。贯彻“三项制度”改革，制定挂钩绩效薪金的量化积分标准库。科创中心“一院一室一中心”正式挂牌，编制城市能源互联网白皮书和国家电网张江实验室等两个建设方案，建成张江科学城智慧城市能源管理云平台。建成“1+23”双创基地，组织三批“举手制”、191个科技项目。成立由6个院士领衔的科技咨询委员会。与上海交通大学签订战略合作协议，成立联合研发中心。首批成为国网公司国际标准创新基地，分别发布和立项首个IEC变压器、电力储能技术标准。首批通过电网资产统一身份编码试点验收。创新获奖级别和数量均创历年新高，获国家科技进步二等奖2项、中国电力专利成果奖4项、中国电力科技奖13项、国网公司科技奖27项。获得“中国企业改革发展优秀成果”二等奖1项、上海市管理创新一等奖1项。在首届“中国能源企业创新能力百强榜单”中位列电力行业第一、能源行业第二。在美国《快公司》发布的“中国最佳创新公司50”排行榜中位列第五。

六、党建引领奖项无数

年度基层党建考评排名保持第一，分级开展习近平新时代中国特色社会主义思想大学习2900余次，实现“两个全覆盖”。公司获评全国电力行业思想政治工作优秀单位。1个集体、1家单位分别获全国工人先锋号和中央企业先进集体，1支党员服务队、4个一线班组分别获国网公司金牌服务队和企业文化建设示范点，各有1人获评中华技能大奖、全国技术能手和上海青年五四奖章标兵，2人获评中央企业劳动模范。8个单位、6名个人获评上海市五一劳动奖状、奖章，4个集体获评上海市工人先锋号，3人获评“上海工匠”。蝉联上海市法务技能大赛一等奖。

【2019年发展趋势】

2019年，公司将全面贯彻落实中共上海市委、市政府和国家电网公司党组决策部署，按照稳中求进工作总基调和高质量发展要求，以建设世界一流城市能源互联网企业为目标，以安全为基础、客户为中心、服务为根本，改革创新、锐意突破，加强党建引领和职工队伍建设，全力打造“三型两网”企业，全力支撑国网公司做强做优做大，服务上海更好地落实中央赋予的战略定位和特殊使命，向新中国成立70周年献礼。

一、全力确保安全生产和优质服务

优化电网安全控制策略和风险闭环管控机制。完善进博会保电“四体系、一平台”。做好全国“两会”、新中国成立70周年等重大保电工作。对接政府“一网通办”。试点“一证办电”。持续推进“全能型”供电营业站建设，“三型一化”营业厅达到20家。

二、加快推进电网高质量发展

紧跟长三角一体化、自贸区新片区发展，对接青浦等各区2035总规，做好规划滚动调整和“十四五”电网谋划。精细化推进架空线入地，完成开工195公里、竣工100公里目标。加快世界一流配电网建设和推进国际一流高压电缆精益管理示范城市建设。

三、加快建设泛在城市电力物联网

持续优化骨干通信网络架构，推进无线专网建设，完成年度基站建设和终端接入目标。上半年上线推广“网上国网”。推进新一代电力交易、运检智能管控等业务应用“国网云”端运行。探索研究“三站合一”变电站建设和“两网一塔”商业化运营新模式。

四、大力推进公司高质量发展

巩固配售电市场，进一步健全客户经理服务、产业园区对接、供电配套协调等工作机制。落实中小锅炉提标改造，推进新一轮锅炉清洁能源替代。新建续建充电站24座、充电桩714台。争创上海市长质量奖和“全国质量标杆”，申报中国质量奖。

五、积极推动改革创新

联合运营国网上海能源互联网研究院有限公司，牵头成立中电联能源互联网标准化委员会。挂牌运行上海市智慧能源技术研发与转化功能型平台。编制张江科学城能源互联网示范城建设方案。发布城市能源互联网白皮书。

（龙　飞）

上海漕河泾新兴技术开发区

【概况】

上海漕河泾新兴技术开发区（以下简称漕河泾开发区）是1991年3月经国务院批准设立的首批国家级高新技术产业开发区，也是国家级出口加工区，中国服务外包示范基地。2012年，漕河泾开发区被国家环保部、科技部、商务部联合命名为“国家生态工业示范园区”。通过6年的持续建设，园区在产业转型升级、资源集约利用、环境管理模式等方面取得了显著成效，尤其是园区在支撑建设上海科创中心承载区、创新“一区多园”规划建设和生态文化品牌输出、老工业基地转升级、园区智慧管理平台建设等方面具有鲜明特色。

【2018 年经济工作情况】

2018 年，漕河泾开发区实现营收 3711 亿元，比上年增长 6.7%；实现税收 150 亿元，双双再创新高。园区二产收入 960 亿元，增长 4.7%；三产收入 2751 亿元，增长 7.5%，二、三产营业收入之比为 26∶74；工业总产值 710 亿元，增长 4.7%；利润总额 340 亿元，增长 1.2%；进出口总额 108 亿美元，增长 7.7%。

一、在空间拓展方面，“深耕徐闵进青浦，轻重结合拓空间”取得了实质进展。四大新地块进展顺利，其中，北杨采用“合资”模式，已完成公司筹建；颛桥采用“合作开发”模式，已签署合作协议；赵巷采用“自主开发”模式，三期已完成地块控详调整，一季度以定向挂牌的方式出让；奉贤 B0902 地块采用“委托代建”模式，完成土地出让，已与代建代销服务商进行了初步沟通与商洽，形成运营模式报告。

在轻资产品牌输出上，推动广西柳州、山西大同、颛桥光华路等 3 个品牌输出项目落地。漕河泾开发区柳东新区双创园、漕河泾开发区大同国际双创园先后挂牌成立。编制完成《漕河泾高科技园区品牌服务输出标准 1.0 版》。在品牌输出项目的储备上，继续加强与浙江交投集团嘉兴高铁新城、慈溪高新区、余姚经开区、武汉高新区、海口高新区、常德经开区等项目的沟通；与 Gartner、安永、高力、城建学院、大同市政府等新签战略合作协议。

二、在规划建设方面，“产品即作品，美丽漕河泾”取得实质进展。开发区年内在建面积约 87.95 万平方米，包括商贸区、科技绿洲四期、桂谷大楼、光启四期、赵巷一期项目、海宁科绿二期等。2018 年，开发区迎来楼宇交付高峰，包括 37 万平方米的商贸区项目、光启园四期、桂谷大楼项目。此外，科技绿洲五期、六期项目已在年底开工。赵巷园区实现一、二期项目同时开工，海宁分区科技绿洲二期标准厂房也于年内完工。

区容改造方面，新泾港项目（宜山路－漕宝路段），上澳塘项目（漕宝路－钦州北路）和宜山路智能街区项目三箭齐发，极大地改善景观环境，为开发区增绿添彩。另外，开发区在生态环保方面持续推进国家生态工业示范园区建设，聚焦开发区重点企业 VOC 减排、实验室风险防控、河道治理等重点，加大节能减排技术推广。同时，积极推进开发区锅炉提标改造、雨污混接改造、全国第二次污染源普查工作等，全面保障了开发区水、空气环境质量稳中向好。

三、在招商服务方面，“大小兼顾推动产业升级、强化合作促使服务升级”取得实质进展。重点抓好“新兴产业引进”和“综合服务提升”两大关键，着眼加强市场营销和服务支持功能，优化招商组织架构，完成近 400 家客户的走访工作，并根据项目品质、税收贡献和租赁面积等指标，初步确定 200 家重点客户名单并做好重点客户的客户服务工作。开发区全年共新引进项目 90 个，其中 3 个世界 500 强项目，分别是施耐德自动化、吉利集团的人造卫星研发中心和软银机器人；两家独角兽企业，即商汤科技的全球研发中心及上海总部、今日头条的全产品研发中心及上海总部。另外还有 58 同城、凯米拉，茵微电子、公牛电器等一批行业领先企业在区内设立地区总部或研发中心。

四、在创新创投方面，“站在风口不须让，一马当先立标杆”取得实质进展。目前开发区内国家级高新技术企业有 408 家，占全市比重 5.3%。建成和引进国家级孵化器 6 家，市级孵化器 6 家，孵化培育企业 917 家，其中创业中心孵化基地培育企业 308 家。开发区集聚人工智能产业链相关企业近 60 家，重点企业超过 30 家。复宏汉霖、商汤科技、依图科技、触宝科技入选国家科技部火炬中心 2017 中国独角兽企业榜单。另外，开发区拥有漕河泾创营、游族创新创业中心、云赛空间、独角兽众创空间等 27 家众创空间组成的双创服务体系，各类创新创业载体面积近 60 万平方米，约占园区总建筑面积的 12%。

开发区集聚 160 余家各类专业服务机构，涵盖了知识产权服务代理、法律、咨询、信息等各领域，区内已构建完整知识产权服务链，成为上海市乃至长三角地区知识产权服务最集中、最完备和最为国际化的区域。全年开发区企业累计申请专利 35273 件，其中发明专利申请 20011 件，发明专利授权 7707 件，每万人拥有发明专利数为 313.29 件，比肩国外科技创新发达地区。

开发区累计集聚 125 家各类金融机构，构建较为完备的科技金融服务产业链，累计发起的基金规模达到 3300 亿元。2018 年，开发区企业共获得股权融资 40.25 亿元，创业中心孵化基地有 14 家企业获得股权融资 2.57 亿元，9 家企业获得千万级以上融资。年内开发区企业已有 3 家企业完成上市或挂牌，园区现有上市企业 100 家。开发区科技型中小企业融资平台总共授信 3.3 亿元，累计授信额度突破 17.5 亿元。

【2019 年发展趋势】

2019 年，漕河泾开发区将重点围绕“二次创业、稳中求进”展开工作，目标实现营业收入 3950 亿元，GDP1275 亿元。

一、继续高举科创中心建设大旗，优化园区科创服务环境

集聚优质创新要素，引进培育新兴产业。优化租税联动机制，继续加强引进国内外著名企业“一部三中心”项目，提高经济的全球辐射力和国际影响力；重点跟踪人工智能、大数据、区块链、虚拟现实等前沿科技领域，通过有针对性的市场营销活动，拓展项目渠道，着力培育新动能，打造经

济新增长点；围绕园区企业发展，引进和合作搭建各类产学研平台。全年引进各类创新项目不少于100个，其中龙头企业不少于10家。

二、深度参与长三角一体化战略，拓宽园区开发运营半径

海宁园区要围绕打造“引领跨区域合作的重要探索区、国际产学研合作的重要示范区、产城深度融合的城北高铁新区”的建设目标，做到国际合作提升、招商引资提质、科技绿洲提标、科创平台提优、规划建设提速、内部管理提效。赵巷园区要把握市西软件信息园核心区建设的契机，持续拓展土地，建设精品工程，储备招商项目，打造青浦科技园区标杆。深度参与长三角一体化国家战略，主动对接浙江嘉兴、慈溪和江苏南通、太仓等周边区域，探讨品牌输出与轻资产运营模式，寻求共赢发展机会。

三、服务长江经济带开发区发展，共建园区协同发展生态

依托长江经济带国家级经开区联盟和产业转移中心两大平台，走出上海，走出长三角，一路向西，主动服务对接沿途重点发展区域，输出发展理念、管理经验、产业梯度转移和技术转移信息等。结合联盟联席会议机制，发起筹办长江经济带开发区论坛，共商开发区发展之路、共享开发区发展经验，同时为各地开发区提供一个联合展示与招商引资引智的平台。

四、呼应上海“四大品牌”建设，打响园区科创服务品牌

打响制造、服务、文化、购物“四个品牌”是上海面向全球、面向未来，率先推进高质量发展的重要路径。依托丰富的科技资源、发达的产业经济，全面提升漕开发品牌的辐射度、美誉度、标识度，全力打造经济发展新亮点，全速积蓄发展新动能、拓展发展新空间。

（任　朕）

上海振华重工（集团）股份有限公司

【概况】

上海振华重工（集团）股份有限公司（以下简称振华重工）是重型装备制造行业的知名企业，是国有控股A、B股上市公司，控股公司为世界500强之一的中国交通建设股份有限公司。振华重工成立于1992年，可溯源至1885年的公茂船厂。公司总部位于上海，在上海和江苏拥有10个生产基地，在全球设有28家海外分支机构，是世界上最大的重型装备制造商之一，产品远销世界101个国家和地区，覆盖全球约300座码头。是全球最有竞争力的自动化码头成套设备与系统制造商和供应商。

27年来，振华重工在全面建设具有国际竞争力的世界卓越公司的征程中，承载着让中国名牌响遍全世界的企业使命。如今，公司通过装备制造+资本运作+互联网的“一体两翼”的商业模式，正全力打造民族工业的旗帜+旗舰。

【2018年经济工作情况】

一、国务院总理李克强调研振华重工

4月10日，国务院总理李克强考察振华重工。李克强鼓励振华重工，要打造一流高品质中国装备，努力创造品质一流的中国服务，用中国装备振兴中华。

近年来，振华重工开展装备制造的服务升级，取得多项成果。其中，以自动化码头为代表的系统总承包业务在阿布扎比和印度相继落地，最新研发的立体化智能车库业务在城市推广。振华重工不断加强技术创新，开展数字化的转型升级，创新商业模式，持续探索港口设备增值服务业务，打造全球备件平台，以装备制造+资本运作+互联网的战略路径，致力于打造中国民族工业的旗帜+旗舰，建设具有国际竞争力的世界卓越公司。

二、全球首发新一代无人驾驶跨运车

在2018码头智能化解决方案论坛上，振华重工发布新一代无人驾驶跨运车ZPMC AI-Strad。该产品分为一过三和一过一两种型号，采用最新设计的、符合欧四排放标准的混合动力源，并且可以随时升级到要求更严格的欧五排放标准。使用混合动力后，把柴油机的功率从350千瓦减小到150千瓦，单机平均油耗仅为10升/每小时（柴油功率20升/每小时），真正做到了低排放、低噪音、低能耗，大大提高了燃油经济性。

振华重工遵循高效率，低成本的原则，首创基于多源传感器数据融合的采用同时定位与地图构建（SLAM）技术的港口设备自主驾驶系统。不依赖昂贵的港口基建，车辆完全以人工智能的方式进行自主驾驶，包括传感器配置、定位技术、环境辨识和车队管理系统4个主要功能。未来，基于人工智能的ZPMC AI-Strad将实现全天候、全场景、全自主的全流程作业。

三、产品进入全球101个国家和地区

5月，振华重工签订2台塞浦路斯Multimarine Shipyards Ltd公司电动浮船坞起重机项目。该项目的签订使振华重工进入全球第101个国家和地区，进一步扩大了振华重工全球版图。

本次签订的电动浮船坞起重机，又称“船厂单臂架门座式起重机”，将用于塞浦路斯 Multimarine Shipyards Ltd 公司的“ERENEOS”号浮船坞上，承担浮坞工作面及四周水域的起重吊装作业，起重量为 7.5 吨，外伸距达 17.2 米。该设备将大大减轻修船工人的劳动强度，提高浮船坞的使用效率。

振华重工自成立之初就将目光投向国际市场。1992 年，振华重工生产的岸桥产品成功进入加拿大温哥华港，为振华重工的国际之路抢占先机。1994 年，振华重工产品首次进入美国。随后，振华产品相继进入德国、新加坡、荷兰、英国等欧美国家，逐渐打破了全球港机市场被日本、韩国、德国等国企业垄断的局面。

四、首届进博会上签下近 15 亿元采购大单

11 月 9 日，在首届中国国际进口博览会上，振华重工与瑞士 ABB 集团、德国 BUBENZER 公司、瑞典 BROMMA 公司、美国 Phoenix 公司、瑞典 SKF 公司、德国 Igus 公司等 6 家供应商累计签订近 15 亿元的采购合同，涉及电控系统、制动器及联轴节部件、港口起重机吊具、港口起重机投光灯、轴承、拖链等商品类别。

振华重工在册合格供应商有 1000 多家，其中进口供应商 300 多家。多年来，振华重工凭借自身的平台和品牌优势已带领国内 160 多家企业走出国门。除了“走出去”，振华重工也在加大力度“引进来”，近 5 年，振华重工年平均采购额约 100 多亿元，进口物资年平均采购额约 60 多亿元，占总物资采购额的 60% 以上。

振华重工将以此次签约为出发点，在改革开放的大潮流和中国交建的引领下，积极支持多边贸易体系，坚定实施供应链战略改革，不断拓宽合作领域、创新商业模式、提高全球资源配给能力，与供应商一同加大在战略、市场、技术、质量、服务等领域的开放合作。通过多领域的开放合作，促使传统制造向绿色、高效、智能方向发展，为全球客户提供最优质的产品和服务。

五、6600 千瓦自航绞吸式挖泥船“天鲲号”首航

中交天津航道局 6600 千瓦绞刀功率重型自航绞吸挖泥船“天鲲号”由上海振华重工（集团）股份有限公司承建、上海振华重工启东海洋工程股份有限公司建造，是响应“一带一路”倡议、提升中国在国际高端疏浚市场竞争力而打造的建设海洋强国之重器。

“天鲲号”是国内首艘从设计到建造拥有完全自主知识产权的重型自航绞吸船，被评为“全球十大名船”，被称为“大国顶梁柱”“造岛神器”“地图编辑器”，与大飞机、航母并列“央企十大国之重器”称号。完全由国内自主研发创新建造，其绞刀挖泥能力亚洲排行第一，技术先进性和结构复杂程度在世界同类船舶中位居前列。其多项工艺、技术是国内空白、国际领先，如：上建气动减震系统施工原则工艺、桥架系统施工及移运工艺、三缆定位系统安装工艺等。天鲲号于 2016 年 3 月 28 日开工，2018 年 6 月 8 日试航，2018 年 9 月 26 日交付，将为国家“一带一路”工程、港口航道疏浚、岛礁建造及围海吹填造地等工程作出卓越贡献，对国内外疏浚业起着里程碑式的重大意义，也是公司为坚决贯彻落实“中国制造 2025”战略而交出的一份令人满意的答卷。

六、研制南极雪橇助力极地科考

振华重工承制的 16 台南极雪橇项目顺利完工，标志着振华重工产品业务板块向极地科考建设运用新领域拓展。

南极地域具有深远的发展潜力和战略意义，是 21 世纪世界各国瞩目和开发的热点区域之一。随着南极内陆考察规模的日益扩大，运输设备的需求量也越来越大。振华重工敏锐把握机遇，首批 10 台标准雪橇、1 台大型雪橇和 2 台油囊滑板雪橇于 2018 年 10 月顺利发运。其中，大型雪橇与油囊滑板雪橇是振华重工为适应南极科考新要求，自主研发的新型雪上运输装备，填补了该产品在国内的空白。

振华重工将携手国家极地研究中心，致力开展南极建设和发展的相关技术研发，力争为人类保护南极，合理开发和利用资源，实现我国向极地建设强国目标迈进贡献智慧与力量。

七、成功举办第二届全球码头智能化解决方案论坛

11 月 7 日，振华重工主办的 2018 码头智能化解决方案交流论坛在泰国曼谷举行，全球 80 余家码头运营商共 200 余人出席论坛。其间，振华重工首次发布了全新一代的自主驾驶无人跨运车、智能集卡系统解决方案及无人机巡检系统，并携合作伙伴分享物联网、大数据、云平台、人工智能在港口行业的深度融合与创新实践。

论坛开设 ZPMC Care+、水平运输系统新升级、传统码头智能升级解决方案三个主题分论坛，振华重工现场分享了码头智能化解决方案新成果，包括 ZPMC Care+ 服务、AGV 技术、跨运车自动驾驶技术、智能堆场、仿真规划、港口智慧能源、港口物联网及无人机巡检、智能车队控制系统、设备状态智能监测、岸桥自动化等多个自动化系统和解决方案。

近年来，振华重工不断从单机设备供应商向系统集成总承包商转变，从传统的港口机械制造商向现代化智能化码头整体解决方案提供商转变。继去年成功在上海举办首届论坛之后，振华重工已成功签约印度阿达尼自动化码头、青岛自动化码头二期工程等多个项目，公司也一直坚持“以用户的需求为中心，为客户创造最大价值”的理念，在提供码头仿真规划、港机设备、系统集成和运营维护的码头一站式解决方案的基础上，积极拥抱人工智能新技术革命，持续推进码头的智能化建设。

11 月 23 日，Terminexus 数字化智能船舶全球维保服务平台正式发布，振华重工、上海为喜乐科技联合举办本次发布会。Terminexus 数字化智能船舶维保服务平台是基于互联网打造的数字化智能全球维保平台，可为船舶配套企业、船东、维修公司提供备品备件网上交易平台，为设备配套企业提供线上维修指导、培训服务等。

（张　明）

上海锅炉厂有限公司

【概况】

上海锅炉厂有限公司（以下简称上锅）是新中国最早创建的专业设计制造电站锅炉的国有大型企业，隶属上海电气集团，公司位于上海市闵行区华宁路 250 号，占地面积 52 万平方米，建筑面积 25 万平方米，在册员工数约 2100 人。上锅锅炉产品容量涵盖 5 万千瓦—124 万千瓦，主要产品涵盖亚临界到超超临界参数，电站锅炉年制造能力达 2700 万千瓦，是世界上最大的电站锅炉（岛）、环保（岛）、化工技术与工程、锅炉改造、太阳能发电、垃圾（生物质）处理、工业锅炉等产品和服务的重要提供商之一。公司具有一支强大的设计、制造和服务管理团队，拥有国内外同行中一流的制造、检测设备，建立全面可靠的质量保证体系，产品质量达到国际先进水平，产品遍及国内各省、市、自治区，行销世界 20 多个国家和地区，并创下几十个“中国第一”。

【2018 年经济工作情况】

上锅积极落实电气总公司和电站集团“三步走”和“四个转型”发展战略，迈出实现“三个转变”、成为国际一流企业的坚实步伐。在国内火电市场进一步萎缩，传统主营业务规模急剧下滑的环境中，把握市场新机遇，大力发展新产业，狠抓成本管控，不断优化项目实现模式，深入推进管理提升与创新，圆满完成经营计划，实现全年各项发展目标。

一、在战略实施与企业改革方面，上锅成立 7 个新产业部门，全面保障新产业发展。同时设立燃烧技术、新能源技术以及智能化技术研发室，重点增强前沿技术的研发能力。

二、在市场开拓方面，上锅和集团及工程公司、服务公司携手举办多次产品推介会，共同提升市场参与度。还抓住公司命名 65 周年纪念契机，组织厂庆系列座谈会，大力发展潜在用户。同时依托新产业机构，形成以锅炉为主体，以多个产业为新动力的新型产业格局，制定专题激励方案、匹配专业人员、建立完善的市场协同机制，释放新产业发展潜力。这些措施使上锅在新产业上取得很多历史性的成绩，在化工与动力站 EPC、CFB 锅炉、太阳能光热、垃圾锅炉、钢铁行业换热器等领域均实现了业务突破。

三、在技术发展方面，编制《2018-2020 技术发展规划（纲要）》，重点导向两个方面，一是持续做好大型、高效、低排放锅炉技术研究，把煤电存量业务做到行业内最好；二是加快新产品技术方面的探索研究，尽快形成新市场环境下的核心竞争力。在大锅炉的技术研发上，形成有市场竞争力的 660 兆瓦超超临界 CFB 锅炉、极劣质煤 350 兆瓦超临界 CFB 锅炉方案；研究“三个耦合”发电技术方案，并通过了专家评审。在新产品领域，积极开展太阳能、生物质、垃圾固废及危废焚烧、制氢、储能、分布式能源等技术的研发工作。

四、在项目执行方面，针对市场环境及项目特点，不断提高项目管理水平和执行效率。在计划统筹上，持续建立计划宣贯等相关月度计划条线会议机制。不断优化合同分解流程，整理编制所有在执行项目月报，实现精细化项目管控。在材料准备上，推进策略采购，提高材料交货信息的准确性。在生产制造上，强化内外部产能平衡，加强对商务承揽、分包扩散的管控力度。在海外项目、重点项目上，建立外贸例会机制与通报制度，设立重点项目、外贸项目管理团队，实现了国外项目专题计划全覆盖。

五、在成本管控方面，上锅从源头策划成本控制，不断增强跨部门沟通与协作，推进构建全方位的系统措施。在项目成本管控上，建立成本分析周例会机制，逐个审核过会项目成本方案。在技术、采购、制造等条线降本工作上，继续采用优化设计方案、规范实用标准、简化系统配置、优化公司供应链、灵活调整物资采购方式、引入供方竞争机制、做好产能平衡工作降低综合生产成本等等措施。针对低值易耗品，新增了在大型电商平台网上比价、网上直采的采购方式，进一步降低了非核心物资的采购周期和成本。

六、在信息化方面，上锅围绕两化融合新型能力的打造过程，小步快跑提升上锅数字化水平，通过数字化营销、数字化设计、数字化制造、数字化管理 4 个平台的持续建设，打通业务信息孤岛，实现公司运营数据信息共享、系统应用协调，提高设计、制造、管理效率。年内成功开发、整合焊接信息管理系统、零件清单查询系统等信息化管理工具，并借助管理执行系统的应用，提升了公司决议、督办执行效力，增强了各部门协同能力。

七、在质量管控方面，上锅严格按“五一二一”的考核指标针对产品实现过程中的生产、制造、完工、现场等不同阶段进行细化管控。持续开展质量科研创新工作，进行CTW和光热项目测量技术的开发应用，研制出集箱管接头错边量检测装置，有效控制了原始测量方法造成的误差。成立了多个新产业、海外项目质量管理团队，编制专题质量计划，实施针对性管控。在供应链质量管理上，持续做好供方评审监督、绩效评价及分级工作，细化供方相应供货范围，动态考核供方产品，从源头保证产品质量。在国家能源局、中国电力企业联合会发布的全国电力可靠性年度报告中，上锅30万、60万、100万机组可靠性指标均排名行业第一。

八、在客户服务方面，上锅贯彻“1369”服务工作要求，不断完善全流程高效服务体系，加大客户拜访沟通力度，主动对接现场需求，为项目工程提供管理保障。针对周期紧、客户关注程度高的锅炉改造项目，提出“环保性、经济性、安全性、灵活性、定制性”的“五性化”服务理念，有针对性地进行服务产品开发。对重点项目定期梳理汇报，搭建厂内厂外沟通桥梁，完善项目汇报体系；合理分配服务资源，做到重点项目服务重点跟踪，常规项目服务积极跟进，改造项目服务提前计划。2018年顾客满意度为95.81%，继续保持上升态势。

九、在人才培养方面，上锅按照企业发展方向，明确工作重点，盘活存量、做优增量，不断推动存量业务人才向增量业务转移的人员结构优化工作。通过“五定”规划好未来3年的人员配置，重新梳理关键人才，优化员工及干部队伍；同时针对新产业进行人员培训及招聘，逐步提升团队建设水平，为公司转型做好人才储备。在人才培育方面，针对行业特点、面向公司各层级、各条线开发全员课程体系。还通过专项培训、导师（高师）带教、项目实践或轮岗锻炼等方法，逐步提高培训培养效果，共促公司与员工发展。

十、在安全、环境以及能源管理工作方面，上锅对公司隐患排查治理体系进行全面改革，完善风险管控与隐患排查治理双重预防机制的建设。通过加强“源头防控”，加大环保巡检自查力度，系统构建多层级安环风险防范体系，严格贯彻政府环保督察要求。并且针对EPC项目发展需求，组织学习工程现场安环管理经验，加快EHS管理人员的培养。公司还将“进博会”安保工作成功经验深化巩固，推动编制了《隐患排查表》，确保安全管理不留盲区，不留死角。

【2019年发展趋势】

2019年，是上锅改革攻坚“啃硬骨头”的关键一年，上锅将以“坚持‘三个转变’，加快转型步伐，开启新环境下的跨越发展”为年度工作目标，立足核心能力把握全局，用全球视野、未来视野推动公司发展。加快提升产业规模与能级、深化与关键客户的战略合作关系，加快建立新产品核心竞争力，加快推进经营管理流程再造，进一步打造国际一流企业应具备的管理体系和运营机制，增强公司中长期可持续发展能力。一方面，将继续把市场开拓当作核心工作来抓，按照既定目标将投入的资源盘活，让新设立的团队高效运转，创造更多突破性、全新的产业成绩；另一方面，继续贯彻“以客户为中心，以市场为导向”的工作理念，全面对标国际一流企业，加强业务支持部门的关键能力建设，探索项目制成本管控，精细化管理行政资源，真正让市场发挥资源配置的主体作用。

（丁纪元）

沪东重机有限公司

【概况】

沪东重机有限公司（简称：沪东重机）自1958年发展至今，经过60年的风雨洗礼和历史积淀，已经成长为国内最具实力的船舶动力装备企业。现为中国船舶工业股份有限公司全资子公司，是集研发、制造、服务于一体的世界一流海洋动力装备企业。随着公司规模的扩大及业务的不断拓展，公司下属有中船动力研究院有限公司、上海中船三井造船柴油机有限公司、上海沪临重工有限公司、上海沪东造船柴油机配套有限公司、上海沪江柴油机排放检测科技有限公司等5家投资企业。

公司在船用低速柴油机动力领域具有雄厚实力，大型船用主动力柴油机制造居国内龙头地位、跨入世界一流方阵。公司以“打造世界领先的创新型、服务型海洋动力企业”为战略目标，不断提升“中国制造”的影响力。产品随船出口世界各地，获得良好的市场声誉。秉承“紧贴强军首责，推进军民融合”的理念，形成完整的中、高速机产品系列，并在逐步加大防务能力建设，在大功率防务主动力中速机产品基础上，进入高速机制造领域。以实际行动践行中船集团“军工第一”的庄严承诺，诠释中船集团军工报国的使命担当。部分关重件制造水平达到国内领先。应用产业方面，公司建造的地铁盾构、柴油机陆用电站已拥有良好的市场业绩。核电应急机组、动力系统打包、节能环保装置等产品也逐步获取订单、打开市场。

1998年至今，公司被认定为上海市高新技术企业，2004年被认定为上海市企业技术中心企业，2005年被认定为国家级企业技术中心（分中心），2009年被正式认定为“国家级企业技术中心”，成为“国家船舶动力工程实验室”的成员。公司通过中国新时代认证中心 GJB9001B-2009 认证，获国家核安全局颁发的民用核电安全电气设备设计许可证和民用核电安全设备制造许可证。2017 年，沪东重机获中国制造业“单项冠军示范企业”称号。2018 年，沪东重机获中国工业经济联合会颁发的“中国工业大奖表彰奖”。

【2018 年经济工作情况】

公司在中船集团党组和公司党委的正确领导下，坚持以习近平新时代中国特色社会主义思想为指引，深入贯彻党的十九大精神、中央经济工作会议精神，全面落实集团公司 2018 年党的建设暨年度工作会议以及上半年经济运行分析会议部署，带领全体干部职工切实把思想和行动统一到《中船集团公司高质量发展战略纲要（2018-2050）》上来，紧扣“打造世界领先的创新型、服务型海洋动力企业”战略目标，以持续提升企业效益效率为关注焦点，主动作为、调结构、换思路，坚持坐稳主业、相关多元，加快“研发、服务、制造”一体化进程，凝聚合力沉着应对复杂多变的市场形势、竞争激烈的行业环境，全力推进公司经济工作加快发展。

2018 年，公司完成工业总产值 39.3 亿元、营业收入 43.4 亿元、利润总额比上年增长 22%，柴油机完工 166 台/367 万马力。完成经营承接 47.3 亿元。柴油机承接 164 台/355 万马力/42.4 亿元。其中，低速机主机承接 144 台/333 万马力，同比分别增长 28.6%/15.8%。公司积极拓展非船业务，VOCs（挥发性有机物）承接并实施完成 10 套减排装置。

公司申请发明专利 90 项，授权 17 项。顺利通过了工信部的《自主品牌小缸径低速柴油机关键技术研究》《船用低速柴油机尾气（NOx）排放后处理装置研制》《船用低速机余热再利用（WHR）装置研制》等 3 个项目、国防科工局的《柴油机装配工艺设计、仿真及实验验证技术研究》和发改委《大型浮式天然气存储再气化装置（FSRU）双燃料发电机组研发及产业化》等项目的结题验收。

【2019 年发展趋势】

2019 年，公司主要经济目标：工业总产值 46.2 亿元，主营业收入 50.6 亿元，承接金额 63.8 亿元，柴油机商品 192 台/385 万马力。

指导思想：继续深入学习贯彻习近平新时代中国特色社会主义思想和党的十九大精神，坚持党的领导，加强党的建设，增强“四个意识”，坚定“四个自信”，做到“两个维护”，继续以《中船集团公司高质量发展战略纲要（2018—2050）》为指引，全面落实集团公司 2019 年年度工作会议精神，勇于担当、主动作为、攻坚克难，牢牢把握全面建成世界一流海军的时代内涵，肩负起为建设世界一流海军提供先进可靠动力装备、为建设海洋强国提供强大支撑的历史重任，持续推进高质量发展，着力打造世界领先的创新型、服务型海洋动力企业。

主要工作：公司将继续坚持以党的政治建设为统领，深入贯彻落实集团公司党组统一部署，推动公司党建责任层层落实，确保全面从严治党向基层延伸，凝聚力量引领公司高质量发展。围绕“持续深化改革”，公司将着力打造结构完整、机制顺畅的科技研发体系；着眼两化融合、强调基础工作，理顺生产管理体系；开拓视野，立足新技术新产品产业化，突破应用产业发展；深入军民融合，拓展中高速机业务走向民用市场；确保完成军工任务、稳定低速机业务；明显提升民品服务业务在经济运行中的贡献值。

（岑俊华）

上海外高桥造船有限公司

【概况】

上海外高桥造船有限公司（以下简称公司或外高桥造船）成立于 1999 年，地处长江之滨，是中国船舶工业集团有限公司旗下的上市公司中国船舶工业股份有限公司的控股子公司。公司全资拥有上海外高桥造船海洋工程有限公司（以下简称外高桥海工）、控股上海外高桥海洋工程设计有限公司（以下简称外高桥设计）、上海中船船用锅炉有限公司（以下简称中船锅炉）、参股中船邮轮科技发展有限公司（以下简称邮轮科技）。

2018 年，上海外高桥造船有限公司砥砺前行、奋发有为，在经营生产以及管理创新等方面取得了突破性发展，民船、海工、大型邮轮“三翼齐飞”格局全面形成，完美诠释了外高桥造船响应国家号召、引领行业发展的责任和担当，为中国船舶工业高质量发展添上了浓墨重彩的一笔。

【2018 年经济工作情况】

2018 年，公司营业收入合计 92.57 亿元，其中：外高桥造船 85.05 亿元；外高桥海工 17.21 亿元；外高桥设计 0.48 亿元；中船锅炉 0.01 亿元。

公司完工交付船舶 17+（1）/429.3 万载重吨，包括 1 艘 187KBC、3 艘 208KBC、6 艘 400KVLOC、3 艘 20000TEU、3 艘 109.9K 油轮、1 艘 158K 油轮。根据集团公司坚定不移做稳船海主业的发展战略，积极抢夺订单，全年共计承接新船 23 艘 /438.3 万载重吨，包括 11 艘 180KBC、2 艘 187KBC、8 艘 210KBC、1 艘 30 万吨 FPSO、1 艘大型邮轮。

上海外高桥造船有限公司在中船集团公司引领下，结合公司产品特点，围绕民船、FPSO、大型邮轮三条主线，继续深化推进“建模 2.0”。民船——以成本工程为核心，围绕九大核心要素，推进“三化造船”，建立柔性造船流水线，开展精益造船，全面推进“建模 2.0”工作，实现常规船型快速、有序、高效、低成本建造；FPSO——以“大海工”战略目标为驱动，以 FPSO 为主要载体，开展海工产品的建模全面体系建立工作，建设具有竞争力的海工 EPC 企业；大型邮轮——以课题为依托，开展模拟造船，探索大型邮轮项目管理模式；以引进鹰图软件为契机，开展基于 MBD 的一体化综合数字设计建模工作。

公司加大科技创新力度，面向未来，围绕绿色、环保、节能、低碳的设计理念和最新规范要求，开展新型节能船、极地船舶等新船型研发，加快推进双燃料散货船、VLCC 开发进度，巩固公司主力船型领先优势。积极组织推进大型邮轮创新工程、FPSO 专项、智能船舶 1.0 研发专项。持续完善知识产权体系建设，进一步提升公司科技创新水平和实力。

一是大型邮轮创新工程。公司坚持引进消化吸收再创新与自主创新相结合的原则，从船型开发、关键核心技术、建造技术和材料设备国产化研制等方面建立大型邮轮的研究体系，并结合工程项目的进度节点，分年度有序实施，做到科研项目研究与工程建造的相互验证与支持，确保首制大型邮轮建造目标的完成，并为大型邮轮的自主研发打下坚实的基础。

二是智能船舶 1.0 研发专项。由上海外高桥造船有限公司建造的全球首艘 40 万吨智能超大型矿砂船（VLOC）“明远”号于 11 月 28 日在上海命名交付。作为中国首艘智能示范船，该船依托于智能船舶 1.0 研发专项，并围绕共性技术、关键系统和示范应用三大方向，通过构建服务智能系统的网络平台和信息平台，实现辅助自动驾驶、能效管理、设备运维、船岸一体通信、货物液化监测等五大智能模块功能，符合 CCS 船级社《智能船舶规范》，也是 DNVGL 船级社认证的全球第一艘智能船舶，是中国产学研精诚合作的结晶，标志着中国智能船舶全面迈入 1.0 新时代。

三是 FPSO 专项。公司紧密结合浮式生产储卸油装置（FPSO）的技术发展趋势和国际市场需求，以及中国南海特殊环境下油气资源经济开发的现实需求，通过开展深水通用型 FPSO 工程开发，并带动原油外输系统、多点系泊系统、脐带缆等关键设备的研制与应用，促进 FPSO 由单一定制化设计建造向标准化、规范化和批量化模式转变，形成 FPSO 安装及集成调试技术于一体的研究体系，为实现 FPSO 工程示范奠定基础。

四是标准化工程。公司标准化管理开拓创新工作模式，积极践行高质量发展要求，助力公司三翼齐飞战略，持续推进公司标准体系建设，建成涵盖综合、船体、船装、机装、电装、焊接、涂装、工法、理化等专业的企业标准体系，体系中标准以工艺标准、产品标准、设计标准为主，共计 829 项，为设计建造提供了坚实的基础和保障。全年编制发布 46 项企业标准并按要求纳入实施，其中：新编标准 17 项，修订标准 29 项；积极开展大型邮轮标准体系建设；完成 506 场次标准宣贯，参加 8502 人次；完成 48 项重要工艺标准宣贯；打造标准规范科技信息平台，累计访问 13 万余人次；累计数据 9323 条。

五是智能制造。11 月 11 日，公司申报的“上海高技术船舶数字化建造工程技术研究中心”顺利通过专家组验收。公司积极响应制造强国战略、集团公司建模 2.0 相关要求，大力推进多个智能制造项目，并在切割、焊接、喷涂等方面均有所突破。

六是企业信息化建设。在传统管理应用基础上，基于移动互联网技术和物联网技术，充分利用厂内无线网和 4G 公共网络，大幅拓展移动智能终端集成应用，实现业务数据标准化、管理流程细分、压缩数据颗粒度、融入更多物联数据和照片、地理位置等辅助信息，实现信息的精准推送，提高用户体验和满意度，让用户“走出办公室”，更加灵活高效地处理业务。

【2019 年发展趋势】

2019 年，外高桥造船经营方针是计划高标准执行、资源高效率配置、产业高质量发展、企业高效益运营。管理主题是高标准、高效率、高质量、高效益。

（办公室）

江南造船（集团）有限责任公司

【概况】

江南造船（集团）有限责任公司（简称江南造船）隶属于中国船舶工业集团公司，其前身是创建于1865年的江南机器制造总局，是中国最大、历史最悠久的造船企业之一，是国家特大型骨干企业和国家重点军工企业。为贯彻落实党中央、国务院领导关于“大力发展造船工业”的精神及支持上海世博会的召开，于2008年整体搬迁至长兴岛造船基地。

公司按照现代化造船模式的要求规划布置，并按区域化生产组织体系进行造船生产，形成了军民结合的现代化总装建造生产线。江南造船资产总额为490亿元，占地面积517万平方米，码头岸线3561米，共有各类在岗员工2万余人。公司拥有现代化的军、民品建造体系。在高新产品方面，涵盖水上水下多种产品，是国家高性能产品的重要生产基地。在民船方面，可承建的主要船型包括各型散货船、全系列液化气船、万箱级集装箱船、油船、海工辅助船及各类公务、科考船等。其中，巴拿马型散货船在国内外享有声誉，集装箱船、液货船在世界航运市场占有一席之地，科考船、公务船领域有较好声誉。

【2018年经济工作情况】

2018年，江南造船全面贯彻落实党中央、集团公司各项重要战略部署，坚持党建引领，践行高质量发展理念，重大改革落地实施，经营生产稳中有进，管理能力持续提升，创新内生动力不断增强。

完成工业总产值189.9亿元，比上年增长33.8%；工业增加值为19亿元，增长2%；实现营业收入179亿元，增长27.9%；利润总额10亿元，增长203%。

一、经营承接取得新突破

江南造船结合战略定位，以“智慧营销”为战术指导，用研发促营销，组建大营销团队，强化内部支撑，全年承接订单金额52.4亿元。其中，28000方LNG-FRU合同订单是公司在LNG-FRU船型上的首单突破，标志着公司正式进军海工领域。

二、产品建造凸显新水平

着力做好生产准备和策划推演，全球首型双燃料推进超大型集装箱船22KTEU集装箱船顺利开工；推进三化管理和工艺工法创新，新一代科学考察船“东方红3”和首艘自主建造极地科考破冰船先后下水；刷新国内集装箱船码头周期最短纪录，完成国内自主设计建造的世界上最大级别21KTEU集装箱船首制船暨“中远海运宇宙”号的交付。

三、机构重组展现新气象

贯彻集团公司重要决策部署，以现有组织机构与职能职责为基础，推进对长兴重工的吸收合并，实现生产运行平稳过渡，管理体系全面覆盖，重要资质顺利拓展，企业文化深度融合，最大限度减少了融合对生产、经营、管理工作带来的影响，公司整体运转平稳有序。

四、核心能力迈上新台阶

三维体验平台项目在大型航标船上实现全三维设计及三维交付新模式的实船应用；全年二次开发近50项功能，取得23项软件著作权登记、发明专利申报6项、制定10余项技术标准和规范；探索体验式设计方法，相关项目荣获中央企业信息化优秀成果奖；国防科技工业总段建造与装配技术创新中心正式揭牌，院士工作站挂牌运行。

【2019年发展趋势】

2019年，江南造船紧紧抓住“十三五”船舶工业发展机遇期，以持续创新推动江南向高质量发展转变，为支撑集团公司的远期战略发展目标作出应有贡献。

一、加强战略顶层设计和分解落地。深入学习和贯彻集团公司高质量发展战略，结合江南自身发展实际，编制江南高质量发展中长期规划，推动江南高质量发展战略分解落地。完善战略管理体系，做好各业务板块、职能管理专项规划，加强中长期发展战略与五年发展规划、三年滚动计划、全面预算、年度综合工作计划和绩效考核的协同。

二、持续优化核心产业结构。在产品保军基础上军民兼顾、深度融合，强化以军工为核心、民品专业发展、海工业务稳步提升的均衡发展格局，瞄准前沿和高端市场，不断提高战略占位，推动产品图谱向高技术、高附加值不断转型升级；依托长兴岛海洋装备岛优势能力和建设契机，统合军地双方存量资源，围绕高端产业研发和制造、国防装备全寿命保障、高效益社会保障服务、军队人才培养和安置、国防动员保障和资源、海权与国防文化教育等方面，协助推进军民融合重点区域建设。

三、落实财务降杠杆工作。抓住党中央、国务院关于去杠杆的政策机遇期，切实降低江南造船资产负债率，按照集团公司高质量发展纲要的要求，进一步提升集团公司资产证券化率。

四、加快推进管理提升专项行动。江南造船坚持目标牵引、问题导向，根据集团“管理提升”工作要求，持续推进执行管理提升暨高质量发展“三年行动计划”。通过持续提升管理，立足于集团公司“1+6”专题核心，以关键指标体系为基础，以瓶颈问题为导向，梳理业务发展思路，明确“1+4+8”的推进框架，即“推进效率提升，实现高质量发展”一个中心思想，划分技术创新、生产效率、成本管控、管理创新4大类别，围绕“研发创新、智能制造、精益设计、信息化建设、精益管理、质量安全提升、成本管控、人才团队建设，全面推动管理提升工作开展。

五、充分发挥党建工作的引领和保障作用。以全面从严治党为根本保证，积极落实巡视整改意见，以高质量党建引领高质量发展。推进党建e工程，提升党建工作效率、提高党建科学化水平；推进文化工程，构建与高质量发展匹配的企业品牌形象和文化体系；推进人才工程，进一步优化人才结构，完善人才选拔、培养和评价体系；推进聚力工程，提升公司对员工的凝聚力和员工对公司的向心力。

（高　显）

沪东中华造船（集团）有限公司

【概况】

沪东中华造船（集团）有限公司是中国船舶工业集团有限公司旗下核心造船企业，年造船能力300万吨，年销售收入230亿元。公司坚守“造舰强军，造船兴国”的企业核心价值观，形成军民融合，以高端船舶为主打的丰富产品线，高技术产品占比90%以上，是国内唯一在高端特种船领域与日韩船企开展全面竞争的中国造船企业。

公司技术力量雄厚，拥有国家级企业技术中心、博士后工作站，依托在司设立的国家能源LNG海上储运装备重点实验室，开展超低温液货装载等大量前沿科技研究。

公司坚守“为国奉献”信念，响应国家能源战略需求，历经十年研发，打破国外垄断，自主研发并建造成功中国第一艘大型LNG船，代表中国船企首次摘取世界造船“皇冠上的明珠”，已建成和手持大型LNG船订单28艘，保持国内唯一。近年来，公司先后建造成功世界首艘G4型集装箱滚装船和世界最先进化学品船，在世界顶尖高技术船舶建造领域不断取得新突破。

公司深入贯彻“建设海洋强国和强大国防”的战略部署，落实制造强国战略，以“绿色造船、数字造船”为发展理念，致力于打造一个中国一流，世界领先，为国防建设和国民经济发展不断作出新贡献、创造新价值的海洋装备产业集团。

【2018年经济工作情况】

一、坚持党建引领发展，保持总体运行平稳

公司党委、董事会、经理班子深度协同，全面推进落实“坚持‘一个总体目标’不动摇，保证‘三大攻坚任务’不懈怠，紧抓‘五大重点工程’不松劲”的战略思路。一年来，公司狠抓管理提升，推进成本工程，深化项目管理，实施354项成本节约项目，压降各类费用2.7亿元，在严峻的内外部形势下，保持了平稳运行。全年实现工业总产值150.1亿元，营业收入153.43亿元，利润3871万元。公司围绕“高端精品”战略，持续开拓市场，全年新接订单123.1亿元，落实意向订单62亿元。

二、狠抓生产技术准备，提升生产运行效能

面对高技术难度产品集中建造的生产格局，公司狠抓生产技术准备，加大检查、协调、督促落实力度，建立急难问题快速决策机制，全年完成工程节点73项，完工交船20艘/136.17万载重吨，完成中船集团公司考核指标。

军品生产完成工程节点21项。民品生产深化项目管理，Yamal-LNG项目首船出坞完整性达到同型船最好水平；PULNG项目实现950万工时无工时损失事故，创造单船总周期27.5个月新纪录；14500/13500TEU大型箱船、49000吨化学品船项目运行效能显著提升；22000TEU船、18600立方米加注船、LNG-FSRU项目顺利开工，Mark Ⅲ围护系统建造有序推进。

三、坚持创新驱动变革，不断增强发展后劲

围绕LNG装备产品延伸开发、智能制造、舰船工艺技术、节能环保等关键技术，公司坚持科技创新不停步。19项科研项目获批，获国拨经费支持首次超亿元；成功研发14型新船型，17.5万方破冰型LNG船获得船级社“原则认可证书”；成功签订首个FLNG项目FEED合同。13项技术成果获得集团或以上科技进步奖；成功申请专利321件，其中发明专利193件，公司获得“中国产学研合作创新示范单位”“2018年度中船集团知识产权先进单位”荣誉，成为集团舰船智能制造技术创新中心；17.2万方LNG船获得第五届“中国工业大奖提名奖”；2个设计建造创新团队及3位个人分获中船集团科技创新突出贡献团队奖及个人奖；基于自主知识产权的新型IMOB型围护系统的17万方LNG船完成合同设计，为公司赢得未来市场奠定了基础。

四、持续推进建模工程，不断提升生产效率

公司实施“管理提升三年行动计划”，持续推进建模2.0，围绕“中间产品设计涵盖率”等25项定量指标，完善

"一体化综合数字设计""中间产品完整性策划"，加强精度管控，推进"LNG船半船坞内压载舱强度试验""250吨货物机械室模块整体吊装""综合登陆舰轴舵系分段平台总组对中"等一系列工艺创新。全年每修正吨消耗工时27.5H/CGT，人均完成修正总吨为43.2CGT/人，高效焊接自动化率为33.6%。

五、贯彻集团战略纲要，加快推进深化改革

公司深入贯彻中船集团《高质量发展战略纲要》，积极谋划沪东中华拓展"四大主业"的战略路径和"四步走"战略目标，制定公司《高质量发展战略》，推动落实"产品拓展、科技创新、人力资源、智能制造、LNG产业链"等子规划编制工作。按照集团部署，加快规划"长兴二期"建设方案。同时，聚焦资源分散，成本高企的不利因素，加快深化改革，推进资源整合，完成崇南公司停产并启动拆迁；实施东鼎搬迁并与三造公司融合发展；实施东船物流业务整合。公司内部围绕生产需求，组建围护系统部、总装四部。

【2019年发展趋势】

2019年，公司全力以赴确保完成交船20艘/96.84万吨，计划完成工业总产值160亿元，实现营业收入165亿元，利润目标3600万元，实现经营承接180亿元。

重点落实五项工作：

一、激发科技创新活力，优化产业产品结构

加快推进17.5万立方米ARC7级破冰LNG船、18万立方米Mark Ⅲ型LNG船、超大型集装箱船等重点船型研发工作，积极跟踪重吊船、冰级散货船、化学品船等船的市场动态，适度开发新船型，优化升级现有船型，有效支撑经营承接。

二、增强成本管控意识，提升经济运行质量

以管理提升为抓手，严格全面预算管控，以收定支，刚性压降，强化成本费用过程管理，严格落实产品成本责任制，加强联责考核。以标准化设计为基础，加强"供应链管理"，缩短采购周期，降低采购成本。优化用工结构，降低人工成本。

三、推进管理提升工程，促进效率效益提高

以建模"2.0"为平台，实施效率提升工程，推进"工装化、自动化、机械化"的"三化"造船，推动工艺革新和智能制造，提高生产效率，缩短建造周期。提高完整性和舾装率，应用先进工装技术，强化搭载松钩约束机制，推进快速搭载，缩短船坞（台）周期，提高船坞（台）批次。

四、加快多元发展进程，拓展经济增长空间

要在做稳船海主业的基础上，以LNG产业链为核心，积极拓展薄膜型LNG岸站储罐、常规动力船舶加改装LNG燃料舱，LNG船维修改装等应用产业，并逐步向LNG围护系统工程总包、LNG核心部件提供、内河水运LNG加注业务总包服务等船海服务业拓展，同时要开拓新高附加值、高技术成套设备产品的承接，争取应用产业、船海服务业成为公司新经济增长点。

五、狠抓干部队伍建设，激发创新实干热情

狠抓作风建设，强化责任担当。有效解决干部不担当、不作为、慢作为等突出问题，着力解决制度与执行"两张皮"，联系服务基层不到位、学风会风文风及检查调研不深入等突出问题，切实履行责任，强化尽职担当。

加强能力建设，提升专业素养。按照干部高素质专业化和年轻干部数量充足、质量优秀新时代干部要求，优化干部成长路径，多措并举加强中青年干部专业素养能力提升培训，加大年轻干部岗位交流力度，着力实现年轻干部常态化培养、梯次化配备。

（顾　坚）

上海史密富智能装备股份有限公司

【概况】

上海史密富智能装备股份有限公司（原上海航海设备有限责任公司）是由历史悠久、在船舶业享有盛名的中国船舶工业集团公司（CSSC）直属上海航海仪器总厂利用数十年军工技术成果开发成功的主要民品和军民共用产品的经营实体改制组建的现代企业。公司早在1996年11月就通过ISO9001质量认证，2017年4月和12月分别取得GJB9001B-2009武器装备质量管理体系认证证书和中央军委装备发展部颁发的装备承制单位注册证书。

公司主营的船用液压舱盖系统、机舱自动化系统、液压元件及控制系统等，其制造质量在国内堪称一流。

2016年1月，公司成功上市新三板，更名为上海史密富智能装备股份有限公司，从事智能装备及工业自动化、机电一体化自动控制的设计与制造。加强和参与机器人设计和制造单位的合作，国家电网下属的上海置信电气等单位的改造项目。

【2018年经济工作情况】

2018年，完成工业总产值2160万元，其中出口产值10.8万美元；销售收入2362万元；税利总额31万元；完成船用产品产值16船/套合650万元；完成非船产值1510万元。

公司多年被评为上海市高新技术企业和上海市科技小巨人（培育型）企业。用于船用驾驶室控制台配套的航行灯/信号灯控制系统产品取得中国船级社颁发的船检认可证书。用于变压器行业的新型非晶合金带剪切生产线已被国家电网各大变压器及铁芯制造企业广泛应用，并获得国家专利局颁发的多项专利证书。船用液压舱盖系统已批量实现装船使用并通过军检。此外，公司研发的用于船舶舵机、锚绞机等液压控制阀组被各大船厂所选用，手动比例流量方向复合阀系列已研制成功可将替代进口并提供用户使用。公司主导产品二通插装阀通过一系列的技术改进和升级换代，整体上达到“优于或领先于国内同类产品，接近或同步于国际产品”的水平，可以替代国外 Rexroth 等进口产品。

【2019 年发展趋势】

2019 年，上海史密富智能装备股份有限公司坚持以科技创新为宗旨，注重新技术、新领域的开拓和发展。利用雄厚的技术力量和先进的管理机制，不断调整产品结构，重点加强机器人智能装备、机电自动化控制、液压元件及系统的市场开拓与应用。加强船用液压控制系统产品的开发。公司愿以“一流产品、一流服务”与广大客户共创未来。

（刘国跃）

上海船厂船舶有限公司

【概况】

上海船厂船舶有限公司为中国船舶工业集团有限公司旗下沪东中华造船集团所属三级子公司，公司注册地为上海市浦东新区即墨路 1 号，生产基地位于长江口崇明岛南岸，占地面积约 151 万平方米。公司现有岸线总长 2350 米。

上海船厂具有 156 年造船历史和丰富的船舶建造经验，现以船舶和海洋工程建造为主体。主要设施有 110×270 米港池一座，7 万吨级半坞式船台一座，4 万吨级浮船坞各一座，2500 吨浮吊一台，600 吨和 300 吨龙门起重机各 1 台，100 吨—200 吨门座式起重机 11 台，各种加工设备 300 余台，以及 5.3 万平方米船体加工车间和 3.2 万平方米的分段制造车间。

公司拥有国家级认定的企业技术中心，专业从事船舶产品的开发和设计。公司质量管理体系取得中国船级社和英国劳氏船级社认证；环境管理体系和职业健康安全管理体系取得中国船级社认证。公司研发、设计技术实力雄厚，可为国内外船东建造散货船、运木船、多用途船、集装箱船、冷藏船、滚装船、客船、海洋救助船、港监工作船、钻井船、物探船等各型船舶。

上海船厂先后获得“上海市安全生产先进单位”“上海市工业优秀企业”“全国企业科协先进集体”“国家技能人才培育突出贡献奖”“上海市外贸出口百强企业”“上海市创新型企业”“上海市劳动关系和谐企业”“上海市高新技术企业”“上海市四星级诚信创建企业”等荣誉称号。

【2018 年经济工作情况】

全年实现工业总产值 7.35 亿元，比上年下降 43%。完成营业收入 9.4 亿元，下降 27%。

一、生产建造情况

上海船厂以管理提升和建模 2.0 总体框架为指引，注重顶层设计、强化重点突破，通过以中间产品为对象编制标准计划，提升计划管理水平。以建模 2.0 为抓手，通过推行工序前移，涂装先行等管理提升工作以提高生产效率，通过管理重心前移、加强船台下水总结及策划以缩短周期，船舶试航完整性得到显著提高。建造的 6 条 2500TEU 集装箱船，全部提前于合同期交船，比原计划交船时间累计提前 226 天，全年累计造船完工 7 艘，交船任务目标 100% 完成。完工船舶生产效率指标（每修正总吨工时消耗）24.85H/CGT，同比上升 10.9%；生产综合计划完成率 86.31%，同比上升 11%。

二、科研工作情况

工信部“极地水合物探采船科研项目”通过评估，等待正式批复下达；临港地区开发建设管理委员会科研项目“船舶智能制造关键共性技术专项”项目验收前的相关工作已完成，待临港管委会组织验收；完成“一种新型船台巨型总段滑移技术研究与应用”“巨型总段运载系统的设计制造和应用技术”“32000 吨多用途重吊船”成果鉴定工作，并报集团公司科技进步二等奖；完成 CB/T3849《船用钢质床》、GB/T8241—2008《船舶舱室设备术语》行业标准修订；完成 CB/T3620《侧推装置安装及效用实验》《船舶轴系修理技术要求》征求意见稿和报批稿；ISO5894《船用人孔盖》国际标准修订工作已正式批准发布。

【2019 年发展趋势】

2019 年，是上海船厂转型发展的关键之年，公司将继续以党的十九大精神、习近平同志系列重要讲话精神为指导，按照集团公司的统一部署，紧紧依托母公司“大沪东”整体优势，在董事会和公司党委的领导下，团结带领广大干部员工，围绕年度工作目标，团结一心，坚定信心，鼓足干劲，提升士气，努力开辟一条属于上船的生存之路，主要做好以下几个方面工作：

一、资产管控发展。公司外围土地房产的管控及经营升值；公司子公司历史遗留问题的管控；未来资产的开发及管控，业务创新。

二、生产建造拓展。公司既有生产项目的完工管理；未来市场的工程任务承接与建造；海工项目完工的生产协同。

三、海工设备维持。在手海工项目的日常维护和保养；公司设备设施的日常管控和维护保养；既有设备资源的租赁增值及管控。

四、基地管控保障。公司日常运营管理的综合管控；公司总务后勤的业务及管理；公司本部安保消防警卫的业务及管理。

五、厂区项目开发。仓储物流业务的开发和管控；厂区设施资源的再利用、合作开发和管控。

六、海外营销推介。在手海工项目国内外客户寻找洽谈；造修船经营管理技术的输出合作；公司未来生产建造项目的持续性策划。

七、教育培训协同。技校既有业务的持续经营；厂区培训资源的开发利用和增值服务。

（徐佳玲）

上海航空发动机制造有限公司

【概况】

上海航空发动机制造有限公司（以下简称公司）是中国航空工业集团有限公司在沪企业，以上海航空发动机制造厂为主体整体改制、由上海航空工业（集团）有限公司等8家单位共同发起，经国务院国有资产监督管理委员会和上海市人民政府批准，于2004年12月注册成立的股份有限公司，总股本12715万股；注册地在上海市宝山区富联路1058号，2018年4月，公司由股份制公司变更为有限责任公司。

公司下设上海顾村、烟台、沈阳、武汉、滁州、张家口6个生产基地、7个工厂和1个技术中心。主营业务为中高档汽车车身结构件的研制与生产。公司主要配套整车企业有上汽通用汽车有限公司、上海汽车集团股份有限公司乘用车分公司、上汽大众汽车有限公司、吉利沃尔沃汽车公司、华晨宝马汽车有限公司。公司是上汽通用、上汽乘用车的核心供应商，多次获得优秀供应商奖和最佳供应商奖。

【2018年经济工作情况】

2018年，公司以习近平新时代中国特色社会主义思想为指导，认真贯彻党的十九大精神，不忘初心、改革进取，紧紧围绕“十三五”规划的“调整、巩固、夯实、提高”发展思路，认真落实党委会年度经营工作要点，在全体干部职工的共同努力下，经营业绩稳中有进、逆势上扬，主营收入、利润总额再创历史新高。

一、各项指标完成情况

实现利润总额4270万元，比上年增长16.19%；实现主营收入167522万元，增长17.17%；实现EVA2183万元，下降11.68%。

三大主类产品（梁类、轮罩类、侧围加强类）占主营收入比重为61.06%，同比提高5.91个百分点，公司新增订单逐渐向主类产品侧重。全年承接新品6959.19元／台套，预测生命期合同总收入30.67亿元，超额完成年度25亿元考核目标。

公司各大客户主营收入占比：上汽通用收入94076万元，占56.16%；上汽乘用车收入40005万元，占23.88%；二级配套厂商收入18676万元，占11.15%；华晨宝马收入6348万元，占3.79%；上汽大众收入1857万元，占1.11%；其他主营收入6559万元，占3.92%。

二、重点工作完成情况

市场开拓方面：与华晨宝马签订售后件商务合同，生命周期内预测合同总收入4.46亿元。张家口基地2018年建成投产，吉利领克CS11、CC11车型累计供货49079台套，累计开票5908万元。

稳固客户关系：公司获上汽通用2018年度优秀供应商奖和上汽乘用车2018年度杰出服务奖；沈阳基地获上汽通用北盛基地2018年度在沈供应商跨价值链劳动竞赛提能力优胜奖和精益生产优异奖；武汉上发获上汽通用武汉基地2018年度优秀管理团队奖。

技术提升方面：新技术新工艺预研。目前与泛亚技术中心同步研发的“复合降噪板”国产化替代项目，项目具有减震、隔音、轻量化的作用。与泛亚技术中心同步研发的“碳纤维避震塔”项目基本完成同步研发。与泛亚技术中心同步研发的“激光拼焊式天窗工艺”项目完成同步研发并已应用于上汽通用K257项目中。

焊接集成自动化、柔性化生产线建设。公司共有焊接机器人460余台，自动化率达90%以上。已经实施柔性化焊接集成的项目有C168等4个项目。

焊接集成自主能力提升。各基地积极推行焊接工作站／生产线自主集成改造，完成自主集成改造涉及的项目有E18等7个项目。

队伍建设方面：为进一步理顺工作机制，调整了领导班子成员分工；完成全级次"三定工作"。开展技术和技能人才等级评定、"专家带徒"、大学生入职车间实习夯实基础等工作，通过调整人才结构、建立多层次职业发展通道，构建全方位人才体系。2018年是中国改革开放40周年，是航空工业改革重组10周年，也是公司成立40周年。公司以"改革开放新时代，上发发展新征程"为主题，召开航空工业上发40周年庆暨表彰大会。

经营管理方面：上海本部完成增资扩股，新引入3位自然人股东，融资8500万元。2018年初制定计划79项，年中取消13项，新增48项，累计完成111项，完成率97.4%，累计效益效果838.22万元。

累计盘活库存原材料508.07吨，停产车型专用料架累计改造423个，节约金额87.7万元。

4月，公司由股份制公司变更为有限责任公司，公司名称由"上海航空发动机制造股份有限公司"更名为"上海航空发动机制造有限公司"。

【2019年发展趋势】

2019年，公司将全面正确把握内外部环境，牢固树立经营理念，更加关注现金流、更加关注客户和市场、提高主业产品集中度、坚持稳中求进，坚定不移地走高质量发展之路。在巩固2018年经营管理成果的基础上，夯实基地主体责任、增强基地主体活力、提升价值链水平、畅通经营管理信息，为完成公司"十三五"各项规划目标做好最后冲刺准备。

一、积极开拓市场

利用在产先进技术溢出效应拓展新业务、新客户。结合目前各基地产能及产品情况，针对性承接产品。侧重于提升冲压、焊接线自动化率、焊接柔性化、激光应用类的产品。关注宝马及奔驰下线车型，争取整车厂售后件承接，提升沈阳、烟台基地产能。上海本部市场营销部与基地市场业务部门协同发展。

二、努力提升技术

加大同步工程能力及新技术新工艺的预研。争取与客户合作预研1–2个项目（如超高强度钢冲压成型、导电胶减震降噪等）；在零件分类成组技术上有所突破。提升自主集成能力、柔性生产线建设能力。从技术角度强化专业化定位成果。梳理信息化资源，各基地统筹推进。

三、加强队伍建设

完善人力资源体系，增强培训力度，增加人才引进，各地人力资源统筹调配，用工分析实施对标管理。完善干部队伍工作作风建设，尝试推行任期激励机制。认真落实党建工作，切实做好团队建设工作，加强企业文化宣传。

四、强化经营管理

优化采购模式，对各项物资精细管控。盘活闲置资产，提升利用率创造效益。完成瘦身健体，深化混合制改革实施。完成BIQS认证，优化内部管理流程。定稿三年滚动规划，落实重点任务。持续政策研究，跟进土地款返还。全面进行对标管理，落实组织架构管控。

（黄安全）

上海造币有限公司

【概况】

上海造币有限公司（原上海造币厂，以下简称上币公司）始建于1920年，是当时中国最现代化的造币企业，推动了中国币制改革。1933年起，正式开铸民国二十一年银本位币壹圆（三鸟币）。1949年5月28日，由中国人民解放军上海市军事管制委员会金融处接管。1955年至今，先后铸造四套人民币流通硬币，为新中国金融、经济的发展作出重要贡献。

如今，上币公司已成为国内屈指可数的现代化程度高、竞争优势强的造币企业之一，主要从事设计生产国家流通硬币、金属纪念币；兼营金属纪念章、奖牌、工业金银、机械设计制造等加工业务。历年设计铸造的熊猫金银币、"双龙"银币、"孔雀开屏"银币分别荣获世界"最佳金币奖""最佳银币奖"，北京奥运会普通纪念币、贵金属纪念币、章及奖牌等产品均享誉国内外。截至2018年年末，公司资产总额达30.4亿元。

公司建立现代企业管理制度，具备世界先进的科学技术和研发能力。通过ISO9001、ISO14001、OHSASl8001的国际认证及计量、能源体系认证；被国家工商行政管理总局授予"重合同、守信用"证书，是上海市合同信用等级"AAA"级企业；"上币"商标被认定为上海市著名商标；先后获全国"五一"劳动奖状、全国"模范职工之家"等荣誉称号。

上币公司是中国印钞造币总公司的全资子公司，不设股东会，由总公司行使股东职责。上币公司设执行董事一名，兼任总经理，在《公司法》和公司章程的框架下行使职权和职责。公司以贯彻民主集中制为重点，制定《执行董事扩大会议事规则》《经理部议事规则》《党委议事规则》，规范领导班子的议事规则和决策程序，提高科学、民主决策水平。公司领导班子严格执行“三重一大”决策制度，集体讨论、民主决策、履行职责。

【2018 年经济工作情况】

2018 年，上币公司深入学习贯彻党的十九大精神，认真落实印制会议工作部署，按照“高质量、控风险，精技术、严管理，深改革、促转型，强党建、争一流”的整体工作思路，坚持“质量第一、效益优先”的基本准则，攻坚克难、创新实干，较好完成各项工作任务。

一、圆满完成造币生产任务。面对生产任务艰巨、质量要求高的新形势，上币公司提前谋划、精心准备、灵活组织、认真实施，圆满完成壹元流通硬币、壹分流通硬币、2018 年贺岁普通纪念币、中国高铁普通纪念币、改革开放 40 周年普通纪念币等各项印制生产任务。

二、产品质量持续向好。积极开展普通纪念币成品工艺试验，应用效果显著。提升在线机检系统检测功能，强化质量保障能力。多举措实施质量提升工作，实现普通纪念币瑕疵品数量及程度“双降 50%”的质量目标。圆满通过总行、总公司组织的产品质量检查，全年无严重质量问题社会反馈。

三、安全环保防线牢固坚守。安全生产态势总体平稳。组织全员安全履职能力考试，完成年度危险源辨识工作。完成公司总部产品生产及存放区域监控系统等改造工作。排查各类安全隐患 405 条，强化封浜厂区夜间带班巡视。强化环保责任，首次与重点部门签订环保责任协议。开展封浜厂区环保精细化管理，完成厂区废水应急水池等整改。大力升级环保设施，完成总部污水处理站设备改造等项目，环保综合整治初见成效。

四、重大工程项目稳步实施。重点技改项目进展顺利。封浜厂区硬币工房改建项目有效推进，滚字清洗工房主体结构、冲光工房钢结构主体完成。全面完成年度节能目标，获得普陀区政府 10 万元节能技改奖励。

五、货币文化市场积极拓展。有效发挥产业链优势，市场产品全面进入商业银行、邮政系统、经销商等销售。成立公司货币文化与品牌建设委员会，设立上币公司新媒体中心。积极探索工业旅游和国民金融教育，完成博物馆改造调研，全年接待参观人数增长 50%。品牌跨界合作初见成效，积极参与两项总行重点货币历史课题研究。

六、强化内部管理日见实效。优化企业绩效评价体系，首次签订年度综合绩效目标责任书。调整优化组织机构，职能部门、子公司由 24 个精简至 19 个。明确“十三五”规划后半期规划目标分解落实方案，从三大功能上对封浜厂区进行系统规划。全力推进设计开发中心建设，集合行业内外部力量，促进硬币做优做精。持续强化采购和招标管理，举办总公司与宝钢公司集团战略采购合作签约仪式。继续加大人力资源开发，制定《职业发展通道管理规定》。

七、全面从严治党迈向纵深。坚持党的领导和公司治理有机结合，组织修订公司章程、司务公开制度。坚持党建与企业文化建设有机结合，发布以党建红色文化为统领的企业文化体系框架。首次发布《意识形态工作责任清单》，实施意识形态常态化管理。

【2019 年发展趋势】

2019 年，是新中国成立 70 周年，全面建成小康社会关键之年。面临诸多困难与挑战，上币公司将始终坚持和加强党的全面领导，深化改革、强化管理，进一步推动企业高质量发展。

一、坚持打造人民币精品。采取科学的质量控制方案，全面提升产品质量及质量管理水平。加强普通纪念币生产工艺改进和质量提升，科学制定质量控制方案和质量标准，积极推进贵金属纪念币质量管理标准化体系与现有质量体系的对接。

二、坚持安全绿色生产。分层次开展针对性安全培训，以安全文化理念引领岗位安全自主管理。升级转版 ISO45001 体系，提升企业职业健康安全管理绩效。综合布防人防、物防、技防措施，确保产品全流程受控。改进环保技术与设施，完成纪念币加工等项目的环境影响评价，全面推进厂区雨污分流改造工作。

三、稳步实施重点技改项目。全力推进重大基建技改项目。封浜厂区硬币工房项目年内完成项目建设，推进封浜厂区综合楼、武警营房建设。配合环保提标改造，做好基建设备整改整修。

四、大力推进设计开发中心和货币文化建设。充分发挥设计开发中心功能，逐步建立健全设计开发管理体系，以全新理念引领行业硬币新产品设计。加大新媒体传播力度，做好人民币 70 周年（上海）巡展等系列展出工作，启动博物馆陈列布展改造。积极申报全国文明单位和全国文物保护单位，持续推进工业旅游和国民金融教育合作，着手货币文化产业研究，不断扩大上币品牌影响力。

五、坚持全面深化改革。对标国际一流，全面推进“五项改革”落地。根据总公司批准的公司章程，修订完善相关议事规则。顺应国家和行业组织机构改革要求，推进内设机构“大部制”改革，提高专业部门的综合管理与协调能力。优化财务管理体制，落实降本增效管理要求。推行科技管理新制度，强化项目过程管理与监控。开展岗位价值评估，构建基于岗位价值的员工薪酬分配体系。优化专业管理周期性体系化考评，促进管理升级。继续加强集中采购和招投标管理，完善制度，优化流程，强化供应商管理与评价。发挥审计监督作用，提高经济活动防风险能力。

六、开创企业党建新局面。紧紧围绕全面从严治党，扎实开展“不忘初心，牢记使命”主题教育，突出“两个维护”，教育引导广大党员悟初心、守初心、践初心。结合公司机构设置，调整党支部建制，完成各党支部改选工作。高度重视、认真对待、积极配合总公司对上币公司巡视回访及各项检查，切实提高全面从严治党水平。

上币公司将在总公司的正确领导下，团结一心、攻坚克难，为圆满完成全年任务目标、实现高质量发展而努力奋斗。

（马海斌）

上海上电电力运营有限公司

上海上电电力运营有限公司（以下简称上电运营）成立于2008年1月18日，系上海电力股份有限公司（以下简称上海电力）旗下全资子公司，为国家电力投资集团公司三级单位，是上海电力旗下打造国际一流专业化电站运维服务型企业。

上电运营是一家从事以能源运维服务为主要经营活动的大型公司，长期以来积累丰富的电站和能源项目运行管理经验，并取得电力设备维护和对外劳务合作资质。自成立至今，先后承接上海电力系统内多家电厂的运行维护服务及上海电力系统外的浦东机场能源中心、虹桥能源中心和上海磁悬浮中心等公共能源服务项目，形成以具备百万千瓦机组电厂运行及分布式能源、风电运维管理为核心的专业服务品牌。其中，化学、脱硫、脱硝和分布式供能专业的运行、技术管理能力已经在激烈的市场竞争中取得区域性垄断优势。上电运营项目足迹遍及海内外，包括亚洲、欧洲、非洲及国内的江苏大丰、安徽田集、青海西宁、新疆乌苏及哈密等地。

上电运营另一个巨大优势是合署管理上海电力技能培训中心（以下简称技培中心）。技培中心拥有100万千瓦、60万千瓦、30万千瓦燃煤机组及其辅助系统、燃机、新能源的全面仿真培训及其他教育技能培训，不仅能承接电力系统运行各类技能培训，而且也是上电运营创建“专业化公司、职业化队伍”，打造新型现代电站能源服务企业重要的人才培训资源平台。自2010年成立至今每年培训达4000多人次，其中培训项目涉及核电、火电、风电、光伏等发电项目，培训人员涉及海外和国内各大电厂。

为保持可持续发展，上电运营正致力于转型——从成立之初只能从事BOP运行，逐渐向运维一体再到运检一体的服务模式转变；从单一的从事传统能源企业向集传统发电、新能源、智慧能源于一体的大型运维服务商转变。

上海电力提出“争当世界一流清洁能源企业先行者、排头兵”目标后，上电运营发挥自身专业化和技能培训的优势，加快转型发展，重点推进“两海战役”，即跟踪、开拓海外优质项目，做好、拓展海上风电项目。在海外项目上，完成伊拉克最大电厂——华事德电厂一期4台30万千瓦等级发电机组和二期60万千瓦等级级组的生产准备、运维管理及为伊拉克当地人培训等一系列工作，上电运营华事德项目部党支部还被上海市经信委授予“党支部建设示范点”；在海上风电上，作为国内首个离岸距离最远的海上风电项目，大丰海上风电是上电运营推进“两海战役”标杆工程：不仅成立运维中心，编制各项制度、规程及应急预案等必备资料，而且还全程参与前期筹备、建造、基建、试运投产等过程，使该项目能按时按质完成节点。

由于上电运营严谨的内部管理机制及超前的外部拓展意识，使企业由成立初期4个项目部200多名员工扩展到13个项目部近800多名员工的规模，获得众多荣誉，主要有上海市文明单位、上海市五星级诚信创建单位、上海市模范职工之家、上海市职工（技师）创新工作室、卓越绩效标杆AA企业，等等。

在经济新常态下，面对新形势、新任务、新目标，上电运营将以上海电力百年历史为文化底蕴，牢固树立“专业、高效、融合”服务理念，用专业化、标准化、精细化的管理和优质、诚信的服务，实现与各方和谐共赢。

（办公室）

上海卫莎网络科技有限公司

【概况】

上海卫莎网络科技有限公司（品牌名：Versa）成立于2017年4月，是一家以“类脑计算理论”为内核，定位AI+文化，构建概念网络，应用在“计算机视觉领域”的科技型人工智能企业。公司由前格瓦拉产品团队和前华为海思核心算法团队组成，凭借先进的技术理念结合成熟的互联网思维，逐渐获得真格、红杉、腾讯等一线资本的青睐，也获得苹果、华为、迪士尼等巨头企业的高度认可。

公司秉承“为创作者赋能”的初衷，始终致力于运用计算机类脑技术，实现小样本学习和小模型运算，以更接近人脑运行机制的通用智能方式，为用户提供更快、更便捷、更简单、更高效的创作工具，降低创作维度，解锁声像、视频、音乐等复杂场景，打破思维与执行的边界，为不同层级、不同背景的创作者赋能，打造线上和线下的生态创作社区，呈现殿堂级互动艺术体验。

2017年，公司成为上海市人工智能发展联盟的会员单位。2018年，公司主要负责人先后被评为上海市徐汇区青联委员，并荣膺区学科带头人称号。截至12月31日，手机APP产品“马卡龙玩图”已超2000万活跃用户，并获2018年度苹果App Store本土最佳App称号，多次获得“Today故事”“首页推荐”。还被虎嗅评为“最受尊敬的脑洞产品奖”，连续荣获小米、魅族、Oppo、豌豆荚等多个应用市场最佳APP荣誉，并获得36Kr新商业100年度榜－新商业创新之新大奖。

在2018年上海首届“世界人工智能大会”上，公司凭借独到的创意和先进的语义算法惊艳亮相，《解放日报》称赞“目前大多数人工智能公司识别一个具体物体的平均数据为8万个，但Versa可精简到500个”。在赋能普通用户的同时，公司推出AI服务产品Open API，并提供接口，全面赋能电影、动画、设计师等文化行业专业用户，促进文化产业智能化升级、提高行业整体生产力。

【2018年经济工作情况】

公司于2017年正式推出马卡龙玩图产品，结合出色的互联网产品思维和先进的类脑人工职能技术产品，实现应用场景落地，通过先进的人机交互方式，开发出最新型图像与视频制作平台系统，并可提供毫秒级的照片语义分层功能，实现“指哪改哪”的人机交互体验，该产品一经推出即获市场热捧。

2018年，公司通过AI技术运用，在艺术风格迁移、人景分离、3D姿态估计、3D人脸网格建模、手势3D关键点估计、人脸表情生成与迁移等领域获得重大技术突破。其中，风格迁移数据利用率、语义分割准确率IoU、4万点人脸建模NME、3D姿态估计mAP四项成果的技术指标，经中国科学院查新报告和水平报告确认，保持世界领先纪录。

年末，公司研发出高精度的实施视频人景分离技术，获得苹果、华为、腾讯、阿里巴巴等青睐，在2018年年底第一期销售中获得价值80万元的组合订单，并成功拿下2019年第一批价值2000万元的组合订单。

【2019年发展趋势】

一、技术研发。公司以实现“产、学、研一体化”为目标，根据产品需求制定学术目标，利用技术研发带动产品进步，并反哺学术研发。在2018年5月与上海交通大学联合成立校级实验室——“上海交大－Versa脑科学与人工智能联合实验室”的基础上，通过校企联合实验，推动“产学研”模式落地成功。

二、商业价值。公司将重点推动与影视动画、游戏行业优秀企业的合作，在2019年年底前初步实现替代传统影视动画、游戏行业中的数据采集、作品制作环节，比如动作捕捉、表情建模等。“马卡龙玩图”APP将在中国市场实现近1亿下载量、全球（中国外）5000万下载量的目标，使Versa线上社区成为中国第一大图片／视频创作分享社区。

三、社会效益。将以“AI+文化”作为发展定位，以“激发创作人的创作力、赋能其艺术创新能力”为愿景，让人民群众在日常生活中深切体会到创作之乐，感受到艺术之美，获得幸福感、愉悦感。

（吴隽文）

上海脉链集团有限公司

【概况】

上海脉链集团有限公司于1998年从浙江金华永康起步，专注五金工具产业。2007年，集团总部移至上海。现在金华拥有3家大型现代化工厂；在瑞士拥有设计研发中心；在浙江、安徽、重庆、河南、湖北、湖南等10个省设有分公司，拥有2000家终端门店；在俄罗斯、伊朗、波兰、埃及、越南等5个国家设有海外仓。主要客户分布全球五大区、近30个国家。

2006年，公司为欧美OEM贴牌，后裂变为皇冠电动工具。2012年，皇冠在浙江省电动工具出口名列前茅，后又裂变为多品类的皇冠工具。2016年，皇冠工具在“一带一路”国家的市场占有率遥遥领先，并裂变为多等级的4个门店品牌：CROWN、DWT、TOSAN和MYTOL。2018年，公司从传统工具企业，裂变为全球的五金工具产业互联网生态系统。全年完成营业收入6.56亿元，实现利润0.2亿元。

【2018年经济工作情况】

2017年年底，公司和用友签署战略合作。2018年，脉链完成产业互联网转型，用互联网手段赋能全球工厂、经销商、终端门店和消费者，协助中国内贸专业厂家到国外，协助国外工业和民用等级的厂家进中国，为国内外工厂开辟增量市场。

公司从行业入手，实现五金工具产业的在线化。在线化同时，依托三通平台（国内外打通、线上线下打通、城市农村打通），为全球产业链提供产品优选、培训维修、展会路演、海外仓等等线下服务。

公司在金华园区投资建设一个8000平方米的产学研基地。在产学研基地：实现产品上架、上云、运营简化，数字化运营服务，以及举办全球展会、国内外路演、培训服务。在产学研基地，设有一个金华脉链的样板，作为三通平台的大入口，进入入口，每个伙伴企业都有机会获得3倍以上放大利润，实现“买全球、卖全球”。

10月13日，来自30多个国家的500位客人参加在金华举办的首届脉交会，脉交会后，脉链产业互联网已然在五金工具行业拥有了巨大的号召力。

公司完成转型，形成以资本运作加专业咨询为主的从远总部；新科技、新物流、新经济三位一体，云计算为核心的脉链数据平台；人、货、场重新优化，新零售模式的和亨事业部；聚焦工具专款和爆款研发和制造，人才培养基地的皇冠工具事业部；专注国际化品牌链接、海外投资业务的脉拓事业部。

【2019年发展趋势】

2019年，公司将全面启动五个板块运作：

一、从远总部：优化从远集团咨询加投资的业务模式。成立从远母基金、直投基金，吸引世界优秀资源。建立合伙人机制。完成构架梳理、资金梳理、人员梳理。

二、脉链云平台：实现全价值链数字化、在线化、智能化，包括SaaS标配化、AI人工智能应用快速落地、增强脉链云和数据入场2B的核心动力、实现数据驱动、自动化经营。打造新物流，由电商2C物流到2b物流，门店前置仓、区域中转仓、工厂产区仓，统仓统配。构建新金融，实现2C消费金融，2Bb或2F供应链金融，全程穿透场景化闭环型风控，线下采销研一体化服务点的建设与互联网国际化链接。

三、和亨新零售：按照C2b2B2F模式，站在Bb视角重构人、货、场。人的方面：人人脉+微信社群化、社交化跨越功能和感情；货的方面：以用户为中心产品严选、跨界选品服务产品化、升级化终端门店前置仓、云仓中低频；场的方面：门店体验场，非标混业，手机移动端（小程序、公众号、微信群），更多互动场景（家）。

四、皇冠工具事业部：加强品牌－研发－核心技术－人才基地建设。升级轻资产运行模式，聚焦专款、爆款的研发制造，做透产品。加大客户端提炼与制造端的技术升级。

五、脉拓事业部：脉拓国际化链接：进口、出口、转口。链接推动统一品牌与产品；品牌租赁推动自己品牌。

举办两次脉交会及20次国际化展会地推路演，链接世界资源，帮助海内外工具企业提升效率，开拓市场，增强竞争能力。

（胡　栋）

上海钢联物流股份有限公司

【概况】

上海钢联物流股份有限公司是一家立足于上海、服务全国，以全新“智能化绿色物流＋云计算现代化”的高科技物流企业，公司的宗旨：倾力打造钢铁领域互联网供应链，为钢铁领域、贸易领域，以及其终端客户商，提供一站式物流解决方案服务。公司在上海钢铁物流业界市场占有率逾5%，在上海综合贸易物流业界企业规模为前两位，企业知名度名列同行业界前茅。2018年，实现营业收入8.45亿元，净利润为138万元。

2017年，公司被评为上海市AAAA物流企业。2018年，被评为国家级先进物流企业，以及上海市云计算应用示范项目和培育项目单位。公司现为上海市宝山区工商联物流商会、物流业协会名誉会长单位。

为了高效、有序、互动、协调推进“钢联物流”品牌战略，公司申报“2018年上海市品牌培育试点示范企业”培训，以推进“钢联物流”品牌建设与品牌战略的实施，纳入上海市品牌建设规范化、系统化、高质量发展的轨道，同时，也让上海乃至长三角地区钢铁物流企业共享“钢联物流”品牌建设与品牌战略实施成果。

【2018年经济工作情况】

2018年，公司在大力发展上海地区业务的同时，发展全国各地的业务，在包头成立内蒙事业部集中包钢业务。为了适应北方地区个体驾驶员承运商较多而车队较少的情况，公司采取线上互联网、线下物流作业的“互联网＋”新模式，改变内蒙钢铁运输领域的整体物流作业模式，使业务越做越宽，越做越好。年末，公司与包钢达成合作协议，成立包钢钢联物流有限公司，使钢联物流事业向前迈进一大步。

公司相继通过互联网技术、GPS技术，发明围栏系统、在线调度系统、无人配载系统、物流管理系统。通过调度指挥系统，可以查看车辆装卸点情况、空车情况、仓储情况、车辆位置情况、车辆超速情况等一系列需要监控的问题，并且记录路途信息、排队信息、调度信息等，让钢联物流的每个环节都变得清晰可控，极大降低物流成本和人工成本。年内，公司与各地区有资源企业机构合作，陆续成立马鞍山分公司、重庆分公司等。仓库数据平面图、排队等候系统的相继研发，以及金融资源的加入，是公司在整个钢铁行业供应链上提速发展，最大限度为股东创造利益的创新举措。

【2019年发展趋势】

2019年，公司将坚持走高科技物流信息化路线，创造更多科技物流产品，努力开疆扩土。在信息化建设的同时，肩负社会责任，让绿色新物流的理念进入未来的工作中去，大力使用新能源汽车、新能源材料，合理规划物流线路，计算沿途排放量，让污染物排放降到最少。通过数据化、科学化、智能化、标准化、规范化综合手段监管日常环保工作，实现绿色发展。

（胡伟玲）

2019·上海工业年鉴

SHANGHAI INDUSTRIAL YEARBOOK

上海工商类上市公司行业分类

序号	代码	公司简称	行业
1	000668	荣丰控股	房地产业—房地产业
2	000863	三湘印象	房地产业—房地产业
3	002022	科华生物	制造业—医药制造业
4	002028	思源电气	制造业—电气机械及器材制造业
5	002058	威尔泰	制造业—仪器仪表制造业
6	002116	中国海诚	科学研究和技术服务业—专业技术服务业
7	002158	汉钟精机	制造业—通用设备制造业
8	002162	悦心健康	制造业—非金属矿物制品业
9	002178	延华智能	科学研究和技术服务业—专业技术服务业
10	002184	海得控制	制造业—电气机械及器材制造业
11	002195	二三四五	信息传输、软件和信息技术服务业—软件和信息技术服务业
12	002252	上海莱士	制造业—医药制造业
13	002269	美邦服饰	制造业—纺织服装、服饰业
14	002278	神开股份	制造业—专用设备制造业
15	002324	普利特	制造业—橡胶和塑料制品业
16	002328	新朋股份	制造业—汽车制造业
17	002346	柘中股份	制造业—电气机械及器材制造业
18	002401	中远海科	信息传输、软件和信息技术服务业—软件和信息技术服务业
19	002451	摩恩电气	制造业—电气机械及器材制造业
20	002454	松芝股份	制造业—汽车制造业
21	002486	嘉麟杰	制造业—纺织服装、服饰业
22	002506	协鑫集成	制造业—计算机、通信和其他电子设备制造业
23	002527	新时达	制造业—电气机械及器材制造业
24	002561	徐家汇	批发和零售业—零售业
25	002565	顺灏股份	制造业—造纸及纸制品业
26	002568	百润股份	制造业—酒、饮料和精制茶制造业
27	002605	姚记扑克	制造业—文教、工美、体育和娱乐用品制造业
28	002636	金安国纪	制造业—计算机、通信和其他电子设备制造业
29	002669	康达新材	制造业—化学原料及化学制品制造业
30	002706	良信电器	制造业—电气机械及器材制造业
31	002825	纳尔股份	制造业—橡胶和塑料制品业
32	002858	力盛赛车	文化、体育和娱乐业—体育
33	300008	天海防务	科学研究和技术服务业—专业技术服务业
34	300017	网宿科技	信息传输、软件和信息技术服务业—软件和信息技术服务业
35	300039	上海凯宝	制造业—医药制造业
36	300059	东方财富	信息传输、软件和信息技术服务业—互联网和相关服务
37	300061	康旗股份	制造业—其他制造业
38	300067	安诺其	制造业—化学原料及化学制品制造业
39	300074	华平股份	信息传输、软件和信息技术服务业—软件和信息技术服务业
40	300126	锐奇股份	制造业—通用设备制造业
41	300129	泰胜风能	制造业—电气机械及器材制造业
42	300153	科泰电源	制造业—电气机械及器材制造业
43	300168	万达信息	信息传输、软件和信息技术服务业—软件和信息技术服务业
44	300170	汉得信息	信息传输、软件和信息技术服务业—软件和信息技术服务业
45	300171	东富龙	制造业—专用设备制造业
46	300180	华峰超纤	制造业—橡胶和塑料制品业
47	300222	科大智能	制造业—电气机械及器材制造业
48	300225	金力泰	制造业—化学原料及化学制品制造业

（续表）

序号	代码	公司简称	行业
49	300226	上海钢联	信息传输、软件和信息技术服务业—互联网和相关服务
50	300230	永利股份	制造业—橡胶和塑料制品业
51	300236	上海新阳	制造业—化学原料及化学制品制造业
52	300245	天玑科技	信息传输、软件和信息技术服务业—软件和信息技术服务业
53	300253	卫宁健康	信息传输、软件和信息技术服务业—软件和信息技术服务业
54	300262	巴安水务	水利、环境和公共设施管理业—生态保护和环境治理业
55	300272	开能健康	制造业—电气机械及器材制造业
56	300286	安科瑞	制造业—仪器仪表制造业
57	300326	凯利泰	制造业—专用设备制造业
58	300327	中颖电子	制造业—计算机、通信和其他电子设备制造业
59	300330	华虹计通	信息传输、软件和信息技术服务业—软件和信息技术服务业
60	300336	新文化	文化、体育和娱乐业—广播、电视、电影和影视录音制作业
61	300378	鼎捷软件	信息传输、软件和信息技术服务业—软件和信息技术服务业
62	300380	安硕信息	信息传输、软件和信息技术服务业—软件和信息技术服务业
63	300398	飞凯材料	制造业—化学原料及化学制品制造业
64	300442	普丽盛	制造业—专用设备制造业
65	300462	华铭智能	制造业—专用设备制造业
66	300469	信息发展	信息传输、软件和信息技术服务业—软件和信息技术服务业
67	300483	沃施股份	采矿业—石油和天然气开采业
68	300493	润欣科技	信息传输、软件和信息技术服务业—软件和信息技术服务业
69	300501	海顺新材	制造业—医药制造业
70	300508	维宏股份	信息传输、软件和信息技术服务业—软件和信息技术服务业
71	300511	雪榕生物	农、林、牧、渔业—农业
72	300551	古鳌科技	制造业—专用设备制造业
73	300578	会畅通讯	信息传输、软件和信息技术服务业—软件和信息技术服务业
74	300590	移为通信	制造业—计算机、通信和其他电子设备制造业
75	300609	汇纳科技	信息传输、软件和信息技术服务业—软件和信息技术服务业
76	300613	富瀚微	信息传输、软件和信息技术服务业—软件和信息技术服务业
77	300627	华测导航	制造业—计算机、通信和其他电子设备制造业
78	300642	透景生命	制造业—医药制造业
79	300762	上海瀚讯	制造业—计算机、通信和其他电子设备制造业
80	600000	浦发银行	金融业—货币金融服务
81	600009	上海机场	交通运输、仓储和邮政业—航空运输业
82	600018	上港集团	交通运输、仓储和邮政业—水上运输业
83	600019	宝钢股份	制造业—黑色金属冶炼及压延加工
84	600021	上海电力	电力、热力、燃气及水生产和供应业—电力、热力生产和供应业
85	600026	中远海能	交通运输、仓储和邮政业—水上运输业
86	600061	国投资本	金融业—资本市场服务
87	600072	中船科技	建筑业—土木工程建筑业
88	600073	上海梅林	制造业—食品制造业
89	600081	东风科技	制造业—汽车制造业
90	600088	中视传媒	文化、体育和娱乐业—广播、电视、电影和影视录音制作业
91	600094	大名城	房地产业—房地产业
92	600097	开创国际	农、林、牧、渔业—渔业
93	600104	上汽集团	制造业—汽车制造业
94	600115	东方航空	交通运输、仓储和邮政业—航空运输业
95	600119	*ST 长投	交通运输、仓储和邮政业—道路运输业
96	600150	中国船舶	制造业—铁路、船舶、航空航天和其他运输设备制造业

（续表）

序号	代码	公司简称	行业
97	600151	航天机电	制造业—计算机、通信和其他电子设备制造业
98	600170	上海建工	建筑业—土木工程建筑业
99	600171	上海贝岭	制造业—计算机、通信和其他电子设备制造业
100	600193	ST 创兴	建筑业—建筑装饰和其他建筑业
101	600196	复星医药	制造业—医药制造业
102	600210	紫江企业	制造业—橡胶和塑料制品业
103	600272	开开实业	批发和零售业—零售业
104	600278	东方创业	批发和零售业—批发业
105	600284	浦东建设	建筑业—土木工程建筑业
106	600315	上海家化	制造业—化学原料及化学制品制造业
107	600320	振华重工	制造业—专用设备制造业
108	600420	现代制药	制造业—医药制造业
109	600490	鹏欣资源	制造业—有色金属冶炼及压延加工
110	600500	中化国际	制造业—化学原料及化学制品制造业
111	600503	华丽家族	房地产业—房地产业
112	600508	上海能源	采矿业—煤炭开采和洗选业
113	600517	置信电气	制造业—电气机械及器材制造业
114	600530	交大昂立	制造业—医药制造业
115	600532	宏达矿业	采矿业—黑色金属矿采选业
116	600597	光明乳业	制造业—食品制造业
117	600601	方正科技	制造业—计算机、通信和其他电子设备制造业
118	600602	云赛智联	信息传输、软件和信息技术服务业—软件和信息技术服务业
119	600604	市北高新	房地产业—房地产业
120	600605	汇通能源	批发和零售业—批发业
121	600606	绿地控股	房地产业—房地产业
122	600608	ST 沪科	制造业—黑色金属冶炼及压延加工
123	600611	大众交通	交通运输、仓储和邮政业—道路运输业
124	600612	老凤祥	制造业—其他制造业
125	600613	神奇制药	制造业—医药制造业
126	600614	*ST 鹏起	制造业—废弃资源综合利用业
127	600615	ST 丰华	制造业—金属制品业
128	600616	金枫酒业	制造业—酒、饮料和精制茶制造业
129	600618	氯碱化工	制造业—化学原料及化学制品制造业
130	600619	海立股份	制造业—通用设备制造业
131	600620	天宸股份	综合—综合
132	600621	华鑫股份	金融业—资本市场服务
133	600622	光大嘉宝	房地产业—房地产业
134	600623	华谊集团	制造业—化学原料及化学制品制造业
135	600624	复旦复华	综合—综合
136	600626	申达股份	批发和零售业—批发业
137	600628	新世界	批发和零售业—零售业
138	600629	华建集团	科学研究和技术服务业—专业技术服务业
139	600630	龙头股份	制造业—纺织业
140	600634	*ST 富控	信息传输、软件和信息技术服务业—互联网和相关服务
141	600635	大众公用	电力、热力、燃气及水生产和供应业—燃气生产和供应业
142	600636	三爱富	制造业—化学原料及化学制品制造业
143	600637	东方明珠	信息传输、软件和信息技术服务业—电信、广播电视和卫星传输服务
144	600638	新黄浦	房地产业—房地产业

（续表）

序号	代码	公司简称	行业
145	600639	浦东金桥	房地产业—房地产业
146	600640	号百控股	信息传输、软件和信息技术服务业—互联网和相关服务
147	600641	万业企业	房地产业—房地产业
148	600642	申能股份	电力、热力、燃气及水生产和供应业—燃气生产和供应业
149	600643	爱建集团	金融业—其他金融业
150	600647	同达创业	批发和零售业—批发业
151	600648	外高桥	批发和零售业—批发业
152	600649	城投控股	房地产业—房地产业
153	600650	锦江投资	交通运输、仓储和邮政业—道路运输业
154	600651	飞乐音响	制造业—电气机械及器材制造业
155	600652	*ST 游久	信息传输、软件和信息技术服务业—互联网和相关服务
156	600653	申华控股	批发和零售业—零售业
157	600654	*ST 中安	信息传输、软件和信息技术服务业—软件和信息技术服务业
158	600655	豫园股份	批发和零售业—零售业
159	600661	昂立教育	教育—教育
160	600662	强生控股	交通运输、仓储和邮政业—道路运输业
161	600663	陆家嘴	房地产业—房地产业
162	600675	中华企业	房地产业—房地产业
163	600676	交运股份	交通运输、仓储和邮政业—道路运输业
164	600679	上海凤凰	制造业—铁路、船舶、航空航天和其他运输设备制造业
165	600688	上海石化	制造业—石油加工、炼焦及核燃料加工业
166	600689	上海三毛	制造业—纺织业
167	600692	亚通股份	交通运输、仓储和邮政业—水上运输业
168	600695	绿庭投资	金融业—资本市场服务
169	600696	ST 岩石	房地产业—房地产业
170	600708	光明地产	房地产业—房地产业
171	600732	ST 新梅	房地产业—房地产业
172	600741	华域汽车	制造业—汽车制造业
173	600748	上实发展	房地产业—房地产业
174	600754	锦江股份	住宿和餐饮业—住宿业
175	600767	ST 运盛	信息传输、软件和信息技术服务业—软件和信息技术服务业
176	600816	安信信托	金融业—其他金融业
177	600818	中路股份	制造业—铁路、船舶、航空航天和其他运输设备制造业
178	600819	耀皮玻璃	制造业—非金属矿物制品业
179	600820	隧道股份	建筑业—土木工程建筑业
180	600822	上海物贸	批发和零售业—批发业
181	600823	世茂股份	房地产业—房地产业
182	600824	益民集团	批发和零售业—零售业
183	600825	新华传媒	文化、体育和娱乐业—新闻和出版业
184	600826	兰生股份	批发和零售业—批发业
185	600827	百联股份	批发和零售业—零售业
186	600833	第一医药	批发和零售业—零售业
187	600834	申通地铁	交通运输、仓储和邮政业—道路运输业
188	600835	上海机电	制造业—通用设备制造业
189	600836	界龙实业	制造业—印刷和记录媒介复制业
190	600837	海通证券	金融业—资本市场服务
191	600838	上海九百	批发和零售业—零售业
192	600841	上柴股份	制造业—通用设备制造业

（续表）

序号	代码	公司简称	行业
193	600843	上工申贝	制造业—专用设备制造业
194	600844	丹化科技	制造业—化学原料及化学制品制造业
195	600845	宝信软件	信息传输、软件和信息技术服务业—软件和信息技术服务业
196	600846	同济科技	建筑业—土木工程建筑业
197	600848	上海临港	房地产业—房地产业
198	600850	华东电脑	信息传输、软件和信息技术服务业—软件和信息技术服务业
199	600851	海欣股份	制造业—医药制造业
200	600882	妙可蓝多	制造业—食品制造业
201	600895	张江高科	综合—综合
202	600958	东方证券	金融业—资本市场服务
203	601021	春秋航空	交通运输、仓储和邮政业—航空运输业
204	601200	上海环境	水利、环境和公共设施管理业—生态保护和环境治理业
205	601211	国泰君安	金融业—资本市场服务
206	601229	上海银行	金融业—货币金融服务
207	601231	环旭电子	制造业—计算机、通信和其他电子设备制造业
208	601328	交通银行	金融业—货币金融服务
209	601519	大智慧	信息传输、软件和信息技术服务业—软件和信息技术服务业
210	601595	上海电影	文化、体育和娱乐业—广播、电视、电影和影视录音制作业
211	601601	中国太保	金融业—保险业
212	601607	上海医药	批发和零售业—零售业
213	601611	中国核建	建筑业—土木工程建筑业
214	601616	广电电气	制造业—电气机械及器材制造业
215	601727	上海电气	制造业—通用设备制造业
216	601788	光大证券	金融业—资本市场服务
217	601828	美凯龙	租赁和商务服务业—商务服务业
218	601866	中远海发	交通运输、仓储和邮政业—水上运输业
219	601872	招商轮船	交通运输、仓储和邮政业—水上运输业
220	601968	宝钢包装	制造业—金属制品业
221	603003	龙宇燃油	批发和零售业—批发业
222	603006	联明股份	制造业—汽车制造业
223	603009	北特科技	制造业—汽车制造业
224	603012	创力集团	制造业—专用设备制造业
225	603020	爱普股份	制造业—食品制造业
226	603022	新通联	制造业—造纸及纸制品业
227	603030	全筑股份	建筑业—建筑装饰和其他建筑业
228	603037	凯众股份	制造业—汽车制造业
229	603039	泛微网络	信息传输、软件和信息技术服务业—软件和信息技术服务业
230	603056	德邦股份	交通运输、仓储和邮政业—邮政业
231	603068	博通集成	制造业—计算机、通信和其他电子设备制造业
232	603083	剑桥科技	制造业—计算机、通信和其他电子设备制造业
233	603108	润达医疗	批发和零售业—批发业
234	603121	华培动力	制造业—汽车制造业
235	603128	华贸物流	交通运输、仓储和邮政业—装卸搬运和其他运输代理
236	603131	上海沪工	制造业—通用设备制造业
237	603157	拉夏贝尔	制造业—纺织服装、服饰业
238	603159	上海亚虹	制造业—专用设备制造业
239	603189	网达软件	信息传输、软件和信息技术服务业—软件和信息技术服务业
240	603192	汇得科技	制造业—化学原料及化学制品制造业

（续表）

序号	代码	公司简称	行业
241	603196	日播时尚	制造业—纺织服装、服饰业
242	603197	保隆科技	制造业—汽车制造业
243	603200	上海洗霸	水利、环境和公共设施管理业—生态保护和环境治理业
244	603214	爱婴室	批发和零售业—零售业
245	603226	菲林格尔	制造业—木材加工及木、竹、藤、棕、草制品业
246	603232	格尔软件	信息传输、软件和信息技术服务业—软件和信息技术服务业
247	603329	上海雅仕	交通运输、仓储和邮政业—装卸搬运和其他运输代理
248	603330	上海天洋	制造业—化学原料及化学制品制造业
249	603365	水星家纺	制造业—纺织业
250	603378	亚士创能	制造业—化学原料及化学制品制造业
251	603466	风语筑	文化、体育和娱乐业—文化艺术业
252	603496	恒为科技	制造业—计算机、通信和其他电子设备制造业
253	603499	翔港科技	制造业—印刷和记录媒介复制业
254	603501	韦尔股份	制造业—计算机、通信和其他电子设备制造业
255	603515	欧普照明	制造业—电气机械及器材制造业
256	603579	荣泰健康	制造业—专用设备制造业
257	603580	艾艾精工	制造业—橡胶和塑料制品业
258	603587	地素时尚	制造业—纺织服装、服饰业
259	603619	中曼石油	采矿业—开采辅助活动
260	603633	徕木股份	制造业—计算机、通信和其他电子设备制造业
261	603648	畅联股份	租赁和商务服务业—商务服务业
262	603650	彤程新材	制造业—化学原料及化学制品制造业
263	603659	璞泰来	制造业—电气机械及器材制造业
264	603681	永冠新材	制造业—化学原料及化学制品制造业
265	603683	晶华新材	制造业—化学原料及化学制品制造业
266	603690	至纯科技	制造业—专用设备制造业
267	603713	密尔克卫	交通运输、仓储和邮政业—装卸搬运和其他运输代理
268	603718	海利生物	制造业—医药制造业
269	603728	鸣志电器	制造业—电气机械及器材制造业
270	603729	龙韵股份	租赁和商务服务业—商务服务业
271	603730	岱美股份	制造业—汽车制造业
272	603777	来伊份	批发和零售业—零售业
273	603790	雅运股份	制造业—化学原料及化学制品制造业
274	603855	华荣股份	制造业—专用设备制造业
275	603868	飞科电器	制造业—电气机械及器材制造业
276	603881	数据港	信息传输、软件和信息技术服务业—互联网和相关服务
277	603885	吉祥航空	交通运输、仓储和邮政业—航空运输业
278	603886	元祖股份	制造业—食品制造业
279	603887	城地股份	建筑业—土木工程建筑业
280	603895	天永智能	制造业—专用设备制造业
281	603899	晨光文具	制造业—文教、工美、体育和娱乐用品制造业
282	603918	金桥信息	信息传输、软件和信息技术服务业—软件和信息技术服务业
283	603956	威派格	制造业—专用设备制造业
284	603960	克来机电	制造业—专用设备制造业
285	603987	康德莱	制造业—专用设备制造业
286	603991	至正股份	制造业—橡胶和塑料制品业

上海工商类上市公司2018年度经营情况之一

（单位：万元）

序号	代码	公司简称	资产总计	股东权益	主营业务收入	利润总额	净利润
1	000668	荣丰控股	281928.05	84898.02	24846.67	1643.43	882.81
2	000863	三湘印象	1304205.79	565264.35	163302.36	−33875.93	−45563.86
3	002022	科华生物	350378.78	217722.84	199021.36	29374.81	20777.89
4	002028	思源电气	757916.57	456985.55	480661.68	31738.60	29462.47
5	002058	威尔泰	21953.55	19071.37	11708.14	630.82	456.65
6	002116	中国海诚	430283.76	143270.55	522535.01	24945.43	21219.88
7	002158	汉钟精机	325275.11	184970.19	173163.02	23571.75	20263.35
8	002162	悦心健康	227610.90	93323.67	97787.86	3053.44	2434.71
9	002178	延华智能	200575.52	84163.28	113591.70	−30875.73	−28570.41
10	002184	海得控制	212283.03	92311.83	169051.23	−14695.51	−15955.65
11	002195	二三四五	1177575.29	931567.38	377391.84	159506.00	136735.57
12	002252	上海莱士	1138734.48	1087757.88	180423.54	−175590.53	−151839.70
13	002269	美邦服饰	720895.23	287769.52	767736.91	4878.09	4036.16
14	002278	神开股份	164239.16	110475.06	70206.96	3804.05	2976.20
15	002324	普利特	391790.52	232787.47	366552.41	7816.00	7231.94
16	002328	新朋股份	394437.25	247979.09	408112.15	22617.19	10024.22
17	002346	柘中股份	252781.98	203843.21	55938.37	5430.38	5826.77
18	002401	中远海科	216214.79	87342.72	98005.40	10218.11	8319.01
19	002451	摩恩电气	159379.97	66087.75	58501.31	1848.10	838.34
20	002454	松芝股份	590127.42	329527.06	368781.31	23755.65	17595.71
21	002486	嘉麟杰	111124.06	94940.60	87914.00	−64.69	1757.87
22	002506	协鑫集成	1882375.94	424858.80	1119113.65	5850.31	4512.07
23	002527	新时达	663697.29	265902.39	351499.46	−24231.28	−26068.79
24	002561	徐家汇	271731.75	222918.37	206935.26	32590.34	23128.74
25	002565	顺灏股份	360993.63	210294.28	205486.08	14011.40	10137.74
26	002568	百润股份	242509.17	192123.23	122999.13	17319.40	12376.09
27	002605	姚记扑克	266262.59	179849.82	94371.53	22190.18	12971.11
28	002636	金安国纪	416979.60	251466.12	368321.90	35027.59	29298.55
29	002669	康达新材	225977.54	191357.55	92832.58	9215.91	8044.28
30	002706	良信电器	216640.03	175969.29	157378.67	25283.73	22196.52
31	002825	纳尔股份	84163.05	62153.81	78851.83	6831.04	6198.67
32	002858	力盛赛车	58804.89	42815.50	37509.14	5093.38	3832.24
33	300008	天海防务	235970.93	75240.51	102862.73	−187462.27	−187841.15
34	300017	网宿科技	1194012.46	867161.33	633746.06	84821.36	80415.15
35	300039	上海凯宝	274738.86	248512.90	150067.65	27470.72	22681.24
36	300059	东方财富	3981096.17	1569523.95	130958.07	112083.40	95869.54
37	300061	康旗股份	300017.46	233696.96	230533.65	−68712.95	−79347.98
38	300067	安诺其	190402.12	161137.78	115993.76	16927.12	13828.15
39	300074	华平股份	155248.33	120581.40	44878.86	778.49	1483.15
40	300126	锐奇股份	121150.25	96776.61	58319.66	−4699.07	−4478.66
41	300129	泰胜风能	346136.24	220825.83	147252.62	1507.98	1053.09
42	300153	科泰电源	163478.15	95798.64	131117.91	1960.48	1804.66
43	300168	万达信息	782019.20	363272.69	220468.18	25657.03	23199.93
44	300170	汉得信息	381846.29	294359.90	286532.75	43039.78	38687.51
45	300171	东富龙	468808.90	302571.98	191682.19	10850.31	7045.77
46	300180	华峰超纤	753957.45	512938.91	306512.71	37062.25	29542.13
47	300222	科大智能	787580.09	449520.92	359383.08	45822.81	39296.69
48	300225	金力泰	114992.37	88061.06	80874.05	1119.28	1107.42

（续表）

序号	代码	公司简称	资产总计	股东权益	主营业务收入	利润总额	净利润
49	300226	上海钢联	966633.94	95727.56	9605509.19	21458.85	12092.79
50	300230	永利股份	458445.33	308296.29	344967.15	47538.78	38785.26
51	300236	上海新阳	153310.48	127524.18	55962.78	274.05	665.60
52	300245	天玑科技	154822.07	139799.25	38757.58	6300.32	5863.02
53	300253	卫宁健康	423731.81	313418.45	143876.13	30952.33	30330.52
54	300262	巴安水务	536865.56	231165.80	110427.22	15103.45	12290.96
55	300272	开能健康	161915.37	115643.94	90102.28	37731.07	34801.12
56	300286	安科瑞	94124.43	73807.86	45783.38	11245.79	9709.98
57	300326	凯利泰	356976.89	249869.27	93090.68	49744.62	46256.72
58	300327	中颖电子	103246.58	86034.44	75771.05	17239.09	16829.08
59	300330	华虹计通	53546.20	36861.69	20720.58	−2163.87	−1930.59
60	300336	新文化	479173.85	298240.81	80582.41	2098.28	3161.81
61	300378	鼎捷软件	242962.85	132038.23	134152.15	11315.57	7923.67
62	300380	安硕信息	66075.04	43040.76	54713.65	2768.43	2921.69
63	300398	飞凯材料	348967.74	218537.52	144571.98	32942.27	28443.68
64	300442	普丽盛	150855.33	72691.26	57955.00	−25595.72	−24139.60
65	300462	华铭智能	88578.89	62699.84	26394.29	5936.01	5260.76
66	300469	信息发展	137504.30	45258.35	70694.01	5037.56	4480.32
67	300483	沃施股份	645540.38	143749.53	33862.28	4143.58	561.28
68	300493	润欣科技	120975.57	72815.92	169319.06	1976.50	1577.61
69	300501	海顺新材	94248.13	64496.17	50719.59	7700.00	6616.51
70	300508	维宏股份	54012.11	47013.23	22928.73	−3400.38	−2742.24
71	300511	雪榕生物	389250.28	156897.02	184662.57	14190.16	15146.30
72	300551	古鳌科技	77109.60	53277.21	26275.28	1670.95	1265.43
73	300578	会畅通讯	37436.89	31553.06	22350.60	1680.63	1613.07
74	300590	移为通信	106181.17	86424.17	47622.17	13522.21	12460.03
75	300609	汇纳科技	61045.46	52647.87	24916.61	7363.54	6554.73
76	300613	富瀚微	119004.31	103112.38	41200.41	5237.00	5449.88
77	300627	华测导航	138665.41	86502.08	95204.53	11869.08	10514.49
78	300642	透景生命	110283.47	102415.17	36484.64	16535.04	14169.09
79	300762	上海瀚讯	103112.06	61344.71	42575.68	10544.99	10259.44
80	600000	浦发银行	628960600.00	47156200.00	17154200.00	6528400.00	5591400.00
81	600009	上海机场	3092872.92	2824600.63	931311.47	562990.92	423143.20
82	600018	上港集团	14436703.40	7554799.57	3804254.46	1432776.48	1027634.25
83	600019	宝钢股份	33514060.58	17676255.39	30477946.26	2781605.76	2156516.38
84	600021	上海电力	9866964.15	1590171.02	2257877.79	400297.50	276907.17
85	600026	中远海能	6341626.74	2819162.00	1228600.21	44351.60	10513.13
86	600061	国投资本	15545950.33	3640800.93	236430.82	273477.48	167945.94
87	600072	中船科技	1052762.54	371826.23	326437.31	5030.57	6542.74
88	600073	上海梅林	1155176.54	380944.53	2217939.88	50811.55	30600.22
89	600081	东风科技	585879.51	129212.84	667307.85	33343.94	14690.71
90	600088	中视传媒	158426.62	117890.99	81088.90	16587.16	11452.04
91	600094	大名城	4784262.71	1215455.45	1338302.14	114422.75	55066.48
92	600097	开创国际	230672.31	164335.68	190997.62	15684.52	14031.88
93	600104	上汽集团	78276984.98	23436856.20	88762620.73	5434384.98	3600921.06
94	600115	东方航空	23676500.00	5576500.00	11493000.00	386700.00	270900.00
95	600119	*ST 长投	165818.50	13901.68	102618.13	−69152.86	−67425.05
96	600150	中国船舶	4527024.34	1509513.99	1691030.74	63872.98	48921.34

（续表）

序号	代码	公司简称	资产总计	股东权益	主营业务收入	利润总额	净利润
97	600151	航天机电	1146686.77	598293.51	670088.86	4477.88	3853.20
98	600170	上海建工	21591766.39	3107681.79	17054578.31	435529.19	277986.68
99	600171	上海贝岭	270777.41	242868.08	78434.44	10465.88	10203.71
100	600193	ST 创兴	34083.48	21341.28	22914.60	3796.24	3101.67
101	600196	复星医药	7055136.14	2797773.64	2491827.36	357959.28	270792.34
102	600210	紫江企业	1037431.49	446912.55	900985.63	55208.42	43274.23
103	600272	开开实业	101729.34	49537.73	87756.91	4650.54	3523.43
104	600278	东方创业	799373.56	366708.29	1674124.26	24620.22	15166.79
105	600284	浦东建设	1181134.18	585443.13	367237.81	56284.37	45288.53
106	600315	上海家化	1016007.23	581306.13	713794.74	64623.89	54038.00
107	600320	振华重工	7059836.46	1518586.20	2181238.96	53705.59	44300.51
108	600420	现代制药	1646386.46	680625.43	1132078.14	129393.62	70552.17
109	600490	鹏欣资源	827272.37	545527.56	1413802.83	12661.75	19842.28
110	600500	中化国际	5032909.64	1124289.00	5995657.34	319672.46	91109.40
111	600503	华丽家族	726601.04	378408.16	38688.54	2981.41	1982.55
112	600508	上海能源	1487236.78	951135.91	684919.79	62625.56	66131.34
113	600517	置信电气	890473.80	342569.44	492902.40	2186.91	1937.50
114	600530	交大昂立	143375.28	90323.36	24903.70	−51339.02	−50603.91
115	600532	宏达矿业	291926.70	183834.37	264243.44	2755.67	1117.69
116	600597	光明乳业	1793375.94	533693.64	2098556.04	79230.56	34175.67
117	600601	方正科技	1103143.74	323059.86	570105.18	9183.30	5508.28
118	600602	云赛智联	553823.38	399912.48	446556.00	33906.40	27223.85
119	600604	市北高新	1633069.41	610780.97	50785.62	39045.77	23762.83
120	600605	汇通能源	119364.75	69461.34	200973.24	2115.73	1778.52
121	600606	绿地控股	103654545.63	7010430.63	34842645.75	2426938.41	1137478.47
122	600608	ST 沪科	17260.96	5627.89	100391.49	−260.39	−252.63
123	600611	大众交通	1551086.77	863486.41	340496.11	125117.98	88155.24
124	600612	老凤祥	1548622.96	619136.00	4378447.35	214980.74	120453.90
125	600613	神奇制药	312649.13	253985.62	185290.60	12496.80	10609.14
126	600614	*ST 鹏起	500575.38	108639.70	214727.14	−374542.06	−381340.61
127	600615	ST 丰华	64616.40	59877.18	8330.63	1225.89	933.16
128	600616	金枫酒业	228038.73	193367.16	89847.18	−5651.19	−6888.02
129	600618	氯碱化工	506053.38	391521.15	717063.80	113859.57	105306.47
130	600619	海立股份	1433531.08	436449.06	1170831.13	44510.69	31088.69
131	600620	天宸股份	286070.62	228389.40	4881.58	7070.22	6766.11
132	600621	华鑫股份	1985418.46	619918.39	11467.86	−3215.44	2184.63
133	600622	光大嘉宝	2509946.07	610266.70	475768.90	161846.82	88146.18
134	600623	华谊集团	4607692.24	1806569.64	4423969.11	233598.19	180709.87
135	600624	复旦复华	260400.73	114743.43	100822.27	6522.37	4278.56
136	600626	申达股份	1113561.06	329121.42	1633101.19	24897.24	12520.79
137	600628	新世界	579331.12	443892.29	277612.80	36531.11	27285.59
138	600629	华建集团	848484.97	269769.02	595891.99	37423.95	26354.07
139	600630	龙头股份	294821.30	180918.62	436226.61	6458.84	3767.29
140	600634	*ST 富控	454816.19	−353886.13	82279.31	−549682.58	−550893.97
141	600635	大众公用	2159236.28	745968.14	494170.99	48892.57	47848.88
142	600636	三爱富	349272.76	306949.30	166357.85	82837.39	54309.95
143	600637	东方明珠	3795947.82	2825285.76	1363367.76	252707.00	201542.40
144	600638	新黄浦	1257960.20	457550.98	106632.84	82092.64	57198.26

（续表）

序号	代码	公司简称	资产总计	股东权益	主营业务收入	利润总额	净利润
145	600639	浦东金桥	2034694.21	883807.08	276145.84	128954.85	97711.23
146	600640	号百控股	669286.12	447689.82	454669.59	33420.73	26229.08
147	600641	万业企业	801127.57	617874.07	267929.37	130548.24	97210.92
148	600642	申能股份	5966230.74	2595316.62	3622125.46	278841.07	182593.42
149	600643	爱建集团	2610337.93	963389.38	94843.32	158340.93	115808.47
150	600647	同达创业	47392.57	26891.73	2039.67	−4054.08	−5630.05
151	600648	外高桥	3108178.69	1018767.80	771083.05	119533.83	83041.06
152	600649	城投控股	3672219.16	1882832.79	690260.73	156205.70	102830.18
153	600650	锦江投资	451081.19	324286.15	243540.92	35084.28	26709.35
154	600651	飞乐音响	1208704.98	4726.20	330214.40	−323971.61	−329495.36
155	600652	*ST 游久	98485.20	81485.43	8463.97	−90268.67	−90521.63
156	600653	申华控股	834871.00	214767.87	714614.89	39388.80	34107.36
157	600654	*ST 中安	560202.67	21463.84	362649.07	−195522.33	−198067.20
158	600655	豫园股份	8525413.25	2869946.12	3377719.67	459822.86	302073.69
159	600661	昂立教育	316446.14	127057.70	209546.09	−28126.50	−26676.76
160	600662	强生控股	611477.18	325500.70	409378.84	11176.63	6474.03
161	600663	陆家嘴	7811264.72	1609493.17	1263876.96	545940.45	335024.77
162	600675	中华企业	5663072.98	1374048.60	1928584.78	470686.04	259240.80
163	600676	交运股份	917348.90	581057.65	966944.66	46463.06	32610.21
164	600679	上海凤凰	176831.34	133875.20	76152.14	914.98	2018.02
165	600688	上海石化	4453996.00	3037012.60	10776490.80	674897.60	527718.60
166	600689	上海三毛	73520.59	45995.66	137809.95	1362.78	1074.70
167	600692	亚通股份	193034.57	74095.15	73393.89	7738.12	4303.06
168	600695	绿庭投资	93510.13	65517.41	4798.83	6738.62	6502.00
169	600696	ST 岩石	41441.03	29600.63	110074.52	2561.62	1922.03
170	600708	光明地产	7442571.96	1268796.58	2049377.01	227613.23	141793.41
171	600732	ST 新梅	58837.00	46629.21	15671.76	3038.80	1599.61
172	600741	华域汽车	13368685.65	4536448.39	15717023.50	1152229.83	802717.69
173	600748	上实发展	3743200.08	998825.56	866375.24	127331.16	65761.69
174	600754	锦江股份	4013250.10	1262156.01	1469742.00	156400.43	108246.01
175	600767	ST 运盛	49477.54	28630.07	20732.23	2402.70	2040.83
176	600816	安信信托	3153620.19	1201194.91	20465.01	−244250.41	−183279.62
177	600818	中路股份	103178.45	63493.20	52879.72	579.70	506.79
178	600819	耀皮玻璃	729396.66	308354.53	385740.99	11948.26	9068.19
179	600820	隧道股份	7797005.16	2043846.10	3726624.10	256530.01	197876.28
180	600822	上海物贸	171070.08	60348.67	618486.40	6879.93	4408.26
181	600823	世茂股份	10832024.73	2367618.41	2067423.30	664242.95	240381.92
182	600824	益民集团	287072.49	220912.58	147791.84	15031.00	10950.42
183	600825	新华传媒	386875.35	263404.83	139124.03	3436.54	3165.58
184	600826	兰生股份	399118.21	290555.32	330582.92	30538.11	22894.20
185	600827	百联股份	4543737.25	1631404.27	4842671.30	156247.96	87209.91
186	600833	第一医药	107946.64	66256.07	117666.58	5901.22	4718.63
187	600834	申通地铁	273291.99	147731.73	75194.20	4051.51	3064.29
188	600835	上海机电	3366158.82	1080411.83	2123374.25	242593.79	126849.04
189	600836	界龙实业	342845.48	87055.92	136150.38	−617.14	−1180.93
190	600837	海通证券	57462363.41	11785857.47	2376501.46	757036.69	521109.32
191	600838	上海九百	131126.75	120981.92	7083.28	9866.68	9859.22
192	600841	上柴股份	702159.87	372186.01	412070.29	11261.45	13346.39

（续表）

序号	代码	公司简称	资产总计	股东权益	主营业务收入	利润总额	净利润
193	600843	上工申贝	414412.72	221285.83	320052.77	20423.95	14082.80
194	600844	丹化科技	339213.65	212436.16	143323.48	2401.22	205.68
195	600845	宝信软件	944541.82	661414.52	547110.29	76697.51	66912.49
196	600846	同济科技	1233279.03	228706.76	328379.92	45785.18	30124.30
197	600848	上海临港	1551452.04	680952.37	192942.16	58650.98	43531.07
198	600850	华东电脑	625977.20	234654.95	730341.90	37027.92	30259.07
199	600851	海欣股份	450944.54	342068.44	109867.58	18005.01	13525.04
200	600882	妙可蓝多	268966.76	121816.89	122568.99	−152.22	1064.06
201	600895	张江高科	1966034.06	876396.58	114831.18	62002.07	54429.15
202	600958	东方证券	22686967.22	5173947.88	1030349.09	133130.55	123101.32
203	601021	春秋航空	2657539.35	1332467.83	1311404.13	200229.78	150284.00
204	601200	上海环境	1502836.49	592062.71	258283.84	80623.01	57784.83
205	601211	国泰君安	43672907.96	12345006.27	2271882.34	926834.30	670811.66
206	601229	上海银行	202777239.90	16127654.90	4388782.20	1925187.20	1803404.00
207	601231	环旭电子	2015139.38	940803.31	3355027.50	139331.99	117971.51
208	601328	交通银行	953117100.00	69840500.00	21265400.00	8606700.00	7363000.00
209	601519	大智慧	203138.16	144168.81	59363.81	11978.37	10831.34
210	601595	上海电影	316412.64	232026.46	105590.29	27389.61	23494.00
211	601601	中国太保	133595900.00	14957600.00	35436300.00	2800300.00	1801900.00
212	601607	上海医药	12687933.45	3901357.04	15908439.69	534337.79	388106.29
213	601611	中国核建	9450600.48	1007412.19	5135505.78	146407.37	96082.57
214	601616	广电电气	282823.36	247033.20	59579.66	13139.03	12459.99
215	601727	上海电气	21852186.50	5729019.60	10115752.50	615548.70	301652.50
216	601788	光大证券	20577903.82	4720302.67	771227.71	30544.10	10332.29
217	601828	美凯龙	11086071.78	4171406.07	1423979.25	601931.97	447741.12
218	601866	中远海发	13783742.43	1804013.66	1633786.29	183866.84	138617.14
219	601872	招商轮船	4995555.34	2026211.84	1093109.74	116279.26	116699.39
220	601968	宝钢包装	559286.89	204905.94	497740.31	6161.95	4189.16
221	603003	龙宇燃油	562737.41	398539.03	1603587.20	11330.95	6352.87
222	603006	联明股份	204757.52	103279.47	102550.55	13782.99	10107.60
223	603009	北特科技	297150.66	173123.37	124845.30	5405.62	5615.06
224	603012	创力集团	453220.68	273098.24	160759.03	25536.07	20748.71
225	603020	爱普股份	239501.75	198689.21	249975.61	15953.86	11015.52
226	603022	新通联	81958.30	61732.83	66545.37	3868.78	3131.35
227	603030	全筑股份	811815.68	182233.24	652102.45	36073.01	26048.19
228	603037	凯众股份	96308.46	83295.27	54898.13	14432.88	12697.85
229	603039	泛微网络	160764.27	72409.20	100360.08	11439.56	11448.71
230	603056	德邦股份	822080.44	402725.89	2302532.22	89697.96	70040.72
231	603068	博通集成	53696.28	43439.74	54612.01	13364.89	12391.17
232	603083	剑桥科技	274411.44	112748.99	315632.42	8123.20	7677.75
233	603108	润达医疗	754298.79	250556.32	596433.92	59185.19	26195.38
234	603121	华培动力	71846.02	56361.55	51271.41	8973.88	7845.89
235	603128	华贸物流	547994.85	390766.53	944544.13	42879.96	32299.51
236	603131	上海沪工	135265.29	100716.62	86379.57	8484.96	7422.98
237	603157	拉夏贝尔	868949.80	344741.80	1017585.30	−16021.70	−15951.30
238	603159	上海亚虹	56666.18	42348.80	63733.63	4905.26	4292.60
239	603189	网达软件	90159.29	79439.96	20180.98	60.40	799.41
240	603192	汇得科技	163441.85	111676.99	159251.98	13050.65	11545.41

（续表）

序号	代码	公司简称	资产总计	股东权益	主营业务收入	利润总额	净利润
241	603196	日播时尚	128092.08	94471.58	113213.06	3292.57	3836.43
242	603197	保隆科技	311031.53	96581.49	230478.32	26140.66	15487.10
243	603200	上海洗霸	92245.58	74564.50	41360.48	9236.94	8007.92
244	603214	爱婴室	138791.69	88546.11	213540.37	16956.64	11999.31
245	603226	菲林格尔	106522.64	82623.78	83488.85	11609.16	9881.73
246	603232	格尔软件	72484.38	62177.90	30858.55	7499.80	7179.99
247	603329	上海雅仕	136262.48	73268.11	174994.89	5616.89	4498.88
248	603330	上海天洋	97795.81	62561.78	56082.31	4428.50	3517.49
249	603365	水星家纺	276703.58	218736.93	271888.87	34066.54	28507.20
250	603378	亚士创能	254312.24	131216.17	166225.62	8067.15	5873.21
251	603466	风语筑	343716.58	140280.36	170836.13	24490.25	21095.64
252	603496	恒为科技	91364.08	75134.50	43139.82	11335.99	10516.63
253	603499	翔港科技	69427.89	53766.61	35744.49	4859.13	4806.68
254	603501	韦尔股份	459987.23	163555.60	396350.94	12278.42	13880.44
255	603515	欧普照明	733344.53	433727.28	800386.97	104196.77	89922.35
256	603579	荣泰健康	216681.41	148967.95	229564.82	28186.48	24921.03
257	603580	艾艾精工	43858.97	39456.07	18811.45	4339.14	3579.93
258	603587	地素时尚	356875.64	308641.66	210045.46	76946.11	57410.81
259	603619	中曼石油	431587.04	237214.37	138973.85	9109.11	2996.86
260	603633	徕木股份	125742.61	73137.79	43435.61	4951.72	4336.81
261	603648	畅联股份	196566.75	163146.34	123323.76	18897.58	14275.97
262	603650	彤程新材	316760.64	227496.48	217487.52	49686.83	41226.58
263	603659	璞泰来	666046.11	290833.07	331102.53	66753.86	59425.78
264	603681	永冠新材	131747.07	89688.48	170105.05	15124.44	13137.75
265	603683	晶华新材	132645.21	79163.29	88089.41	2641.53	2296.51
266	603690	至纯科技	145384.99	43565.42	67409.07	3663.94	3243.91
267	603713	密尔克卫	185713.85	125223.54	178390.59	17928.07	13215.63
268	603718	海利生物	174857.44	105543.75	25456.52	−122.78	2129.82
269	603728	鸣志电器	246481.94	184672.24	189404.81	19171.12	16685.75
270	603729	龙韵股份	127749.04	87055.13	119490.84	2847.27	2287.92
271	603730	岱美股份	513917.97	331944.55	427337.92	62433.87	55812.55
272	603777	来伊份	284129.76	185346.05	389122.28	4729.55	1010.90
273	603790	雅运股份	125540.49	104889.78	94096.93	15160.24	12918.68
274	603855	华荣股份	253313.86	144284.74	163127.89	17313.97	15235.87
275	603868	飞科电器	369709.48	260169.19	397655.55	112381.74	84489.69
276	603881	数据港	265857.51	100230.88	90967.89	16598.28	14285.54
277	603885	吉祥航空	2145504.59	942896.50	1436616.66	169250.69	123292.71
278	603886	元祖股份	220417.48	135163.25	195821.59	29427.69	24164.67
279	603887	城地股份	168384.85	86041.52	126036.40	8954.45	7217.99
280	603895	天永智能	110273.39	63048.51	50606.48	3976.12	3611.81
281	603899	晨光文具	567750.01	341080.84	853498.86	96021.48	80684.73
282	603918	金桥信息	115619.81	57293.77	83294.57	5845.40	5122.84
283	603956	威派格	106130.55	83926.46	65176.95	13366.38	11550.80
284	603960	克来机电	94063.35	48875.50	58321.81	9116.83	6514.84
285	603987	康德莱	217427.42	137353.84	145005.83	20865.20	14709.47
286	603991	至正股份	81741.49	49187.07	56977.76	4340.61	3800.50

上海工商类上市公司2018年度经营情况之二

（单位：元、%）

序号	代码	公司简称	每股收益	每股净资产	净资产收益率	每股经营现金净流量
1	000668	荣丰控股	0.06	5.78	1.21	0.35
2	000863	三湘印象	−0.33	4.12	−7.57	1.25
3	002022	科华生物	0.41	4.23	9.95	0.25
4	002028	思源电气	0.39	6.01	6.60	0.23
5	002058	威尔泰	0.03	1.33	2.41	0.00
6	002116	中国海诚	0.51	3.43	15.43	−0.07
7	002158	汉钟精机	0.38	3.46	11.19	0.18
8	002162	悦心健康	0.03	1.09	2.69	0.16
9	002178	延华智能	−0.40	1.18	−28.63	0.05
10	002184	海得控制	−0.67	3.82	−15.69	0.63
11	002195	二三四五	0.32	2.10	16.14	−0.04
12	002252	上海莱士	−0.31	2.19	−13.01	0.05
13	002269	美邦服饰	0.02	1.15	1.41	0.25
14	002278	神开股份	0.08	3.04	2.73	0.06
15	002324	普利特	0.18	5.73	3.16	0.48
16	002328	新朋股份	0.22	5.53	4.11	0.73
17	002346	柘中股份	0.13	4.62	2.80	0.34
18	002401	中远海科	0.27	2.88	9.91	0.55
19	002451	摩恩电气	0.02	1.50	1.28	0.15
20	002454	松芝股份	0.28	5.24	5.49	0.80
21	002486	嘉麟杰	0.02	1.14	1.85	−0.01
22	002506	协鑫集成	0.01	0.84	1.07	0.67
23	002527	新时达	−0.42	4.02	−9.27	0.06
24	002561	徐家汇	0.56	5.36	10.57	0.49
25	002565	顺灏股份	0.14	2.97	4.63	0.08
26	002568	百润股份	0.20	3.61	6.68	0.64
27	002605	姚记扑克	0.33	4.52	7.63	0.61
28	002636	金安国纪	0.40	3.45	12.37	0.61
29	002669	康达新材	0.34	7.94	4.53	−0.34
30	002706	良信电器	0.28	2.24	12.87	0.33
31	002825	纳尔股份	0.44	4.43	10.41	0.59
32	002858	力盛赛车	0.30	3.39	9.23	0.05
33	300008	天海防务	−1.96	0.78	−110.52	−0.02
34	300017	网宿科技	0.33	3.56	9.68	0.30
35	300039	上海凯宝	0.21	2.32	9.35	0.24
36	300059	东方财富	0.19	2.80	6.31	0.52
37	300061	康旗股份	−1.16	3.41	−27.17	0.50
38	300067	安诺其	0.19	2.24	8.80	0.01
39	300074	华平股份	0.03	2.22	1.24	−0.07
40	300126	锐奇股份	−0.15	3.18	−4.46	0.20
41	300129	泰胜风能	0.01	3.07	0.47	0.29
42	300153	科泰电源	0.06	2.99	1.87	0.21
43	300168	万达信息	0.22	3.30	7.27	0.07
44	300170	汉得信息	0.44	3.37	14.32	0.23
45	300171	东富龙	0.11	4.82	2.34	0.35
46	300180	华峰超纤	0.26	4.52	5.91	0.10
47	300222	科大智能	0.55	6.16	9.13	−0.38
48	300225	金力泰	0.02	1.87	1.25	−0.06

（续表）

序号	代码	公司简称	每股收益	每股净资产	净资产收益率	每股经营现金净流量
49	300226	上海钢联	0.76	6.02	13.58	−2.11
50	300230	永利股份	0.48	3.78	13.38	0.50
51	300236	上海新阳	0.03	6.58	0.52	0.34
52	300245	天玑科技	0.19	4.46	4.24	0.13
53	300253	卫宁健康	0.19	1.93	10.59	0.08
54	300262	巴安水务	0.18	3.45	5.52	−0.50
55	300272	开能健康	0.73	2.39	35.33	0.20
56	300286	安科瑞	0.45	3.41	13.76	0.40
57	300326	凯利泰	0.64	3.47	20.44	0.13
58	300327	中颖电子	0.73	3.72	20.51	0.45
59	300330	华虹计通	−0.11	2.19	−5.10	−0.22
60	300336	新文化	0.04	3.70	1.06	−0.18
61	300378	鼎捷软件	0.30	4.99	6.23	0.49
62	300380	安硕信息	0.21	3.13	7.00	0.28
63	300398	飞凯材料	0.67	5.12	13.85	0.43
64	300442	普丽盛	−2.41	7.27	−28.39	−0.56
65	300462	华铭智能	0.38	4.55	8.66	0.44
66	300469	信息发展	0.37	3.71	10.24	0.03
67	300483	沃施股份	0.09	23.37	0.61	0.10
68	300493	润欣科技	0.05	2.29	2.57	−0.12
69	300501	海顺新材	0.66	6.39	10.53	0.27
70	300508	维宏股份	−0.30	5.17	−5.59	0.23
71	300511	雪榕生物	0.35	3.62	10.25	0.94
72	300551	古鳌科技	0.12	4.84	2.39	0.25
73	300578	会畅通讯	0.18	2.39	5.34	0.30
74	300590	移为通信	0.78	5.35	15.25	0.59
75	300609	汇纳科技	0.65	5.21	13.13	0.21
76	300613	富瀚微	1.23	22.75	5.52	2.27
77	300627	华测导航	0.44	3.51	12.84	−0.11
78	300642	透景生命	1.57	11.27	14.76	1.78
79	300762	上海瀚讯	1.03	6.13	18.25	−0.40
80	600000	浦发银行	1.85	15.05	12.47	−11.53
81	600009	上海机场	2.20	14.66	15.85	2.32
82	600018	上港集团	0.44	3.26	14.17	0.25
83	600019	宝钢股份	0.97	7.94	12.64	2.05
84	600021	上海电力	1.12	6.08	19.33	2.43
85	600026	中远海能	0.03	6.99	0.37	0.56
86	600061	国投资本	0.40	8.61	4.62	−3.29
87	600072	中船科技	0.09	5.05	1.78	−0.45
88	600073	上海梅林	0.33	4.06	8.32	0.46
89	600081	东风科技	0.47	4.12	11.55	1.39
90	600088	中视传媒	0.29	2.96	10.09	0.47
91	600094	大名城	0.22	4.91	4.59	2.56
92	600097	开创国际	0.58	6.82	8.87	0.79
93	600104	上汽集团	3.08	20.06	15.67	0.77
94	600115	东方航空	0.19	3.85	4.98	1.54
95	600119	*ST 长投	−2.19	0.45	−156.03	0.62
96	600150	中国船舶	0.35	10.95	3.54	1.63

（续表）

序号	代码	公司简称	每股收益	每股净资产	净资产收益率	每股经营现金净流量
97	600151	航天机电	0.03	4.17	0.66	−0.12
98	600170	上海建工	0.29	2.76	9.57	0.27
99	600171	上海贝岭	0.15	3.47	4.23	0.15
100	600193	ST 创兴	0.07	0.50	15.70	−0.05
101	600196	复星医药	1.07	10.92	10.16	1.15
102	600210	紫江企业	0.29	2.95	9.91	0.66
103	600272	开开实业	0.14	2.04	7.11	0.13
104	600278	东方创业	0.29	7.02	3.92	0.04
105	600284	浦东建设	0.47	6.03	7.96	−0.02
106	600315	上海家化	0.81	8.66	9.66	1.33
107	600320	振华重工	0.08	2.88	2.93	0.11
108	600420	现代制药	0.65	6.44	10.87	1.58
109	600490	鹏欣资源	0.09	2.58	3.60	0.04
110	600500	中化国际	0.44	5.40	8.26	1.13
111	600503	华丽家族	0.01	2.36	0.54	0.43
112	600508	上海能源	0.92	13.16	7.16	1.40
113	600517	置信电气	0.01	2.53	0.56	0.10
114	600530	交大昂立	−0.65	1.16	−39.89	0.02
115	600532	宏达矿业	0.02	3.56	0.61	−1.44
116	600597	光明乳业	0.28	4.36	6.39	1.19
117	600601	方正科技	0.03	1.47	1.75	0.29
118	600602	云赛智联	0.20	2.92	6.97	0.14
119	600604	市北高新	0.13	3.26	3.96	−2.13
120	600605	汇通能源	0.12	4.71	2.60	3.17
121	600606	绿地控股	0.93	5.60	17.15	3.47
122	600608	ST 沪科	−0.01	0.17	−4.39	−0.07
123	600611	大众交通	0.37	3.65	9.85	0.19
124	600612	老凤祥	2.30	11.84	20.42	−0.71
125	600613	神奇制药	0.20	4.76	4.24	0.28
126	600614	*ST 鹏起	−2.18	0.62	−127.08	−0.06
127	600615	ST 丰华	0.05	3.18	1.57	0.02
128	600616	金枫酒业	−0.13	3.76	−3.48	0.10
129	600618	氯碱化工	0.91	3.39	30.82	0.77
130	600619	海立股份	0.36	5.04	7.28	1.51
131	600620	天宸股份	0.10	3.33	2.86	−0.01
132	600621	华鑫股份	0.02	5.84	0.34	−1.35
133	600622	光大嘉宝	0.76	5.29	15.27	1.54
134	600623	华谊集团	0.85	8.53	10.42	1.39
135	600624	复旦复华	0.06	1.68	3.78	0.18
136	600626	申达股份	0.18	3.86	4.27	0.28
137	600628	新世界	0.42	6.86	6.21	0.51
138	600629	华建集团	0.61	6.24	10.18	0.78
139	600630	龙头股份	0.09	4.26	2.08	−0.08
140	600634	*ST 富控	−9.57	−6.15		−1.04
141	600635	大众公用	0.16	2.53	6.51	0.09
142	600636	三爱富	1.22	6.87	19.43	−0.05
143	600637	东方明珠	0.59	8.23	7.22	0.75
144	600638	新黄浦	0.85	6.79	13.02	−0.92

（续表）

序号	代码	公司简称	每股收益	每股净资产	净资产收益率	每股经营现金净流量
145	600639	浦东金桥	0.87	7.87	10.99	−0.42
146	600640	号百控股	0.33	5.63	5.97	0.84
147	600641	万业企业	1.21	7.66	16.13	0.70
148	600642	申能股份	0.40	5.70	7.10	0.61
149	600643	爱建集团	0.72	5.94	13.87	0.18
150	600647	同达创业	−0.40	1.93	−18.73	−0.04
151	600648	外高桥	0.73	8.97	8.25	0.63
152	600649	城投控股	0.41	7.44	5.43	0.02
153	600650	锦江投资	0.48	5.88	8.09	0.21
154	600651	飞乐音响	−3.35	0.05	−193.13	0.34
155	600652	*ST 游久	−1.09	0.98	−71.43	−0.08
156	600653	申华控股	0.18	1.10	17.23	0.16
157	600654	*ST 中安	−1.54	0.17	−166.23	0.04
158	600655	豫园股份	0.86	7.39	15.19	1.95
159	600661	昂立教育	−0.93	4.43	−18.84	0.50
160	600662	强生控股	0.06	3.09	1.99	0.58
161	600663	陆家嘴	1.00	4.79	22.03	1.28
162	600675	中华企业	0.55	2.70	29.88	1.68
163	600676	交运股份	0.32	5.65	5.70	0.42
164	600679	上海凤凰	0.05	3.33	1.51	−0.06
165	600688	上海石化	0.49	2.81	18.00	0.62
166	600689	上海三毛	0.05	2.29	2.34	0.04
167	600692	亚通股份	0.12	2.11	5.98	−0.83
168	600695	绿庭投资	0.09	0.92	9.64	0.00
169	600696	ST 岩石	0.06	0.87	6.71	1.12
170	600708	光明地产	0.63	5.14	12.29	−3.92
171	600732	ST 新梅	0.04	1.04	3.50	0.26
172	600741	华域汽车	2.55	14.39	18.53	2.97
173	600748	上实发展	0.36	5.42	6.59	1.11
174	600754	锦江股份	1.13	13.18	8.45	3.67
175	600767	ST 运盛	0.06	0.84	7.38	−0.12
176	600816	安信信托	−0.34	2.20	−13.00	−0.46
177	600818	中路股份	0.02	1.98	0.78	0.03
178	600819	耀皮玻璃	0.10	3.30	2.98	0.40
179	600820	隧道股份	0.63	6.50	10.02	0.49
180	600822	上海物贸	0.09	1.22	7.58	−0.32
181	600823	世茂股份	0.64	6.31	10.58	1.06
182	600824	益民集团	0.10	2.10	5.03	0.19
183	600825	新华传媒	0.03	2.52	1.21	0.52
184	600826	兰生股份	0.54	6.91	7.21	−0.10
185	600827	百联股份	0.49	9.14	5.29	1.01
186	600833	第一医药	0.21	2.97	6.89	0.19
187	600834	申通地铁	0.06	3.09	2.08	0.24
188	600835	上海机电	1.24	10.56	12.17	0.18
189	600836	界龙实业	−0.02	1.31	−1.34	0.20
190	600837	海通证券	0.45	10.25	4.42	−0.44
191	600838	上海九百	0.25	3.02	8.00	−0.03
192	600841	上柴股份	0.15	4.29	3.63	0.54

（续表）

序号	代码	公司简称	每股收益	每股净资产	净资产收益率	每股经营现金净流量
193	600843	上工申贝	0.26	4.03	6.46	0.15
194	600844	丹化科技	0.00	2.09	0.10	0.36
195	600845	宝信软件	0.80	7.54	11.74	1.10
196	600846	同济科技	0.48	3.66	13.83	5.99
197	600848	上海临港	0.39	6.08	6.54	−1.34
198	600850	华东电脑	0.72	5.53	13.64	0.19
199	600851	海欣股份	0.11	2.83	3.76	0.05
200	600882	妙可蓝多	0.03	2.97	0.89	0.21
201	600895	张江高科	0.35	5.66	6.34	0.20
202	600958	东方证券	0.18	7.40	2.35	0.82
203	601021	春秋航空	1.67	14.53	13.79	3.16
204	601200	上海环境	0.82	8.43	10.21	1.42
205	601211	国泰君安	0.70	12.89	5.44	8.44
206	601229	上海银行	1.56	12.93	11.70	−1.99
207	601231	环旭电子	0.54	4.32	13.08	−0.10
208	601328	交通银行	0.96	8.60	10.75	1.67
209	601519	大智慧	0.05	0.73	7.73	−0.19
210	601595	上海电影	0.63	6.21	10.63	0.30
211	601601	中国太保	1.99	16.51	12.55	9.87
212	601607	上海医药	1.37	13.73	10.63	1.10
213	601611	中国核建	0.34	3.34	9.92	0.24
214	601616	广电电气	0.13	2.64	5.15	0.25
215	601727	上海电气	0.20	3.89	5.35	0.06
216	601788	光大证券	0.02	10.24	0.22	−3.97
217	601828	美凯龙	1.20	11.75	10.90	1.65
218	601866	中远海发	0.12	1.37	8.08	0.56
219	601872	招商轮船	0.19	3.34	6.58	0.68
220	601968	宝钢包装	0.05	2.46	2.07	0.84
221	603003	龙宇燃油	0.15	9.57	1.56	1.67
222	603006	联明股份	0.53	5.37	10.32	0.45
223	603009	北特科技	0.16	4.82	3.64	0.26
224	603012	创力集团	0.33	4.29	7.86	0.41
225	603020	爱普股份	0.34	6.21	5.67	−0.11
226	603022	新通联	0.16	3.09	5.17	0.31
227	603030	全筑股份	0.49	3.38	15.19	0.36
228	603037	凯众股份	1.21	7.86	15.94	1.25
229	603039	泛微网络	1.16	7.06	17.39	1.95
230	603056	德邦股份	0.74	4.20	19.73	1.65
231	603068	博通集成	1.19	4.18	33.29	0.81
232	603083	剑桥科技	0.60	8.76	7.01	−1.30
233	603108	润达医疗	0.45	4.32	10.93	0.93
234	603121	华培动力	0.58	4.17	14.96	0.68
235	603128	华贸物流	0.32	3.86	8.44	0.14
236	603131	上海沪工	0.37	4.56	8.94	0.27
237	603157	拉夏贝尔	−0.29	6.29	−4.36	0.29
238	603159	上海亚虹	0.43	4.23	10.48	0.56
239	603189	网达软件	0.04	3.60	1.00	0.08
240	603192	汇得科技	1.30	10.47	14.07	0.84

（续表）

序号	代码	公司简称	每股收益	每股净资产	净资产收益率	每股经营现金净流量
241	603196	日播时尚	0.16	3.94	4.09	−0.10
242	603197	保隆科技	0.94	5.78	13.64	1.95
243	603200	上海洗霸	1.08	9.94	10.99	−0.21
244	603214	爱婴室	1.28	8.85	19.06	1.04
245	603226	菲林格尔	1.01	7.09	12.70	1.10
246	603232	格尔软件	0.84	7.28	12.01	−0.02
247	603329	上海雅仕	0.34	5.55	6.17	−0.93
248	603330	上海天洋	0.45	8.02	5.71	0.54
249	603365	水星家纺	1.07	8.20	13.50	0.90
250	603378	亚士创能	0.30	6.74	4.52	0.41
251	603466	风语筑	0.72	4.80	15.67	0.90
252	603496	恒为科技	0.75	5.29	14.95	0.27
253	603499	翔港科技	0.48	5.31	9.21	0.69
254	603501	韦尔股份	0.32	3.59	9.86	0.01
255	603515	欧普照明	1.19	5.74	22.56	0.82
256	603579	荣泰健康	1.78	10.64	17.45	1.87
257	603580	艾艾精工	0.38	4.23	9.30	0.33
258	603587	地素时尚	1.55	7.70	25.99	1.46
259	603619	中曼石油	0.07	5.93	1.23	0.27
260	603633	徕木股份	0.28	4.67	6.05	0.49
261	603648	畅联股份	0.39	4.43	8.99	0.01
262	603650	彤程新材	0.74	3.88	23.93	0.60
263	603659	璞泰来	1.37	6.69	22.19	0.75
264	603681	永冠新材	1.05	7.18	15.81	1.38
265	603683	晶华新材	0.18	6.25	2.94	−0.07
266	603690	至纯科技	0.16	2.07	7.72	−0.25
267	603713	密尔克卫	1.01	8.21	13.38	0.85
268	603718	海利生物	0.03	1.64	2.00	0.03
269	603728	鸣志电器	0.43	4.44	9.44	0.27
270	603729	龙韵股份	0.25	9.33	2.65	−0.31
271	603730	岱美股份	1.36	8.09	17.41	1.76
272	603777	来伊份	0.03	5.44	0.54	0.21
273	603790	雅运股份	1.08	7.13	15.65	0.28
274	603855	华荣股份	0.46	4.36	10.64	0.61
275	603868	飞科电器	1.94	5.97	33.72	1.27
276	603881	数据港	0.68	4.76	15.06	1.59
277	603885	吉祥航空	0.69	5.25	13.64	1.08
278	603886	元祖股份	1.01	5.63	18.80	1.52
279	603887	城地股份	0.50	5.97	8.94	−1.34
280	603895	天永智能	0.34	5.83	7.83	−0.55
281	603899	晨光文具	0.88	3.71	25.84	0.90
282	603918	金桥信息	0.29	3.19	9.42	−0.05
283	603956	威派格	0.30	2.19	14.78	0.16
284	603960	克来机电	0.48	3.62	14.05	0.08
285	603987	康德莱	0.33	3.11	11.30	0.71
286	603991	至正股份	0.51	6.60	7.97	−1.00

上海工商类上市公司 2018 年度资产总额排序

（单位：万元）

序号	代码	公司简称	资产总额		序号	代码	公司简称	资产总额	
			2018 年	2017 年				2018 年	2017 年
1	601328	交通银行	953117100.00	903825400.00	48	600009	上海机场	3092872.92	2754739.95
2	600000	浦发银行	628960600.00	613724000.00	49	601021	春秋航空	2657539.35	2060242.42
3	601229	上海银行	202777239.90	180776693.80	50	600643	爱建集团	2610337.93	1675058.43
4	601601	中国太保	133595900.00	117122400.00	51	600622	光大嘉宝	2509946.07	1345037.59
5	600606	绿地控股	103654545.63	84853281.47	52	600635	大众公用	2159236.28	2074402.12
6	600104	上汽集团	78276984.98	72353313.13	53	603885	吉祥航空	2145504.59	2023691.11
7	600837	海通证券	57462363.41	53470633.28	54	600639	浦东金桥	2034694.21	2048459.41
8	601211	国泰君安	43672907.96	43164818.71	55	601231	环旭电子	2015139.38	1736339.40
9	600019	宝钢股份	33514060.58	35023463.26	56	600621	华鑫股份	1985418.46	1737954.77
10	600115	东方航空	23676500.00	22746400.00	57	600895	张江高科	1956034.06	1898322.43
11	600958	东方证券	22686967.22	23185998.83	58	002506	协鑫集成	1882375.94	2031781.32
12	601727	上海电气	21852186.50	19934575.90	59	600597	光明乳业	1793375.94	1653925.74
13	600170	上海建工	21591766.39	19568520.85	60	600420	现代制药	1646386.46	1517059.10
14	601788	光大证券	20577903.82	20586436.51	61	600604	市北高新	1633069.41	1269914.20
15	600061	国投资本	15545950.33	14240439.92	62	600848	上海临港	1551452.04	1311716.01
16	600018	上港集团	14436703.40	14123490.50	63	600611	大众交通	1551086.77	1583930.56
17	601866	中远海发	13783742.43	13903766.04	64	600612	老凤祥	1548622.96	1342405.16
18	600741	华域汽车	13368685.65	12337262.65	65	601200	上海环境	1502836.49	1238381.43
19	601607	上海医药	12687933.45	9434447.52	66	600508	上海能源	1487236.78	1427730.81
20	601828	美凯龙	11086071.78	9701462.41	67	600619	海立股份	1433531.08	1364008.60
21	600823	世茂股份	10832024.73	9191790.60	68	000863	三湘印象	1304205.79	1306990.75
22	600021	上海电力	9866964.15	8091396.94	69	600638	新黄浦	1257960.20	1074900.92
23	601611	中国核建	9450600.48	7804296.74	70	600846	同济科技	1233279.03	918418.32
24	600655	豫园股份	8525413.25	2411568.72	71	600651	飞乐音响	1208704.98	1555303.84
25	600663	陆家嘴	7811264.72	8118012.05	72	300017	网宿科技	1194012.46	1026271.87
26	600820	隧道股份	7797005.16	6791965.38	73	600284	浦东建设	1181134.18	1117782.08
27	600708	光明地产	7442571.96	5415449.22	74	002195	二三四五	1177575.29	917218.13
28	600320	振华重工	7059836.46	6751995.38	75	600073	上海梅林	1155176.54	1127824.92
29	600196	复星医药	7055136.14	6197100.88	76	600151	航天机电	1146686.77	1309358.16
30	600026	中远海能	6341626.74	6038473.07	77	002252	上海莱士	1138734.48	1445541.96
31	600642	申能股份	5966230.74	5404718.05	78	600626	申达股份	1113561.06	1082752.52
32	600675	中华企业	5663072.98	2785833.95	79	600601	方正科技	1103143.74	1113175.20
33	600500	中化国际	5032909.64	5576065.76	80	600072	中船科技	1052762.54	1094504.81
34	601872	招商轮船	4995555.34	3779089.08	81	600210	紫江企业	1037431.49	1003800.10
35	600094	大名城	4784262.71	5697330.46	82	600315	上海家化	1016007.23	960395.91
36	600623	华谊集团	4607692.24	3878937.93	83	300226	上海钢联	966633.94	1021382.01
37	600827	百联股份	4543737.25	4467053.59	84	600845	宝信软件	944541.82	862242.47
38	600150	中国船舶	4527024.34	5232657.13	85	600676	交运股份	917348.90	886147.06
39	600688	上海石化	4453996.00	3960953.60	86	600517	置信电气	890473.80	908383.56
40	600754	锦江股份	4013250.10	4355969.63	87	603157	拉夏贝尔	868949.80	787171.20
41	300059	东方财富	3981096.17	4184475.51	88	600629	华建集团	848484.97	740352.19
42	600637	东方明珠	3795947.82	3733221.53	89	600653	申华控股	834871.00	993977.96
43	600748	上实发展	3743200.08	3905026.54	90	600490	鹏欣资源	827272.37	779356.28
44	600649	城投控股	3672219.16	3776962.08	91	603056	德邦股份	822080.44	652117.18
45	600835	上海机电	3366158.82	3352037.47	92	603030	全筑股份	811815.68	530737.54
46	600816	安信信托	3153620.19	2512611.56	93	600641	万业企业	801127.57	881470.87
47	600648	外高桥	3108178.69	3055263.47	94	600278	东方创业	799373.56	853529.56

（续表）

序号	代码	公司简称	资产总额		序号	代码	公司简称	资产总额	
			2018 年	2017 年				2018 年	2017 年
95	300222	科大智能	787580.09	598316.22	142	300170	汉得信息	381846.29	314662.26
96	300168	万达信息	782019.20	800387.66	143	603868	飞科电器	369709.48	325568.88
97	002028	思源电气	757916.57	678982.72	144	002565	顺灏股份	360993.63	393478.63
98	603108	润达医疗	754298.79	712532.87	145	300326	凯利泰	356976.89	269451.99
99	300180	华峰超纤	753957.45	662106.19	146	603587	地素时尚	356875.64	175956.07
100	603515	欧普照明	733344.53	630615.95	147	002022	科华生物	350378.78	271560.06
101	600819	耀皮玻璃	729396.66	701545.67	148	600636	三爱富	349272.76	733823.26
102	600503	华丽家族	726601.04	615241.18	149	300398	飞凯材料	348967.74	292835.26
103	002269	美邦服饰	720895.23	661561.73	150	300129	泰胜风能	346136.24	321767.43
104	600841	上柴股份	702159.87	665791.35	151	603466	风语筑	343716.58	275580.46
105	600640	号百控股	669286.12	650794.19	152	600836	界龙实业	342845.48	347705.49
106	603659	璞泰来	666046.11	433887.70	153	600844	丹化科技	339213.65	380662.92
107	002527	新时达	663697.29	626188.71	154	002158	汉钟精机	325275.11	311144.10
108	300483	沃施股份	645540.38	58533.03	155	603650	彤程新材	316760.64	187631.16
109	600850	华东电脑	625977.20	567007.34	156	600661	昂立教育	316446.14	315838.99
110	600662	强生控股	611477.18	619571.67	157	601595	上海电影	316412.64	298793.48
111	002454	松芝股份	590127.42	615463.75	158	600613	神奇制药	312649.13	309587.23
112	600081	东风科技	585879.51	543174.99	159	603197	保隆科技	311031.53	241631.69
113	600628	新世界	579331.12	585598.39	160	300061	康旗股份	300017.46	438985.99
114	603899	晨光文具	567750.01	438827.89	161	603009	北特科技	297150.66	202621.55
115	603003	龙宇燃油	562737.41	631517.87	162	600630	龙头股份	294821.30	272013.80
116	600654	*ST 中安	560202.67	925035.73	163	600532	宏达矿业	291926.70	302583.47
117	601968	宝钢包装	559286.89	571327.09	164	600824	益民集团	287072.49	286600.20
118	600602	云赛智联	553823.38	544702.85	165	600620	天宸股份	286070.62	296553.07
119	603128	华贸物流	547994.85	547966.50	166	603777	来伊份	284129.76	300143.02
120	300262	巴安水务	536865.56	443613.36	167	601616	广电电气	282823.36	276342.51
121	603730	岱美股份	513917.97	381082.37	168	000668	荣丰控股	281928.05	226073.90
122	600618	氯碱化工	506053.38	454938.82	169	603365	水星家纺	276703.58	263190.73
123	600614	*ST 鹏起	500575.38	848939.20	170	300039	上海凯宝	274738.86	267972.41
124	300336	新文化	479173.85	512855.74	171	603083	剑桥科技	274411.44	235125.78
125	300171	东富龙	468808.90	436627.05	172	600834	申通地铁	273291.99	257728.78
126	603501	韦尔股份	459987.23	282490.82	173	002561	徐家汇	271731.75	265939.59
127	300230	永利股份	458445.33	420064.10	174	600171	上海贝岭	270777.41	274791.53
128	600634	*ST 富控	454816.19	564083.33	175	600882	妙可蓝多	268966.76	265202.23
129	603012	创力集团	453220.68	393886.60	176	002605	姚记扑克	266262.59	194921.29
130	600650	锦江投资	451081.19	454336.57	177	603881	数据港	265857.51	168931.32
131	600851	海欣股份	450944.54	489213.98	178	600624	复旦复华	260400.73	239742.73
132	603619	中曼石油	431587.04	370998.38	179	603378	亚士创能	254312.24	206421.71
133	002116	中国海诚	430283.76	393135.63	180	603855	华荣股份	253313.86	240001.13
134	300253	卫宁健康	423731.81	371230.26	181	002346	柘中股份	252781.98	246005.06
135	002636	金安国纪	416979.60	409268.79	182	603728	鸣志电器	246481.94	216898.06
136	600843	上工申贝	414412.72	370351.51	183	300378	鼎捷软件	242962.85	197868.15
137	600826	兰生股份	399118.21	480993.03	184	002568	百润股份	242509.17	231972.78
138	002328	新朋股份	394437.25	399588.49	185	603020	爱普股份	239501.75	220498.28
139	002324	普利特	391790.52	383721.13	186	300008	天海防务	235970.93	443988.24
140	300511	雪榕生物	389250.28	383637.65	187	600097	开创国际	230672.31	180114.08
141	600825	新华传媒	386875.35	389521.20	188	600616	金枫酒业	228038.73	238017.51

（续表）

序号	代码	公司简称	资产总额		序号	代码	公司简称	资产总额	
			2018年	2017年				2018年	2017年
189	002162	悦心健康	227610.90	211518.16	236	600605	汇通能源	119364.75	123798.18
190	002669	康达新材	225977.54	176682.07	237	300613	富瀚微	119004.31	107824.87
191	603886	元祖股份	220417.48	197028.89	238	603918	金桥信息	115619.81	96421.47
192	603987	康德莱	217427.42	160262.04	239	300225	金力泰	114992.37	121075.93
193	603579	荣泰健康	216681.41	218713.95	240	002486	嘉麟杰	111124.06	147897.52
194	002706	良信电器	216640.03	203358.34	241	300642	透景生命	110283.47	93516.44
195	002401	中远海科	216214.79	192254.05	242	603895	天永智能	110273.39	68961.03
196	002184	海得控制	212283.03	215758.48	243	600833	第一医药	107946.64	113596.82
197	603006	联明股份	204757.52	165096.14	244	603226	菲林格尔	106522.64	98124.67
198	601519	大智慧	203138.16	200118.97	245	300590	移为通信	106181.17	88142.63
199	002178	延华智能	200575.52	223002.00	246	603956	威派格	106130.55	100670.01
200	603648	畅联股份	196566.75	183449.76	247	300327	中颖电子	103246.58	98077.71
201	600692	亚通股份	193034.57	209709.11	248	600818	中路股份	103178.45	105439.86
202	300067	安诺其	190402.12	177910.39	249	300762	上海瀚讯	103112.06	78624.25
203	603713	密尔克卫	185713.85	113729.91	250	600272	开开实业	101729.34	104190.73
204	600679	上海凤凰	176831.34	189920.22	251	600652	*ST游久	98485.20	202215.21
205	603718	海利生物	174857.44	160171.84	252	603330	上海天洋	97795.81	82375.31
206	600822	上海物贸	171070.08	203951.25	253	603037	凯众股份	96308.46	88550.45
207	603887	城地股份	168384.85	123066.03	254	300501	海顺新材	94248.13	70987.41
208	600119	*ST长投	165818.50	200113.54	255	300286	安科瑞	94124.43	88406.07
209	002278	神开股份	164239.16	157120.73	256	603960	克来机电	94063.35	66917.67
210	300153	科泰电源	163478.15	148895.22	257	600695	绿庭投资	93510.13	123363.57
211	603192	汇得科技	163441.85	111857.17	258	603200	上海洗霸	92245.58	79339.22
212	300272	开能健康	161915.37	262941.51	259	603496	恒为科技	91364.08	76975.06
213	603039	泛微网络	160764.27	131089.07	260	603189	网达软件	90159.29	85498.10
214	002451	摩恩电气	159379.97	163107.59	261	300462	华铭智能	88578.89	82767.29
215	600088	中视传媒	158426.62	140969.92	262	002825	纳尔股份	84163.05	75082.83
216	300074	华平股份	155248.33	159100.85	263	603022	新通联	81958.30	78630.90
217	300245	天玑科技	154822.07	152573.70	264	603991	至正股份	81741.49	62779.70
218	300236	上海新阳	153310.48	151382.42	265	300551	古鳌科技	77109.60	68686.28
219	300442	普丽盛	150855.33	166545.60	266	600689	上海三毛	73520.59	75245.81
220	603690	至纯科技	145384.99	99878.13	267	603232	格尔软件	72484.38	66113.59
221	600530	交大昂立	143375.28	226059.78	268	603121	华培动力	71846.02	59765.93
222	603214	爱婴室	138791.69	76961.15	269	603499	翔港科技	69427.89	67221.15
223	300627	华测导航	138665.41	115069.48	270	300380	安硕信息	66075.04	60337.89
224	300469	信息发展	137504.30	121727.68	271	600615	ST丰华	64616.40	65017.75
225	603329	上海雅仕	136262.48	114792.85	272	300609	汇纳科技	61045.46	54734.18
226	603131	上海沪工	135265.29	90824.21	273	600732	ST新梅	58837.00	53088.18
227	603683	晶华新材	132645.21	116132.20	274	002858	力盛赛车	58804.89	47736.76
228	603681	永冠新材	131747.07	112893.37	275	603159	上海亚虹	56666.18	55053.41
229	600838	上海九百	131126.75	142146.21	276	300508	维宏股份	54012.11	55822.01
230	603196	日播时尚	128092.08	113692.61	277	603068	博通集成	53696.28	38611.88
231	603729	龙韵股份	127749.04	115186.56	278	300330	华虹计通	53546.20	51360.32
232	603633	徕木股份	125742.61	109587.67	279	600767	ST运盛	49477.54	52422.64
233	603790	雅运股份	125540.49	83190.26	280	600647	同达创业	47392.57	55097.87
234	300126	锐奇股份	121150.25	128245.65	281	603580	艾艾精工	43858.97	42483.54
235	300493	润欣科技	120975.57	108984.08	282	600696	ST岩石	41441.03	81304.96

（续表）

序号	代码	公司简称	资产总额		序号	代码	公司简称	资产总额	
			2018 年	2017 年				2018 年	2017 年
283	300578	会畅通讯	37436.89	35891.10	285	002058	威尔泰	21953.55	22298.27
284	600193	ST 创兴	34083.48	27912.24	286	600608	ST 沪科	17260.96	18964.46

上海工商类上市公司2018年度总股本排序

（单位：万股）

序号	代码	公司简称	总股本		序号	代码	公司简称	总股本	
			2018年	2017年				2018年	2017年
1	601328	交通银行	7426272.66	7426272.66	48	601231	环旭电子	217592.36	217592.36
2	600000	浦发银行	2935208.04	2935208.04	49	600623	华谊集团	211743.09	211743.09
3	600018	上港集团	2317367.47	2317367.47	50	600490	鹏欣资源	211143.26	189136.69
4	600019	宝钢股份	2226791.51	2210128.37	51	600500	中化国际	208301.27	208301.27
5	601727	上海电气	1472518.75	1472518.07	52	601519	大智慧	198770.00	198770.00
6	600115	东方航空	1446758.57	1446758.57	53	600653	申华控股	194638.03	194638.03
7	600606	绿地控股	1216815.44	1216815.44	54	600009	上海机场	192695.84	192695.84
8	600104	上汽集团	1168346.14	1168346.14	55	600604	市北高新	187330.48	187330.48
9	601866	中远海发	1168312.50	1168312.50	56	600748	上实发展	184456.29	184456.29
10	600837	海通证券	1150170.00	1150170.00	57	603885	吉祥航空	179701.35	179701.35
11	601229	上海银行	1092809.90	780578.50	58	600827	百联股份	178416.81	178416.81
12	600688	上海石化	1082381.35	1081417.66	59	600614	*ST鹏起	175277.38	175277.38
13	601601	中国太保	906200.00	906200.00	60	300253	卫宁健康	162221.49	160759.22
14	600170	上海建工	890439.77	890439.77	61	600643	爱建集团	162192.25	143713.98
15	601211	国泰君安	871394.06	871393.38	62	600503	华丽家族	160229.00	160229.00
16	600958	东方证券	699365.58	699365.58	63	600895	张江高科	154868.96	154868.96
17	601872	招商轮船	606661.27	529945.81	64	600210	紫江企业	151673.62	151673.62
18	600816	安信信托	546913.79	455761.49	65	600151	航天机电	143425.23	143425.23
19	600320	振华重工	526835.35	439029.46	66	600150	中国船舶	137811.76	137811.76
20	300059	东方财富	516828.50	428877.97	67	000863	三湘印象	137127.11	138175.26
21	600675	中华企业	508011.27	186705.94	68	600602	云赛智联	136767.35	136767.35
22	002506	协鑫集成	506240.00	504640.00	69	600517	置信电气	135616.78	135616.78
23	002252	上海莱士	497462.21	497023.89	70	600654	*ST中安	128302.10	128302.10
24	601788	光大证券	461078.76	461078.76	71	600597	光明乳业	122448.75	122448.75
25	600642	申能股份	455203.83	455203.83	72	600851	海欣股份	120705.67	120705.67
26	002195	二三四五	444296.48	341609.12	73	600618	氯碱化工	115640.00	115640.00
27	600061	国投资本	422712.97	422712.97	74	600622	光大嘉宝	115360.42	88738.78
28	600026	中远海能	403203.29	403203.29	75	300180	华峰超纤	113583.57	63101.98
29	600655	豫园股份	388106.39	143732.20	76	600648	外高桥	113534.91	113534.91
30	600823	世茂股份	375116.83	375116.83	77	600639	浦东金桥	112241.29	112241.29
31	601828	美凯龙	355000.00	362391.70	78	600848	上海临港	111991.93	111991.93
32	600637	东方明珠	343362.80	264125.23	79	300168	万达信息	109944.97	103108.26
33	600663	陆家嘴	336183.12	336183.12	80	300039	上海凯宝	107149.38	107149.38
34	600741	华域汽车	315272.40	315272.40	81	600621	华鑫股份	106089.93	106089.93
35	600820	隧道股份	314409.61	314409.61	82	600420	现代制药	105622.69	110976.74
36	600635	大众公用	295243.47	295243.47	83	600824	益民集团	105402.71	105402.71
37	601607	上海医药	284208.93	268891.05	84	600662	强生控股	105336.22	105336.22
38	601611	中国核建	262500.00	262500.00	85	600825	新华传媒	104488.79	104488.79
39	600021	上海电力	261716.42	240965.71	86	600676	交运股份	102849.29	102849.29
40	600196	复星医药	256306.09	249513.10	87	600835	上海机电	102273.93	102273.93
41	600649	城投控股	252957.56	252957.56	88	600844	丹化科技	101652.42	101652.42
42	002269	美邦服饰	251250.00	251250.00	89	603128	华贸物流	101203.84	100541.52
43	600094	大名城	247532.51	247532.51	90	600651	飞乐音响	98892.23	99158.40
44	300017	网宿科技	243281.86	241142.41	91	600284	浦东建设	97025.60	69304.00
45	600611	大众交通	236412.29	236412.29	92	300008	天海防务	96001.62	96001.62
46	600708	光明地产	222863.67	171433.60	93	603056	德邦股份	96000.00	86000.00
47	600601	方正科技	219489.12	219489.12	94	600754	锦江股份	95793.64	95793.64

（续表）

序号	代码	公司简称	总股本		序号	代码	公司简称	总股本	
			2018 年	2017 年				2018 年	2017 年
95	600073	上海梅林	93772.95	93772.95	142	002527	新时达	62018.43	62017.12
96	601616	广电电气	93557.50	93557.50	143	603650	彤程新材	58598.75	—
97	600819	耀皮玻璃	93491.61	93491.61	144	603108	润达医疗	57953.41	57953.41
98	603899	晨光文具	92000.00	92000.00	145	600634	*ST 富控	57573.21	57573.21
99	601021	春秋航空	91689.77	80058.00	146	600650	锦江投资	55161.01	55161.01
100	600845	宝信软件	87730.79	78324.92	147	600843	上工申贝	54858.96	54858.96
101	300170	汉得信息	87299.46	85788.79	148	603157	拉夏贝尔	54767.16	54767.16
102	600841	上柴股份	86668.98	86668.98	149	300074	华平股份	54234.01	54277.11
103	600619	海立股份	86631.07	86631.07	150	603030	全筑股份	53840.43	53861.43
104	002162	悦心健康	85555.00	85555.00	151	002158	汉钟精机	53526.85	53038.11
105	600626	申达股份	85229.13	71024.28	152	600613	神奇制药	53407.16	53407.16
106	601968	宝钢包装	83333.33	83333.33	153	002568	百润股份	53174.27	70030.48
107	600652	*ST 游久	83270.35	83270.35	154	600612	老凤祥	52311.78	52311.78
108	002486	嘉麟杰	83200.00	83200.00	155	600278	东方创业	52224.17	52224.17
109	300230	永利股份	81620.60	45344.78	156	600532	宏达矿业	51606.57	51606.57
110	300336	新文化	80632.21	53754.81	157	002022	科华生物	51522.42	51256.92
111	600641	万业企业	80615.87	80615.87	158	600616	金枫酒业	51461.92	51461.92
112	600640	号百控股	79569.59	79569.59	159	600822	上海物贸	49597.29	49597.29
113	002706	良信电器	78525.07	52427.78	160	300272	开能健康	48435.68	39818.56
114	600530	交大昂立	78000.00	78000.00	161	600834	申通地铁	47738.19	47738.19
115	002028	思源电气	76020.93	76020.93	162	300225	金力泰	47034.00	47034.00
116	603515	欧普照明	75613.01	57947.91	163	603501	韦尔股份	45581.39	45581.39
117	600072	中船科技	73624.99	73624.99	164	002328	新朋股份	44810.00	44810.00
118	300222	科大智能	72954.85	72982.05	165	600636	三爱富	44694.19	44694.19
119	002636	金安国纪	72800.00	72800.00	166	600732	ST 新梅	44638.31	44638.31
120	600508	上海能源	72271.80	72271.80	167	603987	康德莱	44160.90	31543.50
121	300067	安诺其	71966.68	72691.64	168	002346	柘中股份	44157.54	44157.54
122	300326	凯利泰	71959.41	71584.93	169	002451	摩恩电气	43920.00	43920.00
123	300129	泰胜风能	71915.33	72708.72	170	603868	飞科电器	43560.00	43560.00
124	002178	延华智能	71215.30	71603.83	171	603659	璞泰来	43469.55	43270.29
125	600695	绿庭投资	71113.21	71113.21	172	300511	雪榕生物	43424.50	22855.00
126	002565	顺灏股份	70910.46	68746.80	173	600629	华建集团	43220.81	43220.81
127	601200	上海环境	70254.39	70254.39	174	300398	飞凯材料	42674.06	42674.06
128	600171	上海贝岭	69960.95	69960.95	175	600193	ST 创兴	42537.30	42537.30
129	600620	天宸股份	68667.71	68667.71	176	600630	龙头股份	42486.16	42486.16
130	300061	康旗股份	68485.57	52622.85	177	600850	华东电脑	42401.10	42121.52
131	600624	复旦复华	68471.20	68471.20	178	600826	兰生股份	42064.23	42064.23
132	600638	新黄浦	67339.68	56116.40	179	002116	中国海诚	41762.89	41762.89
133	600315	上海家化	67124.85	67341.65	180	603003	龙宇燃油	41653.24	44111.46
134	300262	巴安水务	67011.86	67038.23	181	603728	鸣志电器	41600.00	32000.00
135	600836	界龙实业	66275.31	66275.31	182	002561	徐家汇	41576.30	41576.30
136	600628	新世界	64687.54	64687.54	183	603730	岱美股份	41030.50	40800.00
137	603718	海利生物	64400.00	64400.00	184	600882	妙可蓝多	40976.20	40853.80
138	603012	创力集团	63656.00	63656.00	185	002324	普利特	40627.50	27085.00
139	002454	松芝股份	62858.16	42199.44	186	600679	上海凤凰	40219.89	40219.89
140	300171	东富龙	62833.70	62833.70	187	603587	地素时尚	40100.00	—
141	600846	同济科技	62476.15	62476.15	188	600838	上海九百	40088.20	40088.20

（续表）

序号	代码	公司简称	总股本		序号	代码	公司简称	总股本	
			2018年	2017年				2018年	2017年
189	603619	中曼石油	40000.01	40000.01	236	603121	华培动力	18000.00	—
190	002605	姚记扑克	39776.92	39716.92	237	603918	金桥信息	17951.50	17732.50
191	600088	中视传媒	39770.64	33142.20	238	300330	华虹计通	16800.00	16800.00
192	603956	威派格	38336.40	38336.40	239	603197	保隆科技	16702.46	11710.08
193	601595	上海电影	37350.00	37350.00	240	300590	移为通信	16149.00	16000.00
194	603648	畅联股份	36866.67	36866.67	241	300226	上海钢联	15913.85	15922.83
195	002278	神开股份	36390.96	36390.96	242	603633	徕木股份	15645.50	12035.00
196	603009	北特科技	35911.47	32815.39	243	603713	密尔克卫	15247.40	—
197	600692	亚通股份	35176.41	35176.41	244	600605	汇通能源	14734.46	14734.46
198	600767	ST运盛	34101.02	34101.02	245	603790	雅运股份	14720.00	—
199	603777	来伊份	34075.64	24371.93	246	000668	荣丰控股	14684.19	14684.19
200	600696	ST岩石	34056.56	34056.56	247	603887	城地股份	14420.00	10300.00
201	603855	华荣股份	33107.00	33107.00	248	002058	威尔泰	14344.83	14344.83
202	600608	ST沪科	32886.14	32886.14	249	603496	恒为科技	14206.00	10000.00
203	600818	中路股份	32144.79	32144.79	250	002825	纳尔股份	14028.27	10031.00
204	300153	科泰电源	32000.00	32000.00	251	603579	荣泰健康	14000.00	14000.00
205	603020	爱普股份	32000.00	32000.00	252	600647	同达创业	13914.36	13914.36
206	300493	润欣科技	31804.60	30000.00	253	300462	华铭智能	13776.00	13776.00
207	600081	东风科技	31356.00	31356.00	254	300380	安硕信息	13744.00	13744.00
208	300245	天玑科技	31345.75	31647.25	255	603960	克来机电	13520.00	10400.00
209	600119	*ST长投	30740.00	30740.00	256	300578	会畅通讯	13240.98	7376.10
210	300126	锐奇股份	30395.76	30540.88	257	603329	上海雅仕	13200.00	13200.00
211	002401	中远海科	30324.00	30324.00	258	603083	剑桥科技	12878.00	9787.16
212	603466	风语筑	29195.10	14400.00	259	603683	晶华新材	12667.00	12667.00
213	600661	昂立教育	28654.88	28654.88	260	002858	力盛赛车	12632.00	6316.00
214	603365	水星家纺	26667.00	26667.00	261	603681	永冠新材	12494.37	12494.37
215	300378	鼎捷软件	26466.03	26470.99	262	300469	信息发展	12199.39	6830.00
216	300627	华测导航	24654.50	12327.25	263	603226	菲林格尔	11649.04	8960.80
217	600272	开开实业	24300.00	24300.00	264	300551	古鳌科技	11004.00	7336.00
218	002184	海得控制	24140.46	24281.70	265	603895	天永智能	10808.00	—
219	002669	康达新材	24112.93	23079.71	266	603192	汇得科技	10666.67	—
220	600097	开创国际	24093.66	24093.66	267	603037	凯众股份	10592.27	10592.27
221	603196	日播时尚	24000.00	24000.00	268	603039	泛微网络	10251.95	6926.99
222	603886	元祖股份	24000.00	24000.00	269	603499	翔港科技	10132.04	10000.00
223	300327	中颖电子	23103.65	21005.71	270	300609	汇纳科技	10098.20	10090.20
224	600833	第一医药	22308.63	22308.63	271	300501	海顺新材	10088.82	6725.88
225	603131	上海沪工	22103.42	20000.00	272	300442	普丽盛	10000.00	10000.00
226	603189	网达软件	22080.00	22080.00	273	603159	上海亚虹	10000.00	10000.00
227	300286	安科瑞	21656.36	14459.70	274	603214	爱婴室	10000.00	—
228	603690	至纯科技	21094.00	21040.00	275	603580	艾艾精工	9333.80	6667.00
229	603881	数据港	21058.65	21058.65	276	603729	龙韵股份	9333.80	6667.00
230	600689	上海三毛	20099.13	20099.13	277	300508	维宏股份	9091.20	5682.00
231	603022	新通联	20000.00	20000.00	278	300642	透景生命	9084.32	6000.00
232	603378	亚士创能	19480.00	19480.00	279	603232	格尔软件	8540.00	6100.00
233	300236	上海新阳	19376.59	19376.59	280	603330	上海天洋	7800.00	6000.00
234	603006	联明股份	19232.46	19283.56	281	603200	上海洗霸	7504.45	7372.00
235	600615	ST丰华	18802.05	18802.05	282	603991	至正股份	7453.50	7453.50

（续表）

序号	代码	公司简称	总股本		序号	代码	公司简称	总股本	
			2018 年	2017 年				2018 年	2017 年
283	300483	沃施股份	6150.00	6150.00	285	300762	上海瀚讯	—	—
284	300613	富瀚微	4531.59	4531.59	286	603068	博通集成	—	—

上海工商类上市公司 2018 年度净资产排序

（单位：万元）

序号	代码	公司简称	净资产		序号	代码	公司简称	净资产	
			2018 年	2017 年				2018 年	2017 年
1	601328	交通银行	69840500.00	67114300.00	48	600648	外高桥	1018767.80	993412.25
2	600000	浦发银行	47156200.00	42540400.00	49	601611	中国核建	1007412.19	930045.36
3	600104	上汽集团	23436856.20	22533530.27	50	600748	上实发展	998825.56	997453.74
4	600019	宝钢股份	17676255.39	16443250.34	51	600643	爱建集团	963389.38	706539.02
5	601229	上海银行	16127654.90	14698513.60	52	600508	上海能源	951135.91	895040.27
6	601601	中国太保	14957600.00	13749800.00	53	603885	吉祥航空	942896.50	865025.57
7	601211	国泰君安	12345006.27	12312798.27	54	601231	环旭电子	940803.31	863130.04
8	600837	海通证券	11785857.47	11775547.87	55	002195	二三四五	931567.38	763185.66
9	600018	上港集团	7554799.57	6948438.09	56	600639	浦东金桥	883807.08	893927.89
10	600606	绿地控股	7010430.63	6252925.16	57	600895	张江高科	876396.58	841604.40
11	601727	上海电气	5729019.60	5553708.30	58	300017	网宿科技	867161.33	795125.09
12	600115	东方航空	5576500.00	5310600.00	59	600611	大众交通	863486.41	926513.64
13	600958	东方证券	5173947.88	5298550.14	60	600635	大众公用	745968.14	724074.27
14	601788	光大证券	4720302.67	4857591.23	61	600848	上海临港	680952.37	650860.33
15	600741	华域汽车	4536448.39	4128355.94	62	600420	现代制药	680625.43	617337.84
16	601828	美凯龙	4171406.07	4042677.19	63	600845	宝信软件	661414.52	478350.99
17	601607	上海医药	3901357.04	3403084.09	64	600621	华鑫股份	619918.39	652994.10
18	600061	国投资本	3640800.93	3631831.16	65	600612	老凤祥	619136.00	560741.28
19	600170	上海建工	3107681.79	2702292.26	66	600641	万业企业	617874.07	587194.52
20	600688	上海石化	3037012.60	2825630.60	67	600604	市北高新	610780.97	589098.96
21	600655	豫园股份	2869946.12	1108474.97	68	600622	光大嘉宝	610266.70	543923.08
22	600637	东方明珠	2825285.76	2755596.90	69	600151	航天机电	598293.51	572865.49
23	600009	上海机场	2824600.63	2513221.02	70	601200	上海环境	592062.71	539895.26
24	600026	中远海能	2819162.00	2791963.98	71	600284	浦东建设	585443.13	552354.73
25	600196	复星医药	2797773.64	2532686.81	72	600315	上海家化	581306.13	537655.18
26	600642	申能股份	2595316.62	2545997.02	73	600676	交运股份	581057.65	562869.92
27	600823	世茂股份	2367618.41	2174728.40	74	000863	三湘印象	565264.35	638801.19
28	600820	隧道股份	2043846.10	1905572.65	75	600490	鹏欣资源	545527.56	558356.81
29	601872	招商轮船	2026211.84	1521644.78	76	600597	光明乳业	533693.64	535827.97
30	600649	城投控股	1882832.79	1907522.47	77	300180	华峰超纤	512938.91	486474.22
31	600623	华谊集团	1806569.64	1663539.54	78	600638	新黄浦	457550.98	420943.79
32	601866	中远海发	1804013.66	1627616.20	79	002028	思源电气	456985.55	436432.52
33	600827	百联股份	1631404.27	1665008.87	80	300222	科大智能	449520.92	411379.21
34	600663	陆家嘴	1609493.17	1431914.14	81	600640	号百控股	447689.82	430588.50
35	600021	上海电力	1590171.02	1274867.00	82	600210	紫江企业	446912.55	426414.44
36	300059	东方财富	1569523.95	1467786.69	83	600628	新世界	443892.29	434312.48
37	600320	振华重工	1518586.20	1501130.64	84	600619	海立股份	436449.06	418016.89
38	600150	中国船舶	1509513.99	1258184.80	85	603515	欧普照明	433727.28	363438.77
39	600675	中华企业	1374048.60	360977.95	86	002506	协鑫集成	424858.80	417365.98
40	601021	春秋航空	1332467.83	846390.12	87	603056	德邦股份	402725.89	307130.74
41	600708	光明地产	1268796.58	1039049.81	88	600602	云赛智联	399912.48	381700.20
42	600754	锦江股份	1262156.01	1298430.29	89	603003	龙宇燃油	398539.03	416277.69
43	600094	大名城	1215455.45	1183173.42	90	600618	氯碱化工	391521.15	291843.32
44	600816	安信信托	1201194.91	1619148.19	91	603128	华贸物流	390766.53	374789.24
45	600500	中化国际	1124289.00	1080729.91	92	600073	上海梅林	380944.53	354914.44
46	002252	上海莱士	1087757.88	1246175.87	93	600503	华丽家族	378408.16	359223.91
47	600835	上海机电	1080411.83	1003584.42	94	600841	上柴股份	372186.01	362407.78

（续表）

序号	代码	公司简称	净资产		序号	代码	公司简称	净资产	
			2018 年	2017 年				2018 年	2017 年
95	600072	中船科技	371826.23	365320.17	142	600843	上工申贝	221285.83	214521.47
96	600278	东方创业	366708.29	406971.53	143	600824	益民集团	220912.58	214193.99
97	300168	万达信息	363272.69	275250.29	144	300129	泰胜风能	220825.83	225704.29
98	603157	拉夏贝尔	344741.80	387555.60	145	603365	水星家纺	218736.93	203563.23
99	600517	置信电气	342569.44	354354.37	146	300398	飞凯材料	218537.52	192125.16
100	600851	海欣股份	342068.44	378169.15	147	002022	科华生物	217722.84	199749.72
101	603899	晨光文具	341080.84	283396.11	148	600653	申华控股	214767.87	181027.66
102	603730	岱美股份	331944.55	309075.75	149	600844	丹化科技	212436.16	212234.44
103	002454	松芝股份	329527.06	311973.52	150	002565	顺灏股份	210294.28	227218.29
104	600626	申达股份	329121.42	256701.36	151	601968	宝钢包装	204905.94	199854.58
105	600662	强生控股	325500.70	325346.84	152	002346	柘中股份	203843.21	212007.42
106	600650	锦江投资	324286.15	336124.61	153	603020	爱普股份	198689.21	189860.47
107	600601	方正科技	323059.86	306530.74	154	600616	金枫酒业	193367.16	202828.24
108	300253	卫宁健康	313418.45	259612.51	155	002568	百润股份	192123.23	178223.77
109	603587	地素时尚	308641.66	133154.36	156	002669	康达新材	191357.55	163636.10
110	600819	耀皮玻璃	308354.53	300782.21	157	603777	来伊份	185346.05	190661.70
111	300230	永利股份	308296.29	271258.17	158	002158	汉钟精机	184970.19	177044.93
112	600636	三爱富	306949.30	252180.39	159	603728	鸣志电器	184672.24	168967.25
113	300171	东富龙	302571.98	298889.87	160	600532	宏达矿业	183834.37	182753.37
114	300336	新文化	298240.81	299726.53	161	603030	全筑股份	182233.24	160655.77
115	300170	汉得信息	294359.90	245965.43	162	600630	龙头股份	180918.62	181411.18
116	603659	璞泰来	290833.07	244720.91	163	002605	姚记扑克	179849.82	159951.28
117	600826	兰生股份	290555.32	344289.51	164	002706	良信电器	175969.29	168916.33
118	002269	美邦服饰	287769.52	283733.92	165	603009	北特科技	173123.37	135416.01
119	603012	创力集团	273098.24	254895.93	166	600097	开创国际	164335.68	152143.23
120	600629	华建集团	269769.02	248211.42	167	603501	韦尔股份	163555.60	117976.44
121	002527	新时达	265902.39	296243.84	168	603648	畅联股份	163146.34	154364.61
122	600825	新华传媒	263404.83	261955.31	169	300067	安诺其	161137.78	153144.42
123	603868	飞科电器	260169.19	241019.50	170	300511	雪榕生物	156897.02	138712.68
124	600613	神奇制药	253985.62	246338.87	171	603579	荣泰健康	148967.95	136686.54
125	002636	金安国纪	251466.12	222111.35	172	600834	申通地铁	147731.73	146533.26
126	603108	润达医疗	250556.32	228704.51	173	603855	华荣股份	144284.74	142110.49
127	300326	凯利泰	249869.27	202674.46	174	601519	大智慧	144168.81	136080.55
128	300039	上海凯宝	248512.90	236546.59	175	300483	沃施股份	143749.53	39902.83
129	002328	新朋股份	247979.09	239932.69	176	002116	中国海诚	143270.55	131831.57
130	601616	广电电气	247033.20	236412.62	177	603466	风语筑	140280.36	129025.62
131	600171	上海贝岭	242868.08	239347.07	178	300245	天玑科技	139799.25	136908.11
132	603619	中曼石油	237214.37	251429.89	179	603987	康德莱	137353.84	123059.10
133	600850	华东电脑	234654.95	208976.62	180	603886	元祖股份	135163.25	121902.83
134	300061	康旗股份	233696.96	350422.72	181	600679	上海凤凰	133875.20	133837.75
135	002324	普利特	232787.47	225636.73	182	300378	鼎捷软件	132038.23	122183.93
136	601595	上海电影	232026.46	209855.84	183	603378	亚士创能	131216.17	128849.36
137	300262	巴安水务	231165.80	213889.45	184	600081	东风科技	129212.84	125179.47
138	600846	同济科技	228706.76	206860.38	185	300236	上海新阳	127524.18	130423.42
139	600620	天宸股份	228389.40	245213.40	186	600661	昂立教育	127057.70	156090.65
140	603650	彤程新材	227496.48	117082.85	187	603713	密尔克卫	125223.54	72289.09
141	002561	徐家汇	222918.37	214739.14	188	600882	妙可蓝多	121816.89	117655.61

（续表）

序号	代码	公司简称	净资产		序号	代码	公司简称	净资产	
			2018年	2017年				2018年	2017年
189	600838	上海九百	120981.92	125414.00	236	300286	安科瑞	73807.86	67323.02
190	300074	华平股份	120581.40	119541.08	237	603329	上海雅仕	73268.11	72662.59
191	600088	中视传媒	117890.99	109079.26	238	603633	徕木股份	73137.79	70305.35
192	300272	开能健康	115643.94	81375.92	239	300493	润欣科技	72815.92	49969.22
193	600624	复旦复华	114743.43	111860.64	240	300442	普丽盛	72691.26	97395.87
194	603083	剑桥科技	112748.99	106199.83	241	603039	泛微网络	72409.20	59259.05
195	603192	汇得科技	111676.99	52410.38	242	600605	汇通能源	69461.34	67319.08
196	002278	神开股份	110475.06	107189.31	243	600833	第一医药	66256.07	70705.76
197	600614	*ST鹏起	108639.70	491496.88	244	002451	摩恩电气	66087.75	65249.41
198	603718	海利生物	105543.75	106955.93	245	600695	绿庭投资	65517.41	69389.15
199	603790	雅运股份	104889.78	60233.95	246	300501	海顺新材	64496.17	61192.26
200	603006	联明股份	103279.47	92570.94	247	600818	中路股份	63493.20	67160.68
201	300613	富瀚微	103112.38	94472.29	248	603895	天永智能	63048.51	29172.86
202	300642	透景生命	102415.17	89585.64	249	300462	华铭智能	62699.84	58816.68
203	603131	上海沪工	100716.62	65305.10	250	603330	上海天洋	62561.78	60589.82
204	603881	数据港	100230.88	89525.31	251	603232	格尔软件	62177.90	57437.91
205	300126	锐奇股份	96776.61	103915.50	252	002825	纳尔股份	62153.81	56896.17
206	603197	保隆科技	96581.49	130451.78	253	603022	新通联	61732.83	59353.57
207	300153	科泰电源	95798.64	96962.42	254	300762	上海瀚讯	61344.71	51085.27
208	300226	上海钢联	95727.56	82425.65	255	600822	上海物贸	60348.67	55927.91
209	002486	嘉麟杰	94940.60	95529.83	256	600615	ST丰华	59877.18	59050.60
210	603196	日播时尚	94471.58	93352.53	257	603918	金桥信息	57293.77	51476.81
211	002162	悦心健康	93323.67	87531.36	258	603121	华培动力	56361.55	48515.66
212	002184	海得控制	92311.83	111048.43	259	603499	翔港科技	53766.61	50642.79
213	600530	交大昂立	90323.36	163419.06	260	300551	古鳌科技	53277.21	52451.93
214	603681	永冠新材	89688.48	76550.73	261	300609	汇纳科技	52647.87	47222.87
215	603214	爱婴室	88546.11	37394.62	262	600272	开开实业	49537.73	49638.33
216	300225	金力泰	88061.06	89078.40	263	603991	至正股份	49187.07	46131.91
217	002401	中远海科	87342.72	80539.91	264	603960	克来机电	48875.50	43847.87
218	600836	界龙实业	87055.92	89230.99	265	300508	维宏股份	47013.23	51119.15
219	603729	龙韵股份	87055.13	85433.91	266	600732	ST新梅	46629.21	44784.89
220	300627	华测导航	86502.08	77330.30	267	600689	上海三毛	45995.66	45891.67
221	300590	移为通信	86424.17	76937.03	268	300469	信息发展	45258.35	42237.29
222	603887	城地股份	86041.52	75408.07	269	603690	至纯科技	43565.42	40506.35
223	300327	中颖电子	86034.44	78056.46	270	603068	博通集成	43439.74	31014.73
224	000668	荣丰控股	84898.02	61465.81	271	300380	安硕信息	43040.76	40393.95
225	002178	延华智能	84163.28	115427.33	272	002858	力盛赛车	42815.50	40246.46
226	603956	威派格	83926.46	72420.82	273	603159	上海亚虹	42348.80	39556.20
227	603037	凯众股份	83295.27	76038.59	274	603580	艾艾精工	39456.07	37549.52
228	603226	菲林格尔	82623.78	72991.75	275	300330	华虹计通	36861.69	38792.28
229	600652	*ST游久	81485.43	171981.70	276	300578	会畅通讯	31553.06	28809.62
230	603189	网达软件	79439.96	80485.90	277	600696	ST岩石	29600.63	27663.28
231	603683	晶华新材	79163.29	76999.32	278	600767	ST运盛	28630.07	26679.41
232	300008	天海防务	75240.51	264692.90	279	600647	同达创业	26891.73	33217.50
233	603496	恒为科技	75134.50	65529.51	280	600654	*ST中安	21463.84	216844.88
234	603200	上海洗霸	74564.50	71104.65	281	600193	ST创兴	21341.28	18163.98
235	600692	亚通股份	74095.15	69792.09	282	002058	威尔泰	19071.37	18758.17

（续表）

序号	代码	公司简称	净资产		序号	代码	公司简称	净资产	
			2018 年	2017 年				2018 年	2017 年
283	600119	*ST 长投	13901.68	72523.17	285	600651	飞乐音响	4726.20	336491.12
284	600608	ST 沪科	5627.89	5880.52	286	600634	*ST 富控	—353886.13	197495.67

上海工商类上市公司 2018 年度主营业务收入排序

（单位：万元）

序号	代码	公司简称	主营业务收入		序号	代码	公司简称	主营业务收入	
			2018 年	2017 年				2018 年	2017 年
1	600104	上汽集团	88762620.73	85797771.79	48	601021	春秋航空	1311404.13	1097058.99
2	601601	中国太保	35436300.00	31980900.00	49	600663	陆家嘴	1263876.96	932459.38
3	600606	绿地控股	34842645.75	29017415.20	50	600026	中远海能	1228600.21	975943.85
4	600019	宝钢股份	30477946.26	28909290.03	51	600619	海立股份	1170831.13	1044677.54
5	601328	交通银行	21265400.00	19601100.00	52	600420	现代制药	1132078.14	851775.37
6	600000	浦发银行	17154200.00	16861900.00	53	002506	协鑫集成	1119113.65	1444707.74
7	600170	上海建工	17054578.31	14208263.86	54	601872	招商轮船	1093109.74	609534.96
8	601607	上海医药	15908439.69	13084718.19	55	600958	东方证券	1030349.09	1053151.13
9	600741	华域汽车	15717023.50	14048725.05	56	603157	拉夏贝尔	1017585.30	899870.90
10	600115	东方航空	11493000.00	10172100.00	57	600676	交运股份	966944.66	931505.25
11	600688	上海石化	10776490.80	9201356.90	58	603128	华贸物流	944544.13	871534.53
12	601727	上海电气	10115752.50	7954379.40	59	600009	上海机场	931311.47	806237.90
13	300226	上海钢联	9605509.19	7369705.13	60	600210	紫江企业	900985.63	850761.05
14	600500	中化国际	5995657.34	6246607.46	61	600748	上实发展	856375.24	723391.69
15	601611	中国核建	5135505.78	4533363.61	62	603899	晨光文具	853498.86	635710.30
16	600827	百联股份	4842671.30	4718112.14	63	603515	欧普照明	800386.97	695704.62
17	600623	华谊集团	4423969.11	4355329.29	64	601788	光大证券	771227.71	983814.78
18	601229	上海银行	4388782.20	3312499.50	65	600648	外高桥	771083.05	895356.74
19	600612	老凤祥	4378447.35	3981035.44	66	002269	美邦服饰	767736.91	647235.92
20	600018	上港集团	3804254.46	3742394.62	67	600850	华东电脑	730341.90	659781.22
21	600820	隧道股份	3726624.10	3152643.77	68	600618	氯碱化工	717063.80	722674.61
22	600642	申能股份	3622125.46	3240402.16	69	600653	申华控股	714614.89	580247.47
23	600655	豫园股份	3377719.67	1711124.68	70	600315	上海家化	713794.74	648824.62
24	601231	环旭电子	3355027.50	2970568.50	71	600649	城投控股	690260.73	321516.41
25	600196	复星医药	2491827.36	1853355.54	72	600508	上海能源	684919.79	633406.79
26	600837	海通证券	2376501.46	2822166.72	73	600151	航天机电	670088.86	665714.61
27	603056	德邦股份	2302532.22	2035010.60	74	600081	东风科技	667307.85	610170.85
28	601211	国泰君安	2271882.34	2380413.29	75	603030	全筑股份	652102.45	462537.27
29	600021	上海电力	2257877.79	1884431.75	76	300017	网宿科技	633746.06	537267.11
30	600073	上海梅林	2217939.88	2222137.41	77	600822	上海物贸	618486.40	610345.08
31	600320	振华重工	2181238.96	2185881.40	78	603108	润达医疗	596433.92	431880.98
32	600835	上海机电	2123374.25	1947114.64	79	600629	华建集团	595891.99	528974.50
33	600597	光明乳业	2098556.04	2167218.52	80	600601	方正科技	570105.18	509880.21
34	600823	世茂股份	2067423.30	1866677.04	81	600845	宝信软件	547110.29	477577.95
35	600708	光明地产	2049377.01	2081126.33	82	002116	中国海诚	522535.01	419930.25
36	600675	中华企业	1928584.78	765897.03	83	601968	宝钢包装	497740.31	454636.02
37	600150	中国船舶	1691030.74	1669110.14	84	600635	大众公用	494170.99	460210.82
38	600278	东方创业	1674124.26	1583364.98	85	600517	置信电气	492902.40	572978.91
39	601866	中远海发	1633786.29	1594033.87	86	002028	思源电气	480661.68	449478.81
40	600626	申达股份	1633101.19	1112599.88	87	600622	光大嘉宝	475768.90	308330.66
41	603003	龙宇燃油	1603587.20	1683195.93	88	600640	号百控股	454669.59	556562.20
42	600754	锦江股份	1469742.00	1358258.36	89	600602	云赛智联	446556.00	420991.84
43	603885	吉祥航空	1436616.66	1241169.05	90	600630	龙头股份	436226.61	442191.04
44	601828	美凯龙	1423979.25	1095951.27	91	603730	岱美股份	427337.92	324697.22
45	600490	鹏欣资源	1413802.83	605640.90	92	600841	上柴股份	412070.29	366728.27
46	600637	东方明珠	1363367.76	1626115.95	93	600662	强生控股	409378.84	407755.98
47	600094	大名城	1338302.14	1024447.05	94	002328	新朋股份	408112.15	394839.62

（续表）

序号	代码	公司简称	主营业务收入		序号	代码	公司简称	主营业务收入	
			2018 年	2017 年				2018 年	2017 年
95	603868	飞科电器	397655.55	385342.89	142	300171	东富龙	191682.19	172487.92
96	603501	韦尔股份	396350.94	240591.63	143	600097	开创国际	190997.62	178745.75
97	603777	来伊份	389122.28	363634.63	144	603728	鸣志电器	189404.81	162839.13
98	600819	耀皮玻璃	385740.99	327342.72	145	600613	神奇制药	185290.60	173571.60
99	002195	二三四五	377391.84	320018.69	146	300511	雪榕生物	184662.57	133028.39
100	002454	松芝股份	368781.31	417246.22	147	002252	上海莱士	180423.54	192774.84
101	002636	金安国纪	368321.90	367580.37	148	603713	密尔克卫	178390.59	129120.63
102	600284	浦东建设	367237.81	326183.35	149	603329	上海雅仕	174994.89	170011.41
103	002324	普利特	366552.41	339748.71	150	002158	汉钟精机	173163.02	160448.86
104	600654	*ST 中安	362649.07	296916.47	151	603466	风语筑	170836.13	149919.90
105	300222	科大智能	359383.08	255927.56	152	603681	永冠新材	170105.05	141019.39
106	002527	新时达	351499.46	340361.22	153	300493	润欣科技	169319.06	182951.01
107	300230	永利股份	344967.15	308639.40	154	002184	海得控制	169051.23	205077.38
108	600611	大众交通	340496.11	239429.64	155	600636	三爱富	166357.85	524337.01
109	603659	璞泰来	331102.53	224935.88	156	603378	亚士创能	166225.62	135534.61
110	600826	兰生股份	330582.92	333513.49	157	000863	三湘印象	163302.36	247391.82
111	600651	飞乐音响	330214.40	544484.56	158	603855	华荣股份	163127.89	147945.21
112	600846	同济科技	328379.92	362683.63	159	603012	创力集团	160759.03	125363.05
113	600072	中船科技	326437.31	426362.86	160	603192	汇得科技	159251.98	142612.20
114	600843	上工申贝	320052.77	306497.15	161	002706	良信电器	157378.67	145204.83
115	603083	剑桥科技	315632.42	248654.03	162	300039	上海凯宝	150067.65	156991.60
116	300180	华峰超纤	306512.71	250559.39	163	600824	益民集团	147791.84	184699.73
117	300170	汉得信息	286532.75	232504.74	164	300129	泰胜风能	147252.62	159000.02
118	600628	新世界	277612.80	302249.06	165	603987	康德莱	145005.83	125640.40
119	600639	浦东金桥	276145.84	167382.58	166	300398	飞凯材料	144571.98	82036.76
120	603365	水星家纺	271888.87	246189.69	167	300253	卫宁健康	143876.13	120375.63
121	600641	万业企业	267929.37	209626.19	168	600844	丹化科技	143323.48	133131.69
122	600532	宏达矿业	264243.44	51410.32	169	600825	新华传媒	139124.03	142716.19
123	601200	上海环境	258283.84	256602.99	170	603619	中曼石油	138973.85	177237.89
124	603020	爱普股份	249975.61	232492.06	171	600689	上海三毛	137809.95	127746.12
125	600650	锦江投资	243540.92	236874.59	172	600836	界龙实业	136150.38	133413.39
126	600061	国投资本	236430.82	70473.44	173	300378	鼎捷软件	134152.15	121598.05
127	300061	康旗股份	230533.65	198734.64	174	300153	科泰电源	131117.91	107321.70
128	603197	保隆科技	230478.32	208072.28	175	300059	东方财富	130958.07	111233.71
129	603579	荣泰健康	229564.82	191800.74	176	603887	城地股份	126036.40	81290.67
130	300168	万达信息	220468.18	241548.26	177	603009	北特科技	124845.30	91296.89
131	603650	彤程新材	217487.52	190094.24	178	603648	畅联股份	123323.76	115070.45
132	600614	*ST 鹏起	214727.14	200367.18	179	002568	百润股份	122999.13	117192.57
133	603214	爱婴室	213540.37	180784.93	180	600882	妙可蓝多	122568.99	98199.81
134	603587	地素时尚	210045.46	194590.84	181	603729	龙韵股份	119490.84	123565.70
135	600661	昂立教育	209546.09	172356.16	182	600833	第一医药	117666.58	155614.62
136	002561	徐家汇	206935.26	210228.40	183	300067	安诺其	115993.76	133289.75
137	002565	顺灏股份	205486.08	194860.95	184	600895	张江高科	114831.18	125304.95
138	600605	汇通能源	200973.24	247349.37	185	002178	延华智能	113591.70	119099.20
139	002022	科华生物	199021.36	159411.62	186	603196	日播时尚	113213.06	107346.98
140	603886	元祖股份	195821.59	177724.11	187	300262	巴安水务	110427.22	91015.52
141	600848	上海临港	192942.16	207231.52	188	600696	ST 岩石	110074.52	17508.93

（续表）

序号	代码	公司简称	主营业务收入		序号	代码	公司简称	主营业务收入	
			2018年	2017年				2018年	2017年
189	600851	海欣股份	109867.58	100043.68	236	300442	普丽盛	57955.00	69422.60
190	600638	新黄浦	106632.84	177759.04	237	603991	至正股份	56977.76	42744.59
191	601595	上海电影	105590.29	112244.68	238	603330	上海天洋	56082.31	45507.73
192	300008	天海防务	102862.73	148392.89	239	300236	上海新阳	55962.78	47224.40
193	600119	*ST长投	102618.13	284089.47	240	002346	柘中股份	55938.37	45321.26
194	603006	联明股份	102550.55	101550.84	241	603037	凯众股份	54898.13	45007.86
195	600624	复旦复华	100822.27	73572.92	242	300380	安硕信息	54713.65	51357.10
196	600608	ST沪科	100391.49	47008.63	243	603068	博通集成	54612.01	56532.15
197	603039	泛微网络	100360.08	70421.77	244	600818	中路股份	52879.72	60444.20
198	002401	中远海科	98005.40	91700.69	245	603121	华培动力	51271.41	44397.42
199	002162	悦心健康	97787.86	90021.97	246	600604	市北高新	50785.62	219139.53
200	300627	华测导航	95204.53	67815.32	247	300501	海顺新材	50719.59	37561.72
201	600643	爱建集团	94843.32	67069.80	248	603895	天永智能	50606.48	42394.09
202	002605	姚记扑克	94371.53	66263.48	249	300590	移为通信	47622.17	36244.59
203	603790	雅运股份	94096.93	88347.36	250	300286	安科瑞	45783.38	40537.96
204	300326	凯利泰	93090.68	80226.68	251	300074	华平股份	44878.86	45553.64
205	002669	康达新材	92832.58	54996.23	252	603633	徕木股份	43435.61	37412.67
206	603881	数据港	90967.89	52022.88	253	603496	恒为科技	43139.82	31220.99
207	300272	开能健康	90102.28	70750.16	254	300762	上海瀚讯	42575.68	38606.49
208	600616	金枫酒业	89847.18	98693.34	255	603200	上海洗霸	41360.48	30090.53
209	603683	晶华新材	88089.41	72753.22	256	300613	富瀚微	41200.41	44921.30
210	002486	嘉麟杰	87914.00	88328.56	257	300245	天玑科技	38757.58	35953.60
211	600272	开开实业	87756.91	96210.16	258	600503	华丽家族	38688.54	211001.69
212	603131	上海沪工	86379.57	71258.73	259	002858	力盛赛车	37509.14	28230.13
213	603226	菲林格尔	83488.85	79640.02	260	300642	透景生命	36484.64	30288.82
214	603918	金桥信息	83294.57	67272.93	261	603499	翔港科技	35744.49	33929.95
215	600634	*ST富控	82279.31	80556.59	262	300483	沃施股份	33862.28	38491.91
216	600088	中视传媒	81088.90	71806.19	263	603232	格尔软件	30858.55	27165.36
217	300225	金力泰	80874.05	79776.58	264	300462	华铭智能	26394.29	24087.58
218	300336	新文化	80582.41	123321.61	265	300551	古鳌科技	26275.28	23864.52
219	002825	纳尔股份	78851.83	64285.32	266	603718	海利生物	25456.52	30365.02
220	600171	上海贝岭	78434.44	56187.40	267	300609	汇纳科技	24916.61	20312.60
221	600679	上海凤凰	76152.14	142808.14	268	600530	交大昂立	24903.70	26994.92
222	300327	中颖电子	75771.05	68572.48	269	000668	荣丰控股	24846.67	26998.68
223	600834	申通地铁	75194.20	75215.02	270	300508	维宏股份	22928.73	19862.93
224	600692	亚通股份	73393.89	121383.60	271	600193	ST创兴	22914.60	2467.80
225	300469	信息发展	70694.01	56429.36	272	300578	会畅通讯	22350.60	26714.66
226	002278	神开股份	70206.96	51838.94	273	600767	ST运盛	20732.23	11339.06
227	603690	至纯科技	67409.07	36907.79	274	300330	华虹计通	20720.58	22372.99
228	603022	新通联	66545.37	59853.99	275	600816	安信信托	20465.01	559242.79
229	603956	威派格	65176.95	59318.84	276	603189	网达软件	20180.98	19662.29
230	603159	上海亚虹	63733.63	57383.98	277	603580	艾艾精工	18811.45	15502.08
231	601616	广电电气	59579.66	64520.54	278	600732	ST新梅	15671.76	4592.53
232	601519	大智慧	59363.81	63823.62	279	002058	威尔泰	11708.14	11197.67
233	002451	摩恩电气	58501.31	46746.85	280	600621	华鑫股份	11467.86	222564.77
234	603960	克来机电	58321.81	25191.48	281	600652	*ST游久	8463.97	17655.42
235	300126	锐奇股份	58319.66	54914.18	282	600615	ST丰华	8330.63	9450.61

（续表）

序号	代码	公司简称	主营业务收入		序号	代码	公司简称	主营业务收入	
			2018 年	2017 年				2018 年	2017 年
283	600838	上海九百	7083.28	9072.63	285	600695	绿庭投资	4798.83	5006.81
284	600620	天宸股份	4881.58	5120.79	286	600647	同达创业	2039.67	2368.67

上海工商类上市公司2018年度利润总额排序

（单位：万元）

序号	代码	公司简称	利润总额		序号	代码	公司简称	利润总额	
			2018年	2017年				2018年	2017年
1	601328	交通银行	8606700.00	8326500.00	48	600639	浦东金桥	123954.85	97247.56
2	600000	浦发银行	6528400.00	6982800.00	49	600748	上实发展	127331.16	120138.18
3	600104	上汽集团	5434384.98	5426101.26	50	600611	大众交通	125117.98	122027.25
4	601601	中国太保	2800800.00	2110200.00	51	600648	外高桥	119533.83	107182.46
5	600019	宝钢股份	2781605.76	2403513.01	52	601872	招商轮船	116279.26	93852.52
6	600606	绿地控股	2426938.41	1926140.57	53	600094	大名城	114422.75	197788.19
7	601229	上海银行	1925187.20	1608246.20	54	600618	氯碱化工	113859.57	100449.46
8	600018	上港集团	1432776.48	1585528.67	55	603868	飞科电器	112381.74	111750.31
9	600741	华域汽车	1152229.83	1049227.96	56	300059	东方财富	112083.40	67908.38
10	601211	国泰君安	926834.30	1366130.72	57	603515	欧普照明	104196.77	80066.14
11	600837	海通证券	757036.69	1288939.70	58	603899	晨光文具	96021.48	74610.58
12	600688	上海石化	674897.60	785123.40	59	603056	德邦股份	89697.96	70219.21
13	600823	世茂股份	664242.95	530880.43	60	300017	网宿科技	84821.36	85023.81
14	601727	上海电气	615548.70	552863.50	61	600636	三爱富	82837.39	24351.04
15	601828	美凯龙	601931.97	598603.66	62	600638	新黄浦	82092.64	81730.42
16	600009	上海机场	562990.92	484161.34	63	601200	上海环境	80623.01	69067.97
17	600663	陆家嘴	545940.45	492125.94	64	600597	光明乳业	79230.56	100277.41
18	601607	上海医药	534337.79	520480.90	65	603587	地素时尚	76946.11	64392.33
19	600675	中华企业	470686.04	69318.37	66	600845	宝信软件	76697.51	50273.34
20	600655	豫园股份	459822.86	86920.03	67	603659	璞泰来	66753.86	53182.45
21	600170	上海建工	435529.19	368484.47	68	600315	上海家化	64623.89	47124.48
22	600021	上海电力	400297.50	187602.65	69	600150	中国船舶	63872.98	−248448.50
23	600115	东方航空	386700.00	862000.00	70	600508	上海能源	62625.56	50307.29
24	600196	复星医药	357959.28	406171.65	71	603730	岱美股份	62433.87	69711.02
25	600500	中化国际	319672.46	203962.38	72	600895	张江高科	62002.07	56206.03
26	600642	申能股份	278841.07	280298.99	73	603108	润达医疗	59185.19	38669.05
27	600061	国投资本	273477.48	402062.07	74	600848	上海临港	58650.98	56452.62
28	600820	隧道股份	256530.01	233421.72	75	600284	浦东建设	56284.37	48629.18
29	600637	东方明珠	252707.00	302938.03	76	600210	紫江企业	55208.42	66824.73
30	600835	上海机电	242593.79	270107.53	77	600320	振华重工	53705.59	42176.28
31	600623	华谊集团	233598.19	81888.36	78	600073	上海梅林	50811.55	53416.63
32	600708	光明地产	227613.23	286910.10	79	300326	凯利泰	49744.62	23255.46
33	600612	老凤祥	214980.74	196513.78	80	603650	彤程新材	49686.83	38720.71
34	601021	春秋航空	200229.78	165132.97	81	600635	大众公用	48892.57	62734.48
35	601866	中远海发	183866.84	195811.54	82	300230	永利股份	47538.78	37216.93
36	603885	吉祥航空	169250.69	182628.87	83	600676	交运股份	46463.06	60029.02
37	600622	光大嘉宝	161846.82	91813.94	84	300222	科大智能	45822.81	40200.15
38	002195	二三四五	159506.00	90275.07	85	600846	同济科技	45785.18	39172.43
39	600643	爱建集团	158340.93	116519.71	86	600619	海立股份	44510.69	38546.22
40	600754	锦江股份	156400.43	127659.79	87	600026	中远海能	44351.60	204670.48
41	600827	百联股份	156247.96	159790.11	88	300170	汉得信息	43039.78	30444.37
42	600649	城投控股	156205.70	202638.04	89	603128	华贸物流	42879.96	35930.70
43	601611	中国核建	146407.37	137568.28	90	600653	申华控股	39388.80	−53526.97
44	601231	环旭电子	139331.99	156442.59	91	600604	市北高新	39045.77	44725.18
45	600958	东方证券	133130.55	438851.22	92	300272	开能健康	37731.07	2162.59
46	600641	万业企业	130548.24	222970.31	93	600629	华建集团	37423.95	36404.00
47	600420	现代制药	129393.62	95378.44	94	300180	华峰超纤	37062.25	29160.83

（续表）

序号	代码	公司简称	利润总额		序号	代码	公司简称	利润总额	
			2018 年	2017 年				2018 年	2017 年
95	600850	华东电脑	37027.92	36041.32	142	603020	爱普股份	15953.86	19434.09
96	600628	新世界	36531.11	52992.30	143	600097	开创国际	15684.52	13742.61
97	603030	全筑股份	36073.01	20112.99	144	603790	雅运股份	15160.24	13809.81
98	600650	锦江投资	35084.28	34383.10	145	603681	永冠新材	15124.44	9539.28
99	002636	金安国纪	35027.59	63414.53	146	300262	巴安水务	15103.45	20021.49
100	603365	水星家纺	34066.54	30809.48	147	600824	益民集团	15031.00	18527.29
101	600602	云赛智联	33906.40	34982.50	148	603037	凯众股份	14432.88	13335.54
102	600640	号百控股	33420.73	32734.28	149	300511	雪榕生物	14190.16	11719.57
103	600081	东风科技	33343.94	31511.78	150	002565	顺灏股份	14011.40	14042.18
104	300398	飞凯材料	32942.27	7792.76	151	603006	联明股份	13782.99	15110.51
105	002561	徐家汇	32590.34	33114.75	152	300590	移为通信	13522.21	11048.20
106	002028	思源电气	31738.60	29878.23	153	603956	威派格	13366.38	12704.43
107	300253	卫宁健康	30952.33	25621.86	154	603068	博通集成	13364.89	9433.00
108	601788	光大证券	30544.10	407765.67	155	601616	广电电气	13139.03	2522.82
109	600826	兰生股份	30538.11	41152.26	156	603192	汇得科技	13050.65	12795.86
110	002022	科华生物	29874.81	26754.03	157	600490	鹏欣资源	12661.75	34561.01
111	603886	元祖股份	29427.69	26446.14	158	600613	神奇制药	12496.80	14603.58
112	603579	荣泰健康	28186.48	25964.13	159	603501	韦尔股份	12278.42	14538.77
113	300039	上海凯宝	27470.72	32743.97	160	601519	大智慧	11978.37	39550.96
114	601595	上海电影	27389.61	31055.88	161	600819	耀皮玻璃	11948.26	8083.91
115	603197	保隆科技	26140.66	32360.52	162	300627	华测导航	11869.08	14858.58
116	300168	万达信息	25657.03	36709.59	163	603226	菲林格尔	11609.16	9422.61
117	603012	创力集团	25536.07	17143.46	164	603039	泛微网络	11439.56	9176.21
118	002706	良信电器	25283.73	24419.70	165	603496	恒为科技	11335.99	8322.31
119	002116	中国海诚	24945.43	24645.92	166	603003	龙宇燃油	11330.95	8147.85
120	600626	申达股份	24897.24	22758.59	167	300378	鼎捷软件	11315.57	9568.31
121	600278	东方创业	24620.22	28972.57	168	600841	上柴股份	11261.45	10568.16
122	603466	风语筑	24490.25	19508.17	169	300286	安科瑞	11245.79	11062.55
123	002454	松芝股份	23755.65	44398.21	170	600662	强生控股	11176.63	17541.87
124	002158	汉钟精机	23571.75	26755.20	171	300171	东富龙	10850.31	16533.59
125	002328	新朋股份	22617.19	22478.61	172	300762	上海瀚讯	10544.99	6813.39
126	002605	姚记扑克	22190.18	10731.13	173	600171	上海贝岭	10465.88	17137.90
127	300226	上海钢联	21458.85	7090.03	174	002401	中远海科	10218.11	9322.91
128	603987	康德莱	20865.20	17235.61	175	600838	上海九百	9866.68	9736.31
129	600843	上工申贝	20423.95	29558.19	176	603200	上海洗霸	9236.94	6696.01
130	603728	鸣志电器	19171.12	18980.74	177	002669	康达新材	9215.91	4669.52
131	603648	畅联股份	18897.58	18686.75	178	600601	方正科技	9183.30	−80127.57
132	600851	海欣股份	18005.01	11669.59	179	603960	克来机电	9116.83	5906.19
133	603713	密尔克卫	17928.07	11599.27	180	603619	中曼石油	9109.11	50746.96
134	002568	百润股份	17319.40	23281.61	181	603121	华培动力	8973.88	11498.56
135	603855	华荣股份	17313.97	14462.23	182	603887	城地股份	8954.45	8556.40
136	300327	中颖电子	17239.09	14060.89	183	603131	上海沪工	8484.96	8350.00
137	603214	爱婴室	16956.64	13921.43	184	603083	剑桥科技	8123.20	6060.05
138	300067	安诺其	16927.12	11120.42	185	603378	亚士创能	8067.15	13741.15
139	603881	数据港	16598.28	13510.43	186	002324	普利特	7816.00	20212.79
140	600088	中视传媒	16587.16	11767.79	187	600692	亚通股份	7738.12	10973.32
141	300642	透景生命	16535.04	14718.11	188	300501	海顺新材	7700.00	7687.17

（续表）

序号	代码	公司简称	利润总额		序号	代码	公司简称	利润总额	
			2018年	2017年				2018年	2017年
189	603232	格尔软件	7499.80	7351.41	236	600696	ST岩石	2561.62	2015.81
190	300609	汇纳科技	7363.54	6811.43	237	600767	ST运盛	2402.70	3764.40
191	600620	天宸股份	7070.22	6184.98	238	600844	丹化科技	2401.22	38455.26
192	600822	上海物贸	6879.93	5999.49	239	600517	置信电气	2186.91	34297.48
193	002825	纳尔股份	6831.04	4146.17	240	600605	汇通能源	2115.73	3310.01
194	600695	绿庭投资	6738.62	4727.44	241	300336	新文化	2098.28	29303.01
195	600624	复旦复华	6522.37	6728.07	242	300493	润欣科技	1976.50	6360.01
196	600630	龙头股份	6458.84	17589.56	243	300153	科泰电源	1960.48	2618.26
197	300245	天玑科技	6300.32	3951.50	244	002451	摩恩电气	1848.10	8643.21
198	601968	宝钢包装	6161.95	2452.92	245	300578	会畅通讯	1680.63	3895.81
199	300462	华铭智能	5936.01	5046.89	246	300551	古鳌科技	1670.95	1568.45
200	600833	第一医药	5901.22	5737.31	247	000668	荣丰控股	1643.43	2147.51
201	002506	协鑫集成	5850.31	8649.62	248	300129	泰胜风能	1507.98	18968.40
202	603918	金桥信息	5845.40	4221.58	249	600689	上海三毛	1362.78	3037.04
203	603329	上海雅仕	5616.89	10601.42	250	600615	ST丰华	1225.89	12849.74
204	002346	柘中股份	5430.38	32562.30	251	300225	金力泰	1119.28	4848.57
205	603009	北特科技	5405.62	8697.21	252	600679	上海凤凰	914.98	12138.16
206	300613	富瀚微	5237.00	11407.59	253	300074	华平股份	778.49	3266.58
207	002858	力盛赛车	5093.38	5557.35	254	002058	威尔泰	630.82	483.42
208	300469	信息发展	5037.56	3512.88	255	600818	中路股份	579.70	2823.41
209	600072	中船科技	5030.57	6902.36	256	300236	上海新阳	274.05	8366.68
210	603633	徕木股份	4951.72	5696.17	257	603189	网达软件	60.40	4280.71
211	603159	上海亚虹	4905.26	5427.86	258	002486	嘉麟杰	−64.69	206.92
212	002269	美邦服饰	4878.09	−29880.31	259	603718	海利生物	−122.78	10712.28
213	603499	翔港科技	4859.13	5211.23	260	600882	妙可蓝多	−152.22	−294.65
214	603777	来伊份	4729.55	15649.91	261	600608	ST沪科	−260.39	6016.13
215	600272	开开实业	4650.54	5054.59	262	600836	界龙实业	−617.14	3709.72
216	600151	航天机电	4477.88	−32066.35	263	300330	华虹计通	−2163.87	569.24
217	603330	上海天洋	4428.50	3613.12	264	600621	华鑫股份	−3215.44	103701.54
218	603991	至正股份	4340.61	4485.61	265	300508	维宏股份	−3400.38	8814.60
219	603580	艾艾精工	4339.14	3500.49	266	600647	同达创业	−4054.08	1361.94
220	300483	沃施股份	4143.58	1281.52	267	300126	锐奇股份	−4699.07	311.93
221	600834	申通地铁	4051.51	7204.35	268	600616	金枫酒业	−5651.19	6924.88
222	603895	天永智能	3976.12	7167.13	269	002184	海得控制	−14695.51	4810.01
223	603022	新通联	3868.78	3361.88	270	603157	拉夏贝尔	−16021.70	73022.80
224	002278	神开股份	3804.05	2427.57	271	002527	新时达	−24231.28	20163.45
225	600193	ST创兴	3796.24	−7822.08	272	300442	普丽盛	−25595.72	936.81
226	603690	至纯科技	3663.94	5630.12	273	600661	昂立教育	−28126.50	15467.46
227	600825	新华传媒	3436.54	4579.50	274	002178	延华智能	−30875.73	3780.65
228	603196	日播时尚	3292.57	10144.97	275	000863	三湘印象	−33875.93	39430.57
229	002162	悦心健康	3053.44	2438.34	276	600530	交大昂立	−51339.02	21777.89
230	600732	ST新梅	3038.80	7570.52	277	300061	康旗股份	−68712.95	35044.86
231	600503	华丽家族	2981.41	28385.68	278	600119	*ST长投	−69152.86	−13082.31
232	603729	龙韵股份	2847.27	5363.78	279	600652	*ST游久	−90268.67	−42504.27
233	300380	安硕信息	2768.43	843.19	280	002252	上海莱士	−175590.53	100478.41
234	600532	宏达矿业	2755.67	−8098.04	281	300008	天海防务	−187462.27	21728.41
235	603683	晶华新材	2641.53	4989.76	282	600654	*ST中安	−195522.33	−76135.35

（续表）

序号	代码	公司简称	利润总额		序号	代码	公司简称	利润总额	
			2018 年	2017 年				2018 年	2017 年
283	600816	安信信托	−244250.41	487421.36	285	600614	*ST 鹏起	−374542.06	49575.12
284	600651	飞乐音响	−323971.61	30563.47	286	600634	*ST 富控	−549682.58	19795.17

上海工商类上市公司 2018 年度每股收益排序

（单位：元）

序号	代码	公司简称	每股收益		序号	代码	公司简称	每股收益	
			2018 年	2017 年				2018 年	2017 年
1	600104	上汽集团	3.08	2.96	48	600623	华谊集团	0.85	0.29
2	600741	华域汽车	2.55	2.08	49	600638	新黄浦	0.85	1.15
3	600612	老凤祥	2.30	2.17	50	603232	格尔软件	0.84	1.26
4	600009	上海机场	2.20	1.91	51	601200	上海环境	0.82	0.72
5	601601	中国太保	1.99	1.62	52	600315	上海家化	0.81	0.58
6	603868	飞科电器	1.94	1.92	53	600845	宝信软件	0.80	0.54
7	600000	浦发银行	1.85	1.84	54	300590	移为通信	0.78	0.62
8	603579	荣泰健康	1.78	1.58	55	600622	光大嘉宝	0.76	0.61
9	601021	春秋航空	1.67	1.58	56	300226	上海钢联	0.76	0.30
10	300642	透景生命	1.57	2.31	57	603496	恒为科技	0.75	0.86
11	601229	上海银行	1.56	1.96	58	603056	德邦股份	0.74	0.64
12	603587	地素时尚	1.55	1.41	59	603650	彤程新材	0.74	0.60
13	601607	上海医药	1.37	1.31	60	300327	中颖电子	0.73	0.64
14	603659	璞泰来	1.37	1.19	61	300272	开能健康	0.73	0.15
15	603730	岱美股份	1.36	1.53	62	600648	外高桥	0.73	0.65
16	603192	汇得科技	1.30	1.38	63	600643	爱建集团	0.72	0.58
17	603214	爱婴室	1.28	1.25	64	603466	风语筑	0.72	1.46
18	600835	上海机电	1.24	1.36	65	600850	华东电脑	0.72	0.69
19	300613	富瀚微	1.23	2.49	66	601211	国泰君安	0.70	1.11
20	600636	三爱富	1.22	0.11	67	603885	吉祥航空	0.69	0.74
21	603037	凯众股份	1.21	1.11	68	603881	数据港	0.68	0.56
22	600641	万业企业	1.21	2.11	69	300398	飞凯材料	0.67	0.27
23	601828	美凯龙	1.20	1.13	70	300501	海顺新材	0.66	0.98
24	603068	博通集成	1.19	0.84	71	300609	汇纳科技	0.65	0.62
25	603515	欧普照明	1.19	1.18	72	600420	现代制药	0.65	0.46
26	603039	泛微网络	1.16	1.33	73	300326	凯利泰	0.64	0.27
27	600754	锦江股份	1.13	0.92	74	600823	世茂股份	0.64	0.59
28	600021	上海电力	1.12	0.39	75	600820	隧道股份	0.63	0.58
29	603200	上海洗霸	1.08	0.87	76	601595	上海电影	0.63	0.69
30	603790	雅运股份	1.08	1.03	77	600708	光明地产	0.63	1.14
31	600196	复星医药	1.07	1.27	78	600629	华建集团	0.61	0.62
32	603365	水星家纺	1.07	1.25	79	603083	剑桥科技	0.60	0.80
33	603681	永冠新材	1.05	0.65	80	600637	东方明珠	0.59	0.85
34	300762	上海瀚讯	1.03	0.67	81	600097	开创国际	0.58	0.51
35	603713	密尔克卫	1.01	0.73	82	603121	华培动力	0.58	0.73
36	603226	菲林格尔	1.01	1.06	83	002561	徐家汇	0.56	0.57
37	603886	元祖股份	1.01	0.85	84	300222	科大智能	0.55	0.48
38	600663	陆家嘴	1.00	0.93	85	600675	中华企业	0.55	0.20
39	600019	宝钢股份	0.97	0.86	86	600826	兰生股份	0.54	0.69
40	601328	交通银行	0.96	0.91	87	601231	环旭电子	0.54	0.60
41	603197	保隆科技	0.94	1.66	88	603006	联明股份	0.53	0.60
42	600606	绿地控股	0.93	0.74	89	002116	中国海诚	0.51	0.48
43	600508	上海能源	0.92	0.72	90	603991	至正股份	0.51	0.54
44	600618	氯碱化工	0.91	0.86	91	603887	城地股份	0.50	0.67
45	603899	晨光文具	0.88	0.69	92	600827	百联股份	0.49	0.47
46	600639	浦东金桥	0.87	0.66	93	603030	全筑股份	0.49	0.31
47	600655	豫园股份	0.86	0.49	94	600688	上海石化	0.49	0.57

（续表）

序号	代码	公司简称	每股收益		序号	代码	公司简称	每股收益	
			2018 年	2017 年				2018 年	2017 年
95	600650	锦江投资	0.48	0.45	142	603987	康德莱	0.33	0.38
96	603499	翔港科技	0.48	0.58	143	600640	号百控股	0.33	0.33
97	600846	同济科技	0.48	0.41	144	002605	姚记扑克	0.33	0.19
98	603960	克来机电	0.48	0.51	145	002195	二三四五	0.32	0.29
99	300230	永利股份	0.48	0.64	146	600676	交运股份	0.32	0.43
100	600081	东风科技	0.47	0.44	147	603128	华贸物流	0.32	0.28
101	600284	浦东建设	0.47	0.54	148	603501	韦尔股份	0.32	0.34
102	603855	华荣股份	0.46	0.43	149	002858	力盛赛车	0.30	0.69
103	300286	安科瑞	0.45	0.67	150	300378	鼎捷软件	0.30	0.23
104	600837	海通证券	0.45	0.75	151	603378	亚士创能	0.30	0.72
105	603108	润达医疗	0.45	0.38	152	603956	威派格	0.30	0.28
106	603330	上海天洋	0.45	0.53	153	600170	上海建工	0.29	0.28
107	600018	上港集团	0.44	0.50	154	600278	东方创业	0.29	0.33
108	300627	华测导航	0.44	1.16	155	603918	金桥信息	0.29	0.20
109	002825	纳尔股份	0.44	0.36	156	600088	中视传媒	0.29	0.25
110	300170	汉得信息	0.44	0.38	157	600210	紫江企业	0.29	0.37
111	600500	中化国际	0.44	0.31	158	002454	松芝股份	0.28	0.87
112	603728	鸣志电器	0.43	0.58	159	002706	良信电器	0.28	0.41
113	603159	上海亚虹	0.43	0.45	160	600597	光明乳业	0.28	0.50
114	600628	新世界	0.42	0.69	161	603633	徕木股份	0.28	0.41
115	600649	城投控股	0.41	0.66	162	002401	中远海科	0.27	0.25
116	002022	科华生物	0.41	0.42	163	300180	华峰超纤	0.26	0.45
117	002636	金安国纪	0.40	0.74	164	600843	上工申贝	0.26	0.36
118	600642	申能股份	0.40	0.38	165	603729	龙韵股份	0.25	0.62
119	600061	国投资本	0.40	0.68	166	600838	上海九百	0.25	0.24
120	002028	思源电气	0.39	0.33	167	600094	大名城	0.22	0.57
121	600848	上海临港	0.39	0.37	168	002328	新朋股份	0.22	0.21
122	603648	畅联股份	0.39	0.46	169	300168	万达信息	0.22	0.32
123	603580	艾艾精工	0.38	0.48	170	300380	安硕信息	0.21	0.09
124	002158	汉钟精机	0.38	0.43	171	300039	上海凯宝	0.21	0.25
125	300462	华铭智能	0.38	0.33	172	600833	第一医药	0.21	0.19
126	600611	大众交通	0.37	0.37	173	601727	上海电气	0.20	0.19
127	300469	信息发展	0.37	0.49	174	002568	百润股份	0.20	0.22
128	603131	上海沪工	0.37	0.34	175	600613	神奇制药	0.20	0.24
129	600619	海立股份	0.36	0.32	176	600602	云赛智联	0.20	0.21
130	600748	上实发展	0.36	0.47	177	300067	安诺其	0.19	0.13
131	300511	雪榕生物	0.35	0.61	178	300245	天玑科技	0.19	0.20
132	600150	中国船舶	0.35	−1.67	179	601872	招商轮船	0.19	0.12
133	600895	张江高科	0.35	0.30	180	300253	卫宁健康	0.19	0.14
134	603020	爱普股份	0.34	0.45	181	600115	东方航空	0.19	0.44
135	002669	康达新材	0.34	0.19	182	300059	东方财富	0.19	0.15
136	601611	中国核建	0.34	0.32	183	300262	巴安水务	0.18	0.21
137	603329	上海雅仕	0.34	0.78	184	002324	普利特	0.18	0.64
138	603895	天永智能	0.34	1.07	185	300578	会畅通讯	0.18	0.49
139	300017	网宿科技	0.33	0.34	186	600958	东方证券	0.18	0.57
140	600073	上海梅林	0.33	0.30	187	603683	晶华新材	0.18	0.41
141	603012	创力集团	0.33	0.23	188	600626	申达股份	0.18	0.27

（续表）

序号	代码	公司简称	每股收益		序号	代码	公司简称	每股收益	
			2018年	2017年				2018年	2017年
189	600653	申华控股	0.18	−0.29	236	603189	网达软件	0.04	0.17
190	600635	大众公用	0.16	0.16	237	600732	ST新梅	0.04	0.14
191	603009	北特科技	0.16	0.22	238	300236	上海新阳	0.03	0.37
192	603022	新通联	0.16	0.13	239	603718	海利生物	0.03	0.18
193	603196	日播时尚	0.16	0.39	240	002058	威尔泰	0.03	0.02
194	603690	至纯科技	0.16	0.24	241	600825	新华传媒	0.03	0.04
195	600171	上海贝岭	0.15	0.26	242	603777	来伊份	0.03	0.42
196	600841	上柴股份	0.15	0.14	243	002162	悦心健康	0.03	0.02
197	603003	龙宇燃油	0.15	0.13	244	300074	华平股份	0.03	0.06
198	002565	顺灏股份	0.14	0.15	245	600151	航天机电	0.03	−0.22
199	600272	开开实业	0.14	0.16	246	600026	中远海能	0.03	0.44
200	601616	广电电气	0.13	0.02	247	600882	妙可蓝多	0.03	0.01
201	002346	柘中股份	0.13	0.59	248	600601	方正科技	0.03	−0.37
202	600604	市北高新	0.13	0.12	249	300225	金力泰	0.02	0.10
203	600692	亚通股份	0.12	0.18	250	601788	光大证券	0.02	0.65
204	600605	汇通能源	0.12	0.20	251	002486	嘉麟杰	0.02	0.03
205	601866	中远海发	0.12	0.13	252	002269	美邦服饰	0.02	−0.12
206	300551	古鳌科技	0.12	0.20	253	002451	摩恩电气	0.02	0.13
207	600851	海欣股份	0.11	0.09	254	600532	宏达矿业	0.02	−0.15
208	300171	东富龙	0.11	0.20	255	600621	华鑫股份	0.02	0.77
209	600824	益民集团	0.10	0.13	256	600818	中路股份	0.02	0.10
210	600620	天宸股份	0.10	0.09	257	300129	泰胜风能	0.01	0.21
211	600819	耀皮玻璃	0.10	0.05	258	600503	华丽家族	0.01	0.14
212	600695	绿庭投资	0.09	0.07	259	600517	置信电气	0.01	0.18
213	300483	沃施股份	0.09	0.09	260	002506	协鑫集成	0.01	0.01
214	600490	鹏欣资源	0.09	0.16	261	600844	丹化科技	0.00	0.26
215	600630	龙头股份	0.09	0.30	262	600608	ST沪科	−0.01	0.19
216	600822	上海物贸	0.09	0.07	263	600836	界龙实业	−0.02	0.05
217	600072	中船科技	0.09	0.04	264	300330	华虹计通	−0.11	0.04
218	600320	振华重工	0.08	0.07	265	600616	金枫酒业	−0.13	0.11
219	002278	神开股份	0.08	0.03	266	300126	锐奇股份	−0.15	0.01
220	600193	ST创兴	0.07	−0.18	267	603157	拉夏贝尔	−0.29	0.98
221	603619	中曼石油	0.07	1.06	268	300508	维宏股份	−0.30	1.42
222	600834	申通地铁	0.06	0.11	269	002252	上海莱士	−0.31	0.17
223	600624	复旦复华	0.06	0.06	270	000863	三湘印象	−0.33	0.19
224	600662	强生控股	0.06	0.10	271	600816	安信信托	−0.34	0.80
225	000668	荣丰控股	0.06	0.07	272	002178	延华智能	−0.40	0.03
226	600696	ST岩石	0.06	0.05	273	600647	同达创业	−0.40	0.08
227	600767	ST运盛	0.06	0.13	274	002527	新时达	−0.42	0.22
228	300153	科泰电源	0.06	0.09	275	600530	交大昂立	−0.65	0.21
229	601519	大智慧	0.05	0.19	276	002184	海得控制	−0.67	0.06
230	300493	润欣科技	0.05	0.18	277	600661	昂立教育	−0.93	0.45
231	600615	ST丰华	0.05	0.56	278	600652	*ST游久	−1.09	−0.51
232	600679	上海凤凰	0.05	0.19	279	300061	康旗股份	−1.16	0.57
233	600689	上海三毛	0.05	0.10	280	600654	*ST中安	−1.54	−0.57
234	601968	宝钢包装	0.05	0.01	281	300008	天海防务	−1.96	0.17
235	300336	新文化	0.04	0.46	282	600614	*ST鹏起	−2.18	0.22

（续表）

序号	代码	公司简称	每股收益		序号	代码	公司简称	每股收益	
			2018 年	2017 年				2018 年	2017 年
283	600119	*ST 长投	−2.19	−0.30	285	600651	飞乐音响	−3.35	0.06
284	300442	普丽盛	−2.41	0.09	286	600634	*ST 富控	−9.57	0.08

上海工商类上市公司2018年度净利润排序

（单位：万元）

序号	代码	公司简称	净利润		序号	代码	公司简称	净利润	
			2018年	2017年				2018年	2017年
1	601328	交通银行	7416500.00	7069100.00	48	600639	浦东金桥	97386.79	73455.71
2	600000	浦发银行	5651500.00	5500200.00	49	600641	万业企业	97252.49	169890.60
3	600104	上汽集团	4840466.34	4711609.75	50	300059	东方财富	95821.87	63484.43
4	600019	宝钢股份	2327814.09	2040313.72	51	600611	大众交通	93875.61	92728.94
5	601601	中国太保	1843400.00	1499100.00	52	600748	上实发展	92450.24	91526.53
6	601229	上海银行	1806783.50	1533679.30	53	600827	百联股份	90669.37	85764.67
7	600606	绿地控股	1602330.85	1357212.34	54	603515	欧普照明	89956.10	68152.47
8	600018	上港集团	1147202.11	1284641.35	55	600648	外高桥	88656.70	78145.97
9	600741	华域汽车	1044550.97	913085.92	56	603868	飞科电器	84365.56	83534.76
10	601211	国泰君安	707003.85	1048290.87	57	603899	晨光文具	80783.64	62716.20
11	600837	海通证券	577070.85	987560.29	58	300017	网宿科技	79747.28	81679.23
12	601727	上海电气	547862.20	500621.30	59	600094	大名城	76257.07	148555.76
13	600688	上海石化	527707.30	615249.50	60	600845	宝信软件	71295.44	46059.55
14	600823	世茂股份	472620.09	371377.53	61	603056	德邦股份	70040.72	54662.26
15	601828	美凯龙	470544.73	427801.38	62	601200	上海环境	67403.17	60608.84
16	601607	上海医药	445626.09	405778.03	63	600150	中国船舶	60674.59	−254360.96
17	600009	上海机场	443137.86	385726.31	64	603659	璞泰来	60071.58	45176.25
18	600663	陆家嘴	410508.30	367545.99	65	600638	新黄浦	58479.88	61041.13
19	600170	上海建工	342944.85	278854.27	66	600508	上海能源	58177.45	31535.63
20	600655	豫园股份	342228.93	65773.61	67	603587	地素时尚	57411.33	48007.23
21	600021	上海电力	341300.53	142922.03	68	603730	岱美股份	55760.11	58205.79
22	600675	中华企业	325165.26	51782.94	69	600636	三爱富	54476.60	15549.59
23	600196	复星医药	301988.21	358525.89	70	600315	上海家化	54038.00	38980.19
24	600115	东方航空	294100.00	682000.00	71	600597	光明乳业	52659.40	81810.88
25	600642	申能股份	236744.91	218527.46	72	600895	张江高科	49798.01	46182.28
26	600637	东方明珠	220516.62	239732.39	73	600284	浦东建设	46154.86	39039.24
27	600835	上海机电	213571.72	236116.76	74	300326	凯利泰	46036.09	19399.04
28	600500	中化国际	210827.62	136699.46	75	600210	紫江企业	45322.25	57026.05
29	600061	国投资本	202521.40	302774.21	76	603108	润达医疗	43204.67	29732.80
30	600820	隧道股份	199750.99	183305.42	77	600635	大众公用	42932.73	55550.35
31	600623	华谊集团	172583.41	45059.50	78	600848	上海临港	42767.86	41101.62
32	600612	老凤祥	156378.63	147030.57	79	600619	海立股份	41934.66	33877.13
33	601021	春秋航空	150284.00	126158.15	80	603650	彤程新材	41157.59	32265.39
34	601866	中远海发	143818.92	153241.90	81	300222	科大智能	40647.90	35138.06
35	002195	二三四五	137218.12	95330.89	82	300230	永利股份	40588.79	31013.83
36	600708	光明地产	137140.03	198804.82	83	600320	振华重工	39384.24	32944.34
37	600958	东方证券	128052.72	360301.76	84	600073	上海梅林	38872.28	46555.88
38	603885	吉祥航空	123958.60	135192.74	85	300170	汉得信息	38818.63	30476.13
39	600754	锦江股份	122768.05	99006.15	86	600846	同济科技	37772.67	30202.26
40	601231	环旭电子	117996.76	131409.13	87	600676	交运股份	37397.82	49857.39
41	600649	城投控股	117006.82	176658.86	88	600653	申华控股	35673.59	−55386.59
42	600622	光大嘉宝	116962.91	67842.57	89	300272	开能健康	34929.77	1084.74
43	600643	爱建集团	115823.89	82955.80	90	603128	华贸物流	33674.26	28931.18
44	601611	中国核建	112209.18	100311.68	91	600850	华东电脑	32398.14	31262.24
45	601872	招商轮船	108981.51	92292.39	92	600026	中远海能	32385.87	188506.06
46	600420	现代制药	106997.96	81857.21	93	600650	锦江投资	31765.18	30633.57
47	600618	氯碱化工	105282.57	99009.28	94	300253	卫宁健康	30682.90	22973.76

（续表）

序号	代码	公司简称	净利润		序号	代码	公司简称	净利润	
			2018 年	2017 年				2018 年	2017 年
95	600629	华建集团	30645.41	29419.01	142	603214	爱婴室	13074.58	10455.99
96	002636	金安国纪	30352.41	53733.63	143	600626	申达股份	13062.14	22330.78
97	300180	华峰超纤	30151.47	25580.51	144	600841	上柴股份	13005.49	12132.13
98	600602	云赛智联	29913.13	30529.72	145	603020	爱普股份	12831.85	15617.10
99	002028	思源电气	29398.21	27729.84	146	603037	凯众股份	12678.89	11480.63
100	300398	飞凯材料	28833.43	8783.99	147	601616	广电电气	12601.67	2364.75
101	600081	东风科技	28761.69	27724.33	148	300511	雪榕生物	12477.06	12209.45
102	603030	全筑股份	28722.80	17084.86	149	300590	移为通信	12460.03	9693.85
103	603365	水星家纺	28507.20	25734.90	150	600088	中视传媒	12430.06	8775.22
104	600640	号百控股	27518.58	26996.56	151	603068	博通集成	12391.17	8742.73
105	600628	新世界	27342.59	44886.51	152	002568	百润股份	12370.45	18264.53
106	600604	市北高新	26917.13	30456.94	153	603192	汇得科技	11609.68	11148.96
107	603579	荣泰健康	24993.96	22658.80	154	603956	威派格	11591.26	10891.47
108	002022	科华生物	24681.51	22141.90	155	603501	韦尔股份	11568.15	12340.40
109	601788	光大证券	24384.74	312699.86	156	300262	巴安水务	11483.80	12992.21
110	002561	徐家汇	24364.65	24819.88	157	002565	顺灏股份	11394.28	11302.10
111	600826	兰生股份	24174.34	33069.77	158	600824	益民集团	10919.17	13486.66
112	603886	元祖股份	24162.52	20345.65	159	601519	大智慧	10831.40	38283.02
113	601595	上海电影	23066.13	25409.75	160	603039	泛微网络	10818.54	8591.52
114	300039	上海凯宝	22681.24	27230.47	161	300627	华测导航	10787.00	12936.63
115	300168	万达信息	22524.47	32467.07	162	600819	耀皮玻璃	10684.01	7085.12
116	002706	良信电器	22196.52	21020.01	163	603006	联明股份	10386.02	11348.76
117	002116	中国海诚	21219.88	20069.38	164	600171	上海贝岭	10334.53	17505.08
118	603466	风语筑	21095.64	16615.68	165	603496	恒为科技	10301.24	7500.63
119	002158	汉钟精机	20275.54	22380.97	166	300762	上海瀚讯	10116.37	6580.89
120	603197	保隆科技	20260.70	22466.88	167	603226	菲林格尔	9881.73	8007.23
121	600490	鹏欣资源	20235.41	33132.37	168	600838	上海九百	9859.22	9733.35
122	300226	上海钢联	20207.64	6656.53	169	600613	神奇制药	9844.16	11963.57
123	603012	创力集团	20141.76	13896.53	170	300286	安科瑞	9709.19	9456.91
124	002454	松芝股份	19643.48	38179.50	171	603003	龙宇燃油	9248.65	7404.74
125	600278	东方创业	19352.23	20259.17	172	002401	中远海科	9005.23	8052.72
126	002605	姚记扑克	19304.31	8074.00	173	300171	东富龙	8716.79	13599.43
127	002328	新朋股份	18093.61	17152.49	174	300378	鼎捷软件	8044.46	6465.64
128	603987	康德莱	18045.55	14302.22	175	603200	上海洗霸	8037.41	5750.57
129	603728	鸣志电器	16676.02	16610.59	176	002669	康达新材	7974.81	4343.69
130	300327	中颖电子	16133.95	12922.81	177	603121	华培动力	7832.94	9875.25
131	600843	上工申贝	15844.96	21265.30	178	603960	克来机电	7801.15	5048.97
132	600851	海欣股份	15601.32	8785.96	179	603083	剑桥科技	7677.75	6060.05
133	603855	华荣股份	15241.31	12610.46	180	603131	上海沪工	7626.59	7259.90
134	600097	开创国际	14600.95	12618.22	181	603887	城地股份	7217.99	6639.13
135	603881	数据港	14323.89	11489.53	182	603232	格尔软件	7192.62	6994.95
136	300642	透景生命	14169.09	12681.50	183	002324	普利特	7083.45	17423.21
137	603648	畅联股份	14165.97	13806.83	184	300609	汇纳科技	6657.41	5880.18
138	300067	安诺其	13536.44	8363.59	185	600662	强生控股	6581.35	9579.17
139	603713	密尔克卫	13170.29	8345.99	186	600695	绿庭投资	6520.56	4703.67
140	603790	雅运股份	13169.63	11527.18	187	600620	天宸股份	6503.71	6051.83
141	603681	永冠新材	13137.75	8154.20	188	300501	海顺新材	6436.38	6569.98

（续表）

序号	代码	公司简称	净利润		序号	代码	公司简称	净利润	
			2018年	2017年				2018年	2017年
189	002825	纳尔股份	6198.67	3633.46	236	002486	嘉麟杰	1778.17	1788.81
190	603378	亚士创能	5873.21	11373.48	237	300153	科泰电源	1751.20	2716.49
191	002346	柘中股份	5811.62	25925.58	238	600767	ST运盛	1717.16	3455.75
192	300245	天玑科技	5663.50	3205.45	239	300493	润欣科技	1620.63	5469.16
193	002506	协鑫集成	5648.70	3707.29	240	300578	会畅通讯	1613.07	3425.12
194	600601	方正科技	5622.08	−82297.50	241	600679	上海凤凰	1296.45	9912.85
195	603009	北特科技	5241.49	7332.00	242	300551	古鳌科技	1265.02	1491.18
196	300462	华铭智能	5218.41	4403.68	243	600532	宏达矿业	1117.69	−7896.55
197	600692	亚通股份	5174.96	7935.31	244	600689	上海三毛	1116.35	1793.69
198	300469	信息发展	5135.17	3281.19	245	000668	荣丰控股	1101.26	1389.16
199	603918	金桥信息	5122.84	3483.69	246	600882	妙可蓝多	1064.06	427.86
200	600822	上海物贸	5104.94	3991.84	247	300074	华平股份	1050.66	3343.68
201	600624	复旦复华	4955.14	4882.98	248	603777	来伊份	1010.90	10136.99
202	603499	翔港科技	4806.68	4583.20	249	600615	ST丰华	943.66	10632.26
203	600833	第一医药	4718.63	4347.68	250	300225	金力泰	939.78	3888.76
204	300613	富瀚微	4626.44	10564.07	251	300129	泰胜风能	916.98	15367.53
205	601968	宝钢包装	4427.16	1671.62	252	600844	丹化科技	867.21	35087.13
206	603633	徕木股份	4336.81	4936.05	253	002451	摩恩电气	850.68	5938.84
207	603329	上海雅仕	4295.78	8149.56	254	600517	置信电气	820.82	25145.90
208	603159	上海亚虹	4292.60	4490.02	255	603189	网达软件	799.41	3720.49
209	002858	力盛赛车	4212.19	4380.64	256	300236	上海新阳	613.84	7171.73
210	002269	美邦服饰	4036.16	−30479.98	257	002058	威尔泰	456.65	281.64
211	300483	沃施股份	3954.66	654.34	258	600608	ST沪科	−260.39	6016.13
212	600630	龙头股份	3876.63	13030.16	259	600503	华丽家族	−272.42	20459.89
213	603330	上海天洋	3820.82	3062.86	260	600818	中路股份	−457.63	2242.74
214	603991	至正股份	3800.50	3795.73	261	603718	海利生物	−1370.78	9529.45
215	603580	艾艾精工	3676.73	3004.28	262	300330	华虹计通	−1930.59	594.91
216	603895	天永智能	3597.74	6192.22	263	600836	界龙实业	−2010.64	2890.81
217	600272	开开实业	3514.21	3880.14	264	600621	华鑫股份	−2340.73	74457.05
218	002278	神开股份	3450.70	1606.15	265	300508	维宏股份	−2742.24	8069.56
219	600151	航天机电	3192.46	−34828.80	266	300126	锐奇股份	−4496.33	435.16
220	603690	至纯科技	3149.60	4898.66	267	600647	同达创业	−5987.50	869.61
221	603022	新通联	3131.35	2501.00	268	600616	金枫酒业	−7245.41	4858.31
222	600193	ST创兴	3101.67	−7822.08	269	002184	海得控制	−16218.43	3394.80
223	600834	申通地铁	3064.29	5167.02	270	603157	拉夏贝尔	−19918.20	53744.00
224	600825	新华传媒	3024.24	4077.62	271	300442	普丽盛	−25937.81	997.75
225	603619	中曼石油	2996.75	39451.52	272	002527	新时达	−29570.74	13768.34
226	300336	新文化	2915.65	24623.85	273	002178	延华智能	−29973.15	3178.34
227	603196	日播时尚	2825.14	7699.09	274	600661	昂立教育	−32208.48	10447.06
228	300380	安硕信息	2689.20	838.39	275	000863	三湘印象	−49863.71	22476.68
229	603683	晶华新材	2536.27	4339.24	276	600530	交大昂立	−52552.93	16369.49
230	002162	悦心健康	2240.26	1786.55	277	600119	*ST长投	−69907.28	−14065.58
231	603729	龙韵股份	2204.74	4272.22	278	300061	康旗股份	−73391.12	32322.08
232	600696	ST岩石	2014.42	1843.85	279	600652	*ST游久	−90521.63	−42231.46
233	600072	中船科技	2013.08	4260.01	280	002252	上海莱士	−152319.87	83195.50
234	600732	ST新梅	1931.56	6128.89	281	600816	安信信托	−183390.36	366821.23
235	600605	汇通能源	1778.52	2937.53	282	300008	天海防务	−188060.30	17723.78

（续表）

序号	代码	公司简称	净利润		序号	代码	公司简称	净利润	
			2018 年	2017 年				2018 年	2017 年
283	600654	*ST 中安	−198067.20	−73503.08	285	600614	*ST 鹏起	−379513.07	41680.81
284	600651	飞乐音响	−333022.86	3081.37	286	600634	*ST 富控	−550894.20	20695.34

上海工商类上市公司2018年度每股净资产排序

（单位：元）

序号	代码	公司简称	每股净资产		序号	代码	公司简称	每股净资产	
			2018年	2017年				2018年	2017年
1	300483	沃施股份	23.37	6.49	48	600649	城投控股	7.44	7.54
2	300613	富瀚微	22.75	20.85	49	600958	东方证券	7.40	7.58
3	600104	上汽集团	20.06	19.29	50	600655	豫园股份	7.39	7.71
4	601601	中国太保	16.51	15.17	51	603232	格尔软件	7.28	9.42
5	600000	浦发银行	15.05	13.47	52	300442	普丽盛	7.27	9.74
6	600009	上海机场	14.66	13.04	53	603681	永冠新材	7.18	6.13
7	601021	春秋航空	14.53	10.57	54	603790	雅运股份	7.13	5.46
8	600741	华域汽车	14.39	13.09	55	603226	菲林格尔	7.09	8.15
9	601607	上海医药	13.73	12.66	56	603039	泛微网络	7.06	8.55
10	600754	锦江股份	13.18	13.55	57	600278	东方创业	7.02	7.79
11	600508	上海能源	13.16	12.38	58	600026	中远海能	6.99	6.92
12	601229	上海银行	12.93	16.27	59	600826	兰生股份	6.91	8.18
13	601211	国泰君安	12.89	12.85	60	600636	三爱富	6.87	5.64
14	600612	老凤祥	11.84	10.72	61	600628	新世界	6.86	6.71
15	601828	美凯龙	11.75	11.16	62	600097	开创国际	6.82	6.31
16	300642	透景生命	11.27	14.93	63	600638	新黄浦	6.79	7.50
17	600150	中国船舶	10.95	9.13	64	603378	亚士创能	6.74	6.61
18	600196	复星医药	10.92	10.15	65	603659	璞泰来	6.69	5.66
19	603579	荣泰健康	10.64	9.76	66	603991	至正股份	6.60	6.19
20	600835	上海机电	10.56	9.81	67	300236	上海新阳	6.58	6.73
21	603192	汇得科技	10.47	6.55	68	600820	隧道股份	6.50	6.06
22	600837	海通证券	10.25	10.24	69	600420	现代制药	6.44	5.56
23	601788	光大证券	10.24	10.54	70	300501	海顺新材	6.39	9.10
24	603200	上海洗霸	9.94	9.65	71	600823	世茂股份	6.31	5.80
25	603003	龙宇燃油	9.57	9.44	72	603157	拉夏贝尔	6.29	7.08
26	603729	龙韵股份	9.33	12.81	73	603683	晶华新材	6.25	6.08
27	600827	百联股份	9.14	9.33	74	600629	华建集团	6.24	5.74
28	600648	外高桥	8.97	8.75	75	601595	上海电影	6.21	5.62
29	603214	爱婴室	8.85	4.99	76	603020	爱普股份	6.21	5.93
30	603083	剑桥科技	8.76	10.85	77	300222	科大智能	6.16	5.64
31	600315	上海家化	8.66	7.98	78	300762	上海瀚讯	6.13	5.11
32	600061	国投资本	8.61	8.59	79	600848	上海临港	6.08	5.81
33	601328	交通银行	8.60	8.23	80	600021	上海电力	6.08	5.29
34	600623	华谊集团	8.53	7.86	81	600284	浦东建设	6.03	7.97
35	601200	上海环境	8.43	7.68	82	300226	上海钢联	6.02	5.18
36	600637	东方明珠	8.23	10.43	83	002028	思源电气	6.01	5.74
37	603713	密尔克卫	8.21	6.32	84	603868	飞科电器	5.97	5.53
38	603365	水星家纺	8.20	7.63	85	603887	城地股份	5.97	7.32
39	603730	岱美股份	8.09	7.58	86	600643	爱建集团	5.94	4.92
40	603330	上海天洋	8.02	10.10	87	603619	中曼石油	5.93	6.29
41	600019	宝钢股份	7.94	7.38	88	600650	锦江投资	5.88	6.09
42	002669	康达新材	7.94	7.09	89	600621	华鑫股份	5.84	6.16
43	600639	浦东金桥	7.87	7.96	90	603895	天永智能	5.83	5.04
44	603037	凯众股份	7.86	7.18	91	603197	保隆科技	5.78	11.14
45	603587	地素时尚	7.70	3.92	92	000668	荣丰控股	5.78	4.19
46	600641	万业企业	7.66	7.28	93	603515	欧普照明	5.74	6.27
47	600845	宝信软件	7.54	5.71	94	002324	普利特	5.73	8.33

（续表）

序号	代码	公司简称	每股净资产		序号	代码	公司简称	每股净资产	
			2018 年	2017 年				2018 年	2017 年
95	600642	申能股份	5.70	5.59	142	600597	光明乳业	4.36	4.38
96	600895	张江高科	5.66	5.43	143	603855	华荣股份	4.36	4.29
97	600676	交运股份	5.65	5.47	144	601231	环旭电子	4.32	3.97
98	603886	元祖股份	5.63	5.08	145	603108	润达医疗	4.32	3.95
99	600640	号百控股	5.63	5.41	146	600841	上柴股份	4.29	4.18
100	600606	绿地控股	5.60	4.97	147	603012	创力集团	4.29	4.00
101	603329	上海雅仕	5.55	5.50	148	600630	龙头股份	4.26	4.27
102	600850	华东电脑	5.53	4.96	149	603159	上海亚虹	4.23	3.96
103	002328	新朋股份	5.53	5.35	150	603580	艾艾精工	4.23	5.63
104	603777	来伊份	5.44	7.82	151	002022	科华生物	4.23	3.90
105	600748	上实发展	5.42	5.41	152	603056	德邦股份	4.20	3.57
106	600500	中化国际	5.40	5.19	153	603068	博通集成	4.18	2.98
107	603006	联明股份	5.37	4.80	154	603121	华培动力	4.17	3.59
108	002561	徐家汇	5.36	5.16	155	600151	航天机电	4.17	3.99
109	300590	移为通信	5.35	4.81	156	000863	三湘印象	4.12	4.62
110	603499	翔港科技	5.31	5.06	157	600081	东风科技	4.12	3.99
111	600622	光大嘉宝	5.29	6.13	158	600073	上海梅林	4.06	3.78
112	603496	恒为科技	5.29	6.55	159	600843	上工申贝	4.03	3.91
113	603885	吉祥航空	5.25	4.81	160	002527	新时达	4.02	4.51
114	002454	松芝股份	5.24	7.40	161	603196	日播时尚	3.94	3.89
115	300609	汇纳科技	5.21	4.68	162	601727	上海电气	3.89	3.77
116	300508	维宏股份	5.17	9.00	163	603650	彤程新材	3.88	2.22
117	600708	光明地产	5.14	6.06	164	600626	申达股份	3.86	3.61
118	300398	飞凯材料	5.12	4.50	165	603128	华贸物流	3.86	3.73
119	600072	中船科技	5.05	4.96	166	600115	东方航空	3.85	3.67
120	600619	海立股份	5.04	4.83	167	002184	海得控制	3.82	4.57
121	300378	鼎捷软件	4.99	4.62	168	300230	永利股份	3.78	5.98
122	600094	大名城	4.91	4.78	169	600616	金枫酒业	3.76	3.94
123	300551	古鳌科技	4.84	7.15	170	300327	中颖电子	3.72	3.72
124	603009	北特科技	4.82	4.13	171	300469	信息发展	3.71	6.18
125	300171	东富龙	4.82	4.76	172	603899	晨光文具	3.71	3.08
126	603466	风语筑	4.80	8.96	173	300336	新文化	3.70	5.58
127	600663	陆家嘴	4.79	4.26	174	600846	同济科技	3.66	3.31
128	603881	数据港	4.76	4.25	175	600611	大众交通	3.65	3.92
129	600613	神奇制药	4.76	4.61	176	300511	雪榕生物	3.62	6.07
130	600605	汇通能源	4.71	4.57	177	603960	克来机电	3.62	4.22
131	603633	徕木股份	4.67	5.84	178	002568	百润股份	3.61	2.54
132	002346	柘中股份	4.62	4.80	179	603189	网达软件	3.60	3.65
133	603131	上海沪工	4.56	3.27	180	603501	韦尔股份	3.59	2.59
134	300462	华铭智能	4.55	4.27	181	300017	网宿科技	3.56	3.30
135	002605	姚记扑克	4.52	4.03	182	600532	宏达矿业	3.56	3.54
136	300180	华峰超纤	4.52	7.71	183	300627	华测导航	3.51	6.27
137	300245	天玑科技	4.46	4.33	184	300326	凯利泰	3.47	2.83
138	603728	鸣志电器	4.44	5.28	185	600171	上海贝岭	3.47	3.42
139	600661	昂立教育	4.43	5.45	186	002158	汉钟精机	3.46	3.34
140	002825	纳尔股份	4.43	5.67	187	002636	金安国纪	3.45	3.05
141	603648	畅联股份	4.43	4.19	188	300262	巴安水务	3.45	3.19

（续表）

序号	代码	公司简称	每股净资产		序号	代码	公司简称	每股净资产	
			2018年	2017年				2018年	2017年
189	002116	中国海诚	3.43	3.16	236	300578	会畅通讯	2.39	3.91
190	300061	康旗股份	3.41	6.66	237	600503	华丽家族	2.36	2.24
191	300286	安科瑞	3.41	4.66	238	300039	上海凯宝	2.32	2.21
192	002858	力盛赛车	3.39	6.37	239	300493	润欣科技	2.29	1.67
193	600618	氯碱化工	3.39	2.52	240	600689	上海三毛	2.29	2.28
194	603030	全筑股份	3.38	2.98	241	002706	良信电器	2.24	3.22
195	300170	汉得信息	3.37	2.88	242	300067	安诺其	2.24	2.11
196	601611	中国核建	3.34	3.05	243	300074	华平股份	2.22	2.20
197	601872	招商轮船	3.34	2.87	244	600816	安信信托	2.20	3.55
198	600679	上海凤凰	3.33	3.33	245	300330	华虹计通	2.19	2.31
199	600620	天宸股份	3.33	3.57	246	603956	威派格	2.19	1.89
200	300168	万达信息	3.30	2.46	247	002252	上海莱士	2.19	2.51
201	600819	耀皮玻璃	3.30	3.22	248	600692	亚通股份	2.11	1.98
202	600604	市北高新	3.26	3.14	249	002195	二三四五	2.10	2.23
203	600018	上港集团	3.26	3.00	250	600824	益民集团	2.10	2.03
204	603918	金桥信息	3.19	2.90	251	600844	丹化科技	2.09	2.09
205	600615	ST丰华	3.18	3.14	252	603690	至纯科技	2.07	1.93
206	300126	锐奇股份	3.18	3.40	253	600272	开开实业	2.04	2.04
207	300380	安硕信息	3.13	2.94	254	600818	中路股份	1.98	2.09
208	603987	康德莱	3.11	3.90	255	600647	同达创业	1.93	2.39
209	600834	申通地铁	3.09	3.07	256	300253	卫宁健康	1.93	1.61
210	600662	强生控股	3.09	3.09	257	300225	金力泰	1.87	1.89
211	603022	新通联	3.09	2.97	258	600624	复旦复华	1.68	1.63
212	300129	泰胜风能	3.07	3.10	259	603718	海利生物	1.64	1.66
213	002278	神开股份	3.04	2.95	260	002451	摩恩电气	1.50	1.49
214	600838	上海九百	3.02	3.13	261	600601	方正科技	1.47	1.40
215	300153	科泰电源	2.99	3.03	262	601866	中远海发	1.37	1.31
216	600882	妙可蓝多	2.97	2.87	263	002058	威尔泰	1.33	1.31
217	600833	第一医药	2.97	3.17	264	600836	界龙实业	1.31	1.35
218	002565	顺灏股份	2.97	3.31	265	600822	上海物贸	1.22	1.13
219	600088	中视传媒	2.96	3.29	266	002178	延华智能	1.18	1.61
220	600210	紫江企业	2.95	2.81	267	600530	交大昂立	1.16	2.10
221	600602	云赛智联	2.92	2.79	268	002269	美邦服饰	1.15	1.13
222	600320	振华重工	2.88	3.42	269	002486	嘉麟杰	1.14	1.15
223	002401	中远海科	2.88	2.66	270	600653	申华控股	1.10	0.93
224	600851	海欣股份	2.83	3.13	271	002162	悦心健康	1.09	1.02
225	600688	上海石化	2.81	2.61	272	600732	ST新梅	1.04	1.00
226	300059	东方财富	2.80	3.14	273	600652	*ST游久	0.98	2.07
227	600170	上海建工	2.76	2.70	274	600695	绿庭投资	0.92	0.98
228	600675	中华企业	2.70	1.93	275	600696	ST岩石	0.87	0.81
229	601616	广电电气	2.64	2.53	276	600767	ST运盛	0.84	0.78
230	600490	鹏欣资源	2.58	2.95	277	002506	协鑫集成	0.84	0.83
231	600635	大众公用	2.53	2.45	278	300008	天海防务	0.78	2.76
232	600517	置信电气	2.53	2.61	279	601519	大智慧	0.73	0.68
233	600825	新华传媒	2.52	2.51	280	600614	*ST鹏起	0.62	2.80
234	601968	宝钢包装	2.46	2.40	281	600193	ST创兴	0.50	0.43
235	300272	开能健康	2.39	2.04	282	600119	*ST长投	0.45	2.36

（续表）

序号	代码	公司简称	每股净资产		序号	代码	公司简称	每股净资产	
			2018 年	2017 年				2018 年	2017 年
283	600608	ST 沪科	0.17	0.18	285	600651	飞乐音响	0.05	3.39
284	600654	*ST 中安	0.17	1.69	286	600634	*ST 富控	−6.15	3.43

上海工商类上市公司2018年度净资产收益率排序

（单位：%）

序号	代码	公司简称	净资产收益率		序号	代码	公司简称	净资产收益率	
			2018年	2017年				2018年	2017年
1	300272	开能健康	35.33	7.77	48	600018	上港集团	14.17	17.72
2	603868	飞科电器	33.72	37.79	49	603192	汇得科技	14.07	22.53
3	603068	博通集成	33.29	32.79	50	603960	克来机电	14.05	14.64
4	600618	氯碱化工	30.82	40.85	51	600643	爱建集团	13.87	12.34
5	600675	中华企业	29.88	10.68	52	300398	飞凯材料	13.85	6.20
6	603587	地素时尚	25.99	43.98	53	600846	同济科技	13.83	12.82
7	603899	晨光文具	25.84	24.09	54	601021	春秋航空	13.79	15.98
8	603650	彤程新材	23.93	28.92	55	300286	安科瑞	13.76	14.93
9	603515	欧普照明	22.56	20.13	56	603197	保隆科技	13.64	18.37
10	603659	璞泰来	22.19	26.18	57	600850	华东电脑	13.64	14.61
11	600663	陆家嘴	22.03	22.38	58	603885	吉祥航空	13.64	16.29
12	300327	中颖电子	20.51	18.09	59	300226	上海钢联	13.58	7.28
13	300326	凯利泰	20.44	10.09	60	603365	水星家纺	13.50	17.59
14	600612	老凤祥	20.42	21.30	61	300230	永利股份	13.38	11.18
15	603056	德邦股份	19.73	19.53	62	603713	密尔克卫	13.38	12.46
16	600636	三爱富	19.43	1.91	63	300609	汇纳科技	13.13	16.24
17	600021	上海电力	19.33	8.06	64	601231	环旭电子	13.08	16.25
18	603214	爱婴室	19.06	27.71	65	600638	新黄浦	13.02	16.41
19	603886	元祖股份	18.80	17.79	66	002706	良信电器	12.87	12.96
20	600741	华域汽车	18.53	16.51	67	300627	华测导航	12.84	23.89
21	300762	上海瀚讯	18.25	14.13	68	603226	菲林格尔	12.70	15.27
22	600688	上海石化	18.00	23.17	69	600019	宝钢股份	12.64	13.42
23	603579	荣泰健康	17.45	23.78	70	601601	中国太保	12.55	10.89
24	603730	岱美股份	17.41	25.32	71	600000	浦发银行	12.47	13.68
25	603039	泛微网络	17.39	19.60	72	002636	金安国纪	12.37	27.18
26	600653	申华控股	17.23	−27.21	73	600708	光明地产	12.29	20.27
27	600606	绿地控股	17.15	15.22	74	600835	上海机电	12.17	14.44
28	002195	二三四五	16.14	13.28	75	603232	格尔软件	12.01	16.13
29	600641	万业企业	16.13	33.20	76	600845	宝信软件	11.74	9.52
30	603037	凯众股份	15.94	19.39	77	601229	上海银行	11.70	11.67
31	600009	上海机场	15.85	15.53	78	600081	东风科技	11.55	11.60
32	603681	永冠新材	15.81	11.25	79	603987	康德莱	11.30	10.04
33	600193	ST 创兴	15.70	−35.60	80	002158	汉钟精机	11.19	12.20
34	603466	风语筑	15.67	17.83	81	603200	上海洗霸	10.99	10.62
35	600104	上汽集团	15.67	16.49	82	600639	浦东金桥	10.99	8.39
36	603790	雅运股份	15.65	20.66	83	603108	润达医疗	10.93	9.95
37	002116	中国海诚	15.43	16.22	84	601828	美凯龙	10.90	10.59
38	600622	光大嘉宝	15.27	10.34	85	600420	现代制药	10.87	8.69
39	300590	移为通信	15.25	19.95	86	601328	交通银行	10.75	10.80
40	603030	全筑股份	15.19	10.85	87	603855	华荣股份	10.64	11.36
41	600655	豫园股份	15.19	6.47	88	601595	上海电影	10.63	12.77
42	603881	数据港	15.06	17.53	89	601607	上海医药	10.63	10.72
43	603121	华培动力	14.96	22.73	90	300253	卫宁健康	10.59	9.28
44	603496	恒为科技	14.95	16.22	91	600823	世茂股份	10.58	10.71
45	603956	威派格	14.78	16.21	92	002561	徐家汇	10.57	11.27
46	300642	透景生命	14.76	21.41	93	300501	海顺新材	10.53	11.11
47	300170	汉得信息	14.32	14.31	94	603159	上海亚虹	10.48	11.57

（续表）

序号	代码	公司简称	净资产收益率		序号	代码	公司简称	净资产收益率	
			2018 年	2017 年				2018 年	2017 年
95	600623	华谊集团	10.42	3.77	142	002605	姚记扑克	7.63	4.95
96	002825	纳尔股份	10.41	6.48	143	600822	上海物贸	7.58	5.96
97	603006	联明股份	10.32	12.94	144	600767	ST 运盛	7.38	17.71
98	300511	雪榕生物	10.25	9.17	145	600619	海立股份	7.28	6.88
99	300469	信息发展	10.24	7.60	146	300168	万达信息	7.27	12.99
100	601200	上海环境	10.21	9.83	147	600637	东方明珠	7.22	8.28
101	600629	华建集团	10.18	14.71	148	600826	兰生股份	7.21	7.90
102	600196	复星医药	10.16	13.15	149	600508	上海能源	7.16	5.95
103	600088	中视传媒	10.09	7.80	150	600272	开开实业	7.11	7.87
104	600820	隧道股份	10.02	9.82	151	600642	申能股份	7.10	6.84
105	002022	科华生物	9.95	11.33	152	603083	剑桥科技	7.01	6.98
106	601611	中国核建	9.92	9.56	153	300380	安硕信息	7.00	3.18
107	002401	中远海科	9.91	9.74	154	600602	云赛智联	6.97	7.57
108	600210	紫江企业	9.91	13.02	155	600833	第一医药	6.89	6.06
109	603501	韦尔股份	9.86	13.79	156	600696	ST 岩石	6.71	6.75
110	600611	大众交通	9.85	9.42	157	002568	百润股份	6.68	10.80
111	300017	网宿科技	9.68	10.88	158	002028	思源电气	6.60	5.82
112	600315	上海家化	9.66	7.33	159	600748	上实发展	6.59	9.15
113	600695	绿庭投资	9.64	6.72	160	601872	招商轮船	6.58	3.94
114	600170	上海建工	9.57	10.32	161	600848	上海临港	6.54	7.36
115	603728	鸣志电器	9.44	13.47	162	600635	大众公用	6.51	6.60
116	603918	金桥信息	9.42	6.99	163	600843	上工申贝	6.46	9.72
117	300039	上海凯宝	9.35	11.93	164	600597	光明乳业	6.39	11.93
118	603580	艾艾精工	9.30	9.70	165	600895	张江高科	6.34	5.61
119	002858	力盛赛车	9.23	13.03	166	300059	东方财富	6.31	4.63
120	603499	翔港科技	9.21	11.99	167	300378	鼎捷软件	6.23	5.11
121	300222	科大智能	9.13	8.68	168	600628	新世界	6.21	10.73
122	603648	畅联股份	8.99	11.52	169	603329	上海雅仕	6.17	14.08
123	603131	上海沪工	8.94	10.74	170	603633	徕木股份	6.05	7.20
124	603887	城地股份	8.94	9.24	171	600692	亚通股份	5.98	9.59
125	600097	开创国际	8.87	10.50	172	600640	号百控股	5.97	7.33
126	300067	安诺其	8.80	6.64	173	300180	华峰超纤	5.91	6.65
127	300462	华铭智能	8.66	7.93	174	603330	上海天洋	5.71	6.27
128	600754	锦江股份	8.45	6.84	175	600676	交运股份	5.70	8.14
129	603128	华贸物流	8.44	7.66	176	603020	爱普股份	5.67	7.74
130	600073	上海梅林	8.32	8.31	177	300262	巴安水务	5.52	6.94
131	600500	中化国际	8.26	5.90	178	300613	富瀚微	5.52	17.43
132	600648	外高桥	8.25	7.64	179	002454	松芝股份	5.49	12.40
133	600650	锦江投资	8.09	7.48	180	601211	国泰君安	5.44	8.86
134	601866	中远海发	8.08	9.90	181	600649	城投控股	5.43	8.45
135	600838	上海九百	8.00	7.79	182	601727	上海电气	5.35	5.29
136	603991	至正股份	7.97	10.73	183	300578	会畅通讯	5.34	16.36
137	600284	浦东建设	7.96	6.88	184	600827	百联股份	5.29	5.10
138	603012	创力集团	7.86	5.83	185	603022	新通联	5.17	4.27
139	603895	天永智能	7.83	23.78	186	601616	广电电气	5.15	0.94
140	601519	大智慧	7.73	33.23	187	600824	益民集团	5.03	6.69
141	603690	至纯科技	7.72	14.12	188	600115	东方航空	4.98	12.67

（续表）

序号	代码	公司简称	净资产收益率		序号	代码	公司简称	净资产收益率	
			2018年	2017年				2018年	2017年
189	002565	顺灏股份	4.63	4.72	236	603003	龙宇燃油	1.56	1.43
190	600061	国投资本	4.62	8.11	237	600679	上海凤凰	1.51	5.91
191	600094	大名城	4.59	12.58	238	002269	美邦服饰	1.41	−10.20
192	002669	康达新材	4.53	2.70	239	002451	摩恩电气	1.28	8.96
193	603378	亚士创能	4.52	12.09	240	300225	金力泰	1.25	5.38
194	600837	海通证券	4.42	7.56	241	300074	华平股份	1.24	2.95
195	600626	申达股份	4.27	7.68	242	603619	中曼石油	1.23	20.80
196	600613	神奇制药	4.24	5.38	243	000668	荣丰控股	1.21	1.70
197	300245	天玑科技	4.24	5.23	244	600825	新华传媒	1.21	1.73
198	600171	上海贝岭	4.23	8.19	245	002506	协鑫集成	1.07	0.57
199	002328	新朋股份	4.11	3.89	246	300336	新文化	1.06	8.47
200	603196	日播时尚	4.09	11.80	247	603189	网达软件	1.00	4.67
201	600604	市北高新	3.96	4.00	248	600882	妙可蓝多	0.89	0.37
202	600278	东方创业	3.92	4.79	249	600818	中路股份	0.78	4.96
203	600624	复旦复华	3.78	3.84	250	600151	航天机电	0.66	−5.23
204	600851	海欣股份	3.76	2.66	251	300483	沃施股份	0.61	1.46
205	603009	北特科技	3.64	5.58	252	600532	宏达矿业	0.61	−4.23
206	600841	上柴股份	3.63	3.42	253	600517	置信电气	0.56	6.79
207	600490	鹏欣资源	3.60	6.41	254	603777	来伊份	0.54	5.36
208	600150	中国船舶	3.54	−16.71	255	600503	华丽家族	0.54	6.14
209	600732	ST 新梅	3.50	14.61	256	300236	上海新阳	0.52	5.69
210	002324	普利特	3.16	7.96	257	300129	泰胜风能	0.47	6.98
211	600819	耀皮玻璃	2.98	1.59	258	600026	中远海能	0.37	6.38
212	603683	晶华新材	2.94	6.69	259	600621	华鑫股份	0.34	18.23
213	600320	振华重工	2.93	1.99	260	601788	光大证券	0.22	6.30
214	600620	天宸股份	2.86	2.42	261	600844	丹化科技	0.10	13.38
215	002346	柘中股份	2.80	13.76	262	600836	界龙实业	−1.34	3.68
216	002278	神开股份	2.73	0.99	263	600616	金枫酒业	−3.48	2.74
217	002162	悦心健康	2.69	2.35	264	603157	拉夏贝尔	−4.36	13.88
218	603729	龙韵股份	2.65	4.97	265	600608	ST 沪科	−4.39	273.00
219	600605	汇通能源	2.60	4.70	266	300126	锐奇股份	−4.46	0.43
220	300493	润欣科技	2.57	11.16	267	300330	华虹计通	−5.10	1.55
221	002058	威尔泰	2.41	1.50	268	300508	维宏股份	−5.59	16.99
222	300551	古鳌科技	2.39	2.87	269	000863	三湘印象	−7.57	4.16
223	600958	东方证券	2.35	7.60	270	002527	新时达	−9.27	4.85
224	300171	东富龙	2.34	4.16	271	600816	安信信托	−13.00	24.53
225	600689	上海三毛	2.34	4.69	272	002252	上海莱士	−13.01	6.92
226	600834	申通地铁	2.08	3.57	273	002184	海得控制	−15.69	1.31
227	600630	龙头股份	2.08	7.32	274	600647	同达创业	−18.73	3.14
228	601968	宝钢包装	2.07	0.33	275	600661	昂立教育	−18.84	9.86
229	603718	海利生物	2.00	11.09	276	300061	康旗股份	−27.17	8.87
230	600662	强生控股	1.99	3.10	277	300442	普丽盛	−28.39	0.90
231	300153	科泰电源	1.87	2.99	278	002178	延华智能	−28.63	2.18
232	002486	嘉麟杰	1.85	2.98	279	600530	交大昂立	−39.89	9.72
233	600072	中船科技	1.78	0.84	280	600652	*ST 游久	−71.43	−21.71
234	600601	方正科技	1.75	−24.23	281	300008	天海防务	−110.52	5.91
235	600615	ST 丰华	1.57	19.71	282	600614	*ST 鹏起	−127.08	8.12

（续表）

序号	代码	公司简称	净资产收益率		序号	代码	公司简称	净资产收益率	
			2018 年	2017 年				2018 年	2017 年
283	600119	*ST 长投	−156.03	−11.19	285	600651	飞乐音响	−193.13	1.59
284	600654	*ST 中安	−166.23	−28.96	286	600634	*ST 富控	–	1.33

上海工商类上市公司2018年度每股现金流量排序

（单位：元）

序号	代码	公司简称	每股经营现金净流		序号	代码	公司简称	每股经营现金净流	
			2018年	2017年				2018年	2017年
1	601601	中国太保	9.87	9.50	48	603226	菲林格尔	1.10	0.89
2	601211	国泰君安	8.44	−7.32	49	601607	上海医药	1.10	0.99
3	600846	同济科技	5.99	−0.08	50	600845	宝信软件	1.10	0.99
4	600754	锦江股份	3.67	3.39	51	603885	吉祥航空	1.08	1.54
5	600606	绿地控股	3.47	4.84	52	600823	世茂股份	1.06	1.13
6	600605	汇通能源	3.17	0.20	53	603214	爱婴室	1.04	1.44
7	601021	春秋航空	3.16	2.88	54	600827	百联股份	1.01	1.20
8	600741	华域汽车	2.97	2.69	55	300511	雪榕生物	0.94	1.34
9	600094	大名城	2.56	0.41	56	603108	润达医疗	0.93	−0.15
10	600021	上海电力	2.43	1.72	57	603466	风语筑	0.90	1.68
11	600009	上海机场	2.32	2.14	58	603899	晨光文具	0.90	0.78
12	300613	富瀚微	2.27	1.56	59	603365	水星家纺	0.90	1.15
13	600019	宝钢股份	2.05	1.49	60	603713	密尔克卫	0.85	1.25
14	600655	豫园股份	1.95	0.77	61	600640	号百控股	0.84	−0.08
15	603197	保隆科技	1.95	1.83	62	603192	汇得科技	0.84	1.46
16	603039	泛微网络	1.95	2.26	63	601968	宝钢包装	0.84	0.48
17	603579	荣泰健康	1.87	2.01	64	603515	欧普照明	0.82	1.73
18	300642	透景生命	1.78	1.77	65	600958	东方证券	0.82	−2.08
19	603730	岱美股份	1.76	1.00	66	603068	博通集成	0.81	0.52
20	600675	中华企业	1.68	2.82	67	002454	松芝股份	0.80	0.82
21	603003	龙宇燃油	1.67	−1.93	68	600097	开创国际	0.79	0.83
22	601328	交通银行	1.67	0.14	69	600629	华建集团	0.78	0.94
23	603056	德邦股份	1.65	2.33	70	600618	氯碱化工	0.77	0.87
24	601828	美凯龙	1.65	1.80	71	600104	上汽集团	0.77	2.08
25	600150	中国船舶	1.63	5.86	72	603659	璞泰来	0.75	0.07
26	603881	数据港	1.59	0.67	73	600637	东方明珠	0.75	1.14
27	600420	现代制药	1.58	2.09	74	002328	新朋股份	0.73	0.89
28	600115	东方航空	1.54	1.35	75	603987	康德莱	0.71	0.58
29	600622	光大嘉宝	1.54	1.41	76	600641	万业企业	0.70	0.91
30	603886	元祖股份	1.52	1.35	77	603499	翔港科技	0.69	0.62
31	600619	海立股份	1.51	0.89	78	601872	招商轮船	0.68	0.56
32	603587	地素时尚	1.46	1.65	79	603121	华培动力	0.68	0.49
33	601200	上海环境	1.42	1.24	80	002506	协鑫集成	0.67	0.01
34	600508	上海能源	1.40	1.01	81	600210	紫江企业	0.66	0.70
35	600623	华谊集团	1.39	1.70	82	002568	百润股份	0.64	0.35
36	600081	东风科技	1.39	1.94	83	002184	海得控制	0.63	−0.10
37	603681	永冠新材	1.38	1.07	84	600648	外高桥	0.63	2.51
38	600315	上海家化	1.33	1.28	85	600119	*ST长投	0.62	1.01
39	600663	陆家嘴	1.28	−1.59	86	600688	上海石化	0.62	0.66
40	603868	飞科电器	1.27	1.97	87	002605	姚记扑克	0.61	0.16
41	603037	凯众股份	1.25	0.79	88	600642	申能股份	0.61	0.53
42	000863	三湘印象	1.25	−1.84	89	603855	华荣股份	0.61	0.40
43	600597	光明乳业	1.19	1.31	90	002636	金安国纪	0.61	0.92
44	600196	复星医药	1.15	1.03	91	603650	彤程新材	0.60	0.43
45	600500	中化国际	1.13	0.42	92	002825	纳尔股份	0.59	1.01
46	600696	ST岩石	1.12	−1.35	93	300590	移为通信	0.59	0.49
47	600748	上实发展	1.11	0.33	94	600662	强生控股	0.58	0.77

（续表）

序号	代码	公司简称	每股经营现金净流		序号	代码	公司简称	每股经营现金净流	
			2018 年	2017 年				2018 年	2017 年
95	601866	中远海发	0.56	1.02	142	600626	申达股份	0.28	0.50
96	603159	上海亚虹	0.56	0.31	143	300380	安硕信息	0.28	0.10
97	600026	中远海能	0.56	0.88	144	603496	恒为科技	0.27	−0.59
98	002401	中远海科	0.55	0.47	145	603728	鸣志电器	0.27	0.46
99	603330	上海天洋	0.54	−0.07	146	300501	海顺新材	0.27	0.82
100	600841	上柴股份	0.54	0.20	147	603131	上海沪工	0.27	0.50
101	600825	新华传媒	0.52	0.16	148	600170	上海建工	0.27	0.66
102	300059	东方财富	0.52	−1.44	149	603619	中曼石油	0.27	0.63
103	600628	新世界	0.51	0.65	150	600732	ST 新梅	0.26	−0.07
104	300061	康旗股份	0.50	0.75	151	603009	北特科技	0.26	0.07
105	300230	永利股份	0.50	0.76	152	601616	广电电气	0.25	0.03
106	600661	昂立教育	0.50	1.32	153	002269	美邦服饰	0.25	−0.13
107	002561	徐家汇	0.49	0.66	154	600018	上港集团	0.25	0.41
108	603633	徕木股份	0.49	0.80	155	002022	科华生物	0.25	0.26
109	600820	隧道股份	0.49	0.49	156	300551	古鳌科技	0.25	0.17
110	300378	鼎捷软件	0.49	0.85	157	300039	上海凯宝	0.24	0.23
111	002324	普利特	0.48	−0.68	158	601611	中国核建	0.24	0.90
112	600088	中视传媒	0.47	0.26	159	600834	申通地铁	0.24	−0.07
113	600073	上海梅林	0.46	0.59	160	300170	汉得信息	0.23	−0.03
114	300327	中颖电子	0.45	0.67	161	002028	思源电气	0.23	0.64
115	603006	联明股份	0.45	0.15	162	300508	维宏股份	0.23	0.82
116	300462	华铭智能	0.44	0.07	163	603777	来伊份	0.21	0.63
117	600503	华丽家族	0.43	−0.28	164	300609	汇纳科技	0.21	0.50
118	300398	飞凯材料	0.43	0.28	165	600882	妙可蓝多	0.21	−0.09
119	600676	交运股份	0.42	0.33	166	300153	科泰电源	0.21	−0.15
120	603012	创力集团	0.41	0.40	167	600650	锦江投资	0.21	0.44
121	603378	亚士创能	0.41	−0.50	168	600895	张江高科	0.20	0.17
122	600819	耀皮玻璃	0.40	0.18	169	300272	开能健康	0.20	0.10
123	300286	安科瑞	0.40	0.70	170	600836	界龙实业	0.20	0.27
124	600844	丹化科技	0.36	0.38	171	300126	锐奇股份	0.20	0.19
125	603030	全筑股份	0.36	−0.52	172	600833	第一医药	0.19	0.54
126	300171	东富龙	0.35	0.03	173	600611	大众交通	0.19	0.26
127	000668	荣丰控股	0.35	0.78	174	600850	华东电脑	0.19	1.85
128	002346	柘中股份	0.34	0.01	175	600824	益民集团	0.19	0.30
129	600651	飞乐音响	0.34	−0.96	176	600624	复旦复华	0.18	0.14
130	300236	上海新阳	0.34	0.50	177	600835	上海机电	0.18	1.89
131	603580	艾艾精工	0.33	0.45	178	002158	汉钟精机	0.18	0.52
132	002706	良信电器	0.33	0.33	179	600643	爱建集团	0.18	0.83
133	603022	新通联	0.31	−0.19	180	603956	威派格	0.16	0.10
134	300017	网宿科技	0.30	0.26	181	002162	悦心健康	0.16	0.13
135	300578	会畅通讯	0.30	0.30	182	600653	申华控股	0.16	−0.24
136	601595	上海电影	0.30	0.59	183	002451	摩恩电气	0.15	0.18
137	600601	方正科技	0.29	−0.04	184	600171	上海贝岭	0.15	0.03
138	300129	泰胜风能	0.29	0.10	185	600843	上工申贝	0.15	0.21
139	603157	拉夏贝尔	0.29	1.02	186	600602	云赛智联	0.14	−0.03
140	603790	雅运股份	0.28	0.72	187	603128	华贸物流	0.14	0.41
141	600613	神奇制药	0.28	0.13	188	300326	凯利泰	0.13	0.21

（续表）

序号	代码	公司简称	每股经营现金净流		序号	代码	公司简称	每股经营现金净流	
			2018年	2017年				2018年	2017年
189	600272	开开实业	0.13	0.30	236	300225	金力泰	−0.06	0.19
190	300245	天玑科技	0.13	0.15	237	600679	上海凤凰	−0.06	0.10
191	600320	振华重工	0.11	0.30	238	002116	中国海诚	−0.07	0.01
192	300483	沃施股份	0.10	1.32	239	600608	ST 沪科	−0.07	−0.44
193	600517	置信电气	0.10	−0.56	240	300074	华平股份	−0.07	0.08
194	600616	金枫酒业	0.10	0.22	241	603683	晶华新材	−0.07	0.32
195	300180	华峰超纤	0.10	0.28	242	600652	*ST 游久	−0.08	−0.01
196	600635	大众公用	0.09	0.17	243	600630	龙头股份	−0.08	−0.01
197	002565	顺灏股份	0.08	0.28	244	600826	兰生股份	−0.10	0.00
198	603189	网达软件	0.08	0.16	245	601231	环旭电子	−0.10	0.57
199	603960	克来机电	0.08	0.74	246	603196	日播时尚	−0.10	0.10
200	300253	卫宁健康	0.08	0.05	247	300627	华测导航	−0.11	0.65
201	300168	万达信息	0.07	−0.23	248	603020	爱普股份	−0.11	0.15
202	601727	上海电气	0.06	−0.51	249	300493	润欣科技	−0.12	0.17
203	002527	新时达	0.06	0.09	250	600767	ST 运盛	−0.12	0.71
204	002278	神开股份	0.06	0.07	251	600151	航天机电	−0.12	−0.10
205	002252	上海莱士	0.05	0.05	252	300336	新文化	−0.18	0.55
206	002178	延华智能	0.05	0.11	253	601519	大智慧	−0.19	−0.20
207	600851	海欣股份	0.05	0.01	254	603200	上海洗霸	−0.21	0.77
208	002858	力盛赛车	0.05	0.42	255	300330	华虹计通	−0.22	−0.09
209	600490	鹏欣资源	0.04	0.20	256	603690	至纯科技	−0.25	−0.32
210	600278	东方创业	0.04	0.39	257	603729	龙韵股份	−0.31	−0.16
211	600654	*ST 中安	0.04	−0.26	258	600822	上海物贸	−0.32	0.14
212	600689	上海三毛	0.04	0.02	259	002669	康达新材	−0.34	0.25
213	300469	信息发展	0.03	0.12	260	300222	科大智能	−0.38	−0.08
214	600818	中路股份	0.03	−0.14	261	300762	上海瀚讯	−0.40	−0.47
215	603718	海利生物	0.03	0.05	262	600639	浦东金桥	−0.42	−0.10
216	600615	ST 丰华	0.02	0.28	263	600837	海通证券	−0.44	−5.11
217	600649	城投控股	0.02	−0.21	264	600072	中船科技	−0.45	−1.43
218	600530	交大昂立	0.02	−0.01	265	600816	安信信托	−0.46	0.38
219	300067	安诺其	0.01	0.09	266	300262	巴安水务	−0.50	−0.63
220	603501	韦尔股份	0.01	−0.60	267	603895	天永智能	−0.55	−0.67
221	603648	畅联股份	0.01	0.65	268	300442	普丽盛	−0.56	0.21
222	002058	威尔泰	0.00	0.03	269	600612	老凤祥	−0.71	2.39
223	600695	绿庭投资	0.00	0.04	270	600692	亚通股份	−0.83	−0.62
224	002486	嘉麟杰	−0.01	−0.03	271	600638	新黄浦	−0.92	−0.78
225	600620	天宸股份	−0.01	−0.02	272	603329	上海雅仕	−0.93	0.33
226	300008	天海防务	−0.02	−0.13	273	603991	至正股份	−1.00	0.01
227	603232	格尔软件	−0.02	0.31	274	600634	*ST 富控	−1.04	0.78
228	600284	浦东建设	−0.02	0.51	275	603083	剑桥科技	−1.30	2.02
229	600838	上海九百	−0.03	−0.04	276	600848	上海临港	−1.34	−0.14
230	002195	二三四五	−0.04	0.05	277	603887	城地股份	−1.34	−1.32
231	600647	同达创业	−0.04	−0.11	278	600621	华鑫股份	−1.35	−1.24
232	600193	ST 创兴	−0.05	−0.03	279	600532	宏达矿业	−1.44	0.03
233	600636	三爱富	−0.05	0.15	280	601229	上海银行	−1.99	−7.78
234	603918	金桥信息	−0.05	0.44	281	300226	上海钢联	−2.11	−7.90
235	600614	*ST 鹏起	−0.06	−0.04	282	600604	市北高新	−2.13	−0.39

（续表）

序号	代码	公司简称	每股经营现金净流		序号	代码	公司简称	每股经营现金净流	
			2018 年	2017 年				2018 年	2017 年
283	600061	国投资本	−3.29	−3.13	285	601788	光大证券	−3.97	−9.13
284	600708	光明地产	−3.92	0.98	286	600000	浦发银行	−11.53	−4.79

2019·上海工业年鉴

SHANGHAI
INDUSTRIAL
YEARBOOK

上海市工业经济联合会
上海市经济团体联合会

2018年，上海市工经联、市经团联以习近平新时代中国特色社会主义思想为指导，深入贯彻落实党的十九大精神和中共上海市委、市政府决策部署，在市经信工作党委、市经信委的领导下，在各主席团单位、副会长单位和各会员单位的共同努力和各位老领导的支持下，根据五届三次理事会确定的目标，围绕“服务企业、规范行业、发展产业”的宗旨，重点开展五方面工作。为打响上海“四大品牌”、推动“五个中心”建设，促进全市工业经济转型升级、提质增效发挥了积极作用。现有会员单位近400家，包括经济类行业协会、专业性协会和企业会员。

2018年主要工作：

一、以服务大局为中心，主动对接、全力助推“上海制造”品牌建设

深入开展大调研活动。围绕“如何在服务上海‘五个中心’、‘四大品牌’建设中有新作为；如何完善枢纽型社会组织的功能和定位；如何进一步改进和加强社会组织党组织建设”等六大主题，在市工经联党委系统和会员单位广泛开展调研活动。工经联班子成员先后走访会员单位80余家，召开8次专题座谈会。发放书面调研问卷184份，收集到对工经联的建议40余条、对政府部门的诉求12条。征集到行业协会改革发展的成功案例20多项。

举办多场政策解读会和上海制造《三年行动计划》专题报告会。邀请政府部门领导对新出台的政策作解读，请专家作指导。加大服务中小企业力度，与政府相关部门携手举办“企业服务云”行业协会专场培训，编发《上海市扶持中小企业主要政策汇编》。举办“上海制造三年行动计划”大型报告会，邀请市经信委主任陈鸣波对“上海制造三年行动计划”作权威解读。

推动成立上海产业创意设计协会。为推动科创型企业发展，促进产学研用深度融合，市工经联会同工投集团等单位，推动成立上海产业创意设计协会。先后促成11个项目对接签约和举行12次专题会议及沙龙活动推介项目。

推进品牌标准质量工作。发动会员企业积极参加“上海品牌”认证试点示范申报。经评选，全市共有53家企业被评为首批“上海品牌”认证示范企业。其中，市工经联会员中的东浩兰生集团、上海电力公司、汽轮机厂、三枪集团、恒源祥集团、中南建筑、老凤祥等8家企业榜上有名。

成功举办首届爱姆意杯“上海制造”品牌微视频大赛。在市经信委指导下，市工经联会同市企联会、市电商协会举办首届爱姆意杯“上海制造”品牌微视频大赛。历经4个多月，吸引百余家企业参赛。在为期3周的网络推广和投票期间，110个参赛微视频共获投票总数达2622万票、网络推广和投票平台浏览总量达1165万次，对“上海制造”品牌网络传播产生积极影响。

组织制造业单项冠军推荐工作。与市经信委联合发文，组织行业协会认真推荐第三批制造业单项冠军企业和单项冠军产品。上海电气电站设备有限公司等企业的产品获得单项冠军产品称号。

二、以开展5A级社会组织复评为抓手，整体推进行业协会规范化建设

全力迎接5A级社会组织规范化等级复评。坚持“以评促改、以评促建、评建结合、重在规范”的指导方针，结合自身实际，深入开展自查自评工作。市工经联通过复评再次荣获5A级社会组织等级称号。

评选“先进行业协会”。探索评选标准的量化体系，对社会组织的机构、队伍、能力建设及制度、管理、运作情况等进行有效评估。上海医疗器械行业协会等41家协会被评为年度先进集体，34位同志被评为年度协会先进工作者。通过评比表彰，弘扬先进、示范引领，有力促进了行业协会规范化建设和健康有序发展。

加强对外合作交流。为加强与长三角地区行业组织和企业的交流与合作，促进区域联动发展。市工经联积极参加长江经济带合作交流会议，增进地区之间的经济交流，组织上海行业协会和企业参与招商引资。还与韩国光州市政府建立合作关系，俞国生会长出席光州市政府驻上海办事处揭牌仪式。两岸企业家峰会成长型企业合作推进小组，积极推进上海自贸区台湾商品中心建设取得成效。

举办行业协会沙龙活动。围绕政府改革创新、产业转型升级、科技成果转化以及行业协会脱钩后发展路径等主题，组织业务相近或产业链上下游的行业协会，不定期举办“智造与合作”“品牌与标准”为主题的沙龙活动。通过交流探讨或参观调研，促进行业协同发展、联合联动，助推产业创新转型。

三、以创新、提质为主线，努力实现重点、常规工作的与时俱进、常做常新

创新举办2018上海市企业社会责任报告发布会。2018年上海市企业社会责任报告发布会，坚持标准引领、质量提升、内涵丰富、持续创新，逐步将报告发布会打造成开放的平台、交流的平台、诚信的平台。253家企事业单位和社会团体发布2017年度社会责任报告，发布数量创历史新高。其中上海机场股份等8家单位作了现场发布。

有效开展节能减排（JJ）小组活动。举办节能减排培训班19期，13个行业和企业参与，培训员工1132人次。组织专业力量，修订出版《节能减排知识培训简明教材》。开展成果评比，对320项节能减排项目成果，组织专家评审，评选出55篇优秀成果，汇编为《上海市节能减排JJ小组活动案例集（九）》。节能协会编写的《节能减排丛书电力篇》正式发行。

评选2018年上海市企业管理创新成果和市工经联企业科技创新最佳案例。在各行业协会、企业集团、各区的支持和推荐下，企业管理创新成果申报立项超过240项。通过初评和评审委员会的终审，共有145项成果被定为“2018年上海市企业管理现代化创新成果”。反映当前企业管理的最新趋势，为企业提供可学习、可借鉴的成功经验。

开展工商业领军人物评选。为弘扬企业家爱国敬业、追求卓越、勇于创新的精神，营造尊重企业家氛围、发挥企业家引领作用，建设良好的法治化、国际化、便利化的营商环境，市工经联会同市商联会、市企联会开展第四届上海市工商业领军人物评选工作。共评出“第四届上海市工商业领军人物”35名、“第四届上海市工商业拔尖人物”9名。

光电子培养基地建设有所突破，高技能人才与职业培训规模不断扩大。在市经信委、市人社局的支持帮助下，进修学院克服困难，有效推进光电子培养基地建设。进修学院全年自主培训2323人次，合作培训1200人次。

四、以宣传上海工业改革开放40周年成果为主题，激发工经联系统各行业协会改革开放再出发的强大动力

成功举办“上海工业改革开放40年500例成果展”。在市经信工作党委、市国资党委、市政协经济委、市档案局、市地方志办公室等政府部门的指导和支持下，市工经联会同各相关企业集团、企业、行业协会共同举办的“勇于创新——上海工业改革开放40年500例成果展”，于11月27日—12月27日在上海市政协展厅展出。市有关领导及基层组织社会各界上万人次参观了展览。

利用集邮文化，弘扬工业精神和时代精神，举行《勇于创新——上海工业改革开放40年500例成果展》邮册首发仪式。在中国邮政集团公司上海市分公司等单位的支持和帮助下，市工经联以上海工业成果展等为题材，发行《上海工业改革开放40年500例成果展》纪念邮册，全方位展示上海工业深厚的历史底蕴和改革开放40年里所发生的巨大变化、取得的喜人成就。

召开“庆祝改革开放40周年上海工业部分亲历者座谈会”。邀请部分改革开放40周年上海工业的亲历者进行专题座谈。其间，市工经联还开展“上海工业改革开放40年——我最关注的10件事”评选活动。

五、以提升组织力为重点，加强和改进行业协会党建工作

市工经联党委按照市委、市经信工作党委对党建工作的总体要求，结合系统实际，抓好各项重点任务的落实，确保党建工作取得成效。

深入学习党的十九大精神，加强党员干部思想政治建设。党委制订并认真落实全年中心组学习计划，以专家辅导和个人自学、讨论交流相结合，认真学习研读习近平新时代中国特色社会主义思想，取得良好的学习效果。

切实履行党委主体责任，坚持领导干部“一岗双责”。党委重视党风廉政建设工作，把深入学习、严格教育、加强管理、强化监督和加强干部队伍建设作为加强党风廉政建设的基础性工作来抓。在党委班子民主生活会上，通过开展对照检查，深入查摆突出问题，开展批评与自我批评，提出整改措施与努力方向，进一步增强了班子的凝聚力和战斗力。

加强重点工作推进落实，不断建立完善各项工作制度。根据市经信工作党委的工作部署和要求，先后开展并完成党建工作、党风廉政建设、意识形态工作等三项责任制落实情况自查工作，制订完善《党建工作责任清单》《意识形态工作责任清单》。

推进标准化规范化建设，进一步加强行业协会党支部建设。坚持办好一年两次工经联系统党支部书记培训。请经信工作党委副书记马列坚为党支部书记上党课，总结推广上海市信息服务业行业协会党委、生物医药行业协会以及建筑材料行业协会等党支部开展党建工作的经验。围绕贯彻落实《党支部工作条例》、进一步加强行业协会党建工作组织开展讨论。积极指导26家协会党支部完成换届。同时，通过党建工作调研，制定下发《关于进一步加强市工经联系统党建工作的意见（试行）》。此《意见》得到市主要领导的肯定。

（杨　磊）

上海市创业投资行业协会

上海市创业投资行业协会成立于2000年11月，现有会员单位近200家，是具有社会团体法人资格的社会组织，协会成员有从事创业投资、投资管理、投资咨询公司，有律师、会计师事务所等中介服务机构，有银行、证券公司等金融机构，还有创业企业及孵化机构等。协会遵循“服务第一”的宗旨，致力于创投资本与创新技术的有机结合，致力于与创投行业的沟通和交流。并根据行业特点和会员需求开展各项服务活动。坚持面向市场，开拓创新，服务企业，服务经济，服务社会，发挥上下沟通的纽带作用、合作交流的平台作用和展示形象的窗口作用，为推动上海创业投资工作的发展提供服务，为上海经济建设和社会发展作出了新的贡献。

在各位理事和全体会员的共同努力下，面向市场，开拓创新，服务企业，服务经济，服务社会，发挥了上下沟通的纽带作用，合作交流的平台作用和展示形象的窗口作用，为推动本市创业投资工作的发展作出了积极努力。

2018年主要工作：

一、开展多项适合行业特点、内容丰富的会员活动

策划组织项目投融资路演对接活动17场，109个科创项目参加路演，参会投资机构和创业企业代表达1000多人。项目投融资对接活动涉及信息技术、人工智能、生物医药、新能源、新材料、节能环保等项目。主要有：与上海股权托管交易中心、上海林涌投资咨询有限公司联合主办2018“涌金秀”第一期科技创新企业路演专场。与上海银行虹口支行、同济绿色科技产业园联合举办“投融汇”－环保行业专场路演。与上海市科技创业中心、华创互动教育研究院联合主办的2017–2018上海未来之星全国优秀项目与资本对接会。与棋盘资本、徐汇软件园联合举办《棋盘资本2018新零售项目专题路演》。与中国银行上海市分行中小企业业务部和上海双创投资中心联合举办《科技与金融》项目投融资对接会。与创合汇资本、创合汇创业服务中心、上海银行联合主办2018创合汇“商学院好项目”路演会。与上海股交中心、上海市中小企业发展服务中心等联合主办“2018年科技创新挂牌项目投融资对接会”。

与海通证券上海分公司共同主办《2018盛夏·科创项目投融资对接会》。与上海市中小企业发展服务中心、华创俱乐部主办“浦创108训练营”优秀项目路演等。

同时加强与外省市合作，让更多的优秀项目有机会与广大会员机构对接，主要有与江西省科技金融管理服务中心、南昌市科技金融管理服务中心共同主办“江西科技企业投融资路演会（上海专场）”，路演项目均为江西省科技金融管理服务中心推荐的江西本土优秀项目。与泰州中国医药城、创瑞投资集团共同在江苏省泰州市医药高新技术产业园区成功举办“2018·上海创业投资走进泰州中国医药城·医疗项目专场路演”活动。协会组织上海科创投集团、上海科创投股份40多家投资机构等代表出席活动，来自泰州中国医药城园区的6家企业进行路演展示。12月，协会会长应邀参加由浙江省科学技术厅主办，浙江省创投协会承办的“2018浙江省创业投资高峰论坛暨创业资本与创新成果对接交流会”。并就“进一步促进长三角创投一体化发展”与浙江、江苏的代表进行深入的探讨。

二、积极开展对外合作交流，学习借鉴促发展

11月，协会组织近40位会员代表参与由江苏、上海、浙江等两省一市创业投资协会在南京联合举办的“2018长三角区域创业投资行业峰会”，近300位投资专家以及业内人士出席会议。12月，协会应邀参加在诸暨举行的2018年（第二届）中国（诸暨）科技金融暨创业投资与产业数字化融合发展高峰论坛。艾云创投董事长朱玉旭代表上海创投机构参加圆桌论坛讨论。

三、参与组织科创项目评选大赛和“双创活动”

在2018年第六届中国上海国际技术进出口交易会上，与中同资本、上海市国际技术进出口促进中心等联合主办“第六届上交会－资本嘉年华”活动，特设“2018资本赋能高峰论坛＋寻找中国好项目投融资大赛”，历经3个多月，20余次项目选拔赛的层层遴选，7项优秀项目脱颖而出挺进全国总决赛。

4–11月，与市中小企业发展服务中心、市中小企业上市促进中心等单位组织2018诸神之战创客大赛上海城际赛暨“创客中国”上海赛区决赛及“上海最具投资潜力50佳创业企业评选”活动。共有423家海内外企业报名参赛，255家国内企业入围预赛，最终10家上海企业及8家海外企业脱颖而出，获得决赛入场券。18家参加决赛获得冠亚季军及优胜奖的6支队伍将参加“诸神之战”全球总决赛。经过6个月的海选、预赛、决赛，上海旦迪通信技术有限公司、达尔观信息科技（上海）有限公司等50家创业企业榜上有名。9月，协会与大韩贸易投资振兴公社上海代表处主办2018上海中韩创业交流投资洽谈会，为中韩两国企业提供贸易投资与交流合作机会。

四、组织实施多场创投沙龙、论坛活动

5月，协会与上海对外科技交流中心、韩国大广企业管理咨询（上海）有限公司共同举办“中韩生物技术投资论坛暨企业对接会”，推动中韩两国在创业投资领域的交流与沟通。同月，与上海科技创业投资（集团）有限公司、上海市中小企业发展服务中心和中国银行上海分行联合主办“大数据项目投融资交流座谈会”。6月，与大简资本共同主办“新零售新机遇新动能——投资发展论坛”。10月，与上海报业集团·澎湃新闻、漕河泾开发区联合主办2018科创领袖论坛，分享科创心得，助力新经济崛起与发展。11月，与上海市中小企业发展服务中心、上海申浩律师事务所联合举办“创业企业股权分配和公司治理”沙龙活动，邀请上海申浩律师事务所合伙人解瑞强律师讲解创业企业股权分配和公司治理有关知识。

五、积极营造全社会支持关心创业创新良好氛围

5月15日—6月25日，与市中小企业发展服务中心等单位合作举办“第二期上海市重点培育创业企业创始人培训班”，150位学员参加。邀请创业创新大赛中获得优异成绩者分别就不同主题为学员授课，受到学员的一致好评。联合市中小企业发展服务中心、华创俱乐部、移动智地孵化园区、上海长兴海洋装备产业园区等单位策划举办“浦创108训练营”。与“重点培育创业企业创始人培训班”形成梯度式创始人培养机制，还组织专家对104家报名企业进行电话及现场面试，最终52位学员通过遴选；与华创俱乐部合作落实课程安排、导师联络等筹备事宜。训练营于9月7—8日、14—15日分两期进行。在12月中旬举办结营仪式上，学员表示课程内容对初创期企业具有很好的指导作用，受益良多。此外，做好协会4A级社团组织复评工作、创投机构备案年检工作、编制行业发展研究报告等。

（李忠湖）

上海漕河泾新兴技术开发区企业协会

上海漕河泾新兴技术开发区企业协会成立于1998年9月，是经上海市社会团体管理局批准设立的市级社会团体，由漕河泾开发区内各企事业单位自愿参加并具有社会团体法人资格的社会组织。现有会员单位近500家。下设集成电路、通信、金融、软件、现代服务业、人力资源、汽车研发与配套、法律、生物医药9个专业委员会及盐城、创新创业分会。协会宗旨是为企业发展服务，为投资环境服务，为科技创新服务。

2018年主要工作：

一、完善内部治理，扎实发展基础

换届选举紧张有序。针对国家和上海市对于社团管理颁布大量的新规和实施细则，协会认真学习并严格执行相关文件，年初即开始紧张有序的换届筹备工作。3月底和4月底，协会召开两次理事会，同时相关材料通过市社团局预审，完成换届选举的初步准备工作。6月28日，召开五届一次会员大会暨五届一次理事会，顺利完成包括理事长在内的领导机构变更调整的全部工作。在内部治理结构上，确保协会运作的有序运转和民主监管。

信息沟通更加顺畅。协会持续加强信息化宣传和推广工作，不断扩大协会的影响力。对已有会员单位的邮件群发，做到活动信息全覆盖，通过会员发展和各类活动做好对协会微信公众号、网站的运营与推广，扩大微信公众号的推广与覆盖面。全年协会微信公众号共计推送各类政策法规、协会及园区活动预告、会员单位风采、园区动态等各类信息120余条。

新建信息简报制度。信息简报致力于宣传园区企业的新成就、新动态，展示园区企业的新思路、新举措，不仅可以促进开发区内企业的信息交流和资源互通，还有利于开发区对园区企业的主动、精准服务。

财务管理严谨细致。协会严格遵守非营利组织财务制度以及国家和上海市的各项最新规定，认真做好财务管理工作，做好日常项目预算以及过程监管；及时进行税务月度和季度申报，以及年度汇算清缴；在换届年，顺利完成协会法人与理事长变更的审计工作。

二、注重会员发展与服务，建设开发区的企业之家

做好会员的梳理与发展。除了注重发展会员，协会结合重点活动，对会员单位进行梳理和扩充，做好存量会员单位走访、互动与联络。2018年走访企业96家，其中会员单位50家，非会员企业46家，全年吸收新会员30家。

建设实体“企业之家”。协会的“企业之家”借力漕开发物业公司的“党员e创空间”，首个园区实体工作站正式落地。以党建工作为切入点，联合物业公司，共同服务园区，服务企业。

切实关注并解决企业及员工诉求。协会致力于促进企业发展、科技创新和改善园区营商环境。依托政府和开发区，协助解决企业发展中遇到的企业入驻、工商年检、海关通关、安全生产、高新技术企业申报、政务咨询等问题。

关注企业高管和员工发展和身心健康。协助企业解决企业白领公共租赁、重要人才就医、子女入学、职称申报、单身男女婚恋等工作，为开发区企业的发展解决后顾之忧。例如，为把健康送到企业和白领身边，联合申康医院发展中心开展专场义诊服务，联合总公司工会举办女性健康专题讲座；上下半年各举办一场相约漕河泾单身男女联谊活动，等等。

塑造良好的文化体育氛围。协会联合区体育局、区总工会、虹梅街道，以及采购开发区企服公司服务的方式，开展飞镖赛、篮球赛、棋牌赛、羽毛球赛、网球赛等体育活动活动。协会还通过会员邮件和微信公众号的方式，持续向会员企业推送“漕河泾微课堂”“漕河泾大讲堂”等优秀的文化资源和精神食粮。

三、整合多方资源，打好资源组合拳

五块牌子一套班子。协会通过打组合拳、统筹安排的方法，发挥一岗多能的作用，以企业协会为主体的同时兼顾做好开发区侨联、园区科协、工商联和欧美同学会分会的工作。

开发区侨界联合会坚持每年举办调研会听取侨界人士心声，举办专场主题活动。10月，举办中国及世界半导体的现状及展望交流会，百余名国内外行业专家、企业家及侨界人士参会。开发区侨联还向上海市和徐汇区举荐优秀人才。CDP集团总裁王炜获评“上海市2018年度白玉兰纪念奖”。4名优秀区内企业员工也经推荐成为区侨联新一届青年委员候选人。

开发区科协为营造开发区的科技创新环境，服务科技工作者作出积极贡献。尤其是以临港漕河泾人才公司为承办点，完成市科协职称申报受理点工作。还依托市科协资源，组织科技工作者参加市科协组织的报告会和科普活动，丰富科技工作者的业余生活。秘书处同志获得2012—2017年度上海市科协系统先进工作者的荣誉称号。

发挥九大专委会作用。协会以专业委员会为活动抓手，整合政府、开发区、会员单位、行业协会等多方资源，开展讲座、培训、沙龙、推介会等20余场，推进园区企业的互动交流与资源分享。

辐射范围持续扩大。协会通过分会建设和“走出去”不断扩大影响范围。协会“双创分会”对科技型中小企业开展全生命周期特色服务；保持与贝岭科技园、聚科生物园、普天科技园、仪电产业园等园中园的联动与合作，形成协会在园区的网格化管理；协会还紧跟漕开发总公司梯度发展布局，积极实现与赵巷、海宁、遵义、大同、重庆等分区及友好园区的合作交流。

（郑百慧）

上海市工业开发区协会

上海市工业开发区协会成立于2002年9月，2004年3月更名为上海市开发区协会。协会是由全市开发区以及从事开发区规划设计、土地厂房开发、信息沟通、环境建设、招商引资、对外交流、投资融资和中介服务会员单位组成的专业性社会团体。至2017年年底，协会有会员单位146家，其中会长单位1家，副会长单位17家，理事单位30家，下设招商工作专业委员会和科创园区专业委员会两个分支机构。

2018年主要工作：

一、扎实开展会员服务工作

做好会员交流活动。进行会议培训活动。全年举办9场会议培训活动。1月，邀请市规土局专家开展《上海市城市总体规划》解读，邀请市经信委主管部门领导进行“本市工业园区推进新型产业化专项辅导”。4月，举办“拥抱区块链新经济”讲座，针对区块链热点，邀请区块链专家分专题作讲座。5月，举办“园区招商形势和营商环境分析”主题报告会，邀请全国政协常委、市政协周汉民副主席作主题报告。7月，组织“打响上海制造”讲座，邀请市经信委专家对“打响‘上海制造’品牌”进行深度解读。8月，会同市中小企业发展服务中心举办“上海市企业服务云”培训推广会，进行“企业服务云”的操作培训。9月，组织“上海市产业园区人才公寓配套服务”交流座谈会，邀请市经信委和市房管局相关专家为改善产业园区吸引人才的居住营商环境建言献策。联合上海科技交流中心组织开展“中国产业园区运营管理人才高级研修班”。承办市经信委、上海援疆指挥部举办的“喀什工业园区建设及运营服务管理培训班”。11月，组织主题讲座“开发区的绿色低碳建设”，以“虹桥商务区的绿色低碳实践”为例对开发区的绿色低碳建设进行深入解读。

做好投资促进活动。在首届中国国际进口博览会期间，承办“共创上海制造新未来”——上海外商投资产业推介会，来自本市各开发区的10个外资项目在推介会上集中签约，总投资约38亿美元。会上还发布上海市产业地图，明确本市的产业定位和空间布局。组织相关园区参加沪遵产业合作交流对接活动，深入遵义地区考察园区和相关企业，召开有关产业合作座谈交流会。组织部分国家级和市级园区的招商领导赴贵州开展园区大数据的考察学习，并与贵阳国家高新区进行座谈。组织举办遵义市上海产业园区合作推介会，交流两地产业对接合作经验和案例。

做好统计评价服务。根据国家公告开发区目录和上海市新一轮总规，9—11月对全市开发区统计对象、范围、开发主体，管理机构和规上企业进行全面梳理与核实，确认从2019年起开发区统计对象为2018年公告开发区与产业园区。修改开发区统计制度，新增园区二次开发为代表的10个指标，删除1个指标。完成产业园区统计系统的优化提升，改进开发区统计上报体系，每月对园区上报数据进行审核并反馈。根据年报数据与统计局提供年度园区统计数据，编制并出版《2018上海市开发区统计手册》，编制《开发区简报》共11期。加强统计队伍建设，提高统计人员工作岗位技能，召开全市开发区统计人员的统计年报培训和表彰大会，对44名先进个人与9家先进单位进行表彰。此外，与市统计局共同进行统计制度开发区篇的修订与审核，进行企业名录的核对、104产业区块四至范围的核实，并每月及时对接统计局104区块的经济数据及统计所报数据。

做好研究咨询服务。完成《虹桥经开区土地集约利用全面评价》《金桥经开区（含南区）土地集约利用全面评价》《上海紫竹高新技术开发区土地集约利用全面评价》等报告。完成2018年浦东康桥工业区、青浦工业区及漕河泾新兴技术开发区的产业用地调查工作，数据上报至系统并撰写调查报告。完成上海市产业园区功能定位与规土环保保障机制研究报告。2018年，康桥工业区、市北高新区等园区综合评价报告工作，紫竹高新区、临港产业区等园区企业绩效评价工作；康桥、嘉定新型工业化示范基地发展质量评价工作，宝山城市、松江经开区“十三五”中期评估工作；闵行开发区国家级经济技术开发区综合评价报告；为康桥工业区智能制造产业的发展、产业发展空间布局规划做了相关研究。

做好行业宣传服务。出版6期《上海开发区》，与礼森（中国）产业园区智库共同完成6期《礼森产业园区动态》。《上海开发区网》完成改版并上线，微信公众号的关注人数为两千余人，相关文章被市经信委、市工经联的公众号转载。

二、积极推进分支机构相关工作

《上海开发区分志》编撰办公室。开展开发区分志编纂工作。编撰工作力求做到领导、经费、机构、人员、条件基本到位。至年底，参与修志的园区共57家，完成第一环节的园区占总数的91以上%，完成第二环节的园区占总数91%，完成第三环节的园区占总数的88%，完成第四环节的园区占88%。

招商工作专业委员会。开展招商信息的平台建设和发布工作。召开“本市开发区招商项目土地利用情况调研”座谈会，推出“产业园区招商通项目”，在协会网站、会刊、公众号等媒体，宣传园区的招商政策和招商信息，不定期组织招商信息推介发布会，根据不同园区的产业发展特点，开展“一对一”的资源对接和交流合作，促进园区招商工作。开展智慧园区建设工作，帮助和推进园区建立大数据招商平台，将专业数据科技公司的信息资源与相关园区进行对接和资源整合，提高招商工作的信息服务水平和作用。召开部分园区大数据招商工作调研座谈会，交流园区开展大数据招商的经验和体会。组织开展上海市开发区优秀招商团队和招商经理的评比表彰工作，有21支招商团队和31名招商经理获得表彰。发挥园区企业协会（商会）的服务功能，在市北高新区组织沙龙活动，探讨企业协会发展方向。推广“上海市企业服务云”，联合中小企业服务中心下发《关于在本市产业园区推广“企业服务云”进一步优化营商环境的通知》，开展企业服务云的培训和推广。

科创园区专业委员会。6月，举行主题为“众创空间与创新平台”上海产业园区创新创业系列活动。9月，联合上海生物医药基地和上海市浦东新区生物产业行业协会，举行以“环境管理与绿色制造”为主题的第二次上海产业园区创新创业系列活动，成立“上海产业园区绿色发展工作驿站”。11月，举行主题为“以创新创业协同、促区域经济联动”的第四届IASP中国区会员沙龙活动。此外，组织部分产业园区参观“长阳创谷”，组织考察浦江人才公寓，为产业园区特殊人才提供宜居宜业的生活配套住宅。开展科创专委会基础工作，吸纳科创专委会新会员，至年底，科创专委会共有57家会员，其中正式会员42家，预备会员15家，并授予“科创园区专业委员会会员单位”铜牌。走访22家专委会会员单位，配合“礼森”智库调研了55家“四新”基地，完成《从研发投入看科技创新发展的态势——技术研发与科技创新专题研究》报告。

礼森（中国）产业园区智库。4月，在协会四届一次会员大会上正式揭牌，全年编撰发行《礼森园区研究》6期。完成《松江经开区市政养护和管理标准制定项目》《康桥工业区重点企业产业产业用地布局》《宝山城市工业区生命健康产业配套体系》及《徐汇西岸文化产业规划及招商策略研究》等报告。9月，成立长三角开发区协同发展联盟，联盟运营主体由礼森智库承担，作为联盟的日常办事机构。

长三角开发区协同发展联盟。由沪、浙、苏、皖四地的开发区协会和重点开发区为主体发起，建立长三角开发区协同发展联盟，首届联盟秘书处设在上海市开发区协会，成立以来已发展12家联盟新会员。11月，联盟与临港创新学院签署合作协议，成立联合学院，承担联盟人才培训工作。12月，组织考察宁波慈溪、余姚等长三角园区，推动区域园区合作。

三、加强规范管理，激发内生动力

完善协会制度体系建设。完成协会及下属单位的年度审计、专项审订工作和市社团局2017年度检查工作。修订秘书处的各项规章制度，以及秘书处《员工手册》。

提升会员服务。全年发展11家会员单位（开发区6家，中介服务单位5家），会员总数150家。完成《上海市开发区协会通讯录》的整理、编辑、印刷及发放工作，完成97%的会费收缴任务。

完成换届选举各项工作。顺利召开三届四次理事会、四届一次理事会及会员大会，产生新一届会员大会及理事会，会后完成市社团局备案及协会法人变更工作。

（严　佳）

上海市股份合作制企业协会

上海市股份合作制企业协会成立于2008年1月18日，是由12家市股份合作制企业牵头、以股份合作制企业为主及股份合作制企业相关的中小企业自愿组成的专业性、跨行业、非营利性的社会团体法人。现有会员单位82家+81家+30余家，即82家为会员单位，81家是得到协会给予服务又不缴纳会费入会的“服务会员单位”，30余家横向联手服务的有关部门、机构单位。

2018年主要工作：

一、坚持初衷，精心维护协会茁壮成长

上海市股份合作制企业协会是上海唯一一家以企业所有制形式组建的协会，主要工作是协助市政府为众多无上级主管部门的市股份合作制企业（90%以上）维持正常的运作和发展；帮助有需要的企业进行深化改革改制和服务工作。协会成立10多年来，协会一手拉着政府一手扶着企业上下协调，接待了大量来访群访（平均年接待500–600/人次以上）、包括咨询答疑、化解和缓解各类矛盾和冲突，维护社会一方稳定。积极协助政府有关部门搞好调研，为政府出台相关政策及措施，发挥好桥梁纽带作用，同时，积极做好相关服务工作。如，为帮助解决历史遗留问题，协会主动服务，帮助企业与市高院民二庭、市中级法院、区法院，市、区工商部门、企业与上级托管部门乃至企业职工股东等的沟通、交流和协商，帮助企业合法合理地维护自己的权益。再如，2018年中美贸易摩擦持续升级，协会开展对实体企业的走访和电话调研活动，得知上海开源制罐厂、上海群众木器厂有限责任公司受到一些影响，协会帮助两家企业及时发布信息，求得有限范围内的帮助，拿到计划外的订单，减少影响企业收入的程度。

为寻求股份合作制企业出路，上海多家股份合作制企业先是自发成立自律性组织，抱团自救。同时寻求政府相关部门的帮助，商讨解决企业问题的办法。协会成为研究和推进股份合作制企业深化改革改制，维护一方稳定为主要任务的“体制内”社会服务平台。

二、认真工作，按需接地气地做好服务

在市有关服务平台的合作和支持下、协会认真工作积极作为，至2018年年底，已帮助数十家股份合作制企业公平公正公开清理资产妥善解决股东和职工利益问题。帮助完成公司制（企业）改制或平稳退市的深化改革改制、协调多家企业发生的矛盾和难题等工作；特别是协助长宁、杨浦、黄浦、静安、闵行、徐汇等区政府，妥善解决上海实用干燥剂厂、上海大众汽车徐汇销售服务有限公司、沪光衬衫厂、上海汽车配件总公司威海路进口配件分公司、弹簧垫圈厂、北万新餐饮合作公司、上海灯具厂、新兴锁厂、上海虹口日杂花席商店、华东木器厂、中山汽车出租公司、三友通讯、上海开源制罐厂、延中复印技术研究所、新康达商业贸易合作公司等单位多年为改制和退市的上访、群访问题。做了大量与相关部门包括法院的沟通工作，解决和缓解许多矛盾和冲突，维护一方稳定和平安。

协会每月定期向会员单位、服务单位和相关部门发放协会月刊《上海股份合作》，目前已发刊133期，会刊介绍党和政府新出台的政策及企业深化改革改制后的动态与再发展的信息，架起政府、企业、社会之间、信息沟通和共享的桥梁。还组织全体股份合作制企业会员单位开展专题研讨与学习交流活动。

三、冬去春来，争取政府企业合力支持

协会与其他行业协会的根本不同点是守球门不点火、灭火不浇油，以解决冲突、矛盾和历史遗留难题为服务宗旨。如5月中旬，有近30家上海市股份合作制企业领导联名写信给上海市委书记李强，请求市政府给予“市股份合作制企业关心和扶持”。6月26日，周波常务副市长批示：请市经信委、发改委牵头对来信反映问题认真研究，提出意见和建议。8月1日，市经信委、市发改委牵头，市中小企业服务中心等部门组织（协会积极协调配合）举行第一次市股份合作制企业的企业家代表座谈研讨活动，协会帮助整理汇总会议情况报告；8月22日，再次举行专题调研会，市、区相关部门负责人参加。协会帮助补充书写了“情况反映”交市经信委。在整个过程中，协会积极引导和沟通，化解一些情绪和想法，帮助组织举行调研会议，引起市有关领导和政府相关部门的重视。10月底，多部门的报告在有关部门的关心和汇总下，已经成文上传。协会及时了解进展情况，积极做好解释和沟通工作。

四、不忘初心，不辜负政府赋予的责任

协会坚持新的工作思路，不忘初心，牢记使命，为实现中华民族伟大复兴的中国梦不懈奋斗。当今的世界科技发展日新月异，科技应用十分普遍，且要引发创新那就必须改革，这既是一次机遇，也是一次的大的挑战。协会要努力做好服务，做政府和企业间的工作桥梁和纽带。

（朱桂芬）

上海市企业法律顾问协会

上海市企业法律顾问协会成立于2004年10月，是由上海企业法务工作者及有关单位自愿参加，具有法人资格的专业性、非营利性社会团体。

协会业务主管机关是上海市经济和信息化委员会。协会接受上海市社会团体管理局、上海市经济和信息化委员会、上海市国有资产监督管理委员会以及上海市司法局的监督管理和业务指导。协会业务范围包括法律宣传、法律培训、实务研究、业务咨询、法律服务、纠纷协调、权益维护、合作交流、承担政府部门委托的相关工作等。截至2018年年底，协会理事单位会员123家，个人会员近900人。

协会于2014年被上海市社会团体管理局评为中国社会组织规范化建设4A级协会，并连续多年被上海市经济团体联合会评为先进协会。

2018年主要工作：

一、紧跟时政热点，优化会员服务

年内，协会共举办23场讲座、研讨会和沙龙活动；与合作单位联合举办两场报告会；为10家企业举办内部专题培训。

月度培训服务。年初，协会以依法治企的需求和问题为导向，向各会员发出征求意见函，对年度培训计划内容等情况预先征求会员意见。并精心安排全年培训，与会者对培训内容及授课专家的满意度达90%以上。

企业内训服务。按照依法治企要求，一些企业要求协会量身定制内部专题培训课程计划。全年协会协助10家企业开展内训服务工作。

协会窗口服务。作为协会对外的门面担当，全年共出版《企业法律顾问》会刊和《业务学习资料》电子版双月刊6期。此外，协会网站进行更新，微信公众号和会员QQ群也不断面向会员发布协会活动信息及相关学习资料。

二、深化服务理念，延伸服务内容

法治宣传工作。为进一步贯彻落实上海市“七五”普法规划，年初，协会配合市经信委制定全年度法宣计划和工作要点；年中，协会协助编制市经信委系统法治宣传工作通讯录；年末，协会参与市经信委组织的“七五”普法中期检查工作，并梳理整合经信委系统部分单位普法工作总结。

“12345”热线知识库维护管理。协会自2013年承接市经信委委托的“12345”市民服务热线知识库的管理维护工作以来，始终坚持以信息的时效性和权威性为优先，确保录入知识库的内容能切实解决市民的来电咨询事项。至年底，协会共调整知识库内信息106条，其中主动新增修改类信息94条，查无纠错类信息12条，较好地确保知识库内信息的有效性和价值性。

中小企业服务。协会与市中小企业发展服务中心联合举办两期“上海中小企业法律风险防范培训班”。来自全市12个区，113家中小企业的管理人员，共127人报名参加培训并先后取得结业证书。

第二届上海市企业法务技能大赛。市法宣办、市经信委、市司法局、市国资委联合举办第二届上海市企业法务技能大赛。大赛以“情景剧”形式展现上海企业法治文化建设和依法治企成果；体现企业法治宣传新风貌。协会作为承办方，精心组织36家央企、市属企业集团与部分区国资企业申报，共有49部作品入围。经大赛组委会评分筛选，最终18部作品入选总决赛。11月22日，中建八局《回家》作品荣获特等奖，机场集团《祝你平安》、国网电力《用电天眼》作品获一等奖。以上三部作品代表大赛典范参加12月4日第五个国家宪法日和上海市第30届宪法宣传周主题活动。上海多家电视频道、媒体网络对大赛进行新闻报道。

涉外法律服务。6月，市司法局、市发改委、市经信委、市商务委、市教委、市外事办、市国资委、市法制办联合印发《关于〈上海市发展涉外法律服务业实施意见〉的通知》。协会承担其中8项工作任务。包括成立上海企业合规研究中心、成立上海企业涉外法律联合培训中心、发挥国际金融与贸易法律实务研究中心作用等。9月26日，上海涉外法律服务相关机构成立仪式在上海对外经贸大学古北校区正式揭牌，标志着协会涉外法律服务工作踏上新的台阶。

三、拓展合作领域，建立长效机制

专题活动。协会根据经济形势及法律工作热点，与有关单位联合开展多次专题活动，邀请相关专业人事与协会理事会员共同探讨。协会组织、举办、参与此类具有专业性强、学术性强的专题活动，为协会理事单位和会员提供更广阔的服务交友平台创造条件。

调解咨询。协会与上海市先行法治调解中心共同设立

“联合调解中心”，1—11月，中心共受理案件97起，涉及企业99家，调解和解81起。成功结案率达83.5%，追回补偿金578.8万元，受到有关政府部门的肯定。协会还为上海意内西机械制造有限公司、上海威裕食品有限公司、上海银瑞信息科技有限公司等一批企业提供法律咨询帮助。并协调帮助央企、国企处理法律纠纷案件9起，得到企业好评。

成为市工经联见习基地外派单位。根据《关于进一步做好本市青年就业创业见习工作的通知》的精神，经向上海市工业经济联合会申请并取得批准，协会成为市工经联见习基地外派单位。协会每年选择招收应届毕业大学生或未就业青年来协会见习，并能得到政府补贴。年末，经市有关部门及市工经联联合检查，获得好评。

其他交流合作。为加强长三角企业法治建设，6月13日，协会组织召开“长三角企业法律协会恳谈会”，邀请苏浙皖三省企业法律顾问协会领导和相关负责人来沪共商合作事项，一致同意建立“长三角地区企业法务工作联席会议”制度。11月21日，协会再次邀请苏浙皖兄弟协会来沪，交流工作并邀请大家观摩第二届上海市企业法务技能大赛。联席会议约定，2019年5月在杭州召开长三角地区企业法务工作联席会议，探讨联合培训、联手“普法”宣传等合作事宜。

四、按时换届改选，完善机构设置

换届改选。2018年3月，协会第三届理事会任期届满，经过两个多月的筹备，4月10日，协会召开第四届会员代表大会并选举产生第四届协会理事会成员单位。换届选举后，协会驻会领导班子进行了明确分工。并按照上海市社会团体管理局规定，经第四届协会会员代表大会选举，协会成立监事会。

规范工作制度。协会秘书处根据章程规定的事项，制订36项内部管理制度，基本实现照章办事的既定目标。换届之后，协会秘书处建立新一届“会长联席会议制度”以及“驻会会长办公会议制度”。为便于秘书处日常工作的有序推进，协会还组建“第四届会长联系群”以及“驻会会长群”，用以商议、互通工作信息，运行效果理想。

严格财务管理。新一届协会理事会成立后，财务管理体现“四严”，即严格执行财务重大资金测算、支出、报销制度；严格执行预算，每月向驻会会长汇报财务工作；严格把控财务工作实效，及时与税务、银行等沟通工作信息；严格控制风险，对内盘活资金，对外控制财务风险。协会通过2017上海市社会团体年度检查。

党建工作。协会党支部切实履行职责，保证政治方向，团结群众，推动事业发展。通过学习、组织生活，党员提高了责任意识、担当意识、廉政意识。

（姜　潮）

上海市质量协会

上海市质量协会（原名“上海市质量管理协会”）成立于1982年9月，是致力于质量事业的组织，是个人自愿参加的、专业性的、非营利性社会团体法人。市质协开展质量提升行动的战略部署，创新质量服务模式，切实履行“服务企业、服务政府、服务社会”的宗旨，积极发挥5A级社团组织的推进作用，为打响上海“四大品牌”，推动高质量发展作出了新的贡献。

2018年主要工作：

一、进一步深化国内外质量交流

成功举办首届中国国际进口博览会国际质量创新论坛暨第12届上海国际质量研讨会，主题为“质量提升促进全球贸易优化升级”，来自美国、德国、捷克、芬兰、阿联酋、新加坡、马来西亚、斯里兰卡、中国等国家的质量组织及国际质科院院士、国际知名企业高管等共同商议经济全球化和贸易自由化下的质量提升与合作，寻求质量合作的上海方案。与会的400余位参会代表进行了质量智慧的脑力激荡。

举办第20届中国国际工业博览会质量创新论坛，论坛以“数字化时代的质量提升与品牌创新”为主题。来自美国、德国、俄罗斯、加拿大、爱沙尼亚、中国及中国香港等7个国家和地区的20多位专家、学者、企业家，就如何抓住数字化时代带来的机遇、应对挑战，如何进一步提升质量、创新发展，进行了深入的交流和探讨。来自企业和质量界的350多位高管和专业人士出席。其间，SAQ和DGQ还共同举办了中德质量论坛。通过双方的共同努力，已成功举办四届中德质量论坛，进一步加强中德企业、质量组织等之间的交流和合作，取得了较好的影响与效果。

受国家市场监管总局委托，与美国质量学会在2018年世界质量和改进大会期间，共同举办首次中美质量高峰论坛，这是美国质协历史上第一次与中国组织开展的高规格民间交流。来自上海振华重工、上海核工院、申通地铁等8家中国企业与机构的高管、专家围绕“数字化时代的质量新愿景”的主题，分享中国的观点，传递中国质量管理取得的成就和经验。论坛得到美国质量界的高度关注，新华社北美分社等境内外媒体广泛报道，也得到中国驻美大使馆的支持。

本次论坛的成功举办得到中国外交部的肯定和赞誉。

加深与亚太质量组织合作，上海市质协SAQ与魁北克质协MQQ签订了双边框架合作协议，在宣传推广双方质量奖的获奖者，并在内容开发、专业知识交流以及活动协作上开展合作。

成功举办2018年度华东地区质量协作网会议，学习习近平总书记关于推动长三角更高质量一体化发展的重要指示精神，贯彻落实李强书记“发挥龙头带动作用，努力促进长三角地区率先发展、一体化发展”要求，加强华东地区质量交流与协作，助力区域高质量发展。

先后邀请国际质量专家举办“创新管理体系研修班”“品质工程研修班”等高水平的质量管理教育培训。

二、进一步提升质量公益服务

举办9期“质量大讲堂”系列公益宣讲活动，在市质监局指导下，推进贯彻落实党中央国务院《质量提升行动的指导意见》和上海市的实施方案。围绕质量品牌创新、互联网+质量管理、质量强国与质量变革等主题，成功举办9期，参加企业和个人共计1600余家和3000人次。

开展2018年质量月升旗仪式、中小企业质量服务、社会公益服务等专题宣传推广活动。

培育质量品牌创新企业。以推进卓越绩效管理模式和推广先进质量技术为抓手，培育一批高品质的品牌标杆和高水平的创新成果

落实质量品牌培育与推广工作。完成工信部科技司及市经信委有关企业质量品牌培育与推广活动项目。通过举办系列质量品牌提升公益讲座、品牌培育管理体系的宣贯、培训和交流活动等，广泛开展质量品牌与品牌培育管理体系的宣传与推广，共覆盖企业1000多家次，逾1400人次。

进一步提升企业社会责任服务水平。配合上海市经济团体联合会，持续开展上海市企业社会责任建设推进工作。

切实开展会员服务活动。围绕企业质量提升的实际需求和工作重点，先后举办星级现场管理经验分享、六西格玛管理方法等各类专题会员活动。

三、瞄准时代需求，深化质量科研创新

着力推进全面质量管理创新及实践研究。承担国家市场监管总局质量发展局“质量文化建设及全面质量管理创新工作项目”，预计在2019年完成。

开展国家质量基础设施建设研究。申请并承担国家市场监管总局质量基础设施效能研究重点实验室开放研究基金课题“面向创新的企业质量基础设施集成技术研究”，预计在2019年完成。

继续深化“优质制造行动对策”课题研究。会同上海交通大学，持续开展中国工程院“制造强国战略研究”三期课题项目“优质制造行动对策”的课题研究（船舶制造、家用电器两大行业）。

实施政府质量奖实施的绩效研究。完成市市监局委托开展“上海市政府质量奖实施成效研究”课题。

四、广泛推进质量大调研工作

围绕国家和上海质量提升行动新要求，在上级党委和主管部门的指导下，通过专题研讨会、问卷调查、企业走访等方式，开展企业质量提升大调研，形成制造业、小微企业等质量状况专题调研报告等成果。

针对年内爆发的长生疫苗问题，协会快速响应，会同市医药质协、市食品化妆品质量安全管理协会共同开展沪上医药、食品生产企业风险意识状况的调查，组织部分药品食品企业负责人开展专题座谈会，邀请美国质量学会CEO特洛伊先生讲授质量安全文化管理，推动上海食品、药品产业的供应链管理水平与“卓越的全球城市”相匹配。

开展营商环境等10项社会公益调查，得到主管部门认可和新闻媒体报道。

积极参与由市社会工作党委、市发改委、市外办等有关部门组织的多项专题调研活动。

五、加强规范建设，提升社团治理能级

作为首批脱钩试点社会组织，不断加强党建促发展，健全党群组织建设，在脱钩后相继成立工会、共青团等党群组织。

市质协凝聚系统合力驱动持续发展，不断健全组织治理体系，打造充满活力的专业性质量组织。加强信息化建设，开通质量信息平台，开发质量APP软件，利用便捷手段及时向会员企业提供优质、便捷的服务，会员服务满意率不断提升。

在医疗、教育、文化、电子商务等行业、企业，推进卓越成效、促进质量创新，开展上海市企业质量品牌公共服务平台建设。

在上级部门的指导下，在全体会员、理事及工作人员的努力下，市质协以优异成绩顺利通过2018年度市社团局组织的5A复评，继续保持上海市5A级社团称号。

（华蔚筠）

上海服装行业协会

上海服装行业协会成立于1986年3月，现有服装及相关类企事业会员近千家，是上海市服装行业企事业单位自愿组成的跨部门、跨所有制的非营利性的行业社会团体法人。会员企业的产值和销售额占全市创汇总额的1/6。下设服装定制、服装服饰市场商户、职业装、女装、童装、男装、旗袍、羊毛、羊绒、内衣等10多个专业委员会。

2018年主要工作：

一、主办承办业界相关活动，推动行业创新发展

为重塑上海定制之都，振兴中华匠心精神，协会与中国服装定制产业联盟、中国国际文化传播中心、中华民族文化艺术院上海分院、上海国际品牌周组委会、中华定制时尚周组委会，在上海国际时尚中心共同主办第二届“中华定制时尚周”暨首届“上海国际品牌周”活动，以“无界·融合”为主题，展示“海派文化”的视野和成果。时尚周期间，中华老字号“培罗蒙”“龙凤”“老凤祥”的联合品牌秀、SNOW VALLEY与箱包和鞋帽品牌“鳄行天下”的跨界合作、姑苏刺绣技艺展示、著名服装设计师秀场画龙、上久楷品牌“宋锦高定发布会”等精彩活动，受到服装时尚界、定制界等专业人士与时尚爱好者的广泛关注及称赞。

个性化需求使服装智能化定制成为服装行业未来的发展方向之一，由协会主办，上海服装行业协会定制专业委员会承办的“上海纺织服装供应链大会”，为行业专家和企业代表分享各自领域商业故事和经典案例，如何更好地协同合作，助力定制产业实现可持续、高质量、国际化的联动发展，提出可行性建议，促进共同探讨中国服装智能化定制的发展之路。

继续作为主办单位举办2018“中华杯”全国大学生服装设计大赛，为时尚设计积蓄未来力量。始于1995年的“中华杯”国际服装设计大赛与中国时尚产业共同成长，已走过了辉煌的22年，作为中国最知名的服装设计赛事，为中国服装产业发展选拔、推选大批优秀服装设计师，由此赢得了“服装设计师摇篮”的美誉。2018年的大赛启动仪式上，协会联合中国流行色协会、上海纺织集团将“中华杯”定位为“中华杯”全国大学生毕业季服装设计大赛，把“中华杯”进一步演变为培育优秀设计师的孵化器。

协会和中国时尚商业零售促进联盟共同承办由中国服装协会主办的中国时尚商业零售创融会——互联网思维下的供应链协同创新沙龙，以新零售“破局”为主题，针对实体零售经济，通过智慧分享，与业内大咖们共同寻找破局之道。协会还与中国服装协会联合在世贸商城，成功举行“2018中国服装关联产业创新项目”推荐活动。

二、组织技能竞赛与职称测评，积蓄行业发展人才

协会与上海市纺织工会、吴泾镇总工会等联合主办“泾彩杯”2018上海市纺织行业服装制版师技能大赛，为全国服装制版师大赛选拔人才。大赛设置男装、女装两个门类，理论考核和实际操作考核两部分进行，选手们历经跨越两天近18小时的高强度比拼，充分展现自己的才能和技艺。

上海市纺织行业服装制版师技能大赛选拔出的5位优秀选手，代表上海参加2018年中国技能大赛暨全国纺织行业“睿能杯”横机工职业技能竞赛全国决赛。上海塔汇针织厂杨建军获“全国针织行业技术能手”称号，上海诚尚纺织品服饰有限公司杨书帅获“全国针织行业横机操作能手”称号，其他选手获大赛“优秀操作能手”称号，上海队获组织奖、优秀裁判员、优秀教练员奖。

组织专业中级职称测评，提升服装设计行业从业人员的专业素质。职称测评工作7月启动，至10月14日考试。经上海市工艺美术系列服装设计专业评审委员会评审，31位同志获得2018年度工艺美术系列服装设计专业中级专业技术任职资格。与此同时，上海培罗蒙服装投资发展有限公司金建华和上海服装集团品牌发展有限公司茅建国获得2018年度正高级工艺美术师资格。动员会员单位参加由中国服装协会牵头组织的“百强企业”申报工作，上海三枪（集团）有限公司等8家企业在“2017百强企业”榜上有名。认真做好“上海工匠”培养选送的申报工作，协会和泰方国际集团等推荐选送的3位上海纺织服装行业一线职工当选2018年“上海工匠”。

三、汇总整理行业相关数据，提供政府决策参考

收集、整理、汇总行业规模以上制造企业经济数据，编制季度上海市服装经济运行分析报告简报，编制上年度上海市纺织服装制造行业规模以上企业主要经济指标数据分析资料表，撰写2017年《上海市纺织服装制造行业规模以上企业主要经济指标完成情况报告》，上报市经信委、市政府研究发展中心等，为政府部门的行业决策提供参考。

汇总整理上海服装行业协会网路商场服装销售数据资料，发布月度及年度上海服装行业销售情况分析表、服装销售品牌排行榜等，上报给市政府相关部门，并通过微信公众号及时反馈服装销售信息给各个相关会员单位。部分章节被编入《纺织服装周刊》《上海现代服务业发展报告》等，供更多的服装相关企业和单位了解和参考。

四、动员会员参与国内交流，开拓视野共同发展

协会积极组织会员企业参加四川省资阳市雁江区产业链对接活动及投资推介会、2018江西青山湖区（上海）现代轻纺产业招商推介会等，推动会员企业开发国内的投资机遇。

组织会员企业赴绍兴柯桥参加全国服装定制高峰论坛，去北京参加中国服装协会高峰论坛，到宁波参加第四届中国男装高峰论坛，赴河南信阳参加国际纺织服装贸易峰会，参加中国服装物联生态联盟成立大会，参加上海纺织行业应对中美贸易摩擦及国际贸易风险防控培训会议，到盛泽服装城去参观学习与对接，以及参加香港时装周活动等，通过交流学习，不断开阔会员企业的视野，提升创新发展能力。

五、举办标准宣贯与技术发布，培养业界标准化思维

协会与上海质量监督检查技术研究院纤维检验所联合举办“标准宣贯及功能性服装质量数据汇总分析会”“GB/T11951—2018《天然纤维术语》等291项国家标准宣贯会”“电加热服装等新标准宣贯会”等，推动服装行业相关标准的宣贯及落实。

协会与上海纺织工程学会服装专委会与上海依缇数码科技有限公司共同举办服装CAD工程化信息化二化融合技术发布会暨2018 ET SYSTEM新品发布会等，推广服装新技术的应用。

（杨红穗）

上海市节能协会

上海市节能协会成立于1985年3月21日，由上海市生产和转换能源、使用能源、生产节能产品和节能减排服务等企业单位，能源管理、科研、设计、教育、信息等事业单位自愿组成的节能专业性、非营利性的5A级社会团体法人组织。协会开展节能减排技术和技改项目咨询；进行节能减排、低碳环保、能源（电力、燃气、石油等）、能源互联网等课题研究；制定能源、节能减排、分布式供能、绿色制造等相关标准；提供能源相关项目第三方评审，编制节能专项规划等；承担能源方面前瞻、宏观、智库性质研究；出版《上海节能》杂志（含广告）。现有会员单位271家。

2018年主要工作：

一、把握新动向，助力节能减排工作

课题（项目）研究不断深化，为政府决策提供科学依据。2018年，承接课题（项目）21个，比上年增长61.5%。《上海市天然气分布式供能系统后续推进政策研究》客观评价上海市天然气分布式供能系统四轮扶持政策取得的显著成效，引导行业向多能互补型分布式能源微网发展，并提出后续政策精准扶持的建议。《产业园区能源微网研究和推广》以莘庄工业园区智慧能源微网、虹桥商务区区域供能系统为例提出上海产业园区能源微网推广设想与建议，争取实现多能“源－网－荷－储”协调优化和自平衡。《城市生活垃圾沼气、填埋气提纯技术商业模式及推广应用的研究》率先提出上海城市有机垃圾无害化和能源化处理利用的政策选择、技术路径和推广建议。《2018年上海电力行业发展报告》和《2018年上海市燃气行业发展报告》总结行业发展的基本情况和发展特点，剖析行业发展瓶颈问题，研判行业发展主要趋势，力求独立客观、重点突出。

转变观念，切实推动制造业绿色低碳、循环发展。参与编制《节能环保产业发展三年行动计划》。在编制过程中，协会围绕提升发展高效节能产业等6个方面补充13项举措。组织开展“节能金点子”征集、“绿色链”评选等活动，征集到“节能金点子”13项，涵盖智慧用能、建筑节能、LNG冷能利用等多个领域。“绿色链”评选中，上海航天智能装备有限公司等单位的项目榜上有名。上海宝钢节能环保技术有限公司等合作开展的《采用纳米镀膜技术提高光伏发电效率的研究》入选市工经联2018年企业科技创新最佳案例。为企业和会员单位创建绿色工厂提供咨询和技术服务。协会不断为加快推进上海绿色制造体系建设献计献策，积极为企业和会员单位创建绿色工厂提供咨询和技术服务，助力上海产业转型升级和供给侧结构性改革。

推动上海市中、小燃气（油）锅炉低氮提标改造工作，让上海“天更蓝、水更绿、地更绿”。在“2018上海国际供热及热动力技术展览会”上举办锅炉低氮技术论坛，介绍低氮燃烧的前沿技术和发展方向，解读低氮提标改造相关政策，探讨案例情景和商业模式等。同时，联合市能效中心、市节能监察中心以及相关企、事业单位共同筹划、打造全市锅炉低氮提标改造产业链。

二、提升新理念，助力企业做强做大

创新服务平台，成立上海市能源互联网创新联盟，推动全市能源互联网产业创新发展。1月30日，联盟正式成立，成员主要来自传统能源、现代能源服务、互联网、通讯等行业。4月20日，联盟在第六届中国（上海）国际技术进出口交易会上举办“能源互联网论坛”。6月28日，联盟合作举办“2018首届长三角区域能源互联网创新发展论坛”，并在论坛上正式揭牌。10 月 31 日，联盟在浦江创新论坛上组织、策划“能源互联网专题论坛”。此外，编制《上海市能源互联网创新联盟发展策划书（2018–2020 年）》。

发挥专业协会的优势，为企业排忧解难，向社会推广节能减排新技术。以标准建设为着力点，规范相关产业发展。例如：天然气分布式能源系统建设和运维评价标准化试点。调研了大虹桥区域、迪士尼乐园、上海中心、万象城、世博 B 区、老港工业区等分布式供能项目，开展有关后评估工作，推动扶持政策有效落地。通过展会（论坛）、现场交流会等形式，积极推广智慧节能新技术。例如：方融科技“综合能源服务能源大数据平台建设的关键技术”。举办（协办）各类专业论坛 10 次，约 1200 人参与，帮助企业获取前沿技术和政策资讯。例如：第二届亚太 LNG 与天然气综合利用研讨会、2018 中国（上海）国际分布式供能论坛等。

开展工业领域节能培训，提高专业人员节能减排意识和业务水平。年内围绕绿色制造、节能降耗、“互联网 +”智慧能源等领域举办 10 期培训班，共计 623 人次参加。

三、适应新发展，助力营造绿色美好生活氛围

节能减排活动丰富多彩，受到社会好评。节能绿色知识竞赛（近 12 万人参与）、节能健步走（约 900 名来自 17 家市区机关和中央在沪单位机关干部参与）、节能主题展和节能服务“三进”活动（近 800 人）等把“节能宣传周”引向深入。在全市范围内开展两年一度的“节能减排先进集体和先进个人”评选活动（集体 20 家，个人 30 名），引发社会各界广泛关注，传播节能减排正能量。该活动已成为市经信委先进评比 8 个抓手之一。联合黄浦、徐汇、静安、普陀有关部门，燃气行业协会和苏宁易购等，开展节能家电、节能器具进社区活动，让市民亲身感受到“节能有我绿色共享”。

创新工作载体，受众面不断扩大。“上海节能网”和协会官方微信全方位宣传国家节能环保、绿色低碳方面的政策、法规，国家和上海的能源发展战略，上海各级政府机关、企事业单位及全民节能动态；及时发布协会工作动态、活动信息、展会信息等。截至年底，网站点击率 53.1 万次，微信总阅读量 60.3 万次。《上海节能》杂志开辟“节能环保、绿色低碳”专栏，刊登各类专业论文 344 篇。

四、加强协会自身建设，不断提升服务能级和品牌影响力

机制创新、管理创新初见成效。修订、新制定 14 项制度，进行管理流程再造，有力保障协会持续、健康发展。通过聘请、招录和借调等方式引进新生力量，充实协会秘书处员工队伍，初步形成“老、中、青”阶梯结构和“传、帮、带”新型工作关系。实行工作经费预算制，做到工作有序，风险可控；经营业务管理流程和激励机制也日趋完善。

通过 5A 级社会组织复评工作。坚持“以评促改、以评促建、评建结合”原则，把《上海市专业类社团评估指标》的有关要素融入协会日常工作，进一步加强标准化建设。6 月 29 日，协会顺利通过“5A 级社会组织”复审工作。

加快信息化管理进程。OA 系统、杂志编务系统上线以来作用明显，基本实现无纸化办公，切实提高工作效率和工作水平。OA 系统、编务系统与网站有机链接，方便企事业单位申请入会，以及读者订阅杂志和论文收稿等，线上线下管理无缝对接。在完善协会微信公众号的基础上，利用微信等信息化手段，建立会员互动生态圈，密切与会员的联系和沟通。

推动协会文化和品牌建设。“节能宣传周”主题日活动和“上海市能源互联网创新联盟”揭牌仪式，先后被新华网、东方网等主流新闻媒体追踪报道，有效提升社会知名度。分布式供能、能源微网、标准建设等领域工作获得政府相关部门认可，在业内也有一定的话语权和影响力。《上海节能》杂志在 2018 年《中国学术期刊影响因子年报》中双排名（理科综合性科学技术、文科综合性人文社科），被《中国核心期刊（遴选）数据库》《中国学术期刊综合评价数据库（CAJCED）统计源期刊》等 4 个期刊源库收录。同时，杂志顺利组建了新一届编委会，并聘请翁史烈院士为特邀顾问。协会被市工经联评为 2018 年度先进行业协会。

加强对外合作和交流。与中国节能协会、中国城市燃气协会、复旦大学、上海交通大学、上海大学、上海电力大学、上海市电力公司、航天集团、新奥集团、上海市节能减排中心、上海市燃气节能技术促进中心等交流互动，充分发挥各自在专家库、平台、科技和专业等方面优势，共同提升办刊能力和课题研究实力。与英国标协（BSI）、美国驻上海总领事馆、比利时驻上海总领事馆和日本九州市环保局等建立互动工作机制，并就联合办展、相互学习、信息交流等开展有益尝试。

发挥党组织政治核心作用。坚持学习理论指导工作实践，明确协会“智慧节能、绿色发展”工作方向。加强党支部自身建设，及时完成协会党支部书记补选工作。取长补短、优势互补，与中国银行上海市泰康路支行、上海燃气市北销售有限公司销售服务部等党支部开展共建活动。

（钟　磊）

上海市包装技术协会

上海市包装技术协会成立于1978年10月28日。现有会员单位400余家，为上海市包装行业企事业单位与科技工作者自愿组成非营利的社会团体法人。协会下设纸容器包装委员会、塑料制造委员会、包装印刷委员会、木制品包装委员会、绿色包装委员会、包装设计委员会、金属容器委员会、包装机械委员会、包装标准委员会、快速消费品委员会等10个专业委员会。协会开展包装科学研究和学术交流活动，培训包装技术人才，普及包装知识，加强包装行业协调与管理，改进商品包装，提高包装自主创新能力，增强包装环保理念，发展循环经济，推动包装工业发展，繁荣包装事业。

2018年主要工作：

一、纪念改革开放40周年、庆祝协会40华诞、探索转型新路再出发

隆重举办“庆祝上海包装改革开放40周年暨上海市包装技术协会成立40周年”庆典大会。10月26日，召开庆典大会，来自上海包装业界的企业代表、兄弟协会的代表等400人出席庆典。会上，放映讲述上海包装大情怀的视频短片，重温上海包装40年创立发展的历程；表彰10家上海优秀包装企业、1家上海优秀包装专业院校、19家上海包装创新企业和两家上海包装品牌培育示范企业；协会会员企业以歌曲、舞蹈、朗诵、小品等形式，庆祝上海包装事业发展成就，献礼改革开放40周年。同日，召开“上海包装企业家‘创新与发展’圆桌会议”，20余位企业家共聚一堂回顾上海包装成长历程，畅谈包装未来发展。

编制上海包装40年重要文集及视频。协会组织出版《包装情缘》文集与《路——上海包装40周年》纪念册；组织拍摄一部反映上海包装行业发展以及优秀包装企业和成功创业企业家成长历程的视频短片。

举办第四届上海十佳优秀中青年设计师联展。协会秉承“十年一次、一次十人”的推广宣传上海创新包装设计人才的理念，于10月26日，在科学会堂海洋能厅举办第四届上海十佳优秀中青年设计师联展。

二、探索包装行业发展新路径，以创新驱动引领产业转型升级

协会组织行业专家，为上海天臣包装材料有限公司、上海天臣防伪技术股份有限公司研发的“基于微透镜阵列技术的三维立体视觉包装材料”项目作科技评价。

1月10日，协会纸容器包装委员会召开“新技术、新市场、新模式、新理念交流研讨会”，会员单位百余人齐聚一堂，辞旧迎新，共谋包装发展新思路。

3月24日，协会快速消费品委员会与上海界龙实业集团股份有限公司共同召开“2018‘包装之家’界龙技术研讨会”，各行业包装专业人士百余人参加。

4月26日，由雅式展览有限公司主办、上海市包装技术协会协办、《上海包装》编辑部承办的“塑料包装在运输保护领域的应用技术高峰论坛”成功举行。

5月25日，由协会主办、包装机械委员会承办的“上海包装行业提升企业软实力”专题公益培训顺利举行。

7月12日，协会联手上海市食品学会、上海博华国际展览有限公司共同举办“2018长三角食品与包装创新协同发展论坛”。

9月4日，协会主办“智能包装开启你我未来”论坛，围绕食品加工与包装行业的现状、高新科技、热点解析、生产应用、发展趋势等高端论题开展探讨。

10月12日，“2018精益化智能包装高峰论坛”在中国3D打印文化博物馆顺利召开。论坛由协会物流包装专业委员会协办。全国各地包装企业、印刷企业、物流企业、相关终端企业以及各类院校、企事业单位、研究所百余人与会。

10月15日，包装设计委员会举行“ASPaC亚洲包装设计大赛中国大陆赛区作品展览”。12月3日，在日本东京举行的2018亚洲学生包装设计大赛（东京决赛）上，中国大陆赛区学生获得1个全场金奖、2个优秀奖和1个国际交流基金奖的好成绩。

三、加强国内外交流促进行业发展

组织内外交流。10月11日，包装机械委员会组织会员单位及终端用户参观欧姆龙公司。11月13—16日，费均德会长任团长的上海包装代表团一行15人，应重庆市包装技术协会邀请赴渝交流。11月16日，包装印刷委员会组织会员企业及终端用户参访康师傅集团食品安全中心。11月13—15日，协会接待由6个国家13名专家组成的欧洲代表团，并召开包装行业专家交流会。

组织考察学习。6月9日，包装机横委员会组织会员企业，赴日本东京考察食品加工、食品包装、包装市场、展览会。10月1—2日，物流包装委员会组团赴日本考察，对日本的物流包装企业及日本东京国际包装展览会进行参观学习。

四、强化自身建设，提升协会服务能力

包装机械委员会积极组织各种主题突出、内容丰富、形式多样的考察、对接和交流活动，做好具有上海特点、时代特征、包装特色的会员企业“5不同”服务工作。纸容器包装委员会走访会员单位企业，倾听会员单位的经营状况和对协会工作要求，加强横向与其他协会的交流活动。木制品包装委员会积极引导企业在经营方式上的探索和转变，加强企业间多样性的交流合作。包装印刷委员会根据协会的中心工作和年度重点工作做好委员会专业领域的工作配合。包装塑料委员会积极走访会员企业，加强为会员企业服务。包装设计委员会组织会员积极参与国际设计作品大赛；负责2018－ASPaC亚洲学生包装设计大赛中国大陆赛区的活动组织等工作。《上海包装》杂志新开设“食品包装解决方案专栏”“包装之家专栏”“彭国勋专栏”。

上海市包装技术协会将继续奋发努力、开拓进取，为政府、行业和企业提供更好服务，顺应新形势，共同开创协会工作新局面。

（舒仁厚）

上海市咨询业行业协会

上海市咨询业行业协会前身为上海市科技咨询协会，成立于1987年3月，1994年更名为上海市咨询协会，2004年4月更名为上海市咨询业行业协会。协会是是由多种所有制从事咨询业的企事业单位自愿组成，是非营利性的行业性社会团体法人。现有团体会员111家，由国有或国有控股企事业单位、私营企业、外商独资合资企业、大专院校、社团组织等组成。按照主要业务范围分类，属于工程咨询类约占1/3，经济与管理类咨询占两成多，科技咨询类占四成多。由协会负责联系的上海市注册咨询专家、注册咨询师1000余人，并建有专家库，为相关政府部门和企事业单位提供咨询服务。会员单位向社会提供工程咨询、管理咨询、科技咨询及涉外咨询等服务。

2018年主要工作：

一、完成协会第八届理事会的换届改选工作

6月27日，召开上海市咨询业行业协会八届一次会员大会和协会八届一次理事会。会议选举产生45名理事，组成协会第八届理事会。协会八届一次理事会，选举产生第八届理事会的会长、副会长领导班子。按规定将协会换届改选材料报送上海市民政局进行审批，完成变更登记。

二、申报协会“社会组织规范化建设评估”，进行自检自评

根据上海市民政局、上海市社会团体管理局关于贯彻实施民政部《社会组织评估管理办法》的精神，依照《上海市社会组织规范化建设评估规程（试行）》，协会积极组织实施规范化建设的自评工作。从下半年起，协会开展自检自评工作。

协会成立“社会组织规范化建设评估”领导小组和工作班子，由会长夏冰担任组长，副会长祝波善和秘书长郭德利担任副组长，协会办公室工作人员担任组员，共同开展工作。

协会根据《上海市行业协会商会评估指标》的有关要求，分别从基础条件、内部治理、工作绩效、社会评价4个方面进行自检、整改、自评，自评分为886分，拟申报上海市社会组织规范化建设3A级。

三、以会员单位和社会发展需求为导向，开展多方面服务工作

评审第九届上海市注册咨询专家、第二届上海市咨询业行业协会咨询师。评审工作自9月5日—11月29日全部结束。这次评审共有16家单位57人申报，其中管理咨询21人，工程咨询21人，技术咨询15人。申报第九届上海市注册咨询专家的25人，申报上海市咨询业行业协会咨询师32人。经协会初审、培训、考核、面试，评委会评审专家组合议后确定55人为合格，其中上海市注册咨询专家25名，上海市咨询业行业协会咨询师30名。

举办第一、二期咨询专家和咨询师的继续教育培训。邀请南京蓝鲸咨询有限公司董事长崔卫东、上海图书馆技术情报部主任陶翔主讲。共100多人参加会议。

举办专题科技讲座，促进实务经验交流。由上海绍伊环境技术有限公司、中敏环境岩土工程有限公司、上海社会科学院经济研究所分别就“污染土地的修复与技术分析”“无人机测试与3D技术的完美结合”“上海科技政策概览及趋势研究—兼论上海全球科创中心建设”发表演讲。共计30多人参加这次讲座。

积极参加政府有关部门、兄弟行业协会的有关活动，为会员了解形势和政府政策信息提供服务。协会组织参加中国科技咨询协会在浙江台州召开的“创新驱动企业高质量发展研讨会”，帮助会员单位学习和借鉴一些知名咨询机构的创新咨询的方法和经验，并为台州当地企业提供咨询服务。出席市科协、市经团联、上海现代服务业联合会等有关单位举办的相关会议和活动，为会员单位及时了解相关行业发展动态提供信息服务。组织会员单位参加上海张江高新园区管委会主办，上海科技交流中心与上海交大承办的“全球科创中心建设与社会组织发展”专项研修班，了解国内外宏观经济形势，学习社会组织的内部治理和提升能力建设。同时，参加中国科技咨询协会召开的“2018 年促进咨询人才发展研讨会暨地方协会工作会议”，探讨中国科技咨询协会建立促进咨询人才的工作专委会，构建人才规划的框架和实施草案，并对各地的科技咨询工作进行交流。

组织跨省市活动，开展国内同仁交流，互鉴互学，为促进企业合作发展提供交流与机遇。协会组织会员单位到重庆市参加“沪渝咨询业社团交流座谈会”。共同探讨咨询服务业在当前经济改革中的作用，如何发挥好协会作用，加强两地协会业务合作等项内容进行交流。

完成协会会刊和网页的编辑印刷发行工作。协会完成 12 期《上海咨询信息》，传递最新政策，并为会员提供沟通交流信息的平台。本年度共计发表文章 141 篇，约 34 万字。此外，按时更新和维护协会网站，其中，通知公告共发表 156 篇、咨询培训共发表 166 篇、咨询案例共发表 16 篇、咨询专论共发表 371 篇、行业资讯共发表 362 篇、政策法规共发表 68 篇、专业期刊共发表 96 期、文档下载共发表 61 篇。

（郭德利）

上海市环境保护工业行业协会

上海市环境保护工业行业协会成立于 1992 年 11 月，是上海地区从事环保工程设计、环保装备、仪器仪表、环保药剂和新材料的开发研制、生产，环保教学和环保运行技术服务与设计院所、高等院校和企事业单位自愿组建的跨部门、跨所有制的非营利性的、具有法人资格的社会团体。现有会员企业 386 家。

2018 年主要工作：

一、坚持传承创新实现平衡过渡

2017 年 8 月，召开会员大会暨六届一次理事会选举产生第六届理事会、会议提出服务会员积极发展做好纽带、共同发展、发挥优势、提升服务能力。为换届后的平稳过渡和持续发展奠定坚实基础。

二、坚持“三为”服务，不断创新服务举措

不断提升为会员服务精度，组织参加 2018 年国际环博会展览展示、上海环保装备产品新成果新技术。

举办 VOCs 治理技术国际论坛和第二届超低排放高峰论坛，听取行业企业诉求、需求和建议。

行使协会职能不断提升服务深度，建立搭建“上海环保技术转移中心”“国家技术转移东部中心－上海环保行业科技工作站”两个平台，以科技创新与创意推动行业的科创发展。

三、搭建环保产品质量鉴定平台

为行业健康发展提供司法诉讼技术支撑平台，提供新模式服务，完成浙江牡牛集团造纸废水 IC 氧氮发生器紧的产品质量鉴定。

（周树鹃）

上海市室内环境净化行业协会

上海市室内环境净化行业协会成立于 2006 年 8 月 22 日，是全国室内环境净化行业内最早成立的行业协会，是一家具有“从市场中来，到市场中去”新时代鲜明特征的行业协会组织。协会为 5A 级社会组织。协会加强行业发展理论建设和理论创新，坚持“自主、自养、自律”三自办会方针，锤炼协助政府和服务会员两手过硬本领，以科技引领、人才培养、质量提升三大核心支撑点为主引擎，拓展社会合作和区域协同，展示协会社会责任感和公益精神。2017 年，协会被全国妇联评为“巾帼文明岗”，上海市民政局、上海市社团局评为“上海市先进社会组织”；2018 年，协会被上海市工经联、上海市经团联评为“先进集体”、获上海现代服务业联合会“特殊贡献奖”。

一、加强行业理论建设和理论创新，引领行业发展方向

协会牢牢把握经济社会与行业产业的发展关系和影响作用，重视新兴行业理论建设和理论创新，探索新兴行业发展之路，引领新兴行业发展方向。在年会上，协会在年度工作报告中提出“空气经济”行业发展理论思想，开拓行业企业市场空间导向，明析“空气经济”新兴产业类别，推动行业发展理论与产业市场拓展相结合。年内开展“空气经济来临，你准备好了吗”圆桌论坛。在社会责任感发布会上，协会向社会发布“空气经济”行业发展理论，以展示新时代行业协会的风貌。由上海市社会组织管理局主办的《上海社会组织》杂志，2019年第1期刊出上海社会组织助力“上海制造”，本协会崛起“空气经济”的封面导语。

二、以协会院士专家服务中心为科技引领平台，引领行业和企业科技进步

协会院士专家服务中心开展促进业内产学研合作，为企业提供专利技术嫁接、技术攻关、标准编制、人才培养、科技成果转化、帮助会员企业建立院士专家工作站（挂牌）等工作，以增强企业自主创新能力与核心竞争力。服务中心专家库，现有院士2名、教授级专家19名。协会每年制定院士专家服务中心工作计划，根据企业不同服务需求，以项目内容为标的稳步推进实施，目前已帮助两家会员企业建立“院士专家工作站”、3个企业标准制定、6个专利技术交易，开展32场各种类型的技术讲座和活动，企业参加人数为1600多人。协会通过院士专家服务中心平台，起到了行业科技引领和技术进步作用。2016年、2018年协会院士专家服务中心连续两年被上海市科协、上海市院士专家工作站指导办公室评为“优秀建站单位”。

三、以上海市室内环境净化高技能人才培养基地为人才培养大本营，培养培训行业高技能人才和工匠大师

2015年12月，经上海市人力资源和社会保障局、上海市经信委审核批准，“上海市室内环境净化高技能人才培养基地”挂牌筹建，协会成立行业高技能人才培养基地管理委员会负责基地规划实施。历经两年的建设期，行业基地开展并评审通过“室内环境空气治理”“洁净室检测”专项职业能力开发申报、教学大纲编制、教材开发编制、生源开发计划、师资能力建设、鉴定站所资格认定、标准化实训场所建造、实操设备采购等一系列计划建设工作。2018年，基地按照行业人才年度培训计划，全面开展“室内环境空气治理”“洁净室检测”专项职业能力理论课程培训和实操鉴定考核，企业报名参加行业人才培养培训热情高涨。全年，通过基地培训考核获得上海市人社局“室内环境空气治理”专项职业能力证书的学员为539名，获得“洁净室检测”专项职业能力证书的学员为226名。每位学员的姓名和证书号均可在上海市人社局网站和协会网站查询。同年，基地申报的“新风系统安装与运维”专项职业能力培训项目获批。

基地在开展行业人才培养工作的同时，协会以培养基地为集聚地，整合有关项目融合实施，起到相互影响、相互作用的效果，使高技能人才培养基地更具行业影响力。首先把上海市教委、上海市人社局委托协会开展的全市中等职业学校教师，进入室内环境净化行业企业实训基地顶岗培训的购买服务项目，纳入到行业高技能人才培养基地统筹实施，整合综合资源保障购买服务项目高质量开展。其次根据《上海市实施专业技术人才知识更新工程工作方案》有关要求开展的具有行业特色的高级研修班课程，与行业高技能人才培养基地的功能结合起来，基地既培养了行业技能人才，又开展了行业专业技术人才知识更新工程，使上海市室内环境净化高技能人才培养基地发挥了更大的作用。此外基地培养行业技能人才，同时每年主办中国长三角（上海）室内环境空气治理技能比武大赛，通过行业技能比武，促进行业人才培养。

四、以上海市市场监督管理局产品抽检、风险监测为质量提升抓手，全面推进行业高质量发展

协会以行业质量发展为重要抓手，以政府质监部门产品抽查、风险监测结果为衡量度，树立“质量是纲，纲举目张”行业质量指导思想，通过质量诊断、质量活动、质量自查、质量教育等专项工作，倡导行业质量精神，在制约行业企业质量提升的关键问题上实现“质”的突破。

根据政府质监部门对2017年上海空气净化剂风险监测数据公布结果，协会开展“上海空气净化剂质量再提升”专项行动。通过对企业质量调研、帮助企业产品技术升级、产品企标修订、产品标识标签自查等整改措施。进一步提高了企业对产品质量的重视。

协会组织会员企业开展“上海空净行业神州集团绿色保温材料质量之旅”考察活动，通过对河北神州保温建材集团有限公司实地考察，企业体系化质量制度和严格的执行力给考察企业留下深刻印象。

协会联合苏宁易购开展“苏宁室内空气净化服务质量承诺”发布会，苏宁承诺空气净化服务质量按照上海市地方标准《室内环境净化治理服务规范》流程和质保条款执行，并开展全员服务质量培训，提升服务技能水平等9项条款。

上海市质量技术监督局（现为市市场监管局）会同本协会，发起“迎进博提升公共场所空气质量公益活动”，选择空气净化剂产品抽检优质企业，开展公共场所空气净化公益活动，促进了企业质量意识。

协会联合企业开展团体标准《酒店空气质量标准》《聚苯乙烯标准微粒的检测方法》的制定工作，通过质量标准和检测标准的制定，进一步提升行业质量发展。

协会发布2017年度社会责任感报告，报告从8个方面描述协会质量发展状况，反映行业企业质量行为和责任使命。

市质监局开展2018年度上海市团体标准试点单位和项目申报工作，由静安区市场监管局初审推荐，经评议审核，协会成为2018年度上海市团体标准试点单位，协会申报的“负离子空气净化液等团体标准试点”被评为上海市团体标准试点项目。

（裘　军）

上海市机电设备招标投标协会

上海市机电设备招标投标协会成立于2004年8月，是由从事机电设备招标代理业务的机构和与招标投标活动相关的机电设备制造企业及供应商、咨询单位、设计研究机构、高等院校等自愿组成的、非营利的社团法人组织，现有会员单位58家。

协会以“服务、协调、自律、监督”为宗旨，坚持执行《招标投标法》和有关法律、法规，以规范招标投标行为，依法维护招标投标当事人的合法权益，协助行政主管部门实施对机电设备招标投标活动的组织协调，培育和完善招标投标市场，促进本市机电设备招标投标事业的健康深入发展。

2018年主要工作：

一、团结会员单位奋力工作，按时并顺利开通行政监管平台

为贯彻市政府办公厅有关整合建立全市统一公共资源交易平台实施方案和推进公共资源领域政府信息公开等文件精神，落实市经信委建设行政监管平台工作要求，协会召开会长工作会议，专题部署平台配合建设工作，并具体落实协会秘书处，开展三项主要工作，即举办业内专家和资深招标人员专题会，广泛吸收平台优化建议意见，并走访相关招标机构进行平台模拟测试，不断优化平台建设；专题汇报平台建设配合工作情况，取得相关政府部门领导支持和指导；经常与有关市信息部门沟通与交流，使平台建设达到国家规范及相关要求。6月，协会会同平台开发单位按时开通行政监管平台，并由3家单位6个依法必须招标项目在线运行，数据同步传送市公共资源交易服务平台，接受市经信委行政监督部门的监管。

协会按市政府有关部门要求，每月汇总并向有关部门上报全市机电设备国内招投标交易数据。据统计，全年机电设备国内招标交易总量3753项，交易总额约222.0112亿元。

二、协同政府信息部门编制平台用户手册，推动用户进入平台

为帮助招标机构全面正确了解行政监管平台，协会秘书处协同市经信委信息部门编制《上海市机电设备国内招标投标行政监管系统招标代理机构用户手册》，并于11月举办“用户手册”专题培训，19家招标机构42名招标从业人员积极参加了培训。

12月6日，市经信委下发《上海市经济信息化委关于推进本市机电设备国内招标投标公共资源交易平台工作的通知》。为贯彻落实《通知》精神，协会协同市经信委有关部门举行招标机构工作会议，推动招标机构进入行政监督平台依法开展招标工作。20家招标机构负责人及代表参加会议。

三、开展市立功竞赛评比推荐工作，为树行业标杆发挥作用

协会部署相关单位学习宣传文件精神，并走访单位了解开展竞赛活动情况，严审申报推荐材料。经协会推荐并通过活动评比，上海电信工程有限公司获“2018年度上海市重点工程实事立功竞赛优秀公司”称号，上海三菱电梯有限公司上海华力12英寸先进生产线建设项目电梯一体化服务团队获“2018年度上海市重点工程实事立功竞赛优秀团队”称号，上海百通项目管理咨询有限公司毕松梅、上海浦东国际机场进出口有限公司石薇静获“2018年度上海市重点工程实事立功竞赛优秀建设者”称号，并于2019年1月11日，在2018年度上海市举行重点工程立功竞赛表彰大会上受到表彰。

经协会推荐并通过评比，上海上投招标有限公司白龙港污水处理厂改造工程招标代理团队、上海翔波工程咨询有限公司市重点工程咨询团队、溧阳申菱电梯工程有限公司2018中国国际进口博览会（上海）电梯安装配套维保项目部获“2018年度上海市重点工程实事立功竞赛先进装备赛区优秀团队”称号；上海东松医疗科技股份有限公司吕敏华、上海宝华国际招标有限公司范琤和上海浦成机电设备招标有限公司谯新星等获“2018年度上海市重点工程实事立功竞赛先进装备赛区优秀建设者”称号；上海信产管理咨询有限公司唐宁获“2018年度上海市重点工程实事立功竞赛先进装备赛区优秀组织者”称号，并于2019年3月5日在上海市重点工程实事立功竞赛先进装备赛区工作交流会上受到表彰。

四、充分发挥平台作用，坚持为相关单位信息服务

“协会网”“简报通讯”是协会信息服务的重要方式。协会秘书处及时采集相关信息，并每月出刊发放相关单位，至12月，编发简报通讯共177期。“协会网”充分发挥信息平台作用，及时转载招标机构公开招标信息和业内资深专家撰写的招投标实务及案例分析等文章，受到业内外同仁广泛的关注。至12月，协会网访问数90407人，流量273489次，最高流量256人／天。

协会秘书处积极参加市社团局和市工经联举办的各项活动，其中参加市社团局2018年11月2日举办的“市级社会团体负责人能力建设培训班”专题培训，收获良多。

（董红生）

上海市设备管理协会

上海市设备管理协会成立于1986年5月，具有独立的社团法人地位，现有会员单位1082家，下辖仪电、医药、轻工、宝钢、船舶、电气、维修等7个行业工作委员会。

2018年主要工作：

一、召开协会第八届第二次会员代表大会

5月28日，在上海电气培训基地报告厅召开第八届第二次会员代表大会，以无记名投票的方式通过《上海市设备管理协会基本服务项目》、修订后的《上海市设备管理协会会费标准和管理办法》《上海市设备维修安装企业能力等级分类办法》和《上海市设备维修安装企业安全生产合格证等级评定办法》，为新时代形势下协会持续发展打下了坚实基础。

二、围绕全市扩大开放重点工作，促进维修行业转型升级

3月，协会受市经信委委托，承接"上海保税维修业务现状及发展对策研究"课题。项目组赴上海诺基亚贝尔股份有限公司、捷普科技（上海）有限公司、吉宝通讯（南京）有限公司、卡特彼勒再制造工业（上海）有限公司等10余家市内外企业以及海关和检验检疫部门调研，了解并反映设备"保税维修"业务的发展现状、市场需求、所涉专业、实际操作中存在的问题和企业诉求，结合海关现有的监管模式、监管制度和规范，对国内外相关业务的发展进行深入研究探讨，从业态发展、政策引导、监管优化等方面提出有针对性的对策建议，以明确保税维修发展方向、完善保税维修支撑体系，切实推进"保税维修"业务的发展。9月26日，市经信委组织上海海关检验监管处、加工贸易监管处、市商务委外贸发展处及有关企业专家对该项目进行质询和讨论，通过评审验收。

9月，协会受市发改委委托，承接《自贸区全面改革背景下全球维修与进口再制造业务发展模式研究》的课题，通过对上海振华重工（集团）股份有限公司、曼恩供应链管理（上海）有限公司等多家企业的调研以及对维修与再制造产业发展趋势、监管模式、国内外维修与再制造产业发展经验、本市全球维修与进口再制造业务发展现状及发展瓶颈的研究探讨，对完善全球维修与进口再制造业务支撑体系的产业政策、发展载体、服务体系、产业协同公共平台的构建及创新全球维修与进口再制造业务监管体制等提出对策建议。

三、做好《上海市设备维修安装行业年度发展报告》的编写和发布工作

为了使行业年度发展报告更为全面反映行业的发展现状，反映发展中存在的问题，把握行业发展的方向，3—5月，协会分5次共约请200余家业内企业召开行业发展座谈会，并深入部分企业调研，广泛听取企业对行业发展的诉求和意见建议，为编纂年度行业发展报告打下了基础。

对当年《行业年度发展报告》作了较大调整和完善，突出对各专业类别特点、与上游行业企业的关联分析，增加对行业及各专业类别现状的分析研判，并对促进行业可持续发展的方向、企业业务延伸与市场的拓展等提出对策建议，使报告在反映行业发展现状的同时，力求为企业经营策略的制定和市场业务的拓展提供有益的思路，在评审验收中得到市经信委生产性服务业处和业内外专家的肯定。

10月29日，协会在上海电气培训基地召开"上海市设备维修安装行业年度回顾与展望交流座谈会"，发布《上海市设备维修安装行业发展报告（2017）》并向荣膺年度50强的企业授牌。上海设备维修安装行业2017年度50强企业和各专业类别的骨干企业代表出席会议。

四、以企业需求为导向，积极开展各项教育培训工作

协会组织有关专家举办"上海市设备管理岗位（高级）"培训班，内容包括智能维护中物联网、云计算、数据挖掘等技术的应用，有助于设备管理人员知识结构和专业能力的更新和提升。同时，为增强培训的针对性和实际需求，深入部分会员企业调研，根据企业内训要求定制"设备管理岗位"等培训课程；根据水务行业提升运营精细化和设备现代化管理的需求，举办"水厂运营精细化、设备管理现代化"的第三期培训和交流考察活动，来自深圳市深水宝安水务集团的有关领导参加了培训和学习交流活动。

大力推进节能减排改进小组活动，协会在上海电气培训基地分五期举办了"设备维修安装企业节能减排培训"，邀请有关专家就"节能减排JJ小组"的建立和活动的开展等作了专题培训，200余家企业参加培训，取得了较好的成效。

五、在新形势下，做好设备维修安装行业的自律规范工作

协会在设备维修安装行业开展设备维修安装企业能力等级分类工作，为提高设备维修安装的服务质量，促进设备专业维修和生产性服务业的发展提供可靠保障。

在广泛听取维修安装企业诉求并经会员代表大会通过，自6月起，协会开展设备维修安装企业安全生产合格证等级评定工作，提高设备维修安装企业的安全生产管理水平。

六、组织开展全国设备管理优秀单位和工作者的表彰活动

根据中设协《关于开展第十一届全国设备管理优秀单位和第七届全国设备管理优秀工作者表彰评选活动的通知》的要求，协会在全市开展全国设备管理优秀单位和优秀工作者评选表彰活动。各集团公司、行业工作委员会按照评选条件并根据分配名额择优产生推荐名单，经市设协审核后评选出26家企业为第11届全国设备管理优秀单位，24位个人被评选为第7届全国设备管理优秀工作者，涵盖汽车、电气、船舶、航天、商飞、医药、华谊、轻工、维修和建设机械等行业系统。在评优表彰活动中，企业通过自查和交流评审在设备管理方面进行对标和相互学习，展现企业在设备管理创新发展上的先进经验与做法，推动设备管理整体水平的提升。

七、加强党建工作，提升组织凝聚力

2018年，协会党支部坚持开展日常的“三会一课”，通过学习交流，不断提高党员思想觉悟和理论水平，坚定理想信念、增强“四个意识”、坚定“四个自信”。为庆祝改革开放40周年，协会党支部组织全体员工参观了“勇立潮头——上海市庆祝改革开放40周年”大型主题展览。3月，协会党支部与中国银行上海市海宁路支行签订党建工作互联互动协议，以达到互学互鉴、资源共享、优势互补，以共建促党建、以党建促业务的目的。

（夏仁海）

上海市新材料协会

上海市新材料协会成立于2000年12月，由宝钢集团、上海华谊（集团）、上海建工集团、建材集团、上海交通大学、复旦大学、华东理工大学、中科院上海分院和上海科学院等联合发起成立。协会下设粉末冶金分会、硬面技术分会、青浦产业基地分会、降解材料专委会、改性塑料专委会、水性材料专委会、标准化技术委员会，现有会员单位近300家。

2018年主要工作：

一、推进上海市新材料产业再上新台阶

协会引导上海新材料企业联合高校、院所形成产学研合作，围绕新材料产业“十三五”发展规划，聚焦国家战略，瞄准战略性新兴产业主攻方向，开展基础理论研究、科技攻关，为中国航空等高端装备和重大项目研制提供材料支撑。如上海硅酸盐研究所研制的热控涂层、难熔合金高温抗氧化涂层及低温多层隔热组件等关键材料在嫦娥四号探测器上应用。上海光学精密机械研究所成功研发出大尺寸偏振薄膜材料应用于神光系列激光装置项目，获2018年度国家技术发明二等奖。上海科炎光电技术有限公司制造出对多波段红外激光识别探测材料项目获2018年中国稀土科学技术发明二等奖。

二、推行首批次新材料应用示范项目评审和首批次应用保险补偿政策

开展首批次新材料应用示范专项组织申报工作。协会配合市经信委新材料处按照工信部首批次应用政策要求，推荐会员企业产品进入目录指南，鼓励和支持符合年度指南的新材料产品首批次销售和应用。动员全市企业积极申报，共有22家通过区级初审，经严格评审，13家项目获得专项支持（其中11家是协会会员单位），支持金额712万元，拉动新材料首批次销售5805.8万元。

协会遵照工信部、财政部、保监会联合开展重点新材料首批次应用保险补偿机制试点工作的要求，在总结分析基础上，经宣贯组织2家企业（上海新安纳电子科技和英佛曼纳米科技股份有限公司）通过国家新材料专家委员会评审，获得首批次应用保险费用80%的补偿资助。在此基础上，推荐上海优秀新材料产品进入下年度国家重点新材料首批次目录，至年底，协会已征集到近60个项目。

三、开展上海新材料产业发展重点方向系列专题研究

编制完成《2017年上海市新材料产业发展研究报告》和《2018上海新材料产业发展重点方向》等行业研究报告；撰写“2018上海制造业转型升级发展报告（新材料部分）”“上海新材料领域产业突破方向”等各类专题报告近10篇。

编制上海市新材料产品统计手册和目录。原国民经济发展统计目录中，没有新材料这个目录，2018年工信部开始启动新材料统计目录编制工作。上半年在征求各地行业协会意见时，协会提出许多有参考价值的建议，受到工信部好评。协会还联合市统计局完成上海市新材料产品统计目录（第五版）和统计手册的编制工作。

确定2019年度新材料发展重点支持方向研究。聚焦信息技术、航空航天、新能源、高端装备及军民融合、节能环保及绿色化工材料、石墨烯应用和高温超导等重点应用和前沿领域，组织专家论证，编制完成《2019年度上海市首批次新材料支持指南》和《2019年上海市工业强基专项（关键基础材料）重点方向》。据统计，全年共征集到近30个工业强基项目，为市政府精准施策提供了有力支撑。

四、参与调研与启动重大示范工程和重点项目

协会参与市经信委根据市政府要求加快稳妥推进公里级高温超导电缆示范工程建设的调研与启动工作（2019年2月已正式启动）。该示范工程由上海电缆研究所公司、国家电网上海电力公司联合牵头筹建，将选址上海用电密度最高、负荷最大的徐汇区商务圈进行应用示范，建成后为高温超导电缆在电网中的应用推广提供重要验证平台。

在工信部和市经信委指导下，上海商飞集团牵头成立民机材料产业发展联盟，并获批工信部航空新材料生产应用示范平台。协会围绕商飞集团对民机材料需求，有针对性地组织新材料企业与航空领域应用对接。年内，上海特一新材料、宝钢特钢等企业已完成商飞供应商资格认证，上海石化、华谊集团等正与商飞集团研究开展战略合作。

在上海化学工业区成立上海化工新材料创新中心。中心规划的化工新材料创新基地将围绕科创研发、成果转化、科创服务三大板块，吸引、集聚国内外一流化工科创人才，目标建成为国际一流的绿色生态综合创新基地。

五、上海市新材料产业高技能人才培养基地顺利通过复评

经人社局批准，建立上海市新材料产业高技能人才培养基地。基地先后开发“粉末冶金压烧”“纳米浆料配制”“材料老化性能检验”“纳米母粒制备”和“纳米乳液乳化”等5个专项职业能力培训项目，承接市教委15位中职教师赴企业实践任务，完成教案改革方案、总结和答辩，得到派出学校的认可。基地还成功开办“石墨烯在战略性新兴产业中的应用”和“3D打印在上海先进制造业中的应用”两个高级研修班。在市职业技能鉴定中心指导下，上海新材料职业技能鉴定所健全制度建设，并完善师资培训，在市人社局组织的评估中，基地通过考核评估合格和绩效复评。

六、提供展会论坛专业平台，促进企业产学研活动

协会联手上海工展公司，动员企业参加第二十届“工博会”新材料展，一批能替代进口的核心材料和前沿材料集体亮相，使“工博会”新材料展更具特色。协会共有11家企业产品获“工博会”新材料展奖项。这次“工博会”新材料展首次召开新闻通气会，现场回答《解放报》《文汇报》等主流媒体记者提问，取得很好的宣传效果。9月，协会组织21家企业参加第五届中国国际新材料产业博览会，上海展团重点展示“航空材料、汽车轻量化”等新材料领域的研发制造水平。上海参展企业共获得5项产品金奖，市经信委和新材料协会分别获得优秀布展奖和优秀组织奖。

协会应邀参加上海应技大材料学院校企合作教育教学交流会，借助高校人才与科研资源为会员单位提供服务平台。还协同举办第四届中国石油与化工可持续发展论坛、G60科创走廊·青春松江新材料产业发展论坛、上海市新材料协会水性材料专委会成立筹备会暨杭州湾开发区产业发展推介会以及在广州举办第十三届中日尖端芳香族高分子研讨会。不仅开展沪渝、沪穗新材料产业交流活动，还专程前往宜兴高新经济区、盐城经济开发区和泰州经济园区实地走访调研，加强珠三角、长三角地区新兴产业的联动发展。

七、提供多形式服务功能，助推中小企业健康发展

按照国家《关于开展质量提升行动指导意见》部署，上半年牵头制订《上海新材料品牌评价基本要求》的团体标准；制定和修订《车用粉末冶金同步器齿毂》《除尘器用塑烧滤板》《聚乳酸生物基含量测定》三项团标及《上海市重点产品质量监控目录》。根据市商务委要求，开展上海新材料产业安全预警工作，对预防产能过剩及国外同类产品倾销起到积极监控作用。

协会深入走访逾100家企业，调研听取意见，为企业政策宣贯、答疑解惑；为企业推荐知识产权服务并申请多项发明专利；请检测设备服务单位上门服务。帮助企业转变观念开拓市场，如帮助库贝化学（上海）公司打通产品销售“瓶颈”；协助功能高分子研究所解决好几吨废弃化学原料处理问题。还牵头组织上海石化碳纤维课题组与碳纤维专用树脂生产企业、复合材料制造企业以及风电、新能源汽车、大飞机等下游用户开展一对一的交流对接，为推进上海碳纤维全产业链提供支持。协会与上海石化、卡贝尼等8家会员单位签订深度服务合作协议。协会作为市中小企业服务中心的工作机构，已建立政府与行业协会为企业服务的联动机制，通过走访调研和诉求收集，提高为中小企业精准服务的水平。

八、加强规范化建设，促进协会工作再上新台阶

以建立会员项目数据库、开设微信公众号、发展新会员（全年共吸纳30家新会员企业）等为抓手，扩大协会知名度和影响力。在《新材料》杂志和网站上向大家介绍新会员风采，增强会员的荣誉感和凝聚力。同时，协会坚持抓党建促会建方针，发挥协会党支部和党员保驾护航作用。努力按照上级关于加强行业协会职业化、专业化、年轻化的要求，加强协会人员的学习与培训，优化秘书处人员配置，做好协会工作的传承积累，继续在服务管理制度化、系统化、市场化上下功夫，追求高效和可持续的发展模式。

（魏安卿）

上海电子商会

上海电子商会（上海电子制造行业协会简称“商协会”）成立于2002年4月，现有会员单位280家。由上海市从事电子业制造、服务、采购经销企业，相关大学、科研院所、信息中心以及协会、学会等单位自愿组成的地区性跨部门、跨所有制的行业社团组织。商协会下设流通分会、绿色照明应用专业委员会、智能安防专业委员会、智慧园区产业服务专业委员会、大健康产业专业委员会、专家委员会、中小企业沙龙等分支机构，具有较强的行业代表性和广泛的行业基础。

2018年主要工作：

一、开展主宾月企业活动，为会员单位提供多元化精准服务

根据开展“主宾月企业”活动的目的意义，依据中小企业需求，商协会从解决主宾月企业在发展中碰到的难点和热点问题入手，创新服务模式，旨在为企业可持续发展提供便利、提供平台，突破发展瓶颈，解决实际困难，并为其创造更多服务价值，做好精准服务，满足企业需求作了探索。

同时，结合主宾月企业的主营业务，提供定制化的解决方案，组织业务对接活动近百次，并为“主宾月企业”与相关企业增加业务机会过亿元。更重要的是提升“主宾月企业”管理水平和企业的市场竞争力，为企业发展带来新的生机，精准服务成效也逐渐显现。

二、以专家等为抓手，为会员单位提供专业化服务

以专委会为抓手，加强专委会平台建设。专委会活动采用请进来走出去，以专题论坛、产业对接、参观考察学习的活动形式，组织专业研讨活动，促进行业交流。全年专委会开展各类活动24次，其中：开展绿色照明应用专委会主题活动5次，有170家企业/190人次参与。开展智能安防专委会主题活动5次，有180家企业/250人次参与。开展智慧园区产业服务专委会主题活动11次，有120家企业/1000人次参与。大健康产业联盟专委会主题活动3次，有80家企业/90人参与。

注重发挥专家、指导老师作用。商协会通过专家与指导老师共同参与“绿照、安防、智慧园区、大健康”四个专业委员会及“主宾月企业”各项活动为着力点，广泛融入商协会各领域服务平台，为企业困惑提供有益咨询和指导。

三、开展各类培训，为会员单位提供个性化服务

举办政府项目申报个性化培训有：大健康养老知识培训（3次）；智慧城市建设培训（11次）；节能技术培训、节能减排（JJ）小组活动培训（各17次）；专业技术职称申报培训（2次）；人才咨询管理培训（3次）；智能安防培训（5次）；绿色照明主题培训（5次）；财经浦东频道新闻录制培训（1次）及举办政府项目申报个性化培训、各类咨询逾百次，基本满足不同会员单位、不同层次、不同对象的企业需求服务。如，有11家单位申报2018年节能减排（JJ）小组活动，申报项目50项，项目参与人数168人，组建节能减排（JJ）小组活动50个。2018年举办节能减排培训班17期，参与人数1060人，培训单位211家。再如开展人才服务培训。据统计，通过商协会申报的专业职称人员，2018年度职称评审结果：高级职称187人通过评审，其中：高级政工师14人，高级经济师10人，高级工程师142人，正高级工程师21人；中级职称301人通过评审，其中：政工师28人，工程师273人。为贴近企业实际，根据企业不同需求，组织专家提供个性化培训，为培育和助推中小企业创新发展，发挥了桥梁和纽带作用。

四、深入走访调研，提高服务精准性

为做好中小企业的服务，提高中小企业服务精准性，商协会充分发挥桥梁和纽带作用，积极推动中小企业的发展。一是召开中小企业诉求座谈会。二是召开中小企业《创赢未来》录制影像准备工作说明会。三是走访会员企业。全年走访会员企业111家，通过调研走访，深入了解会员单位的生产经营状况及其发展需求问题，有效促进了商协会服务水平的提升。

（李　瑾）

上海市信息服务业行业协会

上海市信息服务业行业协会成立于2001年1月，现有会员单位300多家，是由上海市信息服务业企业上海电信、移动、联通、百度、腾讯、携程、盛大、大众点评、陆金所等企业自愿组成的非营利性社会团体。协会设有6个专业委员会、2个中心、6个联盟。协会以服务企业、规范行业、振兴产业为宗旨，维护信息服务行业的市场秩序和会员单位的合法权益，促进信息服务行业健康发展。

2018年主要工作：

一、行业促进和产业活动

6—9月，协会配合2018世界人工智能大会相关宣传工作，包括与媒体对接赛事信息，策划专题报道，以及动员和组织上海自媒体联盟30多位自媒体人参观世界人工智能大会及展示区。另外，着重参与2018世界人工智能创新大赛的策划与实施，包括项目征集与报名，赛事咨询、联络和相关宣传工作，以及举办两场赛事活动，分别是2018世界人工智能创新大赛SAIL发布会、2018世界人工智能创新大赛颁奖典礼AIWIN之夜。共有156家媒体参与报道，信息推送共计234篇。

8—11月，协会策划与组织2018上海市产业青年创新大赛，全程参与赛事策划、报名动员、专家邀请、组织决赛答辩与举办大赛颁奖仪式，以及相关宣传工作和赛事平台搭建工作的对接与沟通协调。大赛共有264个项目参与报名，最终评选出金奖10个、银奖20个、优秀项目奖23个、优秀组织奖9个。

9月，协会参与2018无线电管理宣传月，主要参与宣传工作，包括围绕“电波无形，管理有序”的主题设计制作宣传海报，并在人流密集的地铁枢纽站，如世纪大道站、人民广场站、虹桥2号航站楼站等10个宣传灯箱位置投放活动主画面，获得较好的宣传效果与传播效果。

11月29—30日，协会参与策划和举办首届全国新型信息消费大赛工作推进会，包括会议邀请、会务咨询、会议材料的制作等。会议期间，协会接待近100位各省市相关政府主管部门领导和官员参与工作会议和企业考察。

12月6—12日，协会策划与组织2018上海智慧城市体验周，围绕“AI时代的智慧城市”主题，在全市开展综合活动、评选活动、体验智慧应用活动、高峰论坛、培训宣讲、现场观摩、路演、互动交流等各类高质量活动31场。总计超过50家主流媒体，以及10家自媒体参与媒体宣传，全市信息覆盖量达到千万以上。形成多渠道多维度的立体式报道，引起社会广泛共鸣。

协会还牵头组织开展“智慧为老”服务系列活动，联合上海联通、市民云、华为等行业内领军企业参与和支持“智慧为老”服务，举办相关社区讲座和主题活动312场，覆盖全市各区，惠及银发人群18522人次，构建一支30人规模的志愿者讲师队伍，并仍在不断扩大。

协会起草拟订上海市信息无障碍联盟章程，以及与美团共同启动“无障碍服务三年行动计划”公益项目，并积极与会员单位沟通协调，为残障人士共享上海城市与社会发展成果献计献策。

二、做好会员服务工作

协会组织会员单位参加各项活动，主要有邀请10余家企业赴闵行区马桥镇参加人工智能企业座谈会；组织20余家会员单位参加2018上海科创企业大会，组织50余家企业参加“上海智慧城市定向赛”等。

举办11场C＋沙龙主题活动；组织陪同贵州赫章县领导，调研考察上海浪擎信息科技有限公司、新新贷（上海）金融信息服务有限公司、上海商派网络科技有限公司等企业；组织会员单位参加协会举办的政策解读会；组织会员单位博拉网络股份有限公司、上海新共赢信息科技有限公司（凹凸租车）、上海攒安网络科技有限公司等企业赴中小办作“入驻企业云”工作汇报。

2月，协会召集上海找钢网信息科技股份有限公司、上海波克城市网络科技股份有限公司、上海悦易网络信息技术有限公司（爱回收）、上海碧虎网络科技有限公司、上海邻趣网络科技有限公司等会员单位就企业在营商环境中面临的制度性成本等问题召开座谈会。全年，协会吸收新会员单位39家，新观察员单位31家。走访会员单位68家。

三、加强协会党建工作

深入学习贯彻党的十九大精神，切实加强党性党纪教育。组织党员参观四大纪念馆、参观“五一口号”展览会、组织观看改革开放40周年纪念大会。向每个支部发放《中国共产党支部工作条例》，向每位党员发放一本《习近平新时代中国特色社会主义思想》一书。组织开展党员民主评议工作等。

配合市网信办、市社会工作党委，推进上海互联网企业党建工作联席会议制度建设。6月20日起，协会党委每两月出版一份互联网企业党建工作简报，发放给联席会议成员单位，并报送市网信办等有关部门。年内共出版4期，发表文章86篇，受到成员单位的欢迎。

协会党委与闵行区马桥镇党委、人民网上海频道党支部共同签署《马桥镇区域化党建共建合作协议》，三方将在共抓党的建设、共商区域发展、共推社会治理、共同服务群众、共建文明城区、共育先进文化和共促人才成长等7个方面进行党建共建的合作。

召开庆祝中国共产党成立97周年暨表彰大会，表彰“先进党支部”“优秀党员”。6月29日，协会党委在四大纪念馆举行庆祝中国共产党成立97周年暨表彰活动，50多名党员参加。

对党员队伍实行动态管理。及时告知党员组织关系转接信息，并跟踪转接关系的后续情况，督促有关党员及时将自己的党组织关系转移到新的党组织，做到纸质介绍信和网络转移同步进行，及时更新信息，保证党员组织关系顺利变动。

（贺　静）

上海市通信制造业行业协会

上海市通信制造业行业协会成立于2002年3月，是上海市通信制造业行业企事业单位自愿组成的跨部门、跨所有制的非营利的行业性社会团体法人。协会下设移动终端、IPv6等专委会，并建立各专业领域的专家库，其成员为市内各高校、大型研发机构和生产企业中的资深专家和高级研究员。现有会员单位100余家。

2018年主要工作：

一、服务政府，建言献策

协会完成3项课题编制，分别是“2018年新形势下通信领域贸易壁垒影响与对策分析”“2018年上海5G产业发展报告”“浦东新区通信产业发展年报”，并参与《宝山区智能硬件产业发展规划研究》部分编制工作。承接课题密切了协会同政府的联系，更为全面把握行业发展最新态势，观察行业形势、动态，挖掘新兴技术与产业，为行业下阶段发展提供有益建议。

配合市经信委、市科委、市商委、浦东新区科经委、徐汇科委、嘉定科委等等政府部门参与各类规划、目录编制及组织专家开展行业预判与论证工作。协会组织及参与的专题会议有：通信行业政策解读会、“新型城域物联专网建设导则”专家会、贸易摩擦座谈会、通信行业5G专家研讨会、浦东工业强基工作交流会等，及时提供行业发展方向、趋势及新技术产品等信息，搭建政府与企业沟通桥梁。

发挥协会作用，助推长三角一体化发展。对接江苏省南通市、江苏省高邮市、江苏省东台市、浙江省平湖市、安徽省巢湖市，在5G、智能制造、新能源等领域开展广泛交流与合作，建立协同发展创新模式。协会还根据行业转型升级态势，结合会员发展需求与四川省宜宾市、绵阳市开展战略合作，为会员提供制造中心布局建设。

二、服务行业，扩大影响

按照协会工作计划安排，开展46次研讨、培训、座谈等专题活动及NEPCONCHINA2018、台北电脑展、2018亚洲消费电子展、2018世界通信大会（上海）、“上海之帆”一带一路经贸巡展5次大型展览展示活动，其中按原有计划执行开展工作为26项、结合行业热点、会员需求新增工作为25项。

在核心部件受制于人的缺“芯”情况下，协会成立“422工作小组”，确定“三纵三横”的长期研究战略，围绕通信网络设备、智能终端、光通信设备等领域的核心部件情况，先期重点针对智能手机终端领域中的核心芯片供应链情况进行调研，分“空白、国产替代、追赶”3个层面进行研究，期望形成有关清单，为行业和政府有关部门提供参考作用。对近年来行业主要面临的贸易壁垒及影响，积极配合市商务委开展“2018年新形势下通信领域贸易壁垒影响与对策分析”，做好产业预警监测工作。

协会持续关注行业热点亮点，贯彻落实习近平总书记“支持长江三角区域一体化发展并上升为国家战略”重要指示精神，在市经信委指导下，成立上海和长三角5G创新发展联盟。两个联盟皆由从事5G相关标准及技术的研究、开发、服务的企事业单位、院校组成，都将作为政府与企业间沟通的桥梁和纽带，围绕5G发展的重点领域和关键环节，坚持创新驱动、加强统筹协调，以集成优化资源配置为核心，以建立健全产学研用协同创新机制为手段，汇聚和整合通信及相关行业优势资源，聚焦政策和战略研究、关键共性技术研发、标准体系和应用示范建设、5G产业化推广、学术交流和国际合作等重点内容，协同开展工作。

协会继续作为上海之帆“一带一路”经贸巡展组委会副主任单位之一，参与主办经贸巡展系列活动，帮助参展企业搭建拓展海外市场的经贸互动平台。9月，组织电子信息领域企业至立陶宛、白俄罗斯、乌克兰三国参展，集中展示上海电子信息领域企业整体实力。于进博会期间在商务部贸易救济调查局指导下，共同参与组织以“‘一带一路’倡议下的产业国际合作与竞争力提升”为主题的2018年产业国际竞争力合作论坛，协会及来自中国、美国、瑞士、俄罗斯、印度等地的行业组织、龙头企业及研究机构的代表共同发表了产业国际竞争力合作倡议，推动产业国际合作的愿望，帮助上海通信行业拓展海外市场，提升国际竞争力。

三、服务企业，凝聚会员

协会广泛服务于业内企业，通过基础工作的服务换取各级企业的信任，每周汇编发放信息至理事单位及会员单位；通过每月的简报和协会网站信息发布使会员单位了解协会动态；协会定时更新微信公众平台，开展好对接工作；协会作为上海市进出口公平贸易行业工作站、上海通信制造产业安全预警监测站，创新工作形式和服务功能，形成季度简报和年报材料，及时分析行业贸易动态，推动行业健康发展。

协会通过实地走访、书面征询等方式开展270次调研工作。根据企业个性化需求做好对接服务，如汇珏和煜鹏、恒玄和易景之间的技术产品对接；奇力浦和寰创的应用合作方案对接；协助拓自达公司产品在智能终端领域零部件的推广。7月，协会携手理事单位与德创营·万物工场联合主办“让资本看见你——种子计划”投融资路演活动，邀请5个优秀项目、10多家投资机构共同参与。此外，协会从人才、品牌、商标等领域，为10多家会员单位出具行业推荐意见。

在市经信委电子信息产业处的支持下，协会继续做好行业统计与经济运行分析工作。定期开展月、季度统计报表及经济运行情况的收集工作，把握核心会员单位情况，摸清家底，并于年内召开统计联络员相关会议，对2018年年报收集整理及进行编辑审核。做好本领域电子信息百强企业的推荐与申报服务工作。

四、自身建设，规范务实

加强协会自身建设，会员发展稳步递增，全年发展企业数22家，会员发展率达到近20%，其中有1家单位（易景信息）申请担任协会副理事长单位，1家单位（广电通信）申请担任协会理事单位。按照章程之规定，协会于4月召开第五届第三次会员大会、第五届第五次理事会。

进一步加强协会与市商务委、市工经联的合作对接。12月，获得由市商务委、上海产业安全监测与预警研究中心颁发的“2018年度产业安全预警监测”优秀服务奖；在改革开放40周年之际，协会积极参与市工经联举办的“勇于创新——上海工业改革开放40年500例图片展”活动，提供行业会员及协会自身在发展中的相关成果素材，进一步宣传和扩大协会影响力。

3月，协会工作人员赴杭州开展为期3天的“团队建设·拓展训练”活动。活动期间，恰逢协会成立16周年纪念日，大家开展以回首及展望为主题的恳谈交流会。真诚的谈心与互动拓宽了彼此间的认知和感悟，深刻感受到了沟通的重要意义。同时，还拜访阿里巴巴西溪园区，就广域物联网业务含NB-IoT和LORA技术及应用开展合作与产业对接。

五、党建引领，夯实基础

协会党支部以学习党的十九大精神为主线，强化学习型党支部的建设。通过微信、双月简报及时发布中央、上级党委的文件精神、工作要点；严格执行“三会一课”制度，健全党的组织生活。要求党员关注社会经济形势和行业形势，对照年度计划，将服务工作向深度、广度和精度提升；认真组织党员收看《我是党员》教育系列纪录片。学习典型模范事迹，要求党员干部时刻起到带头作用，在服务企业和服务群众的道路上永不懈怠。

推进“党建＋公益”，履行社会责任，持续开展各类党员活动。春节前夕，支部与理事长单位晨讯科技集团一起为绿五居委的两户贫困家庭送上食品和慰问金。3月，组织党员和部分企业到奉贤区庄行镇腾行路生态林地开展植树公益活动。8月，协会党支部牵头，携手光大证券、工商银行上海分行营业部党支部和团委、暖暖公益，以“3+1”的模式联合举办“特儿湿拓画制作公益活动”。11月，支部代表参加市工经联党委组织的“不忘初心，牢记使命”遵义考察学习班。11月21日，支部参加上海临空园区党委配合长宁区交警开展的“服务保障进博会，文明出行是我责”主题实践活动。

传承红色基因，提升教育实效。3月21日，党员参观一大会址纪念馆，再次重温入党誓言词，深刻感受共产党员崇高的理想信念和光荣的责任义务。6月23日，党建工作站党员和协会工作人员近20人到嘉兴南湖参观学习，追溯红色记忆，感受红船精神；组织全体党员参观“勇于创新——上海工业改革开放40年500例成果展”，了解了通过改革开放给上海工业带来的巨大变化和新时代上海工业打响“上海制造”品牌的新目标和新举措。

（孙逸瑾）

上海市集成电路行业协会

上海市集成电路行业协会成立于2001年4月，现有各种所有制会员单位586家。协会下设设计、制造、封装测试、设备材料、智能卡、智能传感器6个专业委员会。为上海市从事集成电路设计、制造、封装、测试、智能卡及其设备材料和其他直接相关的企事业单位自愿参加并组织起来的，不以营利为目的行业性社会团体法人。

2018年主要工作：

一、配合政府做好中美贸易摩擦应对工作

4月，中兴事件爆发，引起全国高度关注。5月16日和6月26日，常务副市长周波二次召开由市发改委主办的“2018−2025上海集成电路自主创新发展行动方案”会和市经信委主办的“上海集成电路产业发展三年行动方案”会。协会应邀参加，反映企业的诉求和建议。

4月24日—7月5日，协会先后配合国家发改委、商务部、市发改委、经信委、商务委、海关、召开各类座谈会，走访调研企业10余次。4月31日，协会向市发改委上报《上海集成电路产业的情况报告》。5月1日，上报《上海聚焦发展关键核心芯片企业及产品的情况》。5月26日，协助市发改委进行《2018−2025上海集成电路自主创新发展行动方案》修改讨论。6月8日，协助市经信委进行《上海集成电路三年行动方案稿》修改。6月22日，协助海关归类分中心就中美贸易摩擦500亿清单，600亿主动加征关税进行集成电路行业范围内的调研。向中芯国际、华虹宏力、中微等具有代表性的集成电路生产企业了解所受影响。并向海关总署归类分中心、上海海关关税处上报18家上海集成电路企业“美国贸易制裁受影响”调查汇总表。7月4日，根据市商务委公平贸易处及服务处的要求，对全市出口企业受贸易摩擦影响情况开展全覆盖式调研，针对500亿元加征25%关税，2000亿元加征10%关税的67家企业调查表汇总后上报。

6月，协会向市商务委上报《上海集成电路行业中美贸易摩擦面临问题及需采取的措施》专报。反映中美贸易摩擦对产业的影响，提出应对策略和政策需求。

10月，向市商务委上报《2018年上海市集成电路行业国际贸易政策分析及摩擦应对建议报告》，分析国际经贸政策变化对上海集成电路企业发展影响，提出应对措施及建议，得到市商务委的高度评价。

11月，协会以上海市集成电路行业协会进出口公平贸易行业工作站名义，向市商务委编制报送《2018年上海集成电路行业外贸环境动态监测简报》三期。

受市发改委委托，配合国家发改委就业和分配司就中美贸易摩擦对上海集成电路企业用工及就业影响进行调研，整理相关材料向国家发改委专报。

二、协助政府做好集成电路产业政策落实工作

为贯彻落实国家和上海市关于进一步鼓励软件产业和集成电路产业发展的相关政策，受市发改委、经信委和市税务局委托，开展申请2017年度国家规划布局内重点集成电路设计企业备案工作，有17家企业通过，使这些企业可享受企业所得税10%的优惠税收。

协助市经信委、市税务局为63家集成电路企业出具第三方评估意见。其中设计企业55家，制造及高端装备企业8家，使企业可享受企业所得税二免三减半等优惠政策等资质。

配合市经信委、市财政局开展2017年度上海市软件和集成电路企业设计人员专项奖励工作。组织企业申请奖励，最后通过企业63家，3829人共计享受奖励金额5128.1万元。协助市经信委组织企业申报2017年度首轮流片补贴，有2家企业合计得到补贴798万元。为做好上海证券交易所设立科创板试点注册制的准备工作，帮助15家拟挂牌上交所科创板的优质企业名单，推荐上报相关主管部门。

协助市经信委、市财政局、市发展改革委，组织开展2016年度软件和集成电路企业核心团队专项奖励的申报审核工作。复旦微电子、华虹宏力、中芯国际三家企业19人获奖402万元。

组织企业参加市税务局、市财政局、市经信委和市发改委联合举办的“软件和集成电路产业企业所得税优惠政策宣讲会”。为优化营商环境，对软件、集成电路产业企业优惠事项网上办理，实现企业办事“零次跑”。协会组织70家企业80余人参加的培训会。

协助商务部服贸司开展“知识产权使用费进口情况问卷调查”。组织重点领域一批企业开展2017年知识产权使用费进口情况问卷调查。

三、开展课题研究，为政府决策和行业发展提供依据

完成《2018年产业报告》的出版，共印刷1500册；编制并发布《2018年上海集成电路产业白皮书》。完成市发改委委托的“上海市集成电路关键核心芯片发展研究及评价”和“国家规划布局内重点集成电路企业评估”课题。完成上海市张江高新技术产业开发区管理委员会委托的“张江示范区集成电路产业政策需求调研”“张江示范区集成电路产业政策评估分析”课题及上海市张江科学城建设管理办公室《张江科学城集成电路产业发展报告（2017年度）》；协助上海海关加贸处完成“精准画像”课题研究报告；接受芯鑫租赁公司委托开展封装设备评估课题。

四、积极开展各类交流活动，搭建国际合作平台

组织动员会员企业参加2018年进口国际博览会动员会。1月17日，协会召开集成电路行业“2018年进口国际博览会动员会”。34家相关外资集成电路装备企业负责人参会。11月5—10日，协会和SEMI合作推动国际半导体厂商组团参展进博会，搭建700平米集成电路专区，集中展示半导体产业的先进技术与国际协作产品等。

12月11日，由工信部、市政府指导，中国半导体行业协会、中国电子信息产业发展研究院主办的“首届全球IC企业家大会暨第16届中国国际半导体博览会（IC China 2018）”在沪开幕。12月12日，举办6场分论坛，突出专业，专注特色，为新技术、新产品落地和产业链协同合作搭建平台。与大会同期举办的第16届中国国际半导体博览会（IC China 2018），共设立半导体设计、半导体制造封测、设备材料、创新应用、分立器件、高端芯片和推广应用六大展区，参展企业达200多家。其间，还成功举办“2018年海峡两岸（上海）集成电路产业合作发展论坛”，推动两岸半导体“共展共赢”。

6月15日，协会和上海集成电路产业投资基金携手，举办“聚焦高端芯片，形成自主可控的产业集群”高峰论坛。邀请紫光展锐、兆芯、复旦微电子、芯原、深迪、博通、高云、华大、寒武纪，九大细分市场领域的龙头企业为加快上海高端集成电路的本土化进程建言献策。集成电路应用的系统厂商、金融投资机构和产业链上下游相关企业的领导200余人参会。

协会特邀半导体龙头核心企业海思深圳半导体有限公司，于7月27日召开上海集成电路产业界“论道芯片产业，共话关键芯片自主之路”行业研讨会。就国内外芯片发展趋势与现状，如何提升关键芯片自主设计研发能力；构建芯片制造产业格局为中心；芯片EDA仿真技术与IT解决方案实践；华为IT产品的芯片战略等问题进行研讨沟通。为上海集成电路企业，共享关键芯片自主研发战略布局，进一步加强产业链上下游发展的战略合作搭建平台。共124人出席会议。

5月16日，由全球半导体联盟（GSA）主办，协会（SICA）协办的“2018年全球领袖高峰论坛”在上海半岛酒店举办。论坛邀请超过100家海内外顶尖企业，杂志，以及前美国总统欧巴马科技顾问等全球200余位知名企业家、专家、重量级人士讨论半导体开发的趋势，如何与系统设计日益融合；以及未来的系统将如何利用半导体来实现创新；半导体公司需要解决哪些问题以实现系统的未来等议题。

3月，召开30余位本土材料企业代表参加的共同推进国产半导体材料和设备企业成长，推动国产IC材料和设备企业的发展会议。6月，在苏州晶瑞股份有限公司召开“长三角国产IC材料与设备企业联合推进会议”。9月，协会设备材料专委会与上海新阳、浦东科投在上海半导体装备材料基金公司，召开“长三角国产IC装备与材料企业联合推进会议”。

此外，组织召开“2018集成电路 & 核心元件创新应用及授权渠道高层交流会”“上海市集成电路行业协会EHS沙龙”“2018质量月行业质量工作专题会”“2018张江集成电路企业领导沙龙”“智能传感器与物联网技术和应用”高级研修班等。

五、积极与政府部门沟通，做好会员企业服务工作

协会与上海市中小企业金融担保中心合作，推出“集成电路”专项政策性融资担保服务。为中小微企业提供融资担保服务，15家企业获得贷款。

转发市经信委、市财政局关于《上海市技术改造专项支持实施细则》《组织实施2018年度上海市高端智能装备首台突破和示范应用专项》《关于开展2018年上海市产业转型升级发展专项资金项目申报的通知》《关于开展2018年上海市产业转型升级发展专项资金项目（工业强基第一批）申报工作的通知》等文件，并组织企业申报。使中颖电子等3家会员企业获得2018年上海市产业转型升级发展专项资金（工业强基第一批）支持。上海微电子装备的“SSB500/28B先进封装光刻机获得2018年上海市高端智能装备首台突破和示范应用专项资金支持。安路信息等10家会员获得2018第二批市人工智能创新发展专项支持。翱捷科技等14家会员企业获得2018年度软件和集成电路产业发展专项资金支持；恒玄科技、圳呈微电子获得2018年度集成电路设计企业首轮流片专项资助。

协助上海海关关税处进行“2018年度关税调整调研”工作。提交中微、新昇、上海微电子装备等3家企业税则修订调整建议。还为一批会员企业解决海关方面的实际问题。为中芯国际、华虹宏力、华力微电子等3家公司解决“减免税申请无纸化操作”问题；为途擎、Mentor、华大半导体、宏茂微电子、伟测半导体等企业提供进出口付汇、暂时进出口、设备进出口关税、增值税优惠政策等方面的咨询；协调钜泉光电进口光罩缴税流程的问题；为东软载波解决测试机归类进口申报有误导致补税问题；为慧瞻协调旧气体钢瓶进境备案与海关最新系统冲突导致货物滞港问题；为星科金朋协调搬迁江阴加工贸易核销数量差导致补税问题。

六、开展人力资源和培训等方面工作

开展集成电路高技能人才培养工作。全年培训人数748

人，完成率93.5%。新增人才培养项目4个立项，9个项目完成验收。开展行业集成电路专业中高级职称评审工作。4月28日，经市人力资源和社会保障局批准，同意华虹集团成立“上海市工程系列集成电路专业中高级职称评审委员会”。10月10日，向第一届上海市工程系列集成电路专业中高级职称评委会52位专家发放聘书。受理中级职称评审148人；高级职称评审83人。最后被批准评上中级职称131人，高级职称77人。

2月7日，召开“集成电路行业人力资源工作会议暨职称申报政策宣讲会”。对人力资源负责人进行职称申报、人才培训、设计人员专项奖励3个方面政策进行宣贯。35家会员企业HR相关负责人参加会议。

5月10日，协会与中智咨询中心合作，召开“2018年人力资源数字化中智集成电路调研启动会”。中智咨询调研中心执行总监作“HR数字化决策2018”的主旨演讲，从企业人力资源决策数字化、员工体验数字化运用两个维度进行解读。浦东新区组织部人才处对《浦东人才发展35条》进行宣讲。70位企业HR代表参会。11月28日，召开“2018年集成电路行业薪酬调研成果发布会。”分析2018新政带来的影响，对HR关心的行业人才流动趋势、薪酬趋势解析以及研发人员的激励与绩效考核情况。

（孙美玉）

上海市软件行业协会

上海市软件行业协会成立于1986年6月，是中国最早成立的软件行业协会之一，下设软件质量管理与过程改进、软件服务、软件知识产权、嵌入式系统与软件、开源软件和教育软件6个专业委员会。现有会员单位超过1500余家。协会遵循“行业代表、行业服务、行业自律、行业协调”的宗旨，根据政府主管部门的授权或委托，按照公开、公平、公正的原则承担行业管理职能，积极开展各项活动。形成服务企业、软件工程规范和行业自律的工作特色，为推动软件产业的发展竭诚服务，获得政府、企业和上级协会的认可，连续10年被中国软件行业协会评为“先进行业协会”。

2018年主要工作：

一、规范运作、优化服务

优化服务体系。协会修订发布《会员服务手册》（2018版），进一步优化服务体系。新增会员单位295家。

规范机制运作。协会召开1次会员代表大会、两次第七届协会理事会，报告协会运作情况、财务情况及重大事项，并与会员单位分享“听党话、跟党走”的体会。

强化信息推送。协会创建专属微信群为理事会成员单位提供优质、便捷的会员服务；推出12期《上海市软件行业协会最新动态》，将协会活动和产业发展的最新信息推送到会员单位；“上海软件”微信公众号发布微信178条。

二、研究产业、宣贯沟通

开展产业研究。协会持续加强政策研究，参与政府政策研讨，修订编撰《软件企业研发费用加计扣除操作参考》；编撰出版《2017上海软件产业发展报告》《2017浦东软件产业发展报告》等，完成若干政府课题研究。

出版论文专集。编辑出版《2018年软件工程论文专集》，涵盖人工智能、云计算、大数据、信息安全、测试技术等多个热门领域论文近30篇，集中反映上海软件的优秀创新成果。

开展政策宣贯。协会支持主管部门开展优惠政策宣讲会；开展软件企业加计扣除专题培训，并走进浦东、青浦等区和重点企业开展政策宣贯。

做好沟通桥梁。协会参与主管部门开展企业大调研活动，走访近50家软件企业，倾听企业诉求；协助市经信委开展软件企业人力资源供给专题调研，提出相关建议；配合市经信委召开骨干企业和出口企业座谈会，了解宏观经济形势变化等的影响。

政策服务支撑。协会开展软件企业所得税优惠核查工作和软件设计人员专项奖励工作；配合市商务委开展软件产业安全预警并协助完成《上海产业安全预警简报》，获得市商务委颁发的优秀服务奖。

三、行业自律、咨询服务

发布团体标准。协会联合16家骨干软件企业共同制订发布《软件企业核心竞争力评价规范》（T/SSIA0001—2018）。在会员中开展2018年软件企业核心竞争力评价活动；联合相关企业院校，制定发布《区块链技术安全通用要求》（T/SSIA0002–2018）；协会联合宝信等制定的《工业软件数字化热轧工厂规范》被列入上海市标准化试点重点项目名录。

开展评估评价。协会为会员单位提供免费的“双软”等评估评价服务，促进软件企业和产业有序健康发展。全年共评估软件企业超500家，软件产品超5000件；经中软协授权，协会开展“中国软件和信息服务业企业信用评价”工作，服务72家企业；协会还开展软件项目开发价格评估服务。

代理软件著作权。协会坚持会员优先、优惠、快速响应、专业服务和“一条龙”服务4项原则，代理软件著作权

1200余项，比上年增长20%。

做好“知识产权诉中调解”。协会继续应上海知识产权法院（市三中院）要求，开展“计算机软件开发合同纠纷”和“侵害软件著作权或专利纠纷”等涉及知识产权案件的诉中调解工作。共调解19件案件。

做好咨询服务。协会为数十家会员企业提供推荐与辅导服务，帮助会员企业累计获得各项资助超千万元和各项资质、荣誉数十项；协会开展创业辅导服务，为园区企业提供产业政策宣传、企业技术产品上下游对接合作、专项资金申报、投融资对接等无偿服务。

四、建设基地、培养人才

建设高技能人才培养基地。协会开发完成3项课程开发和设施设备的建设，开展5期培训，共培训500余人；协会承建的高技能人才培养基地通过市人社部门的考核与评估。

开展专题培训。协会开展项目经理人的管理思维与职业发展、专业论文撰写与发表、从技术人员迈向成功管理之路、Java敏捷开发等涵盖11个主题的系列培训，累计培训1000人。

完成中高职教师实训。协会作为市教委的职业教育基地，共为22位中、高职教师提供了企业实践实训服务，受到市教委的表彰。

做好世界技能大赛选手培养。协会作为技术支持单位成功保障第45届世界技能大赛全国选拔赛圆满完成，获得国家人力资源和社会保障部职业能力建设司颁发的感谢信；还承担市人社局“网站设计与网页制作”的课程开发和教材开发任务。

五、创新服务、活跃产业

第10届上海软件创新论坛。协会成功举办以“创新、服务、再出发”为主题的上海软件创新论坛（第十届）。来自政府、软件企业、机构等约300人共同参加会议。同步举行“软件百强汇”圆桌沙龙，并在当天《文汇报》上发布《2018上海软件企业核心竞争力评价报告》和核心竞争力软件企业名录。

沪港软协签约。协会随市政府赴港参加“沪港合作第四次会议签约仪式”。在上海市市长应勇，香港特别行政区行政长官林郑月娥等的见证下，上海市软件行业协会秘书长杨根兴教授、香港软件行业协会会长钱国强先生郑重签署合作协议，共同促进两地软件产业技术交流、人才培养、园区合作、金融服务、定期互访等。

软件工程与质量论坛。协会联合北京软协共同举办软件工程与质量论坛暨2018亚洲软件质量联盟（ASQN）年会，来自日本、韩国等相关国际机构和企业代表共17位参加。年会以“大型复杂系统的软件质量保障”为主题，探讨利用软件系统的整体功能性测试，助力企业客户实现安全高效运行的应用软件，减少风险。

协会联合香港特区政府上海经济贸易办事处共同协助香港投资推广署和上海市经济和信息化委员会举行“善用香港平台、沪港合作共赢”座谈会。为上海企业介绍香港营商环境及在香港建立企业财资中心的政策与成功案例等。协会参加市商务委与上海社科院共同主办的以‘‘一带一路’倡议下的产业国际合作与竞争力提升”为主题的2018年产业国际竞争力合作论坛。并作为行业代表参加产业国际竞争力合作联盟签约启动仪式。协会指导拍拍贷智慧金融研究院等成功举办第三届“魔镜杯”数据应用大赛；指导前海益链成功举办“2018区块链全球生态大会”；协助网宿科技成功举办“2018CDN技术融合与应用发展论坛”；支持新炬网络成功举办“2018全球敏捷运维峰会”。

六、强化党的组织领导

顺利完成党支部的换届工作。4月12日，协会党支部顺利完成换届工作。由协会秘书长杨根兴担任党支部书记、年轻党员余燕丹担任副书记。

支部建在协会，彰显党的领导作用。协会建立“支部党员活动室”，设立党员学习资料书柜，积极组织党员的学习交流。开展“一日捐”活动中，还向“上海市青少年发展基金会”捐赠3万元。同时与会员单位分享“听党话、跟党走”的体会。在会员代表大会上，以“举旗帜、讲政治”的方式与会员单位分享学习习近平总书记系列讲话的体会，受到好评。

与理事单位共同学习“牢记使命责任、服务产业发展”的体会。协会在七届五次理事会上，通过“增加党的领导”内容的修改协会章程的提案。从组织上、规程上强化党对协会的组织领导。此外，协会在“第十届上海创新论坛”上，杨根兴秘书长做“上海软件、改革开放再出发”的报告，共同庆祝改革开放40周年。

（姚宝敬）

上海仪器仪表行业协会

上海仪器仪表行业协会成立于1988年6月4日，现有会员单位129家，是上海市仪器仪表行业的企业、事业单位以及其他相关单位和经济组织自愿组成、跨所有制的非营利的行业性社会团体法人。协会以政府经济发展战略为指导，在行业管理中发挥积极作用，为增强企业市场竞争力，维护企业合法权益，促进本市仪器仪表行业的发展提供服务。

2018年主要工作：

一、承接政府项目，提升行业服务能力

编撰《2018年上海仪器仪表行业发展报告》。根据市经信委《行业协会发展专项资金课题委托协议》，承接“2018年上海仪器仪表行业发展报告”课题。秘书处制定详细工作计划，成立课题领导小组和课题组。由上海自动化仪表有限公司负责编撰自动化仪表部分、上海仪电科学仪器股份有限公司负责编撰分析仪器部分、上海仪器仪表研究所负责编撰电工仪表部分负责编撰光学仪器部分、上海威尔泰负责编撰传感器部分，最后由上海自动化仪表有限公司进行汇总。共有44家企业认真填报问卷调研，并提供企业介绍。

承担“工业自动化仪器仪表智能化水平评价规范团体标准试点”课题。为推进协会制定团体标准的工作进程，秘书处在理事长单位上海自动化仪表有限公司的大力支持下，申请2018年上海市标准化试点项目，申请制定《工业自动化仪器仪表智能化水平评价规范》。该项目于10月16日参加市质量技术监督管理局组织的立项答辩，于12月中旬下达计划任务书。

申报2018年公平贸易公共服务项目。按照市商务委员会公平贸易处的要求，协会秘书处经过精心准备，于1月申报公平贸易公共服务项目“上海仪器仪表行业贸易竞争力分析”，希望通过调研上海仪器仪表行业进出口情况，向政府部门提出“促进提高上海仪器仪表行业贸易竞争力、开展公平贸易工作、维护公平竞争的贸易秩序”建议。

二、积极开展会展服务，搭建服务平台

组织会员单位参加专业展会，搭建交流平台。协会先后组织会员单位参加“第11届上海国际水展”“2018上海国际供热及热动力技术展览会”，成功举办“2018中国智慧水务产业高峰会议”；推广“法国在线工业平台Direct Industry”，交流外贸推广方式，并分享相关的外贸技巧。

组织会员单位参观相关展会，服务会员单位。协会组织会员单位相关技术人员、管理人员等参观“2018CME中国机床展”（73人）、“CHINA PLAS第32届中国国际塑料橡胶工业展览会”（39人）和“2018上海国际供热及热动力技术展览会”（60人），为企业拓展管理及思路提供服务和帮助。

三、不断提高协会管理水平，做好规范化建设评估工作

按照市社会团体管理局有关“上海市社会组织规范化建设评估工作”要求，认真总结2015–2017年度规范化管理工作，从“基础条件”“内部治理”“工作绩效”和“社会评价”4个方面总结、收集、归纳整理出55册资料。

6月20日，邀请市社会组织评估院专家现场评估后一致认为：上海仪器仪表行业协会日常运作规范，规章制度齐全；在服务会员、服务政府方面如培训、展会、统计、咨询、民营企业职称评审、承接政府项目等方面取得一定成绩；有自己的网站、会刊、微信公众号及仪器仪表价格信息等四大载体，行业宣传比较突出。于12月13日，市第二批社会组织评估结果在网上公示，通过“中国社会组织评估等级4A”评估。

四、重视基础工作，按期完成组织建设活动

组织召开七届三次理事长会议，汇报协会2017年工作总结和2018年工作计划。参会正副理事长及代表对秘书处工作提出建议和希望。与会理事长还参观上海仪器仪表研究所，对该所近年来的快速发展留下非常深刻的印象。

组织召开七届四次理事会议，汇报《2017年度工作总结和2018年度工作计划》《2017年度财务决算报告》，审议通过《变更注册资金的议案》；上海宝信软件有限公司首席技术官丛力群作“践行工业互联网，赋能智慧制造”专题报告；与会理事参观上海辰竹仪表有限公司。

组织召开联络员、统计员会议，汇报2017年度工作总结和2018年度工作计划；邀请会员单位—上海山田律师事务所律师就公平贸易知识普及“反补贴贸易摩擦加剧原因浅析及对策建议”作专题报告；协会秘书处发布统计信息《仪器仪表行业2017年、近三年经济运行概况》；就如何填报2017年度统计报表作说明。

组织召开七届三次会员大会暨七届五次理事会，审议2018年上半年工作总结和下半年工作计划；特邀市经信委装备产业处处长刘平就上海制造业发展趋势作专题报告；邀请上海超碳石墨烯产业技术功能型平台及有限公司负责人介绍石墨烯产业；湖州南太湖产业集聚区长兴分区管委会领导作推介；宣布“2017年度经济运行十佳企业”并颁奖；参观上海亚泰仪表有限公司所属禹超电气和科创公司。

五、坚持工作制度，做好会员服务工作

搭建交流平台，召开企业家沙龙。3月29日，举办“股权激励”企业家沙龙。邀请上海交通大学教育集团股权激励研究所应慧燕副所长作“股权激励——激发企业内生动力”讲座，有10家会员单位16人参加本次企业家沙龙。9月27日，“企业云”企业家沙龙。邀请市中小企业服务中心“专精特新”部蒋志文副部长和宣传调研部丁怡琼老师，为协会会员单位相关人员进行企业服务云和有关“专精特新”进行专题介绍。

切实履行职责，做好会员服务工作。秘书处对会员单位填报的企业经营数据汇总分析后，编制《2018年会员单位生产经营统计资料》，根据14项经济运行指标按权重综合排序，评选出2017年度经济运行十佳企业。同时，认真组织会员单位积极参加第30届市优秀发明选拔赛活动，其中3家企业分别获得金奖、银奖和铜奖。

（钱晓莉）

上海照明电器行业协会

上海照明电器行业协会成立于1996年10月15日，会员单位有100多家，是跨部门、跨系统、跨所有制，既有电光源、灯具及照明电器附件（材料）的生产企业，又有照明电器研究所和高等院校，还有照明电器大型专业市场和经营商家以及照明工程设计、施工服务，集科工贸于一体的面向全行业的社会团体法人。协会以政府经济发展战略为指导，面向行业，集行业之事，为会员提供服务，维护会员合法权益，保障行业公平竞争，沟通会员与政府、社会的联系，促进照明电器行业的整体经济发展。协会工作开展始终遵循协会章程的规定，按照既定的工作要求，以“服务企业、规范行业、发展产业”为宗旨，以“契合形势、把握重点、理念创新、勇于探索、务实工作”为方法，积极发挥协会引导、参谋、桥梁、服务等作用，积极依靠广大会员单位，认真踏实、务实地做好各方面工作，为促进照明产业和企业健康和谐的发展作好应有的贡献。

2018年主要工作：

一、行业经济运行平稳增长

上海照明行业数据分析，上海照明器具制造业主要经济指标，由三部分组成：电光源制造、照明灯具制造、灯用电器附件。

2018年，上海市照明器具工业产值246.73亿元，比上年可比增长12.9%；照明产品的主营业务收入247.35亿元，增长8.6%。照明产品的出口交货值完成39.22亿元，下降1.5%。照明产品的利润总额15.44亿元，增长8.4%。照明产品的销售产值完成243.64亿元，增长9.6%。

协会的许多会员企业依托品牌、人才和地域优势，在技术升级、产品创新、结构调整、体制变革、资源整合、跨界融合等方面尝试了许多新探索、新方法，涌现了许多新业态。

二、主动承接政府项目，勇于探索稳步推进

协会在市质量技术监督局批准下承接2018年读写作业台灯产品质量提升专项行动项目。由协会牵头，编制产品质量逐级提升实施方案，开展行业产品质量的调查，制定产品质量评价细则。协助相关部门开展照明知识科普宣传和普及活动，提高消费者对照明产品科学理智消费的认知水平，以综合治理促质量提升，以质量提升促转型升级，以创新市场监管新模式，为新常态下行业经济提质、增效、升级提供新动力，共同打造上海产品制造质量高地。

经2017—2018年连续两年对市场销售的读写作业台灯抽查测评结果分析及存在问题，协会联合副会长单位上海时代之光照明电器检测有限公司和复旦大学电光源研究所，按照市质监局要求制定“读写作业台灯”质量提升专项项目的实施方案。12月28日，召开读写作业台灯产品质量提升公众发布会议，会场专设读写作业台灯产品展示区，优秀产品性能介绍，发放读写作业台灯性能技术指标解读宣传册。年前，该项目完成读写作业台灯的行业调研报告，比较系统和完整地阐述行业产品质量的现状，方案报上级部门。

三、按期换届，积极为会员单位提供服务

3月，协会向市社团局提交第五届理事会换届选举工作的实施方案。7月，召开第六届第一次全体会员大会，审议通过换届选举的相关文件，投票选举产生新一届理事会及监事，新一届理事会经过投票选举产生新一届会长、副会长单位，顺利完成五届理事会的换届选举工作。

3月，市质量技术监督局关于开展“上海品质”自愿性认证试点推荐工作和上海市工经联关于推荐参加“上海品质”认证试点的通知下发后，协会在第一时间通知到会员企业。并推荐上海三思电子工程有限公司、飞乐音响公司下属上海亚明照明有限公司、原飞利浦照明（中国）投资有限公司参与自愿认证试点企业，帮助企业收集相关资料，形成书面推荐报告上报市质监局及工经联。6月，上海三思电子工程有限公司、上海亚明照明有限公司获得上海首批54家“上海品质”认证证书，为上海照明行业增添了荣誉。

协会主动承接主管部门的行业职能，将原政府评价产品或影响企业经营方向的一些行政职能，逐步转移过渡为协会的行业职能。如：读写作业台灯质量提升项目、企业标准领跑者项目、推荐两家企业获得上海品牌认证证书、推荐3家企业获得上海轻工联合会的轻工卓越品牌评选等。还组织会员单位参加行业照明会展、照明论坛，会议报告等，如：中国照明电器协会举办的2018年LED照明论坛、“上海LED国际照明展览会”“中国品牌经济（上海）论坛”、全国照明电器行业社团联席会议、中国国际照明灯具设计大赛交流会、阿拉丁神灯奖的评选。

四、积极挖掘资源，加强协会自身建设

年内发展新会员14家，并依据章程的规定，清退无故不缴纳会费两年以上、或不参加协会活动和自行退会16家会员单位。每年召开会员大会和理事会，按照协会章程规定，向理事会报告年度工作和下一年度工作计划，及协会财务报告、年会费收缴情况等。协会秉承创新发展的理念，开启官方微信公众平台，及时高效地传递国内外行业、协会、会员单位等各类信息和资讯，赢得了良好的社会效果和会员单位认可。

五、开展协会党建工作

协会坚持开展党建工作，党支部认真安排党员的组织生活，党员自觉学习和参加培训，提高思想觉悟，严于律己，注重自身素养提高。党支部还每年对全体党员进行民主测评工作，开展专题组织生活，组织党员参加工经联第十三党建工作站学习考察活动。协会的党建工作，坚持协会工作的政治方向，保障了协会组织的健康发展。

（黄振帼）

上海市信息家电行业协会

上海市信息家电行业协会成立于2002年3月，为上海市信息家电行业企事业单位自愿组成的跨部门、跨所有制的非营利的行业性社会团体法人。现有会员单位106家。

2018年主要工作：

一、发挥协会平台优势，积极推动产业发展

推动超高清视频产业发展。年初，工信部电子信息司乔跃山副司长一行赴上海调研超高清视频产业，协会负责接待并全程陪同前往超高清视频产业链重点企业调研。在此基础上，协会围绕超高清视频产业不断扩大调研范围，深入全面了解超高清视频产业发展现状。8月16日，由协会主办的“5G时代下的上海超高清产业发展研讨会”顺利召开，来自超高清视频产业链上下游的会员企业负责人、技术专家出席会议。协会将不遗余力继续推动超高清视频产业发展。

推动智能家居产业发展。协会以“美丽家园”“雪亮工程”等政府项目为抓手，在推进产业链上下游合作、促进智能家居新技术、新产品产业化应用等方面开展一系列工作。先后走访上海泰金、东方明珠数字电视、南翔重点产业园等智能家居相关企业。6月22日，协会联合上海蓝天经济城发展有限公司共同主办人工智能产业发展研讨会，重点探讨人工智能技术在智能家居、数字音视频产业中的应用，分析当前推进人工智能深入融合智能家居发展存在的问题及解决途径。

二、配合政府部门，做好产业政策建言和落实工作

协会加强与市经信委、市社团局、市商务委等政府部门的联系合作，配合各部门开展一系列工作。主要包括：受市经信委委托，开展市软件和集成电路专项指南征集工作，并于指南出台后，为意向申报企业提供专业咨询和指导；承担上海数字音视频行业经济运行的基本数据采集以及统计分析工作；向市经信委等有关部门提交的关于部分进口配件关税税率调整的建议，连续多年被国家税务总局和上海相关部门采纳，相关企业税负获得大幅减低；承担《2018年上海信息家电产业发展报告》的编撰工作，梳理分析信息家电产业的发展现状、面临的问题及发展趋势，对政府推进产业发展提出政策建议；对下一代广播电视网和新型显示两块重点领域开展网信企业信息调查和填报工作；按照上海市境外卫星电视传播秩序专项整治联席会议办公室要求，开展迎“进博会”境外卫星电视传播秩序专项整治工作，确保进博会顺利召开。受市商务委委托，承担“2018年上海信息家电行业技术性贸易措施研究”项目工作，协会被市商务委授予“2018年度进出口公平贸易优秀服务奖”。

三、持续推进标准制定工作，规范行业发展

协会自成立以来多次主持制定、发布联合企业标准和地方标准20余项，近几年着重加强团体标准制定工作。年内，上海市质量监督检验技术研究院申报的《电子鞭炮的安全》标准经协会标准化技术委员会审核通过正式立项，该标准通过协会组织的技术审定会，于7月1日正式发布，该标准已在全国团体标准信息平台和上海市质监局平台登记备案，自9月1日起正式实施。该标准的出台有效地规范了电子鞭炮企业设计、生产及销售各环节，保护了消费者的生命安全和相关权益。

四、搭建交流合作平台，积极推荐优秀企业和人才

搭建交流合作平台。召开超高清视频和智能家居专家座谈会、产业研讨会等活动，为企业相互了解合作、探讨行业形势提供交流平台，向各企业传达政府推进产业发展相关政策和精神。受协会理事单位上海下一代广播电视应用实验室有限公司委托，为其承担的市政府项目组织召开项目专家会，邀请相关领域企业、高校、科研机构的资深专家，为项目成果提供专业指导和建设性意见，对下阶段实际部署AR/VR业务提供建议和意见，促进相关企业的交流合作，推动VR/AR产业在广电领域的进一步发展。此外，组织会员企业参加由市商务委主办的首届进博会配套活动——2018年产业国际竞争力合作论坛，论坛以“一带一路”倡议下的产业国际合作与竞争力提升为主题，邀请国内外专家学者、行业组织、研究机构和企业代表开展研讨，共同探讨产业国际合作的路径和模式，贡献上海智慧。协会组织主办的“第四届科博会信息家电展区及信息家电产品安全团体标准发布会”推进智慧城市建设系列活动获评上海现代服务业联合会优秀活动奖。

积极推荐优秀企业和人才。推荐会员单位中优秀青年企业家申报“2018年上海现代服务业优秀企业家”，帮助企业进一步提升品牌知名度和开展人才资源建设。协会根据专业理论水平、专业技术能力、丰富实践经验以及行业威望四方面标准，对专家库中的行业专家进行综合考量，向市经信委推荐评审咨询专家；并为做好上海证券交易所设立科创板并试点注册制的准备工作，协会受市经信委委托，推荐拟挂牌上交所科创板的优质企业名单。

五、坚持党建引领，加强自身建设

坚持党建引领。协会党支部在市经信工作党委和市工经联党委的领导下，有序开展党建工作。党支部积极参与市工经联党委组织的遵义学习考察和扶贫帮困活动，资助建设村村民购买粮油等生活用品。先后参观淞沪抗战纪念馆、陈云故居以及改革开放40周年成果展并举办专题学习交流会，坚持以党建引领工作全局，促进党建与业务工作有机结合，不断提升整体团队的思想政治素养和业务水平能力。

加强协会自身建设。协会注重人才培养，组织工作人员参与各类培训和学习交流活动，不断提升工作人员各方面的专业能力，为企业和政府提供更好的服务。协会秘书处人员参加市社团局、市工经联、市商务委、市委党校等各项培训活动，从协会内部制度管理、党建工作管理、业务活动开展等多方面进行专业培训，不断加强协会管理和业务开展能力。

（朱珍妮）

上海市交通电子行业协会

上海市交通电子行业协会作为跨行业、跨领域、跨学科、创新型的行业协会，于2008年7月成立，由上海汽车集团股份有限公司、中国航空无线电电子研究所、上海外高桥造船有限公司、上海轨道交通设备发展有限公司等单位共同发起。会员涵盖汽车电子、航空电子、船舶电子、轨交电子等领域企业、高校、科研院所。现有会员单位170家，协会建立上海汽车、航空、船舶和轨道交通电子4个专家委员会，车联网、智能交通系统两个产业联盟，并承担中国电子标准化技术协会汽车电子标工委的工作职责。

2018年主要工作：

一、以社团规范化要求为契机，加强协会自身建设凝聚力

根据国务院办公厅印发《关于改革社会组织管理制度促进社会组织健康有序发展的意见》相关要求，在市社团局的指导下，协会秘书处加强自我学习，修改协会理事会制度、监事会制度、会员管理制度、会费标准及管理制度，并完善后写入协会《章程》，于6月三届三次会员大会上全体投票通过。同月，协会顺利召开第三届第三次会员大会暨协会成立10周年庆活动。通过一段纪录片和一本纪念册，是对协会成立10年来工作的总结，更是对未来工作的展望。

依托“党建工作站”平台，党员工作者积极参加“两学一做”教育，全体工作人员积极参加“保护生态植树造林”“关爱自闭症儿童”“进博会文明出行执勤”等社会公益及慈善活动。发展新党员1名，推荐1名协会青年工作者参加入党积极分子学习班。

二、以政企有效性对接为目标，提升协会综合服务影响力

3月，协会完成上海市经信委产业创新联盟建设专项“面向智能网联汽车通信总线协议标准建设及示范应用”项目验收。项目中的“车路协同系统车载信息系统一体化技术要求”等两项标准规范正在申请上海市社团联盟标准，把政府所想和企业所做的工作进行了有效对接和落实。

4月，协会参加由市质监局和市工经联组织召开“合力打造‘上海制造’品牌”专题交流会。协会代表交通电子行业就汽车领域的上海品牌建设作交流发言。

6月，为进一步探讨利用人工智能技术及高速无线网络技术形成智能化网联化的新型汽车产业体系，选择一条适合中国国情的智能网联车发展之路，协会参与上海市中国工程院院士咨询与学术活动中心举办的第89期院士沙龙“智能网联车关键技术与产业发展”研讨会。徐匡迪、刘玠、何积丰等院士及30多位来自相关高校、科研院所、企业以及政府部门代表出席沙龙。

7月，协会参加由上海市经济和信息化发展研究中心组织召开的“宝山区智能硬件产业发展研究”专题研讨会。就智能汽车硬件技术和产品的发展趋势作了交流，也为宝山区打造智能硬件产业园区提供建议。

8月，协会参加由市经信委、市中小企业发展服务中心与市工经联共同举办的“上海市企业服务云”行业协会专场会。

12月，协会完成上海市浦东新区科技和经济委员会委托的《浦东汽车电子联盟活动及汽车产业2017年度发展报告》项目验收，为浦东营造汽车电子产业发展良好环境提供宝贵意见。同月，协会配合市经信委电子信息产业处，承担上海汽车电子等产业统计工作，汇总统计分析上海汽车电子行业相关近百家企业的数据，为政府和企业的规划与决策提供了技术支撑，并纳入协会常态化的工作职责。

三、以平台创新型服务为载体，增强协会品牌服务创新力

搭建行业咨询平台。协会通过市区两级政府立项和购买服务形式，组织交通电子行业专家委成员共同参与并完成多项产业研究课题报告。根据企业需求，协会通过专家委组织业内专家为企业提供产品认证10余次、技术鉴定4次，推荐优秀项目6次，推荐优秀工作者参加社会评选3次等。

开展行业、团体标准相关活动，做好行业标准化工作。培育指导标准化示范试点工作。重点关注每年度标准化示范试点申报工作及专项资金工作有关政策，与会员单位在标准化方面的需求相结合，重点指导有关企业的标准化的推进工作，加强标准实施和监督检查，形成有效的工作闭环。其中包括：4月，完成两项团体标准《车路协同系统车载信息系统一体化技术要求》《车路系统系统车辆主动安全和辅助驾驶预警消息集》制订。6月，编制完成《上海车路协同系统标准体系和系列标准编制》研究（初稿），提出具有可操作性的符合上海现状和需求的车路协同系统标准体系框架；围绕智能汽车、智能网联与道路系统协同发展方向的整体需求，组织协会部分成员单位召开两次标准专题座谈会，讨论标准（草案）内容，3次体系框架研讨会，听取企业和专家意见和建议。7月，完成标准示范项目自查，编制《面向智能网联的车路协同系统标准化试点》中期自查报告，并上报市质监局。

搭建行业交流平台。3月，协会作为慕尼黑电子展的合作方之一，协助慕尼黑展览公司主办第二届“汽车技术日”活动，围绕传统汽车安全电子、车辆网、无人驾驶技术等展开讨论。在展会期间，举办汽车电子领域智能驾驶技术、车联网技术分论坛。7月，协办“汽车电子芯片国产化的机遇与挑战研讨”，以汽车电子芯片国产化为主题，聚焦设计、封装、测试、流片、市场等产业链环节发表真知灼见。7月，协办由嘉之道汽车承办的“2018长三角数据智能合作峰会－智能汽车分论”。11月，主办“2018（第10届）中国汽车电子产业发展（上海）国际高峰论坛”。以“汽车安全引领智能汽车电子产业发展新思路”为主题，邀请16位演讲专家分别从整车、芯片、核心汽车零部件、安全测试等4个不同维度，全面分析汽车电子安全性能的产业现状和趋势以及最新技术和商业模式。

搭建行业展示平台。6月，协会作为亚洲电子消费展的社会团体长期合作方之一，组织会员企业参加亚洲消费技术行业的年度盛会2018CES–ASIA。9月，协会以“汽车电子智能硬件”为主题，携手保隆科技、上海航盛、上海新耦合空气净化技术有限公司等3家会员企业参展第20届中国国际工业博览会。

搭建会员服务平台。根据会员企业上海新耦合空气净化技术有限公司拓展后市场产品销售渠道的需求，协会组织与上海保隆汽车科技股份有限公司进行合作对接，帮助新耦合科技拓展“后装空气净化器产品”线下销售渠道和模式。7月，协会与市北聚能湾创新创业中心合作，召开孵化器创新创业企业家沙龙活动，围绕“协会和中心如何做好中小企业的创新服务”展开交流，对协会和中心如何持续服务水平、提升服务内涵提出建议。5月，为促进长三角地区交通电子产业合作交流，协会组织第二批近10余家理事、会员企业领导赴南通进行调研考察，与南通市港闸区政府联合召开“沪－通两地交通电子产业发展研讨会”。通过深度对接，为后续项目和产品对接奠定了合作的基础。

搭建行业信息平台。通过协会门户网站、微信公众号、简报刊物等信息发布和沟通渠道，将协会业务和行业信息工作紧密结合起来，充分发挥好信息传递作用，增强行业信息的共享，为行业协会和会员单位提供具有实效性、前瞻性、可读性的参考信息。

（殳天盛）

上海市无线电协会

上海市无线电协会成立于2003年12月，是由无线电管理研究、设计、生产及运用单位自愿组成的本地区无线电业的专业性、非营利性的法人资格的社会团体组织。协会发挥政府与企事业间的桥梁和纽带作用，为政府宏观决策和企业生产经营服务，在行业管理、协调、咨询和技术研究等多方面开展一系列工作，促进无线电技术进步，持续快速健康发展。现有会员单位125家。

2018年主要工作：

一、积极维护电磁环境，做好各类无线电专项工作

无线电考试保障工作。协助上海市无线电管理局做好本市各类考试的无线电考试保障工作。做到考前准备充分，确保人员、车辆、设备到位。任务执行中反应迅速，做到对作弊信号发现快、定位准，确保各类考试安全顺利地进行。全年完成各项考试保障任务12次，共计保障学校96所；圆满完成崇明区科委考试保障任务。为充实各区县的考试保障力量，受崇明区科委委托，为崇明区春秋季高考、中考和等级考试提供无线电考试保障服务。分别对民本中学、扬子中学及7所初中学校进行现场的信号监测，圆满完成全年两次重大考试的保障任务。

做好“无线电台站验收数据采集委托服务项目”。协助上海市无线电管理局台站处梳理相关频率许可证明、无线电台站设置申请表等资料；核对资料内容的准确性和一致性；准确将资料内容录入无线电台站数据库；打印和制作无线电台执照，并分类分批整理归档。全年共录入台站数据4400余条。

完成国际卫星协调工作。为了避免卫星地球站频率和同频段地面微波频率的干扰问题，根据国家无线电监测中心下发的国际卫星地球站国际协调任务书，完成干扰分析评估报告，并将干扰分析结果及上海市无线电管理局的意见上报给国家无线电监测中心。年内完成3起卫星协调项目。

完成“上海市重点频率使用评估制度研究及实践”的研究工作。为加强频率批后监管，响应国家《无线电频率使用率要求及核查管理暂行规定》要求，根据上海用频特点，制定《频率使用评估制度》。根据该评估制度，对上港集团、迪斯尼乐园和上海中心等企业进行频率评估的试点工作，取得良好效果。

继续做好运营商基站外部干扰排查服务。发挥协会自身技术能力及协调能力，不断完善干扰排查技术和干扰源清除技巧，成为维护公用移动通信电磁环境的一支有效力量。全年共为电信、联通和移动公司排除干扰源200余个。

完成“中国电信1.8G频段频率使用研究及频段清查”项目立项启动工作。受电信公司委托，对频段范围为上行：1780—1785MHz和下行：1875–1880MHz频段的电磁环境情况进行全面的了解。采取路测结合点测的方式，如发现异常信号，予以排查清除，为电信公司未来1.8G网络扩容工作打下良好的基础。

二、突出协会自身职能，促进行业健康发展

“无线电发射设备销售备案”工作。建立完善销售备案管理体系，配合上海市无线电管理局全面展开销售备案和监管工作，包括备案申请的受理、审查，备案号的发放；根据国家无线电发射设备销售备案平台上线情况，做好已备案信息的迁移工作；不断完善备案制度，配合无线电管理局执法等工作，全面维护本市无线电发射设备销售市场的正规秩序。完成121家公司的备案入库，共有备案信息1500余条。

行业诚信体系建设。通过开展“销售无线电发射产品规范企业”活动，向社会公开在行业相关领域中做得比较好的单位。建立行业诚信档案，纳入《全市企业联合征信系统》；加强举报和投诉，加大监督检查力度，对违反承诺的行为记录在案，根据失信程度给以惩戒；做好39家申请“无线电通信网络设计资质”的评选和年审工作、严格把关，促进科学组网、规范使用。

行业标准制定。完成“数字无线专用对讲通信系统工程技术规程”的立项工作。为了贯彻国家《智能建筑设计标准》、促进无线对讲系统的发展，上海市无线电协会联合华东建筑设计研究总院、上海建筑设计研究院有限公司，拟向“上海市住房和城乡建设管理委员会”立项编制《数字无线专用对讲通信系统信号覆盖工程设计与验收规程》。已完成该项目的立项专家评审会并通过评审。与此同时，完成《移动通信室内信号覆盖系统设计与验收规范》标准修编的工作。根据市住房和城乡建设委员会《上海市住房和城乡建设委员会关于印发〈2016年上海市工程建设规范编制计划〉的通知》，协会联合市信息系统质量技术协会开展《移动通信室内信号覆盖系统设计与验收规范》修订工作。

三、做好无线电政策技术等宣传工作

完成无线电管理宣传月的相关培训组织工作。协会受市无管局委托。9月13—14日组织各区无线电管理办公室及无线电行业用频单位赴国家无线电监测中心奉贤短波监测站，开展培训活动。培训内容包括新版《中华人民共和国无线电管理条例》宣贯、《中华人民共和国无线电频率划分规定》解读、"伪基站""黑广播"的识别与定位、监测设备使用方法以及信号源定位查找。通过培训，提高市、区级无线电管理水平、相关人员电磁环境监测水平以及无线电干扰排查及应急处置能力。

组织举办"智慧停车让城市生活更美好"的论坛活动。协会联合工业4.0俱乐部和上海发明家联盟举办主题为"智慧停车让城市生活更美好"的论坛活动，面向会员单位和有需要参会的企业征集论坛演讲内容、招募参展产品。

四、不断推进协会自身建设

开展协会党组织活动。1月22—23日，在无锡红豆集团参加市工经联党委系统培训班暨2018年党建工作会议。6月19—20日，在上海静岑淀山湖职工培训中心举办2018年上半年党建工作会议。5月18日，协会组织党员参观孙中山故居和周公馆。12月19—20日，在上海汽车工业活动中心参加市工经联党建工作会议。

加强协会自身规范化管理。完成上海市ISO9001质量体系认证年检。提升协会日常工作和项目管理水平，形成标准的管理体系，取得普及推广无线电技术及提供相关研讨、咨询、服务活动的资质。

完善协会"网站"和"微信公众号"的建设。做好新闻中心、专家园地、行业展厅、协会成员等几大板块的及时更新工作。打造成为公开政府信息，传播行业动态和前沿技术信息、促进会员互动的多功能平台。全年协会网站共发布信息30条，微信公众号共发布信息26条。

（沈嘉怿）

上海市电子商务行业协会

上海市电子商务行业协会成立于2002年4月，由从事电子商务的企事业单位按照自愿平等原则组成的，经上海市社团管理局注册登记、并具有独立法人资格的非营利性行业组织。主要涉及快消品零售网购、大宗商品网上交易、工业电子商务等领域。协会设贸易、物流、制造业、移动支付、电子支付等5个专业委员会。现有会员单位250余家。

2018年主要工作：

一、落实政府部门有关任务

完成年度行业发展报告。根据市经信委的要求，协会负责主编《2018上海电子商务行业发展报告》，收集汇总发展概况、数据图表、企业案例和政策事记及长三角电商发展的相关情况。经领导专家研讨、指导并经有关方面评审，完成"行业发展报告"的印发。同时，协会配合完成市发改委、市经信委、市商务委、市政府发展研究中心等有关电子商务行业的资料文章的报送。

发布服务"进博会"倡议书。按照市商务委服务"进博会"的要求，在迎进博会上海电子商务行业"文明窗口服务月"启动仪式上，协会代表市网购协会、市跨境电商协会、浦东新区电商协会等发布上海电子商务行业迎中国国际进口博览会，"优质诚信高效便捷"窗口服务倡议书。号召行业同仁：做好服务提升，展现国际化电商中心风采；坚持诚信经营，维护上海电商行业文明形象；发挥创新特色，实现配套生活服务高效便捷；加强安全保障，共同维护网络市场公共秩序的倡议，全力创建上海电商行业的文明窗口服务典型，为进博会的成功举办添砖加瓦。

参与走访调研企业。先后参加市经信委生产性服务业处组织的对利驰软件、云科智能、罗富帝曼、腾道信息、震坤行工业超市、源慧信息等企业走访调研了解情况，与被走访企业进行交流沟通，掌握动态，并做好发展会员工作。

协同提升电商质量。协助市质监局执法总队开展"不忘初心、牢记使命，勇当新时代质量工作排头兵"大调研；结合"3·15消费者权益日"与市质监局执法总队联合召开"提升商品质量、打造服务品牌"电子商务（快消品）优秀企业家座谈会，苏宁易购、家乐宝、来伊份等会员单位进行主题发言；结合9月质量月"服务进博会、创造高品质生活"主题，协助市质监局执法总队走访正广和等单位。协会还配合市质监局计量处、标准化处开展有关专题调研。

二、推进社团组织深度合作

组织"上海制造"品牌微视频大赛。为落实市委、市政府关于全面打响上海"四大品牌"的要求，协会与市工经联、市企联于5月10日—9月27日共同举办首届爱姆意杯"上海制造"品牌微视频大赛。大赛突出打响"上海制造"品牌、加快建设全球卓越制造基地的主题，得到市经信委的指导和东方网、解放日报上观新闻、新华社上海分社等媒体的支持，参赛微视频作品达110个，网络投票总数超2600万票。根据网络投票意愿和专家评审，8家单位获大奖，近100家单位获各种奖项。在此基础上，举行媒体人、专家看品牌微视频大赛研讨会，为举办下一届"上海制造"品牌微视频大赛出谋划策。

开展各种交流合作。1月，协会与上海五金商业行业协会签订"打造上海电商服务品牌"战略合作意向书。6月，协会与上海生产性服务业促进会、浦东新区电子商务行业协会等联合主办2018长三角“互联网＋产业”与高端生产性服务业创新峰会。9月，协会与上海市人民对外友好协会、上海市工业经济联合会、日本经济团体联合会主办“电子商务经营模式——中日企业交流会”。10月，协会协助中国物流与采购联合会在上海召开第九届中国电子商务物流大会。此外，协会还先后与市工经联、市现代服务业联合会、市商联、市物流协会、上海印刷行业协会、上海家用电器行业协会加强联系沟通、取得支持、商讨合作。协会还和中国物流与采购联合会、中国五金化工商业协会等进行交流。

协同服务中小企业。协会与上海市中小企业发展服务中心签订中小企业诉求调研合作协议。通过座谈、问卷、走访等形式开展调研，了解收集行业内企业在政策、税收、融资、人力资源、经营管理等方面诉求，进行汇总分析。对于企业提出的合理诉求，协会与市中小企业发展服务中心协调处理，更好地服务会员企业，特别是中小企业。

三、抓好规范自律宣传教育

组织《电商法》解读培训。《中华人民共和国电子商务法》正式颁布后，协会于9月下旬举办《电商法》培训活动。市商务委电子商务处领导介绍《电商法》的审议过程和主要亮点，解读《电子商务法》条文，解答企业提出的疑问。通过培训，会员单位了解《电商法》的主要精神和基本内容，提高了依法经营、诚信经营、规范自律的思想认识。

发布行业自律公约。根据市社会团体管理局《关于发挥行业规范作用，助推“上海服务”品牌建设工作的通知》要求，结合《电商法》的颁布，协会制订《上海电子商务行业自律公约》，提出：坚持“守法、公平、诚信”的原则，树立“质量第一、追求卓越”的意识，从维护消费者和全行业整体利益的高度出发，构建“惩防并举、以防为主”约束机制，提倡“八个不”等6条行业自律要求。会员单位进行《上海电子商务行业自律公约》发布签字，发动会员单位积极履行承诺，加强行为规范、质量规范和服务规范，进一步树立良好的行业形象，为创响“上海服务”品牌作出贡献。

开展法规政策咨询服务。在市中小企业发展服务中心指导和市家用电器行业协会支持下，协会举办“政策解读、法律咨询”专项服务活动，围绕“个税改革”“四金一险征收渠道变化”等热点作分析解读；针对《电子商务法》2019年1月起实施的大背景，介绍《电子商务法》的概览，并结合实际案例进行分析和释疑，收到了较好效果。

四、深化产业对接研讨交流

继续开展产业对接活动。在有关单位的大力支持和精心承办下，先后组织联通助力新商业、打零工价值、走进苏宁B2B阳光采购电商平台、联通大数据与工业电商、百度AI赋能电商新时代、工商银行共谋互联网供应链金融生态圈建设之道等产业对接活动，活动形式和内容及参与度都有了新变化、新提高。

举办数字化转型论坛。对接“上海制造”品牌建设，在市经信委指导下，协会主办“上海制造”数字化转型高峰论坛，为实施数字化转型的企业提供交流沟通和共商转型之策的高端平台。论坛收录78位专业人士进入协会专家库，集聚了一批有丰富实践经验的专家和顾问。

举行专题对接研讨会。伴随大数据、云计算、人工智能、物联网等先进技术的应用和实现供应链精细化管理，协会组织“上海制造”数字化名家汇专题研讨会，邀请上海部分外资制造业企业、大型工业电商平台企业的专家共同谋划、评估和对接协会的有关工作，发挥协会“专家库”智慧作用，推动协会工作和活动的有质量开展。

五、拓展工作路径丰富内容

开拓长三角沟通交流。为响应“长三角”一体化发展战略要求，助推三省一市电商行业的共同发展，协会秘书处主动与浙江省、江苏省、安徽省电子商务协会的联络和拜访，基本实现工作沟通和信息交流，为进一步合作奠定基础。

启动团体标准制订。为拓展协会的服务功能和提升协会的工作层次，经过申请，协会拟定的《工业电子商务信息（数据）管理规范团体标准》（暂名），已列为市政府有关部门的项目试点，项目编号S18-06-008。

推进企校合作互动。协会成立中高本院校电商专业联盟，组织有关院校教师到上海电商企业、电商平台，特别是工业电子商务的主要平台进行参观学习和交流对接，并与有关培训机构组织电子商务技能培训和比赛等。

（吴健康）

上海电子元器件行业协会

上海电子元器件行业协会成立于1989年5月。经上海社团管理局批准由众多电子信息企业、上海高等院校、科研单位自愿参加，组成的跨部门、跨所有制、独立与合资企业、民营企业非营利的行业性社团法人。电子信息企业占80%以上。协会秘书处常设10个专业委员会，即器件、电容器、接插件元件、电子电位器、继电器、电声（磁性）、智能安防、智能照明、智慧园区、电子信息服务健康产业专业委员会等。

2018 年主要工作：

一、开展会员业务交流，牵线业务洽淡

遵循“互惠互利，共同发展”的原则，协会为会员牵线搭桥，促进会员共享资源、抱团取暖、共同发展，全年为会员单位牵线搭桥数十次业务对接活动。

例如：协会组织会员单位参加上海索广映像有限公司年度产业对接会，索广公司宣传公司的生产展望，展示索广映像的需要采购零部件样品，给与会者作实物对接洽谈，提供供销洽谈交流平台，促进产业链上下游相互了解，互惠互利，共同发展。协会出面牵线上海司南卫星导航公司董事长王永泉到亚尔光源公司，考察生产现场并成功举行业务合作洽淡会。协会出面牵线上海晶英实业有限公司总经理吴理芬、上海杨光投资管理咨询有限公司总经理屠桂娟与美资独资安费诺时代微波电子（上海）公司总经理武庭春进行业务洽谈。协会牵线上海科盛公司与上海鲁班软件公司业务洽谈等。

二、创建企业管理学习，提升会员管理水平

7 月 4 日，协会组织几十家会员单位共计 33 人，参观学习协会理事单位上海欧姆龙控制电器有限公司，使参观者大开眼界，借鉴世界一流的企业。

8 月 7 日，协会组织几十家会员单位参观学习上海亚尔光源有限公司。亚尔总经理何健荣介绍通过企业文化，动员员工参与金点子及改善活动，鼓励职工为公司发展前途作贡献。

11 月，协会组织会员单位近 50 名领导到上海克拉电子有限公司学习管理。协会常务副会长、上海金陵电机股份有限公司董事长顾伟民传达中央两次中小企业工作会议精神，剖析中小企业面临的困难，谈了中央支持中小企业和上海推出 27 条支持中小企业政策，使学习者受到教育。

协会组织会员单位近百人次，参观第 20 届工博会及工博会高峰论坛，受到会员单位的好评。此外，参观和参展国际电子展、中国国际技术进出口交易会、中国国际塑料橡胶工业展、上海国际照明展、上海国际电力元件展等十几个展览会，让会员展示形象和了解最新技术、市场。年内，参加由商务部为指导单位、市商务委和上海社会科学院主办的“产业国际竞争力合作论坛”，参与首届中国国际进口博览会配套活动。参加 2018 赛格机器人智能科创城启动仪式、第四届亚洲消费电子展、2018 年城市照明建设与夜游经济高峰论坛以及中国第二届数字中国建设成果展览会推介会等论坛。

三、组织节能技术培训，为会员企业节能减排服务

协会完成上海市节能监察中心委托的节能技术系列培训工作任务。体现五大特点：一是广泛性，共有 208 家企业 1001 人参加培训；二是培训人员层次高，60% 是科级以上中高级管理干部，许多单位总经理参加培训；三是学风好效果佳；四是领导重视，每次培训有总经理或领导动员；五是各方面配合好，高标准做好培训。使得全年节能减排（JJ）小组活动很好开展起来，申报项目数和项目参与人数，都是历年来最多的。

四、搭建职称申报培训，为会员企业培养人才

协会服务会员单位职称评审，为成员单位申报职称发表论文提供协助、开展职称培训工作、提供个性化服务。在协会组织的培训和指导下，申报正高级工程师（教授级高工）通过率 100%。此外，会员单位评审通过几十名中级工程师和高级工程师。

五、加大协会月刊宣传，凸显行业服务功能

在《电子元器件》月刊上，定期登载行业市场需求、发展趋势的分析，供会员企业参考，月刊的“政策导读”“经营之道”“技术交流”“会员风采”“协会动态”等栏目以及封二、封三的图片，内容充实，获会员企业好评。

协会加强调查研究工作，撰写和收集行业分析、市场分析、行业发展报告，在月刊刊登或邮箱发送给会员单位，服务于会员及时掌握市场信息。全年共计在月刊上发表行业分析文章 18 篇。

协会经常进行安全生产知识的宣传，对重大灾情的报道。在月刊上对造成生产事故的直接原因和间接原因进行分析。同时，协会走访会员单位时，进行安全检查，督促会员企业安全生产，发现不安全的隐患，督促及时整改。

六、开展创建品牌活动，服务会员单位品牌建设

协会是长三角品牌联盟发起单位之一，参加和开展一系列品牌建设活动。参加市经信委、市品牌建设工作联席会议办公室牵头，与上海社会科学院共同推进年鉴编写，积极编写协会会员品牌发展情况，宣传协会会员风貌。协会多次组织会员参加市里品牌会议及论坛，与常务副会长单位上海金陵电机股份有限公司合作，运用协会网站宣作会员单位品牌。

七、筹建专委会活动，推进产业转型升级

协会开展器件、电容器、接插件、电阻电位器、继电器、电声磁性、智能安防、绿色照明、智慧园区、大健康产业等 10 个专委会的活动，推动产业科学技术发展。电容器专业委会 2018 年工作会议在上海三悦电子有限公司成功召开。智能安防专委会、智慧园区专委会、绿色照明专委会、大健康产业专委会、中小企业沙龙活动都开展了多次活动。

12 月，在市商务委指导下，上海电子元器件行业协会、上海通讯制造业行业协会、上海市集成电路行业协会联合举办新一代信息技术领域公平贸易实务培训暨成果发布会。协会作“电子元器件行业发展解析”报告。协会与会员单位上海西艾爱电子有限公司合作“新能源汽车用高压继电器自动化产线升级改造项目”，成功申报 2018 年上海市中小企业发展专项资金支持项目。

八、以人为本开展文体活动，增强协会凝聚力

协会服务关心女企业家身心健康工作。3 月，精心组织“欢庆三八妇女节”活动之一主题活动。9 月，组织金秋九月主题活动，让女企业家们相互之间进行沟通交流。

11 月 24 日，协会与上海电子商会、上海电子商会流通分会联合举办“2018‘联合协会杯’乒乓球友谊赛”，会员单位许多乒乓球爱好者参与热情十分高涨。协会每周三晚上举办乒乓球棋牌等健身活动，吸引许多会员单位参加，丰富会员单位的业余生活，增强企业家们健康、提高身体素质，促进协会与会员单位之间们凝聚力。协会建立以人为本的机制，建立节假日和会员单位负责人生病家访、生日送生日礼物等制度。协会创建微信群，为会员单位提供服务需要，深受会员单位的欢迎。

九、加强协会自身建设，推进健康规范发展

协会设立监事会，坚持内部的完善法人治理结构。以章程为核心，独立自主、权责明确，运转协调、制衡有效。完善权力机构会员大会、执行（决策）机构理事会、监督机构监事会制度。

（尤致先）

上海家用电器行业协会

上海家用电器行业协会成立于 1985 年 8 月，是上海家用电器行业企事业单位自愿组成的跨部门、跨所有制的非营利的行业性社会团体法人。现有会员单位 530 余家。协会下属有家用中央空调、家电维修、水家电专业委员会 3 个专业委员会。

2018 年主要工作：

一、坚持党建工作，加强政策引领，落实政策优惠

组织参观上海工业改革开放 40 周年展。协会全体党员参加由上海市经济团体联合会、上海市工业经济联合会主办的“上海工业改革开放 40 周年 500 例成果展”。观展后，协会在本职工作中踏实进取，砥砺前行，达到服务企业，规范行业，发展产业的目标。

邀请外国专家和卫健委领导做技术讲课。为帮助解决会员单位的疑虑或走出困惑，协会提供行业政策咨询机会，邀请有关专家解答国家以及地方行业产品政策，进行导向，主动沟通。组织行业技术交流活动，相互学习共同提高。年底，协会邀请德国卡博尼特净化技术公司总经理博士皮特、上海市浦东新区卫健委医生邓志鹏等专家，为来自 40 多位水家电会员单位负责人上课，负责人与专家互动，加深对全球净水行业先进工艺技术的印象。

积极为会员单位申报出口补贴。12 月，协会为应对中美贸易摩擦，帮助有出口业务的中小企业克服困难，出台企业出口商业保险由政府买单，赶在第一时间通过微信群发布政策信息。协会安排专人与几家有外贸业务的会员单位联系，最终有两家会员单位报名申请补贴，由协会报有关部门统一协助办理。

二、依托地域优势，合作发展战略，积极调研市场

扩展职能助力江苏宿迁地区工业经济发展。协会主动作为，一方面，为上海周边城市经济开发区提供“资源”；另一方面，为会员单位提供发展途径，起到为合作双方“搭桥铺路”，实现“双赢”的社会作用。协会通过不同途径宣传介绍，让会员单位了解情况；组织会员单位参加宿迁经济开发区举办的推介会，促进会员单位加深了解宿迁的经济发展情况，帮助宿迁地方政府招商引资，得到宿迁经济开发区管委会好评。

推进共同发展理念共谋地区合作发展机遇。11 月 14 日，四川省达州市开江县政府人员一行来协会访问交流，双方就帮助川东地区开江县经济开发区的发展，提出认真可行的建议。

合作进行市场调研分析掌握信息统计数据。北京奥维是一家家电专业统计公司，而上海家电协会信息化工作与北京奥维之间合作，既提高协会统计信息的质量，又丰富工作内容。协会建立微信公众号，以及统计人员微信群，推送政府相关政策标准。此外，协会网站对收到的会员单位统计数据，进行每季度统计分析报告，将北京奥维数据分析等进行权威发布，供会员单位参考。

三、运用法律依托，推进智能技术，探讨市场前景

协同律师事务所开展法律专题培训活动。为应对中央空调会员单位在经营中涉及到的法律纠纷，协会协同上海山田律师事务所开展法律专题培训活动，让会员单位作为经济行为主体，受市场竞争法则制约和相关法律保障，赋予相应的权、责、利，成为具有明确收益与风险意识的主体。

利用互联网 + 技术参数来提升新产品技术。协会采取会员单位之间交流的方式，研讨新产品的开发技术。如会员单位之一的玖间堂净水公司新型机器人的操作演示，即能声控又能远程操作控制。这项适应各领域需求的新产品技术，显示出互联网连接家居生活惊人的操控魅力，连接家庭净水器来为人们的生活服务。

参与家电行业3C材料变革新发展。8月，协会从家电市场现状入手，与荣格传媒共同召开“2018家电及3C行业创新材料与技术研讨会”，从产品设计的理念、趋势及需求出发，探讨相关材料及工艺的改进与创新。

四、突出“3·15”活动，完善售后服务，加大管理监督

做好“3·15”消费者权益保护日活动等。协会在活动中发放宣传资料1100份，接待消费者219人次，接受产品投诉1人次，这起投诉在现场得到了解决。协会组织苏宁云商、大金、三菱电机等48家家电品牌参与在上海市科学会堂举办的维权活动；组织协会会员单位参加6月29日在浦东新区金杨街道、7月18日在闵行区康城社区中心举办的设摊咨询和维修服务活动。

服务热线运作正常完善家电售后服务工作。协会核实完成《2018年品牌家电维修售后服务热线电话（正式公示稿）》，其中包括苏宁云商、等大型商业或综合类家电维修企业等9条服务热线；以及空调品牌大金、三菱电机、等服务热线29个；冰箱品牌西门子、海尔等服务热线25个；厨卫电器林内、等服务热线32个；小家电伊莱克斯及等服务热线27个。

抓好复审联系沟通加强维修单位管理监督。协会经过核实，调整、补充推荐217家维修企业上报上海市商务委，列入《商务委和“一台三会”认定的合格企业名录》，登载在商务委和“一台三会”的官网上，让消费者选择合格的家电维修服务商。

五、完成换届选举，贯彻落实任务，走访会员单位

4月27日，协会第七届会员代表大会第一次会议成功召开，完成会议各项议程。

在市工经联、市经团联等指导要求下，协会通过月度会议或召开临时会议，对上级部门的文件以及工作要求，边学习，边讨论，消化落实，提升全方位服务观念。

协会为了解会员单位实际需求，做到对接服务，工作人员不分严冬与酷暑，走访60余家会员单位，就服务好消费者，提高对安装维护人员上门及时性和服务态度方面管理力度，加强售后服务人员的培训，切实维护好企业的利益等问题交换建议或意见。

六、开展诚信培训，探索标准建设，抓好统计工作

规范家电安装维修开展上门服务证培训。协会开办培训班16个，其中初训9个班计351人（发证269人），复审7个班264人。特殊工种的培训：协会在年内强化了“登高证”“焊工证”“电工证”“制冷空调作业（小型、大型空调）”等培训；据初步统计，经协会推荐到相关学校的培训与考试中，取得特种作业操作证的274人。取得电工证的104人（其中大金73人），取得焊工证的99人（其中大金89人），取得登高证的51人（其中中央商场18人、光宇4人），取得制冷空调作业（小型、大型空调）的20人。

制定“富氢水设备”行业团体标准。协会与清泉公司等会员单位共同拟订“富氢水设备”的行业团体标准，让有关专家按此标准规避不当竞争，淘汰不符合标准的企业，提高竞争门槛，对提升产品品质具有积极的意义。

发布经营数据统计信息资料并递交上报。协会继续抓好各会员单位统计工作，每月做好统计信息数据收集及汇总，完善数据采集质量，在数据资源共享、应用方面有所突破；每季发布提供上海家电统计经济运行分析数据，配合政府部门做好统计信息资料上报，并向市经信委都市产业处、市统计局递交季度统计运行分析，发挥好企业与政府之间桥梁纽带作用。

七、推进宣传工作，扩大会员单位，发挥协会作用

办好报刊网站微信群宣传会员单位。协会《上海家电报》出刊12期、《中央空调》双月刊出刊6期，协会公众号、微信群以及网站宣传国家政策以及家电市场信息。《上海家电报》《中央空调》报刊对会员单位产品信息和技术交流、技术论坛起到扩大宣传的良好作用。

中央空调专委会新发展会员有30家，新参加维修专委会企业有28家，维修专委会坚持将评审重点放在检查维修企业的安全管理、员工技能、营业场所和设备配置等方面，以达到安全制度与安全保障。

协会发挥专委会平台的专职作用和基础作用，更好地围绕服务社会、服务会员单位、服务消费者一系列工作。在协会组织安排下，坚持“走出去，请进来”的模式，组织会员单位技术交流，邀请专家上课培训，年内活动达到6次。

（李富春）

上海空调清洗行业协会

上海空调清洗行业协会成立于2007年4月（原名“上海空调风管清洗协会”，2011年10月更名为“上海空调清洗行业协会”），是从事空调清洗、净化、消毒、检测服务与相关设备、产品生产、经营以及技术研究开发的企业、事业单位自愿组成的跨部门、跨所有制的非营利行业性社会团体法人。协会设有4个专业委员会，集中空调通风系统运维清洗专业委员会、空调水处理专业委员会、新风净化专业委员会和分体空调清洁治理专业委员会。现有会员单位201家，占行业企业总数的80%左右，具有较广泛的行业覆盖面和代表性。

2018年主要工作：

一、加强行业管理及协会秘书处工作

上海空调清洗行业协会分支机构变化。协会三届七次理事会通过《撤销集中空调通风系统运维清洗专业委员会、新风净化专业委员会、分体空调清洁治理专业委员会等3个分支机构》的决议。6月，协会向市社团局提交“集中空调通风系统运维清洗专业委员会、新风净化专业委员会、分体空调清洁治理专业委员会”3个专业委员会的管理办法进行分支机构备案。经实施，发现分支机构多、名录重叠，管理松散等问题，理事会决定撤销3个专业委员会。

安全质量控制活动模式多样化及精简工程备案流程增加手机电子备案。协会安全质量管理部年内全面实施“安全质量控制活动的具体细则”，采用多样化模式来管控空调清洗工程的安全与质量，增加工程安全质量控制的数量，提高工程视频和照片的抽查频率。增加手机备案模式，简化流程和资料，提高了备案的时效性和便捷度。

三届七次理事会发表《集中空调通风系统清洗产业向运维清洗及服务质量提升转型发展倡议书》，对会员单位人员进行空调运维清洗方面的培训，扩大服务意识，以适应市场的需求。

协会秘书处为了更好开展工作，走访会员单位，倾听会员心声。协会有《空调服务》电子月刊、微信公众站、空调服务在线等各种信息发布方式，围绕行业专题，开展互动交流，发布行业信息。空调服务在线视频网站，有网络教学《空调清洗视频制作教程讲解》《通风系统清洗工程备案工作讲解》等，将信息和专业知识及时传递给协会会员和公众。

二、开展行业标准化体系建设及培训工作

行业标准化体系建设。集中空调循环水系统水质于3月1日发布，4月25日实施。协会标准化部组织15家公司及2家检测单位，聘请协会专家组成标准制定撰写小组。经过努力，《T/KTS8888-2018集中空调循环水系统水质》标准于6月6日在上海市质量技术监督局登记并在其网站公布。登记号为T/31448310115F1022018。

协会邀请上海市疾病预防控制中心、上海市卫生和计划生育委员会监督所共同探讨集中空调通风系统和循环水系统方面的专业性问题，进行现场指导、分析和检测有关指标。

协会标准化部组织多家空调运维清洗核心单位，组成集中空调运维清洗操作标准制定小组和分体空调清洗服务操作标准制定小组。实时发布行业标准信息，将逐步成为行业协会的日常工作。

三、开展爱心公益、绿色健康活动

爱心相连，健康与公益同行。6月，协会收到晨曦公益基金的委托和需要帮助信息。9月16日和29日，秘书处成员携2家会员单位的志愿者代表去慰问看望闪耀之星盲童之家和上海新生命之家的小朋友，为他们送去物品，还为小朋友们提供空调清洗服务，把温暖和关心传递给小朋友。

协会参加由市政府部门主办的2018年上海市节能宣传周活动系列活动。开展“节能产品进机关”。6月6—8日，在市政府机关办公楼宇进行空调科学深度清洗的科普宣传。6月13日和6月15日，在世博村路300号和徐汇区政府进行空调卫生、节能、健康宣传工作。6月10日，在黄浦滨江举行市节能宣传周主题日活动，协会以空调清洗节能主题进行空调健康、节能宣传工作，让大家重视家庭的空气质量问题。

协会坚持倡导绿色健康生活，举办第三届摄影大赛、第三届羽毛球大赛、第二届乒乓球赛等绿色健康生活系列活动。协会会员单位在把健康工程带给公众的同时，也可以感受健康、享受运动。

开展大力推广家用空调科学清洗。协会走进街道社区，向居民进行家用空调清洗的科普宣传活动，在现场展示空调清洗，让居民们确确实实看到空调清洗的必要性。

四、举行空调清洗产业向楼宇服务系列活动

5月4日青年节，协会成功举办为梦想启航·构筑多元化楼宇服务体系论坛，以创新方式向参会者展示创业者一路走来所经历的故事及感受。

4月28日，协会举办第二期发展论坛，围绕着楼宇设备清洗运维服务主题，得到与会者一致好评。

五、做好年度党建工作

为切实做好入党积极分子的确定和培养教育工作，协会党支部于12月3日召开党支部大会，一致同意将王彬和胡慧中同志列为入党积极分子进行培养，并报市工业经济联合会党委备案。

做好“两新”党组织工作，协会党支部认真学习党中央及上级文件，结合协会实际，提出计划、意见和措施，贯彻落实。党支部每季度召开一次党员组织生活会议。党员时刻以党员标准要求自己，发挥党员的先锋模范作用，为行业协会的健康发展创造稳定、和谐的政治气氛。

六、做好年度工会工作

协会工会经过半年的精心筹备，11月，经上级工会批准正式成立。许多会员单位的员工积极加入协会工会，最大限度地把员工组织到工会中来，扩大工作的覆盖面，听取和反映会员的意愿和要求，全心全意为会员服务，增强工会组织的凝聚力。

（吴永英）

上海锅炉压力容器行业协会

上海锅炉压力容器行业协会成立于2003年12月，主要为锅炉压力容器设计、研究、制造、安装、咨询服务等企事业单位自愿组成的跨所有制非营利的行业性社会团体法人。现有各种所有制会员单位79家，其中有研究院、所、高等学校、有设计院，相关国有企业和民营企业以及锅炉压力容器相关企业（包括个别长三角有关企业）。协会坚持以“与政府同步、与市场同行、与企业同心”为服务导向，开展行业调研、信息交流、技术培训、技术咨询、联合参展、产品推广、国际商务联络等服务。

2018年主要工作：

一、坚持需求导向，拓展服务领域

协会以现代制造业企业为试点，在龙头企业——上海锅炉厂有限公司尝试举办企业党务工作者培训班，以“请进来、走出去”的培训方式，为企业党务工作者集中“充电”。以“讲座、交流、参观、自学”相结合的形式贯穿培训全过程，着力提高党务工作者实际工作能力和水平。

协会选择上锅公司，精心组织2018年度班组长培训试点工作。依据以往经验，做好前期摸底，深入企业调研。在摸清现状、摸清需求的基础上制定班组长培训实施方案，采用“授课、讲座、拓展、自学”融为一体的形式，学用结合、生动活泼，深受企业欢迎，受益班组长达140人。

为拓宽上锅公司中层以上干部的视野，使个人和团队更好地理解、适应新时代、新形势、新常态下企业转型发展的战略目标，根据该公司《干部中心组学习制度》要求，协会协助该公司举办干部中心组集中学习会，学习了解当前国内外经济形势，全体中层以上干部普遍感到受益匪浅。

二、搭建服务平台，展现上海先进制造业新亮点

参加市工经联等组织举办的“勇于创新——上海工业改革开放40年500例成果展”活动。以“服务为宗旨承压给力为企业提供人力支持”为题的“上海锅炉压力容器行业协会开展等级技能培训”的展板获入选展示，在更大范围宣传了协会“致力于提升上海先进制造业、培养高技能人才”的新亮点，并将进一步促进协会在“培养高技能人才”方面打开新的局面。

参加市工经联等联合举办的“第四届上海市工商业领军人物评选活动”，协会推荐的上海电气核电设备有限公司总经理陆冬青荣获“第四届上海市工商业领军人物”殊荣。不仅体现该企业家的自身价值，又体现上海电气核电设备有限公司的实力，也提升协会服务企业的水平。

为会员单位上海锅炉厂有限公司推荐展示企业形象的微视频《聚力》，经过协会全体成员的共同努力和社会各方的积极参与，通过持续数周的网络微信宣传投票，最终获得“品牌诠释、网络传播、后期剪辑”3个奖项。

受上海电气核电设备有限公司领导委托，为支持和推进上海核电制造业发展，深入一线了解高技能人才所作出的工作业绩，经比对推荐该公司高技能人才华建国同志为“享受政府特殊津贴”的人选。并组织3位专家进行评审，一致认为符合推荐条件，准予上报。

三、建设高技能人才队伍，提升企业综合竞争力

参与对行业内、外企业开展高技能人才培训调研，走访相关会员单位和行业企业，就协会如何服务好企业进行沟通与交流。参加闵行区组织院校、实训基地、考核站点关于《新形势下加强高技能人才培养的途经和方法》研讨会，为高技能人才培养积累宝贵资料，如研讨对扩大培训服务范围作“三个三”的有益探索：从服务对象着手实现3个延伸；从服务形式着手实现3个结合；从服务内容着手实现3个深化。

参与技师技术更新项目策划，深入会员单位调研和新课程开发。由市技师协会锅炉压力容器分会承办，李斌技师学院组织实施第一期技师、高级技师技术更新培训班在上海电气核电集团开班，48名学员参加培训。

在调研、走访中了解到申港锅炉有限公司因生产需要，急需提升二氧化碳气体保护焊接技能。协会组织师资力量举办“二氧化碳气体保护焊接技能等级”培训班。28名焊工参加培训，26名焊工获得国家机械工业职业技能鉴定焊接技能等级证书。

启动无损检测技师、高级技师课题开发工作，经专家协同开发完成并上报市鉴定中心审批通过，为协会下阶段开展无损检测技师、高级技师培训工作打下基础。

经下基层调研了解沟通，推荐上海第一机床厂有限公司管东卫为2018新建首席技师项目资助人员，在协会指导下收集整理完成材料并报市技师协会。

四、履行协会职责，开展各项工作

加强协会党支部建设，发挥党员先锋模范作用。党支部加强对协会工作的统一领导，通过党内“三会一课”等活动，确保协会工作方向的准确性。在深化开展“两学一做”活动的基础上，把“争创党员示范岗”作为党支部工作的重点，把党员的工作岗位作为“不忘初心、牢记使命、践行宗旨”的舞台，激励党员提升协会工作水平，开拓行业工作新局面；

要求党员知难而进，重视知识积累及工作经验积累，自觉做行业本部文化（承压给力、求新求变）建设的践行者、引领者、开拓者。

走访会员单位了解会员单位经营、生产、销售等情况，听取会员单位对政府、行业、协会工作的诉求，同时将协会开展的各项工作进行沟通、交流。先后接待来访会员单位或相关单位人员，听取他们的意见、建议和需求，认真做好来访记录，对来访单位所提出的合理要求，尽最大努力给予帮助，以实际行动增强会员单位对协会的凝聚力。

全年发布双月刊信息简报共六期，及时报道中央和市出台的相关政策，宣传党和政府颁布的政策和法律法规，为会员单位提供政策指导和服务。对紧贴行业改革发展的重点工作，协会适时进行真实迅速客观的报道，及时传递协会工作与会员之间的相关信息，给全体会员单位提供有价值、可参考的信息，适时总结和宣传企业在“创新驱动发展经济转型升级”中取得的经验，提升企业“适应当下、适应变化、适应发展”的市场竞争力。

年内，7 人获初级技术职务资格认证证书；8 人经协会专家严格初审，5 人推荐到市专评委评审，3 人通过公示将获资格证书。推荐 3 人参加“压力容器设计人员和设计审批人员继续教育”培训；完成 2017 年对锅炉、压力管道单位事中、事后监管检查工作材料汇编成册；获得市政府采购网投标人 CA 认证证书和参加政府购买网上投标书制作工作；建立完善市、区级各类专项（鉴定、评审、培训）专家库名册档案等。

运用统计分析，提升经济运行质量。每月上报统计数据，撰写《2018 年度经济运行情况简要分析》，提出提升创新能力，确保持续发展的建议，为稳定健康企业发展提供重要依据。

（徐莉萍）

上海市汽车行业协会

上海市汽车行业协会成立于 1996 年 8 月，现有各种所有制会员单位 288 家。由上海地区从事汽车与零部件制造及其相关链的单位和科研、院校等法人自愿组成的、跨部门、跨所有制的非营利性的代表汽车行业的经市主管部门批准的社会团体组织。

2018 年主要工作：

一、加强能力建设，做好会员服务工作

按市相关部门要求完成地方志社团分志（汽车行业协会篇）的编纂工作；协助市经团联开展工业 4.0、中国制造 2025 调研、学习、交流；落实节能减排工作，推进 JJ 小组活动，推广先进经验和做法。推进会员单位参加经团联组织的行业质量促进、社会责任推进、行业自律、品牌诚信建设等有关活动。

坚持领导走访会员单位制度，加强与会长、理事单位的联系沟通；按需求为会员单位的经济运行提供行业发展、政策法规等有关信息和帮助；在“名牌产品”“自主创新产品”“守信用企业”“专项资金立项”的申请、创建和评选等工作中，帮助会员企业按评审要求做好材料的完善、审核等服务。

定期做好全国及上海汽车市场的产销分析、预测，及时编写《行业经济运行主要数据统计分析》和《汽车市场分析》上报领导及有关单位参阅，协会利用会刊《汽车汽配界》和工作例会向各分会和专业委员会通报市场信息。

依托上汽信息公司的优质资源，加快信息传递，加强网站的维护和整合。对协会网站进行改版和升级工作，在做好协会网站建设的同时，努力跟上信息传播的潮流，自 2018 年下半年起，开通“上海市汽车行业协会”微信公众号。协会动态、会员园地等栏目已开始运行，进一步拓展协会信息传播渠道和功能。

召开 2018 年统计信息工作年会，通报全国和上海汽车产销形势和协会会员单位经济运行趋势，对新一年工作提出要求。不断增强会员企业统计人员的工作责任心，提高业务能力和统计质量。

协会密切关注新能源汽车补贴、购置税减免取消、各地各部门不断推出汽车新政、汽车平行进口、汽车关税变化等带来的影响，都不可避免对汽车产业的发展带来的影响。引导众多会员单位从研发、制造、营销等各个领域制定创新发展的目标和行动路径，为高质量发展迈出坚实步伐。

二、服务政府，发挥行业协会的桥梁纽带作用

完成政府和有关主管部门下达的年度市国民经济运行情况（汽车篇）报告编写；完成市经信委主编的《上海工业年鉴》“行业协会简介”的撰稿工作；组织会员单位完成《中国汽车工业年鉴》的资料编写；参与上海市行业质量工作促进会工作，配合市质量技术监督局开展涉及汽车有关安全等方面的检测，组织会员单位参加市质监局召开的汽车产品安全调研，完善检测标准和手段，维护好消费者的合法权益。

为市统计局、市商务委、研究中心等有关政府部门提供汽车工业运行发展趋势等相关信息；宣传、组织会员单位落实政府有关部门关于诚信建设、品牌建设、质量安全等一系列的工作任务和要求。

三、充分利用行业优势资源，发挥分支机构及专家作用

面对产业结构调整、环境治理等影响，以及一大批铸造、热处理企业逐渐淡出上海，汽车铸造分会组织行业专家到周边地区进行技术咨询指导，一些老专家不顾年长热情服务，定期组织技术交流，深得区域同行的认可，成立了长三角地区的铸造行业组织，为长三角地区铸造行业的节能减排、转型发展、技术创新发挥了积极作用。

动力总成分会积极开展技术交流活动，发挥在检测、认证等方面的优势资源。协会还开展与省市汽车行业协会的互访交流与沟通，参与本地区兄弟行业协会的有关沟通、交流、参展等活动，努力提高上海市汽车行业协会的影响力。

四、加强协会自身建设，在两个服务中发挥积极作用

协会秘书处按照行业自律和规范化管理的要求，为努力确保工作的高效有序，完成工作场所的搬迁。对秘书处的信息、统计人员进行调整充实，以确保协会的常规性工作正常展开，完成或满足政府机构、市经社团组织和会员单位的各项工作任务和需求。

针对党和政府对社团组织的发展与建设，不断提出新的政策要求，以及行业协会内会员单位关停并转时有发生，协会按照党和政府要求，加强自身建设，保持协会队伍稳定发展。发挥秘书处积极作用，落实工作责任和进度要求，确保各项工作规范、有序地展开。

随着创新、转型发展的不断深入，汽车产业正聚焦着新能源汽车、智能网联汽车、后市场发展、汽车服务贸易等一系列新的课题，政府部门不断制定完善一系列配套发展规划、措施、对策，行业协会作为业界的代表，有责任和义务配合政府部门完成各项课题任务，发挥自身优势，加强调查研究，反映业界、会员单位的要求、诉求，提出合理化建议；同时积极引导企业落实政府部门提出的质量、品牌、诚信、社会责任等要求，努力发挥政府和行业间的桥梁、组带作用。

（卢益鸣）

上海船舶工业行业协会

上海船舶工业行业协会成立于1993年，其前身是筹建于1983年的上海经济区船舶行业规划组，成员为上海及周边地区主要从事船舶及其配套设备研究、设计、制造、修理、经贸及高校等企事业单位。现有会员单位103家。2017年，协会顺利通过上海市社会团体管理局组织的评估，再次获“中国社会组织评估等级4A级社会组织”称号。

2018年主要工作：

一、完成课题研究、行业统计、调查等

协会发挥开展行业研究的优势，积极主动承担市发改委、市经信委、市商务委和地方政府以及国家有关部门委托课题，牵头开展行业调研与课题研究，支撑政府决策服务。承担“上海船舶海工行业统计分析”课题，按照时间节点，收集数据，汇总、统计和分析，并及时向有关部门报告。承担“上海市船舶海洋产业政策培训及对接”项目，整理汇总国家部委和上海市相关产业政策，充分发挥协会的决策咨询和技术支撑作用。完成工信部上海地区船舶相关企业每年主营业务收入和行业排名情况统计。完成市经信委船舶产业处（每年年报、定期报表）相关报表工作。与市统计局协调行业统计的范围、数据，使统计数据更为科学、有效。

落实市商务委意见，开展产业预警填报工作。从2016年1月起，协会组织16家有关重点企业列入数据采集重点样本单位，并会同市商务委、中国科学院上海科技查新咨询公司联合召开“产业安全预警问卷调查”工作的业务培训会，已完成2018年前四个季度的数据填报工作，连续3年得到市商务委的好评。

积极配合市有关委办，撰写相关报告：《上海市国民经济和社会发展报告》船舶工业部分报告；《上海年鉴》船舶工业部分报告；《上海工业年鉴》船舶企业简介部分报告；《浦东年鉴》船舶工业部分报告；《上海产业和信息化发展报告》行业协会部分报告；《上海市经济团体联合会年鉴》行业协会部分；受环科院委托完成《船舶行业VOCs排放特征及减排监管技术研究报告》。

二、举办展览，开展国际国内学习交流

汇聚业界专家，打造交流平台，拓展行业视野。4月26—29日，在上海新国际博览中心举办2018第23届中国国际船艇及其技术设备展览会暨中国（上海）国际游艇展，同期召开“2018中国国际船艇产业高级论坛”。在技术上聚焦智能船舶、智能制造、绿色能源、环保治理；在市场上涵盖滨水休闲装备、码头俱乐部及水上旅游创新服务等内容。为船艇产业结构转型升级开启新思路、新方向和新机遇，在发展海洋经济的同时，满足人民对美好生活的向往。

跨域联动，互通有无，牵头八省市船舶行业协会联席会议。5月31日—6月1日，在杭州召开第二届八省市船舶行业协会（上海、浙江、江苏、山东、广东、福建、江西等）会长和秘书长联席会。会议围绕各省市推荐现代化造船模型、优化产品结构、促进供给侧结构改革、绿色环保新能源船舶发展，以及工信部新行业标准等当前业界共同关注的热点和议题展开研讨。6月13日，浙江省船舶行业协会会长李仁鑫带队，组织省骨干企业一行共20人赴上海外高桥造船厂，就推进现代化造船模式、降本增效、智能制造等进行考察交流。贯彻工信部长江经济带发展战略，继续支持并参与长江沿岸八省市联动工作机制，先后4次参加工作例会，跟踪、督促、监控修船过程中的污染物无组织排放情况，交流整改措施，共同落实长江生态环保修复和保护。为贯彻习近平总书记关于“大力发展邮轮产业是一件利国利民的好事”“要大力发展邮轮产业，还要建造我们自己的邮轮”的要求。12月20日，协会集聚行业力量和智慧与中国交通运输协会邮轮游艇分会共同在上海召开“邮轮建造及配套产业交流会”。国内的骨干船厂、配套厂、研究院所等相关负责人共22家单位52位代表出席会议。会议结合“上海市船舶海工产业政策培训及对接”项目，对邮轮建造及配套相关政策和要求进行宣贯。

开展企业管理现代化创新成果评审活动，助推企业管理工作提升。征集40项成果项目，经专家评审、公示，最终审定：一等奖8项，二等奖12项，三等奖24项。另经协会推荐，上海市现代化创新成果评委会评定，协会系统共14个项目获“上海市企业管理创新成果奖”，分别是一等奖1项、二等奖6项、三等奖7项

三、继续做好协会建设和覆盖、提供信息、咨询、专业培训等

协会新增会员两家，同时根据船舶行业发展和企业自身的整合转型升级等情况，协会秘书处严格按照协会章程规定，慎重整理协会在册会员单位。至2018年年底，会员单位数达103家，保持上海船舶工业行业协会的生命力和活力。

继续做好信息服务工作：完成《上海船舶工业》会刊11期的编辑出版工作，《上海船舶工业》已成为宣传企业、宣传行业工作、扩大船舶工业行业影响力的一个重要窗口；“上海船舶工业行业协会”的公众微信平台，全年共计发布413篇文章；协会工作微信群，得到会员单位的赞赏，增强了协会的凝聚力。

年初召开2018年产业安全预警务实培训暨2017年度统计工作总结及表彰大会，并邀中科院有关领导解读相关政策和网上填报实务操作培训；还就过去一年的工作进行表彰、交流。

支持并向市经信委推荐成员单位——天海融合防务装备技术股份有限公司“BESTWAY”项目申报2018年度上海品牌企业；支持并向浙江省教育厅推荐申报成员单位——嘉兴南洋职业技术学院牵头联合沪嘉两地船舶行业相关单位成立“应用技术协同创新中心”。

根据协会章程，年内共召开3次理事会；12月，召开会员大会，会议审议通过年度工作总结和2019年工作计划；审议通过年度财务报告；审议通过增补、变更副会长、理事单位（目前正在上级单位备案过程中）；审议通过大会决议等。

四、加强内部管理

协会投资40万元（占股份40%）的上海谐成船舶技术咨询有限公司，因该公司个人股东（占股份60%）向本协会提议注销谐成公司。根据协会章程和协会“三重一大”事项实施规则等，由协会秘书处向理事会建议关于投资公司歇业议案，经理事会审议，通过同意公司歇业的决议。谐成公司于1月18日召开股东会议，4月18日成立清算小组，5月5日在《文汇报》刊登工商歇业公示，歇业程序将近尾声。

积极推进党建工作。按照上海市行业协会商会党建工作管理体制的精神，协会党组织关系完成划转工作，接受上海市工经联党委的组织领导。

协会获上海市商务委“2018年度产业安全预警监测”优秀组织奖，获2017年度船舶行业通讯工作先进单位。

（祝瑞熙）

上海有色金属行业协会

上海有色金属行业协会成立于2002年1月，系中国社会组织4A级行业协会，目前拥有会员单位168家，基本覆盖上海地区有色金属骨干企业，同时含有全国最大的有色金属交易市场和现货电子交易中心，聚集了有色金属材料、辅料、制品、装备等制造领域企业和相关的商贸、金融、信息、物流、咨询、会展等单位。下设有色金属信息资讯、会议会展、技术检测、培训鉴定等服务平台。

2018年主要工作：

一、积极探索行业创新发展路径，增强企业竞争力

开展行业研究，探寻转型发展路径。协会推进上海有色金属行业结构调整和创新发展工作研究，先后完成《2017年上海有色金属行业发展报告白皮书》《2017年上海有色金属工业经济运行分析报告》等，为政府、行业、企业提供有价值的决策参考依据。协会还在市经信委新材料处、综合规划

处、市商务委公平贸易处的指导下，完成《2018年上海有色金属行业发展报告》《上海推进“新能源汽车与轻量化”材料产业化研究报告》《2018年上海有色金属贸易产业监测报告》《重点国别政策汇编》。上述报告为引导上海有色金属产业的转型升级、帮助企业应对贸易摩擦贡献了力量。

加强新能源汽车与轻量化材料研究，推广其应用。协会在市经信委新材料处的指导下，完成《上海推进“新能源汽车与轻量化”材料产业化研究报告》，帮助企业了解行业内最新的技术动态和管理水平。在市经信委新材料处的支持下，协会与上海汽车、上海稀土、上海塑料、上海钢铁等行业协会通力合作筹建“上海汽车创新材料及运用合作平台”，拟通过第三方搭建信息共享平台，方便供需双方配对，打通材料与运用厂家隔离的瓶颈，共同推进新材料在汽车零部件生产厂家的应用。10月，初步构思方案已形成，2019年将进一步完善方案，并在上海材料行业和整车企业中进行探索。

推进公平贸易工作，增强企业应对能力。中美贸易战不断升级，协会积极走访调研，了解行业企业遭受贸易摩擦的情况以及在国际化经营方面的需求。在市商务委公平贸易处的指导下，完成《2018年上海有色金属贸易产业监测报告》《重点国别政策汇编》，并按季度发布《外贸环境动态监测简报》。协会分别于6月、11月组织两次培训，帮助企业了解上海有色金属贸易产业环境形势，及时采取措施，应对风险。此外，协会陪同市商务委公平贸易处处长一行前往遭受贸易摩擦影响较大的企业进行调研，为企业摆脱困境提供指导。

二、积极推进责任延伸制上海试点工作，争取新的突破

领导重视，助力增力。为落实国务院有关领导关于加强废铅蓄电池收集处理污染防治工作的重要批示精神，4月，市发改委副主任周强率市经信委、市环保局、市财政局、上海投资咨询公司等有关部门负责人，赴联盟调研铅酸蓄电池销售、回收、处置情况。7月，生态环境部土壤环境管理司周志强副巡视员率固管中心领导一行，赴联盟调研上海市废铅蓄电池收集处理污染防治工作。

紧密配合，做好衔接推进工作。协会和联盟根据《基于铅酸蓄电池生产者责任延伸制上海试点实施方案》（初稿）中的指导意见，上半年修订《铅酸蓄电池市场运行管理规范》社团标准，使其更加符合上海地区的实际情况。协会分别走访市发改委、经信委和环保局相关处室，为上海全面启动《基于铅酸蓄电池生产者责任延伸制上海试点实施方案》做好试点前的衔接和推进工作。回收平台已通过有色网研制开发的网络管理系统，与12家中转暂存仓库实现实时对接。

三、积极抓好行业标准修订，不断提升企业运行质量

修订标准。上半年，技标委启动3项铝产品标准的修订工作，技标委召集有关专家和企业专业人员开展两次研讨交流；在起草单位作出修正建议后，向市各相关产品生产企业征求意见，并于9月完成“铝箔单位产品能源消耗限额”“铝合金建筑型材单位产品能源消耗限额”和“铝及铝合金铸造锭单位产品能源消耗限额”3项标准的送审稿。下半年，技标委专家在多次走访并听取硅材料企业、铜加工企业关于“半导体硅单晶及其硅片单位产品能源消耗限额”“铜及铜合金单位产品能源消耗限额”两项标准修订意见的基础上，形成送审稿。至12月，如期完成5项标准的修改制订工作。

指标标注。为配合上海市质量技术监督局建设标准化“大数据＋人工智能”平台，协会专家委员会和市有色标准化委员会的16位委员，对50项有色金属工业的国标、行标进行“指标标注”，完成43项标准指标的标注，区分免标注的7项非产品类标准。本次“指标标注”涉及铜、铝、钛、硅等材料，涵盖板、带、箔、管、棒、型、线、片等基本产品。

四、加强高技能人才培养基地建设，优化行业人才整体素质

加强培训基地建设。协会获批的“上海市有色金属行业高技能人才培养基地”，根据行业紧缺人才的需求与上海发展战略性产业的重点，先后开发“硅片加工”和“铅酸蓄电池配送与回收”两个专项等单位项目。在上海大学、上海第二工业大学、上海合晶硅材料、上海鑫云贵稀等单位的通力合作下，递交的“实施方案”和“题库试做”分别通过专家论证及验收；其师资培训获得市财政局审批。6月，上海合晶硅材料获批第三批新型学徒制试点单位。

积极开展鉴定和评审工作。66号技能鉴定站在浙江鸿耀、上海龙阳、浙江顺虎铝业、上海五星铜业等企业的支持下，完成四个批次共93名二、三、四级职业技能等级鉴定。同时，共有17名有色金属行业的技术专业人员通过工程师和高级工程师资格的评审。此外，协会首次开展了有色金属加工专业学科组专业科目继续教育网络在线学习课程的开发。协会专家主讲的“压延铜箔市场分析及其生产技术主要进展”和“铝合金材料的生产与应用”两门课程完成了录制，并于7月起正式授课，具有开创性的意义。

五、搭建交流平台，加强行业合作

评选行业先进，树立行业标杆。为进一步鼓励先进、塑造有行业公信力的社会品牌、引导行业良性快速发展，10月，协会积极配合上海有色网对全国范围的有色行业铜铝铅锌锡镍小金属稀土等品目的优质贸易商进行评选、表彰，有43家企业获得2018年度“全国优质贸易商”的称号。12月，协会积极支持上海有色金属交易中心开展2018年度有色金属行业“市场发展杰出贡献企业”的评选活动，30位左右的优质贸易商脱颖而出，有力促进了“共建诚信市场，共创合作商机，共赢美好未来”的商业环境。

搭建交流平台，畅通信息传递。为帮助企业把握市场、及时应对风险，协会与上海有色网召开“2018年上海铜铝峰会”“2018年上海铅锌峰会”；与上海市有色金属学会联手举办“2018国际层状金属复合材料论坛暨第五届铝基复合材料及应用研讨会”；镍钴分会在江苏泰州召开“第七届2018年上海镍钴峰会”。同时，2018年，协会继续通过微信、报纸和网站，多层次、全方位反映行业最新信息。

做好对外交流，加强行业合作。9月，在市政协常委林湘的率领下，会长徐明、副会长兼秘书长刘秋丽携海亮金属贸易、上海鑫云贵稀、上海晶英实业等会员单位代表赴立陶宛考那斯市、白俄罗斯明斯克市和乌克兰基辅市开展巡展。巡展期间，徐明会长主持以“建材、通讯和能源”为主题的专题研讨会，秘书长刘秋丽作主旨发言，代表团成员分别与立陶宛、白俄罗斯和乌克兰政府官员、商会会长以及企业家们就环境治理、铝合金建筑型材需求和铅锌矿贸易等方面加强合作，进行广泛交流与经贸对接。

（史爱萍）

上海起重运输机械行业协会

上海起重运输机械行业协会成立于2003年11月，是以上海市起重运输机械科研院校、设计制造、安装维修等企事业单位自愿组成的跨地区、跨部门、跨所有制的行业性社会团体法人。至2018年年底，协会注册资金为27万元，业务主管单位是上海市经济和信息化委员会。协会业务范围是：行业调研、技术培训、会展招商、产品推介、技术咨询服务、国内外技术信息交流等。协会现有各种所有制会员单位101家，其中会长单位1家，副会长单位6家，理事单位27家。

2018年主要工作：

一、走访会员单位，调研行业现状

协会秘书处成员走访多家会员单位，通报协会2018的工作，表达向会员提供服务的合作诚意，对今后合作的方式方法进行讨论，动员各方凝聚共识，共同行动，增加相互了解，增强会员间的凝聚力。协会组织大连港口设计院、上海振华重工、上海嘉怡环保工程公司、上海科大重工、无锡宝通科技、无锡新华工具、江苏工力重工等部分会员单位进行技术交流和参观考察，促进协会企业间的积极合作，增进友谊共同发展。

二、线上线下结合，推进行业培训

协会采用线上线下相结合的方法推进行业培训工作。服务会员，协会制定《行业通用培训管理制度》供会员单位参考，线上利用协会网站发布培训信息及有关培训资料供会员单位采用，作为企业培训及自我培训的教材。线下采用委托办班形式开展。实践表明，线上线下相结合推进行业培训是行业协会开展行业培训的一个好方法。

三、了解会员需求、服务会员单位

为加强协会与各会员单位间的联系，协会建立通讯员联系制度，会员单位可随时向协会反映企业的困难及需求，协会及时提供咨询帮助，服务企业。上海起重运输机械行业协会和欧洲知名的在线展会集团Virtual Expo旗下Direct Industry工业在线展会达成战略合作。会员单位中已有振华重工、ABB、新时达成为Direct Industry的付费成员。

协会是市商务委颁发的上海市进出口公平贸易行业工作站，为会员单位提供在进出口贸易过程中的相关咨询，调解，认证等服务。

四、拓展企业视野，提高创新意识

协会组织会员参观首届中国长三角（上海）品牌博览会，振华重工在展会主展厅设展，作为品牌协会在展会设置展牌。协会推荐振华重工参加工信部制造业单项冠军产品的申报并获得“岸边集装箱起重机”单项冠军产品的称号。组织会员参加市工商业联合会举办的高新技术企业认定专题培训讲座、人才政策专题培训讲座、“2018年应对中美经贸摩擦及国际贸易风险防控”培训等。组织会员参加第20届中国国际工业博览会、2018亚洲国际物流技术与运输系统展览会，拓展企业视野，了解行业技术发展状况，提高创新意识。

五、做好会员发展，保证会费收缴

根据协会章程，新增8家会员单位，批准两家新任理事单位。在会员单位的支持下，至年底，协会已收到90多家会员单位交来会费，占总数的95%。

六、建立诚信体系，推进品牌建设

协会有28家会员企业获得“企业诚信创建”各级星级活动称号。至6月底，有10家企业成为上海“五星级诚信创建企业”。上海振华重工（集团）股份有限公司为长三角品牌建设联盟副理事长单位；上海科大重工集团有限公司、上海新时达电气股份有限公司、上海久能机电制造有限公司、上海南华机电有限公司为长三角品牌联盟理事单位。上海振华重工（集团）股份有限公司、上海科大重工集团有限公司、上海新时达电气股份有限公司、上海久能机电制造有限公司、上海南华机电有限公司等5家公司为行业著名品牌。

七、成功召开四届五次、四届六次理事会、2018迎新团拜会

6月28日，协会召开四届五次理事会，审议通过《协会2018年上半年工作报告和2018年下半年工作计划》《协会2018年上半年财务情况的报告》《关于协会固定资产遗留问题处理的报告》《关于协会市场化运作中收费标准的报告》《关于新任协会理事协会会员的提案》。

12月28日，协会召开四届六次理事会，审议并通过《协会2018年工作报告和2019年工作计划》《关于新任协会理事协会会员的提案》《关于提议黄建华为协会顾问的提案》《协会2018年财务情况的报告》。当晚，协会召开迎新团拜会。各会员单位负责人及派出代表、兄弟协会秘书长，市工经联、市工商联、市社团处、长三角品牌委员会等领导约120余人参加团拜会。团拜会由黄庆丰会长致词，协会创始人、曾担任第一、二、三届会长包起帆致词，市工经联领导致词。

八、更新专人管理，网站健康运行

至年底，协会网站点击量达6.3万人次，全年更新上传文件80多篇，微信公众号游览用户增至140多户。协会网站采用专人专管，随时更新的形式，保证网站健康运行。协会刊物《行业通讯》坚持每两个月出版1期，在每双月月底出刊登录在协会网站上，另还通过邮件发给各会员单位领导参阅。

九、调整职称评委，开展职称评审

为更好地满足公有制度和非公有制经济组织、社会组织以及新兴业态职称评价需求，协会调整职称评审委员会、认证专家组、评审工作组人员。按照新的职称评审办法，为会员单位5位技术人员办理职称评审。

十、分头组织举办"2018年新技术交流会""环境保护与科技创新交流会"

4月19日，协会与上海振华重工港机通用装备有限公司（简称振华港通）在上海联合举办"2018年新技术交流会"。全国各码头、行业协会、科研单位、大专院校等90余家单位约260余代表参加会议。交流会围绕"创新"发展理念，以港口发展的自动化、环保化为主题，立足散料机械行业，交流自动化及环保技术在散货机械产品上的应用，助力建设"智慧码头"，促进散料装卸及输送装备的新技术发展。在技术交流中有11名代表作技术交流发言。在论坛交流中各港口码头用户代表进行互动交流。会议还组织参观抓斗式电差动实验平台，参观上海港洋山四期自动化码头。

10月26日，协会与上海嘉怡环保设备工程有限公司在上海联合举办"上海散料机械环境保护与科技创新交流会"。全国干散货港口、燃煤电厂的领导和专家，设计院、研究所的专家，交通系统的环保专家，散货设备制造厂商，环保设备制造厂商等领导和专家共100余人参加会议。交流会围绕"环境保护与科技创新"发展理念，以干散货输送系统制造、使用过程中的环境污染为议题，以科技创新为核心，共同探讨环境保护技术的实践和应用。交流会还进行了专家交流互动。

十一、加强党组织建设，规范协会工作

协会加强党支部建设和内部管理，贯彻执行市工经联党委《党建工作制度汇编》的要求，协会秘书长兼党支部书记，组织上保障党对行业协会的工作。在协会刊物《行业通讯》中开辟"党组建设"专栏，党支部正常开展组织生活，在自我教育的基础上提高党性修养。每年两次参加市工经联党支部书记培训，多次参加党课，讲座，明确党组织在协会的政治核心作用，提高协会工作责任感。同时通过发挥党员的先锋模范作用，确保完成行业协会"服务企业，规范行业，发展产业"的重要任务。

在内部管理中，协会严格制定执行各项规章制度，公开招聘与推荐相结合调整有利服务于会员单位的协会人员结构。每年1月，秘书处人员按规定签订聘用协议。

（贺锡明）

上海铝业行业协会

上海铝业行业协会成立于1989年3月，其前身是中国有色金属加工工业协会轻金属分会上海地区协作组，为上海地区从事铝加工的生产企业和铝加工产业链中设备、贸易、科研等相关企业单位自愿组成的行业性社会团体。现有会员单位383家。

2018年主要工作：

一、加强协会队伍建设，努力做好服务工作

协会坚持走访会员单位以及涉铝单位，每月平均走访30家会员单位，在走访中，深度了解企业，主动和企业家交朋友，谈合作，促发展，整合协会平台资源做好服务工作。如协会为永杰新材料拓展国际市场牵线搭桥；为竺凡轨道交通扩大市场牵线合作伙伴；为上海巨合做大废铝回收利用市场做好服务；为海光金属搭建二次铝灰处理四方合作机制，已成立合资公司，项目正在积极进行中；协助新仁科技开展大市场课题咨询研究；邀约协会专家委员会8位高工为上海神火铝箔设备招投标做好服务；为苏州钎谷焊接开展市场对接项目洽谈活动；为创新集团牵线合作项目洽谈活动；为上海华峰铝业牵线合作伙伴服务等。

协会与上海交大材料学院、同济大学汽车学院、中国有色金属工业协会、中国有色金属加工工业协会、中国再生资源技术创新战略联盟等加强战略合作，为汽车轻量化、轨道交通、铝加工市场研究、固废处理等重点领域组织开展各类交流活动，促进项目合作。

二、加强协会专家队伍建设，积极开展专业技术交流、咨询和服务活动

3 月 14—16 日，协会在安徽广银铝业有限公司召开“2018 年度专家委员会、各专业委员会主任会议”。

为做好上海市地方标准《铝合金挤压型材单位产品能源消耗限额》第二次修订工作，协会先后在上海铝协、富丽华铝业召开 3 次会议，认真组织开展标准修订工作。

为加强对再生铝企业的服务，协会于 5 月 18 日成立专家委员会第六个专业委员会——再生铝专业委员会。由海光金属总经理胡永胜高工任再生铝专业委员会主任、浙江新格总经理吴孟翰博士任副主任。

7 月 17—19 日，由协会主办、浙江新格有色金属有限公司承办的“长三角地区再生铝专业技术和发展研讨会”在浙江嘉善成功召开，会议组织技术交流、参观，编辑论文集。9 月 19—21 日，由协会主办、浙江富丽华铝业有限公司承办的“长三角地区型材专业技术和发展研讨会”在浙江海盐成功召开，会议组织技术交流、参观，编辑论文集。

对 2007 年制订的《上海铝业行业协会专家委员会条例》进行修订。对两年以上不参加专家委员会活动的 7 位高工不再保留专家委员会委员资格。

近两年来，协会新聘任 8 位高工为专家委员会委员，聘任 1 位高工为专家委员会副主任。至今，协会专家委员会有 78 位委员（均为教授、高工）。

协会为各涉铝单位提供各类证明、推荐函、项目咨询意见等咨询文件。这些单位有：江苏豪然、苏州日中天、安徽科蓝特、安徽金誉、山东伟瑞、上海中捷、上海友升、江苏海光、罗普斯金等。

三、加强协会理事队伍建设

按规定程序，对协会理事会进行调整，协会增补理事会成员单位 11 家，有 6 家不再保留理事会成员单位资格。

根据协会章程和上海市社会团体管理局指导意见，为了有利于服务长三角地区铝业企业，经七届七次理事会议研究决定，成立上海铝业行业协会战略合作委员会。上海铝业行业协会将秉承“服务企业、规范行业、发展产业”的宗旨，一如既往地热心做好服务好长三角地区的铝业企业的工作。

四、正式启动上海铝协与上海交大的战略合作

在上半年的七届六次理事会上，上海铝协与上海交大正式签订《战略合作协议》并宣布成立上海交大—上海铝协科技服务中心。协会还与清华大学、中南大学、安徽工业大学、上海大学、同济大学、上海应用技术大学等高等学府建立长期友好合作关系，加强交流、互动和合作。

（平佳雯）

上海市铸造行业协会

上海市铸造行业协会成立于 1984 年 6 月，是上海及周边地区的锻造企业及相关企事业单位自愿组成的跨地区、跨部门、跨所有制的非营利性社会团体法人。现有会员单位 60 家。

2018 年主要工作：

一、服务行业，服务企业

开展技术交流和培训。3 月，协会与嘉兴市铸造协会、埃肯国际贸易（上海）有限公司联合举办中高端铸铁技术研讨会（第二期），原计划组织 80 人左右参加，最后实际到会达 150 多人，大大超出预期。会上研讨的内容也非常切合企业实际，既有高端球铁熔炼的技术和缺陷预防，也有涉及当前行业环保热点问题，譬如说如何通过工艺的创新来减少球铁生产中的污染排放等，这些都非常受到与会者的欢迎。5 月，协会与市工经联、市焊接协会联合开展“JJ”节能减排活动小组培训，协会 15 家企业积极支持和参与，26 名人员参加了培训（市工经联要求两个协会确保各 20 名）。6 月，协会与市能效中心召开了能耗标准修订项目推进会。会上就能耗标准修订的目的、意义和要求进行了交流和培训，对《中频感应电炉熔炼铁水能源消耗限额》《铸钢件单位产品能源消耗限额》《有色金属铸件单位产品能源消耗限额》等 3 个能耗标准发布以来的贯彻执行情况进行介绍。

协助企业参加展会，组织企业参观学习。5 月中旬，协会组织部分企业专程赴北京参观“第 16 届中国国际铸造博览会”，同时逐一拜访参加展会的 9 家上海企业展台和企业老总。5 月 16 日，应邀出席庆祝欧区爱（中国）进入中国市场 20 周年的“与爱同行”活动。根据企业自身需要，协会积极组织企业参加中铸协明年在上海新国际展览中心举办的“第 17 届中国国际铸造博览会”，已有 5 家在铸件馆独立的 90 平米组团设置展台，另外还有 1 家企业在铸件材料馆搭建 36 平米展台。

推荐申报优质铸件金奖和中国铸造大工匠。经协会向中铸协优质铸件评选专家组推荐，上海航天精密机械研究所铸造中心的军工产品铝合金超细长导轨在“第十六届中国国际铸造博览会”上获优质铸件金奖特别奖。由中船海洋动力部件有限公司和杨浦区铸造学会共同提名，经协会向中铸协推荐申报，中船海洋动力部件有限公司造型高级技师金尽颂荣获2018“兴业杯”中国铸造大工匠称号，在第三届中国铸造节上光荣受奖。

助力上海交大黄良余教授捐赠铸造技术刊物。原上海交大老教授黄良余年已89岁，想把自己订阅收藏的400余册《铸造》杂志和100多册《特种铸造及有色合金》全部捐献给行业。协会帮助他联系中国铸造协会，分几批把150多公斤的刊物无偿捐赠给中国工业博物馆铸造馆。在第三届中国铸造节上，协会受黄教授委托参加中铸协举办的捐赠仪式，谈悦晨副秘书长在仪式上宣读黄老的书面感言。

参加项目评审。10月上旬，市经信委、市财政局和市节能环保服务业协会在市能效中心召开“2018绿色制造系统集成项目实施方案评审会”。受市经信委组织安排，协会参加评审会。参与这次被评审的有8家上海单位和项目，其中铸造领域的有上海永茂泰汽车零部件有限公司的“汽车零部件铝合金新材料与智能化制造绿色关键工艺系统集成项目”、上海万泽精密铸造有限公司的“先进涡轮发动机热端部件绿色关键工艺系统集成项目”、通用电气（中国）有限公司(GE)的“通用电气绿色供应链创新项目”等。

为企业技术提升、进口设备出具第三方证明资料。上半年，昆山有两家公司为适应市场发展，分别制定汽车铝镁合金零部件生产的技术改造方案，都需要从国外进口相关的先进装备，如半固态压铸机，低压铸造机、搬运机器人、加工中心等。根据海关方面要求，进口这类设备需要第三方出具相关证明材料。协会专门组织专家对这两家企业现场和技术改造方案进行考察和调研，对国家和江苏省地方政府的相关政策进行调研和对照，认定两家企业的技术改造方案均符合国家发改委《产业结构调整指导目录》和《外商投资产业指导目录》《江苏省装备制造业“十三五”发展规划》中的有关条款，符合汽车轻量化生产的主要攻关方向，给予出具证明材料，使两家企业的技术改造项目得以顺利实施。

按时刊发《上海铸造通讯》。坚持《上海铸造通讯》双月刊发，并力求内容丰富，贴近企业实际，及时报道行业动态、协会工作，以及行业特别关心的环保政策、污染物排放标准、行业准入、政府对中小企业的扶持政策等。另外，协会建立的微信群、微信公众号也同样及时发布行业信息，与群友交流沟通活跃，起到平台和桥梁作用。

二、持续推进行业自律和诚信

协会开展对企业进行现场“达标评议”，推进行业自律和诚信。协会不仅考查企业的生产经营、环保安全等状况，而且加强与企业的互动交流，助推企业提高质量和管理提升。从协会走访的一些企业情况看，大多数企业订单比较充足，不少压铸企业在设备自动化、机械手等方面投入有积极性，带来劳动力成本下降、环境改善等正向效果。企业在新产品新工艺开发方面不断有新的成果，如铸铁企业通过艰苦努力，研发出9米长的球墨铸铁烘缸缸体；一些压铸企业积极探索半固态压铸新工艺；不少企业程度不同地对环保设施设备进行投入，加强企业的环保治理。

“铸造行业准入”，是工信部对铸造行业范围实施的行业自律诚信工作。现由“铸造行业规范条件”替代。协会对通过复核的41家上海准入企业进行复核审查，除3家企业因产业结构调整而关闭，两家企业已搬迁外地外，其余36家准入企业已全部通过复核。

年内，协会还承担上海华新合金有限公司清洁生产审核工作，在企业配合下进行现状调研和数据整理统计汇总工作。

三、完成政府和市工业经济联合会交办的工作

修订能耗标准。《中频感应电炉熔炼铁水能耗限额》(DB31/508—2010)、《铸钢件单位产品能源消耗限额》(DB31/638—2012)以及《有色金属铸件单位产品能源消耗限额》(DB31/701—2013)3个能耗标准已发布实施多年，按照市技术质量监督局要求，列入修订计划并由协会负责起草编制。年初，协会成立标准修订起草小组，分别召开4次专题会及项目推进会，7月，完成讨论稿基本框架，9月底，基本完成送审稿并已呈送市能效中心。

协会按照市工经联的要求，完成提交《工业强基，切实落实国家制造强国战略（铸造）产业现状调研和对策》的报告，介绍上海铸造产业在上海制造业发展中发挥的重要作用，提出要充分挖掘上海铸造在技术质量、人才科研、管理规范等方面的优势，向产品高端化、生产智能化、运行绿色化、营销服务化方向发展，强调要重新认识上海铸造在对接《上海制造三年行动计划》中的定位和作用，擦亮上海铸造名牌，重振上海铸造雄风。

四、积极支持参加中铸协活动，加强与兄弟协会交流

协会参加中铸协第八届会员大会暨第十四届年会、第三届中国铸造节、中铸协压铸分会的联合年会、中铸协合肥铸钢会议、提供《中国铸造史》上海资料、年鉴资料等。与苏、浙、皖等地区的兄弟行业协会和组织保持长期的紧密联系和互动，参加江苏铸造协会换届大会、江南铸造技术论坛、香港铸造业总会30周年庆典等活动。通过参加中铸协和兄弟协会的各类活动、年会和会议，上海铸协借此获得大量行业信息，学习各地协会和优秀企业的先进经验，通过《上海铸造通讯》、微信、公众号等与广大会员和同行分享。

（谈悦晨）

上海市焊接协会

上海市焊接行业协会成立于1986年，以电焊机、切割机、焊接材料、焊接气体制造和焊接产品应用企业为主，包括大专院校和科研院所。会员单位覆盖上海汽车、船舶和海洋工程、电站和核电、锅炉压力容器、航天航空、重型机械、大型钢结构制造等行业。现有会员单位约110家左右。

2018年主要工作：

一、全力服务企业

完成焊工技能操作国家题库的开发和编制工作。8月，协会承接人力资源和社会保障部的国家题库（焊工操作类）开发和编制工作。题库涉及4个模块，17个焊接方法，285套操作题。协会协调组织经验丰富的教师和专家参与题库的开发编制，并在上海大众汽车有限公司、上海梅达焊接设备有限公司、上海锅炉厂有限公司、上海电气电站设备有限公司电站辅机厂、上海新时达机器人有限公司、上海市特种设备监督检验技术研究院等理事和会员单位的支持下，于5月底全部完成国家题库的开发编制，提交国家人社部评审。

为会员单位提供技术培训、技术咨询和技术服务。共完成各类中外焊接技术标准的焊工考试1641项，其中国际标准中AWSD1.1标准1469项（上海振华重工（集团）股份有限公司1448项）、ASME标准83项、ISO900标准89项；完成各类焊接技术标准的焊接工艺评定项目45项，为航天航空等行业和上海摩根新材料有限公司、无锡摩顶科技有限公司等各地企业解决了焊接技术难题和攻关。

6月12日，协会和上海通用重工集团、上海通用焊接技术培训学校、浦东中华职业教育社联合，在通用重工集团举办2018中国技能大赛第六届“中华杯”焊接竞赛。比赛旨在搭建“面向社会、面向青年、面向技能”的平台，提升焊接技能水平，弘扬工匠精神，建设一支“知识型、技能型、创新型”的焊工队伍。比赛期间，浦东新区人大常委会、教育局、人保局、上海中华职业教育社等领导视察竞赛现场。经裁判组对33件焊接组合件送达专业机构进行X光射线检测和对外观成型检测等综合评分，确定一等奖一名、二等奖两名、三等奖三名。

8月28日，协会组织完成第六期焊接行业技术资格评审工作。协会对专业技术资格评审委员会的专家人员进行调整，由上海交通大学、上海工程技术大学的教授和上海电气等国有大型企业的资深焊接高级工程师授课培训；并在保留“焊接材料”“焊接工艺”“焊接质量管理及标准”“焊接检验”的基础上，增加“焊接生产管理”和“技术论文写作”两门课程。经考评委对参评人员的试卷和技术论文的综合评审，评出上海市焊接行业焊接专业高级工程师4名、工程师7名和助理工程师3名。

10月29日，协会召开2018年度培训工作会议，提出在焊接技术培训方面开辟新思路，探索新路子，拓展新领域的思路。

二、推进发展产业

推进行业节能减排工作。向市工经联上报2018年上海通用重工集团有限公司、沪工焊接集团股份有限公司、大西洋焊接材料有限公司、伟创力（上海）金属件有限公司等4家企业12个节能减排项目。5月19日，协会与市工经联、市铸造行业协会合作举办节能减排培训会议。

搭建促进产业对接平台，探索服务企业新形式。6月21日，协会召开“自主创新的国产化焊接材料信息交流会”。上海大西洋焊接材料有限公司、中国电建集团上海能源装备有限公司、上海通用重工集团有限公司、液化空气（上海）投资有限公司、上海昱风气体制造有限公司等5家生产企业与造船、航天航空、汽车制造行业和上海电气、振华港机、宝冶公司等应用企业直接见面交流。

5月8—11日，协会组织会员企业参加在广东现代国际展览中心（东莞）举办的第23届埃森焊接与切割展。会员单位上海通用重工集团有限公司、上海沪工焊接集团股份有限、上海沪通焊接集团、上海华威切割机械有限公司、上海斯米克焊接材料有限公司、液化空气中国投资有限公司、欧地希机电（上海）有限公司等以精美的展台设计、最新的产品展示，精彩的现场演示，吸引中外专业观众，展示上海焊接行业科技创新的新成就和新面貌。

11月18日，协会参加在杭州召开的第14届华东六省一市焊接技术交流会筹备会议。协会与浙江、江苏、安徽、江西、山东等协会（学会）的同行共同研究商量交流会的主题、召开日期、论文征集、会务费用标准等问题，确定第14届华东六省一市焊接技术交流会于2019年10月中旬召开，交流会的主题是“先进焊接技术、装备及工程应用——材料、制造、设备和质量”。各省市协会（学会）提供15篇以上交流论文。

三、开展中外技术交流

3月27—28日，协会参加在江苏省南通振康焊接机械有限公司召开的“2018’东西部智能制造技术论坛”。工业和信息化部科技司、四川省成都市、江苏省南通市和海门市领导参加并发言。会员单位上海交通大学焊接研究所、上海通用重工集团有限公司的教授、专家和各地专家，围绕“智能创新、协同发展”的主题就智能化焊接新技术、东西部地区智能制造产业及智能制造应用市场的互补性等进行交流。会议还组织参观国家“863”计划项目示范基地——振康机器人产业园区。

5 月 7 日埃森展期间，协会与湖北省职工焊接技术协会、苏州市焊接学会、珠海市焊接协会、山西焊省接学会、湖南省焊接学会、天津市焊接行业协会等单位合作，共同协办“2018’中国焊接市场论坛”，内容涵盖国内外前沿智能化、数字化的焊接设备、技术、工艺和生产应用。论坛采用专家现场演讲和全网全国直播相结合的方式，当天超过 1.2 万人次在线观看直播。

10 月 26 日，协会指导宝山区焊接技术协会举办主题为“高效焊接技术智能制造自动化、数字化、网络化的应用与发展”的 2018 年上海市科协第 16 届学术年会暨上海宝山焊接技术论坛。协会并组织 20 多人参加论坛。5 位专家先后作精彩的专题学术报告。其中，会员单位上海交通大学焊接研究所、上海振华重工股份有限公司分别作“高功率激光焊接技术应用与发展”“大型钢结构机器人智能化焊接技术应用”“焊接管控大数据分析系统智能决策”等 3 个报告。

四、加强管理运作

1 月 14 日和 17 日，协会召开八届三次理事会和八届二次会员大会。通过 2017 年理事会工作总结及 2018 年工作设想、2017 年度财务报告和协会注册金增资的说明；分别增补上海大西洋焊接材料股份有限公司和阿尔菲机电（上海）有限公司为副理事长单位和理事单位，郑胜、张晶分别为副理事长和理事。6 月 30 日，召开八届四次理事会。9 月 18 日，召开八届三次会员大会，通过协会更名的决议和上海市焊接行业协会章程。

经市经信委和市民政局批准，11 月 1 日，市民政局向协会下发社会团体法人登记证书，正式批准上海市焊接协会由专业协会转型为行业协会。承担行业服务、行业自律、行业代表和行业协调等四项基本职能。业务范围根据社会团体法人登记证书规定，包括开展技术咨询、开发、培训、考核、技术服务、行业调研、编辑出版、会展招商、产品推介、中介咨询服务、国内外信息技术交流等（涉及行政许可的凭许可证开展业务）。

5 月 5 日，协会参加在珠海市召开的第十八次沪津两地焊接协会工作交流会。三市代表认为，焊接协会要进一步改革创新，增强“服务、桥梁、纽带”功能，积极探索协会改革发展的新路子。坚持服务企业的宗旨，提升服务企业的能力，积极为企业提供技术培训、技术服务、技术咨询和技术交流。加强协会与政府的沟通，当好连接企业和政府的桥梁。建立三市协会工作交流的制度化、常态化机制，每年轮流举行协会工作交流会，推动三市协会和区域经济技术的共同发展。

由秘书长带队，走访理事单位和会员单位，开展调查研究，了解会员生产经营情况和对协会的服务需求，进一步加强和改进协会服务。5 月东莞埃森展期间，还走访参展的上海通用重工有限公司、上海沪工焊接集团股份有限公司、上海沪通企业集团、上海东升焊接集团等会员单位。

年内，吸收 9 家单位为新会员。

11 月 21 日起，上海市焊接协会微信公众号正式更名为上海市焊接行业协会。

（柳国炎）

上海市热处理协会

上海市热处理协会成立于 1984 年 6 月 4 日，是以上海地区和部分其他省市的热处理企业为主，以及热处理设备设计制造及相关配套产业链企业、高校等研发等单位自愿组成的社会团体法人。现有会员单位 223 家，下设感应加热、真空、控制气氛等专业委员会。2012 年被授权为上海市职业技能鉴定所。

2018 年主要工作：

协会配合市工经联，通过调研完成《上海铸、锻、热、镀、焊产业现状调研及发展对策》，向有关部门提供热处理行业先进经验，反映存在的困难。通过协会反映国际热处理行业使用氨气的实际情况，政府部门在理解和支持的基础上规定了热处理行业使用氨气的存储和安全、环保等应急措施。

开发完成“感应热处理专项技能”项目。完成（金属热处理工五级）题库升级并开班，会员单位报名参加培训 34 人。上岗培训工作开班 4 次人数 150 人。

在上海市能标委的指导下，协会基本完成 DB31/T25——2017《热处理电热设备经济运行与节能监测》DB31/642——2017《金属热处理加工工序能源消耗限额》两个标准的修订工作。已进入市经信委和市质量技术监督局的专家评审阶段。受市质量技术监督局委托，编制《金属热处理回火工序能源消耗限额》标准，完善上海市热处理行业能源消耗标准的系列化。辅导企业填报行业统一的能源统计报表。

继续开展行业自律管理达标验收56家热处理企业，在达标验收过程中辅导企业重点抓好安全生产、环境保护、职业卫生等工作。按照上海市的各项要求及时修订达标验收标准，坚持达标企业三年轮回验收，使会员企业在新形势下不断完善与提高。

配合市政府产业结构调整工作，提升上海热处理行业水平，积极推进热处理行业清洁生产全覆盖工作。

组织参加第二十一届中国国际工业博览会新材料产业展，进一步展示热处理与新材料发展的重要关系。

（李金兴）

上海市轻工业协会

上海市轻工业协会成立于2007年6月，现有会员单位236家。2011年7月换届组成第二届理事会，2015年9月换届组成第三届理事会并设立监事会，是一个由轻工企事业单位以及相关社会组织自愿组成的联合性的5A级社会团体。理事会成员包括上海轻工行业各大集团公司和18家专业行业协会。

2018年主要工作：

一、搭平台，塑形象，提升“上海轻工”品牌的知名度

开展品牌调研，选树卓越品牌。在调研基础上，制定了《上海轻工品牌规范要求》，开展“上海轻工卓越品牌”选树活动，擦亮“上海轻工”名片，塑造“上海轻工”品牌整体形象。通过企业自荐、行业推荐、协会审定。“老凤祥”饰品、“佰草集”化妆品等46个品牌（产品）被选树为“2018年度上海轻工卓越品牌”。

精心运作展会平台。年初协会会同相关单位共同举办的第二届上海国际时尚消费品博览会，延续首届展会“绿色、时尚、智能”主题，且展会规模扩大，参展企业增多，品牌推介丰富、主题活动新颖。继续组团参展第十届中国（大连）轻工商品博览会，以“上海轻工”整体形象布展，形成“上海轻工”品牌效应。首次组团协办2018淄博国际妇女儿童商品交易博览会。上海轻工交易团组织90多家进出口企业参展春季和秋季广交会。关注参展首届中国国际进口博览会企业动态，并予以积极支持。

参与全国轻工行业百强企业评比。在中国轻工业联合会发布的2017年度“中国轻工业百强企业”榜单中，老凤祥股份、光明乳业、欧普照明、海立股份、太太乐食品入选“中国轻工业百强企业”榜单，一批企业入选综合榜单百强和行业十强。

二、重标准，促品质，提升“上海轻工”品牌产品的美誉度

争创上海品牌首批认证产品和服务。积极推荐申报“上海品牌”，上海轻工在全市53个产品获得“上海品牌”认证，老凤祥等13个产品和服务获得首批“上海品牌”称号，入列品牌居全市各大行业首位，彰显了轻工品牌的社会影响力。

推进行业团体标准的制定工作。直接参与并完成《碳酸饮料能耗标准》的修订工作，支持自行车、日用化学等行业协会制定相应的团体标准。

开展产品质量逐级提升活动。在质量月组织“标准引领质量提升，品牌建立质量信任”专题交流活动，得到市质量技术监督局的肯定。协会制笔文具分会积极筹备并基本完成中国制笔行业检测平台的组建工作，组织中性笔墨水与笔头配合企业的质量上等级专题活动。

提供“量身定制”的科创服务。科创平台针对企业的不同需求，提供个性化服务。上海轻工创意中心组织上海第二工业大学，针对上海美加净日化有限公司、上工蝴蝶缝纫机有限公司及清美公司的需求，成功实施了“美加净牙膏”“清美豆制品”的包装设计，得到企业的肯定与采纳，“手提便携多功能缝纫机”造型设计荣获全国大学生创意设计金奖。

助力企业申报科技成果奖。上海太太乐食品有限公司的“基于鲜味协同的新型鸡风味调味料制备的关键集成技术及工业化”项目申报上海市科技进步奖；上海心动能科技有限公司、旺旺食品集团申报中国轻工业联合会科技进步奖。

三、抓信息，增素质，提升为“上海轻工”品牌发展服务的精准度

编制经济运行报告，为上海轻工发展提供决策服务。每季度形成《上海轻工行业经济运行报告》《上海市消费品行业经济运行报告》，为政府和行业提供参考依据。完成并发布《2017上海轻工行业发展报告》，成为上海轻工首个全行业的年度发展报告。

加强信息沟通，为企业帮困排忧提供政策服务。针对国际贸易中出现的新情况，深入企业调研、倾听呼声，形成综合报告，向市有关部门反映；帮助30多家企业办好对接政策的实事。

实施跨界合作，为企业拓展市场提供服务。在市经信委都市产业处的指导下，轻工协会主动联络上海市电子商务行业协会，共同搭建消费品“全产业链”对接平台，组织百联集团所属等电子商务企业与正广和汽水等消费品企业面对面沟通，了解诉求与商情，推进企商协同与深度融合。

组织专题培训，为企业节能管理提供服务。根据国家电力改革和电力需求侧管理发展，受市经信委电力处委托，举办4期“上海市电力需求侧管理”专题培训班，全面讲解国家政策，现场体验轻工电力需求侧管理云平台，推广全国3A级电力需求侧管理示范企业经验，得到100余名参加培训的有关行业协会、大型企业领导和业务主管的热忱参与和一致好评。

探索培训新机制，为企业培养人才提供服务。根据国家职业培训评价政策的变化，积极筹措由协会承接职业培训评价的机制，并在中国第一铅笔有限公司试行由上海市轻工业协会实施的“铅笔制作工”培训、鉴定、发证工作。牵头举办国家与轻工行业职业技能鉴定考评员培训班。完成新一届“上海市工程系列轻工专业高级专业技术任职资格评审委员会”组建工作，并完成中级职称672人、高级职称166人评审任务。

四、多形式，拓载体，提升“上海轻工”品牌产品的宣传力度

组织参加“上海工业改革开放40年500例成果展”。通过案例、照片、图表以及视频，充分展示改革开放给上海轻工业带来的变化与发展，充分展示上海轻工为满足人民美好生活需求所创造的辉煌业绩。

组织参加品牌宣传微视频大赛。组织上工申贝（集团）股份有限公司、上海蝴蝶缝纫机分公司等22家企业的35个品牌参加首届爱姆意杯“上海制造”品牌微视频大赛，获得各种奖项66个，在8个大赛大奖中占5席，协会获得优秀组织奖。同时组织开展“亚振杯”轻工品牌微视频大赛，微信公众平台展播了19家企业的26个微视频作品。12月，上海轻工企业服务云在“上海市企业服务云”上线开店。

围绕上海轻工品牌，发挥网站、杂志宣传媒体作用。《上海轻工业》杂志，秉承“宣传企业、宣传品牌、宣传产品”的宗旨，讲好上海轻工品牌故事，推介上海轻工品牌产品，弘扬上海轻工劳模、工匠精神，全年出版6期，发表文字约40万字、图片数百幅，为“上海轻工”品牌发展战略提供有效服务。协会官方网站在宣传行业风貌、报道协会活动等方面发挥了宣传作用。

五、抓党建，促会建，提升实施“上海轻工”品牌战略的保障力

协会党支部被市工经联党委确定为第12党建工作站。年内，工作站组织党员开展“不忘初心，牢记使命”实践活动。表彰学习2017年度全国轻工行业先进集体、劳动模范和先进工作者。开展2018年度“上海轻工振兴奖”选树活动，陈湖雄、荣耀中、张斌、吕立毅等4位经营者和科技创新者荣获“上海轻工振兴奖”。与轻工业工会联合开展2018年度“上海轻工工匠”评选活动，曹申雄、李建华、杨荣钢等10位同志荣获“上海轻工工匠”称号。

按照协会章程规定召开三届四次会员大会和三届七次、八次理事会，形成重大事项决议，选举产生新一任协会会长，完善协会组织机构。召开4次会长会议、6次轻工行业协会秘书长联席会议，推进工作落实。组织38家会员企业参加协会举办的“品牌培育”培训活动，不定期组织会员企业座谈会，听取诉求和建议。

协会获得中国轻工业联合会授予的“2017—2018年度全国轻工行业信息统计工作先进单位”称号，获得上海市工业经济联合会授予的“2018年先进行业协会”称号。

（范伟民　徐伟堃）

上海市摩托车行业协会

上海市摩托车行业协会成立于1995年，是上海研制、生产、销售摩托车的企业自愿组成的跨地区、跨部门、跨所有制的非营利行业性社会团体法人。协会主要业务为开展行业协调、市场调研分析咨询、情报编辑、讯息交流、培训，接受政府委托开展行业统计等（涉及行政许可的，凭许可证开展业务）。现有会员单位52家。

2018年主要工作：

一、执行新排放标准

2018年7月1日，摩托车国四排放标准正式执行，摩托车产品排放标准的升级，一方面给企业的技术能力带来压力，同时也给这个产业带来蓬勃的发展机遇。对摩托车行业来讲，新排放标准的执行是企业技术改革的首选问题，在电喷技术路线既定的情况下，新标准的执行将会给摩托车产业带来新变革。因协会的企业会员单位新大洲本田摩托有限公司年内搬离上海至江苏太仓。在此情况下，协会克服上海摩托车企业单位少、会员人数萎缩的现状，开展学术交流活动、产学研及服务企业等方面系列工作，利用协会秘书处挂靠单位——上海机动车检测认证技术研究中心有限公司在行业中的影响和资源，利用其全国摩托车标准化技术委员会秘书处单位的便利条件，在摩托车行业单位、会员的大力支持下，开展活动，取得了较好效果。

协会组织会员单位研讨摩托车国四排放标准，帮助企业及会员单位了解国四排放标准，推进标准的实施、企业产品的提升。开展混合动力电动摩托车行业第二次调研工作，加快电动摩托车行业发展。

二、做好服务企业工作

协会以协会专家组为核心，开展对摩托车生产企业的委托服务。已开展的项目有：标准、认证规则培训、技术服务等。如召开L类电动车技术交流暨EMC培训交流会议，3C认证实施规则培训会议等。

办好《摩托车行业信息》，为会员单位提供信息服务。

开展学术交流活动，促进企业规范运作。如GB/T24156—2018《电动摩托车和电动轻便摩托车动力性能试验方法》等电动摩托车新标准、GB20073—2018《摩托车和轻便摩托车制动性能要求及试验方法》制动新标准培训研讨会议，与国外摩托车企业技术交流等活动。

组织对外交流活动。如关于“浙江制造”“跑街类高性能摩托车”标准研讨会，2018年中国滤清器创新发展与标准化高峰论坛丽水会议等技术交流活动。

三、规范行业方面

协会开展GB2758—2017“机动车运行安全技术条件”摩托车相关试验方法研讨会议，帮助会员单位加深对标准的理解，对于规范企业及相关单位有着积极的作用。

（黄　岚）

上海市电梯行业协会

上海市电梯行业协会成立于1988年，下辖3个部门：办公室、培训部和传媒部。拥有会员单位300家，涵盖上海及周边江苏、浙江长三角电梯产业集群，遍布世界各主要电梯品牌和国内知名电梯品牌公司的生产整机厂50余家，主要电梯配件厂家100多家，以及上海主要的电梯维保企业100多家。上海市电梯行业协会是政府颁发的最高等级5A级行业协会和上海市先进行业协会称号获得者。

2018年主要工作：

一、推进“诚信电梯行业”建设，做好行业社会信用体系建设基础性工作

制定多个标准，推进电梯标准化。继续以社会责任履行为抓手，推进电梯行业企业服务社会。推动上市公司和企业发布社会责任报告，发布《上海市电梯行业协会社会责任报告》《上海市电梯行业分析报告》，并配合市质量技术监督局召集各相关企业做好2018中国国际进口博览会期间做好保障电梯安全运行工作；关注“多层住宅加装电梯”的社会热点；策划筹建“电梯行业企业网上多媒体展示厅”；做好协会所属培训机构的诚信建设；贯彻落实党中央、国务院关于打赢脱贫攻坚战的战略部署，做好技能扶贫工作。关注行业热点问题，切实服务企业。

二、切实履行行业协会职能，服务政府，创新电梯安全监管

受中共上海市市场监督工作委员会委托，开展电梯维保市场价格、职工技能培训、维保管理制度的调查研究，起草并上交“上海市电梯维保价格、培训和制度研究”的课题研究报告。

积极支持市质量技术监督局拟建设的上海市智慧电梯综合服务中心筹备工作。

认真完成市质量技术监督局下达协会的政府购买服务，包括完成《特种设备质量宣传》《电梯维保单位质量信用评价》《电梯标准化推进》、《团体标准推进》《维保单位服务质量评估》，配合质监局编制地方标准《电梯维护保养单位质量与信用评价规范》。

三、加强高技能人才培养基地建设，推进行业职业技能人才培养

建立健全高技能人才培养基地的基础性管理制度，开好各分基地工作例会会议，逐项研究贯彻落实市人社局的管理要求。

贯彻市人社局《关于开展2018年度上海市高技能人才培养基地评估工作的通知》要求，以基地评估为动力不断完善管理，协会顺利通过上海市高技能人才培养基地三年评估。

申报人社局项目，推进技能人才培养步伐：推进企业新型学徒制工作；申报师资建设资助项目，为基地和分基地培养师资力量；申报实训设备资助项目；加强电梯行业职业技能人才培养，开发电梯安装维修工二级工培训项目，新开办电梯安装维修五、四、三、二级工日常培训班。举办2018年中国技能大赛—上海市电梯行业电梯安装维修工三级、四级职业技能竞赛，开展配套培训资源建设，受人力资源和社会保障部职业能力建设司委托，承接“国家基本职业培训包”项目。

四、服务“一带一路”倡议和长江经济带发展战略，促进长三角地区一体化发展，推动行业可持续发展

重视行业引领作用和服务支持。做好外贸服务的桥梁。继续开好泛长三角区域电梯行业联席会，推进区域信用体系建设和经济发展。

五、加强秘书处自身建设，不断提高服务企业和政府的能力

重视和支持协会党支部工作。加强党组织建设工作；定期开展党员活动，宣传党的政策方针，并组织学习探讨；发挥党组织在推进协会事业发展中的带动引领作用。

（杨　玥）

上海市自行车行业协会

上海市自行车行业协会成立于1988年11月，是上海自行车行业企事业单位自愿组成的跨部门、跨所有制的非营利的行业性社会团体法人。协会下设电动车专业委员会分支机构。团体会员全市覆盖率已达行业的90%以上。协会还是中国自行车协会的理事单位，并参与GB17761《电动自行车通用技术条件》的修订工作。现有会员单位120余家。

2018年主要工作：

一、行业经济运行情况

全年上海市自行车行业产量为474.07万辆，比上年的309.77万辆增长53.04%。其中电动自行车产量为77.37万辆，下降15.85%。

全年自行车销量为477.27万辆，比上年的317.77万辆增长50.19%。其中自行车出口91.05万辆，增长176.9%。

以上数据说明，共享单车没有对上海自行车生产造成伤害。上海自行车行业的调整已获成功。但在新国标发布后，企业在控制库存，生产量急剧萎缩，延续前几年继续下降的趋势。

二、制定《电动自行车集中充电设施设备技术规范》团体标准

为落实国务院安委会办公室《关于开展电动自行车消防安全综合治理工作的通知》，上海为使电动自行车集中充电设施、设备建设能顺利推进，在没有国家标准和地方标准的情况下，发挥团体标准的优势，补上标准缺失。协会从5月开始启动《电动自行车集中充电设施设备技术规范》团体标准的起草工作。9月1日，完成“征求意见稿”。该标准起草工作从9月起改由中国自行车协会进行主导。9月20日，在上海举办全国8家电动自行车集中充电设施、设备生产和运营企业参加的主题为“充电安全、情系你我他”的产品展示会。10月24日，《电动自行车集中充电设施设备技术规范》团体标准通过审定。10月30日，由中自协发布，2019年1月1日实施。

三、启动七项团体标准的起草工作

2017年，协会起草的共享单车三项团体标准得到国家有关部门的注意，从2017年10月向国家标准委申请团体标准试点。2018年3月30日，国家标准化委员会办公室批准为国家第二批团体标准试点单位。

按照试点实施方案，试点的主要工作是完善共享单车标准体系。制定《共享自行车免充气轮胎》《共享自行车锁具》《共享自行车通讯协议》《共享自行车服务评价》四项团体标准。试点时间从2018年4月1日—2020年3月31日。该项目得到市、区二级政府的大力支持。四项标准的起草小组于2018年9月成立。

电动自行车蓄电池换电柜是近年出现的新经济业态，它解决了物流电动自行车蓄电池集中充电的问题，也对电动自行车的设计、生产和使用将带来深远影响。下半年，协会在进行调研后于9月20日召开电动自行车蓄电池换（充）电柜安全研讨会，引起全国有关行业的重视，为启动《电动自行车锂离子电池换电柜技术要求》团体标准打下良好基础。11月20日，标准起草小组在上海成立。此团体标准由柜体、锂离子电池、通信协议3部分组成。标准起草计划一年完成。

四、积极参与政府对共享单车的治理

协会参与市交通委要求上海市交通港航发展研究中心立项的“互联网租赁自行车服务质量评价方案”项目。该评价方案要求交通管理部门、质量管理部门及各区城管、街道及用户共同参与对共享单车的服务进行评价和打分。评价的结果将直接影响共享单车运营企业的市场准入、社会形象及运营的规模。此项目为市政府酝酿制定的《互联网租赁自行车管理办法》配套文件。

五、宣传新国标，为3C认证提供服务

电动自行车新的国家标准GB17761—2018《电动自行车安全技术规范》于2018年5月15日发布，并于2019年4月15日起实施，过渡期11个月。随后国家认监委发布对电动自行车实行《强制性产品认证实施规则》，电动自行车的发展出现拐点。

协会于5月在无锡召开部分会长会议，对新国标进行宣传。随着各认证机构《强制性产品认证实施细则》的出台，8月和9月协会连续两次召开全体会员大会对新国标进行了宣贯，对3C认证的要求和做法进行指导，全行业电动自行车产品3C认证进展顺利。11月17日，协会在上海与中自协联合举办主题为“新国标、新理念、新设计”的研讨会，6家工业设计公司和6家家电动自行车生产骨干企业共同探讨符合新国标的电动自行车的设计理念和具体做法。此外，协会还为市质量技术监督局进行的区级年度培训进行新国标的宣贯。协会还应邀到有关区市场监督局对电动自行车经营者进行新国标的宣传。

六、与政府有关部门协调，制定2019年电动自行车产品目录的有关规定

电动自行车新国标的实施，对上海电动自行车产品目录的评审带来重大变化。在新国标发布后，协会与市经信委、市公安局就新国标、3C认证下电动自行车目录评审的必要性、法律依据和如何操作进行多次讨论，制定《电动自行车新国标和3C认证实施后产品目录管理的调整方案》。在此基础上，起草《关于开展2019年上海市电动自行车产品目录申报和编制工作的通知》。此通知，经市政府四个委办讨论和会签形成正式文件，促进上海电动自行车目录管理的平稳过渡。

七、编纂自行车志

按上海市地方志办公室要求，受市轻工业协会委托，协会于5月接收《上海市志·工业分志·轻工业卷·自行车章(1978—2010)》(以下简称“自行车志”)的编纂任务。协会高度重视这一工作，成立了协会自行车志编纂领导小组和工作小组。9月分别对相关企业进行动员，明确责任，并按照整车、零件，电动自行车3条线开展资料收集工作。提出2019年底完成全部初稿的计划进度。

八、继续举办绿色骑行活动

协会坚持12年举办绿色骑行活动。年内共举办了8次骑行活动。其中影响比较大的有2018第11届元旦迎新环上海骑行活动，上海市第四届城市自行车定向赛和4月、9月、11月、12月分别在长兴岛、临空经济园区、横沙岛、崇明岛举办的上海自行车联赛，以及2018环沪绿色公益骑行系列活动—春季崇明岛站100千米骑行和秋季崇明岛站120千米骑行。吸引了众多骑行爱好者的欢迎，报名参加人员越来越多，千人以上骑行活动已成常态。通过绿色公益骑行，逐步树立了市民绿色环保、低碳出行和健康锻炼的良好风尚，推动上海中高端自行车的消费。

(罗甲裔)

上海市计算机行业协会

上海市计算机行业协会成立于1988年5月，是上海计算机行业企事业单位自愿组成的跨部门、跨所有制的非营利性的以经济类为主的社团法人。现有会员单位192家。包括计算机制造、软件、系统集成及计算机周边设备等企业及科研单位、大学的计算机系（或学院）。2009年12月4日，成立上海市计算机行业协会司法鉴定所（司法鉴定许可证号：31009124）。鉴定所集合众多优质资源，有一批在计算机各领域具有权威地位的、通过司法局审核批准的司法鉴定人。

2018年主要工作：

一、精心组织，认真做好中高级专业技术职务任职资格评审工作

协会是上海市级行业组织中唯一一家拥有从工程系列计算机专业中级工程师、高级工程师和教授级高级工程师全方位评审资质的机构。协会开展线上线下联动的职称政策宣传推广工作，线上，通过协会微信公众号线、官方网站进行咨询解答、审核材料等工作；线下，协会在4—7月前往银联、宝信等职称受理比较集中的大企业开展免费职称受理申报流程及政策的解读。开设两场针对中小企业零散职称申报人员的政策解读专场，帮助申报人员了解申报职称时间节点、操作流程和上报材料等要求。至11月底，完成高级专业技术职务学科组及评委会的评审，有139人进入评审阶段，最终通过评审为113人，通过率为81.3%；12月，完成中级专业技术职务学科组及评委会的评审，有294人进入最后评审阶段，最终通过评审253人，通过率为86.09%。

二、规范运作，确保承接的计算机领域司法鉴定案例零投诉

司法鉴定所在市司法局的正确领导下，开展鉴定机构的规范化执业、行业的整顿建设以及鉴定从业人员的教育等工作，从内部制度建设着手，把所有鉴定从业人员的信息公示化和分工明确化，以及更好完善质量管理、质量手册、监督机制，为司法鉴定工作无差错打好坚实基础。

经过全所努力，又实现零投诉，全年共承接涉及计算机领域的司法鉴定案例10余起，接受相关个人和企业免费咨询及调解达100多起，其中有来自民事纠纷的原被告，也有来自于法院、检察院及公安机关的委托申请鉴定和协调。该所坚持在市司法局核准的业务范围内开展执业，按收费标准收费，没有出现出具任何虚假鉴定和超业务范围执业的行为，无正当理由拒绝委托的行为，无乱收费和支付回扣费行为，无压价竞争行为，通过相关鉴定和调解工作的开展，更好保护了委托人的合法权益，为审判机关提供了公正的诉讼凭证。为申请人及时、合法、有据的解决相关案件纠纷起到重要作用，并取得良好的社会效益，同时也受到各级领导，相关办案机关和各界人士的认同和好评。

三、聚焦资源，开展国内外企业维权案例培训及服务

开展系列化专题知识产权相关讲座。维权服务基地主办12场针对欧美、日韩、澳洲、俄罗斯等国的不同领域软件、生物医药、区块链等专题的免费培训，总培训人次达到300多人，辐射至近百家不同行业的企业。邀请到当地的外国专家团队进行中外联合现场互动教学，进一步提升基地平台的参与度、服务项目的专业度，提升工作的涵盖面和影响力；为涉外企业提升自身维权能力和专业领域内的服务深度，有了新突破。

协调337案件。3月，上海企业涉及LED显示屏337调查，维权服务基地组织专家参与上海三思电子工程有限公司在美进口或在美销售的LED显示屏侵犯其专利权案件协调和方案推荐。基地组织行业、法律、知识产权等各方面专家提供维权咨询建议，帮助企业找到解决纠纷途径，并跟随案件进程提供相关服务。通过维权服务，基地协调宝钢337案以中方的3点诉点的全胜告终。同时，建立337案件数据库。为进一步梳理和收集涉及上海337案件材料，形成相对完整的案件数据库信息，为政府提供决策参考、行业企业提供案例借鉴。

成立2018年首届中国国际进口博览会咨询专家队伍，开通CIIE服务热线。维权服务基地联合中国、英国等中外律所擅长知识产权、反垄断、公司业务、争端解决、劳动、不动产、税务、国际贸易等领域的专家团队，作为首届中国国际进口博览会咨询专家队伍，同时开通CIIE服务热线。为进博会参展商实时提供全方位知识产权咨询服务。

四、加强标准化体系建设，扩大团体标准影响力，促进产业进步

新《标准化法》于2018年1月1日起实施，赋予团体标准法律地位。协会成立计算机技术标准化工作委员会，起草《上海市计算机行业协会团体标准管理办法（试行）》，扎实稳步推进标准化工作。协会组织专家起草并发布《计算机行业企业信用管理通用要求》《计算机行业企业信用评估模型》《计算机行业企业信用指标体系》《磁记录存储设备电子数据销毁技术规范》和《磁记录存储设备电子数据恢复技术规范》五项团体标准，为上海计算机产业健康稳定的发展创造良好的空间，推动计算机产业政策法规上环境的不断改善。

五、区块链跨界应用——对接司法鉴定

以区块链为代表的数字智能技术正在改变全球经济形态。凭借分布式去中心化、智能合约带来的共识机制等新特性，区块链带来很多传统技术架构不可比拟的优势：数据公开透明、信息安全程度高、数据可追溯性强等。上海是大数据与区块链的先行者，协会为推动该项工作，着重做了4件事：(1) 协会、法链、法大大、Onchain（分布科技）等在上海携手举办的“区块链与金融法律科技发展论坛”。会上，发布国内首部区块链存证白皮书——法链白皮书。(2) 受市经信委委托，协会发布《2017年上海计算机区块链行业发展报告》，推动区块链的相关领域研究、标准化制定以及产业化发展。(3) 9月，协会主办“知识产权领域的区块链技术培训”，邀请斐石（德国汉堡）律师事务所Oliver Süme作知识产权领域的区块链技术培训。(4) 12月，协会主办的“区块链黑客马拉松”在张江临港新区举行，给有志于区块链创业团队等提供一个比拼的舞台。协会还将区块链技术与司法鉴定相结合，与阿里、法大大、安存签订节点建设协议。

六、着眼公益，服务贴近需求

4月，召开“企业职工职业培训补贴政策宣讲会”，就《关于区县使用地方教育附加专项资金开展职工职业培训工作的指导意见》进行解读。7月，举办“2018工业大数据平台技术团体标准宣贯培训”，围绕工业大数据这条主线，以“技术团体标准”为主题，汇聚市内优秀的教授、专家，共同探讨、交流工业大数据发展趋势。8月，召开“2018惠企重要扶持政策解读会”，介绍企业职工职业培训补贴政策，政府运用专项资金开展职工培训，降低中小企业培养岗位人才的成本；就业见习补贴政策解读，为降低企业用工成本提供保障；以及解读计算机专业中、高级工程师任职资格申报等内容。9月，协会组织“新版《标准化法》解读暨新版《企业标准体系》及企业标准编制能力提升”高级培训班。邀请庄国钢高级工程师、注册标准化工程师为企业进行培训授课。10月，举办BIM技术体系与应用实践高研班。通过实际项目案例讲解和应用操作，采用小班化、情景化电脑教学。举办软件企业如何应对中美贸易摩擦专利保护讲座。分析中美软件专利保护差异、美国软件专利保护案例、诠释中美贸易摩擦中中国软件企业专利风险应对措施等。

（周晓婷）

上海电器行业协会

上海电器行业协会成立于1987年，是上海电器行业的企事业单位及其他经济组织自愿组成的非营利性社会团体法人。协会推动行业科技进步和产业经济的可持续发展；实施品牌战略，组织推荐行业名优产品，为行业名优产品做好宣传推广和市场开拓；推进行业诚信体系建设，在行为内树立诚信建设示范企业；做好信息服务，为会员企业提供政策、技术和市场信息等。现有会员单位240家。

2018年主要工作：

一、倡导智能制造，助推企业转型升级

世界制造业正朝着数字化、网络化、智能化方向发展，推动着产业结构调整和产品制造方式转变。对照世界先进国家发展经验以及《中国制造2025》，协会因就电器行业输配电产业如何加大对智能制造产业的培育和扶持力度，打造电器行业输配电产业的升级版进行了研究和探索。

组织参观先进会员企业，加强会员企业之间交流学习。协会利用召开会长办公会、理事会的机会，组织部分会员单位领导和专家相互交流学习。先后赴上海精益电器厂有限公司、上海置信电气股份有限公司、常熟开关制造有限公司参观考察学习。通过考察交流学习，大家表示要将所学、所观、所思的经验在实践中加以运用，全面提高企业管理水平，提升输配电产业的发展能级。

针对电气制造企业面临着生产成本上升，生产效率低这些亟待解决的问题，5月29日，协会与利驰软件公司在奉贤上海交通大学国家大学产业园举行电气《制造行业数字化转型专题讲座》。会员单位50多位技术负责人与设计、商务报价人员参加讲座。

1月10—11日，与中国设备管理协会专家合作协办“2018年配电网发展与互感器新技术研讨会”。协会部分会员企业领导和专家出席研讨会，并参观中国电力科学院研究院武汉分院。

二、深入开展质量提升工作，实施品牌发展战略

深入开展质量振兴活动。协会制定《2018年上海电器行业质量提升实施方案》，制定相关制度，结合行业重点工作，开展产业集聚突破活动，明确协会承接产业转移、加快产业集聚、实现产业升级、提升产业整体质量工作中的目标和任务。

积极实施名牌发展战略。组织会员企业参加市、区举办的品牌发展战略和质量管理等知识讲座，帮助企业解决创建品牌工作中遇到的问题。2018年，协会3家会员企业获上海市品牌培育示范企业称号。多家会员企业积极参加5·10国家品牌日宣传活动，以及上海品牌认证评价等工作。

推动企业开展质量诚信活动。协会以加强诚信教育为基础，以建设诚信机制为保证，开展企业质量诚信活动，形成人人讲诚信，人人重诚信的良好局面. 进一步提升全行业员工的执行力，推动电器行业发展再上新台阶。各会员单位结合工作实际，对照工作现状，重点按照“强化大局意识、责任意识、提升执行力”的要求，认真查找单位诚信建设中存在的突出问题，积极主动地做好各项工作。

着力提升中小微企业质量基础能力。协会在中小微企业中，分层次开展大规模的质量管理基础知识普及教育，加强对企业经营者及一线员工的质量管理培训，提高企业全员质量意识。

深入企业开展质量诊断、咨询和分析。协会发挥专家委员会的服务平台建设，积极为中小微企业提供标准化、计量、检验检测、认证认可等咨询服务，鼓励企业开展自愿性产品认证和管理体系认证，促进企业提档升级。

三、探索协会标准化服务新模式，加快团体标准制定

协会着力加快产品标准提档升级，改革标准供给体系，推进标准由生产型向消费型、服务型转变，加快培育发展团体标准。开展对标达标活动，研究建立企业标准“领跑者”制度，开展企业产品和服务标准自我声明公开和监督工作。鼓励企业采用国际标准和国外先进标准组织生产，主导或参与国际、国家、行业和地方标准的制修订工作。

协会作为上海市团体标准的创新示范社会组织，在成套开关设备、低压电器元件、变压器三大类产品中，分别制订《成套开关设备与控制设备共用技术要求》《智能低压电器试验方法》《短路试验变压器》等团体标准，为电器行业输配电产业生产高可靠性产品作出贡献。

为帮助会员企业应对国际贸易纠纷和知识产权纠纷，协会加快企业质量信息管理系统建设，健全企业产品质量、工程质量、服务质量等信用记录，实行企业质量分类管理。加强部门协作，推进信息共享，在银行信贷、政府采购、工商管理、工程招投标、质量信用评级等领域广泛应用企业质量信息，形成有效的市场激励约束机制。

协会组织推动建立高等学校、科研院所、行业协会和企业共同参与的质量教育网络。实施企业质量素质提升工程，研究建立质量工程技术人员评价制度，全面提高企业经营管理者、一线员工的质量意识和水平。加强人才梯队建设，实施青

年职业能力提升计划，完善技术技能人才培养培训工作体系。

四、适应新常态，完善国际国内交流合作平台

3月，印度电气电子制造商协会和中国电器工业协会在印度新德里展览中心举办“2018年印度电力电工、能源及自动化展览会”。上海良信电器股份有限公司、上海精益电器厂有限公司、常熟开关制造有限公司、杭申集团、德力西集团等协会会员单位与西电集团、上上电缆等众多国内企业前往参展。协会组织部分会员企业组团前往参观，展览会吸引印度各界与各方的高度关注，中国电器工业协会领导也前往展会现场观展与指导。

7月，深化沪盐两地产业与行业协会的对接交流，促进长三角区域产业的协同发展，加快推进沪浙核电产业共享区建设。

10月，协会组织参展和参观北京第17届中国国际电力设备及技术展览会，部分会员企业将开发的新产品在会上展示，受到“一带一路”沿线国家采购商好评。部分会员企业因此获得订单。

五、坚持人才培育，开展行业职工技能培训

5月，经国家社会劳动保障部批准，协会变压器行业职工技能鉴定站在上海置信电气股份有限公司挂牌。协会开展技能培训，为行业培养一批高级蓝领人才。

协会依托大企业和设计院所，开展多层次的培训活动，借助这些单位科技人才集中的人力资源优势，为行业培养更多专业技术骨干。

六、加大服务产业、服务政府能力

协会积极购买政府服务项目，开展各类课题调研活动。近年来组织编制《“十二五”输配电产业规划》《“十三五”输配电产业规划》建议稿，编写《国内大型变压器市场和产业发展趋势》研究报告、《高压电缆产业发展》专题报告，完成市经信委的《智能电网产业》调研课题和市经团联的《社会组织能力建设》调研报告。协会与上海市核电办公室合作编写《上海核电产业发展报告》。这些课题成果，为政府制定产业政策、引导企业发展，提供了重要参考。

（马学能）

上海市锻造协会

上海市锻造协会成立于1984年6月，是上海及周边地区的锻造企业及相关企事业单位自愿组成的跨地区、跨部门、跨所有制的非营利性的社会团体法人。至2017年，锻造业协会会员单位约66家。

2018年主要工作：

一、练好内功，服务企业

开展信息服务。协会为会员提供锻造行业及相关方面的政策法规和国内外产学研发展动态，同时将重要信息公布于协会门户网站。

提供咨询证明。协会在大型锻件、模锻件、有色金属、特种工艺、企业管理等9个方面提供各类技术咨询服务。为企业申请名牌产品和著名商标出具证明函。

加强研讨交流。协会举办各类研讨会、专家讲座、企业间对口交流及优秀企业参观学习等，为企业搭建产业信息、技术交流和行业间联系的平台。通过举办专题报告会和座谈会，帮助企业及时、准确掌握政府相关扶持政策，同时积极为企业做好与院校牵线搭桥科研项目工作，全面提升中小企业技术创新能力。

配合地区政府，推动对企业的转型升级和技术创新工作，为多家企业的产业转移、搬迁寻址牵线搭桥。

推动等级工教育培训工作，搭建职教平台，与上海市职业技能鉴定中心建立锻造工培训教育题库体系，并已进入立项，其等级工证书全国认可。配合企业搞好上岗培训工作，并发放合格证书。

二、推进产业结构调整

在市工经联的支持下，协会组织开展上海市行业结构调整途径的研究，明确全市锻造企业的基本情况、存在的主要问题；进一步深化调整的方向、目标和主要措施。会同相关单位调研上海铸、锻、热、镀、焊产业现状，编写《工业强基切实落实国家制造强国战略》，提出对策建议，为市政府开展产业结构调整提供参考依据。

深化节能减排、制订能耗标准。组织专家对《钢质（冷）热模锻件单位产品能源消耗限额》两份标准进行修订，于9月完成。

结合产业结构调整和节能减排的要求，按照《上海市锻造企业基本生产条件》的标准，认真组织3年到期的企业进行按时评审。共评审18家企业。同时，对会员单位验收指导，形成新的模式和程序；对未能完成标准的企业，根据不同程度进行分类处理。

三、运作管理，行业自律

根据市锻造协会章程和转型后企业的实际情况，对会员单位进行清理整顿，上海厂家53家，其他单位3家；外地单位现剩10家，经清理整顿后协会会员单位总计66家。

（陈德明）

上海重型装备制造行业协会

上海重型装备制造行业协会成立于2004年12月，是上海及周边地区从事重型装备研发与制造的企事业单位自愿组成的跨部门、跨所有制的非营利的行业性社会团体法人。现有会员单位80余家。协会积极探索、自我发展、自我规范的新机制，发挥“服务、规范、发展”3个作用，在探索中前进，在前进中发展，取得显著成效。

2018年主要工作：

一、充分发挥平台作用，积极开展会员服务

结合学习考察活动召开理事会议，增强内外交流合作。6月，协会在江苏省东台市举行第四届第二次理事会扩大会议暨东台考察活动，30多家理事单位和部分会员单位参加活动。会上，通报2017年主要工作情况和2018年工作计划、会员发展、理事会充实意向等情况，审议关于修改会费标准及管理办法、制定与发布协会服务清单和协会章程增加党建内容等3个提案。参会人员就本单位经营管理情况进行交流，对协会下一步工作提出宝贵意见和建议。会议期间，与会同志还听取江苏东台市、镇党政领导介绍的东台的人文经济、营商环境等情况和有关招商推介，考察久工股份等合作意向项目。

实施跨行业交流合作战略，拓展行业间信息和资源共享的渠道。8月30日，协会与上海电机行业协会共同签署战略合作协议，确定双方在实现会员单位互认、产业情报互通、信息资源共享、品牌成果共推等方面的合作事项。市商务委、海关、中科院、21所、电机协会、电器协会、出口诚信协会和本协会部分单位等50余位代表见证合作协议的签署。随后，共同参加由电机协会组织的“2018中美贸易摩擦—电机出口企业情况分析及对应务实培训会”。

协会沟通交流平台的信息化程度进一步提高。建立微信公众号开通和手机网站，协会的基本信息、主要工作新闻、行业交流情况、会议活动通知、会员单位招聘人员等。通过微信公众号实现及时、便捷地发布、更新和推送，会员单位的形象展示、情况介绍等内容在逐步完善，各方也可通过手机平台查询协会情况，初步形成一个会员单位之间经常性和常态化沟通与交流平台。

发挥上下连接的桥梁作用，组织落实政府的行业管理要求，组织会员单位参展、观展等社会活动。协会按照市质监局和市工经联关于落实市政府提出的开展质量提升行动的要求，编制实施质量提升行动实施计划，开展企业质量管理现状调研与交流。认真做好首届中国国际进口博览会上海交易团采购商的登记工作，组织会员单位参与国际采购。协会在上海市品牌建设工作联席会议办公室和市经信委指导下，组织会员单位开展2018年上海市品牌培育试点示范工作。协会参加市工经联组织的“勇于创新——上海工业改革开放40年500例成果展”，多家会员单位的“全国首例、全国第一”的标志性成果和范例入选展出，体现了协会会员单位的强大实力。

利用自身资源组织与整合的优势、继续做好各种专项服务工作。协会发挥特有的资质作用，开展技术职称评审工作，组织相关专家团队，对会员单位2名技术人员的工程师职称评定进行评审，评审合格后发放技术职称证书。深入开展节能减排JJ小组活动，提供培训，组织交流。运用好“上海市进出口公平贸易工作站”服务平台，帮助会员单位按照国际通则管理企业，建议和引导企业采用国际标准。

发展优质会员，不断提高行业代表性和影响力。2017年换届以来，已有10多家企事业单位申请入会。同时，与近20家会员单位的主要领导开展面对交流与沟通，了解了会员单位对协会服务的需求和建议。

二、开展高端装备联盟活动，促进跨区域行业交流合作

3月，协会在江苏盱眙组织召开2018年高端装备联盟年会暨“一带一路”企业家峰会，工信部装备司领导、盱眙县主要领导、各联盟协会成员、联盟专家委员会专家和协会部分企业代表共200多人参加会议。通过会议，为各联盟成员、会员单位贯彻落实国家“一带一路”倡议、实践开拓非洲市场，提供有益的政策宣贯、专题交流与合作对接。

10月，协会在福建厦门，与厦门市经信局等单位共同主办“2018年高端装备制造企业家峰会暨《寻找中国制造隐形冠军》（厦门卷）首发仪式”的活动，政府主管部门领导、高端制造领域企业家、专家学者、主流媒体协会部分企业代表共150多人参加活动。《福建日报》、厦门电视台、《厦门日报》等媒体对本次活动进行全程跟踪报道，联盟主席郑锦荣会长就培育隐形冠军的主题接受采访，扩大高端装备联盟和上海重型装备制造行业协会的对外影响。

三、加强自身建设与管理，确保协会合法合规健康运行

加强党的领导，认真做好协会党建工作。协会严格按照民政部关于在社会组织章程增加党的建设和社会主义核心价值观有关内容通知的要求，及时组织修订协会章程。协会党支部于6月中旬召开全体党员大会，采用公推直选、差额选举的方式，选举产生新一届党支部书记。按要求开展各项工作，组织党员参观“上海工业改革开放40年500例成果展”等，丰富党员学习形式，促进协会在服务会员和发展行业工作中更好发挥作用。

规范内部管理，合法合规地开展各项工作。协会重视加强协会的内部管理，严格控制费用支出范围，严格执行费用报销审批制度。按规定编制协会的服务清单，加强降本工作，通过采取一系列措施，确保协会正常运行。

（傅　桢）

上海市建筑材料行业协会

上海市建筑材料行业协会成立于1986年12月。协会现有流通、建筑陶瓷卫生洁具、地板、定制家居、新型墙体和建筑节能材料、采暖与舒适家居、建筑钢材、建筑绿化、创意与工程设计、干混砂浆、新材料等11个专业委员会（分会），共有会员单位1000余家。协会官网是“上海建材信息网（www.sbmia.org.cn)”，官微是“上海市建筑材料行业协会（sbmiash)”。

协会成立30多年来，在推动节能减排、诚信自律、品牌建设、技术创新等方面成绩显著。主编或参编多项行业标准、地方标准、团体标准、施工工法等；重视上海建材行业品牌建设、自主创新和行业诚信自律建设；开展标准宣贯、课题研究、产品推广、技术研讨等工作。协会先后荣获“全国先进民间组织”“全国建材行业先进协会”“上海工业先进行业协会”“AAAA级社会组织”“上海市三八红旗集体”“上海新经济组织、新社会组织五好党组织”“五星级社会组织党组织”等荣誉称号。

2018年主要工作：

一、立足调研，标准先行

深入会员，开展行业大调研。协会响应市委、市政府开展大调研工作的要求，开展全覆盖会员的行业调查研究工作，完成上海市墙体材料行业、建筑节能材料行业、钢筋混凝土结构用钢筋行业等部分建材子行业的调研报告。全面推进协会团体标准工作，根据团体标准管理要求，制定发布管理办法，规范协会团体标准的制修订和管理工作。协会申报的“绿色地板等团体标准试点”正式成为市质量技术监督局“2018年度上海市团体标准试点项目”。此外，代表行业参与行标、地标的制定和修编，反映企业、行业发展的需求，推动企业、行业健康发展。参编的行标、地标有《非承重蒸压灰砂空心砌块和蒸压灰砂空心砖》《干垒挡土墙用混凝土砌块》《实木复合地板生产单位产品能耗限额》《建筑废弃混凝土再生骨料在砌块（砖）中应用技术标准》等。

二、承接职能，自律为本

针对解惑答疑，配合做好全市建设工程领域重要建材信息报送工作。根据市住建委的工作要求，协会组织人力，以电话、走访、会议等多种形式，持续向相关企业宣贯重要建材信息报送制度，组织企业分批参加市住建委召开的本市重要建材信息报送制度的宣贯会议，进一步强化企业对重要建材信息报送制度的认识。抓住质量为纲，深入开展企业诚信考核，为行业管理夯实基础。安排专人开展企业的诚信考核及管理工作，对质保体系不完善的企业提出整改建议，并跟踪督促落实。树立标杆引领，持续发挥协会在发掘培育提升行业优秀品牌中的作用。年内，书香门地、菲林格尔、斯米克、立邦涂料、中南涂料、红星美凯龙、上海建工等10家建筑建材企业获得首批上海品牌认证。召开行业质量状况调查结果评价专家审定会及相关实验数据分析会，组织企业参与2018上海市品牌培育试点示范培训会。受中国建材联合会委托，在协会、上海建材（集团）总公司工会等共同努力下，开展2018年度上海市建材行业技术革新奖的申报推荐工作，7个项目获上海建材行业技术革新奖（技术开发类）一等奖荣誉，并推荐至全国建材行业技术革新奖评审，最终6个项目获全国奖。严格按照《人力资源社会保障部、中国建筑材料联合会关于评选全国建材行业先进集体先进工作者和劳动模范的通知》要求，推荐上海曹杨建筑粘合剂厂为全国建材行业先进集体、上海城建物资有限公司朱永明为全国建材行业劳动模范的候选对象。经批准已按规定报国家评选办。

三、合作共赢，提升服务

存史严谨修志，进一步发挥协会行业服务功能。《上海市志·建筑业分志》“建材应用篇”初稿内容持续完善，结构继续优化，为初稿专家评审做好各项准备。完成2017年度《上海工业年鉴》《中国建筑材料工业年鉴》《上海市经济团体联合会年鉴》等的建材部分内容编撰。完成《2017建材行业简况》白皮书的编制发布。拓展丰富多彩，以会员需求为核心开拓专业服务活动领域。开展“潮家居·爱设计——爱格杯定制家居设计大赛”，培育定制家居原创设计力。召开装配化装饰装修设计施工与建筑装饰材料企业对接交流会，针对建筑装饰工程与内外墙建筑材料的装配化装修进行了深入研讨交流。举办产业工人培育与发展沙龙会，探讨了通过产业链的合作促进提高产业工人专业技术水平的做法与模式。启迪消费体验，展现协会作为行业组织的社会责任。协会与市消费者权益保护委员会共同组织了3场消费体验活动，进一步体现了协会的社会责任担当，为更好地促进行业长期健康发展贡献力量。

四、按章办会，加强党建

严格依章依规办会，根据实际情况召开行业会议，推动行业发展。召开建筑钢材行业、新型墙体和建筑节能材料行业、定制家居行业、地板行业、采暖与舒适家居行业等多场交流会议，推进行业技术进步、升级转型。传承学习，继往开来，认真加强协会党建工作。全年协会党支部把“两学一做”作为贯穿全年党建工作的主线，党支部要求党员坚定正确的政治方向，把握建材行业的工作大局，站在行业层面思考和处理问题，全心全意为协会会员服务，进一步提振干事创业的精气神，自觉更新知识、提高本领，以创造协会工作及上海建材行业的新发展。

（张春玲）

上海市模具行业协会

上海市模具行业协会成立于1994年12月，现有各种所有制会员单位619家。为上海市模具行业及相关企事业单位、大专院校及社会团体自愿组成的跨部门、跨所有制的非营利的行业性社会团体法人。协会下设经营管理、模具技术、模具标准件、模具材料、信息化、标准化、汽车模具、教育培训、特种加工和专家等10个专业委员会，各专业委员会活动基本上覆盖了整个模具行业，是协会工作的一个重要组成部分。协会始终坚持为会员单位服务，维护会员的合法权益；保护行业整体利益，提高模具行业技术和经营管理水平；实现模具的标准化、专业化、商品化生产，推进模具工业的持续发展。

2018年主要工作：

一、加强协会基础工作建设

拓展网站服务功能，发挥会刊宣传作用；建立并不断完善协会微信公众号和业务和设备协作平台及模具材料信息发布平台，增强协会信息化服务功能；发展会员单位15家，走访和电话联系会员单位300余次，加强与企业沟通和交流；开展党组织活动，加强党员队伍建设，作为市工经联党委确定的第十党建工作站，全年开展四次活动；协会先后召开五届四次监事会、五届八次理事（扩大）会暨五届九次常务理事会、五届九次理事（扩大）会暨五届十次常务理事会等，听取工作汇报、研究部署工作。各专业委员会紧紧围绕“开展品牌建设、推动‘三化’工作、推广典型案例、加速转型升级”重点开展。

二、拓展为企业服务功能

加强供求合作，帮助企业拓展业务。协会为会员单位及模具相关企业介绍模具和零部件加工、模具设计、材料采购、软件运用、加工设备选用等各类业务150余次，涉及会员单位及模具企业上百家，为企业拓展业务渠道，帮助委托单位解决难题，也为会员单位提高信息化管理和提升产品质量尽绵薄之力。

举办国际模展，提升企业形象。6月5—9日，第18届中国国际模具技术和设备展览会在上海虹桥·国家会展中心举行，协会作为展会东道主及协办单位，共组织49家独资、合资、国有、民营企业参展，共计展位273个，展示面积2453平方米。

构筑企业间互动交流平台。应CME中国机床展组委会的邀请，协会组织会员单位50余人，赴虹桥国家会展中心参观“2018CME中国机床展”。9月，在远东宏信公司举办“上海模具行业转型发展及创新金融论坛”，来自模具行业的领导、专家和学者30余人出席会议。

帮助企业解决纠纷。随着保护知识产权力度加大，近年来不断打击企业盗版软件，接到会员单位请求信息，协会秘书处即上门走访企业，经实地了解核实后，与相关单位联系沟通，客观、公正地帮助企业解决纠纷问题。

4月，在同济大学召开由上海市模具行业协会发起、同济大学牵头、各开设材料成型及控制工程相关专业的院校联合组成的“高校材料成形教育联盟”成立大会。6月和12月，分别召开新材料成型技术报告交流会和智能制造背景下的材料成形课程体系建设研讨会，共同探讨各高校在材料成形及相关课程的教学中如何融入智能制造的元素。

三、积极推进行业自动化、信息化、智能化建设

6月，在上海虹桥国家会展中心举办“信息化助推模具行业创新发展”技术交流会，邀请50余位模具企业专家、工程技术人员参加会议。10月，由长三角地区模具协会联合主办、上海市模具行业协会承办、中国模具工业协会职业教育委员会、模塑生态联盟和高校材料成形教育联盟协办、乔治费歇尔精密机床（上海）有限公司冠名的“第四届中国互联网＋模具高峰论坛”在上海奉贤区南郊宾馆南郊厅成功召开。来自长三角模具界的同行、专家、学者等260余人出席会议。10月，协会组织会员单位22人赴宁波慈溪，参加在宁波精雕数控工程有限公司召开的“2018宁波精工五轴设备开放日”活动。

四、加强与国内外同行之间联系和交流

协会应邀参加余姚市模具工业协会成立20周年庆典暨

第六次会员代表大会、宁海县模具行业协会第四届第三次会员大会、台州市模具行业协会二届一次会员代表大会，并代表华东各地模协致贺词。举办2018模具界联谊会，各地模协嘉宾100余人出席会议。

5月，协会组织部分会员企业赴浙江宁海进行参观交流活动，先后拜访宁波方正汽车模具股份有限公司、宁海县第一注塑模具有限公司和宁海模协。

6月，协会和宁海模协联合组团赴日本考察，先后参观株式会社名古屋精密金型、Creative Technology Inc.(CTI)、大隈株式会社、日本发那科公司和日本名古屋金属模具展。

8月，协会参加中国模协召开的各地模协秘书长工作会议、中国模协经济技术信息委员会地方模协委员会议暨第19届中国国际模具技术和设备展览会（DMC2019）预备会。

9月，协会秘书处参加由湖南模协承办的第24届华东地区模具协会（扩大）联席会。

（邵正彪）

上海市化工行业协会

上海市化工行业协会成立于1997年6月，是从事化工生产、制造、经营、施工、科研、教育、设计及服务等活动的企事业、社会团体自愿参加组建的社会团体。现有会员单位223家。协会不断提升运行管理，完善工作机制，在服务企业中增强亲和力，在服务行业中增强引导力，在服务政府中增强执行力，在服务社会中增强互动力。

一、紧贴企业生产实际，履行义务尽到责任

协会对应企业需求施教，培训从以化工行业为主向涉及安全生产的社会层面拓展；培训内容继续扩充，开发高空作业系列安全培训；培训渠道不断让拓宽，从上海向外省市延伸，全年外省市办班占总办班数15.1%；服务质量继续优化，坚持送教上门服务，在企业办班占总数的69.8%；平台作用进一步发挥，登录“危险化学品知识学习平台”自学人数达5100人次。各类培训开班110期，比上年增加13.4%；培训学员增加4.2%；参加危化品和安全管理统一考试合格率达到93.2%。

坚持节能减排工作在群众性、科普性、广泛性上下功夫，分别在金山二工区和华谊集团举办专场培训；有5家会员单位上报的9篇2017年节能减排（JJ）小组活动项目被列入上海市优秀案例集；华谊新材料公司在“节能周”现场会上作交流发言。全年共有12家企业申报节能减排（JJ）小组项目60项。

组织会员单位参加“上海品牌”创建活动。双钱轮胎、国药试剂等7家会员单位品牌创建案例入选上海市品牌宣传案例；东方雨虹成为上海市制造业“上海品牌”首批认证单位，并入围“2018中国品牌价值评价排行榜”，排名建筑建材行业第二位；百金化工获得国家级单项冠军奖；华谊股份、百金化工等4家单位参加首届爱姆意杯“上海制造”品牌微视频大赛，获得多个单项奖，协会获“优秀组织奖”；英科实业、东方雨虹的“企业创新最佳案例”入选市成果转化促进会（市科委）全市案例集。

二、发挥平台导引作用，助力行业外向发展

升级化工出口基地，助力行业“走出国门”。协会组建出口基地专家团队，为上海化工质量提升、转型升级提供服务。首次组织部分上海化工企业参加“上海之帆”一带一路经贸巡展，与东欧诸国石化企业进行广泛接触交流，拓展上海石化企业“走出去”的视野。上海化工出口产业基地成员单位已达36家，2018年进出口总额12亿美元，其中出口9.9亿美元，进口2.2亿美元。

加强与政府有关部门联系沟通，寻求政府和国家专业行业协会支持，以上海市技术性贸易措施（化工示范点）为抓手，推动化工行业外贸高质量发展。配合政府有关部门调查中美贸易摩擦对行业的影响。通过40多家企业调查问卷，经统计分析，及时预判防范。受可能影响严重的橡胶制品、染料涂料行业加强跟踪，及时上报，为政府部门出台应对政策提供依据。同时，完成《“一带一路”背景下上海工业化学品贸易壁垒研究报告》，为政府部门提供决策参考。举办“纪念改革开放40周年，开创石化行业高质量发展新高地”报告会，邀请石化联合会会长李寿生来沪作“努力打造新时代石化行业高质量发展新高地”主旨报告。

三、发挥专业管理优势，履行服务政府职责

发挥协会资源优势，开展“上海化工产业发展与产业链项目研究”等系列研究，组织专家整理形成浙江《舟山绿色石化基地总体发展规划环境影响报告书（简本）》，审核《上海市禁止、限制和控制危化品目录》（第三批），为《危险化学品安全法》立法调研提供意见和建议。

以4家重点石化企业和2家园区经济运行数据为依据，进行经济运行走势、化工市场分析预判，完成月、季和全年上海化工行业经济运行分析报告。第四季度，受中美贸易摩擦和石油价格大幅波动影响，向石化行业发出预警，为石化行业积极应对，及时调整提供重要依据。

开展宣传培训，在易制毒化学品培训和管理中，协会利用行业和专业管理优势，履行社会责任，提供优质服务，尽到社会第三方服务机构的责任。

积极推进易制毒化学品管理承诺，全年共有500余人签约承诺。培训向涉及易制毒化学品生产经营的非化工行业及外资企业延伸，共举办培训班13期、1488人受训。开展“远离毒品、珍爱生命”“加强易制毒化学品管理”等主题宣传，组织参观上海市禁毒科普教育馆，深入企业和社区举办专题展览，向公众普及易制毒化学品管理知识，组织专题报告和讲座，并免费向社会公众开放。

四、深入推进防灾防损，服务社会尽心尽职

协会承接的危化品安全责任保险防灾防损服务项目，重点放在开展危化生产经营企业安全培训、风险辨识评估、隐患排查、应急预案管理和应急救援演练、安全生产技术推广应用等方面。主要是组织化工（危险化学品）生产企业主要负责人安全培训，300余家危化生产企业440名负责人参加培训并全部考核合格。举办以“生命至上、安全发展”为主题的上海市第二届危险化学品安全知识竞赛，进一步增强市民安全意识，提升员工安全技能，落实各级安全责任，牢牢守住城市安全底线。编辑完成由综合预案、专项预案、应急救援预案3部分组成的《危化企业应急预案汇编》。完成40多家大型危化生产仓储企业安全风险等级评估。

举办“纪念改革开放40周年2018上海石油和化工安全管理高层论坛”，邀请国家应急管理部总工程师王浩水作“提升安全领导力，引领企业安全发展”主旨报告等。

（杨盛平）

上海防静电工业协会

上海防静电工业协会成立于2004年，现有协会会员92个。是上海市一级行业协会、社会团体法人，会员主要包括防静电领域的生产、施工、检测研发和使用单位，一直潜心致力于静电领域的产业发展、行业自律、标准化推进、防静电知识普及、防静电技术咨询和检测培训服务等相关工作。坚持把产业发展、行业自律和标准建设作为首要工作来抓，以标准促发展、以标准求规范。不仅在各类活动中积极普及、宣贯静电防护标准化知识，协助会员单位解决标准问题的纠纷和解答，还积极投身到中国静电防护标准的撰写和改编之中，会内多位专家和会员单位均为静电防护国家标准和行业标准的第一编写人和编写单位。协会还建立有完备“防静电工程师”培训和评审体系，为中国防静电事业培养、输送了大量专业人才。

一、推进团体标准工作

根据新形势对协会工作的新要求：契合国家的战略目标。协会秘书处积极推进做好团体标准的宣传推广工作，指导与协助有意向会员单位撰写团体标准的申请、立项、起草、讨论、征求意见等各环节的工作。

充分认识到团体标准对于协会企业在市场经济活动中的发展，在经营管理生产过程中出现问题团体标准所发挥的重要作用。对其产品在市场的占有率，主导权，权威性以及话语权各方面的广泛意义。

秘书处分别将《上海防静电工业协会团体标准制修订流程图》《上海防静电工业协会团体标准路线图（草案）》等提交防静电工业协会团体标准工作会议上讨论。《非湿度型防静电鞋》形成征求意见稿，《防静电台垫》《防静电包装袋》《防静电术语》立项审批。

二、精心准备，接受考核验收

由市质量技术监督局组织，会同各有关专家参与评审“上海市战略性新兴产业及标准技术联盟试点项目”。市质监局孟凯和协会“验收专家组”应邀请参加。黄建华副会长代表协会全面、系统介绍在“上海市标准化推进专项资金项目”的取得、标准化工作的起步到标准化工作基本完整的工作程序、制定相关章程、管理制度、财务制度等配套制度与措施、规范“团体标准”的制定等方面的工作情况。

协会承担的团体标准试验项目，经专家组评审总分103分，一致同意通过验收。

三、组织开展各项活动

协会相继组织3月14日“2018年慕尼黑上海电子生产设备展”、8月28日“NEPCOM（励展）深圳电子展”、11月7日“第七届静电防护与标准国际研讨会”、11月7日“NEPCOM（励展）成都电子展”“第十五届中国标准论坛”义乌会议等。多家会员企业参展。

在各次展会上，协会组织领导、专家开展“静电防护”的知识宣讲和技术指导。发表“消除静电‘病毒’，促进质量提升”“ANSI/ESD标准中防静电包材相关标准体系构成及内涵详解”“非湿度依赖型防静电制品应用及发展”“航天系统对于静电防护设施设备的系统设计”“电子工业静电防护产品质量评价现状及发展”“电路板系统级防静电”等多篇论文演讲，效果良好。

（刘黎俊）

上海市标准化协会

上海市标准化协会（简称市标协）成立于1981年4月，是上海市从事标准化工作的社会团体。设有组织、科普学术、技术咨询、教育培训等4个工作委员会，以及汽车、化工、纺织、船舶、轻工、机电、仪电、宇航、航空等22个专业委员会。协会多次获得中标协、市科协、市质监局等部门授予的示范单位、先进集体、四星级学会等荣誉。现有团体会员单位210家。

2018年主要工作：

一、抓住标准化工作热点，开展多层次多种类科普学术活动

4月，中共上海市委、市政府发布《关于全力打响上海"四大品牌"率先推动高质量发展的若干意见》。《意见》中指出，面向全球、面向未来，对标国际最高标准、最好水平，把全力打响"四大品牌"与落实和服务国家战略相结合。其间，协会连续第18年组织召开"第20届中国国际工业博览会科技论坛——品牌建设与标准化国际研讨会"。中国标准化协会、市质量技术监督局、市科学技术协会等来自政府部门、科研院所领导、高等院校、企业管理人员、科研人员和国外机构代表共计200余人出席本届论坛。

国内外演讲嘉宾围绕"品牌建设与标准化"的主题，在政策解读、品牌建设与标准化体系的布局和实施、企业品牌建设实际应用成果等话题展开深入研讨，促进了国际间标准化的合作。

为推进长三角标准化工作研究，创新标准化工作理论，更好地适应和引领经济发展新常态，长三角两省一市标准化协会在当地质量技术监督局的支持下，联合开展以"标准化助推经济社会高质量发展"为主题的标准化论文征集活动，主要有传统制造业改造提升、社会治理与公共服务、标准化与数字化转型等方面。经协会广泛征集，共征集论文28篇，并组织有关专家对论文评审。评选出优秀论文一等奖1篇、二等奖2篇和三等奖3篇，显著提升了长三角区域标准化学术交流氛围。

6月11—17日，是第28个节能宣传周。围绕节能宣传周"节能降耗，保卫蓝天"的主题，6月14日，由市质量技术监督局主办，市标准化协会、市建筑科学研究院（集团）有限公司承办的"能源科技创新与标准化"主题活动在远景科技上海总部举行。活动组织参观远景上海总部云中心展示厅，了解智能风机、智慧风场、阿波罗光伏、智能物联操作系统等新技术展示。在研讨会上，几位专家就现代楼宇智慧能源管理新挑战、市能源标准化工作现状和市大型公共建筑能耗监测平台的运行报告进行分享和交流。6月21日，由市质量技术监督局主办，市标准化协会承办，饿了么网络外卖平台支持的"标准化进社区——标准引领、绿色送餐、减塑环保"主题活动在静安公园举行。在活动现场，通过专家进行外卖纸餐盒团体标准解读、纸餐盒使用方式、食品安全知识科普，以及互动问答和垃圾分类小游戏实践等丰富多彩的形式，使社区居民对食品安全、绿色减塑等节能标准化知识有了进一步认识和了解。活动吸引数百名市民的热情参与，并通过微信平台等新媒体形式扩大宣传面，取得良好的宣传效果。

二、顺应标准化发展趋势，探索新时代服务创新之路

为进一步推动松江区企业标准整体水平的提升，松江区市场监管局委托协会在全市范围率先在区级层面试点推行"领跑者"评价制度。协会成立相关工作小组，依据《关于实施企业标准"领跑者"制度的意见》《松江区企业标准"领跑者"制度行动实施方案》等文件精神，通过收集资料、梳理标准、精选专家、全面审阅、反复讨论，制订评价细则，就每份标准的合法性、标准结构的完整、主要技术指标和生产工艺的先进性、标准的实施保障能力、标准实施的效益等方面开展评价。对松江区已完成自我声明公开的化妆品润肤油类和化妆品精华液类的4家企业、9项标准开展企业标准"领跑者"评价。

根据《标准化法》《团体标准管理规定》等文件精神，结合协会《团体标准管理办法》，进行两批共10项团体标准的立项工作。经过协会团体标准管理委员会、专家组和项目承担单位的共同努力，于年底正式发布第一批共4项团体标准，并在国家团体标准信息平台等线上平台进行自我声明公开。为配合政府对团体标准质量的把控，协会受市质量技术监督局委托，开展自我声明公开的团体标准合法性审查共计150份左右，包括产品标准、服务标准、管理标准等，涉及体育、食品、服装、3D打印等多个领域。协会依托各行业领域专家资源，严格审查相关技术指标，为团体标准的发展提供有力的技术保障。6月，协会与市科协联合开展团体标准政策宣贯会，通过专家介绍，现场互动的方式，与市科协下属20余家协会、学会等开展团体标准研讨活动。为他们提供最新的政策解读，了解了社会团体在开展团体标准化工作中的需求和困惑。协会还与行业协会开展深度合作，从标准文本、技术指标等各方面确保标准的质量，为相关行业协会推广实施团体标准打下了基础。

三、主动承接政府职能转移，承担多项政府项目

2018年标准化优秀成果申报工作得到全市广泛响应，有关主管部门、各区县市场监督管理局和各级标准化技术委员会推荐，共收到87项技术成果和123项学术成果。评审办根据《管理办法》和评审要求，认真组织对210项申报项目相关材料的汇总、分类及形式审查工作，随后按照上海市标准化优秀成果奖评审标准和细则，组织专家分别对入围的技术成果和学术成果进行专业评审，共评选出优秀技术成果42项和学术成果57项。通过向上推荐申报，2项2017年标准化优秀成果一等奖项目，获得2018年中国标准创新贡献标准项目奖一等奖。

协会受上海市研发公共服务平台管理中心委托，承接市科委技术标准项目的管理工作，根据市科委要求，撰写《2017年上海市科委技术标准专项发展报告》，全面梳理并总结相关项目材料，从立项分布、结项情况，典型案例分析，存在的问题及建议等进行总结。并对形成的报告，组织专家进行讨论并修改，报告顺利通过委托单位的验收。

依据新《标准化法》的要求，协会配合各区市场局开展企业标准事中事后监管，共进行企业标准评价126项。为各区市场监管局开展企业标准自我声明事中事后监管提供有力的技术支撑，切实提升相关企业标准化工作水平。

四、打造更好服务品质，为企业提供各类标准化技术咨询服务

协会坚持总体规划、整体推进、重点切入、分布实施的工作原则，制定行之有效的工作计划，主导成立由企业标准化工作的分管领导、咨询专家、企业标准化专兼职人员、企业标准化骨干组成的联合工作小组，完成“曲阳街道社区管理和服务综合标准化示范试点”等项目验收。

协会为各行业制定数量众多的产品和服务标准，从标准的起草到最终形成报批稿均严格按照标准制定程序。所完成标准能作为企业组织生产、交货验收、合同纠纷仲裁和政府监督检查的依据，为企业规模化生产以及确保产品质量提供重要技术支撑。年内完成企业标准编写61项。

五、注重标准化人才队伍建设，开展各类标准化专业培训

为更好宣传贯彻新《标准化法》，帮助各单位深入学习，推动新法有效实施，协会面向全市举办两场《新标准化法》的宣贯培训。就新《标准化法》的内容要点、企业标准化管理、团体标准管理、标准的实施与推广、法律责任等内容进行了解读。还与松江区市场监管局合作，在市场监管局范围内组织《标准化法》专题培训，来自全市的400余名标准化工作负责人参加。

协会针对企业关心的科技成果如何转化为国际标准、服务业标准化试点、企业标准体系、技术标准与知识产权融合等主题，采用专题培训和标准创新等多种形式，邀请资深专家对各行业及不同类型的企业进行宣贯。参与人数有700余人，提升了企业标准化工作的水平。

（王荣昌）

上海橡胶工业同业公会

上海橡胶工业同业公会成立于1986年12月，为上海市橡胶行业同业企业以及其他相关经济组织自愿组成，实行行业服务和自律管理的非营利性的社会团体法人。公会以为会员服务为宗旨，反映会员的愿望和要求，维护会员合法权益，遵守宪法、法律、法规和国家政策，遵守社会道德风尚，在政府和企业间起桥梁和纽带作用。公会现有企业会员90多家，分别从事轮胎、力车胎、自行车胎、胶鞋、胶带、胶管、各类胶种和用途的橡胶制品及橡胶机械、模具、橡胶原辅材料的生产和经营。拥有“双钱”“回力”“骆驼”等多个著名品牌。

一、召开会员大会改选产生新一届理事会

4月19—20日，上海橡胶工业同业公会在副理事长单位、浙江双箭橡胶股份有限公司召开第十届一次会员大会暨理事会。双钱轮胎集团公司党委书记、董事长，橡胶公会第八和第九届理事长储征宇主持会议。大会通过第九届理事会工作报告、财务收支审计情况报告、《上海橡胶工业同业公会章程》修改说明、理事会换届改选情况工作报告，以及第十届理事会理事监事和正副理事长选举办法等事项。大会通过《会费标准和管理办法》，选举产生第十届理事会班子，周炜当选为理事长，王强等8位同志当选为副理事长，王真等29名同志当选为理事，以及姚健当选为监事。

会议表彰上海沪巨联实业股分有限公司等15家2017年上海市诚信创建活动企业，向获得2018—2020年上海橡胶行业名优产品的双钱轮胎集团有限公司等15家单位授予铜牌和证书。

二、召开“创新驱动转型发展管理提升现场交流会”

8月21日，公会在上海天天橡塑制品有限公司召开“创新驱动转型发展管理提升现场交流会”，公会秘书长刘海根主持会议，会员单位近 30 人参加会议。

天天橡塑公司总经理王黎明介绍该公司坚持不懈创新驱动转型发展的情况。刘海根秘书长作题为“认清形势、共享资源、创新驱动、转型发展，共同为上海橡胶产业的生存与发展而努力”的讲话，通报行业情况，提出企业生存发展的对策。五同同步带公司董事长沈玉明、南凯橡塑公司总经理程建忠、思南机械公司总经理张秋龙、橡胶制品研究所副所长李敏也分别作交流发言。

三、专题宣传 2018—2020 年上海橡胶行业名优产品

公会加大宣传 2018–2020 年上海橡胶行业名优产品力度，从 5 月起，《橡胶信息》以图文并茂的形式刊登双钱轮胎、回力鞋业、兰华制球、隧桥特种橡胶、天天橡塑橡胶阀、加成实业等名优产品，得到会员单位的好评。

四、强化服务意识，牵起大小手，共谋发展路

公会深化服务内涵，主动作为，每年走访会员单位近 70 家。分别为一些单位提供政策咨询、搬迁地无着落进行牵线搭桥、产品寻找销路、提供业务合作机会、协调解决业务合作中的债务问题等。

公会充分发挥技术经济委员会“智囊团”作用，凡是会员企业在生产和经营中遇到技术难点，公会技经委派出相关专家上门了解和指导。如五同同步带公司多次邀请技经会成员上门指导、诊断问题，使产量和质量大幅度提升。西郊橡胶厂搬迁至外地后，欲建设炼胶中心和产品检测中心，公会借助技经会专家平台，及时为该企业提供项目可行性研究方案。

公会利用在天天橡塑公司召开创新转型推进会的契机，为各会员单位提供思路转换和经验借鉴，通过转型，为企业自身发展增强竞争力。

五、加强自身建设，提升工作能级

严格管理，夯实基础，坚持每周一召开工作例会，总结上一周工作，布置当周工作，协调有关事宜。

《橡胶同业信息》全年出版 12 期，增加了人物专访，连载报道企业家的创业故事。

公会换届选举工作结束后，及时整理汇总有关材料，按照市社团局有关规定和公会章程，向市社团局进行报备，办妥理事长变更等相关手续。

着手修改《上海橡胶工业同业公会章程》，对新增党的建设和社会主义核心价值观内容听取各理事单位意见，并将在 2019 年年会上审议通过。

公会积极发展新会员，江阴华尔发硅橡胶科技有限公司、上海中策橡胶有限公司、上海松橡减震器制造有限公司先后入会，成为公会新成员。

在“2018 年中国国际橡胶技术展览”上，回力鞋业、双箭股份、加成化工、浙江环科万顺、苏州捷和等会员单位参展。9 月 18 日，公会接待前来参展的台湾橡胶暨弹性体同业公会同行，双方交流洽谈、共话友谊。12 月 2—7 日，王强率副理事长上海橡胶部分企业贸易代表团赴台湾学习交流，秘书长刘海根陪同出访，就橡胶行业发展形势、未来合作商机等进行探讨，对 2019 年尤其是上半年橡胶产、供、销及走势格局形成共识。

六、切实加强党建工作，提高党员综合素质

公会党支部认真组织开展学习党的十九大报告和习近平总书记一系列重要讲话精神以及新《党章》，参加市工经联党委举办的每年两次支部书记培训班，参观《“跨越时空的井冈山精神”》《上海工业改革开放 40 周年》展览和中共二大会址，观看《我是党员》系列教育专题片，开展党员民主评议，进一步提升党员的政治素养，教育和引导全体党员牢记“初心与使命”，围绕公会的年度工作目标，发挥党员的战斗堡垒作用，做好公会各项工作。

（薛丽萍）

上海涂料染料行业协会

上海涂料染料行业协会成立于 1987 年 1 月，由长三角洲地区染料、涂料、颜料、助剂及其他经济组织自愿组成。上海涂料染料行业协会协会是中国涂料工业协会、中国染料工业协会的理事单位，并承担中国染料工业协会有机颜料专业委员会的工作。在行业中具有举足轻重地位，产品从涂料、油漆到涂料原材料；从纺织染料、食用色素到油墨和有机、无机颜料；从涂料、染料助剂到化工专用机械；从大化工到精细化工产品，广泛应用于国民经济各个领域。现有会员单位 180 家。

2018 年主要工作：

一、协会成立新一届理事会

4 月 9 日，协会召开第九届会员大会选举产生第九届理事会，选举产生会长和副会长单位、以及秘书长和副秘书长成员。新一届理事会按照“服务企业、规范行业、发展产业”的工作要求，紧扣社会发展主题，随着安全环保、绿色发展、促进行业健康发展。

二、举办大型“双论坛”和“技贸洽谈会”

4 月 9 日，协会举办第七届“绿色涂料发展论坛”和

“安全生态染料颜料发展论坛”双论坛，围绕涂料染料工业的产品绿色化、生产工艺绿色化等课题，进行充分交流与讨论，并介绍国内外最新绿色工艺技术和产品。

10 月 23 日，协会承办“2018 年海峡两岸国际有机颜料行业年会暨技贸洽谈会”，会议以绿色环保创新高质量发展有机颜料为主题，围绕全国颜料产业发展形势、染料和着色剂行业如何应对国际化学和环保要求、介绍有机颜料废水处理绿色工艺、有机颜料清洁生产工艺等内容，为企业提供信息交流平台，促进颜料企业技术交流与信息沟通。

三、举办多期培训班、高级研修班

8 月 30 日，协会举办应对及防范中美经贸摩擦研讨培训会，邀请行业、贸易、法律等方面专家进行主题演讲，帮助企业较全面了解产品升级、企业海外布局及法律保护等方面的应对方法和技巧。

9 月 18—21 日，协会举办为期 4 天的“绿色环保颜料在高性能塑料新材料中应用技术”高级研修班，有 100 多位学员参加培训，围绕高性能塑料对有机颜料品质和性能要求、有机颜料制备新技术、塑料新材料创新风险控制等方面开展培训，不仅受到企业欢迎，而且学员普遍反映获益匪浅。

12 月 12 日，协会举办为期 3 天的“水性涂料技术开发及环保高性能水性色浆应用技术”高级研修班，相关生产企业有近 80 多位学员参加培训。培训主要涉及工业涂料水性化技术和绿色环保工业涂料生产技术等方面内容，使学员学到最新水性涂料生产技术及方法。

四、开展水性建筑涂料的团标制订工作

新修订的《国家危险废物名录》，把水性涂料生产和使用过程中产生的废物不再被列为危险废物。但按照有关规定，仍需采用“危险废物鉴别标准和鉴别方法”，然后才能按规定处置。通过调研，协会先后拜访市环保局、市固废管理中心，将协会制订水性建筑涂料团标的设想与政府相关部门进行沟通，得到政府部门的认同。并希望协会发挥相关职能作用，通过团标的制订，形成行业自律，提升水性涂料行业生产技术水平，引领行业发展。为此，协会组成团标制订工作小组，立邦、PPG、亚士漆、紫荆花、三银制漆等 10 多家水性建筑涂料生产的相关会员单位积极参与。现团标初稿已完成有待进一步完善，力争团标早日落地。

五、加强协会自身建设，不断提升服务能力

协会开通《上海涂染》微信公众号，每月编制信息月报，及时通报协会活动、行业经济数据、技术发展动向等信息，让会员单位及时掌握行业发展趋势和协会动态。

全年组织 10 多次企业交流与合作。主要有组织会员单位参观“景津环保股份有限公司”，参加“第四届 ECOTECH CHINA 上海国际固 · 废气展”“第 22 届亚洲涂料工业展”“2018 中国国际涂料博览会”和“第十届上海国际化工技术装备展”“第 20 届工业新材料博览会”等，为企业搭建市场信息平台，面向市场、拓展市场起到积极促进作用。

协会充分利用人力资源优势，建立行业专家库，针对会员单位在科研开发和产品生产过程中遇到的技术难题，采用召开专家研讨会和专家上门服务等多种方式，为企业解决技术瓶颈和技术难题。

六、加强党建工作，为协会发展保驾护航

紧紧围绕新时期党的工作新要求，切实加强协会的党支部建设，坚持党支部的统一领导，团结秘书处工作人员，自觉遵守“快乐工作抓实效、携手创新抓提高、诚信服务抓细节、发展产业抓目标”，为行业的发展保驾护航。

（郑家琨）

上海塑料行业协会

上海塑料行业协会成立于 1990 年 2 月，是上海市塑料及相关企业自愿组成的跨部门、跨地区、跨所有制的非营利性行业社会团体法人。现有会员单位 208 家。2018 年 12 月 12 日，协会在上海虹桥云峰宾馆召开第六届四次会员大会，会长单位系中国石化化工销售有限公司华东分公司。在理事会的领导下，全体会员企业一起努力工作。

2018 年主要工作：

一、增强与会员单位沟通，拓展与国内外塑料行业互动

随着政府对企业环保要求的提升，上海对涉化企业的生存门槛越来越高，使一些企业迫于成本和环保压力，正在向周边省市发展。协会秘书处通过走访、邮件、电话、微信群和会议等行式与会员企业沟通交流，与会员单位的联系覆盖率达 90%，深感会员企业在砥砺前行中的不易，尽心尽力服务好企业是协会一直牢记在心的信念。如在走访上海盈泰新材料科技有限公司时，了解到他们正在从事医疗等高端领域的药品包装产品开发，但在办理生产许可和产品注册、认证上遇到难点，协会通过政府有关部门了解后，为他们提供咨询服务。为上海心尔新材料科技股份有限公司等企业负责起草的《高分子合金船艇材料》和《高分子合金船艇》团体标准提供修改意见等咨询服务。全年吸纳新会员 7 家。

与华东地区塑协开展交流活动，利用协会之间的联动，打破省界，整合会诊、培训、交流和论坛等多种形式，探讨各省（市）塑料行业在生产、研发和经营活动中亟需解决的难题，形成互帮互学的局面。3月，协会联袂召集华东地区六省二市塑协在上海举行行业座谈会。4月，协会组织华东地区塑料行业协会领导走访上海石化，参观考察该公司的塑料部和厂史馆，并与厂区负责人等领导进行深入交流；4月，协会组织华东地区塑料行业协会领导考察上海吉虞实业有限公司，并开展“不同合成树脂对硬箱包生产环境的影响”的研讨。6月，协会应浙江省塑料行业协会邀请，考察浙江比例聚合科技股份有限公司和浙江众成包装材料股份有限公司，双方分享两家薄膜企业的成功经验。9月，在安徽省塑料行业协会的安排下，协会参观安徽国风塑业股份有限公司、富光实业股份有限公司和岳塑汽车工业股份有限公司，期间，陈国康秘书长作“聚烯烃（PO）专用料”应用技术讲座。10月，参加台州第十八届中国塑料交易会，其间，协会与台州市塑料行业协会联袂举办“助推塑料加工发展新技术应用交流会”，并走访台州三友控股集团旗下的浙江三友塑业股份有限公司厂区和台州富岭塑胶有限公司。

与国外塑料行业开展交往活动。4月，在土耳其驻上海总领事馆2位商务专员的引荐下，土耳其加济安泰普工业协会（Gaziantep Chamber of Indusry）一行拜访协会，双方代表开展交流磋商。4月，应奥地利驻沪总领事馆商务处之邀，利用CHINAPLAS 2018国际橡塑展之际和20多家奥地利参展商在沪之时，在上海虹桥绿地铂瑞酒店举行中奥塑料行业企业的交流联谊会。此外，橡塑展期间，协会亦与印度、巴西、美国、奥地利、英国等国的塑料行业或公司进行业务交流。

二、继续巩固协会多项服务平台，努力扩大行业影响面

协会官网2018年初改版后，陆续为30多家会员单位作宣传报道。协会官网结合会刊，全年报道协会活动信息70余篇，撰写和摘录专业性文章40余篇。

继续开展名优品牌的评审，共新评和复评18家企业，认定21个产品为行业名优品牌；为7家企业的品牌向上海市名牌和著名商标评审委员会出具行业评估推荐证明。

根据上海市能源标准化技术委员会2017年度第二批（节能减排类）上海市地方标准修订项目计划的通知要求，协会承担《塑料薄膜单位产品能源消耗限额》（上海市地方标准）修订工作计划，10月已将《塑料薄膜单位产品能源消耗限额》上海市地方标准修订送审稿、编制说明和征求意见处理表等资料上报，交市质量技术监督局和能效中心组织专家评审。

协会工程塑料专委会组织相关会员和业内企业，前往浙江普利特新材料有限公司开展交流活动，研讨2018年上半年塑料原料（如PC、ABS等）生产和市场情况以及汽车轻量化的发展趋势。

三、拓展协会服务内容新内涵，探索协会运行新模式

协会调整、充实“专家人才库”人员，在会员大会上审议《关于成立上海塑料行业协会专家委员会的议案》和《上海塑料行业协会专家委员会工作条例》，为会员单位开展技术培训、技术咨询，更好地帮助塑料企业解决在生产实践中遇到的工艺、设备和原料等问题。

协会承接上海市质量技术监督局委托的“一次性塑料杯质量提升专项活动”项目，包括：调研上海一次性塑料杯的生产、使用和相关标准执行情况、分析生产企业开展一次性塑料杯质量提升专项活动的可行性和必要性、编制一次性塑料杯逐级提升质量方案。

协会多次参加上海市质量技术监督局组织的食品相关产品（包括塑料、金属、橡胶、玻璃、陶瓷、纸制品等）风险监测结果专家评审和年度上海市质量技术监督局科研项目立项专家评审，包括淋膜纸基食品包装材料UV墨光引发剂的迁移试验与迁移行为研究、食品接触材料涂层制品中双酚S的迁移含量检测技术与迁移规律的研究等。

协会接到上海市轻工业协会关于《上海市志／工业分志／轻工业卷（1978—2010）》编纂课题的通知后，协会根据委托标的内容，成立课题组，制定“塑料制品分卷”编纂方案，预计2019年第四季度完成。

四、认真参加党员活动，重视协会党建工作

协会党支部认真贯彻习近平总书记的系列讲话精神，认真学习和落实党的十九大精神，坚持与政府同步、与会员同心，不断提高自身素质、业务水平、履职能力和综合管理水平。

党支部工作活动开展有声有色。支部书记侯培民参加6月19—20日市工经联党委组织召开的2018年上半年协会支部书记培训暨党建工作会议。7月2日，协会党支部举行“我的初心使命”主题活动。10月16日，市工经联党委第一党建工作站党员举办党建活动。12月13日，党支部组织参观“勇于创新——上海工业改革开放40年500例成果展”，让前往参观的党员同志受益匪浅。

（徐旭璟）

上海日用化学品行业协会

上海日用化学品行业协会成立于2006年，现有会员单位近200家。协会秉承“发展产业，规范行业，服务企业”的要求，担负“引领和推动产业发展”的使命，坚持“维护企业和社会权益，做强品牌，创新创优”的宗旨，开展卓有成效的工作，得到政府有关部门和会员单位的充分肯定和支持。

2018年主要工作：

一、不断扩大生产规模，最大释放行业生产能力

2018年，上海家化青浦工厂基地占地400亩，为全国最大的生产基地，并通过绿色工厂验收，为全国首家化妆品绿色生产工厂。上海伽蓝集团在奉贤东方美谷完成60亩新工厂基地生产，并在附近继续建设新工厂占地达200亩，建成后企业将成为国内大型彩妆企业之一。上美中翊日化已建设50亩地2亿支化妆品的生产新工厂和最新立体仓库，并在日本，韩国等建立海外新工厂，成为最时尚的化妆品生产工厂之一。华银日用品在闵行建成占地70亩的新工厂，将全面投入生产，成为洗护发产品的一个龙头企业。全行业完成工业总产值398亿元，比上年增长12%。

二、推进品牌建设，成为行业协会服务的新名片

在市经信委的指导下，协会承接“中国化妆品品牌指数调研报告课题”，此项研究以化妆品品牌经济为引领，借鉴权威机构研究成果，构建品牌创新指数评估模式和数据模型，提高上海化妆品产业的综合竞争能力，共同培育一批具有国际影响力的上海化妆品企业，实现上海化妆品产业的跨越式发展。

协会牵头组成专家组，聘请来自上海家化、上海伽蓝、上美、蜂花日用品，彤颜、莹特菲乐等企业的专家，对调研课题的内容和实际情况及数据的准确性、科学性均进行规范，并向全行业品牌生产企业印发问卷调查。同时，专家组进行充分的研究和座谈，确立中国化妆品品牌指数模型，在国际工程师论坛等多个会上进行发布。定稿通过由市经信委组织的专家答辩。在一定程度上宣传上海品牌。

三、创导标准领先，规范运作，法规先行

协会根据市食药监局的要求和企业的愿望，以及上海化妆品行业，委托生产和受托生产占70%的实际情况。组织十几家企业联合起草《化妆品委托生产质量协议指南》，在全国团体标准公共服务平台上进行备案和公示，并代表行业作诚信承诺。按照上海市食品药品监督管理局《关于进一步加强化妆品委托生产质量管理工作的通知》要求，协会组织全体理事单位在上海家化新工厂召开实施标准的现场交流会。上海家化依据标准条款与28家为家化加工的生产企业签订质量责任制协议，从源头管理着手，把控全过程要素，重视对质量责任人的管理，为行业提供有益经验。使与会代表触动很深。为进一步规范企业，协会同相关企业一起制定《国产非特殊用途化妆品备案档案管理指南》《绿色产品设计产品技术评价－花露水、沐浴露、护肤类膏霜》《化妆品毒理替代方法测试》《化妆品过敏测试方法》《化妆品眼刺激测试》《化妆品半产品移库管理规范》《化妆品生产企业原料管理规范指南》等多项团体标准，充分发挥协会专业技术专家组和权威检测机构的作用

四、宣传合理使用化妆品原料，打造新型法规论坛

化妆品生产与现实中合理规范使用原材料是关键，也是化妆品产品质量提升的关键，协会注意沿用国际化妆品大型会展舞台，宣传国际最新的法规和新原料。与第22届中国美容博览会合作举办国际化妆品原料与法规论坛，对化妆品新法规文件和新原料，邀请政府主管部门和国内外行业专家作专题演讲，宣传国际和国内的最新法规政策及国际新原料。在美博会期间，协会举办“国家法规新政策解读”专题论坛，参加人员达300多人。论坛上华山医院皮肤科著名医学博士对化妆品过敏反应及其对策进行解读，使化妆品这个以美容健康为主的产品有了科学合理的启示。

五、积极献言建策，做好企业与政府的桥梁

国家推出的涉及安全和卫生法规文件比较多，协会不断征求企业意见，主要意见有《已使用化妆品原料名称目录》《关于实施化妆品命名规定》《关于印发化妆品禁用物质和限用物质验证技术规范》《化妆品安全技术规范》《化妆品监督条例》，以及对化妆品市场消费热点和风险提出的意见和建议，及时反映到国务院法制办和主管部门，以及上海市和全国人大、政协等。部分后来正式发布的法规文件能够根据建议做了修改，使法规更加贴近行业实际，有利于推动行业的发展。

六、坚持行业需求目标，努力做好企业各类人员培训

协会根据企业需求，以不断提高企业管理水平，提高管理人员业务水平为目标，组织各类培训活动，主要有化妆品企业质量检验人员实务操作培训、化妆品最新法规政策培训、化妆品生产许可证细则实施培训、化妆品配方注意事项培训、化妆品质量负责人责任培训等，每年培训人员在300名以上，获得企业的支持和鼓励。

七、加强协会党建，推动各项工作

协会党支部认真学习习近平总书记的一系列重要讲话精神，对照协会实际状况，提高认识水平。党支部坚持对党员进行“两学一做”理论的学习，坚持新常态下的履职尽职，创新服务，自律共进，推动各项工作，促进行业创新转型、升级发展。

（金　坚）

上海医疗器械行业协会

上海医疗器械行业协会成立于1987年3月，是上海市医疗器械行业企事业单位自愿组成的跨部门、跨所有制的非营利性的行业性社会团体法人。协会根据会员代表大会、理事会既定的工作要求，以“加强民主规范办会、提升优化专业服务”为目标，为行业发展和会员单位需求提供及时有益服务。现有会员单位768家。

2018年主要工作：

一、协助政府，推进企业发展

协会主动争取政府部门的指导，邀请市食药监局主要领导、市食药监局执法总队来协会调研，就营商环境、政府服务、公正执法、信息公开、企业诉求、法规规章等方面进行交流。协会还向有关部门反馈企业在产品注册、产品重复消毒、经营和注册地分离等方面的问题和诉求。

协会先后完成《中国医疗器械行业发展报告》蓝皮书、《2017—2018年上海医疗器械行业发展现状和展望》。受市经信委委托，开展“上海医疗机器人发展情况研究”课题调研、完成“上海医疗器械行业发展报告”开题；受市食药监局审评中心委托，开展5个“医疗器械产品技术审评指南”项目的编写工作，其中3个项目已通过专家组验收。

协会分别组织“上海医疗器械审评审批制度改革暨推进医疗器械注册人制度企业家创新沙龙”和“聚合发展、共赢未来”企业家创新沙龙活动，围绕相关内容以及企业在进行注册人制度试点过程中需要解决的问题进行研讨。并在合力打造医疗器械“上海品牌”上，从不同角度畅谈创新发展的设想。

受市食药监局委托开展2018年在用医疗设备质量评估工作。协会组织、协调上海市医药器械检测所、上海市医疗设备器械管理质量控制中心，对上海市部分国有、民营医疗机构的70台CT、MR，60台呼吸、麻醉、心电监护等设备的使用、维保、管理情况进行检查、检测，将检测情况进行汇总、分析和上报。

二、培育人才，增强企业后劲

持续推进“上海市智慧医疗高技能人才培养基地”申报工作。主要是：规范多样化开展基地培训；培养项目开发继续申报；顺利完成基地验收工作；完成实训设施设备项目调整，“超声诊断仪安装维修（专项职业能力）”项目正式开班；基地还举行由86名选手参加超声诊断仪安装维修（专项职业能力）项目、市级二类技能竞赛活动。

协会继续拓展医疗器械培训服务平台与微信公众号的作用，新建培训交流微信群，加强培训宣传和交流。全年举办专业培训23期，参加培训2013人次。协会巩固扩大现有课程，拓展开发新课程，受到大家欢迎。

协会根据上海市专业技术人才知识更新工程项目计划要求，申报并获批“智慧医疗—开创医用机器人辅助治疗的新功能”高级研修班、“精准医疗—建立医疗影像设备质量控制管理体系”急需紧缺人才培训两个项目。其中“智慧医疗—开创医用机器人辅助治疗的新功能”高级研修班已启动。

协会院士专家服务中心组织召开政策宣讲座谈会，对“科技小巨人”及“上海市高新技术企业”2个项目的政策进行宣讲。启动院士专家服务中心评估筹备工作，全面总结院士专家服务中心成立以来所做的工作，正式通过评估。同时，完成一年一度的全国院士专家工作站信息服务平台认证工作。

三、宣传交流，展示企业形象

全年协会组织8次展会，展位数共计650个，展位面积5850平方米，参展企业数378家。在上海举办的第79届中国国际医疗器械博览会期间，协会受主办方委托，邀请市政府有关部门的领导参加博览会开幕式。展会期间，协会领导还陪同市食药监局的主要领导专程到上海展区了解情况并与企业交流，更好地展示上海医疗器械企业的风采和协会组团、服务能力。

协会应加拿大有关方面邀请，组团赴加拿大进行经贸考察。考察期间，拜访加拿大国家医疗器械行业协会、参加加拿大WORLDiscoveries组织“中加医疗器械商务对接会”、与当地近10家企业进行技术和经贸等方面的交流对接。应希腊共和国等有关方面的邀请，协会组团出访希腊、斯洛文尼亚等地进行商务考察。考察期间，拜访希腊著名医疗器械生产企业PSILIAKOS公司和斯洛文尼亚共和国的卢布尔雅那大学医疗中心，双方就项目合作、产品发展以及相关领域的市场开发等进行深入交流。

协会在各会员单位的支持配合下，完成《2017年年鉴》《上海医疗器械简讯》(12期，8月起改为电子版发行)、《医疗器械信息专辑（第十四辑)》的编印出版工作。

受市统计局和中国医药信息中心委托，每月对行业十大类产品的100家企业工业销售产值完成情况进行统计分析。

四、精细服务，提供专业支持

经营工作委员会召开“探索如何合力做好医疗器械行业监管，帮助企业自治自律”工作座谈会，闵行、静安、徐汇等区市场监管局医疗器械监管负责人参加会议，就医疗器械企业的日常监管情况和要求、一线监管现状及所发现的问题进行交流。6月，专委会与奉贤区市场监督局合办“一类医疗器械生产企业法规”政策宣讲。

体外诊断系统专委会召开2018年度会员大会，朱耀毅主任对IDV行业发展作专题报告，各功能组就全年工作安排和内容作交流汇报。10月，召开IVD产品CE认证交流研讨会，莱茵公司专家对IVD产品CE认证现行版法规98/79/EC中重要的章节等方面进行系统讲解，参会代表就中外注册法规变化及今后产品CE认证的影响进行交流探讨。

植入介入器材专委会协助美敦力、碧迪、贝朗、史塞克等公司分别举办五次专业论坛和研讨会。邀请有关政府部门、学术机构、医疗机构的专家进行主题演讲，为企业提供个性化服务。专委会和上海市医学会临床医学工程学分会共同举办的“新医改背景下的医用耗材阳光采购与管控研讨会”。9月，又共同举办2018年医学装备循证管理论坛等。

口腔工艺专委会相继陪同市食药监局主要领导和市技术审评中心领导等前往上海速诚义齿有限公司专项调研，听取义齿企业、口腔医院等的诉求与建议。协助市食药监局开展义齿企业注册证换证工作；对义齿生产企业员工进行上岗培训和新版口腔注册技术指导原则培训，提高口腔义齿企业员工整体素质。还为13家企业提供专业咨询服务

管理者代表协调工作委员会分别召开主任、专家会议(座谈会)，结合注册人制度改革讨论审议《医疗器械委托生产企业质量协议撰写指南（草案)》和《委托生产放行和产品上市放行指南讨论稿》，以书面形式将专家提出的意见和建议汇总并进行修改，已于2018年3月发布。

协调工作委员会多次召开“医疗器械生产监督管理办法”研究课题框架课题小组讨论会和电话会议，汇总多方意见形成修改稿，通过市食药监局正式报送国家药监局。

五、规范管理，重视党建工作

协会召开七届三次会员代表大会暨年会，审议通过多项议案。

协会党支部把学习贯彻党的十九大精神引向深入，召开学习交流会，组织观看“纪念改革开放40周年大会”实况转播；参观市工经联组织举办的“勇于创新－上海工业改革开放40年500例成果展”，了解改革开放40年来上海工业系统坚定前行、奋力改革、扩大开放，大力推进工业结构调整，大力推进科技创新所取得的丰硕成果。

（蒋建群）

上海市生物医药行业协会

上海市生物医药行业协会成立于2002年12月19日，是由从事生物医药业的企业、机构及相关单位自愿组成的跨部门、跨所有制的非营利的行业性社团法人，现有会员单位225家，产业规模超过5000亿元。行业涵盖现代生物技术和医药领域从研发、生产到流通整个产业链。业务领域包涵化学药物、生物制药、中药、医疗器械、医药商业、生物医药服务业等。协会设立了会员服务部、咨询服务部、信息中心、“谈家桢生命科学奖”管理办公室、知识产权部和对外联络部。协会作为政府管理部门与企业之间的桥梁，为政府决策出谋划策，提供战略研究、产业规划、行业发展报告，通过产业调研、反映行业诉求等全方位的服务。

2018年主要工作：

一、立足行业发展环境，有侧重地开展服务

以会员需求为导向，提升信息咨询服务平台能级。一是有效开展行业信息服务。协会在信息咨询服务方面稳步推进，通过提高信息时效和信息量来提高月刊《生物技术产业》的质量；年初协会官网版面更新，全年更新信息近3000条；向企业发送医药信息电子简报共45期；并利用微信公众平台的传播性，及时推送协会最新公告、讯息等。二是举办产业政策等专题宣讲和解读会。协会邀请市经信委、市科委和市职称办等相关部门的负责人分别就产业转型升级发展、生物医药产业、职称申报等专项政策进行宣讲和解读。邀请来自市统计局等专家，为企业在数据上报方面进行指导。有针对性开展企业咨询服务。协会充分利用专家库资源，积极、有效地开展企业咨询服务，全年以来累计提供咨询服务超过10次。如：组织专家对华东理工大学、上海工程技术大学等技术成果进行评价并出具证明材料。

以会员发展为导向，组织召开多样专题服务活动。围绕生物医药产业重大政策制定和战略部署，以及全球新药研发与产业化前沿进展，主办或参与组织各类主题报告会、专题

论坛、展览展出等近30次。如举办“第20届上海国际生物技术与医药研讨会”“2018细胞与肿瘤精准治疗论坛”等论坛。协会举办“生物医药大讲堂暨生物医药工程专业技术人员继续教育培训”，共开设12节课程，约300多人报名参加，总计超过2800人次，为行业技术人员获得中高级职称提供路径。协会在现有单克隆抗体药物专业委员会基础上，又成立精准医疗专业委员会，并分别举行“抗体药物创新与产业化发展研讨会”“人工智能与精准医学高峰论坛”等活动。

以会员科研为导向，积极有效地指导和推荐项目。全年帮助和指导企业获得政府支持项目超过20项，如推荐上海信谊药厂有限公司药物研究所的邵奇入选2018年“上海工匠”；推荐企业的项目入选上海市工业强基、小巨人、引进吸收消化、产学研医合作等专项。

二、发挥桥梁作用，积极推进产业有序发展

围绕行业发展，积极组织召开相关座谈会。如在中美经贸摩擦背景下，协会与市商务委联合组织“上海生物医药行业技术性贸易措施影响”座谈会、“应对经贸摩擦及国际贸易风险防控－生物医药专场”培训会。

围绕产业发展，积极开展与提供决策研究。协会为市发改委、市经信委、市科委、市商务委等政府部门提供10多份研究报告。如承担市发改委的《促进生物医药产业创新发展的国际经验借鉴及本市相关政策研究》、市商务委《2018上海生物医药行业贸易壁垒研究报告》、张江高新技术产业开发区管委会的《张江示范区生物医药产业报告（2017）》等。同时，围绕社会力量设奖、制药企业环保排污标准等，积极与国家和上海市有关部门发映实际情况和需求，并得到采纳。

围绕“一带一路”，推动会员的国际合作交流。协会以上海技术性贸易措施公共服务平台（生物行业示范点）为抓手，探索国际合作交流机制，通过出访马来西亚和美国，为首届中国国际进口博览会做好准备工作，推动和组织召开产业国际竞争力合作论坛，组建产业国际竞争力联盟。此外，协会与各国驻沪领事馆商务处继续保持稳定的交流机制，举办多项研讨和对接活动。

三、以社会责任为推手，提升行业和协会的影响力

“责”无旁贷，增强企业社会责任与使命感。在“2018上海市企业社会责任报告发布会”上，作为行业协会代表再次向社会公开发布关于2017年度所属生物医药企业社会责任报告，协会5家会员单位发布社会责任报告。

组织“谈奖”，打造协会品牌推进产业创新。谈家桢生命科学奖创设于5月，是经科技部批准的生命科学技术奖项。9月，评选出包括2位中科院院士和1位工程院士在内的第11届“谈家桢生命科学奖”15位获奖人。11月19日，颁奖仪式在中南大学举行。主题学术报告中，复旦大学金力院士、中国科学院生物物理研究所阎锡蕴院士和英国剑桥大学Tom院士分别作主题演讲。其后，分别在中南大学附属湘雅医院、湘雅二院和湘雅三院举办3场谈家桢生命科学论坛。

四、强化内部治理，适应市场化发展要求

认真开展社会组织规范化5A等级复评工作。协会开展“5A级社会组织”复评工作，接受社会组织规范化5A等级现场复评并顺利通过。

全面加强协会自身的能力建设。协会推进三项基本工作制度建设：一是绩效考核制度。协会将秘书处和工作人员全年的工作计划分解后张贴于办公室内，每月更新，公开接受会员单位和秘书处工作人员的监督。二是日常管理制度。秘书处对日常事务进行全面梳理，对会员的情况作及时更新，建立健全各种档案。三是完善协会宣传沟通平台。根据协会发展需求，改善协会微信平台，配合协会官网等渠道，及时发布会议或活动的通知和新闻。

坚定不移地搞好党建工作。协会党支部与上海市生物医药科技产业促进中心党总支、上海张江生物医药基地开发有限公司党总支共同结对党建共建单位，以党建联建为动力，推动基层党组织的创先争优和“科技创新”活动向纵深发展。协会党支部分别与市商务委公平贸易处党支部、上海市生物医药科技产业促进中心总支部、张江生物医药产业基地公司总支部先后前往金山区中共朱泾镇民主村总支部委员会、朱泾镇社区党建服务中心和苏州高新区开展考察学习活动，取经“六诊工作法”和“周新民党建工作室”。作为市工经联第六党建工作站站长单位，协会党支部与乐器协会党支部、润滑油协会党支部联合组织赴赣南革命老区兴国、瑞金，以及湖南韶山等地开展接受革命传统教育、重温党的光荣传统、感受革命先烈的崇高精神学习活动。

严格规范财务管理。协会在继续保持严格管理，认真执行《民间非营利组织会计制度》，根据协会的工作特点，建立科学合理的账套体系。财务状况呈现良好态势。

（陆　赟）

上海医药行业协会

上海医药行业协会成立于1987年，是上海制药工业、生物医药、药品辅料、药品包装材料、制药机械、科研院所等单位自愿组成的跨部门、跨所有制的行业性社会团体法人。现有会员单位245家。会员企业占全市医药工业销售总值80%以上。2018年，协会认真学习贯彻党的十九大精神，围绕品牌建设、高技能人才培养基地建设等重点工作，带动并推进各项工作，较好实现了预期工作目标。

2018年主要工作：

一、开展医药行业企业品牌研究，引导企业创新发展

发布“上海医药行业企业品牌指数榜”。4月28日，在首届长三角（上海）品牌博览会上，由上海医药行业协会与上海社科院上海品牌发展研究中心合作推出的首届上海医药行业企业品牌榜隆重发布，旨在加快培育一批具有国际影响力的医药品牌企业。

推出“上海医药行业企业品牌指数评价团体标准”。10月29日，“上海医药行业企业品牌指数评价通用要求”作为服务标准类型，被上海市质监局接受登记，这是上海医药行业有了第一个在市质监局登记的品牌指数团体标准。

“上海医药行业名优产品评选”成功入选“示范创建项目”。根据市经信委和社团局“申报示范创建项目”的总体部署，协会积极组织申报材料，“上海医药行业名优产品评选”项目经严格审核成功入选，正式成为市政府相关部门认可的“示范创建项目”。

推荐知名企业家成功当选“第四届上海市工商业领军人物”。协会关注并重视在行业内弘扬企业家精神，继2015年举办“二月花”上海医药行业企业家创新精神奖之后，2018年又推荐两位医药行业企业家当选“第四届上海市工商业领军人物”。

二、深化医药高技能人才培养基地，助力行业创新发展

强化医药行业专项高技能人才培养。基地积极开发专项技能培训，先后完成医药学校学员班和企业班2个“固体制剂设备维修课程”，92名学员通过80个学时的培训，均取得较好成绩，并获得政府核发的该工种职业资格证书。

打造医药行业新型学徒制培养模式。基地积极向人社局申请，连续两年成为上海市新型学徒制试点单位，共申请药物制剂工、药物检验工、医药商品储运员3个职业等级工种（四级），至今已有525名学员参与到试点项目。

开发高端人才知识更新工程项目。基地相继举办新药研发与转化医学、药物临床实验、仿制药一致性评价、美国FDA质量认证、医药代表职业规范等高级研修培训课程，累计有130多家企业的5300余人次参加培训。

联合校企构建社会化实训公共平台。基地积极寻求与相关教育机构生产企业建立合作关系，分别与上海医药学校合建药物检测开发实训中心，与上海东富龙科技有限公司合建固体制剂设备维修实训基地，最大限度地满足了学员的实训需求，取得了理想的培训效果。

三、搭建医、工、商合作交流平台，提供多维学术服务

杂志质量和学术影响稳步提升。协会主办的《上海医药》杂志实际收到学术文章投稿866篇，累计编发主题稿53篇，编发原创稿件253篇，杂志月均发行量达到10500本。

探索合作办刊、信息服务新模式。杂志积极探索合作办刊和信息服务的新路径，联合多家医院和美优药厂合作出版“合理使用止咳化痰类药物”科普宣传册，完成8000人次的医学继续教育学分申报及资格验收工作等。

沟通医院、药企开展学术交流宣传合理用药。杂志与上海市多家医院和制药企业合作开展学术交流服务，累计参与主办呼吸危重症、肺血管病诊断与治疗新进展、上海儿科内分泌遗传代谢等领域的学术会议和学术交流活动84场，向广大医药工作者宣传合理用药知识。

赴四川大凉山开展义诊慈善公益活动。8月中旬，协会《上海医药》杂志和上海市慈光皮肤健康基金会联合发起“上海医·药大凉山慈善义诊行”活动，并在当地医院开展培训及赠书赠药等慈善公益活动，为当地患者解除病痛，受到当地政府和群众的欢迎和赞誉。

四、搭建政企沟通桥梁，源头参与政策制定

向全国“两会”医药界代表、委员提交提案建议。全国“两会”期间，协会向全国“两会”医药界代表、委员提交10余条提案建议，均被收入提案建议条目之中。

向市食药监局直接反映会员企业建议和诉求。年初，协会针对行业发展中遇到的焦点和难点问题，在会员企业中开展专题调查，搜集并整理出19条政策建议和相关诉求上报市食药监局。食药监局领导高度重视，赴协会开展专题调研，逐条解答回复政策建议。

推动医药企业首营资料电子化平台试点工作。协会根据全国各地医药企业首营资料电子化平台实施推进情况，适时向市食药监局提出关于在上海市推进医药企业首营资料电子化平台试点的报告，得到食药监局的高度重视。

五、积极落实政府购买服务，开展战略研究和价格统计分析

承接并完成市经信委“上海医药行业发展报告”项目。协会历时数月，较好完成市经信委2017年度“上海生物医药产业发展战略研究报告”课题研究。下半年，协会再次申报并成功获得经信委2018年度“上海医药行业发展报告”课题项目，该课题现已完成初稿及上报流程。

强化行业统计和经济运行分析工作。协会完成3份医药行业经济运行分析报告，即2017年上海医药行业发展课题报告、2018年一季度行业运行分析报告、2018年上半年行业运行分析报告等，为企业全面了解行业发展情况，及时调整生产经营策略提供重要的决策参考。

配合市物价局做好药品价格监控工作。完成药招所2017年第四批、2018年第一、第二批共计293个品规化学低价药服用量和价格测算。完成物价局成本查队11622条药品通用名与剂型等数据信息整理。

六、积极开展技术进步和行业自律，推动企业转型升级

持续推进仿制药质量和疗效一致性评价工作。协会针对仿制药质量和疗效一致性评价工作的瓶颈问题，开展3个专题的高级研修课程；同时，针对国家新出台的相关产品豁免政策，及时告知相关企业并为其提供相关的政策解读。

积极支持并推进会员企业信息化工作和智能制造。协会坚持定期发布行业科技资讯，组织专业培训和论坛，对接政府支持项目，支持行业企业推进企业信息化工作，支持制药企业在人机智能交互、工业机器智能化生产上实现突破。

连续6年开展上海医药行业社会责任报告工作。6月，在“2018上海市企业社会责任报告发布会”上，协会发布2017年度上海医药行业社会责任报告，这是协会自2013年以来连续6年发布的行业社会责任报告，并连续3年获得“推进企业社会责任建设优秀组织奖”。

与市禁毒办合作开展制毒化学品和制毒设备摸底排查工作。协会配合市禁毒办做好相关工作，在官网上开设专页，涵盖行业相关企业57家，进行易制毒设备信息的采集，对制毒化学品和制毒设备开展排查摸底，为实时监管打下基础。

七、接受5A协会复评，提升内部管理和服务能力

精心准备并现场接受5A协会复评。协会按照市社团局的部署于年内上半年接受5A协会复评，完成总计65卷669个文件材料的归纳与整理。6月28日，市社会组织评估院对协会进行5A协会复评现场评估并高分通过复评。

强化协会法人治理和制度建设。协会以5A复评为契机，持续优化法人治理和制度建设，根据行业发展需要和会员企业的要求，以制度和流程建设为抓手，及时修订完善规章制度，由秘书处起草的5项制度草案，将提交会员大会审议。

聘请常年协会法律顾问确保协会各项工作合规开展。协会于2月1日与上海众华律师事务所正式签订《法律服务合同》，协会法律顾问累计审核各种法规文件及相关合同约100件，保证协会各项工作的合规开展。

高度重视党组织建设。协会党支部定期开展日常组织生活，全体在职党员及退休党员积极参加会议，交流思想和学习体会。党支部组织协会全体同志学习党的十九大精神，结合协会实际情况开展思想政治工作，确保协会环境气氛风清气正，促进并带动各项工作向前发展。

（姬云程）

上海中药行业协会

上海中药行业协会成立于1989年12月，是以上海市中药工商企业为主体的社会团体、集科、工、贸于一体的综合性协会。协会立足于“服务、自律、代表、协调”四项基本职能，围绕中药经济发展，加强调查研究，强化信息沟通；坚持开展特色服务工作，提升行业社会影响力；加强自律管理，推进行业诚信建设；弘扬中医药文化，促进中药产业的转型升级。现有会员261家。

2018年主要工作：

一、加强协会自身建设，完成换届改选和5A级复评工作

根据行业的变化，协会认真梳理所有会员企业并完善会员相关信息，对改组后和新成立的的连锁公司进行调研，努力扩大协会在药品商业企业中的覆盖面，已有5家新的连锁公司和数十家加盟店、多家单体大药房加入协会，2018年4月27日，协会召开七届一次会员大会暨七届一次理事会，选举产生协会新一届领导班子。

根据有关部门5A级行业协会申报复评的要求，协会成立“上海中药行业协会规范化等级评估工作小组”，仔细阅读并学习理解评估指标；按照社会组织的新要求及直接登记的行业协会管理要求，认真梳理协会各项管理制度，组织办公室同志参加市社团局举办的上海市社会组织规范化等级评估培训。4月21日，市社会组织评估院专家们听取协会5年工作汇报，并分专业条线认真全面查看资料；对协会的基础工作、办公条件、章程、年度检查、组织构架、民主办会等情况均进行审核。12月，协会收到《上海市民政局关于2018年度上海市第二批社会组织评估等级的决定》；明确：经过自评，第三方评估机构审核和上海市社会组织评估委员会最终评审，上海中药行业协会在2018年度评估等级为5A级，有效期为5年。

二、加强调查研究，强化信息沟通

协会结合各级政府开展的“大调研”活动，配合中医药、医保、药监等政府主管部门组织多层次各种方式的走访、座谈会等调研活动，受到会员企业和政府主管部门的欢迎。

深入了解会员企业在应对医院药品零加成、药占比控制，“两票制”“全面重新挂网议价”带量采购等政策的措施，了解行业收购兼并等整合情况。重点对“两票制”落实后行业的情况进行调研并向有关部门反映情况。

在国家卫计委医管局发出《关于做好辅助用药临床应用管理有关工作的通知》后，协会即对行业的相关情况进行调研，并起草《建议部分中成药不纳入辅助用药目录的报告》，向市卫计委有关部门反映企业诉求。

3月，国家卫计委等六部门发出《关于巩固破除以药补医成果，持续深化公立医院综合改革的通知》，明确2018年全国公立医院药占比（不含中药饮片）费用总体较上年持续下降。许多医院把中成药列入重点监控药品。根据国家和市卫计委的要求，完成“当前政策环境下对上海中成药产品销售的影响”课题的调研方案，并已上报。

适时了解药监、医保等政府部门出台的新政策、新法规，发挥协会的沟通平台作用。比如：对新版《药品零售企业许可验收实施细则（征求意见稿）》中对药品专营面积要求过高，医保督查中对“月累计超量”罚款要求不尽合理等等，协会都及时向有关政府部门反映，得到重视并对相应规定进行修改。

协会信息办每月收集达标中药材行情信息，供企业与医改部门参考。经常就深入企业了解情况，使行情信息更为可靠。全年发布3批中药饮片信息，共计328个品种，影响金额2.67亿元，调整幅度17.1%。

协会召开数次座谈会，深入药店，调查传统“非配方饮片”销售管理情况，参与市食药监局的有关会议并积极建议。协会起草《关于将本市中医坐堂中医门诊部针灸推拿服务项目纳保的报告》，与市医保事业中心一起调研，积极探索与社会办独立中医门诊部统一纳保审批标准的可行性。

三、弘扬中医药文化，促进行业发展

根据市政府发布的《“健康上海2030”规划纲要》“要加强中医药传承和创新，弘扬中医药文化，大力发展中医药健康服务业”的要求，协会会同有关单位相继组织举办“上海中药行业第四届野山参文化节”。联合媒体加强有关中医药知识和“野山参文化”的科普宣传，促进参茸产品市场的发展。举办第13届“雷氏杯”上海中药行业职业技能竞赛。竞赛于7月启动，成立竞赛组委会和专家组。各会员企业对本次竞赛给予高度关注。各企业共推选出93名优秀选手参赛，有43人获得由协会和培训中心颁发的“高级中药调剂员”证书。举办2018年中药行业香囊评比，有15个药品零售企业上报参赛的作品获得奖项。组织参加“2018年中国技能大赛——全国医药行业职业技能竞赛”。推荐的行业内6家单位7名选手参赛。经过比赛，获得二等奖1名、三等奖2名，协会培训中心获得“优秀组织奖”的荣誉。

培训中药人才是发展中药产业的基础，协会培训中心共鉴定各级中药调剂员368人，中药材购销员49人；培训初级调剂员54人（协会发证），培训备案中药师126人。协会为医疗机构药剂科人员进行2批专项培训。26家上海中医专科医院药剂人员共36人进行为期3个月的中药鉴定及炮制传承技艺的培训，部分中医院及社区卫生中心的药剂人员近100人进行为期2天的中药煎药理论和操作培训。

四、坚持开展特色工作，提升行业社会影响力

在市中医药管理局指导下，协会落实市卫计委“中药煎药专项委托协议”各项工作，不断完善和落实行业《中药煎药质量管理规范》，建立健全煎药资质管理机制，加强煎药质量管控和常态化管理，提高企业煎药质量管理水平。

除由中发办、医疗机构、行业专家组成的联合专家组检查外，协会结合全国开展中药饮片集中整治以及协会自律管理常规工作，包括饮片防霉保质检查、定制膏方检查、行风员日常检查等，先后对近80家资质企业开展现场随机检查，做到日常监督检查全覆盖，并加强煎药质量管控和常态化管理。有45家企业具有医疗机构委托煎药资质，有534家医疗机构委托资质评估合格企业进行煎药服务及处方代配服务，比上年增加85家。

五、加强自律管理，推进行业诚信建设

协会认真落实政府委托的行业管理职能，完善健全行业规范，努力提升中药行业的规范经营水平。同时，协会注重发挥专委会作用，推动本行业的骨干企业共同参与行业自律工作。

根据行业发展的要求，切实加强行风检查员队伍建设，扩展行风检查内容。行风检查注入新内容，扩展新领域，也为企业提供新的帮助。协会还配合市医保监督所对重点医保药店进行突击检查，同时加强对被查药店的法规和技术指导。

积极贯彻市药监局饮片质量专项整治工作要求，在市食药监局召开的“中药饮片生产质量专题会议”上作中药煎药质量管理规范实施情况通报；并召开“加强上海中药饮片质量专家研讨会”，研究从常用饮片入手，高标准严要求，提升上海饮片质量。组织整理汇总饮片生产企业上报自查自纠

情况。

为加强行业自律，规范定制膏方的工艺质量管理，保证定制膏方的加工质量，开展“定制膏方”加工单位静态和动态检查。将57家申报合格加工单位名单在《新民晚报》、上海中医药报等公共媒体进行公告，方便消费者选择。

（朱嗣方）

上海保健品行业协会

上海保健品行业协会成立于1985年7月5日，是由生产、经营保健品等相关产品企业及有关事业、科研单位与科技工作者自愿组成的专业性的非营利性社会团体法人。现有会员单位185家。

2018年主要工作：

一、坚持办会宗旨，努力为会员企业提供高效服务

协会秘书处坚持每周一次办公会议制度，学习法律法规，分析行业动态。坚持每周3次走访会员单位，了解企业发展情况及面临的问题。力所能及帮助企业排忧解难。协会会同相关会员单位共同组织近10场科普讲座。通过对灵芝多糖、牛膝多糖、胶原蛋白肽、欧米伽三等系列产品的科普知识解读，促进消费者进一步了解保健食品原料的提取过程、生产工艺，及保健食品的科技含量与质量标准。从而提高消费者对保健食品的信任度。

5月，协会联合上海华测品标检测技术有限公司对会员单位进行相关政策解读及辅导。通过培训，有5家会员企业做了相应的备案产品准备工作。同时，针对部分会员单位提出保健食品和普通食品生产共线问题。6月8日，协会召开上海保健食品生产企业保健食品和普通食品共线生产专题会议，来自保健食品26家生产企业的代表出席。协会在听取意见基础上，归纳了4条意见，并写成会议纪要向上海市食药监局汇报。市食药监局同意上海交大昂立股份有限公司等生产企业恢复保健食品和普通食品共线生产。为帮助部分企业有继续深造学习的机会，10月25日，协会联合上海交通大学国家健康产业研究院和上海安凌信息技术有限公司组织开办智慧健康总裁研修班。通过智慧健康总裁研修班的培训学习，使广大学员长了知识，开了眼界。

努力穿针引线，为企业排忧解难。9月14日，协会顾问张福敏陪同上海纽倍乐生物科技有限公司和上海乐晓生物科技有限公司相关企业负责人走访上海市食药监局认证中心。在仔细听取两家企业情况汇报的基础上，认证中心根据政府放管服原则，给予两家企业满意答复。10月，应上海纯岛农副产品有限公司、上海芝神生物科技有限公司、上海实久科技发展有限公司要求，协会帮助企业走访上海雷允上药城。上海蔡同德药号有限公司、上海童涵医药药材有限公司、上海第一医药有限公司、上海益丰大药房有限公司和宁波地区相关商业企业，就5家企业的产品与线下实体店开展交流和合作，探索工商合作的新模式。

二、加强行业自律，坚持品牌建设

协会要求企业严格遵导国家法律法规，自我监督、自我约束，更要秉持行业自律、正本清源，为企业持续发展提供不竭的动力，为消费者提供优质健康产品和良好服务。协会联合上海华予信企业信用征信有限公司对会员单位进行“诚信创建企业”辅导，按照企业自愿申报，经相关部门审核。23家企业评为上海市诚信创建企业。

为企业提供品牌服务是协会的主要工作。4月24日，协会召开“关于开展推荐2018年上海保健品行业品牌建设动员会议”，有22家保健食品生产企业的领导和代表出席会议。协会顾问张福敏为品牌建设作辅导。协会组织的13个品牌产品，在《新民晚报》养生节目专刊上向市民宣传，收到较好的宣传效果。

三、加强合作交流，推动泛长三角营养食品协会联席会议健康发展

由协会陈保华会长倡议并联合江苏、浙江健康协会共同发起的中国泛长三角健康食品协会联席会议，每年召开一次。11月30日，中国泛长三角健康食品协会联席会议第十四次会议在武汉举行。会上，河南营养保健协会会长刘洪生作“标准规范产品助推行业发展”发言，山东省保健品行业协会秘书长赵秋云作“承担社会责任履行自律诚信”发言，天津特殊食品行业协会监事长王晓光作“加强特殊食品会议营销自律监管建议书”发言。

四、加强协会内部建设，完善协会各项制度

7月26日，协会七届四次理事会和七届三次会员代表大会在上海华盛大厦召开，分别审议并通过上海保健品行业协会七届三次会员代表大会工作报告，审议并通过2017年度上海保健品行业协会财务报告，审议并通过上海保健品行业协会监事工作报告等。

协会利用微信通讯手段，加强与中国泛长三角健康食品协会群、上海保健品行业协会理事群、会员群、名特优群等联系交流。每年协会微信群交流信息总数达3000多条，拉近了同行间的距离，宣传了行业正能量，促进了保健产业的发展。

《上海保健品信息》是协会一张名片，是企业获得信息的良师益友。7月1日，协会进行改版，增加要闻报道等内容，增添企业活动照片，使协会信息更加喜闻乐见，受到企业的欢迎。

（张福敏）

上海市食品添加剂和配料行业协会

上海市食品添加剂和配料行业协会成立于2004年1月12日，是上海食品添加剂和配料生产经营企业、食品、农产品生产经营企业、外地在上海有业务关系的相关单位，以及高等院校、科研院所等自愿组织的跨部门、跨所有制的非营利的行业性社会团体法人。协会设有食品添加剂与食品安全专家委员会，拥有专家30名，并承担国家卫计委下达的制定食品添加剂国家安全标准任务。现有会员单位近130家，其中高校和科研院所8家。

2018年主要工作：

一、积极做好为会员服务工作

帮助会员单位提高日常生产经营活动中的抗风险意识。有家企业的食品标签中标示了不必标出的食品添加剂，遭到职业打假人的敲诈。协会秘书处于12月5—6日举行会议，由常务副会长吉鹤立教授讲解食品企业如何规避不可控风险。讲课内容从食品企业办厂选址、企业环评、食品安全风险评估、产品标准、生产过程监管、产品标识、商品市场流通等多个方面，分析可能出现的法规以外的不可控风险，并提出解决办法。

举办相关食品法规培训，提高会员企业自律能力。2月2日，行业协会举办相关食品法规培训班，由吉鹤立为大家梳理自2015年10月1日新《食品安全法》实施以来，各相关部委局相继出台的对食品、食品添加剂生产管理方面的政策、法规，帮助企业在生产经营中自觉守法。

为会员提供创建诚信企业服务。至年底，协会有45家企业成为上海市一星级至五星级诚信企业，其中五星级诚信企业5家，四星级诚信企业15家，三星级诚信企业12家，二星级诚信企业4家，正在创建企业9家。

二、标准制定工作再出新成果

继2016年和2017年完成国家食品安全风险评估中心委托的食品安全国家标准制定工作和协会主持制定的有关团体标准工作之后，2018年两项标准制定工作又做出了新的成绩。

食品安全国家标准制定。国家食品安全风险评估中心委托协会制定4项食品安全国家标准，已按要求完成。其中《食品添加剂焦磷酸一氢三钠》《营养强化剂氯化锰》2个标准由协会独立制订。

团体标准制定。协会完成T/SFABA3-2018《团体标准银耳多糖产品中多糖含量的测定》、T/SFABA4-2018《团体标准银耳多糖》2个团体标准，于9月21日正式报送至国家标准委全国团体标准信息平台，9月30日发布，10月30日起组织实施。

三、《中国食品添加剂和配料年鉴（2016）》出版发行

年底，中国质检出版社、中国标准出版社出版发行《中国食品添加剂和配料年鉴（2016）》。中国工程院院士、国内外享有盛誉的营养和食品安全专家陈君石老先生欣然提笔为年鉴作序。国家新闻出版署、国家卫健委、国家市场监管总局等国家政府机构对行业协会的年鉴编纂工作给予充分肯定和称赞。

年鉴共分为大事记、特载、食品添加剂检测、我国食品添加剂和配料协会、国内行业动态、国际行业动态、CAC活动情况、文献、行业新研究、行业发展、专家立言、行业标准、新标准发布、明星企业、企业风采、行业政策法规、优秀论文等17个板块。全书142.5万字，34帧彩色照片。

四、培养专业人才，行业技术职称评审工作广受欢迎

2018年共有172人报名技术职称评定，经审核，89人符合资格，通过率51.7%。通过专业基础知识培训和考试，确定88人参加职称评审，最终共有84人获得高、中、初级专业技术职称资格，其中67人申报高级职称，61人通过。

五、食品安全与食品添加剂研讨会普获赞誉

第20届亚洲食品配料中国展在上海浦东国际展览中心隆重举行之际，市工经联、市经团联携手上海市食品添加剂和配料行业协会，于7月12日在展览会举办以食品生产法律法规为主题的第10届“食品安全与食品添加剂研讨会”。这是第二次联合组织举办的专题研讨会，也是行业协会与博华展览公司连续第10次成功合作举办的专题研讨会，近200人出席会议。

六、合力抱团发声，举办泛长三角行业协会联席会议

3月23日，在FIC2018展会在国家会展中心举办之际，泛长三角地区食品添加剂和配料行业联席会议在江苏金城化学展台举行。江苏、上海、浙江、江西、安徽食品添加剂和配料行业协会以及江苏昆山市香化协会等四省两市6个行业协会的领导和代表出席会议。会上讨论了各协会开展先进企业评选、产业对接、优惠政策和信息共享等问题。

10月19—20日，泛长三角地区食品添加剂和配料行业协会联席会议在南京市召开，达成八点共识：即由江苏协会继续牵头做好食品添加剂出口产品的自由销售证书和健康证书跟进及操作落实工作；让SGS服务收费优惠惠及联盟成员协会会员企业；探索建立行业电子商务平台；建立泛长三角地区食品添加剂和配料行业技术服务平台；继续全力维护会员企业的正当、合法权益；2019年国家GB2760新标准出台后，抓好新标准的贯彻落实；《中国食品添加剂和配料年鉴》（2016版）公开发行和2017版年鉴编纂工作；建立泛长三地区食品添加剂和配料行业协会联席会议年会制度。联席会议由上海协会常务副会长吉鹤立担任主席，邀请浙江协会名誉会长黄仙堂担任联席会议秘书长。

七、会员队伍和经费收入实现双增长

2017—2018年，共有8家外地企业加入行业协会。协会经费收入实现增长。2017年，收入44.3万元。2018年，总收入达99.1万元，其中会费收入43.7万元，其他服务性收入为55.4万元。

（王武航）

上海市食品协会

上海市食品协会成立于1982年2月，是上海最早成立的行业管理组织，已有超过30年历史，至2017年年底，共有会员单位615家，会员企业销售额占全市食品类销售70%以上。

2012年，协会被评为5A级社会组织；2013年，工信部授权协会具备食品工业企业进行诚信体系建设评价资质；2013年7月1日，协会获得“中小企业服务平台”资格；2014年，协会获得“上海中小商务流通企业公共服务平台”资格。2018年，协会再次被评为5A级社会组织；

2018年主要工作：

一、健全机制，创新务实

强化协会内部管理。协会秘书处按照新一届理事会的要求，充分发挥协会党支部的战斗堡垒作用，从严治党，建章立制，强化管理，着力构建协会工作的长效机制，加强对秘书处工作人员的政治理论学习和应知应会业务学习，梳理出全年26项主要工作任务清单，分门别类落实到专人和各专委会，提高“服务企业、服务社会、服务政府”的能效，为各项工作顺利开展奠定基础。

健全协会内部机构。协会强化办公室、咨询和合作交流部、会展部、培训部等部门的职能；组建新一届品牌商专业委员会、农副产品流通和生鲜食品专业委员会、烘焙专业委员会、调味品及食品配料专业委员会、食品机械和接触材料专业委员会、咖啡专业委员会、贸易分会、水产流通分会、膳食后勤服务分会，制定详尽的协会（专委会）工作条例。

专委会（分会）工作运转正常。在第八届理事会的领导下，各专业委员会（分会）严格按照各自的工作条例，依法依规，主动积极开展工作，使专委会（分会）成为会员企业信息交流的平台，了解协会工作、行业动态的渠道，转型升级、研发新品的窗口。

协会全体会议举行正常。协会先后召开以“打响上海‘四大品牌’与食品行业创新务实发展”为主题的八届一次会长会议、以“创新务实聚焦品牌”为主题的八届二次理事会议。会长张华在会上分别作“携手共进共谋发展——光明集团的改革与发展”和“创新务实聚焦品牌”主题发言，强调“服务企业、服务社会、服务政府”，是协会工作的出发点和归宿。

夯实协会信息服务平台。协会利用微信平台、上海食品官网，上海食品杂志等传播载体，努力创新为会员企业服务的途径和方法。协会微信平台已形成通讯员、专家、党支部、行业统计、专委会以及朋友圈等9个微信群。同时，通过刊物、网站、简报、微信平台以及各种“群”的形式进行信息传递，提高信息传递的广泛度、密切度、便捷度、活跃度和共享度。

二、努力创建民族品牌

开展市场调研。通过有选择性的走访重点会员企业和商业街联盟，了解企业带有普遍性的共性问题，鼓励企业提升产品品质，改进包装，创建品牌，增强参与“四个品牌”建设的底蕴。

参观先进企业。组织会员企业代表参观南侨大陆事业22周年烘焙展。协会领导与南侨集团陈飞龙会长、陈正文董事长一起参观“侨饼家工匠文化馆”。

推荐产品参加全国评选。协会选送冠生园、百诺、拾六盏等企业的10余款产品参加全国旅游食品（四川乐山）评选。经过初评、复评、终评三轮评审，上海参赛的冠生园大白兔奶糖获金奖；拾六盏法式牛轧糖、石库门海上繁华系列伴手礼、老城隍庙梨膏露获银奖。选送大白兔、城隍庙五香豆、拾六盏、国际饭店、杏花楼、新麦、静安面包房、佳帅、元祖、旺旺、金枫酒业、光明乳业等企业的10款产品参加在浙江义乌举行的全国旅游食品评选。

推荐产品参加市消保委举办的伴手礼评测。协会推荐会员企业15款伴手礼产品，参加由上海市消费者权益保护委员会组织评测的上海优选特色产品（伴手礼）。在最终评选出的24款上海优选特色产品（伴手礼）中，协会推荐的国际饭店蝴蝶酥伴手礼（铁盒装）、大白兔魅力上海／魔都上海／欢乐上海／经典原味四款礼盒装奶糖、杏花楼广式豆沙月饼、石库门海上繁华系列黄酒、功德林鲜花酥饼、元祖蛋黄酥名列榜单。

参与长三角名优食品评选工作。协会参与2018年度长江三角洲地区名优食品的评选工作，经过评选，上海14家食品企业的24款产品被评为2018年度长江三角洲地区名优食品。

三、树立行业领军人物

协会通过推荐优秀企业家参加中食协，上海市工经联、市商联会、市企业家协会等单位举办的中国食品工业功勋企业家、上海市工商业领军人物等评选活动，以及推荐技能大师工作室等途径，在业内营造以先进人物为标杆，比学赶帮超，发展上海食品产业的氛围。

积极参评功勋企业家。协会推荐太太乐食品董事长荣耀中、旺旺集团董事长蔡衍明、来伊份董事长施永雷等知名企业家，参评中国食品工业协会举办的“致敬，中国食品工业改革开放40周年功勋企业家”活动。经过评选，上述3位企业家均入选榜单。

推荐工商业领军人物。协会推荐上海清美食品有限公司、上海山林食品有限公司、上海来伊份股份有限公司、上海海融食品科技股份有限公司、上海驰爱机械有限公司、上海雄厚机械制造有限公司等单位，参加第四届上海市工商业领军人物评选。上海清美食品有限公司总经理沈建华，上海驰爱机械有限公司总经理王建军，当选第四届上海市工商业领军人物；上海海融食品科技股份有限公司总经理黄海瑚，当选上海市工商业拔尖人物。

推荐申报技能大师工作室。协会推荐上海市现代食品职业技能培训中心技术总监、首席技师干文华，申报国家级技能大师工作室；推荐上海海融食品科技股份有限公司周志刚，申报上海市技能大师工作室；推荐蛇口南顺面粉有限公司产品研发人员江伟、上海海融食品科技股份有限公司产品应用人员范海瀛，申报首席技师；推荐上海海融食品科技股份有限公司应用研发人员严春军申报上海市技术能手。上述人员均通过审核。

四、举办展览、竞赛，提升行业综合素质

协会组织26家上海特色旅游食品企业亮相“2018上海世界旅游博览会＆第20届上海旅游商品博览会”，以一流的产品和优质的服务，展示上海食品行业新形象、新面貌、新理念、新水平、新发展。

组织10多家食品品牌企业，参加“2018上海国际时尚消费品博览会”，其中会员企业五芳斋、立丰的产品，经组委会和消费者评选，获得“消费者最佳产品满意奖”，上海市食品协会获得“最佳组织奖”。

协会组织47家食品企业以“上海团”的名义参加2018中国（上海）国际食品博览会，用新口味、新包装和新的营销理念，展示上海食品行业新风采。

协会组织42只通过初次推荐评测的上海特色旅游食品，在上海旅游品展示中心集中展示，接受市民的综合评测。

协会与徐汇区职业技能竞赛办公室联合举办“2018年中国技能大赛——上海市食品行业＆上海市徐汇区‘金禧悦杯’月饼制作技术比武”，江浙沪30多位月饼制作高手同台竞技比武。

协会在2018年中国技能大赛——第45届世界技能大赛全国选拔赛现场，举办以弘扬中华烘焙文化——中秋月饼的传承与创新的技能展示活动，协会参与主办“2018年中国技能大赛——上海市食品行业职业技能竞赛（西式面点师项目）”和“改革开放40年，西点糕饼行业高峰论坛”。

协会与上海市电子商务促进中心联袂举办上海食品行业首届“‘来伊份杯’电子商务应用技能竞赛”，促进企业更好地运用电子商务、发展电子商务、提升电商运营水平。

协会还参与第45届世界技能大赛糖艺／西点制作项目上海选拔赛，全国选拔赛；参与承办“第19届全国焙烤职业技能竞赛”上海赛区和全国决赛。

五、多管齐下，精准服务企业

走访企业，反映诉求。会长张华、菅和平等领导与各专委会成员，先后走访上好佳（中国）有限公司、山林食品有限公司等企业百余家（次）。通过走访了解企业存在的发展瓶颈，向有关部门反映企业合理诉求，维护企业正当权益。

学习借鉴，开拓视野。协会与市商联会组织12家市食协副会长单位代表以及各行业协会秘书长70余人赴南区老大房生产基地和海融食品科技股份有限公司，上门取经，学习借鉴，开拓视野，探寻发展良策。

举办食品安全主题活动。协会组织会员企业参加上海市商业联合会等本市10多家行业协会开展的3·15消费者维权活动，听取消费者的意见；在市商务委指导下，与虹口区商务委联合主办食品安全月主题活动。

协会组织会员企业参观首届进博会，与新加坡制造商总会及数个国家的参展商进行交流。组织会员企业参加由上海市现代服务业协会等单位举办的食品安全论坛等进博会活动。

加强与国内外同行的合作交流。协会组织部分会员企业走访呼和浩特市食品企业，深化两地食品企业合作，共建食品行业新态势，实现优势互补，对接重点市场。并签订两地食品协会深度战略合作协议。应印尼食品协会邀请，协会组织部分会员企业赴印尼，与当地食品生产企业进行战略合作和业务对接。协会先后接待福建省尤溪县、内蒙古、江西赣南、江苏淮安、江苏宿迁、山东、湖南、黑龙江、云南、四川、浙江等省市县，以及俄罗斯等国家来沪招商引资事宜，就进一步加强双方沟通合作，进行友好交流。

六、服务政府，服务社会

协会主动对接政府相关职能部门，通过对食品研发和质量安全现状调研，分析国内外食品行业的发展趋势，为政府制定食品产业政策和发展规划，开展食品安全工作提供决策依据。

受市经信委委托，协会承担《上海食品工业发展三年规划》课题撰写任务，通过深入企业实地调研，完成了课题报告，并通过评审。

发挥协会“诚信管理体系评价机构资质”的平台作用，推进上海市食品工业企业诚信管理体系评价工作。接受市食品药品监督局委托，对17家食品企业开展诚信体系评价工作。

协会参与食药监局组织的上海市食品工业企业质量信用等级评定工作，为200多家企业进行信用评定。为沈大成等餐饮服务企业的食品安全管理体系、HACCP体系申报，开展前期咨询服务工作。

协会委派工作人员代表上海市参加全国食品安全知识竞赛，取得第二名。

受市商务委委托，开展“蔬菜外延基地评审工作”，先后对山东、徐州、南通、海南等21家外延基地开展评估，并出具评估报告。开展上海市活禽屠宰情况调研活动，完成“活禽暂停规定”发布5年后的评审工作，并撰写评审报告。

配合政府相关部门，每季度编写行业经济运行情况，每月做好65家规上食品工业企业产销存报表的汇总整理工作，上报统计局；参与中国食品工业年鉴编制工作；参与统计2018年度上海市食品行业经济运行情况。

协助市经信委在上海石库门酿酒有限公司举办“食品工业企业诚信管理体系建设和质量安全追溯体系建设”成果交流活动。

参加中国食品工业协会在北京举办的机构工作座谈会，与各地行业协会进行沟通交流。协会还组织10位同志参与GB/T33300诚信管理体系新标准的师资培训，并取得评价老师的资质。

协会与虹口区、普陀区、黄浦区等区县相关部门开展一系列市区共建食品安全活动，保障消费者舌尖上的安全。

协会秘书长高克敏代表各商业行业协会，在上海市商业联合会携手各商业行业协会、各区商业联合会等单位召开的诚信建设会议上，宣读“弘扬诚信理念，优化营商环境”倡议书。呼吁培育诚信兴商意识，优化消费和营商环境，共同营造诚信经营的社会氛围。

（沈源琼）

上海硅酸盐工业协会

上海硅酸盐工业协会（缩写：SAC）成立于2003年12月5日，是由江浙沪等地区从事陶瓷、玻璃、晶体、耐火、建筑材料、无机能源、无机生物和环保、无机涂层及膜材料的生产、设备、检测仪器等制造企业，以及与之相关的大专院校、科研和设计咨询机构组成的社会团体。协会以”促进新型无机材料产业发展，加快传统硅酸盐材料技术改造和进步”为宗旨，积极开展企业技术培训、技术咨询、国内外信息交流、新产品联合设计、联合试制和推广等服务。现有会员单位70余家。

2018年主要工作：

一、服务实体经济，助推转型发展

协会发挥专业渠道平台三优势，搭建国际化展台，展示品牌，交流技术，洽谈商贸。5月14日，由协会和中国材料研究学会共同主办的第十届上海国际工业陶瓷暨新材料展览会在全球最大单体展馆－国家会展中心（上海）顺利召开，展会历时3天，展会面积1.3万平方米，国内外298家知名企业参展，反映中国工业陶瓷的产业发展趋势和市场需求。协会主办的“2018上海国际先进陶瓷技术研讨会”现场活动同期展开，主题为“节能与环保技术在无机先进材料中的研究和应用”，会议邀请同济大学杨修春教授、上海大学院长甄强、成都中建材股新建常务副总、中科院上海硅酸盐研究所高相东教授等资深专家，围绕主题“节能与环保技术在无机先进材料中的研究和应用”，探讨“纳米结构TiN基太阳能蒸汽发生器的研究”“高红外辐射率节能涂层材料的工业化应用”“石墨烯复合陶瓷材料在5G智能终端壳体制备及高端陶瓷结构件领域的应用”“二氧化钛基复合材料的制备及其在光催化降解VOC中的应用”“碲化镉发电玻璃－从玻璃到“挂在墙上的油田”的进阶之路”“新型低热导率热障陶瓷涂层在燃气轮机上的应用”“铁电效应在光电化学分解水制氢中的作用机理研究”“气凝胶隔热涂料及其节能、防火应用”等前沿热点产业技术，协会会长、中科院上海硅酸盐研究所副所长王东指出，世界各国都在关注节能环保，国家对整个陶瓷行业节能减排、低碳环保提出新要求，面对新形势，既是挑战也是机遇，本期研讨会主题聚焦“节能与环保技术在无机先进材料中的研究和应用”，希望通过与会代表的技术共享、交流合作，推动无机先进材料技术、产业的发展和升级换代转型，创建资源节约型社会，对中国乃至世界经济的可持续发展产生积极影响。

4月19日，由中国硅酸盐学会主办，协会协办的第29届中国国际玻璃工业技术展览会在上海新国际博览中心拉开帷幕，展会面积80500平方米，有来自29个国家和地区的865家厂商。在为期4天的专业玻璃展会上亮相，其中国内厂商612家，国外厂商253家。3万多名国内外观众参观、采购、技术交流和洽谈贸易。展会上，协会会员单位带来各自的特色产品和创新工艺技术，展台前咨询技术洽谈贸易者络绎不绝。协会在展会同期举办多场技术讲座和厂商推广活动，讲座主题涵盖耐高温隔热材料、红外高辐射节能涂料、高端硅酸钾、高硼硅、微晶防火玻璃、防火立面－保护目标、立面系统和防火玻璃之间的相互作用、智能“建材云＋玻璃工厂”及AGV工业机器人在玻璃生产过程的智能应用，窑炉节能新技术，玻璃印刷领域新材料，高精度镀膜玻璃膜厚在线测控技术等，吸引众多玻璃行业的专业厂商和业内人士参与其中，探讨行业发展的前景与趋势。

二、推进合作交流，拓展服务渠道

协会主动走访国内外企业，推进合作交流，拓展服务渠道，为企业进行技术咨询、项目引介、样品测试、拓展市场等点对点服务；进一步推动产学研合作交流工作，提升企业的技术创新能力，共同促进精细陶瓷产业的发展。同时开展科技评价、团体标准制定等承接政府转移职能、为企业提供科技服务，服务产业发展。

三、承接政府职能，加强能力建设

协会积极响应中央办公厅、国务院办公厅“面向新兴交叉学科和市场需求空白，共同制定满足市场和创新需要的团体标准，促进形成产学研相结合的团体标准研制模式，增加标准的有效供给，发挥团体标准作为市场自主制定标准的优势，逐步形成政府主导制定标准与市场自主制定标准协同发展、协调配套的新型标准体系”的号召，协调相关技术及市场主体、专家赴现场考察立项条件，提出立项要求和市场调研，经协会批准立项、起草、公示、征求意见，9月12日，召开团体标准评审会，审定发布团体标准《无铅透紫外线玻璃灯管》，该技术填补东南亚地区生产无铅透紫外灯管的空白，结束中国长期依靠进口的历史，获得上海市科技发明奖。该标准根据无铅透紫外线玻璃灯管的行业实际，规范无铅透紫外线玻璃灯管的技术要求、试验方法，填补国内相关产品的标准空白，促进无铅透紫外线玻璃管行业技术进步，起到引领产品整体质量的提升的作用。

协会为企业积极组织无机材料专业工艺技能及专利、标准化等方面的培训。协会邀请金融专家为企业家做两场题为“行业诚信建设和企业信用评估及风险管理”“应收账款管理及催收”的专题报告，为企业防范风险答疑解惑、出谋划策。协会受市一中院委托，开展“玻璃三件艺术品”受损鉴定，秉着客观、公正、科学的原则，协会配合市一中院在随后的法庭质证中陈述事实，阐述专业意见，出具技术鉴定报告，维护艺术家的合法权益。

（顾中华）

上海纺织协会

上海纺织协会成立于2008年10月，至今已走过10年历程。涵盖上海服装行业协会、上海针织服装服饰行业协会、上海家用纺织品行业协会、上海长三角非织造材料工业协会、上海纺织品商业行业协会、上海纺织工程学会和上海服饰学会等7家专业协会（学会），上海纺织协会时尚产业分会、产业用纺织品分会、长三角毛纺织分会、棉纺织印染分会、纺织机械器材分会等5家分会，并设有上海纺织协会信息中心、时尚创研中心、时尚产业创新服务中心、纺织产品质量管理中心和知识产权保护专业委员会、大虹桥服装服饰出口创新基地专业委员会等专业服务机构，是推动上海纺织服装企业转型发展的专业服务机构和促进上海时尚之都建设的重要平台。具有广泛的覆盖面和代表性。现有会员单位500家。

2018年主要工作：

一、以换届改选和建会10周年为契机，提升协会综合能级

纺协聚焦探索创新，以换届改选和纺协建会十周年为契机，不断提升纺协的“三大功能”，即创新功能、服务功能、协调功能，对接“上海四大品牌”，努力打造与上海国际大都市相适应的行业协会品牌。

以换届改选为契机，进一步提高业务规范化水平。精心策划、圆满完成纺协三届理事会换届改选。根据《上海市社会团体换届选举工作指引》，成立换届改选领导小组及工作小组，确定换届改选工作的基本原则和实施进度安排。按规范要求起草完成《第二届理事会工作报告》、修改章程说明和《章程（草案）》、《换届改选工作情况报告》等系列文件；秘书处按照干部审批权限和协会章程及换届改选的基本原则酝酿产生新一届理事、会长、常务副会长、副会长、监事候选单位名单，通过书面征集等方式，广泛听取意见，并征得市社团局等相关部门同意。还确定协会代表人数。5月30日，上海纺织协会举行三届一次会员代表大会，继续聘任中国工经联主席团主席蒋以任为上海纺织协会名誉会长。选举产生会长、副会长19名、理事89名、监事1名。

以换届改选为契机，实施四个强化，促进协会发展。一是强化会员管理。扩大发展会员，注重会员质量和行业覆盖面，规范入会流程，规范会费收缴和铜牌、证书发放制度。积极引导新老会员履行《章程》规定的权利义务。二是强化会员数据库的建设、维护与管理，建立会员随访制度，在纺协官网开设会员专栏，做好信息及时发布与定期收集。三是强化各分会、专委和中心的建设和管理，推进自我运行能力，组织开展各类专业活动，不断扩大影响力，团结带领会员企业，共同推进上海纺织服装产业发展。

以举办建会10周年庆典为契机，提升纺协综合能级。纺协以“梦想与发展，开拓与创新”为主题开展系列庆典活动，包括：长三角时尚产业发展论坛、长三角时尚产业联盟启动、举办时尚品牌交流研讨会、组织会员企业为遵义政府和遵义红十字会举办的“上海情相连让爱再接力”——遵义市红十字贫困家庭重大疾病人道救助公益基金添砖加瓦等。系列庆典活动以“璀璨东方·纺织之夜”上海纺织协会成立十周年庆典晚会推向高潮，政府各级领导与嘉宾、纺协会员代表和兄弟协会代表300多人参加庆典晚会。

二、以聚焦产业发展为抓手，助推行业高质量发展

承办“首届中国长三角（上海）品牌博览会”，促推行业品牌建设。4月28—30日，33家入选第二届上海卓越工业品牌企业，在首届长三角（上海）品博展中惊艳登场，圆满收官。纺协以办展为契机，优选出蔓楼兰、水星家纺、恒源祥、东方国际、东隆等一批代表上海纺织综合实力的工业品牌展示，推动行业品牌创新和发展。在上海品牌认证第一批获证企业中，三枪、恒源祥、培罗蒙西服等5家企业榜上有名。

深入企业调研总结，实施品牌强企推进工程。纺协秘书处组成调研小组走访重点会员企业，总结上海纺织集团有限公司的上海纺织集团实现从地方国企到全球性跨国集团的飞跃、恒源祥集团持续创造第一的老字号、水星家纺运用“互联网+”优势推进品牌运作等发挥先发优势转型升级的典型案例，向政府相关部门报送。

加强培育优秀外贸品牌，进一步发挥引领作用。受市商务委委托，10月31日在第124届中国进出口商品交易会（广交会第三期）开幕式上，由上海纺织协会、上海市大虹桥国家外贸转型升级基地（服装服饰）共同主办上海外贸品牌推介会专场产品展示活动。上海协大国际贸易有限公司、上海风格服饰有限公司、上海丝绸集团股份有限公司的3家企业展示企业转型升级和实施品牌战略的成果。

深入抓好每季度制造企业经济运行和质量现状分析，而且延伸分析纺织内外贸、纺织生产性服务业发展情况。运用协会信息、网站、微信公众号定期向会员单位通报国家纺织品服装的产销及进出口数据，引导企业进行智能改造和管理创新，将上海纺织加工制造优势向产业链的高附加值环节延伸。增设探索篇《智能成衣快速定制市场调研报告》、时尚篇《传承海派文化“金木水火土”海派商务旗袍成文创品牌》和政策篇《全力打造“上海制造”品牌加快迈向全球卓越制造基地三年行动计划（2018—2020年）》。

三、以强化服务为主导，助推行业创新发展

围绕会员单位的实际需求，不断发挥“上海纺织协会产业创新服务中心”“上海纺织协会时尚创研中心”服务平台的作用。一是收集行业重点企业的经济运行数据、分析排摸，了解企业在新常态下的发展现状、转型升级过程中的成功经验、短板、瓶颈和困惑，制定针对性为行业、企业服务的方案；二是对有需求的企业量身定制“一对一服务菜单”，先后为近30家会员企业提供如：内外贸产业集群对接、产品设计解决方案、政府专项资金申报策划及信息咨询等服务，助推企业充分享受政策红利，激发创新活力。

组织创新论坛、专题讲座和新技术研讨活动。纺协会同各专业协会、分会组织和参与各类论坛。包括“时尚科技驱动‘新石器’时代新变革”专题论坛、“行业羽绒被质量提升宣贯培训”“环保重压下的印染技术革新”专题报告会、共同关心印染生态情况、“第十五届长三角科技论坛纺织分论坛”“2018年国际非制造材料现状与发展趋势研讨会”“2018上海纺织服装创意创新研究生学术论坛暨第12届纺织服装创新国际论坛”等。

举办“上海纺织应对中美贸易摩擦及国际贸易风险防控培训会”。8月31日，纺协、家纺协会等纺织系统多家协会联手组织培训、交流会。80多家以外贸生产为主的会员企业参会。纺研院产业经济研究室介绍美国经贸摩擦对上海纺织行业带来的影响及对策；华申公司周珂总经理、中昊针织公司董事长高宝霖介绍交流应对贸易摩擦和规避贸易风险的经验；特邀律师宣讲“中美贸易政策的法律分析和应对建议”，针对性的培训让参会企业受益匪浅。

四、以强化桥梁纽带为重点，急企业所急、想政府所想

主动当好政府的参谋助手，积极建言献策。纺协积极组织会员企业参加市工经联、市工商联举办的国际标准化的发展与“中国制造”报告会。组织近50家纺织服装会员企业参加《品牌培育管理体系实施指南》系列标准贯标培训，继续开展市级企业品牌培育试点示范工作。同时还对行业内重点跟踪培育的服装家纺自主品牌企业开展调研，进行现状和趋势分析，对企业存在的难点和痛点以及希望政府提供的政策支持，积极建言和反映诉求。

组织企业参与商务部组织的外贸企业调查问卷，进一步了解本行业外贸企业的发展现状，总结转型升级经验做法，准确研判外贸形势；积极参与商务部开展的“关于产业和订单向外转移的情况调研”，通过调研了解上海重点纺织服装企业产能向外转移的情况，据对大虹桥基地21家生产型外贸企业调研分析，有12家企业的产能分别向缅甸、孟加拉国、柬埔寨、越南、巴基斯坦等转移。市商务委组织开展上海出口品牌调查，秘书处组织27家制造或贸易型进出口企业参与调查，分析汇总其中21家企业、30只自主品牌，同时对调研企业年出口总额与自主品牌出口额进行分析比较，为推进企业外贸品牌发展和政府政策支持，起到作用。同时，组织会员中民营企业参与全国工商联“中国民营企业海外投资现状及表现调查”，进一步了解行业中重点民营企业海外投资的情况和发展态势。

为贯彻落实5月4日应勇市长主持召开的首届中国进口博览会专题会议精神，纺协一方面组织企业报名参加市工商联进博会民营企业采购商联盟，另一方面动员和指导企业在进博览网上完成专业观众登记注册，成功组织近100家民营企业和500多人参与进博会，受到好评。

积极组织企业参加由经信委指导、市工经联主办、纺协作为支持单位之一的“首届爱姆意杯“上海制造”品牌微视频大赛”。上海信诺服饰有限公司获得“网络传播”“品质时尚”“创意策划”“摄影摄像”等奖项，纺协获得组织奖。

围绕政府相关政策出台，做好宣传工作。将政府部门最新政策信息及时传递给企业，帮助会员企业了解政策，争取政策支持做好对接与服务，促进行业发展。据不完全统计，市商务委、市经信委的转型升级、文化创意、品牌发展等对中小型外贸出口企业的专项资金支持达到近1亿元，在专项资金申报过程中纺协主动为企业出谋献策，做好对接服务。

五、以拓展对外服务功能为重点，推动长三角一体化

启动长三角时尚产业联盟。10月，在庆祝上海纺织协会成立10周年之际，由纺协、东方国际集团发起的首届长三角时尚产业发展论坛在上海举行，长三角时尚产业联盟正式启动。在政府相关部门指导下，得到江苏、浙江、安徽三省40多家纺织服装协会、商会、知名企业、产业集群及高校的热烈响应与参与。会上确定长三角时尚产业联盟于2019年上半年挂牌成立。在新的起点上共同打造长三角时尚产业联盟下的时尚产业走廊，把长三角区域纺织时尚产业的制造能力变成为整体实力，服务全国，融入全球。

纺协携温州市时尚产业联盟考察上海及周边时尚产业。走访考察上海国际时尚教育中心、上海艺零玖时装有限公司、上海丝绸集团品牌发展有限公司（女装品牌LILY）、U/TI尤缇女装品牌，邀请上海时装周发布会的独立设计师张锋讲述“过去五年，未来五年”时尚的多种可能性，全面解析时尚品牌主张－新模式－新产品－新速度－新利润。

举办长三角时尚品牌交流研讨会。为促进上海和周边城市纺织时尚产业的发展，纺协组织上海知名品牌及业内重量级嘉宾，赴杭州、宁波举办为期3天的长三角时尚品牌交流会议。探讨中国时尚品牌的未来发展。

协办南昌市（青山湖区）现代轻纺产业（上海）“织未来、尚无界”招商引智推介会。纺协携30家上海代表性纺织企业参加推介会。推介会上，上海纺织集团等国内知名企业现场签约项目12个，签约总金额108亿元。

纺协协同印度驻上海总领事馆组织举行印度多用途纺织产品交流会。邀约上海近40家产业用纺织品企业、机构、行业协会参加交流会。

六、以强化党组织建设为抓手，提升协会凝聚力、战斗力

纺协党总支注重党建引领，切实将党的政治优势、组织优势转化为协会实际工作中的执行优势和力量优势，开创协会工作新局面。一是组织党员认真学习习近平总书记一系列重要讲话精神，围绕“两学一做”学习教育要求，按照“四讲四有”合格党员标准，增强“四个意识”。二是开展专题组织生活会和民主评议党员活动，完善“三会一课”制度，开展丰富多彩党内活动，如结合协会重点工作，组织党内一日活动；与有关单位党组织共同举办学习报告会。三是深入会员企业围绕行业发展组织开展大调研，激发全体党员不忘初心，充分发挥党总支战斗堡垒作用和党员先锋模范作用。

（章徽玲）

上海长三角非织造材料工业协会

上海长三角非织造材料工业协会成立于2004年。2006年10月更名为上海长三角非织造材料工业协会，现有会员单位包括长三角四省一市的103余家非织造材料企业及相关单位。

2018年主要工作：

一、贯彻落实党的十九大精神，坚持协会工作理念和办会宗旨

认真学习贯彻党的十九大精神，理清当前和今后一个时期，协会确定发展思路、制定战略重点、优先顺序、工作机制和时间表、路线图，以改革精神统领协会工作，加强协会秘书处建设，规范化一系列制度并予以相应的考核，提升协会工作质量。做好政府、行业、会员帮力，为企业及相关单位做出应有的贡献。

二、召开协会理事会，推进日常重要工作

7月26日，协会于常熟市振泰无纺机械有限公司召开四届三次理事会，并于江苏常熟蒋巷生态园举办上海长三角非织造材料工业协会企业家沙龙。完成上海纺织工业发展白皮书（2017年）有关产业用非织造材料分报告（现已发行）。同时走访行业内重点企业、了解在结构调整中企业面临的困难与诉求，向政府反映企业的困难与诉求，千方百计地帮助会员单位共克时艰、化危为机；为行业和企业传递大量创新驱动、调整产品结构、谋求新发展的信息和服务。

三、召开创新及产业应用发展论坛

10月21—23日，协会假座于四川省成都市成都天府阳光酒店多功能会议厅举办年会及“第九届（2018）非织造材料创新及产业应用发展论坛暨西部非织造产业科技创新论坛”。论坛旨在推进传统非织造材料的东部产业优势，结合西部新兴需求市场，培育西部非织造产业链体系健全促进行业健康发展和科技创新。21日，业界同仁们就非织造材料新纤维、新设备、新工艺技术及产品等进行广泛交流和讨论。23日，业界同仁们参观神龙汽车有限公司成都工厂、一汽一大众成都制造中心的总装车间，获得与会代表交口称赞。研讨会给企业推动转型升级以及技术创新提供大量资讯及信息。

四、协会参加标准化修订工作

参加国际标准化组织“ISOTC38/WG9关于9002非织造材料定义修改”相关会议及工作。同时，在较好完成市质监局下达的地方标准《非织造布单位产品能源消耗限额》《非织造产品（医卫、清洁、个人防护、保健）碳排放计算方法》制订工作的基础上，在年初启动《非织造布单位产品能源消耗限额》《涤纶长纤单位产品能源消耗限额》地方标准制修订项目，并于11月29日将两项修订标准送审稿及编制说明提交上海市能标委。此外，加强非织造产品（医卫、清洁、个人防护、保健）碳排放计算方法标准（标准号DB31-T930-2015）的宣贯工作，全面推进行业节能减排工作。

五、继续开展技术职称的申报与评审工作

协会为推进长三角非织造材料工业的技术进步与企业发展，提高非织造材料行业内技术人员的自主创新的能力，鼓励技术人员在技术创新、产品开发和节能减排方面积极探索，开展区域内行业专业技术人员的资格认证工作，重点推进长三角地区非织造产业的技术进步。解决中、小规模民营非织造企业急需人才的热点、难点问题；提高企业培养自身发展所需的技术人才积极性，解决企业要不到人才、留不住人才的困难。同时，继续在行业内开展技术人员任职资格认证申报及评审工作。

六、参加节能减排活动JJ小组试点工作

协会JJ（节能减排）试点企业保持3家。上海金熊造纸网毯有限公司承担“综合节能增效增收”的项目、上海联畅化学纤维厂承担节能降耗减少碳排放“关于锅炉改造”项目、上海博格工业用布有限公司承担节能降耗的“节电管理”项目，针对生产运行中的能源消耗与污染问题，进行管理和开展技术手段开展改进措施，广泛开展节能减排活动，提高设备的效率、降低能耗、减少碳排放。

七、协助组织非织造企业分头参加亚洲国际非织造展览会

6月6—8日，协助组织参加在日本东京Big Sight会展中心举办的ANEX’18亚洲非织造材料展览会及GNS全球非织造材料工业企业家高峰会。9月19日，协助组织业界人士参观第二十届中国国际工业博览会新材料展。12月5—7日，协助组织参加在上海国际博览中心举办的2018第第七届亚洲过滤与分离工业展览会暨第10届中国国际过滤与分离工业展览会（FSA）及于展会同期举办的FILTREX™ ASIA、2018过滤与分离技术推介会。为中国和世界非织造材料工业广大业者提供最新信息、技术动态、市场状况，不仅有利于中国非织造材料工业的发展，也为推动世界非织造材料工业的发展作出贡献。

八、为会员单位提供服务

协会继续为行业中的高新技术企业复审指导、培训等工作提供服务；组织企业参加大专院校毕业生招聘会，帮助企业招聘合格人才；继续为企业申报“小巨人”企业、高新技术企业、品牌以及专利等知识产权方面的培训服务，为企业提升质量体系提供服务。为会员企业提供国内外行业发展信息；发展2家新会员单位；协会秘书处出版6期快讯，并更新网页。

协会党支部开展各项活动，组织党员参观市工经联举办的上海工业改革开放40周年成果展等。

（黄雪娟）

上海市家用纺织品行业协会

上海市家用纺织品行业协会，其前身为1987年经上海市纺织工业局批准，由毛巾被单、手帕和制线织带3个行业的工业企业联合发起组建的上海市纺织复制行业协会。1992年12月经市民政局批准，更名为上海市家用纺织品行业协会。现有会员单位100家，88%为民营企业。

2018年主要工作：

一、加快家纺自主品牌建设，推进品牌创新发展

组织品牌培训和培育。在市经信委的指导下，组织7家重点跟踪企业参加工信部和中国纺织工业联合会开展的家纺自主品牌申报和复评工作，罗莱、水星、龙头、小绵羊、南方寝饰、东隆、恒源祥继续获得家纺自主品牌企业称号。组织18家申报工信部和市经信委品牌培育示范和试点工作备案企业参加品牌培育培训宣贯活动，3家企业参加品牌培育管理体系的培训。组织6家品牌企业参加长三角品牌联盟，学习交流品牌建设经验，水星、兆妩、东隆等7家企业和家纺行业协会还参加长三角品牌博览会，展示家纺品牌的新形象。组织5家企业参加爱姆意杯“上海制造品牌微视频大赛”，均获奖项，协会获得组织奖。协会动员企业参加张謇杯产品设计大赛，3家企业获奖。配合中国家用纺织品行业协会，把在国际家纺博览会期间开展的“国际室内设计峰会”和“无界之合跨界家居艺术展”纳入上海设计之都建设活动。

开展提升品牌品质的活动。协会在市质量技术监督局的指导下，开展羽绒被质量提升和企业标准领跑者活动，制定产品质量逐级提升的细则，有11家企业在市质量技术监督局平台上公开羽绒被产品质量标准和服务承诺，促进家纺产品质量的提升；有7家企业对标国际国内先进标准，自我加压，制定羽绒被企业标准，向消费者公开，既接受消费者的监督，也为消费者过上美好的生活提供满意的产品。组织20余家企业去南通参加中国家纺质量大会，参加产品标准宣贯培训，促进自主品牌质量的提高。

提供申报上海名牌及专项资金的服务。组织40余家企业参加“政府扶持政策梳理”解读会，帮助企业掌握申报技巧，挖掘项目亮点；为企业出具名牌推荐函和行业排行等证明材料；组织企业积极申报文创、品牌、中小企业发展和张江项目等专项资金，罗莱、东隆等多家企业获得文创和品牌等专项资金。

二、研判经济发展趋势努力，保持经济平稳向好

强化经济运行的监测分析。坚持做好30家重点企业主要经济指标月报表向市统计局、市经信委、中国家纺协会的上报；坚持每半年编报上海家纺行业经济运行情况分析报告，向政府报送、向企业发布；组织企业参与全纺经济实力评选活动，有6家企业获得中国纺织服装500强的殊荣。协会完成《上海纺织产业发展报告》家纺篇的编写工作。召开年度统计工作年会，努力提高统计分析的能力和作用。

开展调研和交流活动。针对严峻的国际形势，一是开展中美贸易摩擦对家纺企业影响的的调研。通过问卷、走访等形式，向20余家外贸企业了解美国征税对出口的影响和建议要求，梳理后及时向市商务委汇报反映，努力降低贸易摩擦带来的损失。二是承接市商务委交办的项目。通过调研和分析，形成《中美贸易摩擦对上海纺织行业的影响研究》《上海纺织行业发展情况及“一带一路”国家贸易壁垒分析报告》，向政府部门报送。三是组织应对培训。组织20余家企业参加商务委举办的产业安全风险防范和经贸摩擦应对、产业国际竞争力论坛，组织100多人参加的应对中美贸易摩擦及国际贸易风险防控和拓展“一带一路”市场及规避贸易壁垒的培训。组织20余家企业参加中国家纺协会床品年会，20余人参加中国家纺大会。组织4家企业参加市经信委开展的产业对接活动，帮助企业解决发展中的困难。组织行业资源对接活动，请设备生产单位、原料单位、助剂单位提供合作资源。

组织企业走出去。协会配合政府部门，组织首届中国国际进口博览会上海交易团企业采购商摸底及预登记工作，有近50家企业作为上海交易采购团参加进博会。协会组织3家外贸企业参加“上海之帆”“一带一路”经贸巡展活动，加强企业与中东欧国家之间的经贸交流和合作。

开展诚信建设活动。参与上海市市场信用信息公共服务平台子平台建设的工作，制定家纺行业信用信息星级标准，与上海信用促进中心联手对企业进行宣贯培训，有20余家企业申报参加信用星级评价活动。协会认真宣传国家发改委办公厅关于进一步开展“诚信建设万里行”，组织开展“百城万企亮信用”活动的要求，有45家企业签订诚信承诺书。

三、加强协会自身建设，不断增长协会凝聚力

顺利完成协会换届改选工作。11月28日，召开七届一次会员大会和理事会，通过协会六届理事会工作报告、修改后的协会章程和行规行约、协会第六届财务收支审计情况报告。产生新一届理事会39人，监事会3人，13名正副会长、1名监事长、1名秘书长以及专业委员会和专家委员会负责人。

开展协会成立30周年纪念活动。协会编写《追潮三十年，逐梦新时代》一书。该书有3个篇章：第一篇章，协会发展历程；第二篇章，企业改革开发成果；第三篇章，三十年经典回放。协会举行赠书和纪念活动，激励大家在中国特色社会主义新时代，不忘初心，锐意进取。

通过加强自身建设，协会被市工经联评为2018年先进集体，被市商务委评为进出口公平贸易优秀组织奖。

（吴淑仪）

上海市室内装饰行业协会

上海市室内装饰行业协会成立于1987年10月15日。协会坚持“服务企业、规范行业、发展产业”的基本宗旨，按照市民政局、市社团局关于规范行业协会、商会等社会团体组织的要求，由上海从事室内装饰及产品制造、室内设计、科研院校相关企事业单位自愿组成的社会团体法人。2018年新吸收会员139家，其中，材料产品会员54家，装饰施工家装会员76家、监理会员6家，其他类别会员3家。现有会员约530家。

一、举行协会成立30周年纪念会

1月16日，协会在锦江小礼堂举行30周年纪念庆典，回顾、总结从1987年建立以来走过的难忘历程，充满信心，不忘初心，牢记使命，砥砺奋进。纪念会对一批作出贡献的老领导、老专家、优秀企业家、优秀企业、设计师、项目经理、监理师等进行了表彰。

二、进一步加强协会组织机制建设

在组织建设上，协会八届三次会员代表大会选举增补15位理事；在八届三次理事会上，选举增补11位副会长，理事会领导班子的整体实力得到了进一步增强。

在机制建设上，专委会建设有了新的推进。一是住宅委于“3·15”消费者保护权益日正式成立。“诚信倡议书”凸显惠民亮点，得到业内的一致公认。二是设计委于4月完成换届改选，一批有创新活力的设计师成为骨干力量，机制结构有新突破，为支撑产业交流和设计节发挥作用。三是监理委于6月完成换届改选，明确新定位，形成新抓手，把空气质量检测检验纳入团队。四是材料委于8月完成换届改选，一批新品牌材料企业在融入行业中发挥产业带动、整体发展的作用。五是施工委搭建横向服务平台，使施工与住宅、材料、设计、互联网分支机构之间的互联效应更为凸显。一年以来，专业委员会根据自身的特点和专业优势，协会产业交流活动频繁，互动、互补、互利性更加凸显，开创产业融合更加密切，纵横联通更为宽广的新局面。

在制度管理上，协会按照市社团局要求，先后制定《监事会管理制度》《印章、证照、U盾管理制度》《分支机构管理制度》《誉名许可使用管理办法》《合同管理制度》《财务管理制度》等21项。

三、在行业自律中履行好社会责任

修订合同示范文本。2月，协会对2015版本的装饰施工合同进行修改，对“工程质量及验收”“安全生产和消防”“工程价款及结算”“纠纷处理方式”等内容予以补充。在市工商局的支持下，《上海市室内装饰施工合同示范文本(2018版)》于3月底批准实施。

参与全屋标准制定。接受市消保委委托，协会与上海市家具行业协会、上海市化学建材行业协会、上海市建筑材料行业协会、上海市装饰装修行业协会共同被认定为《全屋装饰标准定制木（制）家具》团体标准》的编制单位，聚通、统帅、同济、进念等13家单位成为“标准”制订的参编单位。

开展诚信评比表彰。协会坚持诚信体系建设，在巩固原有工作经验基础上，先后在住宅委、施工委、监理委、材料委等分支机构开展年度诚信企业评选活动。重点聚焦会员在社会信誉、工程质量、产值创利、消费投诉、施工安全、合同管理、规范用工以及维权、环保等多方面开展评定。一批会员被命名为诚信企业称号，通过评优表彰，更加激励广大会员坚持诚信为本，树立文化品牌，为满足人民群众对创建美好家园的向往再立新功。

四、着力聚焦产业创新可持续发展

搭建博览会平台。建立由协会主办、企业共同参与承办的“上海国际室内装饰博览会服务平台”。5月25日和9月

7日，由协会主办的“2018首届上海室内装饰博览会”和“2018上海国际室内装饰博览会”先后在光大会展中心隆重举行。博览会成为融入“2018中国室内设计周暨上海国际室内设计节”的重要系列活动之一，得到市经信委、中国室内装饰协会的高度评价。

12月30日至2019年元旦，在协会支持下，连续举办跨年“上海室内装饰当今家博会”，凸显设计与产品、工程与材料、诚信与风彩叠加式内涵，实现品质与消费需求的对应、民生与诚信保障的统一，展示知名住宅装饰装修企业新形象，亮出智能绿色环保新型建材新风采。

助推企业创新发展。上海聚通打造的“尚海整装家居体验中心”于3月隆重开放。行业中以“聚通第七代整装”“佳园旧翻新装饰”“关镇铨家居生活馆”“星杰整体家居装饰”“统帅整装体验馆”“波涛装饰产学研基地”等为代表、为引领的新技术、新产业、新业态、新模式，成为行业发展的新指向。

开展跨界融合交流。住宅委先后组织行业优秀骨干企业赴湖南室内装饰协会考察、开展韶山红色基地教育活动，与东芝开利空调、天诚智能集团等企业深度产业对接。施工委组织设计师与加拿大驻沪总领馆开展木地板交流。设计委支持安吉竹产业发展局举办“竹建筑、竹生活分享会”，与大金空调保持产业互补，巩固合作成果。在绿色环保方面，协会组织企业、设计师举办“薄壁不锈钢水管在住宅装饰中的应用分享会”；与上海荷瑞会展公司合作，组织施工企业、设计师开展“室内装饰与国际建筑水展”观摩交流；协会与上海家纺协会合作，组织设计师参观“2018中国国际家用纺织品及辅料（软装）博览会”，并参与开展跨界合作高峰论坛。

12月，协会参与安吉竹产业发展局以“知竹乐居”为主题的第二届国际竹产业、竹建筑、竹文化绿色发展高峰论坛暨2018第一届安吉“金山银山杯”国际竹产品创意设计大赛颁奖活动。协会与浙江安吉竹产业机构签订竹材在室内装饰产业应用的战略合作协议。

举办首届足球比赛。协会首次举办“室内装饰足球杯”联赛，为企业架起团结、友谊、奋进的桥梁。

五、积极参与中国室内设计周活动

9月10日，“2018中国室内设计周暨上海国际室内设计节”在上海国际会议中心举行“中国室内设计30年主题论坛”。晚上，举行隆重的设计大师颁奖盛典。

9月11日，“中国室内装饰协会第六次会员代表大会、中国室内装饰协会六届一次理事会”在上海国际会议中心举行；同时举行“中国室内装饰协会成立30周年表彰大会”。在表彰大会上，协会3位企业领导当选为中国室内装饰协会副会长，有4位企业领导当选为常务理事，有12位企业领导当选为理事；在30周年表彰大会上，协会原2位老会长被评为“突出贡献奖”、有4家企业被评为“优秀企业”、有15位设计师被评为“优秀设计师”荣誉称号。

六、举行改革开放40周年纪念活动

12月12日，协会举行“致敬，改革开放40周年纪念大会”，总结住宅委全年度工作，同时举办“中国国际家居产业发展论坛”活动。

七、“诚信企业”、“室装杯”颁奖活动

2019年1月1日，2018年度上海市室内装饰行业协会“诚信企业”授牌仪式暨2018上海室内装饰行业“室装杯”颁奖仪式在上海光大会展中心取得圆满成功，标志着行业的发展即将再出发，再创新辉煌。

（茅锈树）

上海工艺美术行业协会

上海工艺美术行业协会成立于1996年2月，是上海工艺美术生产、经营、科研、教育、设计及服务行业企事业单位自愿组成的跨部门、跨所有制的社会团体组织。协会下设上海市红木家具标准化技术委员会、红木雕刻专业委员会、旅游纪念（礼）品专业委员会。协会在保护中发展传统工艺美术，坚持科技进步和管理优化的方向，立足上海、辐射长三角，融入全国，协调会员关系，保护会员合法权益，沟通会员企业和政府之间的关系，维护公平竞争，促进国内、国际交流与合作，推动行业产业进一步发展。现有会员单位300余家。

2018年主要工作：

一、顺利完成协会换届工作

3月16日，协会五届一次会员大会召开，选举产生五届理事会和领导班子。

二、开展传统工艺美术保护、发展工作

4月13—19日，第七届中国工艺美术大师评选举行。评选出中国工艺美术大师89位，其中上海7名候选人获该项称号。

协会自2017年3月启动第四批品种技艺工作，历时近一年半，认定36个项目，其中传统工艺美术品种13个，传统工艺美术技艺23个。7月17日，在上海工艺美术博物馆多功能厅召开颁证大会。

6月6日，市经信委召开上海市品牌建设工作联席会议。中共上海市委常委、常务副市长周波出席会议并讲话，联席会议召集人、市经济信息化委主任陈鸣波主持会议，上海工艺美术行业协会副会长、中国工艺美术大师蒋国兴在会上作交流发言。会前，常务副市长周波等领导接见上海市第七届中国工艺美术大师。

6月23日，中国轻工业联合会主办的“2018全国手工艺产业博览会暨非物质文化遗产传统技艺展”在青浦世界你好产业博览园开幕，该展以“复兴中国传统文化，创新时代作新篇章”为主题，汇聚全国各地工艺美术大师、书法艺术名家、非遗传承人的上万件代表性作品。协会组织动员上海及外省市诸多中国工艺美术大师参展。

8月18日，由中国艺术研究院主办，中国工艺美术馆承办的第四届“中国当代工艺美术双年展”在中国国家博物馆隆重开幕。上海共有56件工艺美术优秀作品参展。

中国轻工业联合会借助大国非遗工匠专项公益基金，建立“中国工艺美术大师非遗传承基地”。上海的中国工艺美术大师张心一和刘忠荣工作室被授予“首批传承基地”。

三、加强工艺美术行业人才培养工作

2018年度工艺美术师（中级）职称申报人数76人，参加考评74人。经上海市工艺美术系列（工艺美术专业）中级专业技术职务任职资格评审委员会评审，具备工艺美术师任职资格65人，通过率85%；初级职称申报人数105人，参加考评98人，取得助理工艺美术师职称83人，合格率79%。

在市人社局、市经信委指导下，协会根据《关于本市开展正高级工艺美术师资格审定试点工作的通知》及相关文件精神，于2018年11月27—29日在上海工艺美术博物馆举办“上海市专业技术人才新时代工艺美术发展趋势高级研修班”，本市工艺美术、服装设计、包装设计等领域具有高级工艺美术师职称的32名专业技术人才参加培训。

10月31日，20多位工美大师在协会会长耿鸿民带领下，赴同济大学浙江学院参观学习。为“同济大学浙江学院艺术馆暨郑升帅琥珀雕刻艺术展”揭幕（郑升帅系上海市工艺美术大师）。

8月29日，协会会议单位一库匠心馆，在上海中心大厦38楼开幕。该馆由三大主题展馆和28个大师空间与多功能厅组成，涵盖陶瓷、玉石雕刻、金属工艺、织染绣、唐卡、玻璃类、漆器、竹木雕刻等不同门类的工艺美术，呈现30多位国内工艺美术和非遗传承大师的优秀作品。

10月14日，美玉翘楚——首届上海工艺美术行业玉石雕刻艺术作品展在上海工艺美术博物馆多功能厅开幕。此展览引导、鼓励上海玉石雕刻年轻一代提高艺术素养，钻研玉石雕刻技艺；探索上海玉石雕刻增品种、提品质、创品牌。

由协会、上海工艺美术品交易中心、上海瀚晶文化发展有限公司、上海吴德昇大师艺术中心联合发起的“昇琢壶心”项目，自6月启动后，于12月1日在吴德昇大师艺术馆举办作品展。具有跨界和创新的意义，是探索工艺美术版权经济的一次实践；12月18日，在上海工美艺术品交易中心首发交易。

四、加强与国家协会的交流与合作

10月9日，2018年全国工艺美术行业年会暨中国工艺美术协会第六届会员代表大会三次会议在厦门召开。中国保利集团董事长徐念沙当选为中国工艺美术协会理事长，协会会长耿鸿民当选为中国工艺美术协会副理事长。

10月29日，中国轻工业联合会在福建泉州召开大师工作委员会成立大会，由耿鸿民会长带队的上海市中国工艺美术大师代表参加会议。11月7日，中国轻工业联合会会长张崇和一行在沪参观调研中国工艺美术大师吴德昇、刘忠荣、蒋国兴的非遗、传统工艺美术的传承基地，并在蒋国兴大师的传承基地召开上海部分中国工艺美术大师、市工艺美术大师座谈会。

协会配合市外办和市经信委，联系相关会员单位为首届进博会国礼献计献策，收集设计方案30余项。中国工艺美术大师蒋国兴和程美华的作品被进博会宴会组选中，协会受到市外办的表扬和感谢。

协会系“长三角16 + n城市工艺美术行业协会联合体（2009年9月成立）”的发起单位，10月27日，在上海建国宾馆召开“泛长三角城市工艺美术产业发展战略联盟会议”，审议通过“产业发展战略联盟的框架”“联盟工作规则”“联盟成员名单”“联盟高级顾问（指导）单位”“顾问单位”等事项。与会人员一致选举上海工艺美术行业资深专家、研究员、博士生导师陈跃华为联盟首任主席。

五、做好《全集上海卷》编审工作

11月19日，在上海工艺美术博物馆会议室召开《全集上海卷》工作会议，确定主副审专家的初步人选，并要求将已成篇的初稿打印成册。

六、开展对外交流

7月18日，在日中会馆美术馆，由协会参与主办的第四届上海工艺展in日本——上海绒绣画工艺展开幕，协会会长耿鸿民带队赴日参展并为开幕式剪彩，并接收多家媒体采访。

11月15日，由日中友好会馆、石川县九谷陶瓷器商工业协同组合联合会和上海工艺美术博物馆共同主办，协会协办的第二届日本工艺展in中国——九谷烧2018上海巡回展在上海工艺美术博物馆开幕。

七、开展相关课题研究

完成《黄浦区工艺美术产业发展三年行动计划》（2018—2020年）。课题组通过走访调研和座谈，征求工艺美术相关协会、企业和行业专家的意见，历经15个月，于9月编制并下发《黄浦工艺美术上产业发展三年行动计划》(2018—2020年)，这是上海第一个区级层面的三年行动计划，与《市三年提升计划》相配套。

完成《2017年上海工艺美术行业发展研究报告》。6月上报最终稿。这是上海市工艺美术行业首篇比较全面的产业发展报告，对上海工艺美术产业发展，奠定理论基础并起到积极指导作用。

完成《2016年上海工艺美术产业统计体系研究报告》和《2017年上海工艺美术产业统计体系研究报告》。通过数据分析上海工艺美术产业发展的瓶颈，提出解决方案和措施。

完成《上海市青年工艺美术家》初稿和《上海市工艺美术保护发展创新基地名录》的前期调研。课题组举办10余场讨论会，就行业、企业主要业态、规模、员工数、年龄层、户籍情况及院校情况等展开讨论，搜集建议，为完善稿件打下基础。

完成《上海市志·轻工志·工艺美术篇》前期准备工作。组建课题组，并调查了解上海工艺美术各相关协会，企业和工作室等情况，搜集整理相关资料。

八、做好旅专委工作

3月23—26日，第53届全国工艺品交易会、2018“金凤凰”创新产品设计大奖赛在西安举行。上海展团有12件作品参加评比。黄跟宝设计制作的木雕《案上云烟》和余士渭等人设计制作的金银珐琅宝瓶《旺财》获金奖，孙晶设计、顾杰制作的足金首饰《龙凤福碗》获银奖，吴俊明、陈建和设计，王澄意制作的黄玉雕刻《瓜壶》和孙佩设计制作的《一大会址》旅游纪念品获铜奖，沈文华设计制作的石雕《皇帝的玩具》和樊黎明制作的黄杨木雕《外滩金融牛》获优秀奖。

10月10—14日，第19届中国工艺美术大师精品博览会在厦门举行。上海有23件作品获“百花杯”中国工艺美术精品奖。其中金奖8件、银奖6件、铜奖6件、优秀奖3件。协会组织老凤祥、上海工艺美术公司、汉光瓷、美华丝毯、景珐艺术、沈德盛大师工作室、宋鸣放大师工作室等10多家企业参展、参评。老凤祥携旗下企业非遗金银细工、珐琅、银饰、绒绣、面塑、金银币、玉雕、民族首饰、迪士尼主题新品等特色展品参展。中国工艺美术大师张心一、沈国兴、宋菁，上海工艺美术大师大师吴倍青、余士渭和“上海工匠”蒋跃年，新锐设计师杨喆、高晓麟、徐旺德、陈杰璀，携18件(套)工艺美术精品参加19届“百花杯”中国工艺美术精品奖评选。名列国家非物质文化遗产名录的老凤祥金银细工制作技艺，是老凤祥匠心传承的代表性工艺。

11月22日，中国工艺美术协会主办的第54届全国工艺品交易会筹备会在重庆召开。全国20多个省、市、自治区工艺美术协会秘书长出席。

九、加强协会自身建设和秘书处管理工作

协会遵循《章程》，健全协会理事会、会员大会制度；清理不履行协会《章程》义务的100多家会员单位，调整部分理事单位。为3月换届大会作了充分准备，顺利产生协会五届理事会、会长和常务副会长等协会领导班子。

五届理事会成立以后，在会长领导下，秘书处加强自身建设，坚持工作例会制度，倡导AB角色，互相帮助、协同工作，工作能力显著增强。

十、加强协会党支部工作

协会党支部以“服务政府、服务企业、规范行业、发展产业”为目标，认真学习党的十九大文件，开展“两学一做”教育活动，加强党员学习，不断提高党员政治素养，开展“讲党性、重品行、做表率”活动，开创“三会一课”新形式、新路径，发挥共产党员先锋模范作用和党支部的战斗堡垒作用，确保各项工作健康发展。

(柴晶鑫)

上海宝玉石行业协会

上海宝玉石行业协会成立于1996年5月。2006年8月，上海市宝玉石协会和上海珠宝玉石加工行业协会合并重组为上海宝玉石行业协会。协会具有设计制造、商贸会展、鉴测评估、行业标准、教育培训、文博收藏等服务功能。现有会员单位481家，包括珠宝、玉器、钻石、贵金属的设计制造与经营销售企业，教育培训、检测鉴定单位，以及拍卖、古玩单位等，主要分布在上海，还有外地和国外、港台的企业。协会聚集一批专家、学者、大师、专业技术骨干，协会内设玉石、珍珠、水晶、鉴测等专业委员会和专家工作委员会。

协会秉承“服务企业，规范行业，发展产业”的宗旨，坚持“创新、协调、绿色、开放、共享”的发展理念，按照年初制定的工作计划，稳步推进认真、务实地开展各项工作。

2018年的主要工作：

一、举办“上海玉龙奖”品牌活动

第10届上海玉龙奖于5月在城隍珠宝丽水路旗舰店如

期举行。共有来自全国各主要玉石器产销区域1450余件作品报名，经过初选872件作品入围。

面对新零售模式、新技术变化对行业的冲击，协会大胆探索，一是在评选形式上，支持鼓励更多珠宝玉石行业工作者参与玉龙奖活动，增加“网络评选”板块，来自全国112件作品参加网络评选，评委组评审后对获奖者颁发网络评选证书。二是在奖项设置上，对人物、首饰两大类作品各评选一件特别金奖，奖金1万元。三是在展出形式上，特别开辟大师精品展示区，展示当代玉雕创作的风采，推大师推精品，鼓励新人出新作出佳作。

二、举行琥珀产业高峰论坛

10月底，协会和同济大学浙江学院共同主办“琥珀产业高峰论坛”，是协会首次尝试举办全国范围的产业高峰论坛。协会邀请深圳、广州、武汉、北京、腾冲、苏州、上海等地的琥珀行业专家、大师，及经营者，从产地和特征、仿制和检测、设计与制作、文化与市场等方面，探讨琥珀产业增长和变革的新途径、新动能。

三、组织世界技能大赛工作

受市人社局委托，1月，协会协助上海市职业技能鉴定中心建立第45届世界技能大赛上海选拔赛珠宝加工项目专家裁判组，推选3位专家代表上海进入中国裁判组。4月，珠宝加工项目上海选拔赛在上海信息技术学校举行。6月中旬，协会作为技术支持单位，参与在国家会展中心举行的2018年中国技能大赛暨第45届世界技能大赛全国选拔赛。8月，协会和上海信息技术学校共同申请成为世界技能大赛上海选手培养基地。通过集中培训、竞赛等形式，对选手进行梯队培养，为世界技能大赛储备人才。协会推动各大企业积极参与，给予人才、耗材、设备和资金的支持。同时，协会就建筑石雕项目的人才培养，与市人社局有关部门及相关企业沟通，力争在世界技能大赛上填补上海在该项目上的空白。

四、做好上海高技能人才培养基地相关工作

协会牵头开发彩色宝石鉴定、翡翠鉴定、有机宝石鉴定3个专项职业能力资格项目。5月，通过验收，9月，委托上海竣豪职业技能培训中心为实施单位对会员单位实施培训，完成首批学员的鉴定考核。开发与世界技能大赛珠宝加工项目标准接轨的“首饰镶嵌金工制作”专项职业能力，以及更多适应行业发展需求的项目。

为深化上海宝玉石行业的社会培训机制，协会对师资力量、培训计划、考核内容和培训设施符合要求、并有意向从事人才培训的会员单位，经协会认定授予技能培训点资质。对其开设的课程内容、考核标准进行统一的监督和管理，并对考试通过的学员颁发统一的行业认证证书。

（庄绍白）

上海市乐器行业协会

上海市乐器行业协会成立于2009年2月，是由上海生产、经营各类乐器的企业以及相关的专业院校等自愿组成的非营利性的社会团体法人。现有团体会员单位40家。

2018年主要工作：

一、不断加强协会自身建设，拓展协会工作广度

协会办公室克服年龄大、人手少等困难，尽心尽力做好为会员企业的服务工作，利用协会平台，邀请会员企业参加各种政策和实务知识讲座，学习、了解政府相继出台的有关政策，促进会员之间互相交流。办公室还新建微信公众号，及时发布市场信息，发布钢琴调律鉴定文件，推进协会工作。

协会召开四届三次会员大会，组织会员企业参观海伦钢琴有限公司，听取海伦董事长陈海伦先生的介绍。大家表示要学习海伦的创业经验，推进本企业发展。年内协会召开理事会两次，讨论协会工作，交流企业生产经营发展的经验和具体方法。2018年，新增会员单位11家，扩大了协会在行业乃至长三角地区的影响力。

二、精心参展上海国际乐器展，突显协会行业形象

2018年上海国际乐器展，无论是场地面积、参展企业数量，以及行业内外参观人数，都创了历史之最。在会长的提议下，协会精心组织会员企业积极参展，上海民族乐器一厂积极支持布展工作，帮助协会请专业公司设计、布局效果图，倾听理事们意见和建议。本次参展内容更加丰富，画面更加突出，效果更加显著。中国乐器协会有关领导、协会会长、副会长、理事们纷纷前来观展。协会安排5场宣传演出活动，精彩演出吸引观众驻足观看，取得很好效果。在参展期间，协会精心制作印有所有参展企业的名称和商标图案的竹扇分发给大家，宣传企业形象。

三、适应新形势需要，积极开展钢琴调律师鉴定工作

认真学习中国乐器协会关于恢复和开展钢琴调律师职业技术鉴定的文件精神，结合行业实际开展鉴定工作。协会把生源扩大至长三角地区，为考学进行认真辅导，解疑答难。严格把关，坚持标准，确保考生质量。在中国乐器协会指导下，上、下半年分两批进行钢琴调律师鉴定工作，共有170

余名考生参加鉴定，有41名钢琴鉴定和小提琴老师参加考评员培训、考试，取得考评员资格证书。协会在审核考生报名、各项目考核、考评员鉴定、证书颁发等所有环节，完全符合相关制度规定，没有发生违规违纪情况，受到中国轻工联合会鉴定中心领导的好评。

四、增加企业品牌意识，强化市场竞争能力

协会把“服务企业，规范行业，发展产业”作为工作的首要任务，收到上海轻工协会下发的开展卓越品牌和知名品牌推荐评选工作相关文件后，即与相关公司联系，要求企业组织相关材料参加评选。经协会推荐上报的上海民族乐器一厂敦煌乐器被评为上海轻工业卓越品牌；上海钢琴有限公司施特劳斯钢琴、上海玛珂琴业有限公司公爵钢琴、上海国光口琴厂国光口琴被评为上海轻工知名品牌。经协会推荐，上海民族乐器一厂被评为全国轻工行业先进集体，上海市乐器行业协会被评为上海市优秀行业协会。

五、撰写轻工志（乐器篇），是协会一项重要工作

协会对撰写轻工志（乐器篇）工作非常重视，在二次理事会议上进行专题讨论，成立专题小组，确定四大板块的主写提纲：(1) 钢琴篇——以上海钢琴有限公司为主线，含其它钢琴企业发展史；(2) 民乐篇——以上海民族乐器一厂为主线，含其它民乐企业发展史；(3) 琴行篇——以柏斯、海音琴行为主线，含其它琴行发展史；(4) 口琴篇——以上海阔光口琴厂为主线，含其他乐器类行业发展史。

六、抓好协会党建，把握协会工作的政治方向

协会党支部贯彻执行《中国共产党支部工作条例（试行)》，加强协会党支部标准化、规范化建设。坚持党员学习制度，认真学习习近平总书记的重要讲话，上好党课，过好组织生活，发挥党员的先锋模范作用，促进协会各项工作。党支部与上级党委签订党风廉政建设责任书，牢牢把握协会的各项工作在党的领导下进行。经上级党委批准，吸收1名同志为中国共产党预备党员。

（范志华）

上海市钟表行业协会

上海市钟表行业协会成立于1996年，是上海市钟表、钟表配件及计时仪器行业企事业单位自愿组成的跨部门、跨所有制的非营利的行业性的社会团体法人。涵盖了上海钟表制造、营销、科研、教育、培训等方面的精干主体。现有各种所有制会员单位90多家。

2018年主要工作：

一、发挥行业协会职能作用，建立人才培养机制

建立上海市钟表行业企业技能人才评价委员会。以国家职业标准为依据，以职业能力为核心，以职业活动和岗位需求为导向，培训高技能人才，推进行业技能人才评价工作持续有效和推进职工技能水平不断提高。

建立钟表行业技能鉴定所，对钟表行业从业人员定期实施培训、考核、技能鉴定等工作，以促进企业技术人才的成长，提高企业技术人才的比例，推进职工队伍向技能型人员转型。

协会联合市轻工工会联合会、上海市工业技术学校，在徐汇区职业技能鉴定中心的指导下，举办中国技能大赛——2018上海钟表行业钟表装配、维修技能大赛。近10家企业36名选手参加，其中27名选手和1家企业获得大赛组委会的表彰。通过3年来持续开展技能大赛，涌现许多高技能人才，形成一批高技能的职工队伍。

行业协会组织多年来参加“中国（蓝光杯）钟表设计大赛”的企业和个人近30多个获奖作品，在上海钟表文化科普馆展示，宣传和推动上海钟表向时尚化、艺术化、个性化的发展，鼓励企业创新设计，提升钟表品牌内涵。

二、发挥行业协会平台交流作用，提升行业品牌知名度

协会组织28名企业领导及相关人员参加世界钟表展——巴塞尔钟表展，了解国际钟表发展情况。中国国产钟表品牌愈来愈受到国际同行关注。中国钟表市场依然是世界各大品牌和国内知名品牌重点抢占、竞争的重要市场。

提高上海钟表品牌的影响力，上海牌手表被评为2018上海轻工卓越品牌。九鼎时钟、珐艺的珐琅钟被选入上海轻工知名品牌。上海表业有限公司代表中国企业荣登美国纽约纳斯达克。5月，上海珐艺的珐琅时钟在上海泓越艺术中心举行《帝王时光－宫廷珐琅钟》见面会，该珐琅时钟多次参加中国蓝光杯钟表设计大赛，并获得大奖。

协会举办主题为“品牌承载使命技术彰显品质文化铸就未来”的上海钟表发展论坛，以“融媒体时代的营销浅析”为题，分析新媒体在品牌宣传、营销中的作用；以“时钟品牌的精髓——文化”为题，介绍钟表文化、历史和现在的技术发展；以“从瑞士与中国在高档腕表装配中的差别”为题，阐述国有手表如何在装配中学习瑞士经验等。

以上海钟表科普馆为平台交流钟表文化，上海牌手表与上海钟表文化科普馆联合举办山东大学总裁班企业家钟表文化交流会，让企业家们了解上海钟表文化，体验精妙的制表工艺。上海钟表科普馆被市教委、市科委列为中小学生的体验基地。

三、坚持行业调研，发挥行业协会建言建策作用

协会持续3年进行制造业企业职工工资的调研活动，由协会和轻工业工会联合会撰写的《上海钟表制造业职工工资水平分析报告》，获得上海市总工会优秀调研报告三等奖。

组织编撰《上海轻工志·钟表分卷》，已制定工作计划，查阅摘抄相关企业300多份历史档案材料，并逐条建卡。

组织参加消保委的“3·15”宣传活动，参加轻工、工经联等组织的品牌咨询活动，普及钟表消费知识，介绍品牌文化。开展第三方钟表质量检测与钟表鉴定，公开行业钟表质量状况，督促企业树立质量第一观念。协助公、检、法、纪监委进行钟表真伪鉴定及估价，提出鉴定报告100多份。完成上海市钟表质量检测站对行业钟表产品质量检测的公示。

（蔡辉明）

上海市糖制食品协会

上海糖制食品协会成立于1988年6月，现有会员单位80余家，涵盖上海市场上90%中西糕点的经营大户和食糖经营龙头企业，包括上海现有的14家经营焙烤食品、糖制食品的中华老字号企业。会员企业年销售量的市场占有率：食糖达85%、焙烤食品和糖制食品达70%。

2018年主要工作：

一、倡导诚信经营，强化行业自律

规范产销，确保质量。食品行业各企业以“食以安为先”的经营理念，严格做好以食品安全为重点的食品产销工作。协会逢会必谈，遇事必讲，倡导诚信经营，强调食品安全，提醒各企业加强领导，健全制度，分级落实，层层把关，确保食品安全零事故。在市食药局的多次抽查中，企业生产的青团合格率100%，粽子抽查合格率100%，月饼抽查合格率99.47%，协会会员企业产品抽查合格率均为100%。6月14日，协会在《协会信息》上发出“积极采取行动确保夏令食品安全”的通知，提醒企业确保夏季食品安全。

加强引导，稳定价格。为贯彻党中央“稳物价，惠民生”的指示精神，协会通过多种形式引导企业稳物价、少涨价，确保上海食品市场价格平稳。各企业对产品价格实施“持平为主，调高为辅”方针，确保青团、粽子、月饼价格基本平稳。

二、引领消费需求，培育优质品牌

做好节令市场预测。协会通过调查研究，收集各种相关数据，了解市场信息，把握食品市场走势，及时写出春节市场分析预测和月饼市场分析预测，端午节前收集会员粽子价格信息，在信息交流会上交流，并刊登在协会信息上，为企业决策提供参考。

做精上海名特优糖制焙烤食品。协会连续第十六年开展上海名特优食品评审活动。4月19日，协会组织质量交流评审，有21家企业的37种产品获“2018年上海名特优食品”称号，其中18款是新申报产品，19款是复评产品。参评产品质量优异，市场口碑良好，体现了上海食品的高品质。协会于4月25日在《劳动报》上登报公示。

开展青团质量交流活动。3月13日，组织开展青团质量交流活动，16家企业的36个品种被评为“2018年上海优质青团”，于3月15日在《劳动报》上公示表彰，并于3月20日召开“2018上海青团质量交流研讨会”，为获奖企业颁发“2018年上海优质青团”证书。

做强做大做优节令食品。协会春节前宣传企业迎春新产品和营销新举措，清明节前提供“麦青汁”供应情况信息，端午节前发布粽子价格信息，引导企业不失时机发展节令食品生产。杏花楼的“网红”产品“蛋黄肉松青团”全面开花，协会内有10多家企业生产，且销售很好，有的甚至销到多个国家。

组织一年一度的上海月饼节。7月19日，召开2018年上海月饼节活动动员会，组织会员企业签署诚信公约；8月16日，组织开展2018年名特优月饼质量交流评审活动；8月28日，在劳动报上公示获奖企业和获奖产品名单；从8月30日至9月10日，协会专程为获奖企业送达奖牌；10月30日，召开2018年上海月饼节工作总结大会，将月饼节工作划上圆满句号。同时，协会组织78家企业和755家门店签署“进博会诚信营销”承诺书。

参加市消保委举办“上海优选伴手礼”评选活动，杏花楼、功德林、乔家栅、沈大成、新雅、元祖、哈尔滨、第一食品等8家会员8款产品入选。9月28日—11月11日购物节，正逢国庆长假、首届中国国际进口博览会和双十一“光棍节”，各会员单位把握机遇，抓住重点，为成功举办购物节，作出贡献。

协会积极配合、帮助企业做好上海市著名商标、上海市名牌产品的申报工作，为多家企业办理相关证明，提供相关数据，得到企业由衷好评。

三、加强对话交流努力服务企业

组织会员企业参加市商联会“商铺作业”专项职业能力方面培训，包新语、西区老大房、乔家栅3家企业员工参加

市商联会主办的《餐饮食品安全管控》《商铺作业》培训班，近百名员工参加学习和考试，全部合格。

全年共发《上海糖制食品信息》24期，刊登各类稿件信息95篇，专题资料4份，统计分析4份，为会员提供各种信息。

协会为30余家企业提供50余次咨询、协调服务，指导规范生产、解答有关政策法规、为企业需求牵线搭桥，为企业产品开发提供建议，提供原料最新价格信息等。

5月9日，组织会员企业参观在新国际博览中心举办2018第21届中国国际焙烤展，4家会员企业参加展会。7月12日，组织4家会员参加第12届食品配料中国展中添加剂协会举办的研讨会。

6月，召开月饼产销计划及月饼原料准备的交流会，12月20日，召开辞旧迎新产销信息交流会，通过交流相互启发，达到取长补短作用。

协会微信平台每周一次发8条信息，及时为会员发布新产品、营销活动、企业介绍以及技术交流信息。及时更新网站信息，发布新会员介绍、新产品上市、有关法规等。

协会在清明节、端午节等产销旺季，都接受媒体采访，通过媒体向社会宣传行业发展情况，介绍节令食品的销售热点以及食品安全情况，让消费者放心购买。

实地调研会员企业，做好宣传工作。2月1日，协会至老会员奥莉嘉的新厂区参观调研；2月26日，协会对中道糖业有限公司进行实地调研；7月31日，拜访新会员上海鲜动信息技术有限公司。

四、加强协会管理，努力发展新会员

4月18日，召开八届四次理事会；4月26日，召开八届四次会员大会。分别向会员汇报2017年度工作总结、2018年工作计划以及协会副理事长和会长人事变动情况，并提请理事会和会员大会对上述事项进行审议表决通过。

做好2017年度、2018年春节、端午节粽子、中秋节月饼的统计，对统计结果进行分析，及时发布在《协会信息》上。完成一年一度的社团年鉴。

协会发展新会员4家，协会会员已打破以传统焙烤食品企业为主的单一格局，形成产品多元化的发展新局面。

规范协会管理，完成协会法定代表人崔智均前任会长离任审计报告。按照“中国社会组织4A级复评要求”，积极做好2019年5月复评准备工作，使协会管理更加规范化，“行业诚信档案”更加完善，自我建设更上一层楼。

（仲梅丽）

上海市豆制品行业协会

上海市豆制品行业协会成立于1986年9月，现为5A级社团组织，拥有会员87家。协会遵循“创新、协调、绿色、开放、共享”发展理念，坚持多元化、多品种、跨领域发展方向，励精图治，展现出新的气象。

2018年主要工作：

一、适应新体制，促进新发展

用新的“四化”方针指导行业工作。3月14日，协会召开七届四次会长工作会议，修订原“两新、三化、八字”科技兴业方针，增加“管理信息化”，并把生产机械化改为生产自动（智能）化（即开发新产品、开拓新市场，生产机械化、产品包装化、产销冷链化、管理信息化，豆制品做到安全、营养、可口、方便）。修改补充后的行业“四化”方针，涵盖面更广，更加符合行业发展需要，为指导行业工作夯实了基础。

加强秘书处工作领导。年中，协会明确周汉康常务副会长分管秘书处日常工作，协会整体工作得到有效推进和落实。

改选协会党支部。9月，经协会全体党员无记名投票通过，上级党组织批准同意，张建秋同志担任协会秘书处新一任党支部书记。

为适应新体制，秘书处对原13项工作规章制度进行梳理、修订和完善，细化秘书处基本职责，明确协会管理架构，补充秘书处工作人员行为规范，修正人事管理制度中不完善条款，完善财务制度。

二、探索新模式，取得新突破

清美公司率先在经营模式上进行大胆探索，在上海市内开出鲜食超市50余家，成功打造出集豆制品专卖、面点早餐连锁、中心菜场、清美鲜食便利店于一体的行业“四大商业模式”，实现“豆制品专卖”向“城市生鲜食品综合服务商”成功转型，企业也发展为食品综合型集团公司。

祖名公司投资1.5亿元引进的日本全套豆芽生产流水线于11月19日建成投产，日产绿豆芽和黄豆芽共100吨，整个生产车间全封闭，豆芽经自动化机械去豆壳、切根、包装，然后冷藏保存，豆芽粗细均匀、长短相近、吃口脆嫩，做到协会提出的“工业化、标准化、净菜化、包装化、冷链化”五化要求，标志着行业豆芽质量安全方面有重大突破。

在协会牵头下，绿嘉、华泉、原野3家工业化豆芽企业积极参与上海市重要产品追溯体系示范项目建设。6月5日，经市商务委委托上海市经济和信息化发展研究中心组织的专家现场验收通过。

三、拓展新思维，解决新问题

维护企业正当权益。4月，一会员企业在豆渣外运时被当地行政执法部门认定违反《上海市餐厨垃圾处理管理办法》规定，责令整改，并罚款2万元。企业申辩无效，请求协会出面协调。协会查阅有关文件后，致函当地政府，陈述豆渣不属于餐厨垃圾的理由，要求其依照文件进行复核。后经该镇政府重新审议，撤销处罚决定。9月，一会员企业因废水处理池上未盖盖子和排放恶臭气体被环保执法部门查实等待处理。协会一方面通过动态刊物和微信，向会员企业发布信息，要求引起高度重视，避免类似问题发生；同时，邀请市环保执法专家来协会对企业法人或负责人进行培训，提高其理论水平；协会还积极参与该企业的申诉听证会，帮助其从政策法规和废水处理技术层面陈述观点，恳请有关部门从企业发展角度适度裁量，其处理结果基本满意。

以专业知识回应职业举报人。某职业举报人举报一会员在豆浆中超范围添加阿斯巴甜添加剂。协会一方面要求该企业立即停止添加阿斯巴甜，最短时间内更新包装，并配合执法部门做好调查取证工作；同时，向浦东新区市场监管局发函，对豆浆在GB2760中归类是属于饮料还是豆制品，从CAC标准规定、食品安全、社会需求、行业发展等角度阐述观点，并与市食药监局当面交换意见，最终，职业举报人撤回举报。

牵手会员企业，共同应对内酯市场价格乱象。针对下半年国内内酯价格疯涨问题，协会高度重视，对此不正常现象进行调查，寻求应对措施，并倡导协会会员以“抱团取暖”的方式，集体采购内酯原材料，共渡难关。秘书处先后前往常州市环宇康力科技有限公司和樟树市新黄海医药食品化工有限公司等地对内酯生产、库存及市场价格情况调查摸底，3次与上述两家企业面对面进行洽谈，在友好协商的基础上，达成内酯生产、使用企业供需双方战略合作意向。11月22日，协会召开“内酯生产使用企业供需双方战略合作洽谈会”，清美、祖名、艺杏等7家公司与环宇、新黄海公司签订为期3年的供需双方战略合作协议，协会作为监督履行的第三方，也在协议上签字盖章。此后，内酯价格迅速回归到合理范围。

四、学习新经验，取得新成绩

成功召开行业发展推进会。4月26日，以“新时代，新要求，新作为”为主题的行业发展推进会在安吉祖名公司举行，50多家会员企业近百人出席。成立协会食品安全工作委员会和环境安全工作委员会，并为委员会成员颁发聘书；祖名、汉康和旺欣公司等3家企业围绕主题作交流发言；15家先进会员企业得到表彰。沈建华会长号召各会员企业坚持不懈地创新发展，下大力气抓好食品安全、抓好环保安全，做特色、做品牌、做价值。会议收到了预期效果。

举办环保法规学习培训会。10月23日，协会召开环境保护工作会议。市环保专家以“豆制品企业环保执法要点”为题，为大家授课并答疑解惑。会后，协会在《行业动态》上整版报道讲课内容，提请会员认真学习环保法规，增强环保意识，最大限度地将环保问题消灭在萌芽状态。

开展食品安全卫生检查。5月起，秘书处利用一个月时间，对33家生产企业的卫生状况进行检查，要求个别“制度无章可循、意识淡薄、留有食品安全隐患”等问题的企业立即整改。

开展产品质量市场抽检。3月，协会对14家生产企业生产的盒装内酯豆腐理化指标抽样检查。7月，对6家企业的豆浆进行市场抽检，对23家企业41个大豆样本进行抽检，帮助企业把好原料质量安全，取得满意效果。

五、工作新要求，呈现新面貌

按市社团管理局5A级社团组织的档案设置要求，对档案进行重新梳理和整合，细化档案目录，增添检索关键词，还建立协会大事记，档案资料更加完善丰富。

利用《豆制品行业动态》，积极宣贯党的路线方针政策，反映会员企业动态。增设现场速写、微型调查、案件聚焦等栏目，其可读性、针对性、参考性更加贴近工作实际。及时更新了微信公众号和协会网站内容，让现代化的信息渠道更加畅通，更好地服务企业和社会。

参与起草的《豆制食品业用大豆》《千页豆腐》和《大豆异黄酮含量测定》行业标准于7月1日发布，10月1日正式实施。着手起草《豆制品用无纺布分割包装卫生规范》标准，已完成前期调研，初稿基本形成。

（赵　鸿）

上海市酿酒专业协会

上海市酿酒专业协会创建于1989年2月，是上海市专门从事酒类生产和经营相关的企业及有关酒类科研、教育等单位自愿组织的跨部门、跨系统的行业组织，经上海市商业委员会批准，上海市社会团体管理局核准登记，具有资格的社会经济团体法人。现有会员单位89家，涵盖上海市啤酒、黄酒、葡萄酒、白酒、老白酒、配制酒、洋酒等所有酒种的生产企业和部分酒类经销商，其中酒类生产企业占上海合法酒类生产企业的50%，包含国有、三资、私有、股份合作等性质的企业，其会员企业的产量占全市酒品产量的95%以上。

2018年主要工作：

一、实施“上海名牌”战略，开展酒类产品推广、引导等系列活动

组织开展“上海市酒类品牌”宣传、展示活动。协会组织开展上海市历届名牌、名优品牌的酒类食品产品的展示、品评推广普及活动，引导理性消费方式，社会反响很好。

协会与会员企业神仙酒厂共同举办上海首届白酒酿酒节，线上、线下联动，吸引几十万消费者的关注和互动，既推广和宣传了神仙酒的产品和品牌，又推动普及年轻消费群体的白酒消费，

参加市轻工“创新设计、创新成果展示、展览”活动，金枫、新晖、皇家、神仙等5家企业的7个产品分别获“创新成果二等奖”、“创意设计优秀奖”等奖项。协会获“优秀组织奖。

协会与市商联会等协会共同发起组织第九届“上海酒类市场‘金樽奖’”评选活动，金枫、华佗、神仙、新晖、皇家、雪花等会员企业的品牌获得“金樽奖”。年内的“金樽奖”活动还增加“葡萄酒与烈酒的品评”与发布活动，组织苏格兰威士忌的专业与爱好相结合的评比活动、进口葡萄酒的消费者品评大赛活动，在网上吸引2000多人参与。

协会组织有条件的企业开展产品开发、技术装备改造和更新，以及工艺的改进等研讨和交流等活动，推荐金枫、巴克斯等会员企业申报“上海市产业转型升级专项资金”的项目，推动行业转型升级。

二、发起制定“预调鸡尾酒团体标准”

协会组织上海巴克斯酒业有限公司、百加得洋酒贸易有限公司、百威英博投资（中国）有限公司等共同起草了预调鸡尾酒的团体标准，并广泛征求专家论证，在上半年通过中国酒协的团体标准审查委员会的函审和专家的面审，于8月底正式发布，2019年1月1日上半年正式实施。

三、开展食品安全活动

协会与市食品安全工作联合会共同组织召开“上海酒类食品安全风险预防与管控会议，探讨预防和管控酒类产品的生产与流通存在的安全问题，从源头提高上海的酒类食品安全系数。协会还在酒类商品流通领域维权打假等方面提出建设性意见。

四、组织参加上海轻工行业“三品质量月”活动

协会发动会员企业参加上海市轻工业协会举办的“增品种、提品质、创品牌轻工三品”展示月活动，参与现场交流会、轻工企业产品和品牌宣传等一系列，观摩并交流企业开展三品活动经验。

五、为出口业务的会员企业落实政府补贴政策

应对中美贸易冲突，政府出台相关鼓励出口的政策和措施。协会积极为具有出口业务的会员企业享受政府的出口补贴政策提供服务，落实相关的措施。

六、继续推进酿酒行业落实上海“十三五”规划

协会参与市经信委、市环保局、市环科院共同对全市酿酒行业“清洁生产”进行检查，提出上海市啤酒、黄酒、白酒等企业的清洁生产的有关数据和标准的参考意见，尤其是酿造、发酵所产生的气体排放，对周围环境影响作出检测依据。

经市经信委和市环保局的检查、审核，协会酿酒行业在完成上海市“十二五规划”节能减排的任务，燃煤、燃油锅炉全部被更清洁能源的锅炉所替代基础上，进一步对上海“十三五规划”的未来能源环保的要求做出预判和计划，以确保能达标。

继续与英国Cochran公司、德国Eisenmann公司合作，开展行业锅炉升级换代的工作，帮助企业解决燃气锅炉产生的废水和尾气以及发酵产生的二氧化碳气体收集与处理等技术问题。

七、主办和参与多个行业、政府的相关活动

协会参与上海“世界知识产权日”的活动，旁听酒类产品知识产权侵权案的庭审，在庭审后的座谈会上，协会解答诉、判方的酒类产品侵权的相关问题，向检察院和法院提出协会行业和会员企业的意见和建议，为今后审判提供依据。会后还与上海静安检察院和普陀法院签署备忘录，应邀受聘成为上海知识产权审判委员会专家委员。

协会在第17届“中国清洁展”期间，举行“食品生产企业清洁论坛”，邀请美国、德国、日本等国的清洁生产方

面的专家介绍国际最新的清洁生产技术和现场装备的操作演示，协会组织30多家会员企业专业人员及部分江浙企业参加论坛。

借中国国际供热及热动力技术展览会HEATEC暨中国（上海）国际锅炉、辅机及工艺设备展览会（简称“国际供热暨锅炉展”）在上海举办之时，协会召开“酿酒行业锅炉产品和改造案例技术交流会”，将最新型的锅炉产品、使用案例、维护经验和优秀企业推荐给酿酒行业各相关企业。协会邀请英国、美国、日本等国际知名的锅炉制造企业介绍和推广国际节能、环保的锅炉技术，20多家会员企业及长三角地区30多家企业参加此次推广介绍会。

八、举办和参与举办一系列活动

组织会员企业，并与连锁协会、餐饮协会、糖烟酒茶协会共同参与在上海的“理性饮酒”活动。组织会员企业参与中国国际进口博览会的中外行业间的参观、交流等活动。

协会与其他食品类生产、流通、进出口贸易协会与香港贸发局合作，举行“一带一路”高峰论坛，邀请境内外相关组织和机构、企业领导和专业人士共同探讨“一带一路”倡议给现在和未来所带来的商机和影响，推动上海食品业进一步走向国际化。

协会参加市政府组织的国际大都市与大虹桥城市群发展的系列活动，学习和借鉴现代化国际大都市发展的经验，推动酿酒行业尽快转型，适应国际化大都市的趋势。

为德国、荷兰、比利时、捷克等国的进口啤酒，澳大利亚、智利等国进口的葡萄酒举办品评推广活动。与澳大利亚、新西兰等国驻沪领馆合作，参与组织投资、洽谈食品酒类商务考察等酒类行业的活动，促进中外酒业界的融合发展。

九、主办上海国际葡萄酒与烈酒展览会和组织参观、参展相关展会

协会举办第15届上海国际葡萄酒与烈酒展览会，来自20个国家的380多家参展商参展，吸引3000多专业人士前来参观、洽谈，同时进行一系列报告会、讲座、品酒等活动。

协会组织会员企业参展“上海国际食品博览会”“上海时尚消费品博览会”，在展会期间开展商贸合作洽谈等活动。

十、开展协会日常工作

编发24期《上海酿酒简讯》，及时更新协会网站的专业性国内外信息大约2M的量，为会员、业内、政府、国外和社会的提供的服务咨询约70多人次。

（吴建华）

上海市物流协会

上海市物流协会是在成立于1993年3月的上海物资流通行业协会的基础上改组重建的，是上海物流企事业单位自愿组建的跨部门、跨所有制的非营利性社团法人。现有会员单位620家左右。

2018年主要工作：

一、认真为会员服务

为适应物流企业提升标准化规范化水平的需求，协会评估办积极开展A级物流企业评审，新增A级物流企业30家，使A级物流企业总数达到219家。同时按照中物联的布置，做好相关A级物流企业复核评估，复评49家。协会评估办被中物联评为全国先进评估办，一名个人被评为优秀审核员。

协会行业信用信息共享平台，为首批62家会员单位建立企业信用档案，评定相应的信用等级，并将其中40家信用等级在BBB－及以上的评级情况，在协会微信公众号上予以公告，接受查询和社会监督。

协会供应链管理分会、中小企业服务分会以及装备采购咨询服务中心联合365me工业服务云平台，成立会员采购服务平台，为会员单位尤其是中小物流企业会员提供全方位的集中采购服务，帮助降低成本，保障采购质量，提高采购效率。平台邀请信用好、资质好、产品好、服务好的服务商经过一定程序的认证后正式入驻，提供优质、高性价比的产品和服务。

组织企业内部培训师的师资培训、上海冷链物流发展政策解读培训、餐饮冷链物流服务规范培训、城乡高效物流配送培训、物流用箱变保温材料检测标准培训、中职教师企业实践培训、新型学徒制企业培训等培训活动。支持企业申报政府试点项目。其中供应链创新与应用试点企业申报10家；城乡高效配送骨干企业申报30家。

逆向物流分会组织第二届“云丰杯”逆向物流设计大赛，75所高校的320支队伍参赛。江苏大学获特等奖，上海二工大、上海大学、英国伯明翰大学分获一、二、三等奖。

协会编辑出版《上海物流指南》，由原来的两年一期改为一年一期，免费赠送会员。协会还参与《上海物流年鉴》2017版的编辑；上海现代服务业联合会《上海现代服务业发展报告》（白皮书）中上海物流行业发展报告的编写；市工经联、经团联和市质量研究院《上海市企业社会责任报告》中上海物流行业社会责任报告的编写和发布。逆向物流分会参加中物联的绿色物流调研并编写上海绿色物流发展报告。

为方便社会各界了解协会和会员企业，扩大影响力知名度，协会编制反映协会历史、现状和展望的宣传片，在内外交流中发挥作用。

二、积极推动行业发展和区域合作

在上海市与大连市对口合作联席会议期间，协会浦静波会长参加上海－大连物流合作项目洽谈会，与大连市物流协会签约战略合作协议。在长三角物流合作联席会议（浙江）期间，协会组织上海物流企业参会推动与苏浙对接。

协会牵头组织召开上海物流行业社会组织合作联盟2018秘书长第一次联席会议，讨论协会草拟的联盟工作条例、信息专报和秘书处设在上海市物流协会等意见，为合作联盟持续运转提供制度和操作上保证。此后联盟分别轮值召开第二次和第三次秘书长会议，成为上海物流行业社团活动的重要组织形式。

协会支持轮值方浙江省物流与采购协会並共同主办2018长三角现代物流联动发展大会，组织上海物流企业参会，在合作论坛上作主旨演讲，交流物流创新案例。

在中国首届国际进口博览会筹办期间，协会积极配合做好宣传、联络和组织参观等工作。与学会一起，共同召开纪念改革开放40周年和呼应进博会“供应链管理“专题论坛，通过理论和实际相结合的探讨，为推动上海物流行业的更高质量发展提供智力支持。

协会组织10多家物流企业参加市交通委组织的多式联运专题调研会，就上海发展多式联运提出相关建议。组织物流企业参加市商务委的多式联运座谈会。参加市经信委的制造业与物流业“两业联动“情况调研，提交相关书面材料。协会还应市政府部门和外省市政府部门要求，组织好赴上海重点物流园区、物流企业的参观考察。

协会组织会员企业参加全国先进物流企业的推荐评选，经审核上报16家候选企业，并与合作联盟其他协会推荐的候选企业一起上报市有关部门和中国交通运输行业协会审定，共计65家上海物流企业上榜。

协会组织企业参加汉诺威展览局在上海一年一度亚洲物流与装备技术展会，组织企业参加外省市在沪招商活动，赴外地的考察活动，推动业务对接和合作交流。

三、推动实施两个重点项目取得进展

由复旦大学开发的数据中心运行软件已经完成，在试运行；首批企业信息入录已经开始。资料库的软件开发工作在推进中；同时制定数据中心的管理办法和信息安全管理办法，並经三届二次会员代表大会暨理事会审议通过，为数据中心的建立和运行提供制度保证。

制定信用信息共享平台管理制度，已经三届二次会员代表大会暨理事会审议通过並实施；首次向社会发布试点企业中的信用评级结果，并可通过协会官网查询信用状况；信用建档企业的扩容按目标要求扎实推进，年内平台信用企业的总数达到100家。

四、进一步规范协会自身建设

严格按章程的要求，召开协会三届二次会员代表大会暨理事会议、协会三届二次常务理事会暨理事扩大会议；协会会长办公会议暨常务理事会议，对协会重大事项、重要工作、重要制度等进行审议表决，保证民主决策、规范决策。此外，上海市物流学会九届一次会员代表大会暨理事会召开，许国良当选会长。

按核心层、紧密层、联系层以及履行会员职责情况，对协会和所属分支机构的会员进行全面清理，确保协会基础的可信可控和切实有效。

对协会网站进行升级改版，更新版面，扩充内容，增加公共服务平台的功能。7月11日，网站上线运行。

全国物流标准化技术委员会逆向物流标准化工作组成立，设在协会。工作组职责是对逆向物流标准化需求进行分析研究，为物流标准化工作提出专业支撑；组织开展逆向物流国家标准、行业标准的制修订；组织开展逆向物流标准的实施应用、信息反馈等。由协会逆向物流分会参与起草的国内首个逆向物流国家标准《非危液态化工产品逆向物流通用服务规范》（GB/T34404—2017）已正式实施。首次发布上海逆向物流指数（机动车）。

（朱泽榕）

上海工业设计协会

上海工业设计协会的前身是上海工业设计促进会，成立于1993年3月。2004年8月更名为上海工业设计协会，是以上海工业系统从事产品设计的企事业单位为主体、工业设计工作者等设计专业人员，自愿联合组成的跨行业、非营利和专业性的社会团体法人。

2014年8月31日，经改选产生第五届理事会。协会下设9个专业委员会，即装备设计、交通工具、家具设计、陶瓷设计、青年设计师、交互设计、3D打印、视觉设计、国际合作等。宗旨：团结、联合上海设计界及相关行业的企事业单位、社会团体和从事并支持设计事业的各界人士。业务范围：人才培训、信息交流、业务咨询、专业服务、设计成果评比及展览、考察。协会由秘书处负责日常工作。现有团体会员240家，个人会员549人。

2018年主要工作：

一、认真贯彻会议精神，推进创意设计业发展

协会以上海打造成设计之都为建设目标来加快创意设计与相关产业融合发展；以把握加入联合国教科文组织全球创意城市网络为契机，整合利用全球创意设计资源，围绕创意设计价值链部署创新链，形成一批名品、名家、名企、名牌和名园。根据《上海市文化创意产业发展三年行动计划（2016—2018）》，协会在传统制造业、战略性新兴产业、现代服务业等重点领域开展创新设计示范，走访众多先进的协会单位，以其先进性、创新性为典范，互动交流，通过协会向整个大行业的其它企业提供相关方面的经验和方法。

协会按照《促进上海创意与设计产业发展的实施办法》，倡导“大工业设计”理念，加强行业共性技术和新材料、新工艺研究，推动虚拟（增强）现实、人工智能、大数据、3D打印等技术应用，加强工业设计战略趋势研究及行业标准制定。同时，致力于在制造业、服务业和战略性新兴产业中融入文化创意元素，促进文化创意产业跨产业、跨部门、跨区域渗透融合，推动文化创意设计与城市主导产业和功能深度融合发展，实现产业集群、城市功能协同提升。

二、承接课题任务，深入研究行业现状

协会承接市经信委委托的“上海工业设计行业发展报告”课题与上海现代服务业联合会委托的“科学研究和技术服务业”章节的“上海工业设计行业2018年度发展报告”课题。课题组深入调查研究，向会员单位咨询具体案例和数据、发放调查问卷收集整理相关资料，在此基础上，撰写《上海工业设计行业2018年度发展报告》。

三、积极参与展会，加强产研结合

协会参与10多次各种展会，每次展会都进行详尽报道，为展会主办方、参展单位助力。协会作为支持单位参与2018第九届上海设计双年展。

四、开展各类设计创新大赛活动

协会主办2018“白玉兰杯”上海设计创新产品大赛，与上海电气集团共同举办第16届“上海电气杯”产品设计大奖赛，以及作为协办单位参与金辕奖——第二届中国“七立方杯”国际个人交通工具创新设计大赛、老凤祥杯第十三届旅游纪念品设计大赛和2018第六届上汽设计国际挑战赛等设计创新大赛活动。有超过20个省市、近5100幅作品、7000多人次参加比赛。上海电气杯的成功举办，激励和发挥装备制造企业设计师和工程技术人员、大专院校师生、以及设计公司产品设计师的智慧、能力，搭建工业设计服务平台，促进工业设计校企合作、技术进步合作、信息交流，帮助各企业提升了产品市场竞争力和附加值，成为上海乃至全国的一张亮丽的品牌。

“白玉兰杯”上海设计创新产品大赛暨上海设计创新产品展收到作品252件，经专家评审，评出30件优秀获奖作品，30件作品获入围奖。

五、走访创意园区，加强品牌建设

协会走访调研7家创意园区服务公司，与园区经理、企业领导进行交流。协会对园区发展进行详细客观报道，助推园区品牌建设，创造新业绩。

六、加强与国内设计界合作与交流活动

协会参加2018香港设计营商周活动；参加光华设计基金会主办的第十四届光华龙腾奖颁奖典礼优秀组织机构奖。

七、加强协会自身建设，做好服务会员的各项工作

协会注重先进企业的示范作用，力图将先进经验分享给会员单位，充分发挥协会作为传播平台的重要作用。

协会举办5期“一起读书会”，阅读《带着鲑鱼去旅行》《设计驱动增长——可口可乐如何打造饮料帝国》《人类简史》《未来简史》和《沟通的艺术》等5本社科、人文、设计相关的优秀书籍。5家公司及学院作为主持方，在“一起读书会”微信群中与群友互动，在学习书籍精髓的同时引发参与者更多思考，举一反三，取得良好效果。

全新设计和制作的协会网站清新简洁，条目清晰，更新迅速，绿色的UI主色调凸显协会的主题思想；微信通过更换拍摄设备、增加快捷菜单等方式，提高图文质量，并且方便会员单位通过微信公众号获取各项比赛或活动的报名方式，提升协会综合实力，更好地为协会成员服务。

按照市社团局和市经信委对协会的有关规定，加强协会秘书处建设，认真执行协会四项制度，严格按照日常工作管理制度开展各项工作。在财务管理方面，按章程规定实行理事会领导下的分工负责制，财务人员按规定运行管理，按时将财务情况向会员代表大会作出报告。

（陈建萍）

上海市会展行业协会

上海市会展行业协会成立于2002年4月，是上海市从事会议、展览及相关业务的企事业单位自愿组成的跨部门、跨所有制、非营利性的行业性社会团体法人。现有会员单位580多家。

2018年，上海会展行业继续平稳增长。共举办国际、国内展览会以及各类会议、活动，合计994场，总面积1906.31万平方米，比上年增长18.05%。

2018年主要工作：

一、服务进博会，协会全力配合

6月，协会主办的具有国际影响力的行业论坛即国际会展业CEO上海峰会。其主题为"'一带一路'倡议与国际会展业"同进博会相结合，邀请博览局孙成海局长向中外人士介绍筹备进展，取得很好效果。峰会期间，商务部服贸司冼国义司长邀请UFI、IAEE、Informa等国际会展机构和企业的代表出席国际会展业CEO座谈会，了解国际会展业发展最新趋势，听取境外会展业国际组织、知名展览企业、行业协会专家对加快中国展览业创新发展，优化营商环境，办好中国国际进口博览会等的建议。

协会先后100多家会员企业（东浩兰生集团、国展公司、贸促展示、欣越国际货运、中译语通等）通过招投标成为进博会服务供应商，参与进博会的展台设计和施工、物流、翻译、信息技术等工作。

在进博会开幕前40天，协会邀请参与"进博会"的会员企业，组织一场主题为"全力以赴为进博，勇挑重担立新功"的沙龙活动。进博会圆满落幕后，协会组织参与企业经验分享沙龙，将会员们提出的建议和意见形成专报报市商务委，为办好第二届进博会提供借鉴。同时协会也将会员的感受和体会整理成文，录入协会每年编撰的《2019上海会展业发展报告》。

协会陈先进会长和季路德秘书长被邀请担任进博会现场指挥部专家委员，参加相关方案、任务书的起草以及"进博会"评价维度和指标的标准制定。8月16日，协会党委书记、会长陈先进应市社会工作党委邀请，在上海市社会工作党委举行的"进博会服务动员大会"上代表协会党委作"全力以赴做好首届中国国际进口博览会的筹备工作"的发言。

二、精心策划，CEO峰会再现国际品牌价值

6月21—22日，在市商务委、青浦区政府的支持下，第五届国际会展业CEO上海峰会在国家会展中心洲际酒店举行。来自16个国家和地区的国内外知名企业家、国际组织及政府业务主管部门负责人近300人参会，举办各类交流活动28场。峰会期间，商务部服务贸易司冼国义司长主持召开国际会展界CEO座谈会。

三、立足上海，服务全国，省级会展行业协会联席会议成立

为发挥政府和会展企业之间的桥梁作用、发挥各地会展行业协会之间的平台作用，上海、广东、江苏、四川等4省（市）会展行业协会经过近半年筹备，发起成立全国省级会展行业协会联席会议。7月28日，全国省级会展行业协会联席会议第一次会议在上海召开。21家省级会展行业协会和3家省级会展机构、7家副省级城市会展行业协会和3家副省级城市会展机构的负责人参会，认真讨论中国会展业面临的形势和任务、联席会议的必要性和重要性及会后的工作机制和任务。本次会议得到行业主管部门支持，商务部上海特办徐兴锋副特派员、蒋时柱副处长，中国会展经济研究会袁再青会长，市商务委会展业处李磊处长等莅临指导。

四、切实履行职责，做好会员服务

举办沙龙6期，主题分别是"美国会展业发展及与中国的合作""展示工程企业资质评定研讨会""展示工程企业绿色会展之路的瓶颈和出路""全力以赴为进博，勇挑重担立新功""协会各专委会专题活动""进博会参与企业经验分享"。

协会官网和微信平台信息共享，微信平台每周发布3次，每次5条信息。内容分为8个板块，既有协会活动介绍，又有业内展会资讯、行业热点、观点的分享等。协会官网根据微信平台实时更新，确保协会对外宣传平台内容丰富，信息具有时效性和可读性。

根据会员单位具体业务发展的需要，协会开设12期会展管理（初级）水平认证班，即讲解员培训班，来自全国各地规划馆的249名讲解员获得培训结业证书。

开展对外交流，协会接待国际展览业协会、泰国会议展览局、台湾贸易协会上海代表处、四川博览事务局、杭州会展办、长春农博园等国内外相关机构、博览局、会展办、会展企业。

协会与泰国展览工会签订合作备忘录。与上海交大－南加州大学文化创意产业学院合作，成立上海文创特展研究中心，并在2018年"长三角国际文化产业博览会"文创特展专题论坛上发布《上海文创特展研究报告》。协会组织会员参加外省市来沪的推介会，为会员提供多渠道的就留平台。还组织出境交流，参加在俄罗斯圣彼得堡举行的第85届UFI年会、香港会展协会年会等。

协会为中国（无锡）国际新能源大会暨展览会、中国（成都）国际茶业博览会、设计上海等7家中国企业出具推荐信，协助他们加入UFI；还为23家协会会员出具相关证明函。

五、规范行业，推进会展业可持续发展

协会协调会员企业和江苏苏中地区对接，努力促成绿色会展产业园区建设。

协会坚持公平、公正、公开，坚持第三方审计，坚持专家投票，协会领导不打招呼，不主观决定的原则开展资质评审。

协会共有9家展示工程企业通过初评，30家展示工程企业通过复评。其中：上海轩维企业形象策划有限公司经过初评获得展示工程企业一级资质；上海笔克展览展示有限公司、建同会展服务（上海）有限公司、上海荷玛展览服务有限公司等16家企业经过复评，保持展示工程一级资质。

至年底，一、二、三级展示工程资质企业分别为59家、47家、32家，合计138家。

六、配合政府做好相关工作

受市商务委委托，协会完成东盟博览会、亚欧博览会的招标会；在市商务志（会展业卷）的编纂工作中，承担相关内容的编写工作。

协会参与由市质监局和市商务委共同立项的地方标准《绿色展览会运营导则》的起草编制工作。

协会配合市委宣传部“长三角国际文化产业博览会”组委会，运用协会官网和微信平台，积极做好对外宣传、观众邀请等工作。协会文创特展专委会与交大南加州文创产业学院共同策划主办文创特展专题论坛。在论坛上，为进一步促进长三角地区文化产业的联动与发展，本协会与江、浙、皖会展行业协会共同发起成立“长三角文创特展产业联盟”的倡议，在上海市会展行业协会党委书记陈先进、文创特展专委会主任许润禾的见证下签署倡议书。

（吴星贤）

上海市机器人行业协会

上海市机器人行业协会成立于2013年1月，是由上海东浩兰生国际服务贸易（集团）有限公司、上海电气集团股份有限公司、上海机器人产业园、上海ABB工程有限公司、上海发那科机器人有限公司、库卡机器人（上海）有限公司、上海新松机器人自动化有限公司等共同发起，自愿组成的行业性的非营利性社会团体法人。协会秉承“做好政府助手、行业推手、会员帮手”的工作理念，在市社会团体管理局的悉心指导下，紧扣“搭建平台、服务会员、增进合作、推动发展”的办会宗旨，不懈探索，主动作为，根据新时代产业发展要求，不断创新社团管理模式、工作方式、服务举措，为进一步推进机器人与智能制造产业发展、助力上海制造业转型升级作出应有贡献。

2018年主要工作：

一、坚持服务理念，扎实开展日常工作

协会发展12家新会员单位，其中服务机器人7家，配套企业3家，相关服务业2家。之后，又新增相关有限公司5家。

协会充分依托官网、官微和《协会信息》3个信息平台，及时向会员单位传递政府相关产业政策及产业发展要求。针对《机器人产业“十三五”发展规划》《机器人技术创新与产业推进计划》《全力打响“上海制造”品牌加快迈向全球卓越制造基地三年行动计划》，以及长三角协同发展的等国家、上海相关重点规划和政策，有针对性发布相关信息。全年官网共更新信息32条，《协会信息》10期，官微65条。

协会重大事项由理事会、会员大会决策。年内召开会员大会1次，理事会会议3次，秘书长会议8次，严格按《章程》和相关制度审议决策协会资金使用、人事聘用等重大事项。10月31日换届大会后，增设由3名监事组成的监事会，完善依法依规办会的管理架构。

二、对接需求，服务政府、服务会员、服务行业

受市经信委委托，完成“人工智能促进上海市机器人行业发展报告”“上海机器人行业发展报告（2018年版）”等课题。课题组除了调研小i机器人、沃迪等上海企业外、还赴北京、深圳、浙江等地调研行业发展趋势，多次组织高校、企业等专题咨询会，编撰行业报告，为政府对相关产业决策、指导行业发展提供参考。

7月，与上海市食品行业协会，举办以“包装行业拥抱智能制造新时代”为主题的“2018上海智能包装机器人解决方案研讨会”。12月，组织会员单位随市工经联组与上海市家具协会等协会共赴广东进行中国制造品牌活动学习交流活动，与家具行业主动对接，为会员单位寻求商机，为传统产业转型升级助力，并达成意向。

协会接待多批国内外政府、机构、企业的来访、来函，并分门别类将不同供求、招商、商务与技术合作等信息分类分享给会员单位。升级协会网站功能，新增产品对接、技术对接和项目对接三大模块，为会员单位提供更多服务。协会主要领导应邀分别在政府、高校院所、科研机构等作机器人发展演讲报告。11月，协会领导受邀参加上海院士中心第91期“院士沙龙”—人工智能与机器人专题，并作“2018

年上海机器人产业发展”报告，宣传和推动行业发展，扩大协会及会员单位的社会影响力。

3月，会长亲自带队走访浙江省机器人行业协会，共商携手建立区域联动机制；联络江苏省和安徽省的相关行业组织，取得初步共识。7月，在上海召开三省一市行业组织的秘书长会议；筹划以“长三角助力长三角三省一市机器人产业协同发展”为主题的中国工博会机器人高峰论坛；召开三省一市机器人行业组织第一次高层会议，4家会长、秘书长悉数到会，上海市机器人行业协会会长被推举为首届轮值主席；成功组办在机器人高峰论坛上举行的“长三角机器人与智能制造合作组织签约暨揭牌仪式”，市领导兼长三办领导亲自到会揭牌并致辞给予鼓励和支持。三省一市的产业主管部门领导也专程见证签约。

协会领导多次赴外省市邀请优秀企业进入上海，为上海产业发展注入新的活力。如达阀科技等机器人核心零部件优秀企业成功落户上海，协会起到了穿针引线作用，帮助企业营造良好营商环境，为上海产业发展集聚新动能。

协会在各种场合举荐和宣传会员单位，协会领导陪市领导多次走访和考察会员单位、或参观会员单位的展台；组织官方媒体采访和报道会员单位，既宣传会员单位，也扩大协会的影响力。

三、发挥国家级市场平台作用，为行业发展搭建信息交流和市场平台

4月，协办第六届中国国际进出口交易会服务机器人展区暨首届服务机器人高峰论坛，推动服务机器人发展。论坛上，集聚小i机器人等众多服务机器人知名企业，市经信委领导为协会服务机器人专委会揭牌。

9月，协办第20届中国工博会机器人展，再次成为中国工博会最耀眼的专业展；协办第七届中国机器人高峰论坛暨第四届CEO圆桌峰会，聚焦“长三角机器人协同发展”及“打造全球卓越‘上海制造’基地”等主题展开热烈讨论和交流，吸引数百名来自机器人企业、优秀的系统集成商和终端用户、机器人产业园区、高校研发机构，以及产业主管部门的负责人参与和互动。

协会重视对自身的宣传，在国家级展会平台中国工博会机器人展内设立协会展台扩大行业影响，收集更多行业信息和需求，创造更多机会，为会员单位、相关产业需求、社会需求提供对接信息，每天编发微信，现场互动热烈，获得较好的反响。

四、依法依规，有序推进，圆满完成换届改选工作

2月8日，协会召开一届九次理事会，审议通过协会换届改选工作实施方案，成立换届改选领导小组，完成章程修改、制度编订、理事会任期报告、任期审计、候选人推荐等相关筹备工作。7月27日，召开一届十次理事会，讨论通过各项候选名单、换届审计报告、章程修改等重要事项，经市社团局审核后，分别通过书面和官网公示候选名单。10月31日，召开协会换届改选会员大会（二届一次会员大会）暨协会二届一次理事会、监事会会议，经投票选举产生新一届理事会、监事会成员和新一届领导班子成员，通过新的《章程》《协会费用标准及管理制度》和《一届理事会工作报告》等重要文件，为协会依法依规开展工作，更好贯彻与时俱进、创新发展的发展思路提供坚强的制度和组织保障。

（孟　犁）

上海人才服务行业协会

上海人才服务行业协会成立于2002年4月9日，是上海市人力资源和社会保障服务机构行业企事业单位自愿组成的跨部门、跨所有制非营利性的行业性社会团体法人。协会以“立足上海，服务全国，走向世界”为目标，积极探索党建引领行政，服务产业、服务经济发展的模式。在协助政府出台有利产业发展的政策、规范市场行为、推进行业国际化发展、建立行业质量标准体系、树立行业品牌、提升从业人员素质、加强自身建设，以做大、做强人才服务产业为目标，为推进行业诚信体系建设、人力资源服务行业国际化、标准化、信息化发展发挥积极的作用。现有会员单位550多家。

2018年主要工作：

一、配合出台政策，集聚上海智慧

协助出台政策法规。在全国方面，5月，协会配合人社部市场司，对《人力资源市场暂行条例（草案）》的制定提出修正意见；8月，配合司法部对《社会组织登记管理条例（草案）》进行意见征询；邀请税务及社保专家，探讨税法及财税环境变化趋势；12月，根据人社部《社会保险经办管理服务条例（征求意见稿）》的要求，组织行业单位和专家进行调研访谈，向人社部反馈上海意见。在上海方面，3月，协会持续开展社保代理政策调研，探讨新政下社保代理试点问题；8月起，配合市人社局开展行业系列调研工作，组织调研近30家人力资源服务机构对公共服务以及配套政策的需求，为上海出台人力资源服务业相关政策提供基础。

积极反馈行业政策意见。4月，协会受市委组织部干教处委托，开展“打响上海四大品牌，构建开放型干部实践训练模式的初步构想”课题研究，研发符合上海国际化视野的干部实践课程。6 月，受市政府合作交流办委托，开展《扶贫与扶志扶智相结合的柔性人才支援模式研究》，对柔性人才政策进行探索。

承接先行先试政策平台。在张江管委会、静安区科委等部门的支持和指导下，协会作为“张江国家自主创新示范区人才服务平台（闸北园）”，探索与市场化机构共建平台解决人才服务问题的模式，先后搭建包括人才测评平台、人才外包平台、人才法务平台、人才税务平台、人才招聘平台等在内的综合服务平台，通过开展人力资源财税、金融培训，企业灵活用工情况、人员需求情况、培训情况调研等项目，形成集线上、线下一体，园区人才、技术、项目和资金有效配置与整合的新模式和新机制。在市科学技术协会、静安区人社局、静安区科学技术协会的支持下，上海人才服务行业协会作为“海智计划（闸北）工作基地”的市场化运作平台，于 1 月举办海智计划推进研讨会。

二、研究行业理论，落实成果推广

推广产业园区商业模式。协会配合市人社局，探索上海“一园多区”的建园模式，配合崇明区开展人力资源服务产业园区发展规划；受杨浦区邀请，组织人力资源服务产业园建设座谈会，推动全市人力资源服务产业园区的建设。同时，协会结合各地特点将中国上海人力资源服务产业园模式积极向外复制推广，实现产业园商业模式输出。年内协会先后受重庆、深圳、苏州、吉林、河南、杭州、大连、南昌、呼和浩特、宜春、成都青羊区、成都龙泉驿区、福建、抚顺、北京等地政府委托，参与当地人力资源服务产业的发展规划和人力资源产业园区建设。

输出人力资源外包产品。协会在国内首先提出“人力资源序段外包”的新概念，通过将人力资源服务外包的工序化和环节化，论证人力资源服务外包的可行性。协会在产品框架基础上，对人力资源外包与新兴的灵活用工范畴进行界定，并从法理角度上针对《人力资源市场暂行条例》中人力资源外包相关条款进行解读，将相关研究成果提交中国人才交流协会。

提供行业咨询服务。协会先后为新疆、山东、安徽、苏州等数十家人力资源服务机构提供咨询服务，并为全国各地授课 50 余次，输出上海人力资源服务发展成功模式。

积极承接产业研究任务。协会与人科院合作开展“浦东自由港人力资源服务模式”课题研究；配合市委、市政府完成《上海经济年鉴 · 2018》的人力资源服务业部分；配合上海现代服务业联合会完成《上海现代服务业发展报告 2018》中人力资源服务业发展回顾版块。

三、完善标准体系，树立行业品牌

完善行业标准体系。8—12 月，协会根据全国人力资源服务标准化技术委员会要求，参与国家标准《高级人才寻访服务规范》修订工作。协会作为“人力资源服务业国家标准宣贯及标准化试点平台”，组织会员单位积极进行贯标宣传工作，共计 486 家次人力资源服务机构参与标准宣贯工作。

组织行业统计工作。协会定期开展年度人才派遣、人事代理、网络招聘、猎头等业态的综合统计调研工作，发布上海人力资源服务业营业规模和各业态规模指数。

树立行业标杆品牌。6 月，协会提交关于开展“上海人才服务行业协会人力资源服务诚信示范机构活动”申请，顺利通过申报，正式启动。5—10 月，协会组织“2017 年度上海人力资源服务业百强排名”活动，真实反映行业发展规模及各家机构的排名，树立行业标杆企业，促进行业发展。3—4 月，协会举办“优秀人力资源服务供应商推荐”活动，推荐 12 家国际人力资源服务供应商、18 家亚太人力资源服务供应商、12 家“一带一路”人力资源服务供应商、48 家中国人力资源服务供应商，获得良好的社会反响。

四、嫁接行业商机，促进交流合作

嫁接会员与会员的商机。协会定期组织会员活动如行业发展座谈会、小型会员沙龙活动等，并成立派遣、猎头、招聘、测评、培训、咨询、薪酬、法务、IT、名牌、SAAS 等 21 个专业小组，将会员交流建立成长效机制。

嫁接会员与行业的商机。协会积极参与并配合市社团局、上海现代服务业联合会、上海市工业经济联合会等相关单位活动，多次与各行业协会共同开展商机嫁接，推进上海人力资源服务行业的横向发展。

嫁接会员与市场的商机。4 月 19—21 日，在市社局、市商务委的委托和指导下，协会承办第六届上交会的人力资源展示区招展工作以及人力资源主题论坛工作，牵头组织 45 家 55 个展位在上交会特设”人力资源服务展示专区”。展会期间，副市长陈群、市人力资源和社会保障局副局长余成斌、浙江省人力资源服务协会会长袁中伟、江苏省人力资源服务行业协会会长徐文宝等领导莅临人力资源服务展区，听取人力资源服务业发展情况介绍。4 月 20 日，协会举办“第六届上交会国际人力资源主题论坛”，论坛以“服务 · 融合 · 创新”为主题，吸引业内外 500 余位嘉宾参会。

嫁接会员与政府的商机。协会定期组织会员单位，积极参加人社部、市委组织部、市人力资源和社会保障局、市商务委等政府部门的调研座谈会、培训会、对接会，推进会员与政府的合作交流。组织会员单位参与长春市“人才新政”推介暨中国长春人力资源服务产业园招商会、中国（成都）人力资源服务产业园推介会、辽宁抚顺人力资源服务产业园推介会，推进人力资源服务机构与全国各地区的交流和对接。

嫁接会员与国内的商机。协会组织全国省级人力资源（人才）服务行业协会联席会议、2018 中国高级人才寻访趋势大会等全国性行业大会，并多次接待北京、广西、深圳、大连、成都、抚顺、呼和浩特、厦门等地的政府、社会组织以及企业来访，推进行业国内商圈的互通互联。

嫁接会员与国际的商机。协会多次接待任仕达、外企德科、英创、瀚纳仕等国际知名人力资源服务机构，配合徐汇区组织部国际引才和招聘等活动。3月，协会组织外资人力资源服务机构座谈会；10月，协会应上海社会科学院邀请，参与第二届国际丝路发展论坛，并与丝绸之路国际总商会实现对接。同时，协会积极拓展与欧商会、美商会、荷比卢商会、南南全球技术交易所、AESC等国际组织的交流，不断推进会员单位的国际合作。

五、承担社会责任，鼓励行业公益

协会积极参与公益伙伴日，出席《上海社会组织自律公约》发布仪式。在市人社局的支持下，“2018年人才服务进校园”活动于3—5月以及9—12月展开。此外，协会联合第二工业大学、上海市社会工作党委等单位，举办“社会组织进校园”“民族特色招聘会”等特色活动。

六、提升人员素质，提高服务质量

承接政府购买培训项目。受市人社局委托，协会承接“上海人力资源服务业平台创新和运用”“上海人力资源服务业资本运作和创新”“上海人力资源服务相关法律培训”“人力资源服务行业重要政策解析和团队建设培训”四项培训课程，超过600名从业人员参加培训。

拓展自主培训项目。协会以“人力资源服务机构标杆模式”为主题举办两次人力资源大讲坛。此外，协会开设全国“人力资源外包培训班”“人力资源财税培训班”“高级人才寻访顾问培训班”等课程，全方面提升从业人员综合水平。

开发行业薪税培训新产品。协会与中国商业联合会、财才网共同开发“薪税师”培训新产品，自10月以来已开办超过10期的培训，并着手全国布点，到年底参训学员超过4000名。

（毛毓郁）

上海市光电子行业协会

上海市光电子行业协会成立于2003年3月15日，是上海市光电子行业企事业单位自愿组成的跨部门、跨所有制非营利的行业性社会团体法人。协会主要任务：产业研究与测试服务、技术转移与招商引资、国内外交流与合作、推广服务以及咨询服务。设立3个专业委员会：新型显示专业委员会（包括液晶显示，LED显示，激光显示，OLED显示等新型显示）、LED半导体照明专业委员会及光纤、光缆、光器件专业委员会。现有会员单位约80家。

2018年主要工作：

一、协会召开信息技术交流会

1月19日，协会假座荣誉会员——浙江蓝特光学股份有限公司会议室，举行技术信息交流会。会议由李建胜会长主持，复旦大学电光源研究所教授、知名照明专家陈大华，上海时代之光照明电器检测有限公司副总经理杨樾，上海市工业经济管理进修学院书记郑容先后作报告。浙江蓝特公司副总经理姚良介绍公司的技术创新特色和产品特点，协会秘书长金强汇报秘书处工作情况与2018年工作初步打算。

二、支持召开中国国际照明设计高峰论坛暨“名师堂”成立会议

4月17日，由协会作为支持单位的中国国际照明设计高峰论坛暨“名师堂”成立大会于上海大华虹桥假日酒店隆重召开。高峰论坛分为“设计与匠心”“光与城市”“光与建筑”“名家对话”4部分进行探讨交流，跨界创新。在论坛上，褚君浩院士分别向中国照明学会秘书长窦林平、中国照明学会室外照明专业委员会秘书长李国宾颁发上海市光电子行业协会荣誉会长和高级顾问的聘书和奖杯。

三、参加市经信委电子信息产业处“重点企业座谈会”

4月26日，市经信委电子信息产业处召集协会与上海市信息家电行业协会及部分企业召开“重点企业座谈会”，围绕“人工智能对行业领域发展的主要影响及趋势”“未来人工智能快速发展会对企业发展在那些方面（如人才、用工、土地、创新模式等）产生影响”等问题展开讨论，交流信息，开拓思路。协会秘书长金强作交流发言。

四、接待中外合资天津津亚电子有限公司营业部达成合作意向

6月12日，协会接待中外合资天津津亚电子有限公司营业部总监熊谷聪先生、课长麻里拓也先生到访，双方达成合作意向，即津亚公司以兄弟企业上海松亚光电通信设备有限公司的名义加入协会；津亚公司有意为协会会员企业开拓日本市场提供帮助；津亚公司希望携手会员企业共同开发其他国际市场（可提供技术、资金、品牌等资源）；津亚公司的部分产品寻求中国国内代加工企业开展合作；协会将积极为津亚公司产品推荐给中国国内用户。

五、支持举办2018新型显示与智慧互联大会暨第二届“金山湖”论坛

10月12日，市经信委、金山区政府、SEMI中国、第一手机界研究院在上海金山假日酒店联合举办2018新型显示与智慧互联大会暨第二届“金水湖”论坛，协会作为支持单位参与本次论坛。论坛邀请全球半导体显示、智能终端设备制造与智慧制造领域的产业领袖和众多行业大咖集聚“金水湖”，深入探讨5G时代将如何引爆全球通信行业，以及新一代信息技术与传统领域如何相互融合与发展。

六、举办传感技术与智慧城市论坛

11月15日，协会举办传感技术与智慧城市论坛，多数理事单位及部分会员单位共50多人出席。中科院上海技物所副所长、研究员戴宁作题为“传感技术在智慧城市中的应用”的发言；中国建筑科学研究院上海分院教授级高工苑麒作题为“智慧建筑”的发言；上海飞乐智慧科技有限公司总经理王皓作题为“传感技术与智能路灯”的发言；上海和辉光电有限公司技术总监徐亮作题为“传感器技术在显示屏幕中的应用”的发言；上海光电子行业协会荣誉会长唐国庆作题为“用调光创造倍增价值”的发言。

（金　强）

上海市物联网行业协会

上海市物联网行业协会成立于2012年，覆盖芯片、传感器、模组、网络设备、运营商、操作系统及平台、智能硬件、系统集成及应用等物联网全产业链。协会下设健康养老、智能家居、连接 & 安全、VR&AR、人工智能、农业物联网、自动驾驶及智慧物流、智慧校园等联盟或专委会，是一家全球邀请制社会组织（NGO），协会致力于链接跨行业的创新精英与商业领袖、构建国际服务平台、传递权威理念和前瞻理念。现有会员单位300余家，其中普通会员239家、理事单位51家、监事单位1家，副会长单位17家。

2018年主要工作：

标准制定方面：一是制定工业物联网应用开发组件团体标准；二是制定二次供水智慧泵房建设技术规范团体标准；三是制定智能硬件轻量级操作系统规范团体标准；四是举办第一届物联网标准化国际论坛（上海）；五是在《信息技术与标准化》、《上海计算机》上发表3篇物联网标准化技术论文。

教育培训方面：一是组织23名教师到企业实践、举行两次学生实践交流项目；二是制定专业课程、教师企业实践、设施设备三大标准；三是物流服务师（RFID应用）项目顺利通过验收；四是智能传感器、智能网联汽车、智能家居基地项目建设；五是获得新零售课程开发资格、完成新型学徒制（RFID）项目。

健康养老工作方面：一是向工信部、民政部、卫健委三部委智慧健康养老项目申报和服务；获第二批智慧健康养老应用试点示范评比（1个基地，7个街道，3个企业上榜）、智慧健康养老产品和服务入选（各3家）；二是参与上海市老年福祉大赛推荐工作；三是开展征集智慧健康养老产品、服务、系统、典型案例活动；四是筹划、组织撰写智慧健康养老服务导则及分工，框架；五是举办13期智慧健康养老企业业务对接活动，组织企业参加展会和各种会议。

VRAR专委会工作：一是组织启动“首届长三角虚拟现实内容产业大赛；二是举办“上飞集团二期智慧工厂项目对接会”等12期对接会；三是组织企业参加“2018 VRAR影视娱乐展”等展会。

感知专委会工作：一是召开2018年感知专委会成立大会；二是宣贯新型城域物联网2018年导则、启动2019年导则；三是协助静安、虹口等5个新型城域物联网示范试点；四是开展Finer-City物联智城大赛各项活动（培训、业务）。

对外交流合作工作：一是参与物联中国及各地物联网协会（近30家）各项大型活动；二是与驻沪总领事馆经济投资处（10余家）保持交流合作；三是与物联网媒体合作伙伴（30多家）保持密切合作。

宣传推广活动主要：一是组织参加上海智慧城市领军先锋评选活动；二是制作《物联上海2018》高清科教纪录片；组织参加工信部物联网集成创新和融合项目评审，共6家上榜；四是组织参展2018年国际工业博览会等展会；五是组织两岸物联网创新创业大赛。

探索应用模式：一是智能化生产，即实现从单个机器到产线、车间乃至整个工厂的智能决策和动态优化，显著提升全流程生产效率、提高质量、降低成本。如三一、中联重科等；二是网络化协同，即形成众包众创、协同设计、协同制造、垂直电商等一系列新模式，大幅降低新产品开发制造成本、缩短产品上市周期。如商飞等；三是个性化定制，即基于互联网获取用户个性化需求，通过灵活柔性组织设计、制造资源和生产流程，实现低成本大规模定制；四是服务化转型，即通过对产品运行的实时监测，提供远程维护、故障预测、性能优化等一系列服务，并反馈优化产品设计，实现企业服务化转型，如通用等。

（刘　宁）

2019·上海工业年鉴

SHANGHAI
INDUSTRIAL
YEARBOOK

2018 年上海市经济和信息化大事记

1 月

3 日　市经信工作党委、市经信委召开专题会议，传达十一届市委三次全会精神并部署大调研工作。市经信工作党委书记陆晓春、市经信委主任陈鸣波出席会议并讲话。陆晓春同志对扎实推进机关大调研工作提出要求。市经信两委党政领导班子出席会议。

4 日　市经信工作党委、市经信委召开上海市第十一次党代会部分代表座谈会，听取党代表提出上海产业和信息化发展中存在的瓶颈问题以及工作建议。市经信工作党委书记陆晓春、市经信委主任陈鸣波出席会议。

10 日　市经信委主任陈鸣波带队赴松江区座谈调研，了解松江区盘活存量工业用地，发展先进制造业的经验和建议。

25 日　上海市资源综合利用协会成立 20 周年暨更名循环经济协会大会召开。市经信委副主任吴金城、市发改委副主任周强出席并共同为协会揭牌。

2 月

5 日　上海市土壤修复产业联盟成立大会举行。市经信委副主任吴金城、市环保局副局长吴启洲等为联盟揭牌。

26 日　市经信工作党委、市经信委召开市经济信息化系统 2018 年工作会议。上海市副市长吴清出席会议并讲话。市经信工作党委书记陆晓春部署 2018 年的主要任务。市经信工作党委副书记、市经信委主任陈鸣波对 2018 年重点工作作出安排。

3 月

14 日　第 15 届上海国际信息化博览会在上海新国际博览中心开幕。上海市副市长吴清、中国电子信息行业联合会常务副会长曲维枝、市经信委副主任戎之勤、浦东新区副区长陈希、中国电子商会会长王宁出席开幕活动。

20 日　由工业和信息化部支持、中国电子电路行业协会 CPCA 主办的第 27 届中国国际电子电路展览会（2018 CPCA SHOW）在国家会展中心（上海）开幕。展会设有 70 余场市场和学术报告，以及“智能制造专场”和创新技术“新产品技术发布会”。

28 日　投资总额达 298 亿元、建设占地 2950 亩的 37 个重大产业项目在宝山集中开工和启动。

4 月

10 日　为贯彻落实《上海市深入推进技术改造巩固提升实体经济能级三年行动计划（2018—202C 年）》，2018 年上海市工业投资和技术改造工作会议召开。上海市副市长吴清出席会议并讲话，会议由市政府副秘书长马春雷主持。市经信委主任陈鸣波总结 2017 年工业投资和技术改造工作并部署 2018 年工作。嘉定区、上海化工区、宝武集团、上海石化、剑桥科技等 5 家单位作交流发言。

18 日　奉贤区举行 2018 年首批重点项目集中开工开业开租仪式。本次集中开工、开业、开租的 65 个重点项目，总投资额高达 288 亿元。其中，先进制造业项目 48 个，总投资额近 150 亿元，占比 51%。

24 日　中共上海市委、市政府召开全力打响“四大品牌”推进大会。市委副书记、市长应勇作工作部署。市政协主席董云虎，市委副书记尹弘出席，市委常委、常务副市长周波主持，市领导翁祖亮、诸葛宇杰、徐泽洲出席。

25 日　市经信委主任陈鸣波会同徐汇区区委书记鲍炳章、区长方世忠等赴徐汇西岸，调研世界人工智能大会筹备情况。

5 月

10 日　上海移动联合华为公司在虹口北外滩开展面向 4K 高清视频和 VR 实际应用的 5G 外场综合测试，标志着上海 5G 建设迈出关键性的步伐。

16 日　市经信委主任陈鸣波带队赴返利网和复宏汉霖调研，了解独角兽企业发展情况。

23 日　工业和信息化部在上海组织召开国家集成电路、智能传感器创新中心建设方案专家论证会。工信部副部长罗文，上海市委常委、常务副市长周波出席会议并讲话。市政府副秘书长、市发改委主任马春雷，市经信委主任陈鸣波、副主任傅新华以及两家创新中心有关单位代表等出席会议。

中国工程院干勇院士、柳百成院士、李培根院士、卢秉恒院士，中国科学院郑有炓院士、杨德仁院士、李儒新院士，中国工程院制造业研究室主任屈贤明教授、中科院上海技术物理所所长陆卫研究员等专家出席论证会。

29日 市经信委副主任吴金城率队调研临港产业区和临港科技城，与临港地区管委会、临港集团进行座谈，了解临港地区产业发展和科技创新平台建设情况。临港地区管委会党组书记陈杰、管委会副主任吴晓华、临港集团总裁袁国华、副总裁翁恺宁参加调研。

30日 市经信委主任陈鸣波带队赴优刻得和虎扑体育调研，了解科技型中小企业发展情况。

31日 静安新型城域物联专网暨大数据城市管理与社会治理实验区全面建设启动会召开，市经信委副主任张建明出席会议。静安区副区长周海鹰出席会议并作工作动员。

6月

1日 长三角首批工业互联网平台公司与中国信息通信研究院在长三角地区主要领导座谈会上签署《长三角地区推进工业互联网平台集群联动战略合作框架协议》。中国信息通信研究院、智能云科信息科技有限公司、上海宝信软件股份有限公司、阿里云工业互联网有限公司、江苏徐工信息技术股份有限公司、安徽合力股份有限公司相关负责人共同签署协议。

6日 华润集团旗下华润微电子控股有限公司正式在沪挂牌启动运营。

7日 为加强机关公务员能力培养，推动机关干部不断适应产业和信息化发展前沿趋势，把握“上海制造”在新技术、新产业、新模式下的创新思路，主题为“新一代信息技术推动数字经济与社会治理”的市经信机关提高机关公务员产业创新能力培训班举行。市经信工作党委书记陆晓春作开班讲话。阿里巴巴集团副总裁刘松作主题报告。

14日 由中共上海市委宣传部、市发改委、市经信委和市商务委共同主办，上海图书馆承办的上海“四大品牌”发展战略系列讲座在上海图书馆举行。市经信委主任陈鸣波作题为“全力打响‘上海制造’品牌加快迈向全球卓越制造基地”的专题报告。

15日 市经信委召开2018年度系统安全生产会议，部署2018年安全生产重点工作。

27日 市经信委副主任张建明出席“2018年世界移动大会－上海”开幕式、GTI上海峰会、车联网生态峰会，并为中移智行网络科技有限公司揭牌。

28日 以“合作共融・互济互保”为主题的“2018首届长三角区域能源互联网创新发展论坛”在沪开幕。市发改委副主任阮青，市政府办公厅副主任、市大数据中心主任朱宗尧，市经信委副主任张建明，市科委副巡视员刘勤等及能源互联网创新联盟相关成员单位代表参加论坛。论坛开幕式由上海科学院副院长曹阿民主持。上海市能源互联网创新联盟揭牌仪式同时举行。

7月

2日 和辉光电第6代AM-OLED显示项目生产设备搬入仪式在沪举行，标志着上海最大的工业洁净厂房初步建成，项目进入生产设备安装调试阶段。市经信委副主任傅新华，金山区委常委、副区长张权权，上海联和投资有限公司党委书记、董事长秦健，上海和辉光电有限公司党委书记、董事长、总经理傅文彪等出席仪式。

3日 国家集成电路创新中心、国家智能传感器创新中心启动会在上海举行。工信部副部长罗文、上海市委常委、常务副市长周波为创新中心揭牌。会议由市政府副秘书长、市发改委主任马春雷主持。市经信委主任陈鸣波、副主任傅新华、总工程师张英、市教委巡视员蒋红、市发改委副巡视员裘文进、上海推进科创中心办公室执行副主任彭崧、嘉定区委书记、区长章曦，嘉定区委常委、副区长沈华棣，浦东新区副区长管小军等出席会议。

4日 上海市政府与中国宝武钢铁集团有限公司在沪签署加强全面合作，推进吴淞地区整体转型升级合作协议。市委副书记、市长应勇，中国宝武党委书记、董事长陈德荣，市委常委、常务副市长周波出席签约仪式。副市长时光辉与中国宝武副总经理胡望明代表双方签约。市经信委主任陈鸣波、副主任吴金城等出席签约仪式。

26日 市经信委主任陈鸣波调研上海和辉光电有限公司，了解市重大工程和辉光电二期项目建设进展情况，查看大宗气站、动力站、变电站建设，并进入主厂房洁净室仔细查看阵列区、蒸镀区和模组区的情况。

27日 上海市工业节能和污染防治暨绿色制造体系建设工作座谈会召开。各区经委（商务委）、各工业集团、有关机构参加会议，市经信委副主任张建明出席会议并讲话。

8月

7日 上海市政府与小米集团在沪签署战略合作框架协议。签约前，中共中央政治局委员、上海市委书记李强，市委副书记、市长应勇分别会见小米集团董事长兼首席执行官雷军一行。应勇见证双方签约。市委常委、市委秘书长诸葛宇杰参加会见。市经信委主任陈鸣波、总工程师张英以及徐汇区领导出席签约仪式。

9 日　中共中央政治局委员、上海市委书记李强专题调研半导体产业发展情况，实地察看集成电路企业，主持召开座谈会深入了解产业发展态势并听取企业意见建议。李强指出，集成电路具有战略性、基础性，上海要坚决贯彻落实习近平总书记重要指示精神，以更坚定的决心、更有力的支持、更务实的举措加快发展，努力打造“上海制造”品牌中具有标杆性的企业，为服务国家发展大局作出更大贡献。

9 月

17—19 日　2018 世界人工智能大会在上海举办。国家主席、中共中央总书记、中央军委主席习近平发来贺信，中共中央政治局委员、国务院副总理刘鹤亲临大会发表讲话，中共中央政治局委员、上海市委书记李强致辞，上海市委副书记、市长应勇主持开幕式。大会由国家发改委、科技部、工信部、国家网信办、中国科学院、中国工程院和上海市政府联合主办，大会共吸引 40 多个国家 7.2 万名嘉宾、共 20 万人次参会观展，在业界和全社会取得了热烈反响。罗杰·瑞迪、潘云鹤院士、姚期智院士等国际人工智能顶级科学家及马云、马化腾、李彦宏等行业领袖到会演讲。大会取得一系列创新成果：上海人工智能战略专家咨询委员会、全球高校人工智能学术联盟、青年 AI 科学家联盟先后发起设立。

19—23 日　第 20 届中国国际工业博览会在国家会展中心（上海）成功举办。本届工博会由工信部、国家发改委、商务部、科技部、中国科学院、中国工程院、中国贸促会、联合国工发组织和上海市政府共同主办。本届工博会以“创新、智能、绿色”为主题，共设八大专业展，展览总面积 28.79 万平方米，观众 181,346 人次。共评出金奖 4 项、创新金奖 14 项、工业设计金奖 4 项、银奖和创新银奖各 14 项。

开幕颁奖仪式上，中共中央政治局委员、上海市委书记李强致辞并宣布开幕，中国工程院主席团名誉主席、中国工程院院士徐匡迪颁发第 20 届工博会特别荣誉奖，组委会主任、工信部部长苗圩，中国工程院院长李晓红分别致辞，工信部副部长王江平和科技部党组成员李平先生颁发金奖。组委会副主任、中国工程院副院长何华武和中国科学院秘书长邓麦村先生颁发创新金奖，中国贸促会副会长张慎峰和中国机械工业联合会副会长张克林颁发设计金奖，中国工程院原院长周济、国家发展改革委副秘书长任志武出席。组委会副主任、上海市常务副市长周波主持开幕颁奖仪式。

27 日　上海市政府与科大讯飞股份有限公司在沪签署战略合作框架协议。中共中央政治局委员、上海市委书记李强，市委副书记、市长应勇会见科大讯飞股份有限公司董事长刘庆峰一行。市委常委、市委秘书长诸葛宇杰参加会见。副市长吴清与科大讯飞股份有限公司执行总裁胡郁代表双方签约。市政府秘书长汤志平出席签约仪式。签约仪式由市政府副秘书长马春雷主持。市经信委主任陈鸣波以及市科委、长宁区有关负责同志出席签约仪式。

28 日　首届进博会能源保障组组长、市经信委主任陈鸣波赴国展中心调研进博会能源保障工作。市住建委、市水务局、市电力公司、市城投水务集团、市燃气集团、国家会展中心等相关领导参加调研。

10 月

10 日　市经信委副主任吴金城赴上海化工区调研企业生产运行情况。

11 日　市经信委主任陈鸣波赴航天八院调研上海航天产业情况，市经信委副主任吴金城、市国防科工办副主任韦平、航天八院院长代守仑、副院长汪浩平、副院长兼上航工业总裁姜文正等参加调研。

16 日　为确保实现全年经济增长目标，实现产业高质量发展，市政府召开“稳增长促发展”工作推进会。副市长吴清，市政府副秘书长、市发改委主任马春雷出席会议并讲话。会议由市经信委主任陈鸣波主持。市经信委副主任张建明汇报工业经济运行和“稳增长促发展”工作情况。市统计局汇报经济形势。

18 日　经过 22 个月的艰苦奋战，上海最大的集成电路产业投资项目——华力二期 12 英寸先进生产线正式建成投片。第九届全国政协副主席胡启立，上海市委副书记、市长应勇出席项目建成投片大会，并与工信部副部长罗文、上海市副市长吴清共同启动按钮。罗文、吴清分别讲话。市政府副秘书长马春雷主持会议。市经信委主任陈鸣波、副主任傅新华等出席会议。

11 月

7 日　在徐汇西岸滨江举行的“板速双千兆，幸福满满第一城”活动现场，市经信委副主任张建明接通首通基于中国移动千兆 5G 网络和千兆家庭宽带的视频通话，同青浦区 1000 兆宽带用户亲切交谈。此次成功连线标志着全市顺利实现双 G 贯通。

27 日　“新技术、新应用，赋能产业发展”2018 上海区块链应用创新大赛决赛落幕。市经信委副主任傅新华出席并致辞。大赛由市经信委、虹口区政府指导，虹口区科委（信息委）、区金融服务局主办，上海金融信息行业协会、区块链技术应用联盟承办。

是日　在市经信委、松江区政府、临港经济发展（集团）有限公司的指导下，“长三角开发区协同发展联盟联合学院揭牌仪式暨高峰论坛”在松江科技城举行。松江区区长陈宇剑、临港集团总裁袁国华以及上海市开发区协会、G60科创走廊联席会议办公室等出席大会。市经信委副主任吴金城出席并参加联合学院揭牌仪式。

是日 上海市政府与百度公司在沪签署战略合作框架协议。中共中央政治局委员、上海市委书记李强，市委副书记、市长应勇会见百度公司董事长兼首席执行官李彦宏一行。市委常委、市委秘书长诸葛宇杰参加会见。副市长吴清与百度公司副总裁王路代表双方签约。市政府秘书长汤志平、百度公司副总裁尹世明、副总裁张东晨等出席签约仪式。签约仪式由市政府副秘书长马春雷主持。市经信委主任陈鸣波、总工程师张英等出席签约仪式。

28日 上海集成电路设计产业园正式揭牌，上海市政府与紫光集团有限公司签署战略合作框架协议。紫光集团有限公司、上海韦尔半导体股份有限公司、北京兆易创新科技股份有限公司、阿里巴巴（中国）有限公司等企业和项目首批入驻园区。中共中央政治局委员、上海市委书记李强，市委副书记、市长应勇会见紫光集团董事长赵伟国等相关企业负责人。市领导翁祖亮、诸葛宇杰、吴清参加活动。上海韦尔公司、兆易创新公司、阿里巴巴集团也分别与浦东新区政府、张江科学城建设管理办公室签署有关合作协议。仪式由市政府副秘书长马春雷主持。市经信委主任陈鸣波、副主任傅新华等参加相关活动。

29日 以“5G新时代·智联长三角”为主题的长三角数字经济协同发展高峰论坛暨长三角5G创新发展联盟成立大会在嘉定区举行。会上，全国首个跨省5G视频通话在上海、苏州、杭州、合肥四城实现互联。市经信委主任陈鸣波、副主任张建明、安徽省经济和信息化厅副厅长王厚亮、浙江省经济和信息化厅总工程师厉敏、江苏省工业和信息化厅副巡视员常如平、嘉定区委常委、副区长沈华棣等出席论坛。

30日 工信部信息化和软件服务业司在沪召开2018年全国信息消费工作推进会，解读《扩大和升级信息消费三年行动计划（2018—2020年）》，研究部署全国信息消费下一阶段推进工作。工信部信息化和软件服务业司副司长任利华出席会议并讲话，市经信委副主任傅新华、黄浦区副区长陈卓夫等出席会议。

12月

18日 上海市民营经济发展联席会议第四次全体会议在市政府召开，市委常委、常务副市长、联席会议第一召集人周波出席会议并讲话，市委常委、统战部部长、联席会议总召集人施小琳主持会议。

是日 2018年上海市核电质量工作会议召开。会议表彰“2018年上海市核电设备制造质量先进单位”“2018年上海市核电质量先进个人”“2018年上海地区核安全法知识竞赛优秀奖”获奖单位和个人。市经信委副主任吴金城出席会议并讲话。

19日 2018年度电子信息制造业行业协会秘书长会议召开。总结2018年各产业领域发展情况，分析重点企业现状，并对2019年产业发展趋势进行展望。集成电路、通信制造业、交通电子、物联网、信息家电、光电子、电子元器件、计算机、电子制造业、印制电路等10家行业协会参会。

21日 中国互联网络信息中心（CNNIC）在北京发布第43次《中国互联网络发展状况统计报告》，对2018年互联网基础建设、网络文学、网络视频、网络游戏等互联网产业的发展情况进行总结。报告显示，2018年，中国原创网络游戏（包括客户端游戏、手机游戏、网页游戏等）业务收入达1948亿元，比上年增长17.8%。

（李 白）

2019·上海工业年鉴

SHANGHAI INDUSTRIAL YEARBOOK

2018 年部分法律法规、政策目录

《中华人民共和国监控化学品管理条例》实施细则

（2018 年 6 月 20 日工业和信息化部第 3 次部务会议审议通过，2018 年 7 月 2 日工业和信息化部令第 48 号公布，2019 年 1 月 1 日起施行，原化学工业部 1997 年 3 月 10 日公布的《〈中华人民共和国监控化学品管理条例〉实施细则》，原化学工业部令第 12 号同时废止）

民用爆炸物品生产许可实施办法

（2018 年 10 月 24 日工业和信息化部第 5 次部务会议审议通过，2018 年 11 月 9 日工业和信息化部令第 49 号公布，2019 年 1 月 1 日起施行，原国防科学技术工业委员会 2006 年 8 月 31 日公布的《民用爆炸物品生产许可实施办法》，原国防科学技术工业委员会令第 16 号同时废止）

道路机动车辆生产企业及产品准入管理办法

（2018 年 10 月 24 日工业和信息化部第 5 次部务会议审议通过，2018 年 11 月 27 日工业和信息化部令第 50 号公布，自 2019 年 6 月 1 日起施行，2002 年 11 月 30 日公布的《摩托车生产准入管理办法》，原国家经济贸易委员会令第 43 号同时废止）

关于全面提升民营经济活力　大力促进民营经济健康发展的若干意见

关于加快推进上海人工智能高质量发展的实施办法

上海市公共数据和一网通办管理办法

（2018 年 9 月 30 日上海市人民政府令第 9 号公布）

《中华人民共和国监控化学品管理条例》实施细则

第一章 总则

第一条 为了加强对监控化学品的监督管理，履行《禁止化学武器公约》，保障公民人身安全和保护环境，根据《中华人民共和国监控化学品管理条例》，制定本细则。

第二条 在中华人民共和国境内从事监控化学品生产、经营、使用和进出口等活动，应当遵守本细则。

第三条 工业和信息化部负责全国监控化学品的管理工作。

县级以上地方人民政府工业和信息化主管部门或者地方人民政府确定的监控化学品管理部门负责本行政区域内监控化学品的管理工作。

第四条 各级工业和信息化主管部门或者地方人民政府确定的监控化学品管理部门履行《禁止化学武器公约》工作所需经费，依法列入同级政府预算。

第二章 建设和生产管理

第五条 国家严格控制第一类监控化学品的生产。

为科研、医疗、制造药物或者防护目的需要生产第一类监控化学品的，应当报工业和信息化部批准，并在工业和信息化部指定的小型设施中生产。

严禁在未经工业和信息化部指定的设施中生产第一类监控化学品。

第六条 新建、扩建或者改建用于生产第二类、第三类监控化学品和第四类监控化学品中含磷、硫、氟的特定有机化学品的设施，应当填写《监控化学品生产设施新（扩、改）建申请表》并附上申请表中要求提供的相关材料，向所在地的省、自治区、直辖市工业和信息化主管部门提出申请。省、自治区、直辖市工业和信息化主管部门应当自收到全部申请材料之日起20个工作日内审查完毕并签署意见，报工业和信息化部批准。

工业和信息化部应当自收到省、自治区、直辖市工业和信息化主管部门报送的材料之日起20个工作日内作出决定。予以批准的，颁发批准文件；不予批准的，书面通知申请人并说明理由。

第七条 第二类、第三类监控化学品和第四类监控化学品中含磷、硫、氟的特定有机化学品的生产设施新建、扩建或者改建工程竣工后，应当自竣工之日起40个工作日内向所在地省、自治区、直辖市工业和信息化主管部门申请竣工验收。验收合格的，所在地的省、自治区、直辖市工业和信息化主管部门应当出具通过验收的审查意见书并报工业和信息化部批准。

竣工验收经工业和信息化部批准后，按照本细则第十条的规定申请监控化学品生产特别许可。

第八条 第二类、第三类监控化学品和第四类监控化学品中含磷、硫、氟的特定有机化学品的生产设施新建、扩建或者改建工程有下列情形之一的，不予通过竣工验收，省、自治区、直辖市工业和信息化主管部门应当出具不予通过验收的审查意见：

（一）第二类、第三类监控化学品和第四类监控化学品中含磷、硫、氟的特定有机化学品的生产设施的标定生产能力达到或者超过设计生产能力150%的；

（二）隐瞒有关情况或者提供虚假文件资料申请竣工验收，情节严重的；

（三）工业和信息化部规定的其他情形。

不予通过竣工验收的，申请人应当在6个月内完成整改，再次申请竣工验收。

第九条 国家对第二类、第三类监控化学品和第四类监控化学品中含磷、硫、氟的特定有机化学品的生产，实行特别许可制度。

第十条 申请监控化学品生产特别许可的，应当具备下列条件：

（一）申请人为法人或者非法人组织；

（二）有生产监控化学品所需的资金和场所；

（三）具有与生产监控化学品相适应的技术条件、生产设施，符合当地环境保护及安全生产监督管理部门的要求；

（四）有与生产监控化学品相适应的专业技术人员和管理制度；

（五）具备履行《禁止化学武器公约》的能力；

（六）五年内无违法生产、经营、使用监控化学品的记录。

第十一条 申请监控化学品生产特别许可的，应当填写《监控化学品生产特别许可申请表》并附上申请表中要求提供的相关材料，向所在地的省、自治区、直辖市工业和信息化主管部门提出申请。

第十二条 省、自治区、直辖市工业和信息化主管部门应当组织专家，按照《监控化学品生产特别许可现场考核表》的要求对申请人进行现场考核，并于收到全部申请材料之日起20个工作日内，将考核意见和全部申请材料报工业和信息化部。

第十三条 工业和信息化部收到省、自治区、直辖市工业和信息化主管部门报送的材料后，应当对申请材料是否符合本细则第十条规定的条件进行审查，并自收到材料之日起20个工作日内作出决定。予以批准的，颁发生产特别许可证书；不予批准的，书面通知申请人并说明理由。

第十四条 监控化学品生产特别许可证书有效期为5年。生产特别许可证书有效期届满需要继续生产监控化学品的，应当提前6个月通过所在地的省、自治区、直辖市工业和信息化主管部门向工业和信息化部申请延续。经审查符合本细则第十条规定的条件的，应当在有效期届满前准予延续。

第十五条 因企业名称等变更需要更换监控化学品生产特别许可证书的，应当通过所在地的省、自治区、直辖市工业和信息化主管部门，将其生产特别许可证书及变更后的营业执照复印件报工业和信息化部。经审查符合本细则第十条规定条件的，应当准予更换监控化学品生产特别许可证书。

第十六条 生产第二类监控化学品的，不得向未取得第二类监控化学品经营许可证书、使用许可证书的单位或者个人销售第二类监控化学品。

第三章 经营和使用管理

第十七条 国家对第二类监控化学品的经营、第一类和第二类监控化学品的使用，实行许可制度。

第十八条 申请第二类监控化学品经营许可的，应当具备下列条件：

（一）申请人为法人或者非法人组织；

（二）对第二类监控化学品的采购、运输和储存具有全过程管理能力；

（三）有符合安全要求的经营设施和熟悉产品性能的技术人员；

（四）有健全的监控化学品经营管理制度；

（五）有熟悉监控化学品数据统计和履行《禁止化学武器公约》所需的管理人员和管理制度；

（六）五年内无违法生产、经营、使用监控化学品的记录。

第十九条 申请第二类监控化学品经营许可的，应当填写《第二类监控化学品经营申请表》并附上申请表中要求提供的相关材料，向所在地的省、自治区、直辖市工业和信息化主管部门提出申请。

第二十条 省、自治区、直辖市工业和信息化主管部门应当对申请材料进行审查并进行现场核验，并于收到全部申请材料之日起20个工作日内作出决定。予以批准的，颁发第二类监控化学品经营许可证书；不予批准的，书面通知申请人并说明理由。

第二十一条 经营第二类监控化学品的，不得向未取得第二类监控化学品经营许可证书、使用许可证书的单位或者个人销售第二类监控化学品，不得向未取得第二类监控化学品生产特别许可证书、经营许可证书的单位或者个人购买第二类监控化学品。

购买第二类监控化学品的，应当查验销售人的第二类监控化学品生产特别许可证书、经营许可证书并留存复印件。销售第二类监控化学品的，应当查验购买人的第二类监控化学品经营许可证书、使用许可证书并留存复印件。

第二十二条 经营第二类监控化学品的，应当保存购买、储存、销售原始记录和统计台账，保存期限不得少于3年。第二类监控化学品的经营者应当在每年1月和7月分别向所在地省、自治区、直辖市工业和信息化主管部门报送前6个月的销售记录。

第二十三条 为科研、医疗、制造药物或者防护目的需要使用第一类监控化学品的，应当填写《第一类监控化学品使用申请表》并附上申请表中要求提供的相关材料，向工业和信息化部提出申请。工业和信息化部予以批准的，颁发批准文件。申请人应当凭批准文件与工业和信息化部指定的生产单位签订合同，并将合同副本报送工业和信息化部备案。

第二十四条 申请第二类监控化学品使用许可的，应当具备以下条件：

（一）申请人为法人或者非法人组织；

（二）对第二类监控化学品的采购、运输、储存和使用具有全过程管理能力；

（三）有健全的监控化学品使用管理制度；

（四）具备履行《禁止化学武器公约》的能力；

（五）五年内无违法生产、经营、使用监控化学品的记录。

第二十五条 申请第二类监控化学品使用许可的，应当填写《第二类监控化学品使用申请表》并附上申请表中要求提供的相关材料，向所在地省、自治区、直辖市工业和信息化主管部门提出申请，并根据年使用量一并提交相关资料。

第二十六条　省、自治区、直辖市工业和信息化主管部门应当对申请材料进行审查并进行现场核验，并于收到全部申请材料之日起 20 个工作日内作出决定。予以批准的，颁发第二类监控化学品使用许可证书；不予批准的，书面通知申请人并说明理由。

第二十七条　取得第二类监控化学品使用许可的，应当凭第二类监控化学品使用许可证书向取得第二类监控化学品生产特别许可证书、经营许可证书的单位或者个人购买第二类监控化学品。

第二十八条　第二类监控化学品经营许可证书、使用许可证书有效期为 5 年，许可证书的样式由工业和信息化部统一规定。

许可证书有效期届满需要继续经营、使用监控化学品的，应当提前 6 个月向所在地省、自治区、直辖市工业和信息化主管部门申请延续。经审查符合本细则规定的条件的，应当在有效期届满前准予延续。

第四章　进出口管理

第二十九条　国家对第一类监控化学品和第二类、第三类监控化学品及其生产技术和专用设备的进出口，实行许可制度。

第三十条　第一类监控化学品和第二类、第三类监控化学品及其生产技术和专用设备的进出口业务，按《中华人民共和国监控化学品管理条例》规定由被指定单位经营。被指定单位应当向工业和信息化部提出进出口申请。

申请进口的，应当提交下列材料：《监控化学品进口申请表》；经省、自治区、直辖市工业和信息化主管部门确认的《进口监控化学品经营申请表》或者《进口监控化学品用户申请表》；进口合同原件。

申请出口的，应当提交下列材料：《监控化学品出口申请表》；进口国政府或者政府委托机构出具的所进口的监控化学品及其生产技术和专用设备不用于生产化学武器和不转口第三国的保证书，并注明所需监控化学品的名称、数量、最终用途以及最终使用者的名称和地址；出口合同原件。

第三十一条　对于申请进口或者出口第一类监控化学品的，工业和信息化部应当自收到全部申请材料之日起 20 个工作日内完成审查并签署意见，报国务院批准。被指定单位应当凭国务院的批准文件向商务部申领进口或者出口许可证。

对于申请进口或者出口第二类、第三类监控化学品及其生产技术和专用设备的，工业和信息化部应当自收到全部申请材料之日起 20 个工作日内作出决定。予以批准的，颁发批准文件，被指定单位应当凭工业和信息化部的批准文件向商务部申领进口或者出口许可证。不予批准的，书面通知申请人并说明理由。

第三十二条　需要变更进口或者出口许可的，除提供本细则第三十条规定的材料外，还应当提交其进口或者出口批准文件和许可证原件。

第三十三条　被指定单位应当书面向工业和信息化部报送下列信息：

（一）负责此项工作的主要领导名单；

（二）负责此项业务的专门机构名称；

（三）对外签署进出口合同的专职人员的身份证和工作证复印件。

前款规定的信息发生变更的，应当在 10 个工作日内报工业和信息化部。

第五章　数据申报和保存

第三十四条　工业和信息化部组织建设监控化学品数据申报系统。

在中华人民共和国境内从事监控化学品生产、使用或者进出口活动的，应当通过数据申报系统定期填报《全国监控化学品统计报表》，配合工业和信息化主管部门完成《禁止化学武器公约》规定的国家宣布工作。

第三十五条　生产、使用第一类监控化学品的，应当向工业和信息化部报送《全国监控化学品统计报表》。

第三十六条　第二类、第三类、第四类监控化学品的数据申报实行属地管理、逐级审核上报。省、自治区、直辖市工业和信息化主管部门应当组织、汇总、核实宣布数据，并在规定时间内报工业和信息化部。

跨省、自治区、直辖市生产、使用监控化学品的单位的二级单位，应当在厂区所在地申报《全国监控化学品统计报表》。

第三十七条　生产第二类、第三类监控化学品或者使用第二类监控化学品的，应当按时申报关于年度宣布和预计宣布的《全国监控化学品统计报表》。预计宣布统计报表提交后，预计生产、使用活动超出原宣布计划的，应当在有关活动开始前不少于 20 个工作日申报关于变更宣布的《全国监控化学品统计报表》。

生产、使用第二类监控化学品的，应当妥善保存与第二类监控化学品的生产、使用有关的记录，保存期限不得少于 3 年。生产第三类监控化学品的，应当妥善保存与第三类监控化学品有关的生产记录，保存期限不得少于 1 年。终止生产经营活动的，应当将与监控化学品生产、使用有关的记录移交所在地设区的市级以上地方工业和信息化主管部门或者地方人民政府确定的监控化学品管理部门存档。

第三十八条 生产第四类监控化学品的，应当按时申报关于年度宣布的《全国监控化学品统计报表》。

生产第四类监控化学品的，应当妥善保存与第四类监控化学品有关的生产记录，保存期限不得少于1年。终止生产经营活动的，应当将与第四类监控化学品生产有关的生产记录移交所在地设区的市级以上地方工业和信息化主管部门或者地方人民政府确定的监控化学品管理部门存档。

第三十九条 从事第一类监控化学品和第二类、第三类监控化学品及其生产技术和专用设备进出口业务的被指定单位，应当按时向工业和信息化部申报年度第一类、第二类和第三类监控化学品进出口数据，并妥善保存与监控化学品进出口活动有关的记录，保存期限不得少于3年。终止进出口活动的，应当将与监控化学品进出口有关的记录移交工业和信息化部存档。

第四十条 从事监控化学品生产、使用或者进出口活动的，应当根据《全国监控化学品统计报表》所列的填报说明和要求按时、准确进行申报，不得拒报、虚报、漏报或者瞒报，不得擅自变更申报范围和内容。

参与监控化学品数据申报的工作人员，应当对监控化学品的数据资料采取妥善的保护措施，为填报单位保守商业和技术秘密。

第四十一条 生产、经营或者使用第二类监控化学品以及生产第三类监控化学品的，终止生产经营活动时应当制定监控化学品生产装置、库存和相关数据的处置方案。处置方案应当报送所在地省、自治区、直辖市工业和信息化主管部门。

第六章 国际视察及国内监督检查

第四十二条 生产监控化学品以及使用第二类监控化学品的，其监控化学品达到或者超过《禁止化学武器公约》规定的核查阈值的，应当履行接受国际视察的义务，做好接受禁止化学武器组织国际视察的各项准备工作。

接受国际视察的义务包括：

（一）根据《禁止化学武器公约》，提供国际视察所需的数据资料，及时回答视察组的问询；

（二）确保视察组顺利查看视察任务授权范围内的设施或者区域，配合视察组进行取样和分析；

（三）提供视察组及陪同人员所需的工作场所、通讯手段和必要的工作条件；

(四)《禁止化学武器公约》规定的其他义务。

第四十三条 接受国际视察的监控化学品相关设施所在地工业和信息化主管部门或者地方人民政府确定的监控化学品管理部门应当组织协调本行政区域内相关部门，在交通、安全、卫生等方面给予必要保障，确保国际视察顺利进行。

第四十四条 各级工业和信息化主管部门或者地方人民政府确定的监控化学品管理部门，依法对从事监控化学品生产、经营、使用以及进出口单位的监控化学品有关情况进行监督检查。

第四十五条 被监督检查单位应当配合、接受监督检查，不得拒绝或者阻碍检查人员依法执行职务，不得隐瞒或者拒绝提供相关信息。

第七章 法律责任

第四十六条 违反本细则第五条、第九条的规定，未经批准，生产第一类、第二类、第三类监控化学品或者第四类监控化学品中含磷、硫、氟的特定有机化学品的，按照《中华人民共和国监控化学品管理条例》第二十一条的规定处罚。

第四十七条 违反本细则第六条第一款的规定，未经批准，新建、扩建或者改建用于生产第二类、第三类监控化学品和第四类监控化学品中含磷、硫、氟的特定有机化学品的设施的，由省、自治区、直辖市工业和信息化主管部门责令限期改正，停止施工，拆除相关设施，可以并处一万元以上三万元以下罚款。

第四十八条 涂改、倒卖、出租、出借或者以其他方式转让生产特别许可证、经营许可证、使用许可证的，由所在地的省、自治区、直辖市工业和信息化主管部门责令限期改正，可以并处三万元以下罚款。

第四十九条 监控化学品生产特别许可证、经营许可证、使用许可证有效期届满，未办理延期手续仍继续生产、经营、使用的，按照《中华人民共和国监控化学品管理条例》第二十一条、第二十二条、第二十三条的规定处罚。

第五十条 违反本细则第十六条、第二十一条、第二十二条、第二十七条的规定，违法销售、购买监控化学品，或者未按照规定保存有关记录的，由所在地的省、自治区、直辖市工业和信息化主管部门责令限期改正，予以警告，可以并处三万元以下罚款。

违反本细则第三十七条第二款、第三十八条第二款的规定，未妥善保存、移送相关记录的，由所在地设区的市级以上地方工业和信息化主管部门或者地方人民政府确定的监控化学品管理部门责令限期改正，予以警告，可以并处三万元以下罚款。

违反本细则第三十九条的规定，未妥善保存、移送相关记录的，由工业和信息化部责令限期改正，予以警告，可以并处三万元以下罚款。

第五十一条 违反本细则第十七条的规定，未经批准经营、使用第二类监控化学品的，按照《中华人民共和国监控化学品管理条例》第二十二条、第二十三条的规定处罚。

第五十二条 以虚假合同或者虚假保证书等文件骗取监控化学品进出口批准文件的，由工业和信息化部责令限期改正，予以警告，可以并处一万元以上三万元以下罚款。在整改合格前，该单位不得申请进出口监控化学品。

第五十三条 违反本细则第三十五条、第三十七条至第三十九条的规定申报监控化学品数据，或者拒报、虚报、漏报或者瞒报有关监控化学品数据的，按照《中华人民共和国监控化学品管理条例》第二十四条的规定处罚。

第五十四条 从事监控化学品的生产、使用活动的，拒绝履行接受国际视察义务，不配合国际视察，或者阻挠国际视察进行的，由所在地的省、自治区、直辖市工业和信息化主管部门责令限期改正，予以警告，可以并处三万元以下罚款。

第五十五条 违反《中华人民共和国监控化学品管理条例》及本细则规定受到行政处罚的，由各级工业和信息化主管部门或者地方人民政府确定的监控化学品管理部门依照有关法律、行政法规的规定予以公示。

第八章 附则

第五十六条 本细则所称监控化学品，是指下列四类化学品：

第一类：可作为化学武器的化学品；

第二类：可作为生产化学武器前体的化学品；

第三类：可作为生产化学武器主要原料的化学品；

第四类：除炸药和纯碳氢化合物外的特定有机化学品。

监控化学品包括其纯品和不同浓度的工业品，类别按照《各类监控化学品名录》和《列入第三类监控化学品的新增品种清单》执行。

本细则所称监控化学品生产技术，是指生产监控化学品的各种技术手段。

本细则所称监控化学品专用设备，是指采用各种监控化学品生产技术，生产监控化学品过程中所需要的产品合成、分离、提纯、热传导和自控仪表等专用设备。

本细则所称国际视察，是指禁止化学武器组织根据《禁止化学武器公约》的规定，派遣视察组对我国监控化学品相关设施进行的现场视察，包括初始视察和例行视察等。

本细则所称核查阈值，是指《禁止化学武器公约》规定应当履行接受国际视察义务的化学品数量最低值。

第五十七条 《各类监控化学品名录》和《列入第三类监控化学品的新增品种清单》中的监控化学品低于一定浓度阈值时，可以豁免数据申报和进出口许可。相关浓度阈值由工业和信息化部根据实际情况制定和调整。

第五十八条 工业和信息化部和省、自治区、直辖市工业和信息化主管部门作出行政许可决定，依法需要进行现场考核、核验或者评审的，所需时间不计算在本细则规定的许可时限内，但应当将所需时间书面告知申请人。

第五十九条 各省、自治区、直辖市工业和信息化主管部门可以根据实际情况，制定本行政区域监控化学品管理的实施办法，发布后报送工业和信息化部。

第六十条 本细则规定的行政许可表格样式，由工业和信息化部统一制作公布，并根据需要调整。

第六十一条 本细则自 2019 年 1 月 1 日起施行。1997 年 3 月 10 日公布的《〈中华人民共和国监控化学品管理条例〉实施细则》（原化学工业部令第 12 号）同时废止。

民用爆炸物品生产许可实施办法

第一章　总则

第一条　为了加强民用爆炸物品生产许可管理，规范民用爆炸物品生产活动，保障公民生命、财产安全和公共安全，根据《民用爆炸物品安全管理条例》，制定本办法。

第二条　在中华人民共和国境内设立民用爆炸物品生产企业应当依据本办法取得民用爆炸物品生产许可。

第三条　民用爆炸物品生产许可管理应当遵循统筹规划、合理布局、动态调整、严格管理、公平公正的原则。

第四条　工业和信息化部负责民用爆炸物品生产许可的审批和监督管理。

省、自治区、直辖市人民政府民用爆炸物品行业主管部门（以下简称省级民爆行业主管部门）依照本办法规定负责本行政区域内民用爆炸物品生产许可监督管理有关工作。

第五条　鼓励民用爆炸物品生产企业采用提高民用爆炸物品安全性能的新产品、新设备、新技术、新工艺、新材料以及现场混装生产技术。

第二章　申请与审批

第六条　申请民用爆炸物品生产许可，应当具备下列条件：

（一）符合国家产业结构规划、产业技术标准和民爆行业发展规划；

（二）厂房和专用仓库的设计、结构、建筑材料、安全距离以及安全设备、设施符合国家有关标准和规范；

（三）生产设备、工艺技术符合有关安全生产的技术标准和规程；

（四）主要负责人具有与所生产民用爆炸物品相适应的安全生产知识和管理能力，与民用爆炸物品生产相关专业的技术人员占职工人数的比例不得低于15%；

（五）有健全的安全、质量管理制度和岗位安全责任制度；

（六）法律、行政法规规定的其他条件。

第七条　申请民用爆炸物品生产许可，应当向工业和信息化部提出申请，并提交以下材料：

（一）民用爆炸物品生产许可申请文件；

（二）《民用爆炸物品生产许可证申请审批表》（一式三份，示范文本见附件1）；

（三）民用爆炸物品生产许可项目申请报告（一式三份，示范文本见附件2）；

（四）省级民爆行业主管部门出具的书面意见；

（五）民用爆炸物品安全评价机构出具的安全预评价报告；

（六）法定代表人无刑事处罚材料；

（七）专业技术人员资质证明复印件；

（八）法律、行政法规规定的其他材料。

第八条　工业和信息化部应当依法对申请材料进行审查，对于申请材料不齐全或者不符合法定形式的，当场或在5日内一次告知申请人需要补正的全部内容，逾期不告知的，自收到申请材料之日起即为受理；申请材料齐全、符合法定形式，或者申请人按照要求补正全部申请材料的，应当予以受理。

第九条　工业和信息化部自受理申请之日起45日内对申请材料进行审查，对符合本办法第六条规定条件的，核发《民用爆炸物品生产许可证》；对不符合条件的，不予核发《民用爆炸物品生产许可证》，书面告知申请人并说明理由。

需要组织专家现场评审的，工业和信息化部应当将评审所需时间书面告知申请人。评审所需时间不计算在前款规定的期限内。

第十条　《民用爆炸物品生产许可证》的内容包括：企业名称、法定代表人、注册地址、登记类型、有效期、证书编号、生产地址、生产品种和年生产能力等。

《民用爆炸物品生产许可证》由正本、副本和附件组成，式样由工业和信息化部统一规定。附件作为备注栏信息，随《民用爆炸物品生产许可证》一并发放，与正本、副本具有同等效力。

第十一条　《民用爆炸物品生产许可证》有效期为3年。有效期届满需要继续从事民用爆炸物品生产的，应当在有效期届满前3个月向工业和信息化部申请延续，并提交本办法第七条第（一）项至第（四）项规定的材料。

工业和信息化部应当在有效期届满前作出是否准予延续

的决定。准予延续的，收回原证并换发新证；不予延续的，书面告知申请人并说明理由。

第十二条　《民用爆炸物品生产许可证》有效期内，民用爆炸物品生产企业申请变更企业名称、注册地址、登记类型的，应当向工业和信息化部提出申请，提交本办法第七条第（一）项至第（三）项规定的材料以及有关机构批准变更的文件；涉及变更法定代表人的，还应当提交本办法第七条第（六）项规定的材料。

工业和信息化部应当在接到申请之日起15日内作出是否同意变更的决定。

第十三条　民用爆炸物品生产企业为调整生产品种及年生产能力进行改建、扩建、异地建设，或者采用现场混装生产方式生产民用爆炸物品的，应当依照本办法重新申请办理《民用爆炸物品生产许可证》，提交本办法第七条第（一）项至第（四）项规定的材料；涉及变更生产地址的，还应当提交本办法第七条第（五）项规定的材料。

第十四条　民用爆炸物品生产企业不改变生产品种及年生产能力，在现有生产线原址进行技术改造的，应当报省级民爆行业主管部门备案。省级民爆行业主管部门将备案情况按年度汇总后报工业和信息化部。

第十五条　《民用爆炸物品生产许可证》及其编号仅限本企业使用，不得转让、买卖、出租、出借。

第十六条　民用爆炸物品生产企业经工业和信息化部批准，可以授权其持股比例（包括直接持有和间接持有）不少于51%并符合民用爆炸物品生产条件的企业生产其获准生产的民用爆炸物品。工业和信息化部应当在《民用爆炸物品生产许可证》附件中载明该被授权企业名称、注册地址、生产品种、生产地址、年生产能力、有效期等内容。

第三章　监督管理

第十七条　民用爆炸物品生产企业应当按照《民用爆炸物品生产许可证》核定的事项进行生产，生产作业应当执行安全技术规程等规定。

无民事行为能力人、限制民事行为能力人或者曾因犯罪受过刑事处罚的人不得从事民用爆炸物品生产。

第十八条　工业和信息化部对民用爆炸物品生产许可实行年度报告制度。民用爆炸物品生产企业应当于每年5月31日前向注册地省级民爆行业主管部门报送《民用爆炸物品生产许可证年度报告表》（一式三份，示范文本见附件3），省级民爆行业主管部门汇总后报送工业和信息化部。

第十九条　工业和信息化部应当加强对民用爆炸物品生产企业的监督检查，建立和完善随机抽查监督管理制度，公布抽查事项目录，随机选派检查人员，随机抽取被检查企业。抽查情况和查处结果及时向社会公布。

第二十条　有下列情形之一的，工业和信息化部可以撤销民用爆炸物品生产许可：

（一）民用爆炸物品生产许可申请受理、审查的工作人员滥用职权、玩忽职守作出许可决定的；

（二）超越法定职权或者违反法定程序作出许可决定的；

（三）对不具备申请资格或者不符合法定许可条件的申请人作出许可决定的；

（四）依法可以撤销民用爆炸物品生产许可的其他情形。

第二十一条　以欺骗、贿赂等不正当手段取得《民用爆炸物品生产许可证》的，工业和信息化部应当撤销民用爆炸物品生产许可。企业3年内不得再次提出民用爆炸物品生产许可申请。

第二十二条　有下列情形之一的，工业和信息化部应当依法办理《民用爆炸物品生产许可证》注销手续：

（一）《民用爆炸物品生产许可证》有效期届满，未申请延续或者申请延续未经批准的；

（二）民用爆炸物品生产许可依法被撤销、吊销的；

（三）因不可抗力因素导致民用爆炸物品生产许可事项无法实施的；

（四）法律、行政法规规定的应当注销许可证的其他情形。

工业和信息化部定期向社会公布被依法注销《民用爆炸物品生产许可证》的企业名单。

第二十三条　工业和信息化部建立民用爆炸物品生产企业信用记录制度，将民用爆炸物品生产企业违反本办法并受到行政处罚的行为记入信用档案。

第二十四条　任何单位或个人对违反《民用爆炸物品安全管理条例》和本办法的行为，有权向负有监督管理职责的部门举报。

第四章　法律责任

第二十五条　未经许可从事民用爆炸物品生产的，由省级民爆行业主管部门责令停止非法生产活动，处10万元以上50万元以下的罚款，并没收非法生产的民用爆炸物品及其违法所得。

第二十六条　民用爆炸物品生产企业有下列行为之一的，由省级民爆行业主管部门责令限期改正，处10万元以上50万元以下的罚款；逾期不改正的，责令停产整顿；情节严重的，由省级民爆行业主管部门提请工业和信息化部吊销《民用爆炸物品生产许可证》：

（一）超出许可核定的生产品种、能力进行生产的；

（二）违反安全技术规程生产作业的；

（三）民用爆炸物品的质量不符合相关标准的；

（四）因存在严重安全问题被吊销民用爆炸物品安全生产许可的；

（五）违反法律、行政法规应予吊销民用爆炸物品生产许可的其他情形。

第二十七条 民用爆炸物品生产企业有下列行为之一的，由省级民爆行业主管部门责令限期改正；逾期不改正的，处 3 万元以下的罚款：

（一）未按规定提交年度报告的；

（二）年度报告提供虚假材料或者拒绝提供反映其生产经营活动情况真实材料的。

第二十八条 省级民爆行业主管部门可以委托市级或者县级地方人民政府民用爆炸物品行业主管部门实施本办法规定的行政处罚。

省级民爆行业主管部门应当加强对市级或者县级地方人民政府民用爆炸物品行业主管部门实施行政处罚的监督，并对行政处罚的后果承担法律责任。

第二十九条 负责民用爆炸物品生产许可的工作人员，在民用爆炸物品生产许可受理、审查、审批和监督管理工作中，有弄虚作假、徇私舞弊以及受贿、渎职等行为的，依法给予处分；构成犯罪的，依法追究刑事责任。

第五章 附则

第三十条 本办法自 2019 年 1 月 1 日起施行。原国防科学技术工业委员会 2006 年 8 月 31 日公布的《民用爆炸物品生产许可实施办法》（原国防科学技术工业委员会令第 16 号）同时废止。

道路机动车辆生产企业及产品准入管理办法

第一章 总则

第一条 为了规范道路机动车辆生产企业及产品准入管理，维护公民生命、财产安全和公共安全，促进汽车产业发展，根据《中华人民共和国行政许可法》《中华人民共和国道路交通安全法》《国务院对确需保留的行政审批项目设定行政许可的决定》等法律法规，制定本办法。

第二条 国家对从事道路机动车辆生产的企业及其生产的在境内使用的道路机动车辆产品实行分类准入管理。

道路机动车辆生产企业及产品分为乘用车类、货车类、客车类、专用车类、摩托车类、挂车类六类。客车类道路机动车辆生产企业及产品分为整车类和改装类。

本办法所称道路机动车辆，是指由动力装置驱动或牵引，上道路行驶的供人员乘用或用于运送物品以及进行工程专项作业的轮式车辆，不包括汽车列车、无轨电车、有轨电车、轮式专用机械车、拖拉机及拖拉机运输机组。

第三条 工业和信息化部负责全国道路机动车辆生产企业及产品准入和监督管理工作。

省、自治区、直辖市人民政府工业和信息化主管部门依照本办法规定配合工业和信息化部实施本行政区域内道路机动车辆生产企业及产品准入和监督管理有关工作。

第四条 道路机动车辆生产企业应当按照道路机动车辆生产企业及产品准入的内容组织生产，承担道路机动车辆产品质量和生产一致性责任。

第二章 申请和受理

第五条 申请道路机动车辆生产企业准入的，应当具备下列条件：

（一）具有法人资格；

（二）按照国家有关投资管理规定完成投资项目手续并建设完成；

（三）有与从事生产活动相适应的场所、资金和人员等；

（四）有与从事生产活动相适应的产品设计开发能力、生产能力、生产一致性保证能力、售后服务保障能力等；

（五）法律、行政法规、规章规定的其他条件。

第六条 申请道路机动车辆产品准入的，应当具备下列条件：

（一）取得道路机动车辆生产企业准入；

（二）生产的道路机动车辆产品能够满足安全、环保、节能、防盗等技术标准以及工业和信息化部制定发布的安全技术条件；

（三）法律、行政法规、规章规定的其他条件。

第七条　申请道路机动车辆生产企业准入的，应当向工业和信息化部提交下列材料：

（一）道路机动车辆生产企业准入申请书（示范文本由工业和信息化部制作并公布）；

（二）根据国家有关投资管理规定办理完成投资项目手续的文件；

（三）加盖企业公章的企业章程及营业执照副本复印件；

（四）企业法定代表人签署的依法开展道路机动车辆产品生产承诺书。

第八条　申请道路机动车辆产品准入的，应当向工业和信息化部提交下列材料：

（一）道路机动车辆产品及类别、特点、技术功能等情况说明；

（二）道路机动车辆产品主要技术参数，包括表征道路机动车辆产品基本特征的参数，与道路机动车辆产品安全、环保、节能、防盗性能相关的参数和图片等；

（三）道路机动车辆产品检验资料，包括检验项目统计表、样车情况说明、检验检测机构出具的检验报告等（列入强制性产品认证目录的道路机动车辆产品零部件检验报告可以由强制性产品认证证书替代）；

（四）合法使用道路机动车辆产品商标的说明材料（仅在首次申请包含该商标的道路机动车辆产品准入时提供）、道路机动车辆产品依法进行环保信息公开情况等其他资料。

第九条　道路机动车辆生产企业有权自主选择依法取得相关资质认定的检验检测机构开展道路机动车辆产品检验；开展整车检验的，应当选择取得国家级产品质量监督检验中心资质的检验检测机构。

送检的道路机动车辆产品应当由申请人制造，相关技术参数应与申请准入的道路机动车辆产品一致。

第十条　工业和信息化部收到道路机动车辆生产企业及产品准入申请后，应当依法进行审查，对于申请材料不齐全或者不符合规定形式的，当场或者在五个工作日内一次性告知申请人需要补正的全部内容；对于申请材料齐全、符合规定形式的，应当予以受理。

第三章　审查和决定

第十一条　工业和信息化部委托技术服务机构组织专家对道路机动车辆生产企业及产品准入申请进行技术审查。

第十二条　技术服务机构应当客观、公正实施技术审查，如实向工业和信息化部报告审查结果。

第十三条　技术服务机构不得泄露因审查活动知悉的商业秘密，开展技术审查不得向申请准入的企业收取任何费用。

第十四条　工业和信息化部应当对符合准入条件的道路机动车辆生产企业及产品予以公示，公示期为五个工作日。

公示期内社会公众提出异议的，工业和信息化部可以委托技术服务机构组织专家进行复核。

第十五条　工业和信息化部应当自受理准入申请之日起二十个工作日内作出准入或者不予准入的决定。决定准入的，应当以公告形式向社会发布；决定不予准入的，应当书面通知申请人并说明理由。二十个工作日内不能作出决定的，经工业和信息化部负责人批准，可以延长十个工作日，并将延长期限的理由告知申请人。

技术审查、复核所需时间不计算在前款规定的期限内，所需时间应当书面告知申请人。

第十六条　道路机动车辆生产企业取得相关准入后方可生产、销售相应的道路机动车辆产品。

道路机动车辆生产企业应当持续保持准入条件。

第十七条　道路机动车辆生产企业变更法定代表人、企业名称、注册地址、注册商标、股权结构的，应当在依法完成变更登记手续后及时报工业和信息化部备案。

报送备案应当提交变更情形的说明、变更前后加盖企业公章的营业执照副本复印件等材料，涉及办理投资项目手续的还应当提交相关的投资项目文件。

第十八条　道路机动车辆生产企业变更道路机动车辆产品技术参数的，应当符合相关技术标准及道路机动车辆同一型号命名等技术规范要求，并在道路机动车辆产品投入生产前报工业和信息化部备案。

报送备案应当提交申请变更道路机动车辆产品型号、名称、类别，变更的原因及内容，符合安全、环保、节能、防盗等相关技术标准、技术条件的声明，以及相关检验项目统计表、检验报告等。

第十九条　道路机动车辆生产企业变更生产地址的，应当按照本办法第七条的规定向工业和信息化部提交有关材料。工业和信息化部应当依照本办法的规定进行审查。

第二十条　工业和信息化部对符合本办法规定条件的变更事项以公告形式发布。

第二十一条　道路机动车辆生产企业按照本办法规定变更企业名称、注册地址、生产地址、注册商标、道路机动车辆产品技术参数等的，可以在工业和信息化部发布变更公告后的六个月内继续销售按照原准入事项生产的库存道路机动车辆产品，但国家政策、标准另有规定的除外。

第二十二条　依法取得的道路机动车辆生产企业及产品准入，不得出租、出借、买卖或者以其他形式非法转让。

第二十三条　道路机动车辆生产企业应当建立道路机动车辆产品出厂合格证明（以下简称合格证）管理制度，规范合格证制作、发放、传送、追溯、备案等工作，实时填报、传送合格证电子信息，在道路机动车辆产品检验合格准予出厂后随车配发合格证。

合格证载明的信息应当与获得准入的道路机动车辆产品技术参数，以及道路机动车辆产品实际的技术参数一致。合格证不得涂改、复制、买卖、伪造和抵押。

第四章　特别规定

第二十四条　鼓励道路机动车辆生产企业进行技术创新。因采用新技术、新工艺、新材料等原因，不能满足本办法规定的准入条件的，企业在申请道路机动车辆生产企业及产品准入时可以提出相关准入条件豁免申请。

工业和信息化部应当评估其必要性、充分性，根据技术审查和评估结果，作出是否准入的决定。决定准入的，工业和信息化部可以设置准入有效期、实施区域等限制性措施。

第二十五条　鼓励道路机动车辆生产企业实施企业集团化管理。

符合规定条件的企业集团可以试点开展道路机动车辆产品自我检验；成员企业可以委托企业集团内部取得同类别道路机动车辆生产企业准入的其他企业生产其取得准入的道路机动车辆产品；工业和信息化部可以简化其成员企业的准入审查要求。

第二十六条　工业和信息化部推行道路机动车辆产品系族管理，鼓励道路机动车辆生产企业按照系族提出道路机动车辆产品准入申请。

第二十七条　工业和信息化部优化平板、仓栅、厢式、自卸货车管理。

货车类道路机动车辆生产企业可以委托上装生产企业完成平板、仓栅、厢式、自卸货车产品的上装生产作业。货车类道路机动车辆生产企业对采用本企业生产的底盘进行上装生产的平板、仓栅、厢式、自卸货车产品进行统一道路机动车辆产品准入申请，承担产品质量和生产一致性责任。

第二十八条　鼓励道路机动车辆生产企业之间开展研发和产能合作，允许符合规定条件的道路机动车辆生产企业委托加工生产。

鼓励道路机动车辆研发设计企业与生产企业合作，允许符合规定条件的研发设计企业借用生产企业的生产能力申请道路机动车辆生产企业及产品准入。

第二十九条　特别规定事项的具体管理办法由工业和信息化部另行制定。

第五章　监督检查

第三十条　工业和信息化部应当加强对道路机动车辆生产企业及产品准入的监督管理，建立和完善以随机抽查为重点的日常监督检查制度。对于社会反映集中、问题性质严重的道路机动车辆生产企业及产品，工业和信息化部应当组织开展专项监督检查。

第三十一条　道路机动车辆生产企业应当加强自查，发现生产、销售的道路机动车辆产品存在安全、环保、节能、防盗等严重问题的，应当立即停止相关产品的生产、销售，采取措施进行整改，并及时向工业和信息化部及所在地的省、自治区、直辖市人民政府工业和信息化主管部门报告。

省、自治区、直辖市人民政府工业和信息化主管部门发现本行政区域内道路机动车辆生产企业不能保持准入条件、生产一致性发生重大变化或者有其他违法违规生产经营行为的，应当及时向工业和信息化部报告。

第三十二条　道路机动车辆生产企业不能保持准入条件，生产的道路机动车辆产品存在影响公共安全、人身健康、生命财产安全等隐患的，工业和信息化部应当责令停止生产、销售相关产品，并责令立即改正。

第三十三条　道路机动车辆生产企业买卖、伪造合格证，合格证载明的信息与获得准入的道路机动车辆产品技术参数不一致或者与道路机动车辆产品实际的技术参数不一致，或者有其他违反合格证管理规定的，工业和信息化部应当责令限期整改，视情节轻重暂停道路机动车辆生产企业合格证电子信息传送。

第三十四条　道路机动车辆生产企业不能维持正常生产经营的，工业和信息化部应当予以特别公示。特别公示前，应当书面告知道路机动车辆生产企业，并听取申辩意见。

经特别公示的道路机动车辆生产企业，工业和信息化部在公示期间不予办理准入变更。道路机动车辆生产企业申请移出特别公示的，工业和信息化部应当对其保持道路机动车辆生产企业及产品准入条件情况进行核查。

不能维持正常生产经营是指：连续两年年均乘用车产量少于 2000 辆、货车产量少于 1000 辆、客车（整车类）产量少于 1000 辆、客车（改装类）产量少于 100 辆、摩托车产量少于 5000 辆、通用货车挂车产量少于 100 辆。工业和信息化部可以根据产业发展情况调整有关产量数值。

第三十五条　道路机动车辆生产企业破产、自愿终止道路机动车辆生产，或者存在法律、行政法规规定的其他情形的，工业和信息化部应当依法撤销、注销相关的道路机动车辆生产企业及产品准入。

第三十六条　承担道路机动车辆产品检验的检验检测机

构应当在完成道路机动车辆产品检验后的三个月内保证检验样品的可追溯性，六年内保证检验记录、试验图像、影像资料等数据资料的可追溯性。工业和信息化部对检验检测机构开展道路机动车辆产品准入检验情况进行检查。

第三十七条 工业和信息化部建立信用记录制度，将道路机动车辆生产企业、检验检测机构失信行为记入信用档案。

第六章 法律责任

第三十八条 隐瞒有关情况或者提供虚假材料申请道路机动车辆生产企业及产品准入的，工业和信息化部不予受理或者不予准入，并给予警告；申请人在一年内不得再次申请道路机动车辆生产企业及产品准入。

以欺骗、贿赂等不正当手段取得道路机动车辆生产企业及产品准入的，工业和信息化部应当撤销道路机动车辆生产企业及产品准入；申请人在三年内不得再次申请道路机动车辆生产企业及产品准入。

第三十九条 违反本办法规定，未经准入擅自生产、销售道路机动车辆产品的，工业和信息化部应当依照《中华人民共和国道路交通安全法》第一百零三条第三款的规定予以处罚。

第四十条 违反本办法规定，在报送备案时隐瞒有关情况、提供虚假材料的，工业和信息化部不予备案或者撤销备案，并给予警告。

第四十一条 违反本办法规定，出租、出借、买卖或者以其他形式非法转让道路机动车辆生产企业及产品准入的，工业和信息化部给予警告，并责令立即改正。

第四十二条 道路机动车辆生产企业在监督检查中隐瞒有关情况、提供虚假资料，或者不接受工业和信息化主管部门监督检查的，工业和信息化部给予警告。

第四十三条 检验检测机构出具虚假检验报告或者检验结果存在重大失误的，工业和信息化部向检验检测机构资质管理部门进行通报。

第四十四条 工业和信息化部工作人员在道路机动车辆生产企业及产品准入管理中玩忽职守、滥用职权、徇私舞弊的，依法给予处分；构成犯罪的，依法追究刑事责任。

第七章 附则

第四十五条 道路机动车辆生产企业及产品准入审查要求，工业和信息化部另行制定。

第四十六条 新能源汽车生产企业及产品准入管理适用本办法，相关规章另有规定的，依照其规定执行。

第四十七条 本办法自2019年6月1日起施行。2002年11月30日公布的《摩托车生产准入管理办法》（原国家经济贸易委员会令第43号）同时废止。

关于全面提升民营经济活力大力促进民营经济健康发展的若干意见

为深入贯彻习近平总书记关于民营经济发展的重要指示精神和党中央决策部署，全力支持我市民营经济发展，促进民营企业做强做优，实现稳定增长、增加就业、改善民生、促进创新，现就全面提升民营经济活力大力促进民营经济健康发展提出如下意见。

一、总体要求

以习近平新时代中国特色社会主义思想为指导，深刻认识民营经济是我国经济制度的内在要素，民营企业和民营企业家是我们自己人，以及促进民营经济发展的战略意义、经济意义和社会意义，坚持“两个毫不动摇”，坚持不懈推动国资、民资、外资合作共生、共同发展，坚持不懈促进国资、民资、外资平等对待、一视同仁，充分发挥市场配置资源的决定性作用，充分发挥民营经济作为推进供给侧结构性改革、推动高质量发展、建设现代化经济体系的重要主体作用，在上海建设“五个中心”、卓越的全球城市和社会主义现代化国际大都市中推动民营经济发展壮大，持续营造民营经济更好更快发展的广阔舞台和良好环境，让民营经济创新源泉充分涌流、创造活力充分迸发。

坚持全力优化环境。着力打造公平公正的法治环境、平等竞争的市场环境、安商亲商的社会环境，持续改善营商环境，保障民营企业家健康成长和民营经济健康发展。坚持全面深化改革。努力解决民营经济发展中的体制机制难题，推动民营企业深入参与和服务“五个中心”建设、自由贸易试验区建设、打响“四大品牌”、推动长三角地区更高质量一体化发展等，促进民营企业做强做优。坚持全心做好服务。构建亲清新型政商关系，用好政务“一网通办”总门户，搭好服务企业大平台，在为民营企业排忧解难中积极作为、靠前服务，切实当好服务民营企业的“店小二”，有求必应、无事不扰，将民营经济打造成为上海改革开放新高地、科技创新新先锋。

二、进一步降低民营企业经营成本

推进供给侧结构性改革降成本行动各项工作，深化“放管服”改革，最大限度简化行政审批，切实降低制度性交易成本，实质性减轻企业负担。

（一）全面落实税收优惠政策。积极落实国家各项减轻税费政策，贯彻小微企业税收优惠政策，落实提高企业研发费用加计扣除比例、股权激励递延纳税和技术成果投资入股选择性税收优惠等政策。对地方权限内的有关税费政策，在国家规定的幅度内降到法定税率最低水平。

（二）降低企业用地成本。实施新增产业用地出让底线地价管理，土地出让起始价可结合全国工业用地最低价和我市基准地价确定。一般产业项目类工业用地采用20年弹性年期出让，国家级、市级和区级重大产业项目、战略性新兴产业项目可按照20—50年弹性年期出让，并按照出让年期与工业用地可出让最高年期的比值进行地价修正，对届满符合产业导向的项目，可按照原地价续期。存量优质企业增容扩产，由各区政府根据产业项目的绩效、能级等情况确定增容土地价款的收取比例，对达到绩优标准的企业，免缴增容土地价款。简化企业自有土地增容审批流程，提高企业便利度。在国有产业园区，对中小型创新民营企业给予租金优惠。

（三）降低要素成本。按照国家要求，结合企业诉求，平稳调整最低工资标准，进一步降低企业社保缴费比例。对符合条件的民营企业，吸纳本市就业困难人员的，可享受岗位补贴和社会保险费补贴；新招用毕业年度高校毕业生的，可享受社会保险费补贴。进一步扩大参与直购电的民营企业主体范围，降低企业用电成本。加强天然气管输价格监管，支持符合条件的民营企业天然气用户改“转供”为“直供”，降低企业用气成本。继续减少进出口环节费用，降低港口作业搬移费。延续我市ETC通行费95折优惠政策，推进高速公路差异化收费试点工作。

（四）降低制度性交易成本。进一步清理、精简涉企行政审批等事项，清理规范涉企行政事业性收费，减少中间环节，减轻企业负担。全面深化“证照分离”改革试点，进一步扩大“多证合一”登记制度改革实施范围。全力推进政务服务“一网通办”，2018年内建成政务“一网通办”总门户，90%的涉企审批事项实现“只跑一次、一次办成”。大幅压减工业生产许可证，率先试点工业产品生产许可市级发证“一企一证”制度和取消发证前产品检验环节。将工业投资项目核准办结时限减至10个工作日，工业投资项目备案网上当场办结。持续优化企业电力、燃气、供水、通信、消防等市政公用基础设施接入，进一步减少环节、压缩时间、提升服务、降低成本。进一步完善市场主体退出机制，简化注销办理程序，解决民营企业“注销难”问题。

三、营造公平的市场环境

推进产业政策由差异化、选择性向普惠化、功能性转变，打破各类“卷帘门”“玻璃门”“旋转门”，为民营企业发展腾出充足市场空间。

（五）全面开放民间投资领域。鼓励和引导民间资本进入法律法规未明确禁止的行业和领域，积极参与汽车、电子信息、民用航空、生物医药、高端装备、绿色化工等世界级产业集群建设。对各类投资主体一律同等对待，不得对民间投资设置附加条件。鼓励民间资本参与基础设施和公用事业建设。支持民营企业参与盘活政府性存量资产。

（六）促进国有企业、民营企业合作发展。鼓励民营资本参与国有企业混合所有制改革，提高民营资本在混合所有制企业中的比重。鼓励民营企业通过资本联合、优势互补、产业协同、模式创新等参与国有企业重大投资项目、成果转化项目和资产整合项目，符合条件的民营企业可获得控制权。在市场准入、审批许可、经营运行、招投标、军民融合等方面打造公平竞争环境。

（七）发挥政府采购支持作用。市级部门年度采购项目预算总额中，专门面向中小微民营企业的比例不低于30%，其中预留给小微企业的比例不低于60%。完善政府投资项目目录，支持民营企业参与政府投资项目建设。

四、提升民营企业核心竞争力

加强服务支撑，发挥财政资金引导作用，支持民营企业技术创新，为民营企业招纳人才、拓展发展空间、提升自主创新能力，创造更好条件。

（八）大力培育龙头和骨干企业。研究开展民营企业总部认定工作，获得认定的民营企业总部享受总部经济相关优惠政策。对市场潜力大、产品服务质量优的民营骨干企业，探索建立奖励政策。建立并购基金、支持商业银行创新并购信贷产品，支持民营企业并购重组，做大做强做优。贯彻落实《中华人民共和国中小企业促进法》，鼓励各区在本级财政预算中安排中小企业发展专项资金，重点用于支持企业公共服务体系和融资服务体系建设。

（九）支持企业技术改造。在符合产业导向、环境相容、与近期规划实施不冲突的前提下，支持规划产业区块外存量企业的技术改造。实施优质企业正面清单目录管理，参照规划产业区块的技术改造程序，加快优质企业技术改造相关审批服务，支持其“零增地”技术改造。对优质的民营企业技术改造项目支持比例按政策上限执行。

（十）支持企业技术创新。支持民营企业牵头承担我市研发与转化功能型平台等重大创新平台建设，加大技术创新体系和研发机构建设。改革项目评审机制，支持民营企业承担各类科技和产业化重大项目，加大对民营企业工程技术中心、重点实验室等资助力度。加快建设“创新创业集聚区”，加速民营科技企业成长，对国家级孵化器（众创空间）、大学科技园给予享受免征房产税和增值税。扩大“科技创新券”“四新券”覆盖范围，加大支持力度，集成社会创新服务资源，提升企业创新能力，按照创新活动支出给予最高200万元补贴。开展高新技术企业培育工程，引导民营企业不断提高研发投入强度，对每年新增研发投入部分按照10%给予奖励。

（十一）营造企业人才成长良好环境。聚焦国家重大战略实施需求、产业发展需求、平台建设需求，精准引进包括优秀民营企业家、技术人才在内的各类急需紧缺人才。开展企业家、管理人员专项培训，提升民营企业家素质和管理水平。加大对民营企业优秀专业技术人才、技能人才培养力度。加大职业培训补贴力度，鼓励支持民营企业建立首席技师、技能大师工作室。对业绩贡献突出的民营企业高层次专业技术人才，允许通过“直通车”或“绿色通道”破格申报高级职称。全面落实住房、就医、就学、落户等政策，不断优化人才工作、生活环境。

（十二）鼓励企业拓展国内外市场。鼓励民营企业参与国家供应链创新与应用试点。深入推进外贸转型“四个一百”专项行动，对中小民营企业参加列入“上海企业出国（境）展览支持项目表”的境外重点政府项目、境外重点支持项目和境外一般参展项目等境外展览项目给予支持。鼓励民营企业充分运用跨境电商等贸易新方式拓宽销售渠道，提升品牌价值，支持建立“海外仓”和海外运营中心。对出口国际市场尤其是出口重点地区的首台套、首版次、首批次产品加大应用示范支持力度，可最高按照专项支持比例30%上限给予支持。支持企业积极参与服务“一带一路”倡议，健全民营企业“走出去”信息、融资、法律、人才等支持服务体系，促进企业稳健开展境外投资，构建海外市场体系。

五、缓解融资难融资贵问题

构建专业、联动、全面的融资支撑体系，优化金融供给结构，加大金融支持力度，促进产业与金融深度融合、协同发展。

（十三）加大流动性风险专项防范力度。建立规模为100亿元的上市公司纾困基金，以市场化、法治化方式，对符合经济结构优化升级方向、有前景的民营企业进行投入，增加区域内产业龙头、就业大户、战略新兴产业等关键重点民营企业流动性。发挥中小企业发展专项资金等作用，研究设立政府救助专项资金，通过政府临时救助、融资担保、中小企业信贷风险补偿等方式，帮助有需求且符合条件的企业渡过难关。

（十四）引导金融机构加大信贷投放力度。优化完善上海市小微企业信贷风险补偿政策和信贷业务奖励政策，继续做好“银税互动”计划，鼓励银行业金融机构提高中长期贷款比例。推进实施“中小企业千家百亿信用融资计划”，为优质中小民营企业提供信用贷款和担保贷款100亿元。鼓励市属商业银行利用大数据等技术手段，提升对民营企业的信贷支持效率。支持商业银行面向优质民营企业推广无还本续贷模式。充分发挥保险对民营企业的保障和增信作用。

（十五）鼓励社会资本投资民营企业。从2019年起，连续三年每年增加财政资金10亿元，补充创业投资引导基金、天使引导基金。实施差异化管理，逐步放松对创业投资机构注册和更名的管制，壮大创业投资和股权投资基金实力，推动形成千亿资金规模的股权投资基金。支持民营资本参股或组建相关产业投资基金、基础设施投资基金，鼓励符合条件的民营企业依法发起设立民营银行，引导社会资本投向初创期和种子期民营创新型企业。

（十六）支持企业直接融资。加快拟上市企业数据库建设，形成分层次、分行业、分梯队的后备资源库。加大改制上市扶持力度，支持民营企业在境内外资本市场上市。开展投贷联动试点，进一步扩大上海股权托管交易中心“科技创新板”规模。通过市场化方式做好信用增进，支持民营企业发行票据和债券。

（十七）加大融资担保力度。支持担保机构面向民营中小微企业开展融资担保业务，落实国家融资担保业务降费奖补政策，研究制定担保业务保费奖励补贴和风险代偿操作细则。逐步扩大中小微企业政策性融资担保基金规模至100亿元，将担保对象从中小企业扩大到民营大中型企业，提高担保风险容忍度。

六、构建亲清新型政商关系

主动服务，靠前服务，积极作为，帮助民营企业解决实际困难，关心企业家成长，促进民营企业健康发展。

（十八）建立市、区领导联系重点民营企业工作机制。对发展潜力大、社会贡献突出的民营企业，我市重点产业及投资额超过10亿元的重大战略项目和先进制造业项目，建立市、区四套班子领导定点联系工作机制，听取相关企业的意见建议，督促政策落实，协调解决企业困难，营造公平公正和企业家健康成长环境。充分发挥商会、协会等行业组织作用，拓展民营企业与政府沟通的渠道，增强民营企业归属感。

（十九）加强信息沟通。完善“上海市企业服务云”，定期梳理发布惠企政策清单。畅通企业诉求和权益保护的反映渠道，加快诉求处理，发挥第三方评估作用。搭建政企沟通制度化平台。健全小微企业名录，为民营企业申请政策扶持提供导航。每年召开促进民营经济发展工作会议，用好各类平台，营造重商亲商良好氛围。建立民营企业家参与重大涉企政策决策制度。

（二十）弘扬企业家精神。大力宣传优秀民营企业和企业家。建立正向激励机制，激发企业家创业热情。开展“上海市优秀企业家”“上海市优秀青年企业家”评选活动时，民营企业家占比与国有企业家对等。在领军人才、劳动模范、“五一”劳动奖章、“五四”青年奖章和“三八红旗手”等评选中，向民营企业家倾斜。引导民营企业家诚实守信、合法经营。

七、依法保护民营企业合法权益

保障企业家合法的人身和财产权益，保障企业合法经营，稳定预期，为民营经济发展创造健康环境。

（二十一）保护企业家人身和财产安全。加强对民营企业和企业家正当财富和合法财产的保护，坚持以发展眼光客观看待一些民营企业历史上曾经有过的一些不规范行为，按照罪刑法定、疑罪从无的原则妥善处理相关问题。细化涉案企业和人员财产处置规则，严格规范涉案财产处置，维护涉案企业和人员的合法权益。依法慎用羁押性强制措施和查封、扣押、冻结等强制措施，最大限度降低对企业正常生产经营活动的不利影响。

（二十二）完善民营企业合法权益保护机制。支持各区建立小微企业、民营企业律师服务团等公益性法律服务组织，开展线上线下法律服务，对确有困难的民营企业的律师费、公证费、司法鉴定费等法律服务费用可协商予以减免。对首次、轻微违法违规行为建立容错机制，针对消防、工商、质量技监、食品安全等领域推出市场轻微违法违规经营行为免罚清单。

（二十三）加强知识产权保护。开展部门联合执法，严惩侵犯知识产权违法和不正当竞争行为。建立知识产权案件快审机制，推动知识产权民事、行政、刑事案件审判“三审合一”。建立由律师、公证员、法学专家等组成的知识产权专家库，为民营企业提供知识产权、证据保全等法律服务。加强专利优先审查服务，缩短专利审查和授权周期。

（二十四）完善民营经济发展的法治保障。及时开展涉及民营经济发展的法规、规章的立改废释工作。修订我市有关知识产权保护、促进中小企业发展以及反不正当竞争等方面的地方性法规。在制定涉及市场主体经济活动的规章、规范性文件和其他政策措施时，进行公平竞争审查。及时清理违反公平、开放、透明市场规则和违反平等产权保护的规范性文件，为民营经济发展营造良好的法治环境。

八、加强政策执行

加强政策协调性，细化量化政策措施，制定相关配套举措，推动各项政策落地、落细、落实，让民营企业增强获得感。

（二十五）完善政策执行方式。加强政策统筹协调，市级各部门和各区要根据本意见制定工作计划，分解各项任务，明确工作要求，采取具体措施行动，有步骤地推进各项工作任务落实。提高政府部门履职水平，坚持实事求是、从实际出发的原则，执行各项执法、专项整治政策，保护合法合规企业权益，不搞“一刀切”。建立民营企业政策辅导服务机制。

（二十六）加强服务协调。充分发挥市服务企业联席会议、民营经济发展联席会议制度作用，强化对发展民营经济的组织领导和工作协调。市级各部门和各区党委、政府要高度重视发展民营经济工作，主要负责同志要亲自抓，明确牵头部门，细化目标任务，狠抓工作落实。各区政府要建立相应工作机制，扎实推进各项工作。

（二十七）强化督查考核。将本意见落实情况纳入市委、市政府督查范围。建立民营经济发展工作约谈机制，对民营企业反映的合理合法问题办理不力、政策执行不到位的单位主要负责同志进行约谈，并对责任单位和责任人进行通报，情节严重的予以追责。

关于加快推进上海人工智能高质量发展的实施办法

为深化落实《关于本市推动新一代人工智能发展的实施意见》（沪府办发〔2017〕66号），集聚人工智能领域人才，突破关键核心技术，推进人工智能示范应用，加快建设国家人工智能发展高地，制订《关于加快推进上海人工智能高质量发展的实施办法》。

一、加快人工智能人才队伍建设

1．加快建设人工智能人才高峰，对于符合条件的人才和核心团队纳入本市人才高峰工程，配置具有国际竞争力的事业发展平台，完善工作体制和社会保障。

2．支持本地高校、科研机构与企业联合培养人工智能人才，合作开设人工智能专业课程、设立人工智能研究院所，建立人才实训基地，提高应用型科技人才培养精准度。

3．加强本市人才相关政策的覆盖适用，集聚人工智能领域各类优秀人才。加大专业技术人才和技能人才的选拔力度。

4．支持本市人工智能领域重点机构引进各类优秀人才，鼓励各区因地制宜、自主探索人工智能人才在本区的生活、就业等保障举措。

5．设立上海市人工智能战略咨询专家委员会，论证和评估人工智能发展规划、重大科技项目实施，组织开展人工智能战略问题研究和重大决策咨询。

二、深化数据资源开放和应用

6．加快出台本市公共数据和一网通办管理办法，实现公共数据的规范采集、共享使用。引导人工智能企业等市场主体合法合规开展数据资产流通和交易。

7．制定公共数据资源开放清单，依法有序向人工智能企业开放教育、医疗、旅游等重点领域数据信息，建设文献语言、图像图形、环境传感、地图位置等多类型行业大数据训练库，满足人工智能深度学习的数据需求。

8．优化交通运输等城市管理场景资源的供给，支持本土人工智能企业新技术、新产品、新模式的应用推广，形成60个左右人工智能深度应用场景，建设100个以上人工智能应用示范项目。

9．支持人工智能企业参与“智能上海”行动建设，推动党政机关、企事业单位提升服务水平和业务效率。将符合条件的人工智能产品纳入创新产品推荐目录，推动首购应用。

三、深化人工智能产业协同创新

10．将人工智能纳入本市战略性新兴产业重点领域，按照本市战新产业发展专项资金管理办法，对符合条件的人工智能类重大项目及平台给予支持。

11．对符合重点支持方向的人工智能领域项目，按照本市人工智能创新发展专项支持实施细则，给予总投资最高30%，总额最高2000万元的支持。

12．加大人工智能领域研发投入，加快上海类脑智能科学研究基地建设。推进国家智能传感器制造业创新中心建设，整合重点企业、科研院所等要素资源，加快在类脑智能理论研究、人机混合增强智能、新型智能算法等领域取得突破，开展智能感知、计算处理、智能执行等关键共性技术攻关。

13．支持人工智能龙头企业在沪建立总部，鼓励有条件的企业或机构设立创新平台、孵化基地。鼓励人工智能企业离岸创新成果在本市转化，在相关方面视同国内创新成果支持。

14．举办世界人工智能大会、创新大赛等重大活动，组建长三角人工智能创新联盟，深化产业协同发展，提高活跃度和品牌影响力。

四、推动产业布局和集聚

15．加快建设国家人工智能高地，构建本市“人形分布、多点联动”的产业发展空间布局，推动本市相关集聚区政策覆盖人工智能领域，打造华泾北杨等3–4个人工智能特色小镇，建设5个人工智能特色示范园区。

16．适应产业创新跨界融合发展趋势，在人工智能领域建立宽松灵活的产业空间管理机制，给予人工智能企业资源空间等方面支持，对符合条件的企业，合理确定开发强度和配套功能。

五、加大政府引导和投融资支持力度

17．统筹用好产业转型升级、信息化建设等各类专项资金，引导企业加大投入和项目建设，支持人工智能创新发展。

18．对符合条件的人工智能企业相关产品，给予本市装备首台套、软件首版次、新材料首批次相关政策支持。鼓励各区出台政策支持人工智能产业化项目。

19．发挥中小微企业政策性融资担保基金作用，加大人工智能领域企业信用担保力度。鼓励有条件的金融机构设立人工智能信贷专项。

20．发挥政府投资基金撬动作用，引导社会资本设立千亿规模人工智能产业发展基金。支持人工智能领域中小企业向“专精特新”发展，培育壮大一批细分领域隐形冠军和创新标杆企业。

21．支持人工智能企业通过兼并、收购、参股等多种形式开展国际化投资并购。鼓励各区对人工智能型企业上市等给予重点支持。

22．加大适应人工智能发展的基础服务供给，加快5G网络、数据中心、新型城域物联专网等新一代信息基础设施建设。支持人工智能企业参与综合标准、基础共性技术标准制定。建立保障人工智能健康安全发展的制度规范。开展知识产权评议和专利导航。

本办法自发布之日起实施，有效期至2020年12月31日。

上海市公共数据和一网通办管理办法

（2018年9月30日上海市人民政府令第9号公布）

第一章 总则

第一条（目的和依据）

为促进本市公共数据整合应用，推进“一网通办”建设，提升政府治理能力和公共服务水平，根据相关法律、法规和国家有关规定，结合本市实际，制定本办法。

第二条（适用范围）

本市行政区域内公共数据和“一网通办”工作的规划、建设、运维、应用、安全保障和监督考核等管理活动，适用本办法。

涉及国家秘密的公共数据管理，按照相关保密法律、法规的规定执行。

第三条（定义）

本办法所称公共数据，是指本市各级行政机关以及履行公共管理和服务职能的事业单位（以下统称公共管理和服务机构）在依法履职过程中，采集和产生的各类数据资源。

本办法所称“一网通办”，是指依托全流程一体化在线政务服务平台（以下简称在线政务服务平台）和线下办事窗口，整合公共数据资源，加强业务协同办理，优化政务服务流程，推动群众和企业办事线上一个总门户、一次登录、全网通办，线下只进一扇门、最多跑一次。

第四条（管理原则）

本市公共数据和“一网通办”工作应当遵循统筹规划、集约建设、汇聚整合、共享开放、有效应用、精准服务、保障安全的原则。

第五条（职责分工）

市政府办公厅是本市公共数据和电子政务工作的主管部门，负责统筹规划、协调推进、指导监督本市公共数据和“一网通办”工作。市大数据中心具体承担本市公共数据归集、整合、共享、开放、应用管理，组织实施“一网通办”工作。

市经济信息化部门负责指导、协调、推进公共数据开放、数据开发应用和产业发展。

市其他行政机关在各自职责范围内，做好公共数据和“一网通办”的相关工作。

区人民政府确定的部门（以下简称区主管部门）是本行政区域内公共数据和电子政务工作的主管部门，负责指导、协调、推进、监督本行政区域内公共数据和“一网通办”工作。

第六条（标准规范）

本市加强公共数据和“一网通办”标准化建设，积极借鉴国际标准，充分运用国家标准、行业标准，制定公共数据采集、归集、整合、共享、开放以及质量和安全管理等基础性、通用性地方标准和“一网通办”地方标准，促进公共数据和“一网通办”规范化管理。

第七条（长三角一体化）

本市立足长三角一体化战略目标，加强与长三角地区公共数据和“一网通办”工作的合作交流，通过数据资源共享、平台融合贯通、业务协同办理等方式，推动区域协同发展。

第二章 规划和建设

第八条（发展规划）

市政府办公厅应当会同有关部门编制本市公共数据和

电子政务发展规划，报市政府批准后，向社会公布并组织实施。

区主管部门应当根据市级发展规划，制定本区公共数据和电子政务发展规划，报市政府办公厅备案并组织实施。

第九条（项目管理）

市政府办公厅和市发展改革、经济信息化、财政等部门应当建立健全公共数据和电子政务项目立项审批、政府采购、建设运维、绩效评价、安全保障等管理制度。

公共数据和电子政务项目管理应当适应快速迭代的应用开发模式，积极采用政府购买服务的项目建设方式，将数据服务、电子政务网络服务、电子政务云服务等纳入购买服务范围。

第十条（基础设施）

本市加强市、区两级电子政务基础设施的统筹规划和统一管理，推进电子政务网络、电子政务云、大数据资源平台、电子政务灾难备份中心等共建共用，保障电子政务基础设施的安全可靠。

市大数据中心负责市级电子政务外网、电子政务云、大数据资源平台和全市统一的电子政务灾难备份中心的建设和运行管理。

区主管部门负责本区电子政务外网、电子政务云、大数据资源分平台的建设和运行管理。

第十一条（电子政务网络建设要求）

除国家另有规定外，行政机关不得新建业务专网；已经建成的，原则上应当分类并入本市电子政务网络。

第十二条（电子政务云建设要求）

行政机关的非涉密信息系统应当依托市、区两级电子政务云进行建设和部署；已经建成的，应当迁移至市、区两级电子政务云。

除国家另有规定外，行政机关不得新建、扩建、改建独立数据中心机房；已经建成的，应当依托市、区两级电子政务云进行整合。

第十三条（大数据资源平台建设要求）

行政机关应当依托市大数据资源平台和区大数据资源分平台，实现公共数据整合、共享、开放等环节的统一管理，原则上不得新建跨部门、跨层级的数据资源平台。

区大数据资源分平台应当与市大数据资源平台对接，接受公共数据资源的统一管理。

第十四条（政务信息系统整合）

行政机关应当定期清理与实际业务流程脱节、功能可被替代的信息系统，以及使用范围小、频度低的信息系统，将分散、独立的内部信息系统进行整合。

涉及公共数据管理的信息系统，未充分利用电子政务基础设施，无法实现与大数据资源平台互联互通、信息共享、业务协同的，原则上不再批准建设。对于未按照要求进行系统整合和数据对接的信息化项目，原则上不再拨付运维经费。

第三章　公共数据采集和治理

第十五条（数据集中统一管理）

公共管理和服务机构在履职过程中获取的公共数据，由市大数据中心按照应用需求，实行集中统一管理。

第十六条（数据责任部门）

市政府办公厅应当根据各部门的法定职责，明确相应的市级责任部门，由其承担下列工作：

（一）编制本系统公共数据资源目录；

（二）制定本系统公共数据采集规范；

（三）对本系统公共数据进行校核更新；

（四）汇聚形成本系统数据资源池。

第十七条（资源目录）

本市对公共数据实行统一目录管理，明确公共数据的范围、数据提供单位、共享开放属性等要素。市大数据中心负责制定公共数据资源目录的编制要求。

市级责任部门应当对本系统公共数据进行全面梳理，并按照编制要求，开展本系统公共数据资源目录的编制、动态更新等工作。市大数据中心对市级责任部门报送的公共数据资源目录进行汇聚、审核后，形成全市的公共数据资源目录。

区主管部门可以根据实际需要，对本区内未纳入全市公共数据资源目录的个性化公共数据进行梳理，编制本区公共数据资源补充目录。

第十八条（数据采集原则和要求）

公共管理和服务机构应当遵循合法、必要、适度原则，按照市级责任部门的采集规范要求，在公共数据资源目录的范围内采集公共数据，并确保数据采集的准确性、完整性、时效性。

公共管理和服务机构应当按照一数一源、一源多用的要求，实现全市公共数据的一次采集、共享使用。可以通过共享方式获得公共数据的，不得通过其他方式重复采集。

第十九条（数据采集方式）

公共管理和服务机构在法定职责范围内，可以直接采集、委托第三方机构采集，或者通过与自然人、法人和非法人组织协商的方式，采集相关公共数据。

第二十条（被采集人的权利义务）

公共管理和服务机构在法定职责范围内采集数据的，被采集人应当配合。

公共管理和服务机构因履职需要，采集法律、法规未作规定的数据的，应当取得被采集人同意。

第二十一条（数据归集）

公共管理和服务机构应当将本单位的公共数据向市、区电子政务云归集，实现公共数据资源的集中存储。

第二十二条（数据校核确认）

市级责任部门应当直接汇聚本系统公共数据；涉及区公共服务和管理机构采集的公共数据，且无法实现直接汇聚的，由区主管部门进行初步汇聚后，分类汇聚给市级责任部门。

市级责任部门应当按照多源校核、动态更新的原则，对本系统公共数据进行逐项校核、确认。

第二十三条（数据整合）

市级责任部门应当对本系统公共数据开展数据治理，并汇聚形成本系统的数据资源池。

市大数据中心应当依托市大数据资源平台，对各市级责任部门的公共数据进行整合，并形成人口、法人、空间、电子证照等基础数据库和若干主题数据库。

区主管部门应当依托大数据资源分平台，承接市大数据资源平台相关公共数据的整合应用。

第二十四条（质量管理）

公共数据质量管理遵循“谁采集、谁负责”“谁校核、谁负责”的原则，由公共管理和服务机构、市级责任部门承担质量责任。

市大数据中心负责公共数据质量监管，对公共数据的数量、质量以及更新情况等进行实时监测和全面评价，实现数据状态可感知、数据使用可追溯、安全责任可落实。

第四章　公共数据共享和开放

第二十五条（共享交换方式）

市大数据中心应当依托市大数据资源平台，建设统一的共享交换子平台，通过市、区两级部署，实现公共管理和服务机构之间的数据共享交换。

公共管理和服务机构之间原则上不得新建共享交换通道；已经建成的，应当进行整合。公共管理和服务机构应当采用请求响应的调用方式，共享公共数据；采用数据拷贝或者其他调用方式的，应当征得同级公共数据和电子政务主管部门的同意。

第二十六条（共享原则）

公共管理和服务机构之间共享公共数据，应当以共享为原则，不共享为例外，无偿共享公共数据。

没有法律、法规、规章依据，公共管理和服务机构不得拒绝其他机构提出的共享要求。公共管理和服务机构通过共享获得的公共数据，应当用于本单位履职需要，不得以任何形式提供给第三方，也不得用于其他任何目的。

公共管理和服务机构应当根据法定职责，明确本单位可以向其他单位共享的数据责任清单；根据履职需要，形成需要其他单位予以共享的数据需求清单；对法律、法规、规章明确规定不能共享的数据，列入共享负面清单。

第二十七条（分类共享）

公共数据按照共享类型分为无条件共享、授权共享和非共享三类。列入授权共享和非共享类的，应当说明理由，并提供相应的法律、法规、规章依据。

公共管理和服务机构因履职需要，要求使用无条件共享类公共数据的，应当无条件授予相应访问权限；要求使用授权共享类公共数据的，由市政府办公厅会同相关市级责任部门进行审核，经审核同意的，授予相应访问权限。

第二十八条（应用场景授权）

市大数据中心根据“一网通办”、城市精细化管理、社会智能化治理等需要，按照关联和最小够用原则，以公共管理和社会服务的应用需求为基础，明确数据共享的具体应用场景，建立以应用场景为基础的授权共享机制。

公共管理和服务机构的应用需求符合具体应用场景的，可以直接获得授权，使用共享数据。

第二十九条（数据开放要求）

市经济信息化部门应当以需求为导向，遵循统一标准、便捷高效、安全可控的原则，有序推进面向自然人、法人和非法人组织的公共数据开放。

市大数据中心应当依托市大数据资源平台，建设公共数据开放子平台，实现公共数据向社会统一开放。

第三十条（分类开放）

公共数据按照开放类型分为无条件开放、有条件开放和非开放三类。涉及商业秘密、个人隐私，或者法律、法规规定不得开放的，列入非开放类；对数据安全和处理能力要求较高、时效性较强或者需要持续获取的公共数据，列入有条件开放类；其他公共数据列入无条件开放类。

对列入无条件开放类的公共数据，公共管理和服务机构应当通过开放子平台主动向社会开放；对列入有条件开放类的公共数据，公共管理和服务机构对数据请求进行审核后，通过开放子平台以接口等方式开放。

第三十一条（数据开放清单）

公共管理和服务机构应当按照相关标准，在公共数据资源目录范围内，制定本单位的数据开放清单，向社会公布并动态更新。通过共享、协商等方式获取的公共数据不纳入本单位的数据开放清单。

与民生紧密相关、社会迫切需要、商业增值潜力显著的高价值公共数据，应当优先开放。

第三十二条（开放数据利用）

市经济信息化部门应当对全市公共数据开放工作和应用成效进行定期评估，并结合全市大数据应用和产业发展，通过产业政策引导、社会资本引入等方式，推动社会主体对开放数据的创新应用和价值挖掘。

第五章　一网通办

第三十三条（政务服务事项清单和办事指南）

公共管理和服务机构应当编制本部门政务服务事项清单和办事指南，由市审批改革部门审核并通过在线政务服务平台、移动终端、实体大厅等渠道发布。政务服务事项发生变化的，应当同步更新。

政务服务事项清单应当按照国家要求，确保同一政务服务事项的名称、编码、依据、类型等要素在不同层级、不同区域相统一。政务服务事项办事指南应当确保线上与线下标准统一，内容完整、准确、全面。

第三十四条（业务流程再造）

公共管理和服务机构应当整合内部业务流程与跨部门、跨层级、跨区域业务流程，优化政务服务事项网上申请、审查、决定、送达等环节，实行跨部门事项一窗综合受理、多方协同办理，减少审批环节、审批时间、申请材料和申请人跑动次数。

对申请人已经提交并且能够通过信息化手段调取的材料，或者能够通过数据互认共享手段获取的其他单位的证明材料，不得要求申请人重复提供。对没有法律、法规依据的证明材料，不得要求申请人提供。

公共管理和服务机构应当公布“最多跑一次”政务服务事项清单，清单包含事项名称、申请材料、办事流程、办理时限等。对于申请材料齐全、符合法律规定的，确保从受理申请到取得办理结果只需一次上门或者零上门。

第三十五条（在线政务服务平台）

在线政务服务平台以“中国上海”门户网站为总门户，政务服务事项应当全部纳入在线政务服务平台办理，实现申请、受理、审查、决定、证照制作、决定公开、收费、咨询等全流程在线办理。

在线政务服务平台实行统一身份认证，为申请人提供多源实名认证渠道，实现一次认证，全网通办；实行统一总客服，处理各类政务服务咨询、投诉和建议。

在线政务服务平台应当接入第三方支付渠道，实现政务服务费用在线缴纳，并为申请人提供材料递交、结果反馈等快递服务。

公共管理和服务机构应当将本单位的政务服务业务系统和数据与在线政务服务平台对接，实现互联共享。

第三十六条（线上线下集成融合）

公共管理和服务机构应当依托在线政务服务平台，推进线上线下深度融合，做到线上线下统一服务标准、统一办理平台。

公共管理和服务机构通过线下服务窗口提供的个人服务事项，除法律、法规另有规定或者受众面较小的事项外，应当实现全市范围内跨街镇窗口受理申请材料，方便申请人就近办理。

申请人可以通过线上或者线下的方式提出办事申请，公共管理和服务机构无正当理由不得限定申请方式。申请人选择线上申请的，合法有效且能够识别身份的电子申请材料与纸质申请材料具有同等法律效力；除法律、法规明确要求纸质材料外，公共管理和服务机构不得要求申请人提供纸质材料。

公共管理和服务机构认为申请人提交的材料不齐全或者不符合法定形式的，应当一次性告知需要补正的全部内容。告知的内容应当与其对外公示的办事指南内容一致。

第三十七条（电子签名、电子印章）

符合《中华人民共和国电子签名法》规定的可靠电子签名，与手写签名或者盖章具有同等法律效力，公共管理和服务机构应当采纳和认可。

公共管理和服务机构应当使用统一的电子印章系统开展电子签章活动，加盖电子印章的电子材料合法有效。电子印章的具体管理办法另行制定。

第三十八条（电子证照）

公共管理和服务机构应当使用统一的电子证照系统发放电子证照，电子证照与纸质证照具有同等法律效力，可以作为法定办事依据和归档材料。电子证照的具体管理办法另行制定。

第三十九条（电子档案）

公共管理和服务机构应当加强在履职过程中产生的电子文件归档管理。

除法律、法规另有规定外，公共管理和服务机构可以单独采用电子归档形式，真实、完整、安全、可用的电子档案与纸质档案具有同等法律效力。电子档案的具体管理办法另行制定。

第六章　安全管理和权益保护

第四十条（主管部门安全管理职责）

市政府办公厅和区主管部门应当编制本级公共数据和电子政务安全规划，建立公共数据和电子政务安全体系和标准规范，制定并督促落实公共数据和电子政务安全管理制度，协调处理重大公共数据和电子政务安全事件。

第四十一条（网信部门安全管理职责）

市网信部门应当指导公共管理和服务机构建立公共数据和电子政务网络安全管理制度，加强网络安全保障，推进关键信息基础设施网络安全保护工作。

第四十二条（市大数据中心安全管理职责）

市大数据中心应当对电子政务外网、电子政务云、大数据资源平台、电子政务灾难备份中心加强安全管理，建立并实施公共数据管控体系和公共数据安全认证机制，定期开展重要应用系统和公共数据资源安全测试、风险评估和应急演练。

第四十三条（公共管理和服务机构安全管理职责）

公共管理和服务机构应当设置或者确定专门的安全管理机构，并确定安全管理责任人，加强对相关人员的安全管理，强化系统安全防护，定期组织开展系统的安全测评和风险评估，保障信息系统安全。

公共管理和服务机构应当建立公共数据分类分级安全保护、风险评估、日常监控等管理制度，健全公共数据共享和开放的保密审查等安全审查机制，并开展公共数据和电子政务安全检查。

第四十四条（灾难备份）

市政府办公厅、市网信部门应当制定本市电子政务灾难备份分类分级评价和管理制度。

公共管理和服务机构应当按照前款规定的管理制度，对数据和应用进行备份保护。

第四十五条（应急管理）

公共管理和服务机构应当制定有关公共数据和电子政务安全事件的应急预案并定期组织演练。发生危害网络安全事件时，应当立即启动应急预案，迅速采取应急措施降低损害程度，防止事故扩大，保存相关记录，并按照规定向有关部门报告。

第四十六条（人员管理）

公共管理和服务机构应当建立安全管理岗位人员管理制度，明确重要岗位人员安全责任和要求，并定期对相关人员进行安全培训。

第四十七条（被采集人权益保护）

公共管理和服务机构采集、共享和开放公共数据，不得损害被采集人的商业秘密、个人隐私等合法权益。

公共管理和服务机构应当按照国家有关规定，落实信息系统加密、访问认证等安全防护措施，加强数据采集、存储、处理、使用和披露等全过程的身份鉴别、授权管理和安全保障，防止被采集人信息泄露或者被非法获取。

第四十八条（异议处理机制）

被采集人认为公共管理和服务机构采集、开放的数据存在错误、遗漏等情形，或者侵犯其个人隐私、商业秘密等合法权益的，可以向市大数据中心提出异议，市大数据中心应当在收到异议材料一个工作日内进行异议标注，并作以下处理：

（一）属于市大数据中心更正范围的，应当在收到异议材料之日起两个工作日内，作出是否更正的决定，并及时将处理结果告知异议提出人；

（二）属于市级责任部门更正范围的，应当在收到异议材料之日起两个工作日内，转交该部门办理；该部门应当在收到转交的异议材料之日起五个工作日内，向提供该数据的公共管理和服务机构进行核实，作出是否更正的决定并告知市大数据中心；市大数据中心应当及时将处理结果告知异议提出人。

第七章 监督考核

第四十九条（加强日常监督）

市政府办公厅、市大数据中心和区主管部门应当通过随机抽查、模拟办事、电子督查等方式，对公共管理和服务机构的公共数据和电子政务工作进行日常监督；发现存在问题的，应当及时开展督查整改。

第五十条（开展绩效考核）

市政府办公厅应当组织制定年度公共数据和电子政务管理考核方案，充分运用“12345”市民服务热线数据，对行政机关开展年度工作绩效考核。考核结果纳入各级领导班子和领导干部年度绩效考核，并作为下一年度公共数据和电子政务项目审批的重要参考依据。

第五十一条（引入第三方评估）

市政府办公厅、市经济信息化部门可以委托第三方专业机构，围绕网上政务服务能力、公共数据质量、共享开放程度、电子政务云服务质量等方面，对本市公共数据和电子政务工作定期开展调查评估。

第五十二条（畅通社会评价与投诉渠道）

公共管理和服务机构应当在本单位网站建立政务服务效果评价机制，设立网上曝光纠错、互动问答、评价分享等相关栏目，畅通线上投诉举报渠道。收到投诉举报的机构应当自受理投诉举报之日起五个工作日内，进行核实处理，并将处理结果反馈投诉举报人。

第八章 法律责任

第五十三条（指引条款）

违反本办法规定，《中华人民共和国网络安全法》《中华人民共和国保守国家秘密法》《中华人民共和国治安管理处罚法》等相关法律、法规有处罚规定的，从其规定；涉嫌犯罪的，依法追究刑事责任。

任何单位和个人从事攻击、侵入、干扰、破坏等危害本市电子政务基础设施活动，或者非法泄露、篡改、毁损、出售公共数据的，依法追究法律责任。

第五十四条（违反规划和建设规定的法律责任）

行政机关及其工作人员有下列行为之一的，由本级人民政府或者上级主管部门责令改正；情节严重的，由有权机关对直接负责的主管人员和其他直接责任人员依法给予处分：

（一）违反电子政务网络建设要求，擅自新建业务专网或者已建专网拒不并入本市电子政务网络的；

（二）违反电子政务云建设要求，擅自新建、扩建、改建独立数据中心机房，或者已建机房未依托电子政务云进行整合的；

（三）违反大数据资源平台建设要求，擅自新建跨部门、跨层级数据资源平台的；

（四）未按照政务信息系统整合要求进行系统整合的。

第五十五条（违反公共数据采集、共享、开放规定的法律责任）

公共管理和服务机构及其工作人员有下列行为之一的，由本级人民政府或者上级主管部门责令改正；情节严重的，由有权机关对直接负责的主管人员和其他直接责任人员依法给予处分：

（一）违反数据采集的原则和要求采集公共数据的；

（二）未依托电子政务云实现公共数据集中存储的；

（三）无正当理由拒绝其他单位提出的共享要求的。

第五十六条（违反一网通办工作规定的法律责任）

公共管理和服务机构及其工作人员有下列行为之一的，由本级人民政府或者上级主管部门责令改正；情节严重的，由有权机关对直接负责的主管人员和其他直接责任人员依法给予处分：

（一）未按照要求编制本单位政务服务事项清单和办事指南的；

（二）未按照要求将本单位政务服务业务系统和数据与在线政务服务平台对接的；

（三）没有法律、法规依据，要求申请人提供证明材料的；

（四）无正当理由限定申请人的申请方式的。

第五十七条（违反安全管理规定的法律责任）

市政府办公厅和区主管部门、市大数据中心、市网信部门、公共管理和服务机构及其工作人员未按照本办法规定履行安全管理职责的，由本级人民政府或者上级主管部门责令改正；情节严重的，由有权机关对直接负责的主管人员和其他直接责任人员依法给予处分。

第九章　附则

第五十八条（遵照执行）

水务、电力、燃气、通信、公共交通、民航、铁路等公用事业运营单位在依法履行公共管理和服务职责过程中采集和产生的各类数据资源的管理，适用本办法。法律、法规另有规定的，从其规定。

第五十九条（参照执行）

运行经费由本市各级财政保障的其他机关、团体等单位以及中央国家机关派驻本市的相关管理单位在依法履行公共管理和服务职责过程中采集和产生的各类数据资源的管理，参照本办法执行。

运行经费由本市各级财政保障的其他机关、团体等单位的电子政务管理，参照本办法执行。

第六十条（施行日期）

本办法自2018年11月1日起施行。

2019·上海工业年鉴

SHANGHAI INDUSTRIAL YEARBOOK

历年工业总产值及指数（1978—2018）

（单位：亿元）

年份	工业总产值（亿元）	工业总产值指数（以1978年为100）	工业总产值指数（以上年为100）
1978	514.01	100.0	
1979	556.30	108.6	108.6
1980	598.75	115.7	106.5
1981	620.12	120.0	103.7
1982	634.65	125.6	104.7
1983	663.53	134.4	107.0
1984	728.12	147.7	109.9
1985	862.73	167.7	113.5
1986	952.21	177.0	105.5
1987	1073.84	188.9	106.7
1988	1304.66	208.8	110.5
1989	1524.67	215.0	103.0
1990	1642.75	223.6	104.0
1991	1947.18	255.2	114.1
1992	2429.96	306.7	120.2
1993	3327.04	368.2	120.1
1994	4255.19	435.3	118.2
1995	5349.53	510.9	117.4
（1995）	(4547.47)		
1996	5126.22	590.1	115.5
1997	5649.93	675.7	114.5
1998	5763.67	728.5	107.8
1999	6213.24	805.1	110.5
2000	7022.98	913.7	113.5
2001	7806.18	1063.8	116.4
2002	8730.00	1219.1	114.6
2003	11708.49	1601.9	131.4
2004	14595.29	1927.1	120.3
2005	16876.78	2195.0	113.9
2006	19631.23	2500.1	113.9
2007	23108.63	2892.6	115.7
2008	25968.38	3126.9	108.1
2009	24888.08	3227.0	103.2
2010	31038.57	3966.0	122.9
2011	33834.44	4227.8	106.6
2012	33186.41	4215.1	99.7
2013	33899.38	4396.3	104.3
2014	34071.19	4466.7	101.6
2015	33211.57	4444.3	99.5
2016	33079.72	4475.4	100.7
2017	36094.36	4766.3	106.5
2018	36451.84	4828.3	101.3

注：从1996年开始，工业总产值按新规定计算，括号内数为1995年新规定数。以下同。

注：本表2018年数据为快报数。（由于规下无产值指标，所以2013年未调正实际数）

2018 年规模以上工业企业主要指标（一）

（单位：万元）

类　别	平均用工人数（人）	工业总产值	工业销售产值	其中：出口交货值	主营业务收入
总计	**1960244**	**348418408**	**347838928**	**77392651**	**388864137**
按登记注册类型分					
内资	855491	134298745	134424864	11437905	155645613
国有	6268	403912	405379	446	419424
集体	2986	158615	161007	10884	189588
股份合作	2735	249026	248980	10297	252734
集体联营	16	11152	11152		11152
国有与集体联营	315	38486	39928		40072
国有独资公司	63911	17014593	17055362	1329698	19154453
其他有限责任公司	240847	50449611	50637251	4092580	55891171
股份有限公司	93267	23713798	23760372	2159260	34404009
私营独资	4599	319943	321401	5748	325315
私营合伙	954	207041	193857	16744	186319
私营有限责任公司	379686	35529609	35568532	2811008	38227189
私营股份有限公司	59775	6190286	6008970	1001242	6530286
其他内资	132	12673	12673		13903
港澳台商投资	295091	49295932	48961433	22621672	51795781
与港澳台商合资经营	72670	10226073	10219374	2040387	11974286
与港澳台商合作经营	8461	729975	728692	165362	816953
港澳台商独资	189445	28245910	27946155	18621050	28809554
港澳台商投资股份有限公司	23124	9988201	9966491	1762094	10046520
其他港澳台商投资	1391	105773	100721	32779	148468
外商投资	809662	164823731	164452631	43333074	181422742
中外合资经营	205524	73794609	73753358	5502128	83061105
中外合作经营	26793	2806439	2812050	528672	2984938
外商独资	543551	82902138	82523734	35507330	89374175
外商投资股份有限公司	30776	5094574	5131354	1718020	5756148
其他外商投资	3018	225971	232134	76924	246376
按控股情况分					
国有控股	378127	135884203	135811143	7796579	160699255
集体控股	36311	4306038	4289426	140634	4356605
私人控股	558525	55116521	55267709	6398340	59731923
港澳台商控股	238636	34766246	34423058	20780639	37094833
外商控股	702970	113424848	113014245	41599882	121614019
其他控股	45675	4920552	5033347	676577	5367503
按企业规模分					
大型企业	743901	184481158	184334367	51470886	208592978
中型企业	529436	71410830	71510151	13807239	79742730
小型企业	686907	92526420	91994410	12114526	100528429

注：本表 2018 年数据为规上工业快报数。

2018 年规模以上工业企业主要指标（二）

（单位：万元）

类别	主营业务成本	销售费用	主营业务税金及附加	利润总额	税金总额
总计	**313154550**	**14687279**	**10713018**	**33504429**	**19726335**
按登记注册类型分					
内资	125000207	5715291	7315598	14301393	11878997
国有	351230	2602	1279	10594	-11292
集体	154693	7404	934	13528	9585
股份合作	223211	4995	786	10918	7841
集体联营	9460	112	6	622	148
国有与集体联营	35841	1050	277	-2439	1889
国有独资公司	17684271	363169	92009	517903	762015
其他有限责任公司	41459917	1299843	6039063	4964994	8243723
股份有限公司	28484998	1871754	1025113	5989503	1632693
私营独资	243635	4551	2132	56933	18392
私营合伙	167253	707	480	13670	3627
私营有限责任公司	31272492	1700593	129226	2059074	1014994
私营股份有限公司	4900812	457362	24293	665941	195383
其他内资	12391	1149		153	
港澳台商投资	43185985	1735128	1298099	3268630	2024188
与港澳台商合资经营	9712162	444910	30815	1180886	246272
与港澳台商合作经营	674258	48314	2519	22353	19970
港澳台商独资	25085276	1062562	54010	1425888	284266
港澳台商投资股份有限公司	7584389	177396	1210355	637588	1470331
其他港澳台商投资	129900	1946	399	1916	3349
外商投资	144968359	7236860	2099322	15934406	5823150
中外合资经营	65223032	1970165	1867633	9112882	4227949
中外合作经营	2382073	228677	8663	189509	67843
外商独资	72579425	4767640	201810	6264252	1502522
外商投资股份有限公司	4593488	249700	20143	356885	16531
其他外商投资	190341	20679	1073	10878	8305
按控股情况分					
国有控股	127286815	3286759	10090400	17774050	15288956
集体控股	3807805	84730	10799	260110	112829
私人控股	47903041	3081889	208410	3983123	1574265
港澳台商控股	31898257	1457709	72057	1799698	417743
外商控股	98066510	6504513	309224	9280961	2192092
其他控股	4192123	271679	22129	406487	140450
按企业规模分					
大型企业	166639652	5912803	10115665	20811928	15470496
中型企业	63883607	4711811	266897	5894559	1941084
小型企业	82631292	4062665	330456	6797942	2314756

注：本表 2018 年数据为规上工业快报数。

2018年规模以上工业企业主要指标（三）

（单位：万元）

类别	亏损企业亏损额	流动资产合计	其中		年末资产总计
			#存货	其中#产成品存货	
总计	**2467057**	**255868131**	**54152683**	**16534849**	**438855074**
按登记注册类型分					
内资	1098021	130511346	26145931	6972072	249357023
国有	3649	573126	207236	42632	951722
集体	2676	219856	47967	14092	266496
股份合作	216	154800	31413	12216	191397
集体联营		7394	2544	2050	7465
国有与集体联营	3558	14620	7802	1262	24361
国有独资公司	157260	14833642	2736744	219299	45474503
其他有限责任公司	446328	47627929	11147878	2241415	75431983
股份有限公司	112150	29301321	3701991	1131443	72503180
私营独资	476	257943	22030	11320	315941
私营合伙	16	52504	3529	1972	64547
私营有限责任公司	324954	30848136	6849336	2680076	42734262
私营股份有限公司	46738	6605788	1387261	614298	11375800
其他内资		14286	202		15368
港澳台商投资	553183	28909258	5956266	2127201	45314072
与港澳台商合资经营	135147	9408438	1439830	537049	14343980
与港澳台商合作经营	21840	562224	146848	57176	755651
港澳台商独资	209483	14598554	3177337	1281333	21615552
港澳台商投资股份有限公司	184860	4275065	1166495	250175	8520920
其他港澳台商投资	1853	64978	25757	1469	77968
外商投资	815852	96447527	22050486	7435576	144183979
中外合资经营	109992	36457693	7662718	2931341	56878399
中外合作经营	18875	2071297	410123	125673	2567761
外商独资	649648	50861349	11346240	4105490	71357269
外商投资股份有限公司	33143	6917007	2600340	257090	13169251
其他外商投资	4194	140182	31065	15981	211300
按控股情况分					
国有控股	687726	100225895	19879426	4168082	213050039
集体控股	10764	4068396	808944	234998	5111291
私人控股	445423	51604966	10654029	4336608	74760371
港澳台商控股	484629	21512747	4360968	1702286	32430868
外商控股	746774	73639386	17487022	5716333	105216209
其他控股	91741	4816741	962294	376542	8286296
按企业规模分					
大型企业	467675	125630288	25531726	6139707	241873889
中型企业	965557	55975687	12183473	4143438	86866520
小型企业	1033825	74262156	16437483	6251704	110114665

注：本表2018年数据为规上工业快报数。

2018 年规模以上工业企业主要指标（四）

（单位：万元）

类　别	年末负债合计	年末所有者权益	成本费用总额	管理费用	财务费用
总计	**209336970**	**229518104**	**355526725**	**26764071**	**920826**
按登记注册类型分					
内资	108934565	140422459	142144514	10775162	653854
国有	484367	467355	410659	58018	-1191
集体	112364	154133	182471	21108	-735
股份合作	80059	111338	248702	18305	2191
集体联营	2925	4539	10561	1000	-11
国有与集体联营	17456	6905	43089	6141	58
国有独资公司	21222759	24251744	19012091	911805	52845
其他有限责任公司	35092055	40339928	46258524	3408704	90061
股份有限公司	23798262	48704918	32948393	2381321	209820
私营独资	187780	128161	267399	18154	1059
私营合伙	27945	36603	172910	5074	-125
私营有限责任公司	23904143	18830119	36536888	3296751	267052
私营股份有限公司	3997719	7378081	6039064	648102	32788
其他内资	6731	8637	13763	180	43
港澳台商投资	22033038	23281034	47752297	2809118	22066
与港澳台商合资经营	7823006	6520974	11146081	926731	62278
与港澳台商合作经营	460006	295645	787711	58329	6810
港澳台商独资	11369273	10246280	27491283	1359989	-16545
港澳台商投资股份有限公司	2330162	6190759	8181702	450928	-31011
其他港澳台商投资	50591	27377	145521	13142	533
外商投资	78369368	65814611	165629915	13179791	244906
中外合资经营	33246382	23632017	73374964	6249389	-67621
中外合作经营	1058984	1508777	2795278	189942	-5414
外商独资	36249125	35108144	83621244	6083034	191146
外商投资股份有限公司	7717815	5451436	5602851	633622	126041
其他外商投资	97062	114238	235578	23804	754
按控股情况分					
国有控股	95392291	117657748	141095990	10354815	157602
集体控股	1889167	3222124	4158340	270835	-5030
私人控股	37680191	37080180	56607317	5258884	363504
港澳台商控股	16234952	16195916	35325906	1924083	45857
外商控股	53944693	51271517	113306254	8423405	311826
其他控股	4195676	4090620	5032918	522049	47067
按企业规模分					
大型企业	111895485	129978404	185726255	13119964	53835
中型企业	42245890	44620631	74807860	5914467	297976
小型企业	55195596	54919069	94992611	7729640	569014

注：本表 2018 年数据为规上工业快报数。

2018 年国有控股工业企业主要指标

（单位：万元）

指 标	国有控股企业	其 中	
		#大型企业	#中型企业
工业总产值	135884203	103649849	16490040
工业销售产值	135811143	103778918	16449972
#出口交货值	7796579	6048753	1416325
平均用工人数（人）	378127	245873	77791
年末资产总计	213050039	168510686	23844917
流动资产合计	100225895	76928668	12206488
#存货	19879426	14490303	3065039
#产成品存货	4168082	2288694	1008998
年末负债合计	95392291	72064613	12641552
年末所有者权益	117657748	96446072	11203365
主营业务收入	160699255	124079930	18851759
主营业务成本	127286815	95210284	16364084
销售费用	3286759	2283319	683345
主营业务税金及附加	10090400	9953728	70353
管理费用	10364815	8492457	1082569
财务费用	157602	-137808	160801
营业利润	17371501	15147395	1175386
利润总额	17774050	15378239	1271472
税金总额	15288956	14394849	503137
亏损企业亏损额	687726	342995	239539
本年应交增值税	5198556	4441121	432785

注：本表 2018 年数据为规上工业快报数。

2018 年工业企业经济效益指数

类别	总资产贡献率（%）	资本保值增值率（%）	资产负债率（%）	流动资产周转次数（次）	成本费用利润率（%）	工业产品销售率（%）
总计	**12.52**	**105.47**	**47.70**	**1.54**	**9.43**	**99.83**
国有控股	15.66	104.86	44.77	1.61	12.60	99.95
按隶属关系分						
中央工业	16.20	103.97	42.15	1.39	11.89	100.00
地方工业	11.32	106.04	49.51	1.61	8.59	99.80
按企业规模分						
大型	15.23	106.00	46.26	1.70	11.21	99.92
中型	9.55	103.98	48.63	1.48	7.88	100.14
小型	8.91	105.44	50.13	1.40	7.16	99.43

注：本表 2018 年数据为规上工业快报数。

2018 年 6 个重点工业行业主要指标

（单位：万元）

行业	平均用工人数（人）	工业总产值	工业销售产值	其中：出口交货值	年末资产总计	主营业务收入	利润总额	税金总额
总计	**1167428**	**238707654**	**237802975**	**61722182**	**289191958**	**267414926**	**23692251**	**9547691**
占全市比重（%）	59.6	68.5	68.4	79.8	65.9	68.8	70.7	48.4
电子信息产品制造业	423047	64502256	63830848	43394530	58899153	67301315	2364269	305435
汽车制造业	227543	68320653	68348860	2377007	78497584	83342348	10776804	4107967
石油化工及精细化工制造业	103210	40067622	40027448	3872801	34268062	43147252	4694143	3203464
精品钢材制造业	24874	12334156	12309372	1172029	27222447	17317902	1636131	304829
成套设备制造业	301476	41716951	41826667	9189123	70374602	44323450	2647362	1024441
生物医药制造业	87278	11766016	11459780	1716691	19930112	11982659	1573542	601555

注：本表 2018 年数据为规上工业快报数。

上海市高技术产业（制造业）主要情况（2017—2018年）

（单位：万元）

类别	平均用工人数（人）	工业总产值	工业销售产值	年末资产总计	主营业务收入	利润总额	税金总额
2018年总计	**492663**	**72890964**	**71943955**	**76721611**	**75139661**	**3676191**	**840247**
占全市比重（%）	**25.1**	**20.9**	**20.7**	**17.5**	**19.3**	**11.0**	**4.3**
按控股情况分							
国有控股	65056	6876805	6812004	16592385	6727461	449824	184553
集体控股	2850	401500	373992	423754	379428	29941	8989
私人控股	66094	7146137	7126475	11339283	7757305	752150	256578
港澳台商控股	106977	20579723	20238588	16405723	21618904	764443	67608
外商控股	242931	36967770	36403135	29708238	37635729	1492050	284385
其他控股	8755	919029	989761	2252228	1020835	187782	38135
按技术领域分							
医药制造业	55828	8443693	8187441	14753744	8465762	1103416	504436
航空、航天器及设备制造业	26670	2550005	2569973	4188574	2249448	83726	46754
电子及通信设备制造业	276156	37860586	37579886	41058704	39085828	1592962	104807
计算机及办公设备制造业	83250	18281277	17899849	9716397	19322321	73778	26935
医疗仪器设备及仪器仪表制造业	50345	5603851	5556262	6883351	5866220	802168	156681
信息化学品制造业	414	151551	150544	120842	150082	20142	635
2017年总计	**510586**	**72326255**	**71730160**	**71126325**	**76113115**	**4010936**	**843014**
占全市比重（%）	**24.7**	**21.2**	**21.0**	**16.8**	**20.1**	**12.4**	**4.0**
按控股情况分							
国有控股	66143	5867831	5876302	15345242	5947793	283019	175746
集体控股	2685	375900	335815	365776	338192	28866	6840
私人控股	66460	6474153	6403960	9684658	6980067	753736	246291
港澳台商控股	103289	21055666	21021448	15514192	22989784	1184274	59553
外商控股	262991	37674655	37229122	28403076	38980244	1630212	307581
其他控股	9018	878050	863513	1813380	877035	130829	47003
按技术领域分							
医药制造业	56143	7698798	7295834	13440887	7341980	1181005	489266
航空、航天器及设备制造业	25326	2300190	2263965	4037136	2162722	49761	52990
电子及通信设备制造业	289814	37064826	36844418	37223069	37802228	1723684	146613
计算机及办公设备制造业	86361	19745304	19858979	10053789	23097991	306470	8829
医疗仪器设备及仪器仪表制造业	52557	5408013	5356728	6275961	5598098	735774	144359
信息化学品制造业	385	109124	110236	95484	110097	14243	956

注：本表2018年数据为规上工业快报数。

2018 年各区工业企业主要指标

（单位：万元）

地　区	平均用工人数（万人）	工业总产值	出口交货值	年末资产总计	主营业务收入	利润总额	税金总额
总计	**196.02**	**348418408**	**77392651**	**438855074**	**388864137**	**33504429**	**19726335**
浦东新区	51.66	103076747	29284765	149693183	120834032	10279695	3881734
黄浦区	0.46	432761	6116	958650	985067	39502	29991
徐汇区	2.38	5743652	1021705	4969497	7154311	473721	93540
长宁区	1.87	1210440	107750	1517813	1208339	54667	57251
静安区	0.82	906805	59269	1481587	861158	63552	41427
普陀区	1.59	1463949	116912	2906071	2003708	205276	95291
虹口区	0.31	482142	35924	1074661	568481	30068	18219
杨浦区	1.58	11612990	211155	19926395	11756262	2530229	7289143
闵行区	22.49	33671869	8041003	42103727	37443761	2868680	992455
宝山区	9.17	20398850	2333071	38002304	26364805	2226529	574720
嘉定区	28.02	60546604	4851778	49304471	63899416	6563913	3180380
金山区	12.61	20725641	2530184	20775589	21179853	1299288	1654950
奉贤区	15.30	17240245	2986132	21607890	18354465	1483488	395797
松江区	28.64	37661347	19280452	33415043	39685573	1608553	572676
青浦区	14.46	15373065	4263155	18659197	16982035	850141	411652
崇明区	4.19	3726540	1066470	8544232	3647008	166452	37643

注：本表 2018 年数据为规上工业快报数。

2018年都市型工业基本情况

（单位：万元）

类别	平均用工人数（人）	工业总产值	工业销售产值	其中：出口交货值	年末资产总计	主营业务收入	利润总额	税金总额
总计	**333610**	**36076320**	**36248564**	**5986253**	**39018421**	**42190271**	**3094539**	**1093254**
按登记注册类型分								
内资	140875	15208342	15382031	1126996	17078742	18310582	1124257	467475
国有	532	35851	35451	446	66926	35645	731	2018
集体	697	22759	23413	1968	54592	52303	6398	3470
股份合作	49	3022	6164		9926	6709	-17	103
国有与集体联营	61	2384	2360		835	2391	24	44
国有独资公司	2269	322652	330723	5624	381672	376620	61627	24723
其他有限责任公司	28993	5632071	5751978	273533	4533279	7633765	391322	143690
股份有限公司	19692	2307115	2318548	96336	3689822	2957832	252050	85865
私营独资	953	75566	77276	2974	58354	77127	19471	5205
私营合伙	297	20132	19321	16744	9299	19321	3496	76
私营有限责任公司	76110	5761134	5804618	689306	6202674	6068670	248718	152383
私营股份有限公司	11090	1012984	999506	40065	2055996	1066296	140283	49899
其他内资	132	12673	12673		15368	13903	153	0
港澳台商投资	71136	6882526	6882414	2101217	8015496	7524198	582227	180131
与港澳台商合资经营	19900	2155913	2169498	302081	2436957	2212241	356504	50850
与港澳台商合作经营	1647	97491	97853	19549	136303	101269	2404	2350
港澳台商独资	42819	3422430	3412329	778683	3872458	3903982	143311	120259
港澳台商投资股份有限公司	6645	1200453	1196495	1000903	1568354	1300470	80974	6633
其他港澳台商投资	125	6239	6239		1423	6236	-966	40
外商投资	121599	13985452	13984119	2758041	13924183	16355491	1388056	445648
中外合资经营	23528	3015316	2989293	458682	2569800	3309989	184393	69029
中外合作经营	10291	926886	932541	257023	820729	988844	69652	26429
外资企业	84325	9635568	9646252	2011137	9735399	11631039	1121450	335538
外商投资股份有限公司	1944	311675	315005	4741	726846	320202	1398	10184
其他外商投资	1511	96007	101029	26458	71409	105418	11163	4468
按企业规模分								
大型企业	90717	10268019	10257318	2167874	11221100	12004140	1222805	301532
中型企业	104091	11487748	11624946	1563475	11537851	13882663	1026107	427076
小型企业	138802	14320554	14366301	2254904	16259470	16303469	845628	364647
按行业分								
服装服饰业	47099	3218373	3229181	783645	3373493	3809947	90991	59261
食品加工制造业	90513	9819991	9891088	394660	11430844	11968104	841739	460766
包装、印刷业	31745	2864783	2860395	290359	3544346	3059923	217676	108683
室内装饰用品制造业	62709	7414160	7461225	1256686	7160629	7726131	642896	168783
化妆品及清洁洗涤用品制造业	29255	4124627	4097594	420907	5737024	4973623	603484	166987
工艺美术品、旅游用品制造业	35236	4557441	4628583	707318	3792244	6411041	420700	89987
小型电子信息产品制造业	37053	4076945	4080497	2132678	3979842	4241503	277053	38787

（续表）

类　别	平均用工人数（人）	工业总产值	工业销售产值	其中：出口交货值	年末资产总计	主营业务收入	利润总额	税金总额
按地区分：								
# 浦东新区	65777	8995570	8960197	1793964	10164958	9776147	706015	199385
黄浦区	3120	197960	209240	5375	299525	742895	27099	19856
徐汇区	4633	2888977	2995841	104168	1272402	4069427	204928	41502
长宁区	4298	148200	151787	84799	163554	153695	7521	1982
静安区	1911	145493	150661	16820	127204	164112	11305	8346
普陀区	7822	519707	518220	38677	960600	640454	81896	37492
虹口区	760	18503	18493	6867	16823	18627	2159	1097
杨浦区	3179	572416	545716	15598	1106183	614617	74110	25960
闵行区	39429	4604660	4596019	597984	5019488	5749462	371160	212920
宝山区	9590	677026	691403	89927	1010806	767995	26079	33740
嘉定区	46125	5016069	5042911	969364	4547285	5456493	399662	134898
金山区	26589	2647539	2687979	348644	3169326	2727146	209269	62514
奉贤区	39443	3013892	3021755	438146	3449549	3707844	548551	85125
松江区	47289	4224806	4249125	762307	5165690	4941836	266376	154436
青浦区	31848	2237459	2242157	694768	2391554	2492190	146413	70761
崇明区	1706	116068	116054	18844	116122	116314	4403	2016

注：本表 2018 年数据为规上工业快报数。

2018年主要工业产品生产、销售和库存

产品名称	年初库存	生产量	销售量	年末库存
饲料（吨）	54606	1119601	1072427	27421
#配合饲料（吨）	3998	547312	546943	4236
混合饲料（吨）	1240	71434	67181	1128
精制食用植物油（吨）	72845	830981	822652	80169
乳制品（吨）	3962	446411	448155	2219
罐头（吨）	3926	38252	32393	9783
啤酒（千升）	7237	499640	498873	7752
黄酒（千升）	4782	69834	69049	4707
饮料（吨）	185382	2570834	2558110	193648
卷烟（万支）	465456	8927044	9017816	371467
纱（吨）	3514	20857	20526	3839
布（万米）	775	8275	4500	833
#棉布（万米）	30	1747	1747	30
棉混纺布（混纺交织布）（万米）	160	2055	2148	67
化学纤维布（纯化纤布）（万米）	585	4472	605	736
服装（万件）	6649	33771	33433	6857
皮革鞋靴（万双）	144	355	363	135
机制纸及纸板（吨）	9279	167938	100514	14668
硫酸（折100%）（吨）	4425	159164	137873	5572
烧碱（折100%）（吨）	5115	711349	665903	2473
乙烯（吨）	16121	1728809	238081	19061
纯苯（吨）	12216	811887	506560	15579
冰乙酸（冰醋酸）（吨）	9620	686522	636756	12041
农用氮、磷、钾化学肥料总计（折纯）（吨）	73	10150	10223	
#氮肥（折含N 100%）（吨）	73	9992	10065	
化学农药原药（折有效成分100%）（吨）	1386	10636	10485	1538
涂料（吨）	143173	2000953	1850014	290199
初级形态的塑料（吨）	139583	3353911	3338651	138158
合成橡胶（吨）	5035	94959	65642	3250
合成纤维单体（吨）	45945	2037409	1690107	48732
合成纤维聚合物（吨）	21646	1221384	1077090	26106
合成洗涤剂（吨）	22005	496841	495702	21347
化学药品原药（吨）	3074	35519	32684	2474
中成药（吨）	1514	6048	6374	1183
化学纤维（吨）	36962	397017	426028	25796
#合成纤维（吨）	36882	396398	425389	25739
橡胶轮胎外胎（条）	579591	6493686	6526894	542383
塑料制品（吨）	153620	1578101	1573466	148171
#农用薄膜（吨）	1894	27862	27987	1375
水泥（吨）	37305	4090841	4067345	56913

（续表）

产　品　名　称	年初库存	生产量	销售量	年末库存
生铁（吨）		14767513	9927	
粗钢（吨）	5727	16300946	324798	1160
钢材（吨）	469461	19833223	19767761	509332
#中板（吨）	20729	904977	894464	31242
冷轧薄板（吨）	27977	177369	180337	25009
中厚宽钢带（吨）	36739	3179560	3177665	38634
热轧薄宽钢带（吨）	6332	1275226	1261647	19911
冷轧薄宽钢带（吨）	60042	3909237	3895461	72976
镀层板（带）（吨）	110122	4482814	4461158	131777
涂层板（吨）	10845	668197	675507	3435
电工钢板（带）（吨）	63963	1174724	1176535	62152
无缝钢管（吨）	19648	742327	743288	18687
十种有色金属（吨）	1519	15757	15737	1479
#精炼铜（铜）（吨）	1519	15757	15737	1479
铜材（铜加工材）（吨）	13770	299335	298391	14343
铝材（吨）	53818	512135	513024	52781
日用不锈钢制品（吨）	1612	24530	24771	1205
电站锅炉（蒸发量吨）	20237	45391	54417	11211
发动机（千瓦）	16795774	386796106	221415866	14826978
金属切削机床（台）	854	5990	5912	932
#数控金属切削机床（台）	214	2383	2383	214
汽车（辆）	15386	2977590	2974710	17972
#基本型乘用车（轿车）（辆）	1091	1947715	1947427	1278
客车（辆）	1857	37284	36698	2442
新能源汽车（辆）	1331	81962	79246	3992
民用钢质船舶（载重吨）		1560200	5857400	
摩托车整车（辆）	63428	720703	738780	45351
两轮脚踏自行车（辆）	19128490	32356240	30726250	20758480
发电机组（发电设备）（千瓦）	48532	1396566	1414619	30479
交流电动机（千瓦）	3520674	21079956	22149685	2450881
电力电缆（千米）	525344	1674656	1536798	668965
光缆（芯千米）	225732	7425882	7501565	150050
家用电冰箱（台）	17370	460784	465837	12317
房间空气调节器（台）	210668	3828375	3821145	217653
吸排油烟机（台）	17258	93111	95515	14854
电饭锅（个）	12	135099	135099	
微波炉（台）	31720	2608312	2607048	32270
家用洗衣机（台）	20825	1400667	1394893	26599
家用吸尘器（台）	63958	598499	630769	31688
家用燃气热水器（台）	78356	1789278	1831587	34119

（续表）

产 品 名 称	年初库存	生产量	销售量	年末库存
微型计算机设备（台）	6786974	14488138	14689624	6585488
移动通信手持机（手机）（台）	2987403	47290413	47518406	2700629
#智能手机（台）	2947632	47114436	47342429	2660858
彩色电视机（台）	15595	1443823	1443122	16296
#液晶电视机（台）	15595	1443823	1443122	16296
#智能电视（台）	11991	1376557	1376730	11818
集成电路（万块）	48424	2334807	2306773	66265
集成电路圆片（万片）	30	597	596	32
表（万只）		257753	257753	
光学仪器（台）	31080	493562	517029	7613
原油(吨)	15206	64742	63792	16098
汽油(吨)	76577	5284330	5328891	32016
煤油(吨)	44671	2579138	2566858	56951
柴油(吨)	60553	6370127	6368068	60028
润滑油(吨)	32651	546259	610930	32521
燃料油(吨)	1286	195909	196891	304
焦炭(吨)		5449128	1704919	
发电量(万千瓦小时)		8246562	6791712	

注：本表2018年数据为规上工业快报数。

2019·上海工业年鉴

SHANGHAI INDUSTRIAL YEARBOOK

企 业 形 象

（排列不分先后）

1 上海华谊（集团）公司
2-3 上海汽车集团股份有限公司
4-5 中国石化上海石油化工股份有限公司
6-7 上海仪电（集团）有限公司
8-9 上海化学工业区发展有限公司
10-11 上海烟草（集团）公司
12 上海振华重工（集团）股份有限公司
13 上海海立电器有限公司
14 上海柴油机股份有限公司
15 上海电气环保集团
16 上海第一机床厂有限公司
17 上海通用电焊机股份有限公司
18 上海电气凯士比核电泵阀有限公司
19 上海西门子线路保护系统有限公司
20 上海华培动力科技股份有限公司
21 上海电气风电集团有限公司
22 上海格拉曼国际消防装备有限公司
23 中国人民解放军第四七二四工厂
24-25 上海电气核电设备有限公司
26-27 新奥能源动力科技（上海）有限公司
28 上海迎韦热能设备有限公司
29 上海万泽精密铸造有限公司
30 恩格尔机械（上海）有限公司
31 上海创力集团股份有限公司
32 上海昌强工业科技股份有限公司
上海中集洋山物流装备有限公司
33 上海国际汽车城（集团）有限公司
34 亿森（上海）模具有限公司
35 华伍轨道交通装备（上海）有限公司
36 上海格尔汽车科技发展有限公司
37 上海汇众萨克斯减振器有限公司
38 安吉智能物联技术有限公司
39 上海菲格瑞特汽车科技股份有限公司
40 上海天普汽车零部件有限公司
41 上海霍富汽车锁具有限公司
42-43 李尔（中国）投资有限公司
44-45 上海申龙客车有限公司
46 上海鑫燕隆汽车装备制造有限公司
47 上海裴椒汽车部件制造有限公司
48 上海安吉星信息服务有限公司
49 精进百思特电动（上海）有限公司
50 上海淞泓智能汽车科技有限公司
51 上海嘉朗实业有限公司
52 江南造船（集团）有限责任公司
53 沪东中华造船（集团）有限公司
54 申佳船厂
55 中交第三航务工程局有限公司
56 中国船舶重工集团公司第七二六研究所
57 中船第九设计研究院工程有限公司
58 上海齐耀动力技术有限公司
59 上海外高桥造船海洋工程有限公司
60 上海船舶运输科学研究所
61 中船海洋动力部件有限公司
62 上海市城市建设设计研究总院（集团）有限公司
63 上海凌耀船舶工程有限公司
上海精科粉末冶金科技有限公司
64 上海宝武杰富意清洁铁粉有限公司
65 上海思乐得不锈钢制造有限公司
66 上海材料研究所
67 上海良信电器股份有限公司
68 光驰科技（上海）有限公司
69 上海信耀电子有限公司
70 上海超硅半导体有限公司
71 紫光宏茂微电子（上海）有限公司
72-73 伏能士智能设备（上海）有限公司
74 上海威贸电子股份有限公司
75 上海先进半导体制造股份有限公司
76 上海光华仪表有限公司
77 上海软中信息技术有限公司
78 上海和辉光电有限公司
79 上海中广核工程科技有限公司
80 新智认知数据服务有限公司
81 上海理想信息产业（集团）有限公司
82-83 欧特克（中国）软件研发有限公司
84 上海云视科技股份有限公司
85 上海英内物联网科技股份有限公司
86 中国工业设计（上海）研究院股份有限公司
87 上海华测导航技术股份有限公司
88 上海超力本安信息技术有限公司
89 上海数讯信息技术有限公司
90 上海汉得信息技术股份有限公司
91 上海中兴易联通讯股份有限公司
92 五孚（上海）数据科技有限公司
93 上海复控华龙微系统技术有限公司

94　上海兆芯集成电路有限公司
95　叠境数字科技（上海）有限公司
96　上海威派格智慧水务股份有限公司
97　中国电子科技集团公司第二十一研究所
98　上海麦杰科技股份有限公司
99　上海跨境电子商务公共服务有限公司
100　上海广联环境岩土工程股份有限公司
101　上海公路桥梁（集团）有限公司
102-103　深兰科技（上海）有限公司
104　上海市生态气象和卫星遥感中心
105　上海航空电器有限公司
106　上海太阳能科技有限公司
107　中国航空无线电电子研究所
108　中航民用航空电子有限公司
109　上海航天壹亘智能科技有限公司
110　上海仪电显示材料有限公司
中石油管道有限责任公司西气东输分公司
111　上海化学工业区中法水务发展有限公司
112　上海中镭新材料股份有限公司
113　巴斯夫催化剂（上海）有限公司
114　上海金菲石油化工有限公司
115　上海正欧实业有限公司
116　上海金昌工程塑料有限公司
117　上海米健信息技术有限公司
118　天境生物科技（上海）有限公司
119　扬子江药业集团上海海尼药业有限公司
120　上海荣泰健康科技股份有限公司
121　上海睿智化学研究有限公司
122-123　上海天慈国际药业有限公司
124　上海熙华检测技术服务有限公司
上海复宏汉霖生物技术股份有限公司
125　上海百迈博制造有限公司
126　华领医药技术（上海）有限公司
127　上海逸思医疗科技有限公司
128　上海昊海生物科技股份有限公司
129　上海优宁维生物科技股份有限公司
130　国网上海市电力公司（浦东供电公司）
131　上海久隆电力（集团）有限公司
132　上海电力股份有限公司吴泾热电厂
133　国核工程有限公司
134-135　国网上海市电力公司
136-137　中国电建集团上海能源装备有限公司
138-139　上海电力股份有限公司
140　上海核工程研究设计院有限公司
141　上海明华电力技术工程有限公司
142　上海泽鑫电力科技股份有限公司
143　上海电力燃料有限公司
144　上海漕泾热电有限责任公司
145　上海上电漕泾发电有限公司
146　古林纸工（上海）有限公司
147　上海翔港包装科技股份有限公司
148　上海晶华胶粘新材料股份有限公司
149　上海水星家用纺织品股份有限公司
150　上海老凤祥有限公司
151　伽蓝（集团）股份有限公司
152　上海紫江喷铝环保材料有限公司
153　上海三汰包装材料有限公司
上海景条印刷有限公司
154　上海出版印刷高等专科学校
155　上海市崇明工业园区开发有限公司
156　上海宝山工业园投资管理有限公司
157　上海宝山城市工业园区开发有限公司
158-159　上海张江（集团）有限公司
160-161　上海市工业综合开发区有限公司
162-163　上海市莘庄工业区管理委员会
164-165　上海青浦工业园区发展（集团）有限公司
166　上海罗店资产经营投资有限公司
167　上海市临港地区开发建设管理委员会
168　上海市宝山区顾村工业公司
169　上海远虹物业服务有限公司
170-171　杭州海康威视科技有限公司
172　上海浦东发展银行股份有限公司上海分行
173　中国银行股份有限公司上海市分行
174　上海信息技术学校
175　上海市工商外国语学校
176　上海恒润文化集团有限公司
177　上海市商业学校
178-179　平安养老保险股份有限公司上海分公司
180-181　上海尤安建筑设计股份有限公司
182　东方有线网络有限公司
183　上海市中小企业发展服务中心

2017 年 11 月 21 日华谊钦州化工新材料一体化基地一期项目开工

2018 年 11 月 12 日集团在第七届科技大会上重奖新材料公司 MMA 项目组

上海华谊(集团)公司

上海华谊(集团)公司前身是上海市化学工业局,1995 年 12 月 28 日改制成为上海化工控股(集团)公司,1996 年 11 月 4 日与上海医药局联合重组改制为上海华谊(集团)公司。2016 年 5 月 18 日,上海华谊集团股份有限公司完成更名上市(以下简称华谊集团)。现有控股管理的企业有 147 家。

华谊集团是中国最大的化学品制造商之一,也是中国化工产品品种最多的制造商之一;包括"能源化工、绿色轮胎、先进材料、精细化工、化工服务"五大核心业务。华谊集团按照"三元业务"发展要求,在确保安全生产、增强创新能力建设的基础上,着力推进"持续降本增效、深化管理变革、加快发展转型",不断提升公司核心竞争力及跨区域运营能力。2018 年,面对国内经济平稳增长和化工行业发展的快速变化,聚焦"建设具有国际竞争力和影响力的世界一流企业"的目标,抢抓市场机遇,发力提质增效,经营业绩创历史新高。2018 年,华谊集团在上海企业 100 强排第 25 位,在上海制造业企业 50 强排第 10 位,在中国石油和化工企业 500 强综合类排 16 位。

华谊集团总部大楼

近年来,华谊集团坚持"一个华谊、全国业务、海外发展"和"双核驱动"战略,坚持"绿色发展、创新发展、高端发展、跨市发展、一体化发展",先后在内蒙古、新疆、重庆、广西、安徽、江苏、山东等 11 个省市、自治区布局 40 家工厂(控股 27 家,参股 13 家)并日益形成规模,产生影响,成为集团推进可持续发展的重要支撑。集团注重技术研发投入,拥有 1 家研究院,3 家国家级企业技术中心和 8 家市级企业技术中心。华谊(集团)公司拥有一系列中国驰名商标、中华老字号、上海名牌等著名商标,其中中华老字号品牌产品有牡丹牌油墨、双钱牌轮胎、眼睛牌油漆、光明牌油漆、长城牌油漆、飞虎牌涂料、一品牌颜料、白象牌电池和回力牌运动鞋等。

目前,华谊集团已与中石化、中化国际、宝武集团、中远海运、神华集团、中集集团、上港集团、建工集团、仪电集团和巴斯夫、拜耳、杜邦、亨斯迈、阿科玛等企业建立战略合作关系。

华谊集团吴泾化工基地全貌

爱上汽车

畅行天下

中国石化上海石油化工股份有限公司(简称上海石化)位于上海市金山区，占地面积9.40平方千米，是中国大型的炼油化工一体化综合性石油化工企业，是中国重要的成品油、中间石化产品、合成树脂和合成纤维的生产企业。

上海石化前身是创建于1972年的上海石油化工总厂。1993年作为中国第一批股份制改制试点企业之一，改制为上海石油化工股份有限公司，是中国第一家股票在上海、香港和纽约三地同时上市的股份制企业。2000年10月，更名为现名。

截至2018年底，上海石化具有1600万吨/年综合加工原油能力和乙烯70万吨/年、塑料树脂100万吨/年、合纤原料109万吨/年、合纤聚合物59万吨/年、合成纤维26万吨/年的生产能力，并拥有独立的公用工程、环境保护系统，及海运、内河航运、铁路及公路运输配套设施。

上海石化牢固树立“向先进水平挑战、向最高标准看齐”的理念，积极履行社会责任，为振兴中国石化工业而不懈努力；一贯坚持规范化运作，致力于用良好的经营业绩回报股东；一直以为顾客提供优质的石化产品和良好服务为己任，多次获得社会各界的嘉奖。近年来，先后获得“全国文明单位”、全国“重合同、守信用”单位、“全国用户满意企业”“中华环境友好企业”“全国模范劳动关系和谐企业”“智能制造试点示范企业”、中国石化集团公司安全生产和环境保护先进单位等一系列荣誉称号。

中国石化上海石油化工股份有限公司

SINOPEC SHANGHAI PETROCHENICAL COMPANY LIMITED

上海石化开展应急预案演练，提升应急处置能力

上海石化塑料部设立“党员服务点”，更好发挥党员先锋模范作用

上海石化严把装置检修改造质量关，提升运行可靠性

上海石化污水处理车间生物观测点

上海石化“公众开放日”活动迎来百期

上海石化参加第二十届中国国际工业博览会，48K 大丝束碳纤维荣获新材料产业展优秀参展产品一等奖

上海石化大场景

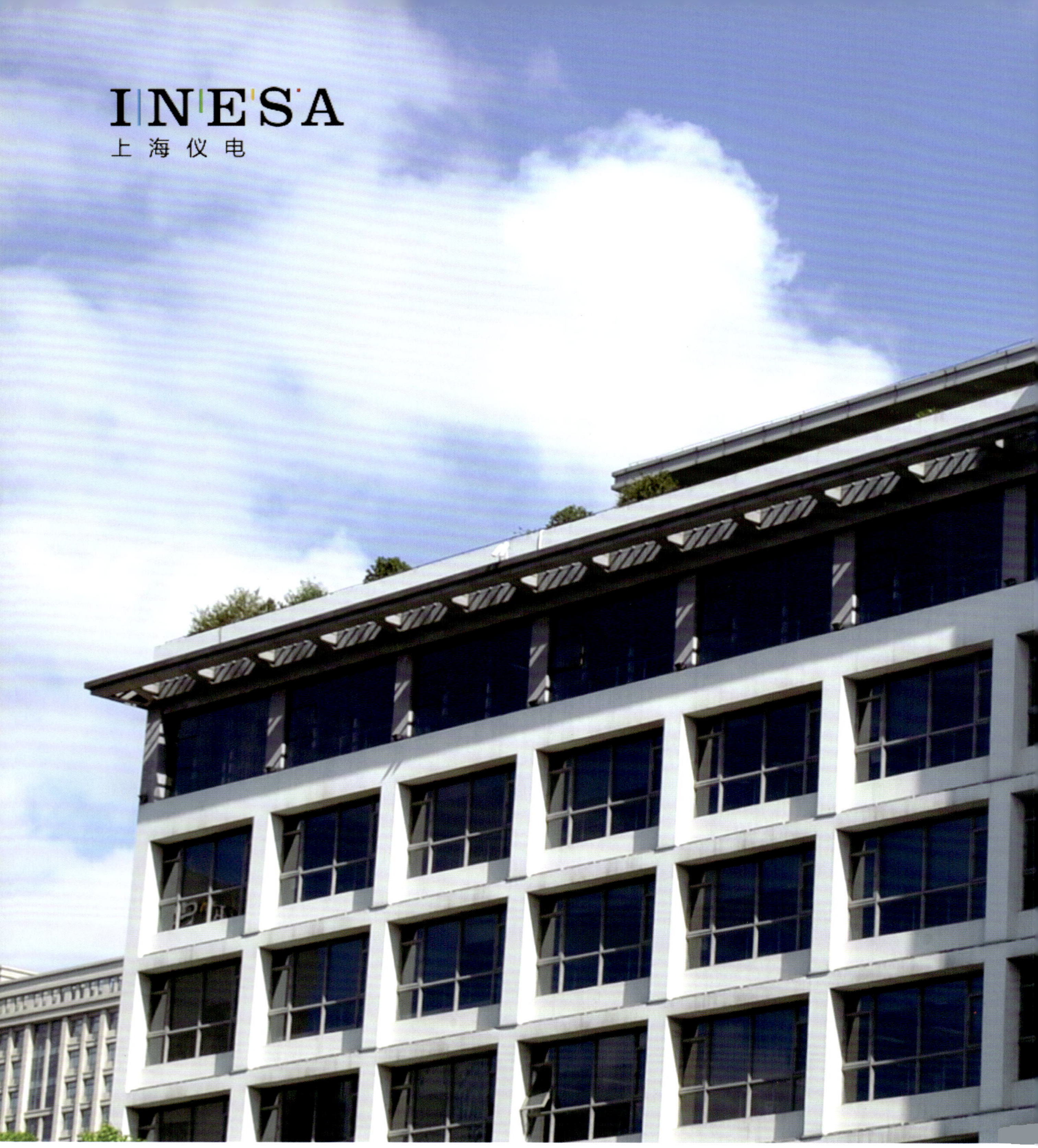

上海仪电（集团）有限公司是上海市国有资产监督管理委员会所属的国有大型企业集团。上海仪电以“引领信息产业发展，服务智慧城市建设”为使命，致力于成为智慧城市整体解决方案的提供商与运营商，聚焦物联网、云计算、大数据及人工智能等新一代信息技术，形成以信息技术产业为主体，与产业地产、产业资本高度融合的产业格局。

集团秉承“以人为本、以资本为先导、以信息技术为核心、以基础设施为载体”的基本原则，

倾力打造“智慧城市生态圈”，面向政府、企业、居民等智慧城市服务对象，聚焦智慧照明、智能安防、智慧交通、智慧溯源、智慧教卫、智慧能源、智能制造等业务领域，提供从智慧城市顶层设计与规划、集成实施和运维到融资保障全面服务。同时，基于“仪电云”平台，以数据为核心，创新运营模式，提升城市可持续发展能力和竞争力，提高城市生活品质。

上海化学工业区发展有限公司

赢创德固赛多用户基地

高桥石化苯酚丙酮装置

西萨化工苯酚丙酮生产装置

化工区生态湿地

化工区管理中心

科思创一体化基地

华林工业气体

上海漕泾电厂

上海赛科乙烯项目装置

地址：上海市目华路201号（化工区大厦）
电话：021-67120000
传真：021-67122222
邮编：201507

中華
本公司提示
吸烟有害健康
请勿在禁烟场所吸烟

中華
本公司提示
吸烟有害健康
请勿在禁烟场所吸烟

中華
本公司提示
吸烟有害健康
请勿在禁烟场所吸烟

20
中華
本公司提示
吸烟有害健康
请勿在禁烟场所吸烟

中華
本公司提示
吸烟有害健康
请勿在禁烟场所吸烟

恒大牌
本公司提示
吸烟有害健康
请勿在禁烟场所吸烟

北京
本公司提示
吸烟有害健康
请勿在禁烟场所吸烟

北京
本公司提示
吸烟有害健康
请勿在禁烟场所吸烟

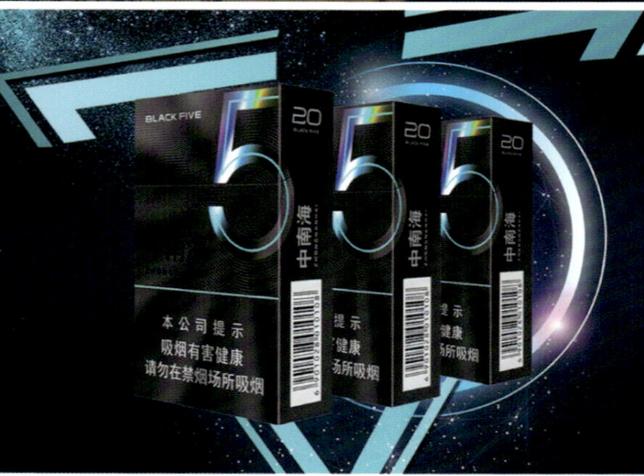

BLACK FIVE
20
中南海
本公司提示
吸烟有害健康
请勿在禁烟场所吸烟

百
年

CHIENMEN
大前門
尽早戒烟有益健康
戒烟可减少对健康的危害
本公司提示
吸烟有害健康
请勿在禁烟场所吸烟

爱我中华
中国烟草 | 上海烟草集团有限责任公司

凤凰（咖啡细支）
PHOENIX
细 语 生 香
香苦醇甘
随心定义
COFFEE
烤烟型，烟支长84mm
圆周17mm，焦油含量8mg

中華

®
熊猫香烟
海烟草集团有限责任公司出品
SHANGHAI TOBACCO GROUP CO.,LTD

THE GREAT PEONY
1919
牡丹金装品鉴系列
牡丹(金细支)
花型滤棒 柔顺细腻
这刻花开 金耀未来
世上本没有指引，
只因有了更高的标准，所以有了指引。
世上本没有示范，
只因有了对更高的超越，所以有了示范。
方向，永远是制造标准。
高度，永远是超越从前。
没有人一开始就知道自己会变得伟大。
你只需要的，就是开始！
牡丹(金细支)
形短味醇 轻松舒适
牡丹
本公司提示
吸烟有害健康
请勿在禁烟场所吸烟

本公司提示
吸烟有害健康
请勿在禁烟场所吸烟

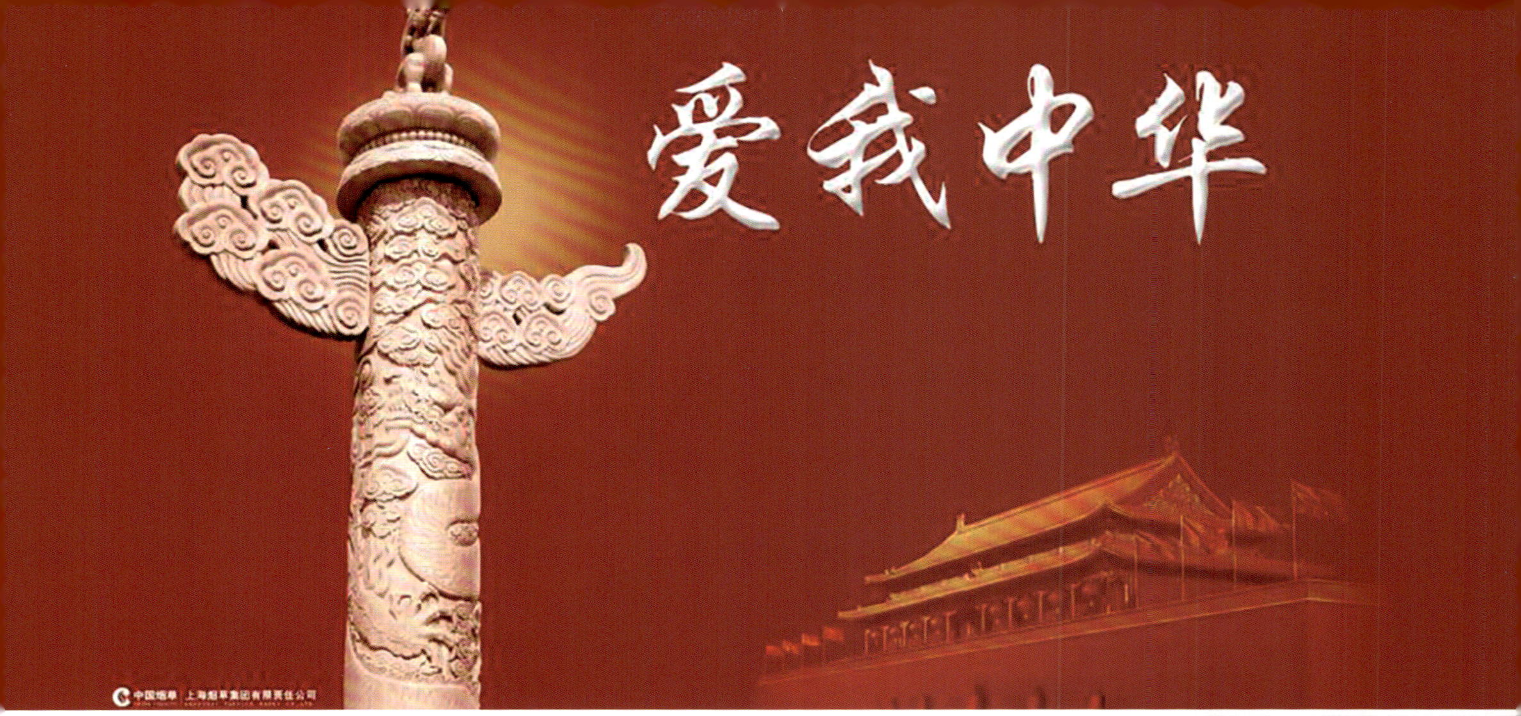

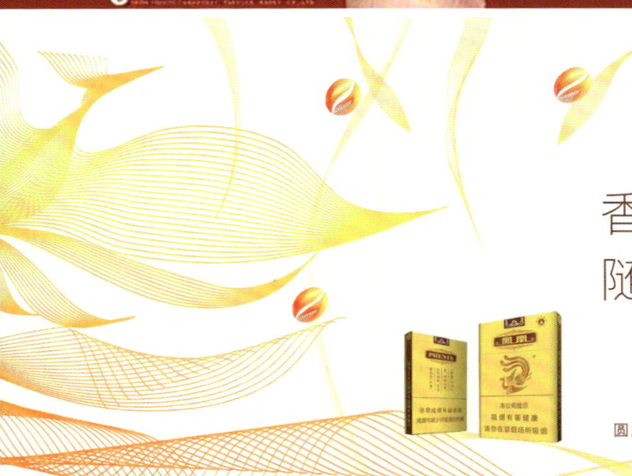

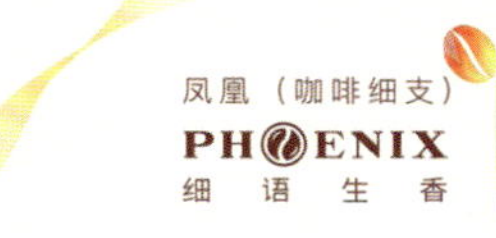

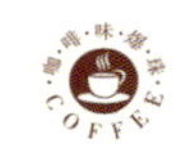

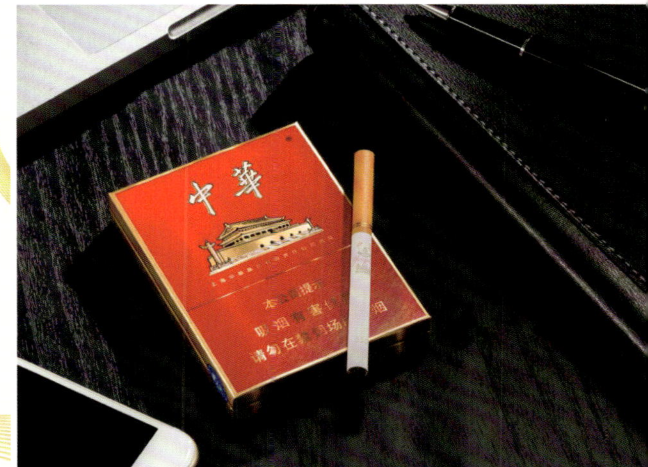

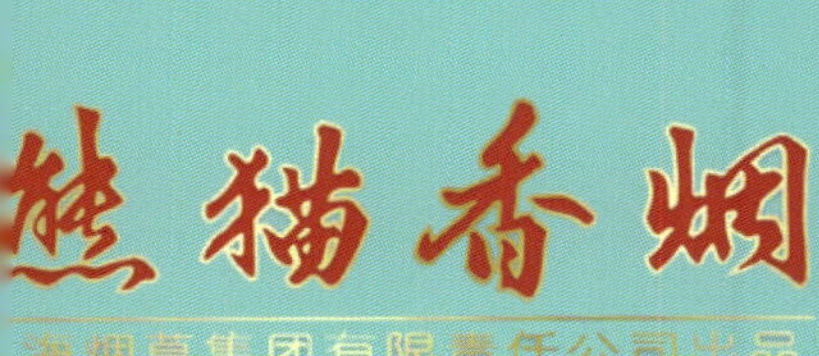

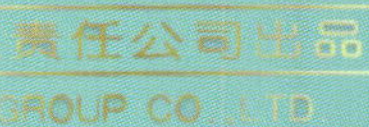

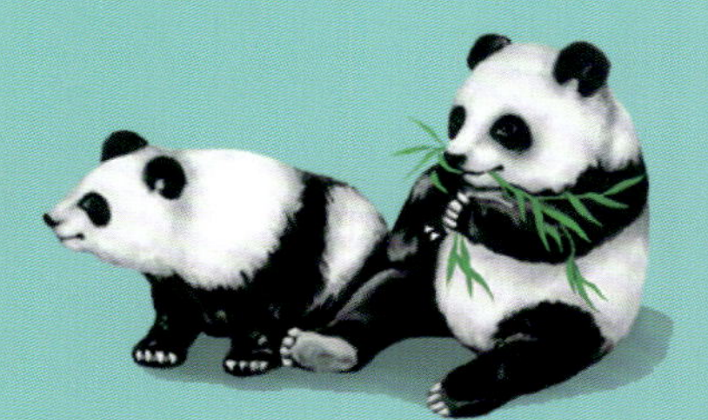

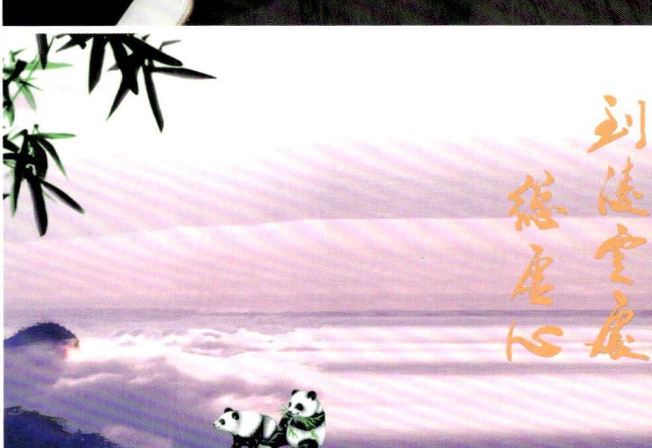

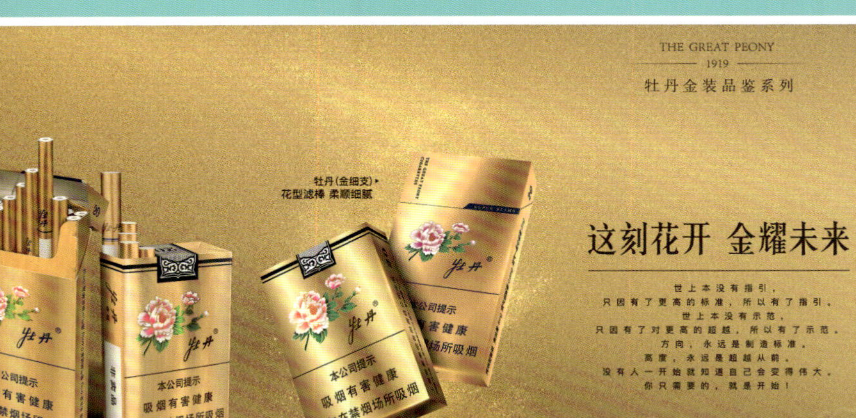

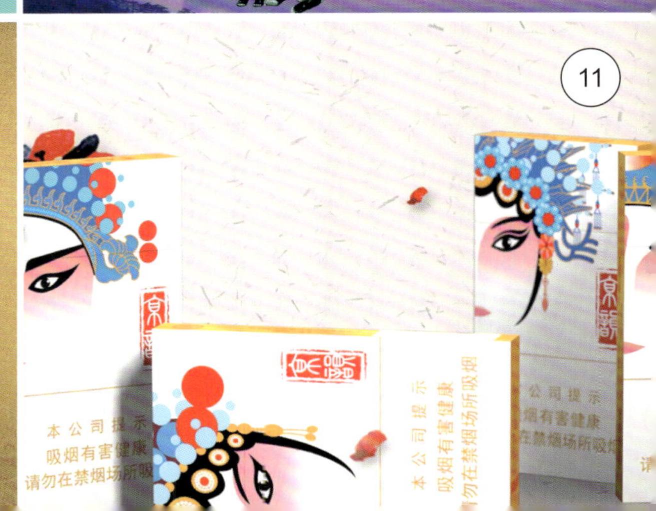

由振华重工提供全部单机设备和设备管理系统的自动化码头上海洋山四期

由振华重工提供全部钢结构
美国旧金山－奥克兰海湾大

振华重工自主设计建造的
5000 吨起重船“德合”号

振华重工自主研发
的双 40 英尺箱岸桥

上海振华重工（集团）股份有限公司

上海振华重工（集团）股份有限公司（以下简称振华重工公司）是重型装备制造行业的知名企业，是国有控股 A、B 股上市公司，控股公司为世界 500 强之一的中国交通建设股份有限公司。

振华重工成立于 1992 年，可溯源至 1885 年的公茂船厂。公司总部位于上海，在上海和江苏拥有 10 个生产基地，在全球设有 28 家海外分支机构，是世界上最大的重型装备制造商之一。经营范围涵盖港口机械、海洋工程装备、大重特型钢结构、系统集成与总承包、海上运输与安装、电气产品、投融资、一体化服务八大领域。目前，振华产品已远销世界 102 个国家和地区，覆盖全球约 300 座码头，港机主产品全球市场占有率连续二十一年保持行业第一。

振华重工自主设计建造的世界最大“起重能力”
12000 吨起重船“振华 30”轮

二十七年来，振华重工在全面建设具有国际竞争力的世界卓越公司的征程中，承载着让中国名牌响遍全世界的企业使命。如今，公司践行以“装备制造”为中心，以“资本运作”和“互联网 +”为两翼的“一体两翼”战略，正全力打造中国民族工业的“旗帜 + 旗舰”。

HIGHLY
海立
精心劲动力
减少排放
为了更蓝的天空
上海海立(集团)股份有限公司
SHANGHAI HIGHLY(GROUP)CO.,LTD.

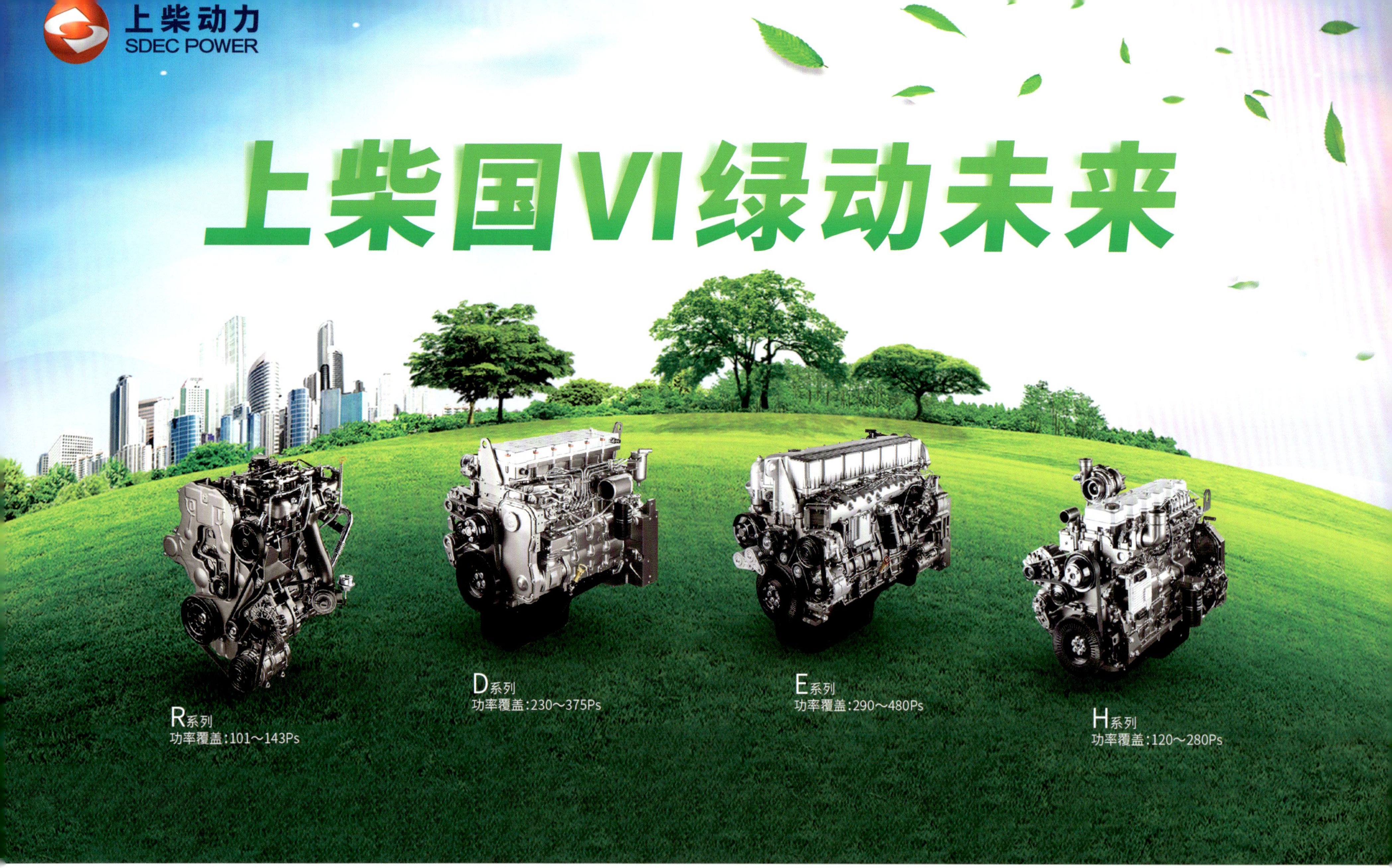
上柴动力
SDEC POWER
上柴国VI绿动未来
R系列
功率覆盖:101～143Ps
D系列
功率覆盖:230～375Ps
E系列
功率覆盖:290～480Ps
H系列
功率覆盖:120～280Ps

上海电气环保集团是上海电气集团股份有限公司直属的，以发展节能与环境保护、污染治理、资源综合利用、绿色能源为主要内容的核心产业集团。近年来，在国家生态文明建设的倡导下，始终紧跟国家战略步伐，坚持产学研结合的发展战略。事业领域涵盖固体废弃物处理、水处理、新能源、工业事业等，集节能环保技术、装备制造、工程建设、投资运营为一体，为用户提供节能环保一站式服务和一揽子解决方案。

在固废处理领域，集核心技术与关键设备制造能力于一体，为用户提供整体服务 。

在水处理领域，专注为污水处理及水资源循环利用提供专业解决方案。

在新能源领域，重点发展分布式系统集成技术，通过多种方式联动实现资源利用最大化。

在工业事业领域，运用装配式结构体系理念，集工业及民用建筑设计、绿色涂装、建筑节能改造于一身，可为建筑物绿色升级改造提供整体服务。

作为一家与国家及世界能源环保战略接轨的国有控股企业，创新、环保、共赢是我们永远不变的追求。上海电气环保集团致力于为自然资源和环境保护提供更高效、更绿色、更经济的解决方案，为我国的经济可持续发展、建设和谐社会，为缓解全球能源作机作出努力和贡献。

上海电气 SHANGHAI ELECTRIC 上海第一机床厂有限公司

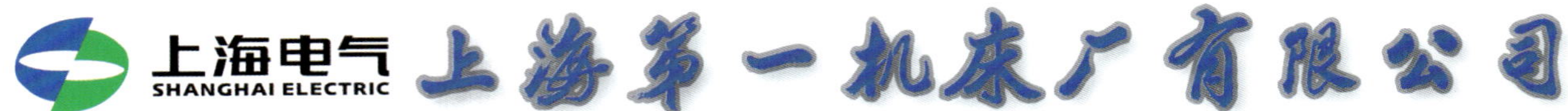

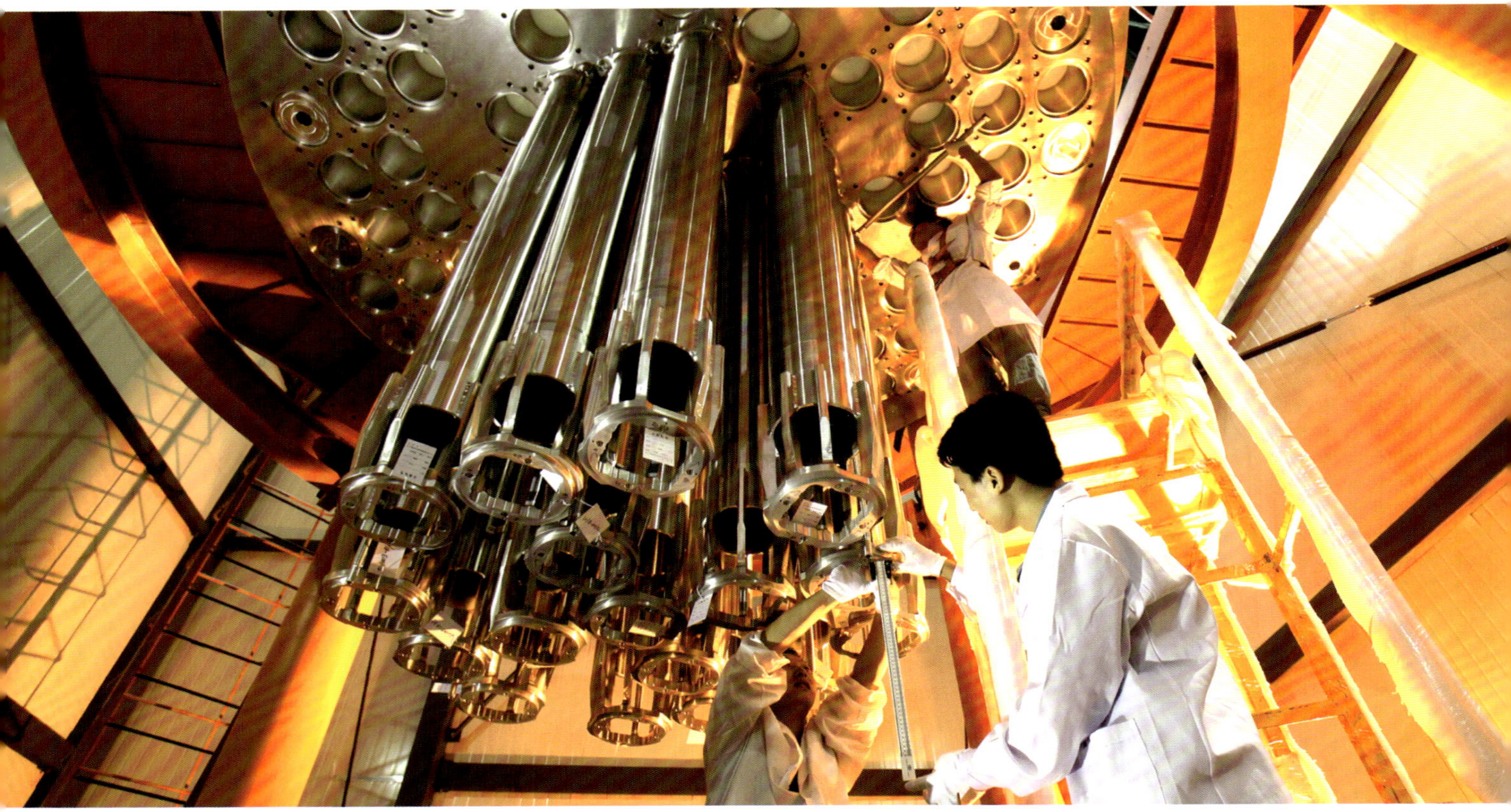

共铸核心力 同护核安全

上海第一机床厂有限公司是上海电气集团股份有限公司全资子公司，隶属于上海电气核电集团有限公司，是一家专业从事核电站核岛主设备——堆内构件、控制棒驱动机构和核燃料装卸料系统制造的国家高新技术企业。作为新中国最早的核电装备制造企业之一，公司拥有近40年核电装备制造历史，先后创造出核电装备领域“十八项中国第一”，是国内堆内构件和控制棒驱动机构领域业绩最丰富、技术路线最全面、市场占有率最高的专业核电装备制造企业，产能居世界第一。

公司位于国家级现代装备制造业基地——上海临港重装备产业区，先后承担国家“863”计划、国家科技重大专项等多项科研攻关项目。公司与国内外知名企业和科研院所开展广泛合作，已全面掌握当今世界最先进的第三代核电技术华龙一号、AP1000、CAP1400、EPR以及第四代高温气冷堆的堆内构件和控制棒驱动机构制造技术，并加快推进快中子堆、钍基堆等四代堆型产品的研制。

“永争第一，争创一流”——上海第一机床厂有限公司聚焦国家战略，传承和发扬上海电气的“首创精神”，紧紧围绕“共铸核心力，同护核安全”的文化愿景，不断加强“质量稳定、交付准时、技术先进、成本领先、市场主导”五个核心竞争力建设，全力打造受行业尊敬的世界一流企业，为中国、为世界奉献一颗澎湃的绿色之“芯”！

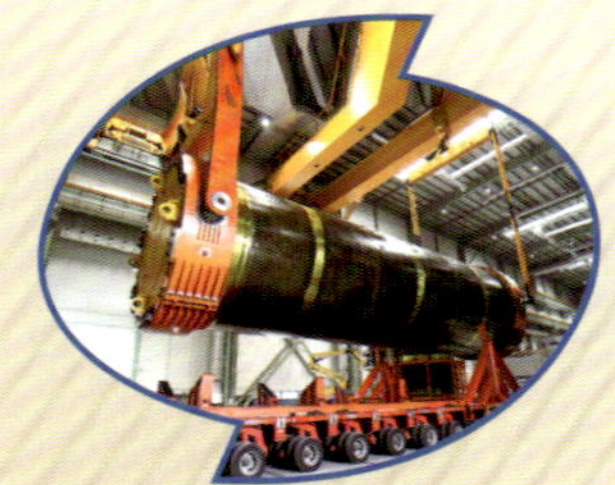

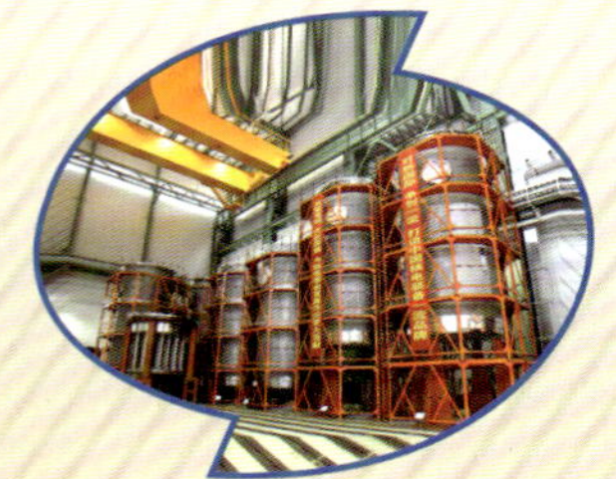

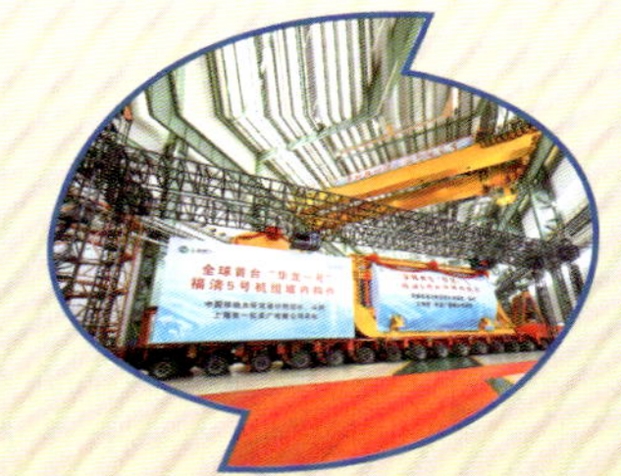

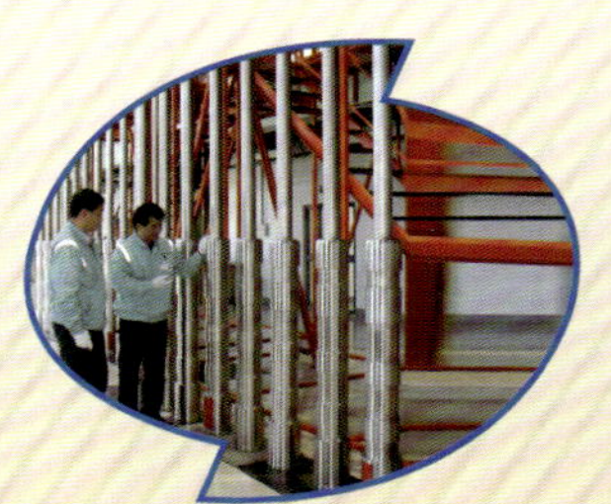

质量稳定 交付准时 技术先进 成本领先 市场主导

地址：上海浦东新区临港新城重装备区倚天路185号 邮编：201308
电话：(021)38221000 传真：(021)38221001

上海电气凯士比核电泵阀有限公司

上海电气凯士比核电泵阀有限公司（简称 SEC-KSB）是上海电气集团和德国凯士比集团于 2008 年 9 月成立的合资公司。其中，上海电气持股 55%，凯士比集团持股 45%。SEC-KSB 引进德国 KSB 先进的核电泵阀技术，凭借 KSB 公司先进的管理经验与技术优势，与上海电气核电产业发展战略和装备制造能力相结合，为核电用户提供技术先进、质量可靠、运行安全的核 1 级反应堆冷却剂泵（核主泵）及核 2、3 级泵、阀以及常规岛泵、阀的设计、制造和售后服务。

SEC-KSB 已建立了完善的质量、环境、职业健康安全管理体系，已取得 ISO9001、ISO14001、OHSAS18001 证书，ASME N 和 NPT 认证证书；并已获得国家《民用核安全 1、2、3 级泵设计、制造许可证》。

自 2011 年底投产运行以来，SEC-KSB 已为福清、宁德、田湾、阳江、防城港、方家山、红沿河、徐大堡等核电站交付了超过 160 台套的核级泵及常规岛泵，包括为海南昌江核电站交付的 4 台轴封式核主泵（RSR），为全球首台 AP1000 机组三门和海阳依托项目提供的余热排出泵、凝结水泵、辅助泵，为华龙一号首堆 - 福清 5 号机组提供的上充泵、余热排出泵、安注安喷泵、凝结水泵等。

2016 年底又成功获得华龙一号融合后的首堆 - 漳州 1 & 2 号机组的主泵订单，将为漳州一期提供 6 台轴封型主泵，2017 年 10 月已顺利通过主泵设计评审。其为 CAP1400 示范工程提供的 4 台湿绕组主泵已开工，样机将在今年进行最后阶段的鉴定试验；CAP1000/CAP1700 50Hz 湿绕组主泵也在积极研发中。

以“世界级工厂”为目标，SEC-KSB 致力于加快“技术自主化、产品国产化”的进程，推进我国核主泵自主化设计、制造进程，注重创建和发展以“技术领先、应用广泛、质量可靠、交货及时”为核心的竞争力，提高企业赢利能力，将企业打造成国际上著名的核级泵阀设备的设计、生产基地。

RUV 主泵
（CAP1400）

公司地址：上海市浦东新区临港新城倚天路 257 号
邮　　编：201306
电　　话：021-38221500
网　　址：www.sec-ksb.com

RSR 主泵（华龙一号）　　RSR 主泵（CPR1000）　　RSR 主泵（CANDU）

上海西门子线路保护系统有限公司(简称 SCPS)成立于 1995 年，是西门子(中国)有限公司与上海电气集团股份有限公司共同投资组建的中外合资企业，西门子中国投资 75%，上海电气集团投资 25%。注册资本为 966.4 万欧元。公司于 2015 年 10 月搬入位于金山区时代大道的全新的现代化厂房，占地面积 36653.5 m^2，在职员工 700 余人。新厂房地理位置更优越，交通更便利。在新厂房里，巨大的生产车间占据单独的一个楼面，其面积将近原来的一倍，物料仓储紧挨着这个生产车间，办公区域被整合在这栋大楼里，给公司的精益生产带来更多灵活性，更有效地缩短生产周期、提升生产效率，新工厂的设计产能是目前的一倍多，为我们提供了持续业务投资和增长的空间。我们的研发中心也已于 2016 年 10 月揭牌并整合到了工厂。到目前为止，我们的研发中心成功完成以及在进行的项目共计 265 个项目。这些项目包括中国市场和其他海外市场和全球市场。这证明了我们的研发团队拥有很强的竞争力。比如 2018 年新上市的紧凑型 RCBO 和 MCB 产品，以及 2019 年新上市的紧凑型电弧故障保护断路器和直流塑壳漏电保护断路器由我们独立研发和生产，是西门子小型断路器的最新一代产品，也代表了全球最先进的技术，很好地满足了全球各地市场的客户要求。在 2011 年，我们的研发中心被总部定为全球电子产品研发中心，目前是西门子能源集团低压业务领域全球第二大电子研发中心。

上海西门子线路保护系统有限公司主要生产小型断路器(MCB)，主要包括 5SY、5SN、5SL 和 5SJ 系列产品；剩余电流动作断路器(RCBO)，主要包括 5SM9、5SV9、5SU9 2MW 和 5SU9 1MW 系列产品；剩余电流装置(RCD)，主要包括 3VA9 和 3VM9 系列装置模块；隔离开关(Switch-disconnector)，主要包括 5TL1 系列产品；附件(Accessory)，主要包括 5ST30-0CC 系列和 5ST30-2 带测试按钮系列附件；自动转换开关电器(ATSE)，主要包括 5TR 和 5TM 系列产品，以及其他电气线路保护类产品。

1999 年开始公司通过了由德国莱茵公司对 ISO-9001 国际质量体系的认证。2002 年开始到目前为止，公司陆续获得了由 CQC 颁发的 CCC 证书 51 张 2016 年和 2017 年分别获得了由 CQC 颁发的 CQC 自愿认证的证书，共计 2 张。2011 年 9 月，公司通过了由德国莱茵公司对 ISO14001:2004 环境管理体系的认证。2011 年 10 月，公司通过了由德国莱茵公司对 OHSAS18001:2007 职业健康安全管理体系的认证。2013 年，公司获得了由上海电器行业协会颁发的诚信创建企业称号。2015 年，获得了上海电器行业协会颁发的上海电器行业名优产品称号。上海西门子线路保护系统有限公司从 2009 年至今连续获得高新技术企业证书。2017 年，公司获得了金山区颁发的劳动关系和谐企业称号。

作为西门子中低压业务全球生产网络中的一个关键运营公司，上海西门子线路保护系统有限公司秉承以客户为导向的管理，通过提供高质量的产品和一流的服务，很好地适应变化的市场条件，以向我们的客户提供充足的，可靠的产品和更快的响应，获得了客户和市场的一致认可！

展望未来，上海西门子线路保护系统有限公司明确定义了更高的发展目标，并积极倡导主人翁精神的企业文化，不断奋斗，力争卓越。上海西门子线路保护系统有限公司正沿着达成目标的轨道不断前进！开启发展的新篇章！

上海西门子线路保护系统有限公司

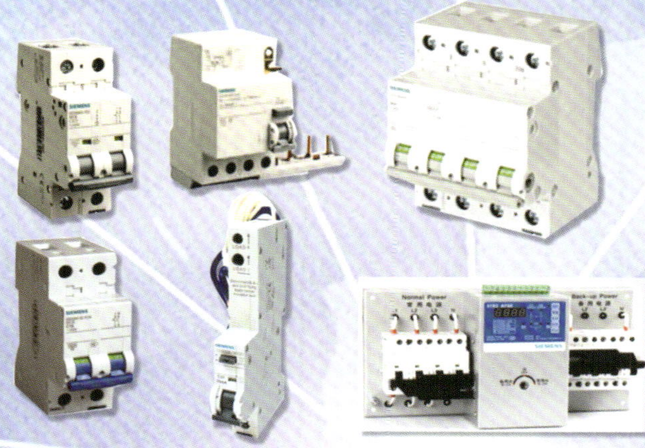

上海华培动力科技股份有限公司

上海华培动力科技股份有限公司于 2006 年在上海青浦成立。总部位于上海青浦出口加工区，在上海、南通、武汉共拥有四家子公司，其中武汉是在建工程(募投项目)，将于 2019 年 6 月投产。公司拥有员工 965 人，其中研发人员 91 人。公司目前主要产品是涡轮增压器放气阀，公司 2018 年放气阀组件生产量为 1531.04 万件，销售量为 1510.71 万件，是目前全球增压器市场最重要的放气阀供应商之一。公司一直致力于汽车零部件行业，主要从事涡轮增压器关键零部件的研发、生产及销售，主要产品为放气阀组件、涡轮壳和中间壳及其他产品。其中放气阀组件主要由盖板、连接板及衬套等组成。

经过多年的发展，公司客户包含博格华纳、霍尼韦尔(盖瑞特)、三菱重工、石川岛播磨、博世马勒、德国大陆等全球知名涡轮增压器整机制造商及索尼玛、威斯卡特、美达工业等涡轮增压器零部件制造商。公司致力于为汽车零部件供应商提供优质的关键零部件产品，公司依靠多年积累的技术优势、管理优势和客户优势，建立了稳定的采购、生产及销售模式，尤其在涡轮增压器类零部件产品领域形成了较强的行业竞争力。目前，公司已成为全球涡轮增压器关键零部件的核心供应商之一。

公司贯彻"创新驱动未来"的企业愿景，重视技术突破和产品研发，同时关注客户关系维护、人才培养、管理效率优化等工作的持续改进，致力于成为节能减排领域的领先企业，以改善环境为己任。公司致力于新材料、新工艺、新装备等研发创新，同时也注重生产组织创新、质量检测方式创新等管理方式创新，将持续重视在涡轮增压器零部件领域的稳定发展，稳固公司在全球涡轮增压器零部件领域的核心供应商地位。除此之外，公司也充分利用技术和管理优势，在排气系统和轻量化领域取得了突破性进展，并将持续加大新客户和新订单的拓展。

2019 年 1 月 11 日，公司在上海证券交易所主板成功上市，证券简称"华培动力"，股票代码：603121，成功登陆国内资本市场。

上海电气风电集团

2018年，全年装机110万千瓦，营业收入70亿元，新接订单130亿元，净利润2亿元，比上年增长95%。至年底，有员工1243人。上海电气风电集团有限公司是国家清洁能源骨干企业、中国最大的海上风电整机商，以整机制造为依托，业务覆盖风机制造、运维服务、风场投资开发等，打造全球领先的风电全生命周期服务商。

年内，向市场推出8MW海上风电机组，满足中国海上风电市场对大功率海上风电机组的需求；与浙江大学合作研发大兆瓦级海上风电机组；在北京、杭州、丹麦设立研发中心；启用Iwind数据中心，以智能化、数字化技术打造先进的运维体系；引入IPD产品开发理念，打造市场导向的产品研发体系。

年内，获2017年度上海市重点工程实事立功竞赛“优秀公司”称号；上海电气风电集团有限公司技术部青年团队获2017年度上海市青年五四奖章（集体）；《风电电力变换及机网柔化控制关键技术与应用》项目获2018年度上海市科学技术奖一等奖等。

6MW风力发电机组

4MW风力发电机组

3.6MW风力发电机组

2MW风力发电机组

上海格拉曼国际消防装备有限公司

上海格拉曼国际消防装备有限公司成立于 1989 年 3 月，位于上海市松江区申港路 3332 号，注册资本 1.96 亿元。2012 年 12 月，公司成为徐州海伦哲专用车辆股份有限公司（股票代码 300201）的全资子公司后，在国家级经济技术开发区——上海松江经济技术开发区投资近 5 亿，建设了可面向“2025 智能制造”的现代化研发和生产基地，占地面积 75 亩，建筑面积 5.2 万平方米，建有 3 万平方米的联合生产厂房、1 万平方米调试试验场、2 万平方米的研发办公设施。

公司是国家最早认定的定点研发和销售消防车、消防机器人及军用防化车辆等特种车辆企业之一，是我国消防车行业的骨干企业，具有罐式结构、特种结构、举高结构消防车等民用产品生产资质（工信部汽车产品公告目录序号为（九）23）；是中国人民解放军认定的武器装备承制单位，长期为部队研制生产消防车和防化车辆等特种车辆产品，中国人民解放军陆军防化军事代表局、火箭军上海军事代表局和空军上海军事代表局在我公司均设有驻厂军事代表室。

公司建立了完善的现代企业管理制度、完善的企业管理体系和组织机构，包括质量管理体系、保密管理体系、研发体系、市场营销体系、生产运作体系、人力资源管理体系、财务管理体系、环境安全管理体系等，为产品全寿命周期管理和企业持续快速稳定发展提供了有力保障，并在国内同行业的消防车和军用防化洗消（泡沫洗消）装备领域保持领先的竞争优势。

中国人民解放军第四七二四工厂

（上海海鹰机械厂）

中国人民解放军第四七二四工厂，又名上海海鹰机械厂，是海军装备部直属的航空装备保障性企业，组建于1958年4月，地处上海市静安区场中路3127号，占地面积450亩，现有职工1600余名，总资产近19亿元。

建厂60多年来，在上级党委的正确领导下，经过几代海鹰人的不懈努力，尤其是“十二五”“十三五”期间专项建设，工厂已经从小到大、由弱变强，现已形成专业齐全、设备精良、技术全面、管理科学、质量可靠、环境整洁等众多优势，是一家具有一定生产规模和实力的军队装备保障性企业。

在企业经济建设发展中，工厂始终坚持以党的方针、政策指导改革、发展工作，以军队保障性企业的使命、任务为立足点，以狠抓技术、质量和基础管理为动力，以全面提升企业综合维修保障能力为目标，全面规划、周密部署、精心组织、合理安排，促进了生产、建设的快速发展，取得了良好的军事效益和经济效益。近年来，工厂持续通过了“总装备部装备承制单位名录”“军队二级保密资格单位”“高新技术企业”认证和中国新时代认证中心的质量管理体系认证。连续被评为海军优秀企业、全军思想政治工作优秀企业。先后被授予“全国文明单位”、上海市“文明单位”、上海市“守合同、重信用”AAA级单位和全国“企业文化建设先进单位”、全国“实施卓越绩效模式先进企业”“全国质量奖”“全国五星级现场”“全国文明单位”等荣誉称号。

上海电气核电设备有限公司

上海电气是一家型综合性装备制造集团，主导产业聚焦能源装备、工业装备、集成服务三大领域，致力于为客户提供绿色、环保、智能、互联于一体的技术集成和系统解决方案。核电是上海电气关键产业之一。

上世纪70年代发展至今，上海电气已成为国内发展历史最久、交付业绩最多、产品配套最全、技术路线最广、装备能力最强、全球合作最深的核电装备制造集团。

产品包括核岛的反应堆压力容器、蒸汽发生器、堆内构件、控制棒驱动机构、主泵、稳压器、核二、三级泵、核二、三级容器、燃料输送设备、核级阀门，到常规岛的汽轮机、汽轮发电机、辅机、常规泵，以及大型铸锻件、核级风机、配套电机、仪控仪表、现场服务及备品备件等。

已成功实现了二代加、三代AP1000、EPR、华龙一号及四代高温气冷堆核电主设备产品的批量化、配套化交付；正在开发和研制三代国和一号、四代快堆、钍基熔盐堆等关键设备；同时，响应国家“核电装备走出去”战略发展要求，与Framatome集团合作承制的南非Koeberg核电站6台更换蒸汽发生器也将在2019年开始交付。

上海电气投资72亿元建成的临港基地及改造完成的闵行基地两大核电制造基地，拥有机加工、焊接、冶炼、锻造热处理、成型、起重、检测和试验等各类设备2500余台套，其中世界级的高端设备40多台。其中临港基地以核电设备制造为主，可具备年产6套核岛重型容器（包括压力容器、蒸汽发生器、稳压器等）、10套堆内构件和控制棒驱动机构、12台核电主泵、6套常规岛半速汽轮发电机机组、50台核二、三级泵、10套人桥吊/辅助吊及6套燃料转运装置/装卸料机等关键设备的生产能力。闵行基地以满足超大、超重、高技术发展的大型铸锻件需求为主，可提供最大铸锻件钢锭600吨、最大铸件450吨、最大锻件350吨。已实现年产6套1000MW级核岛容器类重型设备（压力容器、蒸发器、稳压器和主管道）配套锻件和10套1000MW反应堆堆内构件锻件的目标。上述产能完全能够满足核电规模化发展需要。

适用于整个组织和所有雇员的核电质量保证体系在上海电气涉核企业中严格实施，以确保所有活动符合相关的和具体的质量保证监管要求，而这将通过程序性的纪律和遵守国际和国内公认的质量标准予以保证，通过持续改进质量管理体系的有效性，致力于集团核电产业发展目标的实现。

首批国产化AP1000蒸汽发生器
山东核电海阳项目二号机组
打造国内领先国际知名的
上海电气
全球首台
三门核电
建成全球先进的
全球首台HTR-PM压力
华能石岛湾高温气冷堆示

新奥能源动力科技(上海)有限公司

新奥动力隶属于新奥集团,核心企业新奥能源动力科技(上海)有限公司(原上海泛智能源装备有限公司)成立于 2013 年 10 月,承担了国家 973 科技专项及多项上海市重大科技攻关专项。作为新奥集团微、小型燃气轮机研发基地,新奥动力专注于微、小型燃气轮机的研制,致力于填补国内微、小型燃气轮机产业化的空白。

目前,公司已成功研制出具有完全自主知识产权的 100 千瓦等级燃气轮机(E100 系列),产品性能处于国内领先水平,核心机零部件实现 100% 国产化,目前已进入市场应用阶段,填补了国内微燃机产业化的空白。与国外品牌的微燃机相比,新奥动力微燃机具有独特的优势,更适合国内市场:一方面具有高性价比,单位 kW 价格仅为国外的 1/2 左右;另一方面实现了热电比例可调,排气温度在 270℃和 650℃之间连续可调,灵活调节热电比例,相比国外品牌单一回热循环机组,适用场景更加广泛;此外,自主研发的产品在供货周期、售后服务、场景定制、运维服务等方面都要远远优于国外燃机。

E100 微型燃气轮机已进行了包括热电联产应用、冷热电联供应用等多个不同场景的项目示范,其中首

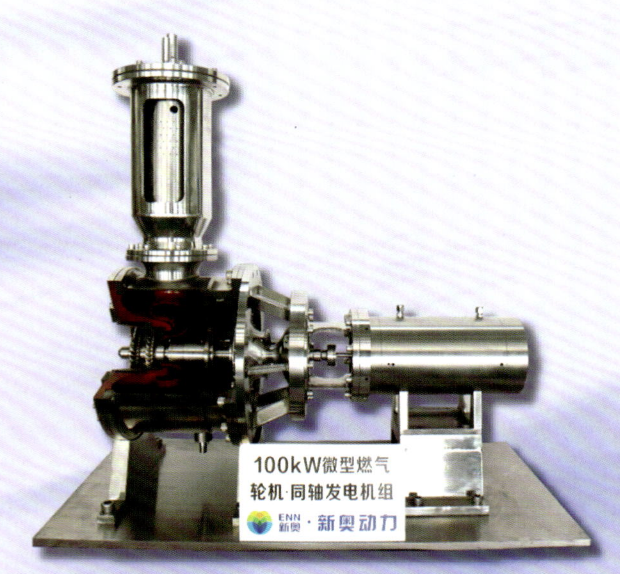

个示范项目于 2018 年 3 月 25 日正式投入运行，示范项目位于浙江省兰溪市，由 E100 微型燃气轮机和余热锅炉组成的热电联产系统代替原有的燃煤锅炉，为用户提供生产所需的全部蒸汽和部分电力负荷，而且完全满足排放要求。系统已成功投运一周年，整体运行稳定，不仅解决了厂家用能、环保排放等问题，同时表现出良好的经济性，获得厂家高度好评。

在推动 E100 微型燃气轮机产业化的同时，新奥动力也在开展系列化微燃机产品和先进技术的研发，其中，300 千瓦等级机型（E300 系列）已完成整机性能调试，将在 2019 年投放市场；600 千瓦等级机型（E600 系列）和 1.5MW 等级机型（E1500 系列）也已完成产品设计，即将开始整机测试；代表目前国际最先进技术水平的空气轴承燃机和高速同轴启发一体电机正在进行调试。

公司现有员工 300 余人，其中研发人员 100 余人，70% 以上具有硕士及以上学历，多数毕业于国内知名高校，囊括了气动、燃烧、结构、辅机、控制、工艺等多种学科的专业技术人才。同时，公司也组建了一支工种齐全、作业高效、技能娴熟的燃机工匠队伍。此外，公司还拥有一支实力强大的燃机研发顾问团队，成员均为业内顶尖专家，来自于国内外著名科研院所、高校和知名企业，并与多家国内外科研院所及机构开展产学研合作。公司建成了包括整机试车台、核心部件试验台以及用于开发先进技术的空气轴承试验台在内的研发测试平台、全三维数值仿真实验室等，具备从设计、核心零部件加工、部件试验到样机装配、整机调试和产品定型的微小型燃气轮机全周期研发能力。

新奥动力努力打造国际一流的燃机研发能力、智能制造能力、质量管控能力和售后服务能力。为用户提供稳定可靠、技术经济性优良的燃机产品及能源服务，为国家的节能减排、能源安全作出贡献。

上海迎韦热能设备有限公司

上海迎韦热能设备有限公司位于上海市青浦区朱家角工业园区康园路211号，为美国HanWell燃烧设备有限责任公司驻中国办事处，美国HanWell燃烧设备有限责任公司总部位于美国纽约，HanWell超低氮燃烧器技术来自于美国HanWell公司，HanWell燃烧器主要应用于各种类型的锅炉，属于高效超低氮排放环保设备。

上海迎韦热能设备有限公司占地面积15820平方米，厂房面积6200平方米，办公面积2200平方米。有丰富的研制、开发、制造和销售燃烧器的经验，公司拥有现代化的设施、素质一流的员工队伍、雄厚的技术力量和先进的测试手段，年生产能力达到3000台套/年。

产品参照强制鼓风燃烧器欧洲标准，紧跟国际燃烧技术，使产品质量不断提升。关键零部件均采用SIEMENS、DUNGS、LAMTEC等国际知名品牌。燃烧器在燃烧性能、稳定性、安全性，尾气排放指标和无故障运行时间均达到国际先进水平，并经国家权威部门测试认证。公司已通过ISO9001质量体系认证。产品的组装-调试-包装都在本公司内部完成，保证了产品质量和供货周期的可靠性。

HanWell超低氮燃烧器彻底解决了全预混表面燃烧器的过滤器及燃烧筒堵塞且容易回火、不安全的问题，同时消除扩散式燃烧器火焰峰值温度较高且集中、炉内温度场分布不均匀热力型氮氧化物排放难以降低的问题。与全预混金属纤维表面燃烧器相比免去清理过滤器的工作，降低了日常维护工作量。此设计拥有更高的调节比。通过现场实际测试，HanWell超低氮燃烧器的排放指标可以在不加烟气再循环技术的条件下，氮氧化物稳定控制在25 ppm以下。在采用烟气再循环技术(FGR)的情况下，氮氧化物稳定控制在15 ppm以下。

HanWell超低氮燃烧器的工作流程是：沿气流方向，空气（或空气+烟气）由进风箱进入风机，通过风机升压后进入混合器与燃气快速充分混合，最后将气体送达机头。

HanWell超低氮燃烧器使用烟气外循环技术（FGR）与烟气内循环技术（FIR）相结合，他们的原理是：

FGR原理

在锅炉尾部烟气出口取10-15%的烟气到进风箱与新鲜空气混合后，再进入炉膛燃烧；减少燃烧时氧量占比，增加空气流速，缩短气体在热反应区域中滞留的时间，降低火焰温度。

FIR原理

依靠燃气的高速射流卷吸高温烟气，形成强内回流，使部分烟气直接在燃烧器内再循环，加入燃烧，降低燃烧温度，达到降低NOx目的。

公司秉承以良好的信誉回报客户，以优质的产品及良好的企业形象立足于同行。本着"以质量求生存，以科技求发展"的质量理念，"诚信、互利"的经营思路，竭诚希望与业内人士和各界朋友通力合作，提高产品的国际竞争力。

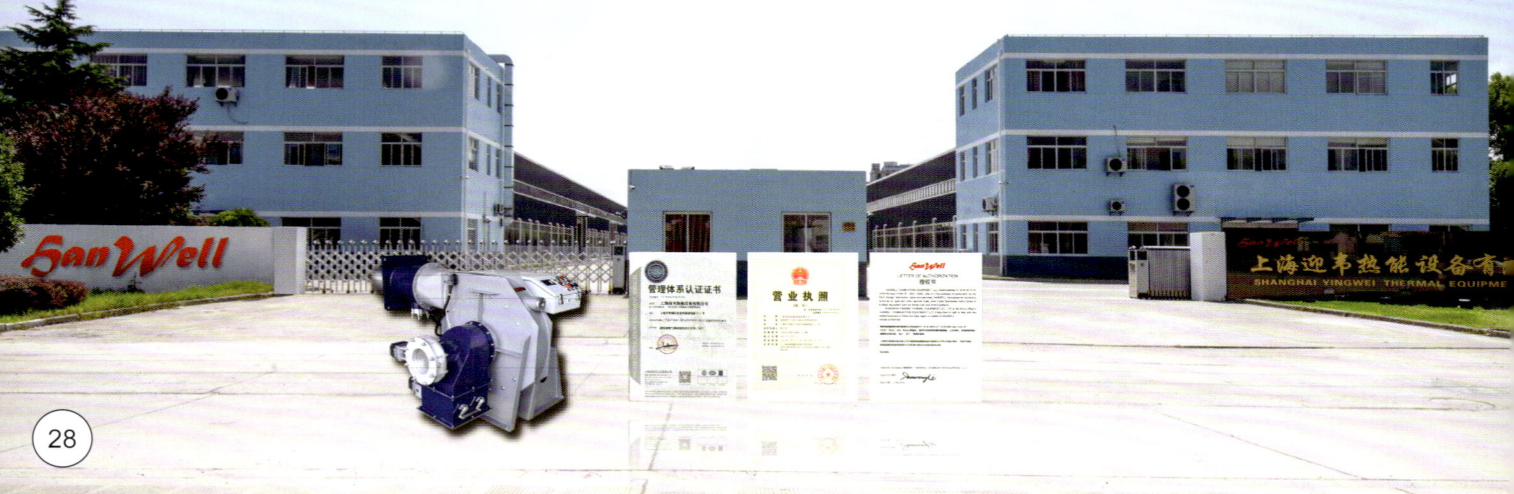

上海万泽精密铸造有限公司

上海万泽精密铸造有限公司是一家由深圳万泽实业股份有限公司投资的民营企业。总占地面积 96 亩，建筑面积 11.6 万平方米。共包括 3 栋生产厂房，1 栋办公楼，及 3 栋研发楼。拟总投资 7.5 亿元人民币，截止 2018 年底，已投资 5 亿元人民币。

上海万泽成立于 2015 年 1 月，于 2017 年 5 月破土动工，2018 年 8 月一期项目完成了基础建设及设备安装调试，顺利具备生产条件，创下了国内类似项目建设速度之最。

上海万泽聚焦高端制造业，定位国内领先、国际一流的航空发动机及燃机轮机高温合金、钛合金热部件供应商，并通过合理的柔性生产设计，将产品应用领域延伸到了车用涡轮增压器及高品质不锈钢部件。能为客户提供全品类优质精密铸件。

上海万泽具有国际领先的硬件条件，所有核心设备均为全球顶尖品牌，如 MPI 压蜡机、VA 智能制壳系统、CONSARC 真空感应浇铸炉、LBBC 脱蜡釜及脱芯釜等。另外，公司也重视软实力建设，在创建伊始，便引进了基于金蝶 K3 平台的 ERP 模块和西门子 Teamcenter 系统。并计划逐步推进 MES 系统，实现工程师、现场操作员、生产设备和生产环境的智能互联。

上海万泽秉承以市场及客户为导向，差异化竞争的理念。在解决一般典型产品工艺问题的基础上，精确定位市场痛点，攻坚克难，掌握了一系列客户需要、市场紧缺的专有技术，如小面厚比铸件整体细晶技术、复杂薄壁结构件热控凝固技术、高 Al+Ti 合金补焊技术等。形成了上海万泽的核心竞争力，并得到客户的广泛认可。作为一家年轻的企业，已经开始为美国 GE 运输批量供应产品，并通过了中国商发、博格华纳等知名 OEM 的合格供应商审核。

上海万泽积极履行社会责任，2018 年被国家工信部评为“2018 年绿色制造系统集成项目”中《先进涡轮发动机热端部件绿色关键工艺系统集成》项目牵头单位。经过一系列绿色化改造，在 2020 年将制造过程绿色化率由目前行业平均的 28.21% 提高到 92.40%，资源环境影响度由目前的 48.37% 下降到 44.38%，以实际行动维护祖国绿水青山。

恩格尔机械(上海)有限公司

企业概况

恩格尔机械(上海)有限公司是由奥地利恩格尔控股有限公司投资的外商独资企业。公司注册于2005年7月14日,注册资本1500万美元,公司位于上海市莘庄工业区申富路1000号,占地面积33891平方米,厂房面积20667平方米。2018年末,公司职工451人,其中研发人员51人,总资产达129,431万元;实现产值151,481万元;实现销售收入152,970万元,其中高新产品销售收入达115,941万元。实现利润28,528万元,缴纳各类税收15,958万元(含进口关税972万元,进口增值税7061万元)。

主要产品、技术特点

公司主要设计、开发、制造采用比例和伺服液压技术的塑料加工设备及相关零配件。公司总部位于奥地利 Schwertberg,由 Ludwig Engel 先生创建于1945年。经过多年发展,已经成为全球领先的注塑机、模具和自动化设备的制造商之一。恩格尔机械(上海)有限公司主要生产 DUO 系列的大型零件生产用强力注塑机。在行业中 ENGEL 是二板式注塑技术领域的先锋,它的 duo 系列机型动力强大,能够提供高达55,000 kN的锁模力,并且轻松地处理大注塑量生产,是大型集装箱或复杂的汽车零件理想的生产设备。DUO 系列产品的技术优势是采用二板式设计,工作性能稳定,机型紧凑,占地面积很小。

产品特点

- 有绝佳的操作安全性和注塑机质量
  坚固的模板支承和导向
  精确的模板平行性
  灵敏的模具保护
- 备选方案 更低能耗
  ENGEL 工作点优化型伺服液压 ecodrive 系统
  电动螺杆传动(具有各种尺寸规格)
- 更高的产能 更低的能耗
  锁模力自动优化功能(可选)
- 洁净的模具区域
  射台装载式低摩擦模板导向(无拉杆导向)

联系地址:上海市莘庄工业区申富路1000号
邮编:201108
电话:021-51519292
传真:021-51519293

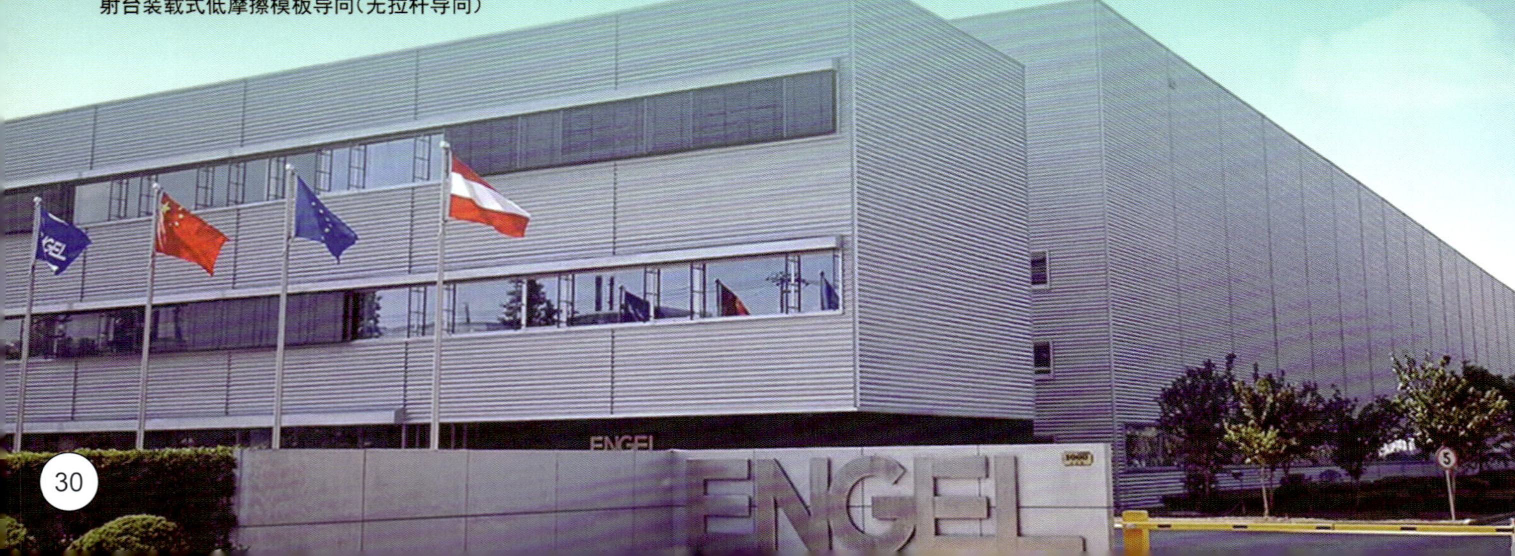

上海创力集团股份有限公司

上海创力集团股份有限公司成立于 2003 年，注册地中国上海青浦，注册资本 63,656 万元，是国内领先的以煤矿综合采掘机械设备为主的高端煤机装备供应商，于 2015 年在上海证券交易所主板上市（股票代码：603012）。公司在 8 省 10 地下辖 7 家全资子公司、4 家控股子公司、2 家合资公司、7 家全资及控股孙公司，员工 1,000 余人，集团本部新老厂区合计占地 172 亩，建筑面积近 12 万平米，生产加工制造基地苏州创力矿山设备有限公司占地 300 亩，建筑面积 13 万平米。

公司连续 8 年被评为“全国煤炭机械工业优秀企业”、连续 8 年被评为“上海市民营企业 100 强”、连续 8 年被评为“上海市民营制造企业 50 强”，公司 2008 年、2011 年、2014 年连续三届通过“高新技术企业”认定，2014 年公司被评为“2014 年国家火炬计划重点高新技术企业”，2012 年被评为“上海市科技小巨人企业”“上海市企业技术中心”，并通过复审，截至 2018 年底，公司已取得专利 114 项。

自 2011 年以来，公司采煤机、掘进机产量连续 8 年均稳居全国前列。主要产品包含采煤机 28 个系列 103 个机型，装机功率 120kW ～ 2760kW，采高范围覆盖 0.7m ～ 6.5m；掘进机 8 个系列 14 个机型，截割功率 55kW ～ 315kW，掘进高度覆盖 1.9m ～ 5.1m，系列全、品种多，国际化高品质配置，性能可靠，是国内规格、型号最多的采掘机械设备供应商之一。

自 2008 至 2018 年度，累计上缴青浦区税收逾 10 亿元。

公司抓住发展机遇，落实双主业发展战略，积极布局新能源汽车领域，实现“煤炭机械装备”和“新能源汽车”两大主业的融合发展，以工匠精神打造国内一流煤机企业集团。

上海昌强工业科技股份有限公司

SHANGHAI CHANGQIANG INDUSTRIAL TECHNOLOGY LIMITED COMPANY

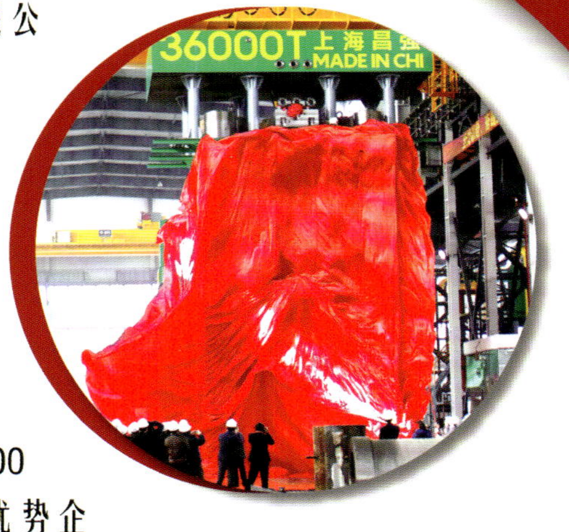

上海昌强工业科技股份有限公司，原名上海昌强电站配件有限公司，成立于2002年9月，专业从事重型锻件、模锻件及精密铸件研发制造，产品覆盖核电、火电、船舶、化工、军工等领域。公司总部位于上海市松江区叶榭镇，下辖临港锻造基地——上海昌强重工机械有限公司和闵行铸造基地——上海昌强精密铸造有限公司，总占地面积约14万平方米。

公司以质量求生存，以创新求发展，2004年以来先后通过ISO9001质量体系认证、武器装备质量体系认证，截至目前共取得国家专利205项，其中发明专利7项，2017年研制出世界首台36000吨超大六向模锻压机，被评为国家高新技术企业、国家知识产权优势企业、上海市科技小巨人企业、上海市五一劳动奖状、上海市文明单位等。

上海中集洋山物流装备有限公司

上海中集洋山物流装备有限公司（简称中集洋山）系中集集团全资子公司，位于上海市临港重装备产业园区内，距洋山深水港约55公里，公司主营标准集装箱、特种集装箱的制造与服务，以及相关零部件、钢结构的制造安装业务。公司占地面积约620亩，注册资本2948万美元，累计投资总额6325万美元，一期设计生产能力为年20万TEU，目前年均产值约25亿元。

作为中集集团在中国华东地区的干箱主力工厂，中集洋山全体员工秉承“尽心尽力，尽善尽美”的理念，坚持以一流的管理、一流的质量、一流的服务、一流的信誉为宗旨，为客户提供世界一流的现代化交通运输装备和相关服务。

搭智能网联汽车产业平台，谋超前布局，建创新高地

——上海国际汽车城（集团）有限公司

2015年6月，国家工信部批准上海国际汽车城建设首个国家级智能网联汽车试点示范区，建设任务由上海国际汽车城（集团）有限公司承担。2016年6月7日，国家智能网联汽车（上海）试点示范区封闭测试区正式开园。上海国际汽车城借助示范区的平台优势，实现未来汽车产业的超前布局，初步形成汽车产业创新高地。

综合测试能力国内领先。封闭测试区开园以来，已经完成了200多个测试场景建设，车企可以在模拟100种复杂道路状况下进行测试；累计为50多家国内外业内企业提供530余天次、超过6000小时的测试服务，已经成为我国智能网联汽车测试能力最全、技术水平最先进、影响力最大的项目合作及交流展示窗口。同时，示范区通过开展“昆仑计划”，构建十大平台，为智能网联汽车产业链上的各个环节提供所需要的测试工具。目前场景库积累了近4000个交通事故场景、150余万公里自然驾驶场景，累计实现各类场景22000余个；智能网联汽车人机交互HMI创新实验室仿真验证平台软件系统集成基本完成；综合数据中心云平台一期建设完成，能全面支持智能网联汽车道路测试监管与数据采集分析。

国内率先开展开放道路测试。2018年测试车辆走出封闭区，转战开放道路，实现行业的一次大飞跃。2018年3月1日，上海发布了汽车城核心区内安全性较高、风险等级较低的5.6公里道路作为第一阶段智能网联汽车开放测试道路。2018年9月18日，在2018世界智能网联汽车大会上，上海发布第二批开放道路，将嘉定区开放道路扩展至11.1公里。现已有上汽集团、蔚来汽车、宝马中国、图森未来、初速度（上海）5家企业获得了7张开放道路测试牌照。截至2018年底，嘉定智能网联汽车开放道路测试累计里程已达到2.5万公里，累计测试时长超1100小时。

示范应用项目开展广泛。上海国际汽车城推出“星辰计划”项目，助推相关技术的试点示范，如自主泊车、无线充电、园区无人物流等一系列前瞻性商业示范项目都已在汽车创新港落地。截至2018年底，星辰计划已成功举办4期，在扶持汽车领域新技术与新模式的示范应用，推动未来汽车的使用场景更快实现商业落地，促成更多优秀创新创业企业与汽车城内汽车产业生态链进行技术对接与商业合作等方面不断取得成效。

2018年，上海发布的“AI+交通场景计划”成功落地上海国际汽车城。该计划将以上海汽车博览公园为载体，分3个阶段建成国内首个能实现自动驾驶车辆常态化运营的半开放示范区。

上海国际汽车城将继续依托现有智能网联汽车示范应用平台资源，致力于推动基于智能网联汽车的智慧交通综合性示范工程，探索智能网联汽车阶段性商业模式，促进先进技术集中落地，真正融入实际生活。

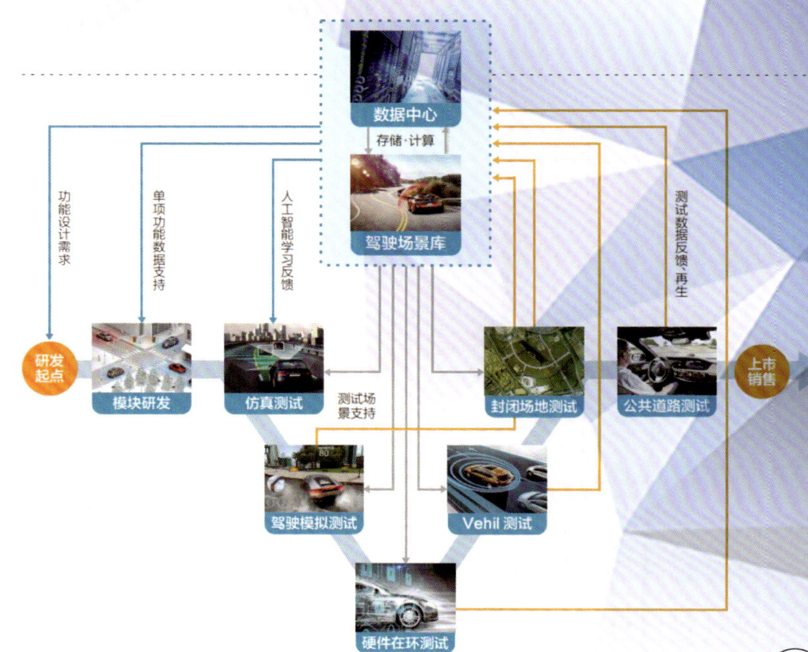

亿森(上海)模具有限公司

亿森(上海)模具有限公司成立于2004年12月23日，注册资金15846万元，坐落于上海市嘉定工业区北和公路268号，占地面积70000平方米。是一家专业从事汽车外覆盖件模具和检具 设计、制造的企业。经过全体员工10余年不懈的努力与奋斗，已成为大众、通用、福特、沃尔沃、雷诺、标致、吉利、五菱、长安 等国内外著名汽车公司的模检具合作供应商，2018年实现模具产值8亿人民币，其中出口模具3亿人民币，员工人数960人。

公司有一套自己独立开发的ERP管理系统，有一支从设计技术研发到生产加工制造以及品质检查、售后服务富有较强实际经验的团队；技术设计采用UG、CATIA、PAM-STAMP、AUTOFORM等软件从工艺分析到模具结构，以及仿真模拟全部实现3D化；并拥有进口的高端数控加工中心、三坐标检测设备、压机调试设备近百余台，全面实现数字化加工和检测。

在行业里面享有较高的信誉，公司在2013年获得汽车外覆盖模具中国重点骨干企业、出口重点企业、上海市高新技术、质量诚信企业，2015年获得上海名牌产品、嘉定小巨人企业。在2018年获得上海市市级技术中心、上海市科技小巨人企业认定，还获得了大张江企业自主研发成果转化、上海市重大技术装备研制专项和上海市产业转型升级发展专项资金项目的政府支持。公司在2014年至2018年，多次获得上汽通用、吉利、沃尔沃、福特、五菱等优秀供应商称号。

亿森始终秉持"务实、求精、诚信、进取"的宗旨，聚集更多的人才资源和优势，探索创新，科学发展，学习国内外的先进技术与管理经验，努力把亿森(上海)模具有限公司打造成具有中国特色的汽车外覆盖件模具集团公司，继续为新老客户提供更具性价比的、优质的汽车模具产品。

上海格尔汽车科技发展有限公司

公司外貌 Company Status

车间一角 Workshop corner

上海格尔汽车科技发展有限公司成立于1996年1月，注册资本380万元，建筑面积25000平方米；2013年烟台分公司落成，注册资本1000万元，新厂建筑面积22000平方米；2018年5月武汉工厂成立。目前公司员工共有400人。

Shanghai Koal Automobile Technology Development Co., Ltd. was established in January 1996, registered capital: 3.8M RMB, New plant cover area 25000 ㎡. Yantai plant opening ceremony in 2013, registered capital: 10M, New plant cover area 22000 ㎡. Wuhan factory was established in May 2018. Total 400 employees.

上海格尔汽车科技发展有限公司是一家以冷热加工并存的汽车零部件专业制造为主的生产型企业，所生产制造的齿轮、齿条（焊接齿条、变节齿条）、蜗轮、蜗杆、输入轴、输出轴、皮带轮、螺母、扇形轴等产品，分为转向系统、刹车系统两大类，分别为大众、通用、福特、奔驰、宝马、本田、上海汽车、长城、吉利、比亚迪、长安、现代、江淮等整车厂旗下的车型配套。部分产品出口至欧美。

Shanghai Koal Automobile Technology Development Co., Ltd. is a manufacturing enterprise which is specialized in manufacturing auto parts with cold and hot processing. The main parts include Pinion, Rack(Welding Rack, VGR Rack), Worm, Worm Shaft, Input shaft, Output Shaft, Belt Pulley, Nut, Sector Shaft and so on which finally are grouped into two categories of steering system and braking system and supply to VW, GM, Ford, Honda, BMW, SAIC, GW, Geely, BYD, CHANGAN, HYUNDAI, JAC and other OEM companies, some of them are exported to Europe and America.

上海市嘉定工业区回城南路2358号　邮编:201821
电话:021-59166477　传真:021-59167877

上海汇众萨克斯减振器有限公司

上海汇众萨克斯减振器有限公司位于上海莘庄工业区，是德国采埃孚股份有限公司（60%）和上海汇众汽车制造有限公司（40%）在多年合作的基础上，于1999年10月共同投资组建成立的合资公司。

公司的经营范围是设计、制造和销售汽车减振器支柱、减振器、减振器支柱总成等产品。2004年年中成立的工程中心集应用设计、测试、认可、样件制造和可移动调试于一体，为向客户提供一流的产品和服务提供了强大的竞争优势。

作为中国减振器生产规模和现代化水平的领先代表企业之一，公司在拥有的强大技术实力的研发中心支持下，致力于把世界先进的底盘配套生产技术和工艺带给客户，为每一个汽车生产商提供不同的产品以满足不同的客户需求。

在我国，许多知名的汽车制造商都将汇众萨克斯的减振器作为其新汽车的标准配置。在进行零配件开发与生产的时候，也使用了原厂设备的专门技术。公司的减振器产品覆盖大众、通用、五菱、上汽、本田、丰田、宝马、奔驰、福特、神龙、长安标致雪铁龙、起亚、长城、蔚来、国能等主机市场。

在当今激烈的市场竞争下，汇众萨克斯依然坚持提供给客户先进的高品质减振器，用完善的物流与服务体系来巩固市场领导者的形象：因为汇众萨克斯品牌减振器代表着专业、质量和服务。

上汽安吉物流
SAIC AnJi Logistics

叉式AGV
安至 Antrans

系统稳定，兼容性强

- 集成NDC先进、稳定的激光导航套件，可适应复杂工作环境
- 衔接 iValon 智能物流管理平台，支持设备扩展升级，实现多种类AGV全局调度管理

定位精准，安全高效

- 自主研发AI算法，护航视觉托盘定位和进退叉保护功能
- 高安全性，高搬运效率，高性价比

运维便捷，功能定制

- 业务场景变化可按需部署，实施周期短、成本低
- 可满足客户多种需求，进行功能个性化定制

产品参数

基本参数	安至 Antrans	配置
长*宽*高（mm）	2090*920*2140	
载荷中心距（mm）	600	
自重（含电池）（kg）	1220	
导航方式	NDC激光(辅助反光板)	s
触摸屏	得丽珑10.4寸	o
辅助操作	手动	s
额定载荷（kg）	1400	

运动性能	安至 Antrans	配置
前进速度（m/s）	1	
后退，转弯速度（m/s）	0.3	
提叉速度（负载/空载）（mm/s）	20/30	
降叉速度（负载/空载）（mm/s）	20/60	
最小转弯半径（mm）	1815	
最小通道宽度（mm）	2900	

安全防护功能	安至 Antrans	配置
激光避障	SICK	o
托盘到位检测	SICK	o
载货检测	OMRON	o
急停按钮	施耐德	o
声光报警	施耐德	o
进退叉保护	易福门	o
机械防撞条	安吉	s

电池性能	安至 Antrans	配置
电池类型	泰坦(磷酸铁锂)	o
额定工况下工作时间（H）	6~8	
充电时间（H）	完全放电后时长≤2	
充电板	泰坦(侧面两电极)	o

s（标准装置）/ o（品牌可选）

安吉智能物联技术有限公司
上海市杨浦区江浦路1000号尚凯大厦3楼
www.anji-tec.com

上海天普汽车零部件有限公司

天普公司(TIP) 成立于 1994 年，是一家集设计、研发、生产、销售于一体的汽车管路及橡胶制品的制造企业，国家高新技术企业。公司多年来专注实业，专注技术创新和人才培养，取得了快速的发展。公司2016 年实现销售收入 3.8 亿元，目前拥有上海金山、宁波宁海两大生产基地，三家独立工厂，一家合资工厂，总占地 15 万m^2，员工人数约 1000 人。

公司在研发上紧密跟进国际最新技术发展趋势，研发并储备具有国际先进水平的技术，积极与国内外零部件巨头展开各种方式的合作并开拓市场。公司拥有完整有效的质量管理体系 TS16949、ISO9001、ISO14001 和 ISO/IEC 17025 (实验室 CNAS 认证) 确保了对产品从原材料、半成品到成品的全方位检测，为产品制造和新技术的成果转化提供了可靠保障。

公司目前拥有先进的橡胶密炼生产线、冷喂料橡胶挤出机和复合挤出机、缠绕挤出机生产线共 10 余条，数控硫化罐等先进设备。公司产品主要涵盖了汽车冷却管路总成、汽车燃油管路总成、汽车空调管路总成、汽车助力转向管路总成、汽车涡轮增压管路总成，汽车模压管路总成等多个系列，近上千个品种。

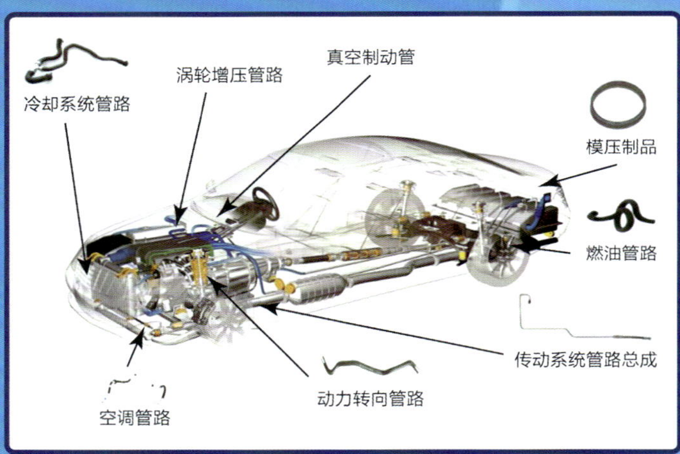

公司主要客户有：大众、日产(全球)、丰田、福特、马自达、神龙汽车、东风雷诺、一汽轿车、江铃汽车等多家主机厂配套。

承载着产业前进的车轮，传递行业最领先的话语，我们坚信：有创新才有价值，有合作才有市场，有诚信才有未来！将继续立足于汽车零部件行业，在坚持自主创新发展战略基础上，充分发挥市场为企业带来的良好发展机遇，做大做强企业，实现企业管理、技术、生产等全方位进步，为致力于打造世界级科研领先的汽车零部件提供商而不懈努力。

硫化车间

成型车间

挤出车间

电　话：(021)67276001
传　真：(021)67276163
E-mail:　tip@tipgroupm.com
地址：上海市金山区亭卫公路 4555 号

上海霍富汽车锁具有限公司

将电子和机械部件整合为智能的机电一体化系统是霍富产品的核心理念。“CASIM”的产品概念涵盖了汽车开启、安全及防盗系统。产品创新的核心是使客户得益并持续改善用户体验。

我们开启了汽车世界

将智慧融入您的汽车

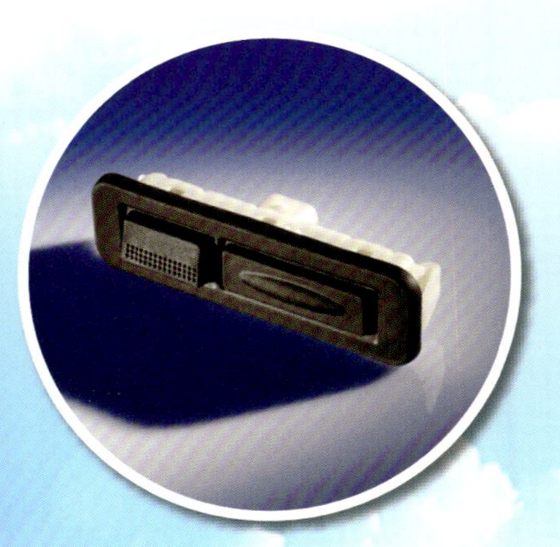

主要产品：

- 汽车进入以及识别认证系统
- 驾驶员识别认证系统
- 无钥匙进入系统
- 门把手系统
- 电动后备箱系统
- 机械锁系统等

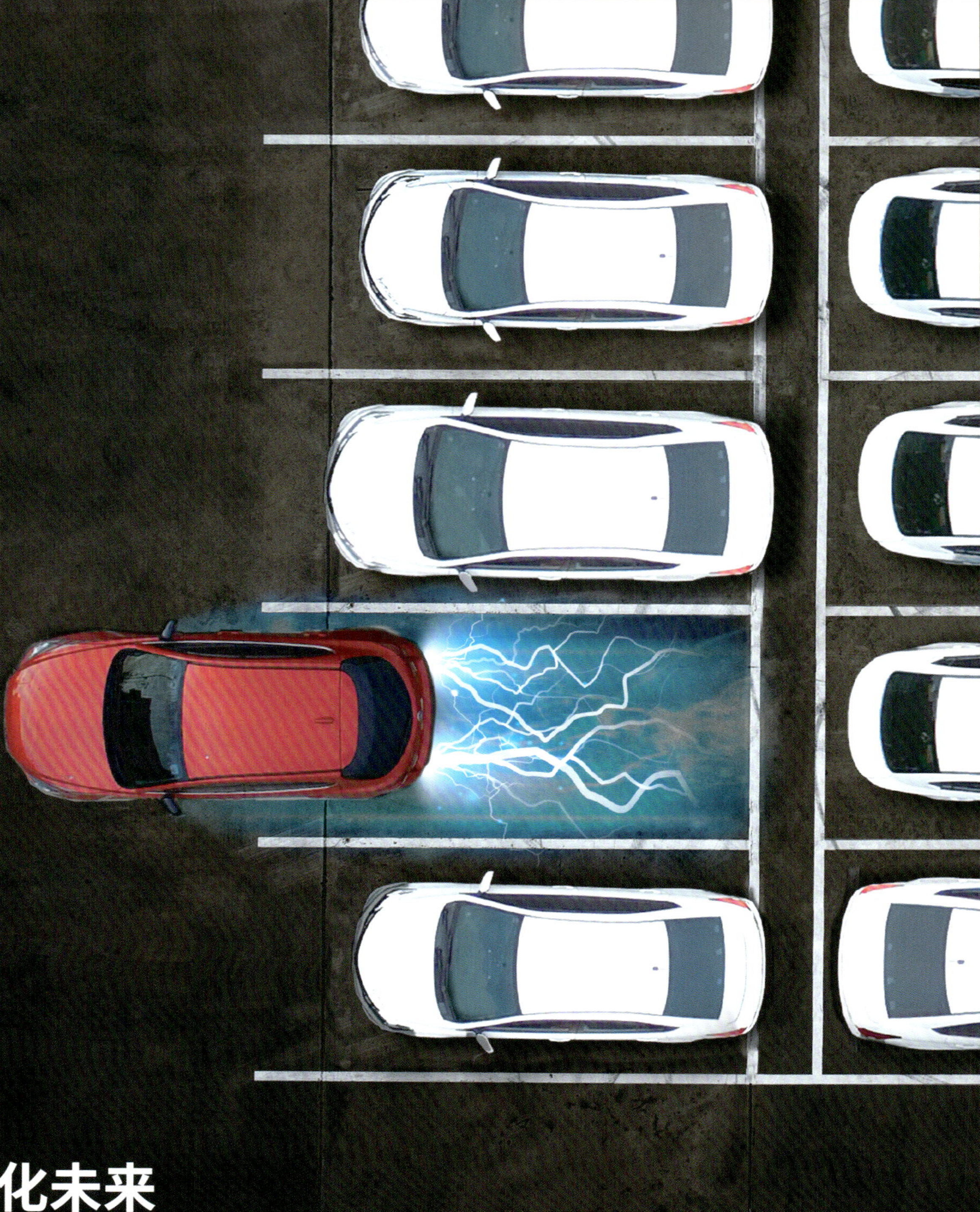
化未来

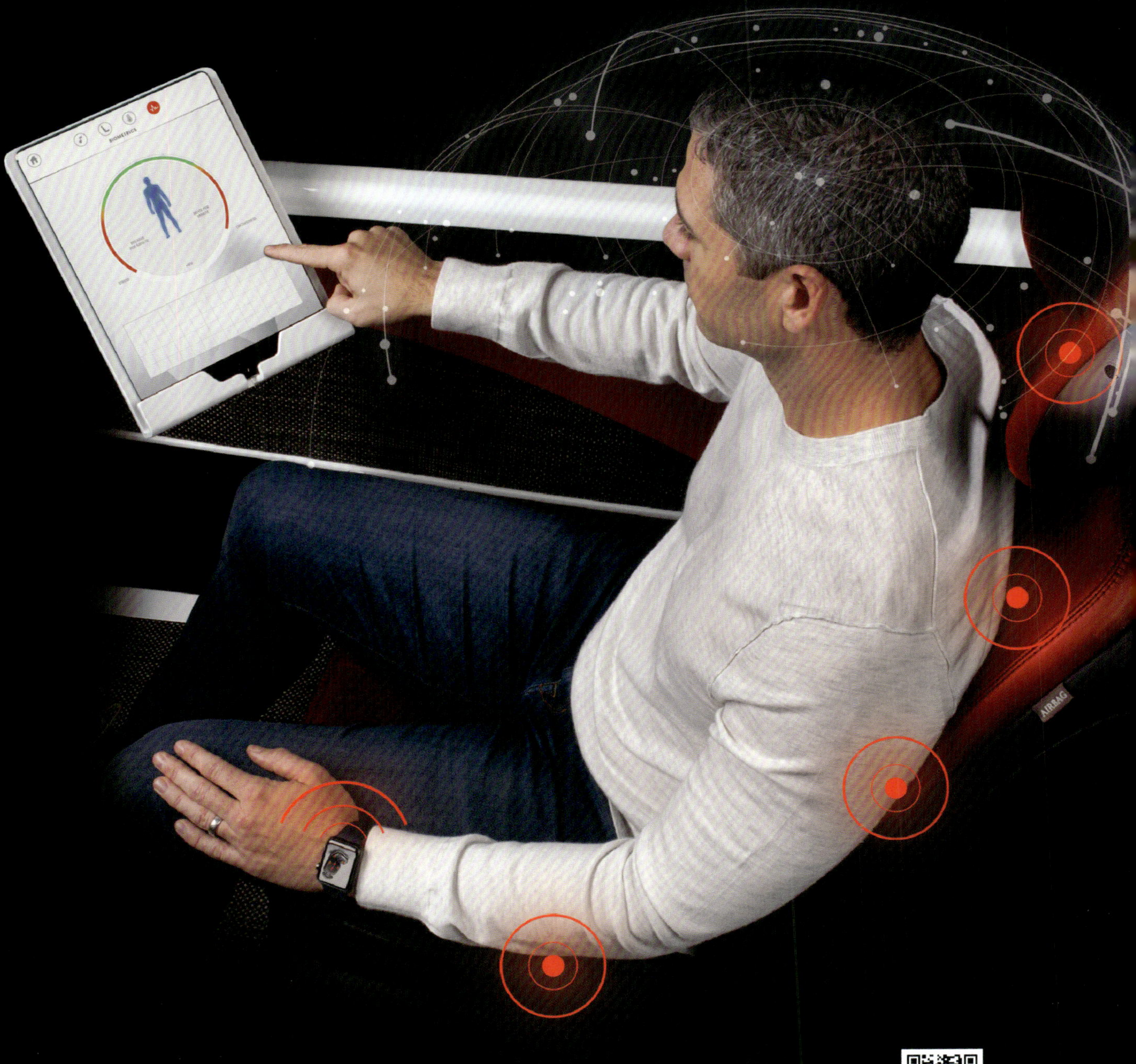

上海申龙客车有限公司位于国际大都市上海，占地 20 万平方米，年产能超过 1 万辆。是国内重量级客车生产企业，连续 10 年成为全国两会通勤和服务保障用车。公司专门致力于客车整车研发、制造和销售，产品涵盖新能源客车、公路客运、旅游、公交、团体、厢式物流车等各个细分市场，是上海唯一、国内为数不多的综合性客车制造企业。2017 年，申龙客车全年销量 7155 台，其中新能源客车占比超过三分之二，全年净利润 3.15 亿元。

公司自 2005 年 9 月成立以来，不断创新，坚持自主设计制造满足客户需求。严格执行 TS16949 标准、获得国家 3C 认证，已形成了 4 米至 18 米，中高档产品档次的 20 多类 300 多个客车、专用车品种的完整产品链。经过十几年的发展，开发出拥有柴油、天然气、纯电动、混合动力、氢燃料等动力燃料的全系列客车产品。

公司成立之时，就决定同时开拓国内和国际市场。在国内大中型客车销售排名中，申龙连续数年进入十强，其中新能源销量更是排名前五。凭借出众的环保性能、舒适性和安全性，申龙客车成功进军海外市场，先后进入泰国、新加坡、俄罗

斯、美国等 50 多个国家和地区，通过俄罗斯 GOST、北美 DOT、欧盟 ECE 等各项海外认证，在中国海外客车出口量和出口额排名始终位列前五。

积数十年之沉淀，在历届国际客车展及活动中，申龙多次获得年度“巴士制造商大奖”“最佳新能源客车大奖”等近 60 项荣誉，在由《中国汽车报》举办的中国客车业 60 周年评选活动中，申龙客车更是被评定为“优秀客车品牌”和“十大新能源客车品牌”。

2017 年，申龙客车正式成为国内知名上市公司东旭光电科技股份有限公司（证券代码：东旭光电 000413）旗下全资子公司。东旭光电成立于 1992 年，1996 年在深圳证券交易所挂牌上市，是全球领先的光电显示材料供应商，也是目前中国本土最大、世界第四的液晶玻璃基板生产商。

2016 年 7 月，东旭光电推出了世界首款石墨烯基锂离子电池——烯王，开启了东旭的石墨烯产业化之路。目前，东旭光电石墨烯业务已形成了产业与资本“双引擎”布局，成为中国石墨烯产业化应用和投资领军企业。

为了更好的实现申龙新能源汽车产品的战略升级，更快的占有市场，2017 年 6 月 20 日，申龙客车与南宁市政府签署了新能源汽车生产基地项目投资协议，投资 30 亿建设年产 1 万辆新能源客车和 3 万辆新能源物流车的大型新能源汽车生产基地，打造以新能源汽车制造为龙头，零配件配套生产加工为辅，集研发、创新、制造、推广应用为一体的新能源汽车科技产业园。除南宁生产基地以外，为了加速在新能源领域的产业布局，提升申龙客车的生产能力，东旭光电在 2017 年 11 月 28 日与四川绵阳市安州区签署协议投资 30 亿元建设年产 1 万辆新能源客车与 3 万辆新能源物流专用车生产基地。在 2018 年 2 月 6 日，东旭光电又与江苏宿迁签署协议投资 30 亿元建设年产 5,000 辆新能源客车和 50,000 辆新能源物流专用车生产基地。

展望未来，申龙依托东旭光电在石墨烯电池领域卓越的技术实力与资金、渠道、市场资源，在新能源客车领域加快步伐，朝着更高的目标迈进，致力于将申龙客车打造成为中国新能源客车的领导品牌。

上海鑫燕隆汽车装备制造有限公司
Shanghai Sinylon Auto Equipment Manufactory Co. Ltd.

硬件能力/Hardware （Equipment）

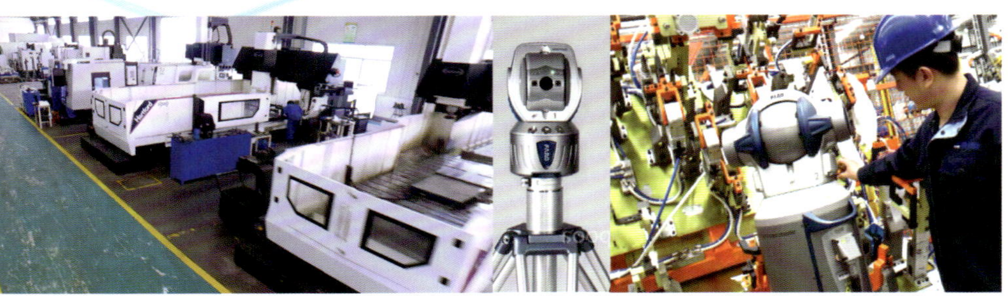

AUTO CAD

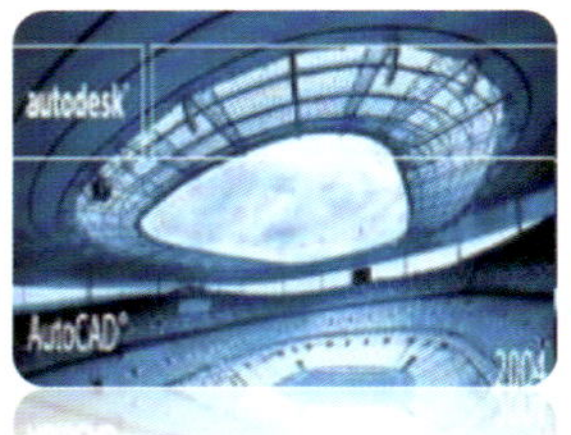

UG

CATIA

ROBCAD

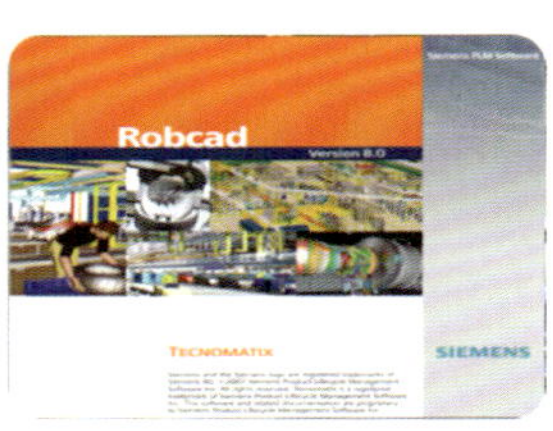

Process Designer

Process simulate

E-plan

Virtual Commissioning

地　　址：上海市宝山区富联路1369号
联系电话：021-58106320

上海裴椒汽车部件制造有限公司，成立于2009年11月，专业生产汽车制动软管接头，致力于成为细分市场的行业领先者。公司自主研发了全系列的制动软管用接头，主要有内丝、外丝、异型、硬管和中间套接头五种，至今已经为上海制动系统有限公司、上海联谊汽车零部件有限公司、日立（苏州）电线有限公司、和承汽车配件（太仓）有限公司等六家国内知名的软管总成制造厂家提供优质的产品。

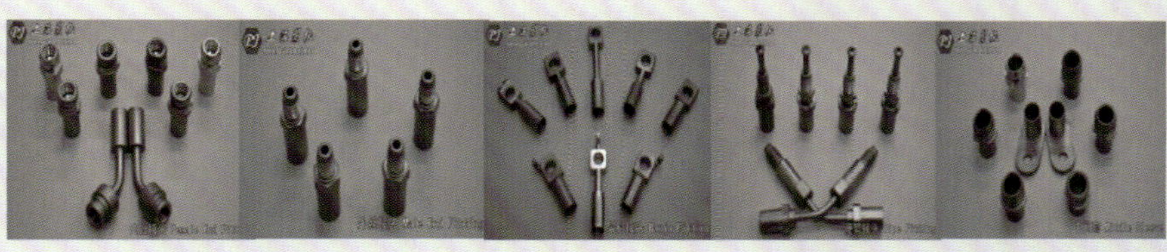

内丝接头　外丝接头　异形接头　硬管接头　中间套接头

公司致力于新技术的研发运用，先后在2013年和2016年获得国家实用新型专利11项，2017年获得4项生产软件的著作权，形成了公司特有的冷镦、铆接和表面处理技术为核心的先进制造能力。

“创新、务实、持续、有效”的质量理念贯彻于公司的全部管理活动。2011年获得ISO/TS16949：2009质量体系认证资质，2018年通过IATF16949：2016体系升级。目前，公司已经具备了精密测量、产品性能试验和原材料检验能力，覆盖冷镦，车铣加工，螺纹加工，电镀，钎焊，铆接制造全过程。

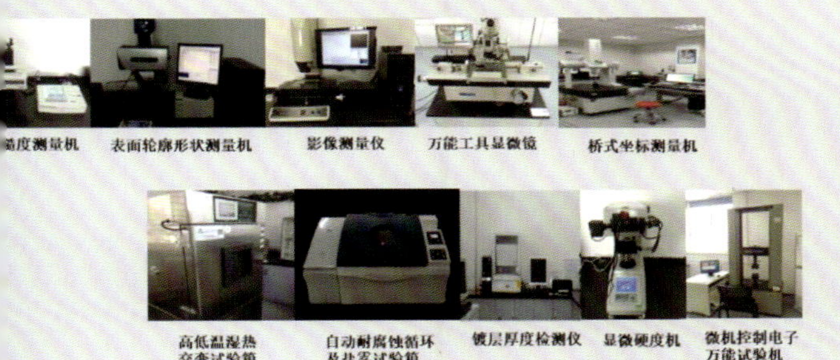

在批量供货的5年时间里，总共生产交付接头7000余万只，产品功能缺陷0PPM，制造缺陷维持在0.19PPM以内。

接头是制动软管总成的关键零件，关系人身和财产安全。我们的产品已经被大众、通用、斯柯达、福特等十多个国内汽车知名品牌使用。为更多的汽车品牌提供安全优质的产品和服务是我们的社会责任，也是我们艰苦奋斗的动力之源。

地址：上海市松江区民强路550号10幢1-2层　邮　编：201612
邮箱：chloe.zheng@sh-pjqp.com　联系电话：021-69792362（总机）

上海安吉星信息服务有限公司

Shanghai OnStar Telematics Co., Ltd.

吉星呵护 一路随行

上海安吉星信息服务有限公司成立于2009年10月28日，由通用汽车、上汽集团和上汽通用共同出资组建。安吉星为上汽通用在华制造、生产和销售的系列车型提供全方位车载信息服务。目前，OnStar安吉星在中国地区活跃用户数量近100万，6年多已经累计为用户提供了约2亿次客户交互服务，获得了消费者的广泛好评。

安吉星小O
手机应用

安吉星用户可直接通过自助语音系统进行目的地查询、违章查询、安吉星服务查询和远程遥控操作，还可以跟小O互动吐槽，为服务提供意见反馈。

安吉星车载
4G LTE

安吉星车载4G LTE首创车载Wi-Fi热点（Car-Fi），可支持多达7台设备同时接入，网络覆盖面积达700平方米，为车主提供高速、稳定、安全、便捷的无线网络环境。

安吉星专席管家服务提供滴滴代驾、高尔夫预订、机票酒店预订、商旅租车、异地酒店租车，以及当地特色商旅路线等服务项目，更为凯迪拉克车主推出季节限定特惠礼遇，畅享经典度假线路。

安吉星凯迪拉克
专席管家服务

专席服务再度升级

商旅度假尊崇相伴

商旅租车服务 • 专业度假服务 • 季节限定度假产品礼遇

安吉星微信服务号二维码

安吉星手机应用二维码

安吉星微信订阅号二维码

欲了解更多安吉星服务，敬请登录www.onstar.com.cn，请关注安吉星官方微信订阅号和微信服务号扫安吉星手机应用二维码进行服务体验。

公司介绍

上海淞泓智能汽车科技有限公司是中国首个国家级智能网联汽车试点示范区的运营管理单位，也是上海市经信委批准挂牌的第一家制造业创新中心 -- 智能网联汽车创新中心的承担实体。

封闭测试区

测试服务

1. 封闭区测试

负责建设的封闭测试区，集成 LTE-V、DSRC 等多种通信环境，并通过柔性设计保证测试区环境要素的多样性。

2. 开放道路测试

协助 5 家企业完成 7 张测试牌照的发放，对接超过 80 家申请企业，累计开放道路 37.2 公里，总测试里程 23158 公里，累计测试时长 1031 小时，累计发生交通违法 0 次，交通事故 0 次。

开放道路测试牌照

国内首个多 GST 协同测试

数据服务

数据库已积累 2000 个交通事故场景，150 余万公里自然驾驶场景，超过 100 小时 1000 人次的驾驶模拟器测试场景，可提供数据类型：

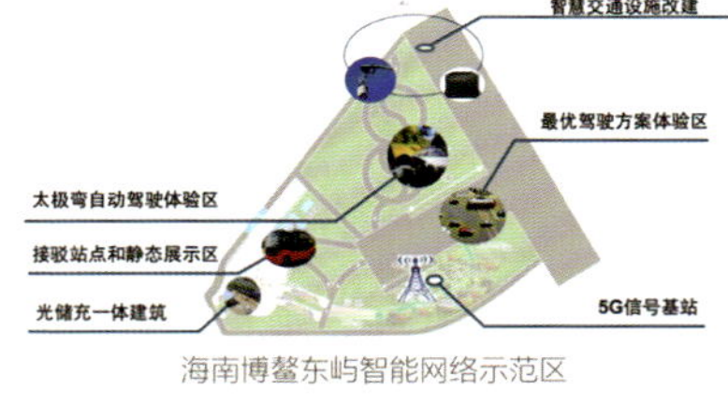

海南博鳌东屿智能网络示范区

产业融合

UIC 会员单位已达到 200+，为会员提供：

业务对接服务（含国际交流合作）

产品及资源商务开发服务

行业从业人员社群服务

品牌宣传推广服务

面向行业高技能人才、工程师、管理层的培训服务

上海嘉朗实业有限公司

董事长：李健强

上海嘉朗实业有限公司成立于2010年，是一家集汽车零部件设计、开发、生产、销售、服务于一体的高新技术企业。产品主要包括汽车金属橡胶减震器、动力系统悬置总成、汽车铝合金铸件等。铝合金铸件包括发动机底盘、悬置、主缸类产品。

公司产品为全球知名汽车主机厂配套。主要客户包括上海大众、一汽大众、东风本田、长城汽车、东风日产、东风乘用车、武汉神龙、广汽菲亚特、东南汽车、长安标致雪铁龙、长安马自达、无锡安维斯、宁海建新、TRW、德国ANVIS、墨西哥ANVIS、法国PSA、德国DANFOSS等。

公司自成立以来，本着“追求卓越、求实创新”的企业精神，以新产品、新技术开发为切入点，大胆进行各项技术创新，利用新材料、新技术、新工艺对新产品开发进行技术攻关，先后获得国家发明及实用新型专利技术34项，高新技术成果转化1项，专利产品销售额占总销售额达80%。“以客户为已任，追求质量零缺陷”。公司实验室先后引进了硫化分析仪、8通道数据采集系统、三维坐标测量仪等精密的检测设备，为企业追求完美的产品品质严格把关。公司建立了完善的质量控制和管理体系，先后通过ISO/TS16949:2009质量体系认证等，为客户提供安全、可靠的产品，增强了产品的市场占有率和竞争力。

公司以质量求生存、以效益求发展、以科技创新占领市场，本着“一流的企业、一流的产品、一流的服务”的经营理念，在为国内外多家汽车生产企业提供优质产品和服务的同时，赢得各企业的高度评价，并建立起长期稳定的合作共赢关系。

主要产品

汽车金属橡胶减震器、动力系统悬置总成、发动机悬置类、支架类、主缸类产品，具体包括转向节、变速箱阀体、发动机支撑座、下部支撑、扭矩挡块、转向支架、水泵壳、发动机支架、进气歧管上体、总泵缸体、油泵壳、液压阀体等。

公司荣誉：

1、上海市高新技术企业
2、上海市专利试点企业
3、上海市“专精特新”企业
4、嘉定区企业技术中心
5、嘉定区科技小巨人企业
6、中国铸造协会会员单位
7、上海市模具行业协会会员单位
8、安维斯(无锡)优秀合作伙伴
9、上海市环境宣传战略合作伙伴

简介

沪东中华造船（集团）有限公司是中国船舶工业集团公司旗下的核心企业，具有80多年深厚历史积淀。公司年造船能力超200万吨，拥有员工4000余名，总资产约300亿元人民币。

公司主厂区分布在上海黄浦江下游两岸，占地100余万平方米，码头岸线2600米，拥有30万吨VLCC级干船坞1座，700吨龙门吊2台，12万吨级和8万吨级船台各1座，2万吨级船台2座，以及平面分段流水线、大型数控激光切割机、LNG船绝缘箱流水线等一大批先进造船装备。

公司建造产品涵盖多型军用舰船、超大型液化天然气船、超大型集装箱船、成品油船、原油船、散货船、特种船以及海洋工程、超大型钢结构工程等，种类丰富、实力雄厚。当前，公司正处于调结构、转方式发展期，已成功进入了集装箱滚装船、化学品船等高技术、高附加值船舶市场领域。此外，公司还拥有上海长兴、崇明两大分段制造基地，以及下属20多家投资企业，业务涵盖船舶修理和改装、各类船用下水件、管件、舾装件、阀门、电站、钢结构制造，以及围绕造船生产提供各种相关社会化配套服务等，是国内少数具有完整船舶配套产业链的造船企业。

公司具有可靠的质量管理体系，先后通过中国新时代质量认证中心GJB9001C-2017军品质量认证和美国ABS船级社ISO9001民品质量认证；公司以先进的造船理念，全面推进“HSE(职业健康、安全、环境)”管理，通过了英国劳氏质量认证公司的GB/T24001-ISO14001环境管理体系、OHSAS18001职业健康安全管理体系的审核认证。

公司努力建设“具有造船行业特色、新时代特征、沪东中华特点”的企业文化，确定了“团结拼搏、争创一流”的企业精神和“自觉奉献、追求卓越”等企业基本理念。公司全面实施“数字造船、绿色造船”发展战略，努力建设世界一流造船基地。

自主设计建造14500TEU集装箱船

自主设计建造第三代17.4万方液化天然气船

地址：中国上海浦东新区浦东大道2851号　　邮编：200129
电话：021-58713222　　传真：021-58712603　　网站：hz-shipgroup.cssc.net.cn

技术中心
浦东厂区全景

申佳船厂

申佳船厂位于上海市浦东新区，毗邻雄伟的杨浦大桥。工厂占地面积约 30 万平方米，主要生产设备约 2000 余台套，拥有近千米的码头岸线，万吨干船坞，国内最大的 3000 吨垂直升降船台以及 600 吨船排各一座，是黄浦江沿岸设施设备较为齐全的修造船厂。

工厂现有职工 1600 余人，各类专业人才齐全。拥有新时代质量体系和法国 BVQI 质量体系认证证书，质量保证体系覆盖各类产品。主营军民品船舶的建造、修理、改装，兼营大型钢结构制作，化工、冶金、食品、包装等行业设备制造，已具备了海军各型常规主战装备和辅助船的修理能力。具备了批量建造中小型军船的能力；具备了自行研制部分高精度备品备件的能力；具备了修理大型船舶的能力，形成了化学品船、拖船、油船和消磁船的建造线。

在建设发展的征程上，工厂坚持大力弘扬全力保障，追求卓越的企业精神，坚持“诚信双赢”的经营理念，坚持客户满意为关注焦点，以公道的价格，优异的质量，周到的服务竭诚为客户服务，励精图治，同心协力，共同谱写工厂美好的明天。

瑞宁号公务船

太阳能船

申佳船厂化学品船

新装备备件研制中心设备

中交第三航务工程局有限公司
CCCC THIRD HARBOR ENGINEERING CO.,LTD.

公司在“多元化、国际化、信息化”的战略指导下，从2007年开始，便着手研究海上风电基础安装与施工这一全新的领域。通过多年不懈的“追逐”，海上风电领域终于揭开“她”神秘的面纱，向世人展现出“她”广阔的发展前景。

风车转啊转，转出了大市场。2008年，公司承建了亚洲首个海上风电场—上海东海大桥海上风电项目，之后承建了中广核如东150兆瓦海上风电示范项目、江苏响水200兆瓦海上风电项目、福建莆田平海湾50兆瓦海上风电项目、上海临港二期100兆瓦等多个江浙闽沿海风电项目。

公司通过研发创新和工程实践，创造并应用了海上风电机组整体安装成套技术和海上风机半潜驳坐底安装法。同时，对海上风电高桩承台结构、新型单桩、三桩导管架、多桩导管等基础结构型式进行深入研究，拥有多项海上风电自主知识产权及专利技术，一大批创新技术、创新工艺设备获得国家专利。

中国船舶重工集团公司第七二六研究所

港口警戒系统简介

港口警戒系统主要包括SM60、SM80 小目标探测声纳、SM400 图像声纳等，并集成水面监测雷达、光电红外观测设备等信息，对多传感器集中控制与综合显示，构建具有区域联合、信息传递和立体互补的水下安全防御态势，实现对水下小目标的全时警戒、快速查证和拦截处置，保障港口要地安全。

威胁源	防御对象
开式呼吸蛙人	港口
闭式呼吸蛙人	岛礁
水面游泳者	大型水面舰船
小型潜器	海上高价值平台
水雷、潜标	潜艇重要航道

SM60 小目标探测声纳

SM60 主要部署于港口、岛礁、大型水面舰船、海上高价值平台和潜艇重要航道等水域，采用主动声探测手段，实现对水下威胁小目标的探测、跟踪、报警和定位。SM60 按模块化设计，可依据用户需求进行裁剪和定制，为客户提供指定区域水下防御的系统解决方案。

优异的探测性能

- 对开式蛙人最大探测直径 2000m
- 最大可同时处理 1000 个目标信息
- 垂直方向可俯仰

模块化设计

- 换能器模块化设计，具有 120°、240°、360° 多种形式
- 支持吊放、坐底和壁挂三种安装方式

高度智能化

- 自动跟踪
- 自动报警

湿端规模小

- 外形：Φ1 米 ×0.5 米&Φ0.2 米 ×0.3 米
- 重量：300Kg,。

精确响应

- 高精度的位置配准
- 实时的处理及通信系统

友好的人机工程

- Windows 操作系统
- 多种显示方式，目标信息丰富

稳定可靠的运行系统

- 24/7/365 连续工作
- 可抵御 5m 以外 0.2kgTNT 爆破冲击

低廉的维护成本

- 高可靠性设计、设备可长期稳定使用
- 湿端免维护设计保证了低维护成本

SM80 便携式探蛙人声纳

该声纳可采用座底、壁挂、船舷吊放、与其它载荷平台共形等多种安装方式，为特定海区或高价值沿海、海上设施提供近程水下蛙人、小型潜器等水下小目标主动探测、定位、跟踪、预警功能。

声学性能

- 对开式蛙人的最大发现距离≥600m
- 观察范围
- 水平 360°
- 垂直 20°

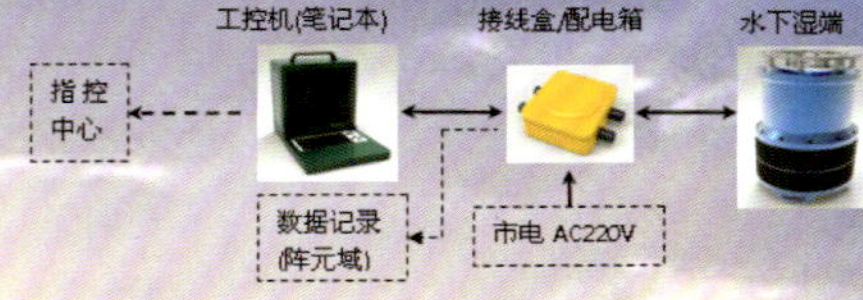

高度智能化

- 自动跟踪
- 自动报警

设备规模（水下湿端）

- 外形：Φ0.4 米 ×0.7 米；
- 重量：60Kg,。

友好的人机工程

- Windows 操作系统
- 支持本地图像记录与回放

SM400 图像声纳

SM400 主要部署于航道出入口或舰船，采用高频成像的方法，实现对水下小目标的探测和识别一体化。SM400 垂直波束可俯仰，具有三维成像的能力，可壁挂、坐底和舰壳安装，对蛙人的最大发现距离大于 200m，对蛙人的最大成像距离大于 100m。

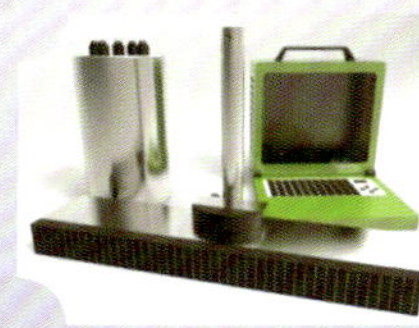

声学性能

- 对蛙人的最大发现距离≥200m
- 对蛙人的最大成像距离≥100m
- 观察范围：水平 90°

软件

- 快速近场聚焦技术
- 图像增强技术
- 目标精确提取技术

高度智能化

- 自动跟踪
- 自动报警

友好的人机工程

- Windows 操作系统
- 支持本地图像记录与回放

成像性能

- 最大图像刷新率≥10Hz
- 波束数 360
- 具有三维成像的能力

安装与使用

- 最大工作深度 75m
- 支持壁挂或座底安装方式
- 供电 AC220V/1A 或 AC380/0.5A

中船第九设计研究院工程有限公司

中船第九设计研究院工程有限公司（以下称中船九院）是由原中船第九设计研究院改制而成，隶属于中国船舶工业集团公司。公司是一家多专业、综合技术强的大型工程公司，是从事工程咨询、工程设计、工程项目总承包和工程技术研究的骨干单位，能承担多类大型项目的工程总承包业务。在中国创建世界第一造船大国中，承担着践行环渤海湾地区、长三角地区、珠三角地区的船舶工业规划设计“国家队”的角色。

中船九院已取得了国家有关部委批准的涉及船舶、军工、机械、水运、建筑、市政、环保等领域的工程设计综合资质甲级，城乡规划、工程咨询、工程监理甲级以及房屋建筑工程施工总承包一级、钢结构工程专业承包一级等资质，具备了对外工程总承包、境外设计顾问及施工图审查的资质。公司是“国家级企业技术中心”“高新技术企业”“上海海洋工程和船厂水工特种工程技术研究中心”“国家级创新型企业”“国家文明单位”“上海市优秀工业企业形象单位”。

中船九院现有在职职工 1300 余人，其中各类专业技术人员 1200 多人，其中包括研究员 65 人、高级工程师 194 人、工程师 278 人；注册建筑师、注册结构师、注册造价师、注册监理工程师等各类注册工程师 386 余人。公司先后有 30 多名专家荣获国家特殊贡献或享受国家特殊津贴，相继有 4 位工程技术人员获中国工程设计大师称号，1 位获中国工程监理大师称号。

中船九院一贯重视质量和技术进步，自 1978 年至 2017 年，公司获省部级以上科技进步奖 221 项（其中国家级 23 项）；国家发明奖 2 项；省部级以上优秀工程设计奖 286 项（其中国家级 26 项：含金质奖 14 项，银质奖 9 项）；省部级以上优秀工程咨询成果奖 105 项（其中国家级 4 项）；省部级以上优秀工程总承包奖 13 项（其中国家级 6 项：含银钥匙奖 5 项）；省部级以上项目管理奖 2 项。

中船九院发扬“创新、拓展、诚信、敬业”的企业精神，不断提高设计、咨询能力，拓展工程管理、工程总承包能力，并朝着智能制造、高技术船舶、新型城镇化绿色建筑建设、成套装备和环保工程等方向实施科技研发，通过创新驱动、科技引领可持续发展。

上海齐耀动力技术有限公司是由世界500强企业中国船舶重工集团公司（CSIC）和中国船舶重工集团公司第七一一研究所（SMDERI）联合控股的国家高技术武器装备研发制造核心企业，主要从事舰船动力系统和分布式能源系统的设计、研发、制造及集成，并提供整体解决方案。曾获得国家科技进步特等奖、一等奖以及省部级科技进步一等奖等多个奖项。2015年资产注入上市公司中国动力（600482）。

公司在分布式能源领域拥有十五年的行业积淀，为上海市、重庆市、广州市等多地政府提供行业咨询、发展规划，编制行业标准，并成功承建了包括上海中心大厦、虹桥交通枢纽核心商务区、上海老港垃圾填埋场、国家海洋局嵊山岛多能互补发电项目等多个分布式能源项目，拥有国内分布式能源单个项目运行最长记录，累计超过5万小时，获得了良好口碑，为分布式能源行业的发展作出了重要贡献。

同时，公司提供低温系统整体解决方案，具备如低温储罐、汽化器、低温阀门、控制系统、计量系统等的设计、制造和使用经验。其中低温阀门产品包括低温截止阀，低温调节阀，低温安全阀等系列产品适用于液氮，液氧，液氢，LNG等多种介质工况，产品性能安全可靠，满足低温状况零泄露的需要，并成为工业和信息化部及国防科工委发布的《军用技术转民用推广目录2017》的重点推广项目。

产品介绍

MTU品牌燃气发电机组

齐耀动力是MTU品牌燃气发电机组国内授权系统集成商，提供机组供货和全寿命周期售后服务。

特点和优势：

- **高可靠性**，4000系列机组（776kWe-2400 kWe）大修时间可达63000h。
- **具备并网和孤网两种运行模式**，能实现就地和远程控制并能与其他供电装置平稳切换，实现自动和手动启动与增减负荷。
- **稀薄燃烧技术**，具有高效、经济、环保等优点。
- **电子管理系统**（ADEC），能实现远程监控。
- **爆燃监测**，避免爆燃对机组的破坏。
- **模块化设计**，气，油，水，电等对外接口简单，易于安装，外围匹配及维护。
- 先进的**燃气空气混合器**具备宽泛的燃气适应能力。
- **主控柜**提供完全开放的标准协议及通讯接口，即可以将各并机控制柜内的数据上传给上级管理系统。
- **高安全性**。MTU的气体调节管路（含燃气供应安全阀）的零部件都经过90/356/EWG气体零部件标准认可（欧洲燃气系统技术规范）。
- 优异的**高温不降功率性能**，MTU机组可在环境温度43℃以内不降功率。
- **服务便捷高效**，MTU在苏州设有服务团队及零备件中心，可为客户提供及时高效的售后服务。

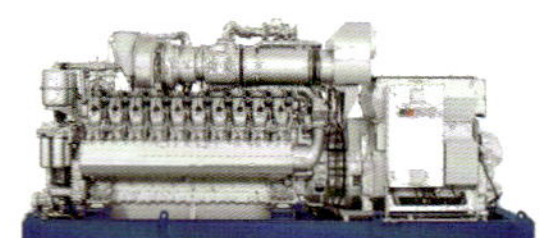

低温调节阀

主要技术参数：

- ▲ **公称压力**：4.0MPA
- ▲ **适用介质**：LO_2、LN_2、LAr、LNG、LH_2、LHe等
- ▲ **适用温度**：-270℃~+80℃
- ▲ **公称通经**：DN6~DN50
- ▲ **连接方式**：对焊（可根据客户要求定制连接方式）
- ▲ **特殊结构形式**：不锈钢波纹管+填料密封结构
- ▲ **低温外部密封泄露率**：≤1×10^{-8}mbar·1/s（He检）
- ▲ **低温内部密封**：无可见泄露（气泡级）
- ▲ **静态误差**：≤±1.0%
- ▲ **动作时间**：≤1.5s
- ▲ **流量特性**：等比线性（可调比100或50，精度5%）/切断
- ▲ **阀体形式**：直通或角式

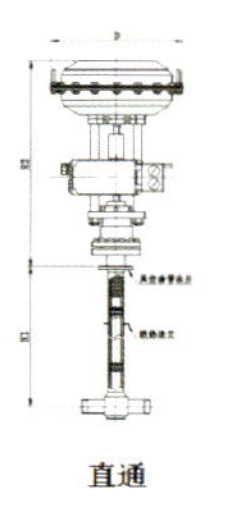

直通

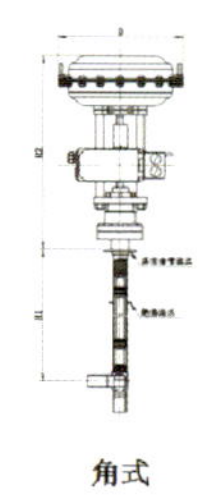

角式

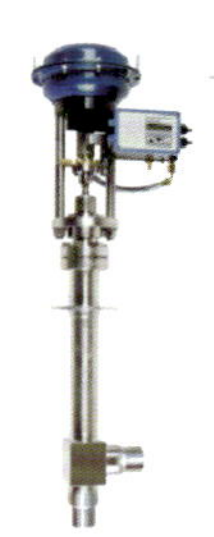

项目案例

项目名称：上海中心大厦三联供项目
装机容量：2×1165kW燃气内燃发电机组/2×1047kW热水型溴化锂机组
能源利用率：81.4%
年节约标煤：约1890吨
年CO2减排：约4855吨

项目名称：广州威立雅资源利用有限公司埋气发电项目
装机容量：5×1407kW
年供电量：0.78×105MWh
年节约标煤：约2652吨
年CO2减排：约47万吨

项目名称：低温阀组
应用范围：广泛适用于舰船、工业、空分行业、核电行业

上海齐耀动力技术有限公司　地址：上海市牛顿路400号，邮编201203
400 Newton Road, Shanghai 201203,P.R.China
电话：021-61693611；13585881217沈小姐　传真：021-50803841
Email：shenjie@micropowers.com　Web: http//www.micropowers.com

600 吨龙门吊与上层建筑

CSSC | SWS 上海外高桥造船海洋工程有限公司

SHANGHAI WAIGAOQIAO SHIPBUILDING & OFFSHORE CO.,LTD.

上海外高桥造船海洋工程有限公司(简称“外高桥海工”)成立于 2007 年，是中国船舶工业集团有限公司旗下上海外高桥造船有限公司(简称“外高桥造船)”的全资子公司，是外高桥造船“三翼齐飞”高质量发展战略中海洋工程板块的主承载体。公司聚焦全球最为先进的海洋油气开发装备、大型生活模块、民用船舶配套及非船业务，海工产品覆盖 15 万吨级、17 万吨级、30 万吨级海上浮式生产储油装置(FPSO)，超深水半潜式钻井平台，JU2000E 型、CJ46 型和 CJ50 型高规格自升式钻井平台，先后为中国海油、美国康菲石油、挪威 Prospector Offshore Drilling、中国石油、山东海工等国内外知名的油公司和油服公司交付海工产品和 EPC 总包项目；2017 年，公司批量承接了国际一流的 FPSO 运营商荷兰 SBM Offshore 集团的 200 万桶 FPSO 船体 EPC 总包合同，实现在 FPSO、钻井平台等高端油气装备领域系列化、批量化的建造和交付能力。

公司全面贯彻落实党的十九大精神，以习近平新时代中国特色社会主义思想为指引，紧紧围绕中船集团高质量发展纲要，秉承“伴随着更高的标准前行”的企业理念，致力成为“中国领先、世界一流”的海洋工程 EPC 企业，以管理创新、文化创新为核心，持续增强海洋工程板块核心竞争力，为国家海洋经济发展、建设海洋强国努力奋斗。

超深水半潜式钻井平台“海洋石油 981”

自升式钻井平台

上海船舶运输科学研究所

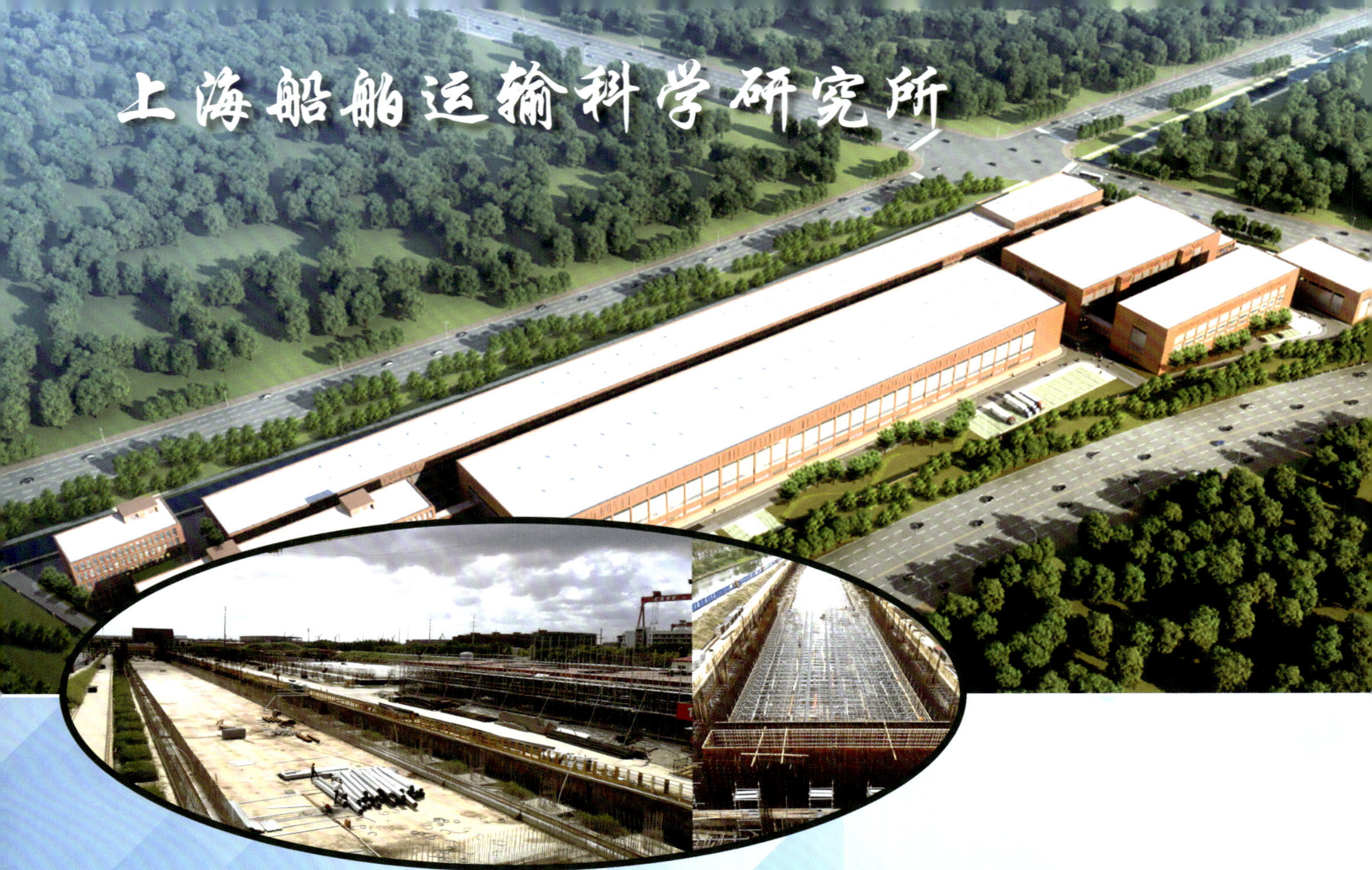

● “航运技术与安全国家重点实验室”通过国家科技部评估

2018 年 5 月 30 日，国家科技部(国科发基【2018】51 号)正式公布了 99 家企业国家重点实验室的评估结果，依托上海船舶运输科学研究所建设的“航运技术与安全国家重点实验室”通过评估，评估结果为“良好”。

“航运技术与安全国家重点实验室”是国家科技部批准建设的第二批企业国家重点实验室，依托单位上海船舶运输科学研究所。国家重点实验室根据国家中长期科技发展规划和航运、造船业发展的需求，综合运用船舶水动力性能、海事安全和自动控制等技术，围绕新船型开发、船舶性能优化、航运安全、航运效率、节能减排、航运信息化等领域开展共性技术、前瞻性技术的研究开发，为行业发展提供先进技术，为航运安全提供技术保障，为行业标准提供技术支撑。

● “航运技术与安全国家重点实验室”易址新建

经国务院国资委、国家财政部、中国远洋海运集团等相关单位批复，“航运技术与安全国家重点实验室”易址新建，新基地位于上海长兴海洋装备产业园区 9 号地块，用地规模约 80000 平方米，总投资约 10 亿，新建设施包括深水拖曳水池、航海安全水池、大型空泡水洞以及模型综合加工车间等相关配套设施。

新基地建成后，实验室的综合能力将跻身于世界前列，大大改善和增强我国航运科技领域的科研环境和研发实力，促进航运技术创新和成果转化体系的完善。将有利于实施造船强国的发展战略，提升航运效率，降低航运成本，提高航运安全；有利于加强基础技术、共性技术和热点技术的研究，提升我国航运科技水平；有利于吸引世界一流航运人才，构筑航运技术与安全的科技人才高地；有利于促进国家和行业标准、规则的完善，增强对国际航运规则制定的话语权；有利于推进开放合作和协同创新，增强在国际组织中的发言权；有利于提升上海建设国际航运中心的软实力，创建具有全球影响力的科技创新中心的综合竞争力；有利于应用基础研究拥抱互联网，提高航运大数据的应用能力，推进智慧航运的发展。

中船海洋动力部件有限公司（原上海沪临重工有限公司）是沪东重机有限公司下属的动力系统关重零部件配套公司，由国家大型企业沪东重机有限公司、沪东中华造船（集团）有限公司共同投资建设的国内有限责任制公司，注册资本11.2亿元。公司总占地面积42.6万平方米，坐落于上海市东南角——临港新城重装备产业区内，南临杭州湾，东、西、北三面紧靠产业区新建道路，水陆交通便利。

公司集铸、锻、焊、机加工及精密制造为一体，专业生产高、中、低速柴油机关重零部件成品和组件以及大型成套设备，打造公司关重零部件的专业化、规模化、国际化的品牌。

主要经营范围：钢结构件设计、制造、建设工程专业施工，船舶及柴油机钢结构件、铸铁件、铸钢件、锻件、燃油系统组件、木模件和工程机械产品的设计、制造、销售及相关技术服务，从事货物及技术的进出口业务。

主要产品：机座、机架、气缸体、气缸套、缸盖排气阀组件、飞轮、轴承座、喷油器、喷油泵、气缸液压单元(HCU)、液压动力单元(HPS)、SCR/EGR/WHR模块等柴油机产品；锚、下水件、脱硫装置等船用产品；VOCs处理系统、循环水槽、地铁盾构等大型工程机械产品。

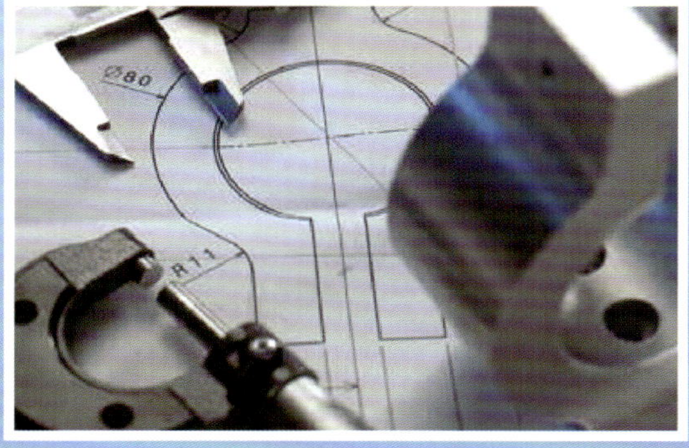

技术研发

Technical Research And Development

公司工艺、工装采用先进计算机辅助设计，运用CAPP系统进行工艺管理和数据整理。铸造工艺设计方面引进了德国MAGMAsoft——铸造凝固数值仿真模拟软件。钢结构采用UG三维建模进行设计和装配模拟，采用焊接仿真软件Sysweld进行焊接模拟仿真计算。

公司地址：上海市浦东新区新元南路55号
邮　　编：201306
电　　话：+86-21-61185555
传　　真：+86-21-61185533
电子邮件：shhl@shhulin.com.cn

中船海洋动力部件有限公司

上海城建设计集团

为建设智慧城市、宜居城市倾力奉献！

上海市城市建设设计研究总院（集团）有限公司是“中国工程设计企业60强”，创建于1963年，是从事基础设施建设的勘察、设计、总承包为主的综合性设计咨询研究单位，具有国家工程设计综合甲级、国家工程勘察综合甲级、工程咨询甲级等资质，为工程建设提供全行业、全过程服务。城建设计集团致力于聚焦技术革新，建有劳模工作室、博士后工作站、上海市企业技术中心、上海城市雨洪管理工程技术研究中心、上海工业化装配化市政工程技术研究中心、上海有轨电车工程技术研究中心，内设11个创新中心，是高新技术企业。在科学探索和技术创新中所作出的贡献，荣获国家、部和市级各类奖项近千项，拥有各类专利百余项。主编和参编各类标准、规范、通用图，推动行业发展。城建设计集团专注于服务城市功能升级。旗下包括13个设计院、1个总承包部，6家全资子公司，1家控股子公司，凭借强有力的资源整合能力和总承包管理能力，为业主提供高品质的集成服务。将宜居理念融入设计作品，将设计作品遍布全国和世界各地。城建设计集团汇聚了一大批优秀的设计师，在近2200名员工中，硕、博士比例达34%，拥有劳动模范、上海市领军人才、重大工程建设杰出人物、全国青年岗位能手等业界精英。城建设计集团关注提升自我发展，获得全国五一劳动奖状、上海市文明单位、金杯公司、质量管理奖、职工最满意企业、专利试点企业、创新型企业等多项荣誉称号，铸就了城建设计品牌。

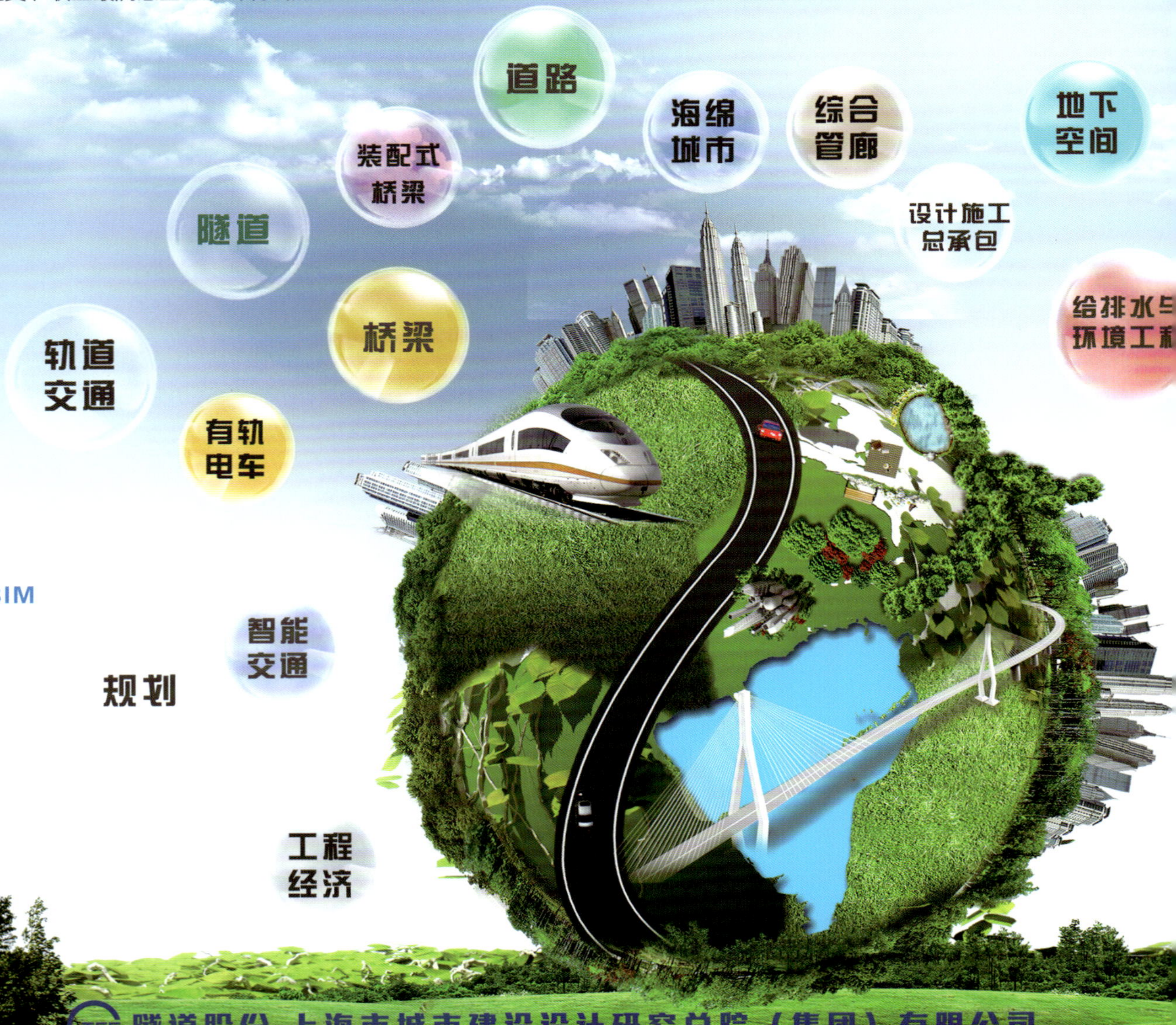

隧道股份 上海市城市建设设计研究总院（集团）有限公司

上海凌耀

上海凌耀船舶工程有限公司

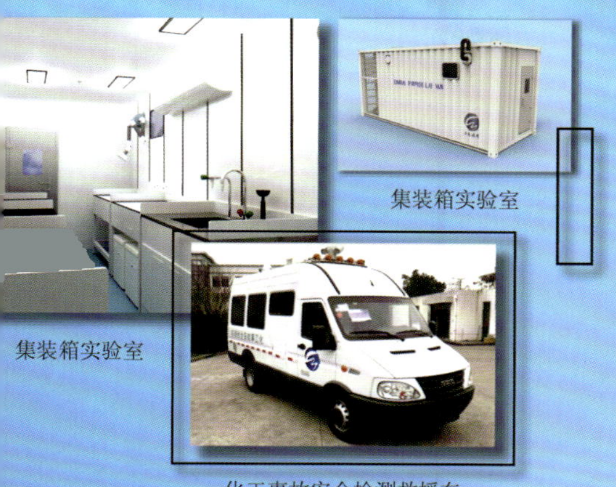

集装箱实验室

集装箱实验室

化工事故安全检测救援车

上海凌耀船舶工程有限公司是经中国船舶重工集团公司批准设立，由中国船舶重工集团公司第七〇一研究所单独投资成立的企业法人类有限责任公司。主要经营范围：船舶与海洋工程装备的设计开发；船舶机电系统总承及硬件设备配套；舰船综合保障；非船产品开发及销售。

公司取得中国船级社质量管理体系认证、武器装备承制资格证及武器承制二级保密资格，是上海市高新技术企业、市重点用人单位。公司研发人员具有深厚的研发能力和丰富的实践经验，参与国家、上海市、高校和科研院所等多个重点项目开发，担任项目总师、技术负责人等。公司设计了国内吨位最大的小水线面双体船、最先进的渔业资源调查船；参与开发设计新一代科考船、地调船和海警执法船等公务船；承接多套船舶推进系统，开辟了军贸船桨轴系统市场；开发陀螺减摇装置、集装箱实验室、新型登乘梯和舷侧登乘平台等新产品；研制军民结合创新产品“化工事故安全检测救援车”，荣获中国(上海)国际发明创新博览会银奖、荣获闵行区优秀创新团队。

新型登乘梯　　舷侧登乘平台

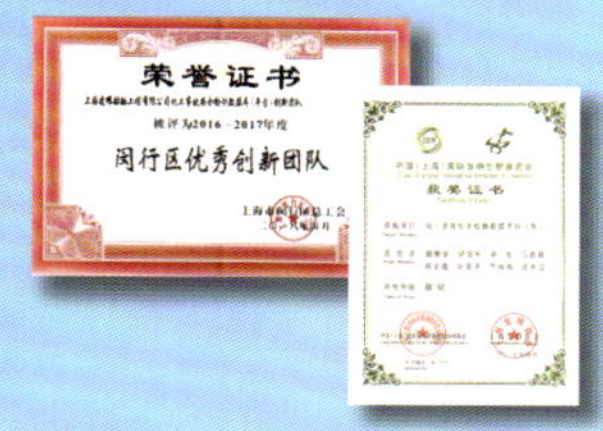

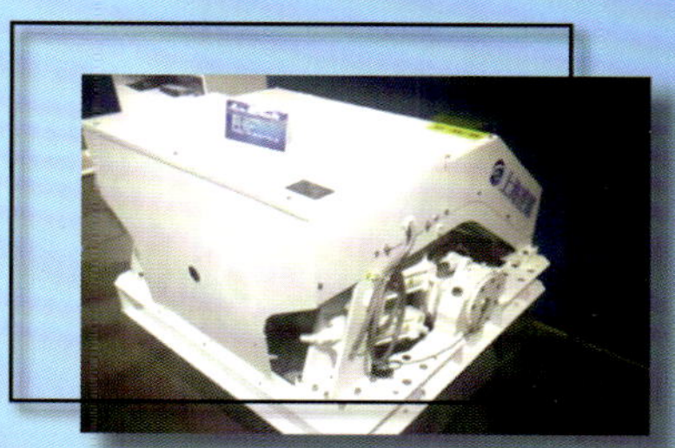

陀螺减摇装置

地址：上海市华宁路2931号　邮编：201108　电话：021-23509307　021-23509308　传真：021-64971701
邮箱：sh701ly@163.com　网址：www.sh701ly.com

上海精科粉末冶金科技有限公司

 汽车类 Automotive class

 消费电子类 Consumer electronics

 电脑类 Computer class

  通讯电子类 Communications electronics

 医疗类 Medical class

 手表类 Watch class

 锁具缝纫机类 Lock sewing class

产品应用领域

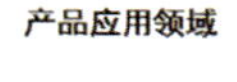

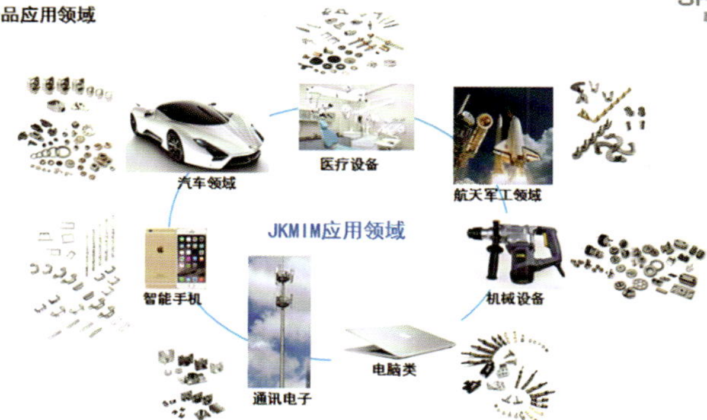

上海宝武杰富意清洁铁粉有限公司

Shanghai Baowu-JFE Clean Iron Powder Co., Ltd.

投产仪式，中国宝武总会计师朱永红、总经理助理侯安贵及日本JFE钢铁株式会社社长柿木厚司、常务堀江亮介等领导合影）

上海宝武杰富意清洁铁粉有限公司是由宝钢金属有限公司与日本JFE钢铁株式会社合资的子公司，于2017年2月27日成立。公司采用JFE钢铁株式会社自行研发的CleanMix专利技术，提供中国本地化的专业技术研发和服务，为客户提供紧贴需求的产品解决方案，公司生产的无偏析预混合铁粉广泛地用于汽车零部件制造领域。

公司建有一条全自动化混料生产线。已于2018年10月正式投入商业化运营，年生产能力为3万吨（即2500吨/月）。

粉末冶金用途

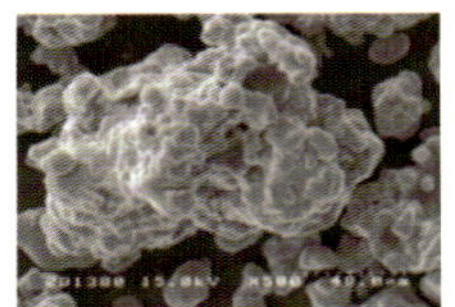

Clean Mix 扫描电子显微镜照片

本公司生产的CleanMix（日本JFE钢铁株式会社专利产品），是以防止偏析为目的的新型预混合粉。

一般，除了石墨粉外，还需将Ni、Cu、Mo等金属单独混合到铁粉中。而Clean Mix通过特殊处理使石墨粉等添加物附着于铁粉上。因此，Clean Mix在运输和搬运时几乎不会发生偏析。

同时，尘埃发生很少。除了能改善环境外，还因其优良的流动性提高了烧结零部件的生产效率。并且由于其稳定的尺寸精度，减少了烧结零部件尺寸变化的参差不齐。

汽车零部件

发动机零部件

凸轮轴带轮
凸轮轴链轮
曲轴带轮
曲轴链轮
曲轴轴承盖
气门导管
气门座
摇臂头
油泵内转子
油泵外转子
其他

转向系统零部件

动力转向系统转子凸轮环
压板
齿条导块
其他

座椅和车门零部件

座椅升降机凸轮组件
车门后视镜片式离合器
锁扣板
座椅滑轨
其他

悬架和制动器零部件

减振器
球节
ABS传感器
其他

变速器零部件

手动 换挡变速器同步器齿毂
同步器锁环
同步器滑块
换挡拔叉

自动 换挡变速器轮毂离合器
挡板
压盘
涡轮轮毂
调速器重锤
凸轮导论T.C.
外座圈
其他

雾化铁粉（纯铁粉、合金钢粉）

使钢水水雾化
用途：高强度零部件

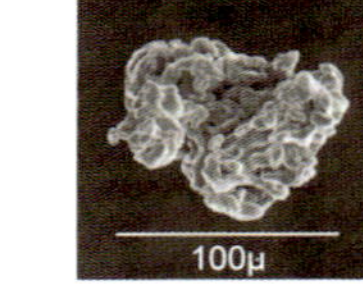

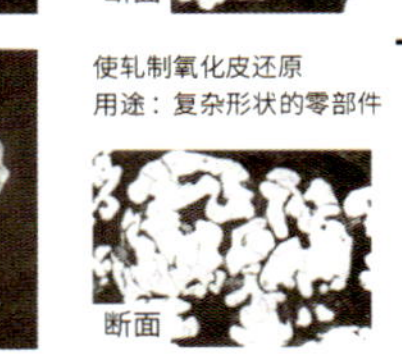

断面

还原铁粉（纯铁粉）

使轧制氧化皮还原
用途：复杂形状的零部件

100μ

断面

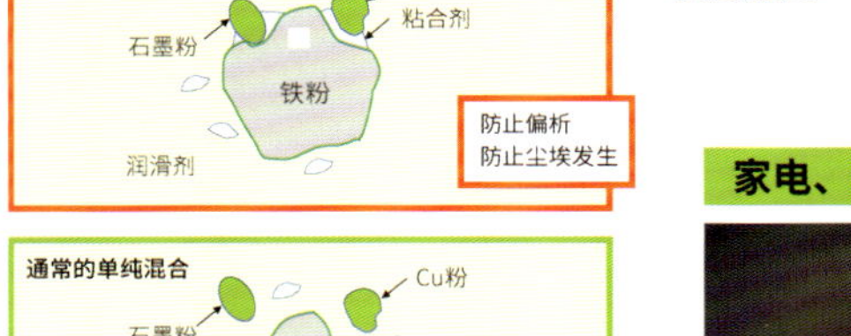

家电、办公机器、农业机械、缝纫机用零部件等

上海思乐得不锈钢制品有限公司

中国国家高尔夫球队赞助商——思乐得保温杯，成立于 1991 年。二十多年来专业致力于不锈钢保温器皿制品（杯、壶）行业，集研发、制造和品牌终端服务为一体，至今十多年连年荣获“上海名牌”“上海著名商标”，是上海市高新技术和科技小巨人企业，所持有商标“思乐得”为上海市重点保护商标。思乐得公司已具有“居家系列”“旅游系列”“办公系列”“酒店系列”等四大系列产品 300 多个品种，产品远销国外五十多个国家和地区。其中思乐得两款不锈钢保温壶一举斩获两个“红点”奖，全钢法压壶获“iF”奖及美国工业设计优秀奖（IDEA 奖）、中国优秀工业设计奖—优秀奖，能指路的野营水壶获“iF ”奖，以及单手直饮运动瓶获“中国红星奖”，深得国内外消费者信赖和喜爱。一杯暖人心，一生思乐得！

上海材料研究所（SRIM）源于1946年成立的“材料性能试验室”，1949年改为上海材料性能试验所，1950年成为中央人民政府重工业部材料试验所，随着新中国的发展而逐步壮大。1952-1956年，成为第一机械工业部上海综合工业试验所，1956-1959改为机械科学研究院上海材料应用科学研究所，随后40年里一直为机械工业部上海材料研究所，上世纪五十至九十年代为国家机械工业系统从事材料技术开发的综合性部属研究机构。按照中共中央和国务院关于应用开发类研究机构深化改革的有关决定，我所于1999年改制为上海市科技系统高新技术企业。

本所以工程材料和材料工艺为支撑，以材料组成与性能检测和质量与安全使用评定为基础，开展材料技术的研发工作，以产业发展的重大需求为导向，每年承担和完成一批国家和上海市以及企业委托的新材料科技攻关项目，通过自主创新，在工程材料主要领域，如特种金属材料、高分子及其复合材料、工程陶瓷材料、硬质合金及粉末冶金材料以及消能减振材料及技术等，开发了大量的工程新材料及应用的关键技术，同时建立了检测检验、失效分析、标准物质、人员培训、科技期刊、广告会展等现代技术服务体系，为产业竞争力的提升和重大工程建设提供了重要的技术支撑。

研究方向

- 材料基因数据库及其在新材料开发中的应用技术。
- 复杂服役环境下材料及部件腐蚀断裂失效行为、可靠性和使用寿命的预测技术。
- 深海远海探测和资源利用装备用关键材料，如浮力材料及耐蚀、高强度特种材料等。

能力、优势

- 上述研究方向在国家973重点基础研究、国家核电重大专项、上海市科委重大和重点科技开发项目支持下，开展了前期研究，形成了产学研合作团队，“十三五”期间各级政府加大了支持力度，将可取得突破性进展。
- 拥有开展研究必要的测试工艺装备和工程常用材料性能数据库等的支撑。

技术服务

- 核电装备关键部件用材的抗腐蚀能力评定、零部件失效分析及模拟验证。
- 不锈钢等耐蚀材料的局部腐蚀测试。

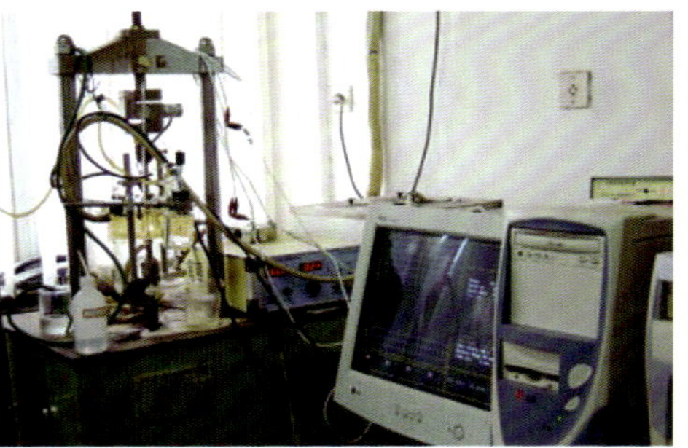

上海材料研究所检测中心

电话：021-65531122　021-65554395
021-65556775-505
传真：021-55541233
网址：www.sct.org.cn
Email：sct@sct.org.cn　yxliu@sct.org.cn

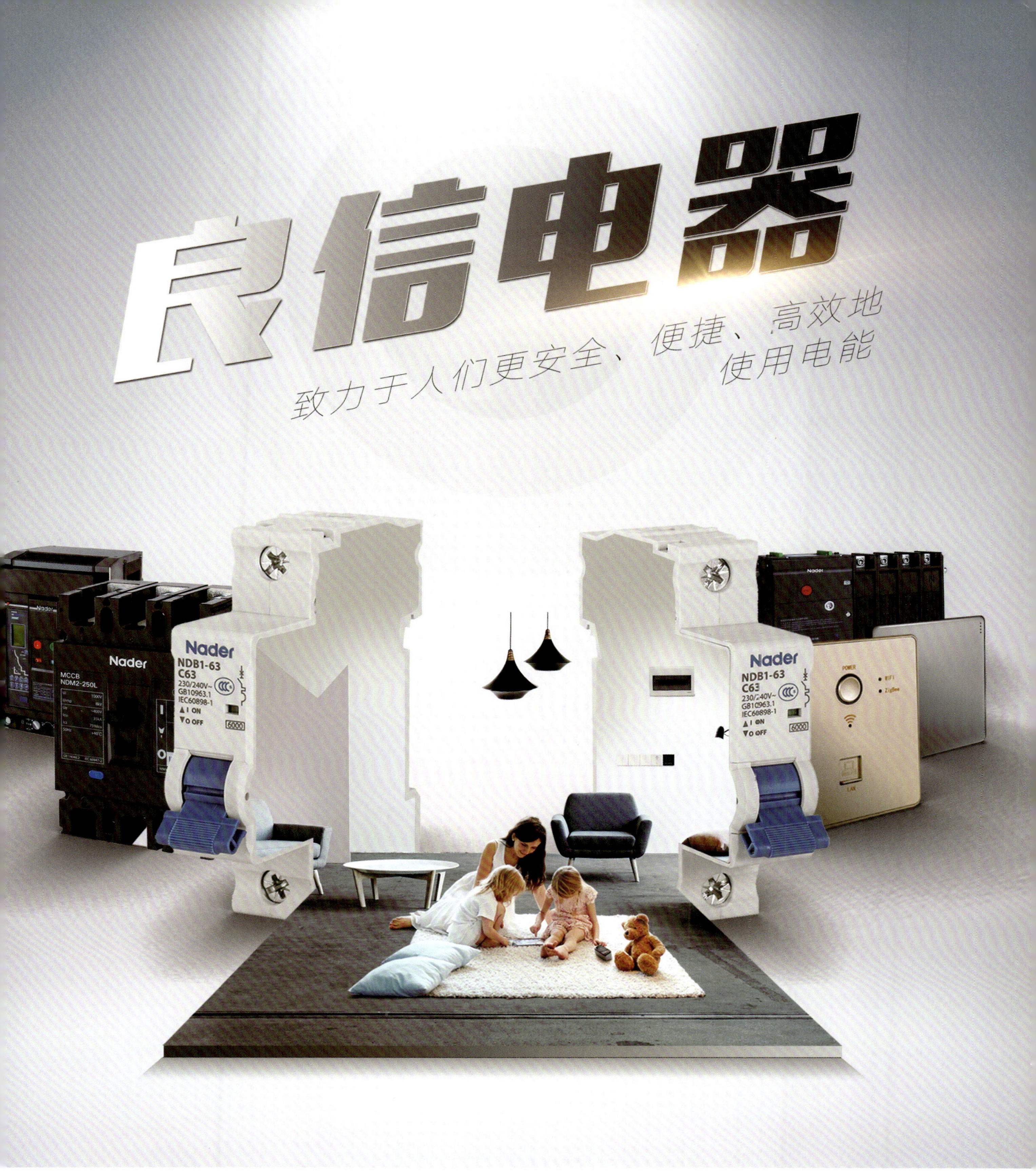

良信电器
致力于人们更安全、便捷、高效地使用电能
Nader
MCCB
NDM2-250L
Nader
NDB1-63
C63
230/240V~
GB10963.1
IEC60898-1
6000

光驰科技(上海)有限公司

OPTORUN(SHANGHAI) CO.,LTD

业务范围

生产用于光通信设备、导光系统中制备各种光学部件的增透膜和各类型滤光片的高精度镀膜设备和相关机械零部件的加工；眼镜镜片加工（限城银路 297 号），销售自产产品；以及工艺的研究和开发；相关设备的维修及售后服务。

荣誉资质

高新技术企业、上海市守合同重信用企业、上海市清洁生产企业、上海市宝山区安全生产协会单位、合同信用等级 AAA 级企业、上海市著名商标，宝山区企业技术中心、宝山区专利试点单位，等等。

主要产品

目前，我公司的主要产品为蒸发式和溅射式真空镀膜设备。这些镀膜设备可用于镀制无机介质薄膜、金属薄膜和防污膜等多种功能性薄膜，并已广泛应用于光通讯和光电子等行业领域。截至目前，公司已陆续推出了 OTFC、GENER、SDAR、HSP、NSP、NSC、SDARP、MTFC 等多个系列的真空镀膜设备。我们的真空镀膜设备在同行业中得到了非常高的评价。

公司宗旨

我公司从成功地攻克 DWDM 用超窄带滤光片成膜系统这个难关开始创业，并始终坚持以研究开发为主导的宗旨。在数码光学的时代，我们会继续保持并发扬向科学极限挑战的创业精神，制造出更多更好的满足客户需求的产品，力求为客户提供更迅速的，更好的服务，为人类社会的高度信息化而贡献力量。

真空镀膜设备

NSC-15

OTFC-1300

NSP-2350

核心零部件

OIS 系列高电流密度射频离子源

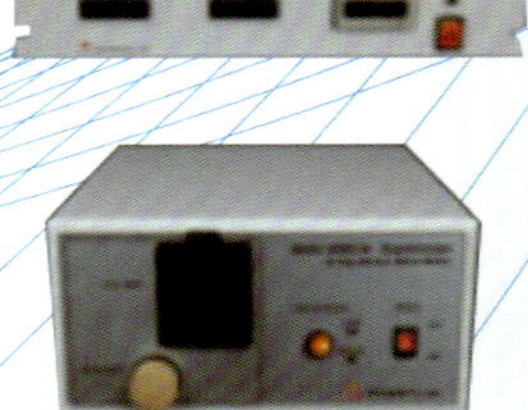

HOM 系列高精度光学膜厚控制仪

核心零部件

不锈钢水晶片托盘

铜制坩埚

地址：上海市宝山城市工业园区城银路 267 号　邮编：200436
电话：021-36161290　传真：021-36161940
邮编：200444　网站：www.optorun.sh.cn

公司简介

上海信耀电子有限公司成立于2002年4月，是在中国科学院上海冶金研究所（现上海微系统与信息技术研究所）与上海汽车工业（集团）总公司联合共建的上海汽车电子工程中心的基础上转制而成，是集专业研发、生产与销售汽车传感器、控制器、执行器、LED模组等电子产品为一体的高新技术企业。公司产品广泛应用于通用、大众、奥迪、丰田、长安、广汽等国内外主流车型，销售规模超二十亿元。同时承担、完成了国家科技部、市科委、市经信委等多项汽车电子科研任务，其中承担的“LED汽车灯具的自主开发”获2007年上海市科技进步二等奖，承担的“汽车电子信号灯的自主开发”获中国汽车工业科学技术三等奖。公司特别注重知识产权的保护，已获授权专利百余件。

服务宗旨

以专业为核心，以顾客满意度为宗旨，做行业里的佼佼者。

质量方针

诚信：以诚待客，诚信经营
创新：技术创新，管理创新，以满足客户不断变化的潜在需求
优质：以优质的技术服务和高质量的产品确保广大客户的满意
高校：高效率的服务，及时处理客户提出的要求

主要产品

汽车控制器
AFS(智能前照灯系统)、LDM(LED驱动模块)、HID Ballast(HID镇流器)、马达控制器、ADAS(高级驾驶辅助系统)。

汽车传感器
汽车高度传感器、位置传感器、压力传感器、角度传感器、智能电池传感器。

汽车执行器
直流调光执行器、步进电机调光执行器、电磁阀、直流无刷风扇、大灯清洗器。

汽车灯具
LED汽车照明模组、PES（投射灯单元）、LED前照灯单元。

车用LED封装
大功率LED、中功率LED、小功率LED

自动化设备
工业机器人、伺服电机及控制器、激光焊接设备

地址：上海市嘉定区恒谐路50号
网址：www.seeyao.cn

上海超硅半导体有限公司

上海超硅半导体有限公司（以下简称上海超硅，缩写 AST）成立于 2008 年 7 月，位于上海市松江区双金公路 258 弄 158 号，注册资本 6.6 亿元人民币，上海 AST 于 2014 年 6 月发起成立了重庆超硅半导体有限公司，注册资本为 14.62 亿元人民币，法人代表、董事长陈猛博士，为公司实际控制人。

公司产品包括集成电路用 200 毫米 /300 毫米 /450 毫米抛光硅片、高品质人工晶体（各种掺杂 YAG、LYSO、钛宝石等）、LED 用 2 ～ 6 英寸蓝宝石晶体 / 晶片制造以及与之配套之核心装备的设计与制造等。公司大力发展基础研究，包括 450 毫米大尺寸单晶硅晶体以及化合物氧化物半导体、激光晶体、闪烁晶体等。公司于 2017 年启动实施“300mm 集成电路硅片智能化生产建设在投资建设”项目。项目计划总投资 100 亿元人民币，建设用地约为 300 亩，总体目标到 2022 年形成月产 300mm 集成电路硅片 60 万片的生产能力。

公司经营业绩良好，2017 年总资产为 71707 万元，销售额达 15846 万元，其中缴税 441 万元，研发投入 770 万元（达总销售额的 5% 以上），出口总额 116 万美元。

公司团队拥有多位博士、硕士及一批国内外专业人士。多年潜心于精密设备设计与加工、晶体生长、半导体材料与器件，并专注于相关产品的研发、品质控制、市场销售以及生产管理等。目前已经拥有的专利（含受理）已有 100 多项，并获得国家高新技术企业、上海市科技小巨人（培育）企业、上海市“专精特新”中小企业、松江区企业技术中心、松江区政府质量金奖等荣誉称号。

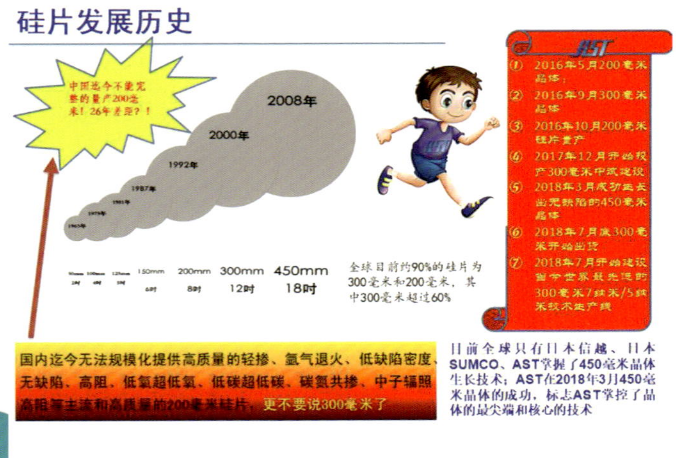

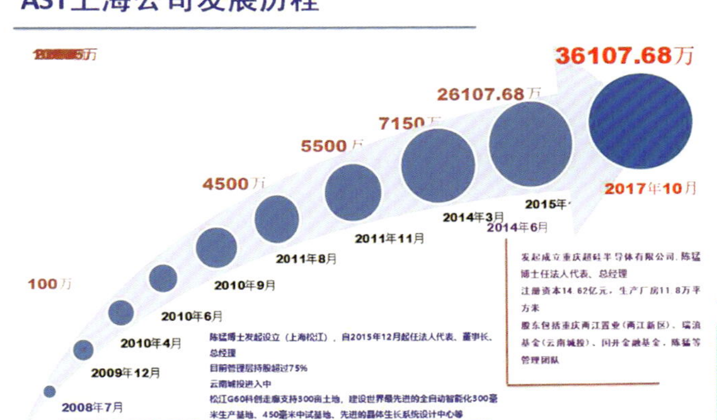

紫光宏茂微电子（上海）有限公司
Unimos Microelectronics (Shanghai) Co.,Ltd.

紫光宏茂微电子（上海）有限公司原为台湾南茂科技的全资子公司。2017 年 6 月紫光集团出资收购，成为最大股东并实际主导经营。经过一系列战略调整和转型，紫光宏茂重点发展存储器的封装与测试。公司拥有经验丰富的技术团队、先进的生产工艺和完善的品质体系，为客户提供多样化的封测解决方案；公司具备汽车电子质量体系认证，并拥有十余年的车规产品生产和测试经验，以及完备的可靠性及失效分析的实验能力。

紫光宏茂已成为全系列存储器封测的一站式服务提供商，产品包括 3D NAND（Raw NAND、eMMC、UFS、eMCP、TF card）、2D NAND、NOR、DRAM、SRAM 等存储器产品的封装和测试。紫光宏茂将不断扩大规模，提升技术，完成紫光集团赋予的光荣任务。秉承致力创新发展、专注品质服务、创造客户价值、践行社会责任的企业使命，不懈努力，成为存储器封装测试一站式服务的引领者。

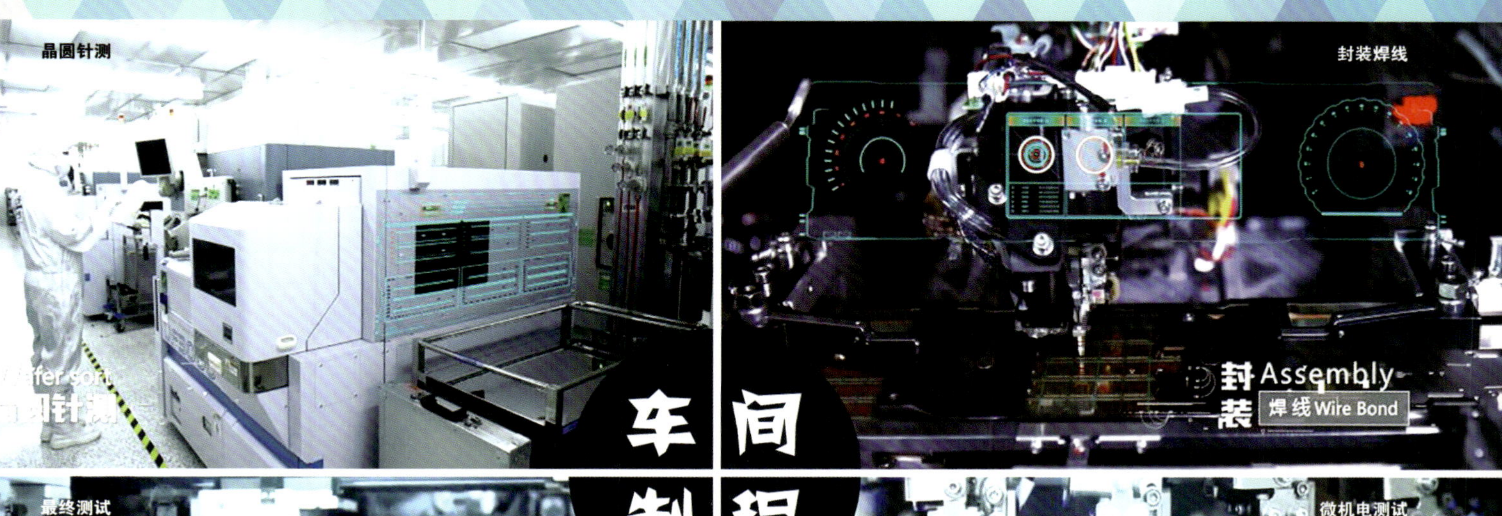

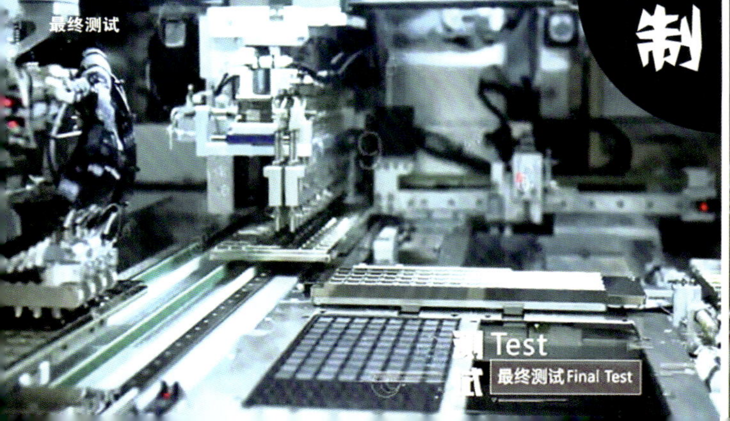

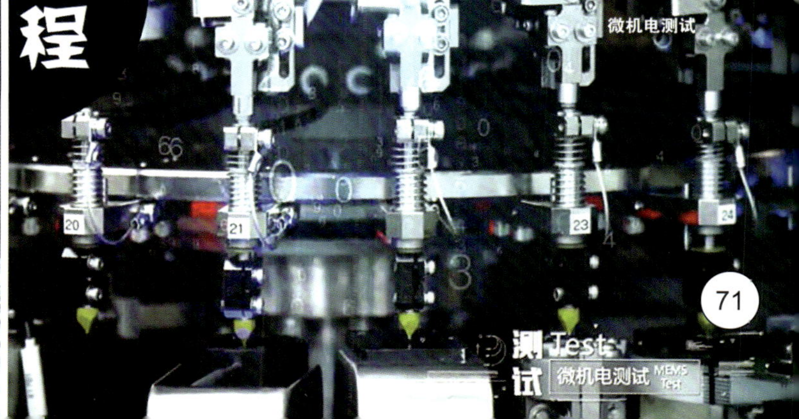

关于我们和主要沿革

伏能士国际（FRONIUS INTERNATIONAL）是一家总部位于奥地利上奥地利州威尔士（wels）的家族企业。家族企业，成立于1945 年。经过70多年的发展，形成了拥有焊接、太阳能、电池充电三大事业部的全球性企业。2017年全球销售额约6.5亿欧元。

焊接事业部是三大事业部中的重中之重，它的主要发展历史如下：

- 1945年，Günter Fronius在奥地利 Pettenbach成立公司，开始生产电池充电器和焊接变压器
- 1981年，初级的晶体管开关式电源（TransArc 500）问世
- 1998年，伏能士掀起的数字化革命，研发出全数字化控制的TransPulSynergic焊机系列
- 2001年，激光焊LaserHybrid，焊接速度达到9米/分钟
- 2005年，CMT(冷金属过度)，这个新的MIG/MAG焊接工艺可以保证金属和铸铝的链接
- 2006年，DeltaSpot电阻电焊技术，100%的重复精度
- 2013年1月，伏能士在中国大陆的唯一子公司伏能士（上海）商贸有限公司成立，总部位于上海，从事焊接技术产品的研发、销售和服务
- 2013年9月，伏能士在全球成功发布智能化焊接平台TPS/i系列焊机，开创了焊接发展的时代
- 2014年，AccuPocket，无电缆手工电焊条焊接，重量仅为11kg
- 2017年12月，伏能士（上海）商贸有限公司成功更名为伏能士智能设备（上海）有限公司，并在位于上海市宝山区顾村镇的上海机器人产业园保集e智谷投资全新的中国区总部大楼，预示着公司在响应政府政策、顺应行业趋势和时代潮流的布局的开始。

三大业务，同一个目标： 技术创新

焊接业务部
PERFECT WELDING

/ 自1950年起，不断研究创新弧焊技术和电阻电焊技术。

/ 全球焊接行业创新技术领导者，欧洲焊接市场领跑者

/ 主要市场领域：汽车 | 机器人焊接 | 自动化

太阳能业务部
SOLAR ENERGY

/ 成立于1992年，我们主要经营电子元器件 – 我们的座右铭：24小时“阳光”

/ 世界市场的品质领导者：逆变器并网、唯一的伏能士服务合伙人项目，用于监控光伏系统。

/ 市场领域：住宅 | 小型商用汽车 | 中型商用汽车

电池充电业务部
PERFECT CHARGING

/ 1946年，伏能士设立电池充电业务部，主要用于汽车启动和牵引电池

/ 2005年开始使用有源逆变技术

/ 2013 年开发了再充电过程，拥有个性化特性曲线及最佳的充电效果

/ 欧洲电池充电市场的领导品牌之一：内部物流 | 工厂

客户分类

汽车OEM和零部件

机器人和集成商

商用车辆和农用车

造船及船坞

海上/陆地输油管道

伏能士总部展示厅

奥地利，威尔士

完美的焊接世界

/ 为客户开放的展示中心

/ 为员工开放的培训中心

/ 成功的应用案例展示中心

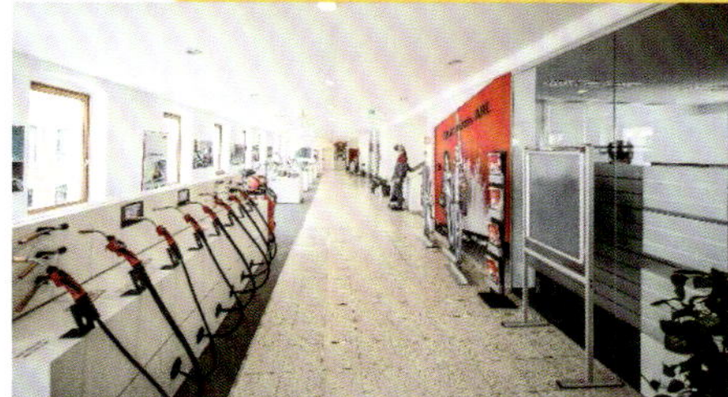

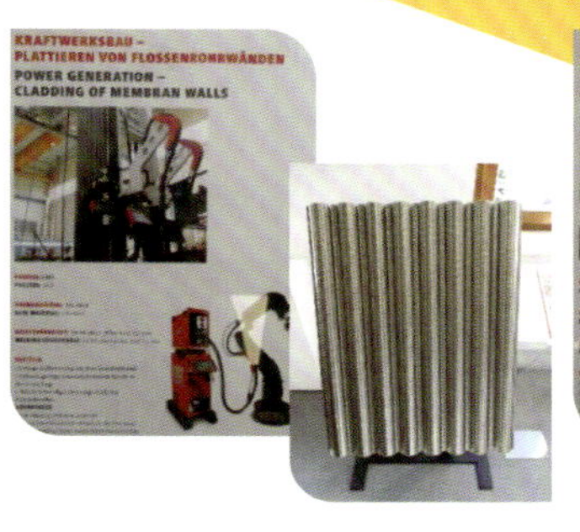

伏能士在华发展历程

1992
/ 伏能士参加北京埃森展，正式进入中国市场

1998
/ 香港宇海商贸有限公司成为伏能士中国区总代

2000
/ 香港宇海成立珠海科盈焊接器材有限公司，主营伏能士焊接产品

2009
/ 唐山轨道客车公司成为伏能士在中国最大客户之一，采用TPS焊机，用于高铁制造

Fronius 伏能士 **2011**
/ **伏能士（中国）在上海成立，注册名称为"伏能士（上海）商贸有限公司"**

2011
/ 三一集团采购伏能士Time Twin和TPS焊机，伏能士成为工业机械行业焊接设备的领军者

Fronius 伏能士 **2014**
/ 伏能士（中国）成立华东、华北（含东北）、华中销售服务办公室，构建全国销售服务网络

Fronius 伏能士 **2015**
/ 伏能士（中国）成立华南、华西销售服务团队，员工达70位，与代理商一起拥有超过200名员工，完成全国销售服务网络布局，提供完善高端焊接技术服务

2015
/ 天纳克（中国）将伏能士CMT定为其焊接标准

2015
/ 中国 61%的外资及合资OEM + Tier1/2 已经成为伏能士（中国）客户。

轨道交通建设

建筑机械

钢结构设备和制造

发电站

金属加工

微信公众号

威贸电子 Weimao Electronic

企业简介

上海威贸电子股份有限公司，成立于1998年6月，是一家集研发、生产、销售、服务于一体的电子行业配套产品专业制造企业。公司产品主要包括电子线、电子线束组件、整车线束、塑胶组件、PCB印制线路板、线圈等300多个系列、4000多种型号产品。产品广泛应用于汽车、环保新能源、机器人、高铁、衡器、家电等高端制造产业。

公司总占地面积逾13000平方米，其中研发场所约2000平方米。公司一贯重视产品质量，注重树立员工牢固的质量意识。2000年以来先后通过ISO9001质量体系认证、TS16949汽车体系认证和美国UL认证。产品质量符合相关行业标准以及欧盟ROHS、Reach标准。同时公司注重知识产权保护，共申请发明专利1项，实用新型专利31项、外观设计专利10项。

公司于2014年被认定为上海市高新技术企业。2015年8月，公司成功登陆新三板市场，股票代码833346。

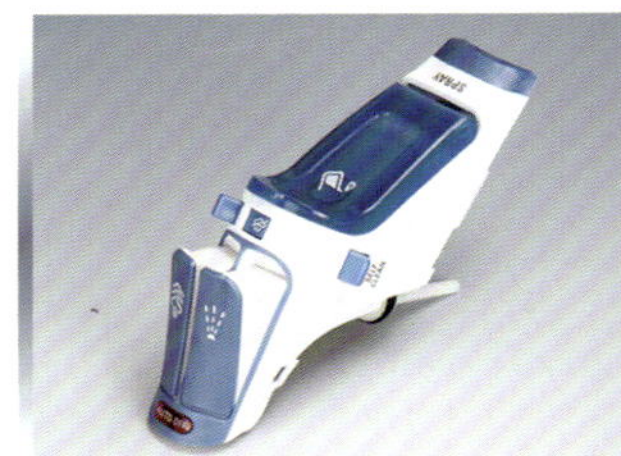

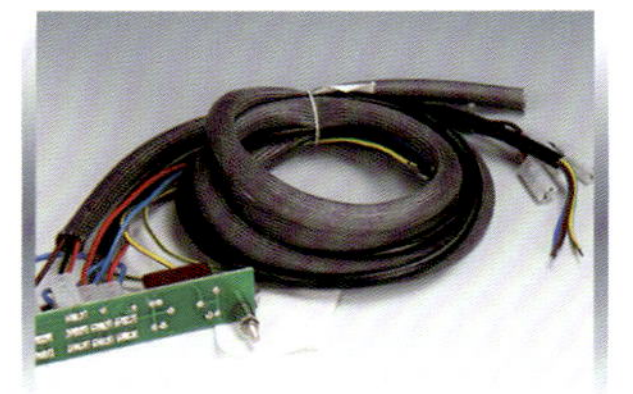

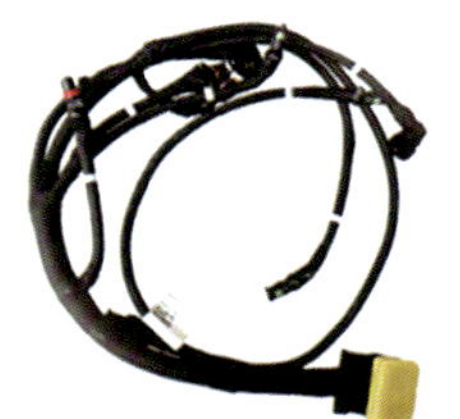

企业理念

为客户创造更多的价值。

质量方针

精益求精、持续改进。

涉及领域

新能源汽车/汽车

作为公司主要客户领域，公司为汽车行业客户提供新能源电动大巴整车高低压线束，汽车各类灯线、方向盘柱锁控制线、点火线圈线束、后备箱自动升降马达控制线、油门踏板线束等汽车电子部件线束。

净水环保

我们为全世界知名净水器设备品牌提供各类线束，如水质探测TDS线束、变压器线束、光电传感器线束、设备电源线、转接线等。严格的质量要求与优质的材料选择确保了我们的终端客户每天能喝到安全、健康的饮用水。

高铁

为高铁客户长期提供多种型号的温度传感器线束。产品广泛应用于和谐号、复兴号。

智能家电

与欧洲多个小家电巨头合作10多年，为其高端家电如电熨斗、扫地机器人等提供各类塑料件、线束及组装服务。

工业自动化

提供各类工业自动化设备连接线、带PCB控制线等，精湛的工艺以及精密稳定的波峰焊机器确保我司线束产品稳定可靠，并持续为工业4.0提供解决方案。

上海市青浦区练塘镇朱枫公路南6181弄58栋
（Fax. +86 (21) 54251188）

公司地址：上海市徐汇区肇嘉浜路807号15楼C座，
邮编：200032　Tel. +86 (21) 64860000

苏州工厂地址：江苏省苏州市太湖新城镇宛平社区同安西路94号.
Tel. 0512-63398589　Fax. 0512-63197386

专注电子产品智造

上海积塔半导体有限公司

上海积塔半导体有限公司(以下简称上海积塔半导体，取自积沙成塔之美意)，是华大半导体旗下全资子公司，主要从事半导体技术领域内的技术开发、技术咨询、技术服务、技术转让，电子元器件、电子产品、计算机软件及辅助设备的销售，计算机系统集成，货物及技术的进出口业务。华大半导体则是中国电子信息产业集团有限公司旗下子公司，为中国 10 大集成电路设计公司之一，华大的业务主要集中于集成电路设计及相关解决方案开发，而其模拟电路、LCD 驱动器、智能卡及安全芯片领域占有较大的市场份额，且就智能卡及安全芯片的出货量及收入而言，其于中国排名第一，于全球排名前五。2018 年 10 月 30 日，上海积塔半导体与上海先进半导体制造股份有限公司(以下简称上海先进)签订吸并协议。

上海先进，原股票代码 ：3355. HK，于 1988 年由中荷合资成立为上海飞利浦半导体公司，1995 年易名为上海先进半导体制造有限公司，2004 年改制为上海先进半导体制造股份有限公司，位于上海市徐汇区漕河泾新兴技术开发区，是一家大规模集成电路芯片制造公司。2018 年与积塔半导体合并，有 5 英寸、6 英寸、8 英寸晶圆生产线各一条，专注于模拟电路、功率器件的制造。同时，公司通过了 ISO 9001、VDA 6.3 (Grade A)、IATF 16949、ISO 14001、ISO/IEC 27001 等质量、环境及信息安全管理体系认证，是国内最早从事汽车电子芯片、IGBT 芯片制造企业。

双方合并以后上海积塔半导体将结合上海先进原有的芯片工艺优势以及客户积累，进一步扩大模拟电路、功率器件方面的优势。

漕河泾厂区(上海先进)简介

位于：上海市徐汇区漕河泾技术开发区

产线介绍：

- 拥有 5 英寸、6 英寸、8 英寸
- 年产 8 英寸等值晶圆约 78 万片

质量体系：

- ISO 9001
- VDA 6.3 (Grade A)
- IATF 16949
- ISO 14001
- ISO/IEC 27001

产品主要应用：

- 工控、汽车、电力、能源等领域

临港厂区简介

位于：上海市临港产业区

占地面积：23 万平方米

项目总投资：359 亿元

规划产能：

- 8 英寸生产线 6 万片 / 月
- 12 英寸特色工艺生产线 5 万片 / 月
- 6 英寸 SiC 生产线 5000 片 / 月

产品主要应用：

- 工控、汽车、电力、能源等领域

产线建设目标：

- 显著提升中国功率器件(IGBT)、模拟电路、电源管理和传感器等芯片的核心竞争力和规模化生产能力

“上海积塔半导体项目”临港产区致力于工业控制和汽车电子等高端应用的特色工艺生产线，计划于 2020 年开始一阶段 8 英寸特色芯片工艺生产线投产，并于 2023 年开展二阶段 12 英寸特色芯片工艺生产线投产。

上海光华仪表有限公司

生产现场照片

产品展示

上海光华仪表有限公司始建于 1934 年，是中国第一家流量仪表厂。上世纪三十年代末开发出了第一只国产小水表，五十年代末～六十年代初，开发了国内第一台椭圆齿轮流量计（油表）、第一台电磁流量计、第一台电感式膜盒差压计、第一台电传转子流量计。1961 年划归核工业部后，改称中核二六四厂，为我国核工业早期建设研制和生产了大批专用仪表。随着国家核工业战略的调整，中核二六四厂一方面服务重大核工程，另一方面积极参与了核电工业的早期建设，开发了中国第一台 CEC 系列电容式差压 / 压力变送器、第一台 CPCA 型绝对压力变送器、第一台 CEC(H) 核安全级电容式变送器、第一台潜水型电磁流量计、第一台核级吹气装置，以及第一套反应堆压力壳液位监测系统等各类产品。

2003 年 12 月底以前，顺利完成了企业改制和人员分流工作，并组建了多元化投资（国内合资）的上海光华仪表有限公司。

几十年来，光华曾获得过上海仪表行业红旗单位、全国工业交通财贸系统经济效益先进单位、核工业部先进单位、流量仪表专业委员会第三届理事会理事长单位、上海市文明单位等称号。自 1993 年以来，连年被评为上海市高新技术企业，2006 年以来，CEC 系列变送器（含核级）和 LD 系列电磁流量计，被推荐为上海市品牌产品。2014 年以来，连续被评为上海市仪器仪表行业协会经济运行十佳企业，2015 年以来，连续被评为上海市五星级诚信创建企业，2017 年 11 月，被评为高新技术企业。

上海软中信息技术有限公司

上海软中信息技术有限公司成立于1997年3月，是上海计算机软件技术开发中心的控股子公司，主要从事行业应用软件开发、系统集成以及软件专业服务的高新技术企业，是上海市首批认定的软件企业。公司已通过ISO9001：2008质量体系认证和CMMI4级评估，具有计算机系统集成三级资质和信用资质等级AAA证书。

公司现有员工近220人，其中博士、硕士、本科学历占90%以上，主要业务涉及金融科技、国资和企业管控、医疗教育等领域的大数据研发和服务，多次获得国家重点新产品证书、上海市科技进步奖、上海市优秀软件产品等。

企业理念

荣誉资质

一种改变视界的科技　一个已经启航的未来

和辉光电第4.5代AMOLED生产线

投资：70.5亿元

2012年11月动工

2014年12月实现小批量生产

和辉光电第6代AMOLED生产线

投资：272.78亿元

2016年12月动工

2019上半年试生产

应用领域	智能手机		智能穿戴				虚拟现实	车载装置
产品	6.39″ FHD+	5.49″ 硬性/柔性FHD	0.95″ 长方形	1.41″ 长方形	1.19″ 圆形	1.39″ 圆形	2.95″ 1K	8″ FHD
分辨率	1080x2340	1080x1920	180x120	320x360	390x390	454x454	1080x1200	1080x1920
特点	完美画质 极致轻薄		超低功耗 极致轻薄				高沉浸感 呵护健康	清晰图像 宽温操作

上海和辉光电有限公司成立于2012年10月，坐落于上海市金山区，是国内首家专注于中小尺寸高解析AMOLED显示屏研发和生产的高新技术企业。公司首期项目斥资70.5亿，建成国内首条第4.5代低温多晶硅（LTPS）AMOLED量产线。为了扩大量产规模，公司目前已建成一条6代AMOLED生产线。

公司以前瞻眼光，专注AMOLED领先技术，专注快速成长的中小尺寸显示屏市场，于2015年量产，目前已打入华为、小米、步步高等一线终端品牌供应体系。公司秉承勇敢、诚实、智慧、谦和的企业精神，勇于创新、自主研发，致力于打造中国最好的AMOLED显示屏。和辉光电AMOLED显示屏量产打破了国际企业在这个领域的垄断地位，开启了中国AMOLED新纪元！

上海中广核工程科技有限公司是中广核集团在上海的窗口、代表，是中广核集团拓展高端自动化领域的主要依托平台。

公司致力于成为高端工控自动化领域解决方案供应商，公司将自主创新作内生动力，以“国产化、高端化”作为发展路径，目前业务拓展已涉及包括核安防、工控网络信息安全、新能源自动化、钢铁、船舶控制等在内的多个领域，力争尽快形成多点支撑、多元发展的新格局，实现核心技术（核电领域）的能力外溢。公司已在上海市闵行区紫竹国家高新区基地建成了多个实验室，正在联合科研院所及高校申报国家重大科技专项。

2019年公司将持续走创新发展之路，坚持以习近平新时代中国特色社会主义思想为指导，全面贯彻中央经济工作会议决策部署，继续秉承“一次把事情做好”核心价值观，坚持改革创新，深化三大转型，加快培育新业务，发展新动能，开辟新模式，以实际行动为我国工业控制自动化发展作出新的贡献。

上海中广核工程科技有限公司

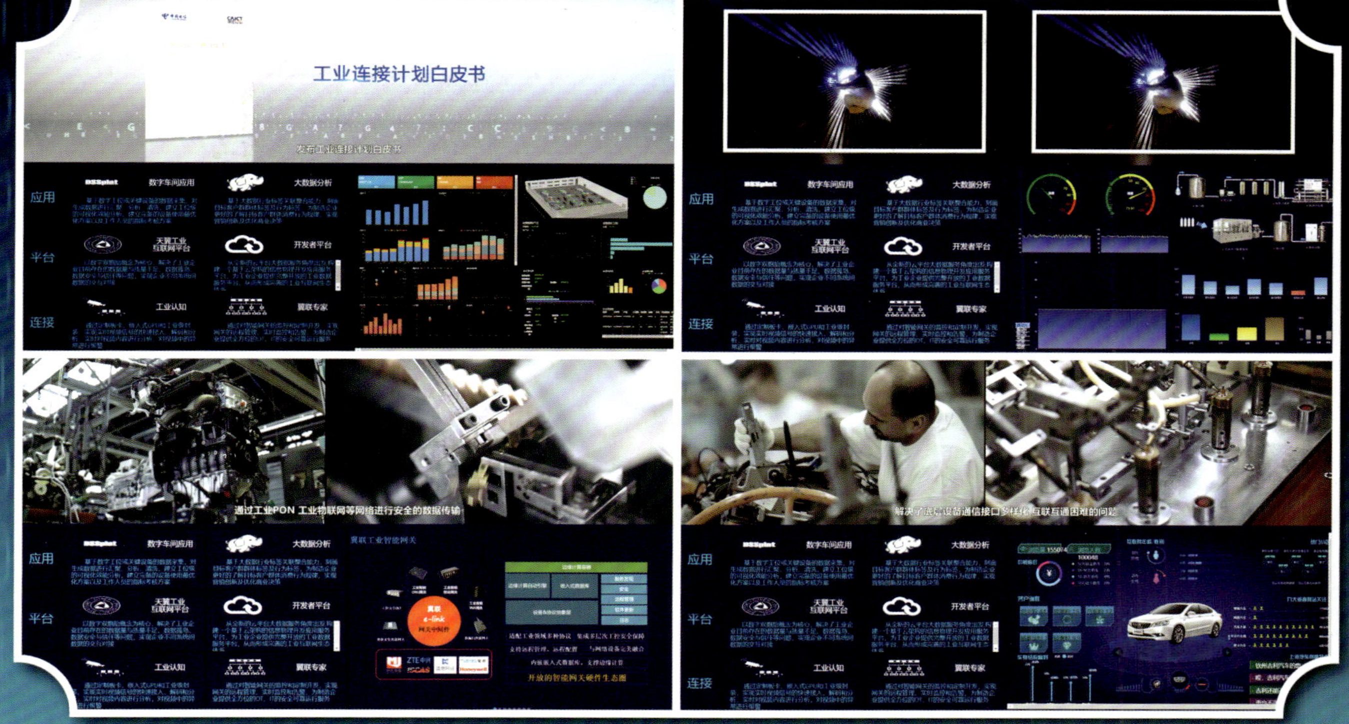

上海理想信息产业（集团）有限公司

中国电信进行战略发布、合作体系建设及产品研发，实现产业链资源聚合，将通信、云计算、安全、大数据等能力注入到制造生产环境，为不同企业之间、跨域企业、产业链上下游搭建协作平台，实现中国电信对工业互联网的产品和服务突破。

中国电信上海理想集团专注于为传统制造业细分领域客户提供互联网转型咨询规划、智能制造整体解决方案、集成服务和平台运营服务，致力于为中国电信在制造业中的探索提供高端支撑及服务保障。目前拥有多项自主研发产品，包括：天翼云工业互联网平台、翼联智能网关及专家服务、设备管家、设备银行、天翼智云、机加助手、工业大数据平台、工业标识解析云平台等，为中国制造 2025 的核心要素工业互联网做好了充分准备，形成了制造业领域的产品布局、平台服务与运营模式。

同时，中国电信通过战略联盟，产业合作，打造行业标准，为产业生态提供高效共享平台，驱动产业生态快速创新，共同打造中国工业互联网生态圈。制造行业应用事业部将聚焦优质产品推广和行业应用的不断开发，促进工业互联网生态系统的发展及数字工业创新，为中国的工业产业升级及“中国制造 2025”战略的实施作出贡献。

中国电信上海理想集团所打造的天翼云工业互联网平台以工业智能连接为切入，提供先进的工业 PON 网络连接、数据采集、设备监控、数据存储、数据分析、运营优化、资源管理等一系列服务，是可灵活扩展的工业互联网和工业大数据平台。平台发挥中国电信云网融合优势，向企业提供工业专网云和工业 PAAS 服务；全生命周期管理的大数据应用以及便捷安全可控的系统开发环境；通过平台的开放环境，提供安全可靠的数据服务以及应用开发者的合作平台，构建开放式工业生态链。

地址：上海市浦东新区秀沿西路 189 号信息园区 B4 楼
邮编：201315
电话：20305588*6308 手机：18901881933

获得荣誉

- 工信部“2017年制造业双创平台试点示范”
- 工信部“2017年制造业与互联网融合发展工业云平台试点示范”
- 工信部“2017年两化融合突出贡献奖”
- 工信部“2018年制造业与互联网融合发展试点示范项目《重点工业产品和设备上云试点示范项目》”
- 工信部“第三批工业互联网平台可信服务评估证书”
- 工业互联网产业联盟“2018年度优秀工业互联网解决方案”
- 2018世界物联网博览会“新技术新产品新应用新成果”银奖

技术成果

- 发布了《工业连接计划》《工业数据采集研究报告》等多份有行业影响力的技术白皮书；
- 提交了工业 PON 等 10 个标准提案，其中有两项国家标准已经正式立项；
- 基于工业互联网平台“边缘计算引擎”，已经提交申请专利“WISE-1228I-CN 一种边缘计算引擎的实现方法及装置”。

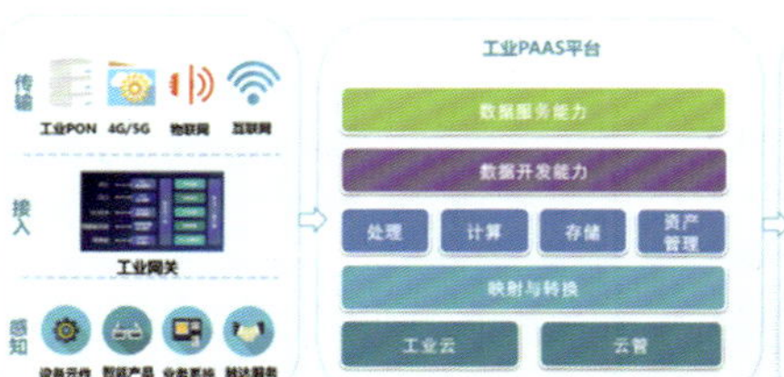

欧特克致力于赋

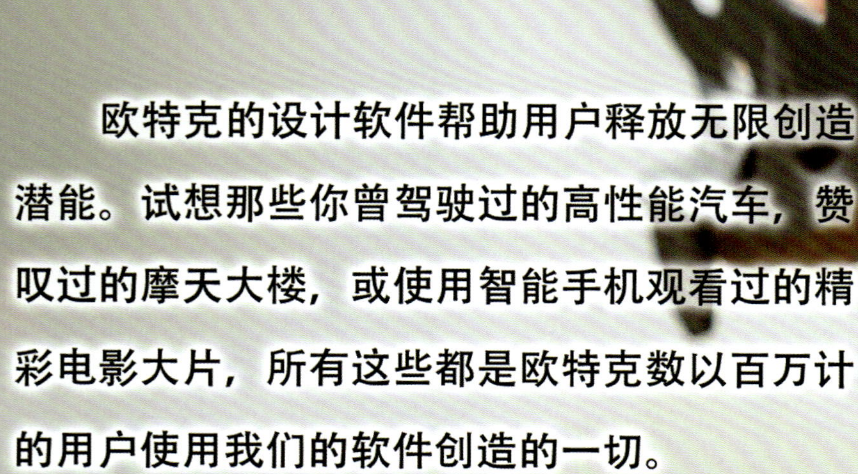

欧特克的设计软件帮助用户释放无限创造潜能。试想那些你曾驾驶过的高性能汽车，赞叹过的摩天大楼，或使用智能手机观看过的精彩电影大片，所有这些都是欧特克数以百万计的用户使用我们的软件创造的一切。

图片来自：General Motors

扫描二维码了解
图片背后的故事

关于云视

上海云视科技股份有限公司成立于2012年2月8日，总部位于上海，注册资金为1.57亿元人民币。公司成立之初，便深耕于中国广播电视行业，从事广电网络双向改造和数字电视相关的产品技术开发、软硬件产品生产销售和技术应用服务。

张毅军先生做为云视公司的创始人和掌舵者，始终倡导以技术创新为企业核心竞争力。公司现有员工近200人，其中本科以上学历占95%，主要客户覆盖全国20余家省级广电网络公司及通信运营商。

近年来，云视科技以互联网思维大胆发展业务以「云流中枢 · 立体显示 · 万物互联」为愿景，积极投入各类新业务的研发与创新，切入智慧城市及智能物联网领域，开发了家庭智能超级Wi-Fi技术、700M LTE无线技术、立体显示技术，以及互联互通云网管等一系列的全新智能产品。

www.cvnchina.com
上海云视科技股份有限公司
Cloud Vision Networks Technology Corporation
TEL: 21-538 91388
FAX: 21-538 91389
上海市古美路1582号总部园
二期C座9层(现代服务园区)

英内物联®

物联网数据采集专家

全流程RFID数据采集方案

方案规划

硬件选型

标签设计

接口开发

项目实施

RFID数据采集设备

RFID便利柜

RFID收银台

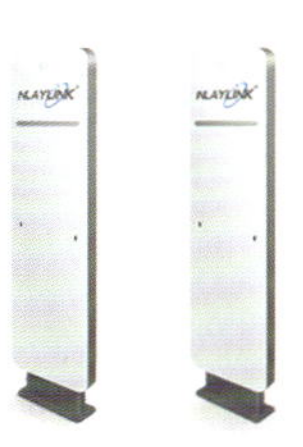
RFID安全门

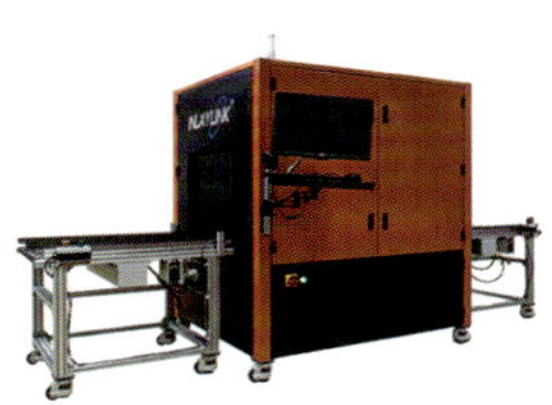
RFID通道机

RFID读写器

RFID手持机

RFID标签天线/Inlay/标签

100亿张年产能力

20亿张年产能力

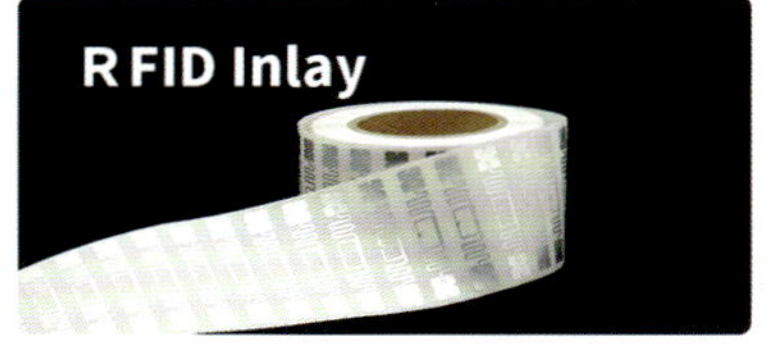

20亿张年产能力

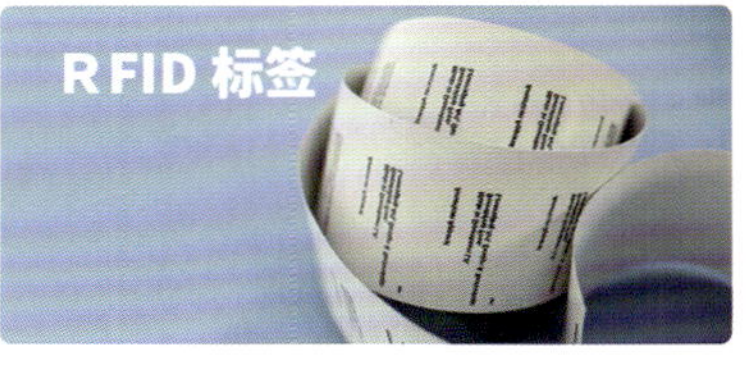

CIDI® CHINA INDUSTRIAL DESIGN INSTITUTE

中国工业设计研究院

中国工业设计（上海）研究院股份有限公司

中国工业设计研究院及中国工业设计（上海）研究院股份有限公司（简称 CIDI）是由工信部与上海市政府合作共建的工业设计创新的公共服务平台，一是服务工业设计群体，提升工业设计能力，二是服务制造业，助力工业设计成果转化和产业创新发展。CIDI 以“合作共创、开放共享”和“立足上海、服务全国、辐射世界”为基本理念，以“国际化、专业化、市场化”为目标，打造一个具有国际影响力、权威性的服务平台。

CIDI 的核心业务分布在各 CIDI 业务平台，包括工业设计在线服务平台、工业设计主题活动平台（展览会、论坛、设计大奖）、新兴产业设计服务平台（民用航空、智能网联汽车、智能制造、增材制造与 3D 打印）、创意设计服务平台、创新学院、开放式创新设计服务中心、知识产权服务中心、设计创新投资基金、全国服务网络等。在各专业平台，CIDI 联合专业机构和企业，提供专业化的服务，赋能工业设计创新，推动产业创新发展。

021-65116008

www.cidichina.com

上海市杨浦区政立路 477 号创智科技中心 2 号楼 15 层

微信公众号

Company profile
华测导航

CHC
Navigation

华测导航（股票代码：300627）致力于提供高精度数据的采集和应用解决方案，专业从事高精度卫星导航定位相关软硬件技术产品的研发、生产和销售，主要产品包括高精度GNSS（全球卫星导航）接收机、GIS数据采集器、海洋测绘 、机载雷达、三维激光、无人机遥感等数据采集设备，以及位移监测系统、农机自动导航系统、数字施工系统等应用解决方案。

作为国内领先的高精度卫星导航企业，华测导航是我国首次到达南极内陆最高点的国产GNSS品牌，多次承研国家发改委、科技部、总装备部重大项目，推出了国内第一款完全自主知识产权的测量型GNSS接收机，荣获国家技术发明奖和国家科技进步奖。公司产品两次斩获国际工业博览会银奖，覆盖全球97个国家和地区，为全球用户提供高精度卫星定位服务。

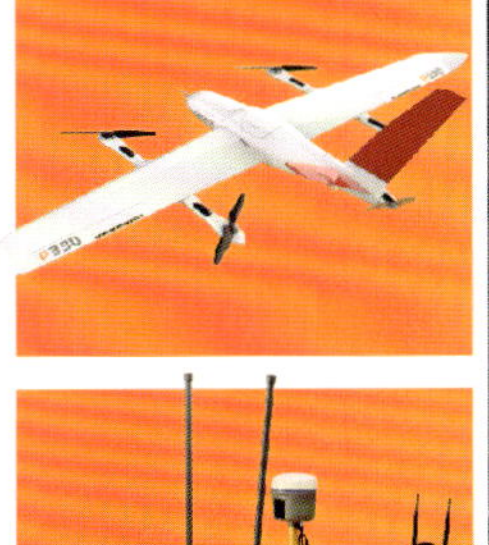

实时数据系统助推AIoT时代企业质量-效率-动力的数字化变革

■ 公司背景

中华人民共和国国家版权局
计算机软件著作权登记证书

软件名称：实时历史数据库平台
[简称：Zg3]
V1.0
著作权人：上海超力本安信息技术有限公司
开发完成日期：2015年05月11日
首次发表日期：2015年05月11日
权利取得方式：原始取得
权利范围：全部权利

根据《计算机软件保护条例》和《计算机软件著作权登记办法》的规定，经中国版权保护中心审核，对以上事项予以登记。

上海本安是专业提供物联网车联网智能硬件、智能控制系统和实时数据信息服务的上海市“专精特新”高新技术企业，通过了ISO14001环境管理体系，IATF16949国际质量管理体系认证，产品包括数据与图像记录仪、北斗GPS双模4G无线智能终端、信号安全隔离器、GPRS/4G/NB-IoT无线数据采集及传输终端、全液晶彩屏人机界面、总线仪表及远程IO、智能网关与控制器、嵌入式AI智能工业计算机、人脸识别与DMS、ADAS等AIoT智能硬件系列，以及基于自主知识产权的ZG3实时数据库/EmsPlus智控系统平台的远程信息服务系统。公司相关产品分别获得欧洲E-mark安全认证、中国国家强制性产品（CCC）认证、NEPSI国家仪器仪表安全认证。

■ 基于自主知识产权的管理测控一体化实时数据平台

一体化实时数据智能控制平台提供的系统解决方案是集成工程模块化建模法和智能流程图形模块化建模法为一体的的新型智能控制环境。智能控制系统的关键是一个数学建模与计算机控制、人工智能等技术不断融合的过程，作为一种流程图形模块化的控制支撑系统，具有智能化（模块参数自动生成）、在线帮助、流程图形模块化、全中文一体化的控制支撑环境。建模、调试过程完全图形化，方便快捷，不同工程项目之间移植性好，对于完成大型的、复杂的控制项目具有极高的性能/价格比。QhsePlant实时平台从物联感知与逻辑建模入手，将4G-5G+技术、传感器信号与总线网络、智能建模与先进控制、实时数据库、边缘计算和云计算、AI等技术融合，以“感+端+云”赋能行业应用，通过探测、采集记录和传输各种的实时数据，存储于智能终端（边缘端计算）和云端，再通过实时数据分析，以及更高形式的AI人工智能集成技术，以期通过现实对象的数字化和智联化，打造物联网技术与人工智能融合的智能化AIoT生态体系，为企业客户提高安全品质和效能，努力为企事业客户打造一个集感知、计算、通信、网络、存储、虚拟仿真、智能学习、先进控制于一体的多维复杂信息系统，使虚拟信息空间和物理实体进行融合，帮助组织通过网络化空间以远程的、可视的、实时的、可靠的、安全的、协作的、智能的方式进行运营，提升客户决策与掌控经营能力。

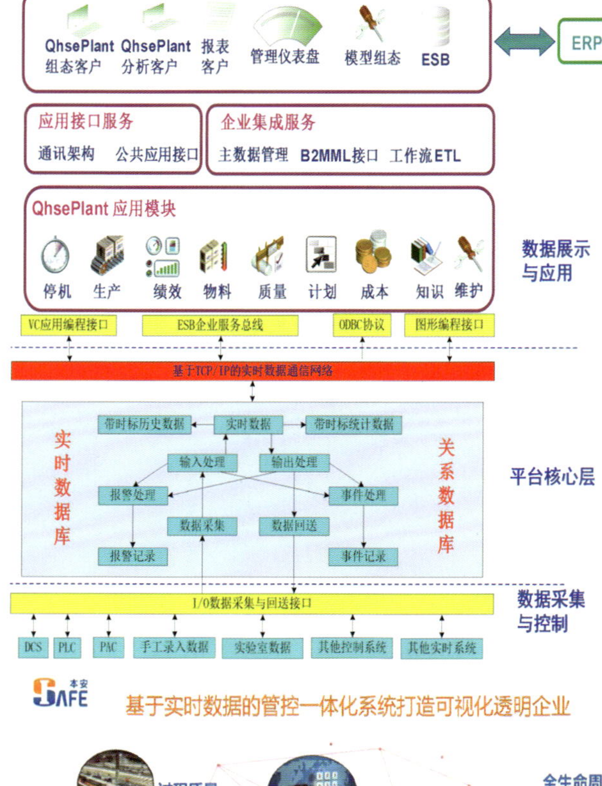

上海超力本安信息技术有限公司
电话：021-60897558 传真：021-50328061
地址：上海市浦东金沪路1099号本安工业园

上海数讯信息技术有限公司

公司介绍

数讯 1999 年作为张江园区通讯服务提供商起家，大力配合浦东开放为园区企业提供光纤到楼的信息高速路 2003 年，为满足客户需求，开始进入托管领域 并成为 2008 年北京奥运会票务系统南中心，成功保障系统无故障安全生产 2007 年，数讯创立 IDX 高等级数据中心以来，持续革新不断升级性能和服务，为 IDX 的行业领先性不断注入前瞻性而高等级的因子。

在长期建设和维护数据中心的过程中，数讯不断引入先进的技术、高端管理理念和流程来提升机房的稳定性和能效水平：从风冷演化为水冷以降低 PUE，引入电子配线架，研发访问管理系统，提升用户感知界面体验等等……

今天的 IDX，不仅代表着 TierIV相当水准的、最高标准等级的数据中心，更以卓越品质一贯更新着高端数据中心市场中“高性能和精服务”的意义。

资质荣誉

- ISO/IEC 27001:2005 管理体系认证证书
- 中华人民共和国增值电信业务经营许可证
- 国家规划布局内重点软件企业
- 大中华地区奖项入围数据中心年度“特定任务”团队奖

获得项名称	大会名称	获奖时间
年度最佳金融 IDC 服务供应商奖	CTDC 年度技术领袖颁奖盛典 暨首席技术官领袖联盟年会	2018/1/27
“专精特新”中小企业称号	“专精特新”中小企业公示	2018/3/16
2017-2018 年度数据中心	第八届中国数据中心产业发展大会	2018/5/3
支付行业最有影响力的金融科技公司	2018 第十二届中国支付业国际峰会	2018/5/24
2018 年中国云计算领域影响力企业	2018 中国云计算技术应用大会	2018/5/24
2018 上海软件企业高成长百家	上海市经济和信息化委员会	2018/10/26
“最佳金融数据中心服务提供商”证书	2018 CEIA 中国企业 IT 大奖	2019/1/15

2018 奖项

中国企业 IT 大奖评委会

2018-2019 年度优秀数据中心(中型)大奖。

第十二届中国支付业国际峰会

2018-2019 年上海市“专精特新”中小企业

官方微信二维码

地址：上海浦东张江高科技园区郭守敬路 498 号 4 号楼 2 楼
邮编：201203
电话：86-21-50800818
网址：http://www.shuxun.net/

上海汉得信息技术股份有限公司(以下简称汉得)，其前身可以追溯到1996年成立的“上海汉得计算机服务有限公司”，是中国成立较早的本地化的ERP咨询实施公司之一。2011年2月1日，在深圳证券交易所创业板上市(证券代码：300170，证券简称：汉得信息)，成为A股首家以ERP咨询实施为主业的上市公司。通过20多年的努力，汉得业务领域已扩展至全面的企业信息化应用产品研发、咨询实施与技术服务，已由最初的信息化产品实施商，历经解决方案提供商阶段，发展为数字化生态综合服务商，拥有30多个行业的标准化解决方案，7000多名具备各类专业知识与技能的顾问，形成了行业导向化、交付专业化、协作体系化、技术领先化、管理科学化的敏捷型组织架构，可以为客户的信息化建设提供充实的资源保障。

汉得提供涵盖企业信息化建设全生命周期的交付服务，包括技术开发、系统集成、系统升级、大数据分析、云计算与运营服务等等涵盖企业前中后台全面的信息技术服务，从核心财务管理到生产计划敏捷推进，从客户关系管理基础到数据智能化分析，从人事制度变革管理到人力资源效率化提高，业务主线贯穿全方位的企业信息化解决方案，实施产品涵盖了企业管理信息化几乎所有主要领域，如ERP、EPM、CRM、SRM、HR、PLM等。多年来汉得也积累了大量的自主研发产品，包括费控、融资租赁、精益制造等，以及供应链金融、汇联易(报销类SaaS)等自主创新产品，并在众多客户处都取得了良好的应用效果。

除在传统IT领域不断精益求精外，汉得还充分与全球IT生态圈的合作伙伴们共同推动包括云、大数据、智能制造等新业务的开展，不断探索从传统制造向智能制造的数字化转型；从传统营销向以数字营销为手段的全渠道营销转型；从传统管理向以共享服务为代表的运营管理数字化转型；从传统 IT 向以云计算物联网大数据为代表的IT架构数字化转型。同时汉得的服务区域也在不断扩展，拥有八大国内基地、三大海外基地、十余家参控股公司，已初步具备全球化IT服务能力。

自成立至今，汉得已先后为3000多家企业客户成功提供了信息化建设服务，客户遍及制造业、金融、贸易、通讯、电子商务、传媒、房地产等诸多行业，涵盖世界500强企业、大型民营、国企集团等行业领军企业。多年来，汉得凭借不断深耕细作的主业、不断发展的创新业务以及不断增强的专业与技术能力积累了 6000 多则成功项目案例，在腾讯、碧桂园、东方航空、中国移动等众多客户处都取得了很好的口碑，也获得了众多合作伙伴、政府和行业机构的一致认可。

“恭则不侮、宽则得众、信则人任、敏则有功、惠则使人”是汉得经营大纲的基本精神，代表了全体汉得人的价值理念和行为规范。汉得的企业文化就如同汉得的英文简称“HAND”一样简单、务实，致力于成为连接企业管理与信息技术的桥梁，帮助企业实现数字化转型，以信息化手段帮助客户提高组织的运营效率、效益与竞争能力，为客户创造更多价值，带来更好体验。

电话：4001684263

上海汉得信息技术股份有限公司

护宝
ngelcare
海中兴易联

守护宝 让家人幸福的选择

守护宝，上海中兴易联旗下品牌，服务于老人/儿童等需要关爱的群体，提供以终端产品为基础，以位置服务为核心、以生活服务为内容的综合解决方案

智能机系列

远程守护让爱没有距离

自带远程控制功能
子女安装守护宝APP后，即可远程接管该系列父母手机，帮助解决一切手机难题。

4G/2G功能机系列

十一年专注 父母首选

大字体 大按键 大音量的三大设计
自带一键“SOS”紧急求助功能
让守护无处不在！

儿童腕表系列

每时每刻 爱的陪伴

海量故事 通话微聊 安全防护
社交拓展 友好三防 时尚外观

数码配件系列

种类全面 品质保证

可视智能皮套
移动电源 蓝牙音箱 蓝牙耳机
智能摄像头 睡眠仪等应有尽有

海中兴易联通讯股份有限公司
务热线：4008 867 768

五孚(上海)数据科技有限公司

五孚数据是上海信息化理事单位，上海市大数据联盟成员。公司成立于2015年10月，实缴注册资本5000万元，注册地为上海自贸区。公司是一家提供分布式数据存储及用户行为分析的科技型企业，拥有涉及保险、支付、风控方面19项著作权，2018年度被评为高新技术企业。经过近三年的发展，公司资产过亿元，技术开发人员占公司近90%。五孚数据以支付为基础，深耕于大数据、云计算，以不断开发创新的产品与服务为目标，并通过五孚云系统的建设，专注于打造应用场景化的数据金融服务。通过数据+征信、数据+行业，为传统企业提供更加行之有效的行业解决方案。公司2016年度获得“财视中国”的“年度兼容性区块链应用奖”，并于2016、2017年度获得上海大数据联盟的“优秀解决方案奖”及“创新企业奖”，2017年12月获得由中国科学院云计算中心、国家信息产业公共服务平台、国家软件公共服务平台颁发的2017年度大数据行业“最具竞争力企业奖”。

上海复控华龙微系统技术有限公司

上海复控华龙微系统技术有限公司是国内首家发布北斗卫星导航基带处理芯片的企业。公司基于深厚的片上系统芯片（System on a Chip）、嵌入式系统（Embedded system）及应用解决方案的技术积累，以北斗卫星导航、RFID 等为核心技术，构建"北斗 +"核心技术平台，以农林渔、海洋应用、基础建设、公共安全、铁路等为主要业务领域，完整掌握北斗芯片、模组、行业"整机 + 云服务"整体解决方案。

复控华龙公司于 2007 年 10 月注册成立，坐落于上海宝山区长江软件园，注册资本人民币 4000 万元。复控华龙公司是通过"GJB9001C-2017""ISO9001:2008"质量体系认证及二级保密资质认证等四证认证的上海市集成电路设计企业、上海市高新技术企业、浦东新区研发机构，经国家人事部授权设立的"博士后科研工作站"，2016 年 7 月获得首届"宝山区区长质量奖"，2016 年 11 月公司参与研制的"北斗导航与位置服务关键技术及产业化"项目获得上海市科技进步特等奖，2017 年 5 月获得第八届中国卫星导航学术年会北斗卫星导航应用产业推广贡献奖，2017 年 11 月获得上海市质量攻关三等奖，2017 年 12 月获得国家科学技术进步奖二等奖。

公司拥有完整的科研开发团队，该团队源自中国最早的集成电路设计和行业解决方案队伍，平均从事产品研发时间逾十年，尤其在片上系统芯片及专用电路、嵌入式系统、云平台软件和行业整体解决方案开发方面拥有丰富的技术积累与许多成功应用案例，曾先后承担并完成国家重点技术创新项目、国家创新基金项目及上海市重点技术开发等项目十余项。

上海兆芯集成电路有限公司

上海兆芯集成电路有限公司(以下简称兆芯)成立于 2013 年，是国内领先的芯片设计研发厂商，公司总部位于上海张江，在北京、西安、武汉、深圳等地均设有研发中心和分支机构。兆芯同时掌握中央处理器、图形处理器、芯片组三大核心技术，拥有三大核心芯片及相关 IP 的完全自主设计研发能力，芯片全部研发环节透明可控。

兆芯致力于研发国产自主可控的核心处理器芯片，推动国家信息产业的整体发展。兆芯自主研发的中央处理器基于国际主流的 x86 指令集，产品性能国内领先。开先 ZX-C 系列处理器性能达 Intel 第 6 代移动版 i3 同等水平；开先 KX-5000 系列处理器是首款支持双通道 DDR4 内存的国产通用 CPU，其性能向 Intel 第 6 代桌面版 i3 看齐；开先 KX-6000 系列处理器采用 16nm 工艺，主频高达 3.0GHz，经《微型计算机》杂志实测，整体性能接近 Intel 第 7 代 i5。

兆芯国产自主可控通用 CPU 已广泛应用于台式机、笔记本、一体机、存储服务器、磁盘阵列、工控整机等多种产品的设计生产。采用兆芯 CPU 的各类整机均已量产并达到成熟产品标准，且兼容性出色，可极大程度避免用户在迁移转换中的障碍，加速推动国产芯片、计算机等产品在各领域的推广应用和发展。

目前，已有大批基于兆芯 CPU 的整机、服务器产品成功入围 2018 央采协议供货目录；联想基于兆芯 CPU 的国产整机先后在党的十九大和 2018 年中非合作论坛北京峰会期间圆满完成会务保障工作，得到各界的高度肯定；上海仪电、联想基于兆芯 CPU 的整机和笔记本已被上海银行纳入柜面用机和办公用机；基于开胜 ZX-C+ 系列 8 核处理器的火星舱全国产化智能存储系统已落地浦东新区电子政务管理中心。兆芯平台整机产品在党政办公等关键领域的应用愈发多样和广泛。

凭借业内领先的性能表现及在自主安全可控领域取得的突出成果，兆芯国产自主可控通用 CPU 屡获殊荣。兆芯自主研发的开先 ZX-C 系列处理器先后荣获“第 18 届中国国际工业博览会金奖”“第十一届(2016 年度)中国半导体创新产品和技术”和“2017 年度大中华 IC 设计成就奖”三大奖项。开先 KX-6000 系列处理器更一举荣获“第 20 届中国国际工业博览会金奖”，得到行业高度认可。

兆芯始终保持高度开放的合作态度，与来自芯片制造、封装测试、整机制造、固件开发、操作系统及软件开发、系统集成等环节的国内领军企业均形成密切的合作关系，共同为扩大、完善产业生态不遗余力。兆芯更积极与多家院校和机构达成深度合作，致力于进一步加强产业学术交流、行业人才培养和成果应用转化等工作，为推动我国信息产业的整体发展不断贡献力量。

叠境数字科技(上海)有限公司

张江准独角兽企业——叠境数字，智能三维重建开启数字未来

2018年12月，以“热爱不止10年”为主题的张江科投十周年庆典活动在上海张江举行，并重磅发布了“2018洞见张江TOP100榜单”，专注于三维重建和计算机视觉领域的叠境数字，与多家热门的独角兽和准独角兽企业如“喜马拉雅”“沪江网”等共同获得此殊荣。

叠境数字依托于上海科技大学孵化平台于2016年正式成立，总部位于上海，在美国硅谷设有研发中心。十余年光场技术经验积累、国际专利数十项、光场领域权威文章百余篇、国家“千人计划”2名、中美博士十余位、多个世界重量级科技与创新奖项……强大的科研背景为叠境数字的商业化应用打下了良好的基石，让其迅速脱颖而出，至今已获上海联和投资、阿里巴巴、金沙江创投、赛富基金、IDG资本等多轮投资。

叠境数字以计算机视觉技术、光场技术、深度学习技术等为核心，将三维重建技术广泛应用于文化、科技、手机、视频等行业，并发布了基于手机端的三维重建技术以及全国首个实时全息直播技术。

在文化教育行业，叠境数字持续与上海博物馆合作，完成了“心灵的风景：泰特不列颠美术馆珍藏”等多个展厅的全景漫游数字建设及文物高精度三维重建工作；为晨光首席文化官、京剧名师王佩瑜进行了动态三维重建，并在晨光文具品牌2018年生旦净丑礼盒中应用，让消费者通过AR形式，身临其境的体验国粹京剧的艺术之美。在影视娱乐领域，叠境数字与浦东电视台联手打造的全国首个光场演播厅正式投入使用，为电影、电视综艺特效制作带去了技术革新。

在5G通讯领域，叠境数字与中国移动、华为携手，共同在MWC上海期间发布了首个5G全息视频通话，让身处不同空间的人也能面对面地进行交流，对人与人之间的交互方式进行了创新。该项实时全息技术在第五届世界互联网大会上首次对外开放，获得了包括中央电视台、浙江卫视、新华网、新京报、中新社、钱江晚报、新民晚报等多家媒体的报道与关注。

在手机行业，叠境数字与各大知名手机品牌合作，利用3D视觉与AI+AR相融合，将三维重建技术拓展到手机端，为手机应用打开了更为广阔的空间，例如AR虚拟游戏、AR试穿等应用。用户只需要用手机围绕人或物体拍摄一圈，即可快速获得人或物的三维数字化模型，每个人都能成三维内容造物者。

未来叠境数字将继续发挥人才优势，持续加强技术研究，通过技术的不断革新与探索，深入推进行业AI-AR/VR解决方案落地，共创可感知的数字未来。

光场动静态人物重建核心技术

上海威派格智慧水务股份有限公司成立于 2011 年，注册在上海市嘉定区恒定路 1 号，是国内供水行业集调研咨询、方案设计、智能生产、软件开发与运维服务于一体的高新技术企业。企业于 2019 年 2 月 22 日在上海证券交易所挂牌上市，股票简称威派格，股票代码 603956。

自 2007 年创立品牌以来，威派格始终以“用心于水，绿色未来”为企业使命，以“引领中国智慧水务发展”为企业愿景，坚持阳光正派的企业文化，秉承严谨务实的工业精神，以工业互联网理念融合“IT+CT+OT”的创新技术，为客户提供“硬件 + 软件 + 服务”的智慧供水整体解决方案，致力于成为客户进行水务运营管理值得信赖的合作伙伴。

公司拥有 120 项专利技术，主持编写了 5 项行业标准和 1 项国家标准。在以高分圆满完成国家“十二五”重大科技专项“新型二次供水设备的研制及产业化”课题之后，威派格于 2017 年又参与到国家“十三五”科技重大专项的相关水专项课题，为提升居民饮用水安全继续作出贡献。

2017 年，威派格位于上海嘉定外冈镇的总部基地竣工投产。该基地是威派格追求技术创新，以国家倡导的 " 工业互联网 " 为理念进行建造的成果。数字化生产车间集合了智能制造与绿色制造两大理念，获得国家住建部绿色建筑最高级别认证——绿色三星标识，同时它也是国内先进的水资源综合利用示范厂区。中共中央政治局常委韩正，全国人大副委员长严隽琪等国家领导先后莅临威派格调研检查指导工作，鼓励企业坚持发挥科技创新优势，提升产品质量，为上海市先进制造、为中国制造 2025，作出更多的贡献。

威派格十几年以来一直专注于在供水领域为不同性质的客户提供综合性解决方案。核心业务在传统的工业制造基础之上引入工业互联网理念，进行二次供水设备的研发、生产、销售与服务，同时进行智慧供水管理平台系统的研发、搭建和运维，既保障了设备运行维护的质量及效率，又提升了用户的节能及高效运营能力。同时，威派格还发挥专注服务水行业的经验优势，借助于数字化工厂的研发生产能力，针对不同行业特征以及供水状况，为客户提供从水源地到水龙头的全流程综合解决方案，包括二次供水综合解决方案、城市供水综合调度解决方案、区域泵站安全供水系统解决方案、高校智慧供水综合解决方案、全流程水表计量整体解决方案等。公司以合作共赢的创新商业模式推进价值链落地，经过多年对自身理念及模式的坚持，威派格已经成为客户可信赖的专业的智慧供水合作伙伴。

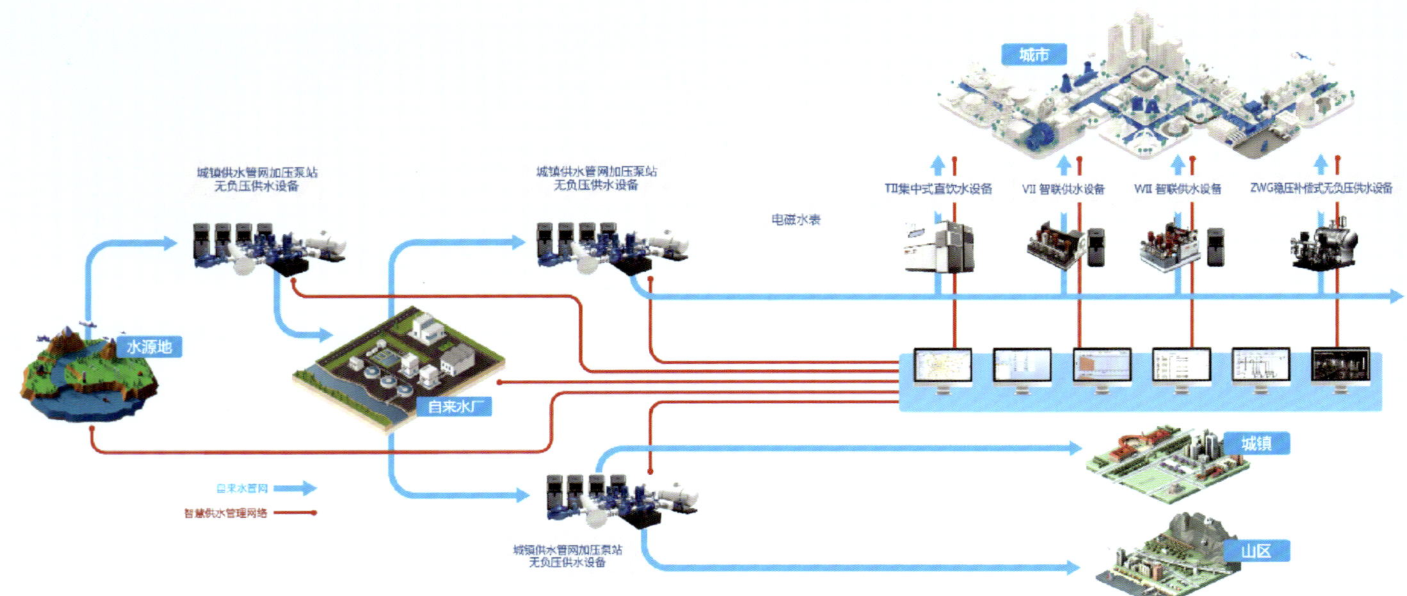

威派格 — 以工业互联理念 促进智慧水务发展

中国电子科技集团公司第二十一研究所

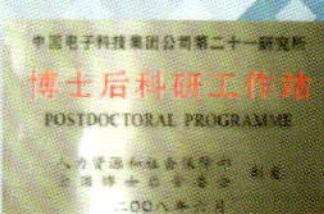

中国电子科技集团公司第二十一研究所，始建于 1963 年，是从事微特电机与组件研制生产的专业研究所。现有员工 700 余人，其中科技人员 300 余人，获政府津贴专家 20 余人。2008 年，经国家批准设立博士后科研工作站(图一)，逐步形成“3+1 模式”的集科研、生产、科创服务功能于一体的创新型研究所(图二)。

二十一所主要从事各类微特电机与组件的研究、开发、试制、生产，累计研制各类微特电机和组件 3000 多个品种，取得国家、部和市级以上重大科技成果奖 380 余项；目前正在研制和生产的产品分为 15 大类、980 多个品种规格，广泛应用于航天、航空、舰船、兵器、船舶、电子等国防科技工业领域。

- 中国电子元件行业协会副理事长单位
- 中电元协微特电机与组件分会理事长单位
- 中国电工技术学会微特电机专委会主任单位
- 全国信息产业用微特电机及组件标准化委员会主任委员单位
- 工业和信息化部微特电机专业情报网网长单位

近年来在满足武器装备发展需求的同时，围绕国家战略新兴产业的发展，中国电子科技集团公司第二十一研究所于 2017 年成立了机器人核心部件及系统工程中心。工程中心在中电科 21 所所区内具备独立办公区域，占地面积约 2000 平方米，专职研发团队 30 多人。中心依托公司在机器人核心零部件上自主可控的技术优势，以“机器人 + 人”“机器换人”为出发点，旨在打造“零部件研发 + 本体制造 + 系统集成与应用”的三位一体的智能机器人生态系统。重点开发面向军民融合领域的特种智能辅助装备、应用于电子信息 / 航空航天等领域的轻量型机械臂等产品，如外骨骼机器人(图三)、多关节机器人(图四)、特种移动机器人（图五）等。

麦杰科技股份有限公司

麦杰科技成立于2000年是中国工业物联网的先行者和行业标准的起草成员，18年来一直专注于物联网技术的研发和应用。

目前拥有800多家客户，遍布电力、石油、化工、冶金、环保、钢铁、装备制造、工程建筑等行业。

麦杰的物联网系统已经为超过1000万台设备提供链接和数据分析服务。每秒钟处理着来自工业现场超过5000万测点的数据！

性能卓越，一骑绝尘

可集成各类业务组件，开箱即用

公司荣誉

10 + 国家级荣誉

9 + 国家发明专利

- 获国家科技部的创新基金资助
- 上海市科技小巨人培育企业
- 获国家发改委"物联网技术研发及产业化专项"
- 上海市规划布局内重点软件企业

上海跨境电子商务公共服务有限公司

微信扫一扫
关注上海跨境公服

上海跨境电子商务公共服务有限公司（以下简称 跨境公服）于2016年2月注册成立。 根据《上海市人民政府办公厅关于印发<中国（上海）跨境电子商务综合试验区实施方案>的通知》（沪府办发〔2016〕23号），跨境公服建设和运营上海跨境电子商务公共服务平台（以下简称“平台”）。

平台是公益性的跨境电子商务一站式公共服务平台，承担数据交互与监管服务功能。跨境公服依托上海电子口岸平台的技术保障，为进出口电商和支付、物流、仓储等企业提供数据交换服务，为海关、税务、外管等部门提供信息共享平台，实现“一次申报、一次查验、一次放行”，提高口岸监管便利化程度，简化企业申报办理流程，建立公平、开放、透明、高效的对接服务机制。同时，跨境公服充分运用平台的集成数据，健全统计监测体系，完善风险防范机制，建立跨境电子商务企业信用数据库，为上海跨境电子商务持续健康发展提供有力支撑。

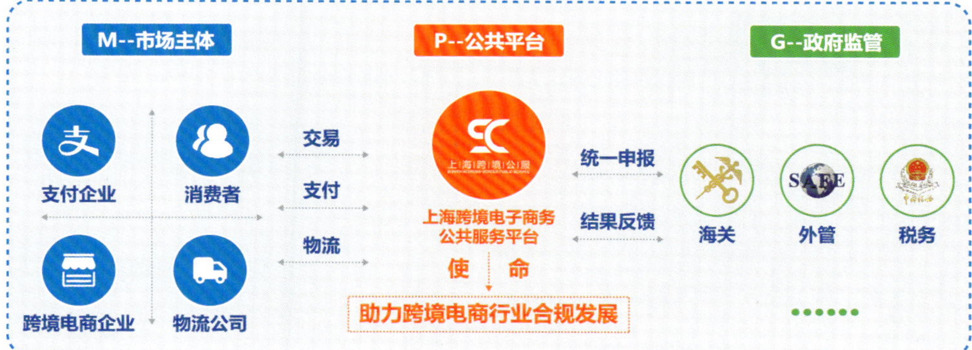

跨境公服致力于打造公平、开放、高效、阳光的跨境电子商务公共服务平台，持续优化平台功能，提升服务能级，提高服务效率，以更好地满足上海跨境电子商务高质量发展要求和企业发展需求，推动上海跨境电商产业规模化、标准化、集群化发展。

电话：400-821-2199转1转9
邮箱：service@shcepp.com 网址：www.shcepp.com

上海广联环境岩土工程股份有限公司

上海广联环境岩土工程股份有限公司，高新技术企业，上海市企业技术中心，上海市科技小巨人项目企业，上海市专利试点单位，上海市土木工程学会地下水科学与工程专业委员会主任委员单位，国际大口径工程井(桩)协会副理事长单位，上海污染场地修复产业技术创新战略联盟理事单位，上海基坑工程环境安全控制工程技术研究中心研究基地，同济大学学生就业实习基地。

主营业务为岩土工程勘察、设计、监测，地下水综合治理，地下工程施工，环境环保工程治理，并提供环境岩土工程领域研发、技术咨询等一体化服务。

公司参与了多项重大市政工程和地标性项目等的勘察监测、设计与施工。连续九年获得“上海市实事工程立功竞赛优秀公司”称号、多项工程获得“优秀工程”荣誉，被评为“上海市建设工程勘察行业十大领军企业”、上海市交通建设工程“十佳”勘察设计企业、上海市勘察设计行业改革开放40周年创新典范企业。

公司拥有一支高素质的专业技术及管理团队，具有高中级职称80余人，其中被政府、行业等聘为专家的有20余人。

公司具有较强的创新能力，广泛开展产学研合作。主编或参编国家规范、行业和地方标准14部；与同济大学等单位合作出版专著4本；拥有授权专利60余项(其中发明专利17项)；软件著作权3项；国家级工法1项，上海市市级工法4项；获得国家科技进步二等奖1项，教育部科技进步一等奖1项、二等奖2项，上海市科技进步二等奖2项、三等奖3项。

公司始终坚持“广积厚德，联众载物”的核心价值观，愿景成为“环境岩土工程领域最佳服务商”。

公司地址：上海市园康路255号，邮编：200444
联系电话：总机021-61491081 传真：021-61491082*8211
公司网址：http://www.shglgf.com

嘉闵高架北段 JMB2-5 标立柱拼装

上海公路桥梁（集团）有限公司

潘广路－逸仙路电力隧道

上海延安东路隧道

S7 公路（S20－月罗公路）
新建工程（S7-1-4 标）盖梁吊装

上海公路桥梁（集团）有限公司是隧道股份旗下的大型施工企业，拥有市政特级资质、高新技术企业称号。承建和参建了包括上海长江大桥、东海大桥、F1 赛道、通用试车场、安哥拉国家体育馆等标志性工程在内的一大批工程项目。

2017 年，路桥集团参与建设包括“肇庆阅江大桥、昆阳路越江大桥及配套道路工程、虹梅南路高架道路、龙腾大道－春申港桥、白龙港南线输送干线 SST1.2 标、轨道交通 14 号线 5 标、云鹃路综合管廊、吴淞污水处理厂改造、竹园污水处理厂改造、浦东机场三期、青岛新机场、成都天府机场、盐城市新水源地及引水工程、昆明黄马高速公路、郑州 G107 线（二期）工程、宁德市蕉城区三屿园区开发及配套项目”等一大批市内外重大工程。

公司具有深厚的历史底蕴，不仅开创了中国沥青行业的先河，在专业施工领域和施工工艺上，也承担了诸多的上海第一、中国首次。同时，在大型桥梁、道路场道、顶管与地下工程、水务环保以及道路桥梁快速维修、新兴路面材料、绿色建造等领域，不断开拓进取，取得了卓越的成就，发展足迹遍布全国并走向世界。公司以向社会奉献精品工程和优质产品为己任，竭诚为社会提供最好的工程产品。“承载城市梦想，建筑美好生活”！

昆阳路越江及配套道路工程（封面）

G40 公路长江大桥钢桥面铺装维修工程

轨道交通 13 号线 10 标学林路站

深兰科技（上海）有限公司

深兰科技（上海）有限公司 DeepBlue Technology（Shanghai）Co.,Ltd 是快速成长的人工智能领先企业，作为平台型世界级 AI Maker，自 2014 年归国博士团队创建以来，一直以“人工智能 服务民生”为理念，致力于人工智能基础研究和应用开发，人工智能产业链智能软件输出及自主硬件设计和制造。依托自主知识产权的深度学习架构、机器视觉、生物智能识别等人工智能算法，深兰科技已在智能驾驶及整车制造、智能机器人、AI CITY、生物智能、零售升级、智能语音、安防、芯片、教育等领域广泛布局。

发展至今，深兰科技已在亚洲、欧洲、美洲、大洋洲、非洲等多地设立区域总部、分支研发机构或国际销售网络。分别与世界排名第 87 位的日本永旺集团，世界 500 强的绿地集团成立了合资公司。

同时，深兰科技与多个国内外知名企业、院校和卢森堡国家实验室等，建立了智能驾驶技术、智能和精密制造、数据和金融安全、人工智能、AIoT 智联网、人机交互、AI 芯片等多个相关领域的联合实验室，共同构筑了深兰系全球性的研发科研体系。

上海市生态气象和卫星遥感中心

上海市生态气象和卫星遥感中心（上海气象科技成果转化中心）是上海气象科技创新的核心载体，联合相关高新企业、投资公司、知名高校加盟，以产权为纽带，以市场为导向，企业化实体运作，建成科学研究、成果转化、企业孵化、技术服务、投资融资等有机融合的整体运行体系。中心创建科技研发与转化应用平台，加速科技开发、成果转化落地。中心通过下属公司“上海虹云信息技术有限公司”作为企业孵化基地，致力于培育新型国际化气象服务产业，以满足市场对气象服务的多样化、专业化、智慧化需求。中心重点围绕卫星遥感、数值模式研发应用、大数据融合及人工智能等重点领域开展面向特定应用的研发和转化，有效推动在航空、海洋、城市交通、新能源预测等领域的专业化应用，驱动和支撑气象服务产业发展。

航空气象

航空气象专业服务平台面向航空飞行领域，针对飞行安全、舒适性、经济效益等研发了多种服务产品，并引入机场分级、民航标准航线、情报区区划、报文等行业专业信息，已实现多源信息交互，可提供机场预警、航路剖面等针对性产品。所有产品阈值指标均依据民航标准统一订正，以实现精细化预报和精准化行业服务相结合。

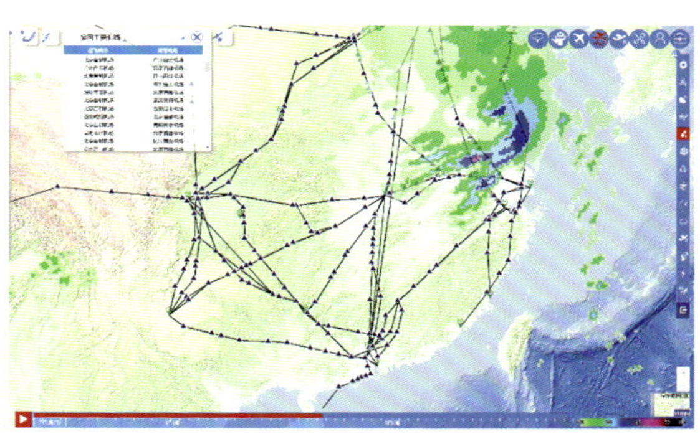

基本要素	视程障碍类	灾害类天气
地面风速、风向	低于1500米(5000英尺)的逆温层	0°C层高度
风速风向和温度（多层）	低云、中云和高云的云量	雷达反射率
位势高度和温度（多层）	云底高度	湍流（颠簸）指数
风场和湿度（多层）	地面能见度	积冰指数
浦东、虹桥站的风廓线图		低空风切变指数
航线设计规划 飞机起降侧风条件	飞机起降视野条件 云、雾发展状况	机场终端安全、备降场选择 飞行航线安全、绕飞抉择

新能源预测技术

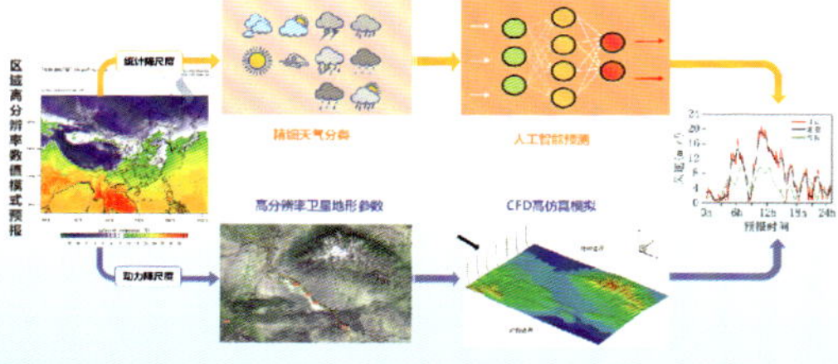

依托高分辨率数值预报技术，结合人工神经网络模型、深度学习等多种高精度自适应的人工智能预测技术，已为上百家新能源场站提供分钟级的风能和太阳能预报产品。正在同步研发 CFD 流体力学模型、精细气象模式和人工智能预测等多方面融合的新技术，可实现对复杂地形地区新能源在不同时间尺度下（短时－短期－中期）的无缝隙、精细化预报。

海洋气象服务

可提供精细化的水文信息和近岸天气情况，服务吴淞港国际邮轮港、洋山深水港和舟山港，针对航道、航路提供天气／海况监测和预报，为船舶窄水巷道行驶、海上作业提供有力保障。可提供区域精细化海浪、海流等海表预报和极端天气预警，保障远洋导航行驶安全，规划最优、高效航行路线，节约运输成本。可提供特定海域海洋水色、海温、盐度、混合层高度等个性化监测和预报产品，服务舟山沿海捕鱼作业，提高渔业捕捞经济效益。

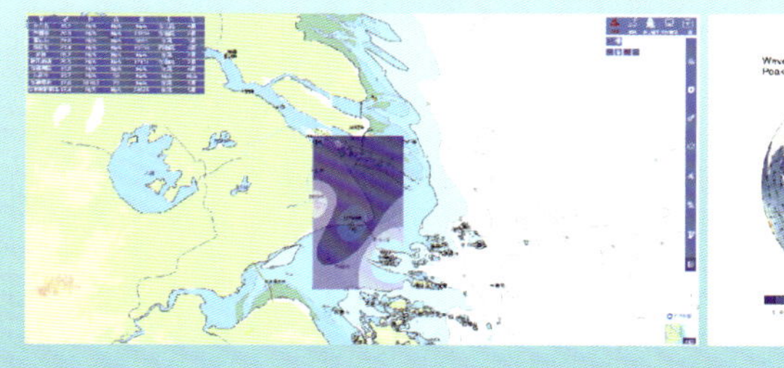

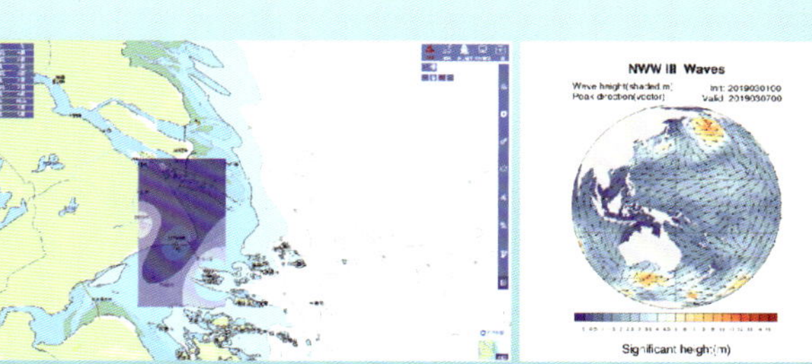

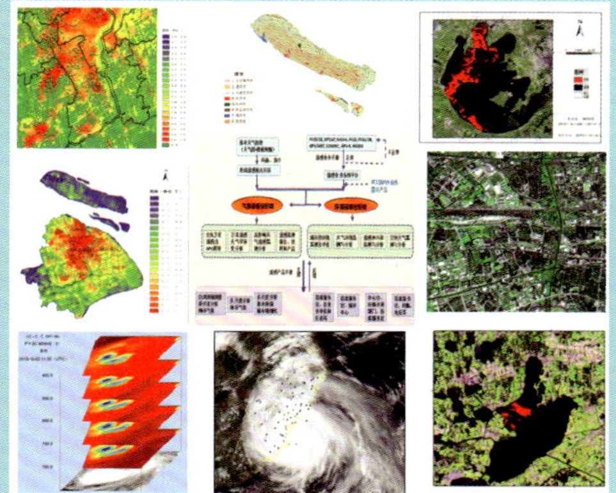

卫星遥感

中心是中国气象局面向华东区域的遥感新技术推广、开发和遥感技术人才培训基地，是我国气象卫星遥感综合应用体系建设的重要组成部分。多年来，在中国气象局和上海市气象局的统筹规划和组织领导下，已成功组建了一支具有高水准、有活力的卫星遥感应用研发团队，具备为天气预报、防灾减灾、污染监测、城市生态及台风海洋等领域提供专业化服务能力，已为上海市政府、太湖流域中心等决策部门提供了大量的监测产品以及专题信息报告，为上海世博会、进博会等重大国际活动提供精准的技术支撑，广受地方政府部门好评。

地址：上海市徐汇区蒲西路 166 号
电话：021-54896503 传真：021-64389873
网址：http://rdtp.simets.cn
邮箱：info@simets.cn

上海航空电器有限公司

公司简介

上海航空电器有限公司(以下简称上电)成立于1954年,注册资本32000万元,隶属于中国航空工业集团有限公司,是承担国家航空电器、电子产品研制、生产的专业化重点企业。2009年通过资产置换,成为中航航空电子系统股份有限公司(股票代码:600372)全资子公司。现有闵行、金山两个厂区,总占地面积近12万平方米,在职员工1300余人。

公司坚持聚焦战略,对核心专业领域持续进行研发投入,以客户需求和前沿技术驱动创新,引领行业发展。公司每年将销售收入的10%以上投入研发,超过40%的员工从事创新、研究与开发工作,获得多项发明专利和科技进步奖,拥有国家认定企业技术中心、国家认可实验室以及配电系统、照明系统等专业级实验室。先后获得国家高新技术企业、国家企业技术中心、上海市民机产业重点扶持单位等称号,2018年实现营业收入13亿元。

目前,公司拥有军用航空、民用航空、非航防务和非航民品四大业务板块。在军、民用航空领域,公司致力于为客户提供照明系统、操控板组件及调光控制系统(CPA&DCS)、告警系统、二次配电系统、智能语音系统及相应的核心器件,并已在国家各大重点型号上广泛应用。公司作为国内军工行业照明领域唯一一家飞机照明系统配套供应商,掌握大功率LED照明技术、航空夜视兼容照明、照明视觉仿真技术、分布式智能调光、信号采集及总线通信等关键技术,并在国内率先开展以激光光源为代表的第四代光源技术研究及产品研发,形成自主知识产权体系。作为国产大型客机C919唯一的国内一级机载设备供应商,并承担了ARJ21-700、"新舟"700、"鲲龙"AG600等型号的机载设备研制工作,构建了符合国际标准的民机机载系统研制体系和适航管理体系,实践出了一条民用机载能力国产自主保障的创新之路。公司在民机产业的辛勤耕耘得到认可,首获中航飞机2018年度新舟系列飞机"优秀供应商金奖",再获中国商飞C919飞机"优秀供应商银奖"。

非航防务业务主要服务于航天、船舶、兵器、电子等军工领域,为客户提供基于不同应用场景的照明系统、座舱模拟仿真系统、视景系统、音视频解决方案和服务,受到客户的广泛赞誉。非航民品产业的园林工具、精密组件业务客户遍及全球,主要集中于世界500强企业,并发展出战略性新兴产业激光显示业务,打造拥有中国军工品质和自主知识产权的激光投影机领导品牌,为客户创造价值。

公司简介

上海太阳能科技有限公司是由上海航天工业集团有限公司、上海申能新能源投资有限公司、上海空间电源研究所合资成立的股份公司，正式注册成立于2000年元月，注册资金2亿元，是中国最早从事光伏相关业务的企业之一。

公司依托航天优势，主要从事国内外独立和大型并网光伏电站、BIPV独立光伏系统工程及相关系统产品的设计研制、开发、销售、施工和服务。先后承建了西藏光明工程、上海世博中心光伏兆瓦级电站、上海闵行航天城光伏停车场并网发电工程、国内首个兆瓦级BIPV电站——上海太阳能工程技术中心光伏并网发电项目，以及国内首座BIPV光伏建筑一体化生态示范办公楼。在集中式电站方面，公司成功开发、建设中国西部首个百兆瓦级大型荒漠光伏电站——嘉峪关130MW光伏电站、宁夏地区首个百兆瓦级的光伏电站——宁东一期100MW光伏电站等项目，累计装机容量已达1614MW。并积极开拓分布式发电项目的开发和建设，战略布局已拓展至甘肃、宁夏、青海、新疆、河北、山西、云南等二十余省。

2014年，公司被国际权威光伏市场调研机构IHS评选为全球光伏EPC企业第四名，全国第二名。

公司以“展航天精神 建精品工程”为企业精神，以“技术先进 成本领先 质量可靠 创造价值”为经营理念，以“成为国际领先的智慧能源系统方案及优化的供应商和服务商”为愿景，始终致力于光伏系统应用开发，为客户提供全面、高效的太阳能系统集成解决方案。

永兴岛智慧能源项目

嘉定汽车城光储充电桩微电网项目

金寨太科100MW光伏电站

山西阳泉50MW光伏领跑者项目

云南砚山20MW光伏电站

宁夏宁东150MW光伏电站

甘肃永登49.5MW光伏电站

山西忻府100MW光伏生态农业大棚

江苏沃得36.8MW光伏电站

上海太阳能工程技术中心
兆瓦级BIPV光伏电站

江西余干30MW光伏电站

内蒙古通辽39.3MW扶贫光伏电站

电话:64895099

中国航空无线电电子研究所(简称上电所)始建于1957年，隶属于中国航空工业集团有限公司，长期从事军民机航空电子系统综合技术研究。承担座舱显示控制、航空电子核心处理、信息综合处理、无人机一体化控制以及航空无线电通信导航等设备、系统的研制与服务，为海陆空等军兵种和国产民用飞机提供先进的航空电子装备，是集科研、生产、服务一体化的高新技术企业。

上电所拥有航空电子综合技术系统国家级重点实验室，具备航空电子系统的自主研发能力，形成了先进航空电子综合技术和相关产品研究、开发、仿真、实验、测试、验证手段，同时与Honeywell、Thales等多家国外企业建成了国际先进水平专业实验室，是国内航空电子技术和产品研发的重点保军单位。上电所秉持航空工业“一心、两融、三力、五化”发展新战略，聚焦主业，以航空系统综合技术、座舱显控及人机工效、综合任务管理、核心处理平台、无人机一体化控制、通信导航监视为重点，形成了符合行业发展的专业技术体系。同时，坚持“遵循数据采集、构建卓越体系、聚焦装备品质、超越顾客期待”的质量管理理念，先后通过了GJB5000A三级、软件成熟度三级、GJB9001B、AS9100C等质量体系认证。

上电所按照“技术同源、产业同根、价值同向”发展思路，充分发挥航空电子综合通信导航专业优势，向航天、兵器、船舶等非航空防务领域纵向拓展。同时积极响应军民融合发展战略，探索军用技术民用产业化发展，重点在空中交通管理、通航服务保障、民用无人系统装备、民用飞机航空电子、智慧海洋等领域进行产业化发展。

上电所聚焦价值创造和商业成功，正在创新中突破，在拓展中实现全价值链和全产业链发展，致力于成为“国内领先、国际一流”的航空电子与信息服务系统所。

中航民用航空电子有限公司根据上海市人民政府和中国航空工业集团公司签署的《共同投资发展民机航电产业合作框架协议》于2011年1月16日在上海注册成立。公司由中航航空电子系统有限责任公司、上海仪电(集团)有限公司、上海国盛(集团)有限公司、上海紫江创业投资有限公司、上海市莘庄工业区经济技术发展有限公司和烟台蓝天新能源发展有限公司等六方股东单位共同出资设立。

作为国家战略投资平台，公司的发展得到了上海市、闵行区等各级政府和航空工业机载等各股东单位的高度重视。公司贯彻落实国家加快发展战略性新兴产业的总体要求，积极推进民用航空电子产业集聚发展，支持C919大型飞机重大专项研制计划顺利实施。公司本着投资合作、互利共赢，企业经营、打造平台，建设基地、聚合资源，国际合作、产业发展的原则，充分发挥航空工业在民机航电产业领域的专业优势，充分发挥合作各方在区域环境和相关领域的资源优势。

公司选址上海紫竹国家高新技术产业开发区内，位于紫星路666号的园区建设用地，打造国家级民机航电产业基地中航民用航空电子产业园，积极营造"自然、简约、高效"的国际化科研办公环境。产业园以集聚民机航电产业链相关产业和航空技术产业化发展为建设目标分期开发，一期工程于2014年6月建成运营。

公司与通用电气航空系统太平洋服务中心有限公司、通用电气航空系统技术有限公司合资组建的中航通用电气民用航电系统有限责任公司（以下简称昂际航电）于2012年3月27日注册成立。昂际航电借力中国航空工业和美国GE的人才和技术优势，致力于打造全球知名一级民用航电系统公司，主要为国产大飞机C919项目提供航电核心处理、显示、机载维护和飞行记录等综合模块化航电系统，同时为下一代民机项目研发开放式综合模块化航电系统，提供高价值的一流技术、产品解决方案和服务。昂际航电自2016年以来持续荣获中国商飞各年度优秀供应商金奖或银奖。

致力打造
为智能制造系统集成商和方案解决商

上海航天壹亘智能科技有限公司是上海航天八院下属的混合所有制公司。公司依托于航天平台优势，紧抓客户需求，定制高端产品，通过大量试验，以及技术积累与沉淀，现已掌握机床核心部件的关键技术，并结合自主研发的传感器、芯片及物联网等技术，致力将公司打造为智能制造系统集成商和方案解决商。

公司目前研发的主要产品包含高端五轴数控加工设备及核心部件、增-减材复合制造一体机、智能生产线、智能终端及智能制造系统平台等系列产品，同时兼备智能设计、智能管理、智能应用、智能物流等业务能力。以个性化定制对接海量用户，以智能制造满足更广阔市场需求，产品和服务广泛覆盖航天航空、船舶等装备制造行业。

公司自主研制的SMU系列五轴联动万能铣床，采用对称温度结构以及对称机械结构，具有刚性好、抗扭强度高、热稳定性好、 精度高等特点， 配置丰富，可根据实际需求进行选配，该系列机型设有刚性工作台和回转工作台选项。

SMU系列五轴联动万能铣床

刚 性 好　抗扭强度高　热稳定性好　精 度 高

上海仪电显示材料有限公司

高新技术企业上海仪电显示材料有限公司(以下简称仪电显示材料),成立于2007年4月12日,位于环境优美、交通便捷的上海市莘庄工业园区内,总规划占地面积约7.8万m²。仪电显示材料是中国大陆首家五代线液晶显示面板(Thin Film Transistor Liquid Crystal Display,简称TFT-LCD)配套彩色滤光片(Color Filter,也称彩色滤光片)独立制造商。

彩色滤光片,是液晶面板能够呈现彩色化的核心部件。液晶显示器为非主动发光之组件,其显示模式为:由背光模块提供白色光源,经过彩色滤光片,利用其彩色光阻分别产生红绿蓝三基色,再通过TFT阵列调节加在液晶上的电压,以改变三基色的比例,最终产生彩色显示画面。如果没有彩色滤光片,液晶面板就只能显示黑白画面。可以说,彩色滤光片是液晶面板最为关键的零部件,其占液晶面板总成本的25%左右,液晶面板的形状、分辨率、色域度、亮度、可靠性等核心特性指标都依赖于彩色滤光片与阵列基板配合实现。

仪电显示材料已成为我国TFT-LCD关键原材料国产化战略布局中不可或缺的关键力量。不仅传统TN模式的彩色滤光片技术开发和生产水平一直处于国际先进水平,而且在IPS广视角技术方面快速跟进,整体技术研发和生产控制水平已达到国际先进水平。凭借着优异稳定的产品品质和优良快速的服务水准,公司在与国际一流彩色滤光片制造企业的竞争中技术优势不断扩大。产能高、质量好、技术实力强、响应速度快,使得公司获得了液晶面板和显示终端客户的广泛赞誉,多次获得液晶面板颁发的"优秀供应商奖"和"最佳合作伙伴奖",并已成为国内G5液晶面板厂在内嵌触控式液晶显示、裸眼3D显示等新技术领域优选合作伙伴。2018年,仪电显示材料国内市场占有率超过55%,位居第一,成为全球G5彩色滤光片领军企业。

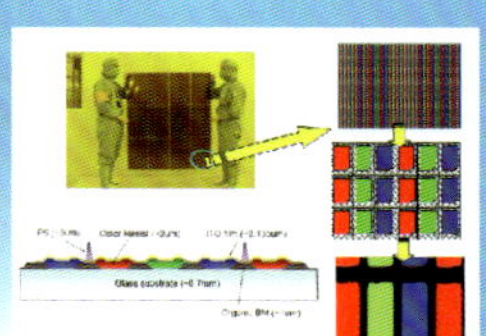

近年来,仪电显示材料在企业技术自主创新方面,不断加大资金投入,突破多项彩色滤光片关键技术,打破日韩彩色滤光片企业的技术垄断,实现智能手机、平板显示、车载显示、工控显示等多个领域具有国际先进水平的彩色滤光片本土化供应"零"的突破,与下游面板厂商一起,对我国高端液晶显示行业的技术水平提升和市场占有率扩大产生了不可替代的作用。

仪电显示材料先后获得"上海市级企业技术中心""上海市科技小巨人企业""上海市专利试点企业""上海市重点产品质量攻关一等奖""闵行区级研发机构""闵行区最具创新活力企业""莘庄工业区百强企业""仪电集团双创大赛一等奖、优胜奖""仪电集团优秀科技成果奖、优秀科技工作者"等多项荣誉,并且承担多项国家、市、仪电集团重点科研项目。

中国石油西气东输管道公司

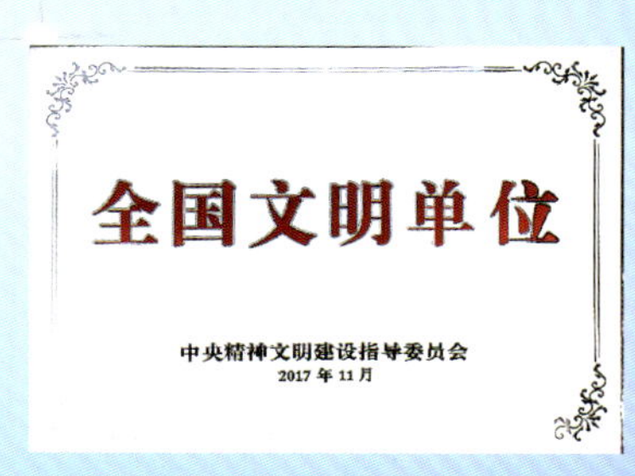

中国石油西气东输管道公司成立于2000年3月,是中国石油天然气股份有限公司直属的地区公司,负责所辖范围内管道生产运行和工程建设。现有员工2800余人,资产总额近千亿元,运营管道总长超12000公里,途经16个省(市、区)和香港特别行政区,管网一次管输能力超1200亿方/年。下游用户达464家,覆盖160多个城市、3000多个大中型企业,近4亿人口从中受益,为促进天然气工业和地方经济发展,调整能源结构、改善生态环境、提高人民生活质量作出了贡献。先后荣获全国"五一劳动奖状""新中国成立六十周年百项经典暨精品工程""全国文明单位"等称号,连续多年荣获上海市经济和信息化系统"上海市文明单位"荣誉称号。

"不忘初心,牢记使命"嘉兴南湖党员日活动

雪中巡线

压缩机保养

上海化学工业区中法水务发展有限公司

上海化学工业区中法水务发展有限公司成立于 2002 年，是上海化学工业区内一家负责供水和污水处理的企业，业务范围囊括了从供水到污水处理完整的水循环管理，如工业水和生活水供应、脱盐水供给、管网运行以及世界领先的污水收集和处理服务。公司由苏伊士新创建有限公司（由法国苏伊士公司和香港新创建公司合资）、上海化学工业区发展有限公司和上海化学工业区投资实业有限公司共同投资建设。公司始终坚持高标准，秉承安全、环保、客户至上的原则，成功为区内企业提供持续可靠的供水和污水处理解决方案及优质服务，全面实现稳定供水和污水达标排放。公司会同苏伊士集团、苏伊士新创建，上海化学工业区发展有限公司，同济大学、华东理工大学于 2006 年成立了水研究中心，是国内首家致力于工业供水及污水处理研究的研发机构，致力于：客户废水可处理性评价；改进污水厂处理工艺；削减污染物排放；促进水资源回收利用。

此外，公司于 2017 年 12 月正式成立了其全资子公司——上海凯米锐环境科技有限公司（ChemiRy）。凯米锐公司是在中法水务公司实验室的基础上组建而成。目前拥有近 1000 平米综合实验楼，30 多台 / 套大中型检测设备，100 多项水质参数的检测能力，40 多名专业技术人员，17 年丰富的化工废水检测运行经验，具备较强的专业技术能力。凯米锐将在现有实验室基础上，致力于发展水、气、土壤 / 固废、噪声、在线监测等全方位的环境治理能力，为上海化工区及社会各界用户提供完整、专业和高效的第三方环境一体化解决方案服务。

中镭科技

ZhongLei Science

科 技 成 就 梦 想

上海中镭新材料科技有限公司，是一家具有自主知识产权的高端改性工程塑料研发、生产以及销售的高新技术企业，是一家全球技术领先的科技型公司，是一家逐渐面对全球市场并拥有国际视野的现代化企业。企业的核心竞争力是其持续的创新能力、独创的创新体系以及追求全球领先的价值理念。

公司定位在高端改性工程塑料，坚持自主创新，加大研发投入，立志成为国内改性工程塑料行业的名牌企业，以领先的技术和宽广的视野及丰富的企业经营经验，成为行业标准制定者。公司自成立以来，业绩每年翻倍增长。

公司已成功开发出 9 个系列的改性工程塑料：改性 PC 系列、PC/ABS 合金系列、PC/PET 合金系列、PLA/PC 等合金。产品各方面性能指标均达到国际先进水平，打破了长期以来跨国巨头公司（GE，拜耳、杜邦、巴斯夫）在高性能工程塑料产品领域的垄断。电子电气等行业，客户包括一汽大众、上海大众、华为、西门子等。公司产品已获得一汽大众、德国大众、华为等多项认证。

核心竞争力

改性技术中引入流变学（上海交通大学流变所是国际一流，亚洲首屈一指的流变学研究机构），通过对熔融挤出流场的控制，来达到对流动和形变的控制，进而控制材料的分子结构和形态结构，最终达到对产品质量的控制，以获得高性能的改性塑料产品，取得技术上的重大突破。产品的各项性能指标、质量稳定性以及环保性能要求等方面均已达到国际先进的技术水平，打破了国外多年以来在工程塑料改性技术领域的垄断。

公司成立以来，取得以下荣誉资质

- 十一项发明、两项实用新型、一项外观设计专利、7 个软件著作
- 高新技术企业
- 国家火炬计划
- 国家工信部中小企业发展专项
- 获浦东新区重点研发机构
- 电镀级 PC/ABS 合金产品获上海市高新技术成果转化认定
- PC/PBT（PET）产品获上海市高新技术成果转化认定
- PC/PLA 合金产品获上海市高新技术成果转化认定
- 抗静电 PC/ASA 产品获上海市高新技术成果转化认定
- 生物降解塑料 PLA/PC 项目获上海市创新基金
- PC/ PET 产品获上海市高新技术成果转化认定
- 上海市引进技术的吸收与创新计划项目
- 上海市科技小巨人培育企业
- 公司产品通过 SGS 环保认证及 UL 产品安全认证
- 通过汽车行业 TS16949 质量体系认证
- 上海市专利试点企业
- 上海市专精特新企业
- 浦东新区科学技术奖
- 浦东新区科学技术奖创业团队奖
- 2013 年获得 TCL 投资
- 2014 年获得深圳达晨投资
- 2016 年获得北汽集团投资
- 获经信委技术改造专项资金支持

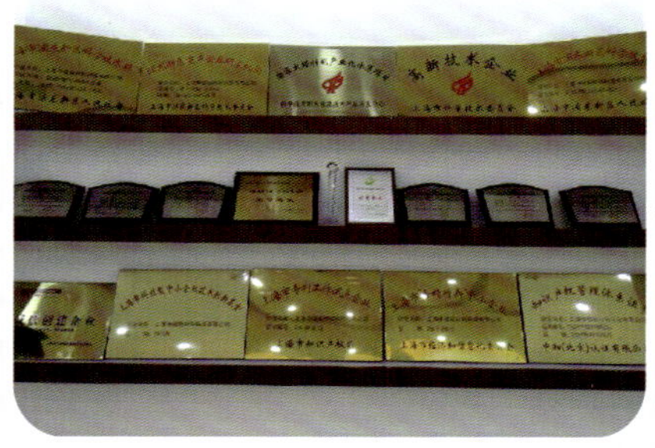

销售及市场

中镭科技产品已成功打入汽车、通讯两大行业。

汽车行业客户：一汽大众、一汽奥迪、上海大众、德国大众、北京奔驰、华晨宝马、特斯拉等。

通讯行业客户：华为、西门子、阿尔卡特。

公司地址：上海市浦东新区南汇新城镇飞渡路 66 号 2 幢 邮编：201306
网址 :www.zhongleiscience.com 联系电话 :021-68256865

巴斯夫催化剂（上海）有限公司

单位概况

2006 年 6 月，巴斯夫并购安格公司，并于次年 7 月更名为巴斯夫催化剂（上海）有限公司。公司生产机动车排放控制催化剂，用于汽油车、柴油车及摩托车。公司于 2000 年 7 月起投入商业运营。

作为全球领先的催化剂供应商，巴斯夫在废气排放控制领域有着卓越的技术成就。所生产的催化剂产品在市场上有着广泛的应用，包括汽车、摩托车和柴油机等三大领域，如汽车尾气三元催化转换器、摩托车尾气催化剂、柴油机尾气催化剂等。这些产品保护着我们共同呼吸的空气。

巴斯夫催化剂（上海）有限公司以优质的解决方案服务于客户，能够帮助客户满足国家现行排放标准以及将来更加严格的汽车尾气排放标准。其技术一直在同行业中占有领先地位，并在扩大产能、技术研发方面都有很大的投资，以保持其长期以来对市场的承诺，我们将继续竭诚为中国市场及客户提供最优质的服务。

巴斯夫催化剂（上海）有限公司一贯重视产品品质量管理与提高，同时致力于环境保护，对相关环境因素进行科学管理和持续改进，已通过了 TS16949 质量管理体系、ISO14001 环境管理体系、ISO50001 能源管理体系、OHSAS18001 职业卫生安全管理体系。

社会责任

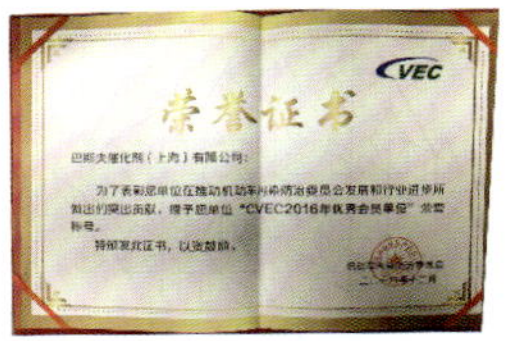

巴斯夫催化剂和中国环境科学研究院（环科院）保持长期研发合作，在过去 10 年成功研发合作基础上，巴斯夫于 2014 年签署新的战略合作协议，携手应对严峻的大气污染问题，特别是北京和华北地区的雾霾。

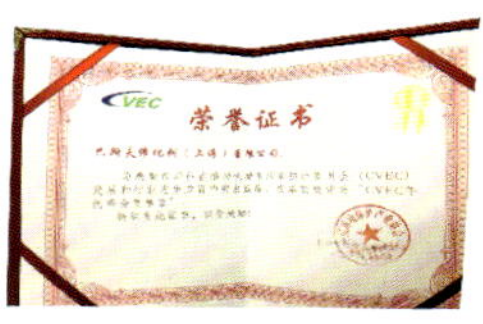

中国环境科学研究院隶属于中华人民共和国环境保护部，是国家级社会公益非营利性环境保护科研机构。双方的合作将聚焦三大领域：首先，巴斯夫和环科院将共同研究中国市场汽车后处理装置的试验评价与监管，借鉴欧洲和北美的先进经验，为制定相关的技术政策和监测措施提供支持；另外，双方也将联合开展中国在用汽车排放状况研究；以及节能环保领跑者技术研究。

在巴斯夫催化剂，我们将经济效益、社会责任及环境保护结合在一起，通过研发与创新，帮助客户在各行各业满足当前和未来的社会需求。不仅多次获得客户颁发的优秀供应商奖项，更获得行业内的认可，获得行业协会等组织颁发的奖项。

单位文化

根据“创造化学新作用”这一战略，巴斯夫制定了远大的目标，继续巩固全球领先化工公司的地位。我们致力于推动可持续发展的未来，并将其融入公司宗旨：创造化学新作用——追求可持续发展的未来。我们希望创造一个充满活力的未来，为提高每个人的生活品质作出贡献。为此，我们充分利用现有资源，为客户和社会创造化学新作用。

安全与责任关怀作为我们的首要考虑

每一位员工、每一天、在每个基地都必须承担个人责任，提升安全状况，履行责任关怀的承诺。执行任务前进行风险分析并采取纠正措施，从而提升操作安全性；察觉安全隐患时及时报告；彼此之间相互照应。

固守法规行事

不得随意歪曲规则。每位员工都有责任做事正确，并要求共事者同样处事。与责任关怀一样，合规也是公司运营的根本，我们都必须达到此领域内的高标准要求。

以创新取胜

作为一家科技企业，我们必须通过创新取胜。创新是我们脱颖而出的关键，没有创新，企业就会丧失竞争优势，面临客户流失的风险。每位员工都有责任开创创新型解决方案和推动创造性思维，帮助企业继续保持行业领先地位。创新不只是研发（R&D）的任务，也是每位员工的责任。

追求卓越执行

客户是我们所有工作的中心；客户与我们合作的体验感受不仅直接影响着他们的选择，也会改变他们对巴斯夫和巴斯夫竞争对手的看法。请抽时间了解你的职责会如何影响客户，确保能以卓越、值得信赖的方式打造一流的客户体验，满足客户的需求。

1. 我们从以下方面落实企业宗旨

负责任地进行采购与生产 / 成为公平可靠的合作伙伴 / 汇聚创新思想，发掘满足市场需求的最佳解决方案

2. 我们的战略原则

凝聚集团整体力量增加价值。巴斯夫的一体化理念在业内独树一帜。涵盖生产一体化、技术一体化、专知一体化以及全球所有相关的客户行业，这个复杂而又具有盈利性的体系将在未来不断扩大。我们以此整合自身优势，凝聚集团整体力量增加价值。

追求创新帮助客户更加成功。巴斯夫将更贴近客户需求，利用创新的可持续发展解决方案帮助客户获得成功。通过与客户及研究机构的密切合作，巴斯夫整合了化学、生物、物理、材料科学、工程等领域的专业知识，共同开发定制产品、功能性材料、系统解决方案和工艺技术。

引领可持续发展的解决方案。未来，可持续性更是新商业机遇的起点。因此，巴斯夫高度重视可持续性与创新，并将其视为促进盈利增长的重要动力。

建立最佳团队。全球敬业称职的优秀员工是巴斯夫追求可持续发展未来的关键因素。为了建立最佳团队，我们为员工提供了优越的工作环境和具有包容性的领导文化，鼓励相互信任、相互尊重，并追求最高绩效。

3. 我们的价值

公司战略的成功实施取决于我们如何行动：这就是我们价值观的意义所在。这套价值观将引导我们与社会、合作伙伴和同事之间的互动与协作。

创造力：为了寻求创新和可持续发展解决方案，我们勇于追求大胆设想。我们集合不同领域的专业知识，建立合作伙伴关系以开发增值的创新解决方案。我们不断改进产品、服务和解决方案。

开放性：我们重视多元化—无论是人、观点，还是经验。我们鼓励以坦诚、尊重和互信为基础的对话。我们致力于发展人才，不断提高他们的能力。

责任感：我们承担作为社会一员的责任。因此，我们严格遵守合规标准，并且在安全方面从不妥协。

企业家精神：无论作为个人还是一个团队，巴斯夫的所有员工都为公司的成功作出贡献。我们将市场需求转化为客户解决方案，而取得这些成就源于我们对工作的全心投入，并勇于承担责任。

上海金菲石油化工有限公司

上海金菲石油化工有限公司成立于 1995 年 12 月，是上海石油化工股份有限公司与美国 Chevron Phillips Chemical Company LLP（简称CPChem）组建的合资企业，公司位于上海市金山区卫三路99号，厂区占地 10.6 公顷，总投资为 13,591 万美元。2018 年 10 月外方股权转让后，金菲公司成为上海石化投资发展有限公司的全资子公司，注册资本 4.15 亿元人民币。

公司设计年产 10 万吨全密度聚乙烯。采用美国 CPChem 的环管淤浆法技术，生产工艺运行过程应用 DCS 系统（Honeywell TDC 3000）进行监视与控制，主要工艺参数采用 APCS（先进过程控制系统）进行控制，产品各项质量性能指标稳定。

公司主要有中空吹塑、挤出管材、薄膜和通信电缆绝缘料四大系列产品。产品的共同性状为无毒、无味、无臭的半透明状本色扁圆颗粒或粉状颗粒，具有良好的耐热性、耐寒性、加工稳定性、化学稳定性，以及优良的刚性、韧性和耐环境应力开裂性。其中，挤出管材类产品 TR-480AT 通过了国家 PE80 认证。公司产品采用"中石化"商标，并获得了全国产品与服务统一代码（NPC）的赋码；公司也获得了上海塑料行业名优品牌企业的称号。公司产品符合《食品安全国家标准 食品接触用塑料树脂》（GB 4806.6）。

公司以"一流的技术，先进的工艺，优质的产品，出色的服务"为质量方针，以"提供质量可靠的产品和一流的技术服务"为质量承诺，来满足广大客户的需求。

公司已通过 GB/T19001-2016/ISO9001:2015 质量管理体系、GB/T28001-2011/OHSAS18001:2007 职业健康安全管理体系、GB/T24001-2016/ISO14001:2015 环境管理体系及 Q/SHS0001.1-2001 中国石化安全、环境与健康(HSE)管理体系的认证。公司是上海市外商投资先进技术企业，并且连续8年荣获上海工业企业销售收入排名前 500 强。

公司简介

正欧系列企业集研发、生产、施工服务于一体，建有先进生产基地和设施完备的实验中心。是上海高新技术企业，先后荣获有关部门及行业数十项荣誉及表彰。

公司新投入一亿多元，优化了设施，采用电脑控制的全封闭自动化流水生产设备，大大改善了工作环境，提高了效率和可靠性。是目前民族品牌中最大的地坪漆生产厂。

从发展之初的产品同质化，无核心竞争力，到品质达到国际先进水平，在激烈的市场竞争中脱颖而出，我们克服了很多困难。除生产正欧品牌产品外，还为中外数十家企业代工地坪材料。

公司地坪产品全，施工经验丰富，设备先进，尤其擅长大项目突击作业，积累了2亿多m²各类地坪施工指导经验，广受客户好评。

上海金昌工程塑料有限公司

Shanghai Jinchang Engineering Plastics Co.,Ltd.

上海金昌工程塑料有限公司位于上海西南隅杭州湾畔的金山卫，是上海石油化工股份有限公司全资子公司上海石化投资发展有限公司与日本JNC石油化学株式会社、日本伊藤忠商事株式会社组建的中外合资企业。公司引进日本先进的改性材料生产技术和设备，生产高性能改性塑料，年生产能力达到5万吨。本公司具有全面的开发、测试技术与优良的售前、售后服务能力，为客户提供全面的新产品解决方案。

公司自1994年成立、1996年正式投产以来，已自行开发了3000多个牌号，近2000个色牌号的产品，创出了一批优质产品，广泛应用于汽车、家电等行业，经过二十多年产品研发和经验积累，公司目前已获得国家专利16项，2013年起获中国合格评定国家认可委员会实验室认可证书，在汽车、家电等行业均具有较高的知名度。公司成立至今已相继建立和实施了ISO9001、IATF16949质量管理体系；GB/T24001环境管理体系；OHSAS18001职业卫生管理体系；Q/SHS0001.1安全、环境与健康管理体系以及安全生产标准化；并连续多年获得“上海市塑料行业名优品牌”“上海市高新技术企业”“上海市守合同重信用AAA级企业”“上海市诚信创建五星级企业”以及多家客户颁发的“优秀供应商”等荣誉称号。

汽车专用料

JC-汽车系列产品主要用于汽车内外饰件，具有良好的耐候性、耐热老化性、耐寒性，以及二次加工性能，如可焊接、涂覆等，可满足不同部件的性能要求，已得到大众、通用、本田、丰田、尼桑等汽车公司的认可与使用，其卓越的材料性能，已经成为业内企业的首选。

家电专用料

JC-家电系列产品是以各类树脂为基体，通过改性，赋予材料以高刚性、冲击性、耐热性、抗静电性、高光泽度、阻燃及抗菌等性能。与西门子、松下、三洋、伊莱克斯、美的等国内外大型家电公司有着广泛的合作。

其他专用料

JC-其他系列以其良好的性能，广泛用于医用大输液瓶盖等医疗器械包装、电线电缆部件、建材、食品包装、办公用品、机电等多个领域。

联系地址：上海金山区石化卫二路8号　联系电话：021-57934143　传真：021-57934602　公司主页：http://www.sh-jcpp.com　邮编：200540

天境生物科技（上海）有限公司

主营业务

天境生物是由臧敬五博士领衔创立的立足于中国的全球性创新生物药研发企业，公司聚焦于肿瘤免疫和自身免疫疾病领域具有“全球首创”“同类最优”潜力的创新生物药研发。公司凭借在靶点生物学、抗体分子工程研发及转化医学研究、临床前及临床研究上的优势，正快速推进具有国际竞争力的项目管线。

企业亮点

天境生物管理团队平均拥有超过 15 年的从业经历，具有全球药企和中国医药研发和管理，涵盖药学、注册法规和临床开发各个阶段的全程研发能力，并在上海、北京、美国、中国香港、澳大利亚分别设立分公司及办事处。

公司成立至今三年时间内，通过自主研发加产品引进的双驱动药物研发模式，迅速开发出拥有近 20 个在研项目的创新管线，获得 95 个国际专利，1 个国家重大专项。

天境生物已成功将 7 个项目带进临床研究阶段（新增 1 个临床 3 期，4 个临床 2/3 期， 3 个美国临床 1 期），同时还有 8 个具有“全球首创”潜力的双特异抗体在研，预计 2020 年进入美国临床 1 期；2021 年起将有 4 个系列产品上市。

天境生物积极开展深入的全球合作，3 年内完成 14 项全球和中国项目授权和战略合作，包括 5 个产品引进， 4 个产品专利授权，5 个产品的全球合作开发。

通过项目转让，天境生物自 2018 年起已实现营业收入；计划于 2022 年起形成产品销售收入；预计近期项目转让收入约为 2 亿美元（2019-2021）。

目前公司正积极进行抗体生产及产品商业化布局，预计到 2021 年将实现首个产品中国上市。

发展情况

成立三年来，天境生物产品线的推进超出投资预期。基于公司极强的自主研发能力、团队管理和执行力，公司已成功推进 7 个项目进行临床开发，自 2018 年 12 月至 2019 年 1 月，3 个具有同类最优或同类首创潜力的自主研发、拥有全球知识产权项目通过美国临床试验审批，打破国内创新药企业在美获批临床批件速度的记录，其中 1 个项目已进入临床 1 期试验。

2019 年 2 月，全球著名生物技术刊物 GEN 发布《2019 年全球免疫肿瘤学领域 TOP10 创业公司》榜单，天境生物是唯一一家上榜的中国公司。

投融资

2017 年，天境生物和天视珍合并，同时完成 B 轮 1.5 亿美元融资；2018 年 7 月，成功完成 2.2 亿美元的 C 轮融资，并成为中国创新药领域 C 轮最大融资的企业。目前天境生物正在筹备上市事宜。

CRO

CMO

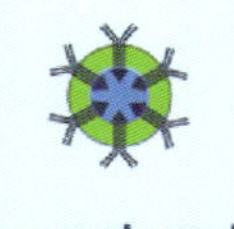
licensing in

licensing out

扬子江药业集团上海海尼药业有限公司

扬子江药业集团上海海尼药业有限公司（以下简称海尼）是由扬子江药业集团独资成立的一家产学研相结合的国家大型医药企业。现有员工600余人，公司投资总额约为4个亿，厂区占地面积约20万平方米，总建筑面积7万平方米。2018年公司销售总额达25亿元，上缴税金达4.21亿元，并获得由中国工商行政管理总局授予的全国工商总局“守合同重信用”企业称号。

海尼致力于向全社会提供优质高效的药品和健康服务，产品中西药并举，覆盖循环系统药、抗生素、神经系统药、医疗器械等多个领域。2014年公司荣获“上海市质量金奖”，并通过上海药企少有的CNAS国家实验室认证（ISO17025），2016年联合申报项目“国际化导向的中药整体质量标准体系创建与应用”荣获国家科技进步二等奖。2018年海尼首次参加第43届国际质量管理小组大会，斩获海尼首个国际金奖，成为上海医药企业首个获得此殊荣的企业。更值得欣喜的是海尼还获得2018年上海市企业管理现代化创新成果奖一等奖以及2018年度上海市质量标杆。

海尼坚持“高质惠民，创新至善”的核心价值观，走科技兴企、科技强企的发展道路，注重技术创新平台的建设。近三年来，公司取得4个新品种上市，获得国家重点新产品2项，上海市著名商标2个，上海名牌产品2项，累计申请发明专利61项。同时与上海长征医院合作开发的三类医疗器械产品－器官保存液，2018年10月在北京正式上市，填补国内产品空白。

创新研发方面，海尼注重技术创新平台的建设，设有院士专家工作站以及博士后工作站平台，同时加大产品的创新研发投入。目前海尼共开展30项在研品种研发工作，其中创新药2个，4个品种一致性评价研究。成立至今，研究所共获18个生产批件，14个品规的临床批件，授权发明专利25项。

海尼力求引领行业发展，努力将海尼药业打造成国内知名制药企业，推动“海尼制造”向“海尼创造”转型。

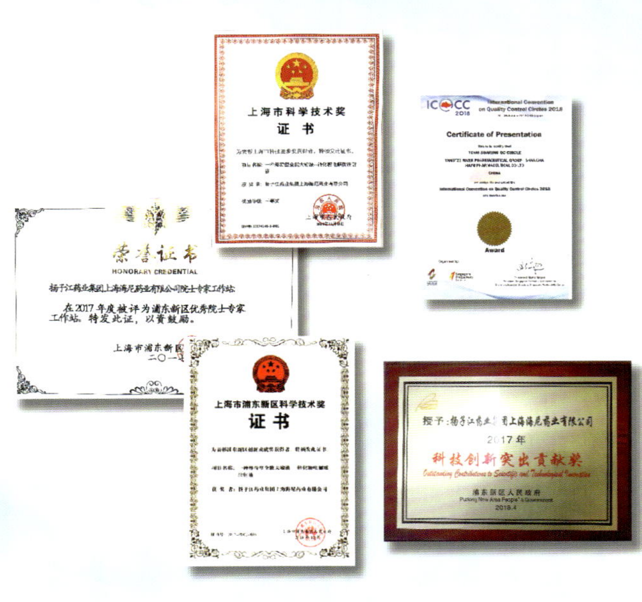

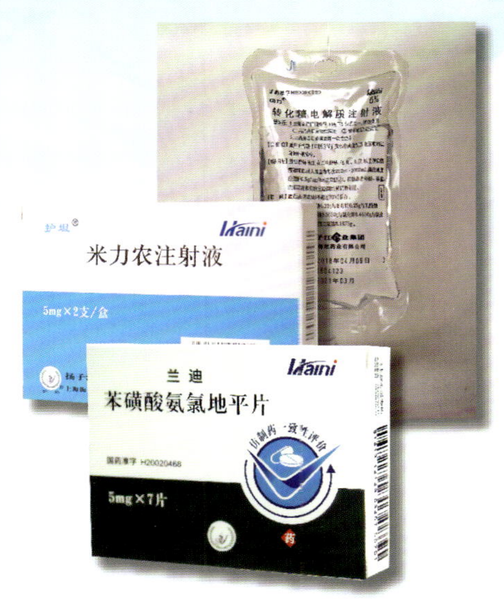

地址：上海市浦东新区沪南路3999号
电话：021-68128999　　　　邮编：201318

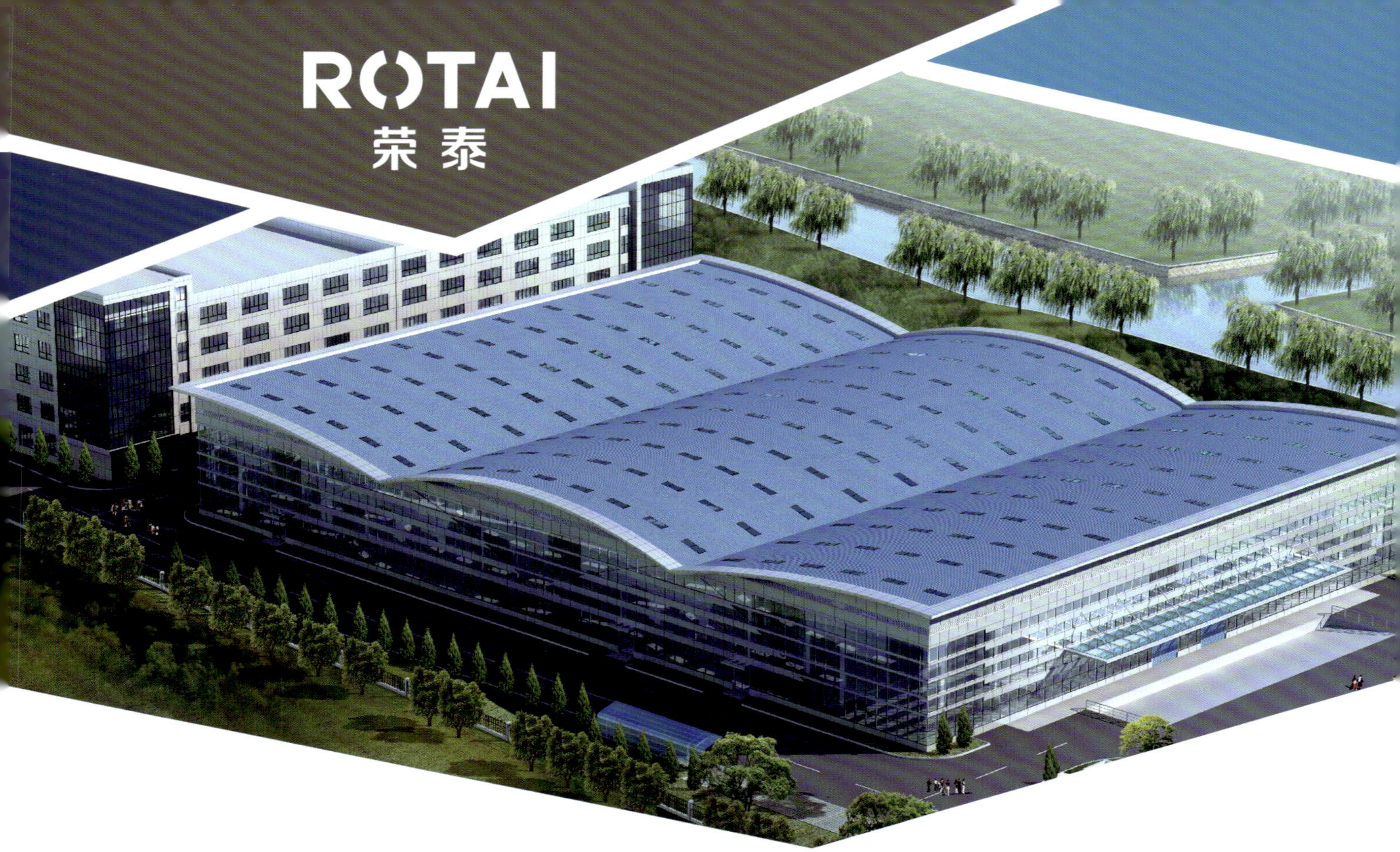

ROTAI
荣泰

公司简介

上海荣泰健康科技股份有限公司成立于2002年，品牌创立于1997年，于2017年1月11日A股上市（股票简称：荣泰健康，股票代码：603579）。是一家集研发、制造和营销为一体，专注于健康产业的按摩器具（主营按摩椅）、科技养生解决方案供应商和品牌服务商。

作为智能按摩椅创享者,荣泰健康在以“进入千万家庭,服务亿万人群”为企业愿景的同时,一直关注科研创新,在产品上不断突破延伸,打造出系列智能按摩椅。并以“按得好，睡得香”的智能按摩椅产品文化理念，向消费者传递健康生活新风尚。

荣泰健康已经拥有发明、实用新型和外观设计专利达100多项。曾先后被授予“中国驰名商标”“上海市品牌培育示范企业”“上海市五一劳动奖状”“科技小巨人企业”“上海创新型企业”“高新技术企业”“上海市认定企业技术中心”“上海市文明单位”“海关高级认证”等多项荣誉。

荣泰健康以科技的力量，成就全球用户的健康生活，坚持使用节能环保的材料，以先进的制造方式，争当业内环境贡献模范企业，为中国节能环保领域作出贡献。目前荣泰企业通过了ISO9001质量体系认证、ISO13485质量管理体系认证、ISO14001环境管理体系认证，产品获得了CE、CB、ETL、RoHS、PSE、FCC等多项品质和安全认证。凭借卓越的产品和良好的服务，“荣泰”已经成为国内按摩椅行业的知名品牌，产品畅销全国，并远销东南亚、中东、欧洲和北美等国家和地区。

ChemPartner

Dedicated to LifeScience

上海睿智化学研究有限公司

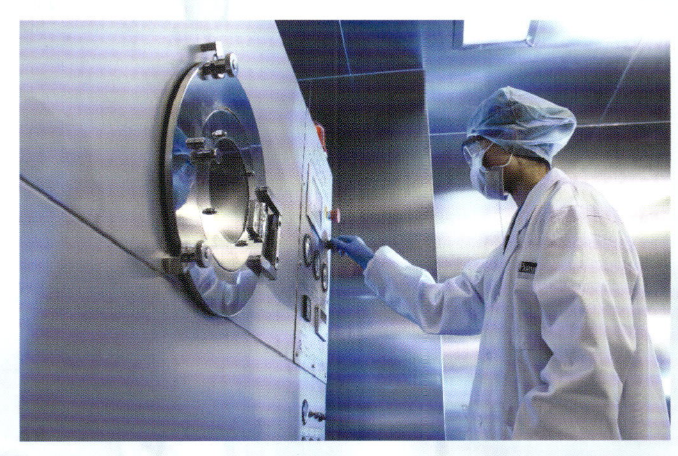

2003 年，上海睿智化学研究有限公司诞生于张江生物医药基地，是中国成立较早的 CRO 公司之一。上海睿智已成为一家世界领先的科研外包服务机构（CRO+CDMO 业务），业务涵盖生物药早期研发、化药早期研发、药理药效、药代药动及早期毒理、生物药工艺开发与生产、化药工艺开发与生产、临床样品生产等新药研发各环节，为客户提供整合一体化的新药研发和生产外包服务。

上海睿智拥有一支高水平的研发团队，由 2000 多名员工组成，其中近 200 名博士，44% 的 CRO/CDMO 研发人员具备硕士及以上学历。公司配备大规模最先进的科研、办公设施、cGMP 级别的公斤级实验室以及医药中间体生产设施，研发基地坐落于张江、奉贤、启东、成都和南旧金山五个地区。成立于 2015 年的南旧金山研发中心，起着与国际顶尖学术机构达成战略合作的重要桥梁作用。目前，我们已和 UCSF, Scripps Research Institute, Mount Sinai, Stanford Research Institute 等机构建立了学术合作关系以支持创新研究。

我们始终坚持“科学为本，技术领先”，成功帮助数以千计的国内外制药公司完成化药和生物药的研发项目，包括全球前 20 位的生物医药技术企业，如辉瑞 Pfizer、葛兰素史克 GSK、礼来 Lilly、阿斯利康 AstraZaneca 等国际知名跨国医药企业。公司根据客户研发项目的需求，向客户提供其所需要的产品，每年上海睿智开发或者提供的产品种类繁多，数量从毫克级到百公斤级不等。

公司参与过的 200 多个靶点新药的研发项目中，已有多个进入不同里程碑阶段。其中，Agios 的 IDH1/IDH2 靶向新药研发已获 FDA 上市批准，用以治疗突发或难治的急性白血病。岸迈生物的双特异性抗体 EMB-01 已进入临床开发阶段，用以治疗非小细胞肺癌、以及头颈癌、肝癌、胃癌等实体瘤。上海璎黎药业的 PI3K delta 选择性抑制剂已获得 NMPA 的临床阶段，用以治疗复发难治的淋巴瘤。Blueprint 的 Talazoparib 项目获得了 FDA 上市批准，用以治疗携带 BRCA 突变和 HER2 阴性的乳腺癌患者。

公司曾获得包括上海市首批服务外包重点企业、上海市技术先进型服务企业、上海市“科技小巨人”企业、高新技术企业、上海市认定企业技术中心、上海浦东新区生物医药科研设备共享网络平台服务提供单位、上海市专利工作试点企业、张江高科技园区“最具成长潜力”企业等资质和荣誉认可。

十六年来，上海睿智已经凭借强大的科研实力取得了可喜可贺的成绩，未来我们将继续秉承坚持“降低新药研发门槛，促进人类生命健康水平”为目标，不断拓展新的技术能力和平台，为新药研发和人类健康事业作出贡献。

上海睿智化学研究有限公司

地址：上海市张江高科技园区
哈雷路 965 号 10 号楼

总机：021-51320088

邮编：201203

E-mail：sales@chempartner.com

Http：www.chempartner.com

上海天慈国际药业有限公司（以下简称“天慈”）是以混合所有制模式经营的集研发、生产、销售于一体的综合型生物医药企业。天慈的总部位于上海张江国家科学城，公司的科研中坚力量由一批在业内具有丰富经验的高级专家学者组成，拥有专业仪器设备一流的研发中心。正在建设的天慈国际生物医药成果转化基地，占地211亩，总建筑面积28万平方米，生产设施采用国际一流技术标准，最多可提供80条GMP生产线。

天慈多年来坚持研发投入，鼓励知识创新，承担了“重大新药创制”等多项国家级和省市级科技重大项目，在肿瘤、心血管和神经系统方面有多个新药研究取得重大突破。截止2018年底，已申请专利65项，授权专利37项，其中授权发明专利26项。不懈的努力，也让天慈得到了社会的高度认可，现已荣获高新技术企业、上海市科技小巨人企业、浦东新区高成长型总部等多项荣誉称号。

张江被誉为“中国药谷”，在生物医药领域的创新能力在全国首屈一指，并且具有一定的世界影响力，但同样面临因成果转化难而造成的技术成果流失问题。天慈国际生物医药成果转化基地采用“A+W”创新产业模式，致力于解决产业化最后一公里的瓶颈。其中“A”是指天慈国际通过自主创新所积累的一批创新药和高端仿制药的集中生产；“W”代表“We Pharma”，它的含义是大家一起来造药，“We Pharma”是基于MAH制度打造的股权合作开发新药的创新模式，从而最大程度实现科学家与企业之间的分工合作，同时也最大程度保障科学家的实际利益。“A+W”是“柔性、开放、给予”的共享平台，科学家入驻基地后，只需一心一意做研发，其他“角

上海天慈国际药业有限公司

色”都由基地帮助完成。比如，基地将提供公用系统服务，行政办公、统一仓储、生活配套等问题将一站式解决。基地还会是一个融资平台，为研发团队推出个性化金融服务。拥有 4000 人规模的专业医药销售团队，基地还将为企业提供药品注册服务，协助入驻者获得生产批文，并真正做到包产包销，将生物医药行业从研发、生产到销售全产业链的资源进行整合，为创新创业者提供专业的同业服务大平台。

该基地是张江生物医药成果转化的功能性平台，将成为张江生物医药创新链的重要补充。这种“统一建设，分割经营，集成资源，利益分享”的创新模式，将最大程度发挥上海土地资源的产业化能力，让尽可能多的技术成果持有者在长期利益得到保证的前提下，将新药产品的工业化生产留在上海，帮助生物医药产业真正成为上海的支柱产业。

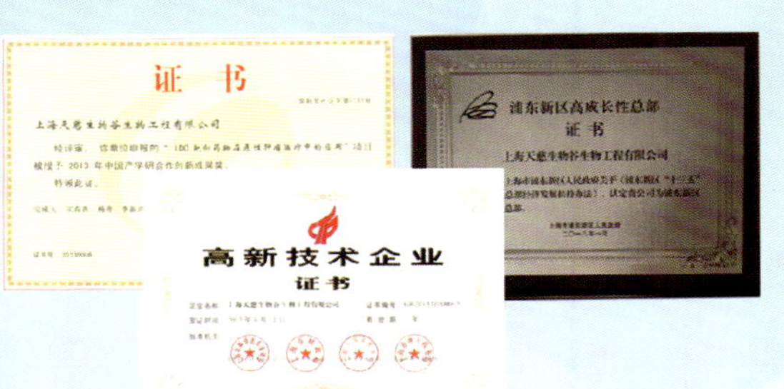

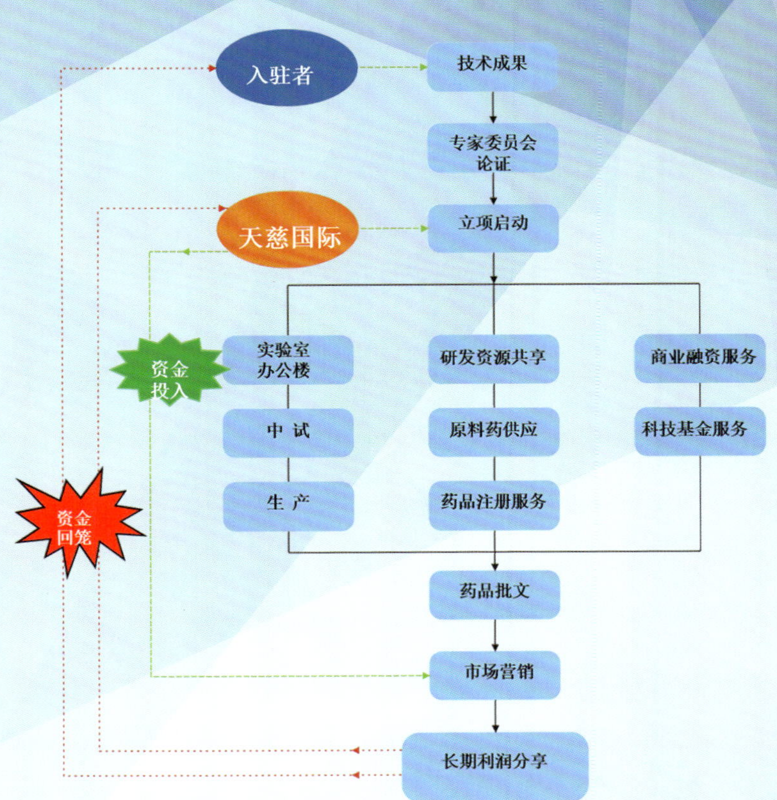

上海熙华检测技术服务有限公司

上海熙华检测技术服务有限公司成立于 2015 年，位于张江药谷核心区和周浦国际医学园区，是一家专注于生物样本分析、仿制药一致性评价的生物医药企业，国内领先的符合国际规范的药物临床试验生物样本分析第三方实验室，上海市仿制药质量和疗效一致性评价专业技术服务平台承建单位，2015-2018 年连续四年通过卫生部临床检验中心的室间质评，2018 年 11 月被上海市科学技术委员会认定为上海市高新技术企业。

公司拥有一支由海归博士领衔的优秀研发和服务团队，管理团队曾先后任职于国际知名药企和 CRO 公司，精通国内外生物分析的法规和质量体系，在药物临床试验生物样本分析领域积累了丰富的经验。现有营业场地 2800 平方米，服务设备齐全，配套 200 多台近 5 千万元的仪器设备，包括三重四极杆串联质谱仪 31 台，超敏因子电化学发光分析仪 2 台，可提供生物等效性（BE）评价、临床药代动力学（PK）研究、生物样本分析、临床试验稽查与咨询、仿制药开发等技术服务项目。

公司成立 4 年来，注重技术积累，已建立 200 个化学药、20 个生物药的生物分析方法学，承担 400 多个品种的 BE/PK 研究，其中 27 个项目通过 NMPA 的现场核查或免检。公司坚持“质量至上，严守时限”的服务理念，与 100 多家国内外知名药企、临床 CRO 和高校研究所建立广泛的合作关系。

上海复宏汉霖生物技术股份有限公司

Shanghai Henlius Biotech, Inc.

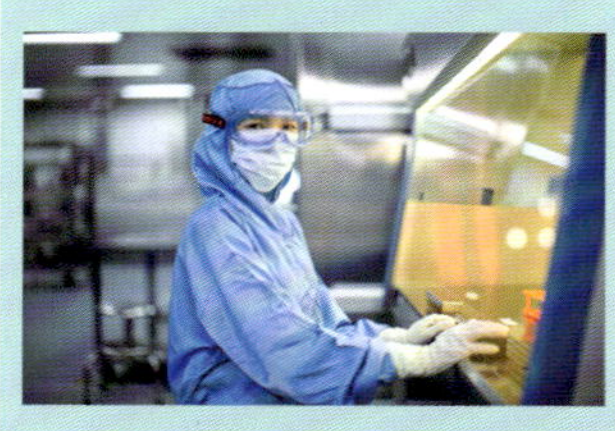

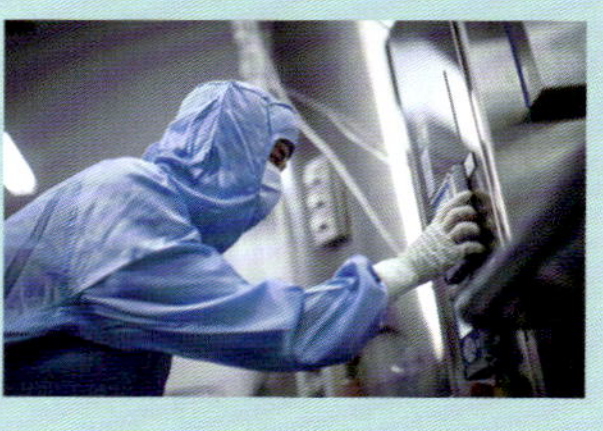

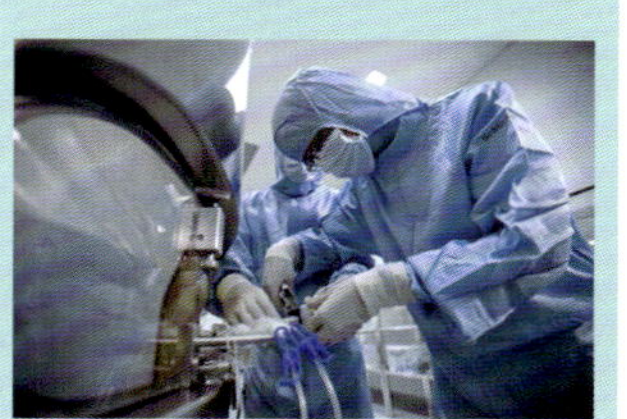

上海复宏汉霖生物技术股份有限公司为一家中国领先的生物制药公司，致力于为全球患者提供质高价优的创新生物药。自2010年成立以来，公司在中国上海、台北和美国加州均设有研发中心，已经建立并持续拓展全面的生物类似药及生物创新药产品管线，产品覆盖肿瘤、自身免疫性疾病等领域。

截至目前，复宏汉霖13个产品、2个联合治疗方案已完成23项适应症的临床试验申请，累计获得全球范围内29个临床试验许可（中国大陆19个，中国台湾3个，美国3个，欧盟、澳大利亚、乌克兰和菲律宾各1个）。其中，公司首款重磅产品汉利康（利妥昔单抗注射液）已获国家药监局新药上市注册批准，成为中国首个获批上市的生物类似药。HLX03（阿达木单抗注射液）于2019年1月获国家药监局新药上市申请受理，现已纳入优先审评程序。HLX02（注射用曲妥珠单抗）相继在中国大陆、乌克兰、欧盟波兰和菲律宾全面启动国际多中心3期临床试验，成为国内首个开展国际多中心3期临床研究的生物类似药，于2019年4月获国家药监局新药上市申请受理。

上海复宏汉霖生物技术股份有限公司
地址：上海市虹梅路1801号A区凯科国际大厦9楼
电话：021-33395800　邮编：200233
Email：henlius@henlius.com
http://www.henlius.com/

biomabs

上海百迈博制药有限公司

企业简介

上海百迈博制药有限公司坐落于制药研发与生产机构云集的上海市浦东张江高科技园区，占地 60 亩，建筑面积 2.5 万平方米。公司从事单克隆抗体药物为主的生物制品的研发、成果转让、生产和销售业务，是国内最早进入抗体药物领域的生物医药企业之一，已拥有 12 项抗体新药的技术和国内外专利。公司科研项目入选多项科技部国家重大新药创制项目、四部委的蛋白类生物药专项、“863”计划等国家重大项目。

公司作为一家新兴的高技术企业，总体发展定位是以高端抗体为核心的生物药新技术新产品的研发和产业化生产与国际化发展，针对重大疾病开发具有自主知识产权和核心技术的抗体药，突破制约我国抗体药物产业发展的关键技术瓶颈，实现抗体药物的产业化生产，满足我国广大患者对抗体药物的需求。同时，公司积极开展抗体药物的国内国际合作研究开发、合作生产、加工等推动企业的产业化发展。

公司已建成符合中国、欧盟要求的现代化一流生物制药车间，现拥有 2 条 350L、2 条 500L、2 条 3000L 哺乳动物细胞发酵规模的抗体蛋白药物原液生产线，1 条年产能 1000 万支水针 / 冻干粉针剂的制剂生产线以及 1 条产量 200 万支预充针生产线。

公司的发展目标是致力于抗体药物的 CDMO 服务，建成符合中国、欧美要求的现代化一流生物制药服务企业。

地址：上海市张江高科技园区李冰路301号

电话：86-21-51323388

扫描二维码

关注百迈博官方微信

华领医药技术(上海)有限公司
Hua Medicine (shanghai) Ltd.

中西合璧 | 联合创新
患者为先·良药为民·创新为本

公司概述

华领医药是一家立足中国，针对全球糖尿病患者尚未满足的临床需求，研发全球原创新药的生物技术公司。华领医药汇聚全球高端人才和科技资源，以国际顶级生物医药投资团队为依托，成功实现了全球首创糖尿病新药Dorzagliatin（HMS5552）在中国完成药品可开发性临床验证，率先进入注册性临床试验阶段。公司已在中国开展2个III期临床试验，分别针对新发未经治疗的和二甲双胍治疗失效的2型糖尿病患者人群。公司将启动药品生命周期管理相关临床试验，并拓展糖尿病个性化治疗和管理的先进理念，联合中国和美国糖尿病领域专家，实现对糖尿病和代谢性疾病及其并发症的有效控制。

上海市浦东张江高科技园区爱迪生路275号，201203
275 Ai Di Sheng Road, Zhangjiang Hi-Tech Park, Pudong, Shanghai 201203

电话：+86 21 5886 5299
+86 21 5886 6110
www.huamedicine.com

欢迎关注“华领医药”微信公众号

上海逸思医疗科技有限公司位于张江国家自主创新示范区，成立于 2011 年 11 月，是国家高新技术企业、国家工信部和上海市品牌培育示范单位。企业专注于肿瘤微创外科高端医疗器械研发和产业化，提供完整微创外科手术解决方案。

逸思医疗秉承“实效、学习、创新、功德”的文化理念，以“做广大患者用得起的高品质微创外科产品”为使命，致力于打造属于中国的高端微创外科品牌。企业树立的第一个十年目标是将逸思医疗打造成“中国微创外科领域的行业领导者，国际市场有重要影响力的行业参与者”。公司产品应用于消化系统、呼吸系统、泌尿系统等领域的微创外科手术，包括肿瘤外科、减重和气胸等手术。

昊海生物科技

Haohai Biological Technology

上海昊海生物科技股份有限公司（股份代码：06826.HK，简称昊海生物科技）是一家专注于研发、生产及销售医用可吸收生物材料的高科技生物医药企业，于2007年成立，2015年在香港主板成功上市。其主营业务涵盖眼科、整形美容及创面护理、骨科、防黏连及止血等四个治疗领域。公司产品主要包括利用天然原材料制成的医用透明质酸/玻璃酸钠系列、医用几丁糖系列和医用胶原蛋白海绵系列，亦生产基因工程药物外用重组人表皮生长因子。

昊海生物科技具有较强的研发实力，是国内医用可吸收生物材料领域的领军企业，设立了国家企业技术中心、国家博士后工作站、上海市院士工作站、上海市企业技术中心、上海市工程技术研究中心，成立了上海市创新转化战略联盟。所有核心产品均由内部研发团队为主开发，并借助中国各大高校、科研院所和大型三级医院的力量进行联合研究，其中重组人表皮生长因子和医用几丁糖专利技术均获得国务院颁发的科学技术进步二等奖。2018年，昊海生物科技于3月列入港股“Loncar 中国生物医药指数”，于11月列入“中华香港生物科技指数”；继2016年荣获“国家知识产权优势企业”后荣获“2018年度国家知识产权示范企业”；成功获得2017-2018年（第24批）“国家企业技术中心”称号，是上海自2015年以来第一家入选的生物医药企业。同年，下属子公司上海其胜生物制剂有限公司获评市级企业技术中心，荣获闵行区区长质量奖。

近年来，昊海生物科技通过收购整合国内外具有成熟产品、高端技术及市场资源的目标企业，全面进军眼科高值耗材领域，眼科全产业链布局初具雏形。人工晶体方面，陆续收购了河南宇宙人工晶状体研制有限公司100%股权、珠海艾格医疗科技开发有限公司100%股权、美国Aaren Scientific Inc.亲水及PMMA人工晶状体产品业务以及深圳新产业眼科新技术有限公司60%股权，人工晶状体原料供应商英国Contamac Holdings Limited 70%股权。昊海生物科技建立了完整的产品组合，目前拥有6大品牌，从低端PMMA硬式到高端软式可折叠亲水/疏水人工晶体。

昊天鹰击，海阔鱼跃，昊海生物科技正逐步向海外发展，把中国品牌推向世界，将中国的企业带向世界舞台!

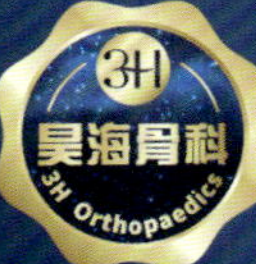

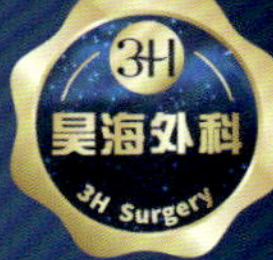

根据CFDA南方医药经济研究所发布的2017年报告，2017年我们是：

中国第一 市场份额 **36.2%**
中国最大 骨科关节腔粘弹补充剂生产商

中国第一 市场份额 **49.0%**
中国最大 手术防粘连剂生产商

中国第一 市场份额 **45.9%**
中国最大 眼科粘弹剂生产商

中国第二 市场份额 **18.6%**
中国第二大产品重组人表皮生长因子生产商

骨科

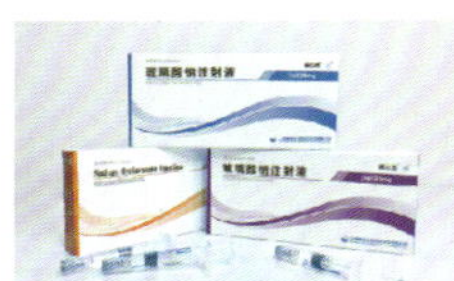

“腾立克”玻璃酸钠注射液

适用于退变性骨关节炎。

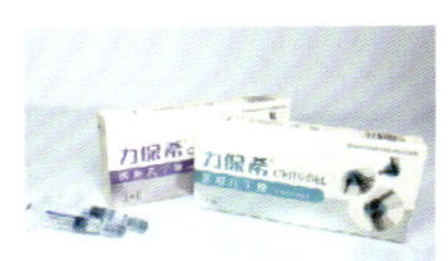

“力保希”关节腔医用几丁糖

适用于外伤性骨关节炎或退变性骨关节炎。

止血 防黏连

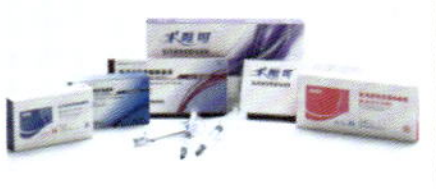

“3H”、“术唯可”、“建华”医用透明质酸钠凝胶

适用于预防术后粘连。

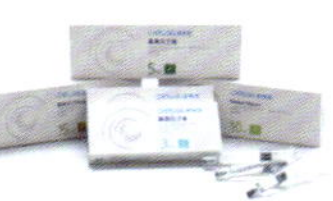

“奇特杰”医用几丁糖

适用于预防腹、盆腔术后粘连，预防骨科肌腱、神经、关节粘连。

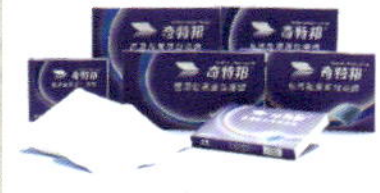

“奇特邦”医用胶原蛋白海绵

适用于各类手术残腔充填，创面止血，促进创面愈合。

眼科

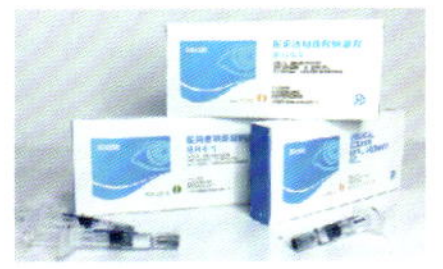

“其胜”、“建华”眼科粘弹剂

适用于眼科手术中对眼角膜的保护及减少并发症。

“眼舒康”润眼液

适用于保护眼角膜，使眼睛避免因眼科手术及受伤而泪液不足。

创面护理及组织填充

“海薇”、“姣兰”交联透明质酸钠凝胶

适用于修复中度至重度面部皱纹和褶皱。

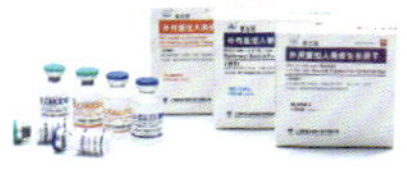

“康合素”外用重组人表皮生长因子

适用于治疗烧伤创面、残余创面、供皮区外伤创面和慢性溃疡的创面。

上海优宁维生物科技股份有限公司

公司简介

科研大楼

物流中心

总部大楼

冷链仓库

上海优宁维生物科技股份有限公司（www.univ-bio.com）成立于2004年底。成立以来，公司一直专注于抗体及相关产品领域，是国内专业的抗体供应商和抗体专家。公司目前在全国设有36个办事处，我们的优质服务就在您身边！

公司本着向正、向善、向上的企业价值观，为全国超过5万名终端客户提供专业、全面、便捷、安全的产品和服务。我们的客户包括大学、企业、医院、制药公司和生物技术公司等。

国网上海浦东供电公司

国网上海市电力公司浦东供电公司于 2010 年 1 月正式挂牌成立，于2012年12月升格为国家电网公司大型重点供电企业，主要承担上海市浦东新区的电网规划、建设和供电服务任务，供电面积约1210平方公里，辖区内拥有各类用电客户241.53万户，最高用电负荷 737.8 万千瓦（2017 年 7 月 26 日），员工总数 1187 人。2018 年，公司完成售电量 326.25 亿千瓦时，全员劳动生产率 859.3 万元／人 · 年。近年来，公司先后获得“亚洲质量创新奖”“中国质量奖”“全国文明单位”“中央企业先进集体”，全国“五一劳动奖状”。连年被授予“国家电网公司先进集体”“上海市文明单位”，在上海公司业绩考核连续 6 年保持第一。

浦东电网是上海电网的重要组成部分，位于上海东南部。在地方政府的大力支持下，经过二十余年的投资建设，浦东地区已逐步建成 500 千伏主网架下的安全、稳定、成熟的区域电网。网内拥有 4 座 500 千伏变电站、30 座 220 千伏变电站、37 座 110 千伏变电站和 186 座 35 千伏变电站，35 千伏及以上变电总容量 27637.5 兆伏安；259 座 35 千伏及以上用户站，主变容量 8150.58 兆伏安；952 座 10 千伏开关站，1.8 万余座各类变配电站；架空线 10567.9 公里，电缆 27353.3 公里。浦东电网综合电压合格率 100%，供电可靠率 99.9882%，陆家嘴沿江 10 平方公里核心区供电可靠率高于 99.999%，与新加坡等国际先进城市达到同一水平，超过香港、纽约等大都市。浦东电网的稳步发展，为浦东新区经济社会跨越式发展和人民生活水平持续提高提供了有力的供电保障。

浦东供电旗舰营业厅——浦电路营业厅

工作人员正对供电设备进行运维检查

工作人员正开展不停电作业

工作人员正对供电设备进行例行巡检

工作人员正梳理滨江区域电气线路

上海久隆电力（集团）有限公司

上海久隆电力（集团）有限公司成立于 1995 年，业务以国内外电力工程综合服务为主，涉及输配电设计、电力设施安装、电力配套服务、管理咨询等领域。公司拥有电力工程总承包一级、设计（送电、变电）乙级、中国电力建设行业协会“调试”乙级资质，并具有承装（修、试）电力设施一级许可证，多次荣获全国守合同重信用企业、上海市重大工程立功竞赛金杯公司、上海市“五一”劳动奖状、国家电网公司先进单位等荣誉。

近年来，公司优质建成上海世博会国家电网馆、500 千伏世博隧道电缆、虹杨 500 千伏输变电、上海市管理精细化“三年行动计划”架空线入地合杆整治工程、延安路中运量、吴淞口国际邮轮港岸电配套、济南东城 220 千伏架空线入地等重点工程。公司在立足国内市场的基础上，还把市场的触角伸向卡塔尔、印尼、阿联酋、巴林、巴基斯坦等国外重点电力工程，以优质高效的服务和顽强拼搏的作风，赢得用户的尊敬。

科技创新是企业发展的源动力，公司紧紧跟踪国际、国内电力前沿技术，着力发展提高企业核心竞争优势的电力施工技术，并产生良好的经济和社会效益。公司作为国内唯一一家从事电力电缆设计、安装和维护的专业施工企业，110 千伏及以上的高压、超高压电力电缆安装技术国内领先，自主研发“电缆敷设变频联动控制系统”创造多项全国第一；“隧道内电缆敷设视频监控系统”“电缆敷设自动化辅助设备”采用智能科技替代传统作业方式，使劳动力成本下降 90%，电缆敷设质量得到有效保证，填补了国际空白，助力虹杨 500 千伏输变电进线电缆打造上海市文明工地升级版。

新时代的脚步骤然敲响，电力已覆盖国民经济各行业、社会各领域，变成人们生活中无处不在的神经。公司将紧紧抓住“三型两网”、建设世界一流城市能源互联网企业和电力需求持续增长的机遇，以优势专业为核心，整合产业链，推进前、后向一体化，形成“咨询 + 设计 + 施工 + 运维 + 售电”的全产业链服务，努力建设现代能源综合服务公司。

上海电力股份有限公司
吴泾热电厂

公·司·简·介

上海电力股份有限公司吴泾热电厂（以下简称电厂），前身是上海吴泾热电厂，位于黄浦江上游西岸，成立于1958年8月，是大型的火力供热发电电厂。1998年8月，改制成立上海电力股份有限公司吴泾热电厂，为上海电力股份有限公司的独资电厂，现拥有2台300MW级亚临界燃煤供热发电机组，另代管上海吴泾发电有限责任公司2台300MW机组。

国网上海市电力公司

国网上海市电力公司是从事上海电力输、配、售的特大型企业，统一调度上海电网，参与制定、实施上海电力、电网发展规划和农村电气化等工作，并对全市的安全用电、节约用电进行监督和指导。

国网上海市电力公司管辖的上海市电网位于长江三角洲的东南前缘，北靠长江，东临东海，与江苏、浙江两省接壤。供电营业区覆盖整个上海市行政区。截至2018年底，国网上海市电力公司管辖各类电网企业、发电企业、施工、科研、医院、能源服务、培训中心等单位27家，共有职工13366人，35千伏及以上变电站1100座，输电线路2.39万公里，全市装机容量2399.7万千瓦；最大市外来电1629.7万千瓦，最高用电负荷3268.2万千瓦，年售电量1325.83亿千瓦时。

公司使命：推动再电气化，构建能源互联网，以清洁和绿色方式满足电力需求
公司宗旨：人民电业为人民
电网发展理念：安全、优质、经济、绿色、高效
核心价值观：以客户为中心、专业专注、持续改善
企业精神：努力超越、追求卓越

战略目标：在率先全面建成与上海“五个中心”相适应的“一强三优”现代公司的基础上，高质量建设与上海“卓越全球城市”相适应、具有卓越竞争力的世界一流城市能源互联网企业，继续争当新时代国家电网公司系统示范先行者、创新实践者和卓越引领者。

战略步骤：到2020年，率先全面建成与上海“五个中心”相适应的“一强三优”现代公司，世界一流城市能源互联网企业建设取得重大进展，基本建成世界一流城市供电网；到2025年，率先基本建成与上海“卓越全球城市”相适应、具有卓越竞争力的世界一流城市能源互联网企业，全面建成世界一流城市供电网；到2035年，率先全面建成与上海“卓越全球城市”相适应、具有卓越竞争力的世界一流城市能源互联网企业，成为全球城市能源企业标杆。

战略路径：以党建为统领，以“卓越”为追求，坚持“双高”发展，实施“双智”驱动，推进“双品”引领。

战略重点：“六个着力”

●着力固“根”筑“魂”，全面加强党的建设；
●着力建设本质安全型智能电网，推进电网高质量发展；
●着力加快全面转型升级，推进公司高质量发展；
●着力实施卓越服务工程，打造具有国际竞争力的一流电力营商环境；
●着力强化价值驱动，全面深化改革创新；
●着力强化战略保障，增强企业执行力、法治力、凝聚力、影响力。

中国电建集团上海能源装备有限公司
POWERCHINA SPEM COMPANY LIMITED

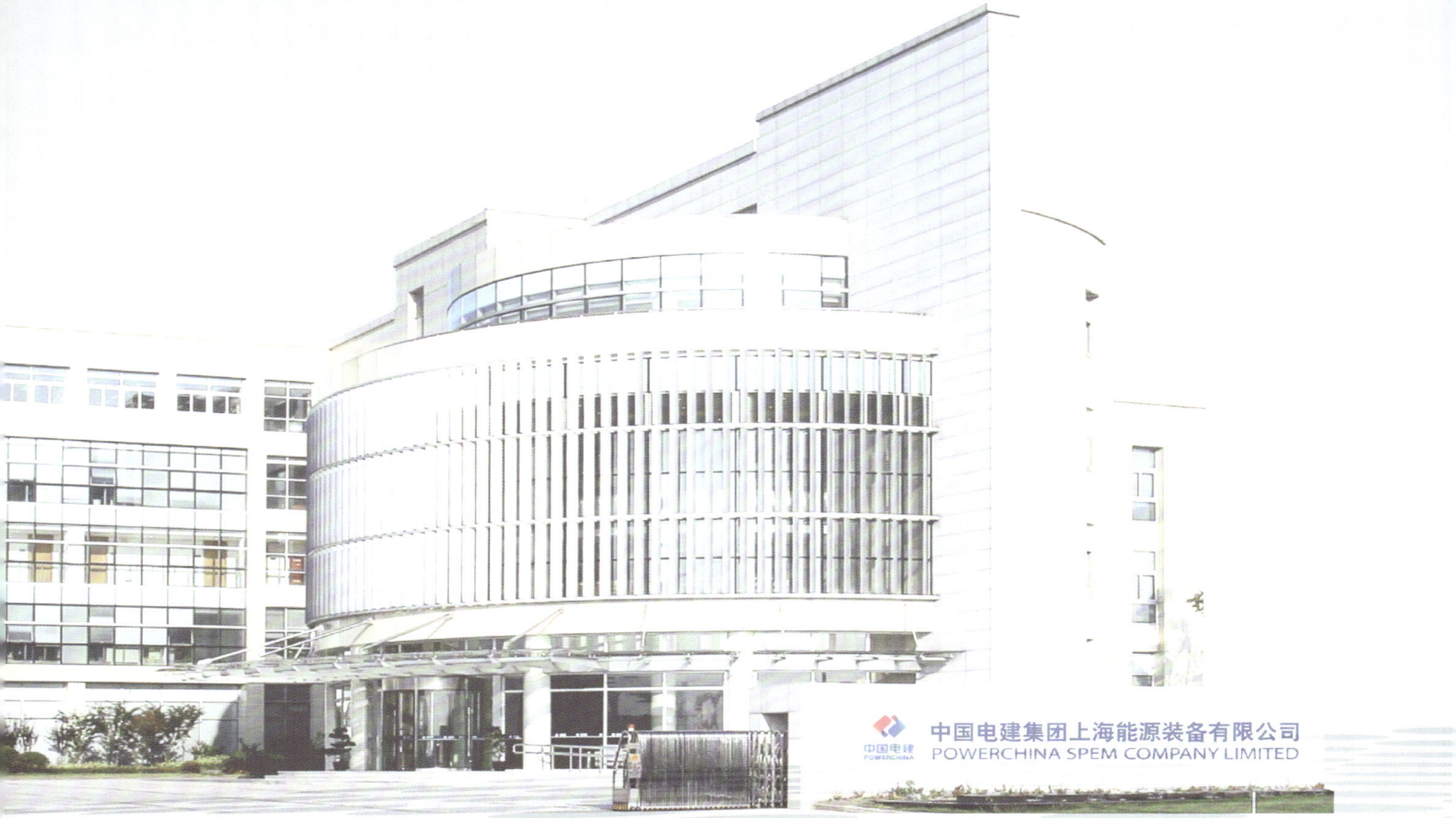

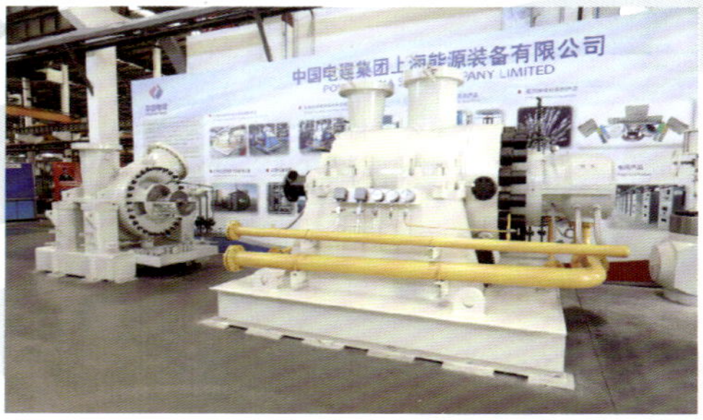

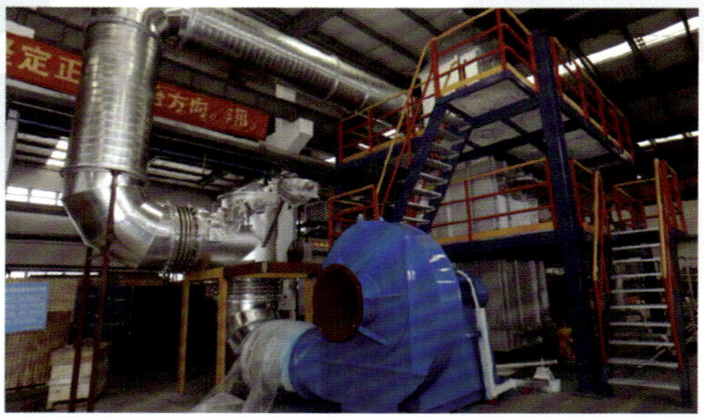

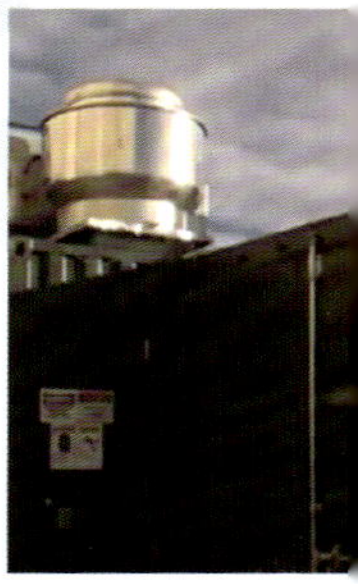

地址：中国 上海航都路80号
Add: No.80 Hang Du Rd., Shanghai, P.R.China

邮编(Post Code)：201316
传真(Fax)：021 3375 8818

电话(Tel)：021 3375 8800
网址(Website)：http://www.spem.com.cn

中国电建集团上海能源装备有限公司，原名上海电力修造总厂有限公司，始建于1956年4月，是世界500强企业中国电力建设集团有限公司全资子公司，注册资本金5亿元。

公司秉承“自强不息、勇于超越”的企业精神，长期致力于研发、制造电站调速锅炉给水泵组、高温高压电站阀门、焊接材料、散料装卸机械、特种车辆、生物质发电、脱硫脱硝、光热熔盐泵、电网电气产品、电站节能改造整体方案的提供等，产品远销海外三十多个国家地区，业务涵盖电力、水利、军工、航天、交通、运输、造船、港口、核工业、石油化工、矿山冶金、光热光伏、节能环保等领域。中国电建集团上海能源装备公司以领先的技术，诚信的理念，全方位的顾客服务方案，全球性的战略视野，现已发展成为集产品研发、设备制造、工程成套和技术服务四大功能为一体的现代化能源装备制造企业。

上海电力股份有限公司

1、上海电力股份有限公司本部大楼

2、上海电力所属漕泾热电 2X239MW 燃气轮机组

3、上海电力所属漕泾电厂 2X1000MW 燃煤机组

4、上海电力所王运丹董事长出席黑山莫祖拉风电项目风机吊装仪式

5、上海电力所属大丰海上风电 H3 海上风电项目

6、上海电力所属日本公司茨城筑波 30MW 农光互补光伏电站

上海电力股份有限公司（以下简称上海电力）地处长江经济带的龙头城市上海，是一家拥有悠久历史的老牌电力企业。公司始建于 1882 年，改制成立于 1998 年 6 月 4 日，2003 年 10 月 29 日在上海证券交易所挂牌交易，是国家电力投资集团最主要的上市公司之一，也是上海最主要的电力能源企业之一。

作为中国最早的电力企业，百年上海电力是中国电力诞生的见证者，是中国电力大发展的参与者，是“奉献绿色能源，服务社会公众”的倡导者。我们始终致力于清洁能源、现代电力服务业以及循环经济等领域的发展。我们已成为清洁高效燃煤火力发电、燃气发电和风电、太阳能发电及分布式供能等为一体的现代能源企业。产业布局遍及全国并逐步向海外开拓。

截至 2018 年底，上海电力资产总额接近 1000 亿元人民币，海外资产总额超过 90 亿元人民币，控股装机容量规模超过 1500 万千瓦，清洁能源占比超过 40%。信誉评级展望稳定，国内主体信用评级保持最高 AAA 水平，标普、穆迪、惠誉三大国际信用评级机构维持上海电力的投资级（BBB+、Baa2 和 BBB）信用评级。

5

6

展望未来，上海电力将立足我国经济发展新常态，以“到 2020 年再造一个上海电力”的气魄和胸怀，用一流的经营业绩、一流的管理、一流的人才、一流的科技、一流的企业文化、一流的信誉，在更高层次、更广领域、更大深度，做精上海、做优国内、做强海外。

上海核工院人在三代核电建设现场——海阳核电站

国和一号
CAP1400

国家科技重大专项大型先进压水堆核电型号国和一号(CAP1400)

上海核工程研究设计院(以下简称上海核工院),始建于 1970 年 2 月 8 日,前身是七二八工程研究设计院,与中国核电同时起步,隶属于国家电力投资集团有限公司的一家高新技术企业, 主营业务为核电设计、研发、技术服务,以及核环保、核技术利用和非核建筑设计等。

上海核工院创造了中国核电的三个“第一”,即独立自主研发设计中国大陆第一座商用核电站——秦山核电站,形成了中国核电研发、设计、标准、材料、燃料、设备、审评、人才八大体系;设计研发中国第一个出口核电站——恰希玛核电站,被朱镕基总理誉为“南南合作的成功典范”;是中国第一台重水反应堆——秦山三期的技术总支持单位。上海核工院是中国迄今唯一参与国内各种堆型研发设计服务工作,具有全岛设计能力、拥有完整自主知识产权、并实现核电设计技术输出的核电总体设计院。

作为国家科技重大专项大型先进压水堆(CAP1400)的技术主体责任单位,上海核工院在引进、消化、吸收第三代先进核电技术的基础上实现再创新,建成了以非能动技术理念为核心、以型号为驱动的自主化核电产品研发体系。正在开展的设计研发工作包括:AP1000 依托项目中方技术支持;CAP1000 标准化设计与设备研制、项目施工设计;CAP1000+ 设计优化;小堆方案研发;30 万改进型设计;四代堆预研;国内 29 个机组技术服务与运行支持、技术改造。

上海核工院作为国内专业覆盖面最全的核工程研发和设计单位,现有 8 大技术领域、31 个学科和 101 个专业,拥有核工业行业甲级设计资质、工程造价咨询企业甲级资质、甲级建设项目环境影响评价资质等系列甲级资质。截至 2018 年 12 月,共有 583 项设计科研项目获得国家、国防科工委和部、省(市)级科技进步奖或优秀设计奖。包括:国家级科技进步特等奖、国家工程设计特等奖、国防科工局科技进步奖、中国核能行业协会科技进步奖等。荣获全国文明单位(三次)、全国五一劳动奖状(两次)、上海市文明单位(十二次)、上海市市长质量奖等称号和荣誉。

上海核工院奋斗者

上海核工院航拍

自主设计中国大陆第一座核电站——秦山核电站

上海明华电力科技有限公司
SHANGHAI MINGHUA ELECTRIC POWER SCIENCE & TECHNOLOGY CO., LTD.

公司简介

上海明华电力科技有限公司（简称明华电力）作为一家上海市高新技术企业，恪守"精湛的技术源于积累与创新"的企业格言，始终把创新作为企业可持续发展的核心工作。通过坚持不懈的创新和对品质、效率的孜孜追求，公司现已拥有数十项国家、省部级以上科技成果和百余项拥有自主知识产权的科研产品。公司秉承"以人为本、诚信公正、科技引领、服务至上"的企业宗旨，依托优秀的人才队伍、先进的技术装备、完善的服务体系、良好的客户关系，紧紧围绕电力生产实际，积极开展发电侧技术服务及新产品的开发和推广应用。

明华电力是一家专业从事发电（火电、水电、新能源）领域的集技术服务、技术咨询、工程调试和节能环保产品研发与推广为一体的高科技企业。覆盖电力全寿命周期，公司在设计咨询、工程建设、运行优化和技术监督等方面提供"一站式"整体解决方案；深耕多元能源领域，公司在燃煤机组、燃气机组、水电机组、风电光电分布式等新能源、智慧能源等领域提供"全方位"的技术服务；专注广大客户需求，公司在故障诊断、节能降耗、运行优化、热控优化、环保诊断、性能试验、检验检测等方面提供"精准化"的专业服务。公司遵循"超前性思维、产业性发展、实用性成果"的科技型企业发展思路，积极拓展能源领域的市场需求，为电力和能源企业提供全方位的服务，竭诚为广大市场客户创造价值。

企业资质

- 上海市高新技术企业
- 上海市市级企业技术中心
- 电力工程调试（甲级）资质
- 特种设备检验检测机构资质
- 承试电力设施许可证（二级）
- 实验室计量认证(CMA)
- 设备监理资质
- "三标体系"认证　(DNV·GL)
- "综合升级改造"性能试验认定单位（国家能源局颁）
- 电力行业卓越质量标杆AA企业
- 国家守合同重信用企业
- 上海市科技小巨人企业
- 上海市"专精特新"中小企业
- 企业信用评价AAA级信用企业
- 标准化良好行为企业AAAA级

【业务领域】

上海泽鑫电力科技股份有限公司

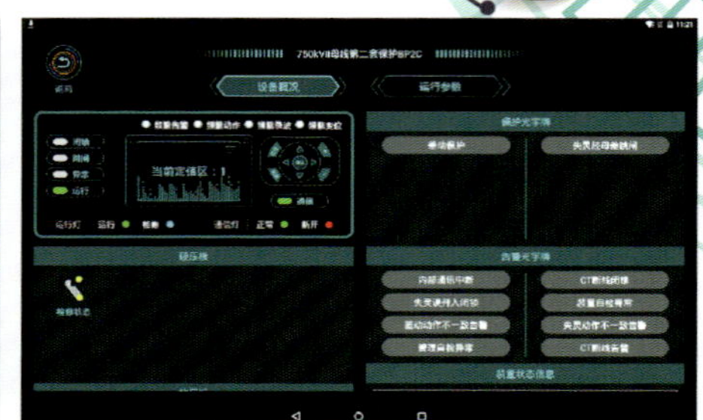

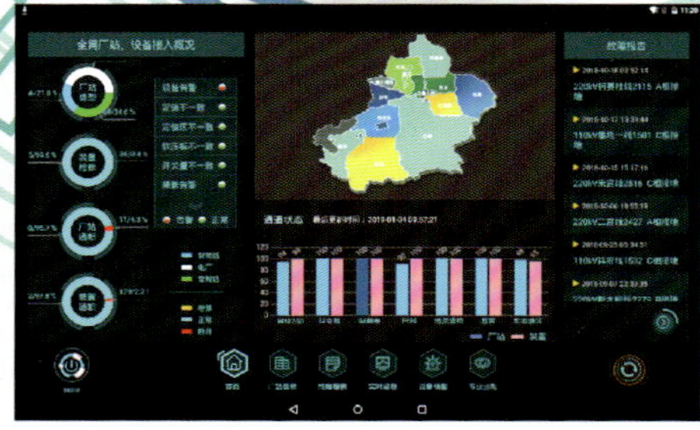

上海泽鑫电力科技股份有限公司成立于 2013 年 8 月，注册资金 2160 万元。公司于 2014 年取得软件企业证书。于 2016 年 8 月在新三板正式挂牌，证券代码：838587，证券简称：泽鑫科技。于 2017 年取得高新技术企业证书和叁级信息系统集成及服务资质证书。

公司主要从事智能电网领域的产品研发及技术服务业务，公司拥有核心研发团队，核心骨干均来自浙江大学、上海交通大学、西安交通大学、华北电力大学、上海电力学院、东南大学等知名学府。目前拥有 9 项正在受理的发明专利，其中已授权的有 4 项，6 项实用新型专利、24 项软件著作权。公司在电力信息采集与分析、基于电力大数据的故障分析与诊断等方面具有深厚的专业积累。

公司主要产品包括继电保护故障信息系统、二次设备在线监视与分析系统、变压器风冷智能控制系统、继电保护设备状态监测与诊断系统、基于电力物联网技术的压板智能管控系统。正在研发的产品有基于国家电网调度云平台的新一代二次设备在线监视与分析产品，以及基于电力物联网的变压器内部电机潜油泵智能监测系统等。同时公司积极布局广泛在电力物联网相关领域，在电力设备智能感知、智能运维等细分领域着手布局，已经研发了相关产品，能够为客户提供全面的解决方案。

公司积极参与国家电网及南方电网重点项目，相关产品已经遍布近千座高压及特高压变电站。公司产品在国家电网及发电集团的一些重点项目中得到应用：如上海庙 ±800kV 换流站、宁夏银川东 750kV 变电站、宁夏贺兰山沙湖 750kV 变电站、江苏连云港田湾核电站 (2*1000MW)、浙江核电秦山二厂 (2×650MW) 等项目。二次设备在线监视与分析系统在国内十几个网省调主站得到应用，如国网西南分部、国网四川备调，黑龙江省调、吉林省调、辽宁省调、冀北调度、湖南省调、新疆省调、青海省调，四川超高压主站等。

自公司创立以来，公司管理层及全体员工一直秉承脚踏实地的"工匠"精神，深耕智能电网有关细分领域，为国家的电网安全运行提供了有力的支撑。

上海电力燃料有限公司

上海电力燃料有限公司是国家电力投资集团公司的三级单位，隶属于国家电力投资集团公司上海电力股份有限公司领导管理。前身是华东电业管理局燃煤出灰运输队，于1964年12月21日成立，1968年改名为上海电力水上运输队，1973年改组为华东电管局燃料供应站，1980年更名为华东电管局燃料供应公司，1986年划归上海市电力工业局，更名为上海电力燃料公司，2001年划归上海电力股份有限公司，并于2010年更名为上海电力燃料有限公司沿用至今。

公司是集燃料采购、运输为一体的自主经营、独立核算的法人实体。注册资本金人民币6000万元。自创建以来，时刻以“立足市场讲质量，经营电厂适烧煤炭为基础”作为公司的经营理念，主要为上海地区各火力发电厂采购运输发电煤炭。

公司年营销煤炭基本保持在1300万吨左右，拥有一批稳定、可靠的供应方，同时具备一定规模的水上运输能力。目前拥有4.5万吨散货海轮4艘，2千吨以上驳船3艘，2500吨散货船2艘，300吨级船舶4艘，1700马力拖轮1艘，200马力拖轮1艘。公司的营销能力、调运能力及海外煤炭自主采购能力成熟，能够应对市场的各种变化，持续保证上海地区电力生产对燃料的需求。

上海漕泾热电有限责任公司

SHANGHAI CAOJING COGENERATION CO., LTD.

上海漕泾热电有限责任公司（以下简称公司）成立于2004年3月10日，是我国西气东输工程配套的第一座燃气－蒸汽联合循环热电厂，是化工区循环经济＂一体化＂的重要配套工程。其中上海电力股份有限公司持股比例36%，申能股份有限公司持股比例30%，新加坡胜科公用事业私人有限公司持股比例30%，上海化学工业区发展有限公司持股比例4%。

公司为区内大型跨国化工企业提供可靠、稳定、高品质的绿色清洁能源，目前拥有30余家优质客户和多家潜在客户包括BASF、Covestro、三井化学等世界著名化工企业。公司曾获得中央企业先进集体、电力安全生产标准化一级企业、中国美丽电厂、上海市五一劳动奖状、上海市文明单位、2017年全国实施用户满意工程（服务类）用户满意称号（全国唯一一家发电类企业获此殊荣）、上海化学工业区企业安全管理工作先进单位等荣誉。

公司配备2*300MW级GE 9FA燃气－蒸汽联合循环机组、3台110T/H快速启动锅炉以及热力管网系统。其中燃气轮机属国家第一批“打捆招标”项目，均采用美国通用PG9351FA+e型燃气轮机，该燃气轮机原配DLN 2.0+燃烧系统。公司分别于2014年完成了全亚洲第一台9F级燃机低氮排放燃烧器DLN2.6+升级改造，以及在2017年完成了全国第一台9F级燃机先进热通道(AGP)改造。升级改造完成后，机组排放和性能指标均满足甚至超过合同保证值，达到行业领先水平。

公司通过发电送入上海市电网，蒸汽及除盐水供给化工区内用户，现为上海化学工业区内唯一一家供热、供水公用产品服务企业。已建热网管线长71.5公里，传输高压、中压、低压三个压力等级蒸汽，为客户提供可靠、稳定、高品质的绿色能源。此外，公司也向部分客户回收符合要求的蒸汽和冷凝水，实现节能环保和利益的最大化。

上海上电漕泾发电有限公司

SHANGHAI SHANGDIAN CAOJING POWER GENERATION CO., LTD.

上海上电漕泾发电有限公司(以下简称漕泾电厂)是国内首个以"上大压小"核准建成的百万千瓦超超临界燃煤电厂，是国家电力投资集团公司下属的大型国有发电企业，由上海电力股份有限公司和申能股份有限公司按照总股本的65%与35%比例合资成立。现有两台国内单机容量最大的1000MW超超临界燃煤发电机组，分别于2010年1月、4月投产。漕泾电厂容量占2016年上海市总装机容量的十分之一。

电厂坐落于上海化学工业区西端，毗邻金山区漕泾镇，紧靠杭州湾北岸。漕泾电厂被列为上海市"十一五"重大工程项目，也是2010年上海世博会配套工程之一。

漕泾电厂以"争创国家优质工程金质奖"为目标，建设过程注重节能、环保、低碳经济。采用500kV GIS配电装置，两条500kV线路接入上海电网。工程建有国内首座210米高度异型烟囱，配套建设一座3.5万吨级卸煤码头。采用主汽压26.25MPa、主汽温600℃的超超临界发电技术。锅炉是滑压运行燃煤直流塔式炉，一次再热、露天布置、全悬吊钢结构锅炉。汽轮机是单轴、四缸四排、凝汽式汽轮机。发电机是水氢氢冷却方式，无刷励磁。锅炉、汽轮机、发电机三大主设备和绝大部分辅机均采用国产设备，国产化率达到95%以上。

漕泾电厂以生态建设为己任，分别于2014年、2015年实施了两台机组超低排放工程，其中2号机组超低排放工程是2014年国家能源局首批13个煤电机组环保改造示范项目之一，也是上海市、国家电力投资集团公司首个超低排放工程。投运后性能试验显示，两台机组的烟尘、二氧化硫、氮氧化物的排放浓度均优于燃机排放标准，并消除了石膏雨和白色烟羽现象。

漕泾电厂积极先行先试，攻克技术难题，于2013年实施机组供热改造，在国内百万等级燃煤电厂中尚属首次，开辟了大机组经济运行的新路径。

历年来，漕泾电厂获得"国家优质工程金质奖""国优三十年经典工程""'十一五'全国减排先进集体""全国模范职工之家""世博保电先进单位""水土保持示范工程"、上海市文明单位、上海市五一劳动奖状、上海市劳动关系和谐职工满意企事业单位、"中国美丽电厂"以及"形象美"等荣誉，并于2014年4月通过挪威船级社(DNV)ISO9000、ISO14001和OHSAS18001三标认证。1号机组供电煤耗被评为2013年度中央企业常规燃煤火电机组能效最优指标，获得全国火电1000MW级机组"供电煤耗最优奖"。

展望未来，漕泾电厂将围绕"安全、创新、卓越"的企业理念，优化机组运行，推进节能降耗，减少污染排放，促进绿色发展、创新发展、和谐发展。

地址：上海市金山区漫华路8号
传真：021-37996699

国家电投 SPIC 上海上电漕泾发电有限公司
SHANGHAI SHANGDIAN CAOJING POWER GENERATION CO., LTD.

古林纸工（上海）有限公司

古林纸工（上海）有限公司座落于投资环境便利、服务高效、法治体系完善的 G60 科创走廊的松江经济技术开发区。公司占地面积 30000 平方米，建筑面积 8500 平方米。

作为第一家在国内生产鲜奶屋顶包装实行零的突破的企业，公司秉承以包装奉献社会，让客户更满意的经营理念，以开发符合国家标准的高科技含量的食品包装产品为己任，为冷藏鲜牛奶、酸奶、鲜奶油等产品提供安全卫生可靠的食品包装产品；不断开发新型高科技含量的屋顶包衍生产品，目前成为国内一流乳品企业的重要供应商。

作为屋顶包食品包装材料制造专家，公司以不断依托科技创新、着力为客户提供食品包装智能化软件优化设计方案，建立数字化智能制造平台，执行有效的品质管理体系，全面监管生产制造过程中产品质量，重点对包装产品进行微生物测试和监督，确保生产过程符合 QS 等国家安全卫生标准。

公司获上海市高新技术企业称号，先后获得 ISO9001、14000、22000 认证。公司着力推进绿色转型发展，先后三次通过自愿性清洁生产审核验收，把清洁生产与产品结构调整升级相结合，增强了企业可持续发展能力。

公司地址：上海市松江经济技术开发区繁华路 225 号
电话：021-57741516 传真：021-57742824
邮编：201613

翔港科技
SUNGLOW TECHNOLOGY

感谢
上海乐宝日化股份有限公司
对翔港福利员工的关爱!

上海翔港包装科技股份有限公司

上海翔港包装科技股份有限公司成立于 2006 年，位于上海浦东新区，注册资金一亿零壹佰叁拾贰万肆佰元人民币。经过多年发展，已成为一家集杰出研发能力，大规模生产制造和良好产品形象于一体的高新技术企业。2017 年 10 月 16 日，翔港科技在上海证券交易所正式登陆 A 股主板市场，股票代码：603499。

公司在上海临港泥城工业产业园区，拥有建筑面积约 5 万平方米的生产基地，占地 53 亩，总投资为 5 亿元人民币。为了实施全球工业 4.0 发展战略和落实中国制造 2025 产业目标，我们正在大规模引入智能装备以及工业互联技术，以建设成为世界一流的智能化工厂为目标。

公司是国内优秀的包装印刷一体化解决方案供应商，主要从事彩盒、标签等相关包装印刷产品的研发、生产和销售，主要为日化、食品生产企业提供全方位的包装印刷服务。公司包装印刷产品主要包括彩盒、标签两大系列。

公司成立以来，以对印刷包装效果、质量、功能性要求较高的日化行业为核心，通过多年的研发及技术积累，将产品从单一的基础纸质基材拓展到以卡纸、复合纸、环保纸、微细瓦楞纸、塑料等多种材料为基材的包装印刷产品，并且形成了从产品设计、方案优化、加工生产到第三方采购与包装产品物流配送、供应商库存管理以及辅助包装作业的一体化业务模式。

公司 2013 年获批成立上海包装印刷工程技术研究中心，截止到目前，公司申请国内有效专利总数已达 56 项，其中，发明专利 6 项，实用新型 44 项，外观设计 6 项。并承接了上海市科委的包装印刷科研项目，先后被认定为上海市高新技术企业；被上海市科委授予“科技小巨人企业”，上海市科技进步奖，并在 2017 年获得上海市经信委的《包装印刷智能车间集成创新与应用》项目，2018 年荣获国家工业互联网网络化改造集成创新应用试点示范项目，2018 年度荣获中国印刷业创新十强。

在社会责任方面，公司积极响应政府号召参与公益事业，如抗震救灾、残疾福利事业、扶贫帮困等。翔港科技是 2013 年民政部首批认可的“全国福利企业示范单位”。公司近几年来妥善安置近 180 名社会残疾人就业，并教他们学技术，参与公司的经营活动，做到人残志不残。在环保方面，公司积极参与中国奢侈品包装绿色革命大奖中连续两年取得绿色包装提名奖及获胜奖，为客户提供绿色包装产品。

几年来，公司先后获得浦东新区社会责任达标企业、上海企业竞争力社会责任金奖、上海市文明企业、全国百强福利企业等称号，进一步提高了企业的知名度与行业影响力，使公司的软实力进一步增强，市场竞争力得到提高。

翔港科技将充分利用已有的研发技术实力和市场地位，以产品、服务为核心竞争力，以创新为导向，逐步提高企业管理水平和资本运作能力，提升公司在产品设计、采购、制造、物流、营销与服务等方面的全价值链竞争能力，把公司发展成为一站式的多元化产品服务厂商。

翔港科技成功挂牌上市，为翔港提供了更广阔的发展平台和机遇，公司以此为契机，不断提升自身的智能化、信息化、自动化水平，通过坚持不懈的努力，为股东、客户及公司员工创造更大的价值，为国家和民族工业发展贡献更大力量。

上海晶华胶粘新材料股份公司

上海晶华胶粘新材料股份公司是一家集研发、生产、销售、服务于一体的专业生产各类胶粘制品的大型高科技企业，现有员工900多人，旗下包括广东晶华科技有限公司、江苏晶华新材料科技有限公司、浙江晶鑫特种纸业有限公司等遍布全国的多家分子公司。上海晶华是上海市高新技术企业、上海市科技小巨人企业、中国胶粘剂和胶粘带工业协会理事单位。

产品涵盖美纹纸胶粘带、布基胶粘带、电子胶粘带等各类产品，广泛应用于建筑装饰、汽车制造及汽车美容、电子电器产品制造、家具制造、文具、包装、鞋材、航空、船舶、高铁等领域的喷漆遮蔽、粘接、固定和保护等方面，远销美洲、欧洲、中东、东南亚及非洲等五十多个国家及地区。

随着公司精密涂胶技术、新产品研发能力不断提高，公司产品系列日益丰富，目前已是国内领先的美纹纸胶粘带制造商及知名的胶粘材料制造商之一。

MERCURY
水星家纺

股票代码：603365

品牌文化

上海水星家用纺织品股份有限公司是水星控股集团下属主要成员企业，也是中国现代家纺业的重要奠基者。经过十多年的发展，已快速成为集研发、设计、生产、销售于一体，专注于家用纺织品行业的专业化、多品牌企业，公司生产、销售、渠道规模及综合实力居行业前三，2009年通过上海市高新技术企业评审，2017年成功登陆上海证券交易所。公司坐落于上海奉贤综合工业开发区，下辖上海百丽丝家纺有限公司、上海水星电子商务有限公司、河北水星家用纺织品有限公司、北京时尚水星纺织品有限公司、浙江星贵纺织品有限公司、上海水星家纺海安有限公司、上海水星家纺海门有限公司等，拥有“水星”“百丽丝”两大著名家纺品牌。

品牌荣获称号

公司先后荣获“上海名牌产品”“上海市著名商标”“上海市五星级诚信创建企业”“2014年上海民营企业100强”“中国驰名商标”“中国500最具价值品牌”“奉贤区第七届区长质量金奖”等一系列荣誉、称号。公司致力于高性能、绿色环保及可降解纤维为主体材料的家纺产品的研究与开发。

品牌成就

完成新产品开发89个、转化项目24个；获得发明专利32项，实用新型专利37项，外观设计专利66项，并有多项发明专利处于受理和实审阶段；先后被认定为“上海市知识产权优势企业”“上海市专利工作示范企业”“奉贤区知识产权优势企业”“奉贤区专利试点企业”“奉贤区企业技术中心”。

凤舞神州 祥瑞全球

跨越三个世纪的经典与时尚——老凤祥

老凤祥创始于公元 1848 年，2018 年迎来了 170 周年华诞。民族品牌老凤祥集科工贸于一身、产供销于一体，拥有完整的产业链、多元化的产品线，是国内文化底蕴深厚的跨越三个世纪的品牌，是中国珠宝首饰业民族工业的一面旗帜和优秀企业的代表。旗下的研究所、博物馆、专业工厂和遍布全国的近 3200 家银楼专卖店以及典当行、拍卖行等，构成了老凤祥大规模的产业体系，涵盖了黄金、铂金、白银、钻石、翡翠、白玉、有色宝石、珍珠、珊瑚等，其品牌产品达到了珠宝首饰的全品类，并向旅游纪念品、工艺品、钟表和眼镜的相关产业和跨界产品延伸扩展。

2017 年老凤祥年销售近 400 亿，利润实现两位数增长。在国内取得高速发展的同时，本着“立足上海、覆盖全国、走向世界”的发展方向，从 2012 年开始，老凤祥已先后在海外和中国香港地区开设了 14 家银楼专卖店。老凤祥品牌多次入围上海百强企业榜、《财富》“中国 500 强”、“全球 100 大奢侈品公司排行榜”的第 13 位，连续十多年位列“中国 500 最具价值品牌”榜单，2017 年品牌价值达 260.97 亿元。2018 年，老凤祥再次荣列由国际权威机构 WPP 评选的“BrandZ 2018 最具价值中国品牌 100 强”，蝉联珠宝首饰业第一。

中华复兴、国运昌盛，民族品牌的腾飞和发展，成为国家和民族强盛的象征。

梦圆中国、凤祥天下。百年老凤祥将合着时代的节奏，走向更加美好的未来！

老凤祥百年品牌文化的传承

伽蓝（集团）股份有限公司

伽蓝（集团）股份有限公司(以下简称伽蓝集团)是一家集研发、生产、销售、服务于一体,聚焦于化妆品、个人护理品、美容功能食品产业,规模和实力领先的中国化妆品集团。自 2001 年在中国上海发展以来,伽蓝集团先后创立了美素、自然堂、植物智慧、春夏等多个品牌，全国建立各类零售网络近 40,000 个，拥有直属员工 7,500 余人,是中国市场份额、消费者口碑与社会影响力俱佳的行业领跑者。

伽蓝集团坚持东方美学艺术与世界先进科技完美结合，从东方人的文化、饮食和肌肤特点出发，为消费者提供五感六觉完美超卓的世界一流品质的产品与服务，向世界传递东方美学价值。伽蓝集团拥有三项世界尖端科技——“3D 皮肤模型”“外太空护肤科研”和“表观遗传学应用”，是全球率先利用 3D 打印技术打印出亚洲人皮肤的企业；是亚洲率先通过世界先进航天技术开展空间生物科学研究的化妆品品牌；是在表观遗传学应用领域位于国际前列的中国企业。

伽蓝集团在 18 年的发展中获得了多方的肯定与鼓励：中国民营企业文化建设三十标杆单位、全国民族团结进步模范、上海市高新技术企业、上海市质量金奖、上海品牌认证企业、上海制造业百强企业(49 名)、上海纳税 AAA 级企业、上海资信等级 AAA 级企业。同时伽蓝集团还是“2010 年上海世博会”唯一参展的中国化妆品企业和中国南(北)极科学考察队合作伙伴。

上海紫江喷铝环保材料有限公司

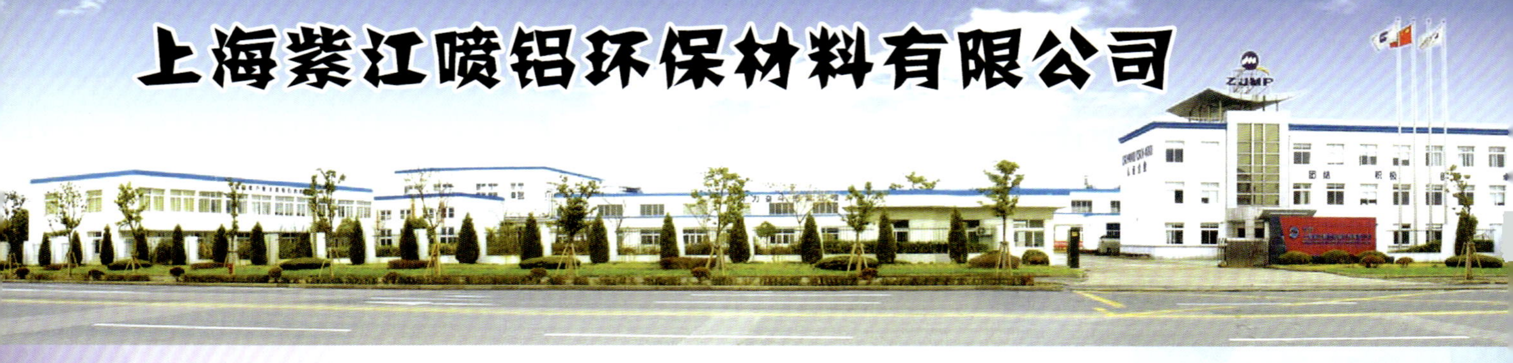

公司简介

上海紫江喷铝环保材料有限公司（曾用名：上海紫江喷铝包装材料有限公司）由上海紫江企业集团股份有限公司投资，于 1997 年 12 月成立，注册资金 1.2 亿元。作为国内最早从事真空喷铝材料生产的企业，公司拥有从德国、日本、英国、意大利等国进口的具有当代国际先进水平的设备 40 余台，涵盖了从激光全息制版、离型涂覆、全息凹凸模压、真空蒸镀、纸塑复合转移、剥离分切等全系列生产工序，年生产能力 15000 万米。主要生产各类真空喷铝材料，高档全息制品，产品广泛应用于各类啤酒瓶标贴、烟盒、化妆品盒及纺织、工艺类、食品类等高档防伪包装制品，属于铝箔替代新一代环保型包装材料。

公司整体经营状况良好，在行业内享有极高声誉，市场占有率高，产品质量一直处于国内领先。2018 年度营业收入 3.74 亿元，税后利润总额 2001.05 万元，上交税收 2146.37 万元。公司目前是上海市企业技术中心、上海市高新技术企业、上海市闵行区科技小巨人企业、上海市闵行区专利示范企业、上海市闵行区区级研发机构、上海市包装技术协会五星级企业、上海包装企业 50 强。公司拥有已授权国家专利 38 项：7 件发明专利，27 件实用新型专利，4 件外观设计专利。公司每年投入大量研发经费和国内外高校及知名企业进行校 - 企合作及企 - 企合作，从而保证了公司技术的领先性以及产品市场的贴合度。

产品

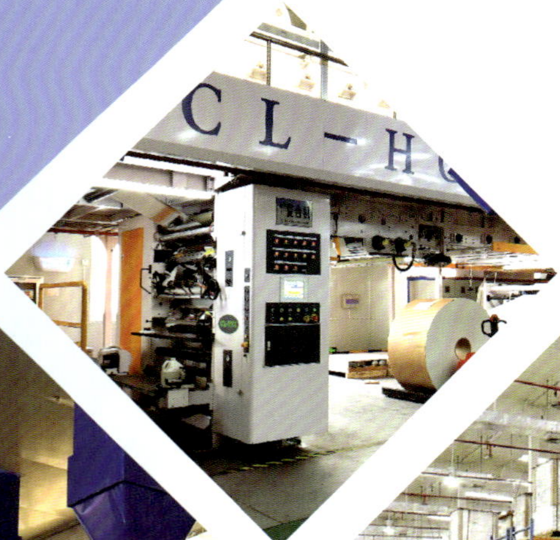

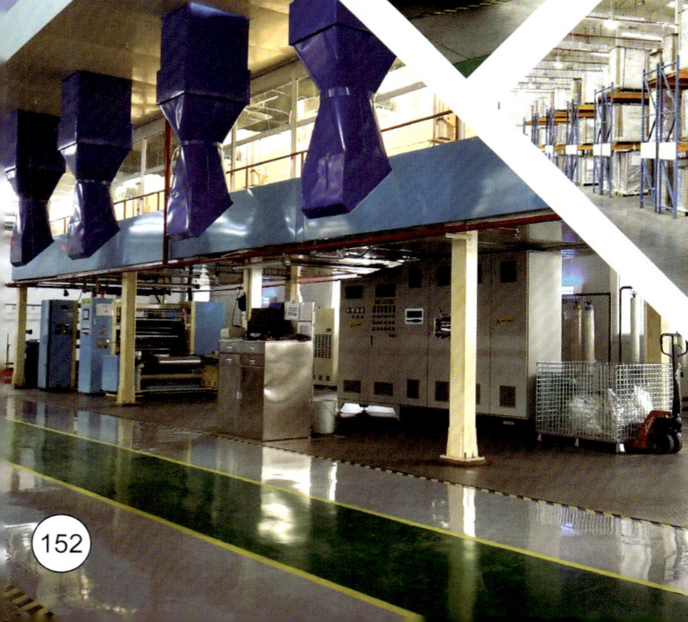

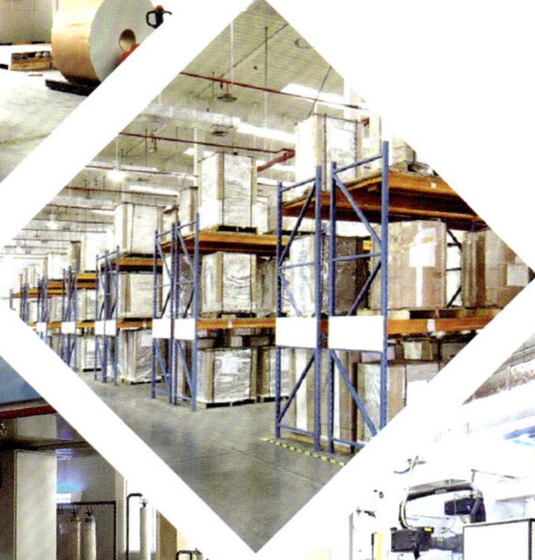

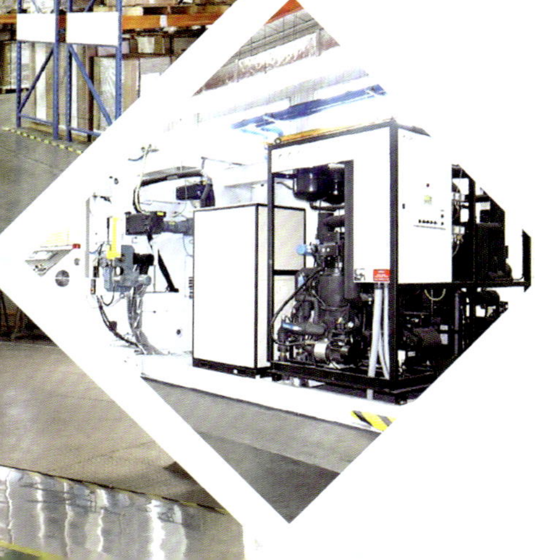

上海三汰包装材料有限公司

上海三汰包装材料有限公司成立于 2004 年 7 月 14 日，目前位于上海市金山区枫泾工业园区钱明东路 1211 号，是一家专业研发生产制造销售符合欧美标准的抗氧化防锈包装与技术工程服务的供应厂商。

企业占地面积约 15256 平方米，拥有完整的科研实验室与生产线，藉由丰富的防锈系列产品，灵活满足全球不同客户的差异化需求，进而不断提升产品创新性，在科研实验室的不懈努力下，成功研发出以安全与环保为基础的一系列防锈膜防锈袋及防锈纸等产品，同时将这些产品广泛应用在汽车金属零部件航空及钢铁等行业，其中我司产品还曾被 BMW、VW、TOYOTA、VOLVO、BOSCH、OPEL、SKF 等知名车厂指定为防锈原料供应厂商，使得我司在汽车行业的知名度大为提升。

此外，我司先后通过 ISO9001 质量体系认证及 ISO14001 环境管理体系认证，产品生产过程符合高标准的环保要求，让我司产品在同业中更具竞争力。

产品销往世界各地，包括泰国、新加坡、菲律宾等以及全国各地，为就近服务客户，公司还在上海、青岛、大连、天津、成都、武汉、湖南、惠州、佛山、昆山等地设立办事处，以满足客户有关防锈产品与技术的咨询。

惟有秉持卓越的技术研发、高标准的生产制造及完善的售后服务等信念，同时致力于为客户提供优质的产品和服务，才能让企业永续经营与健全发展。

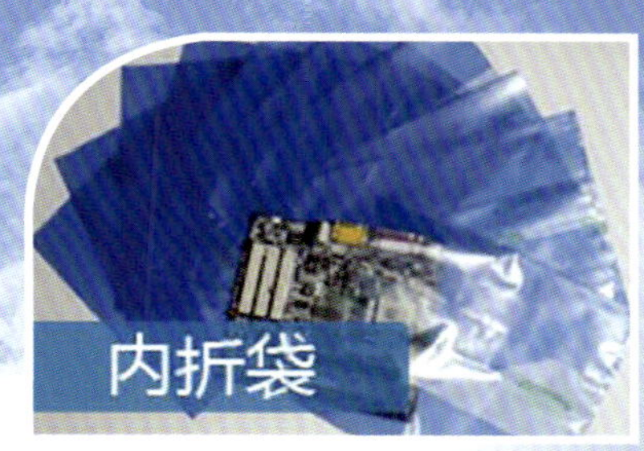

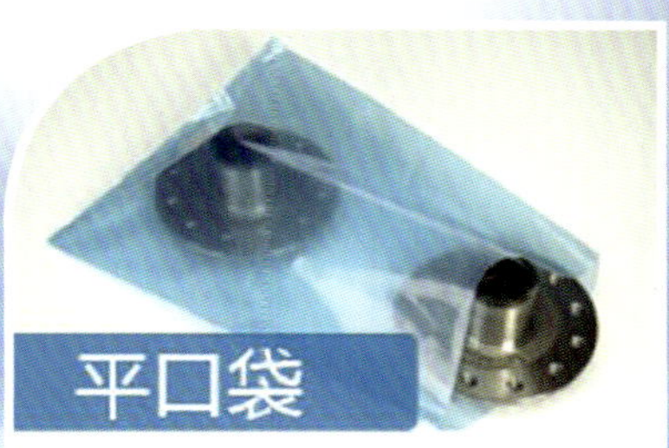

上海景条印刷有限公司

公司·简介

上海景条印刷有限公司成立于2002年，现座落在上海市青浦区练塘国家级工业园练东路3号， 面积12000平方米，是一家专业印刷各类包装和书刊杂志及出版物印刷的企业。

公司现拥有罗兰705五色胶印机、小森丽色龙LS-540胶印机、2+2胶印机、1+1胶印机等，并拥有一流的印前设计、制作及印后可变数据监管码、二维码、自动烫金、自动腹膜、上光、UV机、自动模切、糊盒机、信封机、胶装龙、骑马龙、配页机等一条龙生产设备。

通过ISO9001、ISO14001、OHSAS18000一体化管理体系认证，并拥有中国环境标志产品认证证书，是上海市新闻出版局中小学教材指定印刷厂家之一。

公司宗旨：团结奋进、诚信务实。随着印刷业的高质量、高优服务、高技术迈进，在前进中不断完善自身，坚持卓越品质“应用先进的技术、提供精美可靠的产品、领先国内、创世界名牌”的奋斗目标。坚信：自身不断完善，加上客户的信赖和支持，景条印刷有限公司将与中国印刷业一起走向更加辉煌的明天！

电 话：13918688666　15618917617　021-59815621
传 真：021-59815631
邮 编：201715
地 址：上海市青浦区练塘镇工业园区练东路3号5-6栋

CLASSICC CASE
经典/案例
宣传单/画册/精装书系列

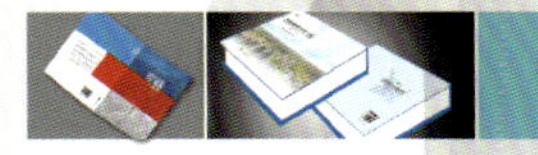
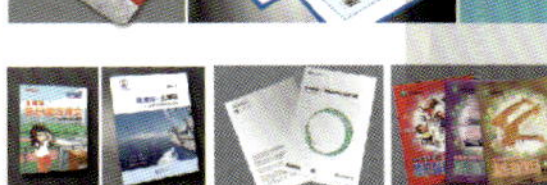

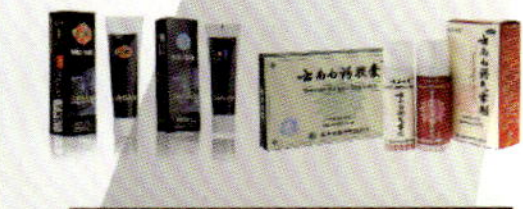

Our honor......
我们的荣誉 ›››

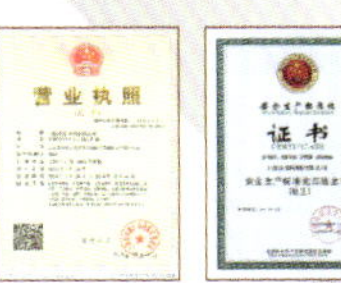

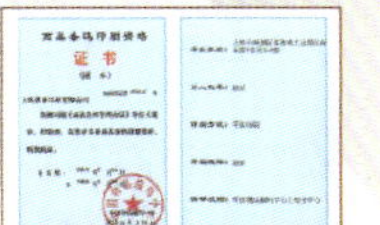
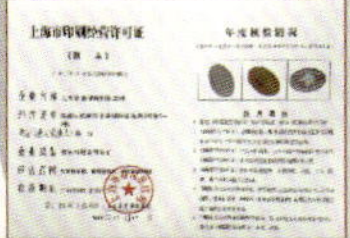

上海出版印刷高等专科学校

上海出版印刷高等专科学校创建于 1953 年，是新中国建立的第一所出版印刷类学校，中国出版印刷专业教育的摇篮，国家新闻出版署（原国家新闻出版总署）与上海市人民政府共建的特色学校。2008 年，学校在教育部高职高专院校人才培养工作水平评估中被评为优秀。2010 年，学校被列为国家 100 所骨干建设高职院校单位之一，2015 年通过教育部和财政部两部委验收并获得“优秀”等级。学校是国家高等职业教育专业教学资源库建设单位；是上海市建设现代大学制度的首批试点单位；上海市第一批依法治校示范校单位。2017 年，学校 1 名教师入选第 46 届世界技能大赛申办形象大使，学校助力上海获得 2021 年世界技能大赛举办权。

60 多年来为我国的出版印刷业培养了 6 万多名高层次技术骨干和行业高级管理人才。学生连续三届代表中国参加世界技能大赛，并分别在 2013 年和 2015 年荣获第 42 届和第 43 届世界技能大赛印刷媒体技术项目铜牌和银牌；在 2017 年和 2018 年连续两届美国印刷大奖中，学校师生勇夺其中 15 项最高奖项——班尼金奖（Benny Award）。中国印刷传媒高技能人才正陆续从学校走向世界。学校被人力资源社会保障部确定为第 43、44、45 届世界技能大赛印刷媒体技术项目中国集训基地，被授予“国家技能人才培育突出贡献奖”。学校被原国家新闻出版广电总局确定为“国家印刷出版人才培养基地”，连续五次被授予“技能人才培育突出贡献奖”。2018 年 3 月，世界技能组织主席西蒙 · 巴特利受聘学校名誉教授，建立了“西蒙 · 巴特利中国技能研究工作室”。

学校以培养服务上海和全国出版印刷传媒业的技术技能型人才为己任，秉承“立足上海、领先国内、依托行业、服务社会”的办学理念，以“工文艺融汇、编印发贯通、教学做互动”为办学特色，致力于建设特色鲜明的应用技术技能型高等院校，使学校成为国家出版印刷人才培养基地、上海文化创意产业服务基地、国际先进传媒技术推广基地。

学校积极服务国家“一带一路”倡议，协助孟加拉国家印刷工业协会筹建印刷职业学院。与香港印刷科技研究中心、上海市印刷行业协会合作建立“Idealliance-China G7 培训基地”，大力开展境外技术技能培训。编写的《出版印刷人才培养教材》作为培训教材为“一带一路”沿线国家印刷员工开展印刷技能培训，推进了国际出版印刷服务合作、促进了出版印刷业与沿线国家的合作与交流。

学校坚持“观念兴校、特色立校、人才强校”，夯实“三位一体”的国家示范性骨干高职院校建设成果，坚持校企合作多员参与的办学方向，努力把学校打造成为具有国际重要影响力的中国出版印刷传媒领域高等职业教育龙头院校，致力于为我国培养具有国际视野、人文素养、艺术眼光、创新意识的印刷出版传媒类高端应用技术技能型人才，服务国家、上海的经济社会和文化事业发展。

上海市崇明工业园区

园区简介

上海市崇明工业园区成立于 1994 年 3 月，1996 年 2 月经上海市人民政府批准，成为全市首批批准建设的综合性市级工业园区。规划总面积 4.48 平方公里，位于崇明岛南沿中部，毗邻城桥新城，处于全岛经济核心区域。

园区先后荣获 “全国乡镇企业示范区”“上海市高科技产业基地”“上海市科技园区”和“上海市文明单位”等荣誉称号。历经二十多年发展，在基础设施建设、产业体系构筑等方面都取得了显著成绩，形成了以汽车零部件及配件为龙头，仪器仪表和汽车制造配套服务等关联性产业配合发展的先进制造业产业集群，是崇明工业“一体两翼”的重要组成部分，也是崇明经济发展的重要增长点之一。

园区配套功能齐全，管理服务机构完善，可为企业提供投资指南、政策咨询、市场信息、代办工商注册、税务登记等“一条龙”服务。在崇明本岛和市区均设有专门的服务窗口，配有工商、税务等部门办事机构，可为企业提供“一站式”便捷服务。对入驻企业将提供工业向园区集中、人才发展、就业促进、科技创新、节能减排、品牌建设等八大类优惠扶持政策。同时对符合园区创业孵化标准且入驻园区创业孵化园的孵化项目更可提供三年免租金可拎包入住的办公场所。

迈入“十三五”，园区将借力世界级生态岛建设，充分依托深厚生态优势，继续在产业规模、产业聚集、产值税收等方面努力奋进，积极发展以总部经济和“四新经济”为重点的生产性服务业，探索引入以影视后期制作基地为切入点的专业化影视文化创意产业，全面加快产业转型升级步伐，推动园区发展成为体现国际水准、上海战略和崇明特色的优秀市级工业园区。

招商热线：021—69625800/69625816/69625818/55383584
地址：上海市崇明区城桥镇西门路 799 号　　邮编：202150
传真：021-69625830　　网址：http://www.cmgyyq.com

上海办事处
地址：上海市杨浦区吉浦路 88 号　　邮编：200434
电话：65368565　　传真：65368510

崇明工业园区总部办公大楼　　崇明工业园区全景图

上海宝山工业园区

园区介绍

宝山工业园区是 2003 年 2 月设立的市级工业园区，是张江国家自主创新示范区的组成部分位于上海东北部，东临长江口岸，西接嘉定新城，南与美兰湖新镇毗邻，北与罗泾新镇接壤。园区规划总面积 21 平方公里。

园区规划

围绕 2025 中国制造，宝山工业园区大力促进科技成果的产业化，着力打造“上海北郊”品牌，重点聚焦邮轮配套产业、新能源汽车核心零部件产业、智能硬件产业和新材料产业，致力于将宝山工业园区建设成为战略性新兴产业的承载地和代表先进制造业高端水平的产业基地。

邮轮产业园发展背景

上海中船国际邮轮产业园作为宝山工业园区的园中园，计划打造成为宝山豪华邮轮产业向上游延伸的重要平台和载体。作为宝山区重要的产业基地，宝山工业园区将依托邮轮产业基金吸引更多邮轮相关企业入驻，同时将为入驻园区的邮轮产业链相关企业提供全方位的支持，推动中国邮轮制造业发展，积极引进邮轮设计建造及配套企业落户宝山，提升邮轮经济的产业能级。园区将以豪华邮轮配套产业为核心，对接《中国制造 2025》发展战略，加快发展智能制造等战略性新兴产业，保持制造业的合理规模和比重，推动区域产业结构、产业能级、产业布局迈上新台阶。

地址：上海市宝山区金石路 1688 号　　**邮编**：200949

传真：0086-21-66879800

电话：0086-21-66879808 0086-21-36307078

邮箱：beijiao@beijiao.sh.cn

宝山城市工业园区

宝山城市工业园区是1995年由上海市人民政府批准建立的高科技、外向型、综合性市级工业园区，占地面积5.98平方公里，位于宝山区西南角，紧靠外环线宝山段，是距离市中心最近的市级工业园区，交通便捷，地理位置优越。园区始终贯彻"创新、协调、绿色、开放、共享"的发展理念，以"生态型、个性化、精品城"为发展目标。

2018年园区全力以赴谋发展，实现超额完成工业销售产值185.6亿元，增加值81.9亿元，税收18.2亿元，地方财政5.26亿元。

聚焦重点产业。园区通过推进"两超一坊"项目，加快产业能级提升，上海石墨烯产业技术功能型平台引入15个石墨烯相关项目，为后续发展添加动力；推进超导电缆和国缆检测项目建设，实现超导电缆产业化项目的投产和完成百米级电缆基础实验；扎实推动与上海临港新业坊的合作，有序推进科技绿洲项目。在第十九届工博会上，以"新材料"为产业亮点，得到了海内外媒体及参观者的关注，彰显旗帜效应。

加速转型升级。园区通过项目调整、关停等手段，调整13家低效企业，腾出土地面积超200亩，同时加大招商引资力度，引进安博贝瑞生物医药公司、上海安理创科技有限公司等一批优质项目，累计出租厂房面积超过4万平方米。

致力服务企业。积极创造良好营商环境，加强服务的针对性和有效性。举办多次政策宣讲培训，为高新企业做好科技创新服务工作，全年受理企业89件专项申请，为企业申请专项资金扶持2484万元，助推企业成长，实现企业与园区的共赢发展。

张江科学城简介

张江科学城源于 1992 年 7 月创建的张江高科技园区，规划面积 95 平方公里，承载着打造世界级高科技园区、国家科创中心的战略任务。2015 年 4 月经国务院批准张江园区 37.2 平方公里纳入中国（上海）自由贸易试验区。2017 年，《张江科学城建设规划》正式获批，园区将充分依托国家实验室建设和高校、科研机构等，集聚全球顶尖创新企业和人才资源，转型发展成为“科研要素更集聚、创新创业更活跃、生活服务更完善、交通出行更便捷、生态环境更优美、文化氛围更浓厚”的世界一流科学城。

【汇聚全球创新资源】

注册企业超 24,000 家
在地经营企业超 4,000 家
国家级、市级研发机构 150+ 家
高等院校及其分校 10+ 家
外资研发机构 163 家
跨国公司地区总部 53 家
独角兽（含准独角兽）70+ 家
瞪羚企业 50+ 家
高新技术企业 828 家

上海张江（集团）有限公司

上海张江（集团）有限公司于 1992 年 7 月 28 日挂牌成立。一直以来，集团承担着张江科学城开发建设、项目引进、产业培育、功能服务、创新创业氛围营造等重要功能。未来， 在上海建设“全球科创中心”“双自联动”背景下，张江集团以“科学城建设主力军、新兴产业推动者、科创生态营造者”为企业使命，以“信守使命、变革进取、开放包容、共享共赢”为企业核心价值观，勇挑创新发展重担，为建成世界一流科学城发挥中坚作用。

（一）党的建设。积极贯彻习近平总书记在全国国有企业党的建设工作会议上的重要讲话精神，强化责任意识，推动党风廉政建设责任落实到位。

（二）开发建设。全力推动张江科学城首轮“五个一批”重点项目开发建设，集团承担的 26 项重点任务全部开工，其中国创中心、主题公园、戏剧谷等 13 个重点项目建设完成。

（三）产业发展。聚焦生命健康、数字信息、人工智能等产业方向，对接引进 IBM 研发总部、Microsoft AI & IoT Insider Lab、JLABS@Shanghai 等重大产业项目。聚焦产业前沿，开展产业研究，如围绕生命健康产业，先后形成了四医融合专题、CDMO 专题、用地瓶颈专题、产业化外溢专题、上海制造的生物医药样本专题等若干研究成果。

（四）园区打造。打造“人工智能岛”产业园，推动生态环境营造和市场应用拓展的深度融合，“AI+ 园区”成功申报市经信委十大人工智能应用场景。依托南北创新走廊，联合推动新场、合庆等镇级工业园区的转型升级，转型定位为创新药产业化基地、医疗器械产业化基地，将为浦东生物医药产业化提供载体。

（五）服务提升。组建 EHS 平台统筹安全、维稳等各项任务。组织开展各类人才服务活动 31 场，累计吸引 1600 余家次企业和 2000 余人次的企业人才参加。

（六）投资孵化。2018 年新入孵化项目超过 120 个，在孵项目超过 400 个，年近 50 个在孵项目累计获得 40 亿元融资。对接创新资源，成立张江国际孵化联盟、张江生命科学产业（孵化）联盟等，举办“普华永道－张江－陆家嘴加速营”等系列活动。

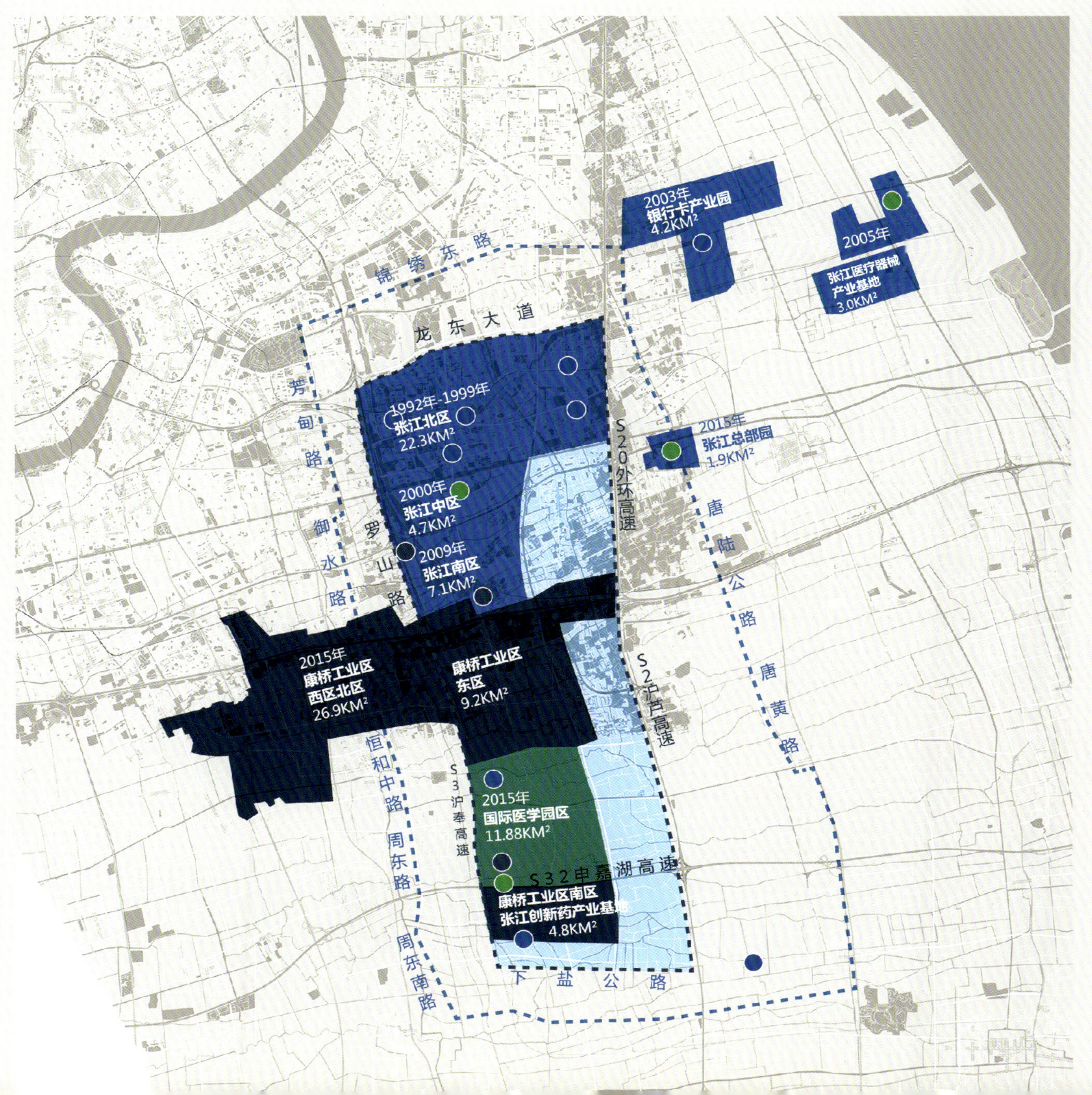

上海市工业综合开发区有限公司

简介

上海市工业综合开发区，成立于1994年，1995年被列为市级工业区。目前拥有两大园区，奉浦园区和海港园区，并托管庄行园区。奉浦园区位于奉贤新城规划板块中的中西部，区域管辖面积21.03平方公里，其中核心产业区域约11.26平方公里（内含1.88平方公里的国家级综合保税区）。海港园区位于奉贤区东南部，东邻上海临港新城，靠近浦东国际机场、洋山深水港、中国（上海）自由贸易区，规划面积16.53平方公里，产业板块面积3.56平方公里。庄行园区分为东、西两个分区，面积3.32平方公里。

开发区具有良好的区位优势与交通网络，距上海市市中心仅20公里，距上海虹桥机场29公里，距上海浦东机场、上海洋山深水港均在50公里以内。作为奉贤产业高地，开发区已经形成六大支柱产业，分别为：以美乐家、如新、凯宝、雷允上、科丝美诗等为代表的美丽健康产业；以晶澳、万泽、同创普润等为代表的新能源新材料产业；以马勒、采埃孚、奥托立夫等为代表的汽车配件产业；以先锋、泛微、维宁儿等为代表的电子信息产业；以马肯依玛仕等为代表的装备制造产业；以宜家为代表的现代物流产业。同时，积极推进生产性服务业发展，实现先进制造业、现代服务业两轮驱动发展。

2018年，开发区经济指标实现高位快速增长，全年实现税收75亿元，同比增长31%；完成工业总产值408亿元，同比增长7.8%；工业固定资产投入12亿元，同比增长21.2%。至2018年末，开发区美丽健康产业相关企业已达到1043家，全年纳税32.92亿元，同比增长32.4%。2018年4月18日，国务院批复同意上海闵行出口加工区整合优化为奉贤综合保税区并核准面积为1.88平方公里，打造开发区区域发展新增长极。

2018年8月28日万泽精密铸造举行点火仪式

2018年11月23日开发区举行“东方美谷·日韩中心”揭牌仪式

2018年12月4日恩斯克华纳举办奠基仪式

上海市工业综合开发区大楼

奉贤综合保税区

上海市莘庄工业区

一、概述

2018年，莘庄工业区全面贯彻习近平新时代中国特色社会主义思想和党的十九大精神，认真落实闵行区委、区政府的决策部署，坚持稳中求进的工作总基调，锐意进取、攻坚克难，经济实现了持续快速增长，各项重点工作取得明显进展，圆满完成了年度各项目标任务，为闵行区稳增长作出了贡献。2018年，完成增加值383亿元，同比增长8.1%；实现财政总收入146.7亿元(含免抵34.8亿元)，同比增长18.6%；完成工业总产值975.7亿元，同比增长2.3%。完成固定资产投资30.8亿元，同比增长46%，其中，工业固定资产投资20.7亿元，同比增长9.8%。完成社会消费品零售总额88.5亿元，同比增长235.2%；完成商品销售总额714.9亿元，同比增长8.7%。

二、招商引资与区域经济统筹发展

2018年，吸引合同外资6.08亿美元，同比增长366.6%，新增37个外资批准项目，其中：新项目12个，增资项目19个、迁入项目4个、股权转让并购项目2个。完成实际到位外资1.58亿美元，同比增长72.7%。新增内资注册资本61.7亿元人民币，同比增长202%，注册内资企业898家。当年新引进企业160家；新增年纳税100万元以上企业9家。新增跨国公司地区总部2家，即小林制药(中国)有限公司、柏中紧固件(上海)有限公司。新增国内企业总部2家，分别是上海博郡汽车有限公司和圣湘(上海)基因科技有限公司。2018年区域经济统筹工作，共上报储备地块19幅，合计1908亩，完成土地出让项目13个，包括齐耀、乐普、正义、国茸、新孚美、互邦、赢双、依工、卓勒、芙儿优、泛微、新必工贸、维宏等，出让工业用地527.4亩。马桥园区紫旭路完成竣工验收；向阳工业区110亩的街坊路完成竣工验收；中韵路基本具备开工条件；紫东路、紫顺路前期工作稳步推进。

三、稳步推进军民融合产业集聚

加强对中兵、中船等军工集团北京总部的对接，密切与市军民融合产业发展指导机构、军民融合产业促进中心、军民融合产业投资基金、高端人才中心等单位的协作。积极参与各类大型活动，配合承办第五届上海军民两用技术促进大会专场活动，利用工博会、《经济参考报》、航天工程论坛等平台全方位宣传创建工作。积极配合闵行区军民融合重大项目引进工作，上海市前瞻创新研究院等重点项目进展顺利；完成航科公司园区平台认定及卫星应用化项目竣工验收，为军民融合项目落地留足发展空间。推进申南路515号园区招商引资，海勃膜结构、锵戈科技、智御动力等14家企业已落户。明确军民融合产业基地承载区一期建设四至范围(东至苏召路，南至沈庄塘，西至万芳路，北至江月路)，摸清区域内企业、居民以及水系、道路、电力等情况底数，做好建设成本匡算；邀请北京航空航天大学和世纪明朗等第三方进行规划设计，明确产业基地一期发展定位、内容、措施，目前规划方案已初步完成。

四、持续优化园区营商环境

光华路（中春路－华宁路）改建工程竣工通车。西区酒店项目已与万豪喜达屋酒店集团签订合作协议，确定了建设福朋喜来登和雅乐轩酒店，项目建设和各项前期工作有序推进。西区社会租赁房项目开工建设。积极开展大调研工作，完成调研282家企业，完成率达100%。协调解决企业反映各类问题230项。组织园区20余家企业参展第二十届工博会。成功举办“莘庄工业区2017年度百强企业表彰仪式”，共131家企业参加。召开商会五届六次执委会，邀请海关和税务等相关部门讲解政策，助力企业经营。走访园区重点民营企业，召集民营企业家参加座谈会，了解企业近况及诉求。针对中美贸易摩擦，组织园区16家企业参加中美贸易摩擦对企业影响的调研座谈会，协调解决企业面临的阶段性困难。完成上海市知名品牌示范区创建验收工作、完成上海市出口工业产品质量安全示范区验收工作、启动生态工业园区环保普查工作，涉及300余家企业。完成总公司三大体系及管委会环境体系内审和管理评审，顺利通过年度监督审核。

2018年12月6日上海市委副书记、市长应勇（左）向园区小林制药（中国）有限公司颁发跨国公司地区总部和研发中心证书

2018年7月7日市环保督察组调研IF如果创意园垃圾分类工作（右一市督查组孙建平、右二闵行区委书记朱芝松）

2018年6月8日世界级风洞实验室在莘庄工业区落成（右四闵行区委常委、统战部部长李红珍）

2018年12月25日莘庄工业区“明天更美好”主题书法展暨闵行区书法家协会莘庄工业区分会成立（左二区委常委、宣传部长刘世军）

青浦工业园区大楼大厦

上海青浦工业园区是 1995 年 11 月 25 日，经上海市人民政府批准成立的九大市级工业开发区之一，规划面积 56.2 平方公里。拥有青浦出口加工区（整合优化为青浦综合保税区）、张江高新青浦园 2 个国家级开发区。

青浦工业园区已经成为青浦区最重要的经济增长极，坚持一手抓实体性落户企业，推动主导产业的发展和产业链的形成，通过有效推进工业集中、土地集约、产业聚集，园区已累计引进国内外优质企业近 2000 家，其中外商投资企业 1070 家，引进世界 500 强企业 23 家，引进行业龙头企业 100 多家，并有 50 多家地区总部、研发中心、销售技术服务中心企业相继落户园区，形成了多个先进产业齐头并进的发展格局。坚持一手抓民营经济的发展，做到保存量、求增量，下设 8 大经济小区，广纳全国各地服务型、注册型优质企业，年均纳税近 60 亿元。初步形成了内外资并举、多种经济协调发展的经济格局，全区的经济贡献率进一步提高。2018 年，完成规模产值 984 亿元，税收收入 120 亿元。逐步形成了一个拥有实力、富有活力、集聚潜力、彰显魅力的产业先进、资源高效、产城一体、生态文明的综合性开发区。

青浦工业园区已经成为企业服务的高地，精准、到位、贴心的服务，让海内外的投资商近悦远来。优化开工服务，排解难点堵点，产业项目开竣工的步伐日益加快。优化小区服务，争当"店小二"，提供工商、涉税一条龙服务、全程帮办，民营经济在这里取得长足发展。以企业需求为导向，为实体企业办实事、解难事。企业沙龙，短驳公交，临停车位，

青浦工业园区总部基地

人才公寓……亲商安商富商的投资软环境，为企业及高管解决后顾之忧，让企业家心无旁骛创新创造，踏踏实实办好企业。

青浦工业园区相继获得国家级生态园区、国家新型工业化产业示范基地、国家循环化改造示范试点园区、上海市文明单位、上海品牌园区、上海市百强企业、上海市著名商标等称号，已成为上海市委党校教学型示范单位、上海市推进知识产权战略工程中小企企业集聚区。拥有上海淀山湖生产性服务业功能区、哈工大人工智能产业园、巴斯德生物医药功能性平台、东航民用航空产业功能平台、跨境电商商务平台、尚之坊时尚文化创意产业园、移动智地互联网产业园等多个功能性园区。已具备完善高效的基础设施配套，道路、供水、供电、工业用气、通讯、集中供热、雨污分流处理等设施和生态环境已达国际标准水平，为园区企业的快速发展创造了独特的投资优势。2003 年园区通过了 ISO9001 质量认证体系和 ISO14000 环境国际认证。

青浦工业园区正以“抢”的意识、“拼”的勇气、“实”的作风，紧紧抓住国家、上海赋予青浦重大使命的历史机遇，全面服务保障国家战略，以对标“四个论英雄”，践行“三个新作为”，着力优化营商环境，着力推进招商引资，着力加快转型发展，富于创造地推动园区全面跨越式高质量发展。

一、园区基本情况

罗店工业园区是由上海市政府确认的工业园区，享受市级工业园区待遇，园区设立于 1999 年，由上海市宝山区人民政府宝府（1999）51 号文《宝山区人民政府关于确认罗店工业小区的批复》批准设立，园区控制性详细规划 1999 年经宝府（1999）246 文予以批复，当时规划面积 167.8 公顷。2001 年罗店镇被上海市政府确定为“一城九镇”之一后，经宝规（2006）97 号文《关于确认〈上海市宝山区罗店镇产业片区控制性详细规划（调整）〉的复函》，将罗店工业园区面积调整扩大。2009 年下半年罗店工业园区东扩编区域通过了市经委的产业区块认定，现规划面积约 230 公顷。目前已开发面积约 2465 亩，剩余可开发面积约 461 亩。2014 年经上海市人民政府沪府［2014］48 号文《上海市人民政府关于同意上海张江高新技术产业开发区第三次扩大管理范围并命名一批市级高新园区的批复》批准，将园区中区块 167 公顷纳入张江高新技术产业园管理范围。园区交通便利、基础设施完善，实现“七通一平”，有 3.5 万伏变电站 2 座、1 万伏开关站 2 座；有能供工业和 8—10 万人口用气的煤气调压站 1 座；日供水量 4 万吨的自来水管网、日排污量达 3.5 万吨的污水管网贯通园区；贯通全园的集中供热蒸汽管网。

2018 年 1-12 月份累计完成工业销售产值及二三产营业收入 346.7 亿元，其中完成工业总产值 58.1 亿元；税收总额累计完成 40567.1 万元，其中：工业完成 20042.6 万元，建筑业及三产完成 15714.8 万元，注册型企业完成 4809.7 万元；区财力共累计完成 13313.8 亿元，其中：工业完成区财力 7097.2 万元，建筑业及三产完成区财力 4595.6 万元，注册型企业完成区财力 1621 万元。

二、园区总体发展情况

近年来，罗店工业园区按照科学发展观的要求，根据“发展优势产业、稳定均势产业、淘汰劣势企业”的产业方针，坚持招商选资原则，提高引进项目质量，加大产业结构调整力度，进一步优化产业布局，提高资源配置效率，切实转变经济发展方式，园区开发建设水平和项目能级都有了新的提高。目前，飞凯、西门子、朝晖药业、景峰制药、景泽生物、宝钢高新、中冶、宝冶装备制造等大批著名企业落户园区，园区现有工业企业 88 家，已稳步形成“生物医药”“智能高端装备”“新材料”等特色产业，逐步实现了由传统产业向现有新兴产业的扩散。

三、园区重点发展方向

经过近二十年的建设和发展，现有企业已形成一定规模，目前园区着重围绕调结构、促转型，以园区“存量资源、新增土地储备”为承载，重点发展生物新药、生物技术及其相关领域等具有国际先进水平的产业化项目，涵盖生物医药研发、生产、销售等各环节。园区“生物医药”作为新兴产业，潜力大、抗风险能力强，属于国家重点扶持产业。目前园区现有景泽生物、景峰医药、复星朝晖三家较大型生物医药企业。依托各自优势为整体，搭建上层平台，通过引入生物医药发展基金，计划建设罗店生物医药产业孵化器及生态圈构建，目标打造全国具有影响力的专业生物医药产业园区，设立“北上海生物医药创智谷”。最终形成长三角生物医药中试基地集群，形成高端生物医药聚集效应。

上海张江高新区宝山园罗店工业分园

Baoshan Park-Luodian Industrial Branch of Shanghai Zhangjiang High-tech Zone

上海市临港地区开发建设管理委员会

2018 年，临港地区精准招商与投资推进工作有序实施，为进一步提升临港产业的显示度和含金量奠定了良好的基础。

2018 年，临港地区招商工作共接洽、统筹实体项目 162 个，落地 72 个，涵盖各规划产业，横跨国资、外资、民资、合资等各企业类别，尤其在集成电路、人工智能和智能网联汽车等领域，已初步形成了具有一定规模的高能级产业集群，建立了产业内和产业间的生态系统，代表性企业包括：特斯拉、地平线、商汤科技、木木机器人、规一科技（北航电镜）、中船 708 所两栖登陆舰研发支撑项目、同温层、树根互联、中联重科、华大半导体、燧原科技、航天八院等；同时，积极推进华域汽车、微小卫星中心、云从科技、翱捷科技、ABB 等首批张江－临港联动项目签约落地；围绕特斯拉等一批具有显著产业带动效应的项目，商研产业链招商及落地方案。

投资推进工作紧密展开、扎实推进，为确保全年投资、产值等产业目标的完成提供了有力保障。2018 年临港地区完成产业投资 150 亿元，实现工业总产值 1200 亿元。其中，特斯拉上海超级工厂（一期）于 10 月 17 日顺利完成土地摘牌，将于年内开工；华大积塔半导体特色工艺生产线项目于 8 月 16 日正式开工，今年投资 25 亿元；奔驰再制造、新松机器人、中移动 IDC、世邦工业科技等一批项目建成投用；国家重大科技项目新昇半导体硅片实现量产；微小卫星工程中心已完成主体结构施工，2019 年投产运营。

弗劳恩霍夫未来制造体验中心初步建成并具备了为智能制造行业提供共性技术服务和总体解决方案的能力，目前已与江南造船集团、上汽大众等一批企业展开合作，并成为临港乃至上海智能制造的窗口，接待参观考察上千人次；复旦大学工程与应用技术研究院正式落户临港，选址方案已明确，项目正分批遴选落地；军民融合重点项目上海朱光亚战略科技研究院顺利揭牌，为临港高端装备制造业发展提供有力支撑；中国人工智能产业发展联盟信息与创新中心落户临港，将建立人工智能院士工作站、搭建人工智能产业公共服务平台，对接产业资源，促进科技转化。此外，海洋工程装备创新中心、增材制造创新中心等功能型机构集中落户临港。

上海机器人产业园

顾村工业园区是1994年经宝山区人民政府批准设立的区级工业园区，2006年经上海市人民政府批准整合升级为市级工业园区，列入上海市104产业园区。2012年经上海市经信委批准成立上海机器人产业园。2014年成功纳入到张江高新区宝山园，并成为上海市首批转型升级试点区。园区位于顾村镇镇域东北部，东至富长路，西至潘泾河，南至宝安公路，北至湄浦河，总占地面积3.09平方公里，规划用地约4635亩。2018年度园区工业销售产值完成170亿元，总缴税收完成11.18亿元，区级税收完成3.27亿元。2018年园区在全市小型园区综合考评中位列第9名。

园区地理位置极佳，区位优势突出。东临南北高架、南靠S20外环高速、西邻上海市最大的郊野公园——顾村公园。外环线、郊环线、沪太路主干道和轨道交通1、7号线使园区连接上海主要港口、机场的距离均在半小时内，规划18号线将贯穿园区，园区是离市中心最近的上海市'104'区块。

目前园区入驻规模企业180家，其中机器人及配套企业50多家。包括上海发那科机器人有限公司、上海鑫燕隆汽车流水线制造有限公司、焱智精密机械（上海）有限公司、上海翰鹏光电科技有限公司、费勉仪器科技（上海）有限公司、上海安杰环保科技有限公司等先后落户园区。园区将逐步形成机器人产业、智能装备制造业和高端生产性服务业集群式发展。

1、产业布局

为打造高起点、高品质的转型示范园区，去年我们先后编制了产业发展规划，修编了控详规划，在园区空间布局上，将形成"一核、两轴、三区"的格局，"一核"即机器人产业园公共服务核心区，位于园区的中心区块；"两轴"分别为园区内沿富联路打造的机器人生态景观轴和沿潘广路打造的商业商务发展轴；"三区"即机器人及相关产业制造区、研发及总部办公区、商业商务配套区。

2、功能定位

以机器人产业集群为核心，以其他智能装备制造为辅助，以生产性服务业为配套，加快形成"一主一辅一配套"的产业功能结构。

"一主"，即：以机器人产业链为核心的产业集群，主要包括汽车、电子、钢铁、航空航天等行业为主的工业机器人和以家庭机器人、医疗机器人等为主的服务机器人研发，关键核心部件制造、机器人应用开发与组装、机器人下游应用产业、机器人技术培训等。

"一辅"，即：以其他智能装备制造为辅助功能，主要包括高档数控机床与基础制造装备，精密和智能仪器仪表与试验设备，关键基础零部件、元器件及通用部件等。

"一配套"，即：以生产性服务业集群为配套功能，大力发展科技体验、展示交易、科研教育、高端论坛、商业商务服务等配套产业。

关于海康威视

海康威视是以视频为核心的智能物联网解决方案和大数据服务提供商。

海康威视全球员工超34000人（截止2018年12月31日），其中研发人员和技术服务人员超16000人，研发投入占企业销售额的8.99%（2018年），绝对数额占据业内前茅。海康威视是博士后科研工作站单位，以杭州为中心，建立辐射北京、上海、武汉以及加拿大蒙特利尔、英国伦敦的研发中心体系，并计划在西安、成都、重庆和石家庄进行研发投入。

海康威视拥有视音频编解码、视频图像处理、视音频数据存储等核心技术，及云计算、大数据、深度学习等前瞻技术。为PBG（公共服务事业群）、EBG（企事业事业群）　、SMBG（中小企业事业群）三个事业群客户提供专业的细分产品、IVM智能可视化管理解决方案和大数据服务。近年来，海康威视基于视频技术，将业务延伸到智能家居、工业自动化和汽车电子等行业，为持续发展打开新的空间。

海康威视在中国大陆拥有32家省级业务中心/一级分公司，在境外有44个分支机构（截止2018年12月31日）。海康威视产品和解决方案应用在150多个国家和地区，在G20杭州峰会、北京奥运会、上海世博会、APEC会议、德国纽伦堡高铁站、韩国首尔平安城市等重大项目中发挥了极其重要的作用。

2010年5月，海康威视在深圳证券交易所中小企业板上市，股票代码：002415。基于创新的管理模式，良好的经营业绩，公司先后荣获“2016&2018CCTV中国十佳上市公司”[1] “2017中国中小板上市公司价值十强”[2] “2016年A股上市公司未来价值排行以及A股最佳上市公司”[3]榜首等重要荣誉。

海康威视秉承“专业、厚实、诚信”的经营理念，坚持将“成就客户、价值为本、诚信务实、追求卓越”核心价值观内化为行动准则，不断发展视频技术，为人类的安全和发展开拓新视界。

[1] 2018年12月12日，2018央视财经论坛暨中国上市公司峰会上正式发布了“2018CCTV中国十佳上市公司”榜单，海康威视位列其中。

[2] 2017年8月，第十一届中国上市公司价值评选，海康威视荣获“中国中小板上市公司价值五十强前十强”。

[3] 2016年11月，第三届“2016 A股上市公司未来成长价值排行榜暨行业先进性排序”，海康威视荣登2016年A股上市公司未来价值排行以及A股最佳上市公司榜首。

海康威视官方微信

萤石安全生活订阅号

400-800-5998
www.hikvision.com
股票代码：002415
微博：@海康威视hikvision
上海业务中心联系方式：021-54628188
地址：上海市宜州路188号华鑫慧享城B8栋5-7F

浦发银行小微金融业务发展介绍

小微企业是国民经济的生力军，在支持经济增长，缓解就业压力，改善经济结构上发挥着重要的作用。早在建行之初，浦发银行就高度重视小微金融服务，将支持小微企业发展定位成一项长期的战略性事业。

2005年6月，浦发银行设立中小客户部专司中小微金融业务；2009年9月，经过中国银监会批准，浦发银行“中小企业业务经营中心”挂牌成立，该机构是上海市场上最早设立的中小企业专营机构，实现了浦发银行中小企业业务管理的专业化和独立化；2012年12月，浦发银行再次明确将中小微业务作为全行五大重点战略突破领域之一；2014年2月，浦发银行在战略上更加专注于小微金融服务，将小微企业业务与个人经营性贷款业务整合，建立小企业金融服务中心，从管理架构、产品模式、审批流程、考核政策等方面进行了融合，服务对象进一步下沉，明确了以小微企业和个人经营者为浦发银行小微金融的重点服务对象，体现了浦发银行支持小微、真正服务实体经济的决心和力度。

金融服务创新方面，自2009年起，秉承“笃守诚信、创造卓越”的经营理念，浦发银行积极探索金融创新，以专营机构为载体，以解决中小企业融资难问题为宗旨，积极打造 “科技金融” 品牌，奠定了浦发银行在科技型中小企业领域的领先地位；2012年初，浦发银行再推创举，针对小微企业推出“五宝一厂”体系，包括投贷宝、银元宝、银通宝、银链宝、微小宝五大专属系列产品及信贷工厂专门业务系统；2014年，机构整合后，浦发银行在原有开发模式的基础上，进一步创新升级， 结合电商金融、 互联网融资的发展趋势，全新推出了“银商宝”（替代原“银通宝”）“银链宝”“银元宝”三类实体批量开发方案，以及“电商通”和“网贷通”两类线上批量平台，形成了具有浦发小微特色的“三宝两通”批量开发模式。在搭建批量模式的基础上，浦发银行小微特色产品持续丰富，对于高成长型小微客户，建立“千人千户”培育计划，提供定制化金融服务；对于小微集群客户，通过“三宝两通”业务模式，提供批量化金融服务；对于小微一般客户，则通过“4+1”小微金融特色产品体系提供标准化金融服务，浦发银行小微金融产品借款主体涵盖了小微企业或者企业主、主要经营者等个人，更贴合小微企业以及企业主的经营特点和实际需求。

浦发银行小微金融一贯秉持“积小善而臻大成”的经营理念，积极探索小微金融创新。未来浦发银行将结合移动金融的领先优势和互联网融资的发展趋势，继续保持对小微金融的全心投入，时刻活跃在服务小微实体经济的第一线。

校园

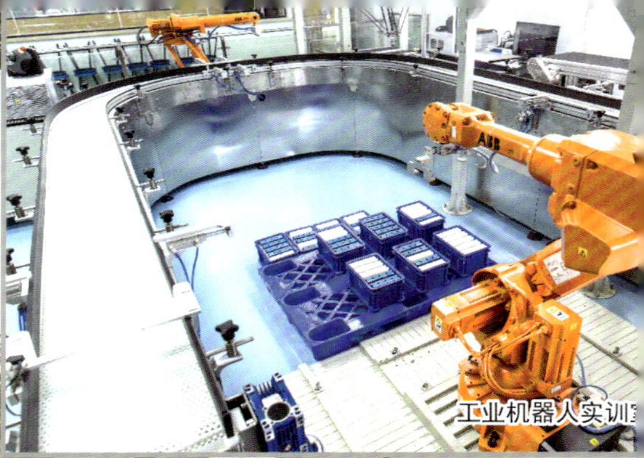

工业机器人实训

智能化工仿真工厂

上海信息技术学校

上海信息技术学校创建于1959年，是首批国家中等职业教育改革发展示范校、全国教育系统先进集体、全国职业教育先进单位、全国中职学校校长联席会议主席单位、中国石油和化学工业企业文化建设示范单位、全国绿化先进单位、上海市花园单位，并获得第二届“黄炎培优秀学校奖”。1991年至今连获上海市文明单位称号，是上海市中高中本贯通试点校、全国中等职业学校教学诊断及改进工作试点单位。

学校顺应国家信息化带动工业化的发展战略，形成了服务信息化发展、应用信息化办学的特色。现有的数字媒体技术应用、计算机网络技术、软件与信息服务、数控技术应用、电气运行与控制、机电技术应用(机器人应用与维护)、物流服务与管理、商务助理(中外合作)、化学工艺、工业分析与检验、珠宝玉石加工与营销等专业定位准确、目标明确，形成了以信息技术为核心，覆盖现代资讯、现代维护、现代检测和现代化工四大领域的专业群。在原有“数字化校园”基础上，学校全面探索互联网+、物联网、云计算、大数据和人工智能技术在校园的应用，架构学校大数据采集、教学体征智能诊断及决策分析系统，构建开放的智慧校园生态体系，致力于向国际一流学校运营管理水平飞跃。

上海市工商外国语学校

上海市工商外国语学校隶属于上海市经济和信息化委员会，成立于1978年，是国家级重点中专，上海市文明单位，上海市中等职业教育改革发展特色示范学校，家庭教育指导示范学校，2018亚太职业院校影响力50强，教育部PASCH项目示范学校、上海市“龙文化”——民族文化传承教育基地、中国高等教育学会外国留学生教育管理分会和上海教育国际交流协会理事单位，也是沪上唯一一所以外国语命名、唯一有招收外国留学生资质的中等职业学校。

学校现有国际经济与贸易、德语（商务方向）、西班牙语（商务方向）3个中本贯通专业，国际商务、应用德语、应用韩语、机电一体化技术、应用法语、计算机应用技术（大数据应用）和旅游日语7个中高职贯通专业。学校还设有普通中专商务英语（上海市示范性品牌专业）、商务德语（市精品特色专业）、数控技术应用（市精品特色专业、上海市品牌专业立项）、国际商务、商务日语、商务韩语等校级重点专业、商务西班牙语、商务法语、商务俄语和软件与信息服务等专业。

学校紧紧围绕“提供高质量的教学、实施高水平的管理、培养高品质的学生”的战略部署，把握国际化发展战略，为学生发展提供多元通道，密切与韩国、日本、俄罗斯、法国等外国驻沪领事馆，与西班牙、德国、日本、俄国等各国文化教育机构，与德国工商会、俄罗斯工商大会、西班牙工商会等密切联系与合作，为国际校企合作奠定良好基础。以中外校长论坛为平台，促成高层管理的沟通与交流。与海外10国19所学校建立了姐妹校，为学生海外深造打通通道。

学校为学生提供多元的升学和就业途径，学生通过专科学校自主招生、“三校生”高考、海外留学等途径升学，本校“三校生”高考成绩好、升学率稳居全市第一，2018年上线率100%，进入本科人数占上海“三校生”本科指标的30%以上。学校与德国、芬兰等教育机构合作，培养学生自主自发择业和自发创业的能力，锻炼学生就业软技能，培养学生青年理财、信息化素养等能力，学生通过专业学习获得国际认证证书。学校还与美国佛吉尼亚卫斯理大学等院校、机构合作，为优秀学生提供2周到半年不等的海外实习实训实践机会，在实习阶段学生语言及专业都得到最好的锻炼，大大提高竞争力和就业率。

上海市工商外国语学校探索创新，勇攀高峰，在教育事业发展道路上取得一个又一个令人瞩目的成就。国家级教学成果奖二等奖、上海市中等职业学校信息化教学大赛五个一等奖、上海市教学成果奖特等奖1项、一等奖1项、二等奖2项；学生获得德语A1国际证书通过率达75%、优秀率35%；A2国际证书通过率100%；数控专业学生参加德国AHK证书培训，考核通过率为100%；学生参加全国职业技能大赛的“职业英语”项目的角逐，连续三届蝉联冠军；学生参加上海市中等职业学校“星光大赛”“职业外语技能－日语”比赛，蝉联三届冠军；每年有近30名学生出国留学，一项又一项教学成就实至名归。

乘时代东风，谱辉煌华章。面向充满希望的新时代，上海市工商外国语学校全面贯彻落实全国教育大会会议精神，全力以赴、精益求精，结合经济和社会发展需要，深入推进内涵式发展，提升人才培养教育质量，努力发展成为中国人才的培养高地，在实现中华民族伟大复兴的宏伟征程中书写绚丽多彩的篇章！

让梦想成为现实

Dream it make it

上海恒润文化集团有限公司

恒润文化集团成立于 1998 年，是国内先进的主题文化旅游创智服务运营商，注册资金 2.1 亿元，系 A 股上市公司岭南股份（股票代码：002717）文化旅游子集团。

恒润文化集团总部设在上海，拥有 4 万平方米的恒润文化科技产业园，下设近 20 家全资或控股子公司，汇聚 600 多名规划设计、文化创意以及科技研发等行业人才，业务覆盖全国，并成功开拓海外市场。

恒润文化集团以文化旅游、文化科技两大事业群为核心，深耕文化和旅游产业，践行“文化 +”战略，创新融合发展，以独有的“文化为魂、科技为本、旅游为核、资本为翼、生态为基、运营赋能”的“5+1”主题文旅全产业模式，为全球客户提供主题文旅一站式解决方案。

文化旅游事业群：为区域旅游开发、主题文化旅游目的地营建等提供创意规划、投融资、开发建设、运营营销的全产业链服务。成功将区域旅游业务拓展 40 多个城市，落地 500 多个主题旅游项目，合作客户近百家。目前山东日照、茅山九曲莲塘景区等十余个项目处于规划建设运营中。

文化科技事业群：提供高科技主题游乐项目创意设计、研制生产、建设施工、安装调试的全链条服务，已承接多个主题公园一体化总包合同。自主研发的高科技主题游乐产品屡次获得国家部委、行业权威奖项，并已在国内近百个主题公园、5A/4A 景区、大型商业综合体落地。

未来，恒润集团将秉承“让梦想成为现实”的企业使命，深耕文化和旅游产业，坚持文化 + 战略，加快“文旅引领，融合发展”的发展步伐，打造国际一流的主题文化旅游创智服务运营商。

上海市商业学校

上海市商业学校创办于 1960 年，是国家中等职业教育改革发展示范校、国家级重点中专、上海市中本贯通、中高职贯通学校。作为一所全国知名、国际化开放办学的财经商贸类学校，近年来，学校以服务上海区域经济发展和上海“五个中心”建设为导向，紧紧围绕上海“四大品牌”人才需求，深化产教融合、校企合作，不断推动教育教学和人才培养模式改革，形成了财经商贸、创意设计、休闲服务三大专业群，已培养了一大批深受社会赞誉的高素质的知识型、技能型、创新型的技术技能人才。

学校现有教职工 229 人，其中，专任教师 195 人，高级职称 74 人，中级职称 78 人，黄炎培杰出教师 2 名，市级专业中心组组长 2 名，全国技能大赛金牌指导老师 4 名，国际教育指导十佳教师 1 名，2017 年上海市教书育人楷模(提名)1 名，“双师”型教师占专任教师的 83%。学校拥有国际商务、美发与形象设计、心理健康 3 个市级名师工作室。现有在校中职生 1650 人、高职生 260 人。学校实施“文化润校”战略，以“和而不同，雅而有致”为精神引领，打造“和雅”校园文化。

学校环境优美，功能齐全，设备一流，积极打造智慧校园。校园占地 23762 平方米，建筑面积 36467 平方米，建有 5000 余平方米的塑胶操场及室内体育馆，110 间现代化多媒体教室、13 个多用途计算机房、7 间语音室、上海市 A 级图书馆；建有上海市美发与形象设计开放实训中心，为师生学习、工作、生活创造了良好条件。

学校立足服务上海国际城市建设，拓展国际合作办学，深化国际交流合作。自 2000 年以来，学校积极开展多层次的国际交流和国际培训活动，与不同国家的学校建立了国际合作关系，全面提升学校的国际竞争力，为学生升学发展提供了更广阔的空间和途径。

公司概况

平安养老保险股份有限公司

平安养老保险股份有限公司(以下简称平安养老险)是平安集团子公司，2004 年 12 月在上海成立，是国内首家专业养老险公司。2006 年与平安人寿团体保险重组，主要经营以年金为主的养老资产管理，以企业员工福利保障和城乡居民大病保障为主的保险业务，具备企业年金、职业年金、基本养老金、第三方资管、基础设施和不动产投资等资质。公司自主研发的一站式企业全福利综合金融服务平台——“好福利”，为企业提供集保险、年金、健康、年节等于一体的一站式企业全福利解决方案。公司拥有遍布全国的服务网络和优秀的专业团队，设立 35 家分公司，百余家中心支公司。截至 2018 年末，公司注册资本 48.6 亿元，公司员工总数 10300 余人，拥有投资人员、年金产品经理 250 余人，精算、保险两核人员 360 余人，运营及客服人员 1900 余人，IT 开发人员 320 余人。

自 2006 年重组以来，公司业务规模不断扩大，经营绩效持续提升。2010 年，平安养老险成为业内首家盈利的养老险公司，并持续盈利。凭借综合实力、行业优势，公司当选中国保险行业协会常务理事兼养老保险专业委员会主任单位，并获评“亚洲最佳养老险公司”。如今，公司已跨入大公司行列，成为行业领军公司。

2018 年，平安养老险短期险和长期险业务（含税延）规模分别为 215.00 亿元和 100.72 亿元，市场份额均居行业前列。截至 2018 年 12 月 31 日，公司管理的企业年金受托资产、投资资产及其他委托管理资产共计 6101.49 亿元，其中，企业年金受托资产 2364.62 亿元，企业年金投资资产 2065.28 亿元，养老保障及其他委托管理资产 1671.59 亿元，在国内专业养老保险公司中保持前列。

截至 2018 年末，平安养老险累计为 236 万团体客户提供了企业年金及保险服务，正在为 43 万团体客户、1.96 亿个人客户提供年金、保险、资管及医保服务。

放眼未来，平安养老险将以“专业的养老资产管理机构”和“专业的民生福利保障供应商”为目标，继续肩负服务民生保障的重任，坚持创新、协调、绿色、开放、共享的发展理念，将更加聚焦民生服务事业并支持养老健康产业发展，解决好老百姓“老有所养、病有所医、贫有所助”的民生问题，为全面建成小康社会作出更大的贡献。

平安养老保险股份有限公司上海分公司

平安养老保险股份有限公司上海分公司(以下简称平安养老险上海分公司)，分公司自 2006 年重组以来，紧紧抓住了平安养老险成立快速发展、做大做强的历史机遇，精耕细作，迎难而上，经过十一年的发展，在平安养老险系统内综合贡献排名第一。2018 年平安养老险上海分公司实现短险再创新高，保费规模 28.7 亿，同比增长 9.4%，市场份额 42.3%。

作为市场上首批同时拥有受托、投资、帐管三项资格的专业养老险公司，平安养老险上海分公司凭借平安养老险强大的专业能力和集团强大的后台 IT 系统，为上海地区广大客户提供“三位一体”的年金服务。在 2019 年上海市机关事业单位职业年金计划受托人评选中，平安养老险脱颖而出，成功中标。

同时，作为企业保险福利的供应商，平安养老险上海分公司全面关注员工健康，协助企业完善员工福利体系，十几年间为众多行业知名企业提供优质保险服务，受到广大客户的普遍认可。

平安养老险上海分公司是首批承办上海市职工医保个人账户资金自愿购买商业医疗保险的保险公司之一。而且顺利搭建了医保个账业务全线上的运营平台，投保、保全、理赔、续保全面覆盖，系统在行业内领先。截止 2018 年末，平安养老险上海分公司全年承保上海市场个账产品单数为 119771 单，占比 57.96%，承保保费 5778.64 万元，占比 57.66%。

中国平安
中国平安

Expert in 复杂问题解决专家 Solving Complicated Problems

整合能力 · 创新能力 · 研发能力

尤安设计 让设计和生活充满想象力 URBAN ARCHITECTURE

UA尤安设计成立于2000年，始终坚持以“核心建筑师”为主导的设计作业模式，坚守“视己为业主”的服务意识，持续提高自身的整合能力、创新能力和研发能力，专注于建筑设计的高难度和高艺术性要求领域：在城市规划、超高层建筑、商业综合体、甲级办公楼、星级酒店、高端住宅等领域中，取得了丰硕的成果，成为业内公认的“复杂问题解决专家”。

Established in 2000, UA has always adhered to the mode of design led by "core architects" and the sense of service of "treating our own responsibilities as owners", and has been improving its ability to integrate, innovate, research and develop with a focus on highly difficulty and highly artistic areas of architectural design. UA has made rich achievements in areas like urban planning, high-rise buildings, commercial complexes, Grade A office building, star hotels and high-end residential buildings and has been recognized in the industry as the "expert in solving complicated problems".

我们可以提供以下服务：建筑方案设计、方案深化设计、施工图设计、结构顾问、机电顾问、幕墙顾问、现场控制等。

Design service we provided: schematic design, design development, construction documents design, structural consultant, MEP consultant, curtain wall consultant, field control etc.

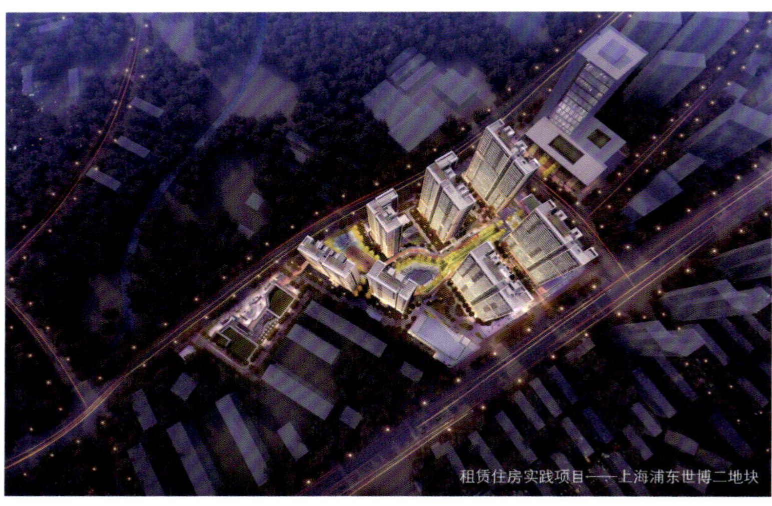

租赁住房实践项目——上海浦东世博二地块

租赁住房实践项目（部分）

上海浦东耀华路地块 \ 上海浦东世博二地块 \ 上海城寓超级社区华山路店
上海城寓活力社区江月路店 \ 上海新江湾城扶苏路地块 \ 上海松江中创路地块

租赁住房合作业主（含顾问咨询）

上海地产/城方、上海城投、上实城开、仁恒置地、上海万科、绿地控股集团、上海保利、上海宝地、碧桂园、禹洲地产、招商蛇口、中建东孚等

上海市殷高路1号中设广场尤安楼
Building UA, CMEC Plaza, No.1 Yingao Road, Shanghai
TEL:021-35324001/35324002/35324011 FAX:021-65014612
E-MAIL:brand@uachina.com.cn WEBSITE:www.uachina.com.cn

UA租赁住房
研发实践
RENTAL HOUSING DESIGN
六个上海核心地段
全装配公建化开放社区
OMEGA
CHANEL
SEIKO
BREITLING